2013
中国药品流通年鉴

CHINA PHARMACEUTICAL COMMERCE YEARBOOK

中国药品流通年鉴编辑委员会

2013 · 总第一期

图书在版编目（CIP）数据

中国药品流通年鉴 · 2013 /《中国药品流通年鉴》编辑委员会
主编 . ——北京：三辰影库电子音像出版社 ,2013.9
ISBN 978-7-83000-140-7

Ⅰ . ①中… Ⅱ . ①中… Ⅲ . ①药品 - 商品流通 - 中国 - 2013 - 年鉴
Ⅳ . ① F724.73-54

中国版本图书馆 CIP 数据核字 (2013) 第 216660 号

2013 中国药品流通年鉴
CHINA PHARMACEUTICAL COMMERCE YEARBOOK

指导 / 中华人民共和国商务部市场秩序司
主办单位 / 中国医药商业协会
编纂 /《中国药品流通年鉴》编辑委员会

总 编 辑：付明仲
副 总 编：武滨 曹丽娜
主　　编：沈世英
副 主 编：郝玲 李帅 李文明
责任编辑：蒋丽华
编　　辑：牛亚辉 潘婕 陈颖君 王玮娜 刘晓会
责任校对：王泽彦 于萍萍
美术设计：陈娟红

网　　址：http://www.capc.org.cn/
电　　话：010-87273562
通讯地址：北京市海淀区三里河路 1 号西苑饭店 4 号楼三层 5468 室

出　　版：三辰影库音像出版社有限公司
印　　刷：北京凯德印刷有限责任公司
开　　本：210*285/ 毫米 大 16 开
印　　张：黑白 48 印张 彩色 4 印张
字　　数：2000 千字
版　　别：2013 年 9 月第一版
版　　次：2013 年 9 月第一次印刷
定　　价：380.00 元

ISBN 978-7-83000-140-7

中华人民共和国万岁
中共中央、国务院关于深化医药卫生体制改革的意见
（中发[2009]6号）
2013
中国药品流通年鉴
CHINA PHARMACEUTICAL COMMERCE YEARBOOK

序

在金秋收获的季节里，由商务部市场秩序司指导，中国医药商业协会组织编撰的《中国药品流通年鉴（2013）》（以下简称《年鉴》）与大家见面了。《年鉴》填补了药品流通行业缺乏系统记载的空白，是行业有纪念意义的大事。

药品是关系人民生命健康的特殊商品，药品流通行业是关系国计民生的重要行业。党中央、国务院高度重视人民群众生命健康和医药卫生事业的发展，党的十八大报告明确提出重点推进药品供应等领域的综合改革。随着我国开始向中高收入国家迈进以及人口老龄化的加快，人民群众对医疗卫生服务和自我保健的需求将大幅度增加，药品市场发展潜力巨大。这既为药品流通行业带来了新的发展机遇，也对规范药品流通秩序、加快行业结构调整、转变发展方式、实现科学发展提出了更高要求。

2009 年 8 月，国务院决定由商务部承担药品流通行业管理职责。2010 年 6 月，中编办发文明确："商务部是药品流通行业主管部门，负责研究拟定药品流通行业发展的规划、政策和相关标准，推进药品流通行业结构调整，指导药品流通企业改革，推动现代药品流通方式发展。"商务部对此高度重视，明确市场秩序司牵头履行相关职能，开展了大量工作：建立完善行业管理工作体系；积极参与基层医改、公立医院改革和社会资本办医等医改政策协调，推动改善药品流通外部环境；制定出台《全国药品流通行业发展规划纲要（2011 － 2015 年）》，明确行业发展目标和任务；着力推动行业改革与发展，促进企业兼并重组，实施"医药物流服务延伸示范工程"；加强行业基础建设，发布年度药品流通行业运行分析报告和中药材重点品种流通分析报告，制定《药品批发企业物流服务能力评估指标》、《零售药店经营服务规范》等5项行业标准，开展中药材流通追溯体系建设，加强行业人才队伍建设，制定了5年培训计划等。

各级地方商务主管部门服务大局，勇于克难；广大药品流通企业大胆创新，积极进取，实现了药品流通行业的平稳较快发展，使药品流通行业发生可喜变化。一是行业结构调整初见成效，集中度有所提高。2012年，全国药品流通行业销售总额达11174亿元，首次突破万亿元。销售额前100位药品批发企业主营业务收入占同期全国市场总规模的64%，比2010年提高4个百分点。其中前三位的企业的市场份额为28.8%，比2010年提高2.1个百分点。二是现代医药物流加速发展，从药品生产企业到最终用户的全过程信息化建设加快，全行业现代化水平得到提升。三是对经济社会发展的贡献愈发明显，满足了各级各类医疗机构的药品供应，每年提供130多亿人次的药品零售服务，吸纳470万人的社会就业。

《年鉴》作为系统记述药品流通行业发展历史的权威性工具书，是我国药品流通行业的见证者和记录者，全面反映商务部门承担药品流通行业管理职责以来所做的工作，较为全面、翔实地记述了行业改革发展的历程。希望《年鉴》能为相关政府部门研究制定政策提供参考，为企业发展提供咨询服务，促进药品流通行业持续健康发展。

商务部市场秩序司 常晓村

2013年9月6日

编辑委员会

编辑说明

一、《中国药品流通年鉴》是由中华人民共和国商务部市场秩序司指导，中国医药商业协会负责组织编撰的一部具有权威性、指导性和实用性的大型工具书。

二、本年鉴内容全面系统、资料翔实可靠，是各界人士了解与研究中国药品流通行业发展变化的史料性参考书。

三、本年鉴首期刊发于 2013 年，以后连续出版刊发，每年一期。

四、本期《2013 中国药品流通年鉴》全面系统地记述了 2009 年 8 月商务部接手管理药品流通行业工作以来至 2012 年末中国药品流通行业发展的概况，收集刊登这一时期有关药品流通行业发展与管理的各类资料。全书分为十章内容：重要文件及法规，发展规划，行业标准及国家标准，行业运行，中药材流通，医药保健品进出口，企业介绍，地方行业管理，行业发展，大事记。

五、本年鉴所涉及的单位名称、撰稿人职务均以截稿日期为准。

六、本年鉴承蒙全国与各地药品流通行业主管部门、各级医药商业（行业）协会、各有关行业内外企业和全体编撰人员的倾力支持，在此表示衷心感谢！希望各界继续给予本年鉴支持，对年鉴中的不足之处敬请广大读者批评指正，以利于今后年鉴编辑工作的改进。

通讯地址：北京市海淀区三里河路 1 号西苑饭店 4 号楼三层 5468 室

邮政编码：100044

联系电话：010-87273562

电子邮箱：secretariat@capc.org.cn

网　　址：http://www.capc.org.cn/

《中国药品流通年鉴》编辑部

2013 年 9 月于北京

目　录

第二篇 发展规划

全国药品流通行业发展规划纲要（2011-2015 年）

各地药品流通行业“十二五”发展规划

第三篇 行业标准及国家标准

行业标准

国家标准

第四篇 行业运行

整体运行

2012 年度药品流通行业数据统计

第五篇 中药材流通

重点品种流通分析

中药材流通追溯体系建设

第六篇 医药保健品进出口

中国医药保健品进出口统计分析

数据统计

第七篇 企业介绍

上市公司盘点

部分企业介绍

第八篇 地方行业管理

第九篇 行业发展

行业信用建设

行业协会建设

行业人才培训

第十篇 大事记（2009–2012 年）

行业关键词

1 商务部

2009 年 8 月，国务院决定由商务部承担药品流通行业管理职责。2010 年 6 月，中编办发文明确："商务部是药品流通行业主管部门，负责研究拟定药品流通行业发展的规划、政策和相关标准，推进药品流通行业结构调整，指导药品流通企业改革，推动现代药品流通方式发展。

2 "十二五"规划

2011 年 5 月 5 日，商务部正式对外发布了《全国药品流通行业发展规划纲要（2011-2015 年）》，作为指导行业发展的纲领性文件，明确了药品流通行业发展的总体目标和主要任务。

3 新版 GSP

《药品经营质量管理规范》（简称"新版 GSP"）于 2013 年 6 月 1 日起正式施行；与前一版相比，新版 GSP 在流通环节药品质量风险控制、从业人员素质以及信息化等方面提出了更高更严的要求。

4 首批五项行业标准

2012 年 12 月 1 日起，商务部颁布的《药品批发企业物流服务能力评估指标》、《零售药店经营服务规范》、《药品流通企业诚信经营准则》、《药品流通行业职业经理人标准》、《药品流通企业通用岗位设置规范》等首批药品流通行业五项标准正式实施，其对于规范和促进药品流通行业健康发展具有重要意义。

5 高级职业经理人培训

由商务部市场秩序司指导，中国医药商业协会和国资委职业经理研究中心承办的全国药品流通企业高级职业经理人培训工作于 2011 年 3 月 3 日正式启动。

6 医药物流延伸服务

2011 年 5 月，商务部印发全国药品流通行业"十二五"发展规划纲要，明确了今后五年发展现代医药物流重要任务。为落实规划纲要要求，商务部于 2011 年 6 月正式启动医药物流服务延伸示范工程，推广成功经验，从而促进全国现代医药物流的发展。

7 零售药店专业健康产品

中国医药商业协会启动的"零售药店专业健康产品"项目，将重点培育一大批被消费者认可的专业健康品牌产品，形成"要健康，要美丽，到药店"的消费观念。健康产品目录将按照产品质量重点收录外贸企业中比较知名的产品，引导国内消费者认知外贸企业健康产品的优质品牌。

8 创新药品经营模式

2012 年，随着国家的药品经营政策趋势的调整，药品经营的准入门槛将大幅提高。这将对我国众多小散乱杂的药品经营企业带来冲击，药品经营企业面临大的洗牌。面对这一挑战，创新药品经营模式，适应新政策经济发展环境下药品经营发展，则成为广大药品经营企业亟待解决的问题。

9 现代物流与冷链建设

随着国家对药品在保存、运输和使用的各个环节持续温度控制的要求，为保证各个环节温度控制有效，各药品流通企业不断加大投入，提供相应的冷藏保温设施设备及温湿度监控与追溯系统。同时，为适应药品流通的发展需求，为顾客提供最好的服务，降低物流总成本，各药品流通企业纷纷采纳朝着信息、运输、仓储、库存、装卸搬运以及包装等物流活动综合起来的一种新型的集成式管理模式发展。因此，发展现代物流、开展冷链系统建设成为 2012 年药品流通行业的亮点之一。

1 重要文件及法规

IMPORTANT DOCUMENTS AND REGULATIONS

TO DO

国务院相关文件

中共中央、国务院关于深化医药卫生体制改革的意见

中发〔2009〕6号

按照党的十七大精神，为建立中国特色医药卫生体制，逐步实现人人享有基本医疗卫生服务的目标，提高全民健康水平，现就深化医药卫生体制改革提出如下意见：

一、充分认识深化医药卫生体制改革的重要性、紧迫性和艰巨性

医药卫生事业关系亿万人民的健康，关系千家万户的幸福，是重大民生问题。深化医药卫生体制改革，加快医药卫生事业发展，适应人民群众日益增长的医药卫生需求，不断提高人民群众健康素质，是贯彻落实科学发展观、促进经济社会全面协调可持续发展的必然要求，是维护社会公平正义、提高人民生活质量的重要举措，是全面建设小康社会和构建社会主义和谐社会的一项重大任务。

新中国成立以来，特别是改革开放以来，我国医药卫生事业取得了显著成就，覆盖城乡的医药卫生服务体系基本形成，疾病防治能力不断增强，医疗保障覆盖人口逐步扩大，卫生科技水平迅速提高，人民群众健康水平明显改善，居民主要健康指标处于发展中国家前列。尤其是抗击非典取得重大胜利以来，各级政府投入加大，公共卫生、农村医疗卫生和城市社区卫生发展加快，新型农村合作医疗和城镇居民基本医疗保险取得突破性进展，为深化医药卫生体制改革打下了良好基础。同时，也应该看到，当前我国医药卫生事业发展水平与人民群众健康需求及经济社会协调发展要求不适应的矛盾还比较突出。城乡和区域医疗卫生事业发展不平衡，资源配置不合理，公共卫生和农村、社区医疗卫生工作比较薄弱，医疗保障制度不健全，药品生产流通秩序不规范，医院管理体制和运行机制不完善，政府卫生投入不足，医药费用上涨过快，个人负担过重，对此，人民群众反映强烈。

从现在到2020年，是我国全面建设小康社会的关键时期，医药卫生工作任务繁重。随着经济的发展和人民生活水平的提高，群众对改善医药卫生服务将会有更高的要求。工业化、城镇化、人口老龄化、疾病谱变化和生态环境变化等，都给医药卫生工作带来一系列新的严峻挑战。深化医药卫生体制改革，是加快医药卫生事业发展的战略选择，是实现人民共享改革发展成果的重要途径，是广大人民群众的迫切愿望。

深化医药卫生体制改革是一项涉及面广、难度大的社会系统工程。我国人口多，人均收入水平低，城乡、区域差距大，长期处于社会主义初级阶段的基本国情，决定了深化医药卫生体制改革是一项十分复杂艰巨的任务，是一个渐进的过程，需要在明确方向和框架的基础上，经过长期艰苦努力和坚持不懈的探索，才能逐步建立符合我国国情的医药卫生体制。因此，对深化医药卫生体制改革，既要坚定决心、抓紧推进，又要精心组织、稳步实施，确保改革顺利进行，达到预期目标。

二、深化医药卫生体制改革的指导思想、基本原则和总体目标

（一）深化医药卫生体制改革的指导思想。以邓小平理论和“三个代表”重要思想为指导，深入贯彻落实科学发展观，从我国国情出发，借鉴国际有益经验，着眼于实现人人享有基本医疗卫生服务的目标，着力解决人民群众最关心、最直接、最现实的利益问题。坚持公共医疗卫生的公益性质，坚持预防为主、以农村为重点、中西医并重的方针，实行政事分开、管办分开、医药分开、营利性和非营利性分开，强化政府责任和投入，完善国民健康政策，健全制度体系，加强监督管理，创新体制机制，鼓励社会参与，建设覆盖城乡居民的基本医疗卫生制度，不断提高全民健康水平，促进社会和谐。

（二）深化医药卫生体制改革的基本原则。医药卫生体制改革必须立足国情，一切从实际出发，坚持正确的改革原则。

——坚持以人为本，把维护人民健康权益放在第一位。坚持医药卫生事业为人民健康服务的宗旨，以保障人民健康为中心，以人人享有基本医疗卫生服务为根本出发点和落脚点，从改革方案设计、卫生制度建立到服务体系建设都要遵循公益性的原则，把基本医疗卫生制度作为公共产品向全民提供，着力解决群众反映强烈的突出问题，努力实现全体人民病有所医。

——坚持立足国情，建立中国特色医药卫生体制。坚持从基本国情出发，实事求是地总结医药卫生事业改革发展的

实践经验，准确把握医药卫生发展规律和主要矛盾；坚持基本医疗卫生服务水平与经济社会发展相协调、与人民群众的承受能力相适应；充分发挥中医药（民族医药）作用；坚持因地制宜、分类指导，发挥地方积极性，探索建立符合国情的基本医疗卫生制度。

——坚持公平与效率统一，政府主导与发挥市场机制作用相结合。强化政府在基本医疗卫生制度中的责任，加强政府在制度、规划、筹资、服务、监管等方面的职责，维护公共医疗卫生的公益性，促进公平公正。同时，注重发挥市场机制作用，动员社会力量参与，促进有序竞争机制的形成，提高医疗卫生运行效率、服务水平和质量，满足人民群众多层次、多样化的医疗卫生需求。

——坚持统筹兼顾，把解决当前突出问题与完善制度体系结合起来。从全局出发，统筹城乡、区域发展，兼顾供给方和需求方等各方利益，注重预防、治疗、康复三者的结合，正确处理政府、卫生机构、医药企业、医务人员和人民群众之间的关系。既着眼长远，创新体制机制，又立足当前，着力解决医药卫生事业中存在的突出问题。既注重整体设计，明确总体改革方向目标和基本框架，又突出重点，分步实施，积极稳妥地推进改革。

（三）深化医药卫生体制改革的总体目标。建立健全覆盖城乡居民的基本医疗卫生制度，为群众提供安全、有效、方便、价廉的医疗卫生服务。

到2011年，基本医疗保障制度全面覆盖城乡居民，基本药物制度初步建立，城乡基层医疗卫生服务体系进一步健全，基本公共卫生服务得到普及，公立医院改革试点取得突破，明显提高基本医疗卫生服务可及性，有效减轻居民就医费用负担，切实缓解“看病难、看病贵”问题。

到2020年，覆盖城乡居民的基本医疗卫生制度基本建立。普遍建立比较完善的公共卫生服务体系和医疗服务体系，比较健全的医疗保障体系，比较规范的药品供应保障体系，比较科学的医疗卫生机构管理体制和运行机制，形成多元办医格局，人人享有基本医疗卫生服务，基本适应人民群众多层次的医疗卫生需求，人民群众健康水平进一步提高。

三、完善医药卫生四大体系，建立覆盖城乡居民的基本医疗卫生制度

建设覆盖城乡居民的公共卫生服务体系、医疗服务体系、医疗保障体系、药品供应保障体系，形成四位一体的基本医疗卫生制度。四大体系相辅相成，配套建设，协调发展。

（四）全面加强公共卫生服务体系建设。建立健全疾病预防控制、健康教育、妇幼保健、精神卫生、应急救治、采供血、卫生监督和计划生育等专业公共卫生服务网络，完善以基层医疗卫生服务网络为基础的医疗服务体系的公共卫生服务功能，建立分工明确、信息互通、资源共享、协调互动的公共卫生服务体系，提高公共卫生服务和突发公共卫生事件应急处置能力，促进城乡居民逐步享有均等化的基本公共卫生服务。

确定公共卫生服务范围。明确国家基本公共卫生服务项目，逐步增加服务内容。鼓励地方政府根据当地经济发展水平和突出的公共卫生问题，在中央规定服务项目的基础上增加公共卫生服务内容。

完善公共卫生服务体系。进一步明确公共卫生服务体系的职能、目标和任务，优化人员和设备配置，探索整合公共卫生服务资源的有效形式。完善重大疾病防控体系和突发公共卫生事件应急机制，加强对严重威胁人民健康的传染病、慢性病、地方病、职业病和出生缺陷等疾病的监测与预防控制。加强城乡急救体系建设。

加强健康促进与教育。医疗卫生机构及机关、学校、社区、企业等要大力开展健康教育，充分利用各种媒体，加强健康、医药卫生知识的传播，倡导健康文明的生活方式，促进公众合理营养，提高群众的健康意识和自我保健能力。

深入开展爱国卫生运动。将农村环境卫生与环境污染治理纳入社会主义新农村建设规划，推动卫生城市和文明村镇建设，不断改善城乡居民生活、工作等方面的卫生环境。

加强卫生监督服务。大力促进环境卫生、食品卫生、职业卫生、学校卫生，以及农民工等流动人口卫生工作。

（五）进一步完善医疗服务体系。坚持非营利性医疗机构为主体、营利性医疗机构为补充，公立医疗机构为主导、非公立医疗机构共同发展的办医原则，建设结构合理、覆盖城乡的医疗服务体系。

大力发展农村医疗卫生服务体系。进一步健全以县级医院为龙头、乡镇卫生院和村卫生室为基础的农村医疗卫生服务网络。县级医院作为县域内的医疗卫生中心，主要负责基本医疗服务及危重急症病人的抢救，并承担对乡镇卫生院、村卫生室的业务技术指导和卫生人员的进修培训；乡镇卫生院负责提供公共卫生服务和常见病、多发病的诊疗等综合服务，并承担对村卫生室的业务管理和技术指导；村卫生室承担行政村的公共卫生服务及一般疾病的诊治等工作。有条件的农村实行乡村一体化管理。积极推进农村医疗卫生基础设施和能力建设，政府重点办好县级医院，并在每个乡镇办好一所卫生院，采取多种形式支持村卫生室建设，使每个行政村都有一所村卫生室，大力改善农村医疗卫生条件，提高服务质量。

完善以社区卫生服务为基础的新型城市医疗卫生服务体系。加快建设以社区卫生服务中心为主体的城市社区卫生服务网络，完善服务功能，以维护社区居民健康为中心，提供疾病预防控制等公共卫生服务、一般常见病及多发病的初级诊疗服务、慢性病管理和康复服务。转变社区卫生服务模式，不断提高服务水平，坚持主动服务、上门服务，逐步承担起居民健康“守门人”的职责。

健全各类医院的功能和职责。优化布局和结构，充分发挥城市医院在危重急症和疑难病症的诊疗、医学教育和科研、指导和培训基层卫生人员等方面的骨干作用。有条件的大医院按照区域卫生规划要求，可以通过托管、重组等方式促进医疗资源合理流动。

建立城市医院与社区卫生服务机构的分工协作机制。城市医院通过技术支持、人员培训等方式，带动社区卫生服务持续发展。同时，采取增强服务能力、降低收费标准、提高报销比例等综合措施，引导一般诊疗下沉到基层，逐步实现社区首诊、分级医疗和双向转诊。整合城市卫生资源，充分利用城市现有一、二级医院及国有企事业单位所属医疗机构和社会力量举办的医疗机构等资源，发展和完善社区卫生服务网络。

充分发挥中医药（民族医药）在疾病预防控制、应对突发公共卫生事件、医疗服务中的作用。加强中医临床研究基地和中医院建设，组织开展中医药防治疑难疾病的联合攻关。在基层医疗卫生服务中，大力推广中医药适宜技术。采取扶持中医药发展政策，促进中医药继承和创新。

建立城市医院对口支援农村医疗卫生工作的制度。发达地区要加强对口支援贫困地区和少数民族地区发展医疗卫生事业。城市大医院要与县级医院建立长期稳定的对口支援和合作制度，采取临床服务、人员培训、技术指导、设备支援等方式，帮助其提高医疗水平和服务能力。

（六）加快建设医疗保障体系。加快建立和完善以基本医疗保障为主体，其他多种形式补充医疗保险和商业健康保险为补充，覆盖城乡居民的多层次医疗保障体系。

建立覆盖城乡居民的基本医疗保障体系。城镇职工基本医疗保险、城镇居民基本医疗保险、新型农村合作医疗和城乡医疗救助共同组成基本医疗保障体系，分别覆盖城镇就业人口、城镇非就业人口、农村人口和城乡困难人群。坚持广覆盖、保基本、可持续的原则，从重点保障大病起步，逐步向门诊小病延伸，不断提高保障水平。建立国家、单位、家庭和个人责任明确、分担合理的多渠道筹资机制，实现社会互助共济。随着经济社会发展，逐步提高筹资水平和统筹层次，缩小保障水平差距，最终实现制度框架的基本统一。进一步完善城镇职工基本医疗保险制度，加快覆盖就业人口，重点解决国有关闭破产企业、困难企业等职工和退休人员，以及非公有制经济组织从业人员和灵活就业人员的基本医疗保险问题；2009年全面推开城镇居民基本医疗保险，重视解决老人、残疾人和儿童的基本医疗保险问题；全面实施新型农村合作医疗制度，逐步提高政府补助水平，适当增加农民缴费，提高保障能力；完善城乡医疗救助制度，对困难人群参保及其难以负担的医疗费用提供补助，筑牢医疗保障底线。探索建立城乡一体化的基本医疗保障管理制度。

鼓励工会等社会团体开展多种形式的医疗互助活动。鼓励和引导各类组织和个人发展社会慈善医疗救助。

做好城镇职工基本医疗保险制度、城镇居民基本医疗保险制度、新型农村合作医疗制度和城乡医疗救助制度之间的衔接。以城乡流动的农民工为重点积极做好基本医疗保险关系转移接续，以异地安置的退休人员为重点改进异地就医结算服务。妥善解决农民工基本医疗保险问题。签订劳动合同并与企业建立稳定劳动关系的农民工，要按照国家规定明确用人单位缴费责任，将其纳入城镇职工基本医疗保险制度；其他农民工根据实际情况，参加户籍所在地新型农村合作医疗或务工所在地城镇居民基本医疗保险。

积极发展商业健康保险。鼓励商业保险机构开发适应不同需要的健康保险产品，简化理赔手续，方便群众，满足多样化的健康需求。鼓励企业和个人通过参加商业保险及多种形式的补充保险解决基本医疗保障之外的需求。在确保基金安全和有效监管的前提下，积极提倡以政府购买医疗保障服务的方式，探索委托具有资质的商业保险机构经办各类医疗保障管理服务。

（七）建立健全药品供应保障体系。加快建立以国家基本药物制度为基础的药品供应保障体系，保障人民群众安全用药。

建立国家基本药物制度。中央政府统一制定和发布国家基本药物目录，按照防治必需、安全有效、价格合理、使用方便、中西药并重的原则，结合我国用药特点，参照国际经验，合理确定品种和数量。建立基本药物的生产供应保障体系，在政府宏观调控下充分发挥市场机制的作用，基本药物实行公开招标采购，统一配送，减少中间环节，保障群众基本用药。国家制定基本药物零售指导价格，在指导价格内，由省级人民政府根据招标情况确定本地区的统一采购价格。规范基本药物使用，制定基本药物临床应用指南和基本药物处方集。城乡基层医疗卫生机构应全部配备、使用基本药物，其他各类医疗机构也要将基本药物作为首选药物并确定使用比例。基本药物全部纳入基本医疗保障药物报销目录，报销比例明显高于非基本药物。

规范药品生产流通。完善医药产业发展政策和行业发展规划，严格市场准入和药品注册审批，大力规范和整顿生产流通秩序，推动医药企业提高自主创新能力和医药产业结构优化升级，发展药品现代物流和连锁经营，促进药品生产、流通企业的整合。建立便民惠农的农村药品供应网。完善药品储备制度。支持用量小的特殊用药、急救用药生产。规范药品采购，坚决治理医药购销中的商业贿赂。加强药品不良反应监测，建立药品安全预警和应急处置机制。

四、完善体制机制，保障医药卫生体系有效规范运转

完善医药卫生的管理、运行、投入、价格、监管体制机制，加强科技与人才、信息、法制建设，保障医药卫生体系有效规范运转。

（八）建立协调统一的医药卫生管理体制。实施属地化和全行业管理。所有医疗卫生机构，不论所有制、投资主体、隶属关系和经营性质，均由所在地卫生行政部门实行统一规划、统一准入、统一监管。中央、省级可以设置少量承担医学科研、教学功能的医学中心或区域医疗中心，以及承担全国或区域性疑难病症诊治的专科医院等医疗机构；县（市）主要负责举办县级医院、乡村卫生和社区卫生服务机构；其余公立医院由市负责举办。

强化区域卫生规划。省级人民政府制定卫生资源配置标准，组织编制区域卫生规划和医疗机构设置规划，明确医疗机构的数量、规模、布局和功能。科学制定乡镇卫生院（村卫生室）、社区卫生服务中心（站）等基层医疗卫生机构和各级医院建设与设备配置标准。充分利用和优化配置现有医疗卫生资源，对不符合规划要求的医疗机构要逐步进行整合，严格控制大型医疗设备配置，鼓励共建共享，提高医疗卫生资源利用效率。新增卫生资源必须符合区域卫生规划，重点投向农村和社区卫生等薄弱环节。加强区域卫生规划与城乡规划、土地利用总体规划等的衔接。建立区域卫生规划和资源配置监督评价机制。

推进公立医院管理体制改革。从有利于强化公立医院公益性和政府有效监管出发，积极探索政事分开、管办分开的多种实现形式。进一步转变政府职能，卫生行政部门主要承担卫生发展规划、资格准入、规范标准、服务监管等行业管理职能，其他有关部门按照各自职能进行管理和提供服务。落实公立医院独立法人地位。

进一步完善基本医疗保险管理体制。中央统一制定基本医疗保险制度框架和政策，地方政府负责组织实施管理，创造条件逐步提高统筹层次。有效整合基本医疗保险经办资源，逐步实现城乡基本医疗保险行政管理的统一。

（九）建立高效规范的医药卫生机构运行机制。公共卫生机构收支全部纳入预算管理。按照承担的职责任务，由政府合理确定人员编制、工资水平和经费标准，明确各类人员岗位职责，严格人员准入，加强绩效考核，建立能进能出的用人制度，提高工作效率和服务质量。

转变基层医疗卫生机构运行机制。政府举办的城市社区卫生服务中心（站）和乡镇卫生院等基层医疗卫生机构，要严格界定服务功能，明确规定使用适宜技术、适宜设备和基本药物，为广大群众提供低成本服务，维护公益性质。要严格核定人员编制，实行人员聘用制，建立能进能出和激励有效的人力资源管理制度。要明确收支范围和标准，实行核定任务、核定收支、绩效考核补助的财务管理办法，并探索实行收支两条线、公共卫生和医疗保障经费的总额预付等多种行之有效的管理办法，严格收支预算管理，提高资金使用效益。要改革药品加成政策，实行药品零差率销售。加强和完善内部管理，建立以服务质量为核心、以岗位责任与绩效为基础的考核和激励制度，形成保障公平效率的长效机制。

建立规范的公立医院运行机制。公立医院要遵循公益性质和社会效益原则，坚持以病人为中心，优化服务流程，规范用药、检查和医疗行为。深化运行机制改革，建立和完善医院法人治理结构，明确所有者和管理者的责权，形成决策、执行、监督相互制衡，有责任、有激励、有约束、有竞争、有活力的机制。推进医药分开，积极探索多种有效方式逐步改革“以药补医”机制。通过实行药品购销差别加价、设立药事服务费等多种方式逐步改革或取消药品加成政策，同时采取适当调整医疗服务价格、增加政府投入、改革支付方式等措施完善公立医院补偿机制。进一步完善财务、会计管理制度，严格预算管理，加强财务监管和运行监督。地方可结合本地实际，对有条件的医院开展“核定收支、以收抵支、超收上缴、差额补助、奖惩分明”等多种管理办法的试点。改革人事制度，完善分配激励机制，推行聘用制度和岗位管理制度，严格工资总额管理，实行以服务质量及岗位工作量为主的综合绩效考核和岗位绩效工资制度，有效调动医务人员的积极性。

健全医疗保险经办机构运行机制。完善内部治理结构，建立合理的用人机制和分配制度，完善激励约束机制，提高医疗保险经办管理能力和管理效率。

（十）建立政府主导的多元卫生投入机制。明确政府、社会与个人的卫生投入责任。确立政府在提供公共卫生和基本医疗服务中的主导地位。公共卫生服务主要通过政府筹资，

向城乡居民均等化提供。基本医疗服务由政府、社会和个人三方合理分担费用。特需医疗服务由个人直接付费或通过商业健康保险支付。

建立和完善政府卫生投入机制。中央政府和地方政府都要增加对卫生的投入，并兼顾供给方和需求方。逐步提高政府卫生投入占卫生总费用的比重，使居民个人基本医疗卫生费用负担有效减轻；政府卫生投入增长幅度要高于经常性财政支出的增长幅度，使政府卫生投入占经常性财政支出的比重逐步提高。新增政府卫生投入重点用于支持公共卫生、农村卫生、城市社区卫生和基本医疗保障。

按照分级负担的原则合理划分中央和地方各级政府卫生投入责任。地方政府承担主要责任，中央政府主要对国家免疫规划、跨地区的重大传染疾病预防控制等公共卫生、城乡居民的基本医疗保障以及有关公立医疗卫生机构建设等给予补助。加大中央、省级财政对困难地区的专项转移支付力度。

完善政府对公共卫生的投入机制。专业公共卫生服务机构的人员经费、发展建设和业务经费由政府全额安排，按照规定取得的服务收入上缴财政专户或纳入预算管理。逐步提高人均公共卫生经费，健全公共卫生服务经费保障机制。

完善政府对城乡基层医疗卫生机构的投入机制。政府负责其举办的乡镇卫生院、城市社区卫生服务中心（站）按国家规定核定的基本建设经费、设备购置经费、人员经费和其承担公共卫生服务的业务经费，使其正常运行。对包括社会力量举办的所有乡镇卫生院和城市社区卫生服务机构，各地都可采取购买服务等方式核定政府补助。支持村卫生室建设，对乡村医生承担的公共卫生服务等任务给予合理补助。

落实公立医院政府补助政策。逐步加大政府投入，主要用于基本建设和设备购置、扶持重点学科发展、符合国家规定的离退休人员费用和补贴政策性亏损等，对承担的公共卫生服务等任务给予专项补助，形成规范合理的公立医院政府投入机制。对中医院（民族医院）、传染病院、精神病院、职业病防治院、妇产医院和儿童医院等在投入政策上予以倾斜。严格控制公立医院建设规模、标准和贷款行为。

完善政府对基本医疗保障的投入机制。政府提供必要的资金支持新型农村合作医疗、城镇居民基本医疗保险、城镇职工基本医疗保险和城乡医疗救助制度的建立和完善。保证相关经办机构正常经费。

鼓励和引导社会资本发展医疗卫生事业。积极促进非公立医疗卫生机构发展，形成投资主体多元化、投资方式多样化的办医体制。抓紧制定和完善有关政策法规，规范社会资本包括境外资本办医疗机构的准入条件，完善公平公正的行业管理政策。鼓励社会资本依法兴办非营利性医疗机构。国家制定公立医院改制的指导性意见，积极引导社会资本以多种方式参与包括国有企业所办医院在内的部分公立医院改制重组。稳步推进公立医院改制的试点，适度降低公立医疗机构比重，形成公立医院与非公立医院相互促进、共同发展的格局。支持有资质人员依法开业，方便群众就医。完善医疗机构分类管理政策和税收优惠政策。依法加强对社会力量办医的监管。

大力发展医疗慈善事业。制定相关优惠政策，鼓励社会力量兴办慈善医疗机构，或向医疗救助、医疗机构等慈善捐赠。

（十一）建立科学合理的医药价格形成机制。规范医疗服务价格管理。对非营利性医疗机构提供的基本医疗服务，实行政府指导价，其余由医疗机构自主定价。中央政府负责制定医疗服务价格政策及项目、定价原则及方法；省或市级价格主管部门会同卫生、人力资源社会保障部门核定基本医疗服务指导价格。基本医疗服务价格按照扣除财政补助的服务成本制定，体现医疗服务合理成本和技术劳务价值。不同级别的医疗机构和医生提供的服务，实行分级定价。规范公立医疗机构收费项目和标准，研究探索按病种收费等收费方式改革。建立医用设备仪器价格监测、检查治疗服务成本监审及其价格定期调整制度。

改革药品价格形成机制。合理调整政府定价范围，改进定价方法，提高透明度，利用价格杠杆鼓励企业自主创新，促进国家基本药物的生产和使用。对新药和专利药品逐步实行定价前药物经济性评价制度。对仿制药品实行后上市价格从低定价制度，抑制低水平重复建设。严格控制药品流通环节差价率。对医院销售药品开展差别加价、收取药事服务费等试点，引导医院合理用药。加强医用耗材及植（介）入类医疗器械流通和使用环节价格的控制和管理。健全医药价格监测体系，规范企业自主定价行为。

积极探索建立医疗保险经办机构与医疗机构、药品供应商的谈判机制，发挥医疗保障对医疗服务和药品费用的制约作用。

（十二）建立严格有效的医药卫生监管体制。强化医疗卫生监管。健全卫生监督执法体系，加强城乡卫生监督机构能力建设。强化医疗卫生服务行为和质量监管，完善医疗卫生服务标准和质量评价体系，规范管理制度和工作流程，加快制定统一的疾病诊疗规范，健全医疗卫生服务质量监测网络。加强医疗卫生机构的准入和运行监管。加强对生活饮用水安全、职业危害防治、食品安全、医疗废弃物处置等社会公共卫生的监管。依法严厉打击各种危害人民群众身体健康和生命安全的违法行为。

完善医疗保障监管。加强对医疗保险经办、基金管理和使用等环节的监管，建立医疗保险基金有效使用和风险防范机制。强化医疗保障对医疗服务的监控作用，完善支付制度，积极探索实行按人头付费、按病种付费、总额预付等方式，建立激励与惩戒并重的有效约束机制。加强商业健康保险监管，促进规范发展。

加强药品监管。强化政府监管责任，完善监管体系建设，严格药品研究、生产、流通、使用、价格和广告的监管。落实药品生产质量管理规范，加强对高风险品种生产的监管。严格实施药品经营管理规范，探索建立药品经营许可分类、分级的管理模式，加大重点品种的监督抽验力度。建立农村药品监督网。加强政府对药品价格的监管，有效抑制虚高定价。规范药品临床使用，发挥执业药师指导合理用药与药品质量管理方面的作用。

建立信息公开、社会多方参与的监管制度。鼓励行业协会等社会组织和个人对政府部门、医药机构和相关体系的运行绩效进行独立评价和监督。加强行业自律。

（十三）建立可持续发展的医药卫生科技创新机制和人才保障机制。推进医药卫生科技进步。把医药卫生科技创新作为国家科技发展的重点，努力攻克医药科技难关，为人民群众健康提供技术保障。加大医学科研投入，深化医药卫生科技体制和机构改革，整合优势医学科研资源，加快实施医药科技重大专项，鼓励自主创新，加强对重大疾病防治技术和新药研制关键技术等的研究，在医学基础和应用研究、高技术研究、中医和中西医结合研究等方面力求新的突破。开发生产适合我国国情的医疗器械。广泛开展国际卫生科技合作交流。

加强医药卫生人才队伍建设。制定和实施人才队伍建设规划，重点加强公共卫生、农村卫生、城市社区卫生专业技术人员和护理人员的培养培训。制定优惠政策，鼓励优秀卫生人才到农村、城市社区和中西部地区服务。对长期在城乡基层工作的卫生技术人员在职称晋升、业务培训、待遇政策等方面给予适当倾斜。完善全科医师任职资格制度，健全农村和城市社区卫生人员在岗培训制度，鼓励参加学历教育，促进乡村医生执业规范化，尽快实现基层医疗卫生机构都有合格的全科医生。加强高层次科研、医疗、卫生管理等人才队伍建设。建立住院医师规范化培训制度，强化继续医学教育。加强护理队伍建设，逐步解决护理人员比例过低的问题。培育壮大中医药人才队伍。稳步推动医务人员的合理流动，促进不同医疗机构之间人才的纵向和横向交流，研究探索注册医师多点执业。规范医院管理者的任职条件，逐步形成一支职业化、专业化的医疗机构管理队伍。

调整高等医学教育结构和规模。加强全科医学教育，完善标准化、规范化的临床医学教育，提高医学教育质量。加大医学教育投入，大力发展面向农村、社区的高等医学本专科教育，采取定向免费培养等多种方式，为贫困地区农村培养实用的医疗卫生人才，造就大批扎根农村、服务农民的合格医生。

构建健康和谐的医患关系。加强医德医风建设，重视医务人员人文素养培养和职业素质教育，大力弘扬救死扶伤精神。优化医务人员执业环境和条件，保护医务人员的合法权益，调动医务人员改善服务和提高效率的积极性。完善医疗执业保险，开展医务社会工作，完善医疗纠纷处理机制，增进医患沟通。在全社会形成尊重医学科学、尊重医疗卫生工作者、尊重患者的良好风气。

（十四）建立实用共享的医药卫生信息系统。大力推进医药卫生信息化建设。以推进公共卫生、医疗、医保、药品、财务监管信息化建设为着力点，整合资源，加强信息标准化和公共服务信息平台建设，逐步实现统一高效、互联互通。

加快医疗卫生信息系统建设。完善以疾病控制网络为主体的公共卫生信息系统，提高预测预警和分析报告能力；以建立居民健康档案为重点，构建乡村和社区卫生信息网络平台；以医院管理和电子病历为重点，推进医院信息化建设；利用网络信息技术，促进城市医院与社区卫生服务机构的合作。积极发展面向农村及边远地区的远程医疗。

建立和完善医疗保障信息系统。加快基金管理、费用结算与控制、医疗行为管理与监督、参保单位和个人管理服务等具有复合功能的医疗保障信息系统建设。加强城镇职工基本医疗保险、城镇居民基本医疗保险、新型农村合作医疗和医疗救助信息系统建设，实现与医疗机构信息系统的对接，积极推广"一卡通"等办法，方便参保（合）人员就医，增加医疗服务的透明度。

建立和完善国家、省、市三级药品监管、药品检验检测、药品不良反应监测信息网络。建立基本药物供求信息系统。

（十五）建立健全医药卫生法律制度。完善卫生法律法规。加快推进基本医疗卫生立法，明确政府、社会和居民在促进健康方面的权利和义务，保障人人享有基本医疗卫生服务。建立健全卫生标准体系，做好相关法律法规的衔接与协调。加快中医药立法工作。完善药品监管法律法规。逐步建立健全与基本医疗卫生制度相适应、比较完整的卫生法律制度。

推进依法行政。严格、规范执法，切实提高各级政府运用法律手段发展和管理医药卫生事业的能力。加强医药卫生普法工作，努力创造有利于人民群众健康的法治环境。

五、着力抓好五项重点改革，力争近期取得明显成效

为使改革尽快取得成效，落实医疗卫生服务的公益性质，着力保障广大群众看病就医的基本需求，按照让群众得到实惠，让医务人员受到鼓舞，让监管人员易于掌握的要求，2009-2011年着力抓好五项重点改革。

（十六）加快推进基本医疗保障制度建设。基本医疗保障制度全面覆盖城乡居民，3年内城镇职工基本医疗保险、城镇居民基本医疗保险和新型农村合作医疗参保（合）率均达到90%以上；城乡医疗救助制度覆盖到全国所有困难家庭。以提高住院和门诊大病保障为重点，逐步提高筹资和保障水平，2010年各级财政对城镇居民基本医疗保险和新型农村合作医疗的补助标准提高到每人每年120元。做好医疗保险关系转移接续和异地就医结算服务。完善医疗保障管理体制机制。有效减轻城乡居民个人医药费用负担。

（十七）初步建立国家基本药物制度。建立比较完整的基本药物遴选、生产供应、使用和医疗保险报销的体系。2009年，公布国家基本药物目录；规范基本药物采购和配送；合理确定基本药物的价格。从2009年起，政府举办的基层医疗卫生机构全部配备和使用基本药物，其他各类医疗机构也都必须按规定使用基本药物，所有零售药店均应配备和销售基本药物；完善基本药物的医保报销政策。保证群众基本用药的可及性、安全性和有效性，减轻群众基本用药费用负担。

（十八）健全基层医疗卫生服务体系。加快农村三级医疗卫生服务网络和城市社区卫生服务机构建设，发挥县级医院的龙头作用，用3年时间建成比较完善的基层医疗卫生服务体系。加强基层医疗卫生人才队伍建设，特别是全科医生的培养培训，着力提高基层医疗卫生机构服务水平和质量。转变基层医疗卫生机构运行机制和服务模式，完善补偿机制。逐步建立分级诊疗和双向转诊制度，为群众提供便捷、低成本的基本医疗卫生服务。

（十九）促进基本公共卫生服务逐步均等化。国家制定基本公共卫生服务项目，从2009年起，逐步向城乡居民统一提供疾病预防控制、妇幼保健、健康教育等基本公共卫生服务。实施国家重大公共卫生服务项目，有效预防控制重大疾病及其危险因素，进一步提高突发重大公共卫生事件处置能力。健全城乡公共卫生服务体系，完善公共卫生服务经费保障机制，2009年人均基本公共卫生服务经费标准不低于15元，到2011年不低于20元。加强绩效考核，提高服务效率和质量。逐步缩小城乡居民基本公共卫生服务差距，力争让群众少生病。

（二十）推进公立医院改革试点。改革公立医院管理体制、运行机制和监管机制，积极探索政事分开、管办分开的有效形式。完善医院法人治理结构。推进公立医院补偿机制改革，加大政府投入，完善公立医院经济补偿政策，逐步解决“以药补医”问题。加快形成多元化办医格局，鼓励民营资本举办非营利性医院。大力改进公立医院内部管理，优化服务流程，规范诊疗行为，调动医务人员的积极性，提高服务质量和效率，明显缩短病人等候时间，实现同级医疗机构检查结果互认，努力让群众看好病。

六、积极稳妥推进医药卫生体制改革

（二十一）提高认识，加强领导。各级党委和政府要充分认识深化医药卫生体制改革的重要性、紧迫性和艰巨性，提高认识、坚定信心，切实加强组织领导，把解决群众看病就医问题作为改善民生、扩大内需的重点摆上重要议事日程，明确任务分工，落实政府的公共医疗卫生责任。成立国务院深化医药卫生体制改革领导小组，统筹组织实施深化医药卫生体制改革。国务院有关部门要认真履行职责，密切配合，形成合力，加强监督考核。地方政府要按照本意见和实施方案的要求，因地制宜制定具体实施方案和有效措施，精心组织，有序推进改革进程，确保改革成果惠及全体人民群众。

（二十二）突出重点，分步实施。建立覆盖城乡居民的基本医疗卫生制度是一项长期任务，要坚持远近结合，从基础和基层起步，近期重点抓好基本医疗保障制度、国家基本药物制度、基层医疗卫生服务体系、基本公共卫生服务均等化和公立医院改革试点五项改革。要抓紧制定操作性文件和具体方案，进一步深化、细化政策措施，明确实施步骤，做好配套衔接，协调推进各项改革。

（二十三）先行试点，逐步推开。医药卫生体制改革涉及面广、情况复杂、政策性强，一些重大改革要先行试点。国务院深化医药卫生体制改革领导小组负责制定试点原则和政策框架，统筹协调、指导各地试点工作。各省区市制定具体试点方案并组织实施。鼓励地方结合当地实际，开展多种形式的试点，积极探索有效的实现途径，并及时总结经验，逐步推开。

（二十四）加强宣传，正确引导。深化医药卫生体制改革需要社会各界和广大群众的理解、支持和参与。要坚持正确的舆论导向，广泛宣传改革的重大意义和主要政策措施，积极引导社会预期，增强群众信心，使这项惠及广大人民群众的重大改革深入人心，为深化改革营造良好的舆论环境。

二〇〇九年三月十七日

国务院关于印发医药卫生体制改革近期重点实施方案（2009-2011年）的通知

国发〔2009〕12号

各省、自治区、直辖市人民政府，国务院各部委、各直属机构：

现将《医药卫生体制改革近期重点实施方案（2009-2011年）》印发给你们，请结合本地区、本部门实际，认真贯彻执行。

国务院

二〇〇九年三月十八日

医药卫生体制改革近期重点实施方案（2009-2011年）

根据《中共中央国务院关于深化医药卫生体制改革的意见》（中发〔2009〕6号，以下简称《意见》），2009-2011年重点抓好五项改革：一是加快推进基本医疗保障制度建设，二是初步建立国家基本药物制度，三是健全基层医疗卫生服务体系，四是促进基本公共卫生服务逐步均等化，五是推进公立医院改革试点。

推进五项重点改革，旨在着力解决群众反映较多的“看病难、看病贵”问题。推进基本医疗保障制度建设，将全体城乡居民纳入基本医疗保障制度，切实减轻群众个人支付的医药费用负担。建立国家基本药物制度，完善基层医疗卫生服务体系，方便群众就医，充分发挥中医药作用，降低医疗服务和药品价格。促进基本公共卫生服务逐步均等化，使全体城乡居民都能享受基本公共卫生服务，最大限度地预防疾病。推进公立医院改革试点，提高公立医疗机构服务水平，努力解决群众“看好病”问题。

推进五项重点改革，旨在落实医疗卫生事业的公益性质，具有改革阶段性的鲜明特征。把基本医疗卫生制度作为公共产品向全民提供，实现人人享有基本医疗卫生服务，这是我国医疗卫生事业发展从理念到体制的重大变革，是贯彻落实科学发展观的本质要求。医药卫生体制改革是艰巨而长期的任务，需要分阶段有重点地推进。要处理好公平与效率的关系，在改革初期首先着力解决公平问题，保障广大群众看病就医的基本需求，并随着经济社会发展逐步提高保障水平。逐步解决城镇职工基本医疗保险、城镇居民基本医疗保险、新型农村合作医疗制度之间的衔接问题。鼓励社会资本投入，发展多层次、多样化的医疗卫生服务，统筹利用全社会的医疗卫生资源，提高服务效率和质量，满足人民群众多样化的医疗卫生需求。

推进五项重点改革，旨在增强改革的可操作性，突出重点，带动医药卫生体制全面改革。建立基本医疗卫生制度是一项重大制度创新，是医药卫生体制全面改革的关键环节。五项重点改革涉及医疗保障制度建设、药品供应保障、医药价格形成机制、基层医疗卫生机构建设、公立医疗机构改革、医疗卫生投入机制、医务人员队伍建设、医药卫生管理体制等关键环节和重要领域。抓好这五项改革，目的是从根本上改变部分城乡居民没有医疗保障和公共医疗卫生服务长期薄弱的状况，扭转公立医疗机构趋利行为，使其真正回归公益性，有效解决当前医药卫生领域的突出问题，为全面实现医药卫生体制改革的长远目标奠定坚实基础。

一、加快推进基本医疗保障制度建设

（一）扩大基本医疗保障覆盖面。三年内，城镇职工基本医疗保险（以下简称城镇职工医保）、城镇居民基本医疗保险（以下简称城镇居民医保）和新型农村合作医疗（以下简称新农合）覆盖城乡全体居民，参保率均提高到90%以上。用两年左右时间，将关闭破产企业退休人员和困难企业职工纳入城镇职工医保，确有困难的，经省级人民政府批准后，参加城镇居民医保。关闭破产企业退休人员实现医疗保险待遇与企业缴费脱钩。中央财政对困难地区的国有关闭破产企业退休人员参保给予适当补助。2009年全面推开城镇居民医保制度，将在校大学生全部纳入城镇居民医保范围。积极推进城镇非公有制经济组织从业人员、灵活就业人员和农民工参加城镇职工医保。政府对符合就业促进法规定的就业困难人员参加城镇职工医保的参保费用给予补贴。灵活就业人员自愿选择参加城镇职工医保或城镇居民医保。参加城镇职工医保有困难的农民工，可以自愿选择参加城镇居民医保或户籍所在地的新农合。

（二）提高基本医疗保障水平。逐步提高城镇居民医保和新农合筹资标准和保障水平。2010年，各级财政对城镇居民医保和新农合的补助标准提高到每人每年120元，并适当提高个人缴费标准，具体缴费标准由省级人民政府制定。城镇职工医保、城镇居民医保和新农合对政策范围内的住院费用报销比例逐步提高。逐步扩大和提高门诊费用报销范围和比例。将城镇职工医保、城镇居民医保最高支付限额分别提高到当地职工年平均工资和居民可支配收入的6倍左右，新农合最高支付限额提高到当地农民人均纯收入的6倍以上。

（三）规范基本医疗保障基金管理。各类医保基金要坚持以收定支、收支平衡、略有结余的原则。合理控制城镇职工医保基金、城镇居民医保基金的年度结余和累计结余，结余过多的地方要采取提高保障水平等办法，把结余逐步降到合理水平。新农合统筹基金当年结余率原则上控制在15%以内，累计结余不超过当年统筹基金的25%。建立基本医疗保险基金风险调剂金制度。基金收支情况要定期向社会公布。提高基金统筹层次，2011年城镇职工医保、城镇居民医保基本实现市（地）级统筹。

（四）完善城乡医疗救助制度。有效使用救助资金，简化救助资金审批发放程序，资助城乡低保家庭成员、五保户参加城镇居民医保或新农合，逐步提高对经济困难家庭成员自负医疗费用的补助标准。

（五）提高基本医疗保障管理服务水平。鼓励地方积极探索建立医保经办机构与医药服务提供方的谈判机制和付费方式改革，合理确定药品、医疗服务和医用材料支付标准，控制成本费用。改进医疗保障服务，推广参保人员就医“一卡通”，实现医保经办机构与定点医疗机构直接结算。允许参加新农合的农民在统筹区域内自主选择定点医疗机构就医，简化到县域外就医的转诊手续。建立异地就医结算机制，探索异地安置的退休人员就地就医、就地结算办法。制定基本医疗保险关系转移接续办法，解决农民工等流动就业人员基本医疗保障关系跨制度、跨地区转移接续问题。做好城镇职工医保、城镇居民医保、新农合、城乡医疗救助之间的衔接。探索建立城乡一体化的基本医疗保障管理制度，并逐步整合基本医疗保障经办管理资源。在确保基金安全和有效监管的前提下，积极提倡以政府购买医疗保障服务的方式，探索委托具有资质的商业保险机构经办各类医疗保障管理服务。

二、初步建立国家基本药物制度

（六）建立国家基本药物目录遴选调整管理机制。制订国家基本药物遴选和管理办法。基本药物目录定期调整和更新。2009年初，公布国家基本药物目录。

（七）初步建立基本药物供应保障体系。充分发挥市场机制作用，推动药品生产流通企业兼并重组，发展统一配送，实现规模经营；鼓励零售药店发展连锁经营。完善执业药师制度，零售药店必须按规定配备执业药师为患者提供购药咨询和指导。政府举办的医疗卫生机构使用的基本药物，由省级人民政府指定的机构公开招标采购，并由招标选择的配送企业统一配送。参与投标的生产企业和配送企业应具备相应的资格条件。招标采购药品和选择配送企业，要坚持全国统一市场，不同地区、不同所有制企业平等参与、公平竞争。药品购销双方要根据招标采购结果签订合同并严格履约。用量较少的基本药物，可以采用招标方式定点生产。完善基本药物国家储备制度。加强药品质量监管，对药品定期进行质量抽检，并向社会公布抽检结果。

国家制定基本药物零售指导价格。省级人民政府根据招标情况在国家指导价格规定的幅度内确定本地区基本药物统一采购价格，其中包含配送费用。政府举办的基层医疗卫生机构按购进价格实行零差率销售。鼓励各地探索进一步降低基本药物价格的采购方式。

（八）建立基本药物优先选择和合理使用制度。所有零售药店和医疗机构均应配备和销售国家基本药物，满足患者需要。不同层级医疗卫生机构基本药物使用率由卫生行政部门规定。从2009年起，政府举办的基层医疗卫生机构全部配备和使用基本药物，其他各类医疗机构也都必须按规定使用基本药物。卫生行政部门制订临床基本药物应用指南和基本药物处方集，加强用药指导和监管。允许患者凭处方到零售药店购买药物。基本药物全部纳入基本医疗保障药品报销目录，报销比例明显高于非基本药物。

三、健全基层医疗卫生服务体系

（九）加强基层医疗卫生机构建设。完善农村三级医疗卫生服务网络。发挥县级医院的龙头作用，三年内中央重点支持2000所左右县级医院（含中医院）建设，使每个县至少有1所县级医院基本达到标准化水平。完善乡镇卫生院、社区卫生服务中心建设标准。2009年，全面完成中央规划支持的2.9万所乡镇卫生院建设任务，再支持改扩建5000所中心乡镇卫生院，每个县1-3所。支持边远地区村卫生室建设，三年内实现全国每个行政村都有卫生室。三年内新建、改造3700所城市社区卫生服务中心和1.1万个社区卫生服务站。中央支持困难地区2400所城市社区卫生服务中心建设。公立医院资源过剩地区，要进行医疗资源重组，充实和加强基层医疗卫生机构。对社会力量举办基层医疗卫生机构提供的公共卫生服务，采取政府购买服务等方式给予补偿；对其提供的基本医疗服务，通过签订医疗保险定点合同等方式，由基本医疗保障基金等渠道补偿。鼓励有资质的人员开办诊所或个体行医。

（十）加强基层医疗卫生队伍建设。制定并实施免费为农村定向培养全科医生和招聘执业医师计划。用三年时间，分别为乡镇卫生院、城市社区卫生服务机构和村卫生室培训医疗卫生人员36万人次、16万人次和137万人次。完善城市医院对口支援农村制度。每所城市三级医院要与3所左右县级医院（包括有条件的乡镇卫生院）建立长期对口协作关系。继续实施“万名医师支援农村卫生工程”。采取到城市大医院进修、参加住院医师规范化培训等方式，提高县级医院医生水平。

落实好城市医院和疾病预防控制机构医生晋升中高级职称前到农村服务一年以上的政策。鼓励高校医学毕业生到基层医疗机构工作。从2009年起，对志愿去中西部地区乡镇卫生院工作三年以上的高校医学毕业生，由国家代偿学费和助学贷款。

（十一）改革基层医疗卫生机构补偿机制。基层医疗卫生机构运行成本通过服务收费和政府补助补偿。政府负责其举办的乡镇卫生院、城市社区卫生服务中心和服务站按国家规定核定的基本建设、设备购置、人员经费及所承担公共卫生服务的业务经费，按定额定项和购买服务等方式补助。医务人员的工资水平，要与当地事业单位工作人员平均工资水平相衔接。基层医疗卫生机构提供的医疗服务价格，按扣除政府补助后的成本制定。实行药品零差率销售后，药品收入不再作为基层医疗卫生机构经费的补偿渠道，不得接受药品折扣。探索对基层医疗卫生机构实行收支两条线等管理方式。

政府对乡村医生承担的公共卫生服务等任务给予合理补助，补助标准由地方人民政府规定。

（十二）转变基层医疗卫生机构运行机制。基层医疗卫生机构要使用适宜技术、适宜设备和基本药物，大力推广包括民族医药在内的中医药，为城乡居民提供安全有效和低成本服务。乡镇卫生院要转变服务方式，组织医务人员在乡村开展巡回医疗；城市社区卫生服务中心和服务站对行动不便的患者要实行上门服务、主动服务。鼓励地方制定分级诊疗标准，开展社区首诊制试点，建立基层医疗机构与上级医院双向转诊制度。全面实行人员聘用制，建立能进能出的人力资源管理制度。完善收入分配制度，建立以服务质量和服务数量为核心、以岗位责任与绩效为基础的考核和激励制度。

四、促进基本公共卫生服务逐步均等化

（十三）基本公共卫生服务覆盖城乡居民。制定基本公共卫生服务项目，明确服务内容。从2009年开始，逐步在全国统一建立居民健康档案，并实施规范管理。定期为65岁以上老年人做健康检查，为3岁以下婴幼儿做生长发育检查，为孕产妇做产前检查和产后访视，为高血压、糖尿病、精神疾病、艾滋病、结核病等人群提供防治指导服务。普及健康知识，2009年开设中央电视台健康频道，中央和地方媒体均应加强健康知识宣传教育。

（十四）增加国家重大公共卫生服务项目。继续实施结核病、艾滋病等重大疾病防控和国家免疫规划、农村妇女住院分娩等重大公共卫生项目。从2009年开始开展以下项目：为15岁以下人群补种乙肝疫苗；消除燃煤型氟中毒危害；农村妇女孕前和孕早期补服叶酸等，预防出生缺陷；贫困白内障患者复明；农村改水改厕等。

（十五）加强公共卫生服务能力建设。重点改善精神卫生、妇幼卫生、卫生监督、计划生育等专业公共卫生机构的

设施条件。加强重大疾病以及突发公共卫生事件预测预警和处置能力。积极推广和应用中医药预防保健方法和技术。落实传染病医院、鼠防机构、血防机构和其他疾病预防控制机构从事高风险岗位工作人员的待遇政策。

（十六）保障公共卫生服务所需经费。专业公共卫生机构人员经费、发展建设经费、公用经费和业务经费由政府预算全额安排，服务性收入上缴财政专户或纳入预算管理。按项目为城乡居民免费提供基本公共卫生服务。提高公共卫生服务经费标准。2009 年人均基本公共卫生服务经费标准不低于 15 元，2011 年不低于 20 元。中央财政通过转移支付对困难地区给予补助。

五、推进公立医院改革试点

（十七）改革公立医院管理体制、运行机制和监管机制。公立医院要坚持维护公益性和社会效益原则，以病人为中心。鼓励各地积极探索政事分开、管办分开的有效形式。界定公立医院所有者和管理者的责权。完善医院法人治理结构。推进人事制度改革，明确院长选拔任用和岗位规范，完善医务人员职称评定制度，实行岗位绩效工资制度。建立住院医师规范化培训制度。鼓励地方探索注册医师多点执业的办法和形式。强化医疗服务质量管理。规范公立医院临床检查、诊断、治疗、使用药物和植（介）入类医疗器械行为，优先使用基本药物和适宜技术，实行同级医疗机构检查结果互认。

探索建立由卫生行政部门、医疗保险机构、社会评估机构、群众代表和专家参与的公立医院质量监管和评价制度。严格医院预算和收支管理，加强成本核算与控制。全面推行医院信息公开制度，接受社会监督。

（十八）推进公立医院补偿机制改革。逐步将公立医院补偿由服务收费、药品加成收入和财政补助三个渠道改为服务收费和财政补助两个渠道。政府负责公立医院基本建设和大型设备购置、重点学科发展、符合国家规定的离退休人员费用和政策性亏损补偿等，对公立医院承担的公共卫生任务给予专项补助，保障政府指定的紧急救治、援外、支农、支边等公共服务经费，对中医院（民族医院）、传染病医院、职业病防治院、精神病医院、妇产医院和儿童医院等在投入政策上予以倾斜。严格控制公立医院建设规模、标准和贷款行为。推进医药分开，逐步取消药品加成，不得接受药品折扣。医院由此减少的收入或形成的亏损通过增设药事服务费、调整部分技术服务收费标准和增加政府投入等途径解决。药事服务费纳入基本医疗保险报销范围。积极探索医药分开的多种有效途径。适当提高医疗技术服务价格，降低药品、医用耗材和大型设备检查价格。定期开展医疗服务成本测算，科学考评医疗服务效率。

公立医院提供特需服务的比例不超过全部医疗服务的 10%。鼓励各地探索建立医疗服务定价由利益相关方参与协商的机制。

（十九）加快形成多元办医格局。省级卫生行政部门会同有关部门，按照区域卫生规划，明确辖区内公立医院的设置数量、布局、床位规模、大型医疗设备配置和主要功能。要积极稳妥地把部分公立医院转制为民营医疗机构。制定公立医院转制政策措施，确保国有资产保值和职工合法权益。

鼓励民营资本举办非营利性医院。民营医院在医保定点、科研立项、职称评定和继续教育等方面，与公立医院享受同等待遇；对其在服务准入、监督管理等方面一视同仁。落实非营利性医院税收优惠政策，完善营利性医院税收政策。

公立医院改革 2009 年开始试点，2011 年逐步推开。

六、保障措施

（二十）加强组织领导。国务院深化医药卫生体制改革领导小组统筹组织和协调改革工作。国务院有关部门要抓紧研究制定相关配套文件。各级政府要切实加强领导，抓好组织落实，加快推进各项重点改革。

（二十一）加强财力保障。各级政府要认真落实《意见》提出的各项卫生投入政策，调整支出结构，转变投入机制，改革补偿办法，切实保障改革所需资金，提高财政资金使用效益。为了实现改革的目标，经初步测算，2009-2011 年各级政府需要投入 8500 亿元，其中中央政府投入 3318 亿元。

（二十二）鼓励各地试点。医药卫生体制改革涉及面广，情况复杂，政策性强，一些重大改革要先行试点，逐步推开。各地情况差别很大，要鼓励地方因地制宜制定具体实施方案，开展多种形式的试点，进行探索创新。国务院深化医药卫生体制改革领导小组负责统筹协调、指导各地试点工作。要注意总结和积累经验，不断深入推进改革。

（二十三）加强宣传引导。坚持正确的舆论导向，制定分步骤、分阶段的宣传方案；采取通俗易懂、生动形象的方式，广泛宣传实施方案的目标、任务和主要措施，解答群众关心的问题；及时总结、宣传改革经验，为深化改革营造良好的社会和舆论环境。

国务院办公厅转发发展改革委、卫生部等部门关于进一步鼓励和引导社会资本举办医疗机构意见的通知

国办发〔2010〕58号

各省、自治区、直辖市人民政府，国务院各部委、各直属机构：

发展改革委、卫生部、财政部、商务部、人力资源社会保障部《关于进一步鼓励和引导社会资本举办医疗机构的意见》已经国务院同意，现转发给你们，请认真贯彻执行。

鼓励和引导社会资本举办医疗机构，有利于增加医疗卫生资源，扩大服务供给，满足人民群众多层次、多元化的医疗服务需求；有利于建立竞争机制，提高医疗服务效率和质量，完善医疗服务体系。各地区、各有关部门要解放思想、转变观念，充分认识鼓励和引导社会资本举办医疗机构的重要意义。要抓紧清理和修改涉及非公立医疗机构准入、执业、监管等方面的文件，结合实际制定和完善鼓励引导社会资本举办医疗机构的实施细则和配套文件，消除阻碍非公立医疗机构发展的政策障碍，促进非公立医疗机构持续健康发展。要加强政策解读，引导社会各界正确认识非公立医疗机构在医疗卫生服务体系中的重要地位和作用，为社会资本举办医疗机构营造良好氛围。

国务院办公厅

二〇一〇年十一月二十六日

关于进一步鼓励和引导社会资本举办医疗机构的意见

坚持公立医疗机构为主导、非公立医疗机构共同发展，加快形成多元化办医格局，是医药卫生体制改革的基本原则和方向。为贯彻落实《中共中央国务院关于深化医药卫生体制改革的意见》（中发〔2009〕6号）、《国务院关于印发医药卫生体制改革近期重点实施方案（2009-2011年）的通知》（国发〔2009〕12号）精神，完善和落实优惠政策，消除阻碍非公立医疗机构发展的政策障碍，确保非公立医疗机构在准入、执业等方面与公立医疗机构享受同等待遇，现就鼓励和引导社会资本举办医疗机构提出以下意见：

一、放宽社会资本举办医疗机构的准入范围

（一）鼓励和支持社会资本举办各类医疗机构。社会资本可按照经营目的，自主申办营利性或非营利性医疗机构。卫生、民政、工商、税务等相关部门要依法登记，分类管理。鼓励社会资本举办非营利性医疗机构，支持举办营利性医疗机构。鼓励有资质人员依法开办个体诊所。

（二）调整和新增医疗卫生资源优先考虑社会资本。非公立医疗机构的设置应符合本地区区域卫生规划和区域医疗机构设置规划。各地在制定和调整本地区区域卫生规划、医疗机构设置规划和其他医疗卫生资源配置规划时，要给非公立医疗机构留有合理空间。需要调整和新增医疗卫生资源时，在符合准入标准的条件下，优先考虑由社会资本举办医疗机构。

（三）合理确定非公立医疗机构执业范围。卫生部门负责对非公立医疗机构的类别、诊疗科目、床位等执业范围进行审核，确保非公立医疗机构执业范围与其具备的服务

能力相适应。对符合申办条件、具备相应资质的，应予以批准并及时发放相应许可，不得无故限制非公立医疗机构执业范围。

（四）鼓励社会资本参与公立医院改制。要根据区域卫生规划，合理确定公立医院改制范围。引导社会资本以多种方式参与包括国有企业所办医院在内的公立医院改制，积极稳妥地把部分公立医院转制为非公立医疗机构，适度降低公立医院的比重，促进公立医院合理布局，形成多元化办医格局。要优先选择具有办医经验、社会信誉好的非公立医疗机构参与公立医院改制。公立医院改制可在公立医院改革试点地区以及部分国有企业所办医院先行试点，卫生部门要会同有关部门及时总结经验，制定出台相关办法。在改制过程中，要按照严格透明的程序和估价标准对公立医院资产进行评估，加强国有资产处置收益管理，防止国有资产流失；按照国家政策规定制定改制单位职工安置办法，保障职工合法权益。

（五）允许境外资本举办医疗机构。进一步扩大医疗机构对外开放，将境外资本举办医疗机构调整为允许类外商投资项目。允许境外医疗机构、企业和其他经济组织在我国境内与我国的医疗机构、企业和其他经济组织以合资或合作形式设立医疗机构，逐步取消对境外资本的股权比例限制。对具备条件的境外资本在我国境内设立独资医疗机构进行试点，逐步放开。境外资本既可举办营利性医疗机构，也可以举办非营利性医疗机构。鼓励境外资本在我国中西部地区举办医疗机构。

香港、澳门特别行政区和台湾地区的资本在内地举办医疗机构，按有关规定享受优先支持政策。

（六）简化并规范外资办医的审批程序。中外合资、合作医疗机构的设立由省级卫生部门和商务部门审批，其中设立中医、中西医结合、民族医医院的应征求省级中医药管理部门意见。外商独资医疗机构的设立由卫生部和商务部审批，其中设立中医、中西医结合、民族医医院的应征求国家中医药局意见。具体办法由相关部门另行制定。

二、进一步改善社会资本举办医疗机构的执业环境

（七）落实非公立医疗机构税收和价格政策。社会资本举办的非营利性医疗机构按国家规定享受税收优惠政策，用电、用水、用气、用热与公立医疗机构同价，提供的医疗服务和药品要执行政府规定的相关价格政策。营利性医疗机构按国家规定缴纳企业所得税，提供的医疗服务实行自主定价，免征营业税。

（八）将符合条件的非公立医疗机构纳入医保定点范围。非公立医疗机构凡执行政府规定的医疗服务和药品价格政策，符合医保定点相关规定，人力资源社会保障、卫生和民政部门应按程序将其纳入城镇基本医疗保险、新型农村合作医疗、医疗救助、工伤保险、生育保险等社会保障的定点服务范围，签订服务协议进行管理，并执行与公立医疗机构相同的报销政策。各地不得将投资主体性质作为医疗机构申请成为医保定点机构的审核条件。

（九）优化非公立医疗机构用人环境。非公立医疗机构与医务人员依法签订劳动合同，按照国家规定参加社会保险。鼓励医务人员在公立和非公立医疗机构间合理流动，有关单位和部门应按有关规定办理执业变更、人事劳动关系衔接、社会保险关系转移、档案转接等手续。医务人员在学术地位、职称评定、职业技能鉴定、专业技术和职业技能培训等方面不受工作单位变化的影响。

（十）改善非公立医疗机构外部学术环境。非公立医疗机构在技术职称考评、科研课题招标及成果鉴定、临床重点学科建设、医学院校临床教学基地及住院医师规范化培训基地资格认定等方面享有与公立医疗机构同等待遇。

各医学类行业协会、学术组织和医疗机构评审委员会要平等吸纳非公立医疗机构参与，保证非公立医疗机构占有与其在医疗服务体系中的地位相适应的比例，保障非公立医疗机构医务人员享有承担与其学术水平和专业能力相适应的领导职务的机会。

（十一）支持非公立医疗机构配置大型设备。支持非公立医疗机构按照批准的执业范围、医院等级、服务人口数量等，合理配备大型医用设备。

非公立医疗机构配备大型医用设备，由相应卫生部门实行统一规划、统一准入、统一监管。各地制定和调整大型医用设备配置规划应当充分考虑当地非公立医疗机构的发展需要，合理预留空间。卫生部门在审批非公立医疗机构及其开设的诊疗科目时，对其执业范围内需配备的大型医用设备一并审批，凡符合配置标准和使用资质的不得限制配备。

（十二）鼓励政府购买非公立医疗机构提供的服务。鼓励采取招标采购等办法，选择符合条件的非公立医疗机构承担公共卫生服务以及政府下达的医疗卫生支农、支边、对口支援等任务。支持社会资本举办的社区卫生服务机构、个体诊所等非公立医疗机构在基层医疗卫生服务体系中发挥积极作用。

非公立医疗机构在遇有重大传染病、群体性不明原因疾病、重大食物和职业中毒以及因自然灾害、事故灾难或社会安全等事件引起的突发公共卫生事件时，应执行政府下达的指令性任务，并按规定获得政府补偿。

鼓励各地在房屋建设、设备购置及人员培养等方面，对非公立医疗机构给予积极扶持。

（十三）鼓励对社会资本举办的非营利性医疗机构进行捐赠。鼓励企业、事业单位、社会团体以及个人等对社会资

本举办的非营利性医疗机构进行捐赠，并落实相关税收优惠政策。鼓励红十字会、各类慈善机构、基金会等出资举办非营利性医疗机构，或与社会资本举办的非营利性医疗机构建立长期对口捐赠关系。

（十四）完善非公立医疗机构土地政策。有关部门要将非公立医疗机构用地纳入城镇土地利用总体规划和年度用地计划，合理安排用地需求。社会资本举办的非营利性医疗机构享受与公立医疗机构相同的土地使用政策。非营利性医疗机构不得擅自改变土地用途，如需改变，应依法办理用地手续。

（十五）畅通非公立医疗机构相关信息获取渠道。要保障非公立医疗机构在政策知情和信息、数据等公共资源共享方面与公立医疗机构享受同等权益。要提高信息透明度，按照信息公开的有关规定及时公布各类卫生资源配置规划、行业政策、市场需求等方面的信息。

（十六）完善非公立医疗机构变更经营性质的相关政策。社会资本举办的非营利性医疗机构原则上不得转变为营利性医疗机构，确需转变的，需经原审批部门批准并依法办理相关手续；社会资本举办的营利性医疗机构转换为非营利性医疗机构，可提出申请并依法办理变更手续。变更后，按规定分别执行国家有关价格和税收政策。

（十七）完善非公立医疗机构退出的相关政策。非公立医疗机构如发生产权变更，可按有关规定处置相关投资。非公立医疗机构如发生停业或破产，按照有关规定执行。

三、促进非公立医疗机构持续健康发展

（十八）引导非公立医疗机构规范执业。非公立医疗机构作为独立法人实体，自负盈亏，独立核算，独立承担民事责任。非公立医疗机构要执行医疗机构管理条例及其实施细则等法规和相关规定，提供医疗服务要获得相应许可。严禁非公立医疗机构超范围服务，依法严厉打击非法行医活动和医疗欺诈行为。规范非公立医疗机构医疗广告发布行为，严禁发布虚假、违法医疗广告。卫生部门要把非公立医疗机构纳入医疗质量控制评价体系，通过日常监督管理、医疗机构校验和医师定期考核等手段，对非公立医疗机构及其医务人员执业情况进行检查、评估和审核。

建立社会监督机制，将医疗质量和患者满意度纳入对非公立医疗机构日常监管范围。发挥医疗保险对医保定点机构的激励约束作用，促进非公立医疗机构提高服务质量，降低服务成本。

（十九）促进非公立医疗机构守法经营。非公立医疗机构要严格按照登记的经营性质开展经营活动，使用税务部门监制的符合医疗卫生行业特点的票据，执行国家规定的财务会计制度，依法进行会计核算和财务管理，并接受相关部门的监督检查。非营利性医疗机构所得收入除规定的合理支出外，只能用于医疗机构的继续发展。对违反经营目的、收支结余用于分红或变相分红的，卫生部门要责令限期改正；情节严重的，按规定责令停止执业，并依法追究法律责任。营利性医疗机构所得收益可用于投资者经济回报。非公立医疗机构要按照临床必需的原则为患者提供适当的服务，严禁诱导医疗和过度医疗。对不当谋利、损害患者合法权益的，卫生部门要依法惩处并追究法律责任。财政、卫生等相关部门要进一步完善和落实营利性和非营利性医疗机构财务、会计制度及登记管理办法。充分发挥会计师事务所对非公立医疗机构的审计监督作用。

（二十）加强对非公立医疗机构的技术指导。人力资源社会保障和卫生等部门要按照非公立医疗机构等级，将其纳入行业培训等日常指导范围。各地开展医疗卫生专业技术人才继续教育、技能人才职业技能培训、全科医生培养培训和住院医师规范化培训等专业人员教育培训，要考虑非公立医疗机构的人才需求，统筹安排。

（二十一）提高非公立医疗机构的管理水平。鼓励非公立医疗机构推行现代化医院管理制度，建立规范的法人治理结构，加强成本控制和质量管理，聘用职业院长负责医院管理。支持社会资本举办医院管理公司提供专业化的服务。鼓励非公立医疗机构采用各种方式聘请或委托国内外具备医疗机构管理经验的专业机构，在明确权责关系的前提下参与医院管理，提高管理效率。指导非公立医疗机构依法实施劳动合同制度，建立和完善劳动规章制度。

（二十二）鼓励有条件的非公立医疗机构做大做强。鼓励社会资本举办和发展具有一定规模、有特色的医疗机构，引导有条件的医疗机构向高水平、高技术含量的大型医疗集团发展，实施品牌发展战略，树立良好的社会信誉和口碑。鼓励非公立医疗机构加强临床科研和人才队伍建设。

（二十三）培育和增强非公立医疗机构的社会责任感。非公立医疗机构要增强社会责任意识，坚持以病人为中心，加强医德医风建设，大力弘扬救死扶伤精神，加强医务人员执业道德建设和人文精神教育，做到诚信执业。鼓励非公立医疗机构采用按规定设立救助基金、开展义诊等多种方式回报社会。进一步培育和完善非公立医疗机构行业协会，充分发挥其在行业自律和维护非公立医疗机构合法权益等方面的积极作用。

（二十四）建立和完善非公立医疗机构投诉渠道。非公立医疗机构可以采取行政诉讼及行政复议等形式，维护自身在准入、执业、监管等方面的权益。可以向上级有关部门投诉，接到投诉的部门应依法及时处理，并将处理结果书面正式通知投诉机构。

（二十五）此前有关规定与本意见不一致的，以本意见为准。

国务院关于印发国家药品安全“十二五”规划的通知

国发〔2012〕5号

各省、自治区、直辖市人民政府，国务院各部委、各直属机构：

现将《国家药品安全“十二五”规划》印发给你们，请认真贯彻执行。

国务院

二〇一二年一月二十日

国家药品安全“十二五”规划

药品安全是重大的民生和公共安全问题，事关人民群众身体健康和社会和谐稳定。为进一步提高我国药品安全水平，维护人民群众健康权益，促进医药产业持续健康发展，依据《中华人民共和国国民经济和社会发展第十二个五年规划纲要》和党中央、国务院有关方针政策，制定本规划。

一、药品安全形势

（一）取得的成绩

“十一五”时期，国家出台了一系列政策措施，加大了政府投入，形成了较为完备的药品生产供应体系，基本建立了覆盖药品研制、生产、流通和使用全过程的安全监管体系，药品安全状况明显改善，药品安全保障能力明显提高。

1. 药品安全状况明显改善。全国药品评价性抽验总合格率显著提高，化学药品、中药、生物制品的抽验合格率大幅提高，药品质量总体上保持较好水平。《药品注册管理办法》2007年修订施行后，提升了注册审批标准，严格了药品生产准入，新上市仿制药质量明显提高。药品不良反应监测、特殊药品滥用监测网络预警作用加强，药品安全事件应急处置能力大幅提升，药品安全事件逐渐减少。

2. 公众用药需求基本满足。实施国家基本药物制度，保障公众基本用药权益。新药创制能力进一步提高，药品现代物流体系建设稳步推进，覆盖城乡的药品供应网络基本建成，公众日常用药需求基本得到满足。建立了国家药品储备制度，提高了应对重大疫情灾害的药品保障能力。

3. 药品安全监管能力大幅提高。建立了较为完整的国家、省、市、县四级行政监管体系，构建了以药品注册审评、标准制定、检验检测、不良反应监测为重点的技术支撑体系，健全了以《中华人民共和国药品管理法》和《医疗器械监督管理条例》为核心的法律法规体系，形成了以《中华人民共和国药典》为核心的国家药品标准管理体系。进一步健全了药品质量管理规范，加强了药品全过程监管。药品监管信息化建设取得阶段性成果，特殊药品的电子监管顺利推进。药品监管基础设施明显改善，队伍素质显著提高。

（二）存在的问题

药品生产企业研发投入不足，创新能力不强，部分仿制药质量与国际先进水平存在较大差距。现行药品市场机制不健全，药品价格与招标机制不完善，一些企业片面追求经济效益，牺牲质量生产药品。医疗机构以药养医状况未明显改善，临床用药监督有待进一步加强，零售药店和医院药房执业药师配备和用药指导不足，不合理用药较为严重。不法分子制售假药现象频出，利用互联网、邮寄等方式售假日益增多，有些假药甚至进入药品正规流通渠道，药品安全风险仍然较大。同时，药品安全法制尚不完善，技术支撑体系不健全，执法力量薄弱，药品监管能力仍相对滞后。

“十二五”时期是我国全面建设小康社会的关键时期，也是促进医药产业健康快速发展的重要机遇期。随着我国经济社会进一步发展，居民生活质量改善，人民群众对药品的安全性、可及性要求不断提高。人口老龄化、疾病谱改变、新发传染性疾病频发等，对药品安全提出了新的挑战。同时，医药产业快速发展，产业结构调整，高新技术在医药产业的广泛应用，都对药品安全监管提出了更高的要求。必须进一步加强药品安全工作，为人民群众健康提供有力保障。

二、指导思想、基本原则与发展目标

（一）指导思想

以邓小平理论和“三个代表”重要思想为指导，深入贯彻落实科学发展观，结合深化医药卫生体制改革，全面提高药品标准，进一步提高药品质量，完善药品监管体系，规范药品研制、生产、流通和使用，落实药品安全责任，加强技术支撑体系建设，提升药品安全保障能力，降低药品安全风险，确保人民群众用药安全。

（二）基本原则

1. 坚持安全第一，科学监管。以确保人民群众用药安全为根本目的，以提高药品标准和药品质量为工作重心，完善监管体制，创新监管机制，依法科学实施监管。

2. 坚持从严执法，规范秩序。建立健全科学、公正、公开、高效的药品安全执法体系，严厉打击制售假劣药品行为，严肃追究药品安全责任，促进药品市场秩序和安全形势持续向好。

3. 坚持强化基础，提升能力。加强药品安全保障基础建设，健全药品监管技术支撑体系，充实监管力量，提升队伍素质，提高监管效能。

4. 坚持统一协调，分工负责。强化各级政府药品安全责任，落实部门职责分工，建立统一协调的部门联动机制，联合执法，齐抓共管，实现药品安全各领域、各环节的全面有效监管。

（三）发展目标

1. 总体目标

经过5年努力，药品标准和药品质量大幅提高，药品监管体系进一步完善，药品研制、生产、流通秩序和使用行为进一步规范，药品安全保障能力整体接近国际先进水平，药品安全水平和人民群众用药安全满意度显著提升。

2. 规划指标

（1）全部化学药品、生物制品标准达到或接近国际标准，中药标准主导国际标准制定。医疗器械采用国际标准的比例达到90%以上。

（2）2007年修订的《药品注册管理办法》施行前批准生产的仿制药中，国家基本药物和临床常用药品质量达到国际先进水平。

（3）药品生产100%符合2010年修订的《药品生产质量管理规范》要求；无菌和植入性医疗器械生产100%符合《医疗器械生产质量管理规范》要求。

（4）药品经营100%符合《药品经营质量管理规范》要求。

（5）新开办零售药店均配备执业药师。2015年零售药店和医院药房全部实现营业时有执业药师指导合理用药。

三、主要任务与重点项目

（一）全面提高国家药品标准

实施国家药品标准提高行动计划。参照国际标准，优先提高基本药物及高风险药品的质量标准。提高中药（材）、民族药（材）质量标准与炮制规范。药品生产必须严格执行国家标准，达不到国家标准的，一律不得生产、销售和使用。加强国家药品标准研究，重点加强安全性指标研究。

实施国家医疗器械标准提高行动计划。优先提高医疗器械基础通用标准，提高高风险产品及市场使用量大产品的标准。加强医疗器械检测技术和方法研究，增强标准的科学性。加快医疗器械标准物质研究和参考测量实验室建设。

全面提高仿制药质量。对2007年修订的《药品注册管理办法》施行前批准的仿制药，分期分批与被仿制药进行质量一致性评价，其中纳入国家基本药物目录、临床常用的仿制药在2015年前完成，未通过质量一致性评价的不予再注册，注销其药品批准证明文件。药品生产企业必须按《药品注册管理办法》要求，将其生产的仿制药与被仿制药进行全面对比研究，作为申报再注册的依据。

健全以《中华人民共和国药典》为核心的国家药品标准管理体系。制修订药品、医疗器械标准管理办法，健全药品、医疗器械标准制定、修订、发布、实施、废止程序，建立标准评估、淘汰机制。加强医疗器械标准管理机构建设。建立政府主导，企业、检验机构、高校和科研机构共同参与的标准提高机制，引导和鼓励企业通过技术进步提升质量标准。

专栏一：国家药品、医疗器械标准提高行动计划

提高药品标准：完成6500个药品标准提高工作，其中化学药2500个、中成药2800个、生物制品200个、中药材350个、中药饮片650个。提高139个直接接触药品的包装材料标准，制订100个常用直接接触药品的包装材料标准。提高132个药用辅料标准，制订200个药用辅料标准。

完善医疗器械标准：完成医用电气设备标准150项、无源医疗器械产品标准250项、诊断试剂类产品标准100项。完成对医用电气设备通用安全性标准（第三版）、电磁兼容标准的制（修）订工作。完善标准物质研究工作机制，研制15项医疗器械标准物质。

（二）强化药品全过程质量监管

严格药品研制监管。完善药品研制规范，制修订药品研制技术指导原则和数据管理标准，促进数据国际互认。建立健全药物非临床安全性评价实验室、药物临床试验机构监督检查体系和监管机制，探索建立分级分类监督管理制度。提高药物临床试验现场检查覆盖率，加强药物临床试验安全数据的监测。所有新药申请的非临床研究数据必须来源于符合《药物非临床研究质量管理规范》的机构。鼓励罕见病用药和儿童适宜剂型研发。加强受试者保护，提高药物临床试验的社会参与度和风险管理水平。加强医疗器械临床试验管理，制订质量管理规范。加强医疗器械产品注册技术审查指导原则制订工作，统一医疗器械审评标准，提高审评能力。

严格药品生产监管。加强药品生产监管制度建设，着力推进生产质量管理规范认证工作，建立健全药品生产风险监管体系。鼓励开展常用中药材规范化生产技术研究，推动实施中药材生产质量管理规范，鼓励中药生产企业按照要求建立药材基地。完善医疗器械质量管理体系，编制重点品种医疗器械质量管理规范实施指南。加强对药品、医疗器械生产企业执行生产质量管理规范情况的经常性检查，严肃查处违规企业。加强进口药品监管，建立健全境外检查工作机制和规范，探索建立出口药品监管制度，推动药品进出口与海关的联网核销系统建设，建立和完善进出口医疗器械分类管理、出入境验证和风险管理制度。

严格药品流通监管。完善药品经营许可制度、药品经营质量管理规范认证体系。完善药品流通体系，规范流通秩序，鼓励药品生产企业直接配送，并与药品零售机构直接结算。发展药品现代物流和连锁经营，制订药品冷链物流相关标准。探索建立中药材流通追溯体系。制订实施高风险医疗器械经营质量管理规范，提高医疗器械经营企业准入门槛，完善退出机制。完善农村基本药物供应网，建立健全短缺药品供应保障协调机制，确保基本药物和短缺药品质量安全、公平可及。

严格药品使用监管。完善药品使用环节的质量管理制度，加强医疗机构和零售药店药品质量管理，发挥执业药师的用药指导作用，规范医生处方行为，切实减少不合理用药。加强在用医疗器械监管工作，完善在用医疗器械管理制度。开展药品安全宣传教育活动，普及药品安全常识，提高公众安全用药意识，促进合理用药。

（三）健全药品检验检测体系

完善药品抽验工作机制，扩大抽验覆盖面和抽验品种范围，增加抽验频次。药品抽验必须做到检验标准、检验程序公开，检验结果及时公告。对抽验不合格产品，及时依法处置。

提高药品检验能力。到“十二五”末，省级药品检验机构、口岸药品检验机构具备依据法定标准对化学药品和中药的全项检验能力，市级药品检验机构具备85%以上项目的检验能力。强化生物制品批签发检验能力，授权部分省级药品检验机构承担生物制品批签发任务，被授权的机构必须具备授权品种的独立全项检验能力。开展药品关键检验技术、药品快速检验技术和补充检验技术研究，搭建检验技术共享平台。

提高医疗器械检测能力，重点提高植入性医疗器械等高风险产品和电气安全、电磁兼容、生物安全性的检测能力。加强医疗器械检测机构资格认可和监督评审，建立退出机制。到“十二五”末，国家级医疗器械检测机构具备对所有归口产品的检测能力，省级医疗器械检测机构具备对95%以上常用医疗器械的检测能力。

（四）提升药品安全监测预警水平

加强基层药品不良反应监测，健全重点监测与日常监测相结合的监测机制，强化对药品不良反应和医疗器械不良事件的评价与预警。完善药品安全新闻发布制度，及时发布药品安全预警信息。

加强特殊药品滥用监测。完善监测网络和制度，建立敏感人群用药调查监测机制，为特殊药品监管提供技术服务和保障。

健全药品上市后再评价制度。开展药品安全风险分析和评价，重点加强基本药物、中药注射剂、高风险药品的安全性评价。完善药品再评价的技术支撑体系。经再评价认定疗效不确切、存在严重不良反应、风险大于临床效益危及公众健康的药品，一律注销药品批准证明文件。建立医疗器械再评价制度，组织开展高风险医疗器械再评价工作。

专栏二：药品上市后不良反应监测和安全性再评价工程

医疗器械不良事件监测与再评价：选取100个品种，开展重点监测，制订监测技术规范，完成上市后安全风险分析报告。

健全药品医疗器械监测机构：加强市级和县级监测机构建设。药品不良反应病例县（市、区）报告比例达到80%以上，药品不良反应报告数达到400份/百万人。医疗器械不良事件县（市、区）报告比例达到70%以上，医疗器械不良事件报告数达到100份/百万人。

（五）依法严厉打击制售假劣药品行为

深入开展药品安全专项整治。完善打击生产销售假药部际协调联席会议制度，健全部门打假协作机制，加快行政执法与刑事司法衔接的信息平台建设。完善药品检验鉴定机制，提高假劣药品检验鉴定时效。加强行政执法监督，规范执法行为，对制售假劣药品的生产经营企业，依法撤销批准证明文件。完善联合挂牌督办案件制度，加大案件查处力度，重点打击生产假劣药品以及利用互联网、邮寄、挂靠等方式销售假劣药品违法犯罪行为，坚决打击进出口假劣药品违法犯罪行为。研究解决生产销售假劣药品的定罪量刑过低问题，加大对生产销售假劣药品违法犯罪行为的惩处力度。以乡（镇）、村为重点，加大基层打假治劣力度，严厉打击流动药贩。规范药材边贸交易。

严厉打击发布违法药品广告行为。严格广告审批，完善广告监测网络，强化广告发布前规范指导、发布中动态监督、发布后依法查处。规范网上药品信息服务与广告发布行为，重点打击利用互联网发布虚假广告和虚假宣传行为。加强药品电子商务特别是网上药品零售市场监管，严格互联网药品交易服务网站资格审批，促进互联网药品交易服务健康发展。

（六）完善药品安全应急处置体系

完善药品、医疗器械突发事件应急预案，规范处置程序。强化应急平台、应急检验等技术支撑体系建设，加强国家药品安全应急演练基地和国家食品药品监督管理局投诉举报中心建设，强化应急管理培训，提高应急处置能力和水平。健全重大突发事件应急药品扩产改造和申报审批工作机制，保障应急药品的及时有效供应。

专栏三：应急管理体系建设工程

应急演练基地建设：加强国家级药品、医疗器械安全应急演练基地建设，开展应急知识和技能培训，组织应急演练。

配备应急处置装备：为国家级、省级应急队伍配备必要的应急装备。

（七）加强药品监管基础设施建设

加快实施药品安全基础设施建设工程，加强技术审评、检查认证、监测预警基础设施建设，进一步改善国家、省、市三级药品检验机构实验室条件，加强省级医疗器械检测中心基础设施建设。按标准建设药品行政监管机构办公业务用房，配备执法装备。加快推进药品快速检验技术在基层的应用，配置快速检验设备。

专栏四：药品安全基础设施建设工程

加强基础设施建设：加强药品行政监管机构业务用房建设，改善国家、省级（含口岸）、市级药品检验机构实验室条件，配备检验设备，提升基层快速检验能力。建设省级医疗器械检测机构、市级药品不良反应监测机构基础设施。

加强执法装备配备：按照配备标准，为市、县两级药品行政监管机构配备必要的执法装备。

（八）加快监管信息化建设

推进国家药品电子监管系统建设，完善覆盖全品种、全过程、可追溯的药品电子监管体系。整合信息资源，统一信息标准，提高共享水平，逐步实现国家药品电子监管系统与有关部门以及企业信息化系统对接。采取信息化手段实现药品研究和生产过程的非现场监管。建立健全医疗器械监管信息系统，启动高风险医疗器械国家统一编码工作。完成国家药品监管信息系统一期工程，启动二期工程建设。

专栏五：国家药品监管信息系统二期工程

应用平台建设：扩建行政执法、监测分析、政务公开、社会应急、内部管理等五类应用平台，建设数据中心，增建辅助决策信息平台。

信息系统建设：建立药物非临床研究、药物临床试验、药品生产质量管理监管信息系统，开展广告监督、医疗机构合理用药监督、药品安全性评估以及医疗器械监管试点。

信息资源安全建设：完善药品监管信息资源保障和配套环境建设。

（九）提升人才队伍素质

制订药品监管中长期人才发展规划，建立严格的人员准入、培训和管理制度。加强药品监管部门专业技术人员培训，加快高层次监管人才和急需紧缺专门人才培养，形成一支规模适当、结构合理、素质优良的药品监管专业队伍。建设国家食品药品监督管理局高级研修学院，逐步形成国家和省两级培训架构，建设覆盖全系统的网络教育培训平台。加强药品监管部门领导干部和基层一把手培训，提高监管水平。到“十二五”末，各级药品监管队伍大学本科以上学历人员达到75%以上，药学、医疗器械、医学、法学等相关专业人员达到75%以上。

专栏六：人才队伍素质提高工程

人才队伍基础工程：加强国家食品药品监督管理局高级研修学院基础设施建设。分批确认符合条件的机构作为全国食品药品监管系统干部教育培训基地。建设药品监管学科、课程、师资、网络培训体系。

专业技术人员培训工程：加强技术审评、检查认证、检验检测、监测预警、应急管理、政策研究队伍建设和人员培训，完成新一轮省、市两级技术支撑机构主要负责人国家级轮训。

行政监管人员培训工程：完成新一轮省级食品药品监管机构领导班子成员和市、县两级行政监管机构主要负责人国家级轮训。

四、保障措施

（一）完善保障药品安全的配套政策

完善医药产业政策，提高准入门槛，严格控制新开办企业数量，引导企业兼并重组，促进资源向优势企业集中；支持生物医药、医疗器械产业健康、快速发展；大力扶持中药、民族药发展，促进继承和创新。研究完善药品经济政策，对已达到国际水平的仿制药，在药品定价、招标采购、医保报销等方面给予支持，形成有利于提高药品质量、保障药品安全的激励机制。完善加强药品安全的科技政策，强化科技对药品安全的支撑作用。实施重大新药创制等国家科技重大专项和国家科技计划，支持和鼓励企业科技创新，提高药品、医疗器械的创新能力。以企业为主体、产学研相结合，推进药品安全研究工作。

（二）完善药品安全法律法规

推动制订执业药师法，修订《中华人民共和国药品管理法》。修订《医疗器械监督管理条例》、《放射性药品管理办法》等法规和规章。研究制订处方药和非处方药分类管理条例。

（三）加强药品安全监管能力建设

创新药品安全执法体制机制，推进专职化的药品检查员队伍建设。充实国家和省两级药品审评评价、检查认证、监测预警力量，确保药品再评价、再注册等工作顺利开展。深化药品行政审批制度改革，严格审批标准，规范审批程序。各级政府要将药品安全监管经费纳入财政预算，加大经费投入。加强基层、边远地区和民族地区药品安全保障能力建设，改善基层执法条件。加强与国际组织、国外监管机构和民间机构的交流与合作，借鉴国际先进监管经验，不断提高监管能力和水平。

（四）全面落实药品安全责任

按照“地方政府负总责，监管部门各负其责，企业是第一责任人”的要求，进一步健全药品安全责任体系。企业要切实履行药品安全主体责任，完善质量管理制度，严格执行质量管理规范，禁止不合格药品出厂、销售，及时召回问题药品和退市药品。开展企业信用等级评价工作，建立从业人员诚信档案，对严重违规和失信的企业和从业人员实行行业禁入。监管部门要认真履行监管职责，加强对药品研制、生产、流通、使用的全过程监管，监督企业严格按照国家法律法规和质量规范生产、销售药品，监测药品不良反应，及时进行风险提示，严格查处违法违规行为，确保用药安全。地方各级政府负责本行政区域的药品安全工作，将药品安全列入政府考核测评体系，建立考核评价和责任追究制度。健全各级药品监管机构和农村药品监督网络，确保药品监管机构依法独立开展工作。

（五）完善执业药师制度

配合深化医药卫生体制改革，制订实施执业药师业务规范，严格执业药师准入，推进执业药师继续教育工程，提高执业药师整体素质，推动执业药师队伍发展。加大执业药师配备使用力度，自2012年开始，新开办的零售药店必须配备执业药师；到“十二五”末，所有零售药店法人或主要管理者必须具备执业药师资格，所有零售药店和医院药房营业时有执业药师指导合理用药，逾期达不到要求的，取消售药资格。

（六）加强对规划实施工作的组织领导

地方各级政府要根据本规划确定的发展目标和主要任务，将药品安全工作纳入重要议事日程和本地区经济社会发展规划。各有关部门要按照职责分工，细化目标，分解任务，制订具体实施方案，做好相关任务的实施工作。2013年年中和2015年年底，国家食品药品监督管理局牵头对规划执行情况进行中期评估和终期考核，评估和考核结果向国务院报告。

国务院关于印发“十二五”期间深化医药卫生体制改革规划暨实施方案的通知

国发〔2012〕11号

各省、自治区、直辖市人民政府，国务院各部委、各直属机构：

现将《“十二五”期间深化医药卫生体制改革规划暨实施方案》印发给你们，请认真贯彻执行。

国务院

二○一二年三月十四日

“十二五”期间深化医药卫生体制改革规划暨实施方案

深化医药卫生体制改革是贯彻落实科学发展观、加快转变经济发展方式的重大实践，是建设现代国家、保障和改善民生、促进社会公平正义的重要举措，是贯穿经济社会领域的一场综合改革。“十二五”时期是深化医药卫生体制改革的攻坚阶段，也是建立基本医疗卫生制度的关键时期。为巩固扩大前一阶段改革成果，实现2020年人人享有基本医疗卫生服务的既定目标，根据《中华人民共和国国民经济和社会发展第十二个五年规划纲要》和《中共中央国务院关于深化医药卫生体制改革的意见》（中发〔2009〕6号），编制本规划。本规划主要明确2012-2015年医药卫生体制改革的阶段目标、改革重点和主要任务，是未来四年深化医药卫生体制改革的指导性文件。

一、规划背景

自2009年4月深化医药卫生体制改革启动实施以来，在党中央、国务院领导下，各地区、各有关部门认真贯彻落实中央的决策部署，按照保基本、强基层、建机制的基本原则，完善政策、健全制度、加大投入，统筹推进五项重点改革，取得了明显进展和初步成效，实现了阶段性目标。覆盖城乡全体居民的基本医疗保障制度（以下简称基本医保）框架初步形成，职工基本医疗保险（以下简称职工医保）、城镇居民基本医疗保险（以下简称城镇居民医保）和新型农村合作医疗（以下简称新农合）参保人数达到13亿人，筹资和保障水平明显提高，保障范围从大病延伸到门诊小病，城乡医疗救助力度不断加大。国家基本药物制度初步建立，政府办基层医疗卫生机构全部实施基本药物零差率销售，药品安全保障得到明显加强；以破除““以药补医””机制为核心的基层医疗卫生机构综合改革同步推进，开始形成维护公益性、调动积极性、保障可持续的新机制。覆盖城乡的基层医疗卫生服务体系基本建成，2200多所县级医院和3.3万多个城乡基层医疗卫生机构得到改造完善，中医药服务能力逐步增强，全科医生制度建设开始启动。基本公共卫生服务均等化水平不断提高，10类国家基本公共卫生服务面向城乡居民免费提供，国家重大公共卫生服务项目全面实施。公立医院改革试点积极推进，围绕政事分开、管办分开、医药分开、营利性和非营利性分开（以下简称“四个分开”）进行体制机制创新，便民惠民措施全面推开，多元办医稳步推进。各级政府对医药卫生工作的认识和执行力明显提高，实践经验和做法不断丰富，支持医药卫生体制改革的社会氛围正在形成。三年改革实践证明，医药卫生体制改革方向正确、路径清晰、措施有力，尤其是在基层取得明显成效，人民群众看病就医的公平性、可及性、便利性得到改善，看病难、看病贵问题有所缓解，医药卫生体制改革促进经济社会发展的作用越来越重要。

医药卫生体制改革是一项长期艰巨复杂的系统工程。要清醒地看到，当前医药卫生体制改革中还存在一些较为突出的矛盾和问题，特别是随着改革向纵深推进，利益格局深刻调整，体制性、结构性等深层次矛盾集中暴露，改革的难度明显加大。医疗保障制度建设有待进一步加强，基本药物制度还需巩固完善，公立医院改革需要深化拓展，推进社会力量办医仍需加大力度，人才队伍总量和结构性矛盾依然突出，政府职能转变亟待加快步伐，制度法规建设的任务更加紧迫。同时，随着经济社会进入新的发展阶段，工业化、城镇化、农业现代化、经济全球化以及人口老龄化进程加快，城乡居民健康需求不断提升并呈现多层次、多元化特点，进一步加剧了卫生资源供给约束与卫生需求日益增长之间的矛盾；疾病谱变化、医药技术创新、重大传染病防控和卫生费用快速增长等，对优化资源配置、扩大服务供给、转变服务模式、合理控制费用和提升管理能力等都提出了更高要求。解决这些问题和挑战，必须持续不断地推进改革。

“十二五”时期在深化医药卫生体制改革进程中承前启后，要在认真总结经验的基础上，进一步加强组织领导，发挥制度优势，抓住基层综合改革取得重大进展、经济持续快速发展的有利时机，不断凝聚和扩大社会共识，把改革不断推向深入，为基本建成符合我国国情的基本医疗卫生制度、实现人人享有基本医疗卫生服务奠定坚实基础。

二、总体要求和主要目标

（一）总体要求。以邓小平理论和“三个代表”重要思想为指导，深入贯彻落实科学发展观，紧紧围绕《中共中央国务院关于深化医药卫生体制改革的意见》（中发〔2009〕6号）精神，坚持把基本医疗卫生制度作为公共产品向全民提供的核心理念，坚持保基本、强基层、建机制的基本原则，坚持预防为主、以农村为重点、中西医并重的方针，以维护和增进全体人民健康为宗旨，以基本医疗卫生制度建设为核心，统筹安排、突出重点、循序推进，进一步深化医疗保障、医疗服务、公共卫生、药品供应以及监管体制等领域综合改革，着力在全民基本医保建设、基本药物制度巩固完善和公立医院改革方面取得重点突破，增强全民基本医保的基础性作用，强化医疗服务的公益性，优化卫生资源配置，重构药品生产流通秩序，提高医药卫生体制的运行效率，加快形成人民群众“病有所医”的制度保障，不断提高全体人民健康水平，使人民群众共享改革发展的成果。

（二）主要目标。基本医疗卫生制度建设加快推进，以基本医疗保障为主体的多层次医疗保障体系进一步健全，通过支付制度等改革，明显提高保障能力和管理水平；基本药物制度不断巩固完善，基层医疗卫生机构运行新机制有效运转，基本医疗和公共卫生服务能力同步增强；县级公立医院改革取得阶段性进展，城市公立医院改革有序开展；卫生资源配置不断优化，社会力量办医取得积极进展；以全科医生为重点的人才队伍建设得到加强，基层人才不足状况得到有效改善，中医药服务能力进一步增强；药品安全水平不断提升，药品生产流通秩序逐步规范，医药价格体系逐步理顺；医药卫生信息化水平明显提高，监管制度不断完善，对医药卫生的监管得到加强。

到2015年，基本医疗卫生服务更加公平可及，服务水平和效率明显提高；卫生总费用增长得到合理控制，政府卫生投入增长幅度高于经常性财政支出增长幅度，政府卫生投入占经常性财政支出的比重逐步提高，群众负担明显减轻，个人卫生支出占卫生总费用的比例降低到30%以下，看病难、看病贵问题得到有效缓解。人均期望寿命达到74.5岁，婴儿死亡率降低到12‰以下，孕产妇死亡率降低到22/10万以下。

三、加快健全全民医保体系

充分发挥全民基本医保的基础性作用，重点由扩大范围转向提升质量。通过支付制度改革，加大医保经办机构和医疗机构控制医药费用过快增长的责任。在继续提高基本医保参保率基础上，稳步提高基本医疗保障水平，着力加强管理服务能力，切实解决重特大疾病患者医疗费用保障问题。

（一）巩固扩大基本医保覆盖面。职工医保、城镇居民医保和新农合三项基本医疗保险参保率在2010年基础上提高三个百分点。重点做好农民工、非公有制经济组织从业人员、灵活就业人员，以及关闭破产企业退休人员和困难企业职工参保工作。

（二）提高基本医疗保障水平。到2015年，城镇居民医保和新农合政府补助标准提高到每人每年360元以上，个人缴费水平相应提高，探索建立与经济发展水平相适应的筹资机制。职工医保、城镇居民医保、新农合政策范围内住院费用支付比例均达到75%左右，明显缩小与实际住院费用支付比例之间的差距；进一步提高最高支付限额。城镇居民医保和新农合门诊统筹覆盖所有统筹地区，支付比例提高到50%以上；稳步推进职工医保门诊统筹。

（三）完善基本医保管理体制。加快建立统筹城乡的基本医保管理体制，探索整合职工医保、城镇居民医保和新农合制度管理职能和经办资源。有条件的地区探索建立城乡统筹的居民基本医疗保险制度。按照管办分开原则，完善基本医保管理和经办运行机制，明确界定职责，进一步落实医保经办机构的法人自主权，提高经办能力和效率。在确保基金安全和有效监管的前提下，鼓励以政府购买服务的方式，委托具有资质的商业保险机构经办各类医疗保障管理服务。

（四）提高基本医保管理服务水平。加快推进基本医保和医疗救助即时结算，使患者看病只需支付自负部分费用，其余费用由医保经办机构与医疗机构直接结算。建立异地就医结算机制，2015年全面实现统筹区域内和省内医疗费用异地即时结算，初步实现跨省医疗费用异地即时结算；做好基本医保和医疗救助结算衔接。完善医保关系转移接续政策，基本实现职工医保制度内跨区域转移接续，推进各项基本医疗保险制度之间衔接。加快建立具有基金管理、费用结算与控制、医疗行为管理与监督等复合功能的医保信息系统，实现与定点医疗机构信息系统的对接。积极推广医保就医“一卡通”，方便参保人员就医。

加强基本医保基金收支管理。职工医保基金结余过多的地区要把结余降到合理水平，城镇居民医保和新农合基金要坚持当年收支平衡的原则，结余过多的，可结合实际重点提高高额医疗费用支付水平。增强基本医保基金共济和抗风险能力，实现市级统筹，逐步建立省级风险调剂金制度，积极推进省级统筹。完善基本医保基金管理监督和风险防范机制，防止基本医保基金透支，保障基金安全。

（五）改革完善医保支付制度。加大医保支付方式改革力度，结合疾病临床路径实施，在全国范围内积极推行按病种付费、按人头付费、总额预付等，增强医保对医疗行为的激励约束作用。建立医保对统筹区域内医疗费用增长的制约机制，制定医保基金支出总体控制目标并分解到定点医疗机构，将医疗机构次均（病种）医疗费用增长控制和个人负担定额控制情况列入医保分级评价体系。积极推动建立医保经办机构与医疗机构、药品供应商的谈判机制和购买服务的付费机制。医保支付政策进一步向基层倾斜，鼓励使用中医药服务，引导群众小病到基层就诊，促进分级诊疗制度形成。将符合资质条件的非公立医疗机构和零售药店纳入医保定点范围，逐步将医保对医疗机构医疗服务的监管延伸到对医务人员医疗服务行为的监管。加强对定点医疗机构和零售药店的监管，加大对骗保欺诈行为的处罚力度。

（六）完善城乡医疗救助制度。加大救助资金投入，筑牢医疗保障底线。资助低保家庭成员、五保户、重度残疾人以及城乡低收入家庭参加城镇居民医保或新农合。取消医疗救助起付线，提高封顶线，对救助对象政策范围内住院自负医疗费用救助比例提高到70%以上。在试点基础上，全面推进重特大疾病救助工作，加大对重特大疾病的救助力度。无负担能力的病人发生急救医疗费用通过医疗救助基金、政府补助等渠道解决。鼓励和引导社会力量发展慈善医疗救助。鼓励工会等社会团体开展多种形式的医疗互助活动。

（七）积极发展商业健康保险。完善商业健康保险产业政策，鼓励商业保险机构发展基本医保之外的健康保险产品，积极引导商业保险机构开发长期护理保险、特殊大病保险等险种，满足多样化的健康需求。鼓励企业、个人参加商业健康保险及多种形式的补充保险，落实税收等相关优惠政策。简化理赔手续，方便群众结算。加强商业健康保险监管，促进其规范发展。

（八）探索建立重特大疾病保障机制。充分发挥基本医保、医疗救助、商业健康保险、多种形式补充医疗保险和公益慈善的协同互补作用，切实解决重特大疾病患者的因病致贫问题。在提高基本医保最高支付限额和高额医疗费用支付比例的基础上，统筹协调基本医保和商业健康保险政策，积极探索利用基本医保基金购买商业大病保险或建立补充保险等方式，有效提高重特大疾病保障水平。加强与医疗救助制度的衔接，加大对低收入大病患者的救助力度。

四、巩固完善基本药物制度和基层医疗卫生机构运行新机制

持续扩大基层医药卫生体制改革成效，巩固完善国家基本药物制度，深化基层医疗卫生机构管理体制、补偿机制、药品供应和人事分配等方面的综合改革，继续加强基层服务网络建设，加快建立全科医生制度，促进基层医疗卫生机构全面发展。

（一）深化基层医疗卫生机构综合改革。完善基层医疗卫生机构编制管理、补偿机制、人事分配等方面的综合改革措施，巩固基层改革成效。健全基层医疗卫生机构稳定长效的多渠道补偿机制，地方政府要将对基层医疗卫生机构专项补助以及经常性收支差额补助纳入财政预算并及时、足额落实到位，中央财政建立基本药物制度全面实施后对地方的经常性补助机制并纳入预算；加快落实一般诊疗费及医保支付政策，确保基层医疗卫生机构正常运转。健全绩效评价和考核机制，在平稳实施绩效工资的基础上，有条件的地区可适当提高奖励性绩效工资的比例，坚持多劳多得、优绩优酬，重点向关键岗位、业务骨干和作出突出贡献的人员倾斜，合理拉开收入差距，调动医务人员积极性。

（二）扩大基本药物制度实施范围。巩固政府办基层医疗卫生机构实施基本药物制度的成果，落实基本药物全部配备使用和医保支付政策。有序推进村卫生室实施基本药物制度，执行基本药物制度各项政策，同步落实对乡村医生的各项补助和支持政策。对非政府办基层医疗卫生机构，各地政府可结合实际，采取购买服务的方式将其纳入基本药物制度实施范围。鼓励公立医院和其他医疗机构优先使用基本药物。

（三）完善国家基本药物目录。根据各地基本药物使用情况，优化基本药物品种、类别，适当增加慢性病和儿童用药品种，减少使用率低、重合率低的药品，保持合理的基本药物数量，更好地满足群众基本用药需求。2012 年调整国家基本药物目录并适时公布。逐步规范基本药物标准剂型、规格和包装。基本药物由省级人民政府统一增补，不得将增补权限下放到市、县或基层医疗卫生机构。要合理控制增补药品数量。

（四）规范基本药物采购机制。坚持基本药物以省为单位网上集中采购，落实招采合一、量价挂钩、双信封制、集中支付、全程监控等采购政策。坚持质量优先、价格合理，进一步完善基本药物质量评价标准和评标办法，既要降低虚高的药价也要避免低价恶性竞争，确保基本药物安全有效、供应及时。建立以省为单位的基本药物集中采购和使用管理系统，明显提高基本药物使用监管能力。对独家品种和经多次集中采购价格已基本稳定且市场供应充足的基本药物试行国家统一定价。对用量小、临床必需的基本药物可通过招标采取定点生产等方式确保供应。对已达到国际水平的仿制药，在定价、招标采购方面给予支持，激励企业提高基本药物质量。提高基本药物生产技术水平和供应保障能力，完善基本药物储备制度。强化基本药物质量监管，所有基本药物生产、经营企业必须纳入电子监管。

（五）提高基层医疗卫生机构服务能力。按照填平补齐的原则，继续支持村卫生室、乡镇卫生院、社区卫生服务机构标准化建设，2015 年基层医疗卫生机构达标率达到 95% 以上。继续加强基层在岗人员培训，重点实施具有全科医学特点、促进基本药物使用等针对性和实用性强的培训项目。进一步规范基层医疗卫生机构用药行为。鼓励基层医疗卫生机构采取主动服务、上门服务等方式，开展巡回医疗，推动服务重心下沉，服务内容向基本医疗和基本公共卫生服务转变。建立健全分级诊疗、双向转诊制度，积极推进基层首诊负责制试点。明显提高基层医疗卫生机构门急诊量占门急诊总量的比例。

筑牢农村医疗卫生服务网底。完善乡村医生的补偿、养老政策。加强乡村医生培训和后备力量建设，逐步推进乡村医生向执业（助理）医师转变，鼓励有条件的地区通过定向培养、学历提升、岗位培训等方式加强乡村医生能力建设。积极推进乡镇卫生院和村卫生室一体化管理。

（六）推进全科医生制度建设。把建立全科医生制度作为强基层的关键举措，通过规范化培养、转岗培训、执业医师招聘和设置特岗等方式加强全科医生队伍建设，到 2015 年为基层医疗卫生机构培养全科医生 15 万名以上，使每万名城市居民拥有 2 名以上全科医生，每个乡镇卫生院都有全科医生。积极推进家庭签约医生服务模式，逐步建立全科医生与居民契约服务关系，为居民提供连续的健康管理服务。

（七）促进人才向基层流动。进一步完善相关政策措施，鼓励引导医务人员到基层服务。建立上级医院与基层医疗卫生机构之间的人才合作交流机制，探索县（市、区）域人才柔性流动方式，促进县乡人才联动。开展免费医学生定向培养，实施全科医生特岗计划，充实基层人才队伍。严格落实城市医院和疾病预防控制机构医生晋升中高级职称前到农村服务累计一年以上的政策。鼓励大医院退休医生到基层和农村执业。对到艰苦边远地区基层医疗卫生机构服务的医务人员，落实津贴政策或给予必要补助。

（八）加快推进基层医疗卫生机构信息化。在试点基础上，以省为单位，建立涵盖基本药物供应使用、居民健康管理、

基本医疗服务、绩效考核等功能的基层医疗卫生信息系统，提高基层医疗卫生服务水平。到 2015 年，基层医疗卫生信息系统基本覆盖乡镇卫生院、社区卫生服务机构和有条件的村卫生室。

五、积极推进公立医院改革

坚持公立医院公益性质，按照“四个分开”的要求，以破除“‘以药补医’”机制为关键环节，以县级医院为重点，统筹推进管理体制、补偿机制、人事分配、药品供应、价格机制等方面的综合改革，由局部试点转向全面推进，大力开展便民惠民服务，逐步建立维护公益性、调动积极性、保障可持续的公立医院运行新机制。

（一）落实政府办医责任。坚持公立医院面向城乡居民提供基本医疗卫生服务的主导地位，进一步明确政府举办公立医院的目的和应履行的职责，扭转公立医院逐利行为。进一步落实政府对公立医院的基本建设和设备购置、重点学科发展、公共卫生服务、符合国家规定的离退休人员费用和政策性亏损补贴等投入政策。合理确定公立医院（含国有企业所办医院）数量和布局，严格控制建设标准、规模和设备配备。禁止公立医院举债建设。

（二）推进补偿机制改革。以破除“‘以药补医’”机制为关键环节，推进医药分开，逐步取消药品加成政策，将公立医院补偿由服务收费、药品加成收入和财政补助三个渠道改为服务收费和财政补助两个渠道。医院的药品和高值医用耗材实行集中采购。政府投资购置的公立医院大型设备按扣除折旧后的成本制定检查价格，贷款或集资购买的大型设备原则上由政府回购，回购有困难的限期降低检查价格。医疗机构检验对社会开放，检查设备和技术人员应当符合法定要求或具备法定资格，实现检查结果互认。由于上述改革减少的合理收入或形成的亏损，通过调整医疗技术服务价格、增加政府投入等途径补偿。提高诊疗费、手术费、护理费收费标准，体现医疗服务合理成本和医务人员技术劳务价值。医疗技术服务收费按规定纳入医保支付范围。增加的政府投入由中央财政给予一定补助，地方财政要按实际情况调整支出结构，切实加大投入。

（三）控制医疗费用增长。医保经办机构和卫生监管部门要加强对医疗服务行为的监管，制止开大处方、重复检查、滥用药品等行为。强化医保对医疗服务的监控作用，采取总额预付、按人头、按病种付费等复合支付方式，引导医疗机构主动控制成本，同时加强监管，规范诊疗行为、提高服务质量；逐步实现由医保经办机构与公立医院通过谈判方式确定服务范围、支付方式、支付标准和服务质量要求；严格基本医保药品目录使用率及自费药品控制率等指标考核。

加强卫生部门对医疗费用的监管控制，将次均费用和总费用增长率、住院床日以及药占比等控制管理目标纳入公立医院目标管理责任制并作为绩效考核的重要指标，及时查处为追求经济利益的不合理用药、用材和检查及重复检查等行为。加强对费用增长速度较快疾病诊疗行为的重点监控，控制公立医院提供非基本医疗服务。价格主管部门要加强医疗服务收费和药品价格监督检查。

（四）推进政事分开、管办分开。强化卫生行政部门规划、准入、监管等全行业管理职能。研究探索采取设立专门管理机构等多种形式确定政府办医机构，由其履行政府举办公立医院的职能，负责公立医院的资产管理、财务监管、绩效考核和医院主要负责人的任用。各级卫生行政部门负责人不得兼任公立医院领导职务，逐步取消公立医院行政级别。

（五）建立现代医院管理制度。探索建立理事会等多种形式的公立医院法人治理结构，明确理事会与院长职责，公立医院功能定位、发展规划、重大投资等权力由政府办医机构或理事会行使。建立院长负责制和任期目标责任考核制度，落实公立医院用人自主权，实行按需设岗、竞聘上岗、按岗聘用、合同管理，推进公立医院医务人员养老等社会保障服务社会化。建立以公益性质和运行效率为核心的公立医院绩效考核体系，健全以服务质量、数量和患者满意度为核心的内部分配机制，提高人员经费支出占业务支出的比例，提高医务人员待遇，院长及医院管理层薪酬由政府办医机构或授权理事会确定。严禁把医务人员个人收入与医院的药品和检查收入挂钩；完善公立医院财务核算制度，加强费用核算和控制。

（六）开展医院管理服务创新。深化以病人为中心的服务理念，不断完善医疗质量管理与控制体系，持续提高医院管理水平和医疗服务质量。简化挂号、就诊、检查、收费、取药等流程，方便群众就医。大力推行临床路径，开展单病种质量控制，规范医疗行为。推广应用基本药物和适宜技术，规范抗菌药物等药品的临床使用。以医院管理和电子病历为核心，推进公立医院信息化建设。全面推行便民惠民措施，大力推广优质护理，优化服务模式和服务流程，开展“先诊疗、后结算”和志愿者服务。积极推进区域统一预约挂号平台建设，普遍实行预约诊疗，改善就医环境，明显缩短病人等候时间。发展面向农村基层及边远地区的远程诊疗系统。

（七）全面推进县级公立医院改革。县级公立医院是农村三级医疗卫生服务网络的龙头。“十二五”期间要把县级公立医院改革放在突出位置，以破除“‘以药补医’”机制为关键环节，统筹推进管理体制、补偿机制、人事分配、采购机制、价格机制等方面的综合改革；加强以人才、技术、重点专科为核心的能力建设，巩固深化城市医院对口支援县级医院的长期合作帮扶机制，经批准可在县级医院设立特设岗位引进急需高层次人才，力争使县域内就诊率提高到90%左右，基本实现大病不出县。2015年要实现县级公立医院阶段性改革目标。

（八）拓展深化城市公立医院改革。按照上下联动、内增活力、外加推力的原则，加快推进城市公立医院改革试点，拓展深化试点内容，创新体制机制，提高服务质量和运行效率，尽快形成改革的基本路子并逐步在全国范围内推广。公立医院资源丰富的城市，可引导社会资本以多种方式参与包括国有企业所办医院在内的部分公立医院改制重组。鼓励社会资本对部分公立医院进行多种形式的公益性投入，以合资合作方式参与改制的不得改变非营利性质。改制过程中要加强国有资产管理，维护好职工合法权益。

六、统筹推进相关领域改革

进一步增强医药卫生体制改革各项政策的协同性，继续推进基本公共卫生服务均等化，优化卫生资源配置，加快人才培养和信息化建设，加强药品生产流通和医药卫生监管体制改革，充分发挥政策叠加效应。

（一）提高基本公共卫生服务均等化水平。逐步提高人均基本公共卫生服务经费标准，2015年达到40元以上，免费为城乡居民提供健康档案、健康教育、预防接种、传染病防治、儿童保健、孕产妇保健、老年人保健、高血压等慢性病管理、重性精神疾病管理、卫生监督协管等国家基本公共卫生服务项目。加强健康促进与教育，实施国民健康行动计划，将健康教育纳入国民教育体系。主要媒体要加强健康知识宣传。倡导健康的生活方式，引导科学就医和安全合理用药。到2015年，城乡居民健康档案规范化电子建档率达到75%以上；高血压、糖尿病患者规范化管理率达到40%以上。

逐步增加国家重大公共卫生项目，继续开展国家免疫规划，艾滋病和结核病、血吸虫病等重大传染病防治，农村孕产妇住院分娩补助、适龄妇女“两癌”（宫颈癌、乳腺癌）检查等重大公共卫生服务专项，农村孕产妇住院分娩率稳定在96%以上。重点做好食品安全（包括餐饮、饮用水卫生）、职业卫生、精神卫生、慢性病防控、重大地方病防控、卫生应急等对居民健康有重要影响的公共卫生服务。

完善重大疾病防控、计划生育、妇幼保健等专业公共卫生服务网络，加强卫生监督、农村应急救治、精神疾病防治、食品安全风险监测等能力建设。提高疾病监测、预防、控制能力和突发公共卫生事件应急处置能力。深入开展爱国卫生运动。加强流动人口以及农村留守儿童和老人的公共卫生服务和重大传染病防控工作，提高公共卫生服务的可及性。严格开展绩效考核和效果评估，提高公共卫生服务效益。建立公共卫生和医疗卫生服务体系分工协作机制。专业公共卫生机构经费纳入财政预算并全额安排。

（二）推进医疗资源结构优化和布局调整。科学制定区域卫生规划，明确省、市、县级卫生资源配置标准，新增卫生资源优先考虑社会资本。每千常住人口医疗卫生机构床位数达到4张的，原则上不再扩大公立医院规模。中央、省级可以设置少量承担医学科研、教学功能的医学中心或区域医疗中心。鼓励各地整合辖区内检查检验资源，促进大型设备资源共建共享。加强医疗服务体系薄弱环节建设，优先支持基层以及老少边穷等医疗资源缺乏地区发展。每个县重点办好1至2所县级医院（含县中医院）。继续支持医疗机构临床重点专科建设。加强省级妇儿专科医院和县级医院妇儿科建设。推进边远地区地市级综合医院建设。鼓励发展康复医疗和长期护理。

充分发挥中医药在疾病预防控制和医疗服务中的作用。以城乡基层为重点加强中医医疗服务能力建设，到2015年，力争95%以上的社区卫生服务中心和90%的乡镇卫生院、70%以上的社区卫生服务站和65%以上的村卫生室能够提供中医药服务。鼓励零售药店提供中医坐堂诊疗服务。积极推广中医适宜技术。加强中药资源保护、研究开发和合理利用。

（三）大力发展非公立医疗机构。放宽社会资本举办医疗机构的准入，鼓励有实力的企业、慈善机构、基金会、商业保险机构等社会力量以及境外投资者举办医疗机构，鼓励具有资质的人员（包括港、澳、台地区）依法开办私人诊所。进一步改善执业环境，落实价格、税收、医保定点、土地、重点学科建设、职称评定等方面政策，对各类社会资本举办非营利性医疗机构给予优先支持，鼓励非公立医疗机构向高水平、规模化的大型医疗集团发展。积极发展医疗服务业，扩大和丰富全社会医疗资源。2015年，非公立医疗机构床位数和服务量达到总量的20%左右。

（四）创新卫生人才培养使用制度。深化医学教育改革，重视人文素养培养和职业素质教育，加快建立住院医师规范化培训制度，完善继续医学教育制度。加大护士、养老护理员、药师、儿科医师，以及精神卫生、院前急救、卫生应急、卫生监督、医院和医保管理人员等急需紧缺专门人才和高层次人才的培养。推进医师多点执业，鼓励具备行医资格的人员申请多个地点执业，完善执业医师注册、备案、考核、评价、监管政策，建立医师管理档案。建立健全医疗执业保险和医疗纠纷处理机制。

（五）推进药品生产流通领域改革。改革药品价格形成机制，选取临床使用量较大的药品，依据主导企业成本，参考药品集中采购价格和零售药店销售价等市场交易价格制定最高零售指导价格，并根据市场交易价格变化等因素适时调整。完善进口药品、高值医用耗材的价格管理。加强药品价格信息采集、分析和披露。

完善医药产业发展政策，规范生产流通秩序，推动医药企业提高自主创新能力和医药产业结构优化升级，发展药品现代物流和连锁经营，提高农村和边远地区药品配送能力，促进药品生产、流通企业跨地区、跨所有制的收购兼并和联合重组。到2015年，力争全国百强制药企业和药品批发企业销售额分别占行业总额的50%和85%以上。鼓励零售药店发展。完善执业药师制度，加大执业药师配备使用力度，到“十二五”期末，所有零售药店法人或主要管理者必须具备执业药师资格，所有零售药店和医院药房营业时有执业药师指导合理用药。严厉打击挂靠经营、过票经营、买卖税票、行贿受贿、生产经营假劣药品、发布虚假药品广告等违法违规行为。

落实《国家药品安全“十二五”规划》，提高药品质量水平，药品标准和药品生产质量管理规范与国际接轨。全面提高仿制药质量，到“十二五”期末，实现仿制药中基本药物和临床常用药品质量达到国际先进水平。实施“重大新药创制”等国家科技重大专项和国家科技计划，积极推广科技成果，提高药品创新能力和水平。加强药品质量安全监管，全面实施新修订的药品生产质量管理规范，修订并发布实施药品经营质量管理规范，实行药品全品种电子监管，对基本药物和高风险品种实施全品种覆盖抽验，定期发布药品质量公告。

（六）加快推进医疗卫生信息化。发挥信息辅助决策和技术支撑的作用，促进信息技术与管理、诊疗规范和日常监管有效融合。研究建立全国统一的电子健康档案、电子病历、药品器械、医疗服务、医保信息等数据标准体系，加快推进医疗卫生信息技术标准化建设。加强信息安全标准建设。利用“云计算”等先进技术，发展专业的信息运营机构。加强区域信息平台建设，推动医疗卫生信息资源共享，逐步实现医疗服务、公共卫生、医疗保障、药品监管和综合管理等应用系统信息互联互通，方便群众就医。

（七）健全医药卫生监管体制。积极推动制定基本医疗卫生法，以及基本医保、基本药物制度、全科医生制度、公立医院管理等方面的法律法规，及时将医药卫生体制改革的成功做法、经验和政策上升为法律法规。推动适时修订执业医师法。完善药品监管法律制度。

加强卫生全行业监管。完善机构、人员、技术、设备的准入和退出机制。建立科学的医疗机构分类评价体系。强化医疗卫生服务行为和质量监管。依法严厉打击非法行医，严肃查处药品招标采购、医保报销等关键环节和医疗服务过程中的违法违规行为。建立信息公开、社会多方参与的监管制度，鼓励行业协会等社会组织和个人对医疗机构进行独立评价和监督。强化医务人员法制和纪律宣传教育，加强医德医风建设和行业自律。

七、建立强有力的实施保障机制

（一）强化责任制。地方各级政府要把医药卫生体制改革作为一项全局性工作，加强对规划实施的组织领导，建立健全责任制和问责制，形成政府主要领导负总责，分管常务工作和卫生工作的领导具体抓，各有关部门分工协作、密切配合、合力推进的工作机制，确保规划顺利实施。各地区、各部门要围绕规划的总体目标和重点任务细化年度任务，制定工作方案，落实责任制，把规划的重点任务落到实处。建立规划实施动态监测、定期通报制度，开展规划实施评估。

（二）增强执行力。“十二五”时期是医药卫生体制改革攻坚阶段，医药卫生系统是医药卫生体制改革的主战场，要发挥医务人员改革主力军作用，调动医疗机构和医务人员积极性，维护医务人员合法权益。要充分发挥好政治优势、组织优势，充分发挥基层党组织在医药卫生体制改革中的核心作用，加强思想政治工作，统一思想认识，形成改革攻坚合力。各级政府都要加强医药卫生体制改革工作队伍建设，提高推进改革的领导力和执行力，确保医药卫生体制改革的各项规划措施落到实处。

（三）加大政府投入。地方各级政府要积极调整财政支出结构，加大投入力度，转变投入机制，完善补偿办法，落实规划提出的各项卫生投入政策，切实保障规划实施所需资金。加大中央、省级财政对困难地区的专项转移支付力度。各级政府在安排年度卫生投入预算时，要切实落实“政府卫生投入增长幅度高于经常性财政支出增长幅度，政府卫生投入占经常性财政支出的比重逐步提高”的要求。各级财政部门在向政府汇报预决算草案时要就卫生投入情况进行专门说明。“十二五”期间政府医药卫生体制改革投入力度和强度要高于2009-2011年医药卫生体制改革投入。基本医保政府补助标准和人均基本公共卫生服务经费标准要随着经济社会发展水平的提高相应提高。加强资金监督管理，提高资金使用效益，切实防止各种违法违规使用资金的行为。

（四）实行分类指导。医药卫生体制改革政策性强、情况复杂、涉及面广，各地要在中央确定的医药卫生体制改革原则下根据实际情况，因地制宜地制定具体实施方案，创造性地开展工作。鼓励地方大胆探索、先行先试，不断完善政策，积累改革经验。各有关部门要加强对地方医药卫生体制改革工作的指导，及时总结推广成功经验。注重改革措施的综合性和可持续性，推进改革持续取得实效。

（五）加强宣传培训。坚持正确的舆论导向，做好医药卫生体制改革政策的宣传解读，及时解答和回应社会各界关注的热点问题，大力宣传医药卫生体制改革典型经验和进展成效，合理引导社会预期，在全社会形成尊医重卫、关爱患者的风气，营造改革的良好氛围。广泛开展培训，不断提高各级干部医药卫生体制改革政策水平，确保改革顺利推进。

国务院办公厅印发 关于县级公立医院综合改革试点意见的通知

国办发〔2012〕33号

各省、自治区、直辖市人民政府，国务院有关部门：

《关于县级公立医院综合改革试点的意见》已经国务院同意，现印发给你们，请结合实际，认真组织实施。

国务院办公厅

二〇一二年六月七日

关于县级公立医院综合改革试点的意见

根据《中共中央国务院关于深化医药卫生体制改革的意见》（中发〔2009〕6号）、《中共中央国务院关于分类推进事业单位改革的指导意见》（中发〔2011〕5号）、《国务院关于印发"十二五"期间深化医药卫生体制改革规划暨实施方案的通知》（国发〔2012〕11号）和《国务院办公厅关于印发2011年公立医院改革试点工作安排的通知》（国办发〔2011〕10号），为积极稳妥推进县级公立医院（指县及县级市公立医院，以下简称县级医院）改革试点，现提出如下意见。

一、总体要求

按照保基本、强基层、建机制的要求，遵循上下联动、内增活力、外加推力的原则，围绕政事分开、管办分开、医药分开、营利性和非营利性分开的改革要求，以破除""以药补医""机制为关键环节，以改革补偿机制和落实医院自主经营管理权为切入点，统筹推进管理体制、补偿机制、人事分配、价格机制、医保支付制度、采购机制、监管机制等综合改革，建立起维护公益性、调动积极性、保障可持续的县级医院运行机制。坚持以改革促发展，加强以人才、技术、重点专科为核心的能力建设，统筹县域医疗卫生体系发展，力争使县域内就诊率提高到90%左右，基本实现大病不出县。

二、明确功能定位

县级医院是县域内的医疗卫生中心和农村三级医疗卫生服务网络的龙头，并与城市大医院分工协作。主要为县域居民提供基本医疗服务，包括运用适宜医疗技术和药物，开展常见病、多发病诊疗，危急重症病人救治，重大疑难疾病接治转诊；推广应用适宜医疗技术，为农村基层医疗卫生机构人员提供培训和技术指导；承担部分公共卫生服务，以及自然灾害和突发公共卫生事件医疗救治等工作。

三、改革补偿机制

改革""以药补医""机制，鼓励探索医药分开的多种形式。取消药品加成政策，将试点县级医院补偿由服务收费、药品加成收入和政府补助三个渠道改为服务收费和政府补助两个渠道。医院由此减少的合理收入，通过调整医疗技术服务价格和增加政府投入等途径予以补偿。提高诊疗费、手术费、护理费收费标准，体现医疗技术服务合理成本和医务人员技术劳务价值。医疗技术服务收费按规定纳入医保支付政策范围，并同步推进医保支付方式改革。增加的政府投入由中央财政给予一定补助，地方财政要按实际情况调整支出结构，切实加大投入。

（一）发挥医疗保险补偿和控费作用。县级医院要提供与基本医疗保险保障范围相适应的适宜技术服务，控制基本医疗保障范围外的医药服务。医保基金通过购买服务对医院提供的基本医疗服务予以及时补偿。缩小医保基金政策范围内报销比例与实际报销比例的差距。改革医保支付制度。充分发挥医保合理控制费用和医疗服务质量的作用。落实医保基金收支预算管理，建立医保对统筹区域内医疗费用增长的控制机制，制定医保基金支出总体控制目标并分解到定点医疗机构，将医疗机构次均（病种）医疗费用增长控制和个人负担定额控制情况列入分级评价体系。推行总额预付、按病种、按人头、按服务单元等付费方式，加强总额控制。科学合理测算和确定付费标准，建立完善医保经办机构和医疗机构的谈判协商机制与风险分担机制，逐步由医保经办机构与公立医院通过谈判方式确定服务范围、支付方式、支付标准和服务质量要求。医保支付政策进一步向基层倾斜，鼓励使用中医药服务，引导群众合理就医，促进分级诊疗制度形成。

（二）调整医疗服务价格。按照总量控制、结构调整的原则，降低药品和高值医用耗材价格，降低大型医用设备检查、治疗价格，政府出资购置的大型医用设备按不含设备折旧的合理成本制订检查治疗价格，已贷款或集资购买的大型设备原则上由政府回购，回购有困难的限期降低价格。严禁医院贷款或集资购买大型医用设备。合理提高中医和体现医务人员技术劳务价值的诊疗、护理、手术等项目价格，使医疗机构通过提供优质服务获得合理补偿。价格调整要与医保支付政策衔接。改革医疗服务以项目为主的定价方式，积极开展按病种收费试点，病种数量不少于50个。

（三）规范药品采购供应。坚持质量优先、价格合理的原则，建立药品（含高值医用耗材）量价挂钩、招采合一的集中招标采购机制。调动企业生产供应药品的积极性，大力发展现代医药物流，减少和规范流通环节，降低配送成本。各地可在探索省级集中采购的基础上，积极探索能够有效保障药品及耗材供应及时、质量可靠、价格合理的采购供应办法。坚决治理药品及耗材方面的商业贿赂。完善鼓励使用基本药物的政策措施，县级医院应当优先配备、使用基本药物，提高基本药物使用比例。

（四）落实和完善政府投入政策。全面落实对公立医院基本建设及大型设备购置、重点学科发展、人才培养、符合国家规定的离退休人员费用、政策性亏损补贴、承担公共卫生任务和紧急救治、支边、支农等公共服务的政府投入政策。县级政府对所办医院履行出资责任，禁止县级医院举债建设。

对位于地广人稀和边远地区的县级医院，可探索实行收支两条线，政府给予必要的保障，医院平均工资水平与当地事业单位平均工资水平相衔接。

四、改革人事分配制度

（一）创新编制和岗位管理。根据县级医院功能、工作量和现有编制使用情况等因素，科学合理确定人员编制。鼓励有条件的地方在制订和完善编制标准的基础上，探索实行县级医院编制备案制，建立动态调整机制。

县级医院按国家确定的通用岗位类别、等级和结构比例，在编制规模或备案编制内按照有关规定自主确定岗位。逐步变身份管理为岗位管理，医院对全部人员实行统一管理制度。

（二）深化用人机制改革。落实县级医院用人自主权，全面推行聘用制度，坚持竞聘上岗、按岗聘用、合同管理，建立能进能出、能上能下的灵活用人机制；新进人员实行公开招聘，择优聘用。结合实际妥善安置未聘人员。推进县级医院医务人员养老等社会保障服务社会化。完善县级医院卫生人才职称评定标准，突出临床技能考核。

（三）完善医院内部收入分配激励机制。提高医院人员经费支出占业务支出的比例，逐步提高医务人员待遇。加强人员绩效考核，健全以服务质量、数量和患者满意度为核心的内部分配机制，做到多劳多得、优绩优酬、同工同酬，体现医务人员技术服务价值。收入分配向临床一线、关键岗位、业务骨干、作出突出贡献等人员倾斜，适当拉开差距。严禁把医务人员个人收入与医院的药品和检查收入挂钩。

五、建立现代医院管理制度

（一）建立和完善法人治理结构。推进政事分开、管办分开。合理界定政府和公立医院在资产、人事、财务等方面的责权关系，建立决策、执行、监督相互分工、相互制衡的权力运行机制，落实县级医院独立法人地位和自主经营管理权。县级卫生行政部门负责人不得兼任县级医院领导职务。明确县级医院举办主体，探索建立以理事会为主要形式的决策监督机构。县级医院的办医主体或理事会负责县级医院的发展规划、财务预决算、重大业务、章程拟订和修订等决策事项，院长选聘与薪酬制订，其他按规定负责的人事管理等方面的职责，并监督医院运行。院长负责医院日常运行管理。建立院长负责制，实行院长任期目标责任考核制度，完善院长收入分配激励和约束机制。

（二）优化内部运行管理。健全医院内部决策执行机制。鼓励探索建立医疗和行政相互分工协作的运行管理机制。建立以成本和质量控制为中心的管理模式。严格执行医院财务会计制度，探索实行总会计师制，建立健全内部控制制度，实施内部和外部审计。

（三）完善绩效考核。建立以公益性质和运行效率为核心的公立医院绩效考核体系。各地要制定具体绩效考核指标，建立严格的考核制度。由政府办医主体或理事会与院长签署绩效管理合同。把控制医疗费用、提高医疗质量和服务效率，以及社会满意度等作为主要量化考核指标。考核结果与院长任免、奖惩和医院财政补助、医院总体工资水平等挂钩。

六、提升基本医疗服务能力

（一）合理配置医疗资源。针对县域群众主要健康问题，根据人口数量和分布、地理交通等因素，制订县域卫生规划和医疗机构设置规划，合理确定县域内医院的数量、布局、功能、规模和标准。政府在每个县（市）重点办好1–2所县级医院（含中医医院）。按照"填平补齐"原则完成县级医院标准化建设，30万人口以上的县（市）至少有一所医院达到二级甲等水平。以县级医院为中心完善县域急救服务体系，建立县域院前急救体系。严格控制县级医院建设规模和大型设备配置。鼓励资源集约化，探索成立检查检验中心，推行检查检验结果医疗机构互认，以及后勤服务外包等。鼓励有条件的地区探索对医疗资源进行整合、重组和改制，优化资源配置。落实支持和引导社会资本办医政策。

（二）提高技术服务水平。编制县级医院重点专科发展规划，按规划支持县级医院专科建设。近期重点加强重症监护、血液透析、新生儿、病理、传染、急救、职业病防治和精神卫生，以及近三年县外转诊率排名前4位的病种所在临床专业科室的建设。开展好宫颈癌、乳腺癌、终末期肾病血液透析等重大疾病的救治和儿童白血病、先天性心脏病等复杂疑难疾病的筛查转诊工作。推广应用适宜医疗技术，适当放宽二、三类相对成熟技术的机构准入条件。各地卫生和医保管理部门要组织县级医院根据本地实际情况和按病种付费的要求，制订实施适应基本医疗需求、符合县级医院实际、采用适宜技术的临床路径，病种数量不少于50个，规范医疗行为。

（三）加强信息化建设。按照统一标准，建设以电子病历和医院管理为重点的县级医院信息系统，功能涵盖电子病历、临床路径、诊疗规范、绩效考核及综合业务管理等，与医疗保障、基层医疗卫生机构信息系统衔接，逐步实现互联互通。发展面向农村基层及边远地区的远程诊疗系统，逐步实现远程会诊、远程（病理）诊断和远程教育等。建设医疗健康信息网。

（四）提高县域中医药服务能力。针对地方主要疾病，积极利用当地中医药资源，充分发挥中医简便验廉的特点和优势，提高辨证论治水平，并加强对基层医疗卫生机构的支持和指导，促进中医药进基层、进农村，为群众防病治病。加强县级医院中医服务能力建设，落实对中医医院的投入倾斜政策。

（五）加强人才队伍建设。引导经过住院医师规范化培训的医生到县级医院就业，并为其在县级医院长期工作创造条件。逐步实现新进入县级医院的医务人员，必须具备相应执业资格。临床医师应当进行住院医师规范化培训。建立健全继续教育制度。积极培养或引进县域学科带头人。增强护理人员力量，医护比不低于1:2。建立城市三级医院向县级医院轮换派驻医师和管理人员制度，加强对三级医院派驻情况的考核。可以从城市三级医院选聘一批有管理经验的业务骨干到对口支援的县级医院担任院长、副院长或科主任。鼓励和引导城市大医院在职或退休的骨干医师到县级医院执业。通过政府给予政策支持、职称晋升、荣誉授予等措施，吸引和鼓励优秀人才到县级医院长期执业。经批准可在县级医院设立特设岗位引进急需高层次人才，合理确定财政补助标准，由中央和省级财政支持，招聘优秀卫生技术人才到县级医院工作。

（六）开展便民惠民服务。建立以病人为中心的服务模式，实行预约挂号，优化服务流程，改善服务态度和质量，推广优质护理服务，实行基本医疗保障费用即时结算。完善患者投诉机制，加强医患沟通。

七、加强上下联动

积极探索以多种方式建立县级医院与基层医疗卫生机构、城市三级医院长期稳定的分工协作机制。县级医院要发挥县域医疗中心和农村三级医疗卫生服务网络龙头作用，加强对基层医疗卫生机构的技术帮扶指导和人员培训，探索建立县级医院向乡镇卫生院轮换派驻院长和骨干医师制度，通过开展纵向技术合作、人才流动、管理支持等多种形式，提高农村医疗卫生服务体系整体效率，形成优质医疗资源流动的长效机制，使一般常见病、慢性病、康复等患者下沉到基层医疗卫生机构，逐步形成基层首诊、分级医疗、双向转诊的医疗服务模式。支持县级医院对乡镇卫生院和村卫生室医务人员进行专项培训和定期轮训。县级医院要与城市三级医院开展危重病例远程会诊、重大疑难病例转诊等工作。

八、完善监管机制

加强卫生行政部门对医疗质量、安全、行为等的监管，开展县级医院医药费用增长情况监测与管理。及时查处为追求经济利益的不合理用药、用材和检查等行为。建立以安全质量为核心的专业化医院评审体系；依托省级或地（市）级医疗质量控制评价中心，建立健全县级医院医疗质量安全控制评价体系。

建立医保对医疗机构的激励与惩戒并重的约束机制。充分发挥医保机构对医疗服务行为和费用的调控引导和监督制约作用，逐步将医保对医疗机构医疗服务的监管延伸到对医务人员医疗服务行为的监管。采用基本医保药品目录药品使用率及自费药品控制率、药占比、次均费用、住院率、平均住院日等指标考核，加强实时监控，结果与基金支付等挂钩。完善定点医疗机构管理办法，实行分级管理，促进诚信服务。加强对县级医院履行功能定位和发展建设、投融资行为的监管，强化预算、收支、资产、成本等财务管理的监管。加强医疗服务收费和药品价格监督检查。各相关部门要加强协作联动，加大对违法违规行为的查处力度。加强行业自律和监督，建立诚信制度和医务人员考核档案。实施公正、透明的群众满意度评价办法，加强社会监督。推进县级医院信息公开，及时向社会公开县级医院年度财务报告以及质量安全、费用和效率等信息。

九、积极稳妥推进改革试点

（一）加强试点组织领导。在全国选择300个左右县（市）作为改革试点。省级政府负总责，县级政府抓落实。试点省（区、市）要制订改革试点实施意见，细化分工，落实责任。试点县（市）要结合本地实际制订实施方案，鼓励因地制宜探索创新具体措施，精心组织，周密部署，扎实推进。卫生、编制、发展改革（物价）、财政、人力资源社会保障、中医药等有关部门要按照职责分工密切配合，并加强对地方的工作督导。要加强对改革试点进展情况和效果的监测评估、考核，及时协调解决试点中遇到的问题。力争2013年上半年总结评估，形成基本路子，为2015年实现县级医院阶段性改革目标打好基础。

（二）加大支持保障力度。根据工作需要，在改革政策和措施的落实方面给予试点地区一定自主权。县级政府要落实投入政策，积极调整财政支出结构，支持县级医院综合改革。将所需政府投入纳入预算，并及时拨付到位。省级政府要切实负起责任，确保规定的政府投入落实到位。中央及省、地市级政府要加大对试点县（市）的投入力度，给予相应补助。

（三）做好宣传引导。深入细致地做好对医务人员的宣传动员，使广大医务人员成为改革主力军。宣传和解读改革的政策措施和目标，争取社会理解、配合和支持，营造良好环境。

行业管理文件及规章

商务部、食品药品监管局关于加强药品流通行业管理的通知

商秩发〔2009〕571号

各省、自治区、直辖市、计划单列市及新疆生产建设兵团商务主管部门、食品药品监督管理部门：

按照国务院部署，为配合国家医药卫生体制改革和基本药物制度实施，保障人民群众安全用药和方便购药，规范药品流通市场秩序，现就加强药品流通行业管理有关工作通知如下：

一、充分认识加强药品流通行业管理的重大意义

改革开放以来，我国药品流通行业取得了长足发展。据统计，目前全国共有药品批发企业1.3万多家，药品零售企业36万多家，从业人员数百万人，销售总额由1999年的1350亿元增长到2008年的4699亿元，初步形成了覆盖城乡的药品流通市场体系。

目前由于多种原因，药品流通行业管理比较薄弱，资源配置不尽合理，企业数量过多，经营规模偏小，竞争能力不强，低水平重复建设和经营不规范等问题比较突出，不适应体制改革和市场发展的要求。进一步加强药品流通行业管理，对于规范药品流通行业经营行为，促进药品流通行业健康发展，保障国家医药卫生体制改革顺利实施，完善安全用药和方便购药的市场体系，提高人民群众健康水平具有重大意义。

二、明确药品流通行业管理的职责分工

商务主管部门作为药品流通行业的管理部门，负责研究制定药品流通行业发展规划、行业标准和有关政策，配合实施国家基本药物制度，提高行业组织化程度和现代化水平，逐步建立药品流通行业统计制度，推进行业信用体系建设，指导行业协会实行行业自律，开展行业培训，加强国际合作与交流。

食品药品监督管理部门负责对药品经营企业进行准入管理，制定药品经营质量管理规范并监督实施，监管药品质量安全；组织查处药品经营的违法违规行为。

商务主管部门和食品药品监管部门要互相支持、配合，建立工作机制，在行业发展规划、企业经营发展和信用状况、企业市场准入基本信息和监督检查执法信息等方面相互交流，实现信息共享，共同做好药品流通行业管理工作。

三、积极配合国家基本药物制度的组织实施

根据卫生部、发展改革委等9部门联合印发的《关于印发〈关于建立国家基本药物制度的实施意见〉的通知》（卫药政发〔2009〕78号）要求，商务主管部门要配合相关部门加强对基本药物招标采购的管理，确保不同地区、不同所有制企业平等参与、公平竞争，严格按照有关规定做好药品流通配送工作；要加大对药品市场运行的监测力度，了解企业经营情况，协调解决出现的问题。食品药品监督管理部门要加强对药品经营企业的质量监管，确保基本药物的质量安全。

四、规范药品流通秩序，开展药品安全专项整治

商务主管部门要积极配合有关部门，贯彻落实卫生部等6部门印发的《药品安全专项整治工作方案》（国食药监办〔2009〕342号），做好流通领域的药品安全专项整治工作。重点抓好药品购销管理，完善索证索票制度，维护正常价格秩序。以规范药品购销中的票据管理为切入点，大力整治药品流通环节中“挂靠经营”、“走票”、“倒买倒卖税票”等违法违规行为。食品药品监管部门要加大对药品经营企业依法依规状况的监督检查力度，确保有关法律法规和规章制度能够认真落实、执行到位。

五、加强统筹规划，积极推动药品流通行业管理工作

商务主管部门要抓紧制定药品流通行业发展规划和促进

行业发展的政策意见，不断提升行业管理水平；要充分发挥市场机制在配置药品流通资源和提升行业组织化程度中的基础性作用，消除妨碍公平竞争的体制机制，实现药品流通企业的优胜劣汰，逐步完善统一开放竞争有序和方便消费者购买的药品流通市场体系；要在地方政府统一领导下，积极争取财政支持，完善县级以下药品流通网络，确保农村和边远地区的药品供应；要按照国家关于建立药品流通统计制度的部署，认真做好药品流通行业统计工作。食品药品监管部门要充分利用掌握企业数量、布局及监管状况等资源，积极参与统筹规划工作。

六、不断提高药品流通行业的组织化程度和现代化水平

根据商务主管部门制定的药品流通行业发展规划，食品药品监管部门制定严格的准入标准，控制药品经营企业数量。要大力发展连锁经营，引导和鼓励药品经营企业通过收购、兼并、重组等手段做大做强，提高行业集中度，预防和制止垄断行为，保护市场公平竞争；要加快发展药品现代物流，鼓励有实力并具有现代物流基础设施和技术条件的药品经营企业开展药品委托储存配送，保证药品供应的安全、及时、有效；要积极开展国际交流合作，学习借鉴国外药品经营企业的管理经验和先进技术，推动企业科学发展。

七、倡导诚信经营，加强行业信用体系建设

商务主管部门要积极开展药品流通行业信用建设，通过大力开展诚信宣传教育，组织“诚信经营”示范创建活动等工作，推动药品经营企业参与信用建设，逐步树立一批遵纪守法、诚实守信、管理规范、服务到位，能够积极履行社会责任，自觉接受监督的诚信经营表率。要积极指导相关行业协会的工作，充分发挥其在规范市场秩序和促进信用建设中的积极作用，通过开展职业道德教育、制定行规行约、开展行业信用评价、举办信用知识培训等形式，不断丰富和创新行业自律手段，促进行业健康发展。食品药品监管部门要积极配合，与商务主管部门共同做好药品流通行业的信用体系建设工作。

八、健全组织保障，落实工作责任

药品流通行业管理工作涉及人民群众切身利益，责任十分重大。各级商务主管部门要认真贯彻落实党中央、国务院关于深化医药卫生体制改革和实施国家基本药物制度的方针政策，充分认识药品流通行业管理的重要意义，务必加强组织领导，尽快与食品药品监管部门建立工作机制，明确内部管理处室和人员，各司其职，相互配合，切实做好各项工作。要尽快开展相关调查研究，了解和掌握药品流通行业相关情况，切实把药品流通行业管理作为一项重要工作落到实处。

二○○九年十一月二十五日

中央机构编制委员会办公室关于明确药品流通管理职责的通知

中央编办〔2010〕54号

商务部、食品药品监管局：

根据部门“三定”规定和相关法律法规，经国务院和中央编委领导同志同意，现就药品流通管理职责分工明确如下：

商务部是药品流通行业主管部门，负责研究拟订药品流通行业发展的规划、政策和相关标准，推进药品流通行业结构调整，指导药品流通企业改革，推动现代药品流通方式的发展。

食品药品监管局依法负责药品流通企业的准入管理和药品流通监管，拟订药品流通过程中涉及质量与安全的相关标准并监督实施；配合国务院商务主管部门，执行国家制定的药品流通行业发展规划和政策。

涉及药品流通管理工作的其他相关部门的职责分工不变。各部门要按照分工，加强协调配合，共同做好药品流通管理工作。

中央编办

二〇一〇年六月十七日

商务部关于印发《药品流通统计制度（2010-2012 年年度和 2011-2013 年年度定期报表）》的通知

商秩函〔2011〕28 号

各省、自治区、直辖市、计划单列市及新疆建设兵团商务主管部门，相关行业协会，相关药品批发和零售企业：

我部制定的《药品流通统计制度（2010-2012 年年报和 2011-2013 年定期报表）》（以下简称《制度》）已经国家统计局批准，从 2010 年年报和 2011 年 1 季报开始实施。现将《制度》印发给你们，请遵照执行，并就有关事项通知如下：

一、提高对药品流通统计工作的认识

药品是关系人民生命健康的特殊商品，药品流通行业是我国医药卫生事业的重要组成部分，在维护人民群众健康权益、改善民生、增加就业、促进经济社会和谐发展等方面发挥着重要作用。开展药品流通行业统计工作是药品流通行业主管部门履行职能的基础，是完善有关法律法规，制定行业政策、发展规划和相关标准的重要参考依据，是促进药品流通行业科学发展必不可少的工作支撑。各地主管部门和相关协会、企业要充分认识药品流通行业统计工作的重要性，认真组织《制度》的学习和贯彻落实，把药品流通统计工作抓实抓好。

二、加强组织领导和分工协作

各地主管部门要加强对药品流通行业统计工作的领导，强化统计职责，指定专人承担统计工作，做好统计报表的组织落实和督导检查工作；要加强与相关行业协会的沟通联系和协作配合，充分调动企业的积极性，切实将统计工作落到实处。相关行业协会要主动协助主管部门做好统计数据的组织报送、汇总和分析工作（工作分工安排见附件 3）。

三、做好新旧制度衔接

为进一步掌握行业发展情况和跟踪了解医药卫生体制改革对行业的影响，根据国家统计局的意见，在工业和信息化部《医药统计报表制度（2007-2009 年年报和 2008-2010 年定期报表）》的基础上，《制度》主要进行了两方面调整：一是调整了填报对象。统计报表由企业和地方主管部门共同填报。其中，企业报表的填报对象由限额以上批发和零售企业调整为典型药品批发和零售企业，典型企业的选取由地方主管部门和相关行业协会推荐，并经我部核准后确定。二是调整了统计内容。新增典型药品零售企业经营情况年报表、典型药品批发企业经营情况年报表、典型药品批发和零售企业国家基本药物经营情况季报表和国家基本药物制度实施进展半年报表等（其他调整变化说明详见附件 2）。

各地药品流通行业主管部门有调整的，新主管部门应主动与原部门沟通，做好工作衔接。

四、做好典型企业数据报送工作

典型企业是药品流通统计工作的基础，各地主管部门要加强与典型企业的联系，重点抓好典型企业数据报送工作。典型企业数据将通过网上填报系统直接报送我部，典型企业的主要负责同志要高度重视统计工作，对企业的销售和财务等数据进行规范和整合，指派专人负责统计业务，做到及时、准确报送。

五、广泛动员其他企业参与统计工作

为更全面掌握行业情况，根据《制度》要求，药品批发和零售企业商品购进、销售、库存额综合报表由各地主管部门组织典型企业之外的药品流通企业进行填报并将汇总数据上报我部。请各地主管部门广泛动员，加强指导，发挥行业协会作用，认真做好《制度》的宣传贯彻和培训工作，争取更多的企业参与。

六、做好 2010 年年报填报工作

我部设计的药品流通网上填报系统网站将于 2011 年

3月正式开通。2010年年报是药品流通统计系统运行后的第一项重要工作，各地主管部门和相关协会、企业要高度重视，预做准备，确保2010年年报填报工作的顺利开展。

《制度》执行过程中出现的问题，请及时与我部联系。随文附件请到商务部市场秩序司网站（http://sczxs.mofcom.gov.cn）药品流通行业管理栏目下载。

附件：

1. 商务部药品流通统计报表制度－附件1
2. 药品流通统计制度附件2－制度变化说明
3. 药品流通统计工作分工说明－附件3

商务部

二○一一年一月十一日

附件1

药品流通统计报表制度

（2010-2012年年报和2011-2013年定期报表）

商务部

二○一○年十二月

本报表制度根据《中华人民共和国统计法》的有关规定制定

《中华人民共和国统计法》第七条规定：国家机关、企业事业单位和其他组织及个体工商户和个人等统计调查对象，必须依照本法和国家有关规定，真实、准确、完整、及时地提供统计调查所需的资料，不得提供不真实或者不完整的统计资料，不得迟报、拒报统计资料。

《中华人民共和国统计法》第九条规定：统计机构和统计人员对在统计工作中知悉的国家秘密、商业秘密和个人信息，应当予以保密。

目　次

一、总说明

（一）为了解全国药品流通行业经营活动的基本情况，为各级政府部门制定行业发展政策和进行经济管理与宏观调控提供依据，依照《中华人民共和国统计法》的规定，根据国家统计局有关制度要求，特制定本统计报表制度。

（二）本制度由商务部制定，经国家统计局审核批准。本制度由地方商务主管部门组织落实，并接受同级政府统计机构的业务指导。

（三）本制度数据来源为地方商务主管部门和药品批发和零售业典型企业。基层报表统计对象为典型企业，典型企业的选取由地方商务主管部门和相关行业协会推荐，并经商务部同意，所有被选定的企业纳入商务部定点统计药品流通典型企业之列。综合报表统计对象为全部药品批发和零售业法人企业。

（四）为提高统计工作效率，降低统计数据的差错率，地方商务主管部门和企业单位报表实行网上直接报送。

（五）本统计报表制度按报告期别分为年度报表和定期报表。年报表报送时间为次年 3 月 10 日至 3 月底；定期报表分季报和半年报，季报报送时间为季后第 1 个月 5 日至 20 日，半年报报送时间为每年 7 月 5 日至 20 日和次年的 1 月 5 日至 20 日。其中，“典型药品批发和零售企业商品购进、销售、库存情况”（YPLT-2 表）、“典型药品批发和零售企业主要经济指标”（YPLT-6 表）、“典型企业以外药品批发和零售企业商品购进、销售、库存情况”（YPLT-8 表）年报和季报采用同一表式。

（六）对外公开发布和提供行业统计资料，应确保国家机密和企业商业秘密，地方商务主管部门和相关单位应严格按照《中华人民共和国统计法》及其实施细则和国家有关规定执行。

（七）本统计报表制度由商务部（市场秩序司）统一布置、解释。

二、报表目录

三、调查表式

（一）2010-2012 基层年报表和 2011-2013 基层定期报表

◆ 典型药品批发和零售业法人单位基本情况

表号：YPLT-1 表
制定机关：商务部
批准机关：国家统计局
批准文号：国统制〔2010〕210 号
有效期至：2012 年 12 月

20　年

00 单位类别法人单位本部（总部、本店、本所等）

01 组织机构代码：______ 02 单位名称：______ 曾用名：______ 03 法定代表人（单位负责人）：______	04 单位所在地及行政区划 省（自治区、直辖市）地（区、市、州、盟） 县（区、市、旗）______门牌号 行政区划代码：______
05 联系方式	**06 行业类别**
区　　号：______ 电话号码：______ 分 机 号：______ 传真号码：______ 邮政编码：______ 电子信箱：______ 网　　址：______	635　医药及医疗器材批发业 655　医药及医疗器材专门零售业 行业代码：______

07 登记注册（或批准）情况（如登记注册或批准机关为多个，请复选）机关级别：1 国家，2 省，3 地（市），4 县（市）

登记注册（或批准）机关名称		机关级别	登记注册号
1	工商行政管理部门		
8	食品药品监督管理部门		

08 登记注册类型			09 控股情况	10 隶属关系
内资 110 国有 120 集体 130 股份合作 141 国有联营 142 集体联营 143 国有与集体联营 149 其他联营 151 国有独资公司有限责任公司	160 股份有限公司 171 私营独资 172 私营合伙 173 私营有限责任公司 174 私营股份有限公司 190 其他 港澳台商投资 210 与港澳台商合资经营 220 与港澳台商合作经营	230 港澳台商独资 240 港澳台商投资股份有限公司 外商投资 310 中外合资经营 320 中外合作经营 330 外资企业 340 外商投资股份有限公司	1 国有绝对控股 2 国有相对控股 9 其他	10 中央 20 省（自治区、直辖市） 40 地（区、市、州、盟） 50 县（区、市、旗） 61 街道 62 镇 63 乡 71 居委会 72 村委会 90 其他

11 开业（成立）时间	12 营业状态（限企业填报）	13 产业活动单位数（限多产业活动单位填写）	
年　　月	1 营业 2 停业（歇业） 3 筹建 4 当年关闭 5 当年破产 9 其他	总计（个）　百　十　个 1 农林牧渔业 2 工业 3 建筑业 4 运输邮政业	5 批发和零售业　百　十　个 6 餐饮业 7 房地产业 8 住宿业 9 其他

14 从业人员数															
指标名称	代码	总计（人）													
									女性（人）						
甲	乙	百万	十万	万	千	百	十	个	百万	十万	万	千	百	十	个
年末从业人员合计	01														
按学历分：1. 具有研究生及以上学历人员	02														
2. 具有大学本科学历人员	03														
3. 具有大专学历人员	04														
4. 具有大专以下学历人员	05														
其中按专业技术职称：具有高级技术职称人员	06														
具有中级技术职称人员	07														
具有执业药师资格人员	08														

15 企业集团情况　　本企业是：1 集团母公司（核心企业或集团总部）　　2 成员企业

（限企业集团母公司及成员企业填写）　　如选择 2，请填集团母公司（核心企业或集团总部）单位代码：________

16 药品批发和零售企业经营情况 :1 药品批发企业 , 2 零售连锁企业 , 3 零售单体药店 , 4 批零兼营企业

单位负责人：　　统计负责人：　　填表人：　　联系电话：

填表日期：20　年　月　日　　审表人：　　审表日期：20　年　月　日

说明：1. 统计范围为辖区内药品批发和零售业法人企业。

2. 报送时间为每年 3 月 10 日至 3 月底，报送方式为网上直报。

◆ 典型药品批发和零售企业商品购进、销售、库存情况

表号：YPLT-2 表
制定机关：商务部
批准机关：国家统计局
文号：国统制〔2010〕210 号
有效期至：2012 年 12 月

单位名称：

组织机构代码：　　20　年 / 第　季度（含增值税）

指标名称	计量单位	代码	商品购进总额				商品销售总额												年末库存总额
								对批发的销售				对医疗终端的销售			对零售终端的销售				
			合计	从生产者购进	从批发零售贸易业购进	直接进口	合计	小计	对省内批发的销售	对省外批发的销售	直接出口	小计	对二级及以上医院的销售	对一级及以下医院的销售	小计	售给单体药店	售给连锁药店	对居民的零售	
甲		乙	1	2	3	4	5	6	7	8	9	10	11	12	13	14	15	16	17
各类合计	千元	01																	
药品类	千元	02																	
医疗器械类	千元	03																	
化学试剂类	千元	04																	
玻璃仪器类	千元	05																	
中药材类	千元	06																	
中成药类	千元	07																	
其他类	千元	08																	

补充资料：

药品，医疗器械，化学试剂，玻璃仪器，中药材，中成药六大类销售中：

（1）共售给县级以下批发零售企业___千元；（2）共售给社区医疗单位___千元；（3）共售给新农合医疗单位___千元。

单位负责人：　　统计负责人：　　填表人：　　联系电话：　　报出日期：20　年　月　日

说明：1. 本表为季报和年报，由典型药品批发和零售业法人企业填报。

2. 药品类包括化学原料药及其制剂、抗生素、生化药品、放射性药品、血清、疫苗、血液制品和诊断药品等。

3. 主要逻辑审核关系：行关系：1 ≥ 2+3+4，5 ≥ 6+10+13+16，6 ≥ 7+8+9，10 ≥ 11+12，13 ≥ 14+15；
列关系：01=02+03+04+05+06+07+08。补充资料中，（1）≤ 5，（2）+（3）≤ 10。

4. 年报报送时间为次年 3 月 10 日至 3 月底，季报报送时间为季后第 1 个月 5 日至 20 日，报送方式为网上直报。

◆ 典型药品零售企业经营情况

表号：YPLT-3 表
制定机关：商务部
批准机关：国家统计局
文号：国统制〔2010〕210 号
有效期至：2012 年 12 月

单位名称：
组织机构代码： 20 年

一、零售连锁企业

指标名称	计量单位	代码	合计		直营店		加盟店	
			本期	上年同期	本期	上年同期	本期	上年同期
甲	乙	丙	1	2	3	4	5	6
门店总数	个	01						
其中：医保定点药房门店数	个	02						
营业面积	平方米	03						
统一配送比重	%	04						
其中：自有配送中心配送比重	%	05						
非自有配送中心配送比重	%	06						
销售总额（营业总收入）	千元	07						
其中：零售额	千元	08						
医院处方销售额	千元	09						
双轨制处方销售额	千元	10						
非药品（含保健品）销售额	千元	11						
收到处方数	张	12						
单店最高利润额	千元	13						

二、零售单体药店（非连锁企业）

指标名称	单位	代码	本期	去年同期
营业面积	平方米	14		
销售总额（营业总收入）	千元	15		
其中：医院处方销售额	千元	16		
双轨制处方销售额	千元	17		
非药品（含保健品）销售额	千元	18		
收到处方数	张	19		
医保定点药房	/	20		

单位负责人： 统计负责人： 填表人： 联系电话： 报出日期：20 年 月 日

说明：1. 本表为年报，第一部分由典型药品连锁零售业法人企业总公司或总店填报；第二部分由典型药品零售单体药店填报。
2. 本表主要审核关系：行关系：01 > 02，04 ◀ 05+06，07 ◀ 08+09+10+11，15 > 16+17+18；列关系：1=3+5，2=4+6。
3. 连锁总店或核心店作为一个直营店统计，直营店 + 加盟店 = 合计。
4. “零售单体药店医保定点药房”如果是医保定点药房填“1”，如不是填“0”。
5. 报送时间为次年 3 月 10 日至 3 月底，报送方式为网上直报。

◆ 典型药品批发企业经营情况

表号：YPLT-4 表
制定机关：商务部
批准机关：国家统计局
文号：国统制〔2010〕210 号
有效期至：2012 年 12 月

单位名称：
组织机构代码：　　20 年

指标名称	计量单位	代码	本期	上年同期
甲	乙	丙	1	2
一、药品批发企业商品配送总额	千元	01		
其中：自主配送中心配送金额	千元	02		
非自有配送中心配送金额	千元	03		
二、药品批发企业物流费用	千元	04		
其中：自主配送物流费用	千元	05		
委托配送物流费用	千元	06		
三、药品批发企业物流建设情况	—	—		
自有配送中心数量	个	07		
自有配送中心仓储面积	万平米	08		
自有配送车辆数	辆	09		
四、药品批发企业信息化建设情况	—	—		
在用计算机数量	台	10		
信息系统建设投入	千元	11		

单位负责人：　　统计负责人：　　填表人：　　联系电话：　　报出日期：20 年 月 日

说明：1. 本表为年报，由典型药品批发业法人企业填报。
2. 表内关系：01=02+03。
3. 报送时间为次年 3 月 10 日至 3 月底，报送方式为网上直报。

◆ 典型药品批发和连锁零售企业门店及配送中心分布情况

表号：YPLT-5 表
制定机关：商务部
批准机关：国家统计局
文号：国统制〔2010〕210 号
有效期至：2012 年 12 月

单位名称：
组织机构代码：　　20 年 / 计量单位：个

地区	代码	门店总数	直营店数	加盟店数	配送中心数	
						自有
甲	乙	1	2	3	4	5
全国合计						
北京						
天津						
河北						
其中：石家庄						

地区	代码	门店总数	直营店数	加盟店数	配送中心数	
						自有
甲	乙	1	2	3	4	5
山西						
其中：太原						
内蒙						
其中：呼和浩特						
辽宁						
其中：沈阳						
大连						
吉林						
其中：长春						
黑龙江						
其中：哈尔滨						
上海						
江苏						
其中：南京						
浙江						
其中：杭州						
宁波						
安徽						
其中：合肥						
福建						
其中：福州						
厦门						
江西						
其中：南昌						
山东						
其中：济南						
青岛						
河南						
其中：郑州						
湖北						
其中：武汉						
湖南						

地区	代码	门店总数	直营店数	加盟店数	配送中心数	
						自有
甲	乙	1	2	3	4	5
其中：长沙						
广东						
其中：广州						
深圳						
广西						
其中：南宁						
海南						
其中：海口						
四川						
其中：成都						
重庆						
贵州						
其中：贵阳						
云南						
其中：昆明						
西藏						
其中：拉萨						
陕西						
其中：西安						
甘肃						
其中：兰州						
青海						
其中：西宁						
宁夏						
其中：银川						
新疆						
其中：乌鲁木齐						
新疆生产建设兵团						
港澳台及国外						

单位负责人： 统计负责人： 填表人： 联系电话： 报出日期：20 年 月 日

说明：1. 本表为年报，由典型药品批发和连锁零售业法人企业总公司或总店填报。
2. 本表主要审核关系：行关系：全国合计 = 各省之和 + 港澳台及国外，各省≥其中各地市之和；列关系：1=2+3，4 ≥ 5。
3. 报送时间为次年 3 月 10 日至 3 月底，报送方式为网上直报。

◆ 典型药品批发和零售企业主要经济指标

表号：YPLT-6 表
制定机关：商务部
批准机关：国家统计局
文号：国统制〔2010〕210 号
有效期至：2012 年 12 月

单位名称：
组织机构代码： 20 年 / 第 季度

指标名称	计量单位	代码	1－本季	上年同期	指标名称	计量单位	代码	1－本季	上年同期
甲	乙	丙	1	2	甲	乙	丙	1	2
营业收入	千元	01			商誉	千元	15		
其中：主营业务收入	千元	02			流动资产	千元	16		
主营业务成本	千元	03			其中：货币资金	千元	17		
主营业务税金及附加	千元	04			应收账款	千元	18		
主营业务利润	千元	05			存货	千元	19		
其他业务利润	千元	06			资产总计	千元	20		
营业费用	千元	07			负债合计	千元	21		
管理费用	千元	08			其中：流动负债	千元	22		
财务费用	千元	09			所有者权益合计	千元	23		
营业利润	千元	10			应收账款周转天数	天	24		
利润总额	千元	11			存货周转天数	天	25		
应交所得税	千元	12			应付账款周转天数	天	26		
固定资产原价	千元	13			营业周期	天	27		
无形资产	千元	14			全部从业人员平均人数	人	28		

单位负责人： 统计负责人： 填表人： 联系电话： 报出日期：20 年 月 日

说明：1. 本表为年报和季报，由典型药品批发和零售业法人企业填报。
2. 表内关系：10=05+06−07−08−09；23=20−21；16 ≥ 17+18+19；21 ≥ 22。
3. 应收账款周转天数 = 360 天 / 应收账款周转率 = 平均应收账款 ×360 天 / 销售收入。
4. 存货周转天数 =360 天 / 存货周转次数 = 存货平均余额 ×360 天 / 销货成本。
5. 应付账款周转天数 =360 天 / 应付账款周转率 = 平均应付账款余额 ×360 天 / 主营业务成本净额。
6. 营业周期 = 存货周转天数 + 应收账款周转天数。
7. 年报报送时间为次年 3 月 10 日至 3 月底，季报报送时间为季后第 1 个月 5 日至 20 日，报送方式为网上直报。

◆ 典型药品批发和零售企业国家基本药物经营情况

表号：YPLT－7 表
制定机关：商务部
批准机关：国家统计局
文号：国统制〔2010〕210 号
有效期至：2012 年 12 月

单位名称：
组织机构代码：　　　20　年半年

指标名称	计量单位	代码	1－本期	上年同期
甲	乙	丙	1	2
一、药品批发企业				
1. 国家基本药物配送总额	千元	01		
其中：本省配送金额	千元	02		
外省配送金额	千元	03		
2. 国家基本药物配送费用	千元	04		
城市社区卫生服务机构配送费用	千元	05		
县（基层）医疗卫生机构配送费用	千元	06		
二、药品零售企业				
3. 国家基本药物销售金额	千元	07		
4. 国家基本药物销售金额占销售总额比例	%	08		
5. 国家基本药物占经营药品种数比例	%	09		

单位负责人：　　统计负责人：　　填表人：　　联系电话：　　报出日期：20　年　月　日

说明：1. 本表第一部分的填报主体仅指承担国家基本药物省级集中采购配送任务的企业，国家基本药物配送总额指货值，配送费用请参考本制度附录（三）中对 YPLT－4 表企业物流费用的说明。
2. 本表第一部分由典型药品批发业法人企业填报，第二部分由典型药品零售业法人企业填报。
3. 表内关系：01=02+03，04=05+06。
4. 本表国家基本药物包含本省增补目录。
5. 本表为半年报，报送时间为每年 7 月 5 日至 20 日和次年 1 月 5 日至 20 日，报送方式为网上直报。

（二）2010-2012 综合年报表和 2011-2013 综合定期报表

◆ 典型企业以外药品批发和零售企业商品购进、销售、库存情况

表号：YPLT-8 表
制定机关：商务部
批准机关：国家统计局
文号：国统制〔2010〕210 号
有效期至：2012 年 12 月

综合机关名称：　　　　20　年 / 第　季度（含增值税）

指标名称	计量单位	代码	商品购进总额				商品销售总额												年末库存总额
								对批发的销售				对医疗终端的销售			对零售终端的销售				
			合计	从生产者购进	从批发零售贸易业购进	直接进口	合计	小计	对省内批发的销售	对省外批发的销售	直接出口	小计	对二级及以上医院的销售	对一级及以下医院的销售	小计	售给单体药店	售给连锁药店	对居民的零售	
甲		乙	1	2	3	4	5	6	7	8	9	10	11	12	13	14	15	16	17
各类合计	千元	01																	
药品类	千元	02																	
医疗器械类	千元	03																	
化学试剂类	千元	04																	
玻璃仪器类	千元	05																	
中药材类	千元	06																	
中成药类	千元	07																	
其他类	千元	08																	

补充资料：
药品，医疗器械，化学试剂，玻璃仪器，中药材，中成药六大类销售中：
（1）共售给县级以下批发零售贸易企业千元；（2）共售给社区医疗单位千元；（3）共售给新农合医疗单位千元。

单位负责人：　　　　统计负责人：　　　　填表人：　　　　联系电话：　　　　报出日期：20　年　月　日

说明：1. 本表为季报和年报，由各省、自治区、直辖市、新疆生产建设兵团商务主管部门报送。
2. 药品类包括化学原料药及其制剂、抗生素、生化药品、放射性药品、血清、疫苗、血液制品和诊断药品等。
3. 统计范围是辖区内除直报企业外的药品批发和零售法人企业。
4. 数据来源：对除直报企业外的药品批发和零售企业实施全数调查。
5. 主要逻辑审核关系：行关系：1 ≥ 2+3+4，5 ≥ 6+10+13+16，6 ≥ 7+8+9，10 ≥ 11+12，13 ≥ 14+15；
列关系：01=02+03+04+05+06+07+08。补充资料中，（1）≤ 5，（2）+（3）≤ 10。
6. 年报报送时间为次年 3 月 10 日至 3 月底，季报报送时间为季后第 1 个月 5 日至 20 日，报送方式为网上直报。

◆ 国家基本药物制度实施进展情况

表号：YPLT－9表
制定机关：商务部
批准机关：国家统计局
文号：国统制〔2010〕210号
有效期至：2012年12月

综合机关名称：　　　　20　年半年

指标名称	计量单位	代码	本期
甲	乙	丙	1
一、基本药物试点县（区、市）数量	个	01	
试点县（区、市）数占全省比重	%	02	
二、基本药物制度涵盖本省医疗卫生机构数	个	03	
试点医疗卫生机构数占全省比重	%	04	
三、省级基本药物种类数	种	05	
省级基本药物品规数	个	06	
四、参与省级基本药物集中采购配送企业数	家	07	
其中：年销售额5000万以上配送企业数	家	08	
外省配送企业数	家	09	
五、参与省级基本药物集中采购配送企业从业人员数	人	10	

单位负责人：　　　统计负责人：　　　填表人：　　　联系电话：　　　报出日期：20　年　月　日

说明：1. 本表为半年报，由各省、自治区、直辖市、新疆生产建设兵团商务主管部门报送。
2. 统计范围是辖区内基本药物实施进展。
3. 表内关系：07 ≥ 08。
4. 国家基本药物制度实施情况以卫生部门数据为准。
5. 报送时间为每年7月5日至20日和次年1月5日至20日，报送方式为网上直报。

◆ 药品流通业基本情况

表号：YPLT-10 表
制定机关：商务部
批准机关：国家统计局
文号：国统制〔2010〕210 号
有效期至：2012 年 12 月

综合机关名称：　　　　20　年半年

指标名称	计量单位	代码	本期	上年同期
甲	乙	丙	1	2
一、药品流通企业总数	家	01		
二、药品批发企业数	家	02		
其中：年销售额 5000 万以上企业数	家	03		
三、药品零售企业数	家	04		
四、药品零售连锁企业数	家	05		
五、零售门店总数	家	06		
其中：零售单体门店数	家	07		
零售连锁企业下辖门店数	家	08		
医保定点零售门店数	家	09		
六、从业人员总数	人	10		
其中：药品批发企业从业人员数	人	11		
药品零售企业从业人员数	人	12		

单位负责人：　　　　统计负责人：　　　　填表人：　　　　联系电话：　　　　报出日期：20　年　月　日

说明：1. 本表为半年报，由各省、自治区、直辖市、新疆生产建设兵团商务主管部门填报。
2. 统计范围为辖区内全部药品批发、零售业法人企业和个体经营户。
3. 表内关系：01=02+04；02 > 03；06 > 09；06=07+08；10=11+12。
4. 药品流通企业数以各省级药品监督管理部门审批的企业数（法人单位数）为准，医保定点药店数以各省级劳动和社会保障部门审批数据为准。
5. 报送时间为每年 7 月 5 日至 20 日和次年 1 月 5 日至 20 日，报送方式为网上直报。

四、附录

（一）企业登记注册类型

代码	企业登记注册类型
100	内资企业
110	国有企业
120	集体企业
130	股份合作企业
140	联营企业
141	国有联营企业
142	集体联营企业
143	国有与集体联营企业
149	其他联营企业
150	有限责任公司
151	国有独资公司
159	其他有限责任公司
160	股份有限公司
170	私营企业
171	私营独资企业
172	私营合伙企业
173	私营有限责任公司
174	私营股份有限公司
190	其他企业
200	港、澳、台商投资企业
210	合资经营企业（港或澳、台资）
220	合作经营企业（港或澳、台资）
230	港、澳、台商独资经营企业
240	港、澳、台商投资股份有限公司
300	外商投资企业
310	中外合资经营企业
320	中外合作经营企业
330	外资企业
340	外商投资股份有限公司

（二）国民经济行业分类（GB/T4754-2002）

代码				类别名称	说明
门类	大类	中类	小类		
H				批发和零售业	本类包括 63 和 65 大类。指商品在流通环节中的批发活动和零售活动
H	63			批发业	指批发商向批发、零售单位及其他企业、事业、机关批量销售生活服务器和生产资料的活动，以及从事进出口贸易和贸易经纪与代理的活动。批发商可以对所批发的货物拥有所有权，并以本单位、公司的名义进行交易活动；可以不拥有货物的所有权，而以中介身份做代理销售商。本类还包括各类商品批发市场中固定摊位的批发活动
		635		医药及医疗器材批发	指各种化学药品、生物药品、中草药材、中成药及医疗器材的批发和进出口活动。包括兽用药的批发和进出口活动
			6351	西药批发	
			6352	中药材及中成药批发	
			6353	医疗用品及器材批发	
	65			零售业	指百货商店、超级市场、专门零售商店、品牌专卖店、售货摊等主要面向最终消费者（如居民等）的销售活动。包括以互联网、邮政、电话、售货机等方式的销售活动。还包括在同一地点，后面加工生产，前面销售的店铺（如面包房）。谷物、种子、饲料、牲畜、矿产品、生产用原料、化工原料、农用化工产品、机械设备（乘用车、计算机及通信设备除外）等生产资料的销售不作为零售活动
		655		医药及医疗器材专门零售	指专门经营各种化学药品、生物药品、中草药材、中成药、医疗用品及器材的零售活动
			6551	药品零售	
			6552	医疗用品及器械零售	

（三）主要指标解释和填报说明

1. 典型药品批发和零售业法人单位基本情况（YPLT -1 表）

（1）单位组织机构代码：根据中华人民共和国国家标准《全国组织结构代码编制规则》（GB11714-1997），由组织机构代码登记主管部门给每个企业、事业单位、机关、社会团体和民办非企业颁发的在全国范围内唯一的、始终不变的法定代码。

（2）行政区划代码长度须为 12 个字符，并且须与国家标准省地县乡村地址码库一致。

（3）行政区划代码 12 位地址码中，第 1 位和第 2 位不能同时为 0；第 3 位和第 4 位不能同时为 0；第 5 位和第 6 位不能同时为 0；第 7 位、第 8 位和第 9 位不能同时为 0。并且除了第 7 位为 4 或 5 或 6 的以外，第 10 位、第 11 位和第 12 位不能同时为 0。

（4）邮政编码为 6 个字符，不能含有 0–9 之外的字符。

（5）行业代码必须从行业分类中选择 1 项填写，必须是 3 位数。按主营业务划分，如果批发营业额大于零售，而且批发营业额占销售比重大于 70%，则归属批发业；如果零售营业额大于批发营业额，而且零售营业额占销售比重大于 70%，则归属零售业；如果兼营业务销售额占比超过 30%，则为批零一体化企业，批发和零售业的代码都填写，并且制度中批发和零售企业的报表都填报。

（6）登记注册（或批准）机关名称 2 个可选项中都是必填选项。

（7）机关级别：选中的登记注册（或批准）机关名称项后的机关级别栏不能为空，取值必须为 1 或 3 或 8 或 9。

（8）工商登记注册号：①登记注册类型为内资的，工商登记注册号长度为 9 位或 13 位，由 0–9 之间的数字组成；②登记注册类型为港澳台投资或外商投资的，工商登记注册号长度须为 19（6 个汉字 +5 位数字 +1 个汉字）或者 21（7 个汉字 +5 位数字 +1 个汉字），或者为 20（6 个汉字 +6 位数字 +1 个汉字）或 22（7 个汉字 +6 位数字 +1 位汉字）。

（9）登记注册类型不能含有表中所列 110–340 取值以外的任何字符。

（10）控股情况只能选“1、2 或 9”。

（11）隶属关系不能含有 10，20，40，50，61，62，63，71，72，90 以外的字符。

（12）营业状态只能选 1，2，3，4，5 或 9。

（13）产业活动单位数总计数必须≥1。

（14）产业活动单位数总计数须等于分项之和。

（15）年末从业人员除营业状态填 4 或 5 的单位外，从业人员数必须大于等于 1。

（16）年末从业人员合计 = 具有研究生及以上学历人员 + 具有大学本科学历人员 + 具有大专学历的人员 + 具有大专以下学历的人员。

（17）年末从业人员合计 > 具有高级技术职称的人员 + 具有中级技术职称的人员 + 具有职业药师资格的人员。

（18）女性的年末从业人员合计 = 女性具有研究生及以上学历人员 + 女性具有大学本科学历人员 + 女性具有大专学历的人员 + 女性大专以下学历的人员。

（19）女性的年末从业人员合计 > 女性具有高级技术职称的人员 + 女性具有中级技术职称的人员 + 女性具有执业药师资格人员。

（20）企业集团情况如果是“集团母公司”填写为“1”；如果是“成员企业”填写为“2”，成员企业的集团母公司代码须满足：代码长度为 9 个字符，不能含有 0–9 或 A–Z（大写）之外的任何字符。

企业集团：指以从事药品批零贸易为主要业务的企业法人为主体组成的多法人经济联合体，母公司注册资本在 5000 万元人民币以上，并至少拥有 5 家子公司，母公司和其子公司的注册资本总和在 1 亿元人民币以上，集团成员单位均具有法人资格。

2. 典型药品批发和零售企业商品购进、销售、库存情况年报和季报（YPLT–2 表）

（1）商品购进总额中，合计≥从生产者购进 + 从批发零售贸易业购进 + 直接进口。

（2）商品销售总额中，合计≥对批发的销售小计 + 对医疗终端的销售小计 + 对零售终端的销售小计 + 对居民零售。

（3）商品销售总额中，对批发的销售小计≥对省内批发的销售 + 对省外批发的销售 + 直接出口；对医疗终端的销售小计≥对二级及以上医院的销售 + 对一级及以下医院的销售；对零售终端的销售小计≥售给单体药店 + 售给连锁药店。

（4）补充资料中，售给 < 批发小计，售给社区医疗单位 + 售给新农合医疗单位 < 对医疗终端的销售小计。其中县级以下批发零售企业是指工商注册地在县（旗）、自治县、不设区的市、市辖区、乡、民族乡、镇的批发零售企业。

3. 典型药品零售企业经营情况（YPLT–3 表）

（1）统一配送比重≥自有配送中心配送比重 + 非自有配送中心配送比重。

（2）零售连锁企业销售总额（营业总收入）≥零售额。

（3）零售连锁企业零售额 > 医院处方销售额 + 双轨制处方销售额 + 非药品（含保健品）销售额。

（4）单体药店销售总额 > 医院处方销售额 + 双轨制处方

销售额 + 非药品（含保健品）销售额。

（5）合计本期 = 直营店本期 + 加盟店本期。

（6）合计上年同期 = 直营店上年同期 + 加盟店上年同期。

4. 典型药品批发企业经营情况（YPLT–4 表）

（1）药品批发企业商品配送总额 = 自主配送中心配送金额 + 非自有配送中心配送金额。

（2）企业物流费用：指报告期内，企业从事物流业务活动所发生的全部费用。包括企业为完成运输、储存、装卸、搬运、包装、流通加工、配送、信息等物流业务发生的全部费用以及相关人员的工资福利费用。

5. 典型药品批发和连锁零售企业门店及配送中心分布情况（YPLT–5 表）

（1）单位名称和单位代码必须与法人单位基本情况（YPLT–1 表）的单位名称和单位代码一致。

（2）全国合计 = 各省之和 + 港澳台及国外。

（3）各省≥各地市之和。

（4）本年门店总数 = 本年直营店数 + 本年加盟店数。

（5）上年同期门店总数 = 上年同期直营店数 + 上年同期加盟店数。

（6）本年配送中心数≥本年自有配送中心数。

（7）上年同期配送中心数≥上年同期自有配送中心数。

6. 典型药品批发和零售企业主要经济指标年报和季报（YPLT–6 表）

（1）营业利润⬅主营业务利润 + 其他业务利润 – 营业费用 – 管理费用 – 财务费用。

（2）管理费用⬅税金。

（3）所有者权益合计 = 资产总计 – 负债总计。

（4）资产总计 > 流动资产。

（5）流动资产 > 货币资金 + 应收账款。

（6）负债合计 > 流动负债。

7. 关于报送数值是否含增值税

除 YPLT–2 表和 YPLT–8 表中商品购进额、销售额和期末商品库存额为含增值税金额外，其余均不含税。

附件 2

《药品流通统计报表制度》主要变化说明

一、“药品批发和零售业法人单位基本情况”（YPLT–1 表），取消单位类别项下“法人单位分支机构（分部、分厂、分店、支所等）”、“行业类别”项下的“化学药品原药制造业”、“化学药品制剂制造业”、“中药饮片加工制造业”、“中成药制造业”、“兽用药品制造”、“生物、生化制品的制造业”、“卫生材料及医药用品制造业”、“医疗仪器设备及器械制造业”、“制造专用设备制造业”；取消“等级注册（或批准）机关名称”表中“民政部门”和“其他（请注明批准机关”；取消“从业人员”项下“具有高中学历人员”和“具有初中及以下学历人员”、“具有初级技术职称人员”、“高级技师”、“技师”、“高级工”和“中级工”，增加“具有大专以下学历人员”和“具有执业药师资格人员”；取消“企业主要经济直标”；取消“计算机使用情况”；增加批发和零售业经营形式。

二、“限额以上批发和零售业企业财务状况”表名改为“典型药品批发和零售企业主要经济指标”（YPLT–6 表），报告期别由月报改为季报和年报，增加了“流动负债”、“应收账款周转天数”、“存货周转天数”、“应付账款周转天数”和“营业周期”指标，年报报送时间为每年 3 月底前，季报报送时间为每年 4 月 20 日、7 月 20 日、10 月 20 日和次年 1 月 20 日前，由典型药品批发和零售业法人企业填报，报送方式为网上填报。

三、“限额以上批发和零售业商品购进、销售、库存总额”（YPLT102–1 表），表名改为“典型药品批发和零售企业商品购进、销售、库存情况”；“商品购进总额”项下增加“从批发零售贸易业购进”；“商品销售总额”项下指标调整为“对批发的销售”、“对医疗终端的销售”和“对零售终端的销售”，增加“对省内批发的销售”、“对省外批发的销售”、“对二级及以上医院的销售”、“对一级及以下医院的销售”、“售给单体药店”、“售给连锁药店”、“售给社区医疗单位”和“售给新农合医疗单位”。报表由典型药品批发和零售企业直接填报，年报报送时间为每年 3 月底前，季报报送时间为每年 4 月 20 日、7 月 20 日、10 月 20 日和次年 1 月 20 日前，报送方式为网上填报。

四、“限额以上连锁零售业经营情况表”（E105–1）表名变更为“典型药品零售企业经营情况”（YPLT–3 表），统计范围调整为典型药品零售法人企业，由零售连锁业和零售单体药房分别填报，零售连锁业增加“医保定点药房门店数”、“医院处方销售额”、“双轨制处方销售额”、“非药品（含保健品）销售额”、“收到处方数”和“单店最高利润率”，非零售连锁企业增加“营业面积”、“销售总额”、“医院处方销售额”、“双轨制处方销售额”、“非药品（含保健品）销售额”、“收到处方数”和“医保定点药房数”。

五、增加了“典型药品批发企业经营情况”（YPLT–4 表），统计对象典型药品批发法人企业，报送时间为 3 月底前，由企业直接上报，报送方式为网上填报。

六、“限额以上连锁零售业门店及配送中心分布情况”（E105–2 表）表名变更为“药品批发和零售企业门店及配送中心分布情况”（YPLT–5 表），统计范围调整为药品批发和零售业法人企业，批发企业只填报“配送中心”项数据。

七、增加了“典型企业以外药品批发和零售业商品购进、销售、库存情况”综合年报表和季报表（YPLT–8 表），由各地商务主管部门填报，统计范围为行政区域内除药品批发和零售直报企业外的全部药品批发和零售企业，年报报送时间为每年 3 月底前，季报报送时间为每年 4 月 20 日、7 月 20 日、10 月 20 日和次年 1 月 20 日前，报送方式为网上填报。

八、增加了“典型药品批发和零售企业国家基本药物经营情况”（YPLT–7 表），统计范围为行政区域内典型药品批发和零售企业，报送时间分别为每年 4 月 20 日、7 月 20 日、10 月 20 日和次年 1 月 20 日前，由典型药品批发和零售企业填报，报送方式为网上填报。

九、增加了“国家基本药物制度实施进展情况”（YPLT–9 表），统计范围为行政区域内基本药物制度实施情况，报送时间分别为每年 1 月 10 日和 7 月 10 日前，由各地商务主管部门上报，报送方式为网上填报。

十、增加了“药品流通业基本情况”（YPLT –10 表），统计范围为行政区域内全部药品批发和零售企业，报送时间分别为每年 1 月 10 日和 7 月 10 日前，由各地商务主管部门填报，报送方式为网上填报。

附件 3

关于药品流通统计工作分工安排

药品流通行业统计工作由商务部市场秩序司负责，现就工作分工安排如下：

一、地方商务主管部门负责

（一）本地统计工作的领导、组织协调和督导检查。

（二）网上填报“典型企业以外药品批发和零售企业商品购进、销售、库存情况（年报表和季报表）”、“国家基本药物制度实施进展情况半年报表”和“药品流通业基本情况半年报表”。

二、相关行业协会负责

（一）组织和催报企业报送统计数据。

（二）药品流通统计信息网信息更新和维护。

（三）及时反馈行业运行动态，编辑出版《中国医药市场信息》。

（四）协助处理和回复企业咨询。

三、直报企业负责

按上报时间要求网上填报七个报表，包括：

（一）药品批发和零售业法人单位基本情况年报表

（二）典型药品批发和零售企业商品购进、销售、库存情况（年报和季报表）

（三）典型药品零售企业经营情况年报表

（四）典型药品批发企业经营情况年报表

（五）药品批发和零售企业连锁门店及配送中心分布情况年报表

（六）典型药品批发和零售企业主要经济指标（年报和季报表）

（七）典型药品批发和零售企业国家基本药物经营情况（年报和季报表）

国家食品药品监督管理局等六部局关于全国药品安全专项整治工作情况的通报

国食药监办〔2012〕37号

各省、自治区、直辖市人民政府：

党中央、国务院高度重视药品安全工作，中央领导多次对保障药品安全、整顿药品市场秩序等工作作出重要指示。为落实党中央、国务院重要决策部署，进一步解决影响药品安全的深层次问题，经国务院同意，卫生部、公安部、工业和信息化部、工商总局、食品药品监管局、中医药局等六部门于2009年7月联合印发了《药品安全专项整治工作方案》(国食药监办〔2009〕342号)，在全国范围内组织开展了为期两年的药品安全专项整治。2011年上半年，各地整治工作基本结束，并开展了自查自评。在此基础上，六部门组成检查组对全国31个省（区、市）进行了检查评估。现将有关情况通报如下：

一、总体目标如期实现，整治任务全面完成

检查评估结果显示，31个省（区、市）均如期实现了整治工作总体目标，全国药品安全专项整治各项任务全面完成，专项整治工作成绩评价为优秀。经过两年的深入整治，各地进一步落实了“地方政府负总责、监管部门各负其责、企业是第一责任人”的药品安全责任体系，药品生产经营规范和质量标准逐步完善，医药产业结构进一步得到调整和优化，药品质量安全控制水平进一步提高，企业安全责任意识和诚信意识得到增强，药品生产经营秩序趋向好转，两年来没有发生重大药品质量安全事故，人民群众的药品消费满意度有所提升。

（一）打击制售假药行动取得重大成果。公安、食品药品监管部门密切配合，重拳出击，与打击侵犯知识产权和制售假冒伪劣商品等专项行动有机结合，对生产销售假药行为进行了重点打击。公安部门在近期开展的“打四黑除四害”行动中，将打击制售假药犯罪活动作为重点，在全国发起打击假药犯罪专案集群战役，对制售假药犯罪网络和产业链条实施毁灭性打击。专项整治期间，公安机关共破获生产销售假药犯罪6500余起，抓获犯罪嫌疑人3000余名，捣毁制售假药窝点1800余个，捣毁犯罪团伙427个，涉案金额达33.5亿元。食品药品监管部门按照“两高”司法解释和《刑法修正案（八）》的新要求，向司法机关移送537起制售假药案件，并配合组织追查，适时曝光了浙江非法生产经营吉非替尼假药案、上海利用互联网违法经销A型肉毒毒素案、广东省揭阳假冒知名品牌药品案等一批大要案件，彰显了政府打击假药的决心和力度，震慑了违法犯罪分子，有效遏制了生产销售假药的猖獗态势。

食品药品监管局会同工业和信息化部、公安部，重点打击利用互联网发布虚假药品信息非法销售药品行为，联手对互联网搜索引擎业进行大力整顿。约谈了百度、搜狗、搜搜、必应等4家知名搜索引擎企业，停止了对120家违法网站提供搜索服务。重点跟踪监测了虚假宣传治疗糖尿病、高血压等疑难杂症的信息，关闭或屏蔽违法网站1056个，发布《互联网购药安全警示公告》10期，曝光违法网站181家。邮政管理部门与食品药品监管部门加强了对邮政企业、快递企业的管理，严格执行药品收寄验视制度，有效遏制了非法寄递假药行为。

（二）整治违法药品广告效果明显。工商、食品药品监管部门密切配合，加大广告监测和查处力度。工商部门将药品广告、网络非法“性药品”广告列为整治重点，制定了加强广告发布前规范指导、发布中动态监督、发布后依法查处等监管措施，指导广告发布单位落实广告审查责任，加强药品广告日常监测检查，公布典型违法广告，依法查处情节严重、性质恶劣的违法药品广告。专项整治期间，共查办违法药品广告10678件，责令公开更正817件，责令停止发布4038件，罚没款6731万元。食品药品监管部门制定了“七个一律”的强制措施，对发布严重违法广告的企业，一律撤销或收回广告批准文号、一律向工商行政部门移送、一律进行公告并网上曝光、一律列入“黑名单”重点监管、抽验发现产品不合格的一律停产整顿、一律从重查处经营违法广告产品行为、一律采取暂停销售行政强制措施，从而增加了广告违法成本，

遏制了违法广告发布蔓延的趋势。先后发布违法药品广告公告8期，曝光了73家企业的严重违法药品广告，对违法发布药品、医疗器械广告的产品采取暂停销售行政强制措施2108次，撤销或收回广告批准文号323个。

（三）治理非药品冒充药品违法行为成效显著。非药品冒充药品现象已得到初步遏制，违法行为呈逐年递减的态势，由开展专项行动之前发现违法信息13万余种（次）下降到1万余种（次），违法信息下降幅度达到90%以上。针对蔓延多年的非药品冒充药品违法现象，食品药品监管、卫生部门联合开展了非药品冒充药品专项整治行动，分别以药品经营企业、基层医疗卫生机构和民营医疗机构为重点，全面检查以食品、保健食品、保健用品、化妆品、消毒产品、未标示文号产品冒充药品的违法行为，使宣称功能主治、适应症的非药品得到有效清理，基层药店的药品和非药品实现了按规范分类摆放，“山寨药”基本消除。

（四）国家基本药物生产供应和质量保障机制逐步健全。2010年11月，国务院办公厅印发了《关于建立和规范政府办基层医疗卫生机构基本药物采购机制的指导意见》（国办发〔2010〕56号），各地按照招生产企业、量价挂钩、招采合一、双信封制、集中支付、全程监控的要求，积极构建基层基本药物采购新机制。目前，全国28个省份和新疆生产建设兵团制定了新的基本药物采购办法，其中16个省份已完成了新一轮基本药物采购。工业和信息化部印发《关于做好基本药物生产供应工作的通知》，调查摸清各地基本药物生产现状，组织企业积极参加招标采购，支持中标企业及时生产，确保基本药物稳定供应。卫生部会同工业和信息化部印发《关于做好传染病治疗药品和急救药品类基本药物供应保障工作的意见》（卫办药政发〔2011〕139号），要求省级卫生行政部门会同工业和信息化主管部门采取多项有力措施做好基本药物供应保障工作，满足临床用药需求。卫生部制定印发《国家基本药物临床应用指南》和《国家基本药物处方集》，各地据此制定培训大纲，积极开展基层医务人员培训，进一步规范了基本药物的合理使用。实施国家基本药物制度使基层群众切实得到实惠，基本药物在基层的销售价格较制度实施前平均下降约25%，新农合和城镇居民医保政策范围内住院费用报销比例已经达到60%以上。食品药品监管部门全面提高基本药物质量标准，对307种基本药物完成全覆盖抽验；加强基本药物生产的日常监管，开展基本药物目录产品生产工艺及处方核查，建立地市级药品不良反应监测评价体系，积极推行基本药物电子监管工作。

（五）医药产业结构进一步优化。工业和信息化部制定了《医药工业“十二五”发展规划》，并与卫生、食品药品监管部门联合印发了《关于加快推进医药行业结构调整的指导意见》，提出了调整产品结构、技术结构、组织结构等任务和目标，制定了鼓励技术创新、加强技术改造、完善药品价格政策等一系列政策措施。各地均制定了医药工业“十二五”发展规划，提出依靠技术创新、优化产业结构、推动产业升级，走规模化、品牌化、集约化的发展道路，通过政府引导、市场运作，鼓励医药企业兼并重组，促进医药产业的持续健康快速发展。湖北制定了全国第一个《药品生产经营企业退出规则》，着手解决违法药品生产经营企业“打不疼”、“打不死”问题。黑龙江、内蒙古、河南、浙江、江苏、宁夏、新疆等地按照“只做减法，不做加法”的原则，严格控制新开办药品生产、经营企业数量，严格企业换证、认证审批标准，关闭了一些不符合条件的药品生产企业、药品批发机构，淘汰质量安全保障水平落后的企业。

（六）药品质量标准显著提高。2010年10月公布施行的新版《中国药典》促使药品的安全性和有效性显著提高。其收录的4567种药品标准中，新增1386种，不仅收载品种增加了40%以上，而且对70%的原有标准进行了完善或者提高，化学药品标准已达到或接近欧美先进水平，新增中药指纹图谱法确保了中药材以及中药制剂质量更加安全稳定。食品药品监管部门制定的《药品标准管理办法》即将出台，加快落实提高国家药品标准行动计划，对核定的1676种药品、285种国家基本药物的药品标准提高工作进行了部署和落实，加强了对藏药、蒙药、维药等民族药标准提高的指导，制定并实施了《中药注射剂安全性再评价工作计划》。成立了食品药品监管局医疗器械标准管理中心，加强对医疗器械标准工作的宏观管理、技术指导和组织协调，规范医疗器械标准制修订工作的起草、报批和审查程序，加大标准制（修）订力度，标准数量明显增加，覆盖面不断扩展，标准管理体系日臻完善。截至2010年底，医疗器械标准数量已达到982项，其中国家标准182项，行业标准800项。

（七）药品研制生产流通环节监管能力明显增强。食品药品监管部门提高审评审批门槛，同一品种重复申报现象有所下降，国产化学药、中药新药注册受理同比增加20%，药品注册申报结构进一步趋向合理。制定并落实了《药品注册现场核查工作实施细则》，加强药品研制现场核查力度。在高风险药品和基本药物生产企业推行质量受权人制度，强化药品质量安全第一责任人意识；制定并落实药品生产监管工作计划，开展生产工艺和处方核查，采取日常监督检查、药品生产质量管理规范（GMP）跟踪检查、飞行检查等方式加强药品生产环节监督管理，出动检查人员75207人次，现场检查28058次，覆盖全部在产药品生产企业，对基本药物在产企业检查达到每年2次以上，对检查发现的问题责令整改5838起。进一步加强对原料、辅料、化学中间体、中药饮片和药包材的管理，拟定了相关的注射剂淘汰品种，加强中药注射剂不良反应监测和风险管理。以加强药品经营企业票据管理为重点，开展药品经营企业挂靠、走票、出租柜台以及连锁企业不统一配送药品等行为的整顿，取缔无证经营、超范围经营企业；继续推进农村药品监督网、供应网建设，创建全国药品安全示范县。组织开展了对含麻黄碱类复方制剂生产经营企业的专项监督检查，落实含麻黄碱类复方制剂生产监管责任，严格控制麻黄碱类原料药购买审批。进一步加强医疗器械监管，印发了《医疗器械注册复审程序（试行）》、《医疗器械检测机构开展拟注册产品标准评价工作的要求》等文件，加强医疗器械注册现场核查工作；开展医疗机构在用分子筛制氧设备专项检查，规范医疗机构在用分子筛制氧设备的使用管理。

（八）医疗机构临床用药管理得到有效规范。卫生部制定了《医疗机构药事管理规定》、《医院处方点评管理规范（试行）》、《静脉用药集中调配质量管理规范》；中医药局制定了《中成药临床应用指导原则》、《中药处方格式及书写规范》和《关于加强医疗机构中药制剂管理的意见》，规范了中药饮片安全管理和中成药合理应用以及医疗机构中药制剂管理。开展全国抗菌药物临床应用专项整治活动，并作为公立医院改革和“三好一满意”活动的重要内容，进一步规范抗菌药物临床使用。加强合理用药宣传教育，继续在基层医院开展抗菌药物合理使用培训，进一步加大对医疗机构和医务人员抗菌药物处方行为的检查和干预力度，防止超适应症、超剂量等不合理用药造成的伤害。加强临床微生物检测与细菌耐药监测工作，建立抗菌药物临床应用预警机制。各地卫生及中医药部门实施药品招标采购，保证医疗机构药品来源合法。食品药品监管部门制定了《医疗机构药品监督管理办法（试行）》，对医疗机构药品的购进、储存、调配、使用等行为提出了规范要求，进一步加强医疗机构药品质量管理。甘肃、贵州、福建、山西、江西等省级卫生行政部门指导医疗机构加强合理用药分析自查和处方点评工作力度，将统计评估结果作为对医疗机构、医务人员考核及不良业绩记录的重要依据。

通过药品安全专项整治，促进了医药产业又好又快发展。据统计，专项整治工作开展以来，我国医药工业总产值2009年、2010年同比增长分别为18.66%、24.17%，2010年达12427亿元；医药工业销售收入2009年、2010年同比增长分别为21.63%、25.42%，2010年达12073亿元；医药工业利润2009年、2010年同比增长分别为25.53%、32.74%，2010年达1407亿元。药品评价抽验合格率连续3年一直保持在96%以上的较高水平。根据2010年“全国药品安全公众满意度调查”显示，在发放的10000份问卷中，8490位被访者对药品质量表示放心，满意度基本稳定，标志着药品安全专项整治取得较好成效。

二、整治措施得力，促进科学监管

各地各部门在整治工作中措施得力，总结了一些好的经验和做法，对进一步提升药品安全监管水平做出了有益尝试。

（一）领导高度重视，任务落实到位。地方党委政府领导把药品安全工作作为重要的民生工程，切实加强组织领导，结合实际制定详细的实施方案，确定重点地区和重点环节，形成了分工明确、监管有力的工作格局。北京市政府每年将药械质量安全列入市政府民生工程，在专项整治检查评估中，中央政治局委员、市委书记刘淇及市长郭金龙与六部门检查评估组组长陈竺就药品安全工作进行了座谈。吉林、黑龙江、江苏、重庆、贵州、安徽、河南、广东、广西等地将工作目标层层分解到市县，将药品安全专项整治列入政府考核内容。卫生、公安、工业和信息化、工商、中医药等部门要求本系统结合实际制定专项整治计划措施。食品药品监管局制定了16条指导措施，有效推动各地专项整治工作扎实开展；重庆、北京、天津、河北、四川、上海、湖南、辽宁、青海、西藏等地食品药品监管部门将年度工作目标制定任务分解表，落实到具体的处（室），并明确纳入年终考核目标。

全国31个省（区、市）全部按照要求在县级以上地方政府、各相关监管部门及药品研制生产经营流通使用的企事业单位中开展了自下而上的自查自评工作，广东主管副省长亲自带队检查药品安全专项整治工作，山东、广西、云南、湖南、安徽、河北、贵州、福建、浙江、宁夏、新疆等地主管省（区）领导亲自部署，各有关监管部门组成联合检查组全面检查评估本地区药品安全专项整治成效，进一步促进了“地方政府负总责”为主体的药品安全责任体系建设。

（二）部门协调配合，区域合作有力。六部门建立了以卫生部部长为总召集人的药品安全专项整治部际协调机制，各部门各负其责，协同配合，通过召开药品安全专项整治部际协调会议和全国电视电话会议，分析研究重大问题，有效指导各地开展工作并对重点工作狠抓落实。加强信息沟通交流，及时发布《药品安全专项整治工作动态》，适时开展专题调研、联合督查，提出解决问题的措施和建议并督促各地予以解决。湖南、湖北、广东、江西、山东、江苏、河北、贵州、甘肃、安徽、福建、四川、浙江、吉林、陕西等地分别建立了由省卫生厅、公安厅、工信委、工商局、通信管理局、邮政局、食品药品监管局、中医药局等部门组成的药品安全专项整治厅际协调工作机制，认真落实专项整治的初期部署、中期督查、检查评估、经验总结等各阶段的工作任务。新疆、安徽、海南、湖南等组成联合督查组，调研走访基层政府和有关监管部门开展专项整治的进展情况，研究解决工作推动中遇到的情况和问题。

黑龙江、山西、河南、上海、天津等地强化联合执法，建立了食品药品监管、公安联合开展打击食品药品违法犯罪工作机制。为加强区域协作，广东通过石龙食品药品打假协作论坛等平台，强化政府部门之间、部门与企业之间的打假合作；北京等华北5省市、安徽等华东8省市、福建等泛珠三角9省区分别建立了药品监督稽查执法联防协作区，通过毗邻地区的区域合作，形成优势互补、资源共享、联防联动的药品监督执法和稽查打假工作机制，在破获北京“11.20”特大制售假药案件、浙江长兴“2.18”特大网络生产销售假药案等大要案中，密切配合、高效侦查，不给犯罪分子以喘息之机，及时端掉制售假药窝点，使犯罪分子无处遁形。

（三）落实监管责任，强化责任追究。安徽、山西将重大食品药品安全事故列入政府目标管理考核“一票否决”事项，内蒙古、黑龙江、吉林、浙江、河北、河南、陕西、重庆、福建、湖北等地政府在工作任务年度考核中明确，对于行政区域内屡次发生重大药品安全事故的地方，直接对政府领导及监管部门责任人进行责任追究。各地积极探索责任体系建设，在现有体制模式下，对药品安全突发事件启动了问责机制，进行责任追究，有关部门对江苏延申、河北福尔疫苗事件的生产企业相关产品和有关责任人做出了严肃处理。

食品药品监管部门在全国范围内探索建立药品安全责任体系，按照“先行试点、逐步推开，依法监管、明确责任，国家局指导，各地探索”的总体工作思路，印发了《关于开展药品安全责任体系评价试点工作的指导意见》，确定了黑龙江、江苏、浙江、江西、湖北、湖南、重庆及宁波等8省市为药品安全责任体系评价试点地区。内蒙古、陕西、甘肃、云南、安徽、宁夏、广西等7省（区）在当地政府的支持下，积极组织开展了自行试点，试点范围共覆盖15个省（区、市）及副省级市、64个地级市、385个县。药品安全责任体系试点工作开展以来，在落实地方政府责任，加强资源保障方面取得了显著进展，基本实现了药品安全责任的“四个纳入”、“三个落实”和“一个追究”，即纳入年度政府工作报告、纳入议事日程、纳入地方发展中长期规划、纳入政府综合目标绩效考核体系，落实组织机构、落实人员编制、落实监管经费，明确药品安全责任追究制度。

（四）坚持标本兼治，探索监管新思路。专项整治中，各地因地制宜创造性地开展工作，探索药品安全监管新思路。湖南制定了药品、医疗器械流通监督管理条例、药品安全厅局联席会议制度、药品医疗器械安全责任追究办法等，福建制定了药品和医疗器械流通监督管理办法，消除了药械使用监管的“真空”状态；江苏省人大审议通过了广告条例，重庆制定了新闻媒体广告刊播违规行为处理办法，加大广告治理力度；山东制定了药品使用条例、药品使用质量管理规范和药品安全风险分级管理制度，提升药品质量保障能力。甘肃兰州市公安局在市食品药品监管局设立了公安特派室，湖南、重庆等省（市）公安部门组建了“食品药品犯罪侦查总队”及“食品药品犯罪侦查支队”，成为专门打击食品药品安全犯罪行为的专业警种。

河北搭建了医药诚信网络平台，公布了药械生产经营企业违法经营、违法发布药品广告的不良记录820条；天津探索药物临床试验电子监管新举措，实时远程监控药物临床试验的数据采集过程；江西推广药品电子信息化非现场监管，使行政许可、药品稽查、应急处置等全部通过网上运作，并将批发企业信用等级评定信息上网公布；海南、江苏研发了药品流通和温湿度电子监管系统，实现对基本药物配送企业购、销、存行为及温湿度环境的在线远程监管。上海将药品生产企业划分为高风险与一般风险，科学统配市区两级执法资源。陕西组织开展中成药价格倒挂现象的跨省区调查回访，及时向药品采购中心发出质量安全预警信息。广西、安徽推进医疗机构“规范药房”建设；浙江通过开展“小药店”整规提升工程提高药品经营企业的软件硬件水平；新疆推广票证快速检索方法；上海奉贤、宁夏吴忠开展创建药品诚信经营示范街区活动，为行政区域群众营造安全用药环境，重庆长寿启动了药品安全示范区域创建活动，将药品监管延伸到了村、社。

（五）整治监管相互促进，质量管理迈上新台阶。2011年3月1日，《药品生产质量管理规范（2010年修订）》（GMP）正式施行。新修订GMP在整体上基本达到世界卫生组织现行生产质量管理规范技术水准，明确了新建药品生产企业必须符合新修订GMP要求，现有药品生产企业血液制品、疫苗、注射剂等的生产，要在2013年底前达到新修订GMP要求，其他药品的生产要在2015年底前达到新修订GMP要求，届时未达到要求的企业不得继续生产药品。2011年3月1日，中国疫苗监管体系通过了世界卫生组织的评估，表明中国产疫苗有资格申请世界卫生组织的预认证，进入联合国疫苗采购计划，参与国际竞争，中国将会成为世界上平价疫苗的主要供应国之一。中国疫苗监管体系通过评估也标志着我国药品监管体系建设取得了巨大进步。2011

年4月1日，疫苗、中药注射剂、血液制品、第二类精神药品等四类高风险药品和国家基本药物全面实行电子监管，及时获取入网监管药品的流量、流向、库存等信息，实现了对药品品种可监控、质量可追溯，对于提高监管效率、更大程度确保公众用药安全将起到积极的推动作用，也有利于有效打击制售假劣药品行为。

（六）加强舆论宣传，营造安全用药氛围。卫生部门多次召开合理用药政策和合理用药相关内容的新闻发布会，通过多种形式解读和宣传国家药物政策以及各项合理用药制度。食品药品监管部门把每年9月定为“全国安全用药月”，定期开展宣传活动。各省、市、县和街道社区通过举办食品药品安全知识大讲堂、在电视台播放公益广告、利用农村数字电影播放安全用药情景电视剧、开展户外公益宣传等多种形式，提高公众合理饮食用药意识。各地结合实际加强舆论引导，创新安全用药科普知识宣传形式，充分利用报纸、电视、网络等媒体，大力宣传专项整治的措施和成效，营造良好工作氛围。安徽开通了“食品药品监管新闻网”，设有食品药品监管动态、安全饮食用药知识、网络问政、咨询服务等栏目，北京建成药监地图信息系统，对宣传食品药品监管工作、普及饮食用药安全知识发挥了积极作用。

三、药品安全制约因素依然存在，深层次矛盾和问题仍待解决

两年来的药品安全专项整治集中解决了一些突出的矛盾和问题，但仅凭一次整治不能解决深层次矛盾和问题，不能对药品安全专项整治的成效估计过高。当前药品安全形势稳中向好，但依然严峻。

（一）医药工业自主创新能力不强、产业集中度不高。我国医药研发投入整体仍处于较低水平，大部分企业缺乏核心产品和技术，产品更新换代和技术升级慢，行业内一些关键性、共性技术长期难以突破，成为提高药品质量控制水平的软肋。医药生产企业多、小、散，目前国内有药品制剂和原料药生产企业约4600家，年销售额不足5000万元的占70%以上，医疗器械生产企业约13800家，年销售额在1亿元以上的不足200家，2010年医药工业销售收入居前100位的企业占全行业销售收入的比重仅为33.4%，远低于全球平均水平和发达国家水平。较低的产业集中度不但不利于集约化运营和降低生产成本，同时也是产生市场无序竞争的重要因素。

（二）不法分子利用互联网收购贩卖销售假药现象依然存在。尽管各地在打击违法药品广告、打击利用互联网及邮寄渠道销售假劣药品违法行为方面取得了一定进展，但受违法行为的隐蔽性、手段的多样性、民营快递公司管理不规范及查处难度较大等因素的影响，这类违法违规行为仍然存在。个别地区非法制售假药犯罪仍十分猖獗，有的利用QQ群一对一单线联系，案件取证、侦破难度极大，且查处后也能轻易改变网络名再死灰复燃，群众对违法药品广告和互联网销售假劣药的关注度不断提高，反应也越来越为强烈。一些不法分子内外勾结将假药出口到境外，给我国国际声誉造成不良影响。

（三）企业生产经营行为不规范，药品质量安全受威胁。国家有关部门已对药品实施了27次降价，而药品生产标准不断提高、制药原材料价格持续上涨，压缩了企业必要的盈利与生存空间，迫使企业压缩药品研发经费，影响创新药的发展。某些企业在药品生产时为降低成本采取低限投料的办法，增大了药品质量不达标的风险系数；还有个别企业守法诚信意识淡薄，在经济利益的驱动下，采取偷工减料、非法添加的手段妄图蒙混过关；一些医疗机构和药品经营企业为降低成本从非法渠道购进中药材和饮片，这些都对药品质量安全造成严重威胁。

（四）公众合理用药意识不强，药物不合理使用现象仍有发生。尽管药品安全专项整治期间做了一些舆论宣传工作，但安全用药知识宣传的力度还有待加大，特别是向城市社区、农村乡镇宣传安全用药科普知识、增强公众合理用药意识、减少药物滥用现象等方面还亟待加强。个别医疗机构因“以药补医”，也存在抗菌药物不合理使用、超剂量使用的情况。

（五）药品监管法律法规体系建设有待进一步加强。现行的药品监管体制机制现状，使打击制售假药犯罪、整治违法药品广告、治理通过互联网发布虚假药品信息、规范非药品冒充药品、杜绝邮政寄递假劣药品等项工作分别由职能部门按照监管职责分头监管，容易形成监管盲区，也是治理效果不甚理想的原因，在加强部门密切配合、联合治理的法律法规方面需进一步加以明确，增强可操作性。如整治非药品冒充药品的法律法规还不健全，有关部门对市场上发现的冒充药品的非药品，没有批准文号的产品按假药查处，有批准文号的产品按照“谁审批谁主管”原则移送相关部门处理。但在市场上销售的非药品大部分都标示有批准文号，既有食品、保健品的文号，又有保健用品、化妆品以及消杀产品的文号，其文号的真伪很难核查，部门协查办案缺少有效配合，实际工作存在定性难、查处难、移送难等问题。

四、建立健全长效机制，专项整治常抓不懈

在总结此次专项整治经验的基础上，继续推动药品安全

长效机制建设，下一步重点抓好以下几项工作：

（一）继续保持打击制售假药高压态势不松懈。进一步加强公安、卫生、工业和信息化、食品药品监管部门的密切协作，发挥13部门打击生产销售假药部际协调联席会议机制作用，深入分析新形势下制假售假的突出特点、打击难点和矛盾焦点，集中开展打击利用互联网收购药品、通过网络联系采用邮政寄递形式销售药品的专项行动，依据《刑法修正案（八）》，对涉嫌生产销售假药犯罪的，由食品药品监管部门及时移送公安机关，并配合公安机关组织追查，查明并控制假药源头及销售流向，捣毁制假窝点。开展打击保健食品非法添加化学药物成分及化妆品违法使用禁限用物质的专项行动，开展打击非法委托加工并利用不法渠道出口药品的违法犯罪行动。认真研究建立打击假药出口的部际协作和国际协作机制，开展国际交流，加强与假药出口目的地国家的联合协查办案机制建设，强力打击假药出口违法犯罪行为。

（二）继续加大整治药品、医疗器械、保健食品违法广告力度。工商、工业和信息化、食品药品监管等部门密切协作，强化联合监管、联动执法机制作用，严格广告审批标准，加强广告监测频次和覆盖范围，加大对发布违法广告企业及产品的曝光和处罚力度，通过关闭网站、屏蔽信息、发布警示等手段严厉打击利用互联网发布虚假药品信息行为。及时查办严重违法药品广告案件，对多次发布虚假违法广告、屡罚屡犯的媒体、广告主，在加大处罚力度的同时，依法暂停其药品广告发布业务，追究相关责任人的责任，对违法广告涉及的药品采取停止销售等行政措施，在全国范围内形成整治虚假违法药品广告的强大声势，震慑发布虚假违法药品广告的行为。

（三）进一步建立和完善药品生产经营企业诚信体系。把药品生产经营企业诚信体系建设作为建设药品安全长效机制的重要内容，将打击侵权和假冒伪劣作为诚信体系建设的突破口和重要抓手，逐步建立与药品市场信用相关的法律法规体系。加快诚信信息平台建设，建立企业诚信档案，完善信用信息查询和披露制度。制定诚信激励和失信惩戒措施，加强对失信行为的协同监管。进一步加大舆论宣传力度，营造药品行业诚信自律氛围，通过多种形式强化企业的信用观念和诚信意识，落实药品安全主体责任。

（四）进一步推动企业创新进程，加快医药产业调整步伐。持续推动创新药物研发，坚持原始创新、集成创新和引进消化吸收再创新相结合，加快推进创新药物开发和产业化，着力提高创新药物的科技内涵和质量控制水平。完善医药创新支撑服务体系，加强药物安全评价、新药临床评价、新药研发公共资源平台建设。进一步鼓励优势企业实施兼并重组，支持研发和生产、制造和流通、原料药和制剂、中药材和中成药企业之间的上下游整合，完善产业链，提高资源配置效率。支持同类产品企业强强联合、优势企业重组困难落后企业，引导中小企业积极参与兼并重组，促进资源向优势企业集中，实现规模化、集约化经营，提高产业集中度。

（五）进一步提高国家基本药物生产供应和质量保障水平。督促各地认真落实《关于建立和规范政府办基层医疗卫生机构基本药物采购机制的指导意见》（国办发〔2010〕56号），确保基本药物安全有效，品质良好，价格合理，供应及时，加强基本药物价格与成本调查研究，制定有效措施杜绝恶意低价投标竞争。加强药品生产企业日常监督检查，对国家基本药物实施全品种、全覆盖质量监督抽验。完善基本药物安全溯源体系，加强药品电子监管系统及技术支撑体系建设，实现药品来源可追溯、去向可查询、责任可追究的全程动态监管。

（六）进一步提高药品研制生产流通环节监管水平。进一步提高审评审批门槛，加强现场核查，确保药品研制真实、规范。全面实施新修订《药品生产质量管理规范》，强化企业质量主体责任，树立质量诚信意识，认真实施质量受权人制度，坚决查处违规生产行为。加强对高风险产品生产的监管，组织开展上市药品的再注册，坚决淘汰不具备生产条件、质量不能保证、安全风险较大的品种。推行药品电子监管，监督企业完善质量追溯体系，实行更加严格的产品召回制度，显著提高我国药品质量管理整体水平。

（七）进一步提高临床用药管理水平。加强合理用药监测系统、抗菌药物临床应用监测网和细菌耐药监测网的监测力度，加强处方点评工作，指导临床合理使用抗菌药物。继续对全国基层医院管理人员、医务人员和药学人员进行抗菌药物合理使用和微生物检验技术相关培训，提高基层医疗机构微生物检验能力和抗菌药物合理使用水平。加大推进抗菌药物临床应用专项整治活动力度，掌握全国卫生系统开展抗菌药物临床应用专项整治活动的实施情况，督促各级各类医疗机构合理使用抗菌药物，确保活动取得实效。

中华人民共和国卫生部
中华人民共和国公安部
中华人民共和国工业和信息化部
中华人民共和国国家工商行政管理总局
国家食品药品监督管理局
国家中医药管理局
二〇一二年二月一日

国家食品药品监督管理局关于印发《医疗机构药品监督管理办法（试行）》的通知

国食药监安〔2011〕442号

各省、自治区、直辖市食品药品监督管理局（药品监督管理局），新疆生产建设兵团食品药品监督管理局：

为加强医疗机构药品监督管理，健全药品质量保证体系，强化医疗机构药品质量意识，保障人民群众用药安全，依据《中华人民共和国药品管理法》、《中华人民共和国药品管理法实施条例》，国家食品药品监督管理局制定了《医疗机构药品监督管理办法（试行）》，现予印发，请遵照执行。

国家食品药品监督管理局

二〇一一年十月十一日

医疗机构药品监督管理办法（试行）

第一章 总则

第一条 为加强医疗机构药品质量监督管理，保障人体用药安全、有效，依据《中华人民共和国药品管理法》（以下简称《药品管理法》）、《中华人民共和国药品管理法实施条例》（以下简称《药品管理法实施条例》）等法律法规，制定本办法。

第二条 本办法适用于中华人民共和国境内医疗机构药品质量的监督管理，医疗机构购进、储存、调配及使用药品均应当遵守本办法。

第三条 国家食品药品监督管理局主管全国医疗机构药品质量监督管理工作，地方各级药品监督管理部门主管本行政区域内医疗机构药品质量监督管理工作。

第四条 医疗机构应当建立健全药品质量管理体系，完善药品购进、验收、储存、养护、调配及使用等环节的质量管理制度，做好质量跟踪工作，并明确各环节中工作人员的岗位责任。

医疗机构应当有专门的部门负责药品质量的日常管理工作；未设专门部门的，应当指定专人负责药品质量管理。

第五条 医疗机构应当向所在地药品监督管理部门提交药品质量管理年度自查报告，自查报告应当包括以下内容：

（一）药品质量管理制度的执行情况；

（二）医疗机构制剂配制的变化情况；

（三）接受药品监督管理部门的监督检查及整改落实情况；

（四）对药品监督管理部门的意见和建议。

自查报告应当在本年度12月31日前提交。

第二章 药品购进和储存

第六条 医疗机构必须从具有药品生产、经营资格的企业购进药品。

医疗机构使用的药品应当按照规定由专门部门统一采购，禁止医疗机构其他科室和医务人员自行采购。

医疗机构因临床急需进口少量药品的，应当按照《药品管理法》及其实施条例的有关规定办理。

第七条 医疗机构购进药品，应当查验供货单位的《药品生产许可证》或者《药品经营许可证》和《营业执照》、所销售药品的批准证明文件等相关证明文件，并核实销售人员持有的授权书原件和身份证原件。

医疗机构应当妥善保存首次购进药品加盖供货单位原印章的前述证明文件的复印件，保存期不得少于5年。

第八条 医疗机构购进药品时应当索取、留存供货单位的合法票据，并建立购进记录，做到票、账、货相符。合法票据包括税票及详细清单，清单上必须载明供货单位名称、药品名称、生产厂商、批号、数量、价格等内容，票据保存期不得少于3年。

第九条 医疗机构必须建立和执行进货验收制度，购进药品应当逐批验收，并建立真实、完整的药品验收记录。

医疗机构接受捐赠药品、从其他医疗机构调入急救药品也应当遵守前款规定。

第十条 药品验收记录应当包括药品通用名称、生产厂商、规格、剂型、批号、生产日期、有效期、批准文号、供货单位、数量、价格、购进日期、验收日期、验收结论等内容。

验收记录必须保存至超过药品有效期1年，但不得少于3年。

第十一条 医疗机构应当建立健全中药饮片采购制度，按照国家有关规定购进中药饮片。

第十二条 医疗机构应当有专用的场所和设施、设备储存药品。药品的存放应当符合药品说明书标明的条件。

医疗机构需要在急诊室、病区护士站等场所临时存放药品的，应当配备符合药品存放条件的专柜。有特殊存放要求的，应当配备相应设备。

第十三条 医疗机构储存药品，应当按照药品属性和类别分库、分区、分垛存放，并实行色标管理。药品与非药品分开存放；中药饮片、中成药、化学药品分别储存、分类存放；过期、变质、被污染等药品应当放置在不合格库（区）。

第十四条 医疗机构应当制定和执行药品保管、养护管理制度，并采取必要的控温、防潮、避光、通风、防火、防虫、防鼠、防污染等措施，保证药品质量。

第十五条 医疗机构应当配备药品养护人员，定期对储存药品进行检查和养护，监测和记录储存区域的温湿度，维护储存设施设备，并建立相应的养护档案。

第十六条 医疗机构应当建立药品效期管理制度。药品发放应当遵循“近效期先出”的原则。

第十七条 麻醉药品、精神药品、医疗用毒性药品、放射性药品应当严格按照相关行政法规的规定存放，并具有相应的安全保障措施。

第三章 药品调配和使用

第十八条 医疗机构应当配备与药品调配和使用相适应的、依法经资格认定的药学技术人员负责处方的审核、调配工作。

第十九条 医疗机构用于调配药品的工具、设施、包装用品以及调配药品的区域，应当符合卫生要求及相应的调配要求。

第二十条 医疗机构应当建立最小包装药品拆零调配管理制度，保证药品质量可追溯。

第二十一条 医疗机构配制的制剂只能供本单位使用。未经省级以上药品监督管理部门批准，医疗机构不得使用其他医疗机构配制的制剂，也不得向其他医疗机构提供本单位配制的制剂。

第二十二条 医疗机构应当加强对使用药品的质量监测。发现假药、劣药的，应当立即停止使用、就地封存并妥善保管，及时向所在地药品监督管理部门报告。在药品监督管理部门作出决定之前，医疗机构不得擅自处理。

医疗机构发现存在安全隐患的药品，应当立即停止使用，并通知药品生产企业或者供货商，及时向所在地药品监督管理部门报告。需要召回的，医疗机构应当协助药品生产企业履行药品召回义务。

第二十三条 医疗机构不得采用邮售、互联网交易、柜台开架自选等方式直接向公众销售处方药。

第二十四条 医疗机构应当逐步建立覆盖药品购进、储存、调配、使用全过程质量控制的电子管理系统，实现药品来源可追溯、去向可查清，并与国家药品电子监管系统对接。

第二十五条 医疗机构应当每年组织直接接触药品人员进行健康检查，并建立健康档案。患有传染病或者其他可能污染药品的疾病的，不得从事直接接触药品的工作。

第二十六条 医疗机构应当定期组织从事药品购进、保管、养护、验收、调配、使用的人员参加药事法规和药学专业知识的培训，并建立培训档案。

第四章 监督检查

第二十七条 药品监督管理部门应当对医疗机构药品购进、储存、调配和使用质量情况进行监督检查，并建立医疗机构监督检查档案。

监督检查情况和处理结果应当形成书面记录，由监督检查人员签字后反馈被检查单位。对检查中发现的问题需要其他部门处理的，应当及时移送。

第二十八条 医疗机构应当积极配合药品监督管理部门依法对药品购进、储存、调配和使用质量情况进行监督检查，如实提供与被检查事项有关的物品和记录、凭证以及医学文书等资料，不得拒绝和隐瞒。

第二十九条 药品监督管理部门应当加强对医疗机构药品的监督抽验。

国家或者省级药品监督管理部门应当定期发布公告，公布对医疗机构药品质量的抽查检验结果。

对质量抽验结果有异议的，其复验程序按照相关规定执行。

第三十条 药品监督管理部门应当根据实际情况建立医疗机构药品质量管理信用档案，记录日常监督检查结果、违法行为查处等情况。

第三十一条 药品监督管理部门接到有关医疗机构药品质量方面的咨询、投诉、举报，应当及时受理，并进行核实、答复、处理；对不属于本部门职责的，应当书面通知并移交有关部门处理。

第三十二条 药品监督管理部门可以根据医疗机构药品质量管理年度自查报告、日常监督检查情况、不良信用记录以及人民群众的投诉、举报情况，确定若干重点监督检查单位，相应增加对其进行监督检查的频次，加大对其使用药品的质量抽验力度。

第五章 法律责任

第三十三条 违反本办法第六条第一款规定，从无《药品生产许可证》、《药品经营许可证》的企业购进药品的，由药品监督管理部门按照《药品管理法》第八十条规定处罚。

对违反本办法第六条第二款规定，医疗机构其他科室和医务人员自行采购药品的，责令医疗机构给予相应处理；确认为假劣药品的，按照《药品管理法》有关规定予以处罚。

第三十四条 违反本办法第十二条第一款规定，不按要求储存疫苗的，按照《疫苗流通和预防接种管理条例》第六十四条规定处罚。

第三十五条 违反本办法第二十一条的规定，擅自使用其他医疗机构配制的制剂的，按照《药品管理法》第八十条规定处罚；未经批准向其他医疗机构提供本单位配制的制剂的，按照《药品管理法》第八十四条规定处罚。

第三十六条 违反本办法第二十二条的规定，擅自处理假劣药品或者存在安全隐患的药品的，由药品监督管理部门责令限期追回；情节严重的，向社会公布。

第三十七条 违反本办法第二十三条规定，采用邮售、互联网交易、柜台开架自选等方式直接向公众销售处方药的，按照《药品流通监督管理办法》第四十二条规定处罚。

第三十八条 违反本办法有关规定，且隐瞒事实，不如实提供与被检查事项有关的物品和记录、凭证以及医学文书等资料，阻碍或者拒绝接受监督检查的，依照《药品管理法实施条例》第七十九条的规定从重处罚。

第三十九条 医疗机构有下列情形之一的，由药品监督管理部门要求其限期整改，逾期不改的，记入医疗机构药品质量管理信用档案，并定期向社会公布：

（一）未按照本办法第四条第一款规定建立质量管理制度的；

（二）未按照本办法第五条规定提交药品质量管理年度自查报告的；

（三）未按照本办法第七条第一款、第八条规定索证、索票查验的；

（四）未按照本办法第九条、第十条规定对购进的药品进行验收，做好验收记录的；

（五）未按照本办法第十一条规定建立中药饮片采购制度，违反国家有关规定购进中药饮片的；

（六）未按照本办法第十二条、第十三条规定储存药品的；

（七）未按照本办法第十四条、第十五条规定养护药品的；

（八）未按照本办法第十六条规定建立和执行药品效期管理制度的；

（九）未按照本办法第十八条规定配备人员的；

（十）未按照本办法第十九条规定执行的；

（十一）未按照本办法第二十条规定建立最小包装药品拆零调配管理制度并执行的。

第四十条 药品监督管理部门应当加强对本部门工作人员的教育、培训和管理，督促其正确履职。凡不履行本办法规定的职责或者滥用职权、玩忽职守、徇私舞弊的，均应当依法对直接负责的主管人员和其他直接责任人员给予相应行政处分；涉嫌犯罪的，移送司法机关处理。

第六章 附则

第四十一条 省、自治区、直辖市药品监督管理部门可以结合本地实际情况，根据本办法的规定制定实施细则。

第四十二条 本办法自发布之日起施行。

商务部办公厅关于开展中药材重点品种流通分析的通知

商办秩函〔2012〕114号

各省、自治区、直辖市、计划单列市及新疆生产建设兵团商务主管部门：

为逐步掌握中药材流通领域的相关统计数据和市场流通情况，根据《全国药品流通行业发展规划纲要（2011-2015）》，经过前期调研和论证，商务部决定开展首批29种中药材重点品种流通分析工作。现将有关事项通知如下：

一、分析品种：人参、三七、川芎、大黄、山药、山茱萸、水飞蓟、太子参、元胡、丹参、天麻、半夏、白芷、甘草、地黄、当归、麦冬、连翘、牡丹皮、附子、金银花、茯苓、厚朴、枸杞、党参、黄连、黄芩、黄芪、鹿茸。

二、分析内容：分析各品种的种植面积（养殖存栏量）、产量、市场流通情况（购进、销售、库存、价格）等。

三、填报要求：

（一）请有关地区商务主管部门按照中药材产地商务主管部门分析品种表（附件1）所列品种，在每年1月15日前，填报上年中药材种植情况年报（附件2），同时组织有关中药材市场和中药材专业网站填报工作。

（二）请各地中药材专业及产地市场（附件3）在每季度第一个月15日前，填报上季度中药材销售情况季报（附件4）。

（三）请各地中药材专业网站（附件5）在每季度第一个月15日前，填报上季度中药材流通分析补充季报表（附件6）。

四、商务部开发了中药材重点品种流通分析直报系统（以下简称直报系统，网址：http://zyc.mofcom.gov.cn）将于2012年3月开通运行，专题动员和培训会议将于3月上旬举行（具体时间、地点另行通知），2011年数据填报工作在会后开始，3月31日截止。请各地商务主管部门落实网上填报主体，填写中药材流通分析网上直报填报人信息表（附件7），并于2012年3月2日前反馈商务部。

五、在首批29种基础上增加28种作为试分析品种，请各地商务主管部门认真组织，积极填报，商务部将根据填报情况适时确定第二批中药材重点分析品种。

附件：

1. 中药材产地商务主管部门分析品种表
2. 中药材种植情况年报
3. 中药材专业及产地市场
4. 中药材销售情况季报
5. 中药材专业网站
6. 中药材流通分析补充季报表
7. 中药材流通分析网上直报填报人信息表

商务部办公厅

二〇一二年二月二十二日

附件 1

中药材产地商务主管部门分析品种表

河北省商务厅	黄芩、地黄、白芷、山药、金银花、丹参	
	承德市商务局	黄芩
	安国市商务局	地黄、白芷、山药
	定州市商务局	白芷
	保定市商务局	山药
	巨鹿县商务局	金银花
	行唐县商务局	丹参
	灵寿县商务局	丹参
山西省商务厅	黄芩、地黄、党参、黄芪、连翘、甘草、丹参、半夏、山茱萸（※ 新增：远志、柴胡、酸枣仁、板蓝根、苦杏仁、桃仁、桔梗、知母、山楂）	
	运城市商务局	黄芩、远志（※ 新增）、柴胡（※ 新增）
	晋城市商务局	黄芪
	大同市商务局	连翘
	长治市商务局	黄芩、党参、酸枣仁（※ 新增）、板蓝根（※ 新增）、丹参
		半夏、苦杏仁（※ 新增）、桃仁（※ 新增）、甘草
		桔梗（※ 新增）、知母（※ 新增）、山茱萸、山楂（※ 新增）
内蒙古自治区商务厅	黄芩、甘草、黄芪、鹿茸、北沙参（※ 新增）、桔梗（※ 新增）	
	兴安盟商务局	黄芩
	鄂尔多斯市商务局	甘草
	通辽市商务局	黄芪
	乌兰察布市商务局	黄芪
	呼和浩特市商务局	黄芪
	锡林郭勒盟正蓝旗商务局	黄芪
	呼伦贝尔市商务局	鹿茸
	赤峰市商务局	黄芩、甘草、鹿茸、北沙参（※ 新增）、桔梗（※ 新增）
辽宁省商务厅	人参、鹿茸、水飞蓟	
吉林省商务厅	人参、鹿茸、水飞蓟	
黑龙江省商务厅	人参、鹿茸、水飞蓟（※ 新增：五味子、平贝、板蓝根、月见草）	
	林口县商务局	人参
	方正县商务局	人参
	海林市商务局	人参

	铁力市商务局	人参、鹿茸、五味子（※ 新增）、平贝（※ 新增）
	伊春市商务局	鹿茸、水飞蓟、平贝（※ 新增）
	大庆市商务局	板蓝根（※ 新增）
	通河县商务局	五味子（※ 新增）
	尚志市商务局	平贝（※ 新增）
	绥化市商务局	月见草（※ 新增）
	海伦市商务局	月见草（※ 新增）
	兰西县商务局	月见草（※ 新增）
	明水县商务局	月见草（※ 新增）
	望奎县商务局	月见草（※ 新增）
江苏省商务厅	元胡、麦冬、太子参	
浙江省商务厅	元胡、白芷、麦冬、山茱萸、浙贝母（※ 新增）、杭白菊（※ 新增）、铁皮石斛（※ 新增）	
安徽省商务厅	太子参、山茱萸、茯苓、牡丹皮	
福建省商务厅	太子参	
江西省商务厅	厚朴	
山东省商务厅	黄芩、丹参、太子参、金银花、桔梗（※ 新增）	
	日照市商务局	黄芩、太子参
	莒县商务局	丹参、黄芩
	蒙阴县商务局	丹参
	临沂市商务局	金银花
	博山县商务局	桔梗（※ 新增）
	淄川县商务局	桔梗（※ 新增）
河南省商务厅	地黄、元胡、白芷、丹参、山药、连翘、山茱萸、金银花、半夏、黄芩（※ 新增：怀牛膝、怀菊花、禹白附、辛夷、杜仲、冬凌草、栀子、柴胡、山楂、板蓝根、野葛）	
	濮阳市商务局	金银花
	三门峡市商务局	丹参、连翘
	陕县商务局	金银花、板蓝根（※ 新增）、黄芩、连翘
	焦作市商务局	地黄、怀牛膝（※ 新增）、怀菊花（※ 新增）、山药
	邓州市商务局	元胡
	禹州市商务局	白芷、丹参、金银花
	许昌市	白芷
	长葛市商务局	白芷
	洛阳市商务局	山茱萸、丹参、连翘
	南阳市商务局	山茱萸
	封丘县商务局	金银花
湖北省商务厅	黄连、半夏、党参、川芎、茯苓、厚朴、麦冬、当归、山药、茯苓、天麻（※ 新增：玄参、白术、苍术、柴胡、百合）	

	恩施州商务局	黄连、当归、山药、玄参（※新增）、白术（※新增）、党参、茯苓、厚朴
	罗田县商务局	金银花、苍术（※新增）、茯苓、天麻、柴胡（※新增）、百合（※新增）
	潜江市商务局	半夏
	襄阳市商务局	麦冬
	宜昌市夷陵区商务局	天麻
湖南省商务厅	白芷、山药、茯苓、杜仲（※新增）	
广西壮族自治区商务厅	山药、三七	
	贵港市商务局	山药
	桂平市商务局	山药
	百色市靖西县商务局	三七
重庆市商业委员会	黄连	
四川省商务厅	黄连、半夏、白芷、党参、川芎、大黄、丹参、麦冬、厚朴、天麻、附子、当归	
	峨眉县商务局	黄连
	洪雅县商务局	黄连
	阆中市商务局	半夏
	遂宁市商务局	白芷
	阿坝州商务局	党参、当归、大黄
	彭州市商务局	黄连、川芎
	什邡市商务局	川芎
	甘孜州商务局	大黄
	中江县商务局	丹参
	三台县商务局	麦冬
	都江堰市商务局	厚朴、川芎
	平武县商务局	厚朴、天麻、附子
	巴中市商务局	天麻
	达川市商务局	天麻
	江油市商务局	附子
	安县商务局	附子
	成都市商务局	川芎
贵州省商务厅	太子参、天麻、半夏、杜仲（※新增）	
	施秉县商务局	太子参
	大方县商务局	天麻
	赫章县商务局	半夏
云南省商务厅	黄连、当归、三七、茯苓、厚朴、天麻、附子	
	碧江县商务局	黄连
	德钦县商务局	当归、黄连

	文山州商务局	三七
	砚山县商务局	三七
	广南县商务局	三七
	丽江市商务局	茯苓、厚朴
	昭通市商务局	天麻
	楚雄市商务局	附子
	大理市商务局	附子
陕西省商务厅	黄连、黄芩、地黄、元胡、党参、川芎、连翘、山茱萸、厚朴、天麻、附子	
	镇坪县商务局	黄连、厚朴
	商洛市商务局	黄芩、党参
	渭南市商务局	地黄
	汉中市商务局	元胡、党参、天麻、附子、川芎
	韩城市商务局	连翘
	丹凤县商务局	山茱萸
甘肃省商务厅	半夏、党参、大黄、当归、甘草、黄芪、黄连	
	陇南市商务局	半夏、党参、黄芪、黄连
	定西市商务局	党参、黄芪
	陇西市商务局	大黄
	酒泉市商务局	甘草
	礼县商务局	大黄
	宕昌县商务局	大黄
	岷县商务局	当归
	成县商务局	当归
	文县商务局	当归
	渭源县商务局	当归
青海省商务厅	大黄、枸杞	
	果洛州商务局	大黄
	玉树州商务局	大黄
	同仁县商务局	大黄
	同德县商务局	大黄
	海西州商务局	枸杞
宁夏回族自治区商务厅	甘草、枸杞	
	盐池县商务局	甘草
	中宁县商务局	枸杞
新疆维吾尔自治区商务厅	甘草、鹿茸	

注："※ 新增"是根据各地商务主管部门建议增加的试分析品种。

附件 2

◆ 中药材种植情况年报（产地商务主管部门填报）

制定机关：商务部
有效期至：20　年　月

统计地区：　　　　20　年

基本信息资料	序号	药材名称	种植周期（年）	上年度存量种植面积（亩）	本年度新增种植面积（亩）	收获面积（亩）	养殖量（头）	当年产量（公斤）	产地价格（元/公斤）	当年库存（公斤）	气候影响情况
填报部门： 联系地址： 联系人： 电话： 传真： 手机号： 邮箱：	01										
	02										
	03										
	04										
	05										
	06										
	…										
	…										
	29										

统计负责人：　　　　填表人：　　　　联系电话：　　　　报出日期：20　年　月　日

说明：1. 本报表以年为上报周期，每年 1 月 15 日之前报送上年数据，其中产地价格为 12 月 31 日的时点数。
2. 统计范围是辖区内主产药材品种，包括当年的种植面积、产量、销售价格、库存量等基本信息。
3. 由于中药材种植以及采收，受到当地气候影响较大，因此需要在每个品种后面注明，产量受各种自然灾害影响情况。

附件 3

中药材专业及产地市场

序号	名称	联系人	电话	传真	手机	邮箱
1	河北安国中药材专业中心	杨林	0312-3552808	0312-3552808	13931389865	yx2552808@sohu.com
2	成都荷花池药材专业市场	全伶俐	028-83582170	028-83582170	13880739266	niceling@qq.com
3	安徽亳州中药材市场	魏海翔	0558-8557009	0558-5117155	18656707979	weihx999@126.com
		徐玉成	0558-8557062	0558-5117155	15256362678	xyc@kangmei.com.cn
4	甘肃定西市陇西文峰中药材市场	刘军虎	0932-3631888	0932-6699760	13909323313	gshs@vip.sina.com
5	云南昆明菊花园中药专业市场	王自安	0871-3368261	0871-6096789	13888063177	522642876@qq.com
6	云南省文山州三七国际交易中心	王辙	0876-8883799	0876-2137718	13908761337	
7	广西玉林中药材专业市场	庞金安	0775-3829800	0775-3899582	13877555802	ylzycgs@163.com
8	湖北李时珍中药材专业市场	於火艳	0713-7369588	0713-7369666	13477631668	yhy688@126.com
9	河南省禹州市中药材专业市场	高国木	0374-8162188	0374-8279390	13837488777	yaocaihao@163.com

序号	名称	联系人	电话	传真	手机	邮箱
10	吉林抚松长白山人参市场投资发展有限公司	杜伟明	0439-6811111	0439-6811999	18843960000	jienengzhongguo@163.com
11	广州市清平中药材专业市场	谭敏	020-81229788	020-81229899	13660584339	529546587@qq.com
12	东北参茸中药材市场					
13	江西樟树中药材市场	周正如	0795-7370458		13307051596	yaoduyy@163.com
14	广东省普宁中药材专业市场	周俊丰	0663-2907998		18022529682	zjf@kangmei.com.cn
15	湖南省邵东县廉桥药材专业市场	贺建民	0739-2721179		13973911099	
16	湖南省岳阳花板桥中药材市场	夏淑春	0731-82925111		13607487890	7197740@qq.com
17	陕西省西安市万寿路中药材专业市场	千光辉	029-82512299			
18	重庆市解放路药材专业市场	谢宝权	023-89883069		13808340107	
19	山东省鄄城县舜王城药材市场	孙彦博			18678556100	
20	哈尔滨三棵树中药材专业市场	周礼泽	0451-82468065		13936593922	786870727@163

附件 4

◆ 中药材销售情况季报（中药材市场填报）

市场名称：　　　　　20　年　月

制定机关：商务部

上季度市场中药材总销售额______千元，销售额最大品种名称______，销售额______千元。

有效期至：20　年　月

市场基本信息资料	序号	药材名称	商品规格	市场均价（元/公斤）	市场进货量(公斤)	市场数量（公斤）	养殖量（头）	销售额（元）	市场存量（公斤）	预估全国种植面积（亩）	价格走势（看高还是看低）
市场负责单位：	01										
联系地址：	02										
联系人：	03										
电话：	04										
传真：	05										
手机号：	06										
邮箱：	…										
	…										
	29										

单位负责人：　　　　统计负责人：　　　　填表人：　　　　联系电话：　　　　报出日期：20　年　月　日

说明：1. 本表为季报，由 20 家中药材专业市场产地市场填报，报送时间是每季度后第一个月 15 日前。

2. 统计范围为首批分析的 29 个中药材品种，包括每季度的销售平均价格、市场购进、销售、存货情况等，以每季度最后一天为统计的截止点。

3. 通过市场内经营商户了解拟分析药材的种植面积以及判断价格走势。

附件 5

中药材专业网站

名称	联系人	电话	传真	手机	邮箱
中药材天地网	曹茂奎	028-68810688	028-68810678	13668295911	zyctd@zyctd.com
	邓雪梅	028-65608867	028-68810678		
康美中药网（亳州）	魏海翔	0558-8557009	0558-5117155	18656707979	weihx999@126.com
	叶海东	0558-8557017	0558-5117155	13600117368	kmzyw@kangmei.com.cn
药通网	徐宏伟	0558-5112789	0558-5112789	13905689811	web@yt1998.com
	谢伟伟	0558-5113199	0558-5112789	18956895800	
药材盈网（陇西文峰）	刘军虎	0932-3631888	0932-6699760	13909323313	gshs@vip.sina.com
永信中药网	王哲	0312-3552808	0312-3552808	13930242767	yx2552808@sohu.com
本草纲目网		0755-82090258			

附件 6

◆ 中药材流通分析补充季报表(中药材专业网站填报)

制定机关：商务部
有效期至：20　年　月

网站名称：　　　　20　年

企业基本信息资料	序号	药材名称	商品规格	市场价格（元/公斤）	预估全国种植面积(亩)	预估全国养殖量（头）	预估全国产量（公斤）	价格走势(看高还是看低)	市场走势分析
网站法人：	01								
联系地址：	02								
联系人：	03								
电话：	04								
传真：	05								
手机号：	06								
邮箱：	…								
	…								
	29								

网站负责人：　　　　统计负责人：　　　　填表人：　　　　联系电话：　　　　报出日期：20　年　月　日

说明：1. 本表为季报，6 家中药材专业网站填报，报送时间是每季度后第一个月 15 日前。
2. 统计范围为首批拟分析的 29 个中药材品种，包括每季度的销售平均价格、市场购进、销售、存货情况等，以每季度最后一天为统计的截止点。
3. 通过对全国市场情况调研预估分析药材的种植面积、产量以及判断价格走势。

附件 7

中药材流通分析网上直报填报人信息表

__________省（自治区、直辖市）商务主管部门中药材流通分析系统

网上直报填报人　姓名：__________　电话：__________　签章：__________

手机：__________　邮箱：__________

省内产地商务部门名称	分析品种	联系人	电话	手机	邮箱

请于 2012 年 2 月 25 日前完成，并上报商务部市场秩序司。

商务部关于印发《药品流通统计报表制度（2013-2014 年）》的通知

商秩函〔2013〕55 号

各省、自治区、直辖市、计划单列市及新疆生产建设兵团商务主管部门：

2011 年初，我部实施了《药品流通统计报表制度》（以下简称《制度》），已于 2012 年 12月到期。两年来，统计工作进展有序，统计数据为指导药品流通行业健康发展提供了科学依据。我部根据行业发展情况和各方面意见，对《制度》进行了修订，并经国家统计局批准，从 2013 年 1 月开始实施，有效期 2 年。现将新实施的《制度》印发给你们，请遵照执行，并就有关事项通知如下：

一、加强行业统计工作的组织领导

药品流通行业统计工作是药品流通行业主管部门履行职能的基础，是制定行业政策、发展规划和相关标准的重要参考依据，也是推动药品流通行业科学发展不可或缺少的工作支撑。各地商务主管部门要高度重视，切实加强领导认真组织《制度》的贯彻落实，配备专职人员，全面做好本地区药品流通行业统计工作。

二、做好政府、协会和企业的分工协作

各地商务主管部门要充分发挥行业协会作用，争取更

多的典型企业参与统计直报，并组织好典型企业之外的药品流通企业的数据填报和汇总上报工作。相关行业协会要主动协助商务主管部门，做好统计数据的组织报送、汇总和分析工作。各典型企业要严格按照《制度》要求，指派专人负责统计业务，如实、准确、及时、全面地填报数据。

三、确保新旧统计制度的顺利衔接

新实施的《制度》主要进行了三方面调整：一是删除了原制度中关于国家基本药物制度实施情况的报表；二是不再设半年报表；三是调整了统计内容，删除精简了一些缺乏参考价值的统计指标（调整变化情况详见附件）。请各地商务主管部门认真学习新《制度》的具体内容，熟悉各报表的相关变化，做好宣传贯彻和培训工作，确保企业和协会都能按照最新要求正确填报数据。2012 年年 报是新《制度》实施后的第一项重要工作，各地商务主管部门和相关协会、企业要提前做好准备，确保 2012 年年报填报工作顺利开展。

新《制度》执行过程中出现的问题，请及时与我部联系。随文附件可以到商务部药品流通网站（http://yplt.mofcom.gov.cn）政策法规栏目下载。

附件：《药品流通统计表制度》修订说明

商务部

二○一三年二月五日

附件

药品流通统计报表制度

商务部

二○一三年一月

本报表制度根据《中华人民共和国统计法》的有关规定制定

《中华人民共和国统计法》第七条规定：国家机关、企业事业单位和其他组织及个体工商户和个人等统计调查对象，必须依照本法和国家有关规定，真实、准确、完整、及时地提供统计调查所需的资料，不得提供不真实或者不完整的统计资料，不得迟报、拒报统计资料。

《中华人民共和国统计法》第九条规定：统计机构和统计人员对在统计工作中知悉的国家秘密、商业秘密和个人信息，应当予以保密。

目　次

一、总说明

（一）为了解全国药品流通行业经营活动的基本情况，为各级政府部门制定行业发展政策和进行经济管理与宏观调控提供依据，依照《中华人民共和国统计法》的规定，根据国家统计局有关制度要求，特制定本统计报表制度。

（二）本制度由商务部制定，经国家统计局审核批准。本制度由地方商务主管部门组织落实，并接受同级政府统计机构的业务指导。

（三）本制度数据来源为地方商务主管部门和药品批发和零售业典型企业。基层报表统计对象为典型企业，典型企业的选取由地方商务主管部门和相关行业协会推荐，并经商务部同意，所有被选定的企业纳入商务部定点统计药品流通典型企业之列。综合报表8统计对象为非典型药品批发和零售业法人企业，综合报表9统计对象为全部药品批发和零售业法人企业。

（四）为提高统计工作效率，降低统计数据的差错率，地方商务主管部门和企业单位报表实行网上直接报送。

（五）本统计报表制度按报告期别分为年度报表和定期报表。年报表报送时间为次年3月10日至3月底；定期报表为季报，季报报送时间为季后第1个月5日至20日。其中，“典型药品批发和零售企业商品购进、销售、库存情况”（YPLT-2表）、“典型药品批发和零售企业主要经济指标”（YPLT-6表）、“典型企业以外药品批发和零售企业商品购进、销售、库存情况”（YPLT-8表）年报和季报采用同一表式。

（六）对外公开发布和提供行业统计资料，应确保国家机密和企业商业秘密，地方商务主管部门和相关单位应严格按照《中华人民共和国统计法》及其实施细则和国家有关规定执行。

（七）本统计报表制度由商务部（市场秩序司）统一布置。

二、报表目录

三、调查表式

（一）基层年报表和基层定期报表

◆ 典型药品批发和零售业法人单位基本情况

表号：YPLT-1 表
制定机关：商务部
批准机关：国家统计局
批准文号：国统制〔2013〕5 号
有效期至：2014 年 12 月

20　年

<table>
<tr><th>指标名称</th><th>代码</th><th></th></tr>
<tr><td>单位类别</td><td>00</td><td>法人单位本部（总部、本店、本所等）</td></tr>
<tr><td>组织机构代码
曾 用 代 码</td><td>01</td><td>______________________
______________________</td></tr>
<tr><td>单位名称
曾 用 名</td><td>02</td><td>______________________
______________________</td></tr>
<tr><td>法定代表人（单位负责人）</td><td>03</td><td></td></tr>
<tr><td>单位所在地及行政区划

行政区划代码</td><td>04</td><td>________省（自治区、直辖市）________地（区、市、州、盟）
________县（区、市、旗）______________________门牌号
______________________</td></tr>
<tr><td>联系方式</td><td>05</td><td>区　　号：______________________
电话号码：______________________
分 机 号：______________________
传真号码：______________________
邮政编码：______________________
电子信箱：______________________
网　　址：______________________</td></tr>
<tr><td>行业类别</td><td>06</td><td>515 医药及医疗器材批发业 □
525 医药及医疗器材专门零售业 □
i. 连锁企业 □　　ii. 单体药店 □
具有互联网药品交易服务资格证书的企业 □
i.B2B □　年销售总额______千元
ii.B2C □　年销售总额______千元
具有药监部门颁发的开展第三方药品物流业务确认文件的专业医药物流企业 □
具有第三方医药物流资质的批发企业 □
承担国家基本药物省级集中采购配送任务的典型药品批发企业 □
开展物流延伸服务的企业 □ 涉及医院______（家）
承接药房托管的企业 □______（家）医院（二级以上含二级）
______（家）基层医疗机构（二级以下）
承接医院药库外设的企业 □______（家）医院（二级以上含二级）
______（家）基层医疗机构（二级以下）
药店承担社区医疗机构药房功能试点 □______（家）社区医疗机构
设立在保税区的药品批发企业 □______（个）仓库、总面积______平方米</td></tr>
<tr><td>登记注册和批准情况</td><td>07</td><td>机关级别：1 国家，2 省，3 地（市），4 县（市）
<table>
<tr><th colspan="2">登记注册（或批准）机关名称</th><th>机 级别</th><th>登记注册号</th></tr>
<tr><td>1</td><td>工商行政管理部门</td><td></td><td></td></tr>
<tr><td>8</td><td>食品药品监督管部门</td><td></td><td></td></tr>
</table></td></tr>
</table>

登记注册类型	08	100 内资 □ 110 国有企业 □ 120 集体企业 □ 130 股份合作企业 □ 140 联营企业 □ 150 有限责任公司 □ 151 国有独资公司 □ 159 其他有限责任公司 □ 160 股份有限公司 □ 170 私营企业 □ 190 其他企业 □ 200 港澳台商投资 □ 300 外商投资 □
控股情况	09	1 国有绝对控股 □ 2 国有相对控股 □ 9 其他 □
隶属关系	10	10 中央 20 省（自治区、直辖市） 40 地（区、市、州、盟） 50 县（区、市、旗） 61 街道 62 镇 90 其他
开业（成立）时间	11	年 月
营业状态	12	1 营业 2 停业（歇业） 3 筹建 4 当年关闭 5 当年破产 9 其他
业务经营范围	13	1. 批发业法人单位____个 2. 零售业法人单位____个 3. 工业法人单位____个 4. 房地产业法人单位____个 5. 其他法人单位____个

14 从业人员数

指标名称	代码	总（人）						
甲	乙	百万	十万	万	千	百	十	个
年末从业人员合计	01							
其中：物流从业人数	02							
电子商务从业人数	03							
一、从业人员按学历分	---							
1. 具有研究生及以上学历人员	04							
2. 具有大学本科学历人员	05							
3. 具有大专学历人员	06							
4. 具有大专以下学历人员	07							
二 从业人员按专业技术职称分	---							
1. 具高级技术称人员	08							
其中：高级经济师	09							
高级工程师	10							
主任药师	11							
副主任药师	12							
2. 具有中级技术职称人员	13							
3. 药学技术人员	14							
其中：具有执业药师资格人员	15							
4. 物流师资格人员	16							

企业集团情况	15	本企业是：1 非集团企业 2 集团母公司（核心企业或集团总部） 3 成员企业 □ 如选择 2，请填写所有下一级子公司组织机构代码及企业名称 □□□□□□□□ - □ ____________ 如选择 3，请填写上一级母公司组织机构代码及名称 □□□□□□□□ - □ ____________ 请填写所有下一级子公司组织机构代码及企业名称 □□□□□□□□ - □ ____________

单位负责人： 统计负责人： 填表人： 联系电话：
填表日期：2 0 年 月 日 审表人： 审表日期：2 0 年 月 日

说明：1. 本表为年报，由典型药品批发和零售业法人企业填报。
2. 表内关系：从业人数行关系 :01=04+05+06+07，01 ≥ 02+03。
3. 报送时间为每年 3 月 10 日至 3 月底，报送方式为网上直报。

◆ 典型药品批发和零售企业商品购进、销售、库存情况

表号：YPLT-2 表
制定机关：商务部
批准机关：国家统计局
批准文号：国统制〔2013〕5 号
有效期至：2014 年 12 月

单位名称：
组织机构代码：　　　　20　年 1-　　季度（含增值税）

指标名称	计量单位	代码	商品购进总额				商品销售总额												年末季末库存总额
			合计	从生产者购进	从批发零售贸易业购进	直接进口	合计	对批发的销售				对医疗终端的销售			对零售终端的销售			对居民的零售	
								小计	对省内批发的销售	对省外批发的销售	直接出口	小计	对二级及以上医院的销售	对一级及以下医院的销售	小计	售给单体药店	售给连锁药店		
甲		乙	1	2	3	4	5	6	7	8	9	10	11	12	13	14	15	16	17
各类合计	千元	01																	
药品类	千元	02																	
医疗器材类	千元	03																	
化学试剂类	千元	04																	
玻璃仪器类	千元	05																	
中药材类	千元	06																	
中成药类	千元	07																	
其他类	千元	08																	

补充资料：
药品，医疗器材，化学试剂，玻璃仪器，中药材，中成药六大类销售中：
(1)共售给县级以下批发零售企业____千元；(2)共售给城市社区医疗单位____千元；(3)共售给农村医疗单位____千元；(4)药品直调金额____千元；(5)经营品规数____个。

单位负责人：　　　　统计负责人：　　　　填表人：　　　　联系电话：　　　　报出日期：20　年　月　日

说明：1. 本表为季报和年报，由典型药品批发和零售业法人企业填报。
2. 主要逻辑审核关系：行关系：1 ≥ 2+3+4，5 ≥ 6+10+13+16，6 ≥ 7+8+9，10 ≥ 11+12，13 ≥ 14+15；
列关系：01=02+03+04+05+06+07+08；六大类合计 12 ≥补充资料（2）+（3）。
3. 年报报送时间为次年 3 月 10 日至 3 月底，季报报送时间为季后第 1 个月 5 日至 20 日，报送方式为网上直报。

◆ 典型药品零售企业经营情况

表号：YPLT－3表
制定机关：商务部
批准机关：国家统计局
批准文号：国统制〔2013〕5号
有效期至：2014年12月

单位名称：
组织机构代码：　　　　20　年（含增值税）

指标名称	计量单位	代码	合计		直营店	
			本期	上年同期（新增直报企业填写）	本期	上年同期（新增直报企业填写）
甲	乙	丙	1	2	3	4
门店总数	个	01				
其中：医保定点药房门店数	个	02				
营业面积	平方米	03				
销售总额	千元	04				
其中：凭医药处方的销售额	千元	05				
非处方药销售额	千元	06				
非药品销售额	千元	07				
其中：保健食品销售额	千元	08				
医疗器材销售额	千元	09				
化妆品销售额	千元	10				
其他销售额	千元	11				
年收到处方数	张	12				
其中；收到医药处方数	张	13				

单位负责人：　　　　统计负责人：　　　　填表人：　　　　联系电话：　　　　报出日期：20　年　月　日

说明：1. 本表为年报，由典型药品零售连锁法人企业总公司（总店）或典型药品零售单体药店填报。
2. 本表主要审核关系：行关系：01 ≥ 02，04 > 06+07，07=08+09+10+11，12 > 13；列关系：1 ≥ 3，2 ≥ 4。
3. 连锁总店或核心店作为一个直营店统计。
4. 报送时间为次年3月10日至3月底，报送方式为网上直报。

◆ 典型药品批发企业经营情况

表号：YPLT-4 表
制定机关：商务部
批准机关：国家统计局
批准文号：国统制〔2013〕5 号
有效期至：2014 年 12 月

单位名称：
组织机构代码：　　　　20　年（含增值税）

指标名称	计量单位	代码	本期	上年同期（新增直报企业填写）
甲	乙	丙	1	2
一、药品批发企业商品配送总额	千元	01		
其中：自主配送中心配送金额	千元	02		
非自有配送中心配送金额	千元	03		
二、药品批发企业物流费用	千元	04		
其中：自主配送物流费用	千元	05		
委托配送物流费用	千元	06		
三、药品批发企业物流建设情况	—	—		
自有配送中心数量	个	07		
自有配送中心仓储面积	万平米	08		
自有配送车辆数	辆	09		
四、药品批发企业信息化建设情况	—	—		
在用计算机数量	台	10		
信息系统建设投入	千元	11		

单位负责人：　　　　统计负责人：　　　　填表人：　　　　联系电话：　　　　报出日期：20　年　月　日

说明：1. 本表为年报，由典型药品批发业法人企业填报。
2. 表内关系：01=02+03，04=05+06。
3. 报送时间为次年 3 月 10 日至 3 月底，报送方式为网上直报。

◆ 典型药品批发和零售连锁企业门店及配送中心分布情况

表号：YPLT-5 表
制定机关：商务部
批准机关：国家统计局
批准文号：国统制〔2013〕5 号
有效期至：2013 年 12 月

单位名称：
组织机构代码：　　　　20　年 / 计量单位：个

地区	代码	门店总数	直营店数	加盟店数	配送中心数	
						自有
甲	乙	1	2	3	4	5
全国合计						
北京						
天津						
河北						
其中：石家庄						
山西						
其中：太原						
内蒙						
其中：呼和浩特						
辽宁						
其中：沈阳						
大连						
吉林						
其中：长春						
黑龙江						
其中：哈尔滨						
上海						
江苏						
其中：南京						
浙江						
其中：杭州						
宁波						
安徽						
其中：合肥						
福建						
其中：福州						
厦门						
江西						
其中：南昌						
山东						
其中：济南						
青岛						
河南						

地区	代码	门店总数	直营店数	加盟店数	配送中心数	自有
甲	乙	1	2	3	4	5
其中：郑州						
湖北						
其中：武汉						
湖南						
其中：长沙						
广东						
其中：广州						
深圳						
广西						
其中：南宁						
海南						
其中：海口						
四川						
其中：成都						
重庆						
贵州						
其中：贵阳						
云南						
其中：昆明						
西藏						
其中：拉萨						
陕西						
其中：西安						
甘肃						
其中：兰州						
青海						
其中：西宁						
宁夏						
其中：银川						
新疆						
其中：乌鲁木齐						
新疆生产建设兵团						
港澳台及国外						

单位负责人： 统计负责人： 填表人： 联系电话： 报出日期：20 年 月 日

说明：1. 本表为年报，由典型药品批发和连锁零售业法人企业总公司或总店填报。

2. 本表主要审核关系：行关系：全国合计 = 各省之和 + 港澳台及国外，各省≥其中各地市之和；列关系：1=2+3，4 ≥ 5。

3. 报送时间为次年 3 月 10 日至 3 月底，报送方式为网上直报。

◆ 典型药品批发和零售企业主要经济指标

表号：YPLT-6 表
制定机关：商务部
批准机关：国家统计局
批准文号：国统制〔2013〕5 号
有效期至：2014 年 12 月

单位名称：
组织机构代码：　　　　20　年 1-　季度（含增值税）

指标名称	计量单位	代码	1- 本季	上年同期（新增直报企业填写）	指标名称	计量单位	代码	1- 本季	上年同期
甲	乙	丙	1	2	甲	乙	丙	1	2
营业收入	千元	01			商誉	千元	16		
其中：主营业务收入	千元	02			流动资产	千元	17		
主营业务成本	千元	03			其中：货币资金	千元	18		
主营业务税金及附加	千元	04			应收账款	千元	19		
主营业务利润	千元	05			存货	千元	20		
其他业务利润	千元	06			资产总额	千元	21		
投资收益	千元	07			负债合计	千元	22		
营业费用	千元	08			其中：流动负债	千元	23		
管理费用	千元	09			所有者权益合计	千元	24		
财务费用	千元	10			应收账款周转天数	天	25		
营业利润	千元	11			存货周转天数	天	26		
利润总额	千元	12			应付账款周转天数	天	27		
应交所得税	千元	13			营业周期	天	28		
固定资产原价	千元	14			全部从业人员平均人数	人	29		
无形资产	千元	15							

单位负责人：　　　　统计负责人：　　　　填表人：　　　　联系电话：　　　　报出日期：20　年　月　日

说明：1. 本表为年报和季报，由典型药品批发和零售业法人企业填报。

2. 表内关系：

11=05+06−08−09−10；17 ≥ 18+19+20；22 ≥ 23；24=21−22；

25 = 360 天 / 应收账款周转率 = 平均应收账款 ×360 天 / 销售收入；

26=360 天 / 存货周转次数 = 存货平均余额 ×360 天 / 销货成本；

27=360 天 / 应付账款周转率 = 平均应付账款余额 ×360 天 / 主营业务成本净额；

25、26、27 用于 1、2、3 季报时将 360 天分别改为 90 天、180 天、270 天计算；28=25+26。

3. 年报报送时间为次年 3 月 10 日至 3 月底，季报报送时间为季后第 1 个月 5 日至 20 日，报送方式为网上直报。

◆ 典型药品批发和零售企业国家基本药物经营情况

表号：YPLT-7 表
制定机关：商务部
批准机关：国家统计局
批准文号：国统制〔2013〕5 号
有效期至：2014 年 12 月

单位名称：
组织机构代码：　　　20　年（含增值税）

指标名称	计量单位	代码	1－本期	上年同期（新增直报企业填写）
甲	乙	丙	1	2
一、药品批发企业				
1. 国家基本药物配送总额	千元	01		
其中：本省配送金额	千元	02		
外省配送金额	千元	03		
2. 国家基本药物配送费用率	%	04		
其中：城市(含县城)社区卫生服务机构配送费用率	%	05		
县以下基层医疗卫生机构配送费用率	%	06		
二、药品零售企业				
3. 国家基本药物销售金额	千元	07		
4. 国家基本药物销售金额占销售总额比例	%	08		
5. 国家基本药物占经营药品种数比例	%	09		

单位负责人：　　　统计负责人：　　　填表人：　　　联系电话：　　　报出日期：20　年　月　日

说明：1. 本表为年报，本表第一部分的填报主体仅指承担国家基本药物省级集中采购配送任务的典型药品批发企业，第二部分由典型药品零售业法人企业填报。
2. 表内关系：01=02+03。
3. 本表国家基本药物包含本省增补目录。
4. 年报报送时间为次年 3 月 10 日至 3 月底，报送方式为网上直报。

（二）综合年报表和综合定期报表

◆ 典型企业以外药品批发和零售企业商品购进、销售、库存情况

表号：YPLT－8 表
制定机关：商务部
批准机关：国家统计局
批准文号：国统制〔2013〕5 号
有效期至：2014 年 12 月

综合机关名称：　　　　20　年 1-　季度（含增值税）

指标名称	计量单位	代码	商品购进总额				商品销售总额												年末季末库存总额
								对批发的销售				对医疗终端的销售			对零售终端的销售				
			合计	从生产者购进	从批发零售贸易业购进	直接进口	合计	小计	对省内批发的销售	对省外批发的销售	直接出口	小计	对二级及以上医院的销售	对一级及以下医院的销售	小计	售给单体药店	售给连锁药店	对居民的零售	
甲		乙	1	2	3	4	5	6	7	8	9	10	11	12	13	14	15	16	17
各类合计	千元	01																	
药品类	千元	02																	
医疗器材类	千元	03																	
化学试剂类	千元	04																	
玻璃仪器类	千元	05																	
中药材类	千元	06																	
中成药类	千元	07																	
其他类	千元	08																	

补充资料：
总计：非直报企业数量______家，其中批发企业数量______家，零售企业数量______家。
药品，医疗器材，化学试剂，玻璃仪器，中药材，中成药六大类销售中：
（1）共售给县级以下批发零售企业____千元；（2）共售给城市社区医疗单位____千元；（3）共售给农村医疗单位____千元；（4）药品直调金额____千元；（5）经营品规数____个。

单位负责人：　　　　统计负责人：　　　　填表人：　　　　联系电话：　　　　报出日期：20　年　月　日

说明：1. 本表为季报和年报，由各省、自治区、直辖市、新疆生产建设兵团商务主管部门报送。
2. 统计范围是辖区内除直报企业外的药品批发和零售法人企业。
3. 主要逻辑审核关系：行关系：1 ≥ 2+3+4，5 ≥ 6+10+13+16，6 ≥ 7+8+9，10 ≥ 11+12，13 ≥ 14+15；
列关系：01=02+03+04+05+06+07+08。补充资料中，六大类合计 5 >（1）+（2）+（3），六大类合计 12 >（2）+（3）。
4. 年报报送时间为次年 3 月 10 日至 3 月底，季报报送时间为季后第 1 个月 5 日至 20 日，报送方式为网上直报。

◆ 药品流通业基本情况

表号：YPLT－9 表
制定机关：商务部
批准机关：国家统计局
批准文号：国统制〔2013〕5 号
有效期至：2014 年 12 月

综合机关名称：　　　　20　年

指标名称	计量单位	代码	本期	上年同期（新增直报企业填写）
甲	乙	丙	1	2
一、药品流通企业总数	家	01		
其中：外资企业总数	家	02		
二、药品批发企业数	家	03		
其中：年销售额 5000 万以上企业数	家	04		
三、药品零售企业数	家	05		
其中：药品零售连锁企业数	家	06		
四、零售门店总数	家	07		
其中：零售单体门店数	家	08		
零售连锁企业下辖门店数	家	09		
医保定点零售门店数	家	10		
五、具有互联网药品交易服务资格证书的企业数	家	11		
其中：B2B	家	12		
B2C	家	13		
具有互联网药品交易服务资格证书的企业销售金额	千元	14		
其中：B2B	千元	15		
B2C	千元	16		
六、从业人员总数	人	17		
其中：药品批发企业从业人员数	人	18		
药品零售企业从业人员数	人	19		

单位负责人：　　　统计负责人：　　　填表人：　　　联系电话：　　　报出日期：20　年　月　日

说明：1. 本表为年报，由各省、自治区、直辖市、新疆生产建设兵团商务主管部门填报。
2. 统计范围为辖区内全部药品批发、零售业法人企业和个体经营户。
3. 表内关系：01=03+05，01 > 02，03 ≥ 04，07 > 10，07=08+09，11 ≥ 12+13，14 ≥ 15+16，17=18+19。
4. 药品流通企业数以各省级药品监督管理部门审批的企业数（法人单位数）为准，医保定点药店数以各省级劳动和社会保障部门审批数据为准。
5. 报送时间为次年 3 月 10 日至 3 月底，报送方式为网上直报。

四、附录

（一）企业登记注册类型

代码	企业登记注册类型
100	内资企业
110	国有企业
120	集体企业
130	股份合作企业
140	联营企业
150	有限责任公司
151	国有独资公司
159	其他有限责任公司
160	股份有限公司
170	私营企业
190	其他企业
200	港、澳、台商投资企业
300	外商投资企业

（二）国民经济行业分类（GB/T4754-2011）

代码				类别名称	说明
门类	大类	中类	小类		
H				批发和零售业	本门类包括51和52大类，指商品在流通环节中的批发活动和零售活动
	51			批发业	指向其他批发或零售单位（含个体经营者）及其他企事业单位、机关团体等批量销售生活用品、生产资料的活动，以及从事进出口贸易和贸易经纪与代理的活动，包括拥有货物所有权，并以本单位（公司）的名义进行交易活动，也包括不拥有货物的所有权，收取佣金的商品代理、商品代售活动；本类还包括各类商品批发市场中固定摊位的批发活动，以及以销售为目的的收购活动
		515		医药及医疗器材批发	指各种化学药品、生物药品、中药及医疗器材的批发和进出口活动；包括兽用药的批发和进出口活动
			5151	西药批发	
			5152	中药材及中成药批发	
			5153	医疗用品及器材批发	

代码				类别名称	说明
门类	大类	中类	小类		
	52			零售业	指百货商店、超级市场、专门零售商店、品牌专卖店、售货摊等主要面向最终消费者（如居民等）的销售活动，以互联网、邮政、电话、售货机等方式的销售活动，还包括在同一地点，后面加工生产，前面销售的店铺（如面包房）；谷物、种子、饲料、牲畜、矿产品、生产用原料、化工原料、农用化工产品、机械设备（乘用车、计算机及通信设备除外）等生产资料的销售不作为零售活动；多数零售商对其销售的货物拥有所有权，但有些则是充当委托人的代理人，进行委托销售或以收取佣金的方式进行销售
		525		医药及医疗器材专门零售	指专门经营各种化学药品、生物药品、中药、医疗用品及器材的店铺零售活动
			5251	药品零售	
			5252	医疗用品及器材零售	

（三）主要指标解释和填报说明

1．典型药品批发和零售业法人单位基本情况（YPLT –1 表）

（1）单位组织机构代码：根据中华人民共和国国家标准《全国组织结构代码编制规则》（GB11714–1997），由组织机构代码登记主管部门给每个企业、事业单位、机关、社会团体和民办非企业颁发的在全国范围内唯一的、始终不变的法定代码。

（2）邮政编码为 6 个字符，不能含有 0–9 之外的字符。

（3）行业类别中至少选择 1 项填写。

（4）机关级别：选中的登记注册（或批准）机关名称项后的机关级别栏和登记注册号不能为空。

（5）工商登记注册号：① 登记注册类型为内资的，工商登记注册号长度为 9 位或 13 位，由 0–9 之间的数字组成；②登记注册类型为港澳台投资或外商投资的，工商登记注册号长度须为 19 位（6 个汉字 +5 位数字 +1 个汉字）或者 21 位（7 个汉字 +5 位数字 +1 个汉字），或者为 20 位（6 个汉字 +6 位数字 +1 个汉字）或 22（7 个汉字 +6 位数字 +1 位汉字）。

（6）登记注册类型不能含有表中所列 110–340 取值以外的任何字符。

（7）控股情况只能选“1、2 或 9”。

（8）隶属关系不能含有 l0，20，40，50，61，62，90 以外的字符。

（9）营业状态只能选 1，2，3，4，5 或 9。

（10）业务经营范围总计数必须◀1。

（11）业务经营范围单个分项可以为 0。

（12）年末从业人员除营业状态填 4 或 5 的单位外，从业人员数必须大于等于 1。

（13）企业集团情况如果是“非集团企业”填写为“1”；如果是“集团母公司”填写为“2”； 如果是“成员企业”填写为“3”，公司组织机构代码须满足：代码长度为 9 个字符，不能含有 0–9 或 A–Z（大写）之外的任何字符。

（14）零售连锁企业是指是指经营同类药品、使用统一商号的若干个门店，在同一总部的管理下，采取统一采购配送、统一质量标准、采购同销售分离、实行规模化管理经营的组织形式。

（15）企业集团是指指以从事药品批零贸易为主要业务的企业法人为主体组成的多法人经济联合体，母公司注册资本在 5000 万元人民币以上，并至少拥有 5 家子公司，母公司和其子公司的注册资本总和在 1 亿元人民币以上，集团成员单位均具有法人资格。

（16）药学技术人员是指具有药学专业知识，取得药学专业技术职称并从事药学工作的技术人员。

（17）物流师资格人员是指经过相应培训，取得物流师职业资格并从事供应、采购、运输、储存、产成品加工、包装、回收的安排和物流相关信息的处理等工作的人员。

（18）基层医疗卫生机构包括社区卫生服务中心（站）、街道卫生院、乡镇卫生院、村卫生室、门诊部、诊所（医务室）。

（19）保税区是指经主权国家海关批准，在其海港、机场或其他地点设立的允许外国货物不办理进出口手续即可连续长期储存的区域。

（20）第三方药品物流企业是指具有药监部门颁发的开展第三方药品物流业务确认文件，为药品生产企业、药品经营企业提供药品存储、配送或运输服务的企业。

（21）物流延伸服务是指药品流通企业通过信息化手段将物流服务延伸到医院的药库、药房直至病区，使医院的药品管理实现信息流、物流、资金流的整合。

（22）药房托管是指医疗机构通过契约形式，在药房的所有权不发生变化的情况下，将其药房交由具有较强经营管理能力，并能够承担相应风险的医药企业进行有偿的经营和管理。

（23）承接医院药库外设是指药品批发企业通过契约方式，在药库的所有权不发生变化的情况下，承接在医院外设立的药库的管理。

（24）药店承担基层医疗机构药房功能是指药店通过各种形式，承担社区医疗机构药房功能。

（25）具有互联网药品交易服务资格证书的企业是指获得由（食品）药品监督管理部门颁发的“互联网药品交易服务资格证书”的企业。

（26）B2B是Business-to-Business的缩写，是电子商务的一种模式，即商业对商业，或者说是企业间的电子商务，即企业与企业之间通过互联网进行产品、服务及信息的交换。

（27）B2C即Business-to-Customer的缩写，是企业对消费者的电子商务模式，这种形式的电子商务模式以网络零售业为主，主要借助Internet开展在线销售活动。

（28）物流从业人数是指企业中直接或间接从事物流活动的人数，即直接从事运输、配送、装卸搬运、仓储保管等物流活动或间接从事物流管理活动人员数之和。

（29）电子商务从业人数是指从事互联网药品交易服务的人员数。

2. 典型药品批发和零售企业商品购进、销售、库存情况年报和季报（YPLT-2表）

（1）药品类包括化学原料药及其制剂、抗生素、生化药品、放射性药品、血清、疫苗、血液制品和诊断药品等。

（2）医疗器材类包括金属、电气和半导体医疗器材、敷料及各种医疗化验设备，医疗用的搪瓷橡胶、乳胶、塑料制品、玻璃注射器及体温计，医疗保健仪器及器材等金属，不包括兽用的各种医疗器材。

（3）化学试剂是指在农业生产和产品检验、科学实验、医疗化验用的精细化在产品和各种规格的全部试剂及稀有金属和贵重金属元素。

（4）玻璃仪器类是指在农业生产和产品检验、科学实验、医疗化验用的各种玻璃仪器和塑料、金属软木配制附件，不包括玻璃注射及体温计。

（5）中药材类是指人用的各种中药材。

（6）中成药类是指人用的各种中成药（包括中成药类的保健品），不包括兽用的中成药。

（7）其他类是指经营除上述六大类以外的全部商品金额。

（8）库存为时点数。

（9）县级以下批发零售企业是指工商注册地在县（旗）、自治县、不设区的市、市辖区、乡、民族乡、镇的批发零售企业。

（10）药品直调，是指本企业将已采购但未入库的药品，从供货单位直接发送到购货单位的活动。

3. 典型药品零售企业经营情况（YPLT-3表）

（1）凭医院处方的销售额是指顾客持医院医师开列的处方在零售药店购买的金额，处方上的药品既包括处方上开列的处方药也包括处方上开列的非处方药。

（2）医院是指二级以上（含二级）医疗机构。

（3）保健食品是指获得了《保健食品批准证书》，有特定保健功能的，适宜于特定人群食用，具有调节机体功能，不以治疗疾病为目的的食品。

（4）化妆品包括肤用化妆品、发用化妆品、美容化妆品、特殊功能化妆品。

4. 典型药品批发企业经营情况（YPLT-4表）

（1）商品配送总额是指根据客户要求进行商品拣选、包装、分割、组配等作业并按时送达指定地点的配送活动所配送商品的总金额。

（2）物流费用是指产品空间位移过程中所耗费的各种资源的货币表现，是物品在实物运动过程中的各个环节所支出的人力，财力，物力的总和。

5. 典型药品批发和零售企业主要经济指标年报和季报（YPLT-6表）

（1）营业收入是指企业在销售商品、提供劳务以及让渡资产使用权等日常经营业务过程中所形成的经济利益的总流入。

（2）主营业务收入是指企业经常性的、主要业务所产生的基本收入，如制造业的销售产品、非成品和提供工业性劳务作业的收入；商品流通企业的销售商品收入。本制度中主营业务收入对批发企业是指批发业务收入，对零售企业是指零售业务收入。

（3）主营业务成本是指公司生产和销售与主营业务有关的产品或服务所必须投入的直接成本，主要包括原材料、人工成本（工资）和固定资产折旧等。

（4）营业税金及附加是反映企业经营主要业务应负担的营业税、消费税、城市维护建设税、资源税、土地增值税和教育税附加等。

（5）主营业务利润又称基本业务利润，是主营业务收入减去主营业务成本和主营业务税金及附加得来的。

（6）其他业务利润是企业在一定会计期间内基本业务以外的其他业务实现的利润。

（7）投资收益是对外投资所取得的利润、股利和债券利息等收入减去投资损失后的净收益。严格地讲所谓投资收益是指以项目为边界的货币收入等，它既包括项目的销售收入又包括资产回收（即项目寿命期末回收的固定资产和流动资金）的价值。

（8）营业费用是指企业在销售产品和提供劳务等日常经营过程中发生的各项费用以及专设销售机构的各项经费。

（9）管理费用是指企业或项目行政部门为管理和组织经营活动而发生的各项费用，包括公司经费、工会经费、职工教育经费、劳动保险费、待业保险费、董事会费、咨询费、审计费、资产评估费、诉讼费、排污费、绿化费、税金、土地使用费、土地损失补偿费、技术转让费、技术开发费、无形资产摊销费、递延资产摊销费、业务招待费、坏账损失以及其他的管理费用。

（10）财务费用包括企业生产经营期间发生的利息支出（减利息收入）、汇兑净损失（有的企业如商品流通企业、保险企业进行单独核算，不包括在财务费用）、金融机构手续费，以及筹资发生的其他财务费用如债券印刷费、国外借款担保费等。

（11）营业利润是企业利润的主要来源，是指企业在销售商品、提供劳务等日常活动中所产生的利润，其内容为主营业务利润和其他业务利润扣除期间费用之后的余额。

（12）利润总额指企业在生产经营过程中各种收入扣除各种耗费后的盈余，反映企业在报告期内实现的盈亏总额。

（13）固定资产总额是指企业固定资产净值、固定资产清理、在建工程、待处理固定资产损失所占用的资金合计。

（14）无形资产是指企业拥有或者控制的没有实物形态的可辨认非货币性资产。

（15）商誉是指能在未来期间为企业经营带来超额利润的潜在经济价值，或一家企业预期的获利能力超过可辨认资产正常获利能力（如社会平均投资回报率）的资本化价值。商誉是企业整体价值的组成部分。在企业合并时，它是购买企业投资成本超过被合并企业净资产公允价值的差额。

（16）流动资产是指企业可以在一年或者越过一年的一个营业周期内变现或者运用的资产，是企业资产中必不可少的组成部分。

（17）货币资金是指企业经营资金在周转过程中停留在货币形态上的那部分资金。

（18）应收账款是企业因销售产品、材料、提供劳务等业务而应向购货方、接收劳务的单位或个人收取的款项。

（19）存货是指企业在日常活动中持有以备出售的产成品或商品、处在生产过程中的在产品、在生产过程或提供劳务过程中耗用的材料、物料等。

（20）资产总额是指企业拥有或控制的全部资产，这些资产包括流动资产、长期投资、固定资产、无形及递延资产、其他长期资产等，即为企业资产负债表的资产总计项。

（21）负债合计是指企业所承担的能以货币计量，将以资产或劳务偿还的债务，偿还形式包括货币、资产或提供劳务。

（22）流动负债也叫短期负债，是指将在1年（含1年）或者超过1年的一个营业周期内偿还的债务，包括短期借款、应付票据、应付账款、预收账款、应付工资、应付福利费、应付股利、应交税金、其他暂收应付款项、预提费用和一年内到期的长期借款等。

（23）所有者权益合计是指企业投资人对企业净资产的所有权。

（24）应收账款周转天数，指公司从产品销售到获得客户付款所需要的时间（天数）。

（25）存货周转天数是指企业从取得存货开始，至消耗、销售为止所经历的天数。

（26）应付账款周转天数又称平均付现期，是衡量公司需要多长时间付清供应商的欠款，属于公司经营能力分析范畴。

（27）营业周期是指从取得存货开始到销售存货并收回现金为止的这段时间。

（28）全部从业人员平均人数=（年初全部从业人员数+年末全部从业人员数）/2

6. 典型药品批发和零售企业国家基本药物经营情况（YPLT-7表）

（1）国家基本药物配送总额指货值。

（2）国家基本药物配送费用率仅指承担国家基本药物省级集中采购配送任务的典型药品批发企业进行国家基本药物配送活动所产生的费用率，等于国家基本药物配送费用除以国家基本药物销售总额。

7. 典型企业以外药品批发和零售企业商品购进、销售、库存情况（YPLT-8表）

指标解释参见表2。

药品经营质量管理规范

（卫生部令第 90 号）

《药品经营质量管理规范》已于 2012 年 11 月 6 日经卫生部部务会审议通过，现予公布，自 2013 年 6 月 1 日起施行。

部长：陈竺

二〇一三年一月二十二日

药品经营质量管理规范

药品经营质量管理规范

第一章 总则

第一条 为加强药品经营质量管理，规范药品经营行为，保障人体用药安全、有效，根据《中华人民共和国药品管理法》、《中华人民共和国药品管理法实施条例》，制定本规范。

第二条 本规范是药品经营管理和质量控制的基本准则，企业应当在药品采购、储存、销售、运输等环节采取有效的质量控制措施，确保药品质量。

第三条 药品经营企业应当严格执行本规范。

药品生产企业销售药品、药品流通过程中其他涉及储存与运输药品的，也应当符合本规范相关要求。

第四条 药品经营企业应当坚持诚实守信，依法经营。禁止任何虚假、欺骗行为。

第二章 药品批发的质量管理

第一节 质量管理体系

第五条 企业应当依据有关法律法规及本规范的要求建立质量管理体系，确定质量方针，制定质量管理体系文件，开展质量策划、质量控制、质量保证、质量改进和质量风险管理等活动。

第六条 企业制定的质量方针文件应当明确企业总的质量目标和要求，并贯彻到药品经营活动的全过程。

第七条 企业质量管理体系应当与其经营范围和规模相适应，包括组织机构、人员、设施设备、质量管理体系文件及相应的计算机系统等。

第八条 企业应当定期以及在质量管理体系关键要素发生重大变化时，组织开展内审。

第九条 企业应当对内审的情况进行分析，依据分析结论制定相应的质量管理体系改进措施，不断提高质量控制水平，保证质量管理体系持续有效运行。

第十条 企业应当采用前瞻或者回顾的方式，对药品流通过程中的质量风险进行评估、控制、沟通和审核。

第十一条 企业应当对药品供货单位、购货单位的质量管理体系进行评价，确认其质量保证能力和质量信誉，必要时进行实地考察。

第十二条 企业应当全员参与质量管理。各部门、岗位人员应当正确理解并履行职责，承担相应质量责任。

第二节 组织机构与质量管理职责

第十三条 企业应当设立与其经营活动和质量管理相适应的组织机构或者岗位，明确规定其职责、权限及相互关系。

第十四条 企业负责人是药品质量的主要责任人，全面负责企业日常管理，负责提供必要的条件，保证质量管理部门和质量管理人员有效履行职责，确保企业实现质量目标并按照本规范要求经营药品。

第十五条 企业质量负责人应当由高层管理人员担任，全面负责药品质量管理工作，独立履行职责，在企业内部对药品质量管理具有裁决权。

第十六条 企业应当设立质量管理部门，有效开展质量管理工作。质量管理部门的职责不得由其他部门及人员履行。

第十七条 质量管理部门应当履行以下职责：

（一）督促相关部门和岗位人员执行药品管理的法律法规及本规范；

（二）组织制订质量管理体系文件，并指导、监督文件的执行；

（三）负责对供货单位和购货单位的合法性、购进药品的合法性以及供货单位销售人员、购货单位采购人员的合法资格进行审核，并根据审核内容的变化进行动态管理；

（四）负责质量信息的收集和管理，并建立药品质量档案；

（五）负责药品的验收，指导并监督药品采购、储存、养护、销售、退货、运输等环节的质量管理工作；

（六）负责不合格药品的确认，对不合格药品的处理过程实施监督；

（七）负责药品质量投诉和质量事故的调查、处理及报告；

（八）负责假劣药品的报告；

（九）负责药品质量查询；

（十）负责指导设定计算机系统质量控制功能；

（十一）负责计算机系统操作权限的审核和质量管理基础数据的建立及更新；

（十二）组织验证、校准相关设施设备；

（十三）负责药品召回的管理；

（十四）负责药品不良反应的报告；

（十五）组织质量管理体系的内审和风险评估；

（十六）组织对药品供货单位及购货单位质量管理体系和服务质量的考察和评价；

（十七）组织对被委托运输的承运方运输条件和质量保障能力的审查；

（十八）协助开展质量管理教育和培训；

（十九）其他应当由质量管理部门履行的职责。

第三节 人员与培训

第十八条 企业从事药品经营和质量管理工作的人员，应当符合有关法律法规及本规范规定的资格要求，不得有相关法律法规禁止从业的情形。

第十九条 企业负责人应当具有大学专科以上学历或者中级以上专业技术职称，经过基本的药学专业知识培训，熟悉有关药品管理的法律法规及本规范。

第二十条 企业质量负责人应当具有大学本科以上学历、执业药师资格和3年以上药品经营质量管理工作经历，在质量管理工作中具备正确判断和保障实施的能力。

第二十一条 企业质量管理部门负责人应当具有执业药师资格和3年以上药品经营质量管理工作经历，能独立解决经营过程中的质量问题。

第二十二条 企业应当配备符合以下资格要求的质量管理、验收及养护等岗位人员：

（一）从事质量管理工作的，应当具有药学中专或者医学、生物、化学等相关专业大学专科以上学历或者具有药学初级以上专业技术职称；

（二）从事验收、养护工作的，应当具有药学或者医学、生物、化学等相关专业中专以上学历或者具有药学初级以上专业技术职称；

（三）从事中药材、中药饮片验收工作的，应当具有中药学专业中专以上学历或者具有中药学中级以上专业技术职称；从事中药材、中药饮片养护工作的，应当具有中药学专业中专以上学历或者具有中药学初级以上专业技术职称；直接收购地产中药材的，验收人员应当具有中药学中级以上专业技术职称。

经营疫苗的企业还应当配备2名以上专业技术人员专门负责疫苗质量管理和验收工作，专业技术人员应当具有预防医学、药学、微生物学或者医学等专业本科以上学历及中级以上专业技术职称，并有3年以上从事疫苗管理或者技术工作经历。

第二十三条 从事质量管理、验收工作的人员应当在职在岗，不得兼职其他业务工作。

第二十四条 从事采购工作的人员应当具有药学或者医学、生物、化学等相关专业中专以上学历，从事销售、储存等工作的人员应当具有高中以上文化程度。

第二十五条 企业应当对各岗位人员进行与其职责和工作内容相关的岗前培训和继续培训，以符合本规范要求。

第二十六条 培训内容应当包括相关法律法规、药品专业知识及技能、质量管理制度、职责及岗位操作规程等。

第二十七条 企业应当按照培训管理制度制定年度培训计划并开展培训，使相关人员能正确理解并履行职责。培训工作应当做好记录并建立档案。

第二十八条 从事特殊管理的药品和冷藏冷冻药品的储存、运输等工作的人员，应当接受相关法律法规和专业知识培训并经考核合格后方可上岗。

第二十九条 企业应当制定员工个人卫生管理制度，储存、运输等岗位人员的着装应当符合劳动保护和产品防护的要求。

第三十条 质量管理、验收、养护、储存等直接接触药品岗位的人员应当进行岗前及年度健康检查，并建立健康档案。患有传染病或者其他可能污染药品的疾病的，不得从事直接接触药品的工作。身体条件不符合相应岗位特定要求的，不得从事相关工作。

第四节 质量管理体系文件

第三十一条 企业制定质量管理体系文件应当符合企业实际。文件包括质量管理制度、部门及岗位职责、操作规程、档案、报告、记录和凭证等。

第三十二条 文件的起草、修订、审核、批准、分发、保管，以及修改、撤销、替换、销毁等应当按照文件管理操作规程进行，并保存相关记录。

第三十三条 文件应当标明题目、种类、目的以及文件编号和版本号。文字应当准确、清晰、易懂。

文件应当分类存放，便于查阅。

第三十四条 企业应当定期审核、修订文件，使用的文件应当为现行有效的文本，已废止或者失效的文件除留档备查外，不得在工作现场出现。

第三十五条 企业应当保证各岗位获得与其工作内容相对应的必要文件，并严格按照规定开展工作。

第三十六条 质量管理制度应当包括以下内容：

（一）质量管理体系内审的规定；

（二）质量否决权的规定；

（三）质量管理文件的管理；

（四）质量信息的管理；

（五）供货单位、购货单位、供货单位销售人员及购货单位采购人员等资格审核的规定；

（六）药品采购、收货、验收、储存、养护、销售、出库、运输的管理；

（七）特殊管理的药品的规定；

（八）药品有效期的管理；

（九）不合格药品、药品销毁的管理；

（十）药品退货的管理；

（十一）药品召回的管理；

（十二）质量查询的管理；

（十三）质量事故、质量投诉的管理；

（十四）药品不良反应报告的规定；

（十五）环境卫生、人员健康的规定；

（十六）质量方面的教育、培训及考核的规定；

（十七）设施设备保管和维护的管理；

（十八）设施设备验证和校准的管理；

（十九）记录和凭证的管理；

（二十）计算机系统的管理；

（二十一）执行药品电子监管的规定；

（二十二）其他应当规定的内容。

第三十七条 部门及岗位职责应当包括：

（一）质量管理、采购、储存、销售、运输、财务和信息管理等部门职责；

（二）企业负责人、质量负责人及质量管理、采购、储存、销售、运输、财务和信息管理等部门负责人的岗位职责；

（三）质量管理、采购、收货、验收、储存、养护、销售、出库复核、运输、财务、信息管理等岗位职责；

（四）与药品经营相关的其他岗位职责。

第三十八条 企业应当制定药品采购、收货、验收、储存、养护、销售、出库复核、运输等环节及计算机系统的操作规程。

第三十九条 企业应当建立药品采购、验收、养护、销售、出库复核、销后退回和购进退出、运输、储运温湿度监测、不合格药品处理等相关记录，做到真实、完整、准确、有效和可追溯。

第四十条 通过计算机系统记录数据时，有关人员应当按照操作规程，通过授权及密码登录后方可进行数据的录入或者复核；数据的更改应当经质量管理部门审核并在其监督下进行，更改过程应当留有记录。

第四十一条 书面记录及凭证应当及时填写，并做到字迹清晰，不得随意涂改，不得撕毁。更改记录的，应当注明理由、日期并签名，保持原有信息清晰可辨。

第四十二条 记录及凭证应当至少保存5年。疫苗、特殊管理的药品的记录及凭证按相关规定保存。

第五节 设施与设备

第四十三条 企业应当具有与其药品经营范围、经营规模相适应的经营场所和库房。

第四十四条 库房的选址、设计、布局、建造、改造和维护应当符合药品储存的要求，防止药品的污染、交叉污染、混淆和差错。

第四十五条 药品储存作业区、辅助作业区应当与办公区和生活区分开一定距离或者有隔离措施。

第四十六条 库房的规模及条件应当满足药品的合理、安全储存，并达到以下要求，便于开展储存作业：

（一）库房内外环境整洁，无污染源，库区地面硬化或者绿化；

（二）库房内墙、顶光洁，地面平整，门窗结构严密；

（三）库房有可靠的安全防护措施，能够对无关人员进入实行可控管理，防止药品被盗、替换或者混入假药；

（四）有防止室外装卸、搬运、接收、发运等作业受异常天气影响的措施。

第四十七条 库房应当配备以下设施设备：

（一）药品与地面之间有效隔离的设备；

（二）避光、通风、防潮、防虫、防鼠等设备；

（三）有效调控温湿度及室内外空气交换的设备；

（四）自动监测、记录库房温湿度的设备；

（五）符合储存作业要求的照明设备；

（六）用于零货拣选、拼箱发货操作及复核的作业区域和设备；

（七）包装物料的存放场所；

（八）验收、发货、退货的专用场所；

（九）不合格药品专用存放场所；

（十）经营特殊管理的药品有符合国家规定的储存设施。

第四十八条 经营中药材、中药饮片的，应当有专用的库房和养护工作场所，直接收购地产中药材的应当设置中药样品室（柜）。

第四十九条 经营冷藏、冷冻药品的，应当配备以下设施设备：

（一）与其经营规模和品种相适应的冷库，经营疫苗的应当配备两个以上独立冷库；

（二）用于冷库温度自动监测、显示、记录、调控、报警的设备；

（三）冷库制冷设备的备用发电机组或者双回路供电系统；

（四）对有特殊低温要求的药品，应当配备符合其储存要求的设施设备；

（五）冷藏车及车载冷藏箱或者保温箱等设备。

第五十条 运输药品应当使用封闭式货物运输工具。

第五十一条 运输冷藏、冷冻药品的冷藏车及车载冷藏箱、保温箱应当符合药品运输过程中对温度控制的要求。冷藏车具有自动调控温度、显示温度、存储和读取温度监测数据的功能；冷藏箱及保温箱具有外部显示和采集箱体内温度数据的功能。

第五十二条 储存、运输设施设备的定期检查、清洁和维护应当由专人负责，并建立记录和档案。

第六节 校准与验证

第五十三条 企业应当按照国家有关规定，对计量器具、温湿度监测设备等定期进行校准或者检定。

企业应当对冷库、储运温湿度监测系统以及冷藏运输等设施设备进行使用前验证、定期验证及停用时间超过规定时限的验证。

第五十四条 企业应当根据相关验证管理制度，形成验证控制文件，包括验证方案、报告、评价、偏差处理和预防措施等。

第五十五条 验证应当按照预先确定和批准的方案实施，验证报告应当经过审核和批准，验证文件应当存档。

第五十六条 企业应当根据验证确定的参数及条件，正确、合理使用相关设施设备。

第七节 计算机系统

第五十七条 企业应当建立能够符合经营全过程管理及质量控制要求的计算机系统，实现药品质量可追溯，并满足药品电子监管的实施条件。

第五十八条 企业计算机系统应当符合以下要求：

（一）有支持系统正常运行的服务器和终端机；

（二）有安全、稳定的网络环境，有固定接入互联网的方式和安全可靠的信息平台；

（三）有实现部门之间、岗位之间信息传输和数据共享的局域网；

（四）有药品经营业务票据生成、打印和管理功能；

（五）有符合本规范要求及企业管理实际需要的应用软件和相关数据库。

第五十九条 各类数据的录入、修改、保存等操作应当符合授权范围、操作规程和管理制度的要求，保证数据原始、真实、准确、安全和可追溯。

第六十条 计算机系统运行中涉及企业经营和管理的数据应当采用安全、可靠的方式储存并按日备份，备份数据应当存放在安全场所，记录类数据的保存时限应当符合本规范第四十二条的要求。

第八节 采购

第六十一条 企业的采购活动应当符合以下要求：

（一）确定供货单位的合法资格；

（二）确定所购入药品的合法性；

（三）核实供货单位销售人员的合法资格；

（四）与供货单位签订质量保证协议。

采购中涉及的首营企业、首营品种，采购部门应当填写相关申请表格，经过质量管理部门和企业质量负责人的审核批准。必要时应当组织实地考察，对供货单位质量管理体系进行评价。

第六十二条 对首营企业的审核，应当查验加盖其公章原印章的以下资料，确认真实、有效：

（一）《药品生产许可证》或者《药品经营许可证》复印件；

（二）营业执照及其年检证明复印件；

（三）《药品生产质量管理规范》认证证书或者《药品经营质量管理规范》认证证书复印件；

（四）相关印章、随货同行单（票）样式；

（五）开户户名、开户银行及账号；

（六）《税务登记证》和《组织机构代码证》复印件。

第六十三条 采购首营品种应当审核药品的合法性，索取加盖供货单位公章原印章的药品生产或者进口批准证明文件复印件并予以审核，审核无误的方可采购。

以上资料应当归入药品质量档案。

第六十四条 企业应当核实、留存供货单位销售人员以下资料：

（一）加盖供货单位公章原印章的销售人员身份证复印件；

（二）加盖供货单位公章原印章和法定代表人印章或者签名的授权书，授权书应当载明被授权人姓名、身份证号码，以及授权销售的品种、地域、期限；

（三）供货单位及供货品种相关资料。

第六十五条 企业与供货单位签订的质量保证协议至少包括以下内容：

（一）明确双方质量责任；

（二）供货单位应当提供符合规定的资料且对其真实性、有效性负责；

（三）供货单位应当按照国家规定开具发票；

（四）药品质量符合药品标准等有关要求；

（五）药品包装、标签、说明书符合有关规定；

（六）药品运输的质量保证及责任；

（七）质量保证协议的有效期限。

第六十六条 采购药品时，企业应当向供货单位索取发票。发票应当列明药品的通用名称、规格、单位、数量、单价、金额等；不能全部列明的，应当附《销售货物或者提供应税劳务清单》，并加盖供货单位发票专用章原印章、注明税票号码。

第六十七条 发票上的购、销单位名称及金额、品名应当与付款流向及金额、品名一致，并与财务账目内容相对应。发票按有关规定保存。

第六十八条 采购药品应当建立采购记录。采购记录应当有药品的通用名称、剂型、规格、生产厂商、供货单位、数量、价格、购货日期等内容，采购中药材、中药饮片的还应当标明产地。

第六十九条 发生灾情、疫情、突发事件或者临床紧急救治等特殊情况，以及其他符合国家有关规定的情形，企业可采用直调方式购销药品，将已采购的药品不入本企业仓库，直接从供货单位发送到购货单位，并建立专门的采购记录，保证有效的质量跟踪和追溯。

第七十条 采购特殊管理的药品，应当严格按照国家有关规定进行。

第七十一条 企业应当定期对药品采购的整体情况进行综合质量评审，建立药品质量评审和供货单位质量档案，并进行动态跟踪管理。

第九节 收货与验收

第七十二条 企业应当按照规定的程序和要求对到货药品逐批进行收货、验收，防止不合格药品入库。

第七十三条 药品到货时，收货人员应当核实运输方式是否符合要求，并对照随货同行单（票）和采购记录核对药品，做到票、账、货相符。

随货同行单（票）应当包括供货单位、生产厂商、药品的通用名称、剂型、规格、批号、数量、收货单位、收货地址、发货日期等内容，并加盖供货单位药品出库专用章原印章。

第七十四条 冷藏、冷冻药品到货时，应当对其运输方式及运输过程的温度记录、运输时间等质量控制状况进行重点检查并记录。不符合温度要求的应当拒收。

第七十五条 收货人员对符合收货要求的药品，应当按品种特性要求放于相应待验区域，或者设置状态标志，通知验收。冷藏、冷冻药品应当在冷库内待验。

第七十六条 验收药品应当按照药品批号查验同批号的检验报告书。供货单位为批发企业的，检验报告书应当加盖其质量管理专用章原印章。检验报告书的传递和保存可以采用电子数据形式，但应当保证其合法性和有效性。

第七十七条 企业应当按照验收规定，对每次到货药品进行逐批抽样验收，抽取的样品应当具有代表性。

（一）同一批号的药品应当至少检查一个最小包装，但生产企业有特殊质量控制要求或者打开最小包装可能影响药品质量的，可不打开最小包装；

（二）破损、污染、渗液、封条损坏等包装异常以及零货、拼箱的，应当开箱检查至最小包装；

（三）外包装及封签完整的原料药、实施批签发管理的生物制品，可不开箱检查。

第七十八条 验收人员应当对抽样药品的外观、包装、标签、说明书以及相关的证明文件等逐一进行检查、核对；验收结束后，应当将抽取的完好样品放回原包装箱，加封并标示。

第七十九条 特殊管理的药品应当按照相关规定在专库

或者专区内验收。

第八十条 验收药品应当做好验收记录，包括药品的通用名称、剂型、规格、批准文号、批号、生产日期、有效期、生产厂商、供货单位、到货数量、到货日期、验收合格数量、验收结果等内容。验收人员应当在验收记录上签署姓名和验收日期。

中药材验收记录应当包括品名、产地、供货单位、到货数量、验收合格数量等内容。中药饮片验收记录应当包括品名、规格、批号、产地、生产日期、生产厂商、供货单位、到货数量、验收合格数量等内容，实施批准文号管理的中药饮片还应当记录批准文号。

验收不合格的还应当注明不合格事项及处置措施。

第八十一条 对实施电子监管的药品，企业应当按规定进行药品电子监管码扫码，并及时将数据上传至中国药品电子监管网系统平台。

第八十二条 企业对未按规定加印或者加贴中国药品电子监管码，或者监管码的印刷不符合规定要求的，应当拒收。监管码信息与药品包装信息不符的，应当及时向供货单位查询，未得到确认之前不得入库，必要时向当地药品监督管理部门报告。

第八十三条 企业应当建立库存记录，验收合格的药品应当及时入库登记；验收不合格的，不得入库，并由质量管理部门处理。

第八十四条 企业按本规范第六十九条规定进行药品直调的，可委托购货单位进行药品验收。购货单位应当严格按照本规范的要求验收药品和进行药品电子监管码的扫码与数据上传，并建立专门的直调药品验收记录。验收当日应当将验收记录相关信息传递给直调企业。

第十节 储存与养护

第八十五条 企业应当根据药品的质量特性对药品进行合理储存，并符合以下要求：

（一）按包装标示的温度要求储存药品，包装上没有标示具体温度的，按照《中华人民共和国药典》规定的贮藏要求进行储存；

（二）储存药品相对湿度为35%–75%；

（三）在人工作业的库房储存药品，按质量状态实行色标管理：合格药品为绿色，不合格药品为红色，待确定药品为黄色；

（四）储存药品应当按照要求采取避光、遮光、通风、防潮、防虫、防鼠等措施；

（五）搬运和堆码药品应当严格按照外包装标示要求规范操作，堆码高度符合包装图示要求，避免损坏药品包装；

（六）药品按批号堆码，不同批号的药品不得混垛，垛间距不小于5厘米，与库房内墙、顶、温度调控设备及管道等设施间距不小于30厘米，与地面间距不小于10厘米；

（七）药品与非药品、外用药与其他药品分开存放，中药材和中药饮片分库存放；

（八）特殊管理的药品应当按照国家有关规定储存；

（九）拆除外包装的零货药品应当集中存放；

（十）储存药品的货架、托盘等设施设备应当保持清洁，无破损和杂物堆放；

（十一）未经批准的人员不得进入储存作业区，储存作业区内的人员不得有影响药品质量和安全的行为；

（十二）药品储存作业区内不得存放与储存管理无关的物品。

第八十六条 养护人员应当根据库房条件、外部环境、药品质量特性等对药品进行养护，主要内容是：

（一）指导和督促储存人员对药品进行合理储存与作业；

（二）检查并改善储存条件、防护措施、卫生环境；

（三）对库房温湿度进行有效监测、调控；

（四）按照养护计划对库存药品的外观、包装等质量状况进行检查，并建立养护记录；对储存条件有特殊要求的或者有效期较短的品种应当进行重点养护；

（五）发现有问题的药品应当及时在计算机系统中锁定和记录，并通知质量管理部门处理；

（六）对中药材和中药饮片应当按其特性采取有效方法进行养护并记录，所采取的养护方法不得对药品造成污染；

（七）定期汇总、分析养护信息。

第八十七条 企业应当采用计算机系统对库存药品的有效期进行自动跟踪和控制，采取近效期预警及超过有效期自动锁定等措施，防止过期药品销售。

第八十八条 药品因破损而导致液体、气体、粉末泄漏时，应当迅速采取安全处理措施，防止对储存环境和其他药品造成污染。

第八十九条 对质量可疑的药品应当立即采取停售措施，并在计算机系统中锁定，同时报告质量管理部门确认。对存在质量问题的药品应当采取以下措施：

（一）存放于标志明显的专用场所，并有效隔离，不得销售；

（二）怀疑为假药的，及时报告药品监督管理部门；

（三）属于特殊管理的药品，按照国家有关规定处理；

（四）不合格药品的处理过程应当有完整的手续和记录；

（五）对不合格药品应当查明并分析原因，及时采取预防措施。

第九十条 企业应当对库存药品定期盘点，做到账、货相符。

第十一节 销售

第九十一条 企业应当将药品销售给合法的购货单位，并对购货单位的证明文件、采购人员及提货人员的身份证明进行核实，保证药品销售流向真实、合法。

第九十二条 企业应当严格审核购货单位的生产范围、经营范围或者诊疗范围，并按照相应的范围销售药品。

第九十三条 企业销售药品，应当如实开具发票，做到票、账、货、款一致。

第九十四条 企业应当做好药品销售记录。销售记录应当包括药品的通用名称、规格、剂型、批号、有效期、生产厂商、购货单位、销售数量、单价、金额、销售日期等内容。按照本规范第六十九条规定进行药品直调的，应当建立专门的销售记录。

中药材销售记录应当包括品名、规格、产地、购货单位、销售数量、单价、金额、销售日期等内容；中药饮片销售记录应当包括品名、规格、批号、产地、生产厂商、购货单位、销售数量、单价、金额、销售日期等内容。

第九十五条 销售特殊管理的药品以及国家有专门管理要求的药品，应当严格按照国家有关规定执行。

第十二节 出库

第九十六条 出库时应当对照销售记录进行复核。发现以下情况不得出库，并报告质量管理部门处理：

（一）药品包装出现破损、污染、封口不牢、衬垫不实、封条损坏等问题；

（二）包装内有异常响动或者液体渗漏；

（三）标签脱落、字迹模糊不清或者标识内容与实物不符；

（四）药品已超过有效期；

（五）其他异常情况的药品。

第九十七条 药品出库复核应当建立记录，包括购货单位、药品的通用名称、剂型、规格、数量、批号、有效期、生产厂商、出库日期、质量状况和复核人员等内容。

第九十八条 特殊管理的药品出库应当按照有关规定进行复核。

第九十九条 药品拼箱发货的代用包装箱应当有醒目的拼箱标志。

第一百条 药品出库时，应当附加盖企业药品出库专用章原印章的随货同行单（票）。

企业按照本规范第六十九条规定直调药品的，直调药品出库时，由供货单位开具两份随货同行单（票），分别发往直调企业和购货单位。随货同行单（票）的内容应当符合本规范第七十三条第二款的要求，还应当标明直调企业名称。

第一百零一条 冷藏、冷冻药品的装箱、装车等项作业，应当由专人负责并符合以下要求：

（一）车载冷藏箱或者保温箱在使用前应当达到相应的温度要求；

（二）应当在冷藏环境下完成冷藏、冷冻药品的装箱、封箱工作；

（三）装车前应当检查冷藏车辆的启动、运行状态，达到规定温度后方可装车；

（四）启运时应当做好运输记录，内容包括运输工具和启运时间等。

第一百零二条 对实施电子监管的药品，应当在出库时进行扫码和数据上传。

第十三节 运输与配送

第一百零三条 企业应当按照质量管理制度的要求，严格执行运输操作规程，并采取有效措施保证运输过程中的药品质量与安全。

第一百零四条 运输药品，应当根据药品的包装、质量特性并针对车况、道路、天气等因素，选用适宜的运输工具，采取相应措施防止出现破损、污染等问题。

第一百零五条 发运药品时，应当检查运输工具，发现运输条件不符合规定的，不得发运。运输药品过程中，运载工具应当保持密闭。

第一百零六条 企业应当严格按照外包装标示的要求搬运、装卸药品。

第一百零七条 企业应当根据药品的温度控制要求，在运输过程中采取必要的保温或者冷藏、冷冻措施。

运输过程中，药品不得直接接触冰袋、冰排等蓄冷剂，防止对药品质量造成影响。

第一百零八条 在冷藏、冷冻药品运输途中，应当实时监测并记录冷藏车、冷藏箱或者保温箱内的温度数据。

第一百零九条 企业应当制定冷藏、冷冻药品运输应急预案，对运输途中可能发生的设备故障、异常天气影响、交通拥堵等突发事件，能够采取相应的应对措施。

第一百一十条 企业委托其他单位运输药品的，应当对承运方运输药品的质量保障能力进行审计，索取运输车辆的相关资料，符合本规范运输设施设备条件和要求的方可委托。

第一百一十一条 企业委托运输药品应当与承运方签订运输协议，明确药品质量责任、遵守运输操作规程和在途时限等内容。

第一百一十二条 企业委托运输药品应当有记录，实现运输过程的质量追溯。记录至少包括发货时间、发货地址、收货单位、收货地址、货单号、药品件数、运输方式、委托经办人、承运单位，采用车辆运输的还应当载明车牌号，并留存驾驶人员的驾驶证复印件。记录应当至少保存5年。

第一百一十三条 已装车的药品应当及时发运并尽快送达。委托运输的，企业应当要求并监督承运方严格履行委托运输协议，防止因在途时间过长影响药品质量。

第一百一十四条 企业应当采取运输安全管理措施，防止在运输过程中发生药品盗抢、遗失、调换等事故。

第一百一十五条 特殊管理的药品的运输应当符合国家有关规定。

第十四节 售后管理

第一百一十六条 企业应当加强对退货的管理，保证退货环节药品的质量和安全，防止混入假冒药品。

第一百一十七条 企业应当按照质量管理制度的要求，制定投诉管理操作规程，内容包括投诉渠道及方式、档案记录、调查与评估、处理措施、反馈和事后跟踪等。

第一百一十八条 企业应当配备专职或者兼职人员负责售后投诉管理，对投诉的质量问题查明原因，采取有效措施及时处理和反馈，并做好记录，必要时应当通知供货单位及药品生产企业。

第一百一十九条 企业应当及时将投诉及处理结果等信息记入档案，以便查询和跟踪。

第一百二十条 企业发现已售出药品有严重质量问题，应当立即通知购货单位停售、追回并做好记录，同时向药品监督管理部门报告。

第一百二十一条 企业应当协助药品生产企业履行召回义务，按照召回计划的要求及时传达、反馈药品召回信息，控制和收回存在安全隐患的药品，并建立药品召回记录。

第一百二十二条 企业质量管理部门应当配备专职或者兼职人员，按照国家有关规定承担药品不良反应监测和报告工作。

第三章 药品零售的质量管理

第一节 质量管理与职责

第一百二十三条 企业应当按照有关法律法规及本规范的要求制定质量管理文件，开展质量管理活动，确保药品质量。

第一百二十四条 企业应当具有与其经营范围和规模相适应的经营条件，包括组织机构、人员、设施设备、质量管理文件，并按照规定设置计算机系统。

第一百二十五条 企业负责人是药品质量的主要责任人，负责企业日常管理，负责提供必要的条件，保证质量管理部门和质量管理人员有效履行职责，确保企业按照本规范要求经营药品。

第一百二十六条 企业应当设置质量管理部门或者配备质量管理人员，履行以下职责：

（一）督促相关部门和岗位人员执行药品管理的法律法规及本规范；

（二）组织制订质量管理文件，并指导、监督文件的执行；

（三）负责对供货单位及其销售人员资格证明的审核；

（四）负责对所采购药品合法性的审核；

（五）负责药品的验收，指导并监督药品采购、储存、陈列、销售等环节的质量管理工作；

（六）负责药品质量查询及质量信息管理；

（七）负责药品质量投诉和质量事故的调查、处理及报告；

（八）负责对不合格药品的确认及处理；

（九）负责假劣药品的报告；

（十）负责药品不良反应的报告；

（十一）开展药品质量管理教育和培训；

（十二）负责计算机系统操作权限的审核、控制及质量管理基础数据的维护；

（十三）负责组织计量器具的校准及检定工作；

（十四）指导并监督药学服务工作；

（十五）其他应当由质量管理部门或者质量管理人员履行的职责。

第二节 人员管理

第一百二十七条 企业从事药品经营和质量管理工作的人员，应当符合有关法律法规及本规范规定的资格要求，不得有相关法律法规禁止从业的情形。

第一百二十八条 企业法定代表人或者企业负责人应当具备执业药师资格。

企业应当按照国家有关规定配备执业药师，负责处方审核，指导合理用药。

第一百二十九条 质量管理、验收、采购人员应当具有药学或者医学、生物、化学等相关专业学历或者具有药学专业技术职称。从事中药饮片质量管理、验收、采购人员应当具有中药学中专以上学历或者具有中药学专业初级以上专业技术职称。

营业员应当具有高中以上文化程度或者符合省级药品监督管理部门规定的条件。中药饮片调剂人员应当具有中药学中专以上学历或者具备中药调剂员资格。

第一百三十条 企业各岗位人员应当接受相关法律法规及药品专业知识与技能的岗前培训和继续培训，以符合本规范要求。

第一百三十一条 企业应当按照培训管理制度制定年度培训计划并开展培训，使相关人员能正确理解并履行职责。培训工作应当做好记录并建立档案。

第一百三十二条 企业应当为销售特殊管理的药品、国家有专门管理要求的药品、冷藏药品的人员接受相应培训提供条件，使其掌握相关法律法规和专业知识。

第一百三十三条 在营业场所内，企业工作人员应当穿着整洁、卫生的工作服。

第一百三十四条 企业应当对直接接触药品岗位的人员进行岗前及年度健康检查，并建立健康档案。患有传染病或者其他可能污染药品的疾病的，不得从事直接接触药品的工作。

第一百三十五条 在药品储存、陈列等区域不得存放与经营活动无关的物品及私人用品，在工作区域内不得有影响药品质量和安全的行为。

第三节 文件

第一百三十六条 企业应当按照有关法律法规及本规范规定，制定符合企业实际的质量管理文件。文件包括质量管理制度、岗位职责、操作规程、档案、记录和凭证等，并对质量管理文件定期审核、及时修订。

第一百三十七条 企业应当采取措施确保各岗位人员正确理解质量管理文件的内容，保证质量管理文件有效执行。

第一百三十八条 药品零售质量管理制度应当包括以下内容：

（一）药品采购、验收、陈列、销售等环节的管理，设置库房的还应当包括储存、养护的管理；

（二）供货单位和采购品种的审核；

（三）处方药销售的管理；

（四）药品拆零的管理；

（五）特殊管理的药品和国家有专门管理要求的药品的管理；

（六）记录和凭证的管理；

（七）收集和查询质量信息的管理；

（八）质量事故、质量投诉的管理；

（九）中药饮片处方审核、调配、核对的管理；

（十）药品有效期的管理；

（十一）不合格药品、药品销毁的管理；

（十二）环境卫生、人员健康的规定；

（十三）提供用药咨询、指导合理用药等药学服务的管理；

（十四）人员培训及考核的规定；

（十五）药品不良反应报告的规定；

（十六）计算机系统的管理；

（十七）执行药品电子监管的规定；

（十八）其他应当规定的内容。

第一百三十九条 企业应当明确企业负责人、质量管理、采购、验收、营业员以及处方审核、调配等岗位的职责，设置库房的还应当包括储存、养护等岗位职责。

第一百四十条 质量管理岗位、处方审核岗位的职责不得由其他岗位人员代为履行。

第一百四十一条 药品零售操作规程应当包括：

（一）药品采购、验收、销售；

（二）处方审核、调配、核对；

（三）中药饮片处方审核、调配、核对；

（四）药品拆零销售；

（五）特殊管理的药品和国家有专门管理要求的药品的销售；

（六）营业场所药品陈列及检查；

（七）营业场所冷藏药品的存放；

（八）计算机系统的操作和管理；

（九）设置库房的还应当包括储存和养护的操作规程。

第一百四十二条 企业应当建立药品采购、验收、销售、陈列检查、温湿度监测、不合格药品处理等相关记录，做到真实、完整、准确、有效和可追溯。

第一百四十三条 记录及相关凭证应当至少保存 5 年。特殊管理的药品的记录及凭证按相关规定保存。

第一百四十四条 通过计算机系统记录数据时，相关岗位人员应当按照操作规程，通过授权及密码登录计算机系统，进行数据的录入，保证数据原始、真实、准确、安全和可追溯。

第一百四十五条 电子记录数据应当以安全、可靠方式定期备份。

第四节 设施与设备

第一百四十六条 企业的营业场所应当与其药品经营范围、经营规模相适应，并与药品储存、办公、生活辅助及其他区域分开。

第一百四十七条 营业场所应当具有相应设施或者采取其他有效措施，避免药品受室外环境的影响，并做到宽敞、明亮、整洁、卫生。

第一百四十八条 营业场所应当有以下营业设备：

（一）货架和柜台；

（二）监测、调控温度的设备；

（三）经营中药饮片的，有存放饮片和处方调配的设备；

（四）经营冷藏药品的，有专用冷藏设备；

（五）经营第二类精神药品、毒性中药品种和罂粟壳的，有符合安全规定的专用存放设备；

（六）药品拆零销售所需的调配工具、包装用品。

第一百四十九条 企业应当建立能够符合经营和质量管理要求的计算机系统，并满足药品电子监管的实施条件。

第一百五十条 企业设置库房的，应当做到库房内墙、顶光洁，地面平整，门窗结构严密；有可靠的安全防护、防盗等措施。

第一百五十一条 仓库应当有以下设施设备：

（一）药品与地面之间有效隔离的设备；

（二）避光、通风、防潮、防虫、防鼠等设备；

（三）有效监测和调控温湿度的设备；

（四）符合储存作业要求的照明设备；

（五）验收专用场所；

（六）不合格药品专用存放场所；

（七）经营冷藏药品的，有与其经营品种及经营规模相适应的专用设备。

第一百五十二条 经营特殊管理的药品应当有符合国家规定的储存设施。

第一百五十三条 储存中药饮片应当设立专用库房。

第一百五十四条 企业应当按照国家有关规定，对计量器具、温湿度监测设备等定期进行校准或者检定。

第五节 采购与验收

第一百五十五条 企业采购药品，应当符合本规范第二章第八节的相关规定。

第一百五十六条 药品到货时，收货人员应当按采购记录，对照供货单位的随货同行单（票）核实药品实物，做到票、账、货相符。

第一百五十七条 企业应当按规定的程序和要求对到货药品逐批进行验收，并按照本规范第八十条规定做好验收记录。

验收抽取的样品应当具有代表性。

第一百五十八条 冷藏药品到货时，应当按照本规范第七十四条规定进行检查。

第一百五十九条 验收药品应当按照本规范第七十六条规定查验药品检验报告书。

第一百六十条 特殊管理的药品应当按照相关规定进行验收。

第一百六十一条 验收合格的药品应当及时入库或者上架，实施电子监管的药品，还应当按照本规范第八十一条、第八十二条的规定进行扫码和数据上传，验收不合格的，不得入库或者上架，并报告质量管理人员处理。

第六节 陈列与储存

第一百六十二条 企业应当对营业场所温度进行监测和调控，以使营业场所的温度符合常温要求。

第一百六十三条 企业应当定期进行卫生检查，保持环境整洁。存放、陈列药品的设备应当保持清洁卫生，不得放置与销售活动无关的物品，并采取防虫、防鼠等措施，防止污染药品。

第一百六十四条 药品的陈列应当符合以下要求：

（一）按剂型、用途以及储存要求分类陈列，并设置醒目标志，类别标签字迹清晰、放置准确；

（二）药品放置于货架（柜），摆放整齐有序，避免阳光直射；

（三）处方药、非处方药分区陈列，并有处方药、非处方药专用标识；

（四）处方药不得采用开架自选的方式陈列和销售；

（五）外用药与其他药品分开摆放；

（六）拆零销售的药品集中存放于拆零专柜或者专区；

（七）第二类精神药品、毒性中药品种和罂粟壳不得陈列；

（八）冷藏药品放置在冷藏设备中，按规定对温度进行监测和记录，并保证存放温度符合要求；

（九）中药饮片柜斗谱的书写应当正名正字；装斗前应当复核，防止错斗、串斗；应当定期清斗，防止饮片生虫、发霉、变质；不同批号的饮片装斗前应当清斗并记录；

（十）经营非药品应当设置专区，与药品区域明显隔离，并有醒目标志。

第一百六十五条 企业应当定期对陈列、存放的药品进行检查，重点检查拆零药品和易变质、近效期、摆放时间较长的药品以及中药饮片。发现有质量疑问的药品应当及时撤柜，停止销售，由质量管理人员确认和处理，并保留相关记录。

第一百六十六条 企业应当对药品的有效期进行跟踪管理，防止近效期药品售出后可能发生的过期使用。

第一百六十七条 企业设置库房的，库房的药品储存与养护管理应当符合本规范第二章第十节的相关规定。

第七节 销售管理

第一百六十八条 企业应当在营业场所的显著位置悬挂《药品经营许可证》、营业执照、执业药师注册证等。

第一百六十九条 营业人员应当佩戴有照片、姓名、岗位等内容的工作牌，是执业药师和药学技术人员的，工作牌还应当标明执业资格或者药学专业技术职称。在岗执业的执业药师应当挂牌明示。

第一百七十条 销售药品应当符合以下要求：

（一）处方经执业药师审核后方可调配；对处方所列药品不得擅自更改或者代用，对有配伍禁忌或者超剂量的处方，应当拒绝调配，但经处方医师更正或者重新签字确认的，可以调配；调配处方后经过核对方可销售；

（二）处方审核、调配、核对人员应当在处方上签字或者盖章，并按照有关规定保存处方或者其复印件；

（三）销售近效期药品应当向顾客告知有效期；

（四）销售中药饮片做到计量准确，并告知煎服方法及注意事项；提供中药饮片代煎服务，应当符合国家有关规定。

第一百七十一条 企业销售药品应当开具销售凭证，内容包括药品名称、生产厂商、数量、价格、批号、规格等，并做好销售记录。

第一百七十二条 药品拆零销售应当符合以下要求：

（一）负责拆零销售的人员经过专门培训；

（二）拆零的工作台及工具保持清洁、卫生，防止交叉污染；

（三）做好拆零销售记录，内容包括拆零起始日期、药品的通用名称、规格、批号、生产厂商、有效期、销售数量、销售日期、分拆及复核人员等；

（四）拆零销售应当使用洁净、卫生的包装，包装上注明药品名称、规格、数量、用法、用量、批号、有效期以及药店名称等内容；

（五）提供药品说明书原件或者复印件；

（六）拆零销售期间，保留原包装和说明书。

第一百七十三条 销售特殊管理的药品和国家有专门管理要求的药品，应当严格执行国家有关规定。

第一百七十四条 药品广告宣传应当严格执行国家有关广告管理的规定。

第一百七十五条 非本企业在职人员不得在营业场所内从事药品销售相关活动。

第一百七十六条 对实施电子监管的药品，在售出时，应当进行扫码和数据上传。

第八节 售后管理

第一百七十七条 除药品质量原因外，药品一经售出，不得退换。

第一百七十八条 企业应当在营业场所公布药品监督管理部门的监督电话，设置顾客意见簿，及时处理顾客对药品质量的投诉。

第一百七十九条 企业应当按照国家有关药品不良反应报告制度的规定，收集、报告药品不良反应信息。

第一百八十条 企业发现已售出药品有严重质量问题，应当及时采取措施追回药品并做好记录，同时向药品监督管理部门报告。

第一百八十一条 企业应当协助药品生产企业履行召回义务，控制和收回存在安全隐患的药品，并建立药品召回记录。

第四章 附则

第一百八十二条 药品零售连锁企业总部的管理应当符合本规范药品批发企业相关规定，门店的管理应当符合本规范药品零售企业相关规定。

第一百八十三条 本规范为药品经营质量管理的基本要求。对企业信息化管理、药品储运温湿度自动监测、药品验收管理、药品冷链物流管理、零售连锁管理等具体要求，由国家食品药品监督管理局以附录方式另行制定。

第一百八十四条 本规范下列术语的含义是：

（一）在职：与企业确定劳动关系的在册人员。

（二）在岗：相关岗位人员在工作时间内在规定的岗位履行职责。

（三）首营企业：采购药品时，与本企业首次发生供需关系的药品生产或者经营企业。

（四）首营品种：本企业首次采购的药品。

（五）原印章：企业在购销活动中，为证明企业身份在相关文件或者凭证上加盖的企业公章、发票专用章、质量管理专用章、药品出库专用章的原始印记，不能是印刷、影印、复印等复制后的印记。

（六）待验：对到货、销后退回的药品采用有效的方式进行隔离或者区分，在入库前等待质量验收的状态。

（七）零货：指拆除了用于运输、储藏包装的药品。

（八）拼箱发货：将零货药品集中拼装至同一包装箱内发货的方式。

（九）拆零销售：将最小包装拆分销售的方式。

（十）国家有专门管理要求的药品：国家对蛋白同化制剂、肽类激素、含特殊药品复方制剂等品种实施特殊监管措施的药品。

第一百八十五条 医疗机构药房和计划生育技术服务机构的药品采购、储存、养护等质量管理规范由国家食品药品监督管理局商相关主管部门另行制定。

互联网销售药品的质量管理规定由国家食品药品监督管理局另行制定。

第一百八十六条 药品经营企业违反本规范的，由药品监督管理部门按照《中华人民共和国药品管理法》第七十九条的规定给予处罚。

第一百八十七条 本规范自2013年6月1日起施行。依照《中华人民共和国药品管理法》第十六条规定，具体实施办法和实施步骤由国家食品药品监督管理局规定。

商务部办公厅关于印发《全国药品流通行业“十二五”人才培训方案》的通知

商办秩函〔2012〕822号

各省、自治区、直辖市、计划单列市及新疆建设兵团商务主管部门：

根据《国家中长期人才发展规划纲要（2010–2020年）》、《国家药品安全“十二五”规划》、《全国药品流通行业发展规划纲要（2011–2015年）》精神，为加快推进药品流通行业人才队伍建设，提高药品流通行业整体素质和企业经营管理水平，我部制定了《全国药品流通行业“十二五”人才培训方案》。现印发给你们，请认真贯彻执行。

请各地结合落实本地药品流通发展规划，尽快组织相关培训机构（基地）和地方医药商业协会（或地方药品流通协会）制定2012–2015年培训方案，并于8月15日前送我部（市场秩序司）。我部将根据各地培训方案，选定相关培训机构（基地）作为商务部药品流通行业人才教育培训基地，在各地商务主管部门指导协调下，与有关协会承担具体培训工作。

工作中发现的问题，请及时反映。

商务部办公厅

二〇一二年七月二十五日

全国药品流通行业“十二五”人才培训方案

根据《国家中长期人才发展规划纲要（2010–2020年）》、《国家药品安全“十二五”规划》、《“十二五”期间深化医药卫生体制改革规划暨实施方案》和《全国药品流通行业发展规划纲要（2011–2015年）》精神，为加快推进药品流通行业人才队伍建设，提高药品流通行业整体素质和企业经营管理水平，制订本方案。

一、培训计划

根据《全国药品流通行业发展规划纲要（2011–2015年）》关于人才培训的目标，计划2012年–2015年，每年培训高级职业经理人500人，中级职业经理人1250人，执业药师继续教育1250人，药学技术人员5000人，其他重点岗位5010人，合计培训52000多人。具体见下表：

2012年–2015年培训计划

单位：人

培训人员	2012年	2013年	2014年	2015年	合计
高级职业经理人	500	500	500	500	2000
中级职业经理人	1250	1250	1250	1250	5000
执业药师（继续教育）	1250	1250	1250	1250	5000
药学技术人员（含中药技术人员）	5000	5000	5000	5000	20000
药店经理	430	430	430	430	1720

培训人员	2012 年	2013 年	2014 年	2015 年	合计
运营管理经理	430	430	430	430	1720
采购经理	430	430	430	430	1720
统计与物价管理主管	430	430	430	430	1720
物流服务中心经理	430	430	430	430	1720
客户服务经理	430	430	430	430	1720
供应链管理经理	430	430	430	430	1720
营养健康消费指导师	2000	2000	2000	2000	8000
合计	13010	13010	13010	13010	52040

二、组织实施方式

由商务部市场秩序司负责培训工作的总体协调和指导，制定年度培训方案，组织编写和审定培训大纲和教材，遴选培训基地，组织协调相关协会开展培训工作等。

各地商务主管部门负责指导当地相关协会、培训基地开展培训工作，协助组织动员药品流通企业员工积极参加各项培训。

有关协会和选定的培训基地负责按照培训方案的要求，制定相应的培训计划，经各地商务主管部门审核同意后，报商务部市场秩序司备案。待统一的培训教材印发后，各培训基地落实师资聘任、学员招生、教学管理及考试发证等具体任务。具体分工如下：（一）高级职业经理人的培训由中国医药商业协会和国资委职业经理研究中心在北京举办。（二）中级职业经理人的培训由各培训基地提出计划后，由中国医药商业协会和国资委职业经理研究中心组织各地协会和培训基地实施。（三）执业药师继续教育的培训由中国医药商业协会和中国执业药师协会牵头执行，各地协会和培训基地配合。（四）营养健康消费指导师由中国医药商业协会和国家公众营养改善项目办公室牵头执行，各地协会和培训基地配合。（五）其他培训由各地协会和培训基地负责组织实施。（六）所有培训工作开展前应先进行师资培训，由中国医药商业协会负责组织实施。

三、培训教材

成立由商务部市场秩序司牵头，有关协会和专家参与的《全国药品流通行业人才培训系列教材》编委会，2012 年启动以下教材的编写工作。

（一）《药品流通行业从业人员培训通用教程》，主要内容包括：医药卫生管理体制沿革和新医改方案、医药产业政策、药品管理法律法规、职业道德准则等。

（二）《药品流通行业中级职业经理人培训大纲》，主要内容包括：药品流通企业经营管理基础理论，典型案例分析，中级职业经理人通用能力等。

（三）《药品流通行业高级职业经理人培训大纲》，主要内容包括：药品流通企业战略管理、资本运营和发展新型流通方式的国内外新理论、新方法和典型案例分析，高级职业经理人通用能力等。

（四）《药品流通行业标准解读》，详细解读商务部制定的《药品批发企业物流服务能力评估指标》、《零售药店经营服务规范》、《药品流通企业诚信经营准则》等行业标准。

（五）《药品流通行业药学技术人员药学服务指南》，主要内容包括：药物政策简介、药学技术人员职业道德准则、特殊药品质量安全要求与适用症用药规范和禁忌、医药消费心理、与患者沟通艺术等。

（六）《药品流通行业重点岗位人员培训大纲》，主要内容包括：企业管理基础、新型现代流通方式和技术手段，分别针对运营管理经理、采购经理、统计与物价主管、物流服务经理、客户服务经理、供应链管理经理和零售药店店长等重点岗位要求，编写相应培训内容。

（七）《零售药店营养健康消费指导师培训大纲》，主要内容包括：经济社会发展与人类健康和营养的关系、我国民众营养状况、职业道德准则和应具备的知识与能力、营养消费需求与消费心理、营养咨询沟通艺术与技巧等。

四、培训基地

由各地商务主管部门和相关协会推荐一批专业培训机构，通过综合评估，从中选择部分机构作为商务部药品流通行业人才教育培训基地。

五、培训管理

培训工作采取统一培训计划、统一标准、统一教材、统一考评、统一发证、统一公示的“六统一”管理方式。

相关培训证书在商务部市场秩序司指导监督下，由培训承担机构盖章。营养健康消费指导师证书由人力资源社会保障部颁发。所有培训合格人员名单在商务部市场秩序司网站“全国药品流通行业人才数据库”栏目统一发布，供社会公众查询。

培训收费标准由相关协会和培训机构严格执行国家相关规定，并报有关部门备案。

重要讲话

把握机遇 迎难而上 全面开创药品流通行业管理工作新局面

——商务部姜增伟副部长在2010年全国药品流通行业管理工作会议上的讲话

商务部副部长 姜增伟

（二〇一〇年一月十五日）

同志们：

药品流通行业管理是国务院最近赋予商务部的一项新的职能，是商务系统当前面临的一项重要而又紧迫的工作任务。今天，商务部在这里召开全国药品流通行业管理工作会议，会议的主要任务就是要贯彻落实党中央、国务院关于深化医药卫生体制改革对药品流通工作提出的要求，就加强药品流通行业管理工作进行全面部署。商务部党组和德铭部长对这项工作高度重视，在全国商务工作会明确要求各级商务主管部门，要以高度的政治责任感去做好工作。刚才，卫生部和食品药品监督局等有关方面的负责人都作了很好的发言，对本次会议的召开和我们下一步的工作，将起到极大的促进作用。下面，我讲四点意见：

一、充分认识深化医药卫生体制改革的重大意义

首先，要充分认识深化医改的重要性。医药卫生事业关系亿万人民的健康，关系千家万户的幸福，是重大民生问题。深化医药卫生体制改革，加快医药卫生事业发展，适应人民群众日益增长的医药卫生需求，不断提高人民群众健康素质，是贯彻落实科学发展观、促进经济社会全面协调可持续发展的必然要求，是维护社会公平正义、提高人民生活质量的重要举措，是全面建设小康社会和构建社会主义和谐社会的一项重大任务。同时，深化医改也有利于实现国民经济平稳较快发展。发展医药卫生事业，健全基层医疗服务体系，可以直接带动经济增长；让人人享有基本医疗保障，可以消除群众对看病就医的顾虑，改善居民消费预期，减少“大病医疗”储蓄，进而增加其他领域的消费，拉动经济增长。因此，深化医改不仅将有力推动我国医药卫生事业发展再上新台阶，而且对保增长、保民生、保稳定有着重要的积极作用。

其次，要充分认识深化医改的紧迫性。新中国成立以来，特别是改革开放以来，我国医药卫生事业取得了显著成就，人民群众健康水平明显改善。同时，也应该看到，与人民群众健康需求及经济社会协调发展要求不适应的矛盾还比较突出。城乡和区域医疗卫生事业发展不平衡，资源配置不合理，公共卫生和农村、社区医疗卫生工作比较薄弱，医疗保障制度不健全，药品生产流通秩序不规范，医院管理体制和运行机制不完善，政府卫生投入不足，医药费用上涨过快，个人负担过重，对此，人民群众反映强烈。从现在到2020年，是我国全面建设小康社会的关键时期，广大人民群众对改善医药卫生服务将会有更高的要求。工业化、城镇化、人口老龄化、疾病谱变化和生态环境变化等，都给医药卫生工作带来一系列新的严峻挑战。深化医药卫生体制改革，是加快医药卫生事业发展的战略选择，是实现人民共享改革发展成果的重要途径，是广大人民群众的迫切愿望。

第三，要充分认识到药品流通行业管理工作做得好坏，关系到医改的成败。药品是一种特殊商品，药品流通一头连着生产，一头连着医疗机构和患者，是保障人民群众用药公平可及的重要环节。做好药品行业管理工作有利于提高服务质量，维护人民健康权益，促进行业健康发展；有利于落实“改善民生、扩大内需”的方针，促进消费和就业，维护社会稳定；有利于提升我国医药事业整体发展水平，从而促进经济社会全面协调可持续发展。做好药品行业管理工作不仅是商务为民的工作体现，也是我党“以人为本”执政理念的重要体现，因此，加强对药品流通行业管理，是重要的民生和民心工程，是落实科学发展观、构建和谐社会的具体体现。但是，如果

药品流通行业管理工作做得不好，这次医改中就将难以建立比较规范的药品供应保障体系，深化医药卫生体制改革的目标就会受到影响，甚至还会产生某些不利于社会稳定的因素。因此，各级商务主管部门必须充分认识药品流通行业管理工作的重要性，要增强政治责任感和使命感，积极行动起来，确保药品流通行业能够有效配合医改和基本药物制度的实施，服务和维护好医改的大局，让党中央、国务院放心，让人民群众满意。

二、准确把握医改对我国药品流通行业的深刻影响

为了实现医改目标，中央提出要形成由公共卫生服务体系、医疗服务体系、医疗保障体系和药品供应保障体系“四位一体”的基本医疗卫生制度，而在这四大体系当中，很重要的一项就是要通过建立国家基本药物制度和规范药品生产流通，来建立健全药品供应保障体系。这一新的重大任务对我国药品流通行业的整体发展水平提出了新要求，这既是一种严峻挑战，也是一次发展机遇。

首先，这对我国药品流通行业的物流发展水平提出了更高要求。为了加快建立以国家基本药物制度为基础的药品供应保障体系，中共中央、国务院印发的《关于深化国家医药卫生体制改革的意见》，即中发6号文明确规定“基本药物实行公开招标采购，统一配送”，同时，明确要求“发展药品现代物流和连锁经营”。卫生部等九部门联合制定的《关于建立国家基本药物制度的实施意见》则进一步明确“由招标选择的药品生产企业、具有现代物流能力的药品经营企业或具备条件的其他企业统一配送”，这就意味着先进的物流水平将成为药品流通行业直接参与药品招投标的前提条件。目前，我国药品流通行业的物流整体水平还不够高，拥有现代物流中心的企业也不够多，因此，提高现代物流水平、降低物流成本是我国药品流通行业当前非常紧迫的任务。

其次，这对我国药品流通行业的集中度提出了更高要求。改革开放以来，我国药品流通行业取得了较快发展。但由于多种原因，药品流通企业“小、散、乱”问题严重，组织化程度较低。我国目前拥有1.3万余家药品批发企业，大大高于世界平均水平。美国药品销售额占世界药品市场份额的40%以上，但美国药品批发企业总共只有70家；德国目前仅保留了10个大型药品批发企业，其中最大的前3家占国内市场份额达60%–70%；2008年，我国药品销售额超过5000万元的流通企业只有491家，约占全国药品流通企业总数的3.7%。我国最大的前3家企业销售额只占同期医药商业市场销售总额的20%左右。在这次医改中，国务院印发的《医药卫生体制改革近期重点实施方案》，即国发12号文明确提出要“发展统一配送，实现规模经营；鼓励零售药店发展连锁经营”。因此，无论是从应对国际竞争，还是从建立基本药物供应保障体系的目标来看，都迫切需要我们通过加强行业管理，调整行业结构，优化资源配置，提高行业集中度。

第三，这对我国零售药店的功能作用提出了更高要求。不论是中发6号文，还是国发12号文，都明确规定：所有零售药店均应配备和销售国家基本药物，满足患者需要。这意味着在这次医改中，药品流通企业的功能作用不仅没有被削弱，而且得到进一步认可和加强，同时零售药店的公共服务功能得到了进一步重视和强化。为了保障零售药店能够履行好职责，保障群众基本用药的公平可及，这就需要各有关部门共同关心零售药店的生存与发展，通力协作，为零售药店配备和销售国家基本药物创造一个良好的政策环境。

目前，我国药品流通行业管理的工作基础，总体上还比较薄弱。辩证地看，做好当前药品流通行业的管理工作，同样既面临机遇，又面临挑战；既有有利条件，又有不利因素。

做好工作的有利条件：一是有各级党委政府的高度重视。中发6号文已明确要求各级党委和政府要充分认识深化医药卫生体制改革的重要性、紧迫性和艰巨性，加强组织领导，把解决群众看病就医难作为改善民生、扩大内需的重点摆上重要议事日程。这将为加强药品流通行业管理工作，带来前所未有的机遇。二是有明晰的职责界定。我们已与食品药品监管局进行了多次沟通，并对各自职责进行了界定，明确了商务主管部门的职责定位。即按照现行《药品管理法》，食品药品监督管理部门继续分管药品监督管理工作，承担药品质量安全监管的责任；商务主管部门作为经济综合主管部门，负责制定药品流通行业发展规划和产业政策。也就是说，我们主要围绕行业发展问题开展工作，大家可以放下思想包袱，大胆开展工作。三是有各相关部门的大力支持。我们已经向中编办正式提出了明确职责和增加编制的申请。中编办正在为我们积极协调解决。这将为地方机构改革和开展相关工作提供依据。四是有行业发展的客观基础。据统计，1999年至2008年10年间，我国医药商业销售总额由1350亿元增长到4699亿元，年平均增长速度约为15%。目前，全国共有药品零售企业36万多家，从业人员数百万人，药品流通行业已成为国民经济和社会发展中的一个重要行业，也是商贸流通业的一个大行业。五是有强大的行业协会作为支撑。行业协会既是行业自律组织，又是联结政府和企业的桥梁与纽带，目前我国药品流通行业涌现出了中国医药商业协会等一批优秀的行业组织，

这些行业组织都拥有经验丰富的专业人才和扎实的行业工作基础，可为各级商务主管部门做好行业管理工作提供强有力的支撑。六是我们有一支特别能战斗的队伍。从近年来商务工作特别是2009年贯彻国务院134号文件，落实搞活流通扩大内需的各项支持政策的情况看，各级商务部门的同志都能克服困难，开拓进取，围绕中心，服务大局，出色地完成了任务，部党组相信你们这次也一定能打好这一仗。

当然，当前接手这项工作，我们确实面临一定的困难和挑战，一是虽然近年来药品监管工作取得了成绩，但由于近年来机构变化，药品流通行业管理部门长期缺位，没有可以承接的有关行业发展与管理的制度和办法；二是开展这项工作的法律依据缺乏，目前只有《药品管理法》第五条，即由国务院经济综合主管部门负责制定行业发展规划和产业政策，缺乏相应的配套办法，也缺乏相关的行业标准，也就是说行业管理目前没有实际的抓手；三是机构和人员不适应，内贸机构长期受冲击，人才流失严重，目前在岗的同志大都缺乏管理该行业的知识背景和工作经验，一切要从头学起，人手也缺乏；四是这项工作与我国经济社会的二元结构和医药卫生体制紧密相连，确实有一定的复杂性。

但是从总体上看，目前开展这项工作，机遇大于挑战，有利因素多于不利因素。只要我们鼓足勇气，增强信心，变压力为动力，变被动为主动，适应改革潮流，通过改革提升自身发展能力，主动积极地提出应对措施和办法，创造性地开展工作，就没有克服不了的困难，我们就可以化挑战为机遇，化不利因素为有利因素，切实履行好国务院赋予我们的职责，不辜负党和人民的重托。

三、努力完成药品流通行业管理各项任务

加强药品流通行业管理的总体要求是：全面贯彻落实科学发展观，制定行业发展规划和标准，抓好行业信用体系建设和行业统计等基础工作，发展药品现代物流和连锁经营，建立健全药品供应保障体系，保证群众基本用药的可及性、安全性和有效性，减轻群众基本用药费用负担，建立统一开放竞争有序的药品市场体系，提高全民健康水平。

前不久，商务部和食品药品监管局联合印发的《关于加强药品流通行业管理的通知》，已进一步明确了我部以下五项主要职责：一是研究制定药品流通行业发展规划、行业标准和有关促进政策并组织实施；二是维护公平竞争，完善统一、开放、竞争、有序的药品流通市场体系；三是指导和推动药品流通企业发展现代流通方式，提高流通效率和行业组织化水平，开展国际交流合作；四是建立药品流通行业统计制度；五是指导有关行业协会实行行业自律，开展行业培训，推动行业信用建设。围绕以上职责，我们今年和今后一段时期要重点做好以下几项工作：

（一）建立部门协作机制，研究提出政策措施

目前，商务部是国务院深化医药卫生体制改革领导小组成员。各地方也要参与当地的医药卫生体制改革工作，参与有关政策的制定，反映行业的呼声和要求，协调处理有关问题。各级商务主管部门要与当地食品药品监管部门进行工作对接，建立沟通协调和合作机制。要按照两部门印发的《通知》要求，明确各自的职责分工和应当配合的事项。要会同当地卫生管理部门，协调解决医院阻碍处方外流，导致零售药店难以销售处方药的问题，保障患者购药选择权。要会同财政、物价等部门关注药品流通企业特别是基层零售药店在实行基本药物制度中遇到的困难，研究提出相应的财税物价政策。要会同工信、卫生等部门积极引导企业重组、组建药品流通联合体、开设专业药店、建立健康管理中心等。要充分估计可能出现的企业兼并重组或倒闭关闭及职工转岗下岗等负面影响，要从保民生、保稳定、保发展的大局出发，采取有效措施排除可能出现的社会不稳定因素。要与劳动社会保障部门协调配合，对确因结构调整或倒闭而出现的职工分流转岗，开展再就业培训。商务部已会同卫生部、工信部和食药监局制定了有关预案，将于近期印发各地，请各地根据本地情况，抓紧制订本省预案。

同时，各级商务主管部门要结合搞活流通扩大消费的各项政策措施，对药品流通行业结构调整和药品保障体系建设予以积极支持。要充分发挥“万村千乡市场工程”等现有流通网络资源的作用，实施“放心药下乡工程”，有效利用市场机制和财政补贴等多种手段，完善县级以下药品流通网络，确保农村地区和边远地区的药品供应。商务部将向财政部门申请专项资金。在国家未出台有关财政补贴政策前，各地商务主管部门可以主动争取地方财政支持，对有关企业或网点进行适当补贴。

（二）加大指导力度，大力发展先进营销模式

要指导规模较大、有一定实力的药品批发和零售企业发展现代物流和连锁经营，实行标准化统一配送，创新营销模式，拓展流通网络，提高服务水平。要充分发挥市场机制在提升行业组织化程度中的基础性作用，鼓励企业自发兼并重组，消除妨碍公平竞争的体制机制，实现药品流通企业的优胜劣汰，不断提高行业集中度。要及时研究和跟踪现代化的发展模式，引导和鼓励药品流通企业加强内部管理，广泛应用信息技术和高科技管理手段降低成本，不断提高竞争能力，逐步做大做强。要大力开展国际国内合作和交流培训，学习借鉴和推广先进的经营管理经验。

（三）开发行业统计系统和建立业务信息报送制度

统计工作是决策的前提和依据，市场运行数据和企业基础数据是行业管理的基础。今年要与国家统计局建立起行业统计制度，全面掌握企业和从业人员数量、销售额、利润率等第一手资料，为行业管理提供基础数据。我们还要在商务部市场运行监测平台上开发药品流通业务统计系统，委托相关医药行业协会维护日常运行，供全系统使用。下一步要根据行业管理情况，在各地增加企业直报点，提高统计覆盖面和准确度。各级商务主管部门要积极组织本地企业及时做好统计信息报送工作。我们也将会根据统计信息，及时向商务系统和社会发布行业运行动态。各级商务主管部门要用好统计信息，为行业管理工作服务，同时要及时向商务部报送行业管理的重要信息。

（四）配合相关部门开展专项整治，规范行业经营秩序

首先，要对各零售药店是否按中央要求配备和销售基本药物的情况进行经常性检查，确保群众用药公平可及。其次，要积极配合工商、税务、价格和食品药品监管部门开展打击制售假劣药品的专项行动，严查购销合同、往来票据、财务账目、购销记录等经营资料，以保证群众用药的安全性和有效性。第三，要与有关部门共享监管信息，共同完善药品流通行业的市场准入、监管和退出制度。对在专项检查中发现的严重违法违规者，要联合食品药品监管部门对其实行行业禁入制度，逐步建立规范药品秩序的长效机制。要充分发挥12312商务行政执法投诉举报热线的作用，接受投诉举报，发动社会力量，加强行业监督。

（五）加大诚信宣传教育，推动行业信用体系建设

这项工作是一项长期的基础工作，对药品流通行业发展至关重要，一定要下力气长期抓下去。首先，要将药品流通行业纳入商务信用建设的范畴，加大诚信宣传教育力度，利用好每年一度的“诚信兴商宣传月”活动，引导药品经营企业增强诚信意识，确保有关法律法规和规章政策能够落实执行到位。其次，要推动药品流通行业开展“诚信经营”示范创建活动，按照遵纪守法、诚实守信、制度健全、诚恳规范服务、履行社会责任、自觉接受政府、社会和舆论监督等六个方面的创建要求，组织药品经营企业进行整改、提高，评选出一批诚实守信经营的示范店，树立行业诚信标兵。第三，要加强对行业管理过程中产生的企业信用信息的管理和使用，将各种执法检查活动中查处的违法违规企业名单录入“商务领域信用信息系统”，建立企业信用档案，实行信息公开和分类监管；有关企业自律和信用状况等信息也要主动提供给食品药品监管部门，共同推动行业信用体系建设。这项工作今年要出台专门文件进行布置。

以上工作任务大多数都是我们以前不太熟悉的，这就要求我们善于开拓进取，充分调动各种积极因素，整合各方面力量，共同做好这项工作，在工作过程中特别要注意妥善处理好以下几个关系：

一是处理好行业规划与市场准入退出的关系。行业规划是市场准入的前提。科学的市场准入、退出制度必须是建立在合理的、符合市场规律的规划基础上，应当按照经济社会发展水平、医药卫生体制发展要求及行业发展状况来进行规划。商务主管部门要与药品监管部门密切沟通配合，共同研究制定行业规划，作为行业准入的参照。商务主管部门与食品药品监管部门还应共同检查规划的落实情况，共同研究建立市场准入退出机制。

二是处理好促进发展与维护稳定的关系。推动体制改革，调整行业结构，提升行业集中度，是行业内的深刻变革，涉及药品流通行业的利益调整，必将对药品流通行业发展带来深刻影响。我们鼓励企业通过兼并重组、发展现代流通方式等途径做大做强，这也必然会影响中小企业的利益。我们要善于发挥市场机制在配置药品流通资源方面的基础性作用，同时要妥善考虑各方面的利益，确保整个行业在稳定中进行调整和发展。

三是处理好商务主管部门与食品药品监管部门及其他部门的关系。做好这项工作，商务主管部门与药品监管部门的工作关系最为密切，两部门的关系应是相辅相成的。做好药品流通行业管理有助于缓解药品质量监管的压力，而加强药品质量监管又有助于净化行业经营环境，促进行业健康发展。双方既要各司其职，又要相互密切配合，形成友好协作、齐抓共管的关系。另外，我们还会和卫生、工商、税务、价格、财政、社会保障等部门建立密切联系，要主动拜访，加强沟通，争取得到各有关部门的支持，形成工作合力。

四是处理好商务主管部门与行业协会和企业的关系。推动行业管理必须充分发挥行业协会自律和服务的功能，引导企业诚信自律、自主经营、自我发展。比如，可以探索授权行业组织采用准入评议、行业备案、违规退出等方式做好行业监管工作的新途径，上海市在这方面积累了一些经验。政府工作的重点在于为行业和企业发展提供服务、支持和帮助，同时要教育和引导企业严格贯彻执行法律、法规、规章和有关政策，通过制定行业规划、产业政策和行业标准，积极推广已被市场认可的先进经验和经营模式。

处理好了以上几个关系，就可以为我们做好行业管理奠定很好的基础。希望大家在工作中能够认真体会和把握，因势利导，努力开创药品流通行业管理工作的新局面。

四、认真组织实施

今年是药品流通行业管理工作的开局之年，必须开好头，起好步，建立工作机制，打好工作基础。下面，就组织实施工作提出几点要求：

（一）及时汇报，争取支持。各位代表回去之后，要及时向地方政府汇报会议精神。比照国务院医药卫生体制改革领导小组的组成构架，各地商务部门应列为地方医药卫生体制改革领导小组成员单位。各级商务部门要结合当地实际，与相关部门共同研究提出做好药品流通行业管理工作的意见，并争取得到更多部门的支持。

（二）加强领导，落实机构和人员配置。药品流通行业管理工作性质特殊、覆盖面广、责任重大，但基础薄弱，各级商务主管部门要高度重视，加强领导。省级商务主管部门对本省的药品流通行业管理工作负总责，强化机构人员的配置力度，由主要厅局级领导牵头负责，尽快明确责任处室，配备专职工作人员，保障办公条件，制定工作计划，迅速开展工作。市、县商务主管部门要指派专人从事这项工作。在今年6月以前，各项基础工作必须到位，并列入年度工作予以考核和监督。

（三）着眼长远，制定行业发展规划。要本着“科学规划、合理布局”的原则，认真积极地做好包括零售网点设置规划和批发企业设置规划在内的药品流通行业规划，通过规划来引导行业发展。商务部将组织药品流通行业专家、相关政府机构和协会代表，研究制定全国药品流通行业发展规划和指导意见。省级商务主管部门要根据行业发展规划纲要，结合当地经济社会发展水平、药品流通行业状况、医药卫生体制改革进展、城镇和住房建设改造规划、社区商业形态布局、人口密度及群众购药需求和医疗保险制度建设状况等实际，着手研究制定全省药品流通行业发展规划。同时，要指导县、市、区的规划制定，并提出统一要求，进行工作部署。商务部市场秩序司要在调研基础上尽快提出指导意见，同时，要与食品药品监管局协商对新建药店的审批如何适应转轨后的体制要求。

（四）建立标准体系，提高行业整体素质。要通过制定有关行业标准，来逐步加大对行业发展的指导力度。商务部市场秩序司要围绕行业发展目标，抓紧提出药品流通标准目录体系。当前比较急需的，如《医药物流服务规范》、《药品零售企业经营服务规范》和《医药物流企业分级评估指标》等行业标准，今年要抓紧制定出台。各地要积极参与这些工作，积极开展调研和论证。今后要探索和实行药品流通企业分级分类的管理办法，按照扶优扶强，提高行业集中度和流通效率的原则，指导和推动企业兼并重组，加速药品流通行业向规模化、集约化和国际化方向发展。

（五）加强学习培训，尽快熟悉和掌握行业情况。药品流通行业工作专业性强，也是一项长期工作，同志们要加强学习，迅速掌握行业情况，做好基础工作。要深入学习《中华人民共和国药品管理法》及其《实施细则》、《药品经营质量管理规范》等一系列相关法律法规和标准，熟悉管理程序和现状；要认真学习研究《中共中央、国务院关于深化医药卫生体制改革的意见》和《国务院关于印发医药卫生体制改革近期重点实施方案（2009-2011年）的通知》等政策文件，准确把握医药卫生体制改革的方针和方向，注重跟踪了解当地政府医改政策和进展状况。我们已经把与药品流通有关的相关文件印发给了大家，希望各位同志认真学习，针对我们行业管理出现的具体问题研究提出适应行业管理的新政策。会后，将考虑举办行业管理人员培训班，希望大家能够尽快熟悉药品流通管理工作，成为行业管理工作的专家。各地要建立与本地区重点药品流通企业的联系和对话制度，以及征求消费者意见制度，及时跟踪了解本地区药品流通企业经营状况和消费意见，为行业管理工作奠定基础。

（六）加强调查研究，及时沟通情况。会后，各级商务主管部门要立即开展调研工作，对本地区药品批发企业和零售药店布局、经营状况、行业组织化程度、物流配送能力和水平，以及群众购药需求等多方面情况做到心中有数。各地要及时报送在行业管理中掌握的行业综合分析、调研成果、政策建议以及当地医药卫生体制改革和基本药物制度实施进展等信息，供上级机构决策参考。各地在药品流通行业管理中先进经验、好的做法和碰到的问题建议请及时与我们联系反映，相关材料可以采取简报方式实时报送。对于行业突发的重大紧急事件，如聚众上访等事件，要在第一时间报商务部值班室（商务部应急办）。

同志们，药品流通行业管理是一项系统工程，涉及到数以万计的经营企业和数百万从业人员，关系到医改的成败，关系到全民健康水平和重大民生问题，做好这项工作意义重大，任重道远，责任重大。希望各级商务主管部门能够充分认识到这项工作的艰巨性、复杂性和长期性，增强全局观念，着眼于国家医药卫生体制改革和经济社会发展的需要，增强信心，齐心协力、开拓进取，履行职责，不辱使命，为深化医改，为贯彻落实科学发展观、促进经济社会全面协调可持续发展做出新的贡献。

谢谢大家！

贯彻落实行业发展规划纲要 实现“十二五”药品流通行业管理工作良好开局

——商务部姜增伟副部长在2011年全国药品流通行业管理工作会议上的讲话

商务部副部长 姜增伟

（二○一一年五月十日）

同志们：

今天，我们召开全国药品流通行业管理工作视频会议，主要任务是回顾总结过去一年的工作，交流经验，沟通情况，分析行业发展面临的新形势，结合《全国药品流通行业发展规划纲要》的实施，部署新一年的工作，为药品流通行业“十二五”发展创造一个良好的开局。刚才，地方商务主管部门、行业协会和企业代表都作了很好的发言，介绍了各自的经验和有益的探索，商务部也对《规划纲要》进行了解读，相信大家对行业发展情况和行业管理工作有了更深入的理解和更全面的认识。下面，我讲几点意见：

一、2010年药品流通行业管理工作取得了积极进展

2010年1月，商务部召开全国药品流通行业管理工作会议，对这项工作做出了全面部署，进行了业务培训，标志着全国药品流通行业管理工作正式展开。一年来，在同志们的共同努力下，药品流通行业管理工作取得了积极进展。

一是工作体系初步建立。2010年6月，中央编办正式发文明确商务部主管部门是全国药品流通行业主管部门。目前，已有22个省（区、市）发文明确或基本明确商务部门为当地药品流通行业主管部门。有的地方虽未正式明确职能，但也开展了不少工作。多数地方商务主管部门成为当地医药卫生体制改革（以下简称医改）领导小组成员。

二是积极参与医改工作。按照国务院办公厅印发的2010年医改工作任务，各级商务主管部门在同级医改领导小组领导下，密切跟踪国家基本药物制度和其他医改政策实施对药品流通行业的影响，结合药品流通行业现状，制定了相关工作意见，解决了不少企业的诉求，明确了药品流通行业在医改中的作用，保证了药品流通企业在医改中平稳过渡。商务部与国务院医改领导小组办公室、卫生部等部门进行多次沟通协调，在新出台的基本药物采购机制、基层医疗卫生机构补偿机制等医改文件中维护了药品流通企业的合法权益。

三是行业管理工作逐步到位。各地商务部门从当地实际出发，按照行业管理职责，一边学习熟悉情况，一边开展工作。青海、湖北等地努力提升行业管理地位，成立以省政府领导牵头的全省药品流通管理领导小组，统筹推动行业管理和改革发展。江西、山东、河南、湖北、青海等地召开全省药品流通行业管理工作会议部署工作。上海、河北、海南等地结合诚信体系建设促进药品流通企业提高服务质量。山西等地编印教材，对相关管理人员进行了全面业务培训。刚才发言的江西省和武汉市也都做了大量颇有成效的工作，无论在职能履行，还是在指导企业、提供服务，以及为行业管理创造良好工作环境方面，都有许多好的经验，希望各地学习借鉴。

四是工作基础得到加强。各级商务主管部门深入基层、深入企业开展了大量的调查研究工作，特别是围绕药品流通行业现状、问题以及当前工作重点和今后发展方向，就农村网点建设、行业结构调整、药品流通企业向医院延伸物流服务、现代物流和连锁经营、中药材流通等问题进行了调研；经国家统计局批准，建立了药品流通行业统计制度，地方商务主管部门和全国700家重点企业已开始网上直报信息；着手研究现行法律法规和部门规章的调整，适应行业管理工作新形势；构建行业标准体系，委托有关协会研究起草了《药品物流服务规范》、《零售药店经营服务规范》、《药品批发企业物流服务能力评估指标》等标准；启动了药品流通行业职业经理人培训工作。这些工作为药品流通行业管理打下了扎实的基础。

五是制定了《全国药品流通行业发展规划纲要》。为引导行业在“十二五”时期健康发展，商务部将药品流通“十二五”发展规划纲要列为国内贸易“十二五”规划中的专项规划。这是我国建国以来药品流通行业第一个规划，它的出台标志着药品流通行业发展进入一个崭新

的阶段。《规划纲要》按照国民经济和社会发展“十二五”规划纲要的总体要求，以科学发展观为指导，坚持以人为本，贯彻落实中央医药卫生体制改革精神，分析了行业存在的问题和面临的形势，提出了“十二五”时期行业发展的指导思想与总体目标，明确了今后的主要任务和政策措施。

《规划纲要》必将成为今后五年引导药品流通行业发展的纲领性文件，对于完善符合中国特色社会主义市场经济的药品流通体系，确保人们群众用药安全合理方便，有效配合各项医改措施的实施具有重要意义。《规划纲要》内涵丰富，体系完整，各级商务主管部门务必认真学习和深刻领会《规划纲要》精神，在今后五年工作中采取有力措施，认真推动实施。

总的来看，一年多来，大家做了大量工作，特别是在商务工作任务很重、压力较大的情况下，大家共同努力，克服困难，开拓进取，使药品流通行业管理工作进入了一个良好的开端。在此，我代表商务部对大家付出的艰辛努力表示衷心的感谢！

同时，我们必须清醒看到，药品流通行业管理工作仍存在许多问题，需要我们高度重视。这主要表现在以下三个方面：一是各地药品流通行业管理工作进展不平衡，有的地方由于种种原因重视不够，对接手药品流通行业管理工作有畏难情绪，行动迟缓，还有不少省份没有明确商务主管部门的行业管理职能，机构和人员编制不到位，工作体系仍不完整；二是全国药品流通行业管理基础工作薄弱，商务主管部门对药品流通行业业务不熟悉，相关统计数据多年缺失导致行业基础数据匮乏，政策制定缺乏支撑；三是工作主动性不够，探索精神不强，对于行业管理的内容、方式和管理办法研究不够，不能适应行业管理的需要。上述问题在今后的工作中必须加以重视和解决。

二、充分认识药品流通行业发展面临的新形势

（一）加快发展方式转变是“十二五”时期药品流通行业面临的重大任务

“十二五”规划明确提出，要以转变经济发展方式为主线，以调整结构为主攻方向，以科技进步和创新为重要支撑，把保障和改善民生作为根本出发点和落脚点，实现科学发展。药品流通行业是国民经济重要行业，与国计民生息息相关，转变发展方式的任务十分繁重。《全国药品流通行业发展规划纲要》在制定过程中充分体现了“十二五”规划的要求，对药品流通行业转变发展方式做出了具体部署，具体来说，就是要变粗放经营为集约经营，充分发挥规模效益和品牌优势；变传统商业为现代服务业，向生产和销售终端延伸各种专业化服务，建立并主导医药产业供应链。为此，我们必须加快推动行业结构调整，用科技和信息化手段改造传统流通模式，建立起统一开放竞争有序的现代药品流通体系，保证百姓用药安全合理方便。

转变发展方式离不开基层工作的探索和实践。各地商务主管部门要将改革精神贯穿于工作的始终，善于发现问题、分析问题，并积极主动探索解决方案。同时要加强与商务部的沟通，及时报送相关情况；商务部也将加大调研力度，及时总结推广好的经验。

（二）医改工作的不断深入对流通行业管理提出了新要求

近期，国务院办公厅印发了《医药卫生体制五项重点改革2011年度主要工作安排》，对药品流通行业的要求是：保障基本药物供应，鼓励发展现代物流等多种手段，提高配送效率；推动流通企业优化结构，实现规模经营。各级商务主管部门必须采取有力措施全面完成上述任务。

从医改工作的全局看，在推动医改不到两年的时间里，国务院医改领导小组已经召开了八次会议，围绕基本医疗保障制度、国家基本药物制度、基层医疗卫生服务体系、基本公共卫生服务均等化和公立医院改革等五项重点改革出台了相关政策，相应的卫生管理体制、医疗卫生机构运行机制、医药卫生投入机制及价格形成机制等体制机制正在改革和形成中。所有这些改革措施的推进都不同程度地与健全药品供应保障体系，完善药品流通市场机制，提升药品流通服务能力密切相关，将促使药品购销制度、流通模式发生重大变化，我们对可能发生的变化要有准确的研判和充分的思想准备。

李克强副总理在今年全国医改工作会议上的讲话指出：“开弓没有回头箭”。我们必须勇于担当，迎难而上，坚定不移地把这项重大改革实施好。”我认为，克强副总理的讲话，体现了党中央、国务院对医改工作高度的重视和坚定的决心。各级商务主管部门要认真学习领会，增强责任感，及时跟踪了解国家医改政策和本地医改进展情况，认真分析、把握医改对药品流通行业的要求，紧跟医改步伐，不折不扣地贯彻落实好各级医改领导小组交办的任务。

（三）行业发展面临的机遇与挑战

2008年以来，在全球金融危机背景下，全球药品市场依然保持高速增长，预计未来5年的年均增长幅度仍会达到8%以上。我国经济不断发展，医改逐步推进，药品市场规模增长空间很大，为药品流通行业加快发展提供了较好机遇。商务部制定的《规划纲要》已经对行业发展面临的形势进行了深入分析，提出了“十二五”时期的指导思想、主要任务和政策措施，指明了行业发展的方向，通过加强政策引导和改善市场环境，将有力促进行业持续健康发展。

但是，落实好《规划纲要》，引领行业持续健康发展，我们也面临一定的挑战。一是药品流通行业自身基础薄弱，调整行业结构，提高集中度，实现转型发展是一个渐进的过程。二是行业发展的市场环境还不理想，社会对行业的地位和功能作用认识不足，药品流通行业发展与医药卫生体制密切相关，一些深层次问题的解决有待于医药卫生等体制机制改革的进一步深化。三是药品流通行业管理工作专业性较强，但我们的管理队伍专业知识和业务能力还有待提高。

刚才，江西省商务厅的同志谈到他们的体会，认为药品流通行业管理工作大有可为，我完全同意。国务院是在医改过程中赋予商务部这项工作职责的，意在加强行业管理，改善行业现状，有力配合医改工作。这项职责不仅政治性很强，而且需要较高的理论水平、专业素质和综合能力，是对商务主管部门的重大考验。我们必须通过扎实勤奋的工作，向党中央、国务院交出满意的答卷。

三、2011 年药品流通行业管理的重点工作

（一）抓紧健全工作体系，建立行业管理制度

各地商务主管部门要把落实行业管理职能和建立健全工作体系作为今年工作的头等大事来抓，刻不容缓。尚未明确职能的省（区、市）商务主管部门会后要尽快向本地人民政府负责同志和医改领导小组汇报，积极与当地机构编制部门沟通，落实相关职能和人员编制，成为当地医改领导小组成员；即使职能编制文件暂时未正式印发，也要先开展工作。各地商务主管部门都要明确药品流通行业管理工作的领导分工、责任处室和工作人员，务必在今年 6 月底前，在省、市、县三级建立起完整的行业管理工作体系，同时要加强与当地医改领导小组协调，经常汇报、请示，切实担负起相应的行政管理职能。在明确机构人员的基础上，还要深入基层和企业进行调研，全面了解、掌握行业真实发展情况，形成行业管理的思路，提出管理办法、政策措施和工作意见。

（二）结合实际，做好地方规划制定工作

各地商务主管部门要根据《规划纲要》要求，制订本地药品流通行业“十二五”发展规划。这是一项全新的工作，要深入调研论证，做好与相关部门的沟通协调，充分听取行业协会、企业、专家学者等各方面的意见，综合考虑相关因素，对本地行业发展的目标做出科学预测，规划的任务要符合实际，体现前瞻性和可操作性。省级规划要在今年 9 月底前报商务部备案。

（三）落实《规划纲要》各项任务，研究相关配套措施

落实《规划纲要》是今年工作的重中之重。商务部市场秩序司要牵头对《规划纲要》确定的各项任务进行分解细化，研究相关配套文件、实施措施和办法。今年要抓紧研究制定药品流通行业信用建设指导意见、人才培训工程方案、标准体系建设方案；会同有关部门，启动药品营销人员和医药代表行为规范的制定工作；研究出台药品流通企业物流服务能力评估管理办法。各地商务主管部门对上述工作要积极配合。同时，各地要加强《规划纲要》的宣传贯彻工作，对《规划纲要》做正面宣传引导和深入解读，营造学规划、懂规划的良好舆论氛围。

（四）落实医改要求，积极参与医改工作

各地商务主管部门要按照今年医改工作要求，引导药品批发企业依法依规守信地参与各地基本药物招投标和配送工作，确保基本药物安全有效、品质良好、供应及时。各级商务主管部门要积极参与医改领导小组的各项工作，密切跟踪各项医改政策的进展，并协调解决药店难以得到医院处方、医保定点药店少等不利于行业发展的问题，推动已实行基本药物制度的城市社区医疗机构率先实施医药分开，充分发挥零售药店的作用。

（五）突出重点抓落实，以点带面促发展

在行业结构调整方面，各地商务主管部门要进行专题调研，了解行业兼并重组状况，分析存在的问题，引导结构调整工作平稳有序推进。在完善药品流通体系方面，启动“放心药”服务体系建设工程，重点探索放心药下乡的实现模式，推广成功经验。在发展现代物流方面，鼓励药品流通企业物流功能社会化，实施医药物流服务延伸示范工程，引导企业积极为医疗机构提供各种专业化服务，支持第三方医药物流发展。在发展连锁经营方面，各级商务主管部门要加强与有关部门协调，打破地方保护，既要推动本地骨干企业跨区域发展，也要允许外地企业到本地发展，促进形成全国统一市场。在中药材市场管理方面，建立中药材市场运行监测系统和中药材流通统计系统，开展中药材流通追溯体系建设试点。

（六）建立行业标准体系，做好行业统计工作

今年商务部将制定出台有关药品流通业态分类、职业经理人评价、企业诚信经营等行业标准，还将与有关部门协调，研究制定药品和中药材流通的国家商品编码标准。各地商务主管部门要积极参与标准的起草论证工作，组织行业协会和企业宣传和贯彻执行出台的相关标准，规范企业的经营和服务行为。药品流通统计工作起步阶段有一定难度，目前进展不理想，做好此项工作对行业管理至关重要，各地商务主管部门要高度重视，加强领导，强化责任，指定专人负责统计工作，做好统计报表的组织落实和督导检查工作，继续开展统计培训；工作中既要发挥行业协会的作用，也要调动企业

的积极性，重点抓好典型企业数据报送工作，保证其及时、准确报送，切实将统计工作落到实处。

（七）启动从业人员培训工程，加强行业队伍建设

商务部将与相关部门沟通建立药品从业人员职业分类标准和岗位规范，分别针对药品流通企业管理人员和药品流通行业各类从业人员制定培训方案，组织编写培训教材，全国药品流通行业职业经理人培训第一期高级班已于今年3月开班，今年计划培训高级经理人400人；职业经理人培训中级班和执业药师继续教育工作也将于近期启动，今年计划培训中级经理人和执业药师各1000人。各地商务主管部门要积极参与，主动配合，推动开展药品流通职业培训和继续教育，不断提高从业人员素质。

（八）推进行业信用体系建设，强化行业自律

各地商务主管部门要会同食品药品监管等部门开展打击制售假药专项整治，治理商业贿赂，加强票据管理，规范药品流通秩序。要通过行业信用体系建设，建立长效机制。要将药品流通企业的信息纳入"商务领域信用信息系统"，推动建立监管和企业信用信息的公开共享机制。要建立健全地方各级医药商业协会，指导行业协会制定和执行行规行约，对违规失信的人员实行行业禁入。加强信用文化建设，引导药品流通行业积极参与"诚信兴商"宣传月和"诚信经营示范创建"活动，树立诚信经营典型。

（九）加强商务主管部门自身建设，提高为行业服务的能力

药品流通行业管理专业性强，做好这项工作要求我们必须加强自身队伍建设，开展业务培训，尽快提高人员素质和管理水平。要学习药品流通理论和专业知识，跟踪了解国际国内药品流通行业发展的最新动态，新型的营销理念、模式和方法，结合实践工作，更好地指导行业发展。要转变工作作风，增强服务意识，加强与企业的联系和互动，了解反映企业的呼声，研究解决企业实际问题。行业管理工作涉及部门较多，要提高协调能力和艺术，与有关部门建立良好的工作关系。行业管理与企业联系密切，要严格遵守党风廉政建设各项规定，保持人民公仆本色。

同志们，今年是"十二五"规划开局之年，我们要以贯彻落实《全国药品流通行业发展规划纲要》为契机，振奋精神，不畏艰难，真抓实干，创造性地开展工作，努力提升行业管理的能力和水平，推动药品流通行业改革和发展，为服务医药卫生体制改革和服务民生做出更大贡献。

落实医改和药品安全“十二五”规划
做好药品流通行业管理工作

——商务部姜增伟副部长在2012年全国药品流通行业管理工作会议上的讲话

商务部副部长 姜增伟

（二〇一二年七月二十六日）

同志们：

今天，商务部召开全国药品流通行业管理工作会议。这次会议是在3年医改取得重大阶段性成效、国务院医改和药品安全“十二五”规划发布实施、全国医改工作会议之后，商务部召开的一次非常重要的会议。会议的主要任务是，贯彻落实医改和药品安全“十二五”规划对药品流通行业的要求，总结全国药品流通行业发展“十二五”规划纲要发布实施一年来取得的成绩和经验，部署下一阶段重点工作，促进行业持续健康发展。下面，我讲几点意见：

一、药品流通行业管理和改革发展取得了明显进展

深化医药卫生体制改革是涉及13亿人民健康福祉的重大民生工程，党中央、国务院高度重视，通过3年的努力推进，已取得阶段性重大成效。药品流通是医药卫生事业的重要组成部分，“建立健全药品供应保障体系”是深化医药卫生体制改革四大体系建设任务之一，在医改中具有重要地位。2009年8月，国务院明确由商务部负责药品流通行业管理工作，3年来，为贯彻落实医改提出的任务，促进药品流通行业改革发展，商务部以高度的政治责任感和使命感，开展了大量工作，明确了职能司局，调整设立专门处室；连续3年召开年度全国会议进行专门部署。各级商务主管部门克服各种困难和挑战，充分发挥有关行业组织和广大企业的主力军作用，为医改的顺利实施提供了有力支撑，服务了经济社会发展的大局。

（一）着力做好行业管理各项工作，行业管理能力进一步提升

一是大力推动建立行业管理工作体系。目前，各省、自治区、直辖市、计划单列市及新疆生产建设兵团中，31个省市已明确商务主管部门负责药品流通行业管理的职能，29个省份的商务主管部门已成为当地政府医改领导小组成员单位。云南、河南、江西、吉林等省商务厅或增加了编制职数，或增设了药品流通管理处，或加挂了“省药品流通服务办公室”牌子；湖北、青海省政府成立全省药品流通行业管理工作领导小组，办公室设在商务厅，牵头全省工作的协调。其他几个尚未明确职能的省市商务主管部门也已在开展工作，部分省份地级市以下的商务部门也明确了职能。

二是认真制定药品流通行业发展规划。商务部于2011年5月印发了全国药品流通行业发展“十二五”规划纲要，并陆续出台下一批规划纲要的配套措施和办法。各地方通过召开会议、走访调研、专家论证等多种方式，起草完善本地发展规划。 目前，已有21个省市印发了本地行业发展“十二五”规划，有的地级市也出台了规划。上海、青海等地将规划列入当地经济社会发展专项规划，请当地政府批转执行。云南、河北等地与有关部门沟通，在规划中明确了一些建设项目，使规划更具有可操作性。

三是全面开展行业基础建设。商务部建立了地方和企业直报的统计制度，发布了药品流通行业运行分析报告和中药材重点品种流通分析报告，改变了长期以来行业缺乏统计数据的状况，发挥了很好的信息引导作用。制定行业标准5年计划，近期将发布《药品批发企业物流服务能力评估指标》、《药品零售企业经营服务规范》、《药品流通企业诚信经营准则》等5项行业标准。制定了企业高中级管理人员、执业药师和重点岗位人员的5年培训方案，目前已完成8期500多人的高中级职业经理人和药学技术人员培训。推动行业自律，青海、甘肃、黑龙江、吉林、海南等地大力开展诚信经营示范创建活动，组织协会开展信用等级评价，在12312商务举报投诉热线增设药品流通相关内容。

四是着力推进行业结构调整和发展方式转变。商务部积极搭建药品流通企业与金融机构合作的平台，促进企业兼并重组。在北京天坛医院召开现场会，启动“医药物流服务延伸示范工程”建设，通过互联网、报刊、广播等新闻媒体，宣传调结构、转方式的典型，引导企业向新型流通服务业转型。组织四川省成都市开展中药材流通追溯体系建设试点，提升中药材流通的现代化水平。与有关部门研究鼓励连锁药店发

展的政策，创新药品经营模式。

五是积极努力为行业发展提供政策支持。一方面，我们努力为行业发展创造良好的外部环境。在参与医改和药品安全“十二五”规划、基本药物采购、公立医院改革、社会资本办医、药品价格形成机制等医改政策文件制定中，积极沟通协调，反映行业呼声，努力保障行业企业的合法权益。另一方面，我们还积极争取财政支持，在自身职责范围内开展探索。目前，商务部已争取财政部内贸专项资金，开展“放心药”服务体系建设，今年将支持4个中药材专业市场开展中药材流通追溯体系建设试点。一些省份也进行了有益尝试，如江西省安排专项资金支持农村连锁药店发展，进一步完善了农村和边远地区的药品供应网络；甘肃省安排专项资金对陇西等中药材市场建设给予支持，促进当地中药材流通的规范发展。

六是大力加强行业组织建设。商务部指导中国医药商业协会加强自身建设，充实人员队伍，开展行业培训，制定行业标准，创办《中国药品流通》杂志，提高服务政府、服务企业的能力。同时，与其他相关协会保持密切的工作关系，充分发挥它们的作用。湖南、天津专门筹备成立药品流通行业协会，一些省份成为原有医药行业协会的主管部门，加强了对行业协会工作的领导。

（二）药品流通行业面貌开始发生改观，服务医改和经济社会发展大局的能力进一步增强

近年来，通过各级商务主管部门、有关行业协会和企业的共同努力，药品流通行业改革发展取得新的进展，主要表现在以下几个方面：

一是对经济社会发展的贡献愈发明显。2011年，药品流通行业销售总值达到9426亿元，同比增长23%，占全社会消费品零售总额的5.1%，占第三产业增加值的4.6%，同比均增长0.5个百分点；就业规模达470万人，占全国城乡商业服务业就业人数的5%以上；全面满足了各级各类医疗机构的药品需求，提供了130多亿人次的药品零售服务，对保障医改措施的顺利实施，提升人民健康水平，吸纳社会就业，促进经济社会和谐发展发挥了重要作用。

二是行业结构调整初见成效。2011年，首家年销售额过千亿的医药商业集团诞生；前100位药品批发企业主营业务收入占同期市场规模的73%，比上年提高3个百分点，前3位集团企业市场占有率迅速上升，主营业务收入占批发百强的42%，同比提高了7.6个百分点；前5位药品零售连锁企业占零售百强销售总额的26%，同比增长2个百分点；一批药品流通企业成功上市，进一步加快了行业兼并重组速度，促进了行业集中度的提高。

三是现代医药物流加速发展。大中型药品流通企业开始将物流中心建设重要节点放在了具有区域辐射功能的地级市上，快捷、可及、安全的现代医药物流服务保障体系正在形成。与现代医药物流相适应的信息化建设同步推进，从药品生产企业到最终用户的全过程可视化管理、运输和冷链管理的数字网络建设，以及企业内部多仓协同运营等管理工作的信息化手段，在药品全供应链服务中开始广泛应用。

四是发展模式不断创新。部分药品流通企业主动搭建与上下游供应链各环节的互动平台，提供医药供应链一体化增值服务。中国医药集团、华润医药集团、九州通医药集团、天津太平医药公司等大型企业将企业内部现代医药物流系统与医院信息系统对接，开展了医药物流的延伸服务，实现医院药库和医用耗材的自动补货和零库存管理，大力支持和参与了医院药事管理的现代化建设，提高了医院药品安全保障水平和药品流转自动化水平，降低了药品损耗和物流成本，将医院药师从繁琐的物流操作中解放出来。以联采分销、共同配送为主要特征的药店联盟得到快速发展，覆盖近2万家零售药店，降低了药价，惠及了百姓。

当前，稳增长、调结构、促消费成为经济工作的主线，国内贸易管理工作在商务工作中的地位更加突出，工作任务非常繁重，基层的同志们承受着巨大的工作压力。特别是药品流通行业管理工作内容新、基础薄、人才缺、手段少，在这种情况下，成绩的取得实属不易。近几年的实践充分证明，商务部门有能力做好药品流通行业管理工作，广大商务战线的同志是一支特别能吃苦、特别能战斗的队伍。在此，我代表商务部对同志们表示诚挚的敬意！同时，也向一直以来关心、支持药品流通行业发展的有关部门和行业协会的同志们表示衷心的感谢！

（三）行业管理和改革发展仍面临诸多问题

在看到行业管理和改革发展取得积极进展和新成绩的同时，我们还必须正视目前存在的困难和问题。

一是工作体系仍不完备。仍有4个省份的行业管理职能尚未明确，2个省市由其他部门负责。全国500多个省会城市和地级市（区）中，只有40%明确行业管理职能由当地商务部门负责，县级明确职能情况更差，部分地方甚至省会城市与省级的行业管理部门都不相同，给推动行业管理工作带来很大不便。特别是，除云南外，其他省份均未增加编制，工作力量十分薄弱。

二是行业管理工作法律法规仍不完善。由于现行《药品管理法》仍未修改，行业管理工作的内容、手段等不够明确；一些地方政府部门，对监督管理与行业管理认识不清，仍延续着老的思维模式乏管理方式，甚至否定行业管理的地位和作用；规划管理对企业准入退出缺乏约束性，仍有不少企业特别是单体零售药店在进入本已趋于饱和的药品流通行业。

三是行业的面貌仍来发生根本转变。行业“多、小、散、乱”格局仍没有大的改观，企业经营管理理念滞后，高素质管理团队缺乏，执业药师配备严重不足，药品购销领域各类违规经营现象仍比较突出，流通秩序有待规范。

二、医改新形势下药品流通行业管理的主要任务

为进一步推进医改，2012年以来，国家医改“十二五”规划、国家药品安全“十二五”规划、县级公立医院综合改革等政策文件相继出台，成为指导今后一段时间医改工作的纲领性文件，也明确了药品流通行业改革发展的要求和政策导向，主要有以下几个方面：一是大力发展现代医药物流和连锁经营，完善药品流通网络，开展中药材流通追溯体系建设。二是确保药品安全，重构药品生产流通秩序，严厉打击药品生产经营的违法违规行为。三是加大执业药师配备使用力度，到“十二五”末，所有零售药店法人或主要管理者必须为执业药师，逾期达不到要求的，取消售药资格。四是鼓励零售药店发展和提供中医坐堂诊疗服务，扩大医保定点零售药店范围，推动建立医保经办机构与医疗机构、药品供应商的谈判机制。

国家医改和药品安全“十二五”规划提出的要求，我们要认真贯彻落实，并与商务部药品流通行业发展“十二五”规划纲要的落实相结合。按照规划纲要要求，“十二五”末，要实现药品批发百强企业的市场份额达到85%，药品零售百强企业市场份额提高到60%以上，连锁药店比重提高到2/3以上的目标。要实现上述目标，任务十分艰巨。我们要在医改新政策的引导下，乘势而上，创造性地开展工作，努力完成规划纲要确定的各项目标任务。下一阶段，应当重点抓好以下工作：

（一）加强规划管理，调整行业结构

尚未出台本地规划的地方，务必在2012年9月底前，制定出台本地行业发展“十二五”规划。各地方的规划都要纳入当地政府整体规划，加强与有关部门的沟通，共同组织实施。各地商务主管部门要采取搭建与金融机构合作平台、促进企业上市融资等多种方式，鼓励药品流通企业兼并重组，引导一般中小药品流通企业通过市场化途径并入大型药品流通企业，进一步提高行业的集中度和组织化水平。

（二）推进药品流通现代化建设，发展连锁经营等现代流通方式

各地商务主管部门和行业协会都要大力宣传推广“医药物流服务延伸示范工程”和企业信息化现代化建设的经验，促进企业转型发展，有条件的地方可以出台资金支持政策。药品流通企业要按照供应链管理发展趋势，主导建立以流通企业为核心，连接上下游的药品流通供应链体系，逐步实现由粗放经营向集约经营，由传统商业向现代服务业的转型。商务部门要加强与有关部门的沟通协调，出台鼓励零售连锁企业跨区域兼并重组的文件，加快推进连锁率的提高，将连锁经营、物流配送与电子商务相结合，提高药品流通领域的电子商务应用水平。

（三）健全行业管理制度，规范药品流通秩序

一是与行业标准宣贯相结合，抓紧出台有关管理办法。2012年将出台的《药品批发企业物流服务能力评估指标》、《零售药店经营服务规范》等5项行业标准，是我部承担药品流通行业管理职责以来，第一次发布的行业标准，意义重大。要制定药品批发企业物流服务能力评估和零售药店分级评定管理办法并组织实施。推动这项工作将为行业管理提供新的手段，各地商务部门要高度重视。今后，我们将建立药品批发零售企业分级分类管理和登记公示制度，相关信息将与医改、卫生、人力资源社会保障、食品药品监管等部门共享，供行业准入审批、药品招标配送等方面参考，规范企业经营和服务行为。二是抓紧研究出台《中药材流通管理办法》，规范中药材经营行为，提升中药材流通现代化水平。三是要结合全国打击侵权假冒和推动两法衔接等工作，配合国务院打击生产销售假劣药品部际协调机制，做好打击假劣药品和违规经营等工作。

（四）做好中药材流通追溯体系建设试点，保障中药材质量安全

2012年，商务部将与财政部等部门在总结成都市中药材流通追溯试点的基础上，首批选择全国最大的4个中药材专业市场所在地，通过财政资金支持开展中药材流通追溯体系建设试点。今后这项工作将覆盖至全国，形成中药材来源可追溯、去向可查证、责任可追究的全国性网络。试点的地方要认真组织实施，确保完成试点任务，保证资金使用符合有关规定。其他有中药材产地和中药材市场的地方要提前开展调研，做好今后组织实施的筹备工作。

（五）完善药品流通网络，提高农村和边远地区的药品供应保障能力

农村和边远地区的药品供应保障是社会主义新农村建设和深化医药卫生体制改革的重要任务。我国地域辽阔，山区、牧区、海岛等边远地区较多，交通不便，仅靠市场的力量解决不了这些地区的药品供应问题。近些年，一些地方争取了财政支持政策，对农村和边远地区药品流通保障问题进行了积极探索，取得了宝贵经验。各地要积极总结经验，认真调研论证，充分发挥公共财政的作用，形成一套可持续的解决办法。

（六）加强行业基础建设，提升行业服务能力

一是要加强统计工作。统计数据是我们制定政策和开展各项行业管理工作的基本支撑，各地商务主管部门要继续抓好行业统计和中药材重点品种流通分析工作，进一步提高典型企业覆盖面，提高数据填报质量，否则我们的数据就没有代表性，缺乏说服力。药品流通统计是商务部商贸流通统计

工作的重要组成部分，各地要统筹安排商贸流通统计支持资金，大力支持药品流通行业统计。同时，各地要及时分析本地的年度和季度信息，引导企业发展，服务行业管理。

二是要加强行业标准的宣传贯彻。商务部组织制定的药品流通行业标准是指导和规范行业经营行为，促进行业健康发展的规范性文件。行业标准印发后，各地方商务主管部门、行业协会都要积极组织药品流通企业学习贯彻，并建立自查和互查制度，使行业亏准落到实处。

三是实施人才培训工程。当务之急是要加快执业药师培养和引进的工作力度，充实零售药店的药学技术力量。商务部将按照行业人才培训方案加快实施人才培训工程，在每个省份遴选1-2个“商务部药品流通行业人才教育培训基地”。各地要依托行业协会和培训基地，使用商务部组织编写的统一教材，落实好培训任务，逐步实现5年培训高中级管理人员、执业药师和重点岗位人员5万余人的目标。此外，今后每年商务部将指导有关协会举办岗位技能竞赛活动，提升全行业队伍素质。希望广大企业积极响应，大力开展岗位练兵，踊跃参与各项培训和竞赛活动。

三、进一步做好药品流通行业管理工作的几项要求

医改对于改善民生、带动消费、促进相关产业发展、推动经济结构调整和发展方式转变具有重要作用。希望大家充分认识医改的重大意义，按照医改对药品流通行业管理和改革发展提出的新要求，切实履行好行业管理职责。

（一）抓紧完善工作体系，为行业管理提供保障

尚未明确职能的省市商务主管部门要主动与当地党政领导汇报工作，切实加大与机构编制部门的沟通协调力度，尽快明确职能，增加编制。各地商务主管部门要抓紧建立完善市、县行业管理工作体系，要明确药品流通行业管理工作的领导分工、责任处室和工作人员，保障办公条件，使行业管理工作向基层有效延伸。

（二）积极参与医改工作，创造行业发展良好外部环境

商务部正在积极推动出台药品流通改革发展的意见，文件的出台将为行业发展提供良好机遇。各地商务主管部门要积极参与同级医改领导小组的各项工作，按照医改总体部署，落实好药品流通行业相关工作任务。要密切跟踪各项医改政策进展，加强与各部门的沟通，协调解决行业发展中的各种问题。要建立与有关部门的定期会商机制，推动完善与药品流通有关的规章制度和政策规定，形成工作合力，为行业改革发展创造良好外部环境。协会和企业要及时向各级商务主管部门反映改革发展中遇到的问题，提出政策建议。

（三）加大调研力度，研究促进行业改革发展的措施办法

要按照药品流通行业发展“十二五”规划纲要确定的发展目标和任务，深入基层和企业进行调研，掌握行业真实发展情况，对于企业兼并重组、发展现代医药物流和连锁经营、医药物流供应链管理、承接医疗机构药房服务等改革发展实践中的新做法、新经验，新成果，要大力宣传推广。要研究制订鼓励性政策措施，支持企业技术改造、科技创新、跨区域兼并重组和发展农村流通网络，逐步形成促进行业发展的政策体系。

（四）大力开展行业信用建设，形成行业自律机制

《药品流通企业诚信经营准则》出台后，药品流通行业应当按照要求，成为商贸流通行业诚信经营的表率。商务部将大力组织宣传工作，并结合2012年纠正医药购销和医疗服务中不正之风专项治理工作，制定药品流通行业信用体系建设的指导意见，指导相关行业协会制定和执行行规行约，举办信用知识培训，开展行业信用评价。2012年，商务部将选择北京、上海、青岛等10个城市开展商务诚信建设工作试点。药品流通企业要积极参与试点，严格诚信自律，依法依规经营，不采取商业贿赂等不正当手段竞争，以真诚的服务赢得客户和全社会的认可。

（五）加强药品流通理论研究，夯实行业发展基础

要加强药品流通理论研究和学科建设，特别是针对药品批发企业参与药品招标、零售连锁企业跨区域兼并重组、零售药店获得医保定点资质、药品流通供应链管理的金融支持政策、发达国家药品流通模式与管理体制等现代药品流通理论的重点问题，组织大专院校、研究院所、大型药品流通企业集团加强研究。具备条件院校要主动争取开设药品流通专业，培养专门人才。

（六）发挥行业协会桥梁作用和企业的主力军作用，共同促进行业健康发展

与药品流通行业有关的行业协会对商务部门开展药品流通行业管理工作给予了重要支持，在统计、培训、标准制定、政策调研等方面做了大量工作，是各级商务主管部门开展行业管理工作的重要支撑。希望各协会今后继续支持商务部门工作，增强服务企业的能力，为行业发展作出更大贡献。企业是行业创新发展的源泉，要有主人翁的意识，增强服务百姓、惠及民生的社会责任感，加强内部管理，当好行业发展的主力军。各地商务主管部门要充分认识和发挥好行业协会和药品流通企业的作用，凝聚行业发展共识，齐心协力促进药品流通行业持续健康发展。

药品流通行业发展事关医改、事关民生，做好药品流通行业管理工作意义重大、任务繁重。我们要深入贯彻落实科学发展观，进一步解放思想，开拓创新，努力推动药品流通行业更好更快发展，确保百姓吃上“放心药”、“方便药”，以优异的成绩迎接党的十八大胜利召开！

在医药物流服务延伸示范工程现场会上的讲话

商务部市场秩序司司长 常晓村

（二〇一一年六月十六日）

同志们：

大家早上好！

今年5月份，商务部印发了全国药品流通行业“十二五”发展规划纲要，提出了今后五年全国药品流通行业发展的八项任务，发展现代医药物流是其中最重要一项。今天我们召开这次会议，就是要落实规划纲要的要求，正式启动医药物流服务延伸示范工程，推广成功经验，从而促进全国现代医药物流的发展。下面，我讲几点意见：

一、大力推动现代医药物流发展，提升行业现代化水平

发展现代医药物流是国家医药卫生体制改革对药品流通行业提出的要求，也是行业发展的客观需要。目前，我国药品流通成本高、效率低，信息化建设滞后。据有关研究资料显示，我国药品流通行业费用率高达7%左右，美国和日本费用率只有1.5%左右；我国行业平均利润率只有1%左右，大量企业利润率不足1%，而美国为2%左右，日本为1.5%左右。在发达国家，药品流通数据能够快速、准确传递，大大提高了采购、库存管理、装卸运输、订单响应、物流配送等业务处理的自动化水平。而在我国，只有少量的大型药品批发企业开始了现代医药物流信息化建设，其他大部分企业仍然停留在传统落后的物流方式上。总体上看，我国医药物流的水平不能适应医改新形势的需要，不仅与发达国家，甚至与国内其他流通业的发展水平相比存在一定差距。

针对上述问题，商务部在全国药品流通行业“十二五”发展规划纲要中突出了“发展现代医药物流，提高药品流通效率”的任务。发展现代医药物流，必须引导和鼓励企业积极采用先进信息技术与现代科技手段，包括运用企业资源计划管理系统（ERP）、供应链管理等新型管理方法，使用无线射频（RFID）、全球卫星定位（GPS）、无线通讯、温度传感等物联网技术，配备自动分拣、立体仓库、冷链物流等先进设备，发展新型电子支付和电子结算方式等内容，改造业务流程，开展人员培训等多项工作。我认为，这是一项系统工程。做好这项工作，有利于提高药品流通效率，提升行业现代化水平，进而改变行业面貌；有利于降低药品价格，有效服务医改工作；有利于改善民生。

所以，这项工作是一项于企业、于百姓、于国家都有利的工作，是一项利国利民的民生工程。各级商务主管部门不仅要将其作为“十二五”期间药品流通行业管理的一项重要任务，更要将其作为整个内贸工作的一个重要方面来统筹考虑，采取有力措施，积极地加以推动。药品流通企业要努力通过自身改革，或加入大型药品流通企业的现代物流网络，以获得跨跃式的发展机遇。

二、努力拓宽医药物流服务范围，发挥药品流通行业在医药卫生事业中的积极作用

发展医药物流专业服务，向上下游拓宽服务范围，建设药品供应链体系，是发展现代医药物流的重要内容。如果只将现代物流局限于流通企业内部，还不是真正意义上的现代物流，也很难全面体现药品流通企业在医药卫生事业中的重要作用。因为，药品流通行业一头连着药品生产企业，一头连着医疗机构和患者，是整个药品供应链体系中的关键环节。药品供应链的信息对于分析疾病谱变化和药品消费结构，调整医保目录，优化药品价格形成机制，有效控制药品滥用和浪费，从而改善国民健康具有重大意义。这是我们在药品流通“十二五”规划纲要中，提出“推动医药物流服务专业化发展，实施医药物流服务延伸示范工程”的重要原因。推动这项工作，将有力促进药品流通行业从传统商业向现代服务业的转型，改革药品流通体系，实现行业持续健康发展，其意义是深远的。

药品供应链体系建设也是国际药品流通行业发展的重要趋势。国际先进药品批发企业已经从传统商业购销模式向现代全产业链服务模式转变，将专业化、现代化的物流服务延伸到了药品生产和终端销售环节。值得欣慰的是，我国一部分实力较强的药品流通企业也已开始了供应链体系建设，把医药物流服务延伸到了医院等销售终端。北京医药股份有限公司和天坛医院的合作就是一个比较成功的案例。北医股份将现代物流服务延伸到天坛医院的药库、药房和病区，既帮助医院提高了管理水平和效率，自身也获得经济效益。这种新型的客户关系大大提升了药品流通企业的价值，改变了目前医药现代物流的现状，非常具有推广价值。我们行业的排头兵，中国医药集团，更是在前几年就开始建设药品供应链体系，实现了药品从购进，到集团内部管理和调配，再到医疗机构和零售药店配送全过程信息流、物流、资金流的整合和信息化管理。九州通集团则在为医院提供医用耗材服务方

面做出了自己的特色。这些企业的探索，为我们推动这项工作积累了很好的经验，奠定了良好基础。

当前，正是我们推动这项工作的较好时机。医改实施两年来，公立医院改革有了很多尝试，一些地方也在努力探索医药分开的各种途径，为流通企业向医院延伸服务提供了条件。同时，我国医疗卫生机构数量众多，截至2010年底，仅医院就有近2.1万家，其中公立医院近1.4万家，加上基层医疗卫生机构和专业公共卫生机构就更多了，总数达93.7万家，这些都是我们推动医药物流服务延伸的目标市场。目前，我国药品流通行业面临着加快转变发展方式，由传统商业向现代服务业转变，建立并主导医药产业供应链的重大机遇。不能认识到这一点，不能转型的企业在未来的市场竞争中将面临被淘汰出局的危险。

各地商务主管部门要充分认识实施医药物流服务延伸示范工程的重要意义，加强对先进典型的宣传推广，引导和推动本地药品流通企业开展现代医药物流延伸服务。药品流通企业作为市场的主体，更要主动探索，研究目标市场，优化解决方案，争取成为当地药品流通企业延伸服务的表率，起到示范作用。有关行业协会也要把握行业发展趋势，总结典型经验，在行业内的各种活动中加强交流，为会员企业做好服务。

三、落实药品流通行业“十二五”规划纲要，做好今年行业管理重点工作

5月10日，商务部召开了全国药品流通行业管理工作视频会议，姜增伟副部长做了重要讲话，总结回顾了过去一年的工作，分析了行业发展面临的形势，对今后工作做出了部署。各地商务主管部门要深入学习姜副部长讲话精神，在工作中认真贯彻落实。关于今年的主要工作任务，已经在商务部办公厅印发的《关于做好2011年全国药品流通行业管理工作的通知》中做了详细安排，我就不一一展开了。在这里，我重点强调以下几点：

（一）要加快建立行业管理工作体系。

姜增伟副部长在全国药品流通行业管理工作视频会议上的讲话中指出，各地商务主管部门要把落实行业管理职能和建立健全工作体系作为今年工作的头等大事来抓，刻不容缓。我认为，明确行业管理职能和建立工作体系是开展工作的基础。目前国家医改各项措施正在逐步推进，药品流通行业发展规划纲要也已经印发，如果各地还没有明确职能，也没有完善工作体系，不仅地方的规划无法制定，行业管理工作也就无从谈起，还将影响到整个药品流通行业健康发展，甚至会拖国家医改工作的后腿。对于这一点，大家要有清醒的认识。尚未明确职能的省市商务主管部门要尽快与当地人民政府和机构编制部门汇报，明确相关职责和人员编制。即使职能编制文件暂时未正式印发，各地也要明确药品流通行业管理工作的领导分工、责任处室和工作人员，尽快建立起省、市、县三级完整的行业管理工作体系。

（二）要按时完成各地规划制定工作。

制定行业发展规划，既是商务部门行业管理职能的一项重要内容，也是履行行业管理职责的重要手段。商务部规划纲要出台后，各方面反应比较热烈，反响良好。但是，商务部制定的只是规划纲要，主要是指明行业发展方向，统领行业发展全局。各地制定规划要深入调研论证，做好与相关部门的沟通协调，并充分听取行业协会、企业、专家学者等各方面的意见，综合考虑相关因素，对本地行业发展目标做出科学预测，提出的任务和措施要符合实际，体现前瞻性和可操作性。省级规划要在今年9月底前报商务部市场秩序司备案。

（三）要切实抓好行业统计工作。

目前，行业管理的基础非常薄弱，其中最重要的一点就是全行业没有完整可靠的统计数据。商务部建设行业统计制度的目的，一方面是要为研究制定发展政策提供决策依据，也为企业经营决策提供数据信息；另一方面，就是让各级商务主管部门尽快与全行业建立起工作联系，了解行业状况，熟悉行业管理工作。从今年开始，我们将逐步规范行业信息发布渠道，以行业统计系统为依托，发布行业发展状况、企业排名等信息。目前，我们正在筹备2010年年报的信息发布工作，第一季度季报的发布工作也将进行。现在已经到6月中旬了，所以，这项工作十分急迫。请各地商务主管部门高度重视，加强领导，指定专人负责并做好督导检查，充分发挥行业协会和12312服务中心的作用，调动企业积极性，保证及时、准确报送统计数据，保证这项工作进展顺利。

（四）要争取在重点领域有所突破。

调整行业结构，完善药品流通体系，发展现代医药物流和连锁经营，加强中药材市场管理等，是我们工作的重点。各地商务主管部门不仅要在面上把各项行业管理工作做好，还要结合实际，积极探索，大胆创新，争取在点上找到突破口，以点带面，促进全行业改革发展。今天我们在这里召开医药物流服务延伸示范工程现场会，就是找到了这样一个点。

药品流通行业的发展离不开地方商务主管部门、行业协会和企业的探索创新。各地商务主管部门在今后的工作中，要始终贯穿改革精神，探索药品流通行业改革发展的途径，要善于发现问题、分析问题，并积极主动探索解决方案。行业协会要做好政府和企业的桥梁和纽带。企业也要探索多种途径，努力发展各种现代医药物流服务，提高服务能力。这次现场会只是抛砖引玉，今后，我们还要继续总结各地方和企业的有益探索经验，进行推广。

我相信，只要大家齐心协力，发挥主动性、创造性，一定能够推动我国药品流通行业持续健康发展。

谢谢大家！

在 2012 中国药品流通行业年度大会的讲话

商务部市场秩序司巡视员 温再兴

（二〇一二年十二月五日）

各位领导、各位代表：

大家上午好！很高兴参加由中国医药商业协会举办的“2012 中国药品流通行业年度大会”。这次大会的召开，对于贯彻落实党的十八大精神，加快药品流通领域改革，进一步推进药品流通行业结构调整、促进药品流通企业转型发展具有积极意义。在此，我谨代表商务部市场秩序司对本次大会的召开表示热烈祝贺！并借此机会，向所有参会代表在即将过去的一年来热情关心、积极支持我部行业管理工作表示衷心的感谢！

正值岁末年终，是回顾总结过去、展望策划未来的好时机。下面，我首先介绍商务部今年以来在药品流通行业管理工作取得的主要进展，再就如何贯彻落实商务部近期发布的首批药品流通行业五项标准谈几点意见，最后，简要介绍 2013 年我部计划开展的行业管理几项主要工作。

一、2012 年药品流通行业管理工作取得的主要进展

今年以来，在商务部党组的领导下，我们紧紧围绕《全国药品流通行业发展规划纲要（2011-2015 年）》制定的发展目标和任务，努力推进药品流通行业结构调整和发展方式转型升级，促进企业兼并重组，加快提高集中度，不断提升流通效率和管理现代化水平，药品流通行业发展进入到一个崭新的阶段。今年 1-3 季度，医药商业购销稳步增长，市场消费需求活跃。据统计，1-9 月份，全国七大类医药商品销售总值为 8342 亿元，比上年同期增长 18%。今年，在药品流通行业管理方面，我们重点加强了行业规划标准制定，进一步夯实行业基础建设。取得的主要进展有以下几个方面：

（一）落实药品流通行业“十二五”发展规划纲要。一是我部对照规划纲要的主要目标任务逐条制定了配套措施和办法，已经启动和正在推动的有 30 项。二是督促指导各省市制定好当地的“十二五”规划，目前共有 22 个省市区已经印发了行业发展规划，有的地级市也出台了规划。上海、青海等省市还将规划列入当地经济社会发展专项规划，请当地政府批转执行。

（二）建立完善行业管理工作体系。经积极推动，目前，全国 37 个省、自治区、直辖市、新疆兵团及计划单列市中，31 个省市已明确商务主管部门负责药品流通行业管理的职能，29 个省份的商务主管部门已成为当地医改领导小组成员单位。云南、河南、江西、吉林等商务厅或增加了编制职数，或增设了药品流通管理处，或加挂了“省药品流通服务办公室”牌子；尚未明确职能的省市商务主管部门也在开展工作。

（三）行业基础建设取得新进展。一是完善了统计制度，发布了 2011 年度和今年各季度药品流通行业运行分析报告，首次发布了中药材重点品种流通分析报告，改变了长期以来行业缺乏权威统计数据的状况。二是加快了行业标准制定，近期公布了首批《药品批发企业物流服务能力评估指标》、《药品零售企业经营服务规范》等 5 项行业标准，并以部办公厅名义下发了开展宣贯的通知和召开了宣贯会议；起草完成了中药材流通追溯 6 项标准。三是加强了行业人才队伍建设，制定印发企业高中级管理人员、执业药师和重点岗位人员的 5 年培训方案，组织相关协会编写系列培训教材，在各省市遴选了十多家教育培训基地；目前已完成 9 期 500 多人的高中级职业经理人和药学技术人员培训；组织了首届全行业的岗位技能大赛，总决赛将于 12 月在北京举行。四是推动行业组织建设，目前已有十多个省市完善或成立了药品流通行业协会，增强了服务政府、服务企业的能力。下一步要推动其他各省市都建立和完善医药商业协会（或药品流通协会）。

（四）启动中药材流通追溯体系建设试点工作。为尽快解决中药材流通中掺假售假、危害人民群众健康的突出问题，今年我部争取财政支持 1 亿元，在成都、亳州、保定和玉林等 4 个中药材流通集散地开展中药材流通追溯试点工作。已经制定了相关工作方案和建设标准，公开招标确定了中央门户系统的承办单位，推动统一软件的联合采购。目前各项工作进展顺利。

（五）努力为行业发展创造良好环境。一是我部对部分县级公立医院取消药品加成政策后对药品流通行业发展的影响进行了深入调研，并向国务院领导上报了有关报告，提出了加快推动医药分业经营试点的建议；二是会同有关部门起草推进药品流通领域改革的意见，国务院医改办已将该项工作列入今年计划；三是积极参与医改“十二五”规划、县级公立医院改革、药品价格形成机制、高值和植（介）入耗材采购等医改政策制定，努力保障行业企业的合法权益。四是

在云南召开“院店合作”现场会，总结零售连锁药店承担医院门诊药房药事服务的成功经验，努力推动医药分开。

二、努力宣贯五项行业标准，促进行业健康发展

近期，商务部2012年第58号公告发布了《药品批发企业物流服务能力评估指标》、《零售药店经营服务规范》、《药品流通企业诚信经营准则》、《药品流通行业职业经理人标准》、《药品流通企业通用岗位设置规范》等五个药品流通行业标准，将于2012年12月1日起实施。同时，商务部办公厅还发出关于做好宣传贯彻五项标准工作的通知。以上五项标准是我国首批出台的药品流通行业标准，对于规范和促进药品流通行业健康发展具有重要的意义。

改革开放以来，我国药品流通行业取得了长足发展。但由于多种原因，行业低水平重复建设和企业经营服务不规范等问题非常突出，重要原因之一就是缺乏行业标准。可见，有了符合行业健康发展方向的行业标准，企业才有规范发展的行为准则和努力目标，行业标准体系建设是行业健康发展的重要保障，也是政府主管部门履行行业管理职责的重要内容。在《全国药品流通行业发展规划纲要（2011-2015）》中，明确提出建立行业标准体系的任务。为此，商务部已指导有关行业协会制定了行业标准制定的五年计划，分年度实施。

此次公布的五项行业标准是在商务部领导下，由中国医药商业协会牵头，各相关行业协会、药品流通企业积极参与起草论证，广泛听取企业意见，并征求医改办、卫生部、人力资源社会保障部、食品药品监管局等部门意见后公布的。这五项标准是我部履行药品流通行业管理职责后公布的首批行业标准，也是建国以来药品流通行业的首批标准，填补了我国药品流通行业标准的空白。可以说，五项标准的公布实施对行业发展具有里程碑性质的意义，将对规范药品流通企业经营行为，提升从业人员素质和服务能力，完善安全用药和方便购药的市场体系等多方面发挥重要作用。特别是药品流通行业五项标准的出台，正处于我国医疗卫生体制改革不断深化和药品流通行业转型发展的新阶段，是商务部落实国务院医改和药品安全“十二五”规划的具体措施。五项标准的贯彻落实，将有力提高行业集中度，促进现代医药物流和零售经营的发展，提升全行业素质和服务水平，促进医改各项目标特别是建立药品安全供应保障体系目标的实现。希望大家充分认识此次五项标准公布实施对于促进药品流通行业健康发展的重要意义，把标准的宣传贯彻作为行业组织和广大企业当前和今后一段时期的重要任务。在此，我代表商务部市场秩序司提出以下要求：

首先，要认真了解五项标准的基本内容。《药品批发企业物流服务能力评估指标》通过规定企业的物流信息管理、质量监控、风险管理、服务能力、软硬件条件、业务流程等方面的具体评估指标，对药品批发企业的物流服务能力予以划分。这些指标可成为批发企业提升物流能力和管理水平的努力标杆。通过这种评级，也可将那些没有实际物流能力、专门从事倒票过票经营的不法企业分辨出来。

《零售药店经营服务规范》规定了零售药店药学技术人员数量与素质要求、服务设施与服务环境、职业道德与仪容仪表、售后服务等经营服务能力指标和划分标准，明确了零售药店分级评估体系，将为今后推动药品零售企业管理和政府政策制定提供参考依据。

《药品流通企业诚信经营准则》规定了药品流通企业诚信经营、遵纪守法、守信践诺、规范服务等基本要求，以及企业内部信用管理制度建设和社会监督等方面的内容，要求企业建立诚信经营监督机制，建设信用文化，推进全行业信用评价体系建设。

《药品流通行业职业经理人标准》对药品流通行业职业经理人的职业道德、职业素质、能力要求、职业知识、资质评价办法做出了明确规定，将有力推动职业经理人评价体系和流动机制建设，促进药品流通行业职业经理人领导管理能力的提升，从而促进行业持续健康发展。

《药品流通行业通用岗位设置规范》规定了岗位设定分类的原则，描述了董事长、店长、质量管理经理、仓库运营经理、处方审核员、物价员等药品流通行业29个通用岗位和专业岗位的岗位规范，对各个岗位的工作职责、工作任务和任职资格提出了具体的要求，有助于促进企业人力资源管理的科学化、规范化、现代化。

其次，行业协会要积极配合商务主管部门，利用多种形式开展宣贯。五项标准的出台，是行业发展的一件大事，各级药品流通行业协会要高度重视，把宣贯工作作为提升行业发展水平和强化行业自律的重要契机，通过发放宣传资料、聘请专家解读、举办专题讲座和知识竞赛活动等方式，动员辖区内药品流通行业从业人员广泛参与，普及行业标准的相关知识，并动员企业积极参与相关评级。

第三，充分发挥企业主体作用，自觉落实标准规范。行业标准能否落实到位，关键是企业要自觉参与和实践。有实力的药品流通企业要积极发挥引领示范作用，带头贯彻落实五项标准。企业经营管理人员要认识到五项标准对企业未来发展的重要意义，一方面加强对五项标准详细内容的学习，做到心中有数、耳熟能详；另一方面要在经营活动中自觉执行五项标准。对照自身情况和标准的要求，规范经营服务行为，提高药品流通效率，建立企业诚信经营机制，完善科学的职

业经理人评估体系和岗位培训制度，运用五项标准提升企业的管理和服务能力。

三、2013 年药品流通行业管理工作的主要思路

经过三年多的努力，药品流通行业管理工作的局面已经打开，对行业的影响力愈来愈大，各项工作开始走向正轨。2013 年，我部将认真落实党的“十八大”精神，全面贯彻行业发展“十二五”规划纲要，指导和督促地方执行当地规划，进一步完善工作体系，丰富管理手段，努力开创行业管理工作新局面。

对新一年的工作思路，我想以“围绕一条主线、开展两个评级、抓好三项工程、做好四项重点工作”来概括。

（一）以落实国家医改“十二五”规划和行业发展规划纲要为主线，努力构建药品流通新秩序和新格局。在党的“十八大”提出的加快经济社会综合改革的大形势下，新的一年，国家将加快推进药品流通领域改革的步伐，与药品流通相关的多环节包括药品价格形成、采购机制、行业准入等都将会进一步改革，从而逐步建立竞争有序、经营规范、价格合理、服务高效的药品流通新秩序。商务部将继续鼓励企业兼并重组，做大做强，并通过行业标准的约束手段，不断提高行业集中度；促进药品批发企业加速改变传统业态，向现代医药物流综合服务商转型；落实国家关于鼓励零售药店发展的政策，逐步使零售药店成为患者购药的重要渠道，不断提高零售药店在销售终端的比重，加快构建药品流通新格局。

（二）开展行业标准两个评级，积极运用标准加强行业管理。《药品批发企业物流服务能力评估指标》和《零售药店经营服务规范》两个标准提出了对批发企业和零售药店的行业分级指标。目前，商务部已对内贸零售企业实行分等定级管理，药品流通属于特殊行业，要有特殊的评价指标。下一步商务部将根据以上两个标准，制定具体的分级管理办法，并已列入立法计划。这项工作是明年行业管理的重点工作，有关评级工作要在各级商务主管部门的组织领导下，充分发挥有关部门、行业协会和专家的作用，成立各方参与、具有公信力的评级委员会，采取公开、公平、公正、企业自愿的原则开展，在试点的基础上逐步推开。商务部将建立相关数据库，将评定的结果通报相关部门，作为行业准入和退出、药品招标配送、定点医保药店选择等的重要参考依据。广大药品流通企业要积极参与分级评定，可以通过评级，自觉提升标准化、规范化水平。

（三）着力抓好三项工程，推进行业又好又快发展。一是继续实施“医药物流服务延伸示范工程”，在今年试点的基础上，明年将评选一批医药物流延伸服务的示范单位，树立一批标杆，通过媒体和召开经验交流会等方式，大力宣传推广其先进和优质的服务模式，推动医药物流延伸服务内容的不断丰富和深化，带动医药流通行业从传统的商业购销模式向现代全产业链服务模式转变。

二是启动“全国零售药店健康管理服务示范工程”，目前，我国已经进入人口老龄化的快速发展期，截至 2011 年底，全国 60 岁以上老年人口达到 1.85 亿，预计到“十二五”期末达到 2.21 亿。伴随着人口老龄化、饮食结构变化、环境污染加剧等因素的影响，我国居民的疾病谱出现了从传染性疾病向慢性非传染性疾病的流行病学模式转变的趋势，卫生部最新数据显示，我国慢性病导致的死亡人数已占总死亡人数的 85%。因此，急需加大全民健康教育，对百姓进行持久广泛的健康知识普及教育和自我保健药疗方法的推广，引导百姓对慢性病防治的观念从治疗为主向预防为主转变，从“治已病”向“治未病”转变。药品流通行业是我国医疗卫生事业的重要组成部分，特别是现有的 42 万多家零售药店，已经形成了覆盖全国城乡的健康服务和健康产品供应网络，保健品、药妆、医疗器械销售和健康服务等多元化经营，可以满足群众自我药疗等多方面需求，在城镇居民和农村人口的健康保健管理和服务方面能够发挥重要的作用。在世界其他国家，零售药店都不同程度地参与居民医疗健康服务工作。因此，要动员和鼓励零售药店采用多种途径积极参与城乡居民健康管理和服务，为城乡百姓提供各种健康服务，这符合国家医改精神和要求，也是促进零售药店转变经营模式的重要途径。

三是推进“药品流通行业人才培训工程”。今年商务部制定了“十二五”药品流通行业人才培训方案，明确提出“十二五”期间，培训高级职业经理人 2000 人，中级职业经理人 5000 人，执业药师继续教育 5000 人，药学技术服务人员 20000 人，其他重点岗位 20000 人，合计培训 52000 多人的培训目标。各地确定的培训基地已经报送了具体落实的目标，将按照统一标准、统一教材、统一考评、统一发证、统一公示的原则，稳步推进此项工作，希望广大药品流通企业积极参加。

（四）做好四项重点工作，为行业顺利发展提供保障和服务。一是计划协调有关部门研究出台促进零售连锁发展的政策性文件，支持连锁经营发展。目前零售药店数量从 2008 年的 36.5 万家，增长到 2011 年的 42.4 万家，增幅达 16%，而连锁率却由 35.4% 降低到 34.6%，按照“十二五”规划纲要的目标到“十二五”末连锁率要由 1/3 提高到 2/3，显然是难以完成的。我们一方面要进一步改善政策环境，坚持不懈推动开展多种形式的医药分业经营试点，提升零售药店的竞争力；另一方面，从长远看，随着医药分开进程的加快，单

纯从事配送的批发企业也会面临发展问题，因此，要鼓励批零一体化，使更多有实力的批发企业参与零售药店整合，促进连锁率的提高。二是实施品牌发展战略，努力打造品牌药品流通企业和品牌药店产品。当今世界，品牌已成为推动国家和企业发展的重要战略资源和提升行业影响力竞争力的核心要素。商务部按照国内贸易“十二五”发展规划的要求，提出要积极培育中国品牌，扩大品牌消费规模。药品流通行业要积极响应，开展品牌建设，提升全行业的经营质量和服务水平。三是搭建药品流通行业公共服务平台，为行业和企业发展提供各种政策和业务信息咨询服务。我部已经委托中国医药商业协会开发了相关平台，将尽快推出。并指导协会着手编制《中国药品流通年鉴》，为政府管理和企业发展提供权威信息参考，打造行业发展编年史。四是推动医药电子商务发展，继续做好中药材流通追溯体系建设试点。近年来，电子商务特别是网购作为新型的现代技术营销手段发展迅速，但是因各种原因，在医药方面进展比较缓慢，我们将加强调研，并会同有关部门研究解决发展中的问题。按照部门分工，我部负责推动中药材电子交易和流通追溯，我们拟选择有一定基础的电子商务平台进行培育。此外，将落实好已在四省开展的中药材流通追溯体系建设试点，并及时总结，继续争取财政支持，经几年努力实现覆盖全国范围。

同志们，商务主管部门是药品流通行业管理的职能部门，我们的工作是为行业改革发展服务，但是由于我们的工作水平有限，还需要不断努力学习提高，希望行业协会、广大企业积极向我们建言献策，帮助我们更好地做好行业管理工作，共同为行业发展，为我国的医药卫生事业和保障人民健康做出更大的贡献！

谢谢大家！

2 发展规划

DEVELOPMENT PLAN

TO DO

商务部关于印发《全国药品流通行业发展规划纲要（2011-2015 年）》的通知

商秩发〔2011〕123 号

各省、自治区、直辖市及新疆生产建设兵团商务主管部门：

药品流通行业管理是国务院赋予商务主管部门的一项新职责。为全面分析我国药品流通行业发展现状和面临的形势，明确“十二五”时期行业发展的指导思想、发展目标和主要任务，引导药品流通行业持续健康发展，保障人民群众用药安全合理方便，根据有关法律法规、《中共中央国务院关于深化医药卫生体制改革的意见》（中发〔2009〕6 号）和《中华人民共和国国民经济和社会发展第十二个五年规划纲要》的精神和要求，商务部编制了《全国药品流通行业发展规划纲要（2011-2015 年）》。现印发给你们，请结合实际，制定本地 2011-2015 年药品流通行业发展规划，并于 2011 年 9 月底前报商务部备案后发布实施。

各地商务主管部门要充分认识加强药品流通行业管理工作的重要性，切实加强组织领导，做好本规划纲要的贯彻落实工作。进展情况及遇到的问题请及时报送商务部（市场秩序司）。

中华人民共和国商务部

二○一一年四月二十三日

全国药品流通行业发展规划纲要（2011-2015 年）

药品是关系人民生命健康的特殊商品，药品流通行业是关系国计民生的重要行业。党中央、国务院高度重视人民群众生命健康和医药卫生事业的发展，提出了关于深化医药卫生体制改革的意见，并对药品流通行业改革和发展提出要求。为适应医药卫生事业改革发展的新形势，促进药品流通行业科学发展，保障人民群众用药安全合理方便，根据有关法律法规和《中华人民共和国国民经济和社会发展第十二个五年规划纲要》，制定本规划纲要，规划期为 2011-2015 年。

一、现状与形势

（一）发展现状

改革开放以来，我国药品流通从计划分配体制转向市场化经营体制，行业获得了长足发展，药品流通领域的法律框架和监管体制基本建立，药品供应保障能力明显提升，多种所有制并存、多种经营方式互补、覆盖城乡的药品流通体系初步形成。

市场规模持续扩大。截至 2009 年底，全国共有药品批发企业 1.3 万多家；药品零售连锁企业 2149 家，下辖门店 13.5 万多家，零售单体药店 25.3 万多家，零售药店门店总数达 38.8 万多家。2009 年，全国药品批发企业销售总额达到 5684 亿元，2000 年至 2009 年，年均增长 15%；零售企业销售总额 1487 亿元，年均增长 20%；城市社区和农村基层药品市场规模明显扩大。

发展水平逐步提升。药品流通企业兼并重组步伐加快，行业集中度开始提高。2009 年，药品百强批发企业销售额占全国药品批发销售总额的70%。连锁经营发展较快，连锁企业门店数已占零售门店总数的1/3，百强连锁企业销售额占零售企业销售总额的39%；现代医药物流、网上药店以及第三方医药物流等新型药品流通方式逐步发展，扁平化、少环节、可追踪、高效率的现代流通模式比重开始提高。

社会作用不断增强。2009年，全国药品流通行业从业人员约400万人，占城乡商业服务业就业人数的5%；各类药店提供销售及服务约130亿人次，较2005年增长33%，在方便群众购药、平抑药品价格等方面发挥了重要作用。药品流通骨干企业成为药品储备和应急配送主体，不仅确保了2008年北京奥运会和2010年上海世博会等重大活动的药品需求，而且有效保证了"非典"、"禽流感"等重大疫情和"5.12"汶川特大地震等自然灾害中的药品供应。药品流通行业对相关产业发展的带动性增强，在国民经济中的地位日益显现，为维护国家安全、社会稳定和人民群众利益作出了重大贡献。

但是，由于长期实行的"以药补医"体制等体制性弊端，以及药品定价、采购和医保支付机制不完善等问题，加上准入门槛较低、行业规划管理欠缺、市场竞争不充分、执法监督工作不到位等因素，导致药品流通行业存在以下突出问题：一是流通组织化现代化水平较低。药品流通行业集中度低，发展水平不高，跨区域扩展缓慢。现代医药物流发展相对滞后，管理水平、流通效率和物流成本与发达国家存在很大差距。二是行业发展布局不够合理。药品流通城乡发展不够平衡，发达地区和城市药品流通企业过度集中，农村和"老、少、边、岛、渔、牧"等偏远地区药品配送网络未能全面有效覆盖，药品可及性有待提高。三是流通秩序有待规范。药品购销领域各类违规经营现象比较突出。部分零售药店出售假劣、过期等不合格药品。部分中药材市场存在药材交易混乱、质量缺乏保障、市场管理缺位等问题。

（二）面临形势

医药卫生体制改革对行业提出新要求。2011-2015年，是实现深化医药卫生体制改革目标的关键时期，也是药品流通行业结构调整和转变发展方式的关键时期。中央提出加快建立药品供应保障体系，发展药品现代物流和连锁经营，规范药品生产流通秩序，建立便民惠民的农村药品供应网等任务，迫切要求行业必须加快结构调整，转变发展方式，实现科学发展。

加快发展面临较好机遇。未来5年，全球药品市场将维持快速扩张态势，市场规模预计将从2009年的7730亿美元，增加到2015年的1.2万亿美元以上，年均增长8%左右，全球药品流通行业集中度和流通效率将继续提高。在药品市场增长空间方面，中国将是潜力最大的市场。随着我国开始向中高收入国家迈进以及人口老龄化的加快，人民生活需求和消费结构将发生重大变化，对医疗卫生服务和自我保健的需求将大幅度增加，药品市场增长潜力巨大。中央提出"政事分开、管办分开、医药分开、营利性和非营利性分开"的医改方向，以及"保基本、强基层、建机制"的医药卫生体制改革任务，要求建设覆盖城乡的公共卫生服务体系、医疗服务体系、医疗保障体系和药品供应保障体系，必将在推动医药卫生事业发展的同时，带动药品市场规模的增加，为药品流通行业带来新的机遇。

抓住机遇仍需面对诸多挑战。药品流通行业改革发展与国家医药卫生体制改革相辅相成，与用药制度设计密切相关，而医药卫生体制改革是一个复杂和渐进的过程。从外部环境看，改革与药品流通有关的体制机制，涉及行业管理体制的完善和重大利益格局的调整，其发展状况在本规划期内存在一定程度的不确定性，全国统一市场的形成仍需克服地方保护等多种因素的影响。从内部看，药品流通行业基础薄弱，总体发展程度较低，管理水平、设备设施相对落后，人才匮乏，行业结构调整和实现转型发展仍有一定难度。

二、指导思想与总体目标

（一）指导思想

按照国民经济和社会发展"十二五"规划的总体要求，以科学发展观为指导，坚持以人为本，贯彻落实中央医药卫生体制改革精神，以加强政府政策引导、发挥市场机制基础性作用、强化现代科学技术和新型管理方式应用为基本原则，以深化体制机制改革、加快转变发展方式、形成全国统一市场为主线，充分发挥药品流通行业在服务医疗卫生事业发展、维护人民群众健康权益和促进经济社会和谐发展等方面的作用。

（二）总体目标

到2015年，全国药品流通行业的发展适应经济社会发展的总体目标和人民群众不断增长的健康需求，形成网络布局合理，组织化程度显著提升，流通效率不断提高，营销模式不断创新，骨干企业竞争力增强，市场秩序明显好转，城乡居民用药安全便利，以及满足公共卫生需要的药品流通体系。

具体发展目标：形成1–3家年销售额过千亿的全国性大型医药商业集团，20家年销售额过百亿的区域性药品流通企业；药品批发百强企业年销售额占药品批发总额85%以上，药品零售连锁百强企业年销售额占药品零售企业销售总额60%以上；连锁药店占全部零售门店的比重提高到2/3以上。县以下基层流通网络更加健全。骨干企业综合实力接近国际分销企业先进水平。

三、主要任务

（一）加强行业布局规划，健全准入退出制度

制定行业布局规划。各地商务主管部门要会同相关部门，结合本地经济社会发展水平、医药卫生事业发展和体制改革进展、城乡建设规划、人口增长与密度和年龄结构变化、药品供应能力等实际，制订药品批发零售网点合理设置和布局的具体规划，保证药品供应。

完善准入退出机制。提高行业准入标准，将是否符合行业规划作为行业准入的重要依据，严格控制药品经营企业数量。加强日常监管和考核，建立退出制度，对违法违规和不遵守各项管理制度的企业要限期整改，严重的取消经营资格。

（二）调整行业结构，完善药品流通体系

提高行业集中度。鼓励药品流通企业通过收购、合并、托管、参股和控股等多种方式做强做大，实现规模化、集约化和国际化经营。推动实力强、管理规范、信誉度高的药品流通企业跨区域发展，形成以全国性、区域性骨干企业为主体的遍及城乡的药品流通体系。整合现有药品流通资源，引导一般中小药品流通企业通过市场化途径并入大型药品流通企业。在兼并重组过程中要做好人员安置等工作，保证平稳过渡。

发展特色经营。支持老字号药店在保持传统优势的基础上创新发展，发挥品牌效应，拓展特色服务，增强核心竞争力。支持专业化和有特色的中小药品流通企业做精做专，满足多层次市场需求。引导中小药品流通企业采用联购分销、共同配送等方式，降低经营成本，提高组织化程度。

完善药品流通网络。配合医药卫生体制改革和基本药物制度实施，积极参加药品招标采购，做好药品配送。健全药品供应保障体系，鼓励建设一批全国性和区域性的药品物流园区和配送中心，加快形成若干具有较强辐射带动作用的药品流通枢纽。实施“放心药”服务体系建设工程，鼓励大中型骨干药品流通企业向居民社区和村镇延伸销售与配送网络，实现药品流通对基层的有效覆盖，提高农村和偏远地区药品供应的安全性、便利性。建立西药、中成药、中药材重点品种的市场运行信息监测、预警体系；鼓励市场中介组织开展药品销售渠道、消费结构和区域分布情况等信息服务，发挥政府信息和市场机制在完善流通网络中的引导作用。

保障药品应急供应。建立中药材重点品种储备制度。按照国家应急和战略储备的统一规划和部署，做好流通环节实物和资金的储备。根据各类突发事件的特点，建立相应的应急保障机制。

（三）发展现代医药物流，提高药品流通效率

以信息化带动现代医药物流发展。广泛使用先进信息技术，运用企业资源计划管理系统（ERP）、供应链管理等新型管理方法，优化业务流程，提高管理水平。发展基于信息化的新型电子支付和电子结算方式，降低交易成本。构建全国药品市场数据、电子监管等信息平台，引导产业发展，实现药品从生产、流通到使用全过程的信息共享和反馈追溯机制。

用现代科技手段改造传统的医药物流方式。鼓励积极探索使用无线射频（RFID）、全球卫星定位（GPS）、无线通讯、温度传感等物联网技术，不断提高流通效率，降低流通成本。促进使用自动分拣、冷链物流等先进设备，加快传统仓储、配送设施改造升级。完善医疗用毒性药品、麻醉药品、精神药品、放射性药品和生物制品等特殊药品物流技术保障措施，确保质量安全。

推动医药物流服务专业化发展。鼓励药品流通企业的物流功能社会化，实施医药物流服务延伸示范工程，引导有实力的企业向医疗机构和生产企业延伸现代医药物流服务。在满足医药物流标准的前提下，有效利用邮政、仓储等社会物流资源，发展第三方医药物流。

（四）促进连锁经营发展，创新药品营销方式

加快发展药品连锁经营。鼓励药品连锁企业采用统一采购、统一配送、统一质量管理、统一服务规范、统一联网信息系统管理、统一品牌标识等方式，发展规范化连锁，树立品牌形象，拓展跨区域和全国性连锁网络，发挥规模效益。随着医药卫生体制改革深入和医药分开的逐步实施，鼓励连锁药店积极承接医疗机构药房服务和其他专业性服务。

创新药品经营模式。鼓励批零一体化经营。鼓励药品零售企业开展药妆、保健品、医疗器械销售和健康服务等多元化经营，满足群众自我药疗等多方面需求。支持连锁经营、物流配送与电子商务相结合，提高药品流通领域的电子商务应用水平。鼓励经营规范的零售连锁企业发展网上药店。

（五）健全行业管理制度，规范药品流通秩序

制定并完善与流通秩序有关的行业规范。会同有关部门研究制定药品批发企业营销人员、药品生产企业和代理企业医药代表的资质管理办法和行为规范，实行持证上岗和公示制度，保证依法依规销售药品和推广新药。完善药品购销管理制度，依法索取税票，保证经合法渠道经营药品。逐步实施药品流通企业分类分级管理制度，根据不同类别和等级，采取不同的管理措施，激励企业在规范经营的基础上改善服务设施，提升管理和服务水平。

打击违法违规行为。配合有关部门严厉打击经营假劣药品、商业贿赂、倒买倒卖税票、挂靠经营、非法经营网上药店、发布虚假药品和保健品广告等违法违规行为；整顿规范中药材市场，加强有害物质残留和质量检验。充分发挥12312商务行政执法投诉举报热线的作用，完善投诉举报的受理、处理、移送和反馈机制。发动各方面力量，加强对药品流通行业的社会监督。

（六）加强行业信用建设，推动企业诚信自律

推进全行业信用建设。加强全行业诚信和职业道德教育，广泛开展“诚信经营示范创建”活动，树立一批遵纪守法、诚实守信、管理规范、服务到位，能够积极履行社会责任，自觉接受监督的诚信经营典型。建立违法违规企业信息披露制度，在“商务领域信用信息系统”中归集企业信用信息，建立信用档案。推动部门间监管信息的公开和共享，实行信用分类监管。

建立行业自律机制。指导和鼓励行业协会制定和执行行规行约；维护正常价格秩序，防止垄断行为；探索建立对职业经理人、执业药师等人员从业行为信息的采集、记录、公开、共享等制度，对有违规失信行为的个人实行行业禁入；加强信用知识培训，帮助企业建立信用风险管理制度，开展行业信用评价，提高行业自律和信用水平。

（七）统筹内外两个市场，形成开放竞争的市场格局

搭建多功能服务平台。发挥政府部门和行业协会作用，建立药品交易、投融资合作、信息交流、政策发布等多层次、多功能平台，服务企业发展。发展医药会展经济，促进内外贸、中西药、产供销协调发展，加快国内外市场融合。

提高利用外资的质量和水平。优化投资结构，吸引境外药品流通企业按照有关政策扩大在境内投资，参与药品流通企业兼并重组，拓展分销业务；引导外资到中西部地区和中小城市发展。保护投资者的合法权益。学习借鉴国外先进管理经验和营销方式。

鼓励药品流通企业“走出去”。鼓励有条件的药品流通企业“走出去”，通过新建、收购、境外上市等多种方式，到境外开展业务，参与国际药品采购和营销网络建设，参与国际竞争。

（八）加强行业基础建设，提升行业服务能力

建立行业标准体系。结合行业特点和市场需求，借鉴国际先进经验，建立药品流通业态分类分级、药品统一编码及现代流通设施与信息化、中药材商品等级、职业经理人与从业人员资质和岗位规范、企业经营服务、信用建设和社会责任等相关标准体系。

建立行业统计制度。合理确定行业统计指标，建立直报企业和行业主管部门及有关方面共同参与的全国药品流通行业统计制度与网上报送平台，及时掌握行业运行和发展的全面信息，辅助政府决策，引导行业发展。

加强企业内部管理。药品流通企业是药品流通过程中质量安全的第一责任人，要完善法人治理结构，建立现代企业制度；健全药品购销索证索票、出入库及运输安全管理责任制；加强税票管理，积极与税务管理机关联网；落实各项财务会计管理规范和员工“三险一金”等各项规定和政策，保障员工教育经费。

提升经营服务水平。药品批发企业要提升药品品种保障能力，建立对客户需求的快速反应机制，保证药品及时、安全、足额供应。零售企业要按规定配备执业药师或相关药学技术人员，提高药品质量管理和药学服务水平，零售药店应当提供24小时服务；建立以消费者为中心的服务理念，指导消费者正确、安全、有效、合理用药。对药品流通企业设备设施、营业场所环境、售后服务等经营服务内容，以及各类从业人员专业能力、岗位责任、仪容仪表等，进行全面规范。

四、保障措施

（一）完善法律法规和政策体系

推动修改完善与药品流通有关的法律法规和部门规章，清理、废止阻碍药品流通行业改革发展和妨碍公平竞争的政策规定，健全市场机制。研究制订鼓励性政策措施，支持企业技术改造、科技创新，完善相关基础设施。在搞活流通，扩大消费的各项政策中，积极支持药品流通行业结构调整和药品供应保障体系建设。改善融资环境，鼓励企业利用产业基金、融资担保、信用保险、上市融资、应收账款和仓单质押等金融工具，多渠道筹集资金，加快改革发展步伐。有条件的地方应争取财政、土地、金融、专项资金等优惠政策，支持药品流通行业发展。避免重复建设大型药品物流设施。

（二）改善药品流通行业发展环境

会同相关部门积极推动改革“以药补医”体制，完善药品定价、采购和医保支付机制，破除地方保护、地区封锁。保障药品批发企业平等参与招标采购及配送业务，促进医疗机构依合同规定按期向流通企业支付货款。在公立医院改革和基本药物制度实施等医改措施中，积极探索实现医药分开的具体途径，在已实施基本药物制度、取消“以药补医”的基层医疗机构，特别是周边药品零售配套设施比较完善的城市社区医疗服务机构，可率先探索医生负责门诊诊断，患者凭处方到零售药店购药的模式。加快赋予所有符合条件的药店处方药销售资格。支持零售连锁企业和其他具备条件的零售药店申请医保定点资格，扩大基本医疗保险定点药店覆盖范围，逐步提高社会零售药店在药品终端市场上的销售比重。密切跟踪医药卫生体制改革各项政策实施对行业的影响，研究提出解决对策和措施。

（三）加强药品流通理论研究和人才队伍建设

鼓励大专院校、研究院所、大型药品流通企业集团加强现代药品流通理论研究与创新。建立国内药品流通人才培训机制，支持和鼓励药品流通职业培训和继续教育，形成层次多元、市场需要、企业欢迎的人才培养与职业教育体系；建立全国药品流通职业经理人和其他从业人员的资格认证制度；建立药品流通领域人才激励与约束机制。实施从业人员培训工程，“十二五”期间培训高级职业经理人 2000 人，中级职业经理人 5000 人，执业药师继续教育 5000 人，药学技术服务人员 10000 人，其他重点岗位 20000 人。

（四）形成促进药品流通行业健康发展的合力

将药品流通行业管理切实纳入商贸流通工作体系进行统筹规划，与深化医药卫生体制改革领导小组其他成员单位进行工作对接，建立沟通协调和合作机制。大力支持药品流通行业协会等中介组织的发展，加强协会的组织建设，增强服务意识，提高为企业服务的能力。充分发挥协会在行业统计、行业培训、行业自律、国际交流合作、维护企业合法权益等方面的作用。

（五）建立规划纲要的实施机制

各地商务主管部门应根据本规划纲要制订 2011-2015 年本地药品流通行业发展的具体规划。建立年度跟踪监督、中期评估和终期检查制度，加强对规划实施的监督检查，确保年度工作计划与规划协调一致。各项扶持政策的实施应符合规划确定的发展目标和重点领域。

各地药品流通行业“十二五”发展规划

北京市药品流通行业发展规划纲要（2011-2015 年）

北京市商务委员会

一、北京市药品流通行业发展现状及形势分析

北京市药品流通行业在市场化经济体制的主导作用下，获得长足的发展。药品流通体系基本建成，药品供应和保障水平不断提升，在国家新医改政策机遇下，药品流通行业面临良好的发展前景。

（一）北京市药品流通行业发展现状

截至 2011 年 6 月底，北京市药品批发企业数量达到 228 家，主要集中在人口聚集的朝阳、东城、西城、丰台、大兴等城区，服务于北京市近 2000 万常住人口。北京零售药店数量已经接近 5500 家。在近一年新开的门店中，单体药店占据了大多数。数量上，连锁药店约占药店总数的 1/5。在连锁药店中，数量最多的是金象大药房，其次为医保全新和嘉事堂。根据 WHO 针对药店分布的指导原则，北京的药店已基本满足人民群众购药的便利性。

近年来，北京市药品流通行业呈现高速增长态势，2006-2009 年北京药品销售复合增长率为 24.9%，利润总额复合增长率 41.9%，均高于全国平均水平。2010 年，北京市整个药品流通市场规模超过 670 亿元。

北京市药品流通领域电子商务发展迅速，信息化水平和应用程度都走在全国前列。已有七家企业获得“向个人消费者提供药品”的资质，可以开展 B to C 电子商务，但是受到物流成本和消费者购药习惯的影响，这一模式仍处于探索发展阶段。目前，九州通与京东商城合作建立“京东好药师”网站，有望通过九州通优势货源渠道及配送体系和京东完善的线上运营管理实现强强联合，真正为群众购药提供方便的直通渠道。

在药品流通体系中，物流是影响流通成本的重要环节，许多药品流通企业投入大量资金建设自己的仓库和物流系统，为在后续行业整合中奠定了基础。以北京医药股份有限公司建成的现代化药库为例，引入自动化和信息化管理，仓储管理信息和客户订货信息通过仓库管理系统（WMS）分类处理，并传达给相应的操作员和设备，进而跟据指令进行诸如上架、移仓、补货、盘点、拣选、传输、配送等操作，大大提高了物流效率，有效降低了差错率，为后续开展电子商务、发展第三方物流和委托配送业务提供了平台。

药品流通服务于广大群众，不仅方便群众日常购药，更是确保了重大社会活动的药品需求。2008 年北京奥运会各比赛场馆、训练场和医疗点所需药品从采购到配送都做到全程可监控，实行“绿色通道”配送及 24 小时不间断服务，确保随时应对紧急情况和运动员用药的安全便捷。在应对突发的公共卫生事件如“非典”、“禽流感”等重大疫情中，药品流通骨干企业在抗病毒药品等物资的储备和有效供应方面也起到重要作用。药品流通行业对北京市相关产业发展的带动性逐渐增强，在国民经济中的地位日益显现。

（二）北京市药品流通行业面临的不足

1. 医药物流行业集中度偏低，目前北京的交通状况制约了药品批发配送业务的适度集中和效率提高，难以形成国际竞争力；现代医药物流不发达，流通效率低下，药品流通供应链缺乏应有整合，药品流通的标准化、信息化建设滞后，限制了现代流通方式的发展。

2. 连锁药店比例仍偏低，未能较好的发挥规模优势，降低采购成本。零售药店在城区及新城分布密集，基本达到饱和状态，企业盈利能力较差，边远郊区药店分布相对较少，零售企业发展在管理和专业服务领域面临诸多障碍，影响药品零售企业的健康长远发展。

二、北京市药品流通规划的基本原则和发展目标

（一）基本原则

1. 政府引导，充分发挥市场机制基础性作用。突出政府行业主管部门在规划管理、政策制定等方面的引导作用，消除妨碍公平竞争的体制机制，发挥好市场机制在配置药品流通资源中的基础性作用，实现药品流通企业的优胜劣汰，逐步提高行业集中度和流通效率。

2. 完善法制，确保企业规范经营。完善药品流通各环节

法律法规和标准体系，加大执法检查力度，建立违规惩戒和退出机制。

3. 科技引领，提高药品的供应保障能力。利用先进科学技术，提升信息化水平，加强标准化建设，加快发展现代流通方式，构建药品流通全过程监管及质量可追溯体系，提高效率，降低成本，保障供给；加快药品流通领域电子商务的应用和发展，减少流通环节，为群众提供更为便捷的购药服务方式。

4. 改革创新，改善药品流通行业发展的外部环境。加快医药分开，改革药品价格形成机制等不利于药品流通行业持续健康发展的体制机制，革新管理方法，为企业发展创造良好的外部环境。

（二）总体目标

通过实施规划纲要，使北京市药品流通行业能够适应首都医药卫生事业改革和发展的需要，行业集中度明显提升，现代医药物流快速发展，流通效率进一步提高，企业管理水平和行业队伍整体素质显著提高，药品供应保障体系更加完善。

具体目标如下：

1. 行业集中度显著提高，大型药品流通企业在竞争中发展壮大，连锁经营门店数明显增加，服务水平有较大提升。到2015年，通过鼓励支持企业兼并重组和充分市场竞争，力争培育1家年销售额过千亿的跨地区的大型医药商业集团；1-3家年销售额过百亿的大型医药企业；3-10家年销售额过50亿的药品流通企业。药品批发10强企业年销售额占药品批发总额的95%以上，药品零售连锁前10强企业占零售总额的60%以上。连锁药店占全部零售门店的比重提高到50%以上。

2. 现代医药物流较快发展，流通效率有较大提高。建立健全包括第三方医药物流在内的，信息化、自动化和标准化程度较高的，能够辐射不同区域市场的药品现代物流配送体系，物流成本大幅降低，药品供给更有保障。

3. 药品流通企业通过药房托管、医药物流延伸服务等方式与医疗机构形成合作联盟，减少中间环节，药品流通企业掌握第一手药品销售资料，采购计划性更强，从而降低物流和库存成本，协助医疗机构缓解“看病贵”的民生问题。

4. 吸引包括跨国公司在内的境外和外地企业前来建立区域总部及全国总部，加强与本市药品流通企业的交流合作，同时增强北京市药品流通市场的经济活力；鼓励北京市药品流通企业“走出去”参加行业整合和并购，参与国际竞争，增强对外贸易的实力。

三、北京市药品流通行业发展的主要任务

（一）加强行业布局规划，保障居民药品供应

1. 制定行业布局规划。按照建设“中国特色世界城市”的战略规划和“人文北京、科技北京、绿色北京”建设要求，结合北京市医改事业的进展，进一步加强药品供应能力，优化药品供应布局，提升药品流通企业服务能力。北京市人口增长速度快、流动人口多（包括来京就医的外来人口）、高素质人口集中，近半数人口居住在城市功能拓展区（朝阳区、海淀区和丰台区），各区人口年龄结构呈现不同特点，功能核心区老龄化水平较高，生态涵养区老年和少儿人口比例均高于全市平均水平，结合这些实际情况对于药品流通的不同需求，制定药品批发零售网点合理设置和布局的具体规划，促进药品流通行业做大做强、健康发展。

2. 保障居民药品供应。北京市零售药店服务于大量的流动人口，社区药店在满足居民方便购药的需求方面起着非常积极的作用，在北京市各大生活区，特别是以天通苑和回龙观等为代表的特大型社区，社区药店的药品供应品种和数量直接影响附近居民用药需求的满足，加强对边远区（县）的药品流通企业供应能力的调研，鼓励本市药品连锁企业到农村市场开设网点，保障本市城市和农村居民的药品供应。

（二）调整行业结构，完善药品流通体系

1. 提高行业集中度。鼓励本市药品流通企业通过收购、兼并、联合、参股、控股等方式做强做大，实现规模化、集约化和国际化经营。支持目前营业区域仅在部分区（县）内的药品物流企业立足全市发展，鼓励实力强、管理规范、信誉度高的药品流通企业构建覆盖全市的流通网络。引导缺乏竞争力的中小批发企业逐步并入大型批发企业。发挥现有基层药品流通网络的作用，鼓励大型批发企业通过控股、参股整合中小企业，为它们牵线搭桥，提供政策支持；鼓励连锁企业收购单体零售药店，实现规模化经营，进一步优化北京药品市场结构。

2. 发展特色经营。大力弘扬本市悠久的中医药文化传统，支持具备民族医药特色的老字号药店在保持传统优势的基础上创新发展，传承中医药文化，发挥品牌效应，增强核心竞争力，提高药品流通企业对养生保健市场的服务能力。支持专业性或其他有特色的中小药品流通企业充分发挥优势，做精、做细、做强，满足多层次市场需求。

3. 完善药品流通网络。配合医药卫生体制改革和基本药物制度实施，积极参加药品招标采购，做好药品配送工作。健全药品供应保障体系，充分利用已有设施，加快形成一系列具有较强辐射带动作用的药品流通枢纽；鼓励大型医药物流企业加快兼并重组。建立并完善药品流通行业数据统计工作，加强市场信息监测，鼓励行业协会组织及中介组织开展相关信息服务，发挥政府信息和市场机制在完善流通网络中的引导作用。

（三）发展现代医药物流，提高药品流通效率

做好对现有医药物流企业的调研，重点放在引导企业改造现有物流设备，提高信息化集成度，降低物流运营成本。提高物流仓库的利用效率。

鼓励药品流通企业的物流功能社会化，大力推广医药物流服务延伸工程，鼓励医药物流企业与医疗机构、生产企业进行合作，实施延伸现代医药物流服务，发展第三方医药物流，为进一步解决医药分家问题打好基础。

（四）促进零售连锁经营发展，创新药品营销方式

1. 加快发展药品连锁经营。针对本市零售药店连锁率偏低的情况，支持整合已有药店资源，以连锁模式经营。鼓励社会商业资本进入药品连锁企业，支持连锁企业内部规范管理、加强培训，提升服务水平，形成连锁品牌效应和高附加值服务能力。鼓励北京市连锁经营企业间相互整合，小规模连锁企业并入大规模连锁企业，发挥规模效应，促进连锁企业加快发展。鼓励北京市药品流通企业对市外企业进行有机整合，扩大连锁品牌知名度。

2. 创新药品经营模式。鼓励药品零售企业发展保健品、药妆、医疗器械销售等多元化经营模式，提供新型增值服务，鼓励通过提高驻店药师的专业水平满足群众自我药疗等多方面需求。支持药品零售企业在人口聚集的社区建设超市型药店，鼓励连锁企业根据当地实际情况建设便利店，满足人民群众方便购药的需求。

3. 提高药品流通领域电子商务水平。鼓励连锁经营、物流配送与电子商务相结合，提高药品流通领域的电子商务应用水平。在保证质量的前提下，鼓励经营规范的零售连锁企业发展网上药店，保持北京市在电子商务领域的领先地位，适应网络购物飞速发展的新形势。构建电子商务平台，通过B2B和B2C模式建立药品到医疗机构和消费者的直接途径，减少流通环节，降低流通成本。

4. 大力发展北京医药会展经济。充分发挥政府部门和行业协会的作用，建立药品交易、投融资合作、信息交流、政策发布等多层次、多功能平台，提供信息与政策支持，促进内外贸、中西药、产供销综合协调，服务企业发展，加快国内外市场融合。支持发展网络会展经济，建设具备信息发布、商品展示、企业推介、电子商务等实用功能的新型会展体系，提升会展现代化和信息化水平。

（五）推动市内外资本的双向交流

1. 提高利用外资的质量和水平，在国家政策允许范围内，吸引跨国公司在京设立总部。优化投资结构，吸引境外药品流通企业按照有关政策扩大在境内投资，参与药品流通企业兼并重组，拓展分销业务。学习借鉴国外先进管理经验和营销方式。

2. 鼓励北京市药品流通企业“走出去”，形成开放竞争的市场格局。鼓励有条件的本市药品流通企业通过新建、收购、境外上市等多种方式，到境外开展业务，参与国际药品采购和营销网络建设，参与国际竞争。鼓励行业协会、企业开展多种形式的国际交流与合作，引进先进的管理经验和新型营销方式。

（六）提升行业服务能力，加强行业信用建设

1. 建立健全行业统计制度。合理确定行业统计指标，通过大型批发、零售企业直接报送信息和药品流通主管部门上报信息相结合的方式，建立网上报送平台，及时掌握行业运行动态和发展的全面状况，引导行业健康发展。

2. 提升经营服务水平。药品批发企业要具备基本药物保障能力，建立对客户需求的快速反应机制，保证药品及时、安全、足额供应。零售企业要按规定配备执业药师或相关药学技术人员，提高服务水平。到2015年，在人口超过1万人的社区，支持至少一家零售药店能够提供24小时开店服务，保障药品的应急供应。建立以消费者为中心的服务理念，配合药品监管部门指导消费者安全、有效、合理用药。对药品流通企业设备设施、营业场所环境、售后服务等经营服务内容，各类从业人员专业能力、岗位职责、仪容仪表等进行全面规范。

3. 规范药品流通秩序，加强行业信用建设。通过发挥协会或中介机构的力量建立行业自律机制，倡导药品流通企业诚信经营，严格遵守GSP等各项规章制度。利用药品流通行业的数据统计工作对药品流通企业进行间接监督，促进企业对自身经营行为加强规范。加强药品从业人员培训管理，实行持证上岗和公示制度，对从业人员试行分级评价。对药品流通企业探索信用分类监管，逐步提高企业自律水平。

四、北京市药品流通规划实施的保障措施

（一）进一步改善北京市药品流通行业发展的政策环境

在药品集中招标采购工作中，指导药品流通企业积极参与招标采购及配送。扩大零售药店的市场规模，逐步提高社会零售药店在药品终端市场上的销售比重。探索社区医生负责门诊诊断，患者凭处方到零售药店购买的模式。

（二）制定地方性扶持政策

根据北京市建设“中国特色世界城市”及打造“国际商贸中心”的战略目标，结合“人文北京、科技北京、绿色北京”的建设要求，探索制定北京市药品流通行业扶持政策，采用直接间接的各种方式扶持药品流通企业做大做强。积极联系各类国有和民营投资机构，通过股权投资、债权投资等方式

向药品流通行业进行投资，推动本市药品流通行业健康发展。在鼓励兼并重组目标上侧重于支持国有大型企业或国有大型企业控股的药品流通企业。

（三）加强药品流通人才队伍建设

建立本市药品流通人才培训机制，实施从业人员培训工程，根据本市药品流通行业发展需要，培训高、中、低三级经营管理人员。联系在京医药类院校，建立多层次、高质量的人才培养教育体系，强化职业教育和再教育。建立药品流通领域人才激励与约束机制。联系开设物流专业的商科院校，加强现代药品流通理论研究与创新。

（四）形成促进药品流通行业健康发展的合力

将药品流通行业管理切实纳入商贸流通工作体系进行统筹规划。大力支持协会中介组织的发展，加强协会的组织建设，支持在市、区（县）两级建立行业协会，增强服务意识，提高为企业服务的能力。充分发挥医药行业协会在行业统计、行业培训、行业自律、国际交流合作、维护企业合法权益等方面的作用。

（五）建立规划纲要的实施机制

各区（县）商务主管部门根据本规划纲要制定2011-2015年本区（县）药品流通行业发展的具体规划或年度实施计划，建立年度跟踪监督、中期评估和终期检查制度，加强对规划实施的监督检查，确保年度工作计划与规划协调一致。各项扶持政策的实施应符合规划确定的发展目标和重点领域。

天津市药品流通行业发展规划（2011-2015年）

天津商务委员会

建立健全药品供应保障体系是医改四大核心任务之一，药品流通行业是关系到国计民生的重要行业，是构建药品供应保障体系的关键环节，对促进经济发展和社会全面进步、保障人民生命健康、提高生活质量、服务城乡以及军需战备都具有十分重要的作用。为明确“十二五”期间天津市药品流通行业的发展方向、发展目标和发展重点，根据《全国药品流通行业发展规划纲要（2011-2015年）》和《天津市国民经济和社会发展第十二个五年规划纲要》的总体要求，制定本规划，规划期为2011-2015年。

一、现状与形势

（一）发展现状

“十一五”期间，随着本市医疗卫生体制改革的不断深化和经济水平的不断增长，药品流通行业也逐步发展与完善，取得了长足的进步。

一是药品供应保障体系逐步完善。截至“十一五”末，天津市药品年销售总额达到308亿元。共有药品批发企业124家，销售总额50亿元以上的企业1家，30亿元以上的企业2家，建立了以大型龙头骨干企业为主导，以区域型、专业型中小企业为辅助，覆盖整个城乡的药品物流配送网络，为国家基本药物制度体系的建立和实施，打下了坚实的基础；天津市注册药品零售连锁企业29家，下辖连锁性质门店800家，零售单体药店2200家，连锁门店占门店总数的27%，零售网点遍布城乡，能够基本保障人民群众用药需求。

二是行业集中度有所提升。随着全国性药品流通行业整合重组力度的加大，天津本地龙头骨干企业兼并业内优质资源、调整网络布局结构的步伐也在逐步加快，九州通等国内药品流通商业巨头也争先登陆津门，使行业集约化程度明显提高。“十一五”末，药品批发前10名企业销售额占天津药品流通总量的75%，排名前10的零售连锁企业的年销售额达18亿元，约占零售门店总销售量的50%。

三是行业管理水平普遍提高，现代物流能力逐步增强。“十一五”期间，本市药品流通企业普遍按照GSP管理体系的要求使用信息系统对药品采购、验收、仓储、销售等环节进行管理和追踪。一些大型龙头骨干企业的产业化升级已达国内先进水平，已使用诸如ERP、WMS、无线射频（RFID）、WIFI、GPS、SPD、自动化立体仓库、自动分拣系统、冷链物流等先进的信息系统和设备，提高流通效率，降低流通成本，确保药品质量和安全。实现了扁平化、少环节、可追踪、高效率的现代流通模式。其中一些企业已开始对医院延伸物流、第三方物流、网上药店、供应链再造、经营业态重组等新型药品流通方式进行探索和实际运作。2010年，我市药品流通行业前10家企业药品配送总额158.2亿元，比上年增长12.67%，企业信息化建设投入近1000万元。

（二）存在的问题

“十一五”期间，天津市药品流通行业虽然取得了快速发展，但仍然存在以下几点不容忽视的问题：

一是行业结构仍有较大优化空间。目前，天津药品流通龙头企业虽然集中度相对较高，但年销售额均不超过100亿元，与国内超大型药品流通企业相比仍存在一定差距，实现大规模跨区域经营难度较大；行业整体在一定程度上仍然存在多、小、散等问题，目前全市尚有合法资质的药品批发企业120余家，其中通过全市药品集中招标采购配送遴选的批发企业58家，仍有一定压缩空间；经营业态单一、服务内容重复、创新理念缺乏使同业间容易走向恶性竞争；另外，区域内没有规模化的中药材市场也是不容忽视的短板。

二是行业整体水平有待进一步提高。除少数龙头企业外，多数中小企业信息化、现代化管理水平仍然偏低，现代物流新理念、新技术的应用普及程度有待提高；受固有观念和政策制约影响，经营模式陈旧，缺乏创新；缺乏具有行业代表性、权威性、自律性的专业服务组织，行业统筹规划、规约标准、自律诚信、协调服务等体系尚未建立。

三是行业积弊阻碍企业发展。多年来，垄断化的医疗终端市场使医疗机构处于强势地位，医院回款周期有逐渐延长趋势，尤其是三级医院的回款周期普遍长于6个月，造成药品批发企业应收账款不断增加、随时面临资金链断裂的危险。药品批发企业不得不多方筹措资金，举债借贷，致使财务成本和财务风险急剧增加、利润大幅降低。同时，药品零售药店也因为在与医疗机构的竞争中处于弱势地位，成长空间受到限制。

（三）面临形势

一是行业将迎来历史性地发展机遇。据WTO报告，中国医药市场已经进入快速增长期。与此同时，天津经济也持续迅猛崛起。预计“十二五”期间，天津全市生产总值年均增长将保持在12%以上，城镇登记失业率控制在4%以内，城乡居民收入年均增长10%以上。到2015年，天津市常住人口总量将超过1600万人，人口老龄化趋势、人民生活水平的提高、健康意识的增强、医疗保险全覆盖等均对药品流通行业构成长期利好，行业发展将迎来历史性机遇。

二是行业发展仍面临诸多不确定性因素和挑战。药品流通行业改革发展与国家医药卫生体制改革相辅相成，与涉药制度设计密切相关，而医药卫生体制改革是一个复杂的探索和渐进的过程，在此期间内，各项医改政策、法规、举措将陆续出台，必将引起整个医疗卫生行业的巨大变革，其进展状况在本规划期内存在一定程度的不确定性和诸多挑战。

三是行业经营盈利模式呼唤创新和变革。首先，外资、超大型国有药品商业资本与社会资本将陆续抢滩登陆我市药品流通领域，同时，我市药品流通行业资本作为社会资本的一部分，也可能投向医疗机构。行业资本的结构调整必将带来理念的转变、体制的变革和经营盈利模式的创新；其次，随着新医疗卫生体制改革的深化，医药分开等改革制度的落实，必将导致原有药品批发业态、药品零售业态、药品物流业态打破原有束缚，向综合型、现代型、服务型业态的升级，形成供应链再造的趋势；再次，由于现有盈利模式下的市场竞争已趋饱和，药品流通企业将不可能固守进销差价和返利的盈利模式，要想企业发展，必须应对市场需求、转变服务理念、依靠先进技术，衍生出医院型延伸药品物流服务、第三方药品物流服务、社区家庭型延伸药品物流服务、电子商务型药品物流服务等新型盈利模式。

二、指导思想与总体目标

（一）指导思想

按照国务院《关于深化医药卫生体制改革的意见》、商务部《全国药品流通行业发展规划纲要（2011-2015年）》，以及《天津市国民经济和社会发展第十二个五年规划纲要》的总体要求，贯彻落实天津市委、市政府关于卫生体制改革精神，结合我市医药供应体系建设的实际情况，以科学发展观为指导，加强政府政策引导、规范药品经营领域市场秩序，深化体制机制改革，配合医药卫生体制改革的整体步伐，加快转变发展方式、合理调整产业结构、保持和促进药品流通企业持续协调健康发展，满足人民用药需求、完善药物供应保障、实现社会和谐发展。

（二）总体目标

到2015年末，天津市药品流通行业的发展顺应医疗卫生体制改革的要求，适应经济社会发展的总体目标和人民群众不断增长的健康需求，建成覆盖全市、辐射周边、物流集散、兼顾外贸的现代药品流通体系；形成高效、安全、有序、便利的药品供应保障环境。

逐步建立健全以政府为主导、以行业协会为抓手、以企业自主发展为动力的行业管理体制。

通过结构调整、规范管理、资本重组、技术引进和自我发展，提高行业集中度和现代物流配送能力，打造规模以上企业集群。落实国家医改大政方针，通过理念引导、政策支持，鼓励药品流通企业在医药分开、经营业态转型、货款支付模式探索等方面大胆尝试、改革和创新。

具体发展目标是：

行业发展目标：到2015年末，天津市药品年流通总规模达到550亿元以上，平均年递增12%；物流配送能力达到550亿元以上。药品零售总规模达到50亿元以上，增长35%，零售连锁经营企业市场份额超过药品零售总规模的65%。

网络覆盖目标：规模以上药品流通企业对天津市内社区、二级、三级医疗机构覆盖率达到100%，并配合区域性中小药品流通企业使郊县基层医疗机构药品配送网络不留死角。优化药品零售网络布局，网点数不低于3500家。

企业发展目标：力争形成1家以上年销售额过100亿元的药品流通企业龙头；3家以上年销售超过50亿元的大型药品流通企业集团；规模以上药品流通企业年销售额占药品批发总额的85%以上。力争形成3家以上年销售额超过2亿元的大型药品零售连锁企业，零售连锁门店的比重提高到50%以上。

三、主要任务

（一）优化行业布局，完善药品供应保障体系

制定行业布局规划。市商务委会同相关部门，结合天津经济社会发展水平、医药卫生事业发展和体制改革进展、城乡建设规划、人口增长与密度和年龄结构变化、药品供应能力等实际，制订药品批发零售网点合理设置和布局的具体规划，保证药品供应。

完善准入退出机制。提高行业准入标准，以行业布局规划作为制修订本市药品流通企业准入标准的重要依据，严格控制药品流通企业准入，不断提高现有流通企业经营管理条件，严格控制药品经营企业数量，同时促进现有企业不断优化管理水平。加强日常监管和考核，建立退出机制，发挥药品招标制度的遴选机制优势，通过优胜劣汰促进药品批发企业向规模化、集约化方向发展，逐步减少药品批发企业数量。对违法违规和不符合各项管理规定的企业应限期整改、严格依法查处，直至取消经营资格。

保障药品应急供应。建立重点药品战略储备制度。按照国家应急和战略储备的统一规划和部署，做好药品流通环节储备。根据各类突发事件的特点，建立相应的应急保障机制。

（二）加大行业结构调整力度

加速资源整合，做大做强龙头企业。积极引入外资、超大型业内资本、社会资本扩充实力，引导培植大型药品流通企业发展；推动实力强、管理规范、信誉度高的药品流通企业跨区域发展；通过收购、合并、托管、参股和控股中小企业等多种方式，整合现有药品流通资源，引导一般中小药品流通企业通过市场化途径并入大型药品流通企业。

加快发展药品连锁经营。鼓励药品零售连锁企业采用统一采购、统一配送、统一质量管理、统一服务规范、统一联网信息系统管理、统一品牌标识等方式，树立品牌形象，拓展连锁网络，发挥规模效益；支持连锁药店通过市场化途径合并、联合、收购等方式吸收社会单体药店，做大做强；随着医药卫生体制改革深入和医药分开的逐步实施，鼓励连锁药店积极承接医疗机构药房服务和其他专业服务。鼓励药品零售企业开展药妆、保健品、医疗器械销售和健康服务等多元化经营。

发展特色经营。支持老字号药店在保持传统优势的基础上创新发展，发挥品牌效应，拓展特色服务，增强核心竞争力；支持专业化和有特色的中小药品流通企业，以市场需求为依据，突出自己的核心专长，以特色策略寻求市场，建立新的竞争优势，与大型药品流通企业实行优势互补。

打造现代药品流通体系。加大药品流通企业产权制度改革与经营方式转变，逐步组建布局合理、网络健全、物流通畅的药品流通体系。建设高效、快速的药品配送型物流中心，并严格审批和限制集散型物流中心的发展。实施“放心药”服务体系建设工程，鼓励大中型骨干药品流通企业向居民社区和村镇延伸销售与配送网络，实现药品流通对基层的有效覆盖，发展城镇社区和农村地区的药品流通体系，完善农村药品供应网络。建立西药、中成药、中药材重点品种的市场运行信息监测、预警体系；发挥政府信息和市场机制在完善流通网络中的引导作用。

（三）大力发展医药现代物流

以信息化和先进科技带动现代医药物流发展。发挥龙头骨干企业的先行示范作用，促进企业资源计划管理系统（ERP）、仓库管理系统（WMS）、运输管理系统（TMS）、供应链管理系统（SCM）等先进信息技术管理方法在中小企业中的应用，优化业务流程，提高管理水平。

鼓励有条件的企业使用立体仓库、机械传送、自动分拣（ASS）、电子拣选（SPD）、条码及无线射频（RFID）识别、卫星定位（GPS）、无线通讯、温度传感、冷链物流等先进设备和技术，加快传统仓储、配送设施改造升级和大型现代化物流基地的建设。不断提高流通效率，增强物流能力、扩大物流覆盖、降低流通成本。

推动医药物流延伸服务的发展。积极推动药品流通企业的物流功能社会化、纵深化、精细化，实施医药物流服务延伸示范工程，引导有实力的企业向医疗机构和生产企业延伸现代医药物流服务；鼓励有实力的药品流通企业整合区域或品种资源，积极开展第三方医药物流服务；慎重稳妥探索行业外第三方医药物流和第四方物流业务的开展。

（四）鼓励探索经营模式创新

加强政策研究和经验借鉴。引导行业加强对国家医疗卫

生体制改革政策的研究，预见基本药物制度和公立医院改革等对行业发展带来的变化，借鉴发达国家药品流通模式和其他行业创新型经营模式的经验，结合本市经济发展和群众需求实际，对行业经营模式勇于改革、精心设计、不断创新。

大胆尝试经营业态整合与创新。打破固有观念和经营模式的束缚，根据医疗卫生行业改革要求和社会发展需要，尝试新兴行业业态向两极化转型：一是向服务型、专业型、细分型和纵深型业态转变，二是向综合服务型、供应链整合再造型业态发展。

探索供应链整合与再造，为医疗卫生体制改革积累经验。由于大型药品流通企业内部供应链节点资源丰富，业态分类完整，协调机制较强，通过对药品流通供应链的整合与再造，便于从内部突破医药卫生体制改革和药品流通体制改革的瓶颈。不但可以为企业自身发展打开通道，同时也可为医改进程积累经验。

（五）建立健全诚信体系

推进自身行业信用建设。加强全行业诚信和职业道德教育，广泛开展“诚信经营示范创建”活动，树立一批遵纪守法、诚实守信、管理规范、服务到位，能够积极履行社会责任，自觉接受监督的诚信经营典型。建立违法违规企业信息披露制度，在“商务领域信用信息系统”中归集企业信用信息，建立信用档案。推动部门间监管信息的公开和共享，实行信用分类监管。

建立行业自律机制。指导和鼓励行业协会制定和执行行规行约；维护正常流通秩序，防止恶性竞争及垄断行为的发生；定期开展行业信用评价和披露，提高行业自律和信用水平。

（六）强化市场流通秩序监管

打击违法违规行为。配合有关部门严厉打击经营假劣药品、商业贿赂、倒买倒卖税票、挂靠经营、非法经营网上药店、发布虚假药品和保健品广告等违法违规行为。充分发挥12312商务行政执法投诉举报热线和“国家药品电子监管码管理系统”信息平台的作用，完善投诉举报的受理、处理、移送和反馈机制。发动各方面力量，加强对药品流通行业的社会监督。

利用信息化手段对流通秩序进行实时监督管理。整合政府信息监管平台，实现信息资源共享，加强对各项数据指标的检测、统计与披露，让违规违法行为无所遁形。

（七）加强行业基础建设，增强行业发展后劲

完善行业规范和标准体系。以行业协会为抓手，结合行业特点和市场需求，建立药品流通业态分类分级、药品统一编码及现代流通设施与信息化、中药材商品等级、职业经理人与从业人员资质和岗位规范、企业经营服务、信用建设和社会责任等相关行业规范和标准体系。

建立行业统计制度。合理确定行业统计指标，建立直报企业和行业主管部门及有关方面共同参与的全国药品流通行业统计制度与网上报送平台，及时掌握行业运行和发展的全面信息，辅助政府决策，引导行业发展。

建立信息系统平台。发挥政府部门和行业协会作用，积极推动建立为本行业进行全方位服务的信息化平台。开展信息查询、数据统计与共享、投融资合作、政策发布、信用评价与披露等服务，促进行业公平有序发展。

提升经营服务水平。药品批发企业要提升药品品种保障能力，建立对客户需求的快速反应机制，保证药品及时、安全、足额供应。零售企业要按规定配备执业药师或相关药学技术人员，提高药品质量管理和药学服务水平，提供24小时服务的零售药店占总门店数量的比例应达到25%以上；建立以消费者为中心的服务理念，指导消费者正确、安全、有效、合理用药。对药品流通企业设备设施、营业场所环境、售后服务等经营服务内容，以及各类从业人员专业能力、岗位责任、仪容仪表等，进行全面规范。

四、保障措施

（一）强化行业管理与服务

加强对药品流通行业的管理、执法与监督，细化管理手段和方法；严厉打击行业违法违规行为；严格药品批发和零售企业的准入门槛；强化对企业经营行为、质量安全与市场秩序的监管力度；建立行业监管信息的评级与披露制度；充分发挥政府职能部门和协会等各方作用，为企业提供服务。

（二）完善、落实行业政策和标准

有效贯彻和落实国家出台的有关药品流通的法规、政策和标准；有计划地逐步完善、修改和细化本市药品流通行业管理的制度和规范；与时俱进、科学发展，清理、废止阻碍药品流通行业改革发展和妨碍公平竞争的政策规定。

（三）改善行业发展环境

会同相关部门积极推动和改革“以药补医”体制，完善药品定价、购销和医保支付机制；提高行业准入门槛，逐步提高药品流通行业集中度；保障药品批发企业公平参与招标采购及配送业务；采取切实有效措施，根治医疗机构违反合同规定不按期向药品流通企业支付货款的顽疾；协调改善融资环境，争取财政、土地、金融、专项资金等优惠政策；从政策和法规层面鼓励药品流通企业积极探索实现医药分开、业态转型的具体途径；协调社保部门加快赋予符合条件的药店处方药销售资格和医保定点药店资格。

（四）密切政府部门间沟通与合作

将药品流通行业管理切实纳入商贸流通工作体系进行统筹规划；与其他医药卫生行业政府主管部门进行工作对接，建立经常性地沟通协调和合作机制；逐步搭建行业政策、法规、信息、数据的采集、共享、研究与发布平台。

（五）发挥行业协会作用

大力支持药品流通行业协会等中介组织的发展。指导和推动协会的组织建设、行业诚信与行业自律建设、行业标准与信息化建设、行业服务职能建设、行业信息披露与授信体系建设；充分发挥协会的桥梁作用，规范行业管理、落实行业政策、反馈行业声音、细化行业统计、抓好行业培训、促进行业合作、维护行业权益。

（六）加强药品流通理论研究和人才队伍建设

鼓励行业协会、大专院校、研究院所、大型药品流通企业集团加强现代药品流通理论研究与创新；建立药品流通人才培训机制，支持和鼓励药品流通行业职业培训和继续教育，形成层次多元、市场需要、企业欢迎的人才培养与职业教育体系；建立药品流通职业经理人和其他从业人员的资格认证制度；实施从业人员培训工程，“十二五”期间培训高级职业经理人100人，中级职业经理人300人，执业药师继续教育300人，药学技术服务人员500人，其他重点岗位1000人。

（七）建立规划纲要的实施机制

建立年度跟踪监督、中期评估和终期检查制度，加强对规划实施的监督检查，确保年度工作计划与规划协调一致。各项扶持政策的实施应符合规划确定的发展目标和重点领域。

河北省药品流通行业“十二五”发展规划（2011–2015年）

河北省商务厅

药品是关系人民群众生命健康的民生保障性商品，药品流通行业是关系国计民生的重要行业。为适应医药卫生事业改革发展的新形势，明确“十二五”期间河北药品流通行业的发展方向、发展目标和发展重点，制定切实有效的发展措施，根据商务部《全国药品流通行业发展规划纲要》（2011–2015年）和《河北省国民经济和社会发展第十二个五年规划纲要》，特编制本规划。

一、发展基础

（一）行业现状

改革开放以来，我省药品流通行业在市场化经营体制的主导作用下，获得了长足的发展。主要表现为：

1. 流通规模逐步扩大。截至2010年底，全省共有药品批发企业491家；药品零售连锁企业57家，拥有连锁药店门店1572个；单体零售门店13712个；经营医疗器械批发和零售门店3925家。2010年，全省药品流通行业销售总额达到237.54亿元，在全国排名第10位，实现利润居第12位。

2. 新兴业态发展较快。连锁经营和现代物流配送模式的推广，多级销售体系的扁平化，推动了河北药品流通业的快速发展。从增长速度看，2001年我省药品零售连锁门店不足200家，2010年达1572家，累计增长7.86倍，年均递增23%。目前我省已建成现代医药物流配送中心3家；在建拟建面积超过2万平方米的医药物流节点有6家，一期建筑面积总计超过9.2万平方米，建成后基本形成覆盖全省的医药物流网络。

3. 重点企业成长壮大。到2010年，全省药品流通行业销售过亿元的企业达到19家，其中石家庄乐仁堂集团、河北东盛英华集团、河北德泽龙医药公司3家企业进入2010年度中国医药流通企业百强排序；唐山市唐人医药商场、石家庄新兴药房连锁、张家口市华佗药房连锁、石家庄乐仁堂医药连锁、河北神威大药房连锁五家连锁企业进入2010年度中国百强连锁药店行列。

4. 内引外联成效显著。通过加大招商引资和行业整合力度，全国医药经营规模最大的国药控股集团与乐仁堂集团实现了战略合作；天津医药集团与德泽龙医药公司进行了联合重组；湖北九州通集团现代医药物流配送中心项目落户安国；国内最大的专业化医药物流企业杭州邦达物流也于今年入驻石家庄，并与我省大型医药工商企业建立了合作关系。这些项目的引进与建设，为加快我省药品流通业的发展奠定了坚实基础。

5. 社会作用不断增强。2010年，我省药品流通行业从业人员约9万人，占全国药品流通行业从业人数的2.3%。农村药品“两网”建设顺利推进，行政村以上药品监督网覆盖率达96%，供应网覆盖率达95%。药品流通骨干企业成为药品储备和应急配送主体，有效保证了重大疫情和救灾抢险等突发事件的药品保障及供应。

（二）存在问题

我省药品流通行业在实现快速发展的同时，也存在着一些突出的矛盾和问题。一是行业主体“多、小、弱”。与国内强势同行业相比，医药批发企业销售额普遍偏低，规模较小，难以形成跨地域的药品销售网络，制约了药品批发配送业务的适度集中和高效。二是行业发展不均衡。首先是城乡分布不合理，药品零售网点主要集中在城镇，而广大农村地区，药品零售网点数量偏少。其次是流通结构不合理，需求结构与市场供给结构存在差异，同质化竞争突出，创新能力有待提高。三是现代物流发展相对滞后。全省仅有几家大型医药流通企业建有较为先进的医药物流中心，大部分企业多处于传统的仓储、运输、批发服务阶段，技术和设备落后，运营成本较高，整体经济效益偏低。四是专业人才缺口大。据统计，我省现有执业药师5800余人，按照零售药店至少配备一名执业药师的规定，执业药师的缺口依然较大。五是流通秩序有待规范。药品市场存在无序竞争、过度竞争和违规经营现象。农村尤其是偏远山村药品经营秩序有待规范，药品质量安全存有隐患。

（三）发展环境

“十二五”期间，随着国家新医改重大举措陆续推出以及全国性行业的大整合，我省药品流通行业发展将进入规模扩张与质量提升的关键时期，面临着难得的战略机遇。从市场需求看，我省是人口大省，随着城镇化加快、收入水平提高、老龄化率加大，医药需求快速增加，将形成对药品和医药物流的巨大需求。从比较优势看，我省是全国综合交通枢纽，药品中转分拨优势突出。尤其是随着“环首都绿色经济圈”、“沿海经济隆起带”的率先发展，为我省药品流通行业发展提供了更加广阔的市场空间。从政策环境看，中央提出“政事分开、管办分开、医药分开、营利性和非营利性分开”的医改方针，以及国家正在推进实施的药品统一招标采购、破除以药养医、推进基层医疗机构药房托管等重大举措，给医药流通行业发展现代医药物流配送、开展第三方物流以及零售药店服务基层医疗机构等新型业态提供了前所未有的发展契机。

二、发展思路和目标

（一）发展思路

以科学发展观为指导，以深化医药卫生体制改革为动力，以推广先进发展模式，促进药品流通行业有序发展为主线，立足我省实际，大力推动行业结构调整，稳步提高行业集中度，加快发展现代医药物流和连锁经营，培育壮大骨干企业，提高企业信息化水平和流通效率，逐步形成统一的大流通、大市场格局，推进我省药品流通体系现代化。

（二）发展目标

1. 经济总量增长目标。到2015年，全省医药商品销售总额突破600亿元，增长1.53倍，平均年递增11%；销售超亿元的药品批发企业年销售额占药品批发总额的85%以上，销售超亿元的药品零售企业年销售额占药品零售企业销售总额的50%以上。

2. 重点企业发展目标。到2015年，培育面向国内外市场、多元化经营、年销售额过百亿元的大型综合性药品流通企业集团1-2家；发展面向国内市场、年销售额过50亿元的大型药品流通企业集团2-5家；建立面向国内区域性市场、年销售额10-20亿元的重点药品流通企业5-10家。

3. 连锁经营发展目标。到2015年，培育8-10家国内外知名的医药零售连锁企业，每个企业拥有分店达到120个以上，并进入全国药品零售连锁百强；培育10-15个区域性医药零售连锁企业，每个企业拥有分店达到80个左右；全省连锁药店门店数占零售药店门店总数的比例由2010年的26%提高到50%以上。

4. 物流体系建设目标。培育发展5-8家规模较大、竞争力较强、市场占有率较高的专业化医药物流龙头企业。到2015年，专业化医药物流企业达到全省医药物流服务能力的30%左右，初步形成以石家庄为核心、以唐山为重要配送节点的覆盖全省、辐射周边省份的规范、高效的现代医药物流网络，配送效率和效益均达到全国先进水平。

5. 中药材市场建设目标。高起点培育现有中药材交易市场，在不断发展壮大安国中药材专业市场的基础上，通过功能定位、区位筛选，在全省中药材重点产区产地建设区域性交易市场3-5个和若干季节性交易市场，为我省中药材市场化发展提供保障。到2015年，争取全省中药材年成交总额达260亿元，其中安国中药材专业市场达到100亿元。

三、重点任务

围绕行业发展目标、相关政策，加快行业结构调整，创新药品经营业态，规范药品流通秩序，着力打造统一开放、竞争有序的药品流通市场新体系，确保老百姓吃上放心药、方便药。

（一）实施结构调整，完善药品流通体系

按照“优化结构、减控总量、统筹城乡、规范秩序”的

要求，研究制定行业发展布局规划，加快推动行业结构调整，完善药品流通网络，提高药品供应保障水平，引领行业健康有序发展。

1. 调整行业布局结构。各市、县商务部门要加强对行业的宏观引导，加快行业布局结构调整，会同相关部门结合我省经济社会发展水平、医药卫生事业发展和体制改革进展、城乡建设规划、城乡人口分布和便民生活圈建设等实际，制订布局合理、设置有序、指标量化的药品批发零售、物流配送网点建设约束性规划，作为医药物流配送中心重点项目建设和零售门店设置的依据。同时完善行业准入退出机制，确保规划有效落实。

2. 优化企业规模结构。鼓励和支持省内骨干企业通过收购、兼并、联合、参股、控股等方式，实现规模化、集约化经营，着力打造主业突出、核心竞争力强、市场化程度高的大型医药商业集团，积极参与跨区域药品流通领域分工和市场竞争。重点支持龙头企业做大做强，形成一批在国内外享有盛誉的知名企业品牌。引导中小批发企业通过自主选择逐步并入大型批发或零售企业，或通过转型向“专、精、特、新”的方向发展，形成大型企业和中小企业分工协作、协调发展的格局。

3. 完善药品流通网络。配合医药卫生体制改革和基本药物制度实施，积极参加药品招标采购，做好药品配送。健全药品供应保障体系，鼓励建设一批区域性的药品物流园区和配送中心，加快形成若干具有较强辐射带动作用的药品流通网络。实施“放心药”服务体系建设工程，鼓励大中型骨干药品流通企业向新建居住区和边远地区、农村乡镇延伸销售与配送网络，实现药品流通对基层的有效覆盖，确保农村和偏远地区药品供应的安全性、便利性。

4. 保障药品应急供应。根据我省地理位置、气候环境和自然灾害的特点，以及可能发生的公共卫生事件，制定出适合我省当地实际的医药储备目录，选择若干家管理科学、有实力、有规模、有社会责任感的具备现代物流基础条件的药品流通企业承担药品储备任务。对于基本药物目录中部分可能发生短缺的独家生产品种可适当增加储备，确定应急药品储备品种和数量。

（二）发展现代医药物流，提高药品流通效率。

根据我省医药物流业发展现状和区位交通优势，并结合全省不同地区的人口、城乡医疗机构分布等特点，积极发展面向全省、辐射周边的终端配送物流圈，努力构建标准化、信息化、专业化、社会化的高效现代医药物流体系。

1. 健全医药物流节点网络。充分发挥石家庄、唐山两个国家级区域物流节点城市作用，支持医药物流企业在石家庄、唐山周边区、县建设现代医药物流分拨配送中心，加快医药物流基础设施建设，着力打造两大区域性医药物流中心。同时，按照医药物流最佳配送半径200公里的空间范围，遴选张家口、邢台等若干个城市作为省内医药物流节点，鼓励医药生产企业和批发零售企业共同建设医药物流配送中心，健全省内医药物流节点网络。

2. 加快医药物流园区建设。以抓好重点项目建设为依托，加快华药、石药、河北德泽龙和唐山国药新天地等医药物流平台项目建设，强力推进石家庄医药物流园、唐山医药物流中心等医药贸展、配送项目规划建设，促进专业化医药流通企业集聚，壮大以统一采购、统一配送、统一质量管理、统一服务规范、统一联网系统管理、统一品牌标识等为主要标志的跨区域连锁经营网络，形成一批以物流平台为支撑的医药总部基地。

3. 壮大第三方医药物流规模。为适应药品招标采购带动的物流配送需求，积极吸引全国和区域性药品流通企业入驻，推动医疗机构和医药生产企业剥离物流配送服务，引导有实力的企业向现代医药物流服务延伸，在满足医药物流标准的前提下，加快发展第三方医药物流，大力开展采购、存储、分拣、配送等业务，形成立足医药产业、辐射全国的药品分拨中心。

4. 以信息化带动现代医药物流发展。广泛使用先进信息技术，运用企业资源计划管理系统（ERP）、供应链管理等新型管理方法，优化业务流程，提高管理水平。发展基于信息化的新型电子支付和电子结算方式，降低交易成本。构建全国药品市场数据、电子监管等信息平台，实现药品从生产、流通到使用全过程的信息共享和反馈追溯机制。推广使用自动分拣、冷链物流等先进设备，完善特殊药品物流技术保障措施。

（三）创新经营方式，拓展服务领域

以安全、高效、方便、及时为原则，完善药品零售业的发展规划管理。通过有效的政策推动，建立良好的市场竞争环境，加快药品流通业连锁化、集约化步伐，以适应和促进全省药品流通行业快速健康发展。

1. 积极开展基本药物配送。药品批发企业要结合国家基本药物制度和药品招标采购制度的实施和自身的经营条件，主动调整业务方向，积极开展基本药物配送业务。加强农村和社区医疗药品集中配送网络建设，“十二五”期间使基层医疗药品集中配送覆盖面达到100%。制定并完善药品配送企业标准和遴选办法，加强基本药物配送各环节的监管，确保基本药物在流通环节的安全、高效、方便、及时。

2. 加快发展药品连锁经营。以做精、做细、做强为目标，鼓励药品零售企业发展连锁经营，实行标准化统一配送，提高药品零售连锁企业的市场占有率。重点支持有实力和管理

规范的药品零售连锁企业突破行政区划的局限，在更大的区域范围内增加门店数量，创建连锁服务品牌，放大品牌效应，拓展全国性连锁网络。对于新增药品零售网点的审批，政策上应重点向药品零售连锁企业倾斜。鼓励连锁药店积极承接医疗机构药房托管服务和其他专业服务。

3. 创新药品零售业态。适应药品零售市场的多种需求，在大力发展连锁经营的同时，鼓励开展特色化、多元化经营。鼓励组建企业间联盟，实现药品批发、配送、零售一体化经营；鼓励零售企业开设“专业药店”、“健康中心”等新型增值服务机构；鼓励药品零售企业开展保健品、药妆、医疗器械销售等多元化经营，满足群众自我药疗等多方面需求；鼓励支持药品零售企业在人口聚集的社区建设大规模超市型药店，满足群众方便获得药品的需求。

4. 提高药品流通领域电子商务水平。鼓励连锁经营、物流配送与电子商务相结合，提高药品流通领域的电子商务应用水平。在严格监管下，鼓励经营规范的零售连锁企业发展网上药店，实现河北在电子商务领域的领先地位，适应网络购物飞速发展的新形势，构建电子商务平台，通过 B2B 和 B2C 模式（网络交易支付结算方式）建立药品到医疗机构和消费者的直接途径，减少流通环节，降低流通成本。

（四）完善安国中药材市场功能，满足国内外市场需求

立足现代化、规模化、信息化的功能定位，加强安国中药材交易市场基础设施和信息系统建设，完善市场的信息、包装、仓储、冷藏、运输等功能，提高辐射能力，将安国建成全国中药材交易功能较为齐全的交流平台。

1. 合理规划市场功能区。按 GSP 标准规范，合理规划安国中药材市场功能区建设，建立以质量保证为核心的优质药材专营区、调味品原料经营区、保健精品经营区，中药机械经营区、中药材种苗和种子经营区等，确保规划布局合理、层次分明，促进安国中药材专业市场又好又快发展。

2. 加强市场基础设施改造。按照与国际市场接轨的要求，加强安国中药材交易市场基础设施改造升级，并配备现代化的信息交流、电子商务等设备，提高硬件设施水平和软件服务环境，扩大药材交易量，促进中药材市场人流、物流、信息流发展，实现药城设施、交易手段和管理现代化。

3. 加快安国药材物流中心建设。以九州通安国医药物流配送中心项目为龙头，有效地整合社会资源，提升物流作业的效率、降低物流成本，使安国药材专业市场在承担药材社会储备，满足国内外市场需求，带动我省中药产业发展方面发挥更大的积极作用，到 2015 年基本建成安国中药材配送中心，形成辐射全国、面向世界的中药材物流中心。

（五）规范药品流通秩序，推动行业信用建设

围绕确保广大人民群众用药安全这一目标，加快完善与药品流通秩序有关的行业规范，维护正常市场秩序，不断提高药品流通行业管理水平。

1. 落实完善各项制度。根据行业特点和市场状况，结合国家相关规范与制度的出台，会同有关部门加强行业调研，共同研究制定我省药品流通行业管理实施细则，逐步做到行业的规范服务、规范经营。

2. 打击违法违规行为。配合有关部门严厉打击经营假劣药品、商业贿赂、倒买倒卖税票、挂靠经营、非法经营网上药店、发布虚假药品和保健品广告等违法违规行为。整顿规范中药材市场，加强有害物质残留和质量检验。充分发挥 12312 商务举报投诉服务热线的作用，完善投诉举报的受理、查处和反馈机制，加强对药品流通行业的社会监督。

3. 推动全行业信用建设。加强行业诚信和职业道德宣传教育，引导药品流通企业参与“诚信经营示范创建”活动，自觉诚信守法经营。建立违法违规企业信息披露制度，在“商务领域信用信息系统”中归集企业信用信息，建立信用档案。推动部门间监管信息的公开和共享，实行信用分类监管。

4. 建立行业自律机制。指导和鼓励行业协会制定和执行行规行约；维护正常市场秩序，防止垄断行为；探索建立对职业经理人、执业药师等人员从业行为信息的采集、记录、公开、共享等制度，对有违规失信行为的个人实行行业禁入；加强信用知识培训，帮助企业建立信用风险管理制度，开展行业信用评价，提高行业自律和信用水平。

（六）加强行业基础建设，提升行业服务能力

1. 建立行业统计制度。按照商务部药品流通推进报表制度的要求，建立健全直报企业和行业主管部门及有关方面共同参与的药品流通行业统计制度与网上报送平台，及时、规范地填报相关数据，保障药品流通行业统计工作顺利开展。依据统计数据和企业调研，及时进行行业运行分析，辅助政府决策，引导行业发展。

2. 加强企业内部管理。药品流通企业是药品流通过程中质量安全的第一责任人，要完善法人治理结构，建立现代企业制度；健全药品购销索证索票、出入库及及运输安全管理责任制；加强税票管理，积极与税务管理机关联网；落实各项财务会计管理规范和员工“三险一金”等各项规定和政策，保障员工合法权益。

3. 提升经营服务水平。药品批发企业要提升药品品种保障能力，建立对客户需求的快速反应机制，保证药品及时、安全、足额供应。零售企业要按规定配备执业药师或相关药学技术人员，提高药品质量管理和药学服务水平；建立以消费者为中心的服务理念，指导消费者正确、安全、有效、合理用药。对药品流通企业设备设施、营业场所环境、售后服务等经营服务内容，以及各类从业人员专业能力、岗位责任、仪容仪表等，进行全面规范。

四、保障措施

（一）明确行业地位，改善发展环境

药品流通行业是药品供应保障体系不可或缺的重要环节，在医药卫生体制改革进程中，要进一步明确药品流通行业的地位，充分发挥药品流通行业的作用。在涉及药品流通行业的药品招标采购、基本药物价格补偿、医药分开以及医保支付等项改革和政策性规定中，要充分体现药品流通行业的整体利益，发挥已有的社会资源的作用，为药品流通行业的健康发展创造良好的政策环境。

（二）出台优惠政策，加大资金支持

会同相关部门研究制订鼓励性政策措施，加大对行业的重点医药物流园区建设、药材物流中心建设以及药品配送网络建设等重点项目和民生工程的资金支持力度。鼓励和支持企业利用产业基金、融资担保、信用保险、上市融资、应收账款和仓单质押等金融工具，多渠道筹集资金，加快改革发展步伐。有条件的市、县应争取财政、土地、金融、专项资金等优惠政策，支持药品流通行业发展。

（三）建立协调机制，解决突出问题

全省各级商务主管部门要将药品流通纳入商贸大流通体系进行统筹规划，与同级医药卫生体制改革领导小组成员单位进行工作对接，建立沟通协调和合作机制，形成合力。统筹扩大商务、药监、税务、工商、物价、医保等行政职能部门之间在行业管理方面的信息共享范围，在提升政府部门监管能力的同时，加强行业调研，跟踪发展动态，定期进行会商，协调解决涉及医药流通行业的相关政策和重大项目建设中存在的问题，提高为企业服务的水平。

（四）发挥协会作用，加强行业自律

支持医药行业协会履行职能，发挥其在行业规划制定、政策建议、规范市场行为、统计与信息、技术合作、人才培训、咨询服务等中介服务作用。鼓励和支持行业协会按照省政府和相关部门的规定，委托部分职能，购买相关服务，并为行业协会参与政府决策咨询、反映企业诉求、规范经营行为，搞好行业自律等方面工作创造条件。

（五）规划落实

各级商务主管部门应根据本规划制订2011-2015年本地药品流通行业发展的具体规划。并按《规划》要求，尽快制定完善各项配套政策和措施，确保《规划》目标、任务顺利完成。

山西省药品流通行业发展规划（2011-2015年）

山西省商务厅

为了适应我省医药卫生事业改革发展的新形势，建立和完善以国家基本药物为基础的药品供应保障体系，确保人民群众购药方便、用药安全；根据《全国药品流通行业发展规划（2011-2015年）》和我省的发展状况，制定本规划，规划期为2011-2015年。

一、我省药品流通行业的发展现状

我省现有药品批发企业423家，从业人员约2万余人，2010年销售额在5000万元以上的有40余家。现有药品零售企业8418家，从经营方式上看；连锁门店2342家，单体药店6076家；从经营区域上看：县级以上3359家，乡镇以下5059家。从业人员约5万余人。

改革开放以来，我省的药品流通从计划分配体制转向市场化经营体制。现代流通方式正在逐步形成，药品供应保障能力明显提升，多种所有制并存、多种经营方式互补的覆盖城乡的药品流通格局已成雏形。但与此同时，行业发展的体制性矛盾和结构性问题仍然比较突出。主要表现在：流通组织化、现代化水平较低，行业发展布局不够合理，流通秩序有待规范等。

我省药品流通企业的现状是多而散、规模小、毛利低、经营成本较高，管理水平、流通效率和物流成本与发达省份相比，还存在很大差距。缺乏规模大，管理科学、技术先进、资金雄厚的航母级企业。

二、我省药品流通行业发展面临的形势

“十二五”时期是我省全面建设小康社会的关键时期，是深化改革开放、加快转变经济发展方式的攻坚时期，也是

实现转型跨越发展、再造一个新山西的重要时期，是建设综改试验区的起步之年。随着全省乃至全国经济社会的发展、城镇化进程的加快、社会老龄化程度的提高，以及人们健康意识的不断增强，我省乃至全国的药品市场及需求将持续快速增长。这将为药品流通行业的发展提供更广阔的空间。

全国药品流通行业“十二五”发展规划中指出：加快建立药品供应保障体系，发展药品现代物流和连锁经营，规范药品生产流通秩序，建立便民惠民的农村药品供应网等服务。迫切要求药品流通企业必须加快结构调整，转变发展方式，实现科学发展。

按照中央提出的“政事分开、管办分开、医药分开、营利性和非营利性分开”的医改方向和“保基本、强基层、建机制”的医药卫生体制改革任务，我国将建立覆盖城乡的公共卫生服务体系、医疗服务体系、医疗保障体系和药品供应保障体系，这将为药品流通行业的快速发展带来新的机遇。

三、指导思想

按照《全国药品流通行业发展规划纲要（2011-2015年）》的总体要求，以科学发展观为指导，坚持以人为本，贯彻落实中央及我省的医药卫生体制改革精神；以加强政府政策引导、发挥市场机制基础性作用、强化现代科学技术和新型管理方式应用为基本原则；以深化体制机制改革、加快转变发展方式、形成全国统一市场为主线；充分发挥药品流通行业在服务医疗卫生事业发展，维护人民群众健康权益和促进经济社会和谐发展等方面的作用。

四、“十二五”发展目标

总的目标是：通过实施规划，全省药品流通行业的发展能够适应经济社会发展的总体目标和人民群众不断增长的健康需求，形成网络布局合理、组织化程度显著提升、营销模式不断创新、重点企业竞争力增强、市场秩序明显好转、城乡居民用药安全便利，以及满足公共卫生需要的药品流通体系。

具体目标如下：

1. 行业集中度显著提高，重点药品流通企业在竞争中发展壮大。到2015年，通过鼓励支持企业兼并重组和充分市场竞争，重点培育5家年销售额超30亿元和10家年销售额超10亿元的区域性大型药品流通企业。药品批发前10名的企业，年销售额力争占到全省年销售总额的70%以上。

2. 结构调整取得重大进展，药品供应保障体系更加健全。通过严格市场准入，每个地级市重点培育2-3家具有一定实力和现代医药物流能力的批发企业，形成遍及城乡的药品流通网络，充分保障人民群众用药的可及性和安全性。

3. 连锁经营门店数明显增加，服务水平有较大提升。连锁药店门店数占零售药店门店总数的比例由现有的1/3提高到2/3。药品零售连锁企业的年销售额达到全省年销售总额的65%以上。零售药店管理、技术和服务水平有较大提升。

五、“十二五”主要任务

（一）加强行业布局规划，健全准入退出制度

制定行业布局规划。按城乡建设规划和人口密度对药品零售网点进行科学规划，药品连锁门店间距不低于80米，新办单体药店间距不低于350米，一个行政村原则上只设立一家零售药店。会同和配合相关部门将行业规划作为行业准入的重要依据，规划和管理药品流通企业的准入和退出。

完善准入退出机制。提高行业准入标准，将是否符合行业规划作为行业准入的重要依据，严格控制药品经营企业数量。加强日常监管和考核，建立退出制度，对违法违规和不遵守各项管理制度的企业要限期整改，严重的取消经营资格。

（二）调整行业结构，完善药品流通体系

提高行业集中度。鼓励药品流通企业通过收购、兼并、托管、参股和控股等多种方式做强做大，实现规模化、集约化经营。推动实力强、管理规范、信誉度高的药品流通企业跨区域发展，形成以全省性、区域性骨干企业为主体的遍及城乡的药品流通体系。整合现有药品流通资源，引导一般中小药品流通企业通过市场化途径并入大型药品流通企业。在兼并重组过程中要做好人员安置等工作，保证平稳过渡。

发展特色经营。支持老字号药店在保持传统优势的基础上创新发展，发挥品牌效应，拓展特色服务，增强核心竞争力，进而做强做大。

完善药品流通网络。配合医药卫生体制改革和基本药物制度实施，积极支持企业，参加药品招标采购，做好药品配送。健全药品供应保障体系，重点建设一批全省性和区域性的药品物流园区和配送中心，加快形成若干具有较强辐射带动作用的药品流通枢纽。实施“放心药”服务体系建设工程，与“万村千乡市场工程”进行有效对接，鼓励大中型骨干药品流通企业向居民社区和村镇延伸销售与配送网络，实现药品流通对基层的有效覆盖，提高农村和偏远地区药品供应的安全性、便利性。建立西药、中成药、中药材重点品种的市场运行信息监测、预警体系；鼓励行业协会及市场中介组织开展药品销售渠道、消费结构和区域分布情况等信息服务，发挥政府信息和市场机制在完善流通网络中的引导作用。

（三）发展现代医药物流，提高药品流通效率

以信息化带动现代医药物流发展。广泛使用先进信息技术，运用企业资源计划管理系统（ERP）、供应链管理等新

型管理方法，优化业务流程，提高管理水平。发展基于信息化的新型电子支付和电子结算方式，降低交易成本。着力构建全省药品市场数据、电子监管等信息平台，引导产业发展，实现药品从生产、流通到使用全过程的信息共享和反馈追溯机制。

用现代科技手段改造传统的医药物流方式。鼓励积极探索使用无线射频（RFID）、全球卫星定位（GPS）、无线通讯、温度传感等物联网技术，不断提高流通效率，降低流通成本，保证药品质量。促进使用自动分拣、冷链物流等先进设备，加快传统仓储、配送设施改造升级。流通主管部门要积极配合监管部门，鼓励企业不断完善医疗用毒性药品、麻醉药品、精神药品、放射性药品和生物制品等特殊药品物流技术保障措施，确保质量安全。

引导并推进现代医药物流园区的建设。结合我省实际，积极推进各市及重点药品流通企业现代医药物流园区的建设。目前已立项的有：国药控股山西物流中心建设项目、山西双鹤药业现代医药物流中心建设项目、山西长城医药物流配送中心建设项目、阳泉市医药配送物流园区建设项目、黄河金三角药品物流配送中心建设项目、山西振东医药物流建设项目等。

推动医药物流服务专业化发展。鼓励药品流通企业的物流功能社会化，实施医药物流服务延伸示范工程，引导有实力的企业向医疗机构和生产企业延伸现代医药物流服务。在满足医药物流标准的前提下，有效利用邮政、仓储等社会物流资源，发展第三方医药物流。

（四）促进连锁经营发展，创新药品营销方式

加快发展药品连锁经营。鼓励药品连锁企业采用统一采购、统一配送、统一质量管理、统一服务规范、统一联网信息系统管理、统一品牌标识等方式，发展规范化连锁经营，树立品牌形象，拓展跨区域和全省性连锁网络，发挥规模效益。随着医药卫生体制改革深入和医药分开的逐步实施，鼓励连锁药店积极承接医疗机构药房服务和其他专业服务。

创新药品经营模式。鼓励批零一体化经营。鼓励药品零售企业开展药妆、保健品、医疗器械销售和健康服务等多元化经营，满足群众自我药疗等多方面需求。支持连锁经营、物流配送与电子商务相结合，提高药品流通领域的电子商务应用水平。

（五）健全行业管理制度，规范药品流通秩序

制定完善与流通秩序有关的行业规范。按照商务部的统一安排，会同有关部门研究制定药品批发企业营销人员、药品生产企业和药品经营代理企业医药代表的资质管理办法和行为规范，实行持证上岗和公示制度，保证依法依规销售药品和推广新药。企业要自觉完善药品购销管理制度，依法索取税票，保证其合法渠道经营药品。逐步实施药品流通企业分类分级管理制度，根据不同类别和等级，采取不同的管理措施，激励企业在规范经营的基础上改善服务设施，提升管理和服务水平。

打击违法违规行为。配合有关部门严厉打击经营假劣药品、商业贿赂、倒买倒卖税票、挂靠经营、非法经营网上药店、发布虚假药品和保健品广告等违法违规行为；整顿规范中药材市场，相关部门要加强有害物质残留和质量检验。充分发挥12312商务行政执法投诉举报热线的作用，完善投诉举报的受理、处理、移送和反馈机制。发动各方面力量，加强对药品流通行业的社会监督。

（六）加强行业信用建设，推动企业诚信自律

推进全行业信用建设。加强全行业诚信和职业道德教育，广泛开展“诚信经营示范创建”活动，树立一批遵纪守法、诚实守信、管理规范、服务到位，能够积极履行社会责任，自觉接受监督的诚信经营典型。建立违法违规企业信息披露制度，在“商务领域信用信息系统”中归集企业信用信息，建立信用档案。推动部门间监管信息的公开和共享，实行信用分类监管。

建立行业自律机制。指导和鼓励行业协会制定和执行行规行约；维护正常经营秩序，防止垄断、欺诈等行为；探索建立对职业经理人、执业药师等人员从业行为信息的采集、记录、公开、共享等制度，对有违规失信行为的个人实行行业禁入；加强信用知识培训，帮助企业建立信用风险管理制度，开展行业信用评价，提高行业自律和信用水平。

（七）搭建服务平台，积极引进资金、技术和管理

搭建多功能服务平台。发挥政府部门和行业协会作用，建立药品交易、投融资合作、信息交流、政策发布等多层次、多功能平台，服务企业发展。发展医药会展经济，促进中西药、产供销协调发展。

积极引进资金、技术和管理。吸引国内外药品流通企业按照有关政策扩大在我省的投资，参与药品流通企业兼并重组。学习借鉴国内外先进管理经验和营销方式，提升管理服务水平。

（八）加强行业基础建设，提升行业服务能力

建立行业标准体系。结合行业特点和市场需求，按照商务部的统一要求，借鉴国内外先进经验，建立药品流通业态分类分级、药品统一编码及现代流通设施与信息化、中药材商品等级、职业经理人与从业人员资质和岗位规范、企业经营服务、信用建设和社会责任等相关标准体系。

建立行业统计制度。根据《全国药品流通统计制度》的要求，认真开展好直报企业和市、县行业主管部门共同参与的药品流通统计工作，及时掌握全省药品流通行业运行和发展的全面信息，辅助政府决策，引导行业发展。

加强企业内部管理。药品流通企业是药品流通过程中质量安全的第一责任人，要完善法人治理结构，建立现代企业制度；有关监管部门要认真履职，督促企业健全药品购销索证索票、出入库及运输安全管理责任制；加强税票管理，积极与税务管理机关联网；落实各项财务会计管理规范和员工“三险一金”等各项规定和政策，保障员工教育经费。

提升经营服务水平。药品批发企业要提升药品品种保障能力，建立对客户需求的快速反应机制，保证药品及时、安全、足额供应。零售企业要按规定配备执业药师或相关药学技术人员，提高药品质量管理和药学服务水平，零售药店应当提供24小时服务；建立以消费者为中心的服务理念，指导消费者正确、安全、有效、合理用药。对药品流通企业设备设施、营业场所环境、售后服务等经营服务内容，以及各类从业人员专业能力、岗位责任、仪容仪表等，进行全面规范。

六、保障措施

（一）完善促进药品流通行业发展的政策体系

清理、废止阻碍药品流通行业改革发展和妨碍公平竞争的政策和规定，发挥市场机制的作用，促进优胜劣汰，逐步完善统一、开放、竞争、有序和方便消费者购买的药品流通政策体系。

政府有关部门要依法行政，减少行政干预，允许药品批发企业参与招标采购。医疗机构要落实“60天内回款”和允许患者凭处方到药店购药等有关规定。医保主管部门要加快赋予符合条件的零售药店医保定点资格。

发挥公共财政的作用，鼓励药品流通企业建设农村和边远地区的药品配送体系，向下延伸流通网络，消除药品供应死角。各级政府要加大对农村药品“两网”建设的投入力度，明确政府财政补贴、税费优惠等扶持政策，促进农村药品供应服务水平提高。

改善药品流通企业的融资环境，引导鼓励企业利用融资担保、信用保险、上市融资、应收账款和仓单质押，以及利用外资等多种金融工具和方式，加速结构调整，发展现代医药物流和连锁经营，支持企业科技创新、节能降耗、再生资源回收体系的建设。有条件的地方可以制定财税、土地、金融等优惠政策，予以专项支持。

（二）建立行业标准体系和分类分级管理制度

围绕行业特点和市场需求，根据国家商务部的部署，逐步建立并推行行业标准体系，主要包括制定药品流通业态的分类标准、规范药品流通企业经营的服务标准、引导药品批发和零售企业发展的分级标准、指导药品现代物流发展的行业技术标准，以及全国统一的药品分类、编码标准等。

逐步实施分类分级管理制度。根据药品流通企业的不同类别和等级，采取不同的管理措施，提高药品流通企业在市场竞争中的透明度。

（三）改革药品流通体制机制，创造健康发展的市场环境

根据我省卫医管发〔2010〕20号文件精神，积极推进“医药分开”、改革“以医补药”。随着医药卫生体制改革的深入和“医药分开”的逐步实施，鼓励连锁药店积极承接医疗机构药房服务和其他专业服务。

（四）加强药品流通理论研究，提高药品流通人才队伍素质

鼓励大专院校、研究院所、大型药品流通企业集团加强现代药品流通理论、经营管理技术的研究与创新。建立药品流通领域人才激励和约束机制、人才吸引与交流机制，鼓励和支持药品流通企业吸引国内外高级经营管理人才。

（五）充分发挥行业协会和相关中介组织作用

充分发挥行业协会等中介组织在行业统计、行业分析、行业指导、行业培训、行业自律等方面的作用。大力支持省、市药品流通行业协会的发展，积极探索行业协会发展模式，加强协会的组织建设，增强服务意识、自律意识和市场意识，使之逐步成为推动企业规范发展和行业自律的中介组织，提高为行业和企业服务的能力。充分发挥行业协会在企业和政府之间的桥梁作用，维护企业合法权益，开展行业调查研究，制定行规行约，规范行业行为，维护公平有序的竞争环境。

（六）加强部门协调，形成药品流通行业规范发展的合力

各级药品流通行业主管部门要将药品流通纳入商贸大流通体系进行统筹规划，与同级的食品药品监管部门、卫生主管部门、医保部门、工商部门、价格主管部门等进行工作对接，建立沟通协调和合作机制，形成合力。统筹扩大商务、药监、税务、工商、物价、医保等行政职能部门之间在行业管理方面的信息共享范围，在提升政府部门监管能力的同时，提高为企业服务的水平。

吉林省药品流通行业发展规划（2011–2015年）

吉林省商务厅

历经30多年的改革发展，医药卫生事业得到了蓬勃发展，国家高度重视人民群众生命健康和医药卫生事业发展，国务院于2009年提出医药卫生事业体制改革的意见，并明确了商务部为全国药品流通行业的主管部门，根据商务部制定的《全国药品流通行业发展规划纲要（2011–2015年）》和《吉林省国民经济和社会发展第十二个五年发展规划》要求，为适应医药卫生事业改革发展的新形势，促进药品流通行业科学发展和壮大，保障人民群众安全、合理、方便用药，维护生命健康，促进社会和谐发展，积极稳妥的开展好我省药品流通行业管理工作，特制定本规划，规划期为2011–2015年。

一、吉林省药品流通行业发展现状

我省药品流通行业发展过程经历个三个阶段：计划经济时代的政府行政指导下的药品供应；改革开放以后，在政府引导下，发挥市场在资源配置的作用，全省的药品流通行业有了一定的发展和进步；医药卫生体制改革以来，药品流通行业进入了较快发展期。当前药品流通领域的监管体制基本建立，各项规章、制度、法律法规基本健全，市场供应保障能力明显提升，新型流通方式得到运用，社会作用不断增强，多种经营方式互补、覆盖城乡的药品流通网络也基本形成。一是药品流通行业规模不断扩大。截止2010年底，全省药品零售企业14043家，其中连锁总部27家，连锁门店1679家，单体店12337家，全省药品批发企业390家，包含综合性批发企业312家，生物制剂（疫苗）专营企业12家，体外诊断试剂专营企业66家；2010年全省医药商品销售总额164.97亿元，其中零售企业销售总额33.06亿元、批发企业销售总额133.91亿元；二是重点企业逐步发展壮大。药品流通业的发展，对保障和方便人民群众用药、提高人民群众生活质量发挥了十分重要的作用，同时还促进了吉林医药产业的发展和壮大；永新、华润大格、北方医药、国药控股吉林公司、益和、吉林大药房等一批大、中型药品流通企业在我省药品流通行业中发挥了带动作用。各地零售连锁企业也发挥了骨干作用，在“方便人民群众买药、买放心药”的作用，服务民生的公益性逐步得到体现，规范经营逐步得到推广的同时，也提高了我省药品零售连锁率和行业集中度；三是现代医药物流不断完善。目前，我省现代医药物流建设、药品连锁经营以及第三方现代医药物流推广等领域逐步得到发展，现代药品经营销方式、流通形式与管理模式也得到应用，以电子信息平台、现代物流为支撑的药品配送比例逐步增加，药品流通效率得到提高。省益和医药集团于2010年在全省率先完成竣工并投入使用“采用WMS技术管理的高标准现代化医药仓储（30000平米）物流体系”，填补了我省空白、提升了我省药品流通行业现代化水平；四是社会作用逐渐增强。我省药品流通企业的服务质量和效率在显著提高的基础上，服务功能也在增加，社会作用不断增强，为行业的发展带来了推动力。亚泰华氏、吉林大药房等骨干企业积极参与药品储备和应急配送工作，有效保证了在重大疫情和自然灾害发生时的药品供应；药品流通行业的发展，带动了相关产业的发展，对繁荣市场、维护社会稳定、保证生命健康、满足人民群众用药需求上做出了较大的贡献。

我省的药品流通行业与发达省份相比较有一定的差距。一是药品现代物流发展落后。目前仅有少数大型药品流通企业建立并逐步完善现代化的药品物流中心，大多数药品流通企业还处于传统的物流方式，高科技的应用程度普遍偏低，在管理水平、流通效率和物流成本、标准化、信息化建设等方面有待提高；二是药品流通行业主体小、散、弱。批发企业规模偏小；零售药店连锁率仍然较低，盈利能力不强；药品流通企业产业结构调整缓慢；药品流通中还存在着产品同质化、市场定位趋同化等现象；三是行业发展不均衡。发达城区药品零售企业过度集中，仅长春市区药店2157家，其他9个地区也存在同样的现象；全省零售药店连锁率仅为12%，远低于全国零售药店连锁率35%；四是流通秩序有待进一步规范。药品流通购销活动不够规范，恶性竞争问题仍时有发生。

二、药品流通行业发展形势

当前全球药品市场正在快速发展，我国医药卫生体制改革对药品流通行业提出更高的要求。2011–2015年，是实现深化医药卫生体制改革目标的关键时期，也是药品流通行业结构调整和转变发展方式的关键时期。国家提出加快建立药品供应保障体系，发展药品现代物流和连锁经营，规范药品生产流通秩序，建立便民惠民的农村药品供应网等任务，迫切要求行业必须加快结构调整、转变发展方式、实现科学发展。与此同时，人口结构的老龄化加快，人民生活需求和消费方向也发生了很大的变化，医疗卫生服务和自我保健需求将大幅度增加，这些都将对医疗卫生服务、药品流通行业服务提出更高的要求。国家提出的“保基本、强基层、建机制”的医药卫生体制改革任务，要求建设覆盖城乡的公共卫生服务体系、医疗服务体系、医疗保障体系和药品供应保障体系，必将在推动医药卫生事业发展的同时，带动药品市场规模的增加。在制度探索和制度创新的过程中，不断完善、修订配套措施和法律法规，也为药品流通行业发展带来新的机遇。

我省药品流通行业具备了快速发展的客观环境和条件，十二五期间，国家大力实施民生工程、大力培育战略性新兴产业，在新一轮的《中国图们江区域合作开发规划纲要——以长吉图为开发开放先导区》中，对东北的战略定位是：发挥科技、人才、产业优势，打造东北新区，加快建设长吉国家重点开发区域，成为图们江区域的资源要素集聚高地、产业和科技创新高地、国际物流枢纽中心和东北亚国际商务服务基地，这对吉林省药品流通行业的发展提供了新的发展机遇；《全国药品流通行业发展规划纲要（2011-2015年）》、《吉林省国民经济和社会发展第十二个五年发展规划》，从宏观的角度给我省药品流通行业的发展指明了方向、提出了新的要求；为加强药品流通行业管理工作，商务厅设立专门机构从事药品流通行业管理工作，逐步完善了省市县三级工作体系建设，得到了相关部门的大力支持，为我省药品流通行业的发展提供了组织保证。

我省医药物流骨干企业的现代化、信息化建设以及药品零售连锁企业规范服务、信用建设、运营经验等，为我省在“十二五”期间将开展的药品流通行业结构调整、提高行业集中度、发展现代医药物流等工作起到了铺垫作用，对全省各地区的药品流通行业发展建设具有示范作用。全国性、区域性的大型药品流通企业在我省业务扩展、兼并重组步伐加快，使我省药品流通行业集中度得到一定程度的提高，对我省药品流通行业的现代化建设和高技术的应用起到了带动作用，必将对我省药品流通行业科学发展和结构调整起到推动作用。

从全省实际情况来看，由于药品流通行业基础薄弱，十二五期间，行业集中度偏低、整体管理水平低、企业人才和资金匮乏、地方保护等现象较难改变。还将存在创新能力不强、竞争能力弱、转型升级较难、行业结构调整缓慢等不利因素。

三、指导思想和目标

（一）指导思想

紧紧围绕省委、省政府改善民生的战略部署，以科学发展观为指导，强化现代科学技术和新型管理方式应用为基本原则，以促进人民群众用药安全和医药流通行业健康快速发展为基本目标，以深化体制机制改革、加快转变发展方式、优化网络布局和行业结构、提高行业集中度和物流现代化水平、规范药品流通秩序为主线，支持大型骨干企业在现代化物流、经营方式、提高信息化程度等方面的发展建设，逐步实现药品流通行业的发展壮大，促进药品流通行业稳定健康发展。

（二）发展目标

到2015年，全省药品流通行业的发展适应新的医药卫生体制，形成网络布局趋向合理，行业集中度显著提升，流通效率不断提高，市场秩序明显好转，骨干企业竞争力增强，城乡居民购药安全、便利，以及满足公共卫生需要的药品流通体系。到“十二五”末，实现以下发展目标：

1. 到2015年末，全省药品销售总额达到400亿元，年均递增20%。

2. 培育2家年销售额超50亿元的大型医药商业集团，支持发展一批区域性药品流通龙头企业，省内药品批发企业前100名年销售额占药品批发总额的85%以上，形成以全国性、区域性药品流通企业为主体，遍及城乡、结构合理的药品流通网络。

3. 药品零售连锁企业年销售额占药品零售企业销售总额50%以上，连锁药店占全部零售药店的比重提高到50%以上，实现100%规范化经营；稳步推进医药物流服务延伸示范工程，提高行业管理水平和流通现代化水平。

四、主要任务

（一）完善网络规划，健全药品流通体系

为实现商务部药品流通规划纲要的目标和要求，根据人口和经济发展对比情况、以及市场结构的发展趋势，从以下几方面开展工作。一是深入调研，制定药品零售网点规划，协调相关部门将是否符合规划作为行业准入的重要依据。科学的确定零售药店的数量规模及网点分布，控制城市零售药店数量规模，扩大乡镇、农村零售药店网点数量，让农民方便地购买到放心药和安全药；二是扩大零售连锁药店数量规模，鼓励和支持大中型医药物流连锁骨干企业开展连锁药店业务，鼓励药店连锁企业到村镇建店，实现农村和偏远地区药品供应的安全、便利。三是配合医药卫生体制改革和基本药物制定的实施，积极支持药品配送企业参与药品招标采购工作。密切跟踪基本药物制度和药品集中采购政策对药品流

通行业的影响，制订相应预案，做好部门协调，落实保障措施。完善药品流通网络，保证药品特别是基本药物、疗效好、价格廉的常用药的安全有效供应。零售药店按照有关规定配备和销售基本药物，其中医保定点零售药店按规定做好基本医疗保险目录药品的配备和销售；四是建立和健全药品保障体系，鼓励具备现代医药物流配送条件的大中型药品流通企业通过参与地市州药品流通企业的兼并重组、发展连锁经营等多种形式，向居民社区和村镇延伸，实现中心城市与边远地区药品供应网络信息化、物流现代化、流通环节优化。

（二）着力推进结构调整，提高竞争能力

一是坚持创新驱动和市场驱动并举，支持具备条件的大、中型药品流通企业做大做强。鼓励省内大型药品流通企业通过收购、合并、托管、参股和控股等方式，发展现代物流和连锁经营，实行标准化配送，创新营销模式；引导和鼓励药品流通企业加强内部管理，不断提高竞争力，实现规模化、集约化经营。二是破除地方保护意识，推动实力强、管理规范、信誉度高的药品流通企业跨区域发展，形成以全国性、区域性骨干企业为主体的遍及城乡的药品流通体系。三是支持专业化和有特色的中小药品流通企业做精做专，满足多层次市场需求。支持中小型企业的转型升级，增加和完善药品企业的服务功能，鼓励中小型药品流通企业与大型骨干流通企业合作，引导中小药品流通企业采用联购分销，共同配送等方式，降低经营成本，发展细分市场、搞特色化经营，使我省药品流通企业的低水平流通方式得到提高。

（三）发展连锁经营，创新经营方式

在合理规划布局的基础上，鼓励支持骨干企业在全省各地区发展药品连锁经营，通过收购、兼并方式，对现有零售单体药店进行整合，推进服务方式和服务内容的创新，推动全省药品流通市场现代化建设的跨越式发展。

一是加快发展药品连锁经营，鼓励药品连锁企业采用统一的采购、配送、质量管理、服务规范、信息系统、品牌标识等方式，发展规范化连锁，树立品牌形象，拓展跨区域和全国性连锁网络，发挥规模效益。鼓励连锁药店积极承接医疗机构药房和其他专业服务。鼓励引导零售连锁企业向居民社区、城郊结合部、县及广大农村集镇发展。二是创新药品经营模式。鼓励批零一体化经营。鼓励药品零售企业开展药妆、保健品、医疗器械销售和健康服务等多元化经营，满足群众自我药疗等多方面需求。三是支持连锁经营、物流配送与电子商务相结合，提高药品流通领域的电子商务应用水平。鼓励经营规范的零售连锁企业发展网上药店。四是提升经营服务水平。指导药品批发企业提升药品品种保障能力，保证药品及时、安全、足额供应。零售企业要按规定配备执业药师或相关药学技术人员，提高药品质量管理和药学服务水平，鼓励零售药店提供24小时服务；建立以消费者为中心的服务理念，指导消费者正确、安全、有效、合理用药。对药品流通企业设备设施、营业场所环境、售后服务等经营服务内容进行标准化规范。

（四）推动现代医药物流的发展和信息化建设

信息化是现代药品流通行业最显著的特点，是高技术应用领域最多的行业之一。一是以信息化带动现代医药物流发展，广泛使用先进信息技术，运用企业资源计划管理系统（ERP）、供应链管理等新型管理方法，优化业务流程，提高管理水平。发展基于信息化的新型电子支付和电子结算方式，降低交易成本。配合国家构建全国药品市场数据、电子监管等信息平台，引导产业发展，实现药品从生产、流通到使用全过程的信息共享和反馈追溯机制。二是用现代科技手段改造传统的医药物流方式。提高全行业对现代医药物流、仓储、配送意义的认识，完整、清晰、正确认识现代医药物流和信息化的概念。鼓励积极探索使用无线射频（RFID）、全球卫星定位（GPS）、无线通讯、温度传感等物联网技术，不断提高流通效率，降低流通成本。促进使用自动分拣、冷链物流等先进设备，加快传统仓储、配送设施改造升级。完善医疗用毒性药品、麻醉药品、精神药品、放射性药品和生物制品等特殊药品物流技术保障措施，确保质量安全。三是推动医药物流服务专业化发展。鼓励具有资质、规模、业绩的大型医药商业集团采用现代信息技术和物流技术，在长春、及周边整合物流资源，建设、运营符合GSP等安全保障标准的大型药品物流园区和物流中心；对于具备现代医药物流仓储规模和条件、信息化程度高、在省内药品连锁门店建设具有一定的数量规模、运营成熟的药品流通企业，在符合国家相关政策的前提下，支持其在全省各市、州中型城市建立中小型现代医药物流或终端配送中心。四是鼓励物流企业的物流功能社会化，实施医药物流服务延伸示范工程，引导具备条件的药品流通企业向医疗机构和生产企业延伸现代医药物流服务，在满足医药物流标准的前提下，有效利用邮政、仓储、交通、服务外包等社会物流资源，发展第三方物流。

（五）健全行业信用体系建设，促进行业发展

加大对药品流通行业调研，加强与相关部门的合作，学习借鉴兄弟省市的先进经验，结合本省药品流通行业特点和市场需求，制定和完善药品流通行业标准和制度，规范行业发展。一是科学合理的制定行业标准，控制药品批发企业和零售单体药店的数量，发展药品零售连锁经营，提高行业集中度。二是推进行业信用建设。加强行业诚信和职业道德教育，广泛开展“诚信经营示范创建”活动，树立一批遵纪守法、诚实守信、管理规范、服务到位，能够积极履行社会责任，自觉接受监督的诚信经营典型。建立违法违规企业信息披露制度，在“商务领域信用信息系统”中归集企业信用信息，建立信用档案。三是建立行业自律机制。探索建立药品流通行业职业经理人与从业人员资质和岗位规范、企业经营服务、信用制度和社会责任等相关行业标准体系，对有违规失信行为的个人实行行业禁入。四是加强信用知识培训，帮助企业建立信用风险管理制度，开展行业信用评价，提高行业自律和信用水平。

（六）加强行业管理，整顿规范药品流通秩序

一是营造良好市场秩序。加强宣传，倡导良好的行业风气和秩序，为具备现代物流配送条件的大中型药品流通骨干企业在全省各地区的业务拓展创造良好的市场环境和有序的公平竞争环境。二是打击违法违规行为。配合有关部门严厉打击经营假劣药品，商业贿赂、挂靠经营、代开发票、倒买倒卖税票等违法违规行为，切实加强行业自律和守法经营。三是配合有关部门加大执法检查力度，抓好药品购销管理，完善索证索票制度，维护正常价格秩序；严厉打击非法经营网上药店，发布虚假药品和保健品广告等违法经营行为。四是充分发挥12312商务行政执法投诉举报热线的作用，完善投诉举报的受理、处理、移送和反馈机制，发动各方面力量，加强对药品流通行业的社会监督。

五、保障措施

（一）统一思想认识，形成工作合力

药品流通行业管理工作是涉及到广大人民群众切身利益，责任重大，各市（州）、县（市）级商务主管部门要高度重视，尽快理顺行业管理职能，加强对药品流通管理工作领导，保证人员和经费，与当地食药监、工信、发改、卫生、人社、工商等相关部门建立有效的协作机制，与药企之间建立密切的联系机制，加强对药品流通行业的管理和服务，实行齐抓共管，共同开创药品流通行业发展和管理的新局面。

（二）完善法律法规和政策体系，加大对药品流通行业发展的政策支持力度

完善和修改与药品流通相关的法律法规，认真清理和废止不利于药品流通行业改革发展和妨碍公平竞争的政策规定，为健全市场机制、保障行业管理工作的需要、在充分调研的基础上，制定促进行业发展、确保规划完成的地方性法规。针对药品流通行业特点，研究制订鼓励性政策措施，支持企业技术改造、科技创新，完善相关基础设施，在搞活流通，扩大消费的各项政策中，积极支持药品流通行业结构调整和药品供应保障体系建设，把药品流通行业发展纳入商贸流通行业发展的总体规划，享受国家和省政府对商贸流通行业发展的相关政策。加快构建多元融资方式，鼓励药品流通企业利用产业基金、融资担保、信用保险、上市融资、应收账款和仓单质押等金融工具，多渠道筹集资金，切实解决行业融资难问题。有条件的市（州）县（市）要积极争取当地财政、土地、金融、专项资金等优惠政策，支持药品流通行业发展，保障国家和我省规划目标的实现。

（三）改善药品流通行业发展环境，加强对药品流通企业的服务

研究破解影响行业发展中的深层次矛盾和问题，创造更加宽松的发展环境，不断提高行业发展的内在动力和外部活力。一是密切跟踪医药卫生体制改革各项政策实施对药品流通行业的影响，研究提出解决对策和措施，推动医药卫生体制改革与药品流通行业工作有机结合、协调发展，促进医疗机构依合同规定按期向流通企业支付货款。推动改革“以药补医”体制，完善药品定价、采购和医保支付机制，破除地方保护、地区封锁。为保障药品批发企业平等参与招标采购及配送业务，协助大中型流通企业在招标中予以相关政策倾斜，鼓励药品流通企业开展药房托管、集中配送等经营方式。二是稳步推进医药物流服务延伸，鼓励具备条件的企业，将医药物流服务延伸到医院药房和诊疗区，降低医疗单位的成本，共同提高现代化管理水平。支持零售连锁企业和其他具备条件的零售药店申请医保定点资格，扩大基本医疗保险定点药店覆盖范围，逐步提高社会零售药店在药品终端市场上的销售比重。三是加强诚信经营宣传，开展“诚信经营示范药店”评选活动，促进药品零售行业规范、有序、健康发展。四是建立省市（州）、县（市）商务部门分工联系重点企业制度，建立责任包保制度，经常性的建立与企业间的联系，及时了解企业经营过程中的问题，帮助企业做好药品流通工作，掌握行业发展动态，提高业务指导能力。

（四）加强教育培训，提高药品流通行业人才队伍整体素质

各级商务部门从事药品流通管理的工作的人员，要加强对行业政策、法律法规的学习，加强自身建设，便于更好地开展工作，同时，还要加强对基层工作的管理和指导，牢固树立服务意识和政策意识，稳步开展药品流通行业人才队伍建设。建立药品流通人才培训机制，逐渐形成层次多元、市场认可、企业满意的人才培养与职业教育体系；建立药品流通职业经理人和其他从业人员的资格认证制度；建立药品流通领域人才激励与约束机制。“十二五”期间，将采用现代和传统多种教育形式，开展药品流通行业高级职业经理人、中级职业经理人、药学技术服务人员、及其他重点岗位的教育培训。

（五）建立行业协会，提高行业自我约束和自我发展的能力

根据工作需要，成立吉林省药品流通行业协会，加强协会的组织建设，选配专业人员从事协会的各项工作。充分发挥协会在行业统计、行业培训、行业自律、国际交流、维护企业合法权益方面的作用。督促行业贯彻执行国家的方针、政策、法规，为政府、行业和企业服务，促进药品流通行业健康、稳定、可持续发展。

（六）完善措施，确保规划实施

各级商务主管部门，要按照国家规划纲要和省规划的要求，注意结合本地实际，深入调查研究，拟定本地药品流通行业发展规划，制定完善的各项配套政策和措施，建立年度跟踪监督、中期评估和终期检查制度，确保国家、省、本地规划目标的完成和工作任务的顺利实施。

黑龙江省药品流通行业发展规划（2011-2015年）

黑龙江省商务厅

按照黑龙江省国民经济和社会发展“十二五”规划的总体要求，为适应医药卫生体制改革和经济社会发展的新形势，促进药品流通行业科学发展，依据商务部制定的《全国药品流通行业发展规划纲要（2011-2015年）》，结合黑龙江省药品流通行业发展实际，制定本规划。

一、发展现状

随着改革开放不断深入和经济社会的不断发展，黑龙江省药品流通行业有了长足发展，在市场经济导向的作用下，形成了多种所有制并存，多种经营方式互补的药品流通行业格局，初步建立了覆盖城乡的药品流通体系。

（一）市场规模不断壮大

截止2012年底，全省共有药品流通企业7879家，其中，药品批发企业497家，药品零售连锁企业140家，其他药品零售企业7242家；从业人员70584人。为保障人民群众健康用药，促进经济社会发展作出了积极贡献。2012年全省药品流通企业销售总额185亿元，同比增长10%；限额以上企业销售总额120亿元，占全省销售总额的65%。

（二）大型企业占主导地位

全省行业领先大型企业大力发展连锁经营、物流配送和电子商务等现代流通方式。药品零售连锁企业积极发展连锁门店。2012年全省批发零售企业销售额超过1亿元的有10家，超过10亿元的有2家，超过50亿元的有1家，分别占全省销售总额的40%、15%、45%。

（三）兼并重组步伐加快

随着改革不断深化，哈药集团医药公司、国药控股黑龙江有限公司、华润牡丹江天利医药有限公司、华润黑龙江医药有限公司等一批大型企业通过收购、重组、控股、参股等形式进行兼并重组，整合销售资源，拓展销售渠道，延伸销售网络，提升运营效率。

二、发展环境

深化医药卫生体制改革和经济社会发展，对药品流通行业的发展提出更高的要求，药品流通行业必须抓住有利机遇，积极迎接挑战，加快结构调整，转变发展方式，实现科学发展。

（一）发展机遇

一是实施医改政策，提振药品流通行业发展。按照中央确定的医改方向，改革““以药补医””体制，大力建设覆盖城乡的公共卫生服务体系、医疗服务体系、医疗保障体系和药品供应保障体系，将为药品流通行业带来新的发展机遇，对药品流通企业进一步增强市场竞争能力，提高服务质量和运行效率，必将产生提振作用。

二是实施经济发展战略，带动药品流通行业发展。国家深入实施振兴东北老工业基地战略，特别是我省加快建设“八大经济区”、“十大工程”和扩大对外开放等一系列发展战略的实施，促进经济社会更好更快更大发展，我省的区位优势、环境优势、政策优势、平台优势、空间优势所产生的叠加效应，必将带来人流、物流、商贸流的高度汇集，也必将带动我省药品流通行业的快速发展。

三是实施改善民生工程，促进药品流通行业发展。随着经济发展和改善民生工程实施，全省上下践行“奋力谱写全省人民幸福美好生活新篇章”的主题，致力于改善人民生活条件，增加居民收入，提高人民生活质量和水平。全省居民收入的增长，支撑居民消费结构改善，居民家庭健康投入必然增加，寻医用药消费必然增长，必将促进药品流通企业效益增长和行业发展。

四是实施行业发展规划，引领药品流通行业发展。实施全国和全省药品流通行业发展规划，合理调整行业布局，建立行业标准，提升行业组织化程度，创新行业营销方式，提高行业运行效率，增强企业市场竞争能力，将对药品流通行业持续健康发展发挥引领作用。

五是人口结构变化，拉动药品流通行业发展。随着我省人口结构的变化，老龄人口的比重将逐步增大，保障老年人身体健康用药，必将扩大药品市场消费，促进药品流通企业效益增长，拉动药品流通行业发展。

（二）面临困难和挑战

一是客观环境影响，企业承受冲击压力。随着医改和基药政策实施，基本药物零差率销售，药品零售企业失去原有价格优势，基层医疗卫生机构全覆盖城市社区和农村乡村，医保覆盖面扩大、报销比例提高，导致零售药店的客流量大幅减少，效益下降，经营困难，一些规模小的零售药店、非医保药店、单体药店承受冲击压力较大。

二是内在因素制约，行业发展难度较大。我省药品流通行业企业普遍规模小，基础薄弱，市场占有率低，企业实力较弱，服务和科学管理水平不高，科技创新能力不强，缺乏市场开发、市场服务和市场竞争能力，对行业结构调整和行业发展带来较大难度，现代供应链服务、药事服务、综合服务、增值服务等亟待加强。

三是市场格局调整，中小企业转型任务艰巨。随着我省经济发展环境改善，省外大型药品企业挤入我省药品流通市场布局，省内大型企业为做大做强、壮大竞争能力，积极开展兼并重组，必将推动全省药品流通行业市场格局的重新调整，部分中小企业将面临被兼并重组、转型或淘汰的压力。

四是行业人才短缺，束缚服务水平提升。2010年全国执业药师超过20万人，我省执业药师只有5120名，每万人拥有的执业药师人数低于全国平均水平，满足不了零售药店配备执业药师的要求，执业药师的严重短缺，制约了零售药店开展药学等各类服务业务，影响零售药店整体服务水平和服务功能的提升。

三、发展目标

（一）指导思想

以“十八大”精神为指针，以保障民生、促进全面小康社会建设为宗旨，以推动全省十大产业建设为契机，以服务医药卫生体制改革大局，建立药品流通体系为重点，运用现代科学技术，创新行业运行管理模式，提升行业发展的整体水平，构建高效、便民、有序的现代药品流通行业体系，更好地满足人民群众的健康需求，为兴省利民做出新贡献。

（二）基本原则

“十二五”期间，我省药品流通行业发展，坚持“政府引导，科技引领，城乡统筹，有序发展”的基本原则。

政府引导。突出政府在规划管理、政策制定等方面的作用，消除妨碍公平竞争的体制机制因素，发挥市场机制配置药品流通资源的基础性作用，提高药品流通行业发展水平。

科技引领。提高企业创新能力，加强行业标准化建设，运用现代信息技术，改善物流仓储基础设施，推动电子商务网络平台建设，提高药品流通行业现代化水平。

城乡统筹。突出药品供应的社会公益性，统筹城乡协调发展。结合城市化建设，以社区为基本单位，考虑人口密度和医疗机构服务现状，保障城市居民用药便利；结合新农村建设，考虑当地人口数量和地域状况，保障农村和偏远地区药品供应。

有序发展。规范市场秩序，建立行业违规惩戒和退出机制，加强诚信建设，促进行业自律，强化社会和舆论监督，打击违法违规行为，促进行业统一、开放、竞争、有序健康发展。

（三）发展目标

到“十二五”末，基本建成能满足全省城乡居民健康需求和公共卫生需要的药品流通体系。药品流通行业竞争能力明显增强，行业规模化程度和连锁经营覆盖率明显提升，药品现代物流方式明显改善，药品流通市场机制进一步完善，药品流通效率不断提高，市场秩序持续好转，供应网络覆盖城乡，居民用药更加安全便捷。

行业发展目标。到“十二五”末，全省药品流通销售额突破300亿元，比“十一五”末增长一倍以上，药品零售额年均增长30亿元以上。年均增长幅度11%左右，零售连锁企业销售比重提高到50%以上，连锁药店比重达到全部零售门店的60%以上。

企业培育目标。到“十二五”末，培育1家销售额100亿元的药品流通企业，培育2-3家年销售额10-20亿元以上的药品流通企业；培育一批年销售额亿元以上的地区性、区域性药品连锁企业；培育1-2家电子商务企业。

网点布局目标。“十二五”期间，合理控制零售网点增长数量，重点发展农村乡镇零售连锁药店，实现县城以上城市布局相对合理、行政村延伸覆盖。

市场建设目标。“十二五”期间，加快药品流通市场建设步伐，引导和鼓励大型企业探索建立上下游紧密结合型，产、销、用一体化的市场流通模式，积极推动大型连锁企业打造网上交易平台；提升中药材市场营销水平，加大标准种植中药材进场交易比重，鼓励和支持大型中药材专业市场建成集贸易、检验检测、信息发布、物流配送等于一体的综合性中药材集散中心，提高市场辐射能力，提升中药材市场竞争能力。

四、主要任务

（一）优化行业布局

合理调整行业布局。依据全国药品流通行业发展规划纲要，统筹考虑全省各地的产业基础、企业实力、物流条件和覆盖范围等因素，从增强企业规模效益和市场竞争能力出发，合理设置全省药品批发企业的布局；从便民购药和有序发展出发，合理设置零售企业网点布局。保障基层药品供应，围绕城市化建设，以社区为基本单位，考虑人口密度和社区医疗卫生机构服务能力，保障城市居民用药需求；围绕新农村建设，考虑当地常住人口数量，地域、交通状况和实际需求，保障农村和偏远地区用药方便。逐步建立全省布局合理、运行高效、便民服务、质量安全的药品供应保障体系。

（二）调整行业结构

引导和鼓励大型骨干企业做大做强，充分发挥市场机制作用，通过兼并重组、合并、参股和控股等方式，利用产业基金、融资担保、招商引资等多种渠道，壮大企业实力，发展规模经营，发展有竞争实力的大型企业集团，提高行业集中度，发挥规模效益。支持有实力企业向城市社区和农村乡镇延伸销售与配送网络，拓展药品供应服务功能。

鼓励和支持有实力的企业延伸产业链，发展零售连锁经营业务，鼓励批零一体化经营。引导和鼓励零售企业多元化发展，开展药妆、保健品、医疗器械销售和健康服务等多种经营。探索药品产、销、用一体化发展的新路径，构建药品流通行业整体发展优势，提高组织化程度。

（三）提高药品流通效率

引导和鼓励企业运用现代流通方式，加快标准化、信息化建设步伐。大力发展零售连锁经营企业，鼓励和引导零售连锁企业发展农村乡镇连锁经营门店，为农村安全有效用药提供保障；鼓励单体药店加盟连锁企业，降低运营成本，提高经营效率；鼓励连锁企业向新建社区延伸，拓展营销空间，提高连锁企业的市场占有率。

引导发展以医药第三方物流为基础的电子交易中心和物流配送中心，鼓励有条件的企业通过投资、合作、兼并等方式组建具有较强辐射带动作用的物流基地。选择部分规模较大、现代物流基础较好、社会责任感强、流通网络健全的药品流通企业承担药品、中药材储备任务，提高应急保障能力。

（四）创新药品营销模式

鼓励药品流通企业拓展服务功能，推动药品流通企业向医疗机构开展延伸服务，鼓励药品流通企业为医院提供标准化、专业化、个性化的综合药事服务，引导企业以订单为导向，构造供应链，有效地整合上下游资源，提高整个产业链效率，推动企业把传统的药品供应提升为供应链服务、药学服务、承接“医药分开”后，药房管理等多种方式的组合服务。组织大型企业在经济园区建立药品销售中心，发挥大型企业基础性、前导性作用，促进药品行业和相关产业发展。鼓励经营规范、信誉好的药品企业开设网上连锁药店，充分利用互联网优势和高效物流系统发展新型药品服务模式。支持药品企业发展连锁经营、物流配送、电子商务等现代流通方式，逐步提高药品流通领域现代服务水平。

（五）加强药品流通行业监管

会同有关部门研究制定药品批发、零售企业营销人员的资质管理办法和行为规范，实行持证上岗和公示制度，保证依法依规销售药品和推广新药。完善药品购销管理制度，依法索取税票，保证经合法渠道经营药品。逐步实施药品流通企业分类分级管理制度，根据不同类别和等级，采取不同的管理措施，激励企业在规范经营的基础上改善服务设施，提升管理和服务水平。

配合有关部门严厉打击经营假劣药品、商业贿赂、倒买倒卖税票、挂靠经营、非法经营网上药店、发布虚假药品和保健品广告等违法违规行为；整顿规范中药材市场，加强有害物质残留和质量检验。充分发挥12312市场监管公共服务的作用，完善投诉举报的受理、处理、移送和反馈机制。发动各方面力量，加强对药品流通行业的社会监督。

（六）加强行业信用建设

建立行业信用体系，引导药品流通企业强化信用管理，以药品企业诚信守法、履行社会职责为重点内容，加强企业信用制度建设，建立企业诚信档案。开展药品流通企业“诚信经营”示范创建活动，推动建立诚实守信经营示范企业认定制度。建立行业自律机制，指导和鼓励行业协会制定和执行行规行约，探索建立对职业经理人、职业药师等人员从业行为信息的采集、记录、公开共享等制度，对有违规失信行为的个人实行行业禁入；加强信用知识培训，帮助企业建立信用风险管理制度，开展行业信用评价，提高行业自律和信用水平。

（七）推动建立开放竞争的市场格局

搭建多功能服务平台。发挥政府部门和行业协会作用，建立药品交易、投融资合作、信息交流、政策发布等多层次多功能平台，服务企业发展。发展医药会展经济，促进内外贸、中西药、产供销协调发展，加快国内外市场融合。

提高利用外资的质量和水平。优化投资结构，吸引境外、省外药品流通企业，按照有关政策扩大在省内投资，参与药品流通企业兼并重组，拓展分销业务，保护投资者的合法权益。

鼓励药品流通企业“走出去”。通过新建、收购等多种方式到境外开展业务，参与国际药品采购和营销网络建设，参与国际竞争。

（八）提升行业服务能力

推动行业标准，建立药品流通企业分类分级管理机制，提升经营服务水平，强化药品批发企业质量管理能力、药品安全风险控制能力、静态物流要素能力、物流服务基础能力、物流规划和创新能力、物流信息管理能力。引导零售药店在经营过程中，强化药品供应能力和药学服务能力。加强药品企业各类人员资质培训，提高知识能力、专业能力和职业素质，符合从业资质。加强企业内部管理，强化在药品流通过程中质量安全第一责任人的责任，完善法人治理结构，建立现代企业制度。

五、保证措施

（一）完善配套政策措施

根据国家药品流通行业管理有关法律法规、政策标准规范，结合我省药品流通行业发展现状，完善我省药品流通行业管理政策配套措施。结合搞活流通扩大消费的政策措施，支持药品流通行业结构调整、药品保障体系建设、信息化建设和技术装备改造。支持零售连锁企业和其他具备条件的零售药店申请医保定点资格。

（二）改善流通发展环境

清理、废止阻碍药品流通行业发展和妨碍公平竞争的政策规定。推动““以药补医””体制改革，促进医疗机构门诊药房的社会化，鼓励患者凭处方到药店购药。加强药品市场监管，规范药品流通市场秩序，打击经营假劣药品和发布虚假药品广告行为，保障人民群众用药安全有效。

（三）加强人才队伍建设

鼓励大专院校、研究院所、大型药品流通企业集团，加强现代药品流通理论研究与创新。开展药品流通行业职业培训和继续教育，支持药品流通企业建立培训机构，建立药品流通企业人才培训机制，培养一批具有良好职业道德，较强经营管理能力的职业经理人和专业人才，适应药品流通行业发展需要，逐步建立人才培养体系。

（四）建立协作机制

加强部门之间沟通协调，建立由商务、药监、卫生、工信、发改、人社、财政、税务等相关部门组成的药品流通行业管理工作联席会议制度，加强对重大问题的研究，形成促进药品流通行业健康发展的合力。充分发挥行业协会在行业统计、行业培训、行业自律、国际交流合作、维护企业合法权益等方面的作用。加强与重点药品流通企业的沟通，定期交流通报有关情况，征求和收集企业意见和建议，协调解决企业在发展中出现的问题。

（五）推动发展规划落实

全省各级商务部门要认真落实全省药品流通行业发展规划，各市地商务部门要依据全省发展规划，结合本地实际制定药品流通行业发展具体实施计划，并认真组织实施。建立统计分析制度，将药品流通行业企业数量、规模、性质、类型、销售、税利、从业人员等相关数据纳入统计范围，及时反应行业发展状况，充分发挥直报企业的行业带动作用，建立基础信息数据库。省商务厅将对各地落实发展规划情况开展跟踪监督检查、评估评价，促进发展规划落实。

上海市药品流通行业发展规划（2011-2015年）

上海市商务委员会

一、上海市药品流通行业发展现状

“十一五”期间，随着我国医药卫生体制改革逐步深入和药品流通市场体制逐步完善，上海药品流通行业实现了较快较好的发展。

一是药品流通市场规模不断扩大。“十一五”期间，上海药品流通市场保持10.52%的年均复合增长率。2010年，全市药品流通销售总额702.78亿元，比2005年增长92%，占全国行业同期销售总额的9.91%。其中，批发企业销售总额653.13亿元，年均增长11.15%；零售企业销售总额49.65亿元，年均增长3.84%。全市药品进出口总额12.39亿美元。

2010年，全市药品流通行业实现利润总额15.69亿元，比2005年增长20.3%，占全国行业同期利润总额的14.39%。

二是药品供应保障体系基本建立。上海已建立了以大型药品流通企业为主体、中小型药品流通企业为辅助、覆盖城乡的药品供应保障体系。截至2010年底，全市有药品批发企业128家，药品零售连锁经营企业38家，药品零售经营网点3137个。建立了适应医疗机构及社会不同需求的药品流通应急保障机制和涵盖民用、军用、科学研究等多方位的药品储备体系，在上海及全国抗洪抢险、抗击非典、抗震救灾等重大突发事件和战备中发挥了十分重要的作用。

三是行业集中度逐步提高。全市 18 个区（县）先后有 10 家区属药品流通企业与本市四家医药上市公司进行了重组，走上了集约化发展的道路。2010 年，上海药品流通行业前 10 家企业销售总额在全市药品销售总额中占 67.1 %，较 2005 年提高 1.12 %。其中，药品销售规模在全国名列前茅的上海医药分销控股公司占全市药品销售总额的 35.74 %，国药控股股份有限公司（上海业务部门）占全市药品销售总额的 20.55%。

“十一五”期间，上海药品零售连锁经营企业从 28 家发展到 38 家；连锁经营网点从1766 家发展到 2639 家，在全市药品零售网点中占 84.12%，较 2005 年上升了 1.32 个百分点。2010 年，上海药品零售连锁企业销售总额在全市药品零售销售总额中占 75.85 %，较 2005 年上升了 2.08 个百分点。药品零售连锁企业已成为上海药品零售市场的主体。

四是现代药品流通方式加快转变。上海药品流通批发企业积极创新转型，以服务为中心，推进供应链再造，加快由批发商向批发服务商转型，在专业化、信息化、现代化等方面，特别是第三方物流、供应链信息共享、增值服务等方面积极探索，取得了初步成效。以上海外高桥保税区为平台开展的向国内外制药企业及其医药商品进出口提供流通增值服务已形成较成熟的模式，取得了显著的成绩。

电子商务模式在药品流通中逐步开始探索应用，有 5 家药品零售连锁经营企业开展了网上购药业务。此外，还出现了药妆店、自动化药房售药系统等新型药品零售业态。雷允上、童涵春、蔡同德、余天成等一批上海“老字号”药店的流通经营特色不仅得到充分发扬，而且结合现代流通方式实现了新的发展。

“十一五”期间，上海药品流通行业发展与医药卫生体制改革对药品流通的要求，与上海国际大都市的要求还有较大差距，存在一些亟待解决的问题。

一是药品流通企业竞争力有待提高。部分药品流通企业的经营模式还比较传统，经营管理手段还比较落后；现代物流和先进信息技术的运用还不普及，大型仓储设施、自动化设备在药品流通企业的应用面还不广；适应现代药品流通发展要求的人力资源储备还不足。

部分药品流通企业的销售规模还偏小，药品流通企业经营规模的两极化特征明显，排名第一、第二与第十的药品批发企业销售总额差距高达 7-22 倍，中小企业的销售规模有待进一步提高。

二是行业创新能力有待加强。药品流通行业的经济发展方式缺乏突破，战略创新和业务创新的步子不大。大多数药品批发企业的经营品种、资源、方式、手段有局限性，流通效率难以提高，影响流通成本的降低。大型药品批发企业与上下游客户之间在信息共享、流通加工、库存管理和医院药事等增值服务上有待进一步拓展。

药品零售业态较为传统单一，新型业态尚未形成规模经营；具有跨地区经营优势以及全国影响力的药品流通企业拓展全国市场的步子还不快。

三是药品零售网点空间布局有待完善。上海药品零售网点布局总体上是合理的，基本能够满足市民的购药需求。同时，药品零售网点在中心城区的分布相对集聚，在郊区特别是农村地区的分布相对不足，在郊区和部分新城新建大型居住社区的网点布局速度相对缓慢。全市医保定点药店总数 333 家，经营中药饮片的药品零售网点 343 家，分别占全市药品零售网点总数的十分之一左右，医保定点、中药特色服务的网点布局滞后于药品零售业的发展，还不能满足全市居民医保卡购药、中医药特色服务的需求。

二、“十二五”上海市药品流通行业面临的环境

“十二五”时期是深化我国医药卫生体制改革的关键时期，也是上海药品流通行业转变经济发展方式、建立现代药品流通体系的重要时期。上海药品流通行业的发展既面临重要的发展机遇，也面临困难和挑战。

一是药品流通市场快速增长将成为行业发展的重要基础。“十二五”时期，我国药品流通市场的规模将继续保持较快增长，有望发展成为全球第二大药品消费市场，占全球市场份额预计将从 3% 上升到 7.5%。特别是上海作为国内经济发展较快的特大型城市，居民收入稳步增长，医疗卫生事业投入不断增加，医疗保障水平逐步提高，人口总量继续增长，老龄化程度加快，药品的需求与消费总量将不断扩大。同时上海又是占全国药品消费市场三分之一以上的华东地区的中心城市，药品流通行业的发展将会有更大的空间。

二是医药卫生体制改革深化将成为对行业发展的重要推动力。“十二五”时期，扩大医疗保险覆盖面、基本药物制度、公立医院改革和鼓励社会力量办医院等一系列医改政策的实施，为上海药品流通行业的发展提供了更广阔的空间。同时，国家提出加快建立药品供应保障体系，保障人民群众安全用药，规范药品生产和流通，发展现代物流和连锁经营，都将推动上海药品流通行业加快结构调整，优化行业布局，发展现代药品流通方式，形成统一、开放、竞争、有序的药品流通市场。

三是药品流通行业发展将形成新的市场格局。“十二五”时期，大并购、大重组、大流通将成为药品流通行业快速发

展的重要特点。以并购整合推进外延式扩张，以转型创新实现内生式增长，已成为药品流通企业做大做强的基本路径。全国将形成由全国性集团企业为龙头、区域性企业为主体、地市级企业为基础三个层次构成的药品流通行业结构。同时，全球领先的多家医药商业龙头企业已以合资方式进入我国药品流通行业，部分跨国制药企业正以并购或自建批发企业等方式从供应链的上游向药品批发领域延伸，也将对我国药品流通行业新格局的形成产生影响。

四是药品流通市场结构性调整将逐步优化。在国家“保基本、强基层、建机制”的医药卫生体制和改革政策导向下，基层医疗机构的药品销售规模将大幅度上升。基本药物制度的实施，将促使药品批发企业加快销售渠道的下沉和延伸，进而改变原有的市场结构。药品经营的微利化和基层医疗机构销售基本药物零差率的政策对零售药店的影响，将进一步推动药品零售企业加快药品与非药品销售的结构性调整，预计非药品的销售比重将从现阶段的40%扩大到50%左右。药品零售企业以药品为主、发展相关多元化经营渐成趋势。

五是行业发展面临新的矛盾和挑战。从外部看，医药卫生体制改革的深入将对药品流通行业的发展产生深刻、持久的影响。与之相关的体制机制变革和重大利益格局调整还将继续，并存在着不确定性；基本药物制度的实施、集中招标和药品价格政策的变化将持续影响药品流通企业的赢利水平；地方保护、传统经营等因素则将影响药品市场统一、高效的进程。

从内部看，药品流通行业面临着较大的转型或重组压力，并购整合成为推动行业发展的主流模式，强者恒强、弱者恒弱的特征更趋突出，部分中小企业面临着转型或重组的抉择，形成了不同程度的挑战。

三、“十二五”上海市药品流通行业的发展目标

（一）指导思想

以邓小平理论、“三个代表”重要思想和科学发展观为指导，围绕上海加快建设“四个中心”和现代化国际大都市的战略目标，按照《全国药品流通行业发展规划纲要（2011-2015年）》的总体要求，立足上海药品流通行业发展现状，以发挥市场机制作用、加强政策引导、推进现代流通方式为主导，以建立和完善药品流通市场体系和药品供应保障体系为主线，着力建设全国医药商业中心，着力提升上海药品流通行业集约化、现代化、国际化发展水平，鼓励药品流通企业做大上海市场，开拓国内市场，融入国际市场，在服务全国医疗卫生事业、适应人民群众健康需求等方面作出新的更大贡献。

（二）总体目标

到“十二五”期末，形成以上海为中心、辐射长三角、服务全国的现代药品流通体系；形成高效、安全、多层次的药品供应保障体系；形成政府管理、协会自律、企业主体共同参与的行业管理体制。

到“十二五”期末，把上海建成全国医药商业中心；在药品流通规模、现代物流配送能力、行业集中度、零售连锁经营主导、经营业态创新转型等方面保持全国领先水平；药品流通龙头企业综合实力接近国际药品分销企业先进水平。

（三）具体目标

行业发展目标：到“十二五”期末，药品流通规模达到1200亿元以上，增长70%；物流配送能力达到1100亿元以上，增长1.9倍；药品流通行业前10家企业的药品销售比重占全市药品销售的70%；药品零售销售总额达到80亿元以上，增长50%，零售连锁经营市场份额达到80%左右。

网点布局目标：到“十二五”期末，上海市药品零售网点总数达到3500左右。

企业发展目标：到“十二五”期末，形成一批年销售额在40亿元-500亿元的地区性、区域性、全国性的药品流通企业；形成一批年销售额在10亿元以上的地区性、区域性药品零售企业。

四、“十二五”上海市药品流通行业的主要任务

（一）建设全国医药商业中心

加快上海药品流通行业集约化、现代化、国际化的进程，建设全国医药商业中心，充分发挥全国两大药品流通企业总部集聚上海的优势和对行业发展的引领作用，加快上海药品流通行业转型，提高上海药品流通行业整体发展水平；进一步发展多种所有制并存、多种业态共同发展、统一开放、公平竞争、运行规范、流通效率高的现代药品流通市场体系，促进全国药品流通统一市场形成；发挥全国医药商业中心的枢纽作用，以上海为中心、辐射华东、服务全国，配合医药卫生体制改革，保障基本药物、医保目录药品、患者急需常用药品和其他医用商品的安全有效供应。

（二）完善药品流通行业布局

根据上海经济发展水平、医疗资源配置状况、城乡建设规划、人口增长与年龄结构变化的实际，完善上海药品流通行业的合理布局。将是否符合国家及上海药品流通“十二五”发展规划作为行业准入的重要依据，严格控制药品批发企业数量。坚持做到行业布局与上海城乡发展规划相适应、与人口数量与结构变化相适应、与医疗卫生体制改革相适应、与药品流通行业发展水平相适应。

优化药品零售网点布局，构建满足居民需求的药品零售网络体系。均衡上海零售药店分布，结合中心城区人口与消费特点合理设置零售药店，支持在新建居住区、偏远郊区和农村地区加强零售药店布局，鼓励在大型超市和其他商业场所内设置乙类非处方药专柜和品牌专卖店。在人口集聚的区域增设医保定点药店，进一步完善医保定点药店布局。支持中华老字号药店在保持特色优势的基础上创新发展，发挥品牌效应。发展“中医门诊”、“中医坐堂”等服务，形成各具特色、优势互补的药品零售和服务格局，充分保障人民群众用药的可及性和安全性。

支持药品零售连锁经营企业吸纳单体零售药店加盟，支持有实力和管理规范的大型药品零售连锁经营企业拓展全国零售经营网络。

（三）优化药品流通行业结构

进一步优化以全国性、区域性药品流通企业为主体、区县药品流通企业为辅助、专业型药品流通企业为配套的上海药品流通行业结构。

充分发挥市场机制在配置药品流通资源中的基础性作用，鼓励公平竞争，实现优胜劣汰，促进上海药品流通资源的有效整合，进一步提高行业集中度。破除体制机制障碍，鼓励药品流通企业通过兼并、重组、联合、参股、控股等方式实现规模化、集约化、现代化经营。妥善处理好企业兼并重组中的各种利益关系，维护社会稳定。

发挥中小药品流通企业的基层渠道供应配送优势，实现药品供应在基层的有效覆盖，提高社区和农村药品的供应保障能力。

鼓励有专业特色的中小药品流通企业加快创新转型，从普通的药品流通企业发展成为在个别领域具有独特优势的专业或专科型的药品流通企业，做精、做细、做强自身优势业务。

鼓励药品流通企业加强与全球医药商业领先企业合作，支持药品流通企业“走出去”，逐步融入国际市场，提升上海药品流通行业的国际化程度，形成多层次药品流通行业结构。

（四）推进药品流通经营业态创新

探索大型药品批发企业依托信息技术系统和现代物流基础，构建和完善药品供应链集成系统，开展供应链系统增值服务。鼓励药品流通企业为医疗机构提供药事服务、SPD（医院内部物流）服务、专科用药及其他医用品的临床解决方案等。支持发展 DTP（Direct to pharmacy）分销模式；构建代理商模式下的客户服务体系。

支持药品零售企业开展处方药、非处方药、中成药、中药饮片、保健品、个人护理品、家庭健康用品等与健康服务相关的多元化经营。鼓励药品零售企业开设“品牌专卖店”、“专业药店”、“健康管理中心”等新型健康服务网点，发挥社会公共服务功能，积极参与社区乡镇健康卫生事业的发展。提高专用医疗器械引进、推广、使用水平，满足不同层次消费者需求，做大医疗器械市场。

逐步拓展化学试剂在核心产品、定制产品、特许产品、技术创新、增值服务以及国际合作的发展空间，骨干企业要在提供实验室整体解决方案方面发挥重要作用。

推进药品流通电子商务应用，积极、稳妥地发展网上药店。充分利用互联网技术，改善和丰富药品零售模式，适应现代生活中网络发展的新趋势。

支持药品流通企业探索以资产和服务等方式参与医疗机构药房的管理。鼓励药品流通企业研究“医药分开”后的医疗机构相关业务及其药品供应、专业人才和资源配置等经营管理模式，适时做好相关预案及前期资源储备，为承接医疗机构“医药分开”的改革试点创造条件。

（五）加快发展现代医药物流

加快发展现代医药物流，对药品生产企业、流通企业和医疗机构等药品流通涉及的各个环节探索实行流程再造，广泛使用先进信息技术，建立标准化、信息化、自动化、社会化的现代医药物流体系，逐步做到全过程信息共享和及时响应，使药品流通各个环节逐步达到无缝衔接，增强上海地区医药物流对全国医药流通的辐射能力和保障能力。

将新建上海医药浦东中央物流基地、九州通青浦物流基地、国药控股上海第二期物流基地。指导各区（县）加强医药物流基础设施与装备的统筹规划，充分利用社会物流资源，避免重复建设大型医药物流设施。

重视发展医药冷链物流，提高冷链商品、防冻商品配送专业能力，完善毒、麻、精、放等特殊药品物流，确保药品质量稳定、安全储存和安全配送。做好基本药物电子监管码工作，实现药品全过程安全质量验证和可追溯跟踪。推动医药物流服务专业化发展，实施医药物流服务延伸示范工程，引导有实力的医药物流企业向医疗机构和生产企业延伸医药物流服务。

充分利用社会分工协作机制和邮政、交通、仓储和 IT 外包等社会资源，支持发展第三方医药物流，提高经济社会效益。

（六）加强药品流通市场监管

整顿和规范药品流通市场秩序，加大执法检查和行业管理力度，建立药品流通全过程的责任追究机制。

配合药品监管部门，重点抓好药品购销管理，完善索证索票制度，实现“货票同行”和“票据来源可追溯”，维护正常价格秩序。治理药品流通环节中“挂靠经营”、“代开发票”、“倒买倒卖税票”、经营假劣药品、商业贿赂等违法违规行为。加强对医药代理公司的管理、监督和整治，规范药品营销人员的业务行为。整顿规范中药材市场和各类药品、保健品市场。

完善药品流通行业统计制度。依托商务部建立的全国药品流通行业统计管理平台、行业协会的地方统计制度和统计网络，加强药品批发、零售典型企业统计直报及与统计主管部门统计数据的衔接，及时掌握上海药品流通行业运行动态和发展状况。建立完善西药、中成药、中药材重点品种的市场信息预测、预警体系。

（七）推进药品流通行业诚信建设

推进药品流通行业诚信体系建设，支持行业协会开展企业诚信创建和资信评级活动，引导药品流通企业不断提高社会责任，自觉诚信守法经营。建立企业资信档案，公示诚信创建企业和资信评级情况，弘扬诚信企业品牌。

加强药品流通过程和企业经营管理的各种风险控制，减少和克服影响行业信用的各种不利因素，提升药品流通行业经济运行安全系数和整体信用。

规范药品流通企业的经营活动及从业人员的职业行为，推动相关部门间监管信息的公开、共享，实行信用分类监管，逐步实现对有严重违规和失信行为的企业与个人的行业禁入。通过加强行规行约的执行力度，规范行业发展和市场秩序。

（八）提高药品应急供应保障能力

根据政府主导与市场机制相结合以及实物、资金、生产能力储备相结合的原则，针对各类突发事件的特点，进一步完善药品供应应急机制。

加强政府相关部门及行业协会的工作协同和配合，建立药品储备和临床紧缺药品生产供应及使用保障制度，在发生重大突发事件时，实现全市统一指挥和调动，协调应急药品及时组织采购、生产、调运及供应。建立中药材重点品种储备制度。

五、“十二五”上海市药品流通行业的保障措施

（一）强化行业管理

认真执行国家和商务部出台的有关管理药品流通行业的法律法规和标准体系。修改完善上海市与药品流通行业管理有关的规章和规范性文件，进一步强化行业管理的手段和方法，强化执法监督，加大对违法违规行为的处罚力度，增强药品质量安全监管和流通秩序监管的有效性。严格药品批发企业和网上药店的准入门槛。

发挥相关政府部门和行业协会作用，建立药品交易、投融资合作、信息交流、行业创新和诚信创建等平台，服务企业发展。

（二）改善行业发展环境

形成统一开放、公平规范、政策支持、服务配套的行业发展环境，促进企业可持续、健康地发展。清理、废止阻碍药品流通行业改革发展和妨碍公平竞争的政策规定，发挥市场机制作用，促进优胜劣汰，逐步形成竞争有序、开放的药品流通市场体系。全面梳理现有支持现代物流、服务外包、企业创新等方面的政策，引导支持药品流通企业加快现代流通方式的发展。

改善药品流通企业的融资环境，引导鼓励企业有效利用产业基金、融资担保、信用担保、上市融资、应收账款和仓单质押等多种金融工具和政策。发挥各级公共财政的作用，支持药品流通企业，加快农村地区药品流通网络建设。

推动改革“以药养医”体制，完善药品定价、集中采购和医保付费机制，实施基本药物制度，在公立医院改革中，借鉴国内其他省市和国际经验，积极探索零售药店承接相关医药服务功能。鼓励患者凭处方到药店购药，促进医疗机构门诊药房的社会化。协调有关部门放宽对零售药店处方药销售的管制。

为进驻上海的全国大型流通企业总部提供更多更好的政策支持和配套服务；积极鼓励国内其他大型药品流通企业总部落户上海。

（三）密切政府部门协作

将药品流通行业管理纳入上海商贸流通工作体系进行统筹规划，商务主管部门要与有关政府部门建立沟通协调和合作机制，形成合力。统筹扩大有关政府部门之间在药品流通管理方面的信息共享范围，在提升政府监管能力的同时，提高为企业服务的水平。

（四）发挥协会作用

充分发挥行业协会在行业发展指导、行业标准建设、药品价格管理、行业统计、行业分析、行业培训、行业自律等方面的重要作用。完善行规行约，反映企业诉求，维护企业合法权益，规范经营服务行为，维护公平有序的市场环境。

支持行业协会强化沟通、协调、服务功能，推进行业创新发展，促进国内外交流合作。

（五）加快人才队伍建设

建立上海药品流通人才培养机制，支持行业协会、中高等院校和大型药品流通企业开展职业培训和继续教育，形成多层次的人才培养与职业培训体系。

组织实施上海药品流通人才培训工程，有计划地培训职业经理人、执业药师、首席药师、药学技术服务人员等各类专业技术人员，提高药品流通从业人员整体素质。建立药品流通人才交流机制，引进国内外高级经营管理人才，

建立适应专业化、现代化、国际化需求的上海药品流通人才队伍。

鼓励大专院校、科研院所、大型药品流通企业加强现代药品流通理论、经营管理技术的研究和实践。支持行业协会开展有关医药卫生体制改革、现代流通方式和药品流通行业发展的课题研究。

（六）推进规划实施

本市药品流通企业应根据本规划，结合企业实际，制订或修订本企业的发展规划，分解和落实规划相关指标和项目建设。

市、区商务主管部门要加强对规划实施的跟踪监督、检查评估、交流推广，确保本市药品流通行业发展的规划目标全面实现。

江苏省药品流通行业发展规划（2011-2015年）

江苏省商务厅

药品是关系国计民生和社会稳定的特殊商品。药品流通作为药品生产与消费之间的桥梁和纽带，是保人民身体健康、促经济发展、构和谐社会的重要行业。党中央、国务院高度重视人民群众的生命健康和医药卫生事业的发展，于2009年印发了《关于深化医药卫生体制改革的意见》，对药品流通行业改革和发展提出了新的更高要求。为进一步推动药品流通行业适应医药卫生事业改革发展的要求，满足人民群众日益增长的健康需求，促进药品流通行业持续健康发展，发挥其在维护人民群众健康权益、改善民生、扩大消费、增加就业、促进经济社会和谐发展等方面的作用，根据《全国药品流通行业发展规划纲要（2011-2015年）》、《江苏省人民政府关于加快推进流通业现代化的意见》，特制定本规划。规划期为2011-2015年。

一、我省药品流通行业发展现状与形势

（一）发展现状

我省药品流通行业产生于建国初期，承担全省各级医疗卫生机构的药品供应职能。改革开放以来，市场化经营体制为我省药品流通行业迅速发展注入了强劲的动力。随着医药卫生体制改革的不断深化，我省药品流通行业获得了长足发展，在总量和质量上均处于全国领先行列。

经营规模不断扩大，市场占有率大幅提升。“十一五”期间，我省药品市场销售规模以年均15%以上的速度增长。2010年全省医药工业实现产值1656亿元，同比增长29.6%，利税253亿元，同比增长23.4%。2010年全省药品流通企业销售额达1010亿元，其中西药类783亿元，中药类159亿元。列入统计范围的医药商业企业七大类商品购进总额达532亿元，同比增长19.92%，占全国比重为7.97%。其中，药品类购进总额达409亿元，同比增长18.21%，占全省七大类医药商品购进总额的76.88%，占全国比重为7.85%。七大类医药商品销售总额达591亿元，同比增长17.08%，占全国比重为8.34%。其中，药品类销售总额达456亿元，同比增长15.03%，占全省七大类医药商品销售总额的77.16%，占全国比重为8.24%。

经营网点快速增长，城乡药品流通网络基本形成。近年来，我省药品流通经营主体不断扩大，经营网点快速增加，初步形成了覆盖全省城乡的药品流通网络，为行业持续发展打下了坚实的基础。截止2010年底，全省具有法人资格的药品批发企业共428家，其中，药品批发企业358家，体外诊断试剂经营企业70家。药品零售药店共21425家。其中，药品零售连锁企业114家，下属门店5442家；药品零售单体药店15986家。全省平均每3700人左右拥有一家药店。药品流通企业分布全省各地，药品流通网络基本覆盖全省城乡，极大地满足了城乡居民购药方便的需求。

市场竞争力不断增强，行业集中度有所提高。药品流通体制改革，为药品流通企业创造了快速发展的外部环境；企业经营机制的创新，增强了企业快速扩张内生动力。特别是“十一五”期间，我省药品流通经营主体发展迅速，市场竞争力不断增强。2010年全省药品流通企业销售超过100亿元以上的企业1家，销售10亿元以上企业达10家，其中南京医药销售额达152.6亿元，列全国第五。2010年度全国药品流通行业销售百强企业中，我省有10家入选，列全国第二；2010年全国药品零售连锁企业销售百强企业中，我省有8家入选，位列全国前五。

企业性质多元化，经营模式多样化。改革开放以来，药

品流通企业所有制由单一的“国有一体化”体制，改制成国有、国有控股、中外合资、股份制、有限责任、民营、个体等多种成分并存的格局。经营模式由单一传统批发，向批发、零售和具有时代特征的药品招标、电子商务、网上采购、医院药事服务、物流配送、第三方医药物流等多种流通模式并存发展。药品流通企业性质多元化、经营模式多样化，有力地促进了我省医药事业的健康发展。

服务功能逐步增强，社会作用不断扩大。2 万余个药品流通经营网点覆盖全省城乡，其中农村药店约占 50%，在方便群众购药、平抑药品价格等方面发挥了重要作用；在应急抢险、救灾防疫以及应对公共突发事件等方面，有力地发挥了供应保障功能。特别是在 2003 年抗击“非典”、2007 年防治“甲流”、2008 年汶川大地震时，充分体现了我省药品流通行业的社会责任。药品流通企业的快速扩张，吸纳了大量社会就业。2010 年，全省药品流通行业从业人员超过 10 万人，其中，药品批发企业 3 万多人，药品零售企业 7 万多人。药品流通行业快速发展，有力地引导和促进了我省医药制造业发展，带动了医药生产以年均 25% 以上速度增长，为江苏从医药生产大省跨向医药强省发挥着无可替代的重要作用。

（二）主要问题

长期以来形成的以药养医体制、准入门槛较低、行业管理欠缺等因素，导致我省药品流通行业发展面临诸多制约和问题。一是行业集中度不高。销售额超过 1 亿元的药品批发企业只占全省药品批发企业总数的 15.35%，而 2.1 万多家药品零售企业中达到亿元以上规模的更少，普遍存在“小而多、小而散、小而乱、小而低”的现象；二是药品流通行业的现代化水平较低。跨区域发展步伐缓慢，药品流通供应链标准化、信息化建设滞后，药品包装缺乏统一标准，物流系统中的各个节点不能实现有效对接，药品流通企业信息化水平落后于其他流通企业；三是药品零售企业发展面临诸多制度制约。国家基本药物零差率销售政策使药品零售企业在竞争中处于不利地位，医药长期不分家阻碍了药品流通向少环节、高效率、低成本的方向发展；四是药品流通秩序有待规范。行业不正之风亟待整治，少数中小批发企业进行倒买倒卖税票和挂靠经营活动，制售假劣药品等违法犯罪行为没有根本杜绝，不仅威胁人民群众的生命安全，同时也严重破坏药品市场流通秩序。

（三）面临形势

未来五年是我国深化医药卫生体制改革和药品流通行业结构调整的关键时期，要充分把握这一历史性机遇，促进我省药品流通行业调整结构，不断提升行业发展水平和竞争实力。一是国际、国内药品市场的蓬勃发展为我省药品流通行业提供了良好的发展环境。预计未来五年，全球药品市场将维持快速扩张态势，市场规模年均增长达 8% 左右。作为世界第三大药品市场，中国药品市场占全球份额达 15% 左右，进一步发展的空间非常广阔。二是《中共中央 国务院关于深化医药卫生体制改革的意见》、《中华人民共和国国民经济和社会发展第十二个五年规划纲要》等政策性文件，以及国家和我省加快药品流通行业发展配套政策的出台和实施，为我省药品流通行业的规范化发展提供了良好的政策环境。三是未来五年，我省将全面开启率先基本实现现代化新征程，将更加注重以人为本、惠民优先。伴随着人民生活水平日益提高，医药卫生体制改革逐步深化，医疗保障制度日趋完善，我省药品流通行业迎来了新的发展机遇。四是“十二五”期间，我省将围绕提升流通行业国际竞争力、打造流通强省的战略目标，着力转变流通发展方式，发展大企业，建设大市场，搞活大流通，为我省药品流通行业再上新台阶提供了良好的发展平台。

二、指导思想、总体目标与发展原则

（一）指导思想

以邓小平理论和“三个代表”重要思想为指导，全面贯彻落实科学发展观，按照《全国药品流通行业发展规划纲要（2011–2015 年）》、《江苏省人民政府关于加快推进流通业现代化的意见》总体要求，以服务民生为根本宗旨，以提升药品流通业竞争力、打造药品流通强省为目标，以转变药品流通发展方式为主线，坚持适度竞争和合理布局，积极调整行业结构，合理规划药品流通网络，大力发展现代医药物流和连锁经营，以信息化、标准化、规模化提升行业发展水平，促进我省药品流通行业从传统向现代的全面升级转型，推动我省药品流通行业不断迈上新的台阶。

（二）总体目标

积极创新药品流通模式和管理模式，不断提高行业集中度和流通效率，着力培育一批规模较大、竞争力强、覆盖面广、区位优势凸显的区域性骨干企业。到 2015 年，全省药品流通行业的发展逐步适应经济社会发展的总体目标和人民群众不断增长的健康需求，初步形成布局合理、集约高效、秩序规范、服务到位、城乡全覆盖的现代药品流通网络。

（三）具体目标

行业经济总量进一步提升。在 2010 年基础上，全省药品流通行业以年均 16% 的速度递增。至 2015 年，全社会药品流通销售总额超过 2000 亿元。其中，列入统计范围的药品流通企业七大类医药商品销售总额达 1300 亿元，在全国的比重由“十一五”末的 8.34% 提升到 10%。医药七大类商品销售额五年实现翻一番，全国排名保三争二。

药品流通网络进一步优化。积极适应我省快速城镇化、农村居民集中区和社区建设的客观需要，优化药品流通网络布局，提升药品流通现代化水平。合理布局药品零售服务网点，进一步调整药品零售网点城乡结构，数量和规模与社区商业网点、农村集镇、中心村等人口相配套；大力发展现代医药物流，新建3家以上大型跨区域现代医药物流中心，配送额达到100亿元以上。

行业集中度进一步提高。加快药品流通企业资源整合，适当控制药品流通企业数量增长。至2015年，至少形成1家年销售额达500亿元的“引航龙头”企业，3家以上年销售额达100亿元的“龙头”企业，年销售额10亿元以上的企业销售额占全省销售总额的80%以上，年销售额10亿元以上的企业数占全省药品批发企业30%以上。药品零售以连锁经营为主，至2015年，连锁药店占全省药品零售门店的比重提高到2/3以上。

（四）发展原则

信息化提升。着力提升药品流通信息化、网络化和智能化水平，不断提高药品流通行业发展的规模、速度和效率。积极推进药品流通企业标准化建设，广泛应用先进信息技术和新型管理方式，优化业务流程，整合供应链，提高管理水平；广泛运用物联网技术、电子监管等现代科技手段，建立数字化药房，发展现代医药物流，提高流通效率。

资本化扩张。逐步建立完善准入退出机制，主要运用市场手段推动行业整合，通过资本化扩张，实现药品流通企业快速做大做强。推动优势药品流通企业跨区域发展，形成一批全国性、区域性大企业，实现行业规模化、集约化发展。

特色化发展。引导药品流通企业拓展经营业态、经营品种和服务范围，发展保健食品、药妆等关联商品和服务。小型药品流通企业应做精做专，特色化发展。老字号药店应发挥品牌效应，在保持传统优势和特色的基础上，引入现代科技和服务理念创新发展。符合条件的药品零售企业可设中医坐堂，满足人民群众不同层次的中医药服务要求，光大中医中药传统。

连锁化经营。借鉴现代流通技术和流通方式，大力发展药品流通连锁经营。药品流通连锁企业要真正实现：统一采购、统一配送、统一质量管理、统一服务规范、统一联网信息系统管理、统一品牌标识、统一经营核算、统一销售价格。药品连锁企业要向村镇延伸销售配送网络，提高基层流通网络配送效率，提高农村人民群众安全、价廉、方便用药保障水平。

规范化服务。按照国家行业标准体系和分类分级管理制度，根据药品流通企业的不同类别和等级，采取相应管理措施，提高药品流通企业在市场竞争中的透明度。规范药品流通行业的服务标准，提升药品流通行业的服务意识和服务水平。

三、主要任务

（一）制定行业布局规划，完善药品流通网络

科学制定行业规划。按照高效集约、合理布局、城乡全覆盖的原则，结合我省经济社会发展水平、医药体制改革进展、城乡建设规划、人口增长与密度和年龄结构变化、药品供应能力等实际，统筹城乡、合理规划我省药品流通经营网络，将药品流通行业规划纳入当地流通业发展规划，合理控制和引导药品流通企业有序发展。

完善药品流通网络。药品批发企业按照扶优扶强、适度竞争的原则，合理调整区域布局。一级大型跨区域医药物流中心按照500公里辐射半径，24小时配送到位的原则布局；二级中型区域性医药物流中心按照100公里辐射半径，4小时配送到位的原则布局；合理布局三级城乡医药物流配送中心。药品零售网点布局纳入当地商业网点规划。按照适度竞争原则，在二级甲等以上医院附近应设置2家左右经营品种齐全的零售药店，大型社区商业中心应设置1家经营品种齐全的零售药店。城市社区零售药店按照居民出门步行10分钟（400米）可达的原则布局。农村零售药店在集镇、居民集中居住区等人口密集的区域合理布局。

（二）调整行业结构，健全药品供应保障体系

提高行业集中度。加强政策引导，发挥市场机制基础性作用，鼓励药品流通企业通过收购、合并、托管、参股和控股等多种方式做大做强。整合现有资源，推动实力强、经营好的企业跨区域发展，培育和形成以全国性、区域性大中型药品流通企业为主和特色药品流通企业为辅的药品流通企业结构。

健全药品供应保障体系。配合医药卫生体制改革和基本药物制度实施，积极参与全省基本药物集中采购工作，引导和鼓励药品流通企业，保障基本药物正常配送。鼓励支持大中型药品流通企业向居民社区、乡镇延伸销售和配送网络，实现药品流通对基层的有效覆盖。建立中药材重点品种储备制度。按照国家和省应急和战略储备的统一规划和部署，做好流通环节实物储备。根据各类突发事件的特点，建立相应的应急保障机制。

（三）运用现代信息技术，提升药品流通发展水平

以信息化提升传统行业。广泛使用先进信息技术，运用企业资源计划管理系统（ERP）、供应链管理等新型管理方法，优化业务流程，提高管理水平。发展基于信息化的新型电子

支付和电子结算方式，降低交易成本。依托医药流通企业网上电子交易平台，探索药品电子商务模式。鼓励积极探索使用无线射频（RFID）、全球卫星定位（GPS）、无线通讯、温度传感等物联网技术，不断提高流通效率，降低流通成本。促进使用自动分拣、冷链物流等先进设备，加快传统仓储、配送设施改造升级。完善医疗用毒性药品、麻醉药品、精神药品、放射性药品和生物制品等特殊药品物流技术保障措施，鼓励药品流通企业建立和完善药品流通追溯体系。

拓展医药物流社会化功能。发展第三方医药物流，打造品牌医药物流企业。在有条件的地区建立医药物流园区，依托铁路货站及公路节点，为陆路运输货物提供中转和集散，开展干线运输、城乡配送以及区域配送服务的医药综合性物流基地建设。以信息连接为通路，将现代医药物流信息化系统、自动化系统和管理方法延伸到医院药库，为医院提供专业化、个性化的信息管理解决方案。开发符合GSP管理要求的医院药库管理系统，使医院药库实现各项操作流程化、标准化和信息化，同时监控药品物流状态，实现药品批号有效期的全程监控，提升医院的药品流转效率和准确率，进一步降低药品经营综合成本。

（四）加快连锁药店发展，创新药品经营模式

发展药品连锁经营。引导和鼓励药品连锁企业学习国内国际先进流通企业经验，导入现代经营理念、流通技术和管理方法，提升企业经营管理水平，大力拓展跨区域和全国性连锁网络，发挥规模效益。支持和鼓励大型药品连锁经营企业建立现代化物流中心和服务呼叫中心。随着医药卫生体制改革深入和医药分开的逐步实施，鼓励连锁药店积极承接医疗机构药房服务和其他专业服务。

创新药品经营模式。促进和鼓励批发、零售企业采取“共同配送”、“联合采购”等形式联营联合，创新发展。支持药品零售企业开展药妆、保健品、医疗器械销售和健康服务等多元化经营，满足群众自我药疗等多方面需求。支持零售药店根据不同环境实施差别营销策略，满足不同市场需求。引导零售药店针对不同消费者群体，开展中医坐堂、药妆等特色经营。支持连锁经营、物流配送与电子商务相结合，发展网上药店。

完善服务内涵。支持药品零售企业按照药品流通行业有关服务标准，制定企业服务规范，加强员工培训，提高服务品质，提升服务水平，树立和维护企业品牌，展示药品流通企业良好的社会形象。

（五）统筹内外两个市场，形成开放竞争的市场格局

搭建多功能服务平台。发挥政府部门和行业协会作用，建立药品交易、投融资合作、信息交流、政策发布等多层次、多功能平台，服务药品流通企业发展。发展医药会展经济，促进内外贸、中西药、产供销协调发展，加快国内外市场融合。

提高利用外资的质量和水平。优化投资结构，吸引境外药品流通企业按照有关政策扩大在境内投资，参与药品流通企业兼并重组，拓展分销业务。学习借鉴国外先进管理经验和营销方式。

鼓励药品流通企业“走出去”。鼓励有条件的药品流通企业“走出去”，通过新建、收购、境外上市等多种方式，到境外开展业务，参与国际药品采购和营销网络建设，参与国际竞争。

（六）推动行业信用体系建设，强化行业自律

推进全行业信用建设。加强行业诚信和职业道德教育，引导企业积极参与“诚信兴商”和“诚信经营示范创建”活动，树立一批遵纪守法、诚实守信、管理规范、服务到位，能够积极履行社会责任，自觉接受监督的诚信经营典型。建立违法违规企业信息披露制度，在“商务领域信用信息系统”中归集企业信用信息，建立信用档案。推动部门间监管信息的公开和共享，实行信用分类监管，促进药品流通企业诚信经营。

建立行业自律机制。指导和鼓励医药商业协会制定和监督执行行规行约，维护正常经营秩序，防止垄断行为。探索建立对职业经理人、执业药师等人员从业行为信息的采集、记录、公开、共享等制度，对有违规失信行为的个人实行行业禁入。加强信用知识培训，帮助企业建立信用风险管理制度，开展行业信用评价，提高行业自律和信用水平。

（七）完善行业管理体系，规范药品流通秩序

贯彻行业管理规范。落实药品批发企业营销人员、药品生产企业和代理企业医药代表的资质管理办法和行为规范，实行持证上岗和公示制度，保证依法依规销售药品和推广新药。完善药品购销管理制度，依法索取税票，保证经合法渠道经营药品。逐步实施药品流通企业分类分级管理制度，根据不同类别和等级，采取不同的管理措施，激励企业在规范经营的基础上改善服务设施，提升管理和服务水平。

打击违法违规行为。配合有关部门严厉打击经营假劣药品、商业贿赂、倒买倒卖税票、挂靠经营、非法经营网上药店、发布虚假药品和保健品广告等违法违规行为。充分发挥12312商务行政执法投诉举报热线的作用，完善投诉举报的受理、处理、移送和反馈机制，加强对药品流通行业的社会监督。

（八）建立行业统计制度，完善行业标准体系

做好行业统计工作。加强组织领导，提高对药品流通行业统计工作的认识，做好基础数据的收集和分析工作。规范行业统计口径，准确掌握全行业基本状况。组织开展药品流通统计培训工作，提高药品流通企业报表的报送率和准确率。定期对行业运行情况进行分析研究，及时发现存在问题，为全面了解我省药品流通行业实际、指导行业发展提供依据。

完善行业标准体系。积极贯彻国家药品流通分类分级、经营服务、统一编码和医药物流等标准，引导企业逐步实现规范化经营，提高企业在市场竞争中的透明度。药品流通行业组织要在已有的法定标准基础上，围绕行业特点和市场需求，制定适合我省企业实际的药品经营服务标准和规范，推动行业健康发展。

四、保障措施

（一）加强部门协调，形成工作合力

建立部门协调机制，联合发展和改革、经济和信息化、公安、人力资源和社会保障、卫生、工商、质监、食品药品监管、物价等部门，切实加强对全省药品流通行业的组织协调。加强部门之间的协调配合，在国家制度框架内进行大胆探索，逐步解决药品流通行业在基本药物配送、医保定点资格申请、处方药销售等方面遇到的问题，共同推动药品流通行业健康发展。各地要建立相应机制，负责本地区药品流通行业管理工作。各级商务部门要研究制定药品流通发展政策，推进行业结构调整，推动现代药品流通方式的发展。各级药监部门要严格药品流通企业的准入管理，加强药品流通监管，保障药品流通过程的质量和安全。要大力培育行业协会，充分发挥行业协会在推动行业自律、制定行业标准、宣传行业政策、加强行业统计等方面的作用，共同做好行业管理工作。强化舆论宣传和举报投诉作用，营造药品流通行业发展的良好社会环境。

（二）完善政策体系，优化发展环境

研究制定药品流通行业发展相关政策，发挥市场机制的作用，创造公平的市场竞争环境，逐步完善统一、开放、竞争、有序和方便消费者购买的药品流通政策促进体系。会同有关部门完善准入机制，将是否符合行业规划、行业政策和行业标准作为行业准入的重要依据，严格行业准入门槛。配合有关部门加强日常监管和考核，建立企业退出机制。支持冷链物流体系、第三方物流配送中心建设。鼓励药品连锁零售企业发展，在市场资源、政策支持上向连锁企业倾斜。对运送急救药品的小型货车，经当地公安交通管理部门批准，适当放宽白天进入市区限制。加大对农村药品供应保障体系建设，鼓励药品流通企业建立农村和边远地区的药品配送体系。改善药品流通企业的融资环境，引导鼓励企业利用多种金融工具和方式，加速结构调整，发展现代医药物流和连锁经营。建立健全药品流通企业征信体系，对流通企业的融资服务提供信息支持。

（三）加快结构调整，推动做大做强

充分发挥市场机制的基础性作用，积极稳妥推进药品流通企业兼并重组，发展现代物流和连锁经营。将药品流通行业纳入现代服务业发展等专项资金支持范围，按照扶优扶强、提高行业集中度和流通效率的原则，扶持企业做大做强。鼓励支持大型药品批发企业通过收购、兼并、上市等多种方式整合资源，进行跨地区、跨所有制联合重组，实现跨越式发展。逐步允许符合现代医药物流条件的批发企业设立分支机构，实现规模化发展。鼓励支持大型药品连锁企业加强信息管理系统、物流配送体系等基础建设。积极探索运用互联网、物联网等现代流通技术和手段，搭建 B2B、B2C 等药品流通电子商务平台，提高流通效率，增强企业竞争力。鼓励支持批发企业联盟、药店联盟等平台，实行集体议价、统一采购。鼓励支持大型药品流通企业物流设施向其他药品经营企业开放，发展共同配送。大力实施品牌经营战略，提升企业管理水平、服务水平和信用水平，提高消费者品牌认知度和满意度。保护和促进老字号企业创新发展，打击侵权违法行为。

（四）坚持改革创新，增强发展动力

坚持药品流通行业改革开放，打破地区封锁和不同所有制差别待遇，创造平等竞争、共同发展的良好环境。充分发挥市场机制在提升行业组织化程度中的基础性作用，消除妨碍公平竞争的体制机制，引导和鼓励企业自发兼并重组，实现药品流通企业的优胜劣汰。鼓励和引导民营经济通过并购重组等形式，加大对药品流通业的资本投入，增强药品流通行业发展活力。发挥大型药品流通企业的示范作用和调控功能，促进药品流通行业健康发展。提升对外开放水平，借鉴国际先进管理理念、制度和经验，积极引进新业态、新技术。引导药品流通企业深化内部改革，完善公司法人治理结构，优化股本结构，转换经营机制，优化组织结构，健全科学的决策程序和激励机制，不断提升企业整体素质和水平。

（五）加强理论研究，强化人才建设

鼓励大专院校、科研院所、大型药品流通企业集团加强现代药品流通理论研究与创新。支持和鼓励药品流通企业开展职业培训和继续教育，认真落实药品流通职业经理人和其他从业人员资格认证制度，积极组织相关人员开展培训，建立药品流通领域人才激励与约束机制。支持药品流通企业引进各类专业技术人才、高级管理人才，提高企业自主创新能力。积极参与国家实施的各类从业人员培训工程，“十二五”期间培养一批高级职业经理人、中级职业经理人、药学技术服务人员、采购、销售、物流等其他重点岗位工作人员，逐步形成多层次、市场需要、企业欢迎的人才培养与职业教育体系。

浙江省药品流通行业发展规划（2012-2015 年）

浙江省商务厅

药品是关系人民生命健康的特殊商品，药品流通上连药品生产，下连医疗机构和患者，是医药卫生体系运行的重要环节，是关系国计民生的特殊行业，其在整个药品供应链体系中的先导作用越来越凸显。为加快医药卫生事业改革发展步伐，浙江省政府于 2011 年 7 月正式将药品流通行业管理职能划归省商务厅。为切实履行好此项工作职能，贯彻落实商务部相关工作部署，特制定《浙江省药品流通行业 2012-2015 年行动规划》，着力明确“十二五”期间我省药品流通行业的发展目标和主要任务，加强指导我省药品流通行业发展，会同政府有关部门保障人民群众用药安全、合理、方便。本规划依据有关法律法规和《全国药品流通行业发展规划纲要（2011-2015 年）》、《浙江省商贸流通业“十二五”发展规划》等制定。规划范围包括以经营药品为主的批发业、零售业，以及与批发零售相关的连锁经营、电子商务、物流配送、现代会展等现代流通方式。规划期限为 2012 年 -2015 年。

一、基本现状和发展形势

（一）现状及特征

“十一五”以来，我省药品流通行业稳步发展，总体规模不断扩大，新兴流通方式应用加快，行业组织化、现代化程度逐步提高，初步形成了龙头带动、覆盖城乡、辐射全国的药品流通网络，对保障居民用药安全便利、助推我省药品制造业发展、增加居民就业的贡献愈加明显。“十一五”期末，全省共有药品流通企业 1.57 万家，其中批发企业 290 家，零售企业 1.54 万家；行业统计样本企业共实现销售额 563.9 亿元，约占全国的 7.96%；从业人员超过 8 万人。

1. 规模实力位居全国前列。“十一五”以来，我省药品流通行业稳步发展，行业规模位居全国前列。“十一五”期末，我省药品流通行业销售收入居全国第四位，其中化学药品销售 418.93 亿元，占比 74.3%，居全国第五位；中成药销售 91.66 亿元，居全国首位；中药材及中药饮片销售 27.8 亿元。我省华东医药、英特药业、省医药工业公司等 13 家药品流通企业主营业务收入名列全国百强。

2. 现代流通方式快速发展。近年来，我省药品流通领域连锁经营、现代物流、电子商务等现代流通方式加快发展，现代流通方式主导的市场格局初步建立。截至“十一五”期末，我省已有药品零售连锁企业 180 家，药品连锁门店 6544 个，药品零售连锁率 41.7%。珍诚医药、英特药业、华东医药、九洲医药等多家企业取得了互联网药品信息服务资格证和互联网药品交易服务资格证并开展网上交易，其中珍诚医药网“十一五”期末的电子商务交易额达到了 10 亿元，名列全国同行业前列。此外，不仅传统药品流通龙头企业加速投建了一批现代物流配送中心项目，而且涌现了以英特物流等为代表的一批专业第三方药品物流企业，带动全省药品流通效率快速提高。

3. 市场集中度进一步提高。“十一五”以来，受行业发展形势和国家政策影响，我省以省内外龙头企业为主导的药品流通企业并购明显加快，行业集中度进一步提高。国药、上药等国内医药流通龙头企业利用并购股权，快速进入我省温州、台州、丽水、舟山、金华等城市。同时，华东医药、英特药业等省内龙头企业并购活动也在加速，企业流通网络加快向市县级城市延伸。近年来我省以龙头企业主导的并购活动，为提高全省药品流通行业组织化程度奠定了良好的基础。

4. 药品流通行业地位不断提升。近年来，我省药品流通行业主动配合全省药品集中采购、政府办基层医疗机构实施基本药物制度、县级公立医院改革等医改政策的推行，在降低药价、方便群众购药等方面发挥了积极作用。实施基本药物制度后，全省基药中标价格平均下降了近 30%，品种和数量基本保障了医疗机构药品日常供应的需求，部分药品流通骨干企业成为药品储备和应急配送主体，确保了全国第八届残运会等重大活动、“禽流感”等重大疫情的药品需求。药品流通行业为维护社会稳定、促进和谐社会建设作出了贡献，行业地位不断提升。

我省药品流通行业也存在一些问题和发展瓶颈，主要表现为：企业发展定位不清晰。深化医药卫生体制改革的政策加快实施，但相关配套政策相对滞后，对药品批发企业以“配送商”定位与其“分销商”实际相冲突，部分企业面临角色转变问题。行业流通效率待提高。当前我省药品流通行业集中度依然较低，“低、小、散”行业格局有待改善，组织化、现代化、专业化程度明显低于北京、上海等省市，基础设施、流通资金和药品物流配送的运营效率偏低。现代流通方式需加快。目前我省药店连锁率依然较低，专业第三方物流配送发展仍面临诸多困难，医药电子商务刚刚起步，现代流通方式普及应用任重道远。城乡网点布局不平衡。当前我省零售药店在城区密集布点、竞争激烈，但农村地区特别是偏远山区的网点相对较少，尚不能满足农民便利用药需求。药品流通秩序需规范。药品流通领域部分从业人员法律意识不够强，挂靠经营、过票经营等违规行为仍时有发生，需进一步加大规范力度。

（二）面临的形势

“十二五”时期，是我国深入贯彻落实医改政策的关键期，也是我省全面建成惠及全省人民的小康社会的攻坚期。各级政府加大民生投入力度，人民更加重视健康消费，医改政策不断深化，为我省药品流通行业适应医药市场新形势，加快体制机制创新和行业转型升级步伐，提高流通效率，提供了较好的机遇。但另一方面，药品集中采购制度仍需完善，基本药物零差率范围不断扩大，医药分家推进艰难，国内外药品流通巨头加快进入，市场竞争将更加激烈，对我省药品流通行业发展提出了更高的要求。总的来看：未来几年，我省药品流通行业正处于转型发展的关键阶段，机遇和挑战并存，任务更加艰巨。

1. 药品市场总规模不断扩大。从市场供需看，“十二五”期间，我省居民消费结构加快升级，人口老龄化加快，人民生活需求和消费结构将发生重大变化，对医疗卫生服务和自我保健的需求将大幅度增加，药品市场增长潜力巨大。从政策导向看，中央提出公立医院“政事分开、管办分开、医药分开、营利性和非营利性分开”的医改方向，把“保基本、强基层、建机制”作为医药卫生体制改革工作重心，建设覆盖城乡的公共卫生服务体系、医疗服务体系、医疗保障体系和药品供应保障体系，必将在推动医药卫生事业发展的同时，带动药品市场规模的增加，为我省药品流通行业带来新的发展机遇。

2. 行业整合步伐不断加快。自深化医疗卫生体制改革政策颁布实施以来，我国医药流通行业结构调整步伐不断加快，国药、上药等省外大型企业和华东医药、英特药业等本省企业都积极借助资本力量进行并购重组，促进了行业结构调整和行业集中度提高。随着《全国药品流通行业发展规划纲要（2011–2015 年）》等的出台，行业整合将进一步加快。在此过程中，省内外乃至国际大型药企凭借雄厚的资本实力、先进的营销理念和现代大规模营销网络优势，占据并不断强化其强势地位，激烈的市场竞争从一、二线城市快速向三、四线城镇和农村地区扩展，对我省众多中小型药品流通企业形成较大冲击，行业整合将明显提速。

3. 医改政策影响逐步显现。2009 年以来，我省深化医药卫生体制改革取得显著成效，医疗卫生环境大为改善，基本药物制度实现全覆盖。根据国发〔2012〕11 号文件要求，未来四年我国医药卫生体制改革将继续深入实施，同时，我省也提出，要进一步加强医疗保障制度建设，全面推进医疗保险门诊统筹、市级统筹和城乡统筹，实现全省社会保障医保“一卡通”，全面实施国家基本药物制度等。医改政策实施的影响正在逐步显现：一方面在一定程度上破除了药品流通企业的发展障碍，扩张了企业发展空间，另一方面，由于众多医疗机构和药品零售终端等对药品需求日益多样化、多层次，也促使药品流通企业必须提升管理水平和流通效率、创新服务方式、开发增值服务以适应形势发展。

4. 流通现代化水平不断提高。《全国药品流通行业发展规划纲要（2011–2015 年）》提出，大力倡导和促进药品流通企业专业化、现代化建设，加快药品流通行业整合提升，加快应用现代资本、技术和管理手段，加快发展连锁经营、专业化现代物流配送、电子商务等现代流通方式，带动全国药品流通行业现代化水平快速提高。我省药品流通企业间的竞争，不仅体现于物流配送辐射面、网点规模和业务资源等方面的竞争，也将更加体现于依托现代化的物流配送设施、商业模式、品牌营销管理等流通效率竞争，将对我省药品流通行业“低、小、散”的现状格局形成显著影响。

二、发展思路和目标

（一）总体要求

按照《全国药品流通行业发展规划纲要（2011–2015 年）》的总体部署，以保障公众用药安全、有效、经济、便捷为导向，以推动药品流通行业改造、升级、转型、发展为主线，加大政策引导，大力培育龙头骨干企业，积极推动行业资源整合，提高行业集中度和组织化程度；推广应用药品现代流通方式，加大现代流通设施建设，鼓励和支持经营业态创新，调整优化城乡药品流通网点布局；建立健全药品流通行业发展规范，改善药品流通发展环境；加快建立安全高效、便捷畅通、布局合理、能够分类满足省内城乡公共卫生需要和辐射国内、国际的现代药品流通体系，为建成物质富裕精神富有的现代化浙江做出积极贡献。

（二）发展原则

市场运作与政府引导相结合。充分发挥市场机制在行业资源配置中的基础性作用，确保企业在药品流通市场上的主体地位；同时，立足药品流通行业的特殊性，围绕深化医改制度实施，不断强化政府的规划指导、政策引导、市场监管等作用，调动企业积极性，加快推动全省药品流通网点布局合理化、流通运行高效化、流通主体和设施的现代化。

城镇完善与农村拓展相结合。进一步完善城镇药品零售和物流配送服务网络，规范城镇药品流通网点竞争；加大政策扶持力度，引导药品流通企业通过改善流通服务方式，加快向农村地区拓展服务网络，稳步扩大农村药品流通网络覆盖面，保障偏远山区和海岛居民的用药安全性和便利性，逐步建立城乡一体化的药品流通体系。

龙头引领与整体发展相结合。在保障市场有效竞争的条件下，扶持一批药品流通龙头骨干企业，鼓励和支持企业通过兼并重组、战略联盟等方式做强做大，提高行业集中度；支持中小药品流通企业做精做专，提高运营质量和服务水平；不断优化行业组织结构，全面提升我省药品流通行业竞争力。

业态创新与转型升级相结合。以构建现代药品流通体系为导向，大力发展连锁经营、现代物流等现代药品流通方式，鼓励和支持药品电子商务经营模式；同时，以推动药品仓储物流设施现代化和零售网点POS机应用为重点，加快应用先进和适用技术改造提升传统药品流通企业，鼓励企业进行商业模式和管理创新，带动全省药品流通行业转型升级。

提升服务与加强监管相结合。加强信用宣传教育活动和行业协会自律，建立健全相关省级部门和省市县三级协助配合机制；进一步推动药品流通领域法规标准建设，完善药品流通行业管理机制；定期开展药品流通领域专项整治，保持药品流通领域打击侵权和假冒伪劣的高压态势，促进行业规范有序发展。

（三）主要目标

到2015年，全省药品销售总规模持续扩大，龙头企业实力快速提升，药品流通行业结构进一步优化，城乡药品流通网络布局更趋合理，现代流通方式应用大幅提高，流通市场秩序持续改善，基本建成安全高效、便捷畅通、布局合理、能够满足公共卫生需要的城乡现代药品流通体系。

规模实力不断增强。2015年，全省药品流通行业批零销售额达1000亿元以上；形成2-3家年销售额150亿元以上和5-8家年销售额在20亿元以上的药品批发流通企业；形成1-3家年零售额在5亿元以上的零售连锁企业；形成一批在行业具有较强影响力的医药流通企业品牌；连锁药店占全部药店的比重争取达到50%以上，行业市场集中度明显提高。

现代化水平显著提升。2015年，培育具有较强国内影响力的药品电子商务交易平台3个以上，药品网上交易量显著提升；加快发展现代医药物流，增强区域和全国的辐射能力、保障能力，充分利用社会物流资源，初步建成现代药品物流配送网络，培育3-5家具有较强竞争力的专业第三方物流企业；全省药品冷链物流体系加快建立并趋于完善，药品流通效率和安全性显著提高。

网络布局更加完善。2015年，全省城市药品零售网点布局更加合理，农村药品供应网络更加完善，乡镇级药品零售网点覆盖率达到100%，行政村药品供应网点20分钟服务圈更加完善，基本形成城乡一体、安全便捷的全省药品流通网络。

三、主要任务

（一）推动药品流通渠道网络化

1. 优化城乡药品流通网点布局。以保障城乡药品供应安全性和便利性为导向，综合考虑经济社会发展水平、医药卫生体制改革、城乡建设规划、交通距离、人口密度等实际，以优化分销物流配送网络和零售网络布局为重点，统筹制定全省药品流通网点布局规划，重点明确一批区域性现代药品批发物流配送中心、区域连锁经营龙头企业、城市社区药品零售网点、乡镇及行政村药品零售网点的建设布局要求，着力引导形成覆盖全省、城乡一体的现代药品批发物流配送及现代药品零售网络。

2. 加强药品物流配送中心布局建设。依据网点规划，保障土地和财政投入，调动我省药品流通龙头骨干企业积极性，通过整合现有仓储物流设施、置换迁建、新建、租赁等方式，建设一批专业化的现代药品物流配送中心，提高全省药品分销配送效率，建立覆盖全省的、及时高效的药品物流配送网络，满足我省各级医疗机构和零售药店的药品需求，确保全省城乡居民的用药安全。同时，顺应我省医药工业和电子商务产业发展需要，鼓励和支持有实力和资质的药品流通企业有序建设一批社会化、专业化、现代化的药品物流园区和配送中心。

探索大型药品批发企业依托信息技术和现代物流基础，构建药品供应链集成系统，开展供应链系统增值服务。鼓励药品流通企业为医疗机构提供药事服务，支持发展直接面对医院药房的分销模式，提供医院内部物流服务。鼓励探索专科用药及其他医用品的临床解决方案。构建代理商模式下的客户服务体系。

3. 扩大农村药品零售网点覆盖面。适应我省农村地区药品零售网点发展情况需要，鼓励我省药品连锁龙头企业向乡镇和农村地区拓展设置零售药品服务网点。充分整合农村基层医疗机构和“万村千乡市场工程”零售网络资源，加大政策引导力度，选择诚信度高、口碑好的农村商店，探索推广设置一批“放心药”销售专柜（销售乙类非处方药），完善农村地区药品零售网点建设，加快提高农村地区药品零售网络有效覆盖面，确保农村居民常用药品供应安全和便利性。

专栏一：公民公平用药工程
1. 支持大型药品流通企业加大对农村地区的药品配送力度，提升农村药品零售网点统一配送率。
2. 支持药品连锁龙头企业在农村设点，向农村地区延伸销售网络。
3. 结合“万村千乡市场工程”，在符合条件的农家店推广设置一批“放心药”销售专柜，到2015年全省专柜数比2010年增加20%。

（二）促进药品流通结构合理化

4. 做大做强药品流通龙头企业。以提高行业集中度和组织化程度为导向，发挥政策导向作用，鼓励和支持有条件的药品流通龙头企业通过收购、兼并、联合、参股、控股等方式，加速拓展流通网络覆盖面，鼓励有实力的企业开展药品批零贸易一体化经营，加快提升企业规模实力和网络覆盖面；依法审批新设药品流通企业，逐步提高行业准入门槛；推动药品流通行业向规模化、集团化和集约化经营发展。

5. 支持中小企业联合发展。支持专业化和有特色的中小药品流通企业做精做专，满足多层次市场需求。支持具有一定区域网络优势和经营特色的中小药品流通企业通过组建企业联盟、成立合资公司、联购分销、共同配送等方式联合发展，实现企业间的资源共享，增强市场竞争力。引导缺乏竞争力的中小药品流通企业通过自主选择，加盟或并入大型药品流通企业。逐步淘汰一批规模小、无特色、低水平重复建设的药品流通企业。

6. 积极培育药品流通品牌。创新发展老字号药店、知名商标、知名商号。注重对老字号药店、知名商标、知名商号等的品牌、商业道德和经营理念的传承和保护，加大对老字号药店、知名商标发展的政策扶持，加强老字号药店商标、字号等的知识产权保护。加快老字号药店经营创新，充分发挥老字号品牌、知名商标优势，嫁接发展连锁经营、电子商务等现代流通方式，不断提升流通效率、市场辐射力和品牌影响力。鼓励老字号药店结合各自传统经营特色，实行差异化经营和服务创新，积极发挥市场先导作用，参与新品开发与经营，提升药店品牌价值。

（三）加快药品流通企业现代化

7. 加快发展现代药品流通方式。加快发展药品连锁经营。按照统一采购、统一配送、统一质量管理、统一服务规范、统一联网信息系统管理、统一品牌标识等要求，支持企业通过并购重组、参股、托管、联合等方式，加快网点覆盖规模，支持企业发展直营连锁门店，加快培育一批药品连锁品牌，带动我省药品零售连锁企业向规范化、规模化和集约化方向发展。积极发展现代专业医药物流，结合专业医药物流资质认定工作，鼓励和支持医药物流企业通过设施、技术和管理现代化，整合现有物流仓储企业和资源；引导有实力的企业向医疗机构和生产企业延伸现代医药物流服务；鼓励研究“医药分开”后医疗机构相关业务及其药品供应、专业人才和资源配置等经营管理模式，为承接医药分开改革试点创造条件，加快完善我省现代医药物流配送服务网络。

支持经营规范的药品批零企业申领互联网药品信息服务资格证和互联网药品交易服务资格证，积极开展医药B2B、B2C业务；进一步扩大药品B2B销售平台交易规模，提高我省药品批发和工业企业的电子商务应用水平；积极引导有资质的网上药品零售企业加快自建平台发展，完善相关管理规范，鼓励和支持其通过借助著名综合类网络零售平台扩大市场辐射面和品牌，支持药品零售连锁企业依托原有实体网点、货源、配送等资源开展网络零售业务；培育一批全国竞争力较强、特色鲜明、服务规范的网上医药零售平台。有序发展医药会展经济。支持有条件的药品流通企业或中介机构举办药品、医疗器械展会；支持取得互联网药品信息服务资格证和互联网药品交易服务资格证的药品流通企业探索举办网上医药展览、建设网上多媒体展厅等，丰富办展方式；逐步打造一批医药会展品牌，搞活我省医药会展市场。

8. 提升药品流通设施现代化水平。以电子信息技术等先进、适用技术推广应用为主导，立足流通设施和企业现代化，加快改造提升我省传统药品流通设施，提升药品流通供应链效率，降低流通成本。鼓励和支持医药物流企业，促进使用自动分拣、冷链物流等先进设备，加快传统仓储、配送设施改造升级，探索使用无线射频（RFID）、全球卫星定位（GPS）、无线通讯、温度传感等物联网技术，完善医疗用毒性药品、麻醉药品、精神药品、放射性药品等特殊药品以及生物制品等高风险产品的物流技术保障措施，确保质量安全。着力不断扩大POS机、网络订货和网络支付系统在药品批零企业中的应用范围。

9. 提升药品流通企业现代管理水平。支持有条件的药品流通企业率先推动管理信息化，引导企业按照“统一规划、分步实施、有序完善”的方式，逐步构建客户资源管理系统、供应链管理系统、企业资源计划管理系统（ERP）等信息化体系，优化业务流程，提高管理水平。规范和加强零售药店执业药师配备管理，逐步提高药店的药学、医疗保健专业服务能力。鼓励企业开展管理和商业模式创新，结合医药卫生体制改革深入和医药分开的逐步实施，鼓励连锁药企探索开展承接医疗机构药房服务和其他专业服务；鼓励药品零售企业拓展药妆、保健品、医疗器械销售和健康服务等经营，满足群众多元化卫生健康需求。

专栏二：医药物流中心整合提升工程
1. 完善医药物流中心布局规划，整合现有的医药仓储资源，认定一批区域性的现代医药物流中心，促进医药物流的规模化、集聚化发展。
2. 利用电子信息技术、物流技术等对传统医药仓储、配送设施进行改造、升级，提升运营效率。
3. 开展建设省级医药物流公共信息平台的可行性研究。

专栏三：药品流通电子商务促进工程
1. 按照浙江省电子商务发展政策，认定一批重点医药电子商务企业、平台和项目。
2. 鼓励药品流通企业加强与第三方电子商务平台的合作，促进网上药品交易的开展。

（四）推进企业经营行为规范化

10. 建立健全行业发展规范。力争推动制定一批地方性行业规范，逐步制定完善药品流通企业分级分类管理规范体系。立足规范药品流通企业经营条件和市场行为，研究制定浙江省药品流通企业管理办法，推动药品流通企业分类分级管理；结合药品连锁经营示范、药品现代物流配送示范等重点工作开展，着力明确我省药品连锁经营示范企业、现代物流配送示范企业的验收标准，带动行业规范健康发展。

11. 建立重点中药材溯源体系。运用现代信息技术和物联网技术，对中药材设置“电子标签”，重点加强对“浙八味”、铁皮石斛等浙产中药材流通过程的追踪，以全面提高中药材的质量安全。同时，要进一步强化和完善中药材储备机制，维护中药材市场稳定，保障药材供应。

12. 强化药品流通行业信用建设。加强全行业诚信建设和职业道德的教育，广泛开展诚信经营示范创建活动，引导药品流通企业参与信用建设。建立健全药品流通行业分类信用分级管理制度，严格企业信用评价评定，加强企业信用水平日常监管和奖惩。发挥行业协会要通过制定和执行行规行约、开展行业信用评价、加强信用管理培训等手段，逐步提高行业自律水平，规范行业竞争秩序。

13. 建立维护市场秩序长效管理机制。充分发挥12312商务举报投诉服务热线的作用，建立和完善投诉举报的受理、处理、移送、反馈等信息通报与共享机制，积极配合药监、公安等相关部门，加强对药品流通行业的监督，严厉打击药品流通中的挂靠经营、代开发票、倒买倒卖税票、经营假劣药品、商业贿赂、虚假宣传、恶意竞争、非法经营网上药店、药品走私、非法药品收购等违法违规行为。抓好药品购销管理，完善索证索票制度，严查药品购销合同、往来票据、财务账目、购销记录等经营资料。逐步规范网上售药行为。

专栏四：重点中药材溯源工程
1. 根据中药溯源标准体系，结合我省中药材产销实际，利用物联网传感技术建设重点中药材溯源系统。
2. 先期将“浙八味”、铁皮石斛等浙产道地中药材品种纳入监控，后期逐步扩大监控品种和范围。

（五）促进市场竞争秩序有序化

14. 营造公平市场竞争环境。结合医药分开的深入推进，在保护患者隐私的前提下，联合有关部门探索实施医院电子处方社会化可查询的有效途径，营造健康有序的药品零售经营环境。搭建多功能药品流通服务信息平台，发挥政府部门和行业协会作用，建立药品交易、投融资合作、信息交流、政策发布等多层次、多功能信息服务平台，服务企业发展。鼓励市场中介组织开展药品销售渠道、消费结构和区域分布情况等信息服务，充分发挥市场的引导作用。

15. 促进药品流通开放发展。鼓励我省有条件的药品流通企业实施跨区域乃至跨国经营战略，通过新建、收购、境外上市等方式，到省外乃至国外开展业务，参与国内外药品采购和营销网络建设，提高市场竞争力。进一步破除地方保护，吸引省外、境外的著名药品流通企业来浙投资，拓展分销业务，优化我省药品流通行业投资结构，学习借鉴国内外先进管理经验。

（六）加强行业管理基础工作

16. 建立健全行业运行监测体系。结合商务部药品流通监测工作要求，建立省级药品流通行业发展监测平台，完善行业统计体系。着重加强对重点药品流通企业的统计监测，并逐步延伸监测化学药品、中成药、中药材和中药饮片等重点品种的市场运行情况，加强统计分析与行业调查，提高政府对行业发展和企业经营的指导作用。

17. 建立和实施药品流通标准体系。大力支持我省龙头骨干药品流通企业和行业协会积极参与国际标准、国家标准和行业标准的制定。结合行业特点和发展要求，配合上级部门逐步建立并实施药品流通业态分类分级、药品统一编码及现代流通设施与信息化、中药材商品等级、职业经理人与从业人员资质和岗位规范、企业经营服务、信用建设和社会责任等相关标准体系。同时，结合我省实际，探索制定一批药品零售网点布局设置、物流配送等地方推荐性标准。鼓励有条件的药品流通企业建立健全采购、验收、储存、销售及售后服务等环节的标准体系，引导行业健康有序发展。

18. 健全行业管理工作体系。各级政府要根据商务部、国家食品药品监管局《关于加强药品流通行业管理的通知》和《浙江省人民政府关于明确药品流通行业管理职能的批复》的精神，抓紧完善工作体系，明确工作职责和责任部门，落实工作人员，建立工作机制，制定工作计划，尽快健全省、市、县三级完整的行业管理工作体系，确保药品流通管理工作的顺利开展。

四、保障措施

（一）加强管理部门协作

19. 加强部门协调。各级商务主管部门要加强与当地发改、经信、财政、卫生、人力社保、公安、工商、药监等部门的沟通协调，尽快完善药品流通管理部门联系工作机制，切实履行好行业主管的各项职责，保障本规划各项任务的顺利实施，以及我省医改重点工作的顺利开展。

20. 积极参与医改。结合药品集中采购制度实行，加大与地方财政和社会保障等相关部门的协调力度，严格执行医疗机构药品采购合同回款期限等规定。探索推进药品流通、生产企业平等参与药品招标采购实现途径。探索建立全省统一的处方信息查询平台，推动建立医疗机构电子处方有效公开查询机制，促进药品零售服务专业化、社会化。

（二）加大政策扶持力度

21. 落实扶持政策。在整合利用好我省流通领域现有的财政专项资金的基础上，加大财政扶持力度，重点对大型医药流通企业培育、企业信息化建设、电子商务平台建设、经营模式创新等给予扶持引导，建立健全重点药品物流配送中心、农村药品配送和零售网络建设等公益性（准公益性）财政补贴机制。在落实相关税收优惠政策的基础上，探索建立药品流通企业技术改造设备增值税抵扣政策，以及跨地区连锁企业统一纳税协调制度。加强银企合作，鼓励金融机构积极开展动产、应收账款、仓单等抵质押方式，为药品流通企业融资提供便利。针对药品批零网点规划，切实落实用地、用电和用水等政策。

22. 完善医保政策。进一步加强基本医疗保险定点零售药店的监管，完善定点协议管理，规范定点零售药店的服务行为，建立健全定点零售药店的准入、退出机制。基本医疗保险定点零售药店适当向省级示范连锁药店倾斜。探索开展定点零售药店网上售药使用社会保障卡、新型农村合作医疗卡结算业务，促进网上药品零售的发展。参照基本医疗保险定点零售药店管理模式，探索将农村药品零售药店等药品供应点纳入新型农村合作医疗定点范围。

（三）加快人才队伍建设

23. 加强管理队伍建设。根据我省医药流通行业发展实际，结合“人才强省”战略实施，以省、市、县药品管理人员为对象开展专业知识、法律法规、廉洁从政等一系列培训工作，全面提高药品流通行业人员素质，改善知识结构，提升管理队伍的科学决策和科学管理能力。

24. 大力培养经营人才。鼓励大专院校、研究院所加强现代药品流通理论研究与创新，培养既懂药品又通晓连锁经营、电子商务、现代物流的复合型药品经营管理人才。支持和鼓励相关中介组织和药品流通企业开展多种形式的职业培训和继续教育，形成层次多元、市场需要、企业欢迎的人才培养与职业教育体系。完善药品流通职业经理人、执业药师和其他从业人员的资格认证制度，破除地方保护，推进资格认证互认体系建设，促进人才的自由流动。

（四）加强行业协会建设

25. 加强行业协会建设。充分发挥行业协会的桥梁和纽带作用，加强行业自律，开展行业交流与培训，及时反映行业诉求，维护企业合法权益。协助政府推动相关政策执行，规范市场秩序，加强调查研究，积极为政府决策提供参考依据。

安徽省药品流通行业发展规划（2011–2015 年）

安徽省商务厅

为适应医药卫生体制改革发展的新形势，促进药品流通行业科学改革和发展，依据商务部制订的《全国药品流通行业发展规划纲要（2011–2015 年）》，结合安徽省药品流通行业实际，制订本规划，规划期为 2011–2015 年。

一、发展现状

改革开放以来，随着经济发展水平的不断提高，安徽省药品流通行业获得了长足的发展。在市场导向的积极作用下，形成了多种所有制并存、多种经营方式互补的药品流通行业格局，药品供应保障能力稳步提升，药品服务覆盖范围逐步拓展，药品流通竞争机制逐渐完善，初步建立了覆盖城乡的药品流通行业体系。

（一）市场规模逐年扩大

2010 年，全省药品流通销售总额达到 602 亿元，占全国行业同期销售总额的 8.5%；限额以上企业销售总额 509.4 亿元，占全省销售总额的 84.62%，“十一五”期间年均增长 20.7%。其中，批发企业销售总额 569.15 亿元，占全省销售总额的 94.54%；零售企业销售总额 32.85 亿元，占全省销售总额的 5.46%；零售连锁企业销售总额 9.96 亿元，占全省零售总额的 30.32%。总体市场规模呈逐年扩大的趋势。

（二）流通网络逐步完善

截至 2010 年底，全省共有药品批发企业 593 家（其中法人企业 358 家，非法人企业 235 家）；药品零售连锁企业 49 家，下辖门店 907 家，零售单体药店 11558 家，零售药店门店总数达 12465 家，基本能够满足城乡药品供应需求。初步建立了县、乡、村三级农村药品监管、供应网络，农村药品监管网已覆盖 99.5% 的行政村，农村药品供应网已覆盖 98.5% 的行政村。

（三）现代流通初具雏形

全省行业领先企业大力发展连锁经营、物流配送和电子商务等现代流通方式。药品零售连锁企业积极发展连锁门店，截至 2010 年底，安徽百姓缘大药房拥有 77 家连锁门店，安徽丰原大药房连锁门店达到 202 家。南京医药合肥天星有限公司、安徽省医药（集团）股份有限公司、国药控股安徽有限公司等一批药品流通企业积极建设现代医药物流中心和分销中心。安徽华源医药股份有限公司拟建成 10 万平方米药品仓库和物流仓库，其专业物流公司运输网络覆盖全国，药品电子商务交易平台已覆盖 300 多个县市。

（四）骨干企业实力增强

2010 年，全省批发企业销售额超过 10 亿元的有 9 家，销售额过亿元的有 96 家，销售前 10 位的批发企业占全省药品批发销售总额的 44.75%，其中前 3 家批发企业占全省药品批发销售总额的 31.08 %。安徽华源医药股份有限公司 2010 年销售总额 132 亿元，占全省销售总额的 21.93 %，连续 10 多年居全国医药商业企业单体销售量排名之首。

（五）兼并重组步伐加快

随着医改的逐步深入，国药控股、上海医药、华润医药、南京医药、九州通医药等全国大型企业正在积极布局安徽药品流通市场，通过收购、资产重组、控股、参股等形式进行兼并重组；省内行业领先的安徽华源医药股份有限公司、南京医药合肥天星有限公司、安徽省医药（集团）股份有限公司、安徽国立医药集团有限公司等企业主动拓展销售渠道，整合销售资源，延伸市、县、乡、村销售网络，全省药品流通行业兼并重组步伐逐渐加快。

（六）专业市场独具特色

我省拥有全国最大的太和华源药品集中交易市场和亳州

中药材交易市场。太和华源药品集中交易市场，经过多年的培育，建立了“五统一、一分销”经营管理模式，吸引全国4000多医药厂家的25000个品种在市场集中进行销售，与全国4万家下游客户有业务往来，药品日常库存价值14亿元，基本满足客户“一站式”采购需求，目前已形成了“买全国，卖全国”的经营格局，2010年销售额达到132亿元，市场直接或间接解决了近10万人就业。亳州中药材交易市场，是国内品种最多、规模最大、交易最为活跃的中药材交易市场，中药材日上市量高达6000吨，上市品种2600余种，2010年成交额突破200亿元，市场带动从事中药材种植、加工、销售的人员超过100万。太和、亳州两地每年一度的中国华药会暨安徽华源医药药品流通峰会、国际（亳州）中医药博览会暨全国（亳州）中药材交易会影响力日益提升。

（七）行业问题不容忽视

由于受行业准入门槛较低、缺少行业发展整体规划、“以药补医”体制、招标采购制度等因素制约，全省药品流通行业发展存在的问题比较明显。一是行业集中度不高。流通企业“多、小、散”问题突出，全省药品批发企业数量较多，普遍规模不大，销售额5000万元以下的企业比重过高；零售连锁发展滞后，连锁门店数只占零售门店总数的7.28%，前10家的连锁企业销售额只占全省零售总额的21.1%。二是行业布局不够合理。药品流通企业主要集中在地级以上城市，中小企业产品同质化、定位趋同化、经营传统化问题突出；零售网点布局不完善，农村及偏远地区药品零售网点数量偏低。三是行业物流发展滞后。除少数规模较大的企业建有或正在建设现代药品物流中心，其他药品流通企业长期以来对药品物流仓储等基础设施的投入严重不足，流通效率较低，难以适应电子商务、网上销售、物流配送等现代流通方式的需要。

二、发展环境

全国医药卫生体制改革的逐步深入，对药品流通行业的发展提出了更高的要求。安徽省作为医改的先行者，必须认清形势，努力把握机遇，积极迎接挑战，加快结构调整，转变发展方式，实现科学发展。

发展机遇：

一是医改深入推进的提振作用。我省作为全国医改的先行者，正在不断完善政策措施，深入推进医改工作，按照中央提出的改革方向，大力建设覆盖城乡的公共卫生服务体系、医疗服务体系、医疗保障体系和药品供应保障体系，将为我省药品流通行业带来新的发展机遇，产生较大的提振作用。

二是经济快速发展的带动作用。随着国家中部崛起战略的深入实施，我省的区位优势、平台优势、空间优势、政策优势所产生的叠加效应，必将导致人流、物流、商贸流的高度汇集，促进安徽省经济的快速发展，这些有利形势将带动我省药品流通行业快速发展。

三是居民收入增加的促进作用。随着经济的发展，我省居民收入呈稳步增长趋势。“十一五”期间，我省农民人均纯收入增长78%，城镇居民实际收入增长40.1%。全省居民收入的快速增长支撑了居民消费结构的改善，居民家庭健康投入必然增加，寻医问药消费自然增长，这将有力地促进我省药品流通行业的发展。

四是人口结构改变的拉动作用。随着人口老龄化步伐的加快，我省老龄人口的比重将逐步增大。人口结构的改变决定了消费结构的调整，老龄人口比重的增大将逐步放大药品消费市场，拉动药品消费，为药品流通行业发展提供新的机遇。

五是行业规划纲要的引领作用。全国药品流通行业发展规划纲要的发布实施，对引导我省药品流通行业持续健康发展，合理进行行业布局，促进行业组织化程度提升，提高行业流通效率，创新行业营销模式，增强骨干企业竞争力，将发挥较好的引领作用。

面临挑战：

一是客观环境的影响。医药卫生体制改革的深入推进，国家和我省的相关政策需要不断完善，各方利益将随之进行调整，我省药品流通行业必须作出相应的调整，以便更好地服务于改革大局。

二是内在因素的制约。我省药品流通行业基础薄弱，管理水平、设备设施相对落后，企业信息技术运用能力、服务水平、市场拓展能力等相对不高，短时期内行业结构调整和转型发展难度较大。

三是市场格局的调整。全国性大型企业以及外资企业正在积极布局安徽药品流通市场，省内行业领先企业积极开展兼并重组工作，必将推动全省行业市场格局的重新调整，部分中小企业将会面临转型或重组的压力。

四是创新能力的不足。全省药品流通行业的发展理念和经营方式大多处在传统阶段，连锁经营、物流配送和电子商务等现代流通方式发展滞后，现代供应链服务、药事服务、增值服务等方面亟待加强。

五是行业人才的短缺。2010年，全国执业药师超过18.5万人，我省执业药师只有6404名，每万人拥有的执业药师人数低于全国平均水平，满足不了零售药店配备执业药师的要求。执业药师的严重短缺，制约了零售药店开展药学等其他服务，影响零售药店整体服务水平和服务功能的提升。

三、发展目标

（一）指导思想

按照国民经济和社会发展“十二五”规划的总体要求，

贯彻落实《全国药品流通行业发展规划纲要（2011-2015年）》精神，从安徽省情、药品流通行业实际出发，全面落实科学发展观，围绕服务医药卫生体制改革大局，以药品供应保障体系建设为重点，加强政府的规划引导和政策支持，提高现代科学技术利用水平，创新行业运行管理模式，提升行业发展的整体层次，努力形成高效、便捷、惠民的现代药品流通行业体系，更好地满足人民群众的健康需求，为兴皖富民作出新贡献。

（二）基本原则

"十二五"期间，我省药品流通行业发展，坚持政府引导、科技引领、城乡统筹、行业自律的基本原则。

政府引导。突出政府在规划管理、政策制定等方面的作用，消除妨碍公平竞争的体制机制因素，发挥市场机制配置药品流通资源的基础性作用，实现企业的优胜劣汰，逐步提高行业集中度和流通效率。

科技引领。加强行业标准化建设，提高现代信息技术的利用水平，改善物流基础设施，加快药品流通的现代化，推动行业效率的提升，全面增强药品的供应和保障能力。

城乡统筹。突出药品供应的社会公益性，采取多种措施，加强农村和偏远地区药品配送网络和零售体系建设，统筹城乡协调发展，稳步提高群众用药的可及性。

行业自律。加强对企业守法、守规和诚信经营宣传教育，充分发挥行业协会等社会组织的监督作用，建立行业内的违规惩戒和退出机制，规范市场秩序，促进行业自律。

（三）发展目标

到"十二五"末，基本建成能够满足全省人民群众健康需求和公共卫生需要的药品流通体系。药品流通行业整体竞争力显著增强，行业集中度和连锁覆盖率明显提升，骨干企业品牌效应逐步扩大，流通效率不断提高，市场秩序持续好转，供应网络遍及城乡，居民用药更加安全便捷。

行业发展目标：到"十二五"末，全省药品流通销售总额突破1000亿元，比"十一五"末增长66%以上，年均增长12%以上。前10位的批发企业销售比重提高到70%，前3家批发企业销售比重提高到50%。药品零售销售总额超过50亿元，比"十一五"末增长52%以上，年均增长12%以上；零售连锁企业销售比重提高到50%，连锁药店比重达到全部零售门店的50%。

企业培育目标：到"十二五"末，培育一批年销售额20亿元-300亿元的地区性、区域性、全国性的药品流通企业；培育一批年销售额5亿元-10亿元以上的地区性、区域性药品零售连锁企业；培育1-2家年销售额20亿元-50亿元药品电子商务企业。

网点布局目标："十二五"期间，合理控制零售网点增长数量，重点发展乡镇、农村零售连锁药店，实现县城以上城市布局相对合理、行政村全面覆盖的布局目标。

市场建设目标：到"十二五"末，全面提升太和华源药品集中交易市场和亳州中药材交易市场的影响力。加快太和华源药品市场建设步伐，打造网上交易平台，发挥普药分销优势，完善全国性分销网络，提高市场辐射能力。进一步规范亳州中药材市场交易行为，加大标准种植基地中药材进场交易比重，加快亳州华佗国际中药城建设，建成集贸易、检验检测、信息发布、物流配送等于一体的综合性集散中心，巩固在全国的领先地位。

四、主要任务

（一）优化行业整体布局

合理进行布局。会同有关部门，依据国家对药品流通行业的整体部署，统筹考虑全省各地的产业基础、企业实力、物流条件和覆盖范围等因素，按照实现规模效益和保持适度竞争的原则，确定全省药品批发企业的合理布局。按照网点设置基本规律和便民利民、方便购药、有序发展的原则，指导全省各地优化网点布局，完善药品供应体系。

保障基层供应。适应城市化进程加快的需求，在新建城区，根据人口密度合理布局，以社区为基本单位，围绕社区卫生医疗机构、服务中心设置零售药店。保障农村和偏远地区的药品供应，按照当地常住人口数量、地域、交通状况和实际需求，结合新农村建设，加快农村药品供应保障体系建设，稳步提高农村用药的便利性、可及性。确保药品零售供应保障体系覆盖到每个城市社区、农村乡镇和行政村。

（二）引导行业整合重组

引导骨干企业做大做强。充分发挥市场机制作用，鼓励企业依托资本、渠道、物流和品牌等优势，通过收购、兼并、联合、参股、控股等方式，利用产业基金、融资担保、上市融资和利用外资等多种经济手段，加大各市网络布局力度，建立分销企业，逐步发展成在全国有竞争实力的大型企业集团。支持有实力的企业进一步将网络深入到县及以下区域，向居民社区和村镇延伸销售与配送网络，实现药品流通对基层的有效覆盖，提高农村和偏远地区药品供应的安全性、便利性。

鼓励企业跨界经营发展。鼓励有实力的批发企业通过自营、并购和联盟等形式延伸产业链，加强对零售终端的整合，发展零售连锁经营业务。鼓励零售企业多元化发展，开展药妆、保健品、医疗器械销售和健康服务等多种经营。鼓励大型流通企业利用渠道优势，推动大商业与大工业的强强联合，探索药品工商一体化发展的新路径，构建全产业链优势。

推动企业之间合资合作。鼓励省内外行业骨干企业参与我省的行业整合，引导本地企业加强与外来企业的合资合作，积极借鉴引进企业的物流技术、管理经验和营销方式，提高全省行业发展水平。

（三）提高行业运营效率

大力发展零售连锁经营。鼓励大型药品连锁企业加大布局力度，进一步拓展网络，树立统一品牌，提升服务水平，提高物流效率，推动连锁经营的规范发展，提高连锁企业的市场占有率。鼓励新开办和已有的零售连锁企业通过兼并重组、自愿联合等形式发展连锁经营，实现低成本扩张和跨地区发展；鼓励零售连锁企业发展乡镇、农村连锁经营门店，为农村安全有效用药提供保障。鼓励单体药店积极加盟连锁企业，降低运营成本，提高经营效率；鼓励连锁企业，向新建社区和乡镇转移，拓展营销空间，提高生存能力。

加快现代医药物流进程。鼓励企业运用企业资源计划管理系统、供应链管理等新型管理方法，依托无线射频、全球卫星定位、温度传感等物联网技术，建设标准化、信息化、自动化的医药物流，提高物流效率。推动流通企业的供应链向上下游拓展，与生产企业、医疗机构的信息化网络实现互联互通，实现药品下单、采购、配送、仓储管理等信息集成，提高库存管理水平，提升供应链整体价值。鼓励社会物流企业按照医药物流标准，加大投入力度，承担药品物流配送任务。

健全药品流通保障体系。借鉴发达地区先进药品物流基地的经验，结合安徽发展实际，逐步发展以医药第三方物流为基础的药品电子交易中心、地市级物流配送中心，同时鼓励部分企业通过投资、合作、兼并等方式组建具有较强辐射带动作用的物流基地。力争将安徽华源医药股份有限公司的医药物流园建成辐射全国的医药物流基地。选择部分规模较大、现代物流基础较好、社会责任感强、流通网络健全的药品流通企业承担药品、中药材储备任务，提高应急保障能力。

（四）加强行业规范管理

扩大统计范围。落实商务部制订的药品流通行业统计制度，逐步扩大我省直报企业范围，按要求及时报送有关数据，直报企业、行业主管部门、行业协会及有关方面广泛参与，及时掌握全省药品流通行业运行和发展的全面信息，为政府决策、行业发展提供依据。

落实行业标准。按照全国行业相关标准，结合我省特点和行业发展趋势，推行药品流通业态分类分级、药品统一编码、现代流通设施与信息化、中药材商品等级、职业经理人与从业人员资质和岗位规范、企业经营服务、信用建设和社会责任等相关标准。

促进行业自律。加强行业信用体系建设，将药品流通行业纳入商务信用建设范围，建立企业信用档案。开展药品流通行业“诚信经营”示范创建活动，建立诚实守信经营示范企业认定制度。建立行业内的违规惩戒和退出机制，规范市场秩序，促进行业自律。

（五）创新行业营销模式

促进企业拓展服务范围。鼓励药品流通企业向医疗机构开展延伸服务，鼓励药品流通企业为医院提供标准化、专业化、个性化与增值化的综合药事服务解决方案，鼓励药品流通企业承接“医药分开”后医院药房供应管理工作。引导企业以订单为导向，重构供应链，有效地整合上下游的资源，提升整个产业链的效率，把传统的药品供应提升为供应链服务、药学服务、药房管理等多种方式的组合服务。

积极发展药品电子商务。鼓励经营规范、信誉好的品牌药品流通企业，开设网上连锁药店，充分利用互联网的优势和高效的物流系统，发展新型药品服务模式。鼓励质量信得过的药品流通企业，探索实体店与虚拟店并行发展。支持连锁经营、物流配送与电子商务相结合，逐步提高全省药品流通领域电子商务应用水平。

（六）促进行业市场建设

壮大太和华源药品市场。鼓励安徽华源医药股份有限公司，进一步优化“统一购进、统一仓储、统一财务、统一票据、统一价格、分公司销售”的“五统一、一分销”平台式经营管理模式，吸纳更多厂家更多品种在交易平台上进行竞争性销售，更好地满足下游客户“一站式”采购需求；发挥普药分销优势，在全国每个省级地区设立子公司；发展网上交易平台，网上交易覆盖到全国每个县；着重强化分销网络建设，建立现代仓储和物流服务体系；探索建立上下游紧密结合型，产、销、用一体化，全程实时动态管理的现代药品流通模式。

提升亳州中药材市场水平。鼓励亳州中药材市场建立信息化、标准化的中药材交易中心，开展对中药材进行分等定级研究工作，对产、供、销全程严格落实全国统一的编码；发展中药材期货交易，降低交易成本，提高中药材质量；建立重点中药材储备库，提高应急保障能力；建立现代化中药材仓储、物流体系；建设全国性中药材指数信息发布中心；努力建成交易规范、管理科学、辐射面广、影响突出、国内外最大的中药材集散地。

五、保障措施

（一）完善配套政策措施

根据国家药品流通行业管理有关法律法规、政策、标准规范，结合我省药品流通行业发展现状，完善我省药品流通行业管理配套政策措施。结合搞活流通扩大消费的各项政策措施，对药品流通行业结构调整和药品保障体系建设予以积极支持。支持企业进行产业整合、信息化改造、提升物流技术装备水平，发展电子商务和现代连锁经营。引导具有一定规模的企业向农村和偏远地区发展连锁经营，支持零售连锁企业和其他具备条件的零售药店申请医保定点资格。

（二）建立协调联动机制

充分发挥多方力量，共同做好药品流通行业管理工作。加强部门之间的沟通协调，建立由商务、药监、卫生、发改、社保、财政、税收等相关部门组成的药品流通行业管理工作领导小组联席会议制度，加强对重大问题的研究，加大工作推进力度，形成工作合力。加强与行业协会之间的沟通联系，建立联系机制，引导行业协会协助做好统计、培训、调研等基础性工作，发挥行业的服务功能和桥梁作用，促进行业自律。加强与重点药品流通企业的沟通，定期交流通报有关情况，收集企业意见和建议，协调解决企业在发展过程中出现的相关问题。

（三）加强人才队伍建设

积极组织有关人员参加商务部开展的药品流通行业相关培训，逐步提升全省药品流通行业管理与经营人员的素质。定期举办行业管理人员培训，交流工作经验，提升服务水平。加强药品流通从业人员培训，培养一批具有良好职业道德、较强经营管理能力的职业经理人和专业人才；加大对药品营销、药学服务、经营管理、医药电子商务管理、执业药师等各类人员的培训力度。鼓励大专院校、社会机构进入药品流通行业开展职业培训和继续教育，支持流通企业建立培训机构，形成多层次人才培养体系。建立药品流通行业职业经理人及其他重要岗位从业人员人才库和职业行为信用信息数据库，促进人才的使用和交流。

（四）改善流通发展环境

协调有关部门，清理、废止阻碍药品流通行业改革发展和妨碍公平竞争的政策规定，发挥市场机制作用，促进优胜劣汰，逐步形成竞争有序、开放的药品流通市场体系。推进医药分开工作，推动改革“以药养医”体制，促进医疗机构门诊药房的社会化，鼓励患者凭处方到药店购药。配合有关部门，严厉打击经营假劣药品、商业贿赂、倒买倒卖税票、挂靠经营、非法经营网上药店、发布虚假药品和保健品广告等违法违规行为，加强对药品市场、中药材市场监督管理。

（五）全面推进规划落实

省商务厅将会同有关部门、相关行业协会，对全省药品流通行业发展规划落实情况进行跟踪监督、实施中期评估和终期检查，及时调整配套政策和措施，确保年度工作计划与规划协调一致。全省市、县商务主管部门，要认真贯彻《全国药品流通行业发展规划纲要（2011-2015年）》精神，结合全省规划，制订本地药品流通行业发展的具体规划，并严格进行跟踪落实；要及时做好本地药品流通企业的调查摸底、统计分析工作，为科学决策提供服务；要建立药品流通企业备案登记制度，将是否符合行业规划作为行业准入的重要依据；要严格按照商务部制定的分级分类标准对药品流通企业进行分等定级，并确定扶持对象。全省药品流通企业和相关专业市场，应根据全省规划，制订或调整本企业的发展规划，合理确定发展指标，安排具体项目建设；结合省商务厅有关工作安排，积极开始试点工作和承担药品流通课题研究工作，确保全省药品流通行业发展规划得到全面落实。

福建省药品流通行业“十二五”发展规划

福建省经贸委

药品是关系人民生命健康的特殊商品，药品流通行业是关系国计民生的重要行业，是社会关注的热点。为适应药品流通改革发展的新形势，促进药品流通行业健康有序地发展，保障人民群众用药安全合理方便，贯彻落实福建省委、省政府提出全面建设海峡西岸经济区的战略构想和重点培育医药产业发展的精神，依据《全国药品流通行业发展规划纲要》（2011-2015）和《国家药品安全“十二五”规划》以及《福建省国民经济和社会发展第十二个五年规划纲要》的要求，发挥药品流通行业在海峡西岸经济区建设中的作用，实现跨越式发展，特制订本规划，规划期为2011-2015年，范围涵盖药品批发、零售、物流等流通环节。

一、药品流通行业“十一五”发展情况

（一）行业现状和取得成效

1. 流通规模不断扩大

“十一五”期间，我省药品流通行业保持了较快的增

长速度，初步形成了多种所有制并存，基本覆盖城乡的药品流通体系，据不完全统计，目前全省药品批发企业 304 家，药品零售连锁企业 60 家，零售药店 8461 家（其中连锁门店 1420 家），医疗器械法人企业 1435 家。2010 年全省药品批发企业销售总额 157.57 亿元，年均递增 13 %。药品流通企业规模进一步扩大，2010 年我省药品流通企业主要经济指标在全国排序为第 17 位。2010 年销售额在 30 亿元以上企业 2 家，福建同春药业股份有限公司、鹭燕（福建）药业股份有限公司，销售额分别为 40 亿元和 30 亿元。

2. 药品流通体系初步形成，重点企业发展迅速

“十一五”期间，我省加快推进现代药品流通体系建设，支持推动福建同春药业股份有限公司、鹭燕（福建）药业股份有限公司、福建省华侨实业集团有限责任公司、福建惠好药业集团等大中型药品流通企业进一步规范现代企业制度，优化公司治理结构，加大资本运作力度，加快批发代理和零售连锁发展，探索建立战略营销联盟，提高市场份额。增强对农村市场的辐射能力，探索实施了批发企业直配制、药品连锁企业延伸配送制、卫生院委托配送制等农村药品供应方式。目前全省农村药品配送进乡覆盖率达到 100%，入村覆盖率达到 97.8%，配送到村的药品达到农村群众用药量和用药品种的 90% 以上。支持重点企业积极利用电子商务技术改造企业物流系统和产品采购、销售系统，建立适应信息化、市场化竞争需求的现代药品物流系统，加快药品的流通速度，提高流通效率，降低流通成本，建立了辐射全省、拓展周边省份的销售网络。福建同春药业股份有限公司年销 40 亿元，名列“2010 年度福建省第三产业 300 强”批发企业第四位，医药行业第一位。鹭燕（福建）药业股份有限公司、福建省华侨实业有限责任公司进入 2010 年度中国药品批发企业百强排序；厦门鹭燕大药房有限公司、福建惠好四海医药连锁有限责任公司进入 2010 年度药品零售连锁企业百强排序。在药品流通骨干企业的带动下，我省药品流通体系初步形成。

3. 深化企业改革，加快实施国有企业产权主体多元化

“十一五”期间，通过深化企业改革，建立健全现代企业产权制度，完善法人治理结构，加快实施国有企业产权多元化。倡导投资主体多元化，鼓励非公有制企业通过相互参股、职工持股、参与国有、集体企业资产重组和产权改革等多种形式，建立多元和开放的产权结构，促进混合所有制经济的发展。发挥市场机制在资源配置中的基础性作用，整合药品流通市场，推进药品流通企业战略性并购重组，培育大集团龙头企业，福建同春药业股份有限公司加盟南京医药集团，厦门医药采购供应站、闽东医药集团有限公司加盟国药集团。福建三明医药股份有限公司加盟惠好药业集团，福建省医药公司加盟上海医药集团。企业依靠自己的品牌、质量、管理、资源优势，通过并购、合资等资产经营方式，以较少的资本投入，利用有效的存量资产，实现低成本扩张，迅速扩大经营规模。

4. 完善药品应急储备配送系统

在省政府的直接领导下，有关部门认真履行医药储备职责，完善医药储备应急预案，监督全省 5 家省级医药储备企业做好医药储备的各项管理工作，增加专项储备品种，有效保证了“甲流”、“手足口病”等重大疫情和“桑美”台风等自然灾害中的储备药品应急供应，特别在应对甲型 H1N1 流感疫情的过程中，完成了十多万人份抗病毒药物收储和调用任务，满足了疫情防控需要，为保障人民生命安全与社会稳定发挥了重要作用。

（二）主要问题

虽然我省药品流通行业发展迅速，但行业发展的体制性矛盾和结构性问题仍然比较突出。存在的主要问题：

1. 药品流通企业规模偏小，行业集中度低。全省 300 多家药品批发企业、8000 多家药店，其规模大多较小，而且布局不合理。行业集中度和流通效率远远低于发达国家水平，“多、小、散”的特点尤其突出，存在市场定位同质化现象。企业管理水平、流通效率和物流成本与国内先进水平也存在很大差距，行业在全国的排序与福建省的社会经济发展水平不相适应。目前药品流通行业的格局导致整个行业在过去几年毛利率不断下跌，我省药品流通行业平均净利润率不足 0.7 %。

2. 药品流通城乡发展不够平衡。发达地区和城市药品流通企业过度集中，城乡药品供应和消费依然存在很大差距，农村和“老、少、边、岛、渔”等偏远地区药品供应效率有待提高。

3. 现代化物流手段未得到广泛和有效应用，流通管理技术水平不高。信息化程度参差不齐，信息资源不能共享。许多企业不熟悉电子商务、网上销售、物流配送等现代流通方式，经营管理者难以借助计算机自动分析系统来掌握客户、品种的经营动态，很难实现商品流、信息流、资金流的动态高效管理。而且我省在药品招投标中规定中标药品配送毛利率只能 5%-8%，限制了企业投入信息化改造升级的发展能力。

4. 专业人才缺乏。我省现有执业药师 6700 多人，其中相当一部分在药品生产企业和医疗单位工作，按照零售药店至少配备一名执业药师的规定，缺口很大，存在一些药店执业药师挂名不在岗现象。

5. 流通秩序有待规范。药品购销领域各类违规经营现象仍然存在，不同程度存在挂靠经营、超范围经营等违法违规行为。

（三）行业面临形势

“十二五”是国家深化医药卫生体制改革的关键时期，国家明确商务部为药品流通行业主管部门，《全国药品流通行业发展规划纲要（2011-2015）》正式发布，为今后五年乃至更长时期的药品流通行业明确了发展方向，是今后开展药品流通行业管理工作的基础性文件，其设定的发展目标以及主要任务，为药品流通行业发展指明了方向。

医药卫生体制改革进一步深化将对医药行业的发展带来巨大且深远的影响，新医改各项配套政策陆续出台，将实质性影响到现有的药品批发、零售格局，而基本药物厂家和各区域的现代药品物流企业将形成更紧密的共生关系。中央提出“政事分开、管办分开、医药分开、营利性和非营利性分开”的医改方向，以及“保基本、强基层、建机制”的医药卫生体制改革任务，要求建设覆盖城乡的公共卫生服务体系、医疗服务体系、医疗保障体系和药品供应保障体系，必将在推动医药卫生事业发展的同时，带动药品市场规模的增加，为药品流通行业带来新的机遇。同时与之相关的体制机制改革、各方利益格局博弈与调整存在不确定性，医改的配套政策将直接影响行业的发展和市场结构调整及企业的盈利水平。

预计未来五年全球药品销售将保持5%-8%的增速，以中国、巴西、俄罗斯和印度为代表的十余个“新兴医药市场”受到经济发展等有利因素驱动，预计将以14%-17%的速度增长，成为全球药品销售增长的主要动力。中国是潜力最大的市场，“十一五”期间，国内药品消费从2006年3360亿元增长到了2010年的7084亿元，成为全球增长速度最快的地区。

“十二五”期间，随着我国人口老龄化的加快，对医疗卫生服务和自我保健的需求将大幅度增加，国内医疗器械需求也将继续保持快速增长，药品市场增长潜力巨大。福建处于特殊的地理位置，是大陆对台交流的窗口，具有重要的战略地位。医药行业发展已成为《海峡西岸经济区发展规划》的重要组成部分，为行业的发展提供了更多的机遇和更大的空间，尤其是中药材、中成药两岸合作交流市场发展前景广阔。

国家食品药品监督管理局即将出台新修订的《药品经营质量管理规范》（下称“新版GSP”），强调建立覆盖整个药品供应链的完善的质量管理体系，注重过程的管理。新版GSP将整体提高药品流通行业标准，促进药品流通市场结构调整，促使企业对外并购整合，对内转型创新，加快中小药品流通企业联大靠强、兼并重组的步伐。

二、“十二五”发展目标

（一）指导思想

以邓小平理论和“三个代表”重要思想为指导，深入贯彻落实科学发展观，深化医药卫生体制改革，围绕建设海峡西岸经济区发展战略，按照中共中央、国务院《关于深化医药卫生体制改革的意见》、商务部《全国药品流通行业发展规划纲要》、国家发改委《海峡西岸经济区发展规划》和《福建省国民经济和社会发展第十二个五年规划纲要》的总体要求，加强政府政策引导、发挥市场机制基础性作用、强化现代科学技术和新型管理方式应用，提高效率、规范秩序，转变经济增长方式。深化体制机制改革，调整行业结构，提高药品流通行业集中度；优化网络布局，形成科学合理的药品流通体系；发展现代医药物流，提高药品流通效率；创新药品流通和营销方式，提升服务质量和水平；利用好国内国际两个市场，加强海峡两岸合作交流，不断完善开放竞争的市场格局，建设海峡西岸经济区现代药品流通体系。

（二）发展目标

到2015年，基本形成技术先进，运转高效，结构优化，发展协调，网络布局合理，组织化程度较高、骨干企业竞争力较强，服务水平有较大提升，对外贸易稳步发展，药品流通规范有序，城乡居民用药安全便利，行业步入科学轨道的现代化的药品流通市场体系和管理体系。

具体发展目标：“十二五”期间药品销售总额年均增长13%以上，到2015年，全省药品销售总额达到290亿元；“十二五”末，全省形成一家年销售100亿元以上的大型龙头企业，药品批发前十名流通企业的年销售额占全省批发销售总额的90%以上。连锁药店占全部零售门店的比重提高到1/2以上，年销售额占药品零售企业销售总额50%以上。县以下基层流通网络更加健全。

三、主要任务

（一）完善现代药品流通体系建设

1.优化流通布局，健全准入退出制度

根据福建省经济社会发展水平，结合我省海峡西岸经济区发展战略，调整行业布局结构，制定药品流通行业布局规划。加快推进中心城市药品流通体系建设，以中心城市药品流通网络为核心，以区域中心城市药品流通网络为骨干，带动中小城市和县域药品流通行业发展。“十二五”期末，建立起多种所有制并存，多种业态共同发展，开放、公平、高效的药品流通市场体系。

提高行业准入标准，将是否符合国家和我省行业发展规划作为行业准入的重要依据，严格控制新增药品批发企业和单体药店。加强日常监管和考核，建立退出制度，对违法违规和不遵守各项管理制度的企业限期整改，对不符合行业发展方向和严重违法违规的企业限其退出市场。

各设区市经贸部门（商务主管理部门）要会同相关部门，结合本地经济社会发展水平、医药卫生事业发展和体制改革进展、城乡建设规划、人口增长与密度和年龄结构变化、药品供应能力等实际，制订药品批发零售网点合理设置和布局的具体规划，保证药品供应。

2. 调整行业结构，推动药品流通行业重组整合，培育龙头企业

“十二五”期间，推动药品流通行业重组整合，提高行业集中度。支持有条件的省内药品流通企业利用上市融资、融资担保等经济手段，通过收购、兼并、联合、参股、控股等方式向集团化方向发展，鼓励有资本实力和竞争优势的国内外大型企业按照有关政策进入我省实施战略性并购重组，努力造就一批支撑药品流通行业发展的龙头骨干企业；引导一般中小药品流通企业通过市场化途径并入大型药品流通企业。各地在兼并重组过程中要做好人员安置等工作，保证平稳过渡。重点支持骨干企业做大做强，至“十二五”期末，有一家企业达到年销售额100亿元以上。支持专业化和有特色的中小药品流通企业做精做专，满足多层次市场需求。引导中小药品流通企业采用联购分销、共同配送等方式，降低经营成本，提高组织化程度，在保持传统特色基础上发展。充分发挥市场机制在资源配置中的基础性作用，倡导投资主体多元化，支持民营资本和外资参与竞争，支持大、中、小企业竞合共存。

3. 完善流通网络建设

“十二五”期间，配合医药卫生体制改革和基本药物制度实施，积极参加药品招标采购，做好药品配送。健全药品供应保障体系，加快形成若干具有较强辐射带动作用的药品流通枢纽，为大型连锁药店、县市级药品流通企业提供分销渠道，形成强大的分销配送营销网络。力争五年内培育出1个立足海西，面向全国，辐射台湾、东南亚的大型中药材专业物流中心和药品物流园区。重点支持海峡西岸经济区中药材交易中心、国控福建医药物流中心、鹭燕医药物流中心、梅生海峡国际医疗器械总部MALL项目建设。

探索建立“放心药服务体系”，鼓励引导大中型骨干药品流通企业向居民社区和村镇延伸销售与配送网络，增强对农村市场的辐射能力，实现药品流通对基层的有效覆盖，支持“万村千乡市场工程”承办企业参与药品经营，鼓励具备药品零售经营资格的企业利用“万村千乡市场工程”营销网络设立药柜，鼓励发展24小时连锁便利零售药店，推动农村药品供应网建设，不断挖掘、整合农村药品流通的网络资源，扩展网络服务功能。对药品流通企业保障“老、少、边、岛、渔”等偏远地区药品供应的，财政在政策层面上给予一定支持，以实现基层药品流通的有效覆盖，确保农村用药安全、有效、方便。加快完善建立药品应急供应保障体系。

（二）发展现代药品物流，加强流通基础设施建设

用现代技术改造传统的药品物流方式，建立标准化、信息化、自动化、社会化的高效现代药品物流体系。鼓励积极探索使用无线射频（RFID）、全球卫星定位（GPS）、无线通讯、温度传感等物联网技术，不断提高流通效率，降低流通成本。促进使用自动分拣、冷链物流等先进设备，加快传统仓储、配送设施改造升级。完善医疗用毒性药品、麻醉药品、精神药品、放射性药品和生物制品等特殊药品物流技术保障措施，确保药品质量安全。

以信息化带动现代药品物流发展。充分利用信息技术、互联网技术，将电子商务与传统的药品分销产业相结合。发展基于信息化的新型电子支付和电子结算方式，降低交易成本。参与构建全国药品市场数据、电子监管等信息平台，引导产业发展，实现药品从生产、流通到使用全过程的信息共享和反馈追溯机制。扶持1–2个大型药品流通企业成为商务部电子商务示范企业。

推动药品物流服务专业化发展。鼓励药品流通企业的物流功能社会化，实施药品物流服务延伸示范工程，引导有实力的企业向医疗机构和生产企业延伸现代药品物流服务。在满足药品物流标准的前提下，有效利用邮政、仓储等社会物流资源，发展第三方药品物流。

（三）推进连锁经营发展，培育扶持大型药品零售连锁企业，鼓励创新药品经营模式，加快发展药品连锁经营

鼓励药品流通企业发展规范化连锁，大幅提高零售连锁经营企业平均拥有门店数量，实现规模化的连锁，树立品牌形象，发挥规模效应。鼓励拓展跨区域、跨省连锁网络，同时大幅提高零售连锁经营企业门店数量占零售门店总数比例。

创新药品经营模式。鼓励药品零售企业开展药妆、保健品、医疗器械销售和健康服务等多元化经营，满足群众自我药疗等多方面需求。积极探索连锁药店与已实施基本药物制度的基层医疗机构、城市社区医疗服务机构合作，患者凭处方就近选择零售药店购药，充分发挥连锁药店在基层医疗服务体系中的作用。

支持连锁经营、物流配送与电子商务相结合，提高药品流通领域的电子商务应用水平。鼓励经营规范的零售连锁企业发展网上药店。

（四）加强行业管理，规范药品流通秩序

1. 完善行业规范

完善药品购销管理制度，积极配合国家商务部制定药品流通相关的标准体系，根据国家药品流通行业经营、服务标准规范，结合我省药品流通行业现状和发展情况，制定我省药品流通行业管理实施细则。逐步实施药品流通企业分类分级管理制度，根据不同类别和等级，采取不同的管理措施，激励企业在规范经营的基础上改善服务设施，提升管理和服务水平。

2. 打击违法违规行为

加强药品流通市场监管，整顿和规范流通秩序，打击违法违规行为。配合有关部门严厉打击经营假劣药品、未经注册的医疗器械产品、商业贿赂、倒买倒卖税票、挂靠经营、非法经营网上药店、发布虚假药品和保健品广告等违法违规行为。强化票据管理，确保药品质量安全。加强中药材流通管理，严厉打击制售假劣中药材、非法加工炮制中药饮片的违法违规行为。加强对中药材有害物质残留和质量检验，确保药材的质量。发动各方面力量，加强对药品流通行业的社会监督。

（五）推动信用体系建设，建立行业自律机制

以质量诚信为核心，开展药品流通行业诚信体系建设。研究建立药品诚信管理相关制度，包括制定信用等级标准、评价制度、奖惩制度、信息披露制度等，着手开展企业信用等级评价工作，建立企业信用档案。树立一批遵纪守法、诚实守信、管理规范、服务到位，能够积极履行社会责任，自觉接受监督的诚信经营典型，评审一批诚信经营示范企业。加强对低信用等级企业质量监管，建立违法违规企业信息披露制度，推动部门间监管信息的公开和共享，实行信用分类监管，健全信用分类监管法律法规。

加大诚信宣传教育与培训力度。加强职业道德教育，倡导依法经营和诚信经营，揭露商业欺诈行为，打击违法犯罪分子，增强社会公众识假防伪维权的意识。继续深入开展企业信用制度建设的培训工作，引导大中型药品流通企业建立信用风险管理制度。

建立行业自律机制。指导和鼓励行业协会制定和执行行规行约；维护正常价格秩序，防止垄断行为；探索建立对职业经理人、执业药师等人员从业行为信息的采集、记录、公开、共享等制度，建立从业人员的信用档案，对有违规失信行为的个人实行行业禁入。

（六）推动药品流通领域对外开放

强化招商引资，优化投资结构，提高利用外资的质量和水平。鼓励省内药品流通企业与国内外知名的药品流通企业交流合作，加强海峡两岸药品流通企业的交流合作，吸引国内外知名药品流通企业按照有关政策来我省落户，参与我省药品流通企业兼并重组，拓展分销业务。学习借鉴国内外先进管理经验和营销方式，在管理模式、信息技术、渠道和资金等多方面开展合作，提高项目招商引资的效率效益，推动福建药品流通业向更高层次发展。

加强国际合作，研究国外市场需求，建立药品出口信息平台。积极鼓励、引导具备一定实力的药品流通企业“走出去”，通过新建、收购、境外上市等多种方式，到境外开展业务，参与国际药品采购和营销网络建设，参与国际竞争。简化审批程序，对重点企业对外投资信贷、海外投资所得税、信息服务等方面给予扶持。

突出闽台合作，充分发挥闽台的“五缘”优势，依托“5.18”、“6.18”、“9.8”等重大经贸活动，促成药品流通项目的招商引资。积极争取国家相关部门支持，设立两岸中药（材）贸易交流绿色通道和有闽台特色的中药材专业物流中心，建设辐射海内外的海峡医药现代物流中心及药品、保健品、化妆品检测中心，推进两岸中医药技术交流、相互认证，联手发展药品药材贸易与加工业。

（七）加强行业基础建设，提升行业服务能力

加强基础建设，为药品流通行业发展创造良好的环境，做到行业的规范服务、规范经营。建立行业统计制度，根据商务部药品流通报表制度要求，制定与我省实际情况相结合的药品流通行业统计制度，全面掌握企业和从业人员数量、销售额、利润率等第一手资料，为行业管理提供基础数据。及时掌握行业运行和发展的全面信息，辅助政府决策，引导行业发展。同时，将委托省医药行业协会开展统计工作的日常运行，做好统计报表催报、汇总工作，定期编辑产业动态信息，及时向相关部门报送报表，为企业提供信息。建立中药材市场运行监测系统和中药材流通统计系统，开展中药材流通追溯体系建设试点。

加强企业内部管理。做好新版 GSP 标准实施的准备工作，建立起覆盖整个药品供应链的完善质量体系，保障药品质量的稳定性和可追溯性。加强税票管理，积极与税务管理机关联网；落实各项财务会计管理规范和员工“三险一金”等各项规定和政策，保障员工教育经费。

提升经营服务水平。提高企业的创新能力，使企业的管理体制运行能够适应市场竞争的要求。提升药品品种保障能力，建立对客户需求的快速反应机制，保证药品及时、安全、足额供应。零售企业要按规定配备执业药师或相关药学技术人员，提高药品质量管理和药学服务水平，鼓励零售药店提供 24 小时服务。对药品流通企业设备设施、营业场所环境、售后服务等经营服务内容，以及各类从业人员专业能力、岗位责任、仪容仪表等，进行全面规范。支持老字号药店在保持传统优势的基础上创新发展，发挥品牌效应，拓展特色服务。

四、保障措施

（一）加强政府的组织协调，形成促进药品流通行业发展的合力

福建省政府已明确福建省经贸委作为我省药品流通行业管理部门，与国家商务部建立工作联系。各级经贸部门（商务主管理部门）要尽快建立省、市、县三级行业管理工作体系，切实担负起相应的行政管理职能，将药品流通行业管理纳入商贸流通工作体系进行统筹规划，与深化医药卫生体制改革领导小组其他成员单位进行工作对接，积极与当地食品药品监管、卫生、物价、社会保障、工商等有关部门建立相互配合的工作机制，明确药品流通行业管理的职责分工，形成行业管理的工作合力。积极协商食品药品监督管理局在药品流通行业规划、企业经营发展、企业市场准入基本信息和监督执法信息等方面的相互交流，实现信息共享，共同做好药品流通行业管理工作。会同当地卫生行政管理部门，规范药品采购机制，配合相关部门健全招标采购和配送制度，确保不同地区、不同所有制企业平等参与、公平竞争。会同相关部门，研究制订鼓励性政策措施，支持企业技术改造、科技创新，完善相关基础设施。在搞活流通，扩大消费的各项政策中，积极支持药品流通行业结构调整和药品供应保障体系建设。根据规划的要求，按照药品批发企业、零售药店的准入标准审批药品批发、零售企业；会同财政、物价等部门关注药品流通企业特别是基层零售药店在实行基本药物制度中遇到的困难，贯彻落实相应的财税物价政策。协同各职能部门积极引导企业重组、组建药品流通联合体、开设专业药店、建立健康管理中心等。

（二）贯彻落实相关法律法规和政策，改善药品流通行业发展环境

1. 贯彻落实有关药品流通的法律法规和部门规章

进一步贯彻落实药品流通的法律制度和部门规章，建立比较完备的药品流通的法律法规和标准体系，清理、废止阻碍药品流通行业改革发展和妨碍公平竞争的政策规定，健全市场机制，促进优胜劣汰，逐步形成竞争有序、开放的药品流通市场体系。

2. 推动完善药品定价、采购和医保支付等机制，充分发挥药品流通企业在医改中的积极作用

积极推动改革“以药补医”体制，完善药品定价、采购和医保支付机制。使用价格政策杠杆，支持临床必需、疗效确切、安全性高、价格合理的创新药物优先进入医保目录。研究制定更加科学合理的集中采购评标标准和方法，合理划分质量层次，切实落实“质量优先、价格合理”的原则。建立公开、透明的社会监督机制，加大监督力度，保证药品配送招投标的公平、公正。促进医疗机构依合同规定按时向流通企业支付货款。发挥大型骨干企业在医改中的积极作用，创新医疗机构与药品流通企业的新型合作关系。

在公立医院改革和基本药物制度实施等医改措施中，积极探索实现医药分开的具体途径。加大医疗保险机构在流通体制中的参与度，发挥对药品价格和医院的监督功能。加快赋予所有符合条件的药店处方药销售资格。支持零售连锁企业和其他具备条件的零售药店申请医保定点资格，扩大基本医疗保险定点药店覆盖范围，逐步提高社会零售药店在药品终端市场上的销售比重。密切跟踪医药卫生体制改革各项政策实施对行业的影响，研究提出解决对策和措施。

3. 加大对企业拓展市场的扶持力度，在财政、融资等方面给以支持

积极支持药品流通行业结构调整和药品供应保障体系建设，充分发挥财政政策的导向作用，鼓励企业利用产业基金、融资担保、信用保险、上市融资、应收账款和仓单质押等金融工具，多渠道筹集资金，加快改革发展步伐。引导金融机构资金加大对药品流通龙头企业的信贷支持力度。地方财政对于重点扶持企业、龙头企业，通过给予资金补贴、优惠贷款、税收倾斜等政策，解决企业发展中的资金瓶颈，帮助企业尽快做大做强。鼓励药品零售连锁企业加快整合并购步伐，各级主管部门要从实际出发，简化操作流程，对连锁企业新开门店和并购工作予以支持。支持有实力的骨干企业向农村偏远地区延伸药品流通网络，实施集中配送试点。结合 GSP 认证和药品集中采购，对于符合现代物流要求的流通企业和并购整合后的企业集团，在政策上给予支持，提高药品配送的整体水平。

（三）加强药品流通理论研究和人才队伍建设

落实我省引进高层次人才、建设海西人才高地的有关政策，结合招商引资（引企），引进国内外高层次专业技术人才和经营管理人才。构建与行业发展相适应的人才培养体系，按照行业发展要求，统筹教育资源，加强重点学科和特色专业建设。鼓励有条件的企业与有技术优势的院校合作办学，加大行业高技能人才的培养力度，建立“订单式”人才培养机制，共同制订人才培养方案，提高人才培养的针对性和适应性。鼓励大专院校、研究院所、大型药品流通企业集团加强现代药品流通理论研究与创新。

建立药品流通人才培训机制，制定人才培训方案，依托福建中医药大学建立药品流通行业人才培训基地，“十二五”期间培训中级职业经理人、执业药师、药店经理等 1590 人。

加大执业药师配备使用力度，自 2012 年开始，新开办的零售药店必须配备执业药师；到“十二五”末，所有零售药店法人代表或主要管理者必须具备执业药师资格，所有零售药店营业时有执业药师指导合理用药，逾期达不到要求的，取消售药资格。

（四）支持行业协会等中介组织的桥梁和服务作用

积极探索医药行业协会发展模式，发挥行业协会在企业和政府之间的桥梁作用，参与重大政策的制定，反映企业诉求，引导规范企业行为，维护公平有序的竞争环境。支持行业协会加强自身建设，增强服务意识，提高为企业服务的能力，承担起行业统计、运行分析、调查研究、行业培训、国际交流与合作等任务。鼓励各个行业协会之间加强交流与合作，共同推动行业的持续健康发展。

行业协会应发挥自身作用并引导中介组织，加强行业自律、信息咨询、规范医药购销行为等专业服务，构建药品营销平台、构建产学研沟通交流平台，促进医药产业发展；组建药品信息网络平台，加强省内外企业之间、企业和政府之间、企业和医疗机构之间的交流沟通；积极推动国内外、省内外及闽台港澳医药行业协会互访，促进国内外、省内外及闽台港澳医药产业界广泛合作交流。

（五）规划落实

有关部门要根据国务院和省政府要求，按照各自职能对照《规划》相关任务，尽快制定完善各项配套政策措施，加强指导和监督检查，建立总结和评估制度。各设区市要按照《规划》确定的目标、任务和政策措施，结合当地实际情况抓紧制定具体落实方案，研究制订政策激励措施，确保《规划》任务如期完成。

江西省药品流通行业发展规划（2011-2015年）

江西省商务厅

药品是关系人民生命健康的特殊商品，药品流通行业是关系国计民生的重要行业。“十二五”时期是江西医药流通行业改革、转型、发展的重要时期，为适应医药卫生事业改革发展的新形势，促进药品流通行业科学发展、保障人民群众用药安全合理方便，根据《全国药品流通行业发展规划纲要（2011-2015年）》和《江西省商务发展“十二五”规划》，结合江西省药品流通行业实际情况，制定本规划，规划期为2011-2015年。

一、现状与形势

（一）发展现状

近几年是我省医药流通业变革、发展最快的时期。国家不断深化医药卫生体制的改革和加大投入，促进医药流通行业的快速发展。

市场规模持续扩大。截至2010年底，全省共有药品批发企业221家；药品零售连锁企业40家，下辖门店1037家，零售单体药店7090家，零售药店门店总数达8127家。2010年，全省药品批发企业销售总额达到230亿元，城市社区和农村基层药品市场规模明显扩大。

企业改革的力度逐步加大。我国业内3大巨头——上药集团股份有限公司、国药控股股份有限公司和九州通集团公司通过资产重组进入江西药品流通业，重组后的江西南华医药有限公司、国药控股江西有限公司和江西九洲通药业有限公司都在市场上发挥了积极作用。省内仁和医药集团公司控股了江西仁翔医药有限公司，汇仁医药集团公司组建了医药科研营销公司。通过靠大靠强，以上公司销售额排序目前占据了我省前5位。

医药零售连锁经营发展较快。百年老字号“黄庆仁栈”连锁药店358家，年销售额达4亿元；中国驰名商标“开心人”持有人江西开心人控股股份公司发展网上药店，目前网上销售额跃居全国前列之一。

社会作用不断增强。我省建立了药品储备制度并设立药品储备资金，指定了药品储备和应急配送单位，不仅有效保证了“非典”、“禽流感”、“2008年冰灾”等重大疫情、自然灾害中的全省的药品供应，还在一些突发事件中保障了急救药品的及时供应，药品流通行业为维护社会稳定和人民群众利益做出了重大贡献。

在肯定取得成绩的同时，我们清醒认识到行业发展还存在一些突出性问题：一是行业集中度低、药品流通企业竞争力不强。企业规模小，全省年销售额20亿元以上的药品流通企业仅有2家。二是部分药品流通企业的经营模式还比较传统，经营管理手段还比较落后。现代物流和先进信息技术的运用还不普及；适应现代药品流通发展要求的人力资源储备还不足。三是流通秩序有待规范。药品购销领域各类违规经营现象时有发生，中药材市场药材交易可追溯体系尚不健全。医药企业诚信体系不够健全，药品安全风险依然存在。

（二）面临的形势

随着我省经济发展进入新的快速增长期，医药卫生体制改革的不断深化，人民生活水平的不断提升，对药品消费需求的提高必将带动药品市场规模的增加，为药品流通行业带来新的机遇。

政策机遇。2011-2015年，是实现深化医药卫生体制改革目标的关键时期，也是药品流通行业结构调整和转变发展方式的关键时期。中央及省政府提出加快建立药品供应保障体系，发展药品连锁经营，规范药品生产流通秩序，建立便民惠民的药品供应网等方面提出了要求。同时我省突出鄱阳湖生态经济区建设和战略性新兴产业招大引强，对江西药品流通行业的发展又提出了新的要求，也提供了新的发展机遇和发展政策，江西将迎来药品流通行业转方式、调结构的黄金期。

市场机遇。当前和今后一个时期，和平、发展、合作仍然是时代潮流，经济全球化继续深入发展，为我省扩大开放、加快发展提供了更为有利的外部环境。随着我省经济建设的快速发展，社会竞争的日益加剧，生活节奏的加快，老年性疾病、病毒、传染病、精神病等已严重影响了人民的生命与健康。随着人口老龄化的加快，人民生活需求和消费结构将发生重大变化，对医疗卫生服务和自我保健的需求将大幅度增加，药品市场增长潜力巨大。

挑战与机遇并存。药品流通行业改革发展与国家医药卫生体制改革相辅相成，而医药卫生体制改革是一个复杂和渐进的过程。从外部环境看，改革与药品流通有关的体制机制，涉及行业管理体制的完善和重大利益格局调整，全省统一市场的形成仍需克服地方保护等多种因素的影响。从内部看，药品流通行业基础薄弱，总体发展程度较低，管理水平、设备设施相对落后，人才匮乏，行业结构调整和实现转型发展仍有一定难度。

二、指导思想与总体目标

（一）指导思想

坚持以邓小平理论和“三个代表”重要思想为指导，深入贯彻落实科学发展观和省第十三次党代会精神，把深化医药卫生体制改革，确保百姓吃上放心药、方便药作为出发点和落脚点。以做大做强龙头企业为支撑，以加强基层建设为重点。加快转变发展方式，优化管理模式，加快药品流通行业结构调整。创新工作方式，提高药品流通体系的特色化、规模化、信息化程度，健全诚信体系建设，保障药品流通行业健康有序发展。

（二）发展目标

单个企业的规模。形成1–5家年销售额过50亿的能覆盖全省且具备向外扩张能力的大型医药商业，20家年销售额过10亿，且网络较全、信誉和服务俱佳的有特色的专业化、区域化药品流通企业。

行业集中度。药品批发十强企业年销售额占全省药品批发总额85%以上，药品零售连锁十强企业年销售额占药品零售企业销售总额60%以上；连锁店占全部零售门店的比重提高到2/3以上，县以下基层流通网络更加健全。

三、主要任务

（一）完善药品行业布局

省商务主管部门要会同相关部门，结合本地经济社会发展水平、医药卫生事业发展和体制改革进展、城乡建设规划、人口增长与密度和年龄结构变化等实际，规范并逐步制订药品批发零售网点合理设置和布局的具体规划，保障药品供应。

加强日常监管和考核，建立退出制度，对违法违规和不遵守各项管理制度的企业要限期整改，严重的取消经营资格。

（二）调整行业结构

提高行业集中度。鼓励药品流通企业通过收购、合并、托管、参股和控股等多种方式做强做大，实现规模化、集约化经营。推动实力强、管理规范、信誉度高的药品流通企业跨区域发展，形成以全国性、区域性骨干企业为主体的遍及城乡的药品流通体系。整合现有药品流通资源，引导一般中小药品流通企业通过市场化途径并入大型药品流通企业。在兼并重组过程中做好人员安置等工作，保证平稳过渡。推进连锁药店的建设，争取1–3家药品零售连锁企业创造条件上市。

发展特色经营。支持“黄庆仁栈”等一批百年老字号药店在保持优势特色的基础上创新发展，发挥品牌效益，拓展特色服务，增强核心竞争力；支持“开心人”等中国驰名商标连锁药店创新经营方式，开办全国性网上药店；支持外省“同仁堂”等连锁药店进入我省跨区域经营；支持“天顺”等连锁药店跨省在“老、少、边、穷”地区开办农村连锁药店；发挥市场机制基础性作用，提升行业发展水平。

支持专业化和有特色的中小流通企业做精做专，做大规模。

（三）健全药品供应保障体系

完善药品流通网络。配合医药卫生体制改革和基本药物制度实施，积极参加药品招标采购，做好药品配送。按照我省物流业发展规划，加快医药物流基础设施建设。充分发挥“万村千乡”市场工程等网络资源作用。实施“放心药”下乡工程，实现药品流通对基层的有效覆盖。

保障药品应急供应。建立中药材重点品种储备制度。继续做好流通环节实物和资金的储备。根据各类突发事件的特点，建立相应的应急保障机制。

（四）发展现代医药物流

引导企业延伸服务。发展大型医药企业信息化服务功能，鼓励医药企业延伸服务。在满足医药物流标准的前提下，有效利用邮政、仓储等社会物流资源，发展第三方物流。加强信息化建设，通过信息平台与上、下游客户紧密配合，与药监、价格监督、医保机构等政府职能部门互动，实现对药品流向、所处地点、有效期等各项信息进行实时跟踪。

发展冷链物流。以部分生物制剂等药品的冷链储运为基础，发展冷链特色物流。

（五）加快发展药品连锁经营

创新药品经营模式。鼓励批零一体化经营。鼓励药品零售企业开展药妆、保健品、医疗器械销售和健康服务等多元化经营，满足群众自我医疗等多方面需求。支持连锁经营、物流配送与电子商务相结合，提高药品流通领域的电子商务应用水平。鼓励有条件的零售连锁业发展网上药店。随着医药卫生体制改革深入和医药分开的逐步实施，鼓励连锁药店积极承接医疗机构药房服务和其他专业服务。

重点发展农村零售连锁。继续实施“放心药”下乡工程，总结发展农村连锁药店的经验，引导大型批发、零售连锁企业积极拓展业务，发展农村连锁药店，鼓励在县（市、区）建立或升级改造广覆盖药品配送中心，实行标准化统一配送，解决基层药品可及性问题，确保农村地区和边远地区的药品供应，保证老百姓用上放心药、价廉药、方便药，十二五期间，使我省连锁药店在农村得到较大的推广。

（六）发展樟树中药材市场

建立中药材流通可追溯体系。加大樟树中药材专业市场流通信息化建设，建立中药材流通可追溯体系。

培育中药材专业市场，强化中药材集散地位。充分发挥樟树市块状经济聚群效应的作用，指导其走规范化、规模化、集约化发展之路，重塑樟树中药材品牌，形成规模效益。充分利用每年十月“樟树全国药材交易会”的平台，鼓励药品流通企业积极参展，扩大我省药品流通企业的知名度和影响力，拓展药品流通渠道，促进药品销售，强化中药材集散功能，力争成为全国五大药材集散地之一。

（七）健全行业管理制度

制定完善与流通秩序有关的行业规范。逐步实施药品流通企业分类分级管理制度，根据不同类别和等级，采取不同的管理措施，激励企业在规范经营的基础上改善服务设施，提升管理和服务水平。对相关人员实行执证上岗制度和公示制度，保证依法依规销售药品和推销新药。

打击违法违规行为。配合有关部门严厉打击经营假劣药品、商业贿赂、倒买倒卖税票、挂靠经营、非法经营网上药店、发布虚假药品和保健品广告等违法违规行为；整顿规范中药材市场，加强有害物质残留和质量检验。充分发挥12312商务行政执法投诉举报热线的作用，完善投诉举报的受理、处理、移送和反馈机制。发动各方面力量，加强对药品流通行业的社会监督。

推进全行业信用建设。加强全行业诚信和职业道德教育，广泛开展“诚信经营示范创建”活动，树立一批遵纪守法、诚实守信、管理规范、服务到位，能够积极履行社会责任，自觉接受监督的诚信经营典型。建立违法违规企业信息披露制度，在“商务领域信用信息系统”中归集企业信用信息，建立信用档案。推动部门间监管信息的公开和共享，实行信用分类监管。

建立行业自律机制。指导和鼓励行业协会制定和执行行规行约；维护正常价格秩序，防止垄断行为；探索建立对职业经理人、执业药师等人员从业行为信息的采集、记录、公开、共享等制度，对有违规失信行为的个人实行行业禁入；加强信用知识培训，帮助企业建立信用风险管理制度，开展行业信用评价，提高行业自律和信用水平。

（八）加强行业基础建设

建立行业标准体系。积极配合国家商务部制定药品流通行业经营、服务等标准体系，制定相关行业标准。并根据国家药品流通行业经营、服务标准规范，结合我省药品流通行业现状和发展情况，制定我省药品流通行业管理实施细则，逐步做到行业的规范服务、规范经营。

建立行业的统计制度。为充分调动全省各级商务主管部门及药品流通企业统计工作的积极性，结合我省实际情况制定《江西省药品流通行业管理统计考评办法》，将全国直报的11家企业和非典型企业及商务主管部门统计纳入考核，对考核成绩突出的给予奖励。

对《中药材种植情况年报》和《中药材销售情况季报》两项报表分别达到95分以上的，将对产地商务主管部门和中药材市场所在地的商务主管部门予以单项奖奖励。

加强企业内部管理。药品流通企业是流通过程中质量安全的第一责任人。要完善法人治理结构，建立现代企业制度，健全管理运作机制。加强企业内部管理。健全药品购销索证索票、出入库及运输安全管理责任制；加强税票管理，积极与税务管理机关联网；落实各项财务会计管理规范和员工社会保障等各项规定和政策，保障员工教育经费。

提升经营服务水平。药品批发企业要提升药品品种保障能力，建立对客户需求的快速反应机制，保证药品及时、安全、足额供应。零售企业要按规定配备执业药师或相关药学技术人员，提高药品质量管理和药学服务水平，零售药店应当提供24小时服务；建立以消费者为中心的服务理念，指导消费者正确、安全、有效、合理用药。对药品流通企业设备设施、营业场所环境、售后服务等经营服务内容，以及各类从业人员专业能力、岗位责任、仪容仪表等，进行全面规范。

四、保障措施

（一）加强组织领导，建立工作机制

完善工作体系，落实工作职责。结合国家医药卫生体制改革，进一步明确商务部门在药品流通行业管理的主体地位。各级商务主管部门积极参与同级医改领导小组的各项工作，密切跟踪各项医改政策进展，认真分析、把握医改对药品流通行业的要求，协调解决各种不利于行业发展的问题。切实将药品流通行业管理纳入商贸流通工作体系并进行统筹规划。必要时各级政府成立由分管领导牵头，商务部门、食品药品监管管理部门、工商行政管理部门、质量技术监督部门等与深化医药卫生体制相关的部门广泛参与的药品流通行业管理协调工作领导小组，并落实相关工作职责，保证药品流通行业管理高效、运转协调和行为规范。

建立三个工作机制。建立与部门、协会和企业三个联系机制，加强与药监、卫生、发改、人保等有关部门沟通协调，主动上门走访、通报工作开展情况，争取相关部门支持。与行业协会保持密切联系，依托行业协会做好调研等基础性工作。建立与企业工作联系机制，选择有代表性的批发、零售企业作为联系点，建立工作联系机制，定期召开座谈会，宣传有关政策，收集意见和建议，协调解决企业的问题。

（二）加大政策支持，扶持药品流通企业健康有序发展

争取商务部和省、市、县财政支持。重点支持药品流通企业发展农村连锁药店，对药品流通企业在农村新开设连锁药店的，每开设一家农村连锁药店，给予配送中心不少于1万元的资金支持，并对县一级配送率较高的药品配送中心升级改造给予支持。争取支持樟树中药材市场建设中药材流通可追溯体系。

支持药店申请医保定点资格。会同相关部门出台政策，支持具备条件的零售连锁企业和其他零售药店申请医保定点资格。

（三）改善行业发展环境，规范药品流通市场

规范药品招标采购及配送业务。保障药品批发企业平等参与招标采购及配送业务，在药品招标采购配送和具体的各项政策上对各种经济成分的药品流通企业一视同仁，打破地区封锁。促进医疗机构依合同规定按期向药品流通企业支付货款。对药品集中招标采购实施过程中不执行招标合同、不使用中标药品、收受回扣、提成、对竞标企业乱收费以及不按规定按时交货或付款等问题，加大查处力度。

推进中小药品流通企业信用建设。会同有关部门在信息供给、改进服务、创造环境等方面为药品流通企业发展提供支持，大力宣传信用观念，重塑社会信用秩序，优化社会信用环境。建立药品流通企业的信用体制和服务体系，向企业提供技术开发、人才培训、信息咨询等方面的服务，提高中小企业的综合素质。建立中小企业信用信息平台，公开不良信用记录，逐步实现中小企业信用监督的社会化。加强法制建设，严厉打击逃废银行债务的行为，为创造良好的信用环境提供法律保障。

（四）发挥行业协会作用，提高行业自我约束和自我发展的能力

大力支持江西省医药商业协会的发展，积极探索行业协会发展模式，建立健全地方各级医药商业协会，指导行业协会制定和执行行规行约，开展行业自律。充分发挥行业协会在企业和政府之间的桥梁作用，充分发挥行业协会的自律和服务作用，维护企业合法权益职能，制定行规行约，规范行业行为，维护公平有序的竞争环境。积极开展行业的研究与调查，提高为企业服务的能力。充分发挥协会在行业统计、行业培训、行业自律、企业交流合作、维护企业合法权益等方面的作用。

（五）加强药品流通人才培训和人才队伍建设

建立药品流通人才培训机制，支持和鼓励药品流通职业培训和继续教育，形成层次多元、市场需要、企业欢迎的人才培养与职业教育体系；建立药品流通职业经理人和其他从业人员的资格认证制度；建立药品流通领域人才激励与约束机制。对全省各级商务主管部门的药品流通行业管理人员全部进行轮训，并组织药品流通企业积极参加商务部举办的企业管理人员和从业人员培训班。

（六）推进规划实施

督促指导设区市商务主管部门制定本地药品流通行业发展具体规划。指导药品流通企业根据本规划，结合企业实际，制订或修订本企业的发展规划，分解和落实规划相关指标和项目建设。加强对《规划》实施的跟踪监督、检查评估、交流推广，确保药品流通行业发展的规划目标全面实现。

山东省药品流通行业发展规划（2012-2015年）

山东省商务厅

为推动我省药品流通行业科学发展，保障人民群众安全合理方便用药，满足人民群众健康需求，根据《全国药品流通行业发展规划纲要（2011-2015年）》、《山东省“十二五”期间深化医药卫生体制改革规划暨实施方案》和《山东省商务发展“十二五”规划》，结合我省实际，制定本规划。

一、发展现状与面临的形势

（一）发展现状

“十一五”以来，随着我国医疗卫生体制改革逐步深入和药品流通管理体制逐步完善，我省药品流通行业快速发展，一批药品流通骨干企业迅速壮大，行业集中度稳步提高，现代药品流通方式加快发展，药品供应保障能力明显提升，多种所有制并存、多种业态共同发展的城乡药品流通体系初步形成。

行业规模不断扩大。2010年全省医药商业销售总额501亿元，其中，零售企业销售总额完成150亿元。截至2010年底，全省共有医药批发企业549家，零售连锁企业254家，零售门店28104个。其中，城镇零售门店12833个，城镇平均3682人有1家药店；农村零售门店15271个，平均5个行政村有1家药店。

行业集中度提高。2005年以来企业兼并重组步伐加快，行业集中度开始提升。2010年全省8家医药批发企业进入全国销售百强排名。我省前十名药品批发企业销售额250亿元，占全省医药商业批发总额的71.2%；前十名药品零售企业销售额18.2亿元，占全省医药商业零售总额的12.1%。2010年全省销售额过亿元的企业118家，过20亿元的6家，过50亿元的1家。

现代药品流通方式快速发展。“十一五”期间，随着中部、东部骨干企业迅速发展，西部地区区域性企业队伍也不断壮大，形成了大中小型企业优势互补的配送格局。连锁经营、物流配送和电子商务等现代流通方式得到广泛应用，提高了流通效率，降低了流通成本。全省零售连锁企业下辖门店数已占零售门店总数的26.8%。大型批发企业通过技术改造和建设现代物流园区，率先应用现代化信息技术和资源计划管理系统（ERP）、供应链管理等新型管理方法，推动了企业管理现代化进程。

保障服务能力和拉动就业作用日益增强。2010年全省药品流通行业从业人员19万余人，占全省商业服务业就业人员的3.1%。各类药店提供销售和服务6.2亿人次。由于引入市场机制，形成了开放竞争的市场格局，批发、零售企业队伍快速壮大，在保障医疗服务、方便群众用药、平抑物价、解决就业、维护社会稳定等方面都发挥了重要作用。

存在的主要问题：一是企业组织化程度不高。企业数量多、规模小、实力弱、集中度低。全省医药商业销售总额居全国第五位，全省销售收入最大的批发企业、零售企业在全国百强排名中仅列第22位、第32位。我省前十名药品零售企业市场集中度比全国低9.2个百分点。二是行业布局有待完善。受传统行政区域和医药流通体制的影响，城市密集度较大，农村相对较少；省会及东部地区流通企业较为集中，鲁西北、鲁西南地区相对薄弱。三是现代医药物流发展相对滞后。目前只有部分大型药品流通企业建立了现代化药品物流中心，大部分药品流通企业主要采用传统的物流方式，管理水平、流通效率和物流成本与发达国家和地区存在较大差距。四是市场秩序有待进一步规范。药品购销领域存在挂靠经营、倒卖税票等违规经营现象，销售假冒伪劣药品等违法行为屡打不绝。

（二）“十二五”发展面临的形势

“十二五”是实现深化医药卫生体制改革目标的关键时期，也是我省药品流通行业开拓市场、创新发展的关键时期，行业发展面临许多难得的发展机遇，同时也面临许多困难和挑战。

主要机遇：一是药品需求持续增长。随着我国经济社会持续快速发展，人民生活水平提高，医疗保健意识增强，人口城镇化、老龄化步伐加快，国家大幅提高城乡居民医疗保障水平等，这些都将对医疗服务消费增长提供原动力。据预测，“十二五”期间我国药品市场销售将年均增长15%左右。国际药品市场也将维持快速扩张态势，未来五年年均增长8%左右。二是深化医改对行业发展指明了方向。中央及省医改规划明确提出“政事分开、管办分开、医药分开、赢利性和非赢利性分开”的方向以及“保基本、强基层、建机制”的任务，要求加快建立药品供应保障体系，发展药品现代物流和连锁经营，规范药品生产流通秩序，建立便民惠民的农村药品供应网，这对行业加快结构调整、转变发展方式具有重要的指导意义。三是行业发展政策环境趋于优化。国家逐步改革以药养医体制，改革不科学的药品价格形成机制，建立打击侵权假冒工作长效机制，规范流通市场秩序，破除地方保护，多部门将联手在金融方面支持药品流通企业技术改造、科技创新、完善基础设施等，将为企业发展创造有利条件。省政府大力推动商品交易市场体系建设，为推动药品交易市场发展提供了空间。

主要挑战和困难：一是医改的长期性、艰巨性和复杂性对药品流通行业带来深远影响。随着医改向纵深推进，体制性、结构性等深层次矛盾集中暴露，利益格局重新调整，改革难度明显加大。国家基本药物制度的实施、集中招标和药品价格政策的变化、流通渠道扁平化，将持续影响企业的盈利水平，对企业带来不同程度的挑战。二是药品流通行业管理基础薄弱。行业组织化、现代化水平不高，管理水平、设施设备相对落后，管理人才匮乏，行业结构调整和转型缓慢，统一市场的形成也面对地方保护等因素的影响。三是行业竞争日趋激烈。国内看，上海、江苏、广东、北京等先进省市大型企业凭借雄厚的竞争实力跨区域扩张势头强劲。以争夺网络资源为首要目的，医药流通行业进入大整合时代，大并购、大重组成为行业发展的显著特征，部分规模小、实力弱的企业将难以为继。从国际看，中国巨大的市场容量吸引着多家世界医药商业龙头企业以合资方式进入我国药品流通行业，部分跨国制药企业以并购或自建批发企业方式从供应链的上游向药品批发领域延伸，将对我省药品流通行业新格局的形成产生重要影响。

二、“十二五”发展总体要求

（一）指导思想

以邓小平理论和“三个代表”重要思想为指导，以科学发展为主题，以保障人民群众安全方便用药为宗旨，以调整行业结构、转变发展方式为主线，以体制机制创新为动力，以优化区域布局、提高集约程度、发展现代物流、拓展连锁经营、规范流通秩序为重点，全面提升行业信息化、集约化、现代化水平，扩大市场占有率，提高行业发展质量和效益。

（二）基本原则

坚持结构优化。紧紧围绕深化医改目标，科学规划，调整区域布局结构、企业规模结构、流通业态结构、技术结构，在发展中优化结构，在结构调整中提高发展质量和效益。

坚持市场导向。发挥好市场机制配置资源的基础性作用，突出政策的引导作用，实行优胜劣汰，逐步提高行业集中度和流通效率，建立统一开放、公平竞争、运行规范、流通高效的现代药品流通体系。

坚持扶优扶强。充分发挥我省医药资源优势，通过收购、兼并、重组、联合，培植、扶持骨干企业做大做强，提升企业规模和资源整合能力，带动产业升级。

坚持创新驱动。鼓励企业加大信息技术的应用，提高装备水平；鼓励企业创新商业模式，在发展现代物流、连锁经营、对医疗机构延伸服务等方面实现突破进展。

（三）发展总体目标

“十二五”期间引导全省药品流通行业适应经济社会发展要求，适应人民群众不断增长的健康需求，形成网络布局合理，集约化程度显著提升，流通效率不断提高，营销模式不断创新，骨干企业竞争力增强，市场秩序明显好转，城乡居民用药安全便利的药品流通体系。2015 年全省医药商业销售总额达到 1000 亿元，年均递增 15% 以上。其中，批发销售额达到 680 亿元，年均递增 14% 以上；零售总额 320 亿元，年均递增 16% 以上。力争“十二五”末全省医药商业销售规模进入全国前三名。

三、“十二五”工作重点

（一）完善药品流通行业布局

科学规划行业布局。结合我省经济社会发展实际和医疗资源现状，与全省城乡发展规划相适应，与人口数量与结构变化相适应、与医药卫生体制改革相适应，从促进行业发展、保障药品供应的角度，对药品批发企业和零售网点的设置和布局进行科学规划。对批发企业，严格控制企业数量，按照优先考虑医药消费能力强的发达城市，优先考虑交通发达的枢纽城市，优先考虑可以向其他省份辐射的周边城市，优先发展大型现代物流企业的“四优先”原则，进一步优化区域布局。对零售企业，结合全省人口分布和消费能力、消费特点，均衡零售药店分布。控制在零售网点密集区域新开办零售药店，支持在城市新建居民区和农村增设零售药店，推进城市社区一刻钟便民服务圈建设，改善农村偏远地区用药，鼓励在大型超市和其他商场内设置乙类非处方药专柜和品牌专卖店。到 2015 年，全省药品零售网点总数达到 33600 家，增长 14%；县以下基层流通网络更加健全，农村零售网点行政村覆盖率达到 25%。

健全药品供应保障体系。发挥济南、青岛、淄博、烟台、潍坊、济宁、临沂等地的区域、交通优势，建立 2–3 家省级配送中心、3–5 家区域性配送中心，在全省形成以龙头企业为主体、区域性企业为支撑、地方特色企业为补充的大中小企业联合、高中低端结合的配送网络。按照政府主导与市场机制结合原则，根据国家应急与战略储备的统一规划和部署，以骨干企业为依托，做好重点药品品种储备，在发生重大突发事件时，及时组织调运和供应。

（二）进一步提高行业集中度

做大做强骨干企业。充分发挥市场机制在配置药品流通资源中的基础性作用，破除体制机制障碍，鼓励骨干企业通过收购、兼并、联合、参股、控股等方式跨区域发展，鼓励批零一体化经营，有效整合全省药品流通资源，实现规模化、集约化、现代化经营，提高市场竞争力和占有率。在现有大型企业集团的基础上，着力培育2-3家年销售额过百亿的跨区域经营的大型医药商业集团，药品批发10强企业年销售额占药品批发总额75％以上；培育1家年销售额过20亿，2-3家年销售额过10亿药品零售连锁企业，药品零售10强企业年销售额占药品零售总额30%以上。

支持特色中小企业发展。鼓励传统品牌、老字号企业，在突出传统特色的基础上，创新经营理念，发挥特长优势，扩大品牌效益，做精特色品牌经营。支持符合规定的药品零售药店设置中医坐堂诊所，以特色服务促进零售。鼓励中小企业与大型企业开展各种形式的联合，实现优势互补。充分发挥中小企业现有的基层药品流通网络的作用，鼓励中小企业通过自主选择并入大型批发或零售企业，共享大型企业的品牌资源，或采用联购分销、共同配送等方式结成联盟，应对激烈的市场竞争。

加强对外合作。积极吸引省外、境外大型药品流通企业来我省投资，参与药品流通企业兼并重组，拓展分销业务；积极引导我省有条件的企业“走出去”，通过新建、收购等多种方式，到省外、境外开展业务。通过对外合作，加快省内外、境内外资本、技术、管理、市场等方面的融合，促进我省药品流通企业融入全国乃至全球供应链，提升发展水平，扩大国内外市场占有率。

（三）大力发展连锁经营

推进跨区域连锁经营。推动优势企业利用品牌、配送、管理等优质资源，通过兼并、收购、加盟等方式扩大经营规模，发展规范化、现代化、跨区域零售连锁网络，争取在跨区域拓展方面实现较大突破。发挥连锁企业的统一采购、统一配送、统一质量管理、统一服务规范、统一联网信息系统管理、统一品牌标识经营的优势，促进零售企业规范经营，树立品牌形象，发挥规模效益。鼓励经营规范、有一定实力的连锁企业向农村延伸门店，完善农村药品供应网络。鼓励具备一定规模的大型连锁药店积极承接医疗机构药房服务和其他专业服务。

开展多元经营。针对基层医疗机构基本药物零差率销售给零售企业带来的冲击，引导企业及时调整经营理念，以服务百姓医疗、保健等为目的，积极开拓市场，合理调整内部经营结构，开展处方药、非处方药、中成药、中药饮片、医疗器械、保健品、化妆品等健康产品多元化经营，为百姓提供多元化服务，满足群众自我药疗等多方面需求。

（四）加快发展现代医药物流

以信息化推动医药物流现代化。对药品流通涉及的各个环节进行流程再造，广泛推广集商流、物流、资金流、信息管理流于一体的资源计划管理系统（ERP）、供应链管理等新型管理方法，积极发展医药电子商务，运用先进信息技术，建立标准化、信息化、社会化的现代医药物流体系，逐步做到全过程信息共享，药品流通各个环节无缝衔接，提高效率，降低成本。

推动现代物流园区建设。发挥骨干企业优势，合理配置资源，在交通枢纽城市、物流中心地带建设现代医药物流园区，引导济南、潍坊、济宁等地医药物流园区应用国际高端技术和管理模式，打造现代化配送中心区，推动全省药品配送能力与国际接轨，适应医药卫生体制改革的新要求，提高企业市场竞争力。

发挥第三方物流作用。充分利用社会物流资源，作为医药物流的有效补充。有效发挥第三方物流的社会作用，为药品配送提供便捷、高效的服务，降低流通成本，提高药品流通效率。探索建立现代医药物流向医疗机构及生产企业延伸服务工程，推广企业与医疗机构合作进行药房共管、信息对接、库存共享的成功经验，配合医药卫生体制改革，开展医院药房托管试点，推动药品流通终端服务自动化、社会化，提高服务能力。

（五）提升企业管理与服务水平

加快建立现代企业制度。提高我省药品流通行业竞争力，企业自身建设是关键。要按照建立现代企业制度的要求，完善公司法人治理结构，从组织管理制度上理顺股东大会、董事会和监事会的分工、监督与协作关系，构建有效的激励和约束机制。

加快技术改造升级步伐。引导企业通过对现有不适应市场发展需求的技术、设备进行改造升级，鼓励使用无线射频（RFID）、卫星定位（GPS）、无线通讯、温度传感等物联网技术，提高流通效率。促进使用自动分拣、冷链物流等先进设备，加快传统仓储、配送设施改造升级。完善麻醉药品、精神药品、放射性药品、医疗用毒性药品、生物制品等高风险药品物流技术保障措施，确保药品质量。

提升服务水平。适应服务医药卫生体制改革的需要，全面提高企业快速反应和应急处置能力。批发企业提升药品品种保障能力和配送能力，保证及时、安全、足额供应。零售企业按规定配备执业药师或相关药学技术人员，为群众用药提供正确指导和专业化、规范化服务，提升24小时供应药品能力。

（六）规范药品流通市场秩序

实施行业准入退出制度。严格实施准入标准，新开办药品经营企业应当遵循合理布局和方便群众购药的原则，避免重复建设和资源浪费，对违法违规和不符合行业准入标准的企业，限期整改，情节严重的依法取消经营资格，对严重违法责任人依法实行禁入制度。

推进行业信用体系建设。开展行业职业道德教育，组织企业进行信用知识培训，规范"医药代表"和药品营销人员的业务行为，培育诚信理念。开展创建诚信经营企业承诺活动，推行信用评级制度，建立信用档案，推进信用信息公开，披露企业违法违规及失信行为，促进企业诚信兴商。抓好药品购销管理，完善索证索票制度，实现"货票同行"和"票据来源可追溯"。

严厉打击违法违规行为。组织开展药品流通领域专项整治，整顿规范中药材市场，依法严厉查处药品流通环节"挂靠经营"、"代开发票"、"倒买倒卖税票"、经营假劣药品、发布虚假信息及商业贿赂等违法违规行为。充分发挥12312商务举报投诉热线的作用，发动社会力量，加强行业监督。

四、保障措施

（一）健全药品流通法规和标准体系

清理阻碍药品流通行业改革发展和妨碍公平竞争的规定，据我省药品流通需要，研究制定加强药品流通领域管理的地方性法规。加大药品流通领域法规规章和有关政策宣传贯彻力度，提高从业人员知法、守法、用法的自觉性和主动性。制定药品批发企业营销人员、药品生产企业和代理企业医药代表的资质管理办法和行为规范，实行持证上岗和公示制度，保证依法依规销售药品。积极引进国际标准，大力推行国家标准，建立健全药品仓储、物流等行业标准体系，提高行业发展规范化水平。

（二）完善政策促进体系

将药品流通行业纳入商贸流通业发展政策支持范围，按照《山东省人民政府关于加快商贸流通业发展的意见》（鲁政发〔2011〕19号），对符合产业政策发展方向的企业，在现代医药物流建设、连锁经营、完善供应网络、收购兼并等方面加大财政、金融、税收、土地政策扶持力度，鼓励龙头企业做大做强。引导和鼓励企业有效利用产业基金、融资担保、信用担保、上市融资、应收账款和仓单质押等多种金融工具和政策，改善药品流通企业融资环境。发挥各级公共财政的作用，支持药品流通企业加快农村药品流通网络建设。推动改革"以药养医"体制，完善药品定价、集中采购和医保付费机制，根据参加医保人数扩大比例，适当增加大型医药零售连锁企业医保定点药店数量，加快实施"医药分开"。在公立医院改革中，借鉴国际和国内其他省市经验，积极探索"医药分开"的有效形式。鼓励患者凭处方到医保定点药店购药，促进医疗机构门诊用药社会化，探索建立社会药房承担门诊用药供应，实施基本药物制度新机制。

（三）加强统计工作

贯彻落实药品流通行业统计制度，组织开展行业统计知识培训，建立各级药品流通行业统计网络报表制度，全面掌握企业和从业人员数量、销售额、利润率等运行和发展信息，做到数据真实、准确、完整，为政府决策提供可靠依据。建立重点企业联系制度，加强对骨干企业、优势产品、重点市场的跟踪和研判，监测行业发展新情况、新特点、新动态。

（四）加快人才队伍建设

完善人才培养机制，建立行业协会、高等院校和企业内部教育的多元人才培养与职业教育体系。"十二五"期间，组织培训职业经理人、执业药师、药学技术服务人员等各类专业技术人员5000人次，提高从业人员整体素质。建立药品流通职业经理人和其他从业人员的资格认证制度。积极引进国内外高级管理和技术人才，建立药品流通人才库，提升我省药品流通人才的现代化、专业化水、国际化水平。

（五）发挥行业协会作用

充分发挥行业协会在行业标准建设、统计、规划，培训、自律等方面的重要作用，当好政府的参谋和助手。充分发挥协会联结政府和企业的桥梁与纽带作用，建立沟通、协调、服务机制，反映企业诉求，维护企业合法利益。

（六）加强部门协作

加强与深化医药卫生体制改革领导小组成员单位的沟通与交流，推动商务、卫生、药监等部门建立信息共享平台和部门协作机制，实现信息共享、监管互动，促进行业规范管理、企业依法经营。

河南省药品流通行业发展规划纲要（2011-2015年）

河南省商务厅

药品流通行业改革发展是医药卫生体制改革的重要组成部分。为贯彻国家关于药品流通行业改革发展的精神，根据《全国药品流通行业发展规划纲要（2011-2015年）》和《河南省国民经济和社会发展第十二个五年规划纲要》的总体要求，制定本规划纲要，规划期为2011-2015年。

一、发展现状与面临形势

（一）发展现状

改革开放以来，我省药品流通领域的法律框架和监管体制基本建立，多种所有制并存、多种经营方式互补的药品流通体系初步形成，药品流通行业得到较快发展，主要表现在：

一是药品流通市场规模扩大。全省现有药品批发企业325家，零售连锁企业152家，零售药店15000多家。2009年，全省医药商业实现销售收入384亿元，约占全国总销售的6.38%，在全国31个省、市、区中位列第八位。

二是发展水平得到提高。目前，我省批发企业年销售额过10亿的有6家，年销售额过5000万的企业有120家。药品流通企业联合、重组已经起步，现代化信息技术开始得到应用，连锁经营逐步发展，现代医药物流，网上药店，以及第三方医药物流已见雏形，药品供应保障能力明显提升，群众购药更加快捷方便。

三是社会功能日益提升。目前，我省药品流通行业有从业人员约30万人，为大约5亿人次提供过销售及相关服务。流通骨干企业成为药品储备和应急配送主体，在保障重大活动、突发事件和重大疫情的药品供应中发挥了重要作用。

四是中药材市场呈现良好发展态势。我省中药材的产量、人工栽培种植面积均居全国前三位，中药材总产值已经突破30亿，禹州市中药材专业市场2010年交易额已达到15亿元。

但是，由于长期实行的“以药补医”等体制性弊端，以及药品定价、采购、医保支付机制不完善等问题，加上准入门槛较低、行业规划管理欠缺、执法监督工作不到位，以及大众对药品知识的普遍缺乏、培训教育体系不完善等因素，导致药品流通行业存在以下突出问题：一是流通组织化现代化水平不高。存在药品流通企业数量多、规模小、行业集中度低（全省药品批发企业前3位的年销售额占全省批发总额的20%左右），流通方式相对滞后、流通成本高，跨区域扩展缓慢等问题。二是行业发展布局不够合理。药品流通城乡发展不够平衡，城市药品流通企业过度集中，农村和偏远地区药品配送网络未能全面有效覆盖。三是市场秩序亟待规范。药品购销领域各类违规经营现象还比较突出。出售使用假劣、过期药品现象时有发生。部分地方中药材交易混乱，质量缺乏保证。四是行业发展基础薄弱。行业管理人才匮乏、管理水平不高，执业药师等专业人员作用尚未充分发挥。

（二）面临形势

2011-2015年，是实现深化医药卫生体制改革目标的关键时期，也是药品流通行业改革发展的关键时期。国家明确了商务部负责制定药品流通行业发展规划、相关政策和标准，是药品流通行业管理的主管部门，使行业管理职责分工更加明确。“全国药品流通行业发展规划纲要”（2011-2015年）为行业发展指明了方向。行业发展面临着新的机遇：一是随着医药卫生体制改革的深化，覆盖城乡的公共卫生服务体系、医疗服务体系、医疗保障体系和药品供应保障体系的进一步完善，必将在推动医药卫生事业发展的同时，带动药品市场规模的增加。二是在未来五年，全球药品市场将维持快速扩张态势，我国将是潜力最大的市场。我省是人口大省，随着人民收入不断增加，生活水平逐步提高，人口老龄化趋势加快，其生活状态、观念、需求和消费结构也会发生重大变化，对医疗卫生服务和自我保健的需求将大幅度增加。三是中药材已经得到大众的普遍认可，市场发展前景广阔。

药品是关系人民生命健康的特殊商品，药品流通行业是关系国计民生的重要行业，其改革发展与国家医药卫生体制改革相辅相成，与用药制度设计密切相关，是一个复杂和渐进的过程，涉及行业管理体制机制的完善、重大利益格局调整，其进展状况在本规划期内存在一定程度的不确定性。同时，药品流通行业总体发展程度较低，管理水平、设备设施相对落后，行业结构调整和实现转型发展仍有一定困难，行业发展仍需面对诸多挑战。

二、指导思想、基本原则与发展目标

（一）指导思想

以科学发展观为指导，贯彻落实国家医药卫生体制改革精神，以加快转变药品流通发展方式、促进药品流通行业可持续发展为主线，充分发挥药品流通行业在服务医疗卫生事业发展、维护人民群众健康权益和促进经济社会和谐发展等方面的作用。

（二）基本原则

以加强政府政策引导、发挥市场机制基础性作用、强化现代科学技术和新型管理方式应用为基本原则。坚持以人为本、民生为先，最大化体现人民生命健康高于一切的基本要求；坚持重在持续，统筹发展，抓好试点，以点带面，稳步推进的改革路子，让全省居民充分享受到药品流通行业改革发展带来的实惠；坚持整合做优，提升社会化保障和组织化程度，实现行业由数量规模向质量效能的转变。

（三）发展目标

总体目标：到2015年，全省药品流通行业的发展适应我省经济社会发展的总体目标和人民群众不断增长的健康需求，形成网络布局合理，骨干企业竞争力增强，组织化程度显著提升，流通方式不断创新，流通效率不断提高，竞争机制不断完善，市场秩序明显好转，行业人才队伍建设得到加强，城乡居民用药安全便利，满足公共卫生需要的药品流通体系。

具体发展目标：到2015年，形成1-3家年销售额过百亿元的区域性药品流通企业；药品批发企业前3位的年销售额占全省批发总额的40%以上；3-5家药品零售连锁企业进入全国药品零售连锁百强企业；发展1-2个规模化、规范化中药材市场；县及以下基层药品流通网络逐步健全。

三、主要任务

（一）加强行业布局规划

省商务主管部门要会同相关部门，结合本地经济社会发展水平、医药卫生事业发展和体制改革进展、城乡建设规划、人口增长与密度和年龄结构变化、药品供应能力等实际，依照全国设置和布局规划的总体要求，制订全省药品批发零售网点合理设置和布局的规划。各省辖市依照总体要求制订当地药品批发零售网点合理设置和布局的具体规划，保证药品供应。将是否符合行业规划作为行业准入的重要依据，科学规划，控制总量。加强日常监管和考核，建立退出制度，对违法违规和不遵守相关管理制度的企业要限期整改，严重的取消经营资格。

（二）推进行业结构调整

提高行业集中度和组织化程度。鼓励有实力的药品流通企业做大做强，通过收购、合并、托管、参股和控股等方式实现规模化、集约化、国际化经营和跨区域发展。引导一般中小型药品流通企业通过市场化途径进行资源整合。引导中小药品流通企业采用联购分销、共同配送等方式，降低经营成本，提高组织化程度。在兼并重组过程中要做好人员安置等工作，保证平稳过渡。通过整合，使批发企业数量逐步减少。发展特色经营，支持老字号药店在保持传统优势的基础上创新发展，发挥品牌效应，拓展特色服务，增强核心竞争力。支持专业化和有经营特色的中小型流通企业做专做精做细，满足多层次市场需求。

（三）健全药品供应保障体系

完善药品流通网络。配合医药卫生体制改革和基本药物制度实施，积极参加药品招标采购，做好药品配送。按照我省物流业发展规划，加快医药物流基础设施建设，以郑州为中心，以洛阳、安阳、南阳、信阳和商丘五市为节点，构建“一个中心、五个节点”的省内布局。充分发挥“万村千乡”市场工程等网络资源的作用。实施“放心药”服务体系建设工程，实现药品流通对基层的有效覆盖。加强农村和偏远地区药品流通供应保障能力，提高药品流通的安全性和便利性。各地在规划药品零售网点时，可参考城市每1万人有1家药品零售店，农村每个乡、镇所在地有1家药品零售店、每个行政村有1家药品零售店（点），保证药品日常供应，具体的药品零售网点设置规划应结合当地实际制定。建立西药、中成药、中药材重点品种的市场运行信息监测、预警体系；鼓励市场中介组织开展药品销售渠道、消费结构和区域分布情况等信息服务，发挥政府信息和市场机制在完善流通网络中的引导作用。

建立和完善流通环节药品应急供应制度机制。按照国家及我省应急和战略储备的统一规划和部署，做好流通环节实物和资金的储备，加强管理和调配，根据各类突发事件的特点，建立相应的应急保障机制，保障药品应急供应。

（四）创新发展方式和经营模式

加快发展药品连锁经营，鼓励药品连锁企业采用统一的采购、配送、质量管理、服务规范、信息系统、品牌标识等方式，发展规范化连锁，树立品牌形象，拓展跨区域和全国性连锁网络，发挥规模效益。鼓励连锁药店积极承接医疗机构药房服务和其他专业服务。鼓励药品零售企业开展药妆、保健品、医疗器械销售和健康服务等多元化经营，满足群众自我药疗等多方面需求。支持连锁经营、物流配送与电子商务相结合，提高药品流通领域的电子商务应用水平。鼓励经营规范的零售连锁企业发展网上药店。

（五）发展现代医药物流

以信息化带动现代医药物流发展，广泛使用先进信息技术，运用企业资源计划管理系统（ERP）、供应链管理等新型管理方法，优化业务流程，提高管理水平。发展基于信息化的新型电子支付和电子结算方式，降低交易成本。配合国家构建药品市场数据、电子监管等信息平台，引导产业发展，实现药品从生产、流通到使用全过程的信息共享和反馈追溯机制。用现代科技手段改造传统的医药物流方式，鼓励积极探索使用无线射频（RFID）、全球卫星定位（GPS）、无线通讯、温度传感等物联网技术，不断提高流通效率，降低流通成本。促进使用自动分拣、冷链物流等先进设备，加快传统仓储、配送设施改造升级。完善医疗用毒性药品、麻醉药品、精神药品、放射性药品和生物制品、终止妊娠药品等特殊药品物流技术保障措施，确保质量安全。推动医药物流服务专业化发展。鼓励药品流通企业的物流功能社会化，实施医药物流服务延伸示范工程，引导有实力的企业向医疗机构和生产企业延伸现代医药物流服务。在满足医药物流标准的前提下，有效利用邮政、仓储等社会物流资源，发展第三方医药物流。

（六）规范药品流通市场秩序

健全行业管理制度。建立药品经营企业在当地商务主管部门备案制度。按照药品批发企业营销人员、生产企业和代理企业医药代表的资质管理办法和行为规范，加强管理，实行持证上岗制度和公示制度，保证依法依规销售药品和推广新药。完善药品购销管理制度，依法索证索票，保证经合法渠道经营药品。逐步实施药品流通企业分类分级管理制度。配合有关部门严厉打击经营假劣药品、商业贿赂、倒买倒卖发票及税收票证、挂靠经营、非法经营网上药店、发布虚假药品及保健品广告等违法违规行为。充分发挥12312商务举报投诉服务热线的作用，完善投诉举报的受理、处理、移送和反馈机制。发动各方面力量，加强对药品流通行业的社会监督。

（七）强化行业基础建设

促进行业标准体系建设。按照行业标准体系建设要求，配合国家建立药品流通业态分类分级、药品统一编码及现代流通设施与信息化、中药材商品等级、职业经理人与从业人员资质和岗位规范、企业经营服务、信用建设和社会责任等相关标准。

落实行业统计制度。配合国家建立直报企业和商务主管部门及有关方面共同参与的药品流通行业统计制度与网上报送平台，及时掌握行业运行和发展的有关情况，辅助政府决策，引导行业发展。

推动行业信用建设。加强药品流通行业诚信、职业道德教育和信用知识培训，开展“诚信经营示范创建”等活动，树立一批遵纪守法，诚实守信，管理规范，社会责任感强，自觉接受监督的经营典型。建立药品流通行业信用评估机制和失信惩处机制。建立行业自律机制，指导和鼓励行业协会制定和执行行规行约，维护正常价格秩序，防止垄断行为；探索建立对职业经理人、执业药师等人员从业行为信息的采集、记录、公开、共享等制度，建立违规违法企业信息披露制度，设立违规失信人员禁入行业的规则。

加强企业内部管理。要完善法人治理结构，建立现代企业制度，明确药品流通企业是药品流通过程中质量安全的第一责任人；健全药品购销索证索票、出入库及运输安全管理责任制；加强发票及税收票证管理，积极与税务管理机关联网；落实各项财务会计管理规范和员工“五险一金”等各项规定和政策，保障员工教育经费。药品经营企业要提升药品供应保障能力，建立对客户需求的快速反应机制，保证药品及时、安全、足额供应；要按照规定配备执业药师或相关药学技术人员，建立以消费者为中心的服务理念，指导消费者安全、有效、合理用药；完善药品经营企业设施设备、营业场所环境、售后服务、24小时服务、从业人员、岗位责任、仪容仪表有关制度和规范。

（八）开展国内外交流合作

发挥政府部门和行业协会作用，搭建药品交易、投融资合作、信息交流、政策发布等多层次、多功能平台，服务企业发展。发展医药会展经济，促进内外贸、中西药、产供销协调发展，加快国内外市场融合。优化投资结构，保护投资者的合法权益，按照有关政策吸引境内外药品流通企业在我省投资。鼓励我省药品流通企业“走出去”，通过新建、收购、境内外上市等多种方式拓展业务，参与国内外药品采购和营销网络建设。学习借鉴国内外先进管理经验和营销方式。

（九）推动中药材市场的健康发展

会同有关部门研究制定河南省中药材市场发展促进政策。探索建立、完善中药材商品等级标准及有效管理方法和中药材重点品种储备制度。配合有关部门加强对中药材市场的管理监督，整顿和规范中药材市场，加强有害物质残留和质量检验。

四、保障措施

（一）加强各级政府对药品流通行业改革发展的领导

各级政府对药品流通行业发展改革要负总责，成立由政府主管领导为组长、有关部门领导为成员的药品流通行业改革发展领导小组，由商务主管部门负责日常工作，将药品流通行业管理纳入商贸流通工作体系进行统筹规划，与深化医药卫生体制改革领导小组其他成员单位进行工作对接，建立沟通协调和合作机制。

（二）健全法律法规和政策体系

推动修改完善与药品流通有关的法律法规和部门规章，清理、废止阻碍药品流通行业改革发展和妨碍公平竞争的政策规定，健全市场机制。研究制订鼓励性政策措施，支持企业技术改造、科技创新，完善相关基础设施。在搞活流通，扩大消费的各项政策中，积极支持药品流通行业结构调整和药品供应保障体系建设。改善融资环境，鼓励企业利用产业基金、融资担保、信用保险、上市融资、应收账款和仓单质押等金融工具，多渠道筹集资金，加快改革发展步伐。争取财政、土地、金融、专项资金等优惠政策，支持药品流通行业发展。避免重复建设大型药品物流设施。

（三）优化药品流通行业发展环境

商务主管部门要配合、会同相关部门积极推动改革“以药补医”体制，完善药品定价、采购和医保支付机制，破除地方保护、地区封锁。保障药品批发企业平等参与招标采购及配送业务，促进医疗机构依合同规定按期向流通企业支付货款。在公立医院改革和基本药物制度实施等医改措施中，积极探索实现医药分开的具体途径，在有条件的地方可率先探索医生负责门诊诊断，患者凭处方到零售药店购药的模式。加快赋予所有符合条件的药店处方药销售资格。支持具备条件的零售连锁企业和其他零售药店申请医保定点资格，扩大基本医疗保险定点药店覆盖范围，逐步提高社会零售药店在药品终端市场上的销售比重。密切跟踪医药卫生体制改革各项政策实施对行业的影响，研究提出解决对策和措施。

（四）加强药品流通行业全面建设

鼓励大专院校、研究院所、大型药品流通企业集团加强现代药品流通理论研究与创新。建立、健全药品流通人才培训机制，支持和鼓励药品流通职业培训和继续教育，形成层次多元、市场需要、企业欢迎的人才培养与职业教育体系；健全药品流通职业经理人和其他从业人员的资格认证制度；建立药品流通领域人才激励与约束机制。实施从业人员培训工程，根据我省具体情况，“十二五”期间，逐步开展职业经理人、执业药师继续教育、药学技术服务人员、其他重点岗位人员培训工作。大力支持药品流通行业协会等中介组织的发展，加强协会的组织建设，增强服务意识，提高为企业服务的能力。充分发挥协会在行业统计、行业培训、行业自律、交流合作、维护企业合法权益等方面的作用。

（五）建立规划纲要的实施机制

各地商务主管部门应按照规划先行、发展优先的要求，根据《全国药品流通行业发展规划纲要（2011-2015年）》和本规划纲要制订2011-2015年本地药品流通行业发展的具体规划。建立年度跟踪监督、中期评估和终期检查制度，加强对规划实施的监督检查，确保年度工作计划与规划协调一致。各项扶持政策的实施应符合规划确定的发展目标和重点领域。

湖北省药品流通行业“十二五”发展规划纲要

湖北省商务厅

为贯彻落实商务部《全国药品流通行业“十二五”发展规划纲要》和《湖北省商务发展十二五规划》，引导药品流通行业适应医药卫生事业面临的新形势新任务，促进药品流通行业科学发展，保障人民群众安全、方便、及时用药、维护生命健康、改善生活质量、促进经济社会和谐发展等方面的作用，特制定湖北省药品流通行业十二五发展规划。

一、湖北省药品流通行业发展现状

改革开放以来，全省药品流通行业取得了长足的发展，药品流通企业规模不断扩大。采用现代流通方式、流通网络逐步形成，龙头企业带动作用不断增强，药品流通市场秩序逐渐好转并有序运行。特别是医药卫生体制改革以来，全省药品流通行业进入快速发展期。药品流通领域的法律框架和监管体制基本建立，供应保障能力明显提升，多种所有制并存、新型流通方式主导、多种经营方式互补、覆盖城乡的药品流通网络基本形成。

（一）药品流通快速发展，经营规模不断扩大。截止2009年底，全省药品批发、零售企业约有1.2万家，销售总额达264亿元。全省取得《药品经营质量管理规范》（GSP）证书和批发经营许可证的企业630家，销售额为233.2亿元（省内企业），其中销售额在5000万元以上的有94家，销售额203.3亿元。全省药品零售企业（含农村网点）为1.1万家，其中零售连锁企业76家，下辖门店3843个，零售单店6945个，农村零售网店和“万村千乡市场工程”零售药柜得到较快发展。药品流通业的发展，对于促进湖北医药产业发展、保障和方便人民用药、提高人民群众生活质量发挥了十分重要的作用。

（二）药品流通网络初步形成，行业聚集明显增强。基本形成了以大型药品批发企业为龙头，以城市零售企业为骨干，以城乡零售药店为基础的药品流通网络。同时，大型药品流通企业加强区域性流通渠道的扩展，兼并重组步伐加快；连锁经营成为药品零售市场发展最快的组织形式，连锁药店门店数已占我省药品零售门店总数的35%。

（三）药品现代流通方式得到运用，水平不断提高。近十年来，现代医药物流、药品连锁经营、网上药店以及第三方医药物流逐步出现，现代药品营销方式、流通形式与管理模式得到应用，以电子信息平台、现代物流为支撑的药品配送比例逐步增加，药品流通效率不断提高。

（四）药品流通的服务功能增强，服务对象逐年扩大。2009 年，全省药品流通行业从业人员达 5.06 万人，约占全省商业服务业就业人数的 3.5%，其中批发企业从业人员 2.86 万人，零售企业从业人员 2.2 万人；各类药店提供销售及服务 8 亿人次，较 2005 年增长 57%；药品流通骨干企业积极参与药品储备和应急配送工作，有效保证了在重大疫情和自然灾害发生时的药品供应；药品流通行业对相关产业发展的带动性增强，在维护社会稳定、满足人民群众用药需求上做出了重要贡献。

与此同时，在药品流通快速发展中也暴露出一些亟待解决的问题。一是药品流通组织化程度较低，批发企业数量过多，规模偏小；药品零售企业连锁经营比重虽有提高，但行业集中度仍然较低；药品流通中还存在着产品同质化、市场定位趋同化等现象。二是网点布局不够合理。城市药品流通企业过度集中，农村地区药品配送网络、零售药店未能全面有效覆盖，买药难的现象在少数边远山区还存在。三是现代医药物流发展滞后。目前仅有少数大型药品流通企业开始建立现代化的药品物流中心，其他药品流通企业仍主要采用传统的物流方式，在管理水平、流通效率和物流成本等方面与发达国家存在较大差距。药品物流的标准化、信息化建设依然滞后。四是药品流通恶性竞争问题仍然时有发生。一些中小批发商或药品中间人对代理品种采用“高进、高出、高回扣”的方式，进行倒买倒卖税票和挂靠经营活动，基层医疗卫生机构和零售药店药品购销活动不够规范。

二、湖北省药品流通行业发展形势分析

在全球药品市场将保持快速扩张的强烈预期下，我国实现深化医疗体制改革的目标也将进入关键时期，医药产业作为我省扶持的重点领域之一，药品流通行业发展的空间会更加广阔。

政策机遇。十二五期间，在国家大力实施促进中部崛起和西部大开发战略，长江经济带开放开发，武汉城市圈“两型”社会综合配套改革，武汉市综合交通枢纽试点城市，东湖国家自主创新示范区等国家战略实施和重大项目建设以及国家基本药物制度的推行、国家医药卫生体制改革的重要背景下，对湖北药品流通行业的发展提出了新的要求，同时提供了新的发展机遇和发展政策，湖北将迎来药品流通行业转方式、调结构的黄金期。同时，《全国药品流通行业发展规划纲要（2011-2015 年）》、《湖北省商务发展十二五规划》的出台，从宏观的角度给我省药品流通行业的发展指明了方向、提出了要求，同时通过完善管理组织机构建立了良好的发展氛围，为制定符合全省实际情况的药品流通行业发展规划奠定了牢固的基础。

市场机遇。随着全省经济的发展，人民收入水平的提高，医疗卫生体制改革的深入，基本医疗保障制度覆盖率的加大，以及人口老龄化的影响，人均医疗卫生的投入逐年上升，为全省医药市场规模的增加提供了动力。预计十二五期间全省医药市场需求将以每年 20% 的速度继续增长。巨大医疗消费潜能以及持续增长的消费需求将给药品流通行业带来新的机遇。

挑战与机遇并存。从全国来看，随着 2009 年医疗体制改革的实施，中国医药市场的期望值持续升温，随之而来的国内、国际市场竞争也必将加剧，一方面将迫使药品流通企业优胜劣汰，另一方面竞争也将引发地方保护主义势力进一步影响统一市场的发展。从全省实际情况来看，由于药品流通行业基础薄弱，行业规模小且较为散乱，创新能力不强导致竞争能力弱，总体来看水平较低，短期内实现转型升级存在一定困难。

三、指导思想和发展目标

（一）指导思想。

紧紧围绕省委省政府实施“两圈一带”发展战略，以科学发展观为指导，以政策引导，市场主导，强化现代科学技术和新型管理方式应用为基本原则，以促进人民群众用药安全和医药流通行业健康快速发展为基本目标，以深化体制机制改革、加快转变发展方式，优化网络布局和行业结构、提高行业集中度和现代化水平，实现规模效益，增强企业竞争力规范流通秩序为主线，形成以武汉及武汉城市圈为中心，立足湖北，辐射周边，面向全国的区域性医药流通经济带。

（二）发展目标。

到 2015 年，全省药品流通行业的发展适应新的医药卫生体制，形成网络布局趋向合理、市场秩序明显好转、流通方式不断进步、组织化程度显著提高、骨干企业竞争力增强、城乡居民购药便利、安全、满意的药品流通体系。到“十二五”末，实现以下发展目标：

1、培育 1 家年销售额超 500 亿元的大型医药商业集团。培育 2 – 3 家年销售额达百亿元的区域性医药商业集团，支持发展一批地市级药品流通龙头企业 。药品流通企业 20 强年销售额占全行业销售总额 85% 以上，形成以区域性药品流通企业为主体，遍及城乡、结构合理的药品流通网络。

2、连锁药店占全部零售药店的比重由现有的 35% 提高

到60%以上，并实现规范化的连锁经营；药品物流费用水平降低，效率提高，管理、技术和服务水平有较大提升。

3、药品质量和经营管理能力明显提高，扰乱药品流通秩序的各种违法违规现象得到有效遏制，药品经营企业GSP认证率达到100%，远程实时监控率达到99%以上；行业组织的自律机制充分发挥作用，商业诚信体系基本形成，企业科学发展的意识、经营管理水平和从业人员素质显著提高。

4. 鼓励药品流通企业多元化经营，扶持1–2家从事第三方医药物流企业。鼓励中小流通企业及生产厂家通过第三方物流，将药品运输服务外包，从而提高湖北省药品配送集中度，保障药品流通专业性、安全性。

四、主要任务

（一）加强行业布局规划，完善药品流通网络。

结合本地经济社会发展水平、医药卫生事业发展和体制改革、城乡建设规划、人口增长与密度和年龄结构变化、药品供应能力等实际，制定药品批发零售网点、中药材交易市场合理设置和布局的规划。会同和配合相关部门将行业规划列入行业准入条件或依据。

配合医药卫生体制改革和基本药物制定的实施，积极参加药品招标采购，做好药品配送。密切跟踪基本药物制度和药品集中采购政策对药品流通行业的影响，制订相应预案，做好部门协调，落实保障措施。完善药品流通网络，保证药品特别是基本药物、疗效好、价格廉的常用药的安全有效供应。零售药店按照有关规定配备和销售基本药物，其中医保定点零售药店按规定做好基本医疗保险目录药品的配备和销售。

健全药品保障体系，以武汉和武汉城市圈为药品流通枢纽，建设面向全国和覆盖区域的药品流通园区和配送中心。鼓励大中型药品流通企业通过地市州兼并重组、网络下沉、建立营业网点等多种形式.，向居民社区和村镇延伸销售与配送网点，实现药品流通对基层的有效覆盖，提高农村和偏远地区药品供应的安全性、便利性。支持有条件的药品流通企业整合建立大别山区、武当山区、武陵山区中药材交易市场，积极探索建立中药材市场追朔机制。鼓励物流企业自主创新，开展科研开发向基地种植、生产加工领域延伸

（二）优化行业结构，提高行业集中度。

鼓励和支持药品流通企业做大做强。坚持政府引导，市场主导，充分尊重市场经济客观规律，通过市场竞争机制来实现提高集中度的发展方向。一是鼓励具有优势的大型药品流通企业通过收购、合并、托管、参股和控股等手段，集聚资本，做大做强，实现规模化、集约化经营。二是打破地区封锁，跨越地域界限，推动实力强、管理规范、信誉度高的药品流通企业跨区发展，塑造湖北医药流通的品牌形象，形成以全国性、区域性骨干企业为主体的遍及城乡的药品流通体系。三是兼并重组，整合现有药品流通资源，引导一般中小药品流通企业通过市场化途径融入大型药品流通企业。四是鼓励中小企业自愿合作联盟，充分利用各自优势，整合优化资源，形成新的医药流通联合体。引导中小药品流通企业采用联购分销，共同配送等方式，降低经营成本，提高组织化程度。五是积极引导规模较大、有一定实力的药品批发和零售企业发展现代物流和连锁经营，实行标准化配送，创新营销模式；引导和鼓励药品流通企业加强内部管理，不断提高竞争力，逐步做大做强。继续支持老字号药店发挥品牌效应，拓展特色经营，增强核心竞争力，支持专业化或有特色的中小药品流通企业做精做专，满足多层次市场需求。六是积极引导中小型药品流通企业以及生产企业，通过将自身物流仓储、运输服务外包，从而降低运输及仓储成本，保障药品流通的时效性、安全性。鼓励大中型流通企业从事第三方医药物流，提高医药行业运输的集中度。

（三）加快信息化建设和应用，推动现代医药物流的发展。

加快信息网络建设，尽快实现高速信息网与企业的互联互通，加速卫星全球定位系统（GPS），电子数据交换系统（EDI），自动连续补货系统（CRP），电子订货系统（EOS），销售时点实时控制系统（POS），高速道路交通系统（ITS），寻车寻货系统（KIT），资金快速支付系统（EFI），以及RFID无线射频识别技术、流通企业商流系统、流通企业物流信息系统、实现信息快速输入的条形码技术和网上交易的电子商务技术等技术的发展和应用。不断推进药品物流标准化建设，实施统一的物流标准，推进与药品物流标准化有关的药品条形码规范、药品物流容器标准、药品包装箱标准、药品仓储托盘标准、药品信息化标准等技术服务建设，加快我省药品物流向规范化、高效化发展。完善医疗用毒性药品、麻醉药品、精神药品、放射性药品和疫苗等特殊药品物流技术保障措施，改善储运条件，防范并消除隐患，避免在流通过程中出现药品质量事故和安全事故。

鼓励大型医药商业集团采用现代信息技术和物流技术，在武汉及武汉城市圈整合物流资源，建立大型药品物流园区和物流中心，在市州中型城市建立中小型医药物流或终端配送中心。

鼓励支持有条件的物流企业在全国省会城市建立大型物流中心，形成现代物流网络体系。

鼓励物流企业的物流功能社会化，实施医药物流服务延伸示范工程，引导有实力的企业向医疗机构和生产企业延伸现代医药物流服务。在满足医药物流标准的前提下，有效利用自身现代化仓储、及相关社会物流等资源，发展第三方物流。

（四）大力发展药品连锁经营，努力提高药品集约化经营水平。

鼓励药品零售连锁企业突破地域界限，采用统一采购、统一配送、统一质量管理、统一服务规范、统一联网信息系统管理、统一品牌标识等方式，在更大的区域范围内，拓展跨区域和全国性连锁网络，树立连锁服务品牌，发挥规模效益。

鼓励连锁药店积极承接医疗机构药房和其他专业服务。鼓励批零一体化经营。支持连锁经营、物流配送与电子商务的结合，提高药品流通领域的电子商务应用水平。鼓励经营规范的零售连锁企业发展网上药店。

引导零售连锁企业向居民社区、城郊结合部、县及广大农村集镇发展。鼓励支持连锁企业通过收购、兼并方式，对现有零售药店进行整合，推进服务方式和服务内容的创新。满足人民群众对基本药物需求和更高层次的保健需求，不断提高居民健康水平。

（五）加强行业标准体系建设，规范医药行业发展。

“十二五”期间，商务部门密切协调相关部门，结合药品流通行业特点和市场需求，借鉴国际、国内先进经验，逐步制定、修定和完善行业标准体系框架和强化制度性建设，把药品流通行业引入健康有序的发展轨道。

一是提高和严格行业准入标准，将是否符合行业规划作为准入的重要依据，控制药品经营企业的数量，加强日常监管和考核，建立退出制度，对违法违规和不遵守各项管理制度的企业限期整改，严重的取消经营资格。

二是制定行业标准体系。如药品流通业态分类、药品编码及现代流通设施与信息化、中药材商品等级、从业人员资质和岗位规范、企业经营服务、信用建设和社会责任等。

三是通过行业协会制定《医药物流服务规范》、《药品零售企业经营服务规范》和《医药批发企业分级评估指标》等行业标准。

四是加强药品流通从业人员职业行为规范建设，探索建立对职业经理人员、执业药师、药店营销员、收银员等从业人员执业行为采集、记录、管理、共享等制度，建立从业人员信用档案，对有违规失信行为的个人实行行业禁入。

五是加强信用知识培训，帮助企业建立信用风险管理制度，开展信用评价，提高行业自律和信用水平。加强全行业诚信和职业道德教育，广泛开展“诚信经营”示范创建活动，引导药品流通企业参与信用体系建设，弘扬商业道德，履行社会责任。

六是完善药品购销管理制度，依法索取税票，保证合法渠道经营药品。逐步实施药品流通企业分类分级管理制度，根据不同类别和等级，采取不同的管理措施，激励企业在规范经营的基础上改善服务设施，提升管理和服务水平。

（六）打击违法违规行为，整顿规范药品流通市场秩序。

加强调查研究。制定全省药品流通行业发展规划、标准和有关行业政策，维护平等参入，公平竞争，规模有序的药品流通市场体系。配合有关部门严厉打击经营假劣药品，商业贿赂、挂靠经营、代开发票、倒买倒卖税票违法违规行为，切实加强行业自律和守法经营。配合有关部门加大执法检查力度，抓好药品购销管理，完善索证索票制度，维护正常价格秩序；严厉打击非法经营网上药店，发布虚假药品和保健品广告等违法经营行为；整顿规范中药材市场，加强有害物质残留和质量检验。充分发挥12312商务行政执法投诉举报热线的作用，完善投诉举报的受理、处理、移送和反馈机制，发动各方面力量，加强对药品流通行业的社会监督。

五、保障措施

（一）加强组织领导，为药品流通发展提供强有力的组织保障。

药品流通行业管理工作涉及人民群众切身利益，责任重大，各级商务主管部门要高度重视，落实药品流通行业管理工作责任，明确领导分工，责任处室和工作人员。围绕全省药品流通发展十二五纲要，结合本地实际，深入调查研究，制定本地药品流通业发展规划。明确发展思路和目标，提出工作措施。对纲要规划的实施，实行年度跟踪监督，定期评估和检查，确保工作计划和规划协调一致。加强与相关部门的密切配合，按照部门职责分工，加强对药品流通行业的管理和服务，实行齐抓共管，共同开创药品流通发展的新局面。

（二）完善政策法规，加大对药品流通行业发展的支持力度。

修改完善与药品流通有关的法律法规和部门规章，清理、废止阻碍药品流通行业改革发展和妨碍公平竞争的政策规定，健全市场机制。

把药品流通行业发展纳入商贸流通行业发展的总体规划，享受国家和省政府对商贸流通行业发展的相关政策。

针对药品流通行业特点，研究制订鼓励性政策措施，支持企业技术改造、科技创新，完善相关基础设施。在搞活流通，扩大消费的各项政策中，积极支持药品流通行业结构调整和药品供应保障体系建设。

改善融资环境，鼓励药品流通企业利用产业基金、融资担保、信用保险、上市融资、应收账款和仓单质押等金融工具，多渠道筹集资金，加快改革发展步伐。争取地方财政、土地、金融、专项资金等优惠政策，支持药品流通行业发展。

（三）改善药品流通行业发展环境。

推动改革“以药补医”体制，完善药品定价、采购和医保支付机制，破除地方保护、地区封锁。

保障药品批发企业平等参与招标采购及配送业务，协助大中型流通企业在招标中予以相关政策倾斜，鼓励药品流通企业积极探索药房托管、集中配送等多种形式，

促进医疗机构依合同规定按期向流通企业支付货款。

探索公立医院改革中实现医药分开的具体途径，在已实施基本药物制度、取消“以药补医”的基层医疗机构，特别是周边药品零售配套设施比较完善的城市社区医疗服务机构，率先探索医生负责门诊诊断，患者凭处方到零售药店购药的模式。

加快赋予所有符合条件的药店处方药销售资格。支持零售连锁企业和其他具备条件的零售药店申请医保定点资格，扩大基本医疗保险定点药店覆盖范围，逐步提高社会零售药店在药品终端市场上的销售比重。

配合相关部门开展“放心药店”评选活动，实行“法人负责制”所有药品流通企业的法人必须保障药品的质量；实行“承诺制”，敢于接受社会和媒体监督；实行“进货监管制”坚决杜绝假冒伪劣药品进入消费市场。

（四）加强教育培训，提高药品流通行业人才队伍整体素质。

按照强化基层，发展高端，解决紧缺的基本方针，积极推进药品流通行业人才队伍建设。建立药品流通人才培训机制，形成层次多元、市场需要、企业欢迎的人才培养与职业教育体系；建立药品流通职业经理人和其他从业人员的资格认证制度；建立药品流通领域人才激励与约束机制。实施从业人员培训工程，“十二五”期间培训高级职业经理人 100 人，中级职业经理人 200 人，执业药师继续教育 200 人，药学技术服务人员 10000？人，其他重点岗位 20000？人。

（五）发挥药品流通行业协会作用，提高行业自我约束和自我发展能力。

大力支持医药行业协会的发展，加强协会的组织建设，发挥协会功能作用，增强服务意识，提高为企业服务的能力。充分发挥协会在行业统计、行业培训、行业自律、国际交流合作、维护企业合法权益等方面的作用。

湖南省药品流通行业发展规划（2011-2015 年）

湖南省商务厅

为贯彻落实《全国药品流通行业发展规划纲要（2011-2015 年）》和《湖南省国民经济与社会发展“十二五”规划纲要》，加快推进湖南药品流通行业又好又快发展，保障人民群众用药安全合理方便，特制订本规划。

一、现状、机遇与挑战

（一）发展现状

湖南药品流通行业随着市场经济发展而快速发展，特别是近十年来，药品市场规模日益增长，药品流通监管体制不断完善，民营医药商业企业快速崛起，推动药品流通行业持续、快速发展。

行业规模持续扩大。截止 2010 年底，全省共有药品批发企业 379 家（不包含非法人药品经营分支机构 115 家）；药品零售连锁企业 51 家，下辖门店 5260 家，零售单体药店 5027 家，零售药店门店总数达 10287 家；国家级中药材市场 2 个。多种所有制并存、多种经营方式互补、遍布城乡的药品流通网络体系日益形成。2010 年，全省药品商业销售总额 430 亿元，比上年增长 31.7%，居全国第 10 位。邵阳廉桥、长沙高桥药材市场实现销售额 60 亿元，比上年增长 26.2%。以长株潭为中心、市州联动、渗透周边、辐射全国的现代医药商业流通体系初步建立。

行业集中度快速提升。企业联合、并购重组步伐加快，行业资源快速整合优化。国药、华润、上药、国中医药等一批国内知名企业与省内医药商业企业成功联姻，风投资金不断引进，资源优势快速放大，造就了一批引领行业发展的药品批发和零售连锁龙头企业。2010 年，全省排名前 30 位的药品批发企业年销售额占全省药品批发销售总额的 51.8%，全省排名前 10 位的药品零售连锁企业年销售额占全省药品零售总额的 62.1%。行业资源进一步向优势区域集中，长沙等 7 市的药品销售额约占全省药品销售总额的 82.5%。

企业竞争力不断增强。药品流通企业不断加大硬软件设施设备投入，现代信息技术、物联网技术在药品流通中广泛应用，企业综合竞争力不断增强，行业发展水平稳步提升。2010 年，全省医药销售额过 5 亿元的医药商业企业 15 家，

国药控股等6家企业进入全国医药商业销售总额100强；老百姓大药房等4家零售连锁企业进入全国医药零售连锁销售总额50强。药品流通企业逐步形成各有特色、品牌经营的发展格局。

行业作用日益突显。2010年，全省药品流通行业从业人员达12万人，为缓解社会就业压力发挥了积极作用。湖南在全国率先倡导平价药房，突出专业化服务，在方便群众购药、平抑药品零售价格等方面发挥了重要作用。药品流通骨干企业在医药储备和药品应急供应保障方面，做出了重大贡献。不但有效做好了2006年"碧利斯"强热带风暴、2007年第九号台风"圣帕"、2008年年初严重的冰雪灾害、2009-2010年甲型H1N1流感医药用品应急保障工作，而且调剂确保抗禽流感药物"达菲"、急救用药人血白蛋白等紧缺品种的市场供应，缓解了我省医疗机构用药急需的局面。药品流通行业对相关产业的拉动作用日益增强，对推动我省医药工业持续、快速发展发挥着重要作用。

（二）发展机遇

"十二五"是药品流通行业实现升级转型的关键时期，随着经济社会的快速发展和新医改方案的稳步推进，药品流通行业正面临着新的历史发展机遇。

药品市场规模快速增长形成发展新引擎。随着世界人口总量增长、社会老龄化程度提高、日益增长的健康需求和各国对健康产业的加大投入，全球医药市场规模将从2010年的8600亿美元增长至2015年的1.2万亿美元以上，全球药品流通行业集中度和流通效率将继续提高。据专家预测，到2015年我国医药市场规模将达到3万亿元，年均增长20%以上，并将赶超日本居全球第二位。这必将推动药品流通行业加速实现新跨越、新发展。

医改新政稳步推进促成行业发展新格局。随着医药卫生体制改革的稳步推进和深入，覆盖城乡的公共卫生服务体系、医疗服务体系、医疗保障体系和药品供应保障体系不断完善，医保用药不断扩容，城镇社区和农村基层药品市场空间将得到快速释放，药品经营模式不断转变，国药控股、华润集团、国中医药进入湖南，企业联合、兼并重组更加活跃，行业集中度将进一步提高，行业资源进一步向优势地域和企业集中，这必将加速促成药品流通行业发展新格局。

政策支持力度加大带来发展新动力。国家和湖南将生物产业列入七大战略性新兴产业之一，出台了一系列扶持政策，医药产业步入新的发展时期。国家提出加快建立药品供应保障体系，发展药品现代物流和连锁经营，规范药品生产流通秩序，建立便民惠民的农村药品供应网等任务，迫切要求行业加快结构调整，转变发展方式，实现科学发展，这为药品流通行业在新时期发展注入了新的活力。

（三）面临挑战

由于受体制、机制及各种因素的影响，湖南药品流通行业发展中还存在诸多不容忽视的问题，抓住发展机遇仍需面对严峻挑战。

行业规模依然偏小，面临行业格局变化的挑战。2010年全省医药商业销售总额仅为排名全国第一的浙江省的三分之一，差距明显。行业发展水平和集中度还不高，现代医药物流发展相对滞后，管理水平、流通效率和物流成本与发达省份存在较大差距。

龙头企业还不强大，面临激烈市场竞争的挑战。全省药品流通企业散、小、多的问题依然严重，年销售总额过40亿元的企业还没有一家，与医药经济发达省份相距甚远。大部分企业营销网络履盖面还不广，配送能力还不强，营销措施比较单一，人才资源相对匮乏。

流通秩序还不规范，面临发展环境变化的挑战。全省药品购销领域中违规经营、恶性竞争、不规范操作现象依然存在。部分零售药店还出售假劣、过期等不合格药品。药材市场交易混乱、质量无保障、管理不规范等问题还亟待解决。新时期发展环境变得越来越规范，我省药品流通企业必将面临来自各方面的压力。

二、指导思想、发展目标和发展原则

（一）指导思想

按照国家深化医药卫生体制改革和《全国药品流通行业发展规划纲要（2011-2015年）》以及《湖南省国民经济与社会发展"十二五"规划纲要》的总体要求，全面贯彻落实科学发展观，以保障湖南人民用药安全、促进医药卫生事业发展和药品流通行业发展为目标，以加强政府政策引导，充分发挥市场调节机制，采用先进科学技术与现代企业管理机制为基本原则，以深化体制机制改革、加快转变发展方式、完善流通网络布局、优化药品流通秩序为主线，为湖南省医疗卫生事业发展，维护人民群众健康权益，率先建成"两型社会"和全面建成小康社会发挥积极作用。

（二）发展目标

到2015年，基本建立适应药品流通行业发展的管理体系与运行机制，形成商业模式创新，网络布局合理，信息化和服务水平较高，效益显著提升的产业发展格局，适应经济社会发展的总体要求，满足人民群众和公共卫生不断增长的健康需求。

具体发展目标：培育1-2家年销售额达100亿元的医药流通大型企业，5家年销售额达50亿元的医药流通零售企业；药品批发30强企业年销售额占药品批发总额85%以上，药品零售连锁10强企业年销售额占药品零售企业销售总额75%

以上，药品批发企业数量得到有效控制，合理布局城市社区零售药店，建立和健全农村基层流通网络；充分利用湖南中药材资源及区位优势，中药材交易额达到300亿元。力争“十二五”末，全省药品商业销售总额达到1500亿元，医药商业销售整体规模进入全国医药商业前8位，成为医药商业强省。

（三）发展原则

加强政策引导和宏观调控，规范市场秩序，科学布局网点，提高行业资源集聚度，合理规划，优化配置，行业资源利用最大化，引导行业健康发展。

加快转变发展方式，调整经济发展结构，壮大行业规模，提高行业经济效益。创新营销模式，增强服务职能，加强协作共赢，增强企业竞争力，稳步提高行业集中度，加快发展现代医药物流、连锁经营和电子商务，逐步形成统一的大流通、大市场格局，推进湖南药品流通体系现代化。

明确现代药品流通发展方向，优化业务流程，减少流通环节，节约流通成本，充分发挥信息技术在现代医药物流发展中的促进作用，促进第三方医药物流发展。

三、主要任务

（一）加强行业布局规划，完善药品流通网络

科学规划产业发展布局。根据全省各市州经济社会和医药卫生事业发展水平，以及体制改革进展、城乡建设规划、人口增长与密度和年龄结构变化、药品供应能力等实际情况，优化湖南药品流通行业布局。将是否符合国家及湖南省药品流通“十二五”发展规划作为行业准入的重要依据，制定行业准入标准，提高准入门槛，严格控制药品批发企业数量。加强行业管理和考核，建立退出制度，确保规划有效落实。

按照重点突出、优势互补、特色鲜明的原则，整合空间资源，优化产业布局，形成“一个核心、一个网络、一个药都”的药品流通产业结构布局，实现配送网络4小时覆盖全省，配送效率和效益均达到全国先进水平。

“一个核心”即以长株潭为核心，充分发挥该区域的技术、人才优势，依托浏阳国家生物医药基地、麓谷生物医药基地，以及金霞物流园、湖南环科园，打造药品流通企业总部中心集聚群，形成药品流通产业辐射极。

“一个网络”即以常德、益阳、岳阳、衡阳、娄底5市为支撑，充分利用3+5城市群的地理优势，发挥该区域药品流通配送强大的网络与交通优势。整合各地空间优势，完善配送网络，合理布局零售网点，形成以长株潭为核心辐射的药品流通网络集群。

“一个药都”即依托邵阳廉桥中药材市场，充分利用我省中药资源优势，建立中药材集散地，形成辐射中南及华南地区的现代医药商贸流通基地。

扶持龙头企业做大做强。积极推进药品流通企业通过收购、合并、托管、参股和控股等多种方式兼并重组，整合现有药品流通资源，引导一般中小药品流通企业通过市场化途径并入大型药品流通企业，发展现代医药物流企业和医药流通企业总部基地，鼓励一批重点企业加强内部管理，不断提高竞争力，逐步做大做强。鼓励大中型流通企业从事第三方医药物流，提高医药行业运输的集中度。

完善药品流通网络。配合医药卫生体制改革和基本药物制度实施，建设药品物流园区与配送中心，并做好药品配送。运用中央和地方财政资金，引导企业加大投入，开展“放心药”服务体系创建工作。组织开展试点，使用中央财政专项资金，建设放心药服务体系和中药材质量安全可追溯系统，支持药品配送基础较差的少数民族和边远落后地区进行广覆盖的药品配送中心及网络建设，解决基层药品可及性问题。鼓励大中型医药流通企业依托比较完善的营销与配送网络，逐步向居民社区和村镇延伸服务，实现药品流通在基层医疗机构覆盖率达100%，确保农村和偏远地区药品供应的安全性和便利性。

保障药品应急供应。根据湖南地理位置、气候环境和自然灾害的特点以及可能发生的公共卫生事件，加强政府相关部门及行业协会工作的协同和配合，建立药品储备和临床紧缺药品生产供应及使用保障制度，由实力雄厚、符合条件的大型医药公司承担药品的储备和应急供应，同时加强省级流通环节的资金储备，确保应急事件与突发事件药品供应的及时、安全与稳定。对于基本药物目录中部分可能发生短缺的独家生产品种可适当增加储备，确定应急药品储备品种和数量。

（二）发展现代医药物流，提高药品流通效率

采用现代科技手段推动现代医药物流发展。鼓励积极探索使用无线射频（RFID）、全球卫星定位（GPS）、无线通讯、温度传感等物联网技术，促进使用自动化拣选、分拣设备，不断提高流通效率，降低流通成本。发展基于电子条形码的药品追溯体系，特别是在冷链物流上的应用，提高冷链商品、防冻商品配送专业能力。完善医疗用毒性药品、麻醉药品、精神药品、放射性药品和生物制品等特殊药品物流技术保障措施，确保药品质量稳定、安全储存和安全配送。做好基本药物电子监管码工作，实现药品全过程安全质量验证和可追溯跟踪。

通过信息化提高现代医药物流管理水平和服务水平。创新信息技术，运用WMS、CMS、ERP实现对供应链的管理，优化业务流程，提高管理水平和服务水平。发展基于信息化的新型电子支付和电子结算方式，降低交易成本，加速资金周转，实现行业稳固持续发展。构建全省药品市场数据、电子监管等信息平台，引导产业发展，实现药品从生产、流通到使用全过程的信息共享和追溯反馈机制。

发展医药物流增值服务，延伸供应链管理。鼓励药品流通企业向医疗机构和生产企业延伸现代医药物流服务，提供供应链协同管理的增值服务体系。引导向有条件的基层医疗机构提供信息化服务，推动医疗卫生体制改革的信息化进程。在满足医药物流标准的前提下，充分利用社会分工协作机制和各类社会物流资源，发展第三方医药物流，提高经济社会效益。

（三）促进连锁经营发展，创新药品营销方式

积极开展基本药物配送。药品批发企业要结合国家基本药物制度和药品招标采购制度的实施和自身的经营条件，主动调整业务方向，积极开展基本药物配送业务。加强农村和社区医疗药品集中配送网络建设，“十二五”期间使基层医疗药品集中配送覆盖面达到100%。制定并完善药品配送企业标准和遴选办法，加强基本药物配送各环节的监管，确保基本药物在流通环节的安全、高效、方便、及时。

加快发展药品零售连锁经营。药品连锁企业采用统一采购、统一配送、统一质量管理、统一服务规范、统一联网信息系统管理、统一品牌标识等方式，发展规范化连锁，树立品牌形象。鼓励湖南药品零售连锁企业通过收购、并购、参股、控股等方式逐步集中，提高大型连锁企业的市场占有率。支持湖南药品零售连锁企业走出去，进一步扩大在全国的影响力，形成全国性连锁网络，发挥规模优势。随着医药卫生体制改革深入和医药分开的逐步实施，鼓励医药物流企业和连锁药店承接医疗机构药房服务和其他专业服务。

创新药品经营模式。鼓励药品零售连锁企业开展药妆、保健品、医疗器械销售和健康服务等多元化经营，推进服务方式和服务内容的创新，满足群众自我药疗、自我保健等多方面需求。支持连锁经营、物流配送与电子商务相结合，提高药品流通领域的电子商务应用水平。鼓励经营规范的企业发展网上药店和保健用品电子商城。

（四）发挥中药产业优势，打造中药材产业集群

依托湖南丰富的中药材资源，推动邵阳廉桥、长沙高桥两个中药材市场规范发展，将两个中药材市场打造成为辐射中南、华南地区，在全国具有较大影响力的中药材市场，发挥湖南在中药材产供销方面的作用，打造湖南中药材产业集群。

（五）加强行业监测与科学管理，促进行业健康发展

建立行业统计制度。依托商务部建立的全国药品流通行业统计管理系统，加强药品批发、零售典型企业统计直报及与统计主管部门统计数据的衔接，及时掌握行业运行和发展的全面信息，为决策提供依据，引导湖南药品流通行业健康发展。

加强企业内部管理。引导药品流通企业完善法人治理结构，建立现代企业制度，加强内部管理。健全药品购销索证索票、出入库及运输安全管理责任制；加强税票管理，积极与税务管理机关联网，杜绝偷税漏税、买卖税票等违法行为。

提升经营服务水平。药品流通企业要按规定配备执业药师或相关药学技术人员，提高药品质量管理和药学服务水平；要建立以消费者为中心的服务理念，指导消费者正确、安全、有效、合理用药。药品批发企业要提升药品品种保障能力，建立对客户需求的快速反应机制，保证药品及时、安全、足额供应。零售药店应当提供24小时服务。

（六）加强行业信用建设，规范药品流通秩序

推进行业信用建设。加强药品流通行业诚信和职业道德教育，广泛开展“诚信经营示范创建”活动。按照《药品流通企业诚信经营规范》的要求，对药品流通企业进行诚信经营评级，树立一批遵纪守法、诚实守信、管理规范、服务到位，能够积极履行社会责任，自觉接受监督的诚信经营典型。建立违法违规企业信息披露制度，在“商务领域信用信息系统”中归集企业信用信息，建立信用档案。推动部门间监管信息的公开和共享，实行信用分类监管。

建立行业自律机制。指导和督促湖南药品流通行业制定《药品流通企业诚信经营规范》实施细则，并认真组织实施；维护正常价格秩序，防止垄断行为以及无序竞争和不平等竞争行为，促进行业健康、可持续发展；探索建立对企业及其职业经理人、执业药师等人员从业行为信息的采集、记录、公开、共享等制度，对有违规失信行为的企业和个人实行行业禁入；加强信用知识培训，帮助企业建立信用风险管理制度，开展行业信用评价，提高行业自律和信用水平。

打击违法违规行为。配合有关部门严厉打击经营假劣药品、商业贿赂、倒买倒卖税票、挂靠经营、非法经营网上药店、发布虚假药品和保健品广告等违法违规行为；配合有关部门加大执法检查力度，抓好药品购销管理，完善索证索票制度；整顿规范中药材市场，加强有害物质残留和质量检验。充分发挥12312商务行政执法投诉举报热线的作用，完善投诉举报的受理、处理、移送和反馈机制。

（七）开展医药分开试点，建立现代药品流通体制

在公立医院改革和基本药物制度实施等医改措施中，积极探索实现医药分开的具体途径，对试点城市医药分开模式进行可行性评估，逐步扩大试点范围。通过集中优势资源，建设行业重大项目，引导行业集中发展，促进建立现代药品流通体制。

建设一批具备商贸一体化集成平台的药品物流中心，形成电子商务、物流配送两大支撑，提供包括药品展示、电子交易、自选交易、配送、信息中心、商品检验、工商、税务、金融等相关服务，满足城市居民消费，同时还可以举办区域性医药物流交易展示会，打造药品流通品牌。

鼓励药品流通企业引进国外先进物流技术与设备，提高物流精细化管理水平，建立鼓励引进技术与设备目录，并对引进鼓励项目的药品流通企业给予一定的税收和财政补贴。

加快推进医药分开试点工作，支持医药商业公司研究以资产和服务等方式参与医疗机构药房的管理。鼓励大型骨干医药商业公司探索物流延伸服务模式，选定有条件的基层公立医院进行试点，建立基于医疗机构供应链管理信息平台，并开发医疗机构院内物流与供应链管理信息系统对接的业务，促进药品流通行业从传统商业向现代服务业的转型。

四、保障措施

（一）建立健全行业发展管理机制，完善政策措施

认真执行国家出台的有关管理药品流通行业的法律法规和标准体系。修改完善湖南省与药品流通有关的规章和规范性文件，清理、废止阻碍药品流通行业改革发展和妨碍公平竞争的政策规定，健全市场机制。进一步强化行业管理的手段和方法，强化执法监督，加大对违法违规行为的处罚力度，增强药品质量安全监管和流通秩序监管的有效性。严格药品批发企业和网上药店的准入门槛。把药品流通行业发展纳入商贸流通行业发展的总体规划，享受国家和省政府对商贸流通行业发展的相关政策。在搞活流通，扩大消费的各项政策中，积极支持药品流通行业结构调整和药品供应保障体系建设。

（二）形成合力，改善药品流通行业发展环境

将药品流通行业管理切实纳入商贸流通工作体系进行统筹规划，按照商贸流通规则运作。与深化医药卫生体制改革领导小组其他成员单位进行工作对接，建立沟通协调和合作机制。会同相关部门推动改革“以药补医”体制，完善药品定价、集中采购和医保支付机制，破除地方保护、地方封锁等，为行业发展创造良好的市场竞争环境。实施基本药物制度，在公立医院改革中，借鉴其他省市和国际经验，积极探索零售药店承接相关医药服务功能。支持零售连锁企业和其他具备条件的零售药店申请医保定点资格，扩大基本医疗保险定点药店覆盖范围，逐步提高社会零售药店在药品终端市场上的销售比重。

（三）加强人才队伍建设

根据国家商务部、食品药品监管局《关于加强药品流通行业管理的通知》（商秩发〔2009〕571号文件），中央机构编制委员会办公室《关于明确药品流通管理职责分工的通知》精神，各市州商务部门应配备专门的机构和人员负责药品流通行业管理工作，大力加强机构队伍建设。支持鼓励省内大专院校、研究院所、大型药品流通企业集团加强现代药品流通理论研究与创新。建立省内药品流通人才培训机制，支持和鼓励药品流通职业培训和继续教育，形成层次多元、市场需要、企业欢迎的人才培养与职业教育体系；根据药品流通企业的需要定向培养药品流通领域所需人才，建立药品流通职业经理人和其他从业人员的资格认证制度；建立人才激励与约束机制，大量引进人才、培养人才。

（四）发挥行业协会和有关中介组织作用

大力支持湖南药品流通行业协会和有关中介组织的发展，充分发挥药品流通行业协会和有关中介组织的桥梁纽带作用，为药品流通企业搭建对话、沟通平台。各级商务主管部门要指导并支持行业协会和有关中介组织在加强行业自律、建设行业诚信体系、破除行业陋规、沟通行业信息、组织专业培训和宣传贯彻等方面开展工作。各级行业协会和有关中介组织要积极提出工作建议，配合政府做好有关工作；要向政府有关部门反映行业问题和企业诉求，为企业提供优质服务，要求会员企业执行国家法律法规，自觉遵守市场竞争规则，履行社会责任，保障药品质量安全。

（五）建立规划的实施机制

本规划是湖南药品流通行业发展的重要指导性文件。各级商务主管部门要在当地政府领导下，统筹规划，精心部署，分步达标，搞好综合协调，确保取得实效。各市州商务主管部门要按照本规划确定的原则、目标和任务措施，结合当地实际，制定实施方案，明确相应指标和要求。要认真做好工作衔接，确保年度工作计划与规划协调一致。要根据发展规划，建立年度跟踪监督、中期评估和终期检查制度，加强对规划实施的监督检查。各市州在实施过程中发现的情况和问题，应及时报送省商务厅。

广西壮族自治区药品流通行业“十二五”发展规划

广西壮族自治区商务厅

药品是关系人民生命健康的特殊商品。药品流通作为药品生产与消费之间的桥梁和纽带，是保障医疗机构药物供应、满足公众医疗保健消费、维护社会稳定和谐是的重要行业。为进一步明确“十二五”期间广西药品流通行业的发展方向、目标和主要任务，促进广西药品流通行业科学健康有序发展，配合医药卫生事业改革发展的形势需要，根据《全国药品流通行业发展规划纲要（2011-2015年）》和《广西壮族自治区国民经济和社会发展第十二个五年规划纲要》，制定本规划，规划期为2011-2015年。

一、发展现状与面临的形势

（一）发展现状

改革开放三十多年来，随着我区医疗卫生事业和医药产业的不断进步，药品流通行业获得了长足发展，药品流通的法律框架和市场机制逐步建立，新型流通方式逐渐兴起，供应保障能力明显提升，多种所有制并存、多种经营方式互补、覆盖城乡的药品流通体系初步形成。

1. 市场规模持续扩大。截止2010年，全区共有药品批发企业384家；药品零售连锁企业152家，下辖门店6266家，零售单体药店6879家，零售药店门店总数13145家。2010年，全区药品流通行业销售总额197亿元，其中批发企业销售总额130亿元，零售企业销售总额67亿元。

2. 行业集中度不断提高。2010年，全区药品批发企业年销售额超5000万元以上的有44家，其中销售额超10亿元的有3家；零售企业销售额超亿元的企业有9家；全区药品零售连锁企业门店数占零售门店总数的47.67%。

3. 人才队伍逐渐扩大。截止2010年，我区共有执业药师4052名，药学技术人员约3万名。通过扩大执业药师和药学技术人员数量，使我区医药流通行业人才队伍不断壮大，人才素质不断提高，指导消费者合理用药、科学用药、安全用药的能力不断增强，对促进我区药品零售企业的健康、有序发展发挥了积极的作用。

4. 社会作用不断增强。2010年，全区药品流通行业从业人员约8万人，各类药店提供销售及服务约3亿人次。从业人员增加，有效地促进了就业，也更方便群众咨询、购药。广西柳州医药股份有限公司、国药控股广西有限公司等药品流通骨干企业成为药品储备和应急配送主体，不仅确保各类医疗机构和零售药店的药品需求，而且有效保证了中国—东盟博览会等重大活动以及抗洪抗旱、“禽流感”等重大突发性事件的药品供应。

我区药品流通行业在取得较快发展的同时，也存在一些较为突出的问题：一是企业规模小，竞争能力不强。广西属经济欠发达地区，整体经济实力不强，药品流通企业规模不大，年销售额超10亿元的仅有3家。全区药品流通企业呈现出数量多、规模小、分布散、创新能力弱、经济效益低的状况，竞争能力明显不足。二是行业发展布局不够合理。我区药品流通城乡发展不够平衡，在市、县城区药品流通企业过度集中，农村药品零售网点偏少，在农村地区药品配送网络未能全面有效覆盖。三是流通组织化现代化水平较低。目前我区药品流通行业集中度低，发展水平不高，现代流通方式和流通技术的普及应用相对滞后，仅有少数大型药品流通企业开始建立现代化的药品物流中心，其他药品流通企业仍主要采用传统的物流方式。企业经营范围大多局限在广西区域内，有实力向区外、国外扩展的企业不多，发展速度缓慢。四是流通秩序有待规范。个别经营企业唯利是图，购进渠道把关不严，对销售去向不按要求严格管理，假劣药品进入正规药店销售、限购药品政策形同虚设等不规范经营甚至违法经营现象仍然存在。五是执业药师严重不足。我区现有执业药师4052名，大部分集中在医院，与全区零售药店总量1.3万家相比，按照零售药店必须按规定配备执业药师为患者提供购药咨询和指导的规定要求，执业药师的人数还远远不能满足药品流通行业发展和保障药品安全的要求。

（二）面临的形势。

2011-2015年是我区贯彻落实国家深化医药卫生体制改革政策、实现医改目标的关键时期，也是药品流通行业结构调整和转变发展方式的关键时期，药品流通行业面临较好的发展机遇和诸多挑战。

1. 发展机遇

——市场机遇。随着我区经济社会的发展，人们生活水平不断提高，健康意识进一步增强，基本医疗保障制度覆盖范围不断扩大以及人均医疗卫生投入逐年上升等方面的原因，医药产品消费需求将持续增长，为我区医药行业发展提供了充沛的原动力。我区医药市场需求规模逐年增长，巨大的医疗需求潜能以及持续增长的居民用药需求将给药品流通行业带来新的机遇。

——政策机遇。一是中央提出“政事分开、管办分开、医药分开、营利性和非营利性分开”的医改方向，以及“保基本、强基层、建机制”的医药卫生体制改革任务，推动了医药卫生事业发展，带动药品市场规模的增加，为药品流通行业带来新的机遇。二是《全国药品流通行业发展规划纲要（2011—2015年）》、《广西壮族自治区国民经济和社会发展第十二个五年规划纲要》和《国务院关于进一步促进广西经济社会发展的若干意见》等文件的出台，从宏观的角度给我区药品流通行业的发展指明了方向。三是广西作为边疆、少数民族地区，享受国家给予的沿海、沿边地区对外开放优惠政策和作为中国西部省区和少数民族自治区享有的特殊政策，也将给药品流通行业提供较好的发展机遇。

2. 面临的挑战

——外部竞争挑战。医药卫生体制改革对药品流通行业的发展产生了深刻的影响，出现了相关的体制机制变革和重大利益格局调整。随着医疗体制改革的实施，中国医药市场的期望值持续升温，国内、国际市场竞争加剧。特别是国内市场，近年来各省对医药行业发展非常重视，都把医药行业作为支柱产业给予扶持，一些医药大省、经济较发达地区的省份相继出台优惠政策，鼓励企业兼并重组，使医药企业得以超常发展，扩张势头十分强劲，纷纷进军我区药品流通市场，药品市场竞争变得更加激烈。基本药物制度的实施、集中招标采购政策对我区药品流通企业的传统经营管理模式带来巨大的冲击。

——内部管理挑战。“十二五”期间，并购整合、做大做强将成为推动药品流通行业发展的主流模式。从我区内部情况来看，药品流通企业规模小、分布散、管理水平低，创新能力不强，设施设备相对落后，人才匮乏，行业基础薄弱，总体发展程度较低。药品流通企业普遍缺乏与区外实力企业竞争的能力，特别是在经营方式、管理技术、资本质量和规模等方面更无法抗衡，必将影响我区药品流通企业的经营和全区药品流通行业的整体经济效益。加上药品流通行业管理体制未完善、管理不到位以及新形势对药品流通行业和企业提出的更高要求，我区药品流通行业管理和企业自身发展都将面临着非常严峻的考验。

二、指导思想与发展目标

（一）指导思想

以科学发展观为指导，以深化体制机制改革、加快转变发展方式为主线，以优化行业结构、提高行业集中度和现代化水平、增强企业竞争力为重点，加强政策引导，发挥市场机制作用，优化网络布局，推广现代流通技术和新型管理方式的应用，规范流通秩序，充分发挥药品流通行业在服务医疗卫生事业发展、维护人民群众健康权益和促进经济社会和谐发展等方面的作用，促进全区药品流通行业持续健康规范有序发展。

（二）发展目标

总体目标：到2015年，全区药品流通行业的发展适应经济社会发展的总体目标和人民群众不断增长的健康需求，形成网络布局合理，组织化程度显著提升，流通效率不断提高，营销模式不断创新，骨干企业竞争力增强，市场秩序明显好转，城乡居民用药安全便利，满足公共卫生需要的现代药品流通体系。

具体目标：

1. 销售规模不断扩大。到2015年，全区医药商品销售总额突破395亿元，年均增长15%；超亿元药品批发企业年销售额占药品批发总额的80%以上，药品零售连锁企业年销售额占药品零售企业销售总额的80%以上。

2. 主体竞争力不断增强。到2015年，培育1家面向国内市场、积极开拓国际市场、年销售额达100亿元，2家年销售额达50亿元的大型药品流通企业；培育1家年销售额达20亿元，5家年销售达10亿的区域性大型药品流通企业。

3. 连锁经营网络不断扩大。到2015年，培育3家拥有200家以上分店，进入中国药品零售连锁百强的大型药品零售连锁企业；培育10家拥有分店100家以上的区域性药品零售连锁企业；全区连锁药店门店数占全部药品零售门店的60%以上。

4. 医药物流取得新突破。到2015年，培育发展3家规模较大、竞争力较强、市场占有率较高的专业化医药物流龙头企业。到2015年，初步形成以首府南宁为核心，以柳州、玉林等市为重要配送节点的覆盖全区、辐射周边省份、面向东盟的规范、高效的现代医药物流网络。

5. 发展壮大中药材专业市场。高起点、高标准培育中药材交易市场，把玉林打造成“南方药都”，不断发展壮大玉林银丰国际中药港专业市场。到2015年，争取全区中药材年成交总额80亿元，其中玉林银丰国际中药港专业市场交易额达到70亿元。

三、主要任务

（一）加强行业布局规划，完善药品流通网络

1. 制定行业布局规划。按照全国设置和布局规划的总体要求，结合我区经济社会发展水平、医药卫生事业发展和体

制改革进展、城乡建设规划、人口增长与密度和年龄结构变化、药品供应能力等实际，会同相关部门研究制定全区药品流通批发零售网点合理设置和布局的规划。严格行业准入，合理控制药品流通企业数量。做到行业布局与医疗卫生体制改革、城乡发展规划、人口数量与结构变化、药品流通行业发展水平相适应。加强日常监管和考核，建立行业退出机制。

2. 完善药品流通网络。结合实施“放心药”服务体系建设工程，鼓励大中型骨干药品流通企业向居民社区和村镇延伸销售与配送网络，在农村和偏远地区开设零售药店；结合“万村千乡工程”，在具备药店经营条件的“农家店”中设置药柜等形式保障偏远地区药品供应，实现药品流通对基层的有效覆盖，提高农村和偏远地区药品供应的安全性、便利性。健全药品供应保障体系，鼓励建设辐射全国和区域性的药品物流园区和配送中心，加快形成若干具有较强辐射带动作用的药品流通枢纽。

3. 保障药品应急供应。按照国家应急和战略储备的统一规划和部署，协调相关部门，完善药品储备和临床紧缺药品供应及使用保障制度，充实药品储备目录，与广西医药储备部门一起做好流通环节实物和资金的储备工作，确保在发生各类重大突发事件时，应急药品能及时调运和供应到位。

（二）调整流通行业结构，提高行业集中度

1. 提高行业集中度。整合现有药品流通资源，鼓励大型药品流通企业通过收购、合并、托管、参股和控股等多种方式做强做大，实现规模化、集约化、现代化经营，培植和壮大药品流通龙头企业，形成以全国性、区域性骨干企业为主体的遍及城乡的药品流通体系。一是以规模企业为重点，加快企业资产重组步伐，倡导强强联合，引导中小企业向这些大企业靠拢，培育有竞争力的企业集团。二是鼓励有实力、有发展前途的民营企业大胆收购、兼并那些解困无望的企业，组建大的集团公司，促进资源向优势企业集中。三是以医药集团为龙头，加强医药生产企业和流通企业的联合。生产企业利用流通企业深层次、广覆盖的分销网络和市场反馈系统，进行产品结构调整，流通企业与生产企业合作保证质优价廉的货源，通过产销互利合作，降低生产经营成本，促进双方发展，达到双赢的目的。四是构建企业营销战略联盟。以市场需求为依据，以增加经济效益为中心，引导建立企业间的策略联盟，建立新的竞争优势。培植科技先导型龙头企业，发展具有创新活力的高新技术型中小企业，大、小企业实行优势互补，通过相互间的业务重组和合作，提高市场竞争力。

2. 发展特色经营。在保持传统优势的基础上创新发展，发挥品牌效应，拓展特色服务，增强核心竞争力。支持专业化和有特色的中小药品流通企业做精做专，满足多层次市场需求。引导中小药品流通企业采用联购分销、共同配送等方式，降低经营成本，提高组织化程度。支持中医药、壮瑶医药流通的发展。

3. 促进中药材市场发展。加强玉林银丰国际中药港专业市场建设，合理规划市场功能区，加强基础设施改造升级，加快物流中心建设，完善市场服务功能，实现基础设施、交易手段、经营管理和物流配送的现代化，将玉林银丰国际中药港建成全国中药材交易规模较大、品种较为集中、功能较为齐全的现代化专业市场。研究制定广西中药材市场发展促进政策，建立中药材重点品种储备制度。加强对中药材市场的管理监督，建设中药材流通追溯体系，整顿和规范中药材市场秩序，促进全区中药材市场健康发展。

（三）发展现代医药物流，提高药品流通效率

1. 加快医药物流网络建设。加快推进广西九州通医药有限公司现代医药物流中心、国药控股广西有限公司现代医药物流中心、广西柳州医药股份有限公司现代医药物流配送中心等医药物流项目建设。指导各市、县加强医药物流基础设施与装备的统筹规划，充分利用社会物流资源，避免重复建设。支持医药物流企业按照自身实际，确定医药物流最佳配送半径范围，选择物流节点，并在节点及周边市、县通过收购、合并、托管、参股和控股的方式建立健全全区的医药物流配送网络。

2. 发展现代医药物流。广泛使用先进信息技术，运用企业资源计划管理系统（ERP）、供应链管理等新型管理方法，优化业务流程，提高管理水平。发展基于信息化的新型电子支付和电子结算方式，降低交易成本。构建全区药品市场数据、电子监管等信息平台，实现药品从生产、流通到使用全过程的信息共享和反馈追溯机制。鼓励药品流通企业积极探索使用无线射频（RFID）、全球卫星定位（GPS）、无线通讯、温度传感等物联网技术，提高流通效率，降低流通成本。促进使用自动分拣、冷链物流等先进设备，加快传统仓储、配送设施改造升级。完善医疗用毒性药品、麻醉药品、精神药品、放射性药品和生物制品等特殊药品物流技术保障措施，确保在流通过程中的药品质量安全。

3. 推动医药物流服务专业化。适应药品招标采购带动的物流配送需要，鼓励药品流通企业的物流功能社会化，实施医药物流服务延伸示范工程，支持有实力的企业向医疗卫生机构和生产企业延伸现代医药物流服务。在满足医药物流标准的前提下，有效利用邮政、仓储等社会物流资源，发展第三方医药物流。

（四）大力发展连锁经营，创新药品经营业态

1. 加快发展药品连锁经营。鼓励药品流通企业采用统一采购、统一配送、统一质量管理、统一服务规范、统一联网信息系统管理、统一品牌标识等方式，发展规范化连锁。支持有实力的药品零售连锁企业打破行政区划的局限，拓展跨区域和全国性连锁网络，树立品牌形象，发挥规模效益。支持药品连锁经营企业吸纳单体零售药店加盟，增加经营门店数量，提高药品零售连锁企业的市场占有率。鼓励连锁药店积极承接医疗卫生机构药房服务和其他专业服务。在新增药品零售网点的审批政策上向药品零售连锁企业倾斜。

2. 推进经营业态创新。鼓励药品批发、零售企业组建联盟，实现批零一体化经营。支持药品零售企业开展药妆、保健品、医疗器械销售和健康服务等多元化经营，满足群众自我药疗等多方面需求。鼓励药品零售企业开设“专业药店”、“健康管理中心”等新型健康服务网点，发挥社会公共服务功能，积极参与社区乡镇健康卫生事业的发展。

3. 推进电子商务应用。支持连锁经营、物流配送与电子商务相结合，提高药品流通领域的电子商务应用水平。鼓励经营规范的零售连锁企业充分利用互联网技术，改善和丰富药品零售模式，积极发展网上药店。

（五）健全行业管理制度，规范药品流通秩序

1. 制定完善各项制度。根据行业的特点和现状，结合国家出台的相关规范和制度，研究制定我区药品流通行业发展规划、标准、产业政策、管理办法及实施细则，修改完善现有与药品流通行业发展不相适应的相关制度，使我区药品流通行业发展逐步走向规范化、制度化。

2. 建立药品流通市场运行监测系统。配合医药卫生体制改革和基本药物制度实施，鼓励药品流通企业积极参与药品集中招标采购，做好药品配送。建立药品重点品种的市场运行信息监测、预警体系；鼓励市场中介组织开展药品销售渠道、消费结构和区域分布情况等信息服务，发挥政府信息和市场机制在完善流通网络中的引导作用。

3. 打击药品流通违法违规行为。配合有关部门严厉打击经营假劣药品、商业贿赂、倒买倒卖税票、代开发票、挂靠经营、非法经营网上药店、发布虚假药品和保健品广告等违法违规行为。加大执法检查力度，重点抓好药品购销管理，完善索证索票制度，实现“货票同行”和“票据来源可追溯”，维护正常价格秩序。加强医药知识产权保护与管理，加强知识产权保护执法力度，严厉打击医药领域侵权行为。充分发挥全国统一的食品药品投诉举报电话 12331、商务行政执法投诉举报热线 12312 的作用，完善投诉举报的受理、处理、移送和反馈机制。发动各方面力量，加强对药品流通行业的社会监督。

（六）加强行业信用建设，推动企业诚信自律

1. 推进行业信用建设。加强行业诚信和职业道德教育，引导药品流通企业积极参与“诚信经营示范创建”活动，不断提高社会责任，自觉诚信守法经营，自觉接受监督。充分利用每年的“诚信兴商宣传月”活动，开展形式多样的有关药品流通方面的法律法规、相关标准和诚信典型等内容的宣传。建立违法违规企业信息披露制度，建立信用档案，在“商务领域信用信息系统”中归集企业信用信息，特别是将各种执法检查活动中查处的违法违规企业名单录入“商务领域信用信息系统”黑名单，作为重点对象进行监管。推动部门间监管信息的公开和共享，实行信用分类监管。

2. 建立行业自律机制。指导和鼓励行业协会制定和执行行规行约；维护正常价格秩序，防止垄断行为；探索建立对职业经理人、执业药师等人员从业行为信息的采集、记录、公开、共享等制度，规范药品流通企业的经营活动及从业人员的职业行为，逐步实现对有严重违规和失信行为的企业与个人的行业禁入，规范行业发展和市场秩序。加强信用知识培训，帮助企业建立信用风险管理制度，开展行业信用评价，提高行业自律和信用水平。

（七）开展内外合作交流，形成开放竞争市场

1. 加快内外合作交流。充分发挥政府部门和行业协会（商会）作用，建立区内外药品交易、投融资合作、信息交流、政策发布等多层次、多功能平台，服务企业发展。发展医药会展经济，促进内外贸、中西药、产供销协调发展，加快区内外、国内外市场融合。优化投资结构，按照有关政策吸引境内外大型药品流通企业到我区投资。保护投资者的合法权益。

2. 鼓励区内企业“走出去”。充分发挥广西资源和“连接中国与东盟的桥头堡”的区位优势，统筹国内外两个市场，做好医药产品出口工作，促进医药对外贸易发展。在打造广西医药流通企业知名品牌的同时，以广西本土市场为中心，鼓励有条件的药品流通企业“走出去”，通过新建、收购、境外上市等多种方式，到境外开拓业务，参与国际药品采购和营销网络建设，参与国际竞争。学习借鉴国外先进管理经验和营销方式。

（八）加强行业基础建设，提升行业服务能力

1. 促进行业标准体系建设。密切协调相关部门，积极配合国家建立药品流通业态分类分级、药品统一编码及现代流通设施与信息化、中药材商品等级、职业经理人与从业人员资质和岗位规范、企业经营服务、信用建设和社会责任等相关标准体系。

2. 建立行业统计制度。按照商务部确定的行业统计指标、推进报表制度的要求，建立直报企业和行业主管部门及有关方面共同参与的药品流通行业统计制度与网上报送平台。加强药品批发、零售直报企业统计与主管部门统计数据的衔接，及时掌握全区药品流通行业运行和发展的有关情况，辅助政府决策，引导行业发展。

3. 推进企业内部管理。药品流通企业是药品流通过程中质量安全的第一责任人。要加强引导和检查，监督企业认真实施《药品经营质量管理规范》（GSP），推进药品流通企业完善法人治理结构，建立现代企业制度；健全药品购销索证索票、出入库及运输安全管理责任制；加强税票管理，积极与税务管理机关联网；落实各项财务会计管理规范和员工“三险一金”等各项规定和政策，保障员工合法权益。

4. 促进提升经营服务水平。建立相关鼓励性政策措施，促进药品批发企业提升药品品种保障能力，建立对客户需求的快速反应机制，保证药品及时、安全、足额供应。监督零售企业按规定配备执业药师或相关药学技术人员，提高药品质量管理和药学服务水平，指导消费者科学、安全、合理用药；鼓励零售药店提供24小时服务。引导零售企业树立以消费者为中心的服务理念，完善药品流通企业设备设施、营业场所环境、售后服务等经营服务内容，全面规范各类从业人员专业能力、岗位责任、仪容仪表等。

四、保障措施

（一）加强组织领导，理顺管理体制

各级商务主管部门要进一步明确在药品流通行业管理中的主体地位，根据药品流通行业管理的职责分工，加强组织领导，明确工作任务，落实工作责任。建立责权结合、工作任务与工作手段相配套的管理体制，努力改变目前药品流通行业管理体制与发展形势不相适应、职能交叉、责权脱节的现状。加强与深化医药卫生体制改革领导小组成员单位的工作对接，成立药品流通行业管理协调工作领导小组，建立起部门间的沟通协调和分工合作机制，有效推动全区药品流通行业的改革和发展。

（二）完善政策法规，加大支持力度

认真执行国家和商务部出台的有关药品流通行业管理的法律法规和标准体系，修改完善我区药品流通行业管理的有关规章和规范性文件。会同相关部门研究制定鼓励性政策措施，支持药品流通企业技术改造、科技创新，完善相关基础设施建设，进行行业结构调整和药品供应保障体系建设；改善融资环境，引导鼓励企业利用产业基金、融资担保、信用保险、上市融资、应收账款和仓单质押等金融工具，多渠道筹集资金，加快改革发展步伐；落实出口倾斜政策，充分发挥我区口岸作用，在进出口配额、许可证管理、出口退税兑现、建立出口审批快速通道等方面向药品流通企业倾斜；争取地方财政、税收、土地、金融、专项资金等优惠政策，支持药品流通行业发展。切实将药品流通行业管理纳入商贸流通工作体系进行统筹规划，享受国家和自治区对商贸流通行业发展的相关政策。

（三）改善发展环境，促进企业发展

会同相关部门积极推动改革“以药补医”体制，完善药品定价、集中采购和医保支付机制，实施基本药物制度，破除地方保护、地区封锁。在公立医院改革中，借鉴国内其他省市和国际经验，积极探索零售药店承接相关医药服务功能；协调处理医院处方“出院”问题，方便患者凭处方到药店购药，促进医疗卫生机构门诊药房的社会化。支持零售连锁企业和其他具备条件的零售药店申请医保定点资格，扩大基本医疗保险定点药店覆盖范围，逐步提高社会零售药店在药品终端市场上的销售比重。密切跟踪医药卫生体制改革各项政策实施对行业的影响，研究提出解决对策和措施。

（四）加强组织建设，发挥协会作用

加强行业协会（商会）的组织建设，大力支持药品流通行业协会（商会）等中介组织的发展。在现有的广西医药商会的基础上，鼓励设立药品流通行业分会（或直接建立广西药品流通行业协会），理顺协会（商会）与行业主管部门的关系，明确协会的性质、功能和职责。组建自治区级医药信息网络平台，收集政府、行业和企业的信息资源，建立药品流通行业信息库。充分发挥行业协会（商会）在行业统计、行业培训、行业自律、市场监督、反映企业诉求、维护企业合法权益等方面的作用。支持行业协会（商会）强化沟通、协调、服务功能，促进国内外、区内外企业之间、企业和政府之间、企业和医疗、研发机构之间等方面的广泛合作交流。

（五）加强理论研究，加快人才培养

鼓励大专院校、研究院所、大型药品流通企业集团加强现代药品流通理论研究与创新，支持行业协会（商会）开展有关医药卫生体制改革、现代流通方式和药品流通行业发展的课题研究。建立广西药品流通人才培训机制，支持和鼓励行业协会（商会）、大专院校、大型药品流通企业开展职业培训和继续教育，形成层次多元、市场需要、企业欢迎的人才培养与职业教育体系；建立药品流通职业经理人和其他从业人员的资格认证制度；建立药品流通领域人才激励与约束机制，支持药品流通企业引进人才、留住人才、用好人才。实施药品流通从业人员培训工程，“十二五”期间，根据我区的实际情况，有计划、分阶段地开展职业经理人、执业药师继续教育、药学技术服务人员等各类专业技术人员的培训工作，全面提高我区药品流通从业人员整体素质。

海南省药品流通行业"十二五"发展规划

海南省商务厅

为进一步规范和促进我省药品流通行业持续健康发展，更好地服务于全省深化医药卫生体制改革，保障人民群众用药安全、合理、方便，满足人民群众日益增长的健康需求，依据中共中央、国务院《关于深化医药卫生体制改革的意见》、商务部《全国药品流通行业发展规划纲要》、《海南省经济和社会发展第十二个五年规划纲要》和《海南国际旅游岛建设发展规划纲要》，制定本规划。

第一章 我省药品流通行业发展现状分析

一、发展回顾

建省办特区 20 多年来，随着我省医疗卫生事业的发展和医药产业的不断壮大，药品流通行业得到了长足发展。民营资本的进入，打破了计划经济体制下的国有药品流通格局，市场竞争机制日趋完善；现代药品流通方式快速发展，供应保障能力明显提升；药品流通行业基本形成了多种所有制并存、覆盖城乡的药品流通体系，为服务医疗卫生事业发展，应对重大疫情和自然灾害，满足人民群众日常用药需求以及增加就业等做出了重要贡献。

（一）市场规模不断扩大

截止 2010 年末，全省药品流通企业（含药品零售门店）总量 3009 家，其中：批发企业 388 家，连锁零售企业 11 家，药品零售门店 2610 家（单体门店数 2305 家，连锁门店数 305 家），药品流通配送网络覆盖全省城乡药品市场。2010 年末，全省药品流通行业从业人数 22856 人。

2010 年，全省药品批发企业实现销售总额 89.1 亿元；2005-2010 年，全省药品批发企业销售额年均增长 11.31 %；城市社区和农村基层药品市场规模明显扩大。

2008-2010 年海南省药品批发零售企业（门店）情况统计表

（单位：家）

分类	2008 年	2009 年	2010 年
药品批发企业数量	410	410	388
连锁零售企业数量	10	10	11
药品零售门店数量（含以下两项）	2368	2512	2610
单体门店数量	2136	2212	2305
连锁零售门店数量	232	300	305

2005-2010 年海南省药品批发企业销售总额图表

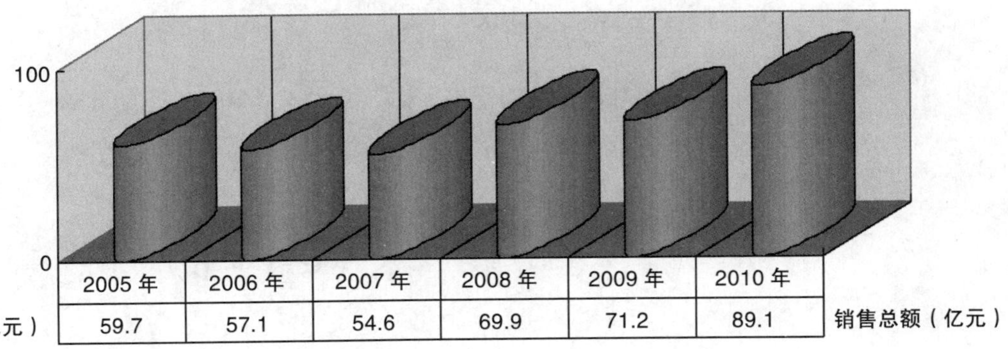

（二）行业整体发展水平逐步提升

行业集中度不断提高。国药、广药集团等国内知名药企相继进驻海南，引领行业兼并、重组热潮，行业向着规模化、集约化方向稳步发展。

药品连锁比重不断增加。2002 年首家药品零售连锁企业建立自今，已培养一批具有较强竞争力的药品连锁企业，业务延伸至全省各市县及其主要乡镇。2010 年末，全省药品连锁门店数占零售药店总数的 12%。

2008–2010 年海南省连锁零售药店增长情况

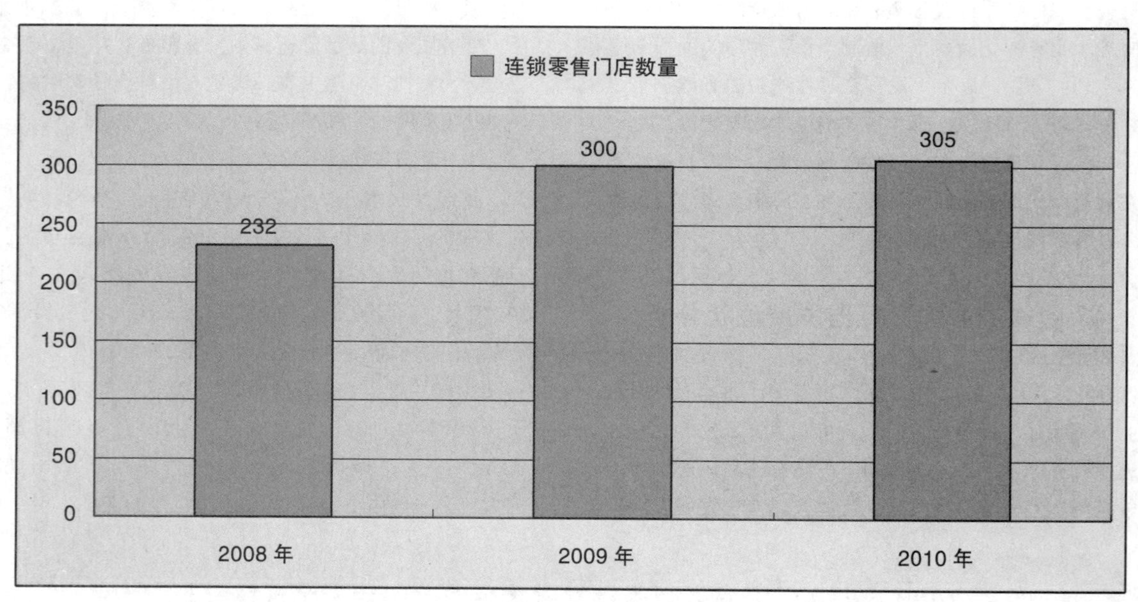

海南省药店（含连锁）分布情况图

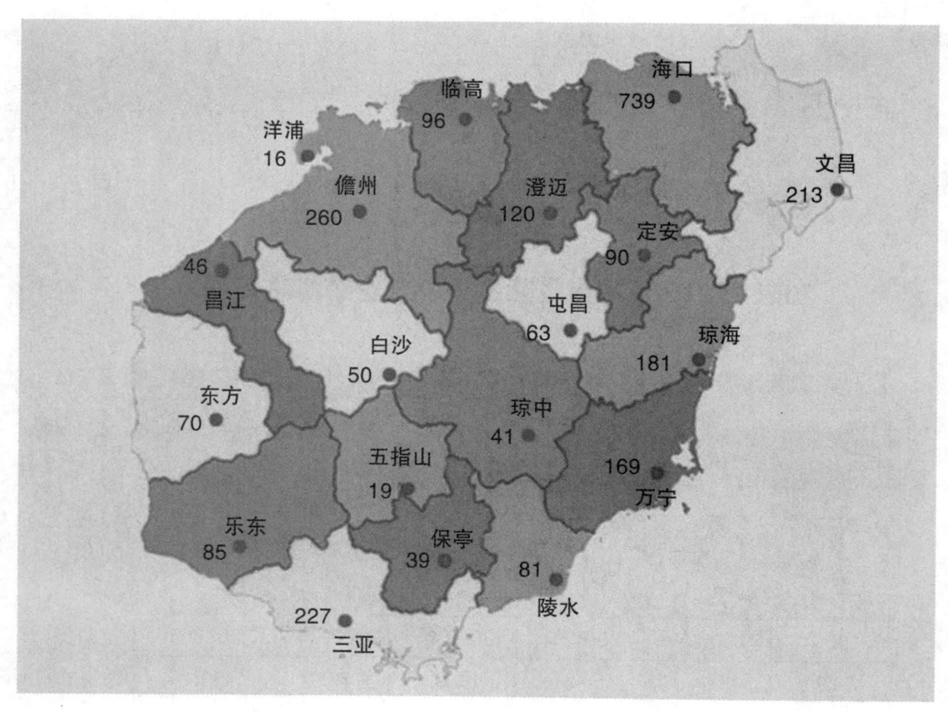

第三方医药物流作用明显。全省已设立两个第三方医药物流仓储公司，2万多平方米标准GSP共享仓库正式投入使用，极大程度地解决了药品经营企业仓储难题，节省大量基础建设资金，对我省药品流通业发展产生了积极影响。

（三）药品配送网络基本形成

全省实现各市县、乡镇药品配送网络全覆盖，共建立16个农村药品配送中心，基本形成市县绝大部分区域农村药品不经中间二级批发环节直接配送至销售终端的流通网络；达到一般药品48小时内送达，紧急药品4小时内送达各基层医疗机构的标准，为满足广大农民群众用药安全、有效、经济和方便，推进新型农村合作医疗工作发挥了积极作用。

（四）社会效益不断增强

药品流通行业为我省富余劳动力及残疾人提供了良好就业条件和环境；在抗击"非典"、"禽流感"、"手口足病"、"甲流感"等重大疫情和支援汶川、玉树大地震、海南特大洪涝灾害灾区建设等过程中确保各类应急药品及时供应，发挥了重要作用。同时，药品流通行业对相关产业发展的带动性增强，在我省社会经济中的地位作用日益显现。

二、存在的主要问题

一是基础薄弱，行业集中度偏低。我省药品流通业起步晚，基础差，市场狭小。药品流通企业多、小、散现象依然存在。按2010年末全省人口867万人口计算，全省平均每3322人拥有一家药店，远高于发达国家每6000人拥有一家药店的国际平均水平。截止2010年末，单体门店数占总体门店数比重达88%，且数量逐年增加，不利于发挥规模效益，同时加大了监管难度。全省药品流通行业重组兼并乏力，尚未形成颇具核心竞争力的大型药品流通龙头企业和企业集团。

2008-2010年海南省零售药店平均每店服务人数情况统计表

区分	2008年	2009年	2010年
常驻人口（人）	8541800	8640700	8671518
药品零售门店数量（家）	2368	2512	2610
平均每店服务人数（人/家）	3607	3440	3322

2008-2010年海南省药店平均每店服务人数情况图

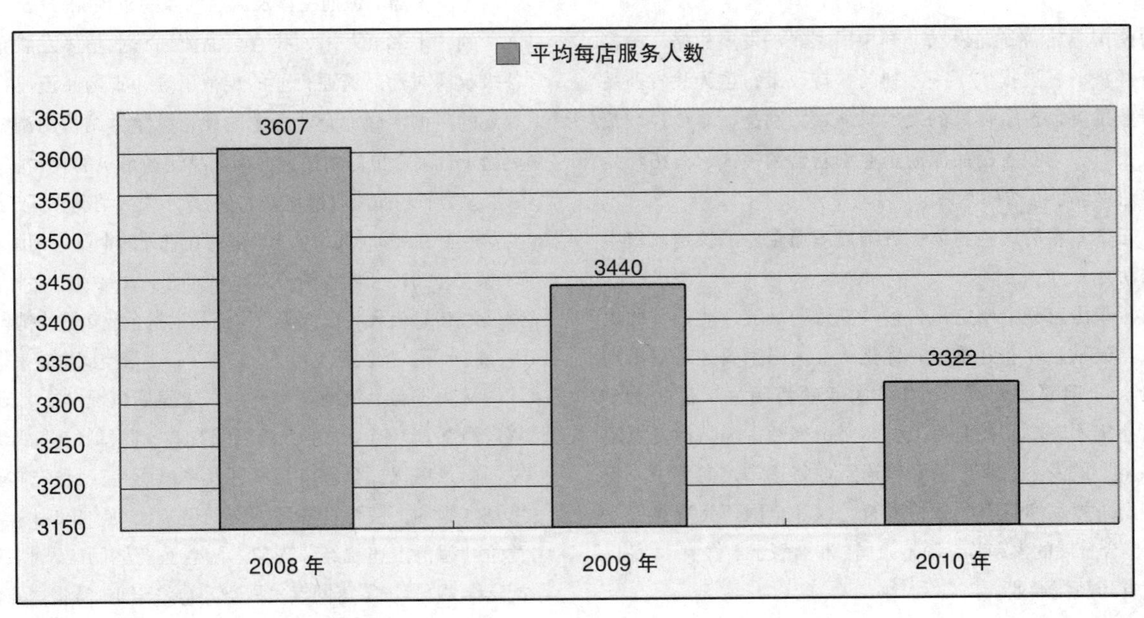

二是行业布局不太合理。市县城镇部分地段药品零售网点过于密集，新开发的居民区、边远农村地区以及旅游新区，药品销售网点偏少。

三是现代医药物流发展滞后。我省至今没有相对规模的现代医药物流企业，仅有的医药物流企业如三叶医药物流等规模较小、现代化管理程度低、现代配送手段不足；国药、广药等企业进驻海南后此现状得以改善，但仍需要更多扶持以扩大规模。缺乏大型医药物流带动，很大程度制约药品经营企业向规模化、规范化发展，降低行业核心竞争力。

四是人才匮乏。海南药品流通企业缺乏高学历高技能的药品经营人才和专业管理人才，创新管理能力不强；高等药学教育投入不足，药学院校缺乏资金，人才供需严重失衡；零售药店药剂师培育机构规模小，资质认证工作支持力度不足，药剂师严重缺乏；基层零售人员业务技能不高。人才的引进与培养跟不上市场发展步伐，严重制约着行业的发展。

五是市场退出机制尚待完善。市场退出机制尚未完善，市场规范约束力不足，小、散、乱现象普遍。

第二章 面临的新形势与未来行业发展预测分析

一、机遇和挑战

（一）医药卫生体制改革对药品流通行业发展提出新要求

2011-2015年是实现深化医药卫生体制改革目标和药品流通行业结构调整及转变发展方式的关键时期。中央提出加快建立药品供应保障体系，发展药品现代物流和连锁经营，规范药品生产流通秩序，建立便民惠民的农村药品供应网等任务，迫切要求药品流通行业必须加快结构调整，转变发展方式，实现科学发展。

（二）国际旅游岛建设给我省药品流通行业发展带来新机遇

海南国际旅游岛建设已上升为国家经济发展战略，国家对我省经济的发展提供了一系列的扶持政策，也为我省药品流通行业发展创造了良好的发展机遇。特别是随着免税政策的正式推行，为我省药品流通企业创新营销模式、开拓药品销售渠道提供了有益的条件。

（三）政策的调整将为促进药品流通企业加快走向集中提供推动力

近年来国家相继制定出台多项支持药品流通业调整的优惠政策，鼓励企业兼并重组，优化组合。国家商务部提出到2015年，全国要达到“形成1-3家年销售额过千亿的大型医药商业集团，药品批发百强企业年销售额占药品批发总额85%以上”的发展目标，医药流通行业将逐步走向集中。我省将借助于国家和省有关扶持政策，以及全国药品流通行业优化、整合发展的大趋势，调整布局、整合资源，做大、做强、做精我省药品流通业。

（四）我省药品流通行业面临诸多挑战

我省药品流通行业基础薄弱，总体发展程度较低，管理水平、设备设施相对落后，人才匮乏，行业结构调整和实现转型发展仍有一定难度，面对复杂渐进的国家医药卫生体制改革所带来的行业管理体制的完善以及发展格局调整，我省药品流通企业的发展面临诸多困难。

二、发展预测分析

（一）药品流通行业发展预测分析

结合我省实际和统计数据分析，“十二五”期间，我省药品流通行业仍将保持持续快速的发展趋势。一是制药行业的快速发展将带动和促进药品流通行业的快速发展。“十一五”期间，我省制药工业一直保持着快速增长态势，据2010年末统计数据显示：全省60家正常生产的制药工业企业完成年工业总产值（现行价）81.17亿元，同比增长40.9%；实现利税22.14亿元，同比增长23.6%；据省工业和信息化厅《海南省生物医药产业十二五发展规划》，“十二五”期间全省制药产业仍将保持持续健康发展趋势，“全省医药产业年均增长率将达到20%左右，至2015年末全省医药产业工业总产值达180亿元以上，工业增加值达60亿元以上。”，这将为我省药品流通行业快速发展奠定良好的资源基础。

其次，随着海南国际旅游岛建设的快速发展，来琼人口将大幅增加，对药品市场的需求也将同步增长。同时，我省药品流通行业还将随着全省医药体制改革的不断深入，药品流通市场结构的不断优化，药品配送网络的逐步完善，现代医药物流、第三方物流硬软件建设水平的进一步提升，其发展空间将进一步拓展。预计“十二五”期间，全省药品年均销售量增速可保持在10%以上，实现利润总额也将同比增长。

（二）药品流通主体及流通网点需求预测分析

到“十二五”末，我省药品流通行业整体发展布局通过各级政府对药品流通行业的规范引导、省药品流通行业发展规划的贯彻实施、企业资源的整合、整体结构的调整等，将更趋于合理，更好地适应海南药品流通市场的发展。

从我省药品流通行业主体（企业）发展情况分析，现有药品批发企业388家（其中，主营业务在省外的企业约310家，省内78家），2010年实现销售总额89.1亿元，每家企业平均年销售额仅为1937万元，远低于全国药品批发企业年平均销售额3615万元的水平。批发企业利润日趋减少，发展空间也越来越小。

从我省药品流通零售网点需求发展情况分析，现有药品零售网点2610个，大部分门店效益差，利润低（3-5万元/年），发展前景堪忧。全省市县城区及乡镇所在区域现有零售网点已基本饱和，甚至有些区域布局过于密集，出现网点间恶性竞争和超范围违规经营现象。随着医药体制改革和基本药物配送体系发展，零售网点发展空间愈将窄小，零售网点的压缩、整合将成为我省零售行业发展的必然趋势。预计至“十二五”末，全省药品零售药店（含单体门店）发展总数为3000家左右；药品连锁药店占零售药店总数比例力争由现有的12%提高到50%以上；前十位药品连锁企业销售额占药品零售行业年销售总额的比例将达到50%以上。

从我省药品配送行业发展情况分析，现有一定规模的综合性药品流通配送中心10家，年配送总额约10亿元，平均每个配送中心年配送额约1亿元。药品配送网络基本上能满足全省药品流通市场需要。总体来看，药品配送企业普遍规模小、配送资源分散、交叉重复浪费、整体配送效率低。“十二五”期间规划发展大型现代医药物流企业、区域性药品配送中心、市县级药品配送网点势在必行。

第三章 指导思想、基本原则和目标

一、指导思想

按照海南省经济和社会发展“十二五”规划和全国药品流通行业发展规划纲要的总体要求，以科学发展观为指导，紧密结合海南省情和药品流通行业发展实际，围绕深化医药卫生体制改革大局，以药品供应保障体系建设为重点，加强政府政策引导和支持，充分发挥市场机制基础性作用，加强现代科学技术和新型管理方式的应用，创新行业运行发展模式，形成高效、便捷、惠民的现代药品流通体系，使我省药品流通行业在服务医疗卫生事业、维护人民群众健康权益和促进经济社会和谐发展等方面作出更加积极的贡献。

二、基本原则

（一）与全省社会经济发展相适应，与城市（镇）总体规划相衔接；

（二）在现有布局基础上进行结构调整，优化药品流通行业布局，提高行业集中度；

（三）坚持以人为本，便利药品流通与消费，提高药品流通行业效率，确保药品流通安全；

（四）规范药品流通行业行为，促进公平有序竞争，推动行业发展。

三、目标

到“十二五”末，全省药品流通行业发展适应经济社会发展的总体目标和人民群众不断增长的健康需求，形成网络布局合理，组织化程度显著提升，流通效率不断提高，营销模式不断创新，骨干企业竞争力增强，市场秩序明显好转，城乡居民用药安全便利，以及满足公共卫生需要的药品流通体系。力争至“十二五”末，全省药品销售总额达145亿元，年均递增10%以上。

——培育3-5家年销售额10亿元以上的大型药品流通龙头企业，20家年销售额2亿元以上的中型药品流通企业，形成龙头企业和中小企业协作发展格局。

——建设1-2家大型现代医药物流企业，面向国际提供进出口信息、技术、交易平台；面向全国进行药物分销、批发、配送；立足海南，为医疗单位、社区诊所、新农合卫生站点、零售网点提供优质药品供应。

——优化药品零售网点布局，加大药品连锁经营的推进力度，提升连锁药店销售额的比重，使连锁药店数达到全省零售门店数的1/2以上。

——以国际旅游岛建设为契机，以流通促发展，引导本省医药工业企业开拓全国市场，积极发展海外物流和保税物流。

第四章 主要任务

一、加强药品流通行业布局规划

（一）行业总体布局。坚持城市为主要发展重点，带动乡镇发展。以海口为主要发展区域，带动其他市县的发展。构建完善的药品配送体系，确保药品配送的全面覆盖。严格控制行业主体（企业）和网点发展数量，提升行业集中度和企业规模。到“十二五”末，全省药品批发企业规划发展数量达400家左右，零售企业（门店）规划发展数量为3000家左右。全省药品流通行业发展具体规划情况见附件1。

（二）全省药品配送布局。“十二五”期间，在海口地区规划发展1-2家年配送额10亿元以上大型医药物流配送中心，在我省东、南、西、中部规划发展4-5家区域性药品配送中心，在未设立配送中心的市县建立本级药品配送网点。

（三）全省药品零售药店布局。按照“控制总量，有保、有压、有发展”的布局原则，坚持优胜劣汰、公平竞争，鼓励兼并重组。各市县结合当地的经济发展水平和人口分布状况、交通条件等实际，组织药品流通网点具体规划布局，使药品零售药店辐射全省各市县、各乡镇、各个社区、各主要旅游区。新规划发展的零售药店以连锁零售药店为主体，到“十二五”末，全省药品连锁门店发展数1500家以上，逐步发展成为零售药店的主体。

全省药品零售网点设置的基本原则和标准：

1、市县主城区零售药店的规划数可按2-2.5家/万人予以设置。海口、三亚以及东部相对发达的市县，城区可适当提高到2.5-3家/万人的设置标准。

2、农村地区药品零售网点主要设置区域为乡镇政府、集镇所在地，以及距集镇较远（2公里以上）的村民聚居地。农村地区药品零售网点规划数可按1.5-2家/万人予以设置。

3、市县现有主要城区内原则上不再新增药品零售网点（连锁药店除外）。距主城区2公里以上、居住人口5000人以上的新建居民小区、旅游景区、城郊结合部可根据市场需求，规划设立相应的药品零售网点。

4、市县城区新规划发展的药品零售网点，其间距离不低于200米（市县城区的商业中心区设立连锁药店可适当放开200米的间距限制）；乡镇政府和集镇所在地不低于500米；每个村委会或2000人以上的自然村可开办一家零售药店。对于偏远城乡街镇药店的设置，要与当地医药机构设置相适应，与群众用药需求相适应。

二、建立和完善药品流通行业重点基础设施

（一）建设大型现代医药物流中心。以政府主导，企业运作方式，把现代医药物流交易中心项目建设成为集仓储保管、产品自动化分拣、物流配送、信息服务于一体的现代化医药物流配送及进出口交易中心，为国内外提供优质服务的同时，解决我省医药制造业制成品出岛出口问题。

（二）加大第三方医药物流仓储建设。用现代科技手段改造传统的医药物流方式，以省级医药物流中心建设为依托，促进使用自动分拣、冷链物流等先进设备，加快传统仓储、配送设施改造升级；完善医疗用毒性药品、麻醉药品、精神药品、放射性药品和生物制品等特殊药品仓储和物流技术保障措施，确保质量安全。

（三）建设和完善省级基本药物集中采购使用信息系统。以政府财政投入方式，建设省级基本药物采购系统和基层医疗卫生机构应用终端系统，建立功能齐全、能满足全省基本药物采购需求的综合采购平台。

（四）建设全省药品流通市场监管平台。以政府财政投入、企业购买服务的方式，建设覆盖全省药品流通市场的管理信息平台。运用现代信息技术，形成以批发为始端、零售为终端，来源可追溯、去向可查证、责任可追究、市场可监控、流转高效、监管有力的全过程管理链条。重点建立药品经营企业实时动态监管系统，为省内药品的采购、销售、库存、报损、盘点、基本药物监管码流向等信息进行综合查询、药品流通安全预警、综合统计、数据比对及分析、药品仓储视频温湿度监控等。全面提高政府主管部门对药品流通市场监管的科学性、及时性和有效性，全面提升我省药品市场流通行业管理水平，遏制假冒伪劣药品的流通，切实保障消费者的药品使用安全。

（五）建设行业数据统计和分析系统。配合国家商务部做好省内药品流通重点企业直报数据工作；加强药品流通行业统计工作，划拨专门经费扶持建设全省药品流通行业网上数据直报平台和分析系统；组建药品流通行业统计员队伍；积极开展（可授权专业性强的行业协会开展）药品流通行业经济运行分析工作和科学预测工作，定期报送政府主管部门，辅助政府决策，引导行业发展。

（六）构建药品流通人才联合教育培训基地。重视人才引进和本省人才培养工作，积极寻求与省外人才资源合作，形成层次多元、市场需要、企业欢迎的人才培养与职业教育体系。推进以本省高等院校、科研院所、大型药品流通企业集团、行业培训机构以及行业协会联合组成的药品流通人才教育培训体系建设。支持省内高等院校药学专业的教育，以及扩大其教育规模；支持大型药品流通企业集团人才引进；支持建立药品流通行业人才培训基地，鼓励发展职业药师、从业药师继续教育。力争到2015年末，基本实现每个药品批发具有2个以上药师、零售企业1个以上药师或通过培训合格的骨干的目标。

全省“十二五”期间重点基础设施建设项目见附件2。

三、建立药品应急储备体系

建立药品应急储备体系，提高应对突发公共卫生事件的能力，保障国际旅游岛建设。建立我省药品应急储备的长效保障机制，出台药品储备管理办法，具体由商务、工信、药监、卫生、财政等部门联合制定。根据我省地理位置、气候环境和各种灾害的发生、发展规律以及公共卫生事件发生的特点，制定药品储备计划，明确药品储备基数、储备布局、储备形式、品种结构等，建立一套适合我省用药习惯的动态药品储备目录。省、市县各级确定一批流通规模相对较大、经营品种相对较全、现代流通管理水平相对较高、企业社会责任感较强的药品流通龙头企业，作为药品储备的主体，明确其责任。省统一制定出台相应的药品储备补偿机制，以提高企业储备积极性。建立药品储备专项资金，保障药品储备工作落实。建立全省药品储备信息库，实现储备信息与资源共享。

四、建立规模化、现代化的药品流通体系

（一）政府主导，提高行业集中度。鼓励、支持行业通过收购、合并、托管、参股和控股等多种方式做强做大流通企业，实现规模化、集约化和国际化经营，形成以实力强、管理规范、信誉度高的药品流通企业为主体的遍及全省城乡的药品流通体系。整合现有药品流通资源，对于配送偏远地区的医药物流企业，应给予一定资金政策支持，扶持一批中小药品流通企业通过市场化途径形成大型药品流通企业。

（二）发展专业化、协作化经营。鼓励药品流通企业做专业化、特色化代理，以市场前景好的大品种为目标，发挥中小企业“小、精、专、特”优势，提升我省药品流通企业抗风险能力；配合本省龙头企业或大型流通企业集团做好协作化经营服务，实现部分类别产品的专业特色服务，满足多层次、多领域的市场需求；引导中小药品流通企业采用联购分销、共同配送等方式，降低经营成本，提高组织化程度；鼓励批零一体化经营和药妆、保健品、医疗器械销售和健康服务等多元化经营，满足群众自我药疗等多方面需求；充分发挥连锁药店规模化发展优势，借鉴省外连锁药店的经营模式，鼓励企业走健康城、店中店、药品超市、药诊店、保健品店、生活馆、网上药店、自动售药机等多元化发展的连锁经营模式。对具备一定经营规模、社会信誉好的的药品零售连锁企业优先发展网上药店。

（三）支持多种医药物流并存。推动大型现代医药物流、第三方物流和社会普通物流协调发展，促进医药物流业发展，完善药品配送网络，解决药品生产企业产品运输难题。

（四）加强信息化建设。借助我省信息岛建设政策优势和南北两个软件园的技术支撑，加强各药品流通企业的信息化建设和配送联网工作，大力发展新型电子支付和电子结算方式，降低交易成本。

五、加强国内外市场的开拓

（一）搭建多功能服务平台。发挥政府主管部门和社会组织作用，建立药品交易、投融资合作、信息交流、政策发布的多层次、多功能服务平台，引导和鼓励“两头在外”药品流通企业充分发挥其市场优势和营销网络优势，帮助海南生产企业解决流通环节难题以及拓展国内市场，打造海南医药产业整体品牌。以海口综合保税区和洋浦保税港区为依托，充分发挥我省经济特区的政策优势，鼓励开展出口物流业务和保税物流业务；借助中国－东盟博览会等发展平台，积极开发国际市场。

（二）做好招商引资工作。坚持“大企业进入、大项目带动、高科技支持”的药品流通行业发展战略，积极引进大型国有资本、民间资本及外来资本投入我省药品流通行业，参与药品流通企业兼并重组，进一步优化药品流通行业发展格局。

（三）鼓励药品流通企业“走出去”。鼓励有条件的药品流通企业“走出去”，通过新建、收购、境外上市等多种方式，开展省外和境外业务；引导和鼓励企业积极参加全球性或区域性药品交易博览会，鼓励企业走出国门。鼓励引导现有批发流通企业发挥其销售网络优势，帮助和促进岛内药品生产企业的产品开拓国内、国际市场。

第五章 保障措施

一、明确责任，严格实施规划

省商务部门负责全省药品流通行业规划及政策的制定、行业发展工作的指导监督、药品流通管理重大事项的协调。市县商务部门负责药品流通行业规划的具体实施、对本地区药品流通行业具体管理工作。各级政府部门在实施药品流通市场准入、整顿、规范管理工作中，应以《海南省药品流通行业“十二五”发展规划》为依据。全省新建、改建、迁建和压缩药品流通网点，应按本《规划》的布局要求，结合本地实际和市场需求进行。对不按规划发展的要严肃追究有关批建单位领导和人员的责任。

二、建立规范、统一的监管机制

（一）建立协调管理机制。各级商务、卫生、药监、规划、土地、财政、工商、税务、物价等部门要主动协调合作，各司其责，加强协调管理，使全省药品流通网点的建设、经营、管理工作逐步走向法制化、规范化轨道。

（二）提高行业准入标准。各级药品监督管理部门在审核、批准建立药品批发、零售企业资质过程中，严格按照《药品经营质量管理规范》的认证标准，依照本规划的设置原则和规划发展总量，严把行业准入关。

（三）建立退出机制。对药品批发企业、零售网点不符合国家及省有关设置标准条件，违法违规，存在严重药品质量安全问题的，在规划出台1年时间内，完成整改、达标，否则将严格依法责令其退出省药品流通行业规划范围；对因经营不善，自行停业6个月以上的药品流通网点，退出省药品流通行业规划范围；非因政府组织的城镇改造、道路建设等原因，擅自迁移或新建的药品流通网点不得列入省药品流通行业规划范围。

（四）严厉打击违法违规行为。省药监部门严厉打击经营假劣药品、商业贿赂、倒买倒卖税票、挂靠经营、非法经营网上药店、发布虚假药品广告等违法违规行为；充分发挥12312商务举报投诉热线的作用，完善投诉举报的受理、处理、移送和反馈机制；发动社会力量，加强对药品流通行业各个环节的社会监督。

（五）发挥海南药品流通监管网作用。完善全省药品市场数据、电子监管等信息，实现药品从生产、流通到使用全过程的信息共享和反馈追溯机制。

（六）加强企业内部管理。完善行业内购销存管理制度、分类分级管理制度、发票管理制度等行业性规范和操作标准；根据岗位规范和需求，实现重要岗位人员持证上岗制度和从业人员公示制度。

三、推动药品流通体制改革

积极推动我省改革“以药补医”体制，完善药品定价、采购和医保支付机制；保障药品批发企业平等参与招标采购及配送业务，促进医疗机构依合同规定按期向流通企业支付货款。

积极探索实现医药分开的具体途径，以海口和三亚为试点，在已实施基本药物制度、取消“以药补医”的基层医疗机构，利用城市社区药品零售配套设施比较完善的有利条件，率先探索医生负责门诊诊断，患者凭处方可到零售连锁药店购药的模式；以零售连锁药店为切入点，逐步赋予符合条件的连锁药店处方药销售资格。

支持零售连锁企业和其他具备条件的零售药店申请医保定点资格，扩大基本医疗保险定点药店覆盖范围，逐步提高社会零售药店在药品终端市场上的销售比重。

四、加大政策扶持，完善各类行业标准

（一）制定海南省药品流通行业扶持政策。各级政府在财政、土地、税收、融资、水电等方面给予药品流通行业发展的支持。省及市县安排专项专资金，重点支持行业结构调整升级、重点基础设施工程项目建设、药品储备、人才引进与培养等，大力扶持药品连锁经营的发展，重点鼓励省内药品规模生产企业直接开办药品批发企业或连锁药

店等药品销售公司。在政府部门组织药品采购招标中，品种相同、价格相当的条件下，优先安排省内品牌药品。对于取得生产、经营合法资格的企业在省内招标不论规模大小，享受同等待遇。

（二）完善药品流通行业标准。结合药品流通行业基本特点、市场需求情况，借鉴国内外先进经验，建立药品流通业态分类分级、药品统一编码及现代流通设施与信息化、中药材商品等级、职业经理人与从业人员资质和岗位规范、企业经营服务、信用建设和社会责任等相关标准体系。

五、加强诚信建设，完善企业法人治理结构

建立行业自律机制，指导和鼓励省级医药行业协会制定和执行行规行约；加强宣传和教育，广泛开展“行业自律树品牌 海南宝岛出好药”的行业自律宣言践行活动；探索先期赔付制度，规范企业市场行为。

加强企业内部管理，引导和鼓励药品流通企业建立现代企业制度，实现规范经营和科学决策，完善药品出入库及运输安全管理责任制；建立健全药品购销环节货、证、票“三统一制”，加强药品流通行业的税票管理；落实各项财务会计管理规范，保障员工合法利益。

六、充分发挥行业协会和社会中介组织的作用

支持医药行业协会、执业药师协会等中介组织发展，充分发挥其在行业统计、行业分析、行业指导、行业培训、行业自律以及沟通政企等方面的作用；维护企业合法权益，制定行规行约，规范行业行为，维护公平有序的竞争环境。

第六章 其他

（一）规划范围。本次规划包括海南省辖区内所有药品流通企业和各类药品流通网点。

（二）规划期限。2011 年至 2015 年。

（三）规划解释。本规划由省商务主管部门负责解释

海南省药品流通行业现状及“十二五”发展规划总表

区分	基本情况					批发企业数			零售企业数（含连锁与单体药店）				药品配送中心数			
	人口数（万人）	乡镇数（个）	农场数（个）	旅游景区（个）	居民新区（个）	现有数（家）	规划发展数	规划总数（家）	现有数（家）	现人均量（家/万人）	规划发展数（家）	规划总数（家）	现有法人配送中心	现有非法人配送中心	规划发展数	规划总数（家）
海口市	204.6	24	4	4	4	331	0	278	739	3.61	– 137	602	0	0	2	2
三亚市	68.5	5	5	6	5	6	0	6	227	3.31	100	327	1	0	0	1
琼海市	48.3	12	7	4	6	4	1	16	181	3.75	90	271	1	0	1	2
儋州市	93.2	17	10	2	3	3	0	3	260	2.79	70	330	1	0	4	5
五指山市	10.4	7	1	2	2	0	1	1	19	1.83	8	27	0	0	2	2
东方市	40.8	10	3	2	2	2	0	2	70	1.72	30	100	0	1	0	1
文昌市	53.7	16	4	5	38	3	0	3	213	3.97	7	220	1	0	0	1
万宁市	54.6	12	5	3	4	5	0	5	169	3.10	39	208	1	0	0	1
澄迈县	46.7	10	6	5	2	3	1	4	120	2.57	30	150	1	0	0	1
屯昌县	25.7	8	6	2	2	2	0	2	68	2.65	20	88	0	1	0	1
琼中县	17.4	10	11	8	3	1	0	1	41	2.36	19	60	0	1	0	1
临高县	42.8	11	2	2	1	1	0	1	96	2.24	8	104	0	1	0	1
定安县	28.5	10	4	2	4	3	1	4	90	3.16	30	120	1	0	1	2
乐东县	45.9	11	7	3	2	0	1	1	85	1.85	31	116	0	1	0	1
白沙县	16.8	11	9	2	1	1	0	1	50	2.98	16	66	0	1	0	1
保亭县	14.7	9	6	3	14	1	3	4	39	2.65	13	52	0	1	2	3
陵水县	32	11	2	2	4	2	2	4	81	2.53	50	131	0	1	3	4
昌江县	22.4	7	2	2	2	2	0	2	46	2.05	21	67	0	1	0	1
三沙市	0.0833											3				
洋浦	5.4	0	0	1	3	15	0	65	16	2.96	10	26	0	0	0	1
合 计	872.4	201	92	65	102	388	10	403	2610	2.99	455	3068	7	9	15	32

说明：
1、本表规划发展数根据市县设置规划数，并参照各市县人口 . 乡镇 . 大中型农场 . 旅游景区和新居民区发展情况综合确定；
2、本表基本情况和现有数均为 2010 年底统计数；
3 规划总数是指到 2015 年末各项总数；
4、各市县批发企业流动变化较大，因此本规划市县批发企业数仅作全省总量发展参考。

海南省“十二五”期间药品流通行业重点项目建设汇总表

序号	项目名称	建设规模和内容	项目目标与功能	投资总额（万元）	建设期限	进度安排	项目主体
1	华健现代医药物流配送交易中心	占地30亩，项目投资1.5亿元，实现运转总投资3亿元人。建设药品存储仓库2万平方米（包括分拣、配送车间、高架库）、综合交易大楼4万平方米；其他配套用房600平方米；自动化分拣系统；自动温控系统等	目标：该项目将建设成为集仓储保管、产品自动化分拣、物流配送、信息服务于一体的现代化医药物流配送及进出口交易中心，实现对医药物流信息化、自动化、标准化管理。功能：面向国际提供进出口信息、技术、交易平台；面向全国进行药物分销、批发、配送；立足于海南，为医疗单位、社区诊所、新农合卫生站点、零售网点提供优质的药品供应	30000	2011–2013	212年6完成基建工程；2012年7月开始配套设施安装调试及运行	海南华健药业有限公司
2	国控（海南）现代医药物流配送中心	投资约5000万元。建设规模约1万平方米，包括办公区、常温库、器械库、养护室、毒麻药品库、阴凉库、冷库和冷冻库。建立现物流信息管理条形码标准化系统、24小时仓库环境连续自动监控系统、实时记录和采集数据系统	目标：构建药品集中配送公共平台和药品信息监管公共平台，全面满足于新医改需求。其立足于现代医药物流、连锁商业、电子商务，依托政策优势、先进技术优势与行业资源优势，以规模求发展，以管理出效益，发展成为区域性最具竞争力的公共性的医药物流中心。功能：本省医疗机构药品招标配送；本省社区、农村基层医疗机构基本药品配送；疫苗储存与配送；药品储备；信息监管平台	5000	2011–2013	1、2012年6月–10月，完成基础建设； 2、2012年11月–2012年12月，完成自动信息化系统建设，进入试运营测试； 3、2013年1月–3月，完成ERP系统升级，进入正常运营阶段。	国药控股海南有限公司
3	应急药品储备库	项目建设规模2000平方米，投资约1000万。设立应急储备药品专库约2000平方，其中常温库1200平方，阴凉库800平方；冷库50立方；完善应急储备药品的预警措施、应急时的供应保障体系	目标：建成全省主要药品储备中心。功能：具有药品储备量以及配送环节药品及实物的储备目录；储备药品的管控系统：建立应急药品供应、追踪、召回、报损流程等	1000	2012年6月–2012年12月	1、2012年6月–9月，建立应急药品供应保障机制及管理体系等； 2、2012年8月–10月，设立应急储备药品专库，配备硬件设施设备及管理软件，完善管理流程； 3、2012年11月–12月，完善储备药品的管控系统，进入正常运营阶段	国药控股海南有限公司

序号	项目名称	建设规模和内容	项目目标与功能	投资总额（万元）	建设期限	进度安排	项目主体
4	海南三叶医药物流有限公司	扩大原有规模，增设仓库温湿度自动监控系统、公司信息化服务平台、增购公司冷库发电机组；购买冷藏车、仓库半自动化分拣设备以及共享仓库的改造维护等	拓展现有配送功能，扩大规模，提升管理水平	380	2012–2013	2012 年开始计划扩建	海南三叶医药物流有限公司
5	省级基本药物集中采购使用信息系统	业务用房改造，改造面积 300 平米；购置服务器、存储器、备份设备、网络设备、安全设备、系统软件等设备，购置全省 453 家基层卫生医疗机构基药采购应用网络设备、台式计算机及条形码扫描器等终端仪器设备		628	2012–2013	2012年7月完成项目论证及招标；2012 年 8 月开始实施项目建设，同年底前完成	海南省政府采购中心
6	经营企业实时动态监管系统	升级和改造经营企业实时动态监管系统，增购服务器、交换机、安全设备等		100	2012–2015	1、2012 年整合经营企业进销存数据进入监管系统； 2、2013 年整合基本药物监管码，将国家局数据与监管系统整合； 3、2014 年整合温湿度监管系统； 4、2015 年全面使用监控系统	省食品药品监督管理局信息中心、海南省医药保健品行业协会
7	行业数据统计和分析系统	建立数据统计数据库。购买硬件设备，增添技术人员		200	2012–2013	2012 年 8 月开始项目论证、报建及实施； 2014 年底前完成	海南省商务厅
8	药品流通人才继续教育和培训体系	全国药品流通行业人才培训基地（海南基地）建设。进行执业药师政策宣传、执业药师继续教育 900–1000 人 / 年；、药学（非临床医疗）初、中级专业技术资格考试 3000 人；GSP 培训，20000 人；其他培训		300	2011–2015	2012 年 6 月向国家商务部申报项目； 2012 年底开始项目论证、报建、施工； 2013 年底前完成	海南省医药保健品行业协会、海南食品药品管理职业技能培训中心
		海南医药院药学系扩招，加设 3 个班 120 名学员；			2012–2013	申报	海南医学院
		海口食品药品技工学校扩招，加设 2 个班 80 名学员				申报	海口食品药品技工学校
		成立海南省执业药师协会		10	2012–2013	报批	海南省医药保健品行业协会

重庆市药品流通业发展第十二个五年规划

重庆市商业委员会

重庆市药品流通业发展第十二个五年规划是根据《全国药品流通行业发展规划纲要（2011-2015）》、《重庆市商贸流通业发展第十二个五年规划》，阐明规划期（2011-2015）内全市药品流通业发展的指导思想、主要任务和运行保障，旨在规范和促进药品流通行业健康发展、推动药品流通体制改革、保障城乡居民用药总体安全方便。

本规划范围包括：药品批发业、零售业、药品流通电子商务、物流配送、药品流通监督管理。

第一章 发展基础和环境

全面分析药品流通业发展基础，客观认识药品流通业发展面临的困难和问题，准确把握未来五年药品流通业发展形势，引导全市进一步理清药品流通业发展思路，明确发展目标和措施。

第一节 发展基础

“十一五”时期，全市药品流通系统深入贯彻落实科学发展观和“314”总体部署，求真务实，开拓创新，锐意进取，区域性药品流通功能进一步提升，药品流通体系逐步完善，药品流通方式获得创新，药品流通规模明显扩大，为“十二五”时期药品流通业更好更快发展奠定了基础。

——统筹城乡的药品流通网络体系初步建成。到2010年底，全市共有药品批发企业489家。药品零售连锁企业43家，连锁药店11536家，另有单体药店1006家。每千人药店数量为0.39家，高于全国0.29家的平均水平。城市药品流通网络密布，药品零售店深入到社区和居民集中区，社区卫生服务中心较健全，城市居民用药总体上方便可及。同时，医药流通企业逐步向农村延伸药品流通网点，乡镇政府所在地多有药品零售网点，农村卫生服务诊所及村级药品零售店逐渐开设，农村居民用药逐步得到方便。

——药品流通规模逐步扩大。2010年，全市药品销售总额实现350.9亿元，比2006年增加1.07倍，年均增长19.1%；药品零售总额实现116.97亿元，比2006年增加1.08倍，年均增长19%；限额以上药品流通企业药品销售总额332.06亿元，比2006年增长1.64倍，年均增长21%；药品流通从业人员10.81万人，比2005年增加1.29万人。

——药品流通业集中度较高。近年来，销售额排名全市药品流通行业一、二位的重庆医药（集团）股份公司、桐君阁股份公司的药品销售额占全市60%左右的市场份额，排名前10位的药品流通企业药品销售约占全市市场份额的70%左右，药品流通企业的骨干带动作用明显，药品流通业集中度较高，为政府药品流通管理和药品消费安全带来便利。

——药品流通现代化水平明显提升。全市药品连锁业得到了快速发展，药品连锁店占全市零售药店总数的92%。2010年，全市药品连锁经营额达到107.7亿元，占全市药品零售总额的95%，连锁化率全国领先。探索药品流通新模式取得新进展，重庆医药股份公司创立了“仓储式药品批发”，批发业务小批量化、拆零化。近年来。部分药品零售企业大力发展药品连锁超市，提升了药品流通业态。和平医药物流中心等药品物流配送中心建成并投入使用，为药品低成本快速流通提供了较强的物流保障。部分大中型药品流通企业开发建设药品流通信息管理系统，药品流通信息化管理作用突出。

——药品流通体制改革实现新突破。组建了重庆药品交易所，搭建起药品流通公共服务平台，为药品流通实施“阳光工程”和“减少流通环节、降低流通成本、促进产业发展”起到了重要作用。经过资源战略性调整、整合，重庆医药（集团）股份有限公司、桐君阁股份公司集团化发展趋势明显，正在争取或已经实现上市融资。一批民营药品流通企业发展壮大。同时，“走出去”发展步伐明显加快，市内药品流通企业在市外开设药品连锁店达到4510个。

第二节 发展环境

近年来，我市改革开放获得长足发展，给药品流通行业的发展提供了大好机遇。

——中央将进一步深化医药卫生体制改革，提出“政事分开、管办分开、医药分开、营利性和非营利性分开”的医改方向，以及“保基本、强基层、建机制”的医改任务，要求建设覆盖城乡的公共卫生服务体系、医疗服务体系和药品供应保障体系，在推动医药卫生事业发展的同时，必将带动药品流通规模的增加，为我市药品流通业加快发展带来了新机遇。

——国务院对重庆“建设长江上游地区商贸会展中心、

专栏 1

"十一五"药品流通业主要指标完成情况

指标名称	2006 年	2010 年	比 2006 年增（%）	年均增长（%）
药品批发销售总额（亿元）	169.3	350.9	107%	19.10%
药品零售总额（亿元）	56.43	116.97	108%	19.13%
规模以上企业药品销售额（亿元）	160.21	332.06	107%	19.10%
药品流通从业人员（万人）	9.52	10.81	13.55%	2.5%
药店药师（人）	8950	14415	61%	10%

全国重要的商贸物流中心"的战略定位为全市药品流通业发展指明了方向。

——市委、市政府提出走民生导向发展之路，近年来实施了"民生十条"和"缩差共富十二条"战略措施，率先在西部地区实现城乡居民医疗保险全覆盖并逐步提高医保标准，为统筹城乡、区域药品流通业发展提供了新的契机。

——城市化战略深入推进，尤其是国家中心城市建设为药品流通和消费带来了新的发展空间。五是西部地区交通枢纽地位的逐步形成，以及"三基地、四港区"物流大通道和信息化加速建设，为提高药品流通效率、降低流通成本、提高药品流通聚集和辐射能力提供了新的平台。

同时，受客观环境的制约，我市药品流通行业发展也面临一些挑战：

——人口老龄化趋势逐渐加剧，老年人对药品质量和疗效追求将更高，药品消费需求结构将发生明显变化，为药品流通业发展提出了新的更高的要求。

——城乡、区域药品流通业发展不平衡，药品批发业和零售业发展集中在主城区，远郊区县尤其是偏远区县和农村药品流通消费还不方便，"缩差共富"、统筹城乡、区域药品流通业协调发展的任务更加艰巨。

——药品流通业还存在"多、小、散、乱"格局，发展布局不够优化，部分药品流通企业处于亏损状态，深入推进药品流通业战略性调整、优化发展布局的任务更为紧迫。

——药品流通业管理制度和监督机制不健全，一定程度上还存在商业贿赂、假劣药品、药品价格虚高的现象，建立完善药品流通监管制度、管理机制，引导药品流通业健康、规范发展的任务十分繁重。

——药品流通业人才缺乏，尤其是零售药店药师还不够，药品质量管控差距大，影响城乡居民用药安全，加强培养药品流通业人才、指导城乡居民安全用药任务显得尤为重要。

尽管如此，我市药品流通业发展的机遇大于挑战，全市药品流通系统应紧紧抓住机遇，正视面临的挑战和困难，迎难而上，创新措施，推动我市药品流通业再上新台阶。

第二章 指导思想和发展目标

第三节 指导思想

深入贯彻科学发展观，全面落实中央"314"总体部署、国务院 3 号文件和医药卫生体制改革精神，以科学发展为主题，以改善民生为导向，以转变发展方式、强化药品安全保障为主线，切实完善城乡统筹的药品流通网络，深化药品流通体制改革，建立完善药品流通监管制度，培育大企业，发展大市场，促进药品流通业快速、健康、规范发展，服务百姓健康，到 2015 年，基本建成西部地区的药品集散中心。

第四节 发展原则

——突出改善民生。药品流通消费事关民生，药品流通设施配置应与健康重庆、宜居重庆建设相适应，平抑药价，突出便民惠民。进一步优化完善药品连锁超市、药品便利店的规划布局，方便和满足城乡居民对药品消费的需求。

——突出统筹协调发展。引导药品流通龙头企业到偏远区县和农村发展药品批发业、药品配送中心和零售药店，促进药品流通资源配置均衡化，逐步缩小区域、城乡药品流通业发展和药品消费差距。

——突出药品流通业的改革发展创新。实施大公司、大集团战略，坚定不移地推动药品流通资源的战略性整合，培育发展药品流通大企业。把握发展的科学内涵，更加注重转变发展方式推动发展，立足自主创新推动发展，提升药品流通业的区域竞争力和核心竞争力。

——突出药品流通消费安全保障。着眼于药品是特殊商品，建立完善药品流通管理制度和监管体系，加强药品流通监管，防止假劣药品进入流通体系，确保城乡居民药品消费安全。

第五节 发展目标

按照医药卫生体制改革的要求，推动药品流通行业改革发展，加快建设统筹城乡的药品流通网络，推动药品流通现代化，培育大型市场主体，提高聚集辐射能力。

——城乡药品流通网络体系基本完善。合理布局药品物流配送中心和零售网点，到“十二五”期末，药品批发企业数量减少、发展质量提高，建成药品物流配送中心13个，零售药店总数约13000个，基本形成覆盖城乡的药品流通网络体系。

——西部地区药品集散中心基本建成。到2015年，全市药品销售总额达到802亿元，年均增长18%以上，其中限额以上药品流通企业药品销售755亿元。药品零售总额达到267亿元，年均增长18%。药品流通行业从业人员达到13.8万人。

专栏2

“十二五药品流通业发展主要指标

指标名称	2010年	2015年	年均增长
药品批发销售总额（亿元）	350.9	802	18.3%
药品零售总额（亿元）	116.97	267	18%
规模以上企业药品销售额（亿元）	332.06	755	18.5%
药品连锁店（个）	11536	13000	2.7%
指标名称	2010年	2015年	年均增长
药品流通从业人员（万人）	10.81	13.80	5%

——医药电子商务初具规模。积极推动重庆药品交易所医药全流程电子商务公共平台建设，形成重要的药品电子商务交易中心，力争2015年药交所交易量突破500亿元。

——药品流通现代化水平西部地区领先。建立起以连锁经营为主导的现代药品零售业服务体系，以现代物流为支撑的高效畅通的药品物流配送体系，以药品追溯系统为重点的信息平台体系。到2015年，药品连锁经营额达到254亿元，占药品零售总额的95%以上，在西部地区处于领先水平；药品统一配送率达到76%以上。

——培育一批药品流通骨干企业。鼓励大中型药品流通企业通过收购、合并、托管、参股和控股等多种方式做大做强，实现规模化、集约化经营，逐步形成以骨干药品流通企业为龙头的联动城乡的药品流通网络体系。到2015年，培育百亿元级药品大企业2家，50亿元以上药品流通企业2家,30亿元级药品流通企业3家，10亿元级药品流通企业5家。

第三章 主要任务

第六节 完善药品批发业体系

围绕建成西部地区药品集散中心目标，以医药全流程电子商务公共平台为龙头，以主城、区域中心城市、其他区县三大层次的药品物流配送中心为支撑，以大中型药品批发企业为骨干，优化药品批发业布局，增强聚集辐射能力。

—— 调整提升药品批发业。遵循市场规律，鼓励药品批发业调整整合，药品批发企业数量减少、质量提升，增强服务功能和价格形成功能，提高药品批发业交易水平和交易效率。大力发展药品会展经济，积极争办全国药品交易会，举办市级药品展销会。

—— 进一步完善药交所交易平台建设和运营机制。加强药品供应、配送、需求三方的紧密联动，充分发挥其药品交易、信息沟通功能，为建设西部地区的药品集散中心服务，推动我市乃至西部地区医药产业的快速发展。

—— 加快药品物流配送中心建设。依托我市国家级、市级和地区级物流枢纽节点，完善主城、区域中心城市、其他区县三级药品物流配送中心。在主城区建设大型药品批发市场和药品物流配送中心，在部分区域中心城市建设区域性药品物流配送中心，加强对周边区县（自治县）的药品配送，在区县（自治县）建设药品配送点，增强对辖区乡镇、村社

专栏3

"十二五"重点药品流通企业规划发展一览表

序号	企业名称	2010年销售额（亿元）	2015年销售额（亿元）	年均增长（%）
1	重庆医药股份有限公司	120	230	14%
2	重庆桐君阁股份有限公司	87.6	161	13%
3	重庆九州通医药有限公司	17.5	50	23%
4	重庆长龙集团	16.89	50	24%
5	科渝药品有限责任公司	12.3	30	20%
6	和平药房连锁	19	30	15%
7	国药控股集团重庆公司	9.7	30	25%

的药品配送能力，到"十二五"末，基本形成覆盖城乡的药品配送网络体系。

——以信息化带动现代医药物流发展。引导大中型药品批发企业、专业药品物流企业进一步完善药品信息管理系统，广泛使用先进信息技术，运用企业资源计划管理系统（ERP）、供应链管理等新型管理方法，优化业务流程，提高管理水平。发展基于信息化的新型电子支付和电子结算方式，降低交易成本。探索构建全国性、区域性药品市场数据、电子监管等信息平台，引导产业发展，实现药品从生产、流通到消费全过程的信息共享和反馈追溯机制。

——用现代科技手段改造传统的医药物流方式。鼓励积极探索使用无线射频（RFID）、无线通讯、温度传感等物联网技术，不断提高药品流通效率，降低流通成本。促进使用自动分拣、冷链物流等先进设备，加快传统仓储、配送设施改造升级。完善医疗用毒性药品、麻醉药品、精神药品、放射性药品和生物制品等特殊药品物流技术保障措施，确保质量安全。

——推动医药物流服务专业化发展。鼓励大中型药品流通企业的物流功能社会化，实施医药物流服务延伸示范工程，引导企业向医疗机构和生产企业延伸现代医药物流服务。在满足医药物流标准的前提下，有效利用邮政、仓储等社会物流资源，发展第三方医药物流。

第七节 推动药品零售业快速发展

合理布局药品零售网点，调整提升城市药品零售网点，加快发展农村地区药品零售网点，为城乡居民提供方便可及的药品消费服务。

——强化规划布局。加强与《城乡建设总体规划（2007-2020）》和商贸流通业"十二五"发展规划的衔接协调，完善主城、区域中心城市、区县（自治县）、乡镇、村五级药品零售业体系的规划布局。

在城区核心商圈重点配置大中型药品连锁超市，在特色商业街、社区商业中心重点配置便民药店，做好对社区卫生服务中心的药品配送。

在乡镇重点配置小型药品连锁超市或药店。在有条件的村社配置零售药店或药品销售点。贯彻落实中央"保基本、强基层"的医改要求，加强农村卫生服务诊所的药品配送，增加药品种类，增加农村药品零售网点，更加方便农村居民药品消费。

——培育药品零售经营企业。鼓励和支持市内药品零售企业进一步合理布局网点，发展壮大；引进市外有实力的药品零售企业来渝发展，到2015年，全市药品零售企业达到50家。

——大力发展药品连锁经营。鼓励药品连锁企业采用统一采购、统一配送、统一质量管理、统一服务规范、统一联网信息系统管理、统一品牌标识等方式，发展规范化连锁，树立品牌形象，拓展跨区域连锁网络，发挥规模效益，重点引导大中型药品连锁企业大力发展直营连锁药店。到2015年，市内直营连锁经营网点达到3710个。

——创新药品零售经营模式。鼓励药品连锁企业开展药妆、保健品、医疗器械销售和健康服务等多元化经营，满足群众自我药疗等多方面需求。随着医药卫生体制改革中医药

专栏 4

“十二五”药品流通业重要项目（区县报送）

序号	项目名称	业主单位	主要建设内容	总投资（亿元）	建筑面积（平方米）	实施区域	起止时间（年）
1	医药全流程电子商务公共平台	重庆市药交所	医药交易流程全透明的综合性电子商务平台	0.6		渝中区	2010 起
2	迎龙医药物流城	重庆汇商有限公司	市场、商务、配套设施、仓储	35	800000	南岸区	2012-2014
3	重庆赣商医疗器械产业园	重庆赣商实业有限公司	从事医疗器械产业	5 亿元	100000	南岸区	2012-2015
4	重庆医药现代物流综合基地	重庆医药股份有限公司	连锁、社区终端物流及零售连锁总部办公区	3.2	59000	沙坪坝区	2012 启动
5	西部国药城	国药控股重庆有限公司	医药信息中心、运输中心、仓储物流中心等	2	72000	两江新区	2012-2015
6	三峡现代医药物流配送交易中心	重庆国中医药有限公司	中药材市场及仓储、物流	到位资金 1.14 亿元	47350	万州区	2011
7	九州通医药物流配送项目	重庆九州医药有限公司通	信息管理系统、冷链仓储、职工宿舍等	1.7	25500	南岸区	2011-2015
8	重庆嘉事晟大医药有限公司药品配送中心	重庆嘉事晟大医药有限公司	主要建设立体仓库和药品配送中心	1	20000	南岸区	2012-2015
9	大足药品流通物流配送中心	大足医药公司	药品仓库\配送及车位	1	10000	大足区	2012-2013
10	渝东北开州医药物流配送中心	开州医药公司	主要建设立体仓库和药品配送中心	1	50000	开县	2011
11	武陵山区药物配送中心	酉阳医药公司	主要建设立体仓库和药品配送中心	0.2	2000	酉阳县	2011
12	药品配送中心	重庆市天心药业有限公司	仓储及交通	0.4	12000	梁平县	2012-2013
13	潼南县药品配送中心	万和药房	仓储、车库等	0.94	20000	潼南县	2011
14	云阳县万力、中通医药配送中心	万力医药有限公司 中通医药有限公司	仓储及配送中心	0.8	20000	云阳县	2012 年 6 月建成
15	秀山县健康城医药配送中心	重庆陆盛投资公司	仓储及配送中心	0.2	4000	秀山县	2013 年底
16	重庆市渝西医药配送中心	重庆桐君阁大药房	仓储及配送中心	0.5	13340	荣昌县	2012-2013

分开制度的逐步实施，鼓励连锁药店积极承接医疗机构药房服务和其他专业服务。

第八节 强化药品应急保供体制建设

制定药品应急保供预案，明确应急保供重点药品种类、重点保供药品流通企业、应急保供责任制等重大事项。建立中药材重点品种储备制度，按照国家、市应急和战略储备的统一规划和部署，做好流通环节实物和资金的储备，根据各类突发事件的特点，建立相应的应急保障机制。

建立西药、中成药和中药材重点品种的市场运行信息监测、预警体系；鼓励市场中介组织开展药品销售渠道、消费结构和区域分布情况等信息服务，发挥政府信息和市场机制在完善药品流通网络、保障药品供应中的引导作用。

第四章 管理与服务

通过加强管理和服务，大力推动全市药品流通行业的健康快速发展。

——深入实施医药卫生体制改革。积极贯彻落实“政事分开、管办分开、医药分开、营利性和非营利性分开”的医改方向，探索实现医药分开的具体途径，在已实施基本药物制度、取消“以药补医”的基层医疗机构，特别是药品零售配套设施比较完善的城市社区医疗服务机构，可率先探索医生负责门诊诊断，患者凭处方到零售药店购药的新模式，逐步改变““以药补医”、看病贵”的现象。

——制定完善药品流通行业管理规范。研究制定药品批发企业营销人员、药品生产企业和代理企业医药代表的资质管理办法和行为规范，实行持证上岗和公示制度，保证依法依规销售药品和推广新药。完善药品购销管理制度，依法索取税票，保证药品进货渠道合法。逐步实施药品流通企业分类分级管理制度，根据不同类别和等级，采取不同的管理措施，引导药品流通企业在规范经营的基础上改善服务设施，提升管理和服务水平。

——建立完善行业标准体系。结合药品流通行业特点和市场需求，借鉴国际先进经验，建立药品流通业态分类分级、药品统一编码及现代流通设施与信息化、中药材商品等级、职业经理人与从业人员资质和岗位规范、企业经营服务、信用建设和社会责任等相关标准体系，促进药品流通行业规范发展。

——推进药品流通行业信用建设。加强全行业诚信和职业道德教育，广泛开展“诚信经营示范创建”活动，树立一批遵纪守法、诚实守信、管理规范、服务到位，能够积极履行社会责任，自觉接受监督的诚信经营典型。建立违法违规企业信息披露制度，在“商务领域信用信息系统”中归集企业信用信息，建立信用档案。推动市及区县（自治县）部门间监管信息的公开和共享，实行信用分类监管。开展行业信用评价，提高行业自律和信用水平。

——推动药品流通行业改革开放。以建设内陆开放高地为契机，加强药品流通业的对外开放与合作，逐步消除药品流通壁垒。支持大型药品流通企业“走出去”发展，引进市外药品流通企业来渝发展药品经营，学习借鉴国内外药品流通业先进管理经验和营销方式。加强对外药品流通业合作，配合医药卫生体制改革和基本药物制度实施，引导药品流通企业参与省际间的药品招标采购，做好药品配送。完善药品流通企业法人治理结构，建立现代企业制度，健全管理运作机制。支持专业化和有特色的中小药品流通企业做精做专，满足多层次市场需求。引导中小药品流通企业采用联购分销、共同配送等方式，降低经营成本，提高组织化程度。

——强化药品流通监管。完善药品流通企业准入退出制度。逐步提高药品流通业的准入标准，将是否符合商业网点布局规划、产业政策、GSP标准作为药品流通企业和零售网点准入的重要依据。加强日常监管和考核，对有违法违规行为的药品流通企业进行限期整改，直至取消其药品经营资格。

打击违法违规行为。商贸、卫生、食药监、税务、工商等部门严厉打击经营假劣药品、商业贿赂、倒买倒卖税票、挂靠经营、非法经营网上药店、发布虚假药品和保健品广告等违法违规行为；整顿规范中药材市场，加强有害物质残留和质量检验。充分发挥商贸、药监、税务、工商举报投诉举报电话的作用，完善投诉举报的受理、处理、移送和反馈机制。发动各方面力量，加强对药品流通业的社会监督。

——加强药品流通理论研究和人才培养。鼓励大专院校、研究院所和大型药品流通企业加强现代药品流通理论研究与创新，培养药品流通业经营管理人才尤其是创新性人才。实施从业人员培训工程，依托医科大学、医药职业院校、职业能力培训机构，建立药品流通人才培养培训机制，支持和鼓励药品流通职业培训和继续教育，形成层次多元、市场需要、企业欢迎的人才培养与职业教育体系。按照药品流通职业经理人和其他从业人员的资格认证制度，“十二五”期间，培养高级职业经理人45名，中级职业经理人200名，药师7000人。建立完善药品流通领域人才激励与约束机制。

第五章 保障措施

——改善药品流通业发展环境。加强部门间的协调配合，为药品流通业健康、规范发展创造良好环境。积极推动改革以药补（养）医体制，完善药品定价、采购和医保支付机制，破除药品流通行业保护、地区封锁，保障药品批发企业平等参与招标采购及配送业务，促进医疗机构依合同规定按期向药品流通企业支付货款。加快赋予符合条件的零售药店处方药销售资格。支持零售药店获得医保定点资格，扩大基本医疗保险定点药店覆盖范围。密切跟踪医药卫生体制改革各项政策实施对行业的影响，研究提出解决对策措施建议。

——完善药品流通业发展政策。用好西部大开发、国家医药改革、中央内贸资金、三峡后期扶持资金、市和区县（自治县）商业发展资金和城市建设配套费商业专项等政策，引导支持骨干药品流通企业建立和完善现代药品物流配送设施和网络，加强技术改造、技术创新，完善药品流通网点，培训专业人员。改善融资环境，推动和鼓励药品流通企业利用融资担保、信用保险、上市融资等金融工具，多渠道筹集建设发展资金，加快改革发展步伐。支持医药电子商务示范企业建设。

——完善药品流通业统计体系。建立药品流通行业统计制度。合理确定行业统计指标，建立直报企业和行业主管部门及有关方面共同参与的全市药品流通行业统计制度与网上报送平台，及时掌握药品流通行业运行和发展的全面信息，辅助政府决策，引导行业快速健康发展。

——加强规划的实施和管理。强化规划实施的宏观调控。加强部门协调沟通，有效实施本规划。紧密结合城市拓展和城乡统筹规划的新形势，引导区县（自治县）将药品流通网点布局规划纳入修编的《商业网点布局规划》，促进药品流通网点合理布局，切实防止低水平、重复建设。

引导药品流通行业协会有效实施本规划。大力支持药品流通行业协会等中介组织的发展，加强协会的组织建设，增强服务意识，提高为企业服务的能力。充分发挥协会在实施本规划的重要地位和作用，尤其在行业统计、行业培训、行业自律、国际交流合作、维护企业合法权益等方面的作用。

充分发挥市场配置药品流通资源的基础性作用，依靠市场主体行为有效实施本规划，政府及有关部门通过完善市场机制、政策导向机制和监管制度，营造良好的运行环境。建立年度跟踪监督、中期评估和终期检查制度，加强对本规划实施的监督检查，确保年度工作计划与规划协调一致。各项扶持政策的实施应符合本规划确定的发展目标、主要任务和重点领域。

四川省药品流通行业发展规划纲要（2011-2015年）

四川省商务厅

药品流通行业对保障人民群众生命安全和身体健康，推动医药卫生事业发展，促进医药产业结构合理调整十分重要。为适应国家医药卫生事业改革发展的新形势，促进我省药品流通行业的改革和科学发展，根据商务部《全国药品流通行业发展规划纲要（2011-2015年）》和《四川省国民经济和社会发展第十二个五年规划纲要》、《四川省服务业“十二五”发展规划》等规划，结合我省药品流通行业发展的实际情况，特制定本规划。

一、现状与发展机遇

（一）现状

流通体系初步形成。“十一五”末，四川共有药品批发企业1048家，药品零售连锁企业292家。零售门店总数4.08万家，其中连锁企业下辖门店3.6万家，单体门店4740家，分别占零售药店总数的88.4%和11.6%。药品批发企业资产总额139.19亿元，药品零售业资产总额30.67亿元。药品零售店已入驻城市社区和居民集中区，居民购药更加便捷；同时，药品流通企业逐步向农村下伸网点，有的还针对“老、少、边、穷”地区地广人稀的特点，采用“马背药袋”、“乡村药柜”等方式售药，一定程度弥补了农村地区缺医少药的困难，基本满足了全川广大消费者购药需求，初步形成了覆盖城乡的药品流通网络。

销售规模稳步扩大。“十一五”期间，随着人民消费水平的提高和对健康的日益重视，全省药品销售规模保持稳定增长的态势。2006-2010年平均增长率为16.9%，略高于全国16.3%的平均增长水平。2010年，全省限额以上批发、零售药品流通业实现销售额397.4亿元，其中零售24.0亿元，较“十五”末增长84.7%，占全国医药商业销售总额的7.0%。

现代流通方式快速发展。除传统的经销、调拨、代理和单体零售外，四川药品流通行业积极探索新的流通模式。连锁经营规模快速扩大，店铺数量迅猛增多，通过并购重组、品牌合作及入股加盟等形式，全川已建立了3万余家零售连锁药店；一批老字号药品流通企业在继承传统的基础上，不断创新发展；积极探索药品流通企业托管医院药房等延伸服务；利用现有24小时便利店销售非处方药的试点工作顺利推进；现代医药物流配送中心逐步发展，已建成运用集WMS系统（库存管理系统）、TMS系统（运输管理系统）等多项现代信息技术，按GSP要求建设了多个特殊药品库的智能化医药物流配送中心；药品流通信息化水平不断提升，面向消费者的电子商务在探索中起跑，并呈现加速发展的态势，已有5家企业取得《互联网药品交易服务机构资格证书》，并建设了四川中药材天地网、九州通医药网等平台，其中，四川中药天地网被商务部列为全国电子商务示范企业；中药材专业批发市场不断改造升级，占地面积近10万平方米、年销售额达80亿元的荷花池中药材专业批发市场，其年成交额、年成交量、市场商家总数等指标，在全国中药材市场中位居前列；全国中药材价格指数在成都中药材市场发布，形成全国中药材价格看四川的格局。医药会展积极推进，多次成功承办全国医药行业大型知名药交会、博览会、医药制剂及相关技术和服务等展会。

药品流通秩序进一步规范。各级药品流通管理部门按照国家和省政府关于规范药品流通行业的工作要求，通过强化药品流通环节监管，规范药品购销渠道，强化特殊药品的安全监管等措施，突出源头治理，完善过程监控，确保药品质量，建立长效机制，药品流通秩序进一步规范，确保了人民群众用药的安全有效。

药品流通社会作用不断增强。据测算，2010年，全省药品流通行业从业人员达到30余万人。药品流通行业在方便群众用药和提供自我保健服务等方面的功能进一步增强，并促进了药品研发和生产，带动了物流、仓储及相关行业的发展。药品流通骨干企业成为药品储备和应急配送主体，在重大疾病治疗，“非典”、“禽流感”等重大疫情和汶川地震等自然灾害来临时，突出社会效益，有效保证了药品供应，并积极捐款捐物支援灾区，履行了企业的社会责任。

“十一五”以来，我省药品流通行业虽取得了一定的成绩，由于长期受“以药补医”等体制性弊端的影响，以及药品定价、招标采购、医保支付机制不完善，行业分工、利益分配、同质化竞争等原因，导致我省药品流通行业仍存在以下问题。一是行业集约化和规模化程度不高。总体来看，全省药品流通企业数量多、规模偏小，管理粗放，集约化、规模化程度不高，全国医药流通企业20强尚无总部在四川的企业；二是行业发展布局不够科学合理。城乡、地区发展不够平衡，“老、少、边、穷”地区药品配送网络未能完全有效覆盖。三是流通现代化与信息化程度偏低。不少药品流通企业仍采用传统的经营方式，难以实现对商品流、资金流、信息流的动态高效管理。此外，建立健全全省上下贯通的药品流通行业管理机制，根据行业发展现状制定改革发展的政策措施、有效指导行业发展，还有待时日。

（二）发展机遇和挑战

产业政策的支持。近年来，国家将药品流通行业管理作为深化医药卫生体制改革的重要内容之一，提出加快建立药品供应保障体系，发展药品连锁经营和现代物流，规范药品流通秩序，建立便民惠民的农村药品供应网等任务。经商务部与国务院医改领导小组有关成员单位会商，在出台的医改文件中，明确了药品流通行业在医改中的作用，解决了不少企业的诉求，维护了药品流通企业的合法权益。贯彻国家深化医药卫生体制改革发展的相关要求，省委省政府也对我省药品流通行业发展提出了更高要求。国家和我省相关产业政策的逐步实施，为我省药品流通业的发展提供了政策保障。

发展环境的改善。商务部出台了《全国药品流通行业发展规划纲要（2011-2015年）》等，提出了“十二五”时期全国药品流通行业发展的指导思想和总体目标，明确了主要任务和政策措施。国家、省到市（州）级药品流通行业管理工作体系的逐步建立，将为药品流通业的发展提供良好的发展环境。

市场的快速扩张。随着我省人民收入水平的不断提高以及人口老龄化的加快，人民生活需求和消费结构将发生重大变化，对医疗卫生服务和自我保健的需求将大幅度增加；国家新医改政策的推进和医药卫生事业发展投入加大，新型农村合作医疗制度和城镇居民医疗保险制度等医疗保障体系不断完善，医保覆盖面提高，必将带动药品需求持续快速增长，医药市场潜力巨大，为我省药品流通行业的发展带来新的机遇。

但我省药品流通行业发展也面临挑战。药品流通行业改革发展与国家医药卫生体制改革相辅相成，与用药制度设计密切相关，而医药卫生体制改革是一个复杂而渐进的过程。从外部环境看，改革与药品流通有关的体制机制，涉及行业管理体制的完善和重大利益格局调整，其进展状况在本规划期内存在一定程度的不确定性。从内部看，我省药品流通行业基础薄弱，总体发展程度不高，管理水平较低，管理手段相对落后，迫切需要加快行业结构调整和实现发展方式转变。

二、指导思想与发展目标

（一）指导思想

以科学发展观为指导，坚持以人为本，贯彻落实中央医药卫生体制改革精神，发挥市场机制基础性作用，强化现代科学技术管理，加快转变药品流通行业发展方式和整体升级，充分发挥药品流通行业在促进医药产业发展、服务医疗卫生事业、维护人民群众身体健康和促进社会和谐发展等方面的作用。

（二）发展目标

总体目标：通过五年的改革和发展，形成结构更趋合理，服务网络更加健全；企业管理水平和流通效率不断提高，市场集中度、规模化、现代化、信息化水平显著提升，竞争力增强；对外开放度进一步提升，区域辐射水平明显增强；市场秩序更加规范，适应全省社会经济发展的总体目标和满足全省公共卫生需求的药品流通体系。

具体目标：力争“十二五”期间，全省药品流通行业销售额年均增长15%以上；形成年销售额过100亿元的企业2-3家，年销售额达到50-100亿元的企业3-5家，10-50亿元的10-15家；连锁药店占全部零售门店的比重达到85%以上；药品流通10-15强企业年销售额占药品企业销售总额60%以上。将四川建成辐射西部、影响全国、面向全球的医药贸易中心。

三、主要任务

（一）加快结构调整，完善流通行业体系

提高集约化水平。加快结构调整，支持药品经营企业通过兼并重组、托管、参股控股、融资上市等方式，整合资源，做大做强，实现企业的规模化、集约化、规范化和现代化，提高市场集中度，带动全省医药流通行业的快速发展。建立激励和约束机制，逐步推进实力强、管理规范、信誉度高的药品经营企业实现跨区域发展，形成全省性和区域性药品经营企业并存的医药分销体系。

完善流通网络。配合医药卫生体制改革和基本药物制度的实施，鼓励药品流通企业积极参与药品集中招标采购和终端配送。依托药品流通骨干企业，建立覆盖全省的物流配送中心。合理布局城市零售药店，完善、健全县及县以下农村、尤其是偏远地区的药品流通供应网。实施“放心药”服务体系建设工程，鼓励大中型骨干药品流通企业向居民社区和村镇延伸销售网络，尤其是向“老、少、边、穷”地区发展。在大中城市和有条件的地区，逐步扩大24小时药店的比重。鼓励超市、便利店等零售连锁企业，特别是24小时便利连锁店、“万村千乡”工程承办企业，创造条件，获取相关资质，通过与药品经营企业合作，利用其现有网络开展规定目录内的非处方药品销售试点，引导药品流通企业积极开展“马背药袋”和“乡村药柜”等便民经营模式，实现药品流通对基层、对夜间等的有效覆盖。

发展特色和多元化经营。大力扶持“中华老字号”，“四川老字号”药品流通企业，促其进一步在继承传统的基础上创新发展，发挥品牌效应，拓展特色服务。支持专业化和有特色的中小药品经营企业积极探索适合自身发展的经营模式，实现差异化经营，做精做专，满足多层次的市场需求。积极推动藏药等民族特色药品流通，引导藏药主产区和集散地发展批发市场、物流配送中心，促进民族特色药品产业化发展。

保障应急供应。建立中药材重点品种储备制度。按照国家和省应急战略储备的统一规划和部署，做好药品流通环节的实物和资金储备。根据各类突发事件的特点，建立相应的应急保障机制。对短缺的药品品种、依赖进口原料品种、血液制品以及濒危中药材品种等应急所需的品种要适当增加储备，保障药品的应急供应。

（二）大力发展现代流通方式，创新营销模式

大力发展连锁经营。鼓励药品连锁经营企业采用统购分销、统一配送、统一质量管理、统一服务规范、统一联网信息系统管理、统一品牌标识等方式，发展规范化连锁经营。鼓励具备条件的连锁企业开办直营门店，提高连锁经营质量；按照《商业特许经营管理条例》和药品流通的有关法规，加强对特许经营连锁药品流通企业的管理，促其依法规范经营。积极探索新型连锁模式。

创新营销服务模式。鼓励批零一体化经营。引导药品流通企业认真研究国家实施基本药物制度等医改政策给行业带来的变化，调整药品销售结构；适应城乡居民消费需求的变化，借鉴快速消费品的有效营销服务模式，探索药品流通新的经营方式，提高服务能力，增强服务功能，提升企业盈利能力。鼓励药品零售企业开展保健品、药妆、医疗器械销售和健康服务等多元化经营，满足群众自我诊疗和康复保健等多方面需求。

积极发展电子商务。鼓励已获互联网药品交易服务相关资质的药品流通企业规范发展，采取与品牌电子商务平台开展合作、合资、参股等方式，做大规模，做强企业；适应电子商务迅速发展的趋势，鼓励经营规范的药品流通企业创造条件，取得相关资质，开设网上药店，开展网上交易服务，拓展销售渠道，扩大销售规模。

（三）加快物流建设，提升现代化水平

积极引进和运用现代物流技术。积极引进和运用立体库堆垛机系统、环形无人自动搬运车系统、入出库输送机系统等物流先进技术和设备，鼓励使用现代物流信息技术，提升我省现代药品物流水平。引导药品流通和物流企业在仓储、运输等物流过程中，针对医疗用毒性药品、麻醉药品、精神药品、放射性药品和生物制品等药品的特殊性，制定相应的物流技术保障措施和制度，保证药品的安全性和有效性，配送的及时性。

加快发展第三方物流。在满足医药物流标准的前提下，积极发展医药第三方物流企业，减少流通环节，降低流通成本，提高流通效率；鼓励大型药品流通企业的物流功能社会化。随着医药卫生体制改革深入推进和医药分开的逐步实施，鼓励药品流通企业参与医药物流延伸示范工程，托管医院药房，通过信息化手段将物流服务延伸到医院的药库、药房直至病区，使医院的药品管理实现信息流、物流、资金流的整合。

大力发展现代中药材批发市场。积极引导成都中药材专业批发市场规模化、现代化、信息化、规范化发展，提升其核心竞争力，实现中药材专业市场的再次产业升级。完善该市场的“空中电子商城”建设，提高市场的辐射力和带动力，力争五年后年贸易总额达到180亿元人民币，成为全国中药材专业市场的标杆。引导具备条件的地区，发展药品交易集散市场。

加快信息化建设。鼓励药品流通企业运用现代信息技术，发展基于信息化的新型电子支付、电子结算和电子交易等方式，降低交易成本。构建全省药品市场数据、电子监管等信息平台，推进四川药品流通产业发展，实现药品从生产、流通到使用全过程的信息共享和反馈追溯机制，以信息化建设促进医药流通行业发展。

（四）健全管理制度，规范流通秩序

完善行业规范。大力推动药品营销人员、代理商、企业医药代表等，严格按照国家相关资质管理办法和行为规范的要求，实行持证上岗和公示制度，依法依规销售药品和推广新药。进一步完善药品购销管理制度，促进药品流通企业合法经营，鼓励企业在规范经营的基础上改善服务设施，提升管理和服务水平。

规范流通秩序。配合有关部门严厉打击经营伪劣药品、商业贿赂、非法经营网上药店、发布虚假药品和保健品广告等违法违规行为，纠正医药流通中的不正之风，整顿规范药品市场。积极推动中药材溯源试点，探索运用信息技术建立来源可追溯、去向可查证、责任可追究的中药材流通追溯体系，促进中药材流通的高效、安全发展。

（五）强化诚信建设，加强行业自律

强化诚信建设。加强药品流通企业的诚信和职业道德教育，开展“诚信经营示范创建”等活动，以点带面，促进药品流通企业合法经营、诚实守信、管理规范、服务优质，积极履行社会责任。

促进行业自律。指导和鼓励有关行业协会与商会推广、制定有关行规行约，维护正常的经营秩序。加强信用知识的宣传、培训，帮助企业建立信用风险管理制度，探索建立行业信用评价体系，提高行业自律和信用水平。

（六）搭建服务平台，扩大对外开放水平

大力发展医药会展。实施“品牌化、专业化、国际化”战略，积极争取全国性医药商贸交易会、博览会、药品流通行业重要会议等行业重大会展活动落地成都；依托四川作为药品流通的产销大省、“中药之库”、“中药之乡”等优势，以“产业基础+会展服务”，举办定期和不定期的医药商贸会展活动，将成都建成中国西部医药会展中心。推动条件适宜的地区举办区域性的药品流通博览展会或研讨会等。依托实体展会，创新服务形式和内容，走线上线下相结合的发展道路，发展网上展会，不断提高我省医药会展的水平，推动我省药品流通企业的对外交流，提升行业发展水平，促进我省医药流通产业的发展。

鼓励发展交易平台。借鉴国内外平台运营的创新模式，进一步推动我省医药、中药材电子商务平台发展，建立药品交易、投融资合作、信息交流、政策发布等多层次、多功能交易平台或中心，在西部地区乃至全国起到示范效应，引领药品流通行业创新发展。

积极“引进来”。大力发展开放竞争的药品流通市场，吸引国内知名药品流通企业来川开设连锁门店、建设配送中心，参与药品流通企业兼并重组，拓展业务；吸引国际知名品牌药品流通企业按照有关政策来川投资发展；学习借鉴国外和发达省市知名药品流通企业的先进管理经验和营销方式，提升我省药品流通行业现代化水平。

鼓励“走出去”。大力发展东盟等华人集中的新兴市场，扩大中药材等特色医药产品的出口，力争在“十二五”期间，全省医药产品的出口增幅保持在20%以上，到2015年，全省医药产品出口额突破4亿美元；积极发展医药服务贸易，鼓励有条件的药品流通企业“走出去”，参与国际药品采购和营销网络建设，促进生物医药技术进入国际市场，加强国际合作与竞争。

（七）加强行业基础建设

加强调查研究。指导全省商务主管部门深入基层和企业，加强对药品流通行业发展现状的调研，全面、及时掌握行业发展动态情况，形成行业管理思路，提出促进行业发展的政策建议，及时调控行业发展方向，引导行业健康发展。

建立统计制度。指导全省商务系统和我省的全国药品流通直报企业按要求报送相关数据，逐步扩大直报企业数量、提高报送质量，逐步建立我省药品流通统计运行监测制度，条件成熟时，制定药品流通行业年度推进计划并纳入目标考核。

建立信息发布制度。加强对统计数据的分析，探索建立四川省药品流通行业运行态势的分析、发布制度。不断完善“中国·成都中药材价格指数”编制和发布机制，提升权威性，发挥其对全国中药材种植和流通的指导作用。

推动标准建设。积极应用推广药品零售企业经营服务规范、医药物流服务规范、药品流通业分类分级、药品物流评估分级、药品统一编码、中药材商品等级等相关标准；条件适宜时，制订我省药品流通行业地方标准，促进全省药品流通行业标准化建设。

四、保障措施

（一）加强领导，建立行业管理的工作体系

将药品流通行业切实纳入商贸流通工作体系进行统筹规

划，根据行业发展情况，适时提出、制定出台促进药品流通行业发展的方针政策；健全工作体系，推动尽快建立省、市（州）、县（区、市）三级完整的行业管理工作体系；加强政策引导和宏观调控，遵循市场规律，发挥市场竞争机制，加强指导和统筹协调，加大服务力度，在探索中切实履行药品流通行业管理职能。

（二）加强引导，建立上下连贯、横向衔接的规划体系

各市（州）商务主管部门结合当地经济社会发展水平、医药卫生事业发展现状、城乡建设规划、人口增长和年龄结构变化，以及药品供应能力等实际，制订药品流通行业发展规划纲要，保证药品供应，建立促进全省药品流通行业持续健康发展的规划体系。

（三）综合协调，建立促进行业发展的政策体系

建立部门协作机制，加强与省深化医药卫生体制改革领导小组成员单位的工作对接，建立沟通和部门协作机制、合作机制和信息通报机制等，统筹协调药品流通行业的管理；密切跟踪医药卫生体制改革各项政策实施对行业的影响，研究提出对策和措施。研究制订鼓励性政策措施，鼓励企业运用现代流通方式和现代信息技术做大做强，完善相关基础设施，扩大药品流通覆盖网络。积极争取中央财政对药品流通发展的相关政策，争取地方财政支持，促进药品流通行业结构调整和药品供应保障体系建设。有条件的地方应争取财政、土地、金融、专项资金等政策，支持药品流通行业发展。

（四）培育引进，建设适应行业发展的人才体系

逐步完善药品流通行业人才培训机制，充分发挥我省大专院校、科研院所优势，加强产、学、研合作，建设一批高等院校、科研院所、职业技术学校、岗位培训等不同层次的人才培训基地，加快培养药品流通行业所需各类人才。鼓励药品流通相关人员考取职业经理人、执业药师等资格证；积极引进医药营销、医药流通企业管理等高层次、急需紧缺人才。积极探索我省药品流通人才队伍培养办法，支持和鼓励各种岗位培训；将药品流通行业专业技术人员继续教育和我省知识更新工程对接，以高级研修班为抓手，以提高能力素质为核心；不断提升我省药品流通行业人才队伍整体素质。

（五）发挥作用，建立促进发展的社会协同机制

大力支持医药流通、医药物流协会等中介组织发展，充分发挥行业协会服务、桥梁、纽带、维权、自律等方面的作用，鼓励协会开展行业调查统计、分析预测、培训交流、标准制定与推广等工作，在促进行业自律、诚信体系建设、维护企业合法权益等方面充分发挥作用；推动协会开展行业热点问题的调查研究，向政府提出行业诉求及相应的政策建议；及时了解国内外相关的行业信息，促进企业跨地区交流合作。

（六）加强跟踪，建立规划纲要的实施机制

各地药品流通行业主管部门应根据本规划纲要，结合实际，制定具体规划或贯彻实施意见。建立年度跟踪监督、中期评估和终期检查制度，加强对规划实施的检查；各项扶持政策的实施应符合规划确定的发展目标和重点领域。

贵州省药品流通行业发展规划（2011-2015 年）

贵州省商务厅

药品流通行业是关系人民群众安全用药、放心用药的非常重要的行业。为保证贵州省药品流通行业更好地适应国家医药卫生体制改革发展要求，依据《全国药品流通行业发展规划纲要（2011-2015 年）》、《贵州省国民经济和社会发展第十二个五年规划纲要》、《贵州省商务发展“十二五”规划》，综合谋划，编制《贵州省药品流通行业发展“十二五”规划》，规划期为 2011-2015 年。

一、贵州省药品流通行业发展现状

“十一五”期间，特别是医药卫生体制改革以来，贵州省药品流通行业进入了快速发展期，药品供应保障能力明显提升，覆盖城乡的药品流通网络基本形成。

（一）市场规模逐步扩大

2010 年全省医药商品销售总额达到 152 亿元，较上年增长 17%。“十一五”期间，全省医药商品销售总额复合年增长率达到20%。截至2010年12月，全省有药品批发企业183家，药品零售连锁企业49家，连锁药店门店1024家，零售药店门店总数8948家。

（二）行业集中度不断提高

纳入省医药商业协会统计的183户批发企业中，2010年主营业务收入5000万元以上的企业有47户，占全省医药商业销售收入的72%；主营业务收入超亿元的企业14户；排名前30位的企业销售额合计占全省医药商业销售总额的58%，排名前10位的企业销售额占全省销售总额的25%。

（三）行业管理初见成效

“十一五”期间，药品流通企业准入条件更加规范，新型药品流通方式逐步发展，省医药商业协会恢复成立并逐步发挥作用；执业药师队伍逐渐扩大。

（四）社会作用不断增强

一是就业人员增加，2010年，贵州省药品流通行业平均从业人员近4万人，较2005年增长30%，从业人员的增加有效的促进了就业，也更好的方便了群众购药、咨询。二是行业领军企业成为药品储备骨干，有效保障了应对抗震抗旱、甲型H1N1流感等突发事件的相关药品保障及供应。

贵州省药品流通行业在取得一定成绩的同时，仍存在不少制约该行业发展的突出性问题：一是行业主体小、散、弱。药品流通行业组织结构分散，现代化程度低，物流成本高；二是行业发展不均衡，城乡分布不合理，边远地区药品配送网络未能全面覆盖，需求结构与市场供给结构存在差异，同质化竞争突出。三是专业人才缺口大。全省零售药店总量8948家，仅有的1230名执业药师在药品经营企业执业的只占20%左右，按照“零售药店必须按规定配备执业药师为患者提供购药咨询和指导”的规定，缺口极大。四是流通秩序有待规范。针对药品购销领域出现的违法违规和市场交易秩序混乱的现象，部分管理措施有待健全和完善。

二、“十二五”期间贵州省药品流通行业发展形势

（一）政策机遇

“十二五”期间，随着国家新一轮西部大开发战略和贵州“大物流产业”战略的实施，《全国药品流通行业发展规划纲要（2011–2015年）》、《贵州省生物医药产业发展“十二五”规划》、《贵州省人民政府关于加快推进流通产业发展的若干意见》等政策文件的出台，贵州省药品流通行业将迎来“转方式、调结构、上规模”的重要战略机遇期。

（二）市场机遇

“十二五”期间，随着全省经济社会的持续快速发展和积累增加，人民收入水平的提高，医疗卫生体制改革深化和基本医疗保障制度覆盖率的加大，以及人民群众就医消费能力增大和城乡人口老龄化的影响等因素，均为贵州省医药市场扩大规模、迈上新的台阶提供了动力。预计到2015年，全省医药商品销售总额将突破300亿元，年均增长20%左右。“十二五”期间的巨大医疗消费潜能以及持续增长的消费需求，将给贵州药品流通行业发展带来新的机遇。

（三）挑战与机遇并存

随着国家医药卫生体制改革的不断深化，提升了行业做大中国医药市场的期望值，随之而来的国内、国际医药流通市场的竞争必将加剧，这一方面将强力促使药品流通企业优胜劣汰和新一轮的兼并重组，另一方面也将引发地方保护主义，影响统一市场的健康发展。从贵州的实际情况来看，由于贵州省药品流通行业基础薄弱，行业规模小，企业创新能力不强导致竞争能力弱，总体水平较低，短期内实现转型升级存在一定困难。贵州省药品流通行业持续健康发展面临严峻挑战。

三、指导思想和发展目标

（一）指导思想

紧紧围绕加速发展、加快转型、推动跨越的主基调，全面贯彻落实科学发展观，把确保人民群众吃上放心药、方便药作为工作的出发点和落脚点；以深化医药卫生体制改革、加快转变行业发展方式、促进行业可持续发展为主线，以做大做强龙头企业为支撑，以加强行业基层网络建设为重点，以规范行业经营秩序为手段，加快药品流通行业结构调整，提高药品流通体系的特色化、规模化、集成化、科学化、信息化程度，推进药品流通行业稳定持续健康发展。

（二）发展目标

形成1–2家面向国内市场、积极开拓国际市场，年销售额超50亿元的省内大型药品流通企业；培育2–3家年销售额超20亿元的省内药品流通骨干企业。

培育2–3家国内知名的药品零售连锁企业，每个企业拥有分店达到200个以上，并进入中国药品零售连锁百强企业；培育一批区域性药品零售连锁企业，每个企业拥有分店达到100个左右；全省连锁药店门店数占零售药店门店总数的比例由2010年的10%提高到40%以上。

四、基本原则

（一）以人为本，保障民生

把满足人民群众对医药资源的需求放在第一位，重点解决关系民生、公益的问题，确保人民群众买药方便、吃药放心，保证药品应急储备。

（二）政府引导，社会参与

加强政府在完善监管和服务制度、合理布局和统筹规划、筹集专项资金和指导储备等方面的职责，鼓励社会力量参与，创造公平、有序、高效的医药流通发展环境。

（三）优化结构，增强实力

按照扶优扶强，提高行业集中度和流通效率，保证市场供应的原则，稳妥推进、引导药品流通企业兼并重组；在培育大企业的同时，引导促进中小企业健康发展。

（四）统筹发展，扶持基层

坚持分类指导，城乡统筹，重点扶持、完善面向农村和边远地区的药品供应网络。

五、主要任务

（一）研究制定药品流通行业发展规划

按照规划先行原则，各市、州商务主管部门要依据当地经济社会发展水平、药品流通行业状况、医药卫生体制改革进展、城镇和住房建设改造规划、社区商业形态布局、人口密度及群众购药需求、医疗保险制度建设状况等制定本地区药品流通行业发展规划。重点是控制药品批发企业总量，合理设置药品零售门店，避免盲目投资和重复建设。要会同相关部门把规划作为行业准入的重要依据。

（二）加快行业结构调整

充分发挥市场机制在配置药品流通资源的基础性作用，打破地方封锁和垄断，鼓励公平竞争，实现优胜劣汰，促进药品流通资源的有效整合。支持优势药品流通企业通过收购、兼并、联合、参股、控股等方式，实现规模化、集约化、现代化经营。鼓励具有良好经营业绩的地、县级中、小医药流通企业之间的联合、重组、兼并、并购，整合，成为省内重要的区域性配送型药品流通企业，更好的发挥中小药品流通企业的基层渠道供应配送优势。要妥善处理好兼并重组过程中企业各种利益关系，保证平稳过渡。支持专业性或有特色的药品批发企业充分发挥其优势，做精、做细、做强。针对贵州省山区面积广大、大型医药批发企业直接经营配送成本高昂而难以完全覆盖的不足，推进建立医药批发企业的委托配送制。鼓励药品流通企业建设农村和边远地区的药品配送体系，向下延伸流通网络，消除药品供应死角。

（三）大力发展连锁经营

鼓励药品连锁经营企业采用统购分销、统一配送、统一质量管理、统一服务规范、统一联网信息系统管理、统一品牌标识等方式，发展规范化连锁经营。鼓励具备条件的连锁企业开办直营门店，提高连锁经营质量。加大支持药品连锁企业网点拓展力度，增设药品零售网点重点向药品零售连锁企业倾斜；鼓励有实力和管理规范的零售连锁企业，通过收购、兼并、控股等方式，扩大店面数量和销售规模，促进药品零售连锁经营尽快形成规模。鼓励品牌药品零售连锁企业向城郊结合部、边远乡镇增设网点。

（四）推进现代医药物流

积极引导药品流通企业和医疗机构对药品流通的过程实行流通再造，建立标准化、信息化、自动化、社会化的高效现代医药物流体系，逐步做到全过程信息共享和及时响应，使药品流通逐步达到无缝衔接。鼓励广泛采用先进的物流技术与装备，完善药品储存、运输条件，消除药品安全隐患。推进完善毒性药品、麻醉药品、精神药品、放射性药品和疫苗等特殊药品物流体系，应用实时监控的信息管理系统，实现全过程的可追溯，确保用药安全。

以贵阳市为中心，遵义市、黔南州为重点，鼓励支持国内有实力的医药流通企业采用现代信息技术和物流技术，整合物流资源，建设2–3个起点高、规模大、辐射力强的医药物流园区和医药物流配送中心。

支持第三方医药物流发展。支持铁路、公路、民航、邮政、仓储等物流企业在完善其服务医药物流的基础设施，满足医药物流的准入标准的前提下，充分利用现有物流体系的资源优势，开展面向医药生产企业和医疗机构的医药物流延伸服务，减少药品流通企业因配送药品产生的交叉运输和空车返程，提高经济社会效益。

（五）规范药品流通市场秩序

落实完善各项制度。根据行业特点和市场状况，结合国家相关规范与制度的出台，会同有关部门加强行业调研，共同研究制定贵州省药品流通行业管理实施细则，逐步做到行业的规范服务、规范经营。

加大执法检查力度。会同有关部门重点抓好药品购销管理，完善索证索票制度，实现票据来源可追溯，维护正常价格秩序。大力整治流通环节中“挂靠经营”、“代开发票”、“倒买倒卖税票”、经营假劣药品、商业贿赂等违法违规行为。加强对医药代理公司的管理和监督，规范“医药代表”和营销人员的业务行为。充分发挥12312商务行政执法投诉举报热线的作用，接受投诉举报，发动社会力量，加强行业监督。加大对企业的法制教育力度，增强企业守法经营意识。

（六）强化行业基础建设

落实行业统计制度。按照商务部药品流通企业报表制度的要求，建立健全直报企业和行业主管部门及有关方面共同参与的药品流通行业统计制度与网上报送平台，及时、规范地填报相关数据，保障药品流通行业统计工作顺利开展。依据统计数据和对企业的调研，及时进行行业运行分析，辅助政府决策，引导行业健康发展。

推动行业信用建设。加强药品流通行业诚信、职业道德教育和信用知识培训，支持行业协会开展“诚信经营示范创建”等活动，树立一批遵纪守法，诚实守信，管理规范，社会责任感强，自觉接受监督的示范企业。

提升行业服务能力。药品经营企业要提升药品供应保障能力，建立对客户需求的快速反应机制，保证药品及时、安全、足额供应；要按照规定配备执业药师或相关药学技术人员，建立以消费者为中心的服务理念，指导消费者安全、有效、合理用药；完善药品经营企业设施设备、营业场所环境、售后服务、24小时服务、从业人员、岗位责任、仪容仪表有关制度和规范。

六、保障措施

（一）加强领导，建立健全行业管理的工作体系

药品流通行业管理工作涉及人民群众切身利益，责任重大，各级商务主管部门要高度重视，健全工作体系，落实药品流通行业管理工作责任。将药品流通行业切实纳入商贸流通工作体系，围绕全省药品流通发展“十二五”规划，结合本地实际，深入调查研究，制定本地药品流通行业发展规划，明确发展思路和目标，提出工作措施。对“十二五”规划的实施，实行年度跟踪监督，定期评估和检查，确保工作计划和规划协调一致。各项扶持政策的实施应符合规划确定的发展目标和重点领域。

加强与相关部门的密切配合，按照部门职责分工，加强对药品流通行业的管理和服务，齐抓共管，共同开创药品流通行业发展的新局面。

（二）改善药品流通行业健康发展的外部环境

药品流通行业是药品供应保障体系不可或缺的重要环节，在医药卫生体制改革进程中，要进一步明确药品流通行业的地位，充分发挥药品流通行业的作用。要按照《中共中央、国务院关于深化医药卫生体制改革的意见》要求，会同有关部门逐步推动改革“以药养医”体制，完善定价、采购和医保付费机制，促进医疗机构按合同规定按期回款。在公立医院改革、鼓励社会力量举办医疗机构和加强基层医疗机构建设过程中，借鉴国际经验，发挥医疗保险对医疗服务和药品费用的制约作用。积极探索医药分开的有效形式，加快对符合GSP标准的药店赋予医保定点资格和处方药销售资格的步伐。鼓励患者凭处方到药店购药，促进医疗机构门诊药房的社会化。破除地方保护主义，促进全国统一市场的形成。保障药品流通企业平等参与招标采购等各项合法权益。密切跟踪医药卫生体制改革各项政策实施对行业的影响，研究提出解决问题的对策和措施。

（三）加大对药品流通行业发展的政策支持力度

会同有关部门认真落实国家对药品流通发展的相关政策，促进药品流通行业结构调整和药品供应保障体系建设。会同相关部门研究制订鼓励性政策措施，加大对重点医药物流园区建设、对农村和边远地区药品配送网络建设等项目和民生工程支持力度。

鼓励和支持药品流通企业利用产业基金、融资担保、信用保险、上市融资、应收账款和仓单质押等金融工具，多渠道筹集资金，加快改革发展步伐，做大做强。

（四）逐步完善药品流通行业人才培训机制

充分发挥贵州省大专院校、科研院所优势，加快培养药品流通行业所需各类人才。逐步建立健全药品流通职业经理人和其他从业人员的资格认证制度，逐步建立药品流通领域人才激励与约束机制。

（五）充分发挥行业协会的作用

指导帮助贵州省医药商业协会进一步加强组织建设，增强服务意识，提高为企业服务的能力。充分发挥协会在行业统计、行业培训、行业自律、交流合作、维护企业合法权益等方面的作用，并为行业协会参与政府决策咨询、反映企业诉求等方面的工作创造条件。

云南省药品流通行业十二五发展规划（2011-2015年）

云南省商务厅

药品流通行业作为医药产业发展的重要环节和关键领域，是链接上游生产企业和终端消费市场不可或缺的重要体系，是关系国计民生的战略性产业。加快发展药品流通行业，对于我省全面贯彻落实科学发展观，切实保障民生，培育和促进云药支柱产业发展具有重要而深远的意义。按照《国家药品安全规划（2011-2015年）》、《全国药品流通行业发展规划纲要（2011-2015年）》、《云南省国民经济和社会发展第十二个五年规划纲要》和《云南省生物医药产业发展“十二五”规划》精神和要求，结合云南药品流通行业发展现状、成功经验和困难问题，紧抓机遇、科学谋划，编制《云南省药品流通行业“十二五”发展规划》，规划期为2011-2015年。

一、云南省药品流通行业发展现状

"十一五"期间，特别是医药卫生体制改革以来，我省药品流通行业进入了快速发展期，不仅形成了基本流通框架体系，保障了药品基础供应和人民群众日益增长的用药需求，还探索建立了符合时代要求的运行体制和管理机制，为进一步加快发展奠定了良好基础。

（一）市场规模逐步扩大

根据省医药行业协会统计，2010年全省医药商品销售总额达244.77亿元，较2009年增长40%，是2006年销售总额的2.27倍，较"十五"末（2005年）增长172%。截至2011年6月，全省药品批发企业568家，药品零售连锁企业27家，连锁药店门店3855家，零售药店门店总数达14295家。

"十一五"分年度云南医药行业主要指标增长情况表

指标名称	2006年	2007年	2008年	2009年	2010年
主营业务收入（亿）	107.79	125.3	161	174.8	244.77
主营业务成本（亿）	97.33	111.2	143.56	154.9	220.69
利润总额（亿）	1.1	1.49	2.06	3.28	4.57
资产总额（亿）	62.93	70.42	77.12	68.1	127.85
负债总额（亿）	46.52	51.86	54.84	57.48	89.94
销售毛利率%	9.42	11.21	10.83	11.38	9.84
销售利润率%	1.02	1.19	1.28	1.87	1.87
平均职工人数（人）	21682	22163	22705	22524	27357

（二）行业集中度开始显现

纳入2010年省医药行业协会统计的315户批发企业中，主营业务收入5000万元以上的企业有74户，其销售收入占全省医药商业销售收入的84.89%；主营业务收入超亿元的企业35户，排名前30位的企业销售合计占全省医药商业总销售的71.77%，排名前10位的企业销售总额占全省销售的55.44%，销售10亿元以上3户，其销售额占全省医药商业销售总额的31.3%。利润1亿元以上的3户（云南省医药有限公司、云南鸿翔药业有限公司、东骏药业有限公司），企业实现利润占全省医药商业实现利润总额的63.89%。

（三）体制机制初步理顺

"十一五"期间，除东昌医药等三家药品经营企业合并成立股份有限公司外，多家企业也为进一步提升竞争力进行了并购、重组的前期工作。国药集团控股云南药品经营公司使沿海第三方物流进入云南，鸿翔、健之佳、东骏等具有一定规模的商业企业通过股改引入战略合作伙伴开展上市前各项准备，九泰、佳能达等一批医药民营企业开始研究组建大型医药商业企业集团。同时，药品流通企业准入条件更加规范，新型药品流通方式逐步发展；物流畅通、运转便捷的专业化现代医药物流体系正在建立；全省共核准116家药品信息服务网站、6家药品交易服务网站，监管措施进一步完善。

（四）行业管理初见成效

一是2007年云南省医药行业协会成立并逐步发挥作用，加强了行业统计和信息数据平台网络建设，提升了产业发展监测和研究的能力，向政府和医药企业提供了双向服务。二是2011年初成立云南省生物医药产业发展领导小组，并组建了云南省生物医药产业发展专家咨询委员会，同时推出了培育市场环境、加强市场监管和安全管理等9大扶持政策，加强了政府宏观指导和管理。三是在全国首家制订了地方性药品管理条例，率先开展地方药材标准研制，采用信息化监管等措施对药品行业加强了监管力度，构建了药品监管的长效机制。

（五）人才队伍逐渐扩大

目前，我省共有执业药师3099名，备案从业药师1128名。此外，2004年以来，云南省在药品零售企业推行药师协理从业资格制度，药师协理已达16908名。随着执业药师、从业药师、药师协理数量增加，我省医药流通行业人才队伍逐步扩大，人才素质不断提高，有效降低用药不合理、用药不安全的风险，对促进我省药品零售行业健康、有序发展发挥了积极的作用。

（六）社会作用不断增强

一是2010年云南药品流通行业平均从业人员27357人，较2006年增长26%，有效促进了社会就业，方便了群众咨询、购药和用药。二是通过鼓励药品批发企业托管乡镇卫生院和村卫生室，支持药品零售企业向农村延伸网点，全省行政村以上药品监督网覆盖率达98.5%，供应网覆盖率达95.5%。三是在政府有关部门的领导和委托下，部分企业成为药品储备骨干，有效保障了抗震抗旱、甲型H1N1流感等突发事件的相关药品保障及供应。在肯定我省药品流通行业取得一定成绩的同时，我们不得不看到一些制约行业长足发展的突出问题：一是行业主体小、散、弱。云南药品流通企业数量不少，但单企规模都不大，批发企业数量仅占全国总量4%，利润1亿元以上仅3家，流通组织结构不甚合理，创新能力弱，难以实现规模经济。二是行业管理部门缺位。省药监局作为行政执法部门进行药品市场监管，药品流通行业主管部门却一直处于缺失状态。三是行业发展不均衡。首先是城乡分布不合理，欠发达地区药品配送网络未能全面覆盖；其次是流通结构不合理，需求结构与市场供给结构存在差异，经营单一，同质化竞争突出。四是专业人才缺口大。我省执业药师起步较晚，执业药师的人数还远远不能满足社会的需求，按照“零售药店必须按规定配备执业药师为患者提供购药咨询和指导”的规定，全省零售药店总量1.4万余家，仅有3千余名执业药师，缺口就高达1.1万人。五是行业统计制度不完善。行业协会目前对药品流通企业的统计仅限于部分登记批发企业，统计范围小，统计数据信息的规范度、准确度有待提高。六是流通水平组织化、现代化程度低。药品流通行业组织结构分散，医药流通现代物流发展滞后。

二、“十二五”期间云南省药品流通行业发展形势分析

在全球药品市场将保持快速扩张的强烈预期下，我国深化医疗体制改革将进入关键时期，生物医药产业作为我省重点扶持的特色领域，药品流通行业发展的空间会更加广阔。

（一）政策机遇

在国家医药卫生体制改革和培育战略性新兴产业的重要背景下，新一轮西部大开发、面向西南开放的重要桥头堡建设、“流通活省”等重大战略深入实施，对云南药品流通行业的发展提出了新的要求。省第九次党代会勾画了未来五年云南经济社会发展的宏伟蓝图，提出了科学发展、和谐发展、跨越发展的全新思路，明确了地区国民生产总值、人均国民生产总值、固定资产投资和财政收入四个“翻番”，城镇居民人均可支配收入、农民人均纯收入两个“倍增”。这些都为全省医药流通行业发展提供了新的机遇和政策支持，云南将迎来药品流通行业转方式、调结构的黄金期。同时，《国家药品安全规划（2011-2015年）》、《全国药品流通行业发展规划纲要（2011-2015年）》、《云南省生物医药产业发展“十二五”规划》、《云南省人民政府关于加快推进流通产业发展的若干意见》的出台，从宏观的角度给我省药品流通行业的发展指明了方向、提出了要求，同时通过完善管理组织机构建立了良好的发展氛围，为我省制定符合自己实际情况的药品流通行业发展规划奠定了牢固的基础。

（二）市场机遇

随着我省经济的发展和人民收入水平的提高，医疗卫生体制改革逐步深入，基本医疗保障制度覆盖率不断加大，以及人口老龄化的影响，人均医疗卫生的投入逐年上升，为我省医药市场规模的增加提供了动力。2010年我省医药市场需求规模244.8亿元，预计将以每年20%的速度继续增长。巨大的医疗消费潜能以及持续增长的消费需求将给药品流通行业带来新的机遇。

（三）挑战与机遇并存

从全国来看，随着2009年医疗体制改革的实施，中国医药市场的期望值持续升温，随之而来的国内、国际市场竞争也必将加剧，一方面将迫使药品流通企业优胜劣汰，另一方面竞争也将引发地方保护主义趋势，进一步影响统一市场的发展。从我省实际情况来看，由于我省药品流通行业基础薄弱，行业规模小而散，创新能力不强导致竞争能力弱，总体来看水平较低，短期内实现转型升级存在一定困难。

三、“十二五”期间云南省药品流通行业发展的指导思想、基本原则和发展目标

（一）指导思想

“十二五”期间云南省药品流通行业发展的指导思想是坚持以邓小平理论和“三个代表”重要思想为指导，全面贯彻落实科学发展观，抓住新一轮西部大开发和建设中国面向西南开放桥头堡的机遇，把确保百姓吃上放心药、方便药作为出发点和落脚点，以深化医药卫生体制改革、加快转变发展方式、营造全国统一市场为主线，以加快药品流通行业发展为主要目标，以健全政府管理体制为重点，以完善行业标准、法律规范为手段，加快药品流通行业结构调整，着力增强做大龙头企业，着力发展云南特色中药材流通业，着力构建现代医药物流体系，着力建设专业人才队伍，着力规范药业统计监管，提高药品流通体系的特色化、规模化、集成化、信息化程度，立足云南，走向国内，开拓国际，把云南建设成为辐射周边的区域性医药流通中心。

——着力健全政府管理体制机制，提升行业管理能力。按照云南省机构编制委员会《关于明确药品流通管理职责分

工的通知》（云编〔2011〕7号）精神，云南省商务厅为云南省药品流通行业主管部门，负责研究拟定药品流通行业发展规划、政策和相关标准，负责推进药品流通行业结构调整，指导流通企业改革，提高行业集中度，推动现代药品流通方式的发展，建立统一开放、竞争有序的药品流通市场体系；会同相关部门研究制定药品流通行业管理制度和行为规范，配合省食品药品监督管理局打击药品经营违法违规行为；负责推进药品流通行业信用体系建设，指导行业协会实行行业自律和开展行业培训工作。要根据职责定位，建立健全商务部门与其他相关部门联系协调的体制机制，发挥各自职能，加强协调配合，共同做好云南省药品流通管理工作。

——着力培强做大流通主体，增强企业竞争实力。鼓励和引导具有一定规模、成长性好的企业通过参股、控股、承包、兼并、收购、托管和特许经营等方式，形成业务突出、管理先进、创新力强、营业额高的大型药品流通企业。积极扶持有特色的中小企业发展，在企业融资、技术引进、人才培训、信息共享、开拓市场等方面给予支持。

——着力突出特色，完善网络，建设高效物流体系。充分利用我省中药、民族药和天然药资源优势，在基础设施、流通网络和园区基地建设等方面，充分考虑傣药、彝药、苗药、藏药等特色药品的流通保障。同时，鼓励大型药品批发企业发展现代医药物流中心，中小型企业向配送中心过渡，积极培育和扶持第三方医药物流企业发展，加快建设医药物流园区，推进物流标准化建设，大力发展国际医药物流。

——着力打造专业人才队伍，营造人才发展环境。以适应药品流通现代化发展的需求为导向，造就一支数量规模适宜、素质能力优良、结构分布合理的医药流通行业人才队伍。加强技能教育培训，提高基层药品流通管理人员的专业素质和技术水平，优化药品流通行业人才的知识结构和专业结构。建立激励与约束机制，引进全方位、复合型药品流通行业高端人才。

——着力规范行业统计监管，引导市场健康发展。完善医药流通行业统计体系，全面掌握我省药品流通企业从业人员、经营品种数量、销售额、利润率、上缴税金等情况，为行业管理制定政策提供基础材料。建立药品流通领域监管的长效机制，进一步整顿和规范市场秩序，加强药品流通行业诚信体系建设，促进药品流通市场健康有序发展，为百姓购药提供安全、便利的环境。

——着力开拓省外市场，加快“走出去”步伐。充分发挥云南省资源和区位优势，统筹国内国外两个市场，做好医药产品出省和出国工作，使云南医药产品“走出去”能力逐步提升。加快云药乃至中药标准体系认证推广，打造云南省医药流通企业知名品牌。以云南省本土市场需求为中心，开拓省外及东南亚、南亚等国际市场，巩固医药战略原料来源，实现“走出去”与“引进来”协调发展，形成开放竞争的市场格局和可持续的发展空间。

（二）基本原则

——以人为本，保障民生。把人民群众对医药资源的需求放在第一位，重点解决关系民生、公益的问题，确实保障百姓买药买得方便、吃药吃得放心。

——政府引导，社会参与。加强政府在完善制度、科学规划、筹集资金、公共服务、监督管理等方面的职责，同时充分发挥市场资源配置的基础性作用，突出企业的主体地位，鼓励社会力量参与，创造一个公平、有序、高效的竞争环境。

——优化结构，增强实力。按照扶优扶强，提高行业集中度和流通效率的原则，积极稳妥推进药品流通企业兼并重组，在培育大企业的同时，引导促进中小企业健康发展。

——立足省情，突出特色。坚持因地制宜、分类指导，发挥地方积极性，推动中医医药、民族医药等具有地方特色和优势的药品流通领域的发展。

——统筹兼顾，扶持基层。统筹城乡和区域协调发展，夯实基础、扶持基层，完善农村和边远地区的药品供应网络。

（三）发展目标

——到2015年，全省医药商品销售总额突破500亿元，年均增长20%；销售超亿元的药品批发企业年销售额占药品批发总额80%以上，销售超亿元的药品零售企业年销售额占药品零售企业销售总额50%以上。

——到2015年，培育1-2家年销售额达百亿的大型医药商业集团；培育6-8家年销售过十亿的区域性大型医药企业。

——到2015年，建立4-5家国内外知名的医药零售连锁企业，每个企业拥有分店达到1500个以上，并进入中国药品零售连锁百强企业；建立10-15个区域性医药零售连锁企业，每个企业拥有分店达到100个左右；云南省连锁药店门店数占零售药店门店总数的比例由2010年的26%提高到50%以上，区域内主流连锁企业市场份额在60%以上。

——到2015年，执业药师总量达到7000人左右，较2010年增长3000人，其中本省通过执业药师考试2000人左右，省外引进1000人左右；到2015年，医药人才总数达到3.6万人，比2010年增长1.4万人，基本满足云南省医药流通行业发展的基本需求。

——到2015年，乡、镇级药店密度（常住人口/药店总量）达到4000人/店；全省农村药品配送到县、乡和行政村的县市达到100%，农村药品连锁企业“进县到乡（镇）”的县（市）达到100%以上。

——到2015年，建立云南省药品流通行业统计监测网络报送平台，发展1-5家大型企业全面采用现代信息化非平台型综合医药商务模式；建立 1–3 家大型第三方医药网络交易平台；发展 3–10 家零售连锁企业形成覆盖全省的网上药店。

四、“十二五”期间云南省药品流通行业发展的主要任务

（一）做强做大药品批发企业，提升行业总体竞争力

1. 引导药品流通批发行业资源整合。一是充分发挥市场机制基础性作用，引导和鼓励药品批发企业通过兼并、收购、重组、参股和控股等方式，自主形成以大型医药批发企业为核心的经济性垄断，打造云南省大型药品批发企业，提高企业的市场占有率、市场控制力和赢利能力，降低单位成本，营造高效有序的市场氛围。二是鼓励通过差异化竞争、品牌竞争，提高市场份额和市场控制力，逐步形成一批立足省内市场，面向国内市场，积极开拓东南亚、南亚等国际市场的多元化经营、网络覆盖完善的大型药品流通企业和区域性药品流通企业。依托大型医药流通企业整合药品零售终端，减少中间环节，扁平化药品流通渠道。三是鼓励医药批发企业扶持、发展大客户，以“少环节、短距离、低成本、高效率、信息化”整合商品流、资金流、信息流，以大流通渠道完成产品分销、资金周转、信息交换和服务传递，逐步推进厂商之间、商商之间强强联合的双赢模式。四是引导和鼓励中、小药品批发企业实施差异化竞争，创新特色，做精做专。支持中、小药品批发企业之间的联盟，促进专业化、集约化和规范化。

2. 规范和提升行业准入技术标准。一是加强大型医药批发商与医药制造商、零售商合作，通过高效、专业物流配送服务，争取供应链优化提升。二是在医药采购集中招投标同时，一并进行医药物流配送的投标。推行网上公开招标模式，促使药品流通企业加快信息化管理、电子商务平台建设和发展现代医药物流中心。三是建立云南省药品批发企业的分级备案制度。根据国家药品流通行业经营、服务标准规范，结合行业业态、规模、现状和发展趋势，商务部门制定《云南省医药流通企业分级备案办法》，加强行业规范服务和规范经营。以 GSP 专家、物流专家、药品流通企业、行业协会等为依托，组建云南省药品流通企业分级管理认证中心，强化对全省药品流通企业的分级认证和经常性考核，并以此作为商务部门采取扶优罚劣相关措施的基本依据。药品流通企业取得药品经营许可证和 GSP 认证验收后，同时应报送商务部门备案，并通过主动申请分级认证，获得商务部门相关支持，纳入商务部门的管理范畴，同时，商务部门应建立完善药品批发企业的退出机制。四是以配送快捷、准确和低成本为目标，提升分阶段、分层次的科学物流管理，促进医药流通组织结构向规模化和集约化发展，提高行业集中度、透明度、信用度和安全度，促进行业结构优化与升级。

3. 逐步实现药品大流通格局。一是对药品批发企业规模化发展给予相应的政策支持，营造企业跨区发展的更宽松的政策环境。确定 5–8 家承担全国医药物流需求的大型流通企业，支持跨区域和跨省经营及收购兼并。二是建设六大药品批发配送中心。加快建设滇中药品批发配送中心、以大理为中心的滇西次级药品批发配送中心、以个开蒙建为中心的滇东南次级药品批发配送中心、以丽江为重点及香格里拉、六库点状布局的滇西北次级药品批发配送中心、以景洪、思茅、临翔为中心的滇西南次级药品批发配送中心和以昭阳为中心的滇东北次级药品批发配送中心。三是健全全省药品供应保障体系。每个地级市培育 1–2 家具有现代医药物流能力的批发配送企业，形成大、中、小企业协调发展，遍及城乡的药品流通网络。结合国家基本药物制度，充分利用“万村千乡市场工程”等现有流通网络资源，完善农村和广大山区、偏远地区的“放心药”供应网络，保障人民群众用药的可达性和安全性。四是针对云南省“少、边、穷”、山区面积广大、大型医药批发企业直接经营和配送成本高昂而不可能完全覆盖的困境，建立医药批发企业的代理配送制，使市、县级中、小型医药批发企业逐步有序向区域性基层医药配送中心转型，实行统一进货、统一市场营销、统一核算和规模化经营。五是鼓励市、县级中、小医药企业之间的联合、重组、兼并、并购，以吸引上游供应厂商的品种、价格等支持，并充分利用企业资金实力和规模效应，不断兼并和收购配送“盲点地区”中小企业，形成上游资源和市场资源的共享，增强整体效应和配送规模。对于积极向边缘山区布点的企业，给予相应的政策和资金支持。

（二）创新药品零售业态，完善药品流通末端网络

1. 加快药品经营连锁化发展。以大型药品零售连锁企业为重点，探索特许经营、参股经营、控股经营、品牌嫁接等多种合作经营模式，开拓省内、外市场新的连锁网点。扶植发展药品连锁协会等自律性组织，发挥行业内部协调和自律作用，引导行业学习先进的零售管理模式，倡导树立良好的企业道德，实现行业资源集约化经营和有效运转。构建集中采购、科学管理、服务规范、统一品牌的连锁经营模式。发展规范化连锁，树立品牌形象，拓展跨区域和全国性连锁网络，形成医药连锁商场、连锁超市和普通商业中 OTC 连锁专柜等相互补充良性格局，逐步改变医药零售业形态单一和布局过于集中的局面。

2. 深入开展“方便药、放心药”服务体系建设。引导新建居民区、城郊结合部、农村地区等区域开设零售药店（或设立 OTC 药品专柜），大力发展城镇社区和农村地区药品流通业，延伸销售与配送网络，合理配置社会资源，实现药品流通对基层的有效全覆盖。支持药品连锁药店接手经营社区

医疗机构和乡、村卫生站（所）药房，鼓励和支持中、小型药品零售企业在广大边远农村开设连锁药店（或设立 OTC 药品专柜）。鼓励药品零售企业因地制宜地采取直营连锁、特许连锁等多种连锁管理形式，打破行业界限、部门界限、地区界限及所有制界限，在更大的区域范围内增加门店数量和 OTC 药品专柜数量。

3. 推行药品零售业星级化管理。在国家已出台的相关制度和标准基础上，制定《云南省药店分级管理标准实施细则》，明确不同级别药店的经营范围，保障公众用药安全、高效、快速，促进药品零售行业规模化发展。积极推行药品零售企业诚信星级管理，建立药品零售企业星级管理信息平台，真实记录药品购进、验收、保存等完整信息，建立面向公众的公开、透明的“药管家”信息平台。开展药品零售企业分级管理定期评估，评估结果及时向公众发布，主动接受社会监督，以此作为商务部门对有关企业采取扶持、限制甚至退出措施的依据。

4. 建立多元化药品零售市场体系。鼓励医保支付平台和监管机制创新，探索药店从单纯满足自我药疗、处方用药的“治病购药”传统药店向以“服务健康”为核心内涵的大卖场演变，拓展药妆、保健品、医疗器械、日用商品销售和健康服务。推进医药零售逐步向大型医药商场、连锁医药超市、综合商场、普通超市、宾馆、车站、机场药品专柜及非连锁单独门店等渗透，形成各具特色、优势互补的药品零售新格局。结合云南大力开发天然药物、中药和民族药的契机，支持有经营特色和老字号药店创新发展，发挥品牌效应，做精、做细、做强，拓展特色服务。支持云南天然药物、中药、民族药等特色药店建设，形成各具特色、优势互补的零售业格局。充分发挥药品流通企业的药品代理、产品推广、品牌建设的功能，拓展国内外市场，拉动云南生物医药产业发展。

5. 鼓励种植、加工、生产、销售一体化模式。鼓励向药材种植、加工、生产方向延伸价值链，形成各具特色的集药材种植基地、生产加工中心、批发、零售为一体的云南省药业发展模式，促进云南药业的产供销一体化深入发展。建立医药流通批发商、医药生产企业与连锁药店之间的经营战略合作，提高流通渠道运作效率，实现整个医药行业信息、资源整合，加快医药行业的规模化、集约化发展。逐步提高云南省药品零售业连锁经营的管理和决策水平，提高企业参与国际市场竞争的能力，促进区域内药品零售业的发展，逐步形成“统一开放、竞争有序”的药品零售市场。

6. 积极推动零售连锁企业发展网上药店。根据国家有关部门已经出台的相关制度，结合云南省的实际，制定云南省零售连锁企业发展网上药店的相关管理办法或实施细则，建立一套可行的云南零售企业网上药店认证程序和评星评级制度，特别是诚信经营管理体系，营造良好的药品网上诚信购物环境。建立网上药店管理信息系统，通过药品资料、药品交易、会员管理、操作管理等达到对网站的系统管理。鼓励和重点支持发展具有云南特色的天然药物、中药、民族药及其相关的保健品、洗化用品、医疗器械等网上交易，突出云南网上药店的功能、特色和优势所在，满足药品流通企业和广大消费者的网络交易需求。

（三）发挥优势，抓住机遇，提升药品流通企业“走出去”能力

1. 积极拓展药品流通国际市场。充分利用云南资源和区位优势，抓住西部大开发和建设中国面向西南开放桥头堡的战略机遇，积极稳妥地推进云南省药品流通领域的对外开放，支持有条件的药品流通企业在立足全省、走向全国的前提下，以各种方式积极开拓东南亚、南亚等国际市场。加快对外开放合作，合理利用国际资源，打造国际化的药品流通企业品牌，提高药品流通企业国际竞争力。

2. 引导境外投资和拓展国外销售渠道。积极开展云南省药品批发、零售企业国际市场开拓的前期调研，深入了解境外药品市场发展状况、药品流通方式、准入条件、药品代理及其相关政策。鼓励企业建立自己的境外销售终端服务机构和营销网络。加强与周边国家的合作与交流，特别是当地药品流通企业的交流与合作，推动云药乃至中药标准体系的国外认证，从体制和机制上为药品流通企业“走出去”创造良好条件和营造环境。

3. 搭建多功能服务促进平台。充分发挥政府部门和行业协会作用，建立药品交易、投融资合作、信息交流、政策发布等多层次、多功能平台，服务企业发展。积极发展面向东南亚、南亚等国家的国际药品交易和医药会展经济，为云南药品生产、流通企业和与会机构提供交流平台和重要窗口，促进对外贸易、中西药、产供销协调发展，加快国内外市场融合。加大药品流通信息化建设，积极推进药品批发国家级通关口岸建设，强化云南天然药物、中药材、民族药集散功能，打造以云南天然药物、中药材、民族药为主体的、立足全省，走向全国、面向国际市场的大型药品批发中心。

4. 鼓励多种方式开拓国际市场。鼓励有实力的药品流通企业通过新建、收购、境外上市等多种方式，到境外开展业务，参与国际药品采购和营销网络建设，参与国际竞争；以选择东盟等发展中国家、经济落后国家市场以及欧美等地的次级零售商为合作伙伴，作为向海外市场发展的突破口，占领市场空隙，争取主动，或与实力强劲的零售企业合作进入欧美等发达国家市场。

（四）发展现代医药物流，提高药品流通效率

1. 大力培育和发展现代医药物流。支持云南省医药物流资源进行整合，进一步优化资源配置，提高资源运营效率。

在规划中的核心医药物流圈、物流枢纽城市、物流园区等重点节点区域，支持年销售额在10亿元以上的药品流通企业建立大型现代物流中心，鼓励中小型药品批发企业向大型药品批发企业或边远地区药品配送基站转型，探索药品生产企业、批发企业和零售企业共同组建大型医药物流中心，实施生产、批发、零售综合化发展，完善我省现代医药物流配送体系网络。

2. 基于供应链一体化发展第三方医药物流。鼓励医药企业逐步将原材料采购、药品仓储运输等物流服务分离出来，由第三方医药物流企业承担。引导医药企业与第三方医药物流企业建立战略性伙伴关系，充分利用社会化的医药物流设施和服务资源。鼓励通过兼并、收购、合资等形式，实现社会仓储、养护、运输等物流资源优势互补。充分利用邮政、快递等物流企业在仓储、封装、配送、运输和信息等方面的基础优势，发展邮政等第三方医药物流。

3. 加速发展国际医药物流。结合昆明建设面向西南开放的区域性国际城市，开拓东南亚、南亚等国际区域医药物流市场。在昆明、瑞丽、景洪、河口等地设立口岸国际医药物流中心，提供药品流通加工、药品运输、报检、报关等一体化服务。在周边国家发展医药物流节点和合作伙伴关系，形成以区域合作为基础的医药物流区域联盟和国际区域绿色通道，保障国际大通道沿线区域进出口药品畅通无阻，实现无障碍国际医药物流。

4. 打造一个核心圈、三大枢纽、五大物流区医药物流基础布局。建设以昆明为中心、滇中城市群为依托的滇中医药物流核心圈，重点建设昆明呈贡新城、玉溪滇南、楚雄和曲靖医药物流园区，实现国际集装箱多式联运、中转及第三方物流功能汇集。建设昆明、大理和蒙自三大医药物流枢纽，加快满足多式联运需要的交通基础设施建设，完善区域性转运型枢纽和公共医药物流信息平台建设。依托全省公路、铁路、港口、空港等区位优势，布局五大医药物流区：以大理为核心，辐射丽江、怒江及迪庆地区的滇西北医药物流区，重点规划发展大理中药物流中心；以瑞丽、孟定为核心，辐射德宏、保山、临沧等州、市的滇西医药物流区，重点规划发展德宏瑞丽口岸和临沧孟定口岸医药进出口物流中心和检测中心；以景洪港、思茅和景洪机场为核心，发展辐射东南亚国家的滇西南医药物流区，发挥水陆空综合运输优势，重点规划发展磨憨口岸医药物流中心以及天然药、民族药物流中心；以"个开蒙"城市群为核心，辐射文山、弥勒、河口、麻栗坡、金平等城市的滇东南医药物流区，依托河口、天保等口岸，重点规划发展三七等云南道地药品集散、中转、配送物流中心；以长江、内昆铁路、昆水公路为依托，以昭通为中心、水富为重点的滇东北医药物流区，重点规划发展天麻等云南道地药品集散、中转、配送物流中心。

5. 着力发展医药物流信息技术和现代科技。按照现代物流的要求，采用较先进的信息技术系统、计算机仓储管理系统，加快建设医药物流基础通信、资金结算与支付、通关、定位与跟踪、市场交易等平台，实现仓储自动化、配送自动化、运输自动化。发展基于信息化的新型电子支付和电子结算方式，降低交易成本。积极探索使用无线射频（RFID）、全球卫星定位（GPS）、无线通讯、温度传感等物联网技术，不断提高流通效率，降低流通成本。促进使用自动分拣、冷链物流等先进设备，加快传统仓储、配送设施改造升级。完善医疗用毒性药品、麻醉药品、精神药品、放射性药品和生物制品等特殊药品物流技术，确保质量安全。

6. 推进医药物流标准化建设。参照国家医药物流管理及技术标准，推进云南省医药物流管理及技术地方性标准的制定与实施。引导企业采用标准化、系列化、规范化的运输、仓储、装卸搬运及条形码等技术，重点解决国内和国际物流各环节之间的配合性问题。探索将医药物流设施设备标准化作为行业市场准入的必要条件，有计划、分步骤地实施标准化规划。开展医药物流标准术语、计量与设施技术标准、数据传输标准、医药物流运作模式与管理标准的普及工作，积极推动托盘、集装箱、各种物流装卸设施、条形码等通用性较强的物流技术和装备标准化。

（五）加强药品流通行业监督管理

1. 建立完善药品流通行业规范。结合行业特点和市场需求，借鉴国际先进经验，建立药品流通业态分类分级、药品统一编码及现代流通设施与信息化、中药材商品等级、职业经理人与从业人员资质和岗位规范、企业经营服务、信用建设和社会责任等相关规范。研究制定药品批发企业营销人员、药品生产企业和代理企业医药代表的资质管理办法和行为规范，实行持证上岗和公示制度，保证依法依规销售药品和推广新药。

2. 切实履行药品流通行业管理职责。充分发挥12312商务行政执法投诉举报热线在药品流通领域监管方面的作用，完善投诉举报的受理、处理、移送和反馈机制，强化对药品流通行业的执法监督，同时，加强商务部门与卫生、食品药品监督管理、工商和质量技术监督等部门的联系与合作，推动联合执法，发动各方面力量，加大对药品流通行业的社会监督，充分保证药品流通市场的秩序。

3. 建立全省药品流通行业统计监测网络报送平台。2012年末确定行业统计指标和数据报送样本企业，2015年建成完善的云南省药品流通统计报表制度，及时掌握行业运行和发展的全面信息，形成每月、半年、全年药品流通情况分析报告，定时向有关部门、报送企业进行通报，为主管部门决策提供参考，更好的引导企业发展。

（六）启动"药品流通信息系统"建设

1. 推进药品流通信息化监管。研究制定"药品流通信息系统”中心系统建设方案，全面推进生产、批发零售、医药物流企业进出货信息自动传报管理。建立药品流通市场运行信息检测、预警体系，构建全省药品市场数据、电子监管等信息平台。积极探索使用全球卫星定位系统，跟踪药品流通的空间流通状态，结合温度传感等物联网技术，为药品流通监管提供全方位信息。对医疗毒性药品、麻醉药品、精神药品、放射性药品和生物制品等特殊药品实行更加严格的物流信息化监管，实施药品信息时效反馈追溯机制。加快完善药品统一标准化编码，完善药品购销管理制度，建立药品销售终端联网销售机制。到 2015 年，基本实现药品从生产、流通到使用全过程的信息共享和反馈追溯机制。

2. 建立药品流通企业信息化系统。鼓励和支持药品流通企业采取企业物料需求计划、资源计划管理系统、供应链管理系统，推进信息化改造，提高信息管理与网上贸易水平。支持大型药品流通企业采取现代信息化非平台型综合医药商务模式，开展现代化物流技术的医药配送业务、第三方医药物流代理配送业务、信息化管理的医药分销和连锁零售业务，促进自动化立体仓库、电子标签辅助拣选、自动分拣、先进的输送系统、仓库管理系统、货位精细管理等技术的应用。到 2015 年，实现全省药品流通企业包括传统中药材流通企业和医药物流企业的电子商务。

3. 促进第三方医药网络供应链平台建设。整合利用现有 3 家网络交易平台，通过网络技术将分散批发零售企业与市场联系起来，提供药品信息发布、在线采购、在线交易、在线支付、药品跟踪、配合地面仓储和物流等医药流通全程服务，实现信息流、资金流、物流高度协同的医药电子商务服务。通过对企业发布信息的监管和在线交易的履约情况等，开展企业诚信评估，引导行业诚信经营，健全行业诚信体系，建立药品市场主体信用数据库。

4. 搭建药品流通多功能信息服务机制。发挥政府和行业协会作用，建立投资合作、信息交流、政策发布等多层次、多功能综合信息服务平台。建立药品流通企业监督信息公布机制，提高公众监督水平。促进药品市场信息的国际交流，研究制定国际药品市场流通合作机制，建设联动国际药品市场的信息化网络平台。扩大企业、公众获得信息渠道，提升社会服务能力和行政服务公众监督力。

5. 加快“药品流通信息系统”数据库和配套建设。建立“药品流通信息系统”中心系统，有计划分步骤的建立完善市场监管体系、流通跟踪体系、安全监督体系。建设“企业－企业”的网络交易平台，推动“企业－消费者”的网上药店发展，完善“政府－企业－公众”的综合信息服务平台，为药品流通企业提供便利的网络服务。建立“药品流通信息系统”专项资金，研究制定资金使用制度。完善全省基础网络体系，保障边远地区实施“药品流通信息系统”基础网络信息流动。建立“药品流通信息系统”人才培训机制、综合评价考核机制及相关法规政策，确保实施效果。

（七）加大药品流通行业发展的基础建设

1. 建立行业标准体系。根据行业现状和发展情况，逐步探索和实行药品流通企业分级分类的管理办法。制定《云南省医药物流服务规范》、《云南省药品零售企业经营服务规范》和《云南省医药物流企业分级评估指标》等行业管理细则。参照国家统一药品编码和药品条形码标准，尽快建立云南省药品条形码标准，与药品批号等流通信息整合，完善药品基本信息数据库，实现基于批号管理的药品条形码跟踪。协同有关部门，建立药品流通行业职业经理人与从业人员资质和岗位规范、企业经营服务、信用制度和社会责任等相关行业标准体系。

2. 完善药品流通行业统计制度。研究完善药品流通行业的统计、上报和公布制度，对从业人员、经营品种数量、销售额、利润率、上交税金等基本情况实施动态统计，提高药品流通行业统计的权威性和及时性。各药品流通企业必须指定专人承担网上直报，严格执行国家《统计法》等规定，客观、真实、及时填报药品流通数据。

3. 加大推动信用体系建设。将药品流通行业纳入商务信用建设范围，加大诚信宣传教育力度。开展“诚信经营”示范和“放心药店”创建活动，按照遵纪守法、诚实守信、制度健全、诚恳规范服务、履行社会责任、自觉接受监督等六个方面的创建要求，树立一批诚实守信经营示范企业。将违法、违规企业名单录入“商务领域信用信息系统”，建立企业信用档案，增强对企业信用信息的管理和使用。探索建立对职业经理人员、医药代表、执业药师等从业人员执业行为采集、记录、管理、共享等制度，建立从业人员信用档案。

4. 提升企业经营服务水平。提升药品批发企业药品品种保障能力，建立客户需求快速反应机制，保证药品及时、安全、足额供应。大力推进零售企业按规定配备执业药师或相关药学技术人员，提高药品质量管理和药学服务水平。鼓励零售药店提供 24 小时服务，建立以消费者为中心的服务理念，指导消费者正确、安全、有效、合理用药。对药品流通企业设备设施、营业场所环境、售后服务等经营服务内容，以及各类从业人员专业能力、岗位责任、仪容仪表等进行全面规范，综合提升企业的经营服务水平。

（八）突出云南中药材特色优势，积极发展医药会展经济

1. 提升中药材市场流通水平。依托滇东南三七、滇东北天麻、滇中民族药道地药材、滇西北高山药材、滇南及滇西南南药特色药材五大中药材种植基地，围绕三七、灯盏花、草果、云木香、天麻、红豆杉、石斛、砂仁、云当归、滇龙胆、岩陀等重点中药材，发展中药材种植和加工业。促进中药材、中药饮片和提取物等的市场流通，扶持中药材流通企业发展，完善中药材流通市场布局。突出云南省中药材的优势和特色，把云南建成面向东南亚、南亚的中药材贸易集散地。重点培育和扶持中药材流通企业10家左右，力争年销售额达到50亿元。构建以昆明菊花园国家级中药材市场为中心，文山三七交易市场、滇西（大理）中药材物流经营中心及中药材龙头企业为重点的有形市场网络，提升市场交易能力，配套建设现代化信息和物流体系，打造辐射全省、面向全国和东南亚南亚地区的中药材市场体系和营销网络，宣传“云药”文化，打造“云药”品牌，促进云南中药材的流通。发展中药材双边贸易，增开药品通关口岸，打破中药材进出口体制与机制障碍，加大我省中药材向东南亚、南业出口的力度，打响“云药”在国际市场上的品牌，同时，从东南亚、南业地区把我省急需的特色中药材引进来，满足我省药品生产和加工的需要。

2. 积极发展医药会展经济。充分利用“昆交会”等展会平台，鼓励我省药品流通企业积极参展，扩大企业的知名度和影响力，拓展药品流通渠道，促进药品销售。在条件成熟的时候，面向西部、全国或东南亚南亚地区举办专业性药品展销会，并将其发展成为一年一次或一年几次的品牌展会。通过展会平台，促进我省药品流通企业“走出去”，并将省外、国外具有相当竞争力的药品流通企业“引进来”，提升我省药品流通行业总体实力和竞争力。

五、“十二五”期间云南省药品流通行业发展的保障措施

（一）理顺行业发展管理体制

结合国家医药卫生体制改革及中央机构编制委员会办公室《关于明确药品流通管理职责分工的通知》（中央编办发也2010页54号）精神，以云南省委、省政府对药品流通管理职责分工为依据，进一步明确商务部门的药品流通监管职责，理顺商务与食品药品、卫生、工商和质量技术监督等部门关系，切实将药品流通行业管理纳入商贸流通体系进行统筹规划，保证药品流通行业发展和管理规范有序地进行。在省生物医药产业发展领导小组的领导下，建立由商务、食品药品、卫生、工商、发改、工信、质量技术监督、劳动和社会保障、财政等部门广泛参与的“云南省药品流通行业管理联席会议制度”，由省生物医药产业发展领导小组办公室具体组织，定期召集，促进各方有效的沟通协调与分工合作，保证药品流通行业管理高效、运转协调和行为规范。进一步完善“云南生物医药产业发展领导小组”的职能，坚持药品生产与流通并重，强化其在全省药品流通领域的引导作用，真正实现全省药品产、销环节的有机衔接和“一体化”发展。各州市应结合实际尽快制定区域药品流通行业发展规划，并报省商务厅备案后发布实施。

（二）出台云南省关于加快药品流通行业发展的意见

研究出台《云南省关于加速药品流通行业发展的意见》，对“十二五”甚至更长一段时间云南省药品流通行业发展的目标、任务、工作机制、发展环境、政策支持、实施办法及相关事项等做出规定，进一步统一思想，提高认识，强化药品流通行业发展的“民生”地位，使药品流通行业真正成为全省的战略性行业，药品流通行业发展从商务部门工作重点变成全省工作重点之一。

（三）设立全省药品流通行业发展专项资金

为了强化全省药品流通行业发展的财力保障，设立全省药品流通行业发展专项资金，通过充分发挥药品流通行业发展专项资金的“导向”和“调节”作用，推动覆盖全省城乡的安全便利的药品供应网络的建立，提高我省药品流通行业的总体发展水平。

（四）加大药品流通行业政策支持力度

从财政、税收、土地、金融、专项资金等方面研究制定鼓励性政策措施，加大药品流通行业发展的政策支持力度。通过实施优惠的财政和税收政策，支持药品流通企业技术改造、科技创新、完善相关基础设施建设、进行行业结构调整和药品供应保障体系建设。加快出台金融支持政策，改善融资环境，在企业利用产业基金、融资担保、信用保险、上市融资、应收账款和仓单质押等金融工具方面应尽可能提供条件和便利，以利于药品流通行业多渠道筹措发展资金。在涉及药品流通行业发展的土地供应方面，应适当政策倾斜，尽可能保障和增加土地供应，降低药品流通行业发展的用地成本。

（五）加大药品流通企业改革开放力度

鼓励打破地区、行业、部门界限和所有制界限，以兼并、重组、参股、控股等多种方式，完善医药流通企业法人治理结构和新的激励、监督、约束机制，加速企业产权制度改革和经营机制转变。引导按照平等互利和优势互补的原则，以企业为主体、以资本为纽带，采取多种方式联合，通过市场来形成一批跨地区、跨行业、跨所有制和跨国经营的集团公司。加强对外开放与合作，积极开展国际交流合作，学习借鉴国外药品经营企业的管理经验和先进技术。优化投资结构和环境，吸引境外药品流通企业扩大在境内投资，参与药品流通企业兼并重组，拓展分销业务，合理引导外资到云南中小城市和广大农村地区发展。

（六）提升药品流通行业协会自律和自我发展能力

在现有的云南省医药行业协会的基础上，设立药品流通行业分会或直接建立云南省药品流通行业协会，营造行业协会发展的良好环境。理顺行业协会与行业主管部门的关系，明确协会的性质、功能和职责，加强协会的组织建设和管理。充分发挥协会在行业统计、信息咨询、决策辅助、行业培训、

国际交流合作、维护企业权益及开展专项研究等方面的积极作用，提高我省药品流通行业自我约束和自我发展的能力。

（七）加强药品流通行业人才队伍建设

组建包括政府主管部门、高等院校和科研机构药学及经营管理专家、GSP专家、药品流通企业法人、行业协会专家等人员在内的“云南省药品流通行业发展专家咨询委员会”，对行业发展重大问题提供咨询和建议。加强沟通与协作，促进全省有关高等院校和中等职业技术学校开设药学相关专业，发展药学相关专业学历教育，培养药学技术人员和服务人员。充分发挥云南省食品药品监督管理局执业药师培训中心的作用，加强对药学技术人员和服务人员的社会培训，提高我省药品流通行业从业人员的从业技能。人力资源和社会保障部门应积极采取措施，推进相关执业资格的考核和认证工作，以满足行业发展对执业药师和药学技术人员不断增长的需要。

附表

云南省药品流通行业“十二五”期间重大项目表

序号	项目名称	项目地点	项目性质	项目内容及规模时间	总投资	业务主管部门
1	云南省药品批发企业分级管理制度建设	云南省	新建	组建包括政府主管部门官员、高等院校和科研机构药学及经营管理专家、GSP专家、药品流通企业法人、行业协会专家等人员在内的“云南省药品流通行业发展专家咨询委员会”，成立云南省药品流通企业分级管理认证中心，并研究制定《云南省医药流通行业分级管理办法》	150	云南省商务厅
2	云南省药品零售业星级化管理标准建设	云南省	新建	由云南省药品流通企业分级管理认证中心，研究制定《云南省云南省药品零售业星级化管理标准》，包括《云南省零售连锁企业发展网上药店的管理办法》	150	云南省商务厅
3	云南省药品社区、乡村渗透工程	云南省	新建或续建	引导和支持药品流通企业在新建居民区、城郊结合部、农村地区等药店比较少的地方投资开设零售药店，大力发展城镇社区和农村地区的药品流通业，延伸销售与配送网络，实现药品流通对基层的全覆盖，提高农村和偏远地区药品供应的安全性、便利性，以适应云南省城市化发展战略、小城镇建设和城乡一体化发展的需要	10000	云南省商务厅
4	云南省药品流通企业开拓东南亚、南亚等国际市场的多功能服务平台建设云南省新建	云南省	新建	成立相应的领导小组，深入了解境外药品市场发展状况、药品流通方式、准入条件、药品代理及其相关政策，协助企业建立自己的境外销售终端服务机构和营销网络；加强与周边国家的合作与交流，从体制和机制上为药品流通企业“走出去”创造良好条件，搭建多功能服务平台，并积极推进云南省药品流通企业“走出去”的试点工作	1000	云南省商务厅、云南省医药协会
5	云南省生物药品物流配送中心	昆明市五华区桃园片区	新建	药品交易、仓储及物流配送、计算机信息管理系统及相关配套设施等；总占地520亩；总建筑面积55.5万平方米；2011.10–2013.7	126194	云南金普吉生物医药有限公司
6	云南医药物流中心	昆明市	仓储物流	建设30万平方米的现代化仓储物流体系；2010–2015	200000	工信委
7	滇东东融中药材物流中心	云南省	仓储物流	占地420亩，建筑面积50万平方米；2011–2015	100000	工信委
8	云南医药物流中心二期	昆明长坡	医药物流	仓储、电子交易、国贸等；1083亩；2011–2015	430000	东骏药业
9	云南东融滇西中药材物流中心二期	大理满江	中药材生产加工、物流	生产加工、物流、贸易；440亩；2011–2014	150000	东融滇西中药材物流经营有限公司
10	云南省生物医药产业发展信息平台	云南省	信息平台	信息平台建设;；2011–2015	300	云南省医药行业协会
11	全省药品流通行业标准化研究	云南省	行业标准	开展行业标准化调研，出台行业标准化工作规划，修订完善已有行业标准，制定出台缺失行业标准，推进标准执行和推广实施	3000	云南省商务厅
12	螺蛳湾国际商贸城三期药材物流中心	昆明市官渡区宏仁片区	大型批发	药材物流中心，20万平方米，2012年底完工	100000	昆明市商务局

序号	项目名称	项目地点	项目性质	项目内容及规模时间	总投资	业务主管部门
13	缅甸密支那国际市场开拓	缅甸密支那	新建	腾冲县健君药业有限责任公司在缅甸密支那建设药品配送及中药材收购中心1个，占地面积30亩、建筑面积26000平方米，使药品配送网络覆盖缅北特区，为国家在缅北投资建设项目提供医、药保障，为进入印度市场做好准备	9500	保山市商务局
14	普洱市特色中药材交易市场	普洱市	新建	占地50亩	6000	普洱市商务局
15	临沧市现代物流第三方配送建设	临沧市	仓储物流	建设集中的药械现代物流中心，总建筑面积15000平方米	15000	临沧市商务局
16	名药名方冶二次开发	怒江州	研究开发	1. 郾开展彝药、傣药、苗药等云南民族药古籍文献抢救、保护与开发利用工作	10000	怒江州商务局
		怒江州	产业扶持	2. 郾开展三七、灯盏花、石斛等道地药材二次开发，提高相关药品标准，拓展功能疗效，延伸产业链	2500	怒江州商务局
17	药品境外注册	怒江州	引导服务	在东南亚、南亚国家注册中成药300个品种，化学药300个品种	2000	怒江州商务局
18	通关便利化	怒江州	基础建设	建设4个药材通关口岸检验能力，提高通关便利化水平	4000	怒江州商务局
19	迪庆州医药物流配送中心	香格里拉县建塘镇	新建	1. 占地面积10亩；2. 现代药品GMP达标仓库3000平方米，3. 配套设施、设备、温湿度调控设备、冷藏设备等；建设期2年	1000	迪庆州商务局
20	迪庆州农村药品供应网络建设 迪庆州	迪庆州 29个乡镇	新建	在全州各乡各村建150个药品供应网点	500	迪庆州商务局
21	民族药标准制定	德宏州芒市	新建	项目分5年实施完成：2011-2012年研究完成20个品种（傣药、景颇药各10个品种）；2013-2014年研究完成40个品种（傣药、景颇药各20个品种）；2015-2016年研究完成40个品种（傣药、景颇药各20个品种）；每个品种需要经费10万元	1000	德宏州商务局
22	武定县中药材物流中心	楚雄州武定县	新建	电子交易，现货交易平台，仓储，物流设施	5000	楚雄州商务局
23	云南省10强药品销售企业物流中心建设工程	企业总部所在地	新建、扩建或续建	鼓励云南省药品流通10强企业及年销售额超过10亿元的药品流通企业建立企业物流中心	20000	云南省商务厅
24	文山·中国中药生物谷暨中药材物流园区	文山州	新建	中药材种植、加工及以三七为核心的中药材物流园区建设	400000	文山州商务局
25	昆明国际医药物流园区	呈贡新区	新建、扩建	建设成为内陆具有国家口岸功能，集港口功能，国际集装箱多式联运、中转及第三方物流功能于一体的医药物流园区	200000	昆明市商务局
26	河口药品批发国家级通关口岸	红河州河口	扩建	口岸通关与药品检测、物流等一体化建设	10000	红河州商务局
27	景洪国际医药物流园区	西双版纳州景洪市	新建	集生产加工、销售仓储、物流以及检测一体综合园区	200000	西双版纳州商务局
28	德宏瑞丽口岸医药进出口物流中心和检测中心	德宏州瑞丽市 德宏州瑞丽市	新建	医药物流和检测	5000	德宏州商务局
29	孟定口岸医药物流中心	临沧市耿马县孟定镇	新建	口岸通关与药品检测、物流等一体化建设	2000	临沧市商务局
30	磨憨口岸医药物流中心	西双版纳州勐腊县磨憨镇	新建	口岸通关与药品检测、物流等一体化建设	2000	西双版纳州商务局
31	昭通医药物流园区	昭通市昭阳区	新建	集生产加工、销售仓储、物流以及检测一体综合园区	60000	昭通市商务局
32	水富港医药物流中心	昭通市水富县	新建、改建	形成区域医药产品完整产业链和物流中心	50000	昭通市商务局
33	云南省医药物流信息港	云南省	新建	提供全省医药物流电子信息综合一站式平台，为行业管理、社会监督、市场发展等提供综合服务	10000	云南省商务厅、省医药协会

序号	项目名称	项目地点	项目性质	项目内容及规模时间	总投资	业务主管部门
34	云南省药学人才倍增工程	云南省	人才建设	通过采取培养、培训、认证及引进等一系列措施，实现十二五规划末全省药学人才比2010年底翻一番	30000	省商务厅、省人力资源和社会保障厅、省教育厅、省食品药品监督管理局
35	云南省药品流通信息化工程（药品流通信息系统冶）	云南省	新建	建设云南省药品流通信息网、药品流通信息系统、药品流通信息自动报送与统计系统、药品流通网上交易系统、药品流通跟踪监督系统、药品流通辅助决策系统、药品流通统一调度系统及全省药品流通企业信息化平台等，并强化系统的整合与优化，实现全省药品流通行业的信息化与现代化管理	200000	省商务厅、省工业和信息化委员会、省医药行业协会等

陕西省药品流通行业发展“十二五”规划（2011-2015年）

陕西省商务厅

为促进药品流通行业科学发展，适应医药卫生事业改革发展的新形势，提高行业发展水平，保障人民群众用药安全合理方便，根据《陕西省国民经济和社会发展第十二个五年规划纲要》和商务部《全国药品流通行业发展规划纲要（2011-2015年）》，结合陕西实际，制定本规划。

一、发展现状与形势分析

（一）发展现状

改革开放以来，全省药品流通从计划分配体制转向市场化经营体制，经历了体制转型、兼并重组、结构调整、建立现代流通模式，行业获得了长足发展。药品流通领域的法律框架和监管体制基本建立，药品供应保障能力明显提升，多种所有制并存、多种经营方式互补、覆盖城乡的药品流通体系初步形成。

市场规模持续扩大。2010年底，全省共有法人、非法人药品批发企业408家；药品零售连锁企业42家，下辖门店1680家，零售企业药店门店5466家。全省药品批发企业销售总额达到150亿元，2005年至2010年，年销售额5000万元以上的药品批发企业销售额年均增长15%；零售企业销售总额44.6亿元，年均增长18.2%；城市社区和农村基层药品市场规模明显扩大。

发展水平逐步提升。药品流通企业兼并重组步伐加快，行业集中度开始提高。2010年，年销售5000万元的药品批发企业销售额占药品批发销售总额的65%。连锁经营发展较快，连锁企业门店数已占零售门店总数的31%，连锁企业销售额占零售企业销售总额的40%；现代医药物流、网上药店以及第三方医药物流等新型药品流通方式逐步发展，扁平化、少环节、可追踪、高效率的现代流通模式比重开始提高。

社会作用不断增强。2010年，全省药品流通行业从业人员约12万人，占城乡商业服务业就业人数的5.1%；各类药店提供销售及服务约39亿人次，较2005年增长33%，在方便群众购药、平抑药品价格等方面发挥了重要作用。药品流通骨干企业成为药品储备和应急配送主体，确保了“非典”、“禽流感”等重大疫情和自然灾害中的药品供应。药品流通行业对相关产业发展的带动性增强，在国民经济中的地位日益显现，为维护社会稳定和人民群众利益作出了积极贡献。

药品流通行业存在的问题。由于医药体制、药品定价、采购和医保支付机制不完善，加上行业准入门槛较低、行业规划管理欠缺、市场竞争不充分、执法监督工作不到位等因素，导致药品流通行业存在以下问题：一是流通组织化现代化水平较低。药品批发企业多而散，行业集中度低，发展水平不高。现代医药物流发展相对滞后，管理水平、流通效率和物流成本与发达地区存在较大差距。二是行业发展布局不够合理。药品流通城乡发展不够平衡，发达地区和城市药品流通企业过度集中，农村等偏远地区药品配送网络未能全面有效覆盖，药品可及性有待提高。三是流通秩序有待规范。药品购销领域各类违规经营现象还比较突出。部分零售药店出售假劣、过期等不合格药品。部分中药材市场存在药材交易混乱、质量缺乏保障、市场管理缺位等问题。

（二）形势分析

行业发展面临新形势。“十二五”时期（2011–2015年），是实现药品流通行业结构调整和转变发展方式的关键时期。也是实现深化医药卫生体制改革目标的关键时期。药品流通行业必须跟上这一形势发展的需要，大力发展现代物流和连锁经营，规范药品流通秩序，建立便民惠民的农村药品供应网络。加大兼并重组、加快结构调整步伐、转变发展方式，提高行业集中度，提高行业组织化、现代化水平，实现科学发展。

行业发展迎来新机遇。《全国药品流通行业发展规划纲要》指出，“十二五”时期，全球药品市场将维持快速扩张态势，市场规模预计将从2009年的7730亿美元，增加到2015年的1.2万亿美元以上，年均增长8%左右，全球药品流通行业集中度和流通效率将继续提高。在药品市场增长空间方面，我国将是潜力最大的市场。随着我国开始向中高收入国家迈进以及人口老龄化的加快，人民生活需求和消费结构将发生重大变化，对医疗卫生服务和自我保健的需求将大幅度增加，药品市场增长潜力巨大。全省医药卫生体制改革，要求建设覆盖城乡的公共卫生服务体系、医疗服务体系、医疗保障体系和药品供应保障体系，必将在推动医药卫生事业发展的同时，带动药品市场规模的增加。同时东部地区产业、科技研发、管理创新、技术资金不断向西部地区转移。新一轮大开发为西部省份带来前所未有的发展机遇《关中——天水经济区发展规划》的实施，也将为药品流通行业带来新的机遇。

行业发展面对新挑战。“十二五”时期，从外部环境看，药品流通行业改革发展与全省医药卫生体制改革相辅相成，与用药制度设计密切相关。改革与药品流通有关的体制机制，涉及行业管理体制的完善和重大利益格局调整，其进展状况存在一定程度的不确定性，统一市场的形成仍需克服地方保护等多种因素的影响。从内部看，我省药品流通行业普遍基础薄弱，总体发展组织化程度较低，批发企业多而散，管理水平、设备设施相对落后，人才匮乏，行业结构调整和实现转型发展仍有一定难度。

二、指导思想与总体目标

（一）指导思想

以邓小平理论和“三个代表”重要思想为指导，深入贯彻落实科学发展观，进一步解放思想，坚持以人为本，认真贯彻落实省委、省政府的战略部署，以加强政府政策引导、发挥市场机制基础性作用、强化现代科学技术和新型管理方式应用为基本原则，以深化体制机制改革、加快转变发展方式、形成统一市场为主线，充分发挥药品流通行业在服务医疗卫生事业发展、维护人民群众健康权益和促进经济社会和谐发展等方面的作用，全面推进药品流通行业的健康发展。

（二）总体要求

“十二五”时期，全省药品流通行业的发展适应经济社会发展的总体目标和人民群众不断增长的健康需求，通过政策引导、体制创新、整顿和规范市场秩序等，形成网络布局合理，组织化程度显著提升，流通效率不断提高，营销模式不断创新，骨干企业竞争力增强，市场秩序明显好转，城乡居民用药安全便利，以及满足公共卫生需要的药品流通体系。

发展目标：“十二五”末全省药品批发企业销售额达到350亿元，零售企业销售额达到100亿元。在全省形成1–2家年销售额超过50亿元的在全国有较大影响的大型医药批发企业集团，2–3家年销售额过30亿元的大型药品批发企业，10家年销售过亿元的区域性药品批发企业，销售额占全部药品批发企业的80%以上。1–2家年销售额超过15亿元的药品零售企业，5家年销售额超过5亿元的药品零售连锁企业。大中型药品批发企业年销售额占药品批发总额85%以上；连锁药店年销售额占全部药品零售总额的75%以上。药品批发企业数量得到有效控制，合理布局城市社区零售药店，建立和健全农村基层流通网络。支持铜川、安康等地的中药材流通基地建设。建设2–3个辐射全国和区域性的药品药材物流专业园区和配送中心，形成4–5个具有较强辐射带动作用的药品流通枢纽。

三、主要任务

（一）加强行业布局规划，健全准入退出制度

制定行业布局规划。开展行业批发网点布局调研，研究制定全省药品流通企业及零售置布局规划。各地商务主管部门也要结合本地经济社会发展水平、医药卫生事业发展和体制改革进展、城乡建设规划、人口增长与密度和年龄结构变化、药品供应能力等实际，制订药品批发零售网点合理设置和布局的具体规划，保证药品供应。

完善准入退出机制。制定行业准入标准，提高准入门槛，严格控制药品经营企业数量。加强行业管理和考核，建立退出制度，对违法违规和不遵守各项管理制度的企业要限期整改，严重的列入黑名单予以曝光。

（二）调整行业结构，完善药品流通体系

提高行业集中度。鼓励药品流通企业通过收购、合并、托管、控股和参股等多种方式兼并重组，做强做大，实现规模化、集约化和现代化经营。推动实力强、管理规范、信誉度高的药品流通企业跨区域，形成以全省性、区域性骨干企业为主体的遍及城乡的药品流通体系。整合现有药品流通资源，引导一般中小药品流通企业通过市场化途径并入大型药品流通企业。

发展特色经营。鼓励支持老字号药店在保持传统优势的基础上创新发展，发挥品牌效应，拓展特色服务，增强核心竞争力。支持专业化和有特色的中小药品流通企业做精做专，满足多层次市场需求。引导中小药品流通企业采用联购分销、共同配送等方式，降低经营成本，提高组织化程度。

完善药品流通网络。配合医药卫生体制改革和基本药物制度实施，积极参加药品招标采购，做好药品配送。健全药品供应保障体系，培育第三方物流企业发展集聚区，实施"放心药"服务体系建设工程，鼓励大中型骨干药品流通企业向居民社区和村镇延伸销售，进行连锁经营，健全配送网络，实现药品流通对基层的有效覆盖，提高农村和偏远地区药品供应的安全性、便利性。建立西药、中成药、中药材重点品种的市场运行信息监测、预警体系；鼓励市场中介组织开展药品销售渠道、消费结构和区域分布情况等信息服务，发挥政府信息和市场机制在完善流通网络中的引导作用。

保障药品应急供应。在保障药品、器械应急储备的基础上，建立中药材重点储备制度，加强省级流通环节实物和资金的储备。根据各类突发事件的特点，制定突发事件应急管理办法和应急预案，建立相应的应急保障机制和快速反应机制。

（三）发展现代医药物流，提高药品流通效率

以信息化带动现代医药物流发展。广泛推广使用先进信息技术，运用企业资源计划管理系统（ERP）、供应链管理等新型管理方法，优化业务流程，提高管理水平。发展基于信息化的新型电子支付和电子结算方式，降低交易成本。建立省级药品市场数据、电子监管等信息平台，引导产业发展，实现药品从生产、流通到使用全过程的信息共享和反馈追溯机制。

用现代科技手段改造传统的医药物流方式。鼓励积极探索使用无线射频（RFID）、全球卫星定位（GPS）、无线通讯、温度传感等物联网技术，不断提高流通效率，降低流通成本。促进使用自动分拣、冷链物流等先进设备，加快传统仓储、配送设施改造升级。完善医疗用毒性药品、麻醉药品、精神药品、放射性药品和生物制品等特殊药品物流技术保障措施，确保质量安全。

推动医药物流服务专业化发展。鼓励药品流通企业的物流功能社会化，实施医药物流服务延伸示范工程，引导有实力的企业向医疗机构和生产企业延伸现代医药物流服务。在满足医药物流标准的前提下，有效利用邮政、仓储等社会物流资源，发展第三方医药物流。

（四）创新药品营销方式、促进连锁经营发展

加快发展药品连锁经营。鼓励药品连锁企业采用统一采购、统一配送、统一质量管理、统一服务规范、统一联网信息系统管理、统一品牌标识等方式，发展规范化连锁，树立品牌形象，拓展跨区域和全省性连锁网络，提高连锁度，实现规模效益。随着医药卫生体制改革深入和医、药分开的逐步实施，鼓励连锁药店积极承接医疗机构药房托管和其他专业服务。

创新药品经营模式。鼓励批零一体化经营。鼓励药品零售企业开展药妆、保健品、医疗器械销售和健康服务等多元化经营，满足群众自我药疗等多方面需求。提高服务质量和水平，支持连锁经营、物流配送与电子商务相结合，提高药品流通领域的电子商务应用水平。鼓励经营规范的零售连锁企业发展网上药店。

（五）健全行业管理制度，规范药品流通秩序

制定完善与流通秩序有关的行业规范。研究制定药品批发企业营销人员、药品生产企业和代理企业医药代表的资质管理办法和行为规范，实行持证上岗和公示制度，保证依法依规销售药品和推广新药。完善药品购销管理制度，依法索取税票，保证经合法渠道经营药品。逐步实施药品流通企业分类分级管理制度，根据不同类别和等级，采取不同的管理措施，激励企业在规范经营的基础上改善服务设施，提升管理和服务水平。

整顿和规范行业秩序。配合有关部门严厉打击经营假劣药品、商业贿赂、倒买倒卖税票、挂靠经营、非法经营网上药店、发布虚假药品和保健品广告等违法违规行为；整顿规范中药材市场，加强有害物质残留和质量检验。充分发挥12312商务行政执法投诉举报热线的作用，完善投诉举报的受理、处理、移送和反馈机制。协调各方面力量，加强对药品流通行业的社会监督。提高经营者责任意识、引导企业诚信经营、规范经营、安全经营。

（六）加强行业信用建设，推动企业诚信自律

推进全行业信用建设。加强全行业诚信和职业道德宣传教育，广泛开展"诚信经营示范创建"活动，树立一批遵纪守法、诚实守信、管理规范、服务到位，能够积极履行社会责任，自觉接受监督的诚信经营典型。建立违法违规企业信息披露制度，在"商务领域信用信息系统"中归集企业信用信息，建立信用档案。推动部门间监管信息的公开和共享，实行信用分类监管。

建立行业自律机制。建立健全省药品流通行业协会等中介组织，加强行业协会的组织建设，支持协会等中介组织的发展，增强服务意识，提高为企业服务的能力。充分发挥协会在行业发展规划、政策制定、咨询、统计、行业培训、行业自律、国内外交流合作、维护企业合法权益等方面的作用。指导和鼓励行业协会制定和执行行规行约；维护正常价格秩序，防止垄断行为；探索建立对职业经理人、执业药师等人员从业行为信息的采集、记录、公开、共享等制度，对有违规失信行为的个人实行行业禁入；加强信用知识培训，帮助企业建立信用风险管理制度，开展行业信用评价，提高行业自律和信用水平。

（七）统筹内外两个市场，形成开放竞争的市场格局

搭建多功能服务平台。加强与相关部门和行业协会沟通协作，建立药品交易、投融资合作、信息交流、政策发布等多层次、多功能平台，服务企业发展。发展医药会展经济，促进内外贸、中西药、产供销协调发展，加快省内外市场融合。

提高利用外资的质量和水平。优化投资结构，吸引国外、省外药品流通企业按照有关政策扩大在省内投资，参与药品流通企业兼并重组，拓展分销业务；引导外资到我省特别是中小城市发展。保护投资者的合法权益。学习借鉴国内外先进管理经验和营销方式。

鼓励药品流通企业“走出去”。鼓励有条件的药品流通企业“走出去”，通过新建、收购、上市等多种方式，到省外开展业务，参与国内药品采购和营销网络建设，参与国内外竞争。

（八）加强行业基础建设，提升行业服务能力

建立行业标准体系。结合行业特点和市场需求，借鉴国际国内先进经验，建立药品流通业态分类分级、药品统一编码及现代流通设施与信息化、中药材商品等级、职业经理人与从业人员资质和岗位规范、企业经营服务、信用建设和社会责任等相关标准体系。

执行行业统计制度。商务部建立的全国药品流通行业统计制度与网上报送平台，各级商务部门、各直报企业要认真执行，对确定的行业统计资料要及时报送，积极了解行业运行和发展的全面信息，辅助政府决策，推进行业发展。

加强企业内部管理。药品流通企业是药品流通过程中质量安全的第一责任人，要完善法人治理结构，建立现代企业制度；健全药品购销索证索票、出入库及运输安全管理责任制；加强税票管理，积极与税务管理机关联网；落实各项财务会计管理规范和员工“三险一金”等各项规定和政策，保障员工合法权益。

提升经营服务水平。药品批发企业要提升药品品种保障能力，建立对客户需求的快速反应机制，保证药品及时、安全、足额供应。零售企业要按规定配备执业药师或相关药学技术人员，提高药品质量管理和药学服务水平，零售药店应当提供24小时服务；建立以消费者为中心的服务理念，指导消费者正确、安全、有效、合理用药。对药品流通企业设备设施、营业场所环境、售后服务等经营服务内容，以及各类从业人员专业能力、岗位责任、仪容仪表等，进行规范。

四、保障措施

（一）加大政策支持力度

充分利用“关天经济区”建设和“西部大开发”战略实施的有利时期，积极创造条件，争取国家和省上的政策支持。加强政策工作调研，研究制订鼓励性政策措施，积极争取财政、国资、土地、金融、专项等方面的扶持政策，扶优扶强，支持企业技术改造、科技创新，完善相关基础设施。在搞活流通，扩大消费的各项政策中，积极支持药品流通行业结构调整和药品供应保障体系建设。改善融资环境，鼓励企业利用产业基金、融资担保、信用保险、上市融资、应收账款和仓单质押等金融工具，多渠道筹集资金，加快改革发展步伐。

（二）着力改善行业发展环境

积极推动“以药补医”体制改革，完善药品定价、采购和医保支付机制，破除地方保护、地区封锁。保障药品批发企业平等参与招标采购及配送业务，促进医疗机构依合同规定按期向流通企业支付货款。在公立医院改革和基本药物制度实施等医改措施中，积极探索实现医药分开的具体途径，在已实施基本药物制度、取消“以药补医”的基层医疗机构，探索医生负责门诊诊断，患者凭处方到零售药店购药的模式。加快赋予所有符合条件的药店处方药销售资格。支持零售连锁企业和其他具备条件的零售药店申请医保定点资格，扩大基本医疗保险定点药店覆盖范围，逐步提高社会零售药店在药品终端市场上的销售比重。

（三）建立部门沟通协调机制

加强与省医改领导小组其他成员单位联系和工作对接，将药品流通行业管理纳入全省商贸流通工作体系，建立沟通协调和合作机制。密切跟踪医改各项政策实施对行业的影响，研究提出解决对策和措施。适应医改新形势，加强行业发展风险评估和政策调研，平抑市场风险。支持行业兼并、重组，提高行业集中度，合理安置企业人员再就业，保证平稳过渡。

（四）加大人才队伍建设

积极组织开展药品流通人才培训，支持和鼓励药品流通职业培训和继续教育，形成层次多元、市场需要、企业欢迎的人才培养与职业教育体系；建立全省药品流通职业经理人和其他从业人员的资格认证制度；建立药品流通领域人才激励与约束机制。实施从业人员培训工程，开展从业人员继续教育培训。

（五）认真组织实施

各地商务主管部门应根据本规划制订本地药品流通行业发展具体规划，确保本规划的实施。建立年度跟踪监督、中期评估和终期检查制度，加强对规划实施的监督检查，确保年度工作计划与规划协调一致。各项扶持政策的实施应符合规划确定的发展目标和重点领域。

甘肃省药品流通行业发展规划（2011-2015年）

甘肃省商务厅

药品流通行业是关系国计民生的重要行业，对保障人民群众生命健康、改善生活质量和促进经济社会发展有着重要作用。为贯彻落实《全国药品流通行业发展规划纲要（2011-2015年）》和《甘肃省国民经济和社会发展第十二个五年规划纲要》，促进我省药品流通行业科学发展，适应医药卫生事业改革发展的新形势新任务，保障人民群众用药安全和便利，结合我省药品流通行业发展实际情况，特制定本规划。

一、发展现状

改革开放以来，我省药品流通行业经营体制改革不断深化，现代物流配送方式和连锁经营模式逐步延伸，中药材专业交易市场已具规模，药品供应保障能力大幅提升，非公有制经营企业得到长足发展，药品流通行业呈现多种所有制并存、多种经营方式互补、企业竞相发展的新局面。

（一）市场规模持续扩大

截至2010年底，全省药品批发企业361家，零售药店7731家，其中：零售单体药店6671家，药品零售连锁企业31家，下辖门店930家。年销售额5000万元以上的药品流通企业38家，年销售额1亿元以上的药品流通企业10家。2010年全省药品流通业实现销售额77亿元，其中：批发企业销售额53亿元，零售企业销售额24亿元，“十一五”期间年均增长幅度12%。

（二）骨干企业功能增强

全省药品流通企业积极适应市场经济发展和医药卫生体制改革深化新形势，通过调整企业结构、延伸销售网络、发展现代物流，企业经营集约化程度逐步提高。年销售额在2000万元以上的药品批发配送企业占有70%的市场份额，药品连锁零售企业占有60%以上的城市零售市场份额，经营业务不断扩大，网点正在加快向乡镇延伸。

（三）中药材市场日臻成熟

我省是全国中药材资源大省，现有药用品种1527种，其中植物药材1270种，国家重点品种382个，大宗道地药材30多种，全省中药材市场年交易额约45亿元。文峰镇、首阳镇两大传统中药材专业加工交易市场依托主产地便利的交通运输、适宜的仓储气候和富集的中药材品种不断壮大，通过引进投资、政府扶持，培育了仓储式中药材交易、中药饮片专营批发企业23家，仓容面积达13万平方米，年交易额约24亿多元，成为国内有影响的中药材专业流通市场之一。

（四）保障能力有效提升

2010年底，全省各类药品流通企业从业人员7.9万人，占城乡商业服务业总就业人员的5.3%，年提供销售服务12590万人次，较2005年增长21%，在促进药品流通、方便群众购药、弘扬传统中医诊疗、吸纳就业等方面发挥了重要作用。药品流通骨干企业还担当了药品储备和应急配送主体的社会责任，有效保障了重大疫情和自然灾害应急救治时段的药品供应任务。

由于长期客观存在的“以药补医”等体制性弊端，以及药品定价、集中采购和医保支付机制尚不完善等问题，加之药品流通企业准入门槛较低、行业规划欠缺、市场竞争不充分、执法监督力量不足等因素，药品流通行业还存在以下突出问题和矛盾：

一是行业集中度低，网点布局不合理。药品流通企业经营规模普遍偏小，区域性龙头企业的带动作用不强，单体药店所占比重大，现代医药物流发展滞后，管理水平、流通效率和物流成本与经济发达地区差距较大。药品批发企业和零售连锁企业主要集中在县以上城市，农村和偏远地区药品配送未能全面有效覆盖。

二是物流设施滞后，配送效率不高。大部分仓储场地及设施布局分散，专业配送方式和设备落后，信息化管理水平较低，配送路径重复交叉，运输成本居高不下，还没有形成经济合理、覆盖全省城乡的药品配送网络。

三是流通秩序还不规范，违规经营现象仍然存在。购销环节挂靠经营、渠道散乱、价格虚高、垄断销售、商业贿赂等违规经营现象和不正当竞争行为还比较突出。中药材购销质量追溯体系亟待建设。

二、面临形势

（一）深化医药卫生体制改革提出新要求

2011-2015年，是实现深化医药卫生体制改革目标的攻坚阶段，也是药品流通行业结构调整和转变发展方式的关键时期。国家提出的要建立健全药品供应保障体系，完善医药企业发展政策和行业发展规划，大力规范和整顿流通秩序，促进药品流通企业整合，发展药品现代物流和连锁经营，建立便民惠农的农村药品供应网络的目标任务明确而繁重。

（二）基本医疗保险事业发展带来新机遇

我省先后建立了城镇职工基本医疗保险、新型农村合作医疗和城镇居民基本医疗保险制度，截至2010年底，参保总人数2505万人，覆盖面达到97.97 %，当年基本医疗保险基金报销支出60.5亿元。实施基本药物零差率销售的乡镇卫生院占到93.57%，基本药物销售比例大幅提高，招投标方式的调整为药品流通行业带来了新的发展机遇和挑战。

（三）医疗保健药品需求结构呈现新变化

随着人民生活水平的提高和消费结构的变化，医疗保健服务和药品需求呈现多样化，医疗保健药品销售市场持续升温。我省65岁及以上人口比重已达8.23%，老年人医疗保健药品市场潜力巨大，这些新变化、新需求将成为药品流通行业发展新的增长点。

（四）药品流通市场规范发展赋予新任务

人民群众对安全便利用药的期盼是药品流通行业规范发展的客观要求。药品流通企业为适应新形势，加快兼并重组升级步伐，加速跨区域医药市场融合，不断拓展营销范围和经营业态，组建跨区域大型综合流通企业和大型连锁配送企业的任务艰巨而迫切。

三、指导思想和总体目标

指导思想：按照甘肃省国民经济和社会发展“十二五”规划的总体要求，以科学发展观为指导，在政府规划引导下，发挥市场基础性作用，优化流通市场布局，大力推进行业结构调整，加快转变发展方式，创新行业管理机制，完善药品配送网络，壮大现代流通企业，推动形成全省区域市场和全国统一大市场。贯彻落实国务院深化医药卫生体制改革精神，充分发挥药品流通行业在服务医疗卫生事业发展、维护人民群众健康权益和促进经济社会和谐发展等方面的重要作用。

发展目标：到2015年，全省药品流通行业适应经济社会发展的总体目标和人民群众不断增长的健康需求，形成行业结构优化，网络布局比较合理，物流配送效率提高，集约化程度显著提升，骨干企业竞争力增强，市场秩序明显好转，城乡居民用药安全便利，公共卫生需要基本满足的药品流通体系。

到2015年，形成1家年销售额超30亿元的大型药品流通企业集团，3-5家年销售额超10亿元的区域性大型药品流通企业，10家以上年销售额超5亿元的药品流通连锁企业；药品批发30强企业年销售额占药品批发总额85%以上，药品零售连锁企业年销售额占药品零售企业销售总额70%以上；连锁药店占全部零售门店的比重提高到2/3以上，县以下基层流通网络更加健全，区域性物流配送和仓储中心初具规模，骨干企业综合实力接近全国分销企业先进水平。

四、主要任务

（一）加强行业布局规划，健全准入退出机制

1.专业批发配送企业布局。根据当地经济社会发展水平、医药卫生事业发展、药品需求情况和供应能力，积极调整批发配送企业的数量和布局。鼓励有实力的大型企业通过兼并、重组、托管等形式，对一些规模小、效益差的企业进行有效整合，切实提高行业集中度。

2.零售和连锁药店的布点。结合本地经济社会发展水平、城乡建设规划、人口分布状况、药品供应能力等实际，合理布局区域内药品零售和连锁药店。原则上中心城市零售药店设置密度高于县乡，各类医疗机构周围零售药店设置密度高于其他区域。城镇根据人口规模和密度，一般每3000人应设置1家零售药店，每个有条件的行政村应设置1家零售药店，与农村基层医疗卫生机构基本药物供应形成互补，既要保证群众购药便利，又要避免资源浪费无序竞争。

3.完善准入和退出机制。加强药品流通企业的准入审核，药品批发、零售企业的设立须符合行业规划布局要求，鼓励发展药品零售连锁企业，严格限制单体药店。开展职能部门联合执法检查，加强监管，严厉查处无证经营、不符合药品经营质量管理规范（GSP）及不遵守价格规定等违法违规行为，建立药品流通企业市场退出机制。

（二）调整行业结构，增强药品保障能力

1.做大做强药品流通企业。鼓励药品流通企业通过收购、兼并、托管、参股、控股等多种方式做大做强，促进大型配送企业和连锁经营企业加快发展，实现跨区域经营。推动现有药品流通企业资源整合，引导缺乏竞争力的中小企业通过市场化途径并入大型药品流通企业购销链，或采用联购分销、共同配送等方式，降低经营成本，提高组织化集约化程度，有序推进药品流通企业改革，保障药品供应和质量。

2.发展特色经营模式。细分药品经营和服务市场，支持专业化和有特色的药品流通企业做精做专，在中医药养生、中药切片、专门病防治等药品经营上探索新途径，满足不同消费者需求。支持老字号药店在保持传统优势的基础上创新发展，发挥品牌效应，拓展特色服务，增强核心竞争力。

3. 加强基层流通网点建设。鼓励大型骨干药品流通企业在市州及县区设立分支机构，在中心乡镇设立配送站点，提高农村和边远地区的药品供应保障能力，探索“放心药”下乡的实践模式。药品流通企业要积极参加药品统一招标采购，按照要求做好基层药品配送。

4. 推进药品流通企业对外开放开发。鼓励企业“走出去”开展药品营销，拓展业务范围，学习先进营销方式，提升我省药品流通企业的管理水平和经营能力。引进国内外大型药品流通企业与我省药品流通企业开展多层次、多领域的投融资交流与合作，提高我省药品流通行业对外开放水平。

5. 健全应急药品储备制度。骨干企业要履行社会责任，做好应急药品、战略药品和部分急救药品的储备，完善仓储设施和储备制度，保证存储药品质量。建立西药、中成药、中药材重点品种的市场运行信息监测和预警机制，引导企业保持合理库存，满足日常市场需求。积极应对各类突发事件，适时建立西药、中药材等重点品种的国家储备，确保应急需求。

（三）发展现代物流配送，提高药品流通效率

1. 推动现代物流信息化建设。鼓励企业采用先进信息技术和新型管理方法，优化业务流程，提高管理水平，发展新型电子支付和结算方式，降低交易成本。引导有实力的企业延伸物流服务网络，为医疗机构提供各种专业化配送服务。构建全省药品市场数据、电子监管等信息平台，引导产业发展，实现药品从生产、流通到使用全过程的信息共享和反馈追溯体系。

2. 加快仓储配送设施建设。推广使用自动分拣、冷链物流、电子商务等先进技术，加快对现有仓储和配送设施的改造升级。推动大型药品流通企业集团建设“仓储设施完善、配送链条完整、信息平台科学、管理服务规范”的药品配送中心和药品仓储物流园区，逐步形成具有较强辐射带动作用的药品配送体系。完善医疗用毒性药品、麻醉药品、精神药品、放射性药品和生物制品等特殊药品的物流技术保障措施，确保仓储和配送质量安全。在满足医药物流标准的前提下，有效利用社会资源，发展第三方物流。

3. 积极延伸农村配送网络。充分利用医改基层医疗机构建设成效，提高农村用药配送能力，实现药品流通对农村乡镇的有效覆盖。通过市场化运作，改善中心乡镇的仓储运输设施，培训仓储保管人员，指导和改善基本药物配送工作，提高基层医疗机构零差率销售。

（四）促进连锁经营发展，创新药品营销方式

1. 发展药品连锁经营。鼓励药品连锁企业拓展跨区域服务网点，实施统一采购、统一配送、统一质量管理、统一服务规范、统一信息管理、统一品牌标识等，树立企业形象，用组织化规模化经营满足多样化用药需求。适应医药分开发展趋势，积极承接医疗机构药房服务和其他专业服务，保障药品质量安全，推动国家基本药品价格降低。

2. 创新药品经营模式。鼓励批零一体化经营，建立产销合作机制和模式，鼓励药品零售企业开展药妆、保健品、医疗器械销售和健康咨询、中医药服务等多元化经营，满足群众药疗保健等多方面需求。鼓励经营规范、条件成熟的零售连锁企业发展网上药店。零售药店要设立 24 小时服务功能，为消费者提供安全用药指导。

3. 推动连锁企业进乡入村设点。鼓励药品流通企业依托乡镇卫生院、村卫生室设立便民药柜或自设连锁门店，开通药品零售流动车等多形式，为偏僻乡村提供日常非处方药品和健康咨询服务，完善“放心药”下乡实践模式。

（五）推进中药材流通市场建设，加快陇药产业化发展

1. 建设全国中药材西部交易中心市场。按照甘肃省陇药产业发展规划要求，围绕打造“陇西药都”目标，整合资源，完善仓储运输设施、提供质量认证服务、制定税费优惠政策，重点推进陇西中药材仓储物流基地建设，在我省道地药材主产区集中建设 2–3 个大型专业批发销售市场。举办全国性的陇药交易展会，展示甘肃道地药材和陇药特色优势产品，提高陇药和交易中心的知名度，扩大陇药市场销售份额。

2. 建立陇药电子交易平台。利用陇西中药材传统市场基础和仓储物流现货交易优势，构建全国中药材综合电子商务平台，积极与国内各大药材市场进行对接，为国内外经销商和药品厂家提供中药材现货期货交易信息，向中药材种植户和种植基地提供产销信息，促进陇药种植结构和产业结构调整，增强陇药的市场竞争力和中药材深加工能力。

3. 落实陇药质量标准。合力推进具有甘肃特色的中药材品种和道地药材的标准化工作，提高中药材质量，在交易中随附生产加工证明，增强市场经营主体竞争力。加强陇药知识产权保护，支持和鼓励企业和经营者依法使用注册商标、质量认证和原产地认证，严厉查处侵犯药品知识产权行为。

（六）加强行业管理，规范药品流通市场秩序

1. 制定药品流通行业规范。指导行业协会研究制定药品批发企业营销人员、代理企业医药代表、零售从业人员的资质管理办法和岗位行为规范，完善执业药师或相关药学技术人员配备规范要求，实行持证上岗和公示制度，保证依法依规销售药品和推广新药。逐步实施药品流通企业分类分级管理制度，激励企业在规范经营的基础上改善服务设施，提升管理和服务水平，促进公平竞争，保证药品供应充足、及时、安全。

2. 治理违法违规行为。规范药品购销票据管理，完善索证索票制度，保证经营药品来源合法，渠道正规，质量可追溯。协同有关部门做好流通领域的药品安全专项整治工作，严厉打击经营假劣药品等违法违规行为。严格执行非基本药物分级使用规定，严肃查处违规私自采购基本药物行为。严格执行企业经营网点备案制度，依托12312商务综合行政执法投诉举报热线，健全投诉举报的受理、处理、移送和反馈机制，促进全省药品流通企业规范有序发展。

3. 推进药品流通行业诚信建设。加强全行业诚信和职业道德建设，开展"诚信经营示范店"创建活动，树立一批遵纪守法、诚信经营典型。建立违法违规企业信息披露制度，在"商务领域信用信息系统"中归集药品流通企业信用信息，建立信用档案，推动部门之间监管信息的共享。

（七）夯实行业管理基础，提升指导服务能力

1. 建立行业管理平台。在省级商务网站开设药品流通行业管理平台，及时发布政策法规、行业规范、企业动态、经验推介、市场行情、互动交流等信息，服务市场建设和企业发展。

2. 建立行业统计制度。落实全国药品流通行业统计办法，依托商务部药品流通行业数据报送平台，及时采集行业运行和发展信息，每季度进行一次统计情况分析。分级开展药品流通行业统计人员培训，依法确保药品流通行业统计工作制度化、规范化，为行业发展提供决策服务。

3. 建立联系企业制度。各级商务行政主管部门与辖区内具有代表性的药品流通企业和专业交易市场要建立联系制度，定期会同相关部门开展调研，及时掌握市场运行和企业经营情况，了解行业发展中存在的困难和问题，分析研究解决办法，提出对策建议，为行业发展提供服务。

五、保障措施

（一）理顺管理体制

各级商务主管部门要认真贯彻落实国家商务部和国家食品药品监管局《关于加强药品流通行业管理的通知》（商秩发〔2009〕571号）和省编办《关于明确药品流通管理职责分工的通知》（甘机发〔2010〕74号）文件精神，负责研究拟定当地药品流通行业发展规划、政策和相关标准，推进药品流通行业结构调整，指导药品流通企业改革，推动现代药品流通方式的发展。根据职责分工，与发改、卫生、工商、食药监等相关部门建立有效衔接的协作机制，与药企之间建立密切的协调联系机制，切实把药品流通行业管理列入各级商务行政主管部门的重要议事日程。

（二）改善发展环境

密切跟踪医药卫生体制改革各项政策实施对药品流通行业的影响，研究提出解决对策和措施，推动医药卫生体制改革与药品流通行业工作有机结合、协调发展。要会同相关部门积极推动改革"以药补医"体制，完善药品定价、采购和医保支付机制，破除地方保护、地区封锁。在公立医院改革和基本药物制度实施等医改措施中，积极探索实现医药分开的具体途径，在已实施基本药物制度、取消"以药补医"的基层医疗机构，特别是周边药品零售配套设施比较完善的城市社区医疗服务机构，可率先探索医生负责门诊诊断，患者凭处方到零售药店购药的模式。保障药品批发企业平等参与招标采购及配送业务，促进医疗机构依合同规定按期向流通企业支付货款。支持零售连锁企业和其他具备条件的零售药店申请医保定点资格，对符合条件的零售药店赋予处方药销售资格。扩大基本医疗保险定点药店覆盖范围，逐步提高社会零售药店在药品终端市场上的销售比重。

（三）加大政策扶持力度

按照国务院办公厅《关于进一步支持甘肃经济社会发展的若干意见》（国办发〔2010〕29号）精神，争取对我省药品现代物流服务业发展的支持政策，通过贷款贴息、集中采购、定额补助、以奖代补等形式，调动地方和大型药品流通企业的积极性，加快建立大型现代药品物流园区、配送中心和中药材仓储物流交易市场。消除地域和所有制界限，支持和鼓励国内外大型药品流通企业参与全省药品批发配送，推动连锁经营发展，健全城乡药品供应保障体系。

（四）加强人才队伍建设

实施从业人员培训工程，分层次培训职业经理人、执业药师、药学技术服务人员和其他重点岗位人才，完善全省药品流通职业经理人和从业人员的资格认证制度。鼓励药品流通企业开展多层次、多形式的自主人才培训，提高全行业人员素质和服务水平。

（五）建立行业管理协会

依托省内大型药品流通企业组建药品流通行业协会。发挥协会桥梁纽带作用，宣传药品流通行业政策法规，加强行业自律，制定行业经营规范和行为规范，反映药品流通企业和经营者的诉求，开展职业道德教育，鼓励诚信经营，推动建立规范有序的药品流通行业秩序。

（六）建立规划实施机制

各市州商务行政主管部门应根据本规划制订本地区药品流通行业发展的具体实施意见，进一步明确本地药品流通行业发展的主要目标和重点任务，推进全省药品流通行业跨越发展。做好规划宣传，加强对规划实施的监督检查，确保药品流通企业的布局和准入执行国家和省上制定的药品流通行业发展规划。

青海省药品流通行业发展规划（2011-2015 年）

青海省商务厅

药品是关系人民生命健康的特殊商品，药品流通是国计民生的重要行业，药品流通行业管理是国务院赋予商务部门的一项新职能。为了贯彻落实《全国药品流通行业发展规划纲要（2011-2015 年）》，规范药品供应渠道，方便人民群众消费，促进药品流通行业科学发展，根据有关法律法规和商务部有关文件精神，制定本规划（规划期为 2011-2015 年）。

一、行业发展现状

改革开放以来，我省药品流通行业经营体制改革不断深化，药品流通领域的监管法规和监管体制不断完善，现代物流配送方式和连锁经营模式逐步延伸，中草药、藏药交易市场基本形成，药品供应保障能力大幅提升，非公有制经营企业得到长足发展，药品流通领域呈现多种所有制并存、多种经营方式互补、企业竞相发展的新局面。

截至 2011 年，青海省共有药品生产企业 41 家，药品批发企业 75 家，药品配送中心、站 76 家，药品零售连锁经营企业 17 家，零售连锁门店 1693 家，医疗器械经营企业 93 家。连锁药店门店约占我省药品零售门店的 80%，已成为药品零售市场的主要经营方式。药品供应网络已基本覆盖全省各地，遍布城乡，其中，县级覆盖率达 100%，乡镇覆盖率达 93%，村（牧委会）覆盖率达 65%。有各级医疗机构 5892 个，其中医院 131 家，各类基层医疗机构 5606 个。

经过近 10 年来的快速发展，青海医药流通领域已逐步构建起了较为完备的药品供应网络，药品销售直接延伸到了城市社区和偏远的农村牧区。一是充分发挥了龙头企业的作用，带动城乡一体化连锁经营。用城市供应网络的发展带动农牧区供应网络发展。按照“政府引导、政策扶持、市场运作、企业运营”的原则，获取相关政府部门的支持和政策鼓励积极发展连锁经营，向农村延伸供药网点。通过开办药品配送中心（站）、直营连锁门店、加盟连锁、特许连锁、设立 OTC 农村药品零售专柜等多种形式，实现了农牧区药品供应规模化、集约化、网络化。做到统一管理、统一配送药品，保证农牧区药品质量，平抑药品价格，确保人民群众的用药安全。二是借助医疗卫生网络，结合新型农村合作医疗的推进，拓展农村基层药品供应网络。在各市县食品药品监管部门的领导下，药品流通企业积极与当地政府及卫生等有关部门配合，充分利用农村医疗卫生网络分布面广的优势，通过政府协调，规范农村医疗卫生机构药品购销渠道，通过政府招标确定的药品批发企业利用“乡村一体化”的管理模式，将药品配送到乡镇卫生院，再由乡镇卫生院将药品分送给村卫生室、个体诊所，而村卫生室、个体诊所与乡镇卫生院建立了委托代购关系。三是逐步探索净化农村药品市场的新途径，确保偏远农村牧区群众医药安全。四是随着国家基本药物制度在我省的实施，截至 2011 年底，全省可使用基本药物品种达 510 种，47 家中标药品企业，担负西宁市和玉树州、海东地区和果洛州、海西州和黄南州、海南州和海北州四大片区的市、州、县、乡、村医疗机构基本药物的统一配送工作，全省所有县（市、区）全面实施基本药物制度，推行基本药物集中采购、统一配送。

由于青海省情及经济发展等诸多因素的制约，青海省医药商业企业大部分仍沿袭传统运营模式，没有建立现代信息及物流管理系统，致使成本、费用居高不下。全省医药流通虽然已基本建立起县、乡、村三级药品供应网络，但供应网至今仍没有完全覆盖少数民族地区的县和乡，包括 35% 的偏远行政村。许多医药流通企业仍以发展城市市场为主，农牧区市场开发不足。一是行业集中度低，网点布局不合理。药品流通企业“小、散、乱”现象突出，经营规模普遍偏小，单体药店比重较大，经营方式单一，专业人才数量不足，机制不完善，药品批发企业和连锁零售企业主要聚集在县以上城市，乡镇以下药品配送网络不健全，龙头企业跨地区经营发展迟滞。二是物流设施滞后，配送效率不高。大部分仓储场地分散建设，专业配送设备落后，配送路径重复，信息化管理水平较低，运输成本居高不下，远未形成经济合理的覆盖全省城乡的药品配送网络。三是药品流通秩序仍需进一步规范，挂靠经营、价格虚高、商业贿赂、等违规经营现象时有出现。

二、加快药品流通行业发展的新形势新任务

（一）深化医药卫生体制改革提出的新要求

2011-2015 年，是实现深化医药卫生体制改革目标的攻

坚阶段，也是药品流通行业结构调整和转变发展方式的关键时期。国家提出的要建立健全药品供应保障体系，完善医药企业发展政策和行业发展规划，大力规范和整顿流通秩序，促进药品流通企业整合，发展药品现代物流和连锁经营，建立便民惠农的农村药品供应网络的目标任务明确而繁重。

（二）基本医疗保险事业发展带来的新机遇

我省先后建立了城镇职工基本医疗保险、新型农村合作医疗和城镇居民基本医疗保险制度，截止2011年底，青海城镇职工医保、城镇居民医保和新农合参保（参合）率大幅提高，青海省城镇职工医保参保率达94.4%，城镇居民医保参保率达92.5%，新农合参合率达96.13%，比国家规定要求超额完成4.4、2.5和6.13个百分点。目前已有4个地区完成城镇职工基本医疗保险州级统筹，6个地区完成城镇职工基本医疗保险统筹区域内医疗费用即时结算，3个地区完成城镇居民基本医疗保险统筹区域内即时结算。

（三）医疗保健药品需求结构呈现的新变化

随着人民生活水平的提高和消费结构的变化，医疗保健服务和药品需求呈现出多样化，医疗保健药品销售市场持续升温，根据第六次人口普查结果显示，2010年，青海省65岁以上老年人口比重为6.3%，到2015年左右，青海老年人口比重将达到7%，老年人医疗保健药品市场潜力巨大，这些新变化、新需求将成为药品流通行业发展新的增长点。

（四）药品流通市场规范发展赋予的新任务

人民群众对安全便利用药的期盼，对药品流通行业规范发展提出了更高要求。国内企业为适应新形势，不断拓展经营范围和经营业态，促使企业兼并重组进一步升级，跨区域医药市场加速融合，现销快配、医院纯销、药房托管、零售连锁向医药工业企业延伸。因此，组建跨区域大型综合流通企业和大型连锁配送企业的任务艰巨而迫切。

三、指导思想和总体目标

指导思想：按照《全国药品流通行业发展规划纲要（2011-2015年）》的总体要求，以科学发展观为指导，坚持以人为本，贯彻落实中央医药卫生体制改革精神，以加强政策引导、发挥市场机制基础性作用、强化现代科学技术和新型管理方式应用为基本原则，以深化体制机制改革、加快转变发展方式、形成统一市场为主线，充分发挥药品流通行业在服务医疗卫生事业发展、维护人民群众健康权益和促进经济社会和谐发展等方面的作用。

发展目标：到2015年，全省药品流通行业的发展适应经济社会发展的总体目标和人民群众不断增长的健康需求，形成行业结构优化，网络布局比较合理，物流配送效率提高，集约化程度显著提升，骨干企业竞争力增强，市场秩序明显好转，城乡居民用药安全便利，公共卫生需要基本满足的药品流通体系。

到2015年，形成1-2家年销售额上5亿元全省性大型药品流通企业集团，3-5家年销售额上1亿元的区域性大型药品流通企业集团。县以下基层流通网络更加健全，区域性物流配送和仓储中心初具规模，骨干企业综合实力接近全国分销企业先进水平。

四、主要任务

（一）加强行业布局规划，健全准入退出机制

1. 专业批发配送企业布局。根据当地经济社会发展水平、医药卫生事业发展、药品需求情况和供应能力，积极调整批发配送企业的数量和布局。鼓励有实力的大型企业通过兼并、重组、托管等形式，对一些规模小、效益差、欠规范的小型企业进行有效整合。要在全省现有75家批发配送企业的基础上，经过5年整合调减，切实提高行业集中度。

2. 零售和连锁药店的布点。结合本地经济社会发展水平、城乡建设规划、人口分布状况、药品供应能力等实际，合理布局区域内药品零售和连锁药店。原则上中心城市零售药店设置密度高于县乡，各类医疗机构周围零售药店设置密度高于其他区域；城镇按人口密度3000人须设置1家零售药店，每个行政村、移民搬迁点设立1家药品零售供应点，新建小区必须配套1家药品零售服务店；既要保证群众购药便利，又要避免浪费资源无序竞争。

3. 完善准入和退出机制。提高行业准入标准，审批新开业药品销售企业和零售门店，必须符合行业规划布局要求，严格控制单体药品数量；配合职能部门加强日常联合监管和考核，建立退出制度，严格查处和取缔无证经营，对违法违规和不遵守价格和质量等各项管理制度的企业要限期整改，严重的取消经营资格。

（二）调整行业结构，增强为民服务能力

1. 做大做强药品流通企业。鼓励药品流通企业通过收购、合并、托管、参股和控股等多种方式做大做强，推动大型配送企业和连锁经营企业发展，实现跨区域经营。整合现有药品流通资源，引导缺乏竞争力的中小企业通过市场化途径并入大型药品流通企业，采用联购分销、共同配送等方式，降低经营成本，提高组织化集约化程度，有序推进药品流通企业改革，保障药品供应和质量。

2. 发展特色经营模式。细分药品经营和服务市场，满足不同消费者需求。支持专业化和有特色的药品流通企业做精做专，在名贵中草药、藏医药等药品上探索经营新途径，支持研发特色药品，扶持品牌企业做大做强。

3. 加强基层流通网点建设。鼓励大型骨干药品流通企业在市州及县区设立分支机构，在中心乡镇设立配送站点，提高农村和边远地区的药品供应保障能力。启动“放心药”服务体系建设工程，探索“放心药”下乡的实践模式。药品流通企业要积极参加药品统一招标采购，按照协议做好药品配送。

4. 健全应急药品储备制度。骨干企业要履行社会责任，做好应急药品、战略药品和部分急救药品的储备，尤其是传染病治疗药品和急救药品类基本药物的储备，根据各类突发事件的特点，建立相应的应急保障机制。适时建立西药、中药材等重点品种的国家储备制度，及时平抑市场价格，严禁囤积哄抬物价行为。建立西药、中成药、中药材重点品种的市场运行信息监测、预警体系，建立短缺药品信息平台，及时调整优化储备品种机构，保证合理库存数量，满足日常市场需求。

（三）大力实施“放心药”工程

配合医药卫生体制改革和基本药物制度实施，鼓励大型药品批发企业建设物流园区和配送中心，形成若干具有较强辐射带动作用的药品流通枢纽；支持骨干企业积极做好药品配送工作，健全药品供应保障体系；支持小型批发企业加快实施连锁经营、向居民社区和村镇延伸销售与配送网络，实现药品流通对基层的有效覆盖。

加强流通网络建设确保药品供应。结合搞活流通扩大消费的各项政策措施，对药品流通行业结构调整和药品供应保障体系建设予以积极支持。充分发挥“万村千乡”市场工程等现有流通网络资源的作用，实施“放心药工程”，完善县级以下药品流通网络，建立稳定、可靠的农村药品供应主渠道，从源头上防止假劣药品流通，提高农村和偏远地区药品供应的安全性、便利性。

（四）发展现代物流配送，提高药品流通效率

1. 推动现代物流信息化建设。积极采用先进信息技术和新型管理方法，优化业务流程，提高管理水平。发展基于信息化的新型电子支付和电子结算方式，降低交易成本。构建全省药品市场数据、电子监管等信息平台，引导产业发展，实现药品从生产、流通到使用全过程的信息共享和反馈追溯体系。引导有实力的企业延伸现代医药物流服务网络，为医疗机构提供各种专业化配送服务。

2. 加快仓储配送设施建设。支持以大型药品流通企业为龙头，建设仓储设施完善、配送链条完整、信息平台健全、管理比较规范的药品流通仓储物流园区和配送中心，实现资源共享、信息互通、聚集发展。有条件的市州可规划建设区域性的药品物流园区和配送中心，形成具有较强辐射带动作用的药品流通体系。加快对企业现有仓储和配送设施改造升级，推广使用自动分拣、冷链物流、电子商务平台等先进技术。完善医疗用毒性药品、麻醉药品、精神药品、放射性药品和生物制品等特殊药品物流技术保障措施，确保仓储和质量安全。在满足医药物流标准的前提下，有效利用社会资源，发展第三方物流。

3. 积极延伸农村配送网络。充分利用医改基层医疗机构建设成效，提高对农村药品配送能力，实现药品流通对农村乡镇的有效覆盖，通过市场化合作，改善中心乡镇的仓储运输设施，培训提高仓储保管人员，指导和监督基本药物配送工作，保障基本药物供应。

（五）促进连锁经营发展，创新药品营销方式

1. 发展药品连锁经营。鼓励药品连锁企业拓展跨区域服务网点，实施统一采购、统一配送、统一质量管理、统一服务规范、统一信息管理、统一品牌标识等，树立企业形象，用组织化规模化经营满足多样化用药需求。适应医药分开发展趋势，积极承接医疗机构药房服务和其他专业服务，推动基本药品价格降低，保障非基本药品质量安全。

2. 创新药品经营模式。鼓励创新经营方式，建立产销合作机制和模式，鼓励药品零售企业开展药妆、保健品、医疗器械销售和健康咨询、中医药服务等多元化经营，满足群众药疗保健等多方面需求。零售药店要设立24小时服务功能，为消费者提供安全用药指导。加大对连锁经营、物流配送与电子商务结合的支持，鼓励经营规范、条件成熟的零售连锁企业发展网上药店。

3. 推动连锁企业进乡入村设点。鼓励药品流通企业设立便民药柜或自设连锁门店。

（六）规范药品流通秩序

建立安全预警机制。建立药品安全性信息预警机制和控制处理机制，增强工作的预见性和突发事件的应急处置能力；在风险管理理论的指导下，认真组织开展对药品流通环节药品安全风险评估工作，加强对风险区域、风险企业、风险环节、风险品种的监管，提高日常监管的针对性和有效性。

实施有关行业规范。会同有关部门研究制定药品批发企业营销人员、药品生产企业和代理企业医药代表的资质管理办法和行为规范，实行持证上岗和公示制度，保证依法依规销售药品和推广新药。自2012年开始，新开办的零售药店必须配备执业药师，到“十二五”末所有零售药店法人或主要管理者必须具备执业药师资格，所有零售药店和医院药房营业时有执业药师指导合理用药。完善药品购销管理制度，依法索取税票，保证经合法渠道经营药品。逐步实施药品流通企业分类分级管理制度，根据不同类别和等级，采取不同的管理措施，激励企业在规范经营的基础上改善服务设施，提升管理和服务水平。

打击违法违规行为，加大药品安全质量监管力度。配合有关部门严厉打击经营假劣药品、商业贿赂、过票经营、倒买倒卖税票、挂靠经营、非法经营网上药店、发布虚假药品和保健品广告等违法违规行为；整顿规范中药材市场，加强有害物质残留和质量检验。充分发挥12312商务行政执法投诉举报热线的作用，完善投诉举报的受理、处理、移送和反馈机制。发动各方面力量，加强对药品流通行业的社会监督。

（七）加强行业信用建设，推动企业诚信自律

推进全行业信用建设。加强全行业诚信和职业道德教育，广泛开展“诚信经营示范创建”活动，树立一批遵纪守法、诚实守信、管理规范、服务到位，能够积极履行社会责任，自觉接受监督的诚信经营典型。建立违法违规企业信息披露制度，在“商务领域信用信息系统”中归集企业信用信息，建立信用档案。推动部门间监管信息的公开和共享，实行信用分类监管。

建立行业自律机制。指导和鼓励行业协会制定和执行行规行约；维护正常价格秩序，防止垄断行为；探索建立对职业经理人、执业药师等人员从业行为信息的采集、记录、公开、共享等制度，对有违规失信行为的个人实行行业禁入；加强信用知识培训，提高药品流通企业从业人员责任意识，帮助企业建立信用风险管理制度，开展行业信用评价，提高行业自律和信用水平。

（八）加强行业基础建设，提升行业服务能力

建立行业标准体系。结合行业特点和市场需求，借鉴国际先进经验，建立药品流通业态分类分级、药品统一编码及现代流通设施与信息化、中药材商品等级、职业经理人与从业人员资质和岗位规范、企业经营服务、信用建设和社会责任等相关标准体系。

建立行业统计制度。加强药品流通行业市场监测，扩大监测范围，及时掌握并对外发布市场运行动态，合理确定行业统计指标，建立直报企业和行业主管部门及有关方面共同参与的全国药品流通行业统计制度与网上报送平台，及时掌握行业运行和发展的全面信息，辅助政府决策，引导行业发展。

加强企业内部管理。药品流通企业是药品流通过程中质量安全的第一责任人，要完善法人治理结构，建立现代企业制度；健全药品购销索证索票、出入库及运输安全管理责任制；加强税票管理，积极与税务管理机关联网；落实各项财务会计管理规范和员工“三险一金”等各项规定和政策，保障员工教育经费。

提升经营服务水平。药品批发企业要提升药品品种保障能力，建立对客户需求的快速反应机制，保证药品及时、安全、足额供应。零售企业要按规定配备执业药师或相关药学技术人员，提高药品质量管理和药学服务水平，零售药店应当提供24小时服务；建立以消费者为中心的服务理念，指导消费者正确、安全、有效、合理用药。对药品流通企业设备设施、营业场所环境、售后服务等经营服务内容，以及各类从业人员专业能力、岗位责任、仪容仪表等，进行全面规范。

（九）推进藏药材流通市场建设，加快藏药、名贵中草药产业化发展

藏药产业是我省的特色优势产业，对藏医药的研究、传承、发展具有十分重大的现实意义和深远的历史意义。根据《青海省人民政府关于扶持和促进中藏医药事业发展的实施意见》精神。在城镇职工基本医疗保险、城镇居民基本医疗保险、新型农村合作医疗等医疗保障制度中，要将符合条件的中藏医医院纳入定点医疗机构，将符合政策规定的中藏医药服务技术、项目、院内制剂等纳入报销范围，在价格制定、临床应用、报销比例中要充分考虑中藏医药特点，鼓励使用中藏医药。积极将中藏医药服务纳入公共卫生服务项目，制定扶持中藏医药特色诊疗技术的财政补助政策和价格政策。在基本药物制度建设中，将中藏药纳入全省基本药物目录，并争取将部分中藏药纳入国家基本药物目录。研究制定扶持中藏医院开展院内制剂的优惠政策，鼓励各级中藏医医院开展院内制剂工作。药品流通主管部门要加强与相关部门联系，大力推进产、学、研、发等一体化的现代藏医药企业，精心打造，培养和扶持我省具有竞争力的特色产业。

五、保障措施

（一）理顺管理体制

认真贯彻落实国家商务部和国家食药监局《关于加强药品流通行业管理的通知》（商秩发〔2009〕571号）精神。各级商务主管部门作为药品流通行业的管理部门，要负责研究拟定全省及当地药品流通行业发展规划、政策和相关标准，推进药品流通行业结构调整，指导药品 流通企业改革，推动现代药品流通方式的发展。根据职责分工，与发改、卫生、工商、食药监等相关部门建立有效衔接的协作机制，与药企之间建立密切的协调联系机制，切实把药品流通行业管理列入各级商务行政主管部门的重要议事日程。

（二）改善发展环境

密切跟踪医药卫生体制改革各项政策实施对药品流通行业的影响，研究提出解决对策和措施，推动医药卫生体制改革与药品流通行业工作有机结合、协调发展。在公立医院改革和基本药物制度实施等医改措施中，积极探索实现医药分开的具体途径，在已实施基本药物制度、取消“以药补医”的基层医疗机构，特别是周边药品零售配套设施比较完善的城市社区的医疗服务机构，可率先探索医生负责门诊诊断，患者凭处方到零售药店购药的模式。要会同相关部门积极推动改革“以药补医”体制，完善药品定价、采购和医保支付机制，破除地方保护、地区封锁。保障药品批发企业平等参与招标采购及配送业务，促进医疗机构依合同规定按期向流通企业支付货款。支持零售连锁企业和其他具备条件的零售药店申请医保定点资格，对符合条件的零售药店赋予处方药销售资格。扩大基本医疗保险定点药店覆盖范围，逐步提高社会零售药店在药品终端市场上的销售比重。

（三）加大政策扶持力度

按照国务院《关于支持青海等省藏区经济社会发展的若干意见》精神，争取对我省药品现代物流服务业发展的支持政策，通过贷款贴息、集中采购、定额补助、以奖代补等形式，调动地方和大型药品流通企业的积极性，加快建立现代药品物流园区、配送中心和中、藏药材仓储物流交易市场。消除地域和所有制界限，支持和鼓励国内外大型药品流通企业参与全省药品批发配送，推动连锁经营发展，健全城乡药品供应保障体系。

（四）加强人才队伍建设

实施从业人员培训工程，分层次培训职业经理人、执业药师、药学技术服务人员和其他重点岗位人才，完善全省药品流通职业经理人和从业人员的资格认证制度。鼓励药品流通企业开展多层次、多形式的自主人才培训，提高全行业素质水平。

（五）建立行业管理协会

依托省内大型药品流通企业组建药品流通行业协会。发挥协会桥梁纽带作用，宣传药品流通行业政策法规，加强行业自律，制定行业经营规范和行为规范，反映药品企业和经营者的诉求，开展职业道德教育，鼓励诚信经营，推动建立规范有序的药品流通行业秩序。

（六）建立规划实施机制

各市州商务行政主管部门应根据本规划制订本地区2011-2015年药品流通行业发展的具体实施意见，进一步明确行业发展的主要目标和重点任务，全面推进全省药品流通行业跨越式发展。做好规划宣传，加强对规划实施的监督检查，确保药品流通企业的布局和准入，执行国家和我省制定的药品流通行业发展规划。

新疆维吾尔自治区药品流通行业“十二五”发展规划（2011-2015年）

新疆维吾尔自治区商务厅

为贯彻落实党中央、国务院关于深化医药卫生体制改革对药品流通工作提出的要求，促进自治区药品流通行业科学发展，保障人民群众用药安全合理方便，根据有关法律法规和商务部有关文件精神，制定本规划。

一、现状与形势

（一）发展现状

“十一五”期间，随着医疗改革的深入和发展，自治区药品流通行业完成了从计划分配体制向市场化经营体制转变，药品流通行业获得了长足发展。药品流通领域的法律框架和监管体制基本建立，药品供应保障能力明显提升，多种所有制并存、多种经营方式互补、覆盖城乡的药品流通体系初步形成，基本满足了自治区各族群众用药需求。

市场经营规模持续扩大。“十一五”期间，自治区药品流通行业稳步发展，截止2010年底，自治区共有批发零售企业7037家，其中：药品批发企业159家；药品零售企业6878家（含零售连锁门店）；批发企业从业人员近3.5万人，零售企业从业人员近4万人。基本形成了以乌鲁木齐为中心、地州中心城市为骨干、县市为基础的综合性药品批发零售网络，城市社区和农村基层药品流通市场规模明显扩大。

现代流通方式不断发展。“十一五”期间，药品流通行业新型业态不断发展，药品连锁经营企业由十几家发展至五十多家，连锁企业门店数已占零售门店总数的1/3；现代物流蓬勃兴起，20多家药品批发企业初具药品现代物流条件，以乌鲁木齐大型物流配送中心为主干、地州中心城市中型物流配送中心为骨干的物流配送中心网络建设，已覆盖自治区70%左右的地州市；行业龙头企业基本形成，以国药集团新疆新特药业有限责任公司、新疆九州通医药有限公司为代表的药品现代物流企业，2010年药品销售额占全区药品销售总额的70%，市场集中度显著提升，药品主渠道供应基本形成。

社会作用日渐显现。“十一五”期间，各类药店提供销售及服务约2亿人次，随着国家基本药物制度在自治区的实施，我区试点县（区、市）企业达50余家，占比例为

30%；涵盖我区医疗卫生机构278家，占比例为30%；基本药物中标（入围）配送企业28家。基本药物（含国家基本药物）种类307种，品规数达2552种。通过大力推进城镇药品“两网”建设，乡镇药品经营网点覆盖率达到98%，行政村达到80%，基本形成了覆盖广泛，渠道畅通，购销规范，安全有效的药品供应网络。在方便群众购药、平抑药品价格等方面发挥了重要作用。药品流通骨干企业成为药品储备和应急配送主体，有效保证了“非典”、“禽流感”等重大疫情、地震等自然灾害中的药品供应。

综上所述，“十一五”期间，自治区药品流通行业对相关产业发展的带动性增强，在国民经济中的地位日益显现，为维护国家安全、社会稳定和人民群众利益做出了重大贡献。但是也应该看到，由于长期实行的“以药补医”等体制性弊端，以及药品定价、采购和医保支付机制不完善，行业规划管理欠缺、市场竞争不充分等因素，导致药品流通行业存在以下突出问题：一是流通组织化现代化水平较低。药品流通行业总体发展水平不高，现代医药物流发展相对滞后，网络化管理还待实现，管理水平、流通效率和物流成本与发达省市相比差距很大；二是行业发展布局不够合理。药品流通网络发展不平衡，发达地区和城市药品流通企业相对集中，农村和“老、少、边、穷、牧”等偏远地区，药品配送网络未能全面有效覆盖，药品可及性有待提高。三是流通秩序有待规范。从业人员素质相对较低，法律意识、自律意识还有待于进一步提高，扰乱市场流通秩序的违法违规经营现象比较突出。

（二）面临形势

药品流通面临新的挑战。为了建立规范的药品供应保障体系，《中共中央国务院关于深化医药卫生体制改革的意见》，国家商务部、食品药品监管局发布《加强药品流通行业管理的通知》等一系列“医改新政”的推行，《国家基本药物目录管理办法（暂行）》、《国家基本药物目录（基层医疗卫生机构配备使用部分）》的发布，迫切要求药品流通行业必须加快结构调整，转变发展方式，实现科学发展。迫切要求自治区药品流通行业尽快改变基础薄弱，总体发展程度较低，管理水平、设备设施相对落后，人才匮乏，不规范竞争的局面和问题，从而使药品流通行业结构调整和实现转型面临新的挑战。

新的挑战带来新的发展机遇。中央新疆座谈会的召开，自治区经济的持续快速增长、社会老龄化趋势、脱贫致富的需求、人民生活水平的提高、健康意识的增强，均对药品流通行业发展构成长期利好。随着医改的不断推进，对药品流通行业的结构调整和未来发展影响将逐步加深。药品流通行业发展将迎来历史性机遇，也是有规模、有实力的药品企业实施战略扩张、不断做大做强的大好时机。

新的机遇带来新的发展环境。全面贯彻落实科学发展观，自治区党委、政府对实施利民、惠民等民生建设要求，带来了自治区药品流通行业发展的良好环境。也迫切要求我们加快制定药品流通行业规范及标准，抓好药品流通行业信用体系建设等基础性工作，实施药品流通行业改革和结构调整，发展现代药品现代物流和连锁经营，建立健全药品供应保障体系，建立竞争有序的药品流通市场体系，保障人民群众放心用药，安全用药。

二、指导思想、基本原则

（一）指导思想

按照《全国药品流通行业发展规划纲要（2011-2015年）》的总体要求，贯彻落实中央医药卫生体制改革精神，以科学发展观为指导，以加强政府政策引导、发挥市场机制基础性作用、强化现代科学技术和新型管理方式应用为基本原则，以深化体制机制改革、加快转变发展方式、形成统一市场为主线，充分发挥药品流通行业在服务医疗卫生事业发展、维护人民群众健康权益和促进经济社会和谐发展等方面的作用。

（二）基本原则

坚持以人为本，商务为民；坚持政府调控，政策引导；坚持企业主导，突出重点；坚持创新机制，提高水平。

三、总体目标

经过5年左右的努力，使自治区药品流通行业的发展适应经济社会发展的总体目标和人民群众不断增长的健康需求，形成流通网络布局合理，组织化程度显著提升，流通效率不断提高，营销模式不断创新，骨干企业竞争力增强，市场秩序明显好转，城乡居民用药安全便利，以及满足公共卫生需要的药品流通体系。

（一）“十二五”末期，医药物流园区基本建成

——在乌鲁木齐高新技术产业开发区建设配送能力达到100亿元的医药物流园区，形成全疆医药现代化物流体系中转枢纽；

——医药物流园区采用国际上先进的物流设备、自动分拣系统、运输配送系统和信息管理系统，WMS系统将引入美国曼哈特系统，使管理效能和服务价值达到最大效益；

——医药物流园区全面促进提升我区药品流通领域物流技术水平，实现医药物流配送体系增值服务质量的提升。

（二）“十二五”末期，物流配送网络体系基本形成

——培育2家年销售额过10亿元、10家年销售额过亿元的药品流通企业；

——形成以乌鲁木齐大型物流配送中心为主干，自治区主要城市中型物流配送中心为骨干、县级连锁配送为基础的物流配送网络体系。

（三）“十二五”末期，推进药品连锁终端辐射农牧区

——药品连锁企业零售门店增加至3000个；

——药品连锁企业辐射零售门店边远乡村级覆盖率达85%左右。

四、主要任务

（一）加大行业结构调整力度

提高药品流通行业集约化程度。鼓励药品流通企业深化改革，加快建立现代企业制度，规范公司制改造，健全公司法人治理结构，组建大型药品批发集团。鼓励药品流通企业通过收购、合并、托管、参股和控股等多种方式做强做大，进一步提高流通产业的组织化程度和现代化水平。重点支持具有优势的大型药品批发企业跨区、跨国发展，通过大规模收购、兼并、重组等手段，以资本为纽带，建立母子公司体制，或以品牌、商号、管理、配送等方式与药品生产企业和区外、国外的药品优势企业互助融合，获取新的规模优势和技术优势。重点支持广覆盖的骨干集团性药品批发企业发展，形成组织结构集团化、经营方式集约化、投资主体和销售市场多元化的企业为骨干的新型药品流通格局。

大力发展城乡社区牧区药品流通网络。稳定增加社会药品零售网点，重点向药品零售连锁企业倾斜。引导投资者和零售连锁企业在新建居民区、城郊结合部、农牧区等药店比较少的地方投资开设零售药店，合理配置社会资源，适应自治区城市化发展战略和小城镇建设的需要，改变农牧区人民群众用药难、品种少、价格高的局面。

发展特色经营。支持老字号药店在保持传统优势的基础上创新发展，发挥品牌效应，拓展特色服务，增强核心竞争力。支持专业化和有特色的中小药品流通企业做精做专，满足多层次市场需求。引导中小药品流通企业采用联购分销、共同配送等方式，降低经营成本，提高组织化程度。

保障药品应急供应。建立药品、药材重点品种储备制度。按照国家和自治区应急和战略储备的统一规划和部署，做好流通环节实物和资金的储备。根据各类突发事件的特点，建立相应的应急保障机制。

（二）大力实施“放心药”工程

大力推进“三线互补”建设。配合医药卫生体制改革和基本药物制度实施，鼓励大型药品批发企业建设物流园区和配送中心，形成若干具有较强辐射带动作用的药品流通枢纽；支持中型骨干企业积极参加药品招标采购，做好药品配送，健全药品供应保障体系；支持小型批发企业加快实施连锁经营、向居民社区和村镇延伸销售网络，实现药品流通对基层的有效覆盖。

大力推进“两网合一”建设。加强流通网络建设确保药品供应。结合搞活流通扩大消费的各项政策措施，对药品流通行业结构调整和药品供应保障体系建设予以积极支持。充分发挥“万村千乡”市场工程等现有流通网络资源的作用，实施“放心药下乡”工程，完善县级以下药品流通网络，建立稳定、可靠的农村药品供应主渠道，从源头上防止假劣药品流向，提高农村和偏远地区药品供应的安全性、便利性。

（三）发展药品现代物流业

加快药品物流配送体系建设。支持自治区大型药品流通企业建设配送能力达到100亿元的医药物流园区项目，形成自治区建设规模最大、建设标准、现代化程度最高的药品现代化物流体系中转枢纽，以此为中心，构建区域性的药品物流配送中心，辐射沿线连锁企业的药品物流配送网络体系，全面提高自治区药品流通领域物流技术水平，实现医药物流配送体系增值服务质量的提升。

加快药品物流信息化建设。鼓励积极探索使用无线射频（RFID）、全球卫星定位（GPS）、无线通讯、温度传感等物联网技术，提高流通效率，降低流通成本。促进使用自动分拣、冷链物流等先进设备，加快传统仓储、配送设施改造升级。广泛使用先进信息技术，运用企业资源计划管理系统（ERP）、供应链管理等新型管理方法，优化业务流程，提高管理水平。发展基于信息化的新型电子支付和电子结算方式，降低交易成本。构建自治区药品市场数据、电子监管等信息平台，引导产业发展，实现药品从生产、流通到使用全过程的信息共享和反馈追溯机制。

加快推进药品物流专业化发展。积极推进传统物流向现代物流的转变，用现代科技手段改造落后的药品流通方式。鼓励药品流通企业的物流功能社会化，实施药品物流服务延伸示范工程，引导有实力的企业向医疗机构和生产企业延伸现代医药物流服务。在满足医药物流标准的前提下，有效利用邮政、仓储等社会物流资源，发展第三方医药物流。

（四）加快发展药品连锁经营

支持连锁企业扩大经营规模。促进连锁经营发展，创新药品营销方式。鼓励药品连锁企业采取兼并、组合其他药品零售网点等多种方式，发展直营连锁；鼓励药品连锁企业采取与非连锁零售药店联合经营的方式，发展加盟连锁。实现统一采购、统一配送、统一质量管理、统一服务规范、统一联网信息系统管理、统一品牌标识。为进一步规范连锁经营、拓展跨区域和全国性连锁网络，发挥规模效益，奠定扎实的基础。

支持连锁企业发展电子商务。随着医药卫生体制改革深入和医药分开的逐步实施，大力支持连锁经营与电子商务相结合。鼓励经营规范的药品连锁企业发展网上药店，提高药品流通领域的电子商务应用水平，塑造自治区药品连锁服务品牌形象；鼓励连锁药店突破行政区划的局限，在更大的区域范围，放大品牌效应，积极承接医疗机构药房服务和其他专业服务。

（五）规范药品流通秩序

建立安全预警机制。建立药品安全性信息预警机制和控制处理机制，增强工作的预见性和突发事件的应急处置能力；在风险管理理论的指导下，认真组织开展对药品流通环节的药品安全风险评估工作，加强对风险区域、风险企业、风险环节、风险品种的监管，提高日常监管的针对性和有效性。

实施有关行业规范。会同有关部门研究制定药品批发企业营销人员、药品生产企业和代理企业医药代表的资质管理办法和行为规范，实行持证上岗和公示制度，保证依法依规销售药品和推广新药。完善药品购销管理制度，依法索取税票，保证经合法渠道经营药品。逐步实施药品流通企业分类分级管理制度，根据不同类别和等级，采取不同的管理措施，激励企业在规范经营的基础上改善服务设施，提升管理和服务水平。

打击违法违规行为。配合有关部门严厉打击经营假劣药品、商业贿赂、倒买倒卖税票、挂靠经营、非法经营网上药店、发布虚假药品和保健品广告等违法违规行为；整顿规范中药材市场，加强有害物质残留和质量检验。充分发挥 12312 投诉举报热线和商务综合行政执法的作用，完善投诉举报的受理、处理、移送和反馈机制。发动各方面力量，加强对药品流通行业的社会监督。

（六）加强信用和自律建设

推进全行业信用建设。加强全行业诚信和职业道德教育，广泛开展“诚信经营示范创建”活动，树立一批遵纪守法、诚实守信、管理规范、服务到位，能够积极履行社会责任，自觉接受监督的诚信经营典型。建立违法违规企业信息披露制度，在“商务领域信用信息系统”中归集企业信用信息，建立信用档案。推动部门间监管信息的公开和共享，实行信用分类监管

建立行业自律机制。成立行业协会。指导和鼓励行业协会制定和执行行规行约；维护正常价格秩序，防止垄断行为；探索建立对职业经理人、执业药师等人员从业行为信息的采集、记录、公开、共享等制度，对有违规失信行为的个人实行行业禁入；加强信用知识培训，帮助企业建立信用风险管理制度，开展行业信用评价，提高行业自律和信用水平。

（七）形成开放竞争的市场格局

搭建多功能服务平台。发挥政府部门和行业协会作用，建立药品交易、投融资合作、信息交流、政策发布等多层次、多功能平台，服务企业发展。发展医药会展经济，促进内外贸、中西药、产供销协调发展，加快国内外市场融合。

提高利用外资的质量和水平。优化投资结构，吸引境外药品流通企业按照有关政策扩大在境内投资，参与药品流通企业兼并重组，拓展分销业务；引导外资到自治区中小城市发展。保护投资者的合法权益。学习借鉴国外先进管理经验和营销方式。鼓励药品流通企业“走出去”。鼓励有条件的药品流通企业“走出去”，通过新建、收购、境外上市等多种方式，到境外开展业务，参与国际药品采购和营销网络建设，参与国际竞争。

（八）加强行业基础建设，提升行业服务能力

建立行业标准体系。结合行业特点和市场需求，借鉴国际先进经验，建立药品流通业态分类分级、药品统一编码及现代流通设施与信息化、中药材商品等级、职业经理人与从业人员资质和岗位规范、企业经营服务、信用建设和社会责任等相关标准体系。

建立行业统计制度。加强药品流通行业市场监测，扩大监测范围，及时掌握并对外发布市场运行动态，合理确定行业统计指标，建立直报企业和行业主管部门及有关方面共同参与的全国药品流通行业统计制度与网上报送平台，及时掌握行业运行和发展的全面信息，辅助政府决策，引导行业发展。

加强企业内部管理。药品流通企业是药品流通过程中质量安全的第一责任人，要完善法人治理结构，建立现代企业制度；健全药品购销索证索票、出入库及运输安全管理责任制；加强税票管理，积极与税务管理机关联网；落实各项财务会计管理规范和员工“三险一金”等各项规定和政策，保障员工教育经费。

提升经营服务水平。药品批发企业要提升药品品种保障能力，建立对客户需求的快速反应机制，保证药品及时、安全、足额供应。零售企业要按规定配备执业药师或相关药学技术人员，提高药品质量管理和药学服务水平，零售药店应当提供 24 小时服务；建立以消费者为中心的服务理念，指导消费者正确、安全、有效、合理用药。对药品流通企业设备设施、营业场所环境、售后服务等经营服务内容，以及各类从业人员专业能力、岗位责任、仪容仪表等，进行全面规范。

五、保障措施

（一）完善法律法规和政策体系

推动修改完善与药品流通有关的法律法规和部门规章，清理、废止阻碍药品流通行业改革发展和妨碍公平竞争的政策规定。研究制订鼓励性政策措施，支持企业技术改造、科技创新，完善相关基础设施。在搞活流通，扩大消费的各项政策中，积极支持药品流通行业结构调整和药品供应保障体系建设。改善融资环境，鼓励企业利用产业基金、融资担保、信用保险、上市融资、应收账款和仓单质押等金融工具，多渠道筹集资金，加快改革发展步伐。有条件的地方应争取财政、土地、金融、专项资金等优惠政策，支持药品流通行业发展。避免重复建设大型药品物流设施。

（二）改善药品流通行业发展环境

会同相关部门积极推动自治区医药体制改革，完善药品定价、采购和医保支付机制，破除地方保护、地区封锁。保障药品批发企业平等参与招标采购及配送业务，促进医疗机构依合同规定按期向流通企业支付货款。在公立医院改革和基本药物制度实施等医改措施中，积极探索实现医药分开的具体途径，在已实施基本药物制度、取消“以药补医”的基层医疗机构，特别是周边药品零售配套设施比较完善的城市社区医疗服务机构，可率先探索医生负责门诊诊断，患者凭处方到零售药店购药的模式。加快赋予所有符合条件的药店处方药销售资格。支持零售连锁企业和其他具备条件的零售药店申请医保定点资格，扩大基本医疗保险定点药店覆盖范围，逐步提高社会零售药店在药品终端市场上的销售比重。密切跟踪医药卫生体制改革各项政策实施对行业的影响，研究提出解决对策和措施。

（三）加强药品流通理论研究和人才队伍建设

鼓励大专院校、研究院所、大型药品流通企业集团加强现代药品流通理论研究与创新。建立国内药品流通人才培训机制。支持和鼓励药品流通职业培训和继续教育，形成层次多元、市场需要、企业欢迎的人才培养与职业教育体系；建立全国药品流通职业经理人和其他从业人员的资格认证制度；建立药品流通领域人才激励与约束机制。实施从业人员培训工程，加大、中级职业经理人、药学技术服务人员、执业药师的培训力度。教育企业端正价值取向，增强药品安全第一责任人的意识，强化法律意识、质量意识和自律意识，提高从业人员业务能力和水平。

（四）形成促进药品流通行业健康发展的合力

将药品流通行业管理切实纳入商贸流通工作体系进行统筹规划，与深化医药卫生体制改革领导小组其他成员单位进行工作对接，建立沟通协调和合作机制。大力支持药品流通行业协会等中介组织的发展，加强协会的组织建设，增强服务意识，提高为企业服务的能力。充分发挥协会在行业统计、行业培训、行业自律、国际交流合作、维护企业合法权益等方面的作用。

新疆生产建设兵团药品流通行业发展规划（2011-2015 年）

新疆生产建设兵团商务局

根据《全国药品流通行业发展规划纲要（2011-2015年）》，结合兵团实际，建立兵团药品供应保障体系，保障各族职工群众用药安全合理方便，以及兵团深化医药卫生体制改革的具体意见和药品流通业发展的要求，制定本规划，规划期为2011-2015年。

一、现状和形势

（一）发展现状

兵团是新疆的重要组成部分，是党政军企合一的特殊社会组织，承担国家赋予的屯垦戍边的使命。目前，兵团有257.3万人，14个师、176个团场、2000多个农牧连队，分布在全疆各地，有3003个工交商建、金融保险等企业，14家上市公司，有一批科教文卫体及社会公益性事业单位。有完整的公检法司监机构以及民兵武装力量。

在新的历史时期，中央要求兵团进一步发挥好“三大作用”：即推动改革发展、促进社会进步的建设大军作用，增进民族团结、确保社会稳定的中流砥柱作用，巩固西北边防、维护祖国统一的铜墙铁壁作用；“十二五”期间，兵团的战略发展目标是：综合实力明显增强，到2015年生产总值翻一番、年均增长15%；职工群众生活明显改善，基本养老保险和基本医疗保险覆盖率均达到95%，城镇居民人均可支配收入年均增长14%，农牧工家庭人均纯收入年均增长13%；维稳戍边能力明显提高，人口总量稳步增加，职工队伍素质不断提高，整体动员、应急处突、反恐维稳能力进一步增强，巩固边防、维护稳定作用更加突出。

兵团在新疆的特殊地位和特殊作用决定了兵团药品流通行业的发展必须服务于兵团经济社会的快速发展，必须有利于巩固和提高统一、高效、便捷、安全的药品保障能力建设，必须有利于发挥兵团集团化、规模化优势，保证和促进兵团特殊作用的发挥。

作为兵团国民经济和社会发展的组成部分，改革开放以来，兵团药品流通业从计划分配体制转向市场化经营体制，行业获得了一定的发展，对于满足兵团各族职工群众用药、服务兵团经济社会和谐发展发挥了积极作用。

截止2010年底，兵团共有药品批发企业5家、零售连锁企业3家、零售单体药店445家，零售药店中自行采购药品的占72.14%；医药批发销售规模约6亿元，零售额约5000万元。经过多年发展，已初步形成多种所有制并存、覆盖团场、连队的药品流通市场体系。

由于种种原因，目前，兵团药品流通行业也存在一些问题：

一是药品流通组织化程度低，行业发展严重滞后。流通企业“小、散、弱”现象十分突出，尚未培育出规模大、竞争力强、经营管理优、具有地区影响力的医药流通大企业、大集团。兵团原来的医药流通企业因长期缺乏统一调控下的市场培育，竞争力不足，经营大多难以为继，或被变卖、或被淘汰、或处于被外来资本全面彻底整合的边缘。

二是兵团辖区内医药市场资源分散，行业集中度低。兵团药品市场资源分散，导致兵团药品流通企业孵化不足，难以与兵团市场存在的不规范的个体经营企业相竞争。目前兵团医药市场规模容量约20亿元以上，由于尚未建立兵团统一的药品招标采购平台，目前政府办医疗机构是按照自治区招标结果，确定了15家配送企业，由各医院在其中自行选择配送企业进行药品配送，兵团所属医药流通企业所占份额不足27%，只有约4亿多元的规模，其余市场均被其他众多区内外企业所瓜分，且没有形成规模。

兵团团场连队“点多、线长、面广”，不少国有企业包括有实力的地方医药企业单纯出于利益考虑，不愿将药品配送服务到各农牧团场，尤其是偏远团场，导致农牧团场用药价格较高。

三是难以形成与兵团自身优势和地位作用相称的完整的医药流通产业体系。面对竞争日益加剧的国内外药品流通市场形势，兵团医药流通业的行业地位、企业数量、发展规模、经营质量和发展前景不容乐观，兵团对事关职工群众健康安全的药品这一特殊商品市场的可控性将面临严峻考验。

（二）面临形势

当前,《全国药品流通行业发展规划纲要（2011-2015年）》（下称“规划”）已正式颁布，作为我国医药流通行业未来发展的纲领性文件，规划的核心思想是鼓励和引导大型流通企业走规模化、集约化和国际化经营之路，形成以全国性、区域性骨干企业为主体的遍及城乡的药品流通体系，通过全国性和区域性的药品物流园区和配送中心的建立，形成具有较强辐射带动作用的药品流通枢纽。

中央提出推进新疆跨越式发展和长治久安的战略决策，为兵团医药流通行业的发展带来了新的机遇。兵团医药卫生体制改革确定了兵团医药卫生事业发展的基本方向，为配合兵团医药卫生体制改革工作的进一步深化和稳步推进，在全兵团建立相对统一、竞争有序的医药市场格局已成为形势发展的迫切需要。

行业发展前景十分广阔。随着人民群众生活水平的日益提高和全民社会保障力度的不断扩大，医药消费水平呈现不断增高的态势，伴随着步入老龄化社会，增长幅度将不断加大，并将与国民经济继续保持持续多年的同向增长。2010年全国药品销售总额为7084亿元，比2009年增长了24.6%，其中，零售市场销售规模达到1275亿元，同比增长20%，零售市场占药品销售总额的18.0%。近年来，兵团医药市场规模也保持持续增长，年均增速在10%以上，2010年，兵团医药市场消费规模已达到约20亿元。预计“十二五”期间兵团医药市场需求将以每年15%的速度继续增长。巨大的医疗消费潜能以及持续增长的消费需求将给药品流通行业带来新的机遇。

国家政策支持力度不断加大。中共中央国务院《关于深化医药卫生体制改革的意见》中提出“建立健全药品供应保障体系。加快建立以国家基本药物制度为基础的药品供应保障体系，保障人民群众安全用药。”“推进医药分开，积极探索多种有效方式逐步改革“以药补医”机制”。随着国家新医改政策的实行和深入，医药分开乃大势所趋，兵团面临着通过培育壮大药品流通企业、引进先进的药事服务及供应链服务理念，依托信息化水平的提升和现代经营管理方式的运用，实现医药企业与医疗机构开展医药分开改革，降低药品价格和用药成本的外部大环境；同时也面临着市场不断扩大后的统筹、监管和促进企业改造升级的重要任务。国家和兵团加大相关产业政策和监管政策的支持将有利于形成和扩大兵团内部市场规模，促进医药流通业和制造业的进步和提升。

行业集中度继续提高。根据国家关于实行省级药品集中采购的要求，在兵团医药卫生体制改革领导小组的领导下，兵团药品统一招标采购的工作正在稳步推进，在今后对全兵团的药品采购采取集中统一网上采购方式，有利于减少中间流通环节，降低药价；有利于集中全兵团医药市场资源，为建立兵团医药“大流通”格局创造条件，有利于扶持和培育具有一定实力和服务能力，具有社会责任感的兵团医药龙头企业。一些信誉度低、竞争力不强、经营不规范的小企业将逐渐被淘汰出局，标志着兵团药品流通业将进入重大调整期。

根据全国药品流通行业“十二五”规划纲要，以及国家药品监管力度的不断加强，国家将进一步提高行业集中度，医药流通企业的兼并重组将出现新的高潮。

中央建设开发新疆战略决策为行业发展提供难得机遇。2010年，中央部署了内地19个省区对口援疆工作，为药品流通行业的跨越式发展带来了新的机遇，必将加快兵团医药流通业通过“内引外联”，建立和扩大与国内医药大企业、大集团的合作，实现共同发展的步伐。

二、指导思想和总体目标

（一）指导思想

根据《兵团国民经济和社会发展第十二个五年规划纲要》和《全国药品流通行业发展规划纲要（2011-2015年）》精神，以科学发展观为指导，以政策引导，市场化运作，利用现代信息技术和科学管理方式为手段，以促进职工群众用药安全和医药流通行业健康快速发展为目标，以深化体制机制改革、加快转变发展方式，优化药品销售网络布局和行业结构、提高行业集中度和现代化水平，实现规模效益和资源共享，规范流通秩序为主线，建立以乌鲁木齐为中心，辐射全疆，服务全兵团的区域性医药流通网络，实现新时期兵团药品流通业的跨越式发展。

（二）总体目标

到2015年，兵团药品流通网络布局基本合理，组织化程度显著提高，营销模式不断创新，骨干企业竞争力和社会责任感增强，市场秩序明显好转，职工群众用药安全便利经济，能较好满足医疗卫生和健康服务的需求。到“十二五”末，实现以下发展目标：

1. 培育2-3家年销售额5-8亿元的兵团药品批发龙头企业，到“十二五”期末，总销售额超15亿元，占兵团药品消费市场的比重达到70%以上。培育2—3家兵团药品零售连锁龙头企业，并实现规范化的连锁经营，到“十二五”期末，销售额超5亿元；争取每个团场都有1-2家零售药店。兵团药品流通全行业销售规模达20亿元以上。

2. 兵、师、团三级药品供应网络有效建成并得到进一步完善，基本实现对兵团广大农牧团场（尤其是边境团场）药品及时配送，健康服务水平显著提高。兵团所辖药品连锁零售网点完成在各师、团场基本布局，在全疆具有一定竞争力和影响力。初步建立起与兵团特殊作用相称，“行政可控，运转协调，服务高效”，具有兵团特色的兵团药品供应保障体系。

3. 药品质量和经营管理能力明显提高，扰乱药品流通秩序的各种违法违规现象得到有效遏制，药品经营企业GSP认证率达到100%，远程实时监控率达到99%以上；行业组织的自律机制充分发挥作用，商业诚信体系基本形成，企业科学发展的意识、经营管理水平和从业人员素质显著提高。

三、主要任务

“十二五”期间，兵团药品流通行业面临的主要任务是：

（一）加强行业规划布局，完善和提升药品流通网络建设和服务功能

结合兵团经济社会发展水平、医药卫生事业发展需要和体制改革、城镇建设规划、人口增长与密度和年龄结构变化、药品供应能力等实际情况，制定兵团药品批发零售网点、中药材交易市场设置和布局规划。会同和配合相关部门将行业规划列入行业准入的重要依据。加快流通行业规划布局，促进资源整合。

配合医药卫生体制改革和基本药物制度的实施，做好药品配送。密切跟踪基本药物制度和药品集中采购政策对药品流通行业的影响，制订相应预案，做好部门协调，落实保障措施。完善药品流通网络，保证药品特别是基本药物、疗效好、价格廉的常用药的安全有效供应。零售药店按照有关规定配备和销售基本药物，其中医保定点零售药店按规定做好基本医疗保险目录药品的配备和销售。

建立健全高效可控的兵团药品供应配送保障体系，以乌鲁木齐市为药品流通枢纽，在兵团各师部所在地或地州中心城市建立服务周边团场、社区的分拨中心，构建面向全兵团的药品流通配送网络体系。

完善医疗用毒性药品、麻醉药品、精神药品、放射性药品和疫苗等特殊药品物流技术保障措施，改善储运条件，防范并消除隐患，避免在流通过程中出现药品质量事故和安全事故。

支持传统型医药商业企业向现代健康服务型企业转型，在兵团乃至全疆率先开展集健康产业、贸易、特色服务于一体的综合开发园区建设。

鼓励和支持兵团企业走出去，到中西亚地区开展医药贸易或技术服务等合作。研究论证在中哈霍尔果斯国际边境合作中心，建立面向周边国家的药品零售和批发网点，扩大药品、药械对周边国家出口。

（二）培育药品流通龙头企业，提高行业集中度

以国家即将公布的新GSP标准（药品经营质量管理规范）

的认证为契机，与食品药品监督管理等部门通力配合，促进药品流通企业的兼并重组和改造升级，鼓励兵团药品流通骨干企业做大做强，支持兵团药品流通骨干企业以合作或产权重组等多种形式进入师团市场，按照同等优先的原则，增强兵团药品流通骨干企业对兵团医疗卫生机构和辖区零售药品市场的药品保供能力，提高其参与自治区市场竞争和开展对外贸易的实力和能力，扶持兵团流通医药骨干企业在“十二五”期间早日跻身新疆医药流通业的前列。在统一市场、统一配送的支持下，至“十二五”末，兵团医药骨干企业销售规模力争突破15亿元；指导兵团医药骨干企业采取分地域形式进行合作，在全兵团范围内建立和完善配送网点，通过兼并重组当地企业、委托配送或租赁医院药库等形式建立分部或分拨中心，实现低成本扩张和对全兵团医疗机构药品的及时、安全、有效配送，确保“一般药品48小时、急救药品8小时”配送服务时限的达成和“兵、师、团三级供应保障体系的有效建立。

充分利用和借助“万村千乡”市场工程现有设施、网点和运输工具，充分发挥兵团大企业在经营管理、服务网络、资金人才等方面的优势，以及兵团的集团优势和决策特点，实现规模效益，促进兵团与各师医药市场有统有分、协调发展。

鼓励和支持兵团医药骨干企业实施医药物流服务延伸示范工程，引导其向医疗机构和生产企业延伸现代医药物流服务。

引导和支持兵团优势企业技术进步和管理升级，尤其是引进和提高信息系统、物流配送、质量追踪溯源、供应链管理、药事服务等服务能力，坚持医药分开，实行医院药房合作或供应链管理延伸，构建核心竞争力，有效提高整合兵团医药市场资源和参与全疆市场竞争的实力与能力。

做好兵团承担的中央医药救灾储备承储工作，强化动态储备的管理、跟踪和储备品种计划的适时调整。建立和巩固应急反应机制和能力，增强在灾情疫情等突出事件发生时兵团急救药品应急调运供应能力和效率。

（三）推进药品连锁经营，提高药品集约化经营水平

注重发挥兵团行政职能作用和统一协调作用，加大兵团零售连锁优势企业在零售市场的竞争力和市场占有份额，使流失较多的兵团药品零售市场获得整合，并争取获得兵团医药零售市场70%以上的份额。

大力推进兵团药品连锁零售网点建设，扶持兵团药品流通骨干企业发展壮大。鼓励其突破地域界限，向师团连队、居民社区，地方城市、乡村、发展，采用统一采购、统一配送、统一质量管理、统一服务规范、统一联网信息系统管理、统一品牌标识等方式，在更大的区域范围内，建立跨师团和全疆性连锁经营网络，树立连锁服务品牌，发挥规模效益。要严格按照国家准入标准，大力推进零售连锁药店进入兵团团场，着力解决药品经营企业“小、散、乱”的状况，实现兵团团场职工群众用药安全、及时、质优、价廉。到“十二五”期末，保证每个团场有1-2家零售药店，

鼓励连锁药店实行批零一体化经营，直接向团场药店配送药品。支持连锁经营、物流配送与电子商务的结合，提高药品流通领域的电子商务应用水平。鼓励经营规范的零售连锁企业发展网上药店。

鼓励支持连锁企业通过收购、兼并方式，对现有零售药店进行整合，推进服务方式和服务内容的创新。随着医药卫生体制改革深入和医药分开的逐步实施，鼓励连锁药店积极承接医疗机构药房服务和其他专业服务。

鼓励药品零售企业开展药妆、保健品、医疗器械销售和健康服务等多元化经营，满足群众自我药疗等多方面需求。

支持兵团药品零售连锁企业在疆内国家重点一类、二类口岸开设经营连锁药店，扩大对外交流，拓展外贸市场。

积极争取国家政策和资金，对偏远、人口稀少路途较远的团场设零售连锁药店给予政策和建设补贴。

（四）加快信息化建设和应用，推动兵团药品集中采购平台和机制建设

依托互联网、物联网技术，搭建覆盖全兵团所有医疗机构的信息管理网络；鼓励有条件的兵团药品流通企业用现代科技手段改造传统的医药物流方式。推广已引进和消化吸收国内流通业优势企业先进模式的兵团医药公司经验，扩大药品统一编码、无线射频（RFID）、全球卫星定位（GPS）、无线通讯、温度传感等互联、物联技术应用，促进使用自动分拣、冷链物流等先进技术设备的应用。鼓励兵团医药公司将国内最先进的药事服务理念和举措无偿引入兵团各医疗机构，包括药品库房储存设施设备改造升级、药品供应链管理延伸，提供安全合理用药、处方点评等系列监测服务软件；实行药品统一编码下的进销存全程电子管理；建立可追溯的药品质量保障系统；提高兵团医疗机构药事服务水平，促进药品监管实现电子化、即时化、准确化和经济化，保障兵、师、团三级用药安全，实现“医”和“药”的协同健康发展。

根据现有能力和发展，兵团医药骨干企业争取达到可实现基本药物的100%供应。在药品配送可及性上，通过企业自建、分区协作、第三方物流及委托分配送等方式，实现对兵团所有公立医疗卫生机构和社会药店的及时配送。在部分区域，企业经协商可采取联合配送模式提供竞争性服务。

对于兵团医药骨干企业以外的其他经营企业，通过配送中心，作为委托二级配送等方式参与兵团辖区的分配送业务。

实施兵团“放心药”服务体系建设工程。引导中小药品流通企业采用联购分销、共同配送等方式，降低经营成本，提高组织化程度。

鼓励兵团优势企业参与地方市场的开发与合作。支持兵团医药全行业的快速发展，以商贸流通的进步带动和促进兵团医药产业的协同、快速发展。

（五）整顿规范药品流通市场秩序，加强物流服务体系建设

规范企业行为，防止恶性竞争。充分发挥12312商务行政执法投诉举报热线的作用，完善投诉举报的受理、处理、移送和反馈机制，发动各方面力量，加强对药品流通行业的社会监督。在保证药品质量和合理配送费用的前提下，建立公平、公正、有序的竞争氛围和机制，实现兵团医药流通业的健康、可持续发展，确保兵团职工群众的安全、及时、有效用药。

在商务部指导下，建立兵团辖区道地中药材重点品种的市场运行信息监测和预警体系。规范做好行业统计和信息上报工作。鼓励市场中介组织介入兵团药品流通行业的多元化服务，如药品销售渠道、消费结构和区域分布情况调查等信息服务，促进和发挥政府信息在完善流通网络、强化行业监管中的引导作用和行业发展的讯息参考作用。

有效利用邮政、仓储等社会物流资源，发展第三方医药物流，不断提高流通效率，降低流通成本。

鼓励药品流通企业的物流功能社会化，实施兵团医药物流服务延伸示范工程，引导有实力的企业向医疗机构延伸现代医药物流服务。

（六）贯彻落实国家标准体系，建立行业信用评价机制

贯彻落实和执行国家药品流通业态分类分级、药品统一编码及现代流通设施与信息化、中药材商品等级、职业经理人与从业人员资质和岗位规范、企业经营服务、信用建设和社会责任等相关标准体系。

探索建立职业经理人、执业药师等人员从业行为信息的采集、记录、公开、共享等制度，对违规失信人员一律实行行业禁入。开展信用专题培训，帮助企业建立和完善信用风险管理制度。

指导和加强企业职业道德教育，支持和鼓励口碑好、信誉佳、社会责任感强的企业发展壮大。建立兵团医药流通企业诚信档案，对于诚信记录不合格的企业，将实行退出机制，纳入黑名单，劝其退出兵团医药流通市场。

开展“诚信经营”示范创建活动，评选出一批诚实守信经营的示范企业和示范门店，引导药品经营企业增强诚信意识，确保有关法律法规和规章政策能够落实执行到位。

指导、鼓励和充分发挥行业协会作用，尝试建立兵团医药行业信用评价机制，开展行业信用评价，提高行业信用水平。支持和配合兵团药学会等学术组织的作用和开展的各项活动。倡议和推动兵团医药商业协会或药师协会等专业协会的建立，定期与国内其他先进地区的行业协会组织开展学术、研讨、经营等对口交流；维护正常价格秩序，防止垄断行为；促进行业自律、维护合法集体权益和整体竞争力的自发提升。

（七）扩大道地药材、民族药贸易规模，促进消费增长

坚持优势资源转换战略，充分发挥新疆特色药材原产地优势，鼓励兵团医药流通企业采取多种方式促进特色药材销售，促进兵团药材统一市场的形成，带动兵团药材种植加工业的规模化、标准化水平和产销对接。尤其是对甘草、雪莲、红花、大芸、红景天、（马）鹿茸等知名药材，积极与新疆有关种植（养殖）基地开展上下游供销合作，与内地企业和外贸企业建立贸易关系，开辟国内国际两个市场。力争“十二五”末，兵团药材年销售占比达到药品销售额的20%以上。

拓宽新疆特色药材和维药的终端消费渠道，促进新疆维药生产，创新销售手段，建立维药与兵团药品流通企业全兵团的总代总销业务关系，促进特色医药产业与兵团流通业的协同、快速发展。

四、保障措施

（一）加强组织领导，明确职责分工，出台扶持政策，为药品流通行业发展提供强有力的组织和政策保障

药品流通行业管理工作涉及人民群众切身利益，责任重大，各有关部门，尤其是商务主管部门要高度重视，提高认识，落实责任，明确分工，充实队伍，完善措施，加强协调。制定和出台兵团促进和支持医药流通业发展的指导意见，明确兵团医药卫生体制改革领导小组、各级发改、科技、财务、劳动和社会保障、卫生、药监、商务、国土资源和信息等部门在促进兵团医药流通业发展中的地位、责任和作用，按照部门职责分工，加强对药品流通行业的管理和服务，齐抓共管，共同开创兵团药品流通行业发展的新局面。

（二）完善政策法规，加大对药品流通行业发展的支持力度

研究出台扶持兵团药品流通行业发展的政策措施，加大对兵团骨干医药流通企业的支持力度；把药品流通行业发展纳入兵团商贸流通行业发展的总体规划，享受国家、自治区和兵团对商贸流通行业发展的相关政策，支持药品流通行业结构调整和药品供应保障体系建设；支持企业技术改造、科技创新，完善相关基础设施。

改善投融资环境，积极争取国家财政专项资金，以及土地、金融等优惠政策，鼓励药品流通企业利用产业基金、融资担保、信用保险、上市融资、应收账款和仓单质押等金融工具多渠道筹集资金，促进兵团医药流通行业在“十二五”期间实现跨越式、超常规发展。

（三）改善药品流通行业发展环境

配合相关部门开展“放心药店”评选活动，实行“法人负责制”，所有药品流通企业的法人实行“承诺制”，敢于接受社会和媒体监督；实行“进货监管制”，坚决杜绝假冒伪劣药品进入消费市场。

鼓励药品流通企业积极探索药房托管、集中配送等多种经营方式。

（四）加强教育培训，提高药品流通行业人才队伍整体素质

按照强化基层，发展高端，解决紧缺的基本方针，积极推进药品流通行业人才队伍建设。采取“送出去、引进来”战略，加强与国内医药强省的援疆人才交流和培训。调动企业积极性，采取多种渠道和途径，重点培养医药物流管理、健康管理、供应链管理、企业经营、营销、信息工程、法律服务等方面的人才。建立药品流通职业经理人和其他从业人员的资格认证制度；建立药品流通领域人才激励与约束机制。组织企业参加国家从业人员培训工程，“十二五”期间，采用网络教育、函授教育、面授教育等多种形式，加强药品流通行业高级职业经理人、中级职业经理人、执业药师继续教育和药学技术服务人员的教育培训。

大连市药品流通行业发展规划（2011-2015年）

大连市服务业委员会

药品是关系人民生命健康的特殊商品，药品流通行业是关系国计民生的重要行业，也是我市医疗卫生事业的重要组成部分。市委、市政府高度重视深化医药卫生体制改革工作，并对药品流通行业改革和发展提出要求，为适应我市医药卫生事业改革发展的新形势，促进药品流通行业科学发展，保障人民群众用药安全合理方便，根据《全国药品流通行业发展规划纲要（2011-2015年）》、《大连市国民经济和社会发展第十二个五年规划纲要》和《辽宁省药品流通行业“十二五”发展规划》，制定本规划，规划期为2011-2015年。

一、现状与形势

（一）发展现状

改革开放以来，我市药品流通从计划分配体制转向市场化经营体制，行业获得了长足发展，药品流通领域的法律框架和监管体制基本建立，药品供应保障能力明显提升，多种所有制并存、多种经营方式互补、覆盖城乡的药品流通体系初步形成。

市场规模持续扩大。据统计，我市共有药品批发企业58家；药品零售连锁企业12家，下辖门店710余个，零售单体药店2300多家，零售药店门店总数达3012家。2010年，全市医药商业批发企业实现销售总额70.3亿元，2000年至2010年，年均增长12%以上；零售企业销售总额18.17亿元，年均增长13%以上。

发展水平逐步提升。药品流通企业兼并重组步伐加快，行业集中度较高。国药控股美罗（大连）有限公司进入全国医药商业企业销售“百强”榜，全市有6家药品批发企业年销售额超过5000万元，药品批发企业前三强销售总额占全市药品批发销售总额的50%以上，行业集中度高于全国整体水平。连锁经营发展较快，连锁企业门店数已占零售门店总数的1/3，成为药品零售市场的重要经营模式，全国药品零售连锁“百强”企业已有5家在我市设立371家门店，占全市零售药店门店总数的12%。现代医药物流、网上药店以及第三方医药物流等新型药品流通方式逐步发展，扁平化、少环节、可追踪、高效率的现代流通模式比重开始提高。

社会作用不断增强。药品零售网点遍布城乡，价格低廉合理。2010年，全市各类药店提供销售及服务约5300万人次，较2005年增长40%，在方便群众购药、平抑药品价格等方面发挥了重要作用。药品流通行业对软件开发、信息技术装备、交通运输、仓储设备等相关产业发展的带动性增强，在国民经济中的地位日益显现，为确保国家医药卫生的安全，建立覆盖城乡居民的公共卫生服务体系、医疗服务体系、医疗保障体系、药品供应保障体系四位一体的基本医疗卫生制度做出了重大贡献。

但是，与全国其他地区一样，由于由于长期实行的“以药补医”体制等体制性弊端，以及药品定价、采购和医保支付机制不完善等问题，加上准入门槛较低、行业规划管理欠缺、市场竞争不充分等因素，导致我市药品流通行业存在以下突出问题：一是流通组织化现代化水平较低。小型批发企业数量过多，规模偏小（一半左右的批发企业规模在10人左右）。制约了药品批发配送业务的集中和高效运作。现代医药物流发展相对滞后，目前仅国药控股在我市设立配送中心，大部分企业日常收发核对主要依赖人工，在管理水平和流通效率方面存在较大不足。二是行业发展布局不够合理。药品流通城乡发展不够平衡，大连市内零售药店过度集中，农村和海岛地区药品配送网络未能全面有效覆盖，药品可及性有待提高。三是流通秩序有待规范。药品购销领域各类违规经营现象比较突出。部分零售药店出售假劣、过期等不合格药品。

（二）面临形势

医药卫生体制改革对行业提出新要求。2011–2015年，是我市实现深化医药体制改革目标的关键时期，也是药品流通体制改革、结构调整、行业升级和转变流通方式的关键时期。按照“十二五”药品流通发展规划纲要安排，药品流通行业将加快调整行业结构，实现规模化、集约化和国际化经营。届时，原有的区域性格局将被打破，国内资金和技术力量雄厚的龙头企业将开展跨地并购抢占市场，这给我市药品流通企业带来了巨大的压力和挑战，我市药品流通行业必须适应新形势的变化和要求，加快结构调整，转变发展方式，实现科学发展。

加快发展面临较好机遇。2011–2015年，全民医保的目标将继续推动，基本医保覆盖面将继续扩大，医保政府补助和基本公共卫生服务经费标准标准将不断提升，基本药物制度将在基层实现全覆盖。医改措施将释放相关医疗需求，同时带动药品需求的增加，使药品流通的市场规模继续扩大。随着居民收入的不断增加以及人口老龄化的加快，人民生活需求和消费结构将发生重大变化，对医疗卫生服务和自我保健的需求也将大幅度增加，药品市场增长潜力巨大。

二、指导思想与总体目标

（一）指导思想

按照我市国民经济和社会发展“十二五”规划的总体要求，以科学发展观为指导，贯彻落实市委、市政府医药卫生体制改革精神，以加强政府政策引导、发挥市场机制基础性作用、强化现代科学技术和新型管理方式应用为基本原则，以深化体制机制改革、加快转变发展方式为主线，充分发挥药品流通行业在服务医疗卫生事业发展、维护人民群众健康权益和促进经济社会和谐发展等方面的作用。

（二）总体目标

到2015年，全市药品流通行业的发展适应经济社会发展的总体目标和人民群众不断增长的健康需求，形成网络布局合理，组织化程度显著提升，流通效率不断提高，营销模式不断创新，骨干企业竞争力增强，市场秩序明显好转，城乡居民用药安全便利，以及满足公共卫生需要的药品流通体系。

具体发展目标：形成1家年销售额过百亿的跨区域药品流通企业集团，2家进入全国药品批发前百位企业，前3位药品批发企业销售额占全市药品批发总额85%以上；零售连锁药店占全部零售门店的比重提高到2/3以上。引进全国大型药品配送企业，建立包括第三医药物流在内的，信息化、自动化和标准化程度较高的，能够辐射辽宁区域市场的药品现代物流配送体系；农村及海岛地区流通网络更加健全。

三、主要任务

（一）加强行业布局规划，健全准入退出制度

制定行业布局规划。会同市深化医药卫生体制改革领导小组其他成员单位，结合我市经济社会发展水平、医药卫生事业发展和体制改革进展、城乡建设规划、人口增长与密度和年龄结构变化、药品供应能力等实际，制订药品批发零售网点合理设置和布局的具体规划，保证药品供应。

（二）调整行业结构，完善药品流通体系

提高行业集中度。推动行业结构调整，引导鼓励药品流通企业在国家法律法规允许范围内，通过收购、合并、托管、参股和控股等多种方式做强做大，实现规模化、集约化和国际化经营。推动大型批发企业向外拓展。整合现有药品流通资源，引导一般中小药品流通企业通过市场化途径加盟或并入大型药品流通企业。在兼并重组过程中要做好人员安置等工作，保证平稳过渡。

发展特色经营。支持老字号药店嘉事大仁堂药房连锁有限公司、康德记大药房在保持传统优势的基础上创新发展，发挥品牌效应，拓展特色服务，增强核心竞争力。支持专业化和有特色的中小药品流通企业做精做专，满足多层次市场需求。引导中小药品流通企业采用联购分销、共同配送等方式结成联盟，降低经营成本，提高组织化程度。

完善药品流通网络。配合医药卫生体制改革和基本药物制度实施，积极参加药品招标采购，做好药品配送。健全药品供应保障体系，建设一座区域性的药品物流园区和配送中心，形成辐射辽宁地区的药品流通枢纽。实施“放心药”服务体系建设工程，鼓励大中型骨干药品流通企业向居民社区和村镇延伸销售与配送网络，实现药品流通对基层的有效覆盖，提高农村和海岛地区药品供应的安全性、便利性。建立西药、中成药、中药材重点品种的市场运行信息监测、预警体系；鼓励市场中介组织开展药品销售渠道、消费结构和区域分布情况等信息服务，发挥政府信息和市场机制在完善流通网络中的引导作用。

（三）发展现代医药物流，提高药品流通效率

用现代科技手段改造传统的医药物流方式。鼓励积极探索使用无线射频（RFID）、全球卫星定位（GPS）、无线通讯、温度传感等物联网技术，不断提高流通效率，降低流通成本。促进使用自动分拣、冷链物流等先进设备，加快传统仓储、配送设施改造升级。完善医疗用毒性药品、麻醉药品、精神药品、放射性药品和生物制品等特殊药品物流技术保障措施，确保质量安全。

推动医药物流服务专业化发展。鼓励药品流通企业的物流功能社会化，实施医药物流服务延伸示范工程，引导有实力的企业向医疗机构和生产企业延伸现代医药物流服务。在满足医药物流标准的前提下，有效利用邮政、仓储等社会物流资源，发展第三方医药物流。

（四）促进连锁经营发展，创新药品营销方式

加快发展药品连锁经营。鼓励药品连锁企业采用统一采购、统一配送、统一质量管理、统一服务规范、统一联网信息系统管理、统一品牌标识等方式，发展规范化连锁，树立品牌形象，拓展跨区域和全国性连锁网络，发挥规模效益。随着医药卫生体制改革深入和医药分开的逐步实施，鼓励连锁药店积极承接医疗机构药房服务和其他专业服务。

创新药品经营模式。鼓励批零一体化经营。鼓励药品零售企业开展多元化经营，满足群众自我药疗等多方面需求。支持连锁经营、物流配送与电子商务相结合，提高药品流通领域的电子商务应用水平。

（五）健全行业管理制度，规范药品流通秩序

制定完善与流通秩序有关的行业规范。完善药品购销管理制度，依法索取税票，保证经合法渠道经营药品。逐步实施药品流通企业分类分级管理制度，根据不同类别和等级，采取不同的管理措施，激励企业在规范经营的基础上改善服务设施，提升管理和服务水平。

打击违法违规行为。配合有关部门严厉打击经营假劣药品、商业贿赂、倒买倒卖税票、挂靠经营、非法经营网上药店、发布虚假药品和保健品广告等违法违规行为；整顿规范中药材市场，加强有害物质残留和质量检验。

（六）加强行业信用建设，推动企业诚信自律

推进全行业信用建设。加强全行业诚信和职业道德教育，广泛开展“诚信经营示范创建”活动，树立一批遵纪守法、诚实守信、管理规范、服务到位，能够积极履行社会责任，自觉接受监督的诚信经营典型。建立违法违规企业信息披露制度，在“商务领域信用信息系统”中上传企业信用信息，建立信用档案。推动部门间监管信息的公开和共享，实行信用分类监管。

建立行业自律机制。指导和鼓励行业协会制定和执行行规行约；维护正常价格秩序，防止垄断行为；探索建立对职业经理人、执业药师等人员从业行为信息的采集、记录、公开、共享等制度，对有违规失信行为的个人实行行业禁入；加强信用知识培训，帮助企业建立信用风险管理制度，开展行业信用评价，提高行业自律和信用水平。

（七）加强行业基础建设，提升行业服务能力

完善行业统计制度。引导企业及有关方面共同参与全国药品流通行业统计与网上报送工作，及时掌握行业运行和发展的全面信息，辅助政府决策，促进行业发展。

加强企业内部管理。药品流通企业是药品流通过程中质量安全的第一责任人，要完善法人治理结构，建立现代企业制度；健全药品购销索证索票、出入库及运输安全管理责任制；加强税票管理，积极与税务管理机关联网；落实各项财务会计管理规范和员工“三险一金”等各项规定和政策，保障员工教育经费。

提升经营服务水平。药品批发企业要提升药品品种保障能力，建立对客户需求的快速反应机制，保证药品及时、安全、足额供应。零售企业要按规定配备执业药师或相关药学技术人员，提高药品质量管理和药学服务水平；建立以消费者为中心的服务理念，指导消费者正确、安全、有效、合理用药。对药品流通企业设备设施、营业场所环境、售后服务等经营服务内容，以及各类从业人员专业能力、岗位责任、仪容仪表等，进行全面规范。

四、保障措施

（一）完善法律法规和政策体系

推动修改完善与药品流通有关的地方性法规、政府规章和规范性文件，清理、废止阻碍药品流通行业改革发展和妨碍公平竞争的政策规定，健全市场机制。研究制订鼓励性政策措施，支持企业技术改造、科技创新，完善相关基础设施。在搞活流通，扩大消费的各项政策中，积极支持药品流通行业结构调整和药品供应保障体系建设。改善融资环境，鼓励企业利用产业基金、融资担保、信用保险、上市融资、应收账款和仓单质押等金融工具，多渠道筹集资金，加快改革发展步伐。争取财政、土地、金融、专项资金等优惠政策，支持药品流通行业发展。

（二）改善药品流通行业发展环境

会同市深化医药卫生体制改革领导小组其他成员单位积

极推动改革"以药补医"体制，完善药品定价、采购和医保支付机制，破除地方保护、地区封锁。保障药品批发企业平等参与招标采购及配送业务，促进医疗机构依合同规定按期向流通企业支付货款。支持零售连锁企业和其他具备条件的零售药店申请医保定点资格，扩大基本医疗保险定点药店覆盖范围，逐步提高社会零售药店在药品终端市场上的销售比重。密切跟踪医药卫生体制改革各项政策实施对行业的影响，研究提出解决对策和措施。

（三）形成促进药品流通行业健康发展的合力

将药品流通行业管理切实纳入流通工作体系进行统筹规划，与市深化医药卫生体制改革领导小组其他成员单位进行工作对接，建立沟通协调和合作机制。大力支持药品流通行业协会等中介组织的发展，加强协会的组织建设，增强服务意识，提高为企业服务的能力。充分发挥协会在行业统计、行业培训、行业自律、维护企业合法权益等方面的作用。

青岛市药品流通行业发展规划纲要（2011-2015年）

青岛市商务局

药品是关系人民生命健康和安全的特殊商品，药品流通行业是关系民生的重要行业。市委、市政府高度重视人民群众生命健康和医药卫生事业的改革，对药品流通行业改革和发展提出要求。为适应医药卫生事业改革发展的新形势，促进我市药品流通行业科学发展，保障人民群众用药安全、合理、方便，根据有关法律法规、商务部制定发布的《全国药品流通行业发展规划纲要（2011-2015）》和《青岛市国民经济和社会发展第十二个五年规划纲要》，制定本规划纲要，规划期为2011-2015年。

一、行业现状与面临形势

（一）行业现状

改革开放以来，我市药品流通行业获得了长足发展，药品流通监管体制基本建立，药品供应保障能力明显提升，多种所有制并存、多种经营方式互补、覆盖城乡的药品流通体系初步形成。

市场规模持续扩大。2010年，全市医药流通行业批发零售总额达到48亿多元，比上年增长41%。全市药品批发企业75家，批发销售总额40多亿元，比上年增长50%以上。全市药品零售连锁企业47家，下辖门店2200多家，零售单体药店1700多家，零售药店门店总数近4000家，药品连锁企业过500万的约占80%，零售企业销售总额近7.3亿元，比上年增长12%以上。城市社区和农村基层药品市场规模明显扩大。

发展水平逐步提升。药品流通企业兼并重组步伐加快，行业集中度逐步提高，销售额超5亿元的骨干批发企业销售额占到全市批发销售总额的50%。流通现代化水平提高，连锁经营发展较快，连锁企业门店数已超过零售门店总数的50%，连锁企业销售额占零售企业销售总额的50%左右；现代医药物流、网上药店以及第三方医药物流等新型药品流通方式逐步发展，扁平化、少环节、可追踪、高效率的现代流通模式比重开始提高。

社会作用不断增强。2010年，全市药品零售额占全市社会消费品零售总额比重达到2.6%，比上年提高0.7个百分点。药品流通行业吸纳从业人员达到1.9万人，占城乡商业服务业就业人数的1%。城乡居民购买药品更加便利，药品零售网点覆盖所有城市社区、农村乡镇，24小时营业药店等便民利民服务网点不断发展，在方便群众购药、平抑药品价格等方面发挥了重要作用。药品流通骨干企业成为药品储备和应急配送主体，不仅确保了2008年奥运会帆船赛、2009年十一届全运会等重大活动的药品需求，而且有效保证了"非典"、"禽流感"等重大疫情的药品供应。药品流通行业对相关产业发展的带动性增强，在国民经济中的地位日益显现，为维护社会稳定和人民群众利益作出了重要贡献。

但是，由于长期实行的"以药补医"体制等体制性弊端，以及药品定价、采购和医保支付机制不完善等问题，加上准入门槛较低、行业规划管理欠缺、执法队伍和执法装备与当前市场规模不相适应等因素，导致药品流通行业存在以下突出问题：一是流通组织化、现代化水平较低。药品流通行业发展水平不高，缺少规模化、区域辐射力强的龙头医药流通企业，行业集中度有待进一步提高。现代医药物流发展相对滞后，现代化、信息化、专业化的医药物流设施较少，管理水平、流通效率和物流成本与发达地区存在很大差距。二是药品进入市场化流通比重较低。医疗机构销售比重过高，制约了药品流通特别是药品零售市场发展。三是行业发展布局不够合理。药品流通城乡发展不够平衡，市区药品流通企业过度集中，个别区域药店设置偏多，农村地区药品配送网络未能全面有效覆盖，药品可及性有待提高。四是流通秩序有待规范。流通秩序有待规范，药品市场监管体制机制有待进一步完善。

（二）面临形势

医药卫生体制改革对行业提出新要求。2011-2015年，是实现深化医药卫生体制改革目标的关键时期，也是药品流通行业结构调整和转变发展方式的关键时期。中央提出加快建立药品供应保障体系，发展药品现代物流和连锁经营，规范药品生产流通秩序，建立便民惠民的农村药品供应网等任务，迫切要求行业必须加快结构调整，转变发展方式，实现科学发展。

行业发展面临机遇和挑战。未来5年，药品市场将维持快速扩张态势，药品流通行业集中度和流通效率将继续提高。随着收入的不断提高以及人口老龄化的加快，人民生活需求和消费结构将发生重大变化，对医疗卫生服务和自我保健的需求将大幅度增加，药品市场增长潜力巨大。“政事分开、管办分开、医药分开、营利性和非营利性分开”的医改方向，以及“保基本、强基层、建机制”的医药卫生体制改革任务，要求建设覆盖城乡的公共卫生服务体系、医疗服务体系、医疗保障体系和药品供应保障体系，必将在推动医药卫生事业发展的同时，带动药品市场化流通规模的增加，为药品流通行业带来新的机遇。

药品流通行业改革发展与我市医药卫生体制改革相辅相成，与用药制度设计密切相关，而医药卫生体制改革是一个复杂和渐进的过程。从外部环境看，改革与药品流通有关的体制机制，涉及行业管理体制的完善和重大利益格局调整，其进展状况在本规划期内存在一定程度的不确定性。从内部看，我市药品流通行业基础薄弱，总体发展程度较低，管理水平、设备设施相对落后，人才匮乏，行业结构调整和实现转型发展仍有一定难度。

二、指导思想与总体目标

（一）指导思想

按照青岛市国民经济和社会发展“十二五”规划的总体要求，贯彻落实医药卫生体制改革精神，以科学发展为主题，以加快转变发展方式为主线，以结构调整为主攻方向，以科技进步和创新为重要支撑，以保障民生为出发点和落脚点，坚持加强政府政策引导、发挥市场机制基础性作用、强化现代科学技术和新型管理方式应用的基本原则，以世界眼光谋划未来，以国际标准提升工作，以本土优势彰显特色，充分发挥药品流通行业在服务医疗卫生事业发展、维护人民群众健康权益和促进经济社会和谐发展等方面的作用。

（二）总体目标

到2015年，全市药品流通行业的发展适应经济社会发展的总体目标和人民群众不断增长的健康需求，形成网络布局合理，组织化程度显著提升，流通效率逐步提高，营销模式不断创新，骨干企业竞争力增强，市场秩序明显好转，城乡居民用药安全便利，以及满足公共卫生需要的药品流通体系。

具体发展目标：

1. 行业规模不断扩大，全市药品批发零售总额达到100亿元以上，保持年均15%以上的增速。

2. 行业集中度持续提升，形成3家以上年销售额过10亿的龙头企业，综合实力达到国内分销企业先进水平。年批发额过10亿元的骨干药品流通企业销售额占全市批发总额的比重达到60%，提高10个百分点。

3. 现代化水平进一步提高，连锁药店数量占全部零售门店的比重提高到2/3以上，连锁销售额占零售总额比重达到70%以上，提高20个百分点。

4. 流通网络更加健全，居民买药更加便利，城市社区居民步行8分钟即可买到药品，乡镇以下基层药店覆盖度明显提高。

三、主要任务

（一）加强行业布局规划，健全准入退出制度

科学规划行业布局。坚持总体规划、分级指导，便民利民、方便购药，适度竞争、有序发展的原则，结合我市经济社会发展水平、医药卫生体制改革进展、人口增长与密度和年龄结构变化、药品供应能力等实际情况，根据全市商业网点设置规划、市区公共服务设施配套标准及规划导则等要求，加强药品流通行业规划指导，优化调整网点布局。市区按一个零售药店服务人口3000-5000人合理设置，其中，对市区两级商业中心街区，规划配置1处建筑面积500平方米以上的大中型药店，区域内药店网点总量规划控制在街区商业网点总数8%以内。对城市居民社区，按照社区商业业态规划布局要求，以社区为基本单位，在5-8分钟日常消费圈、服务半径不大于500米的范围内，围绕社区卫生服务中心分别设置2-3家药店。市内现有药店已超量布局的，今后慎重增设，逐步压缩调整。大力发展农村药品流通网络建设，支持城镇、乡村药店的布局发展，对纳入小城镇建设的中心乡镇驻地，规划控制在10家左右，其他乡镇所在地规划设置5家左右，

每个行政村原则上设置 1-2 家药店。

完善准入退出机制。提高行业准入标准，市有关部门要将是否符合行业规划作为行业准入的重要依据，严格控制药品经营企业数量。加强日常监管和考核，建立退出制度，对违法违规和不遵守各项管理制度的企业要限期整改，严重的取消经营资格。

（二）调整行业结构，完善药品流通体系

提高行业集中度。坚持扶优扶强、提高流通效率，引导规模化、品牌化的骨干药品流通企业加快发展，支持大型药品流通企业跨区域发展，形成以区域性骨干企业为主体的遍及城乡的药品流通体系。积极稳妥推进药品流通行业的兼并重组，支持骨干药品流通企业发挥市场机制的基础性作用，整合现有药品流通资源，通过收购、合并、托管、参股和控股等多种方式做强做大，实现规模化、集约化经营。引导中小药品流通企业通过市场化途径并入大型药品流通企业。

发展特色经营。支持专业化和有特色的中小药品流通企业做精做专，满足多层次市场需求。引导中小药品流通企业采用联购分销、共同配送等方式，降低经营成本，提高组织化程度等。深入实施老字号培育工程，支持老字号药店挖掘品牌无形资产，通过技术创新改造，恢复发展具有文化和市场价值的产品工艺，发挥品牌效应，增强核心竞争力。加强老字号品牌保护，支持企业为开展自主知识产权保护所进行的注册、认证等相关活动，增强品牌影响力。引导企业拓展特色服务，建立服务标准创新服务措施，提升“服务”延伸产品附加价值功能，通过服务创新建立忠诚度高的消费者群体和树立良好的企业形象。

完善药品流通网络。配合医药卫生体制改革和国家基本药物制度实施，支持骨干药品流通企业积极参加药品招标采购，做好药品配送服务。加强引导和服务，积极推进大型药品物流配送项目建设，形成有较强带动辐射作用的药品流通枢纽。实施“放心药”服务体系建设，充分发挥“万村千乡市场工程”等流通网络资源的作用，鼓励药品连锁、配送企业向居民社区和村镇延伸销售与配送网络，实现药品流通对基层的有效覆盖，提高农村地区药品供应的安全性、便利性。

健全药品供应保障体系。鼓励市场中介组织开展药品销售渠道、消费结构和区域分布情况等信息服务，发挥政府信息和市场机制在完善流通网络中的引导作用。按照市应急和战略储备的统一规划和部署，做好流通环节实物和资金的储备。根据各类突发事件的特点，建立相应的应急保障机制。

（三）发展现代医药物流，提高药品流通效率

以信息化带动现代医药物流发展。积极推进药品流通行业信息化进程，鼓励药品流通企业采用先进信息技术，运用企业资源计划管理系统（ERP）、供应链管理等新型管理方法，优化业务流程，提高管理水平。发展基于信息化的新型电子支付和电子结算方式，降低交易成本。根据国家统一要求，建设药品市场数据、电子监管等信息平台，引导产业发展，实现药品从生产、流通到使用全过程的信息共享和反馈追溯机制。

用现代科技手段改造传统的医药物流方式。鼓励药品流通企业探索使用无线射频（RFID）、全球卫星定位（GPS）、无线通讯、温度传感等物联网技术，不断提高流通效率，降低流通成本。促进使用自动分拣、冷链物流等先进设备，加快传统仓储、配送设施改造升级。完善医疗用毒性药品、麻醉药品、精神药品、放射性药品和生物制品等特殊药品物流技术保障措施，确保质量安全。

推动医药物流服务专业化发展。鼓励药品流通企业的物流功能社会化，落实省政府关于基层医疗卫生机构基本药物集中采购的政策要求，实施医药物流服务延伸示范工程，支持骨干企业向医疗机构和生产企业延伸现代医药物流服务，为三级甲等医院配送比例达到 30% 以上。按照现代物流标准要求，积极推动完善省基本药物统一招标采购平台。在满足医药物流标准的前提下，支持企业与邮政开展药品物流合作，有效利用邮政、仓储等社会物流资源，发展第三方医药物流。医药经营企业要加强与邮政企业的沟通，利用已经建立的邮政服务三农直营店从事药品销售工作。

（四）发展连锁经营，创新营销方式

加快发展药品连锁经营。支持骨干药品连锁企业加快发展，采用统一采购、统一配送、统一质量管理、统一服务规范、统一联网信息系统管理、统一品牌标识等方式，发展规范化连锁，树立品牌形象，发挥规模效益。随着医药卫生体制改革深入和医药分开的逐步实施，鼓励骨干药品流通企业积极承接医疗机构药房服务和其他专业服务，探索开展合办药房、药房托管等创新服务模式。

创新药品经营模式。鼓励批零一体化经营。鼓励药品零售企业开展药妆、保健品、医疗器械销售和健康服务等多元化经营，满足群众自我药疗等多方面需求。支持连锁经营、物流配送与电子商务相结合，提高药品流通领域的电子商务应用水平。鼓励经营规范的零售连锁企业发展网上药店，并加强对网上药店的监管。

（五）落实行业管理制度，规范药品流通秩序

落实与流通秩序有关的行业规范。贯彻实施国家有关药品批发企业营销人员、药品生产企业和代理企业医药代表的资质管理办法和行为规范，实行持证上岗和公示制度，保证依法依规销售药品和推广新药。推行药品购销管理制度，依法索取税票，保证经合法渠道经营药品。逐步实施药品流通企业分类分级管理制度，根据不同类别和等级，采取不同的管理措施，激励企业在规范经营的基础上改善服务设施，提升管理和服务水平。

打击违法违规行为。各有关部门要加强药品流通市场监管，严厉打击经营假劣药品、商业贿赂、倒买倒卖税票、挂靠经营、非法经营网上药店、发布虚假违法药品和保健品广告等行为。充分发挥12312商务行政执法投诉举报热线的作用，完善投诉举报的受理、处理、移送和反馈机制。发动各方面力量，加强对药品流通行业的社会监督。

（六）树立典型，推动行业信用体系建设

推进行业信用建设。加大诚信宣传教育力度，广泛开展“诚信兴商宣传月”等活动，引导药品经营企业增强诚信意识。加强行业诚信和职业道德教育，推动药品流通行业开展“诚信经营”示范创建活动，按照遵纪守法、诚实守信、制度健全、诚恳规范服务、履行社会责任等创建要求，树立一批遵纪守法、诚实守信、管理规范、服务到位，积极履行社会责任，自觉接受政府、社会监督的诚信经营典型。加强对行业管理过程中产生的企业信用信息的管理和使用，归集企业信用信息，实行信息公开和分类监管。建立违法违规企业信息披露制度，将各种执法检查活动中查处的违法违规企业名单录入“商务领域信用信息系统”，推动部门间监管信息的公开和共享。

建立行业自律机制。指导和鼓励行业协会制定和执行行规行约；维护正常价格秩序，防止垄断行为；探索建立对职业经理人、执业药师等人员从业行为信息的采集、记录、公开、共享等制度，对有违规失信行为的个人实行行业禁入；加强信用知识培训，帮助企业建立信用风险管理制度，开展行业信用评价，提高行业自律和信用水平。

（七）统筹内外两个市场，形成开放竞争的市场格局

搭建多功能服务平台。发挥政府部门和行业协会作用，建立药品交易、投融资合作、信息交流、政策发布等多层次、多功能平台，服务企业发展。发展医药会展经济，促进内外贸、中西药、产供销协调发展，加快国内外市场融合。

提高利用外资的质量和水平。优化投资结构，吸引境外药品流通企业按照有关政策投资，参与药品流通企业兼并重组，拓展分销业务。保护投资者的合法权益。学习借鉴国外先进管理经验和营销方式。

（八）加强行业基础建设，提升行业服务能力

落实行业统计制度。加强药品流通行业基础数据的监测统计，充实完善药品流通监测系统，加强西药、中成药、中药材重点品种的市场运行信息监测、预警。建立企业和行业主管部门及有关方面共同参与的全市药品流通行业统计制度，及时掌握行业运行和发展的全面信息，辅助政府决策，引导行业发展。

加强企业内部管理。药品流通企业是药品流通过程中质量安全的第一责任人，要完善法人治理结构，建立现代企业制度；健全药品购销索证索票、出入库及运输安全管理责任制；加强税票管理，积极与税务管理机关联网；落实各项财务会计管理规范和员工“五险一金”等各项规定和政策，保障员工教育经费。

提升行业服务水平。药品批发企业要提升药品品种保障能力，建立对客户需求的快速反应机制，保证药品及时、安全、足额供应。零售企业要按规定配备执业药师或相关药学技术人员，提高药品质量管理和药学服务水平，鼓励零售药店提供24小时服务；建立以消费者为中心的服务理念，指导消费者正确、安全、有效、合理用药。对药品流通企业设备设施、营业场所环境、售后服务等经营服务内容，以及各类从业人员专业能力、岗位责任、仪容仪表等，进一步加强规范。

四、保障措施

（一）落实法规政策。认真落实与药品流通有关的法规和规章，清理、废止阻碍药品流通行业改革发展和妨碍公平竞争的政策规定，健全市场机制。研究制订鼓励性政策措施，支持企业技术改造、科技创新，完善相关基础设施。在搞活流通，扩大消费的各项政策中，积极支持药品流通行业结构调整和药品供应保障体系建设。改善融资环境，鼓励企业利用产业基金、融资担保、信用保险、上市融资、应收账款和仓单质押等金融工具，多渠道筹集资金，加快改革发展步伐。争取财政、土地、金融、专项资金等优惠政策，支持药品流通行业发展。避免重复建设大型药品物流设施。

（二）改善发展环境。积极推动改革“以药补医”体制，完善药品定价、采购和医保支付机制。促进医疗机构依合同规定按期向流通企业支付货款。在公立医院改革和基本药物制度实施等医改措施中，积极探索实现医药分开的具体途径，在已实施基本药物制度、取消“以药补医”的基层医疗机构，特别是周边药品零售配套设施比较完善的城市社区医疗服务机构，可率先探索医生负责门诊诊断，患者凭处方到零售药店购药的模式。加快赋予所有符合条件的药店处方药销售资格。支持零售连锁企业和其他具备条件的零售药店申请医保定点资格，扩大基本医疗保险定点药店覆盖范围，逐步提高社会零售药店在药品终端市场上的销售比重。密切跟踪医药卫生体制改革各项政策实施对行业的影响，研究提出解决对策和措施。

（三）加强人才培训。实施药品从业人员职业分类标准和岗位规范，完善药品流通人才培训机制，继续开展药品流通行业职业经理人培训和职业药师继续教育工作，支持和鼓励药品流通职业培训和继续教育，形成层次多元、市场需要、企业欢迎的人才培养与职业教育体系。建立药品流通领域人才激励与约束机制。鼓励大专院校、研究院所、大型药品流通企业集团加强现代药品流通理论研究与创新。

（四）发挥各方合力。将药品流通行业管理切实纳入商贸流通工作体系进行统筹规划，与深化医药卫生体制改革领导小组其他成员单位进行工作对接，建立沟通协调和合作机制。大力支持药品流通行业协会等中介组织的发展，加强协会的组织建设，增强服务意识，提高为企业服务的能力。充分发挥协会在行业发展指导、行业标准建设、行业统计与培训、行业自律、政策建议、规范市场行为、技术合作、咨询服务等作用。鼓励行业协会按照有关规定委托部分职能，购买相关服务。

（五）督查规划实施。建立年度跟踪监督、中期评估和终期检查制度，加强对规划实施的监督检查，确保年度工作计划与规划协调一致。各项扶持政策的实施应符合规划确定的发展目标和重点领域。

南京市药品流通业“十二五”发展规划（2011-2015 年）

南京市商务局

药品是关系人民生命健康的特殊商品，药品流通行业是关系国计民生的重要行业。药品流通行业对保障人民群众生命安全和身体健康，推动医药卫生事业发展，促进医药产业结构合理调整十分重要。为适应医药卫生事业改革发展的新形势，促进我市药品流通行业的改革和科学发展，根据商务部《全国药品流通行业发展规划纲要（2011-2015 年）》和《江苏省药品流通行业“十二五”发展规划》等规划，结合我市药品流通行业发展的实际情况，制定本规划。

一、我市药品流通行业发展现状与面临形势

（一）发展现状

“十一五”期间，特别是医药卫生体制改革以来，我市药品流通行业进入快速发展期，新型流通方式不断涌现，供应保障能力明显提升，多种所有制并存，多种经营方式互补，覆盖城乡的药品流通网络基本形成。

1. 市场规模持续扩大，流通网络逐步完善

十一五期间，我市药品流通企业在全省处于领先地位。截止 2010 年底，我市有药品批发企业 78 家，体外诊断试剂企业 26 家，药品零售连锁企业 20 家。药品批发企业数量占全省 21.8%，体外诊断试剂企业数量占全省 37%；药品零售连锁企业数量占全省 17.5%。据市统计局统计，“十一五”期间，我市规模以上药品流通企业销售额年均增长率达 20%。2010 年全市药品流通企业销售额约 310 亿元，占全省同期销售总额的 30.7%，其中批发企业销售额约 292 亿元，零售企业销售额近 18 亿元；零售连锁药店销售额达 13 亿元，占全市零售总额的 72.2%。全市零售药店总数 1496 个，其中零售单体药店 598 个，零售连锁药店 898 个；零售药店中，医保定点药店 149 个。零售连锁药店连锁化趋势基本形成，连锁药店数量占零售药店比例达 60%，基本形成了覆盖我市城乡的药品零售网络。

2. 竞争能力逐步增强，行业聚集初步成形

2010 年，在我市药品流通行业中，年销售额超过 5000 万元的企业 43 家，其中年销售额亿元以上的企业有 30 家，年销售额 10 亿元以上的企业 5 家，年销售额百亿以上的企业 1 家。年销售在 5000 万元以上的企业销售总额约占全市药品销售总额的 90%；其中，南京医药 2010 年销售额 152.6 亿元，占全市销售额 49.2%。连锁经营发展较快，连锁企业药店数占全市零售药店总数比例已达 60%，远远高于全省 25.4% 的平均水平。现代医药物流、电子商务以及第三方医药物流等新型药品流通方式逐步发展，扁平化、少环节、可追踪、高效率的现代流通模式走在全省前列。南京药品流通企业现有大小配送网点 40 个，总仓储面积达 18 万平米，配送车辆达 500 辆，其中 1 万平米以上现代医药物流配送仓储中心 5 家。初步形成了以覆盖江苏全省并向安徽以及浙江等省市散发的医药批发体系。江苏九州通医药有限公司利用先进的物流管理技术，实现了 200 公里内 12 小时送达，500 公里内 24 小时送达。

3. 企业发展日益多元，经营模式不断创新

改革开放以来，我市药品流通从计划分配体制转向市场化经营体制，行业获得了长足发展，形成了国有、民营、个体等多种所有制成分并存的格局。经营模式涵盖药品批发、

零售、现代医药物流、电子商务、药房托管、药品进出口贸易等不同类型。2006年，南京市试点"药房托管"取得初步成效，将"以药养医"改为""以药补医""，"南京模式"在较广范围内获得推广，为医药分业改革提供了一种有效的过渡模式。在电子商务领域，江苏先声再康医药有限公司成为江苏省首家获得"互联网药品信息服务资格证书"和"互联网药品交易服务资格证书"的药品零售连锁企业，其创建的"再康网（zk100.com）"已正式运营；江苏省医药公司是我市首家获得从事药品物流业务的第三方药品物流资格的企业。

4. 服务功能得到增强，保障能力明显提升

2010年，全市药品流通企业吸纳就业人员达2万人，占全市商贸服务业从业人数3%，其中药品零售企业从业人员近9000人，批发企业从业人员万余人。药品流通行业从业人员专业素质水平普遍较高，其中大专以上学历从业人员近1.2万人，执业药师近千人，在促进药品流通、满足群众购药需求方面发挥了重要的作用。药品流通骨干企业还承担了应急药品储备和保供配送工作，保障了在突发性事件、重大疫情和自然灾害发生时的药品供应，为维护社会稳定作出了贡献。

（二）主要问题

一是药品流通组织化程度和行业集中度较低，表现为批发企业数量过多，规模偏小；全市13区县中，江宁区、溧水县零售连锁药店比率低于50%，药品零售企业连锁经营比重有待进一步提高，加盟药店管理欠缺；药品流通企业中还存在着产品同质化、市场定位趋同化等现象。二是网点布局不够合理，城区药品流通企业过度集中，郊县地区药品配送网络、零售药店未能全面有效覆盖，同时，药品零售网点在中心城区的分布相对集聚，在郊区特别是农村地区的分布相对不足，在郊区和部分新城新建大型居住社区的网点布局速度相对缓慢。全市人均5000人拥有一个药店，较全省平均3700人拥有一家药店的比例仍有差距。全市医保定点药店总数149家，医保定点中药特色服务的网点布局滞后于药品零售业的发展，还不能满足全市居民医保卡购药、中医药特色服务的需求。三是药品流通行业经营手段落后，批发企业服务意识停留在传统购销商品阶段，缺乏对上下游客户资源的有效整合，供应链不能得到有效集中；现代医药物流发展水平滞后，虽有为数不少的大型药品流通企业开始建立现代化的医药物流中心，但是有关药品物流的标准化、信息化建设依然滞后，影响现代化医药物流中心的高效运营；部分零售药店经营模式单一，零售药店的药学服务尚未真正开展。

（三）面临形势

"十二五"时期是深化我国医药卫生体制改革的关键时期，也是南京市药品流通行业转型升级、业态创新、实现在高平台上跨越发展的重要时期。南京药品流通行业的发展既面临重要的发展机遇，也面临困难和挑战。

一是药品流通市场快速增长将成为行业发展的重要基础。"十二五"时期，我国药品流通市场的规模将继续保持较快增长，有望发展成为全球第二大药品消费市场，占全球市场份额预计将从3%上升到7.5%。南京作为江苏省省会城市，人口总量继续增长，老龄化程度加快，药品的需求与消费总量将不断扩大，随着经济发展，医疗卫生事业投入不断增加，医疗保障水平逐步提高，药品流通行业的发展将会有更大的空间。

二是医药卫生体制的改革将成为行业发展的重要推动力。"十二五"时期，扩大医疗保险覆盖面、基本药物制度、公立医院改革等一系列医改政策将逐步实施，为南京药品流通行业的发展提供了更广阔的空间。同时，国家提出加快建立药品供应保障体系，保障人民群众安全用药，规范药品生产和流通，发展现代物流和连锁经营，都将推动南京药品流通行业加快结构调整，优化行业布局，发展现代药品流通方式，形成统一、开放、竞争、有序的药品流通市场。

三是行业发展面临新的矛盾和挑战。从外部看，医药卫生体制改革的深入将对药品流通行业的发展产生深刻、持久的影响，部门利益格局调整存在着不确定性；基本药物制度的实施、集中招标和药品价格政策的变化将持续影响药品流通企业的赢利水平；地方保护、传统经营等因素则将影响药品市场统一、高效的进程。从内部看，药品流通行业面临着不同程度的挑战，并购整合考验大企业经营管理水平及对资源的有效整合能力，中小企业面临着转型、升级、优化或重组问题。

二、指导思想、发展目标及发展原则

（一）指导思想

以建设人民幸福城市为根本目标，在全市药品流通行业中坚持追求科学发展争第一、改革创新争第一的原则，坚持民生为先、发展为要的方针，坚持创新驱动、内生增长、绿色发展的道路，实现南京市药品流通行业转型升级与跨越式发展。

（二）总体目标

综合考虑未来五年发展环境和基础条件，"十二五"时期药品流通行业发展的奋斗目标是：力争通过五年全面、协调、可持续地发展，到"十二五"期末，南京市药品流通行业发展水平显著提高，在全市经济社会发展中的贡献份额显著扩大，努力走在全省和全国同类城市前列，通过实施规划纲要，使南京市药品流通行业能够适应省会城市医药卫生事业改革和发展的需要，行业集中度明显提升，现代医药物流快速发展，流通效率进一步提高，企业管理水平和行业队伍整体素质显著提高，药品供应保障体系更加完善，人民群众用药方便、及时、安全等得到保障，生活质量得到改善，生命健康得以维护。

（三）具体目标

1. 行业发展目标

到“十二五”期末，南京市药品流通规模达到650亿元以上，年均增长率达16 %；销售额排名前四的药品流通企业的药品销售占全市药品流通行业销售额的比重达到70%；药品零售总额达到35亿元以上，增长率达16%；药品零售连锁比例达75%，药品零售连锁企业销售额占药品零售市场的80%以上。

2. 网点布局目标

按照省商务厅“十二五”规划的布局目标，利用好已有（包括在建）的现代医药物流中心，将南京打造成面向全省、辐射安徽、浙江的区域性医药物流配送中心。

到十二五末，全市零售药店门店数量达2000家，医保定点药店数量达350家，城市社区零售药店基本实现居民出门步行10分钟到达，农村零售药店在集镇、居民集中居住区等人口密集的区域合理布局。

3. 企业发展目标

到“十二五”期末，在药品综合性经营集团、药品现代物流和配送、药品批发、药品代理、药品零售等各个领域，均形成1家在省内市场引领全省药品流通行业健康可持续发展的龙头企业。培育一家年销售额超300亿的大型药品流通企业集团，3-4家年销售额超50亿的区域性大型药品流通企业，3-4家年销售额达5亿元的药品零售连锁企业，2家药品零售连锁企业进军电子商务领域实现网上药店上线运营，培育发展一批经营能力强、运营效率高、专业性显著的特色药品流通企业。

（四）发展原则

1. 政府引导，充分发挥市场机制的基础性作用

突出政府在规划管理、政策制定等方面的引导作用，消除妨碍公平竞争的体制机制，发挥市场机制在配置药品流通资源中的基础性作用，实现药品流通企业的优胜劣汰，逐步提高行业集中度和流通效率。充分发挥企业的主体作用、市场配置资源的基础性作用和政府的规划政策引导作用，努力实现政府引导、市场基础、企业主体目标与效果的一致性，凝聚南京药品流通行业发展合力。

2. 以人为本，民生为先

大力优化药品流通发展环境，在网点规划建设、维护市场秩序等各个方面和各个环节，充分体现人性化、便民化、科学化的发展要求，寻求和谐稳定发展。完善药品流通环节法律法规和标准体系，建立违规惩戒和退出机制，确保企业规范经营、公平竞争。

3. 改革创新，改善药品流通行业发展的外部环境

加快医药分业，改革药品价格形成机制、医保定点药店管理办法等不利于药品流通行业持续健康发展的体制机制，革新管理方法，为企业发展创造良好的外部环境。

4. 科技引领，提高药品的供应保障能力

利用先进科学技术，提升信息化水平，加强标准化建设，加快发展现代流通方式，构建药品流通全过程监管及质量可追溯体系，提高效率，降低成本，保障供给；加快药品流通领域电子商务的应用和发展，减少流通环节，为群众提供更为便捷的购药服务方式。

三、主要任务

南京市医疗资源丰富、生产企业匮乏、药品消费水平较高，人口增长速度快、流动人口多（包括来南京就医的外来人口）、高素质人口集中、各区县人口年龄结构呈现不同特点，老龄化水平和少儿人口比例有所区别，结合上述实际情况对于药品流通行业的不同需求，制定药品流通行业批发、零售、物流配送网点合理设置和布局的具体规划，促进药品流通行业做优做强、健康发展。

（一）加强行业布局规划，提升药品供应保障能力

根据南京市经济发展水平、医疗资源配置状况、城乡建设规划、人口增长与年龄结构变化的实际情况，完善南京药品流通行业的合理布局。将是否符合国家及江苏省药品流通“十二五”发展规划作为行业准入的重要依据，制定准入标准，加强行业管理和考核，建立退出机制，有效控制药品流通企业数量。坚持做到行业布局与南京市城乡发展规划相适应、与人口数量与结构变化相适应、与医疗卫生体制改革相适应、与药品流通行业发展水平相适应。

1. 打造区域性医药物流配送中心。结合国家物流业调整与振兴规划对南京的定位即“全国性物流节点城市”，充分发挥南京航空、铁路、内河、信息港等“四港俱全”的优势，鼓励、指导有实力的药品流通企业发展现代物流，引导企业改造现有物流设备，提高信息化、自动化和标准化程度，提高现代医药物流中心的利用效率，降低物流成本，将南京打造成面向江苏、辐射皖浙的区域性医药现代物流配送中心。

2. 完善药品供应保障体系。配合医药卫生体制改革和基本药物制度实施，积极参与全省药品集中采购工作，指导和管理药品流通企业，保障药品配送。鼓励支持大中型药品流通企业向居民社区、乡镇延伸销售和配送网络，实现药品流通对基层的有效覆盖。配合相关部门做好药品、中药材重点品种储备制度。根据各类突发事件的特点，建立相应的应急保障机制。加强政府相关部门及行业协会的工作协同和配合，建立药品储备和临床紧缺药品生产供应及使用保障制度，在发生重大突发事件时，实现全市统一指挥和调动，协调应急药品的及时组织采购、调运及供应。

3. 优化药品零售门店网络布局。均衡南京市零售药店分布，结合中心城区人口与消费特点合理设置零售药店，支持在新建保障房片区、偏远郊区和农村地区加强零售药店布局，鼓励在大型超市和其他商业场所内设置乙类非处方药专柜和品牌专卖店。在人口集聚的区域增设医保定点药店，进一步完善医保定点药店布局。支持中华老字号药店在保持特色优势的基础上创新发展，发挥品牌效应。发展“中医门诊”、“中医坐堂”等服务，形成各具特色、优势互补的药品零售和服务格局，充分保障人民群众用药的可及性和安全性。

（二）优化行业结构调整，推进药品流通经营业态创新

充分发挥市场机制在配置药品流通资源中的基础性作用，鼓励公平竞争，实现优胜劣汰，促进南京市药品流通资源的有效整合，进一步提高行业集中度。破除体制机制障碍，鼓励药品流通企业实现规模化、集约化、现代化、专业化、特色化经营。进一步优化以全国性药品流通企业为引导、区域性药品流通企业为主体、专业型药品流通企业为配套的南京市药品流通行业结构。建立南京市药品流通行业在全省的领军地位，形成多层次药品流通行业结构。

1. 鼓励大型药品流通企业探索医药分业的创新经营

鼓励大型药品批发企业依托信息技术系统和现代物流基础，构建和完善药品供应链集成系统，开展供应链系统增值服务。鼓励药品流通企业为医疗机构提供药事服务、SPD（医院内部物流）服务、专科用药及其他医用品的临床解决方案等。支持发展 DTP（Direct to pharmacy）分销模式；构建代理商模式下的客户服务体系。支持药品流通企业探索以资产和服务等方式参与医疗机构药房的管理。鼓励药品流通企业研究医药分业后的医疗机构相关业务及其药品供应、专业人才和资源配置等经营管理模式，适时做好相关预案及前期资源储备，为“医药分开”的改革试点创造条件。

2. 引导药品流通企业发展特色经营

发挥中小药品流通企业的基层渠道供应配送优势，实现药品供应在基层的有效覆盖，提高社区和农村药品的供应保障能力。鼓励有专业特色的中小药品流通企业加快创新转型，从普通的药品流通企业发展成为在个别领域具有独特优势的专业或专科型的药品流通企业，做精、做细、做强，满足多层次市场需求。

鼓励大型医药物流企业采取并购、重组、参股等形式，予以整合，一方面可以发挥中小药品流通企业的基层渠道供应配送优势，另一方面可以发挥品牌、管理优势，提高组织化程度和行业集中度。

弘扬中医药文化传统，支持老字号药店在保持传统优势的基础上创新发展，传承中医药文化，发挥品牌效应，增强核心竞争力，提高药品流通企业对养生保健市场的服务能力。

3. 支持药品零售连锁企业做大做强

发展药品连锁经营，大力提高药品流通行业的连锁化水平。支持现有中小药品零售连锁企业兼并、重组已有药店资源，实现连锁经营模式。鼓励社会商业资本进入药品连锁企业。鼓励和支持有实力的药品流通企业参与实施“万村千乡市场工程”，发展乡村连锁药店，构建农村地区药品流通供应网络，医保、税收政策向零售连锁企业倾斜。在提高连锁化率的同时，更应注重连锁内在品质的塑造，通过提升企业的规范化，更好地促进企业的规模化。

支持药品零售企业开展处方药、非处方药、中成药、中药饮片、保健品、个人护理品、家庭健康用品等与健康服务相关的多元化经营。鼓励药品零售企业开设“品牌专卖店”、“专业药店”、“健康管理中心”、“超市便民店”等新型健康服务网点，依托现有门店，以深入开展药学服务为切入点，发挥社会公共服务功能，积极参与社区乡镇健康卫生事业的发展，鼓励通过提高驻店药师的专业水平满足群众自我药疗等多方面需求。支持连锁企业内部规范管理、加强培训，提升服务水平，形成连锁品牌效应和高附加值服务能力。积极、稳妥地发展网上药店，改善和丰富药品经营模式，适应现代生活中电子商务的发展趋势。

4. 逐步实施药品流通企业“走出去”战略

支持药品流通企业立足本市，辐射华东，服务全国，鼓励药品流通企业“走出去”，逐步融入国际市场，支持有条件的药品流通企业加强与全球领先的医药商业企业合作，通过新建、收购、合作、境外上市等多种方式，到境外开展业务，参与国际药品采购和营销网络建设，参与国际竞争，增强药品流通企业竞争实力，形成开放竞争的市场格局。鼓励行业协会、企业开展多种形式的国际交流与合作，引进先进的管理经验和新型营销方式。

（三）发展现代医药物流，提升企业竞争力

充分发挥信息化在实施药品流通行业发展中的引领带动作用，推进信息技术在药品流通领域的广泛应用，以信息技术提升传统药品流通行业，科学发展现代物流，加快发展连锁经营和电子商务，促进行业结构优化升级。

1. 运用现代科学技术，提高流通环节的药品质量控制力。鼓励药品流通企业研发使用先进的信息技术和新型管理方法，支持大型药品流通企业建设高位立体自动化的存储仓库和堆垛机等自动化仓储设施，以及自动分拣系统、WMS 系统等现代仓储管理系统，推荐采用电子标签、自动温湿度记录仪等先进设备，推广使用无线射频（RFID）、全球卫星定位（GPS）、温度传感等物联网技术。通过现代化科技手段，提高药品在库及流通过程中的质量保障，确保患者用药安全。进一步加强医用毒性药品、麻醉药品、精神药品、放射性药品和生物制品等特殊药品在物流过程中的技术保障措施，确保药品质量安全。

2. 优化业务流程，推进企业全面提升管理水平

现代物流建设具有很高的科技含量，要充分发挥科技化、信息化的优势，必须运用科学的手段对传统的工作程序进行业务流程再造，优化企业购销业务流程，质量管理流程包括入库验收、在库药品养护、退货、报损、销毁流程、财务管理流程，使工作流程适应于现代物流配送自动化、信息化要求，实现减少药品流通环节、合理控制库存、降低运营成本，从而提高企业管理水平及运营质量，增强企业核心竞争力。

（四）夯实行业管理基础，提升行业管理能力

1. 做好行业基础统计工作。根据商务部及江苏省商务厅要求，做好我市范围内的全国药品流通直报企业的统计直报工作，逐步扩大直报企业数量，提升报送数据的质量。进一步加强我市非直报企业的药品流通统计制度的落实工作，探索建立《南京市药品流通行业统计考核办法》，将13区县商务部门和我市非直报企业纳入考核，对考核合格者给予奖励。

2. 建立行业标准体系。积极配合商务部制定药品流通行业经营、服务等标准体系，制定相关行业标准；给合我市药品流通行业发展的特点和优势，探索建立药品零售、物流等方面的行业参考标准。并根据国家和省药品流通行业经营、服务标准规范，结合我市药品流通行业现状和发展情况，制定我市药品流通行业管理实施细则，逐步做到行业的规范服务、规范经营。

3. 健全管理制度，完善行业规范。完善药品营销人员、代理商、企业医药代表等行业规范，严格按照相关部门资质管理办法和行为规范的要求，实行持证上岗和公示制度，依法依规销售药品和推广新药；进一步促进药品流通企业合法经营，鼓励企业在规范经营的基础上改善服务设施，提升管理和服务水平。

（五）强化诚信建设，加强行业自律

1. 强化诚信建设，开展诚信活动。加强药品流通市场价格监管，维护药品流通市场价格秩序；加强药品流通企业的诚信和职业道德教育，开展“三信三优”、“诚信经营示范创建”等活动，以点带面，促进药品流通企业合法经营、诚实守信、管理规范、服务优质，积极履行社会责任。

2. 发动各方面力量，加强对药品流通行业的社会监督。

配合有关部门严厉打击经营伪劣药品、商业贿赂、非法经营网上药店、发布虚假药品和保健品广告等违法违规行为，纠正医药流通中的不正之风；积极探索药品流通追溯体系建设，促进南京市药品流通行业的高效、安全发展。充分发挥南京市12312商务举报投诉服务热线的作用，完善投诉举报的受理、处理、移送和反馈机制。

3. 发挥行业协会作用，加强行业自律。指导药品流通行业协会推广、制定有关行规行约，建立行业自律机制，倡导药品流通企业诚信经营，严格遵守《中华人民共和国药品管理法》、GSP标准等各项法律法规及相关制度，维护正常的经营秩序。加强药品从业人员培训管理，实行持证上岗和公示制度，加强信用知识的宣传、培训，帮助企业建立信用风险管理制度，探索建立行业信用评价体系，实施信用分类监管，提高行业自律和信用水平。

四、保障措施

（一）完善政策体系，改善发展环境

研究制定药品流通行业发展相关政策，引导企业开展并购、重组，促进行业集中度的提高。发挥市场机制的作用，创造公平的市场竞争环境，逐步完善统一、开放、竞争、有序和方便消费者的药品流通政策体系。配合有关部门完善准入机制，将是否符合行业规划、行业政策和行业标准作为行业准入的重要依据，提高行业准入门槛，加强日常监管和考核，建立退出机制。研究探索冷链物流体系、第三方物流配送中心等项目的财政补贴机制。对运送急救药品的小型货车，经公安交通管理部门批准，适当放宽白天进入市区限制。加大对农村药品供应体系建设，鼓励药品流通企业建设农村和边远地区的药品配送体系。改善药品流通企业的融资环境，引导鼓励企业利用多种金融工具和方式，加速结构调整，发展现代医药物流和连锁经营。建立健全药品流通企业诚信体系，为银行业金融机构加强对流通企业的融资服务提供信息支持。探索对药品连锁零售企业的扶持政策，通过相关职能部门制定财税、土地、金融等优惠政策，力争把基本药物零差率销售、零售企业的纳税机制对零售业带来的冲击降到最低，扩大药品零售的市场规模，逐步提高零售药店尤其是连锁门店在药品终端市场上的销售比重。探索社区医生负责门诊医疗，患者凭处方到零售药店购买的模式。将药品流通行业管理切实纳入商贸流通工作体系中进行统筹规划。

（二）加强协调配合，形成工作合力

培育部门协调机制，建立联席会议制度，发挥联席会议和医改领导小组的作用，加强市商务、发改、药监、卫生、人社、财政、物价、工商、质监、公安等部门之间的沟通协调，共同推动解决制约我市药品流通行业发展面临的基本药物配送、医保定点资格申请、处方药销售、现代化物流建设等方面问题，促进我市药品流通行业健康发展。

加强对行业协会的指导，支持协会发展，充分发挥药品流通行业协会在政府和企业之间的桥梁纽带作用，在制定政策时主动听取和征求协会意见和建议，工作中赋予协会必要职能，推动实现行业自律。加强协会的组织建设，增强协会服务意识，提高为企业服务的能力。充分发挥医药行业协会在行业统计、行业培训、行业自律、国际交流合作、维护企业合法权益等方面的作用。

（三）加强药品流通人才队伍建设

探索建立南京市药品流通行业人才培育机制。充分发挥我市大专院校、科研院所多的优势，建设一批高等院校、科研院所、职业技术学校、岗位培训等不同层次的人才培训基地，加快培养药品流通行业所需各类人才。鼓励药品流通相关人员考取职业经理人、执业药师等资格证；积极引进医药营销、医药流通企业管理等高层次、急需紧缺人才。对市及区县商务主管部门的药品流通行业管理人员进行全面培训，组织药品流通企业积极参加商务部举办的企业管理人员和从业人员培训班。

（四）做好规划纲要的组织实施

各级商务主管部门结合职能和本地区发展实际，组织实施好规划纲要，落实好各类规划中的相关任务，把规划与有关行动计划以及年度计划紧密结合起来，确保年度工作计划与规划协调一致。远近结合，形成合力，使规划确定的目标、任务和各项措施切实得到贯彻落实，同时，各项扶持政策的实施符合规划确定的发展目标和任务。

武汉市药品流通行业发展规划（2011-2015年）

武汉市商务局

为促进全市药品流通行业的健康发展，适应国家医药体制改革的需求，保障人民群众用药安全方便，提高药品流通效率，推进药品流通发展方式转变，促进社会经济和谐发展。根据商务部《全国药品流通行业发展规划纲要（2011-2015年）》和《湖北省药品流通行业“十二五”发展规划纲要》，特制定全市药品流通行业发展规划，规划期为2011-2015年。

一、“十一五”全市药品流通行业的发展现状

“十一五”期间，全市药品流通行业发展势头良好。流通规模不断扩大，市场主体日趋壮大，药品龙头企业集团化、规模化、品牌化发展成效明显，药品供应保障能力逐步增强，覆盖城乡的药品流通体系基本形成。药品流通连锁经营、物流配送、电子商务等现代流通方式加速推进，药品流通秩序朝着健康有序的方向发展。

（一）药品市场规模扩大

2010年，全市共有药品流通企业2977家，其中，批发373家，零售2604家；其中零售连锁店1799家，零售连锁药店门店数占全市药店零售门店总数的69.08%。2010年，全市药品销售总额483亿元，比上年增长14.2%，其中批发企业455亿元，比上年增长13.5%，零售企业28亿元，比上年增长27%。药品流通企业的规模和社会贡献率增强，对促进全市药品流通行业发展，保障人民群众安全、方便用药发挥了重要作用。

（二）多种形式协同发展

在国家鼓励优势药品流通企业实施跨地区、跨所有制的收购兼并和联合重组，促进资源向优势企业集中的政策引导下，全市药品流通行业在“十一五”期间，通过改造国企、发展民企、引进外企等途径，已基本形成多种所有制市场主体共同发展的格局。2010年，按照全市年销售额限额以上152家药品流通企业分类，其中，国有控股药品流通企业6家，集体控股药品流通企业8家，私人控股药品流通企业106家，港澳台商控股药品流通企业2家，其他药品流通企业30家。以股份制、合资和民营企业为主体的非国有药品流通企业迅速发展，非国有药品流通企业占到规模以上企业的96%以上。

（三）龙头企业发展明显

全市药品流通企业经营结构不断优化。九州通医药集团、国药控股湖北有限公司、新龙药业集团等一批药品流通企业，不断优化经营结构，强化市场竞争力，现代物流、连锁经营、电子商务快速发展，已形成了全国和区域性的企业品牌。九州通是国内医药行业唯一具备独立整合物流规划、物流实施、系统集成能力的医药分销商；国药控股湖北有限公司成为湖北首家第三方医药物流配送企业；马应龙药业发展药品经营

与网上远程诊断相结合的营销新模式；中联大药房推进连锁经营，在中百、家乐福和沃尔玛中开设“24小时非处方药房”、“店中店”。2009年全市有5家药品流通企业入围“中国医药商业企业和药品零售连锁企业百强”，九州通医药集团股份有限公司位列中国民营医药商业企业第1位。

（四）经营秩序逐步规范

全市加大药品流通监管力度。严格执行了《药品流通监督管理办法》、《药品经营质量管理规范》和《互联网药品交易服务审批暂行规定》等法规。出台了《零售药店设置暂行规定》、《武汉市药品医疗器械企业生产经营不良行为管理办法（试行）》、《武汉市药品零售企业药学服务规范》及零售药店禁令、《武汉市药品零售连锁企业监督管理规定（试行）》。2010年底，市人民政府办公厅印发《关于加强药品流通行业管理工作的通知》，提出了加强药品流通行业管理的任务和要求，进一步提高了全市药品流通行业的管理水平，药品流通企业守法经营、诚信经营的意识明显增强，药品经营无序竞争的状况得到改善。

药品流通行业发展中也存在着一些亟待解决的问题，主要体现在：一是药品流通行业集中度、组织化程度不高，企业“小、散、弱”问题仍较突出，行业整体核心竞争力还不强。二是药品流通行业诚信经营意识有待加强，少数企业采取商业贿赂手段，扰乱影响流通秩序，甚至忘义取利，欺骗消费者的问题依然存在，必须坚决扼制。三是药品经营企业网点布局不尽合理，农村边远地区药品零售网点不足，主城区与远城区药店设置分布差距较大，有的地区网点重复设置，密度过高，资源浪费现象较为突出。

二、“十二五”全市药品流通行业发展面临的形势

国家医改为药品流通行业提供了明确的政策发展导向。2011–2015年，是实现深化医药卫生体制改革目标的关键时期，也是药品流通行业结构调整和转变发展方式的关键时期。随着国家医药卫生体制改革的深入，国家基本药物制度的全面实施，中央提出加快建立药品供应保障体系，加大对医药产业的政策支持，完善覆盖城乡的药品流通网络。这些政策的确定和实施，为药品流通行业的发展指出了明确的发展方向，提供了更加广阔的发展空间，必将促进药品流通行业加快结构调整，转变发展方式，积极推进现代物流、连锁经营、电子商务的建设，扩大规模经营，提升行业组织化程度和现代化经营水平，实现科学持续发展。

需求增长为药品流通行业带来了较大的市场发展潜力。未来5年，预计全球药品市场规模将从2009年的7730亿美元，增加到2015年的1.2万亿美元以上，年均增长8%左右，全球药品流通行业集中度和流通效率将继续提高。随着中国经济的不断增长，中央加大对医疗卫生民生工程的投入，新医改使医保逐渐实现全覆盖，覆盖城乡的医疗服务、药品供应保障体系将逐步建立完善。农村药品市场开发前景广阔，城市连锁店和超市等流通企业向农村延伸发展“农家店”的同时，促进药品流通行业扩大农村药品消费市场。随着人口老年化的加剧，人们医疗、保健意识的增强，群众支付能力的提高，将直接拉动药品市场需求的增长，带动药品市场规模的扩大，为药品流通行业带来新的机遇。

全市药品流通行业发展面临较大机遇的同时，也面临诸多挑战。药品流通行业的整体实力不强，发展基础较为薄弱，行业结构调整和企业转型面临许多困难，存在着一定的难度；行业的管理体制机制有待完善与创新，建立现代企业管理制度的推进力度还不够，龙头企业对行业示范带头作用尚不够强；随着医改的深化，药品流通行业服务医改目标的任务还十分艰巨；药品流通市场环境有待净化，企业的管理水平和从业人员的素质有待提高。我们一定要变压力为动力，勇于改革创新，解决好发展中存在的困难和挑战。

三、“十二五”全市药品流通行业发展的指导思想与发展目标

（一）指导思想

按照武汉市国民经济和社会发展“十二五”规划的总体要求，认真贯彻国家医药卫生体制改革精神，坚持以人为本、政策引导、统筹兼顾、市场主导的基本原则，以科学发展观为指导，以经营企业为主体，以改革创新为动力，以优质服务为宗旨，以先进管理为支撑，加快发展方式转变，优化网络布局和行业结构，全面提高药品流通行业集中度和现代化水平，建立统一开放、竞争有序的现代药品流通体系，促进全市药品流通行业健康持续发展。

（二）发展目标

到2015年，全市药品流通行业的发展适应社会经济发展的总体目标和人民群众的健康需求。努力形成网络布局合理，经营规模持续扩大，营销模式不断创新，骨干企业竞争能力增强，服务质量和能力明显提升，组织化程度明显提高，市场竞争秩序良好的药品流通新格局，构建满足城乡居民用药安全合理方便的药品流通新体系。

——构筑两大药品流通版块，即以物流配送信息化为支撑的新型批发版块、以连锁经营和电子商务为支撑的新型零售版块。

——实现1家年销售额过500亿的药品集团公司（总部在汉）；2–3家年销售额过百亿的区域性药品流通企业。

——建设1个华中地区最大的药品物流集散地；培育1–3

家从事第三方医药物流企业。

——建设1个具备区域影响力的医药健康产业指数交易平台。

——零售连锁药店占全市门店的比重提高到80%以上。

四、“十二五”全市药品流通行业发展的主要任务

（一）科学规划网点布局

着力完善药品经营网点。加大中心城区药品零售经营布局结构的调整，利用政策和市场手段，采取转向、联合经营、优胜劣汰等方式，加大中心城区、远城区及农村边远地区药品流通零售网点合理规划力度。网点布局规划原则为：中心城区以打造品牌连锁和提高零售直营连锁率为主，控制和减少单体药店准入；远城区及农村边远地区以增加药品零售网点，方便群众购买为主。对布局不均、设置过密药品零售经营网点进行调整，对发展药品零售品牌连锁和直营连锁的企业给予优先准入和政策支持。

提升中心城区规范化连锁药店市场占有率。积极探索“药、商、超对接”药品经营新模式，支持鼓励药品零售连锁企业在中心城区加强与武商、中百、中商等龙头商贸企业的合作，充分利用龙头商贸企业网点资源，建立店中店、商圈店、医药连锁商场、连锁超市和OTC连锁专柜等多种业态的药品零售门店，逐步减少单体药店数量，加快规模化、集约化、连锁化的超市药品连锁店在中心城区的有序发展，提高规范化连锁药店的市场占有率。

加快推进农村边远地区药品方便店的建设。启动“放心药店”服务体系建设工程，重点探索“放心药店”进镇下乡的营销实现模式，依托“万村千乡工程”，引导大型药品零售连锁企业在农村边远地区市场设点开店，配合农村社会医疗机构延伸药品经营，探索建立新型农村市场流通网络，实现社会医疗机构和药品零售网点的合理布局，构建安全、有效、方便，满足人民群众用药需求的药品零售体系。

（二）大力发展现代流通

加快发展物流建设。鼓励建设区域性的药品物流园区和配送中心，加快形成若干具有较强辐射带动作用的药品流通枢纽，整合和转型现有各级批发市场，打造“中心—外围”梯次型物流配送中心，鼓励优势药品流通企业在中心城区和远城区建立梯级物流配送企业，形成区域性的药品物流园区和配送中心。支持中小药品批发企业利用自身优势与地区大型药品批发商联姻，开展第三方物流服务，构建区域药品物流配送网点，以现代物流方式理顺城镇特别是乡村药品购销渠道，承担街乡镇的药品配送任务，确保药品供销体系优化。通过中心辐射、沿线连销，从而完成中心城区、远城乡镇的药品流通对接，实现药品流通物流网络的有效覆盖，加快形成科技高效、具有较强辐射带动作用的武汉医药物流产业集群，推进药品物流建设的加快发展。

探索药品物流新的营运模式，鼓励药品流通企业物流功能社会化，实施药品物流服务延伸示范工程，引导大中型药品流通企业从传统物流方式向现代化物流方式转型，为相关医疗机构、中小流通企业、药品生产企业提供集中配送、药房托管、供应链增值服务等专业化服务。

积极提升物流技术水平，鼓励企业使用卫星全球定位系统（GPS），电子数据交换系统（EDI），自动连续补货系统（CRP），电子订货系统（EOS），销售时点实时控制系统（POS），寻车寻货系统（KIT），资金快速支付系统（EFI），以及无线射频识别技术（RFID），支持推广九州通医药集团开发的物流管理信息系统、仓储管理系统、设备控制系统等物流信息技术和国药控股湖北有限公司面向社区、医疗机构的供应链增值服务平台。

鼓励发展连锁经营。积极鼓励有实力的医药流通企业整合中小药批、零售企业及单体药店，加快药品连锁经营步伐。鼓励支持零售连锁企业创建品牌药店，实行统一采购、统一配送、统一质量管理、统一服务规范、统一联网信息系统管理、统一品牌标识，发挥规模效益和品牌优势，提高服务质量，树立连锁服务品牌。鼓励支持优势药品零售连锁企业以资本为纽带，建立母子公司体制的药品直营连锁网络或通过品牌、配送、经营模式、管理技术等联结方式发展多种经营形式的连锁经营网络，提升药品零售连锁经营的规模和业态水平。在发展连锁经营方面，既要推动本市骨干企业跨区域发展，也要支持外地企业到本地发展，形成统一市场体系。

支持发展电子商务。进一步建立和完善药品流通企业电子商务的运用，鼓励支持药品流通企业积极建立“综合供应链管理平台”、“全程供应链及物流管理”、“电子商务及区域物流信息化”等形式的电子商务运用体系，积极开展B2B、B2C等新型交易模式。鼓励支持有规模、有实力的药品企业，建设集网上销售、订单处理、支付、客服、采购管理、仓储与配送等模块于一体的电子商务平台，构建“实物交易+电子交易+物流配送”模式。加快物联网技术运用，支持鼓励药品电子商务创新发展，鼓励建设医药健康产业指数交易中心，搭建具备有较高科技运用水平，有较强区域影响力的医药健康产业指数融通平台。

（三）培育壮大市场主体

大力培育龙头企业。支持全市前20名药品流通龙头企业加快发展，将药品流通龙头企业纳入全市商贸发展规划，重点培育九州通、国药控股、新龙药业、马应龙、中联大药房等大型药品流通企业。鼓励重点药品流通企业创新发展思路，发挥企业综合竞争优势，积极推动医药资源的整合，借助跨

区域服务能力，通过参股、控股等多种方式联合重组，实现跨越性发展。推动全市药品流通市场的区域化、规模化、集约化，引导有实力的企业，利用市场机制和经济手段，通过引进现代管理机制，增强核心竞争力，培育一批拥有自主品牌、跨区域经营、在全国有市场竞争优势的大型流通企业，不断提升药品流通企业组织化程度，发挥大型药品流通企业在市场中的积极支撑作用，形成有影响力的示范效应。

提升企业核心竞争力。引导企业加快实现三个转变：一是从依靠数量增长转变为注重质量的发展。二是从单纯追求经济效益转变为注重经济效益与社会责任共赢，注重企业可持续发展。三是从企业单体经营向产业集群发展，发展大型企业集团，提高行业集中度。加快企业品牌战略建设和发展，合理运用知识产权政策，加强知识产权维权，充分发挥品牌的市场竞争的潜在能力。加快企业可持续发展，逐步实现运输、储存、销售和废处各个环节无害化管理，积极推进低炭环保要求，提高企业发展后劲。加快企业内部管理提档升级，大力推广精益化管理思想，积极进行企业经营模式创新，提升药品流通企业自身的经营服务能力，增强企业核心竞争力。

鼓励特色经营发展。支持有经营特色的老字号零售药店发展。鼓励有条件的企业创新药品经营方式，探索推进中医坐堂经营服务方式，探索药品经营与网上远程诊断新模式。要以安全、有效、方便为原则，开拓与健康卫生有关的多元化经营，支持中小药品流通企业走专业化和特色化之路，满足多层次的市场需求。积极发展药品会展经济，办好全国性药品博览会，强化武汉的中部地区商务会展中心功能。

支持企业“走出去”、“引进来”。鼓励实力较强、管理规范、信誉良好的药品流通企业“走出去”，采取“借船出海”积极参与国际药品采购和营销，采取联营、入股、收购等形式参与国际市场合作与竞争。支持境外知名药品流通企业在我市投资，将引进境外知名药品流通企业纳入到招商引资范围，加大知名药品流通企业招商引资的政策支持力度。鼓励龙头医药流通企业在我市建设医药物流配送中心和销售网点，扩大销售规模。同时注重引进优秀经营管理人才和现代营销理念。通过加大与国际药品流通行业的交流，努力打造我市境外药品供应链，增强国际竞争力。

（四）规范市场经营秩序

加强行业诚信体系建设。加强企业信用自律机制建设，引导药品流通企业积极参与“诚信兴商”活动，坚持守法诚信经营，切实增强社会责任感。大力开展药品流通企业“诚信经营”创建，开展诚信企业评选活动，树立一批“诚信经营示范企业”、“放心药店”和“诚信经营者”，充分发挥劳模先进人物示范作用。加强企业信用信息的管理，建立企业信用档案，对违法违规的企业列入黑名单，积极营造守法诚信者荣、违法失信者耻的社会氛围。积极发挥行业协会的作用，指导行业协会制定行规行约，开展职业道德教育，加强行业自律。

规范药品流通市场秩序。通过多部门联动，依法严肃查处无证经营、贩卖假劣药品、欺骗消费者的行为，打击倒买倒卖增值税发票、偷逃税收、商业贿赂等不法活动，查处虚假浮夸、非法网店、挂靠经营等非法经营。从源头严把药品流通质量关，切实保障药品流通行业有序、健康、稳定的发展。充分发挥12312商务行政执法投诉举报热线的作用，完善投诉举报的受理、处理、移送和反馈机制，发动各方面力量，加强对药品流通行业的监督与管理。

（五）提高服务质量水平

完善服务制度建设。会同有关部门研究制定药品流通行业规范性文件和制度，建立和完善药品流通行业标准和规范。指导企业建立完善药品购销管理制度，从业人员服务规范检查考核制度，执业药师、药店营销员执证上岗管理制度等。加强制度的贯彻落实，严格制度执行情况检查，明确奖罚规定，规范从业人员服务准则和行为。

加强职业道德培训。全面加强药品流通企业从业人员的培训，采取专家讲授、现场观摩、经验交流、脱产学习等方式，全方面、多层次地强化职业道德教育，增强从业人员职业道德素质，把职业道德作为从业人员必须遵守的重要准则，严格从业人员职业道德考评，不断增强企业和员工的社会责任感。

认真开展统计工作。认真执行《中华人民共和国统计法》和《商务部药品流通统计制度》是全市药品流通行业服务政府决策，服务行业健康有序发展的重要任务。要会同市统计部门建立能够客观反映我市药品流通行业发展动态的行业统计制度，及时、真实地开展药品流通行业的统计工作，掌握行业运行和发展的全面状况，加强药品流通市场监测和分析，为各级领导研究和制订药品流通行业发展政策提供决策依据。

五、“十二五”全市药品流通行业发展保障措施

（一）组织保障

充分发挥我市药品流通行业管理工作领导小组的作用。根据市政府办公厅《关于切实加强药品流通行业管理工作的通知》的精神，市药品流通管理领导小组办公室要加大协调力度，积极探讨、研究和解决药品流通行业管理工作中遇到的突出问题和重要工作。充分发挥各职能部门作用，密切配合，相互支持，各负其责，协调推进，全面加强对药品流通行业的管理和服务。各区要把推动药品流通发展工作纳入当地经济和社会发展的整体规划，制定并积极组织“十二五”规划

的实施，建立健全工作机制，切实推进药品流通行业的健康和谐发展。

（二）机制保障

全面落实国家基本药物制度，发挥药品流通企业积极的促进作用，建立和完善基本药物公开、公正、公平的招标采购管理机制。将药品流通行业纳入商贸流通行业统一规划发展，加强药品经营正常市场秩序的维护，监管部门应加大对违法违规企业的查处，严重的取消经营资格。发挥药品行业协会的作用，增强行业协会服务意识，加强行业自律，指导药品流通企业诚实守信，提高服务质量和水平。

（三）政策保障

认真贯彻落实国家、省、市政府关于促进药品流通行业发展的政策，加大服务企业政策支持力度，积极为企业减负，清理减免不合理收费。认真研究适时出台支持我市药品流通行业发展的有关政策，鼓励支持药品流通企业兼并重组，鼓励支持社会资金进入药品流通，推进金融机构、风险投资机构和信用担保机构加大对药品流通行业的支持力度。落实药品储备应急保障，制订严格的储备管理制度，保障药品储备企业优惠政策、资金方面的落实；保障优质药品流通企业在招标、物价、医保等方面优惠政策落实。

（四）人才保障

将药品流通行业人才队伍建设纳入规范化轨道，制定药品流通行业人才培养和引进计划，采取长期培养和短期培训相结合，正规教育和在职培训相结合方式，促进学校和相关药品流通企业的交流合作，引导企业加大药品流通人才培训的力度，建立药品流通领域人才激励与约束机制。组织开展“高级职业经理人”、“中级职业经理人”、“执业药师”、“药学技术服务人员”等专业职业技能培训，培养药品流通行业急需人才，为我市药品流通行业的发展提供有力的人才支撑。

（五）法规保障

进一步加大依法打击药品流通领域的商业贿赂，严厉查处以权谋私、违法乱纪行为；进一步加大维护企业合法权益的力度，从制度和法规建设入手，完善投诉举报处理机制，净化药品流通市场环境，保护企业经营的合法性和积极性。

3 行业标准及国家标准

NATIONAL & INDUSTRIAL STANDARD

TO DO

行业标准

商务部发布 首批药品流通行业五项标准

（二○一二年九月十九日）

近期，商务部以2012年第58号公告发布了《药品批发企业物流服务能力评估指标》、《零售药店经营服务规范》、《药品流通企业诚信经营准则》、《药品流通行业职业经理人标准》、《药品流通企业通用岗位设置规范》等五个药品流通行业标准，将于2012年12月1日起实施。这五项标准是我国首批出台的药品流通行业标准。发布实施这五项标准，是商务部落实国务院医改和药品安全“十二五”规划以及全国药品流通行业“十二五”发展规划纲要的具体措施之一，也是履行药品流通行业管理的重要手段。

此次公布的五项标准是在商务部领导下，由中国医药商业协会牵头，各相关行业协会、药品流通企业积极参与起草论证，广泛听取企业意见，并征求国务院医改办、卫生部、人力资源社会保障部、食品药品监管局等部门意见后公布的。五项标准是针对当前行业存在的突出问题和行业管理的迫切需要而优先制定的。五项标准的贯彻落实，对于规范和促进药品流通行业健康发展具有重要的意义，将有力提高药品流通行业集中度，加强行业自律，促进现代医药物流和药品零售企业的发展，提升全行业素质和服务水平。

《药品批发企业物流服务能力评估指标》是针对我国现代医药物流发展起步较晚，行业流通组织化、现代化水平较低，药品批发企业鱼龙混杂的现状制定的，目的在于对批发企业的队伍现状进行梳理，以保证药品在流通过程中的安全和服务的规范，进一步提高药品流通效率。该标准通过规定企业的物流信息管理、质量监控、风险管理、服务能力、软硬件条件、业务流程等方面的具体评估指标，对药品批发企业的物流服务能力予以划分。这些指标可成为批发企业提升物流能力和管理水平的努力标杆。通过这种评级，也可将那些没有实际物流能力、专门从事倒票过票经营的不法企业分辨出来。

《零售药店经营服务规范》是针对药品零售企业服务水平普遍不高，以人为本的服务理念欠缺的现状提出的。该标准规定了零售药店药学技术人员数量与素质要求、服务设施与服务环境、职业道德与仪容仪表、售后服务等经营服务能力指标和划分标准，明确了零售药店分级评估体系，将为今后推动药品零售企业管理和政府政策制定提供参考依据。

《药品流通企业诚信经营准则》是为倡导与推动企业诚信经营、建立企业自律机制，将全行业信用建设提高到一个新水平而制定的。该标准规定了药品流通企业诚信经营、遵纪守法、守信践诺、规范服务等基本要求，以及企业内部信用管理制度建设和社会监督等方面的内容，要求企业建立诚信经营监督机制，建设信用文化，推进全行业信用评价体系建设。

《药品流通行业职业经理人标准》是为提升药品流通企业中高级管理人员的综合素质和专业水平，规范药品流通行业职业经理人的评价而制定的。管理人员的素质和水平，对药品流通企业发展至关重要，也决定着药品流通行业的未来发展的方向和高度。该标准对药品流通行业职业经理人的职业道德、职业素质、能力要求、职业知识、资质评价办法做出了明确规定，将有力推动职业经理人评价体系和流动机制建设，促进药品流通行业职业经理人领导管理能力的提升，从而促进行业持续健康发展。

《药品流通行业通用岗位设置规范》是针对行业职业体系不完善，企业岗位设置与称谓均不规范的现状而制定的，目的在于适应行业发展新形势和人力资源管理的科学化、规范化、现代化发展的需要，促进岗位培训的开展。该标准规定了岗位设定分类的原则，描述了董事长、店长、质量管理经理、仓库运营经理、处方审核员、物价员等药品流通行业29个通用岗位和专业岗位的岗位规范，对各个岗位的工作职责、工作任务和任职资格提出了具体的要求。

商务部2012年第58号公告
批准《商业特许经营管理规范零售业》等48项国内贸易行业标准的公告

公告2012年第58号

《商业特许经营管理规范 零售业》等48项国内贸易行业标准（标准编号、名称及实施日期见附件）已经商务部审核，现予公布。

以上标准由中国标准出版社出版发行。

附件：48项国内贸易行业标准编号、名称及实施日期

中华人民共和国商务部

二〇一二年九月十九日

48项国内贸易行业标准编号、名称及实施日期

序号	标准编号	标准名称	实施日期
1	SB/T 10760-2012	商业特许经营管理规范 零售业	2012年12月1日
2	SB/T 10761-2012	品牌管理专业人员技术条件	2012年12月1日
3	SB/T 10762-2012	百货店服务人员等级评定规范	2012年12月1日
4	SB/T 10763-2012	零售药店经营服务规范	2012年12月1日
5	SB/T 10764-2012	药品流通企业诚信经营准则	2012年12月1日
6	SB/T 10765-2012	药品流通行业职业经理人标准	2012年12月1日
7	SB/T 10766-2012	药品流通企业通用岗位设置规范	2012年12月1日
8	SB/T 10767-2012	药品批发企业物流服务能力评估指标	2012年12月1日
9	SB/T 10768-2012	基于射频识别的瓶装酒追溯与防伪标签技术要求	2012年12月1日
10	SB/T 10769-2012	基于射频识别的瓶装酒追溯与防伪查询服务流程	2012年12月1日
……		……	

ICS 03.080
C 00

SB

中华人民共和国国内贸易行业标准

SB/T 10767-2012

药品批发企业物流服务能力评估指标

Evaluation index of logistics service to pharmaceutical wholesale

中华人民共和国商务部 发布

2012-09-19 发布 2012-12-01 实施

目 次

前 言

本标准依据 GB/T 1.1-2009 给出的规则起草。

本标准由中华人民共和国商务部提出并归口。

本标准起草单位：中国医药商业协会、国药控股股份有限公司。

药品批发企业物流服务能力评估指标

1 范围

本标准规范了药品批发企业物流服务能力构成的要素和评估指标，并对药品批发企业物流服务能力进行了划分。

本标准适用于中华人民共和国境内所有政府许可的药品批发企业，经食品药品监督管理部门批准从事药品委托储存、配送的第三方药品物流企业也适用于本标准。

2 规范性引用文件

下列文件对于本文件的应用是必不可少的。凡是注日期的引用文件，仅所注日期的版本适用于本文件。凡是不注日期的引用文件，其最新版本（包括所有的修改单）适用于本文件。

GB/T18354-2006 物流术语

《中华人民共和国药品管理法》 中华人民共和国主席令第 45 号

《中华人民共和国药品管理法实施条例》 中华人民共和国国务院令第 360 号

《药品经营质量管理规范》 原国家药品监督管理局令 2000 年第 20 号

3 术语和定义

GB/T18354-2006 中确定的以及下列术语和定义适用于本标准。

3.1 药品物流服务

pharmaceutical logistics service

符合《药品经营质量管理规范》要求，具备与药品批发企业经营规模和经营范围相适应的运输、仓储设施设备、信息管理系统等条件的企业，通过对药品运输、储存、装卸、搬运、包装、流通加工、配送和信息管理等基本功能的组织与管理，保证药品在流通过程中的质量稳定性，并满足药品生产、批发、零售企业及医疗机构等终端客户药品需求的物流活动。

3.2 药品委托储存配送服务

entrust services for pharmaceutical storage and distribution

药品生产企业、批发企业将所生产和经营药品委托给第三方进行储存、配送的业务模式。具有药品现代物流服务能力的药品批发企业可接受药品委托储存、配送服务。

3.3 物流信息管理

logistics information management

应用现代信息技术和手段完成物流过程中信息的采集、处理、存储、传输和交换，实现物流信息电子化、数字化、网络化。

3.4 药品物流服务能力

capability of pharmaceutical logistics service

药品批发企业利用企业所具备的条件，从接受客户需求、处理订单、分拣货物、组织配送到交付给客户的全过程中，通过有效的过程管理和控制，能达到保障药品质量稳定性和系统运行有效、及时、准确、经济等要求的综合反映。

药品物流服务能力主要包括物流服务过程中的药品质量管理能力、药品安全风险控制能力、静态物流要素能力、物流服务基础能力、物流规划和创新能力。

3.5 药品质量管理能力

capability of pharmaceutical quality control

药品批发企业为本企业或接受客户委托完成规定的物流服务任务或合同应具备的保障药品质量与安全的条件，和综合应用这些条件所能达到的综合效果。药品仓储环节的质量管理能力按照我国《药品经营质量管理规范》要求实施。

药品运输或配送环节的质量管理能力通过运输包装的完好率、货运过程信息的可追溯性等指标体现。冷藏药品应通过信息追溯检查全程温度控制水平。

3.6 药品安全风险控制能力

capability of pharmaceutical security risk control

药品批发企业为本企业或接受客户委托完成规定的物流服务任务或合同时防范、控制风险和应对处理风险的能力。

药品安全风险控制能力通过企业药品储存和运输安全风险预案完备程度、风险预案可行性评价来衡量。

3.7 静态物流要素能力

capability of static logistics elements

药品批发企业拥有或实际控制的物质结构，包括物流设施设备、人员、资金和信息等所形成的客观能力。

静态物流要素能力通过企业拥有和实际控制的用于运输、仓储、分拣作业的车辆数量、车辆类型、特种车辆的比重、实际有效的工作时间数、仓储面积、药品仓储管理和分拣效率、计算机信息化程度以及人员等要素与药品批发企业的经营规模和经营范围的相适应程度来考核。

3.8 药品物流服务基础能力

basic capability of pharmaceutical logistics service

药品批发企业完成本企业或接受客户委托的药品运输、储存、配送和信息服务等物流基本需求的能力。物流服务基础能力包括运输能力、仓储能力、信息服务能力、物流管理能力。

物流服务基础能力通过客户满意度、帐货相符率、货物准时送达率、出库差错率等指标来评价。

3.9 物流规划与创新能力

capability of logistics planning innovation

药品批发企业根据企业发展需要或客户需求，在实施功能性活动前对实施方案、运作过程的整体把握和策划、研究和开发能力。

物流规划和创新能力通过企业物流新业务比重等指标衡量。

3.10 现代医药物流

modern pharmaceutical logistics

依托一定的现代化物流设备、技术和物流信息系统，有效整合营销渠道上下游资源，通过优化药品供销配送环节中的验收、存储、分拣、配送等作业过程，有效提高订单处理能力，降低货物分拣差错，缩短库存及配送时间，减少物流成本，提高服务水平和资金使用效益，实现物流管理和作业的自动化、信息化和效益化。

3.11 物流管理机构

logistics management organization

从全局出发对整个公司的物流活动进行管理的机构，对分散在企业各个部门的物流管理业务实行一元化领导，将分散化的物流予以系统化的机构。

4 药品物流服务能力评估指标和能力划分

4.1 药品物流服务能力评估指标

药品物流服务能力按照七个方面指标进行评估。包括：基本要求、物流配送规模、药品质量管理能力、药品安全风险控制能力、静态物流要素能力、物流服务基础能力、物流规划和创新能力。

4.2 物流服务指标计算公式

4.2.1 验收准确率

考核期内按时准确验收批次数占验收总批次数的比率。按式（1）计算：

$$P1=\frac{N1}{M1}\times 100\% \quad\cdots\cdots(1)$$

式中：

P1——验收准确率；

N1——准确验收批次数；

M1——验收总批次数。

4.2.2 帐货相符率

经盘点，库存物品帐货相符的品规批次数与储存物品总品规批次数的比率。按式（2）计算：

$$P2=\frac{N2}{M2}\times 100\% \quad\cdots\cdots(2)$$

式中：

P2——帐货相符率；

N2——帐货相符的品规批次数；

M2——储存物品总品规批次数。

4.2.3 货物准时送达率

考核期内将货物按照承诺或约定的时限内，按时送达目的地的订单量与订单总量的比率。按式（3）计算：

$$P3=\frac{N3}{M3}\times 100\% \quad\cdots\cdots(3)$$

式中：

P3——货物准时送达率；

N3——按时送达订单量；

M3——订单总量。

4.2.4 出库差错率

考核期内累计出库差错笔数占出库总笔数的比率。按式（4）计算：

$$P4=\frac{N4}{M4}\times 100\% \quad\cdots\cdots(4)$$

式中：

P4——出库差错率；

N4——出库差错笔数；

M4——出库总笔数。

4.2.5 客户有效投诉率

考核期内客户有效投诉涉及订单数占订单总数的比率。按式（5）计算：

$$P5=\frac{N5}{M5}\times 100\% \quad\cdots\cdots(5)$$

式中：

P5——有效投诉率；

N5——有效投诉涉及订单数；

M5——订单总数。

4.2.6 冷藏设备完好率

企业药品冷藏专用设备完好台数与设备总台数的比值。按式（6）计算：

$$P6=\frac{N6}{M6}\times 100\% \quad\cdots\cdots(6)$$

式中：

P6——冷藏设备完好率；

N6——完好的冷藏设备台数；

M6——冷藏设备总台数。

4.2.7 运输过程信息可追溯率

在运输过程中，药品信息可追溯的订单数与订单总数的比值。按式（7）计算：

$$P7=\frac{N7}{M7}\times 100\% \quad\cdots\cdots(7)$$

式中：

P7——可追溯率；

N7——可追溯订单数；

M7——订单总数。

4.2.8 冷藏药品温度控制合格率

冷藏药品储存温度检测合格次数与温度检测总次数的比值。按式（8）计算：

$$P8=\frac{N8}{M8}\times 100\% \quad\cdots\cdots(8)$$

式中：

P8——温度控制合格率；

N8——温度检测合格次数；

M8——温度检测总次数。

4.2.9　运输包装完好率

药品在运输过程中的包装完好件数与包装总件数的比值。按式（9）计算：

$$P9=\frac{N9}{M9}\times 100\% \cdots\cdots(9)$$

式中：

P9——运输包装完好率；

N9——包装完好的件数；

M9——包装总件数。

5　评估办法

5.1　药品批发企业物流服务能力实行分级管理，用 A 级表示，由高到低分为：AAA 级、AA 级、A 级，依照《分级标准》（附录 A）进行评定。

5.2　药品批发企业物流服务能力评估工作，在商务部指导下开展评估，具体实施办法另行规定。

附录 A

分级标准

规范性附录

大项	细项	A	AA	AAA
1 基本要求	1.1	依法取得《药品经营许可证》、《药品经营质量管理规范认证证书》、《企业法人营业执照》从事药品经营活动的药品批发企业（或已取得药监部门颁发的开展第三方药品物流业务确认文件的第三方药品物流企业）		
	1.2	具有符合《药品经营质量管理规范》要求，与所经营药品相适应的质量管理机构、物流管理机构、药品质量规章制度、专业技术人员、营业场所、设备、仓储设施、卫生环境，按照《药品经营许可证》核准的内容为客户提供优质物流服务		
2 物流配送规模	2.1	年配送总货值 2–10 亿元（含 2 亿元）（省辖市、地级市药品批发企业）；年配送总货值 5000 万元以上（县及县级以下药品批发企业）	年配送总货值 10–30 亿元（含 10 亿元）	年配送总货值 30 亿元以上（含 30 亿元）
	2.2	配送终端客户点 100 家以上	配送终端客户点 500 家以上	配送终端客户点 1000 家以上
	2.3	专门从事中药材（饮片）经营的企业年吞吐量不低于 500 吨。 在库商品数：300–400 个（不含 400 个）	专门从事中药材（饮片）经营的企业年吞吐量不低于 1000 吨。 在库商品数：400–600 个（不含 600 个）	专门从事中药材（饮片）经营的企业年吞吐量不低于 1500 吨。 在库商品数：600 个以上（含 600 个）
3 药品质量管理能力	3.1	运输包装完好率≥ 95%	运输包装完好率≥ 99%	运输包装完好率≥ 99%
	3.2	运输过程信息可追溯率≥ 70%，其中冷藏药品、特殊管理药品信息可追溯率达到 100%	运输过程信息可追溯率≥ 80%，其中冷藏药品、特殊管理药品信息可追溯率达到 100%	运输过程信息可追溯率≥ 90%，其中冷藏药品、特殊管理药品信息可追溯率达到 100%
	3.3	冷藏和专用设备达标率≥ 90%		
	3.4	冷藏药品运输温度控制合格率达 100%		
4 药品安全风险控制能力	4.1	具有药品储存、运输中温度控制以及冷库断电、冷链超时限运输等应急预案		
	4.2	风险预案具有可操作性。企业相关管理人员和作业人员熟悉风险预案操作		
	4.3	每年应缴纳财产保险、运输保险、人身保险		
5 静态物流要素能力	5.1	1、自有或租用仓库 5000 ㎡以上（省辖市、地级市药品批发企业，不包括办公、生活场所面积）。自有或租用 1000 ㎡以上仓库（县级以下药品批发企业，不包括办公、生活场所面积） 2、明确库房的区域功能划分，库区应具有阴凉和常温分区，经营生物制品、疫苗必须具备冷藏库及相应冷链配套设施，其中冷库面积 80 ㎡以上	1、自有、租用或委托现代物流仓库 10000 ㎡以上（不包括办公、生活场所面积） 2、明确库房的区域功能划分，库区应具有阴凉和常温分区，经营生物制品、疫苗必须具备冷藏库及相应冷链配套设施。其中冷库面积 150 ㎡以上	1、自有、租用或委托现代物流仓库 15000 ㎡以上（不包括办公、生活场所面积） 2、明确库房的区域功能划分，库区应具有阴凉和常温分区，经营生物制品、疫苗必须具备冷藏库及相应冷链配套设施。冷库面积 300 ㎡以上
	5.2	1、4 辆以上运营车辆。如租用车辆必须租用有资质的配送企业车辆。 2、配送生物制品、疫苗必须具有 1 辆以上冷藏车	1、15 辆以上运营车辆。如租用车辆必须租用有资质的配送企业车辆。 2、配送生物制品、疫苗必须具有 3 辆以上冷藏车	1、30 辆以上运营车辆。如租用车辆必须租用有资质的配送企业车辆。 2、配送生物制品、疫苗必须具有 4 辆以上冷藏车

大项	细项	A	AA	AAA
	5.3	专门从事中药材（饮片）经营的企业，自有或租用仓库常温库 10000 ㎡以上（不包括办公、生活场所面积）；阴凉库 1000 ㎡以上	专门从事中药材（饮片）经营的企业，自有或租用仓库常温库 15000 ㎡以上（不包括办公、生活场所面积）；阴凉库 2000 ㎡以上	专门从事中药材（饮片）经营的企业，自有或租用仓库常温库 30000 ㎡以上（不包括办公、生活场所面积）；阴凉库 4000 ㎡以上
	5.4	1、具有仓储信息管理系统（WMS） 2、药品仓储自动温湿度监测系统 3、电子订单系统 4、数码拣选系统（DPS）	1、具有现代化仓储信息管理系统（WMS） 2、药品仓储自动温湿度监测系统 3、电子订单系统 4、数码拣选系统（DPS） 5、运输信息管理系统（TMS） 6、仓库控制系统（WCS） 7、客户关系管理系统（CRM）	1、具有现代化仓储信息管理系统（WMS） 2、药品仓储自动温湿度监测系统 3、电子订单系统 4、数码拣选系统（DPS） 5、运输信息管理系统（TMS） 6、仓库控制系统（WCS） 7、客户关系管理系统（CRM） 8、无线射频系统（RFID） 9、货主管理系统（TPL）
	5.5	1、疫苗配送全程温控监测 2、货物跟踪信息系统		
	5.6	具有网上查询或人工查询的货物追踪系统。信息系统覆盖率覆盖经营区域		
	5.7		提高物流中心拣选速度，具有储位优化设计方案	提高物流中心拣选速度，具有储位优化设计方案
	5.8		运用条码技术，实现药品出入库的过程跟踪	运用条码技术，实现药品出入库的过程跟踪
	5.9	大专及以上学历且从业 3 年以上的物流管理人员占物流管理人员总数的 55% 以上，具有物流师以上专业资格认证的物流管理人员占物流管理人员总数的 15% 以上	本科及以上学历且从业 3 年以上的物流管理人员占物流管理人员总数的 40% 以上，具有物流师以上专业资格认证的物流管理人员占物流管理人员总数的 35% 以上	本科及以上学历且从业 3 年以上的物流管理人员占物流管理人员总数的 60% 以上，具有物流师以上专业资格认证的物流管理人员占物流管理人员总数的 50% 以上
	5.10	质量管理人员：具有与经营品种相对应的药学专业技术人员，占物流人员总数比例达 5% 或以上		
	5.11	专业技术人员：具有物流、信息、设备管理专业技术人员		
	5.12	物流员工素质：50% 以上具有中等专业以上学历	物流员工素质：70% 以上具有中等专业以上学历	物流员工素质：80% 以上具有中等专业以上学历
6 物流服务基础能力	6.1	具有负责药品物流质量、运营、财务、客户服务、安全、设备管理等部门或人员，职能健全		
	6.2	5 年内无因违法违规经营药品被行政处罚的行为，无违反 GSP 管理规定被撤销 GSP 证书的情况	1、通过 ISO 质量管理体系认证，具有健全的质量管理制度 2、5 年内无因违法违规经营药品被行政处罚的行为，无违反 GSP 管理规定被撤销 GSP 证书的情况	1、通过 ISO 质量管理体系认证，具有健全的质量管理制度 2、5 年内无因违法违规经营药品被行政处罚的行为，无违反 GSP 管理规定被撤销 GSP 证书的情况
	6.3	具有物流各个作业环节的作业流程、机械设备使用操作手册。 储存配送生物制品、疫苗的企业，应有冷链验证体系、包材标准、温度监控及冷链物流作业流程	具有物流各个作业环节的作业流程、机械设备使用操作手册。 储存配送生物制品、疫苗的企业，应有冷链验证体系、包材标准、温度监控及冷链物流作业流程	具有物流各个作业环节的作业流程、机械设备使用操作手册。 储存配送生物制品、疫苗的企业，应有冷链验证体系、包材标准、温度监控及冷链物流作业流程
	6.4	客户满意度≥ 91% 或客户有效投诉率≤ 0.4%	客户满意度≥ 93% 或客户有效投诉率≤ 0.08%	客户满意度≥ 95% 或客户有效投诉率≤ 0.01%
	6.5	帐货相符率≥ 99.4%	帐货相符率≥ 99.93%	帐货相符率≥ 99.99%
	6.6	货物准时送达率≥ 99.4%	货物准时送达率≥ 99.93%	货物准时送达率≥ 99.99%
	6.7	出库差错率≤ 0.4%	出库差错率≤ 0.08%	出库差错率≤ 0.01%
7 物流规划和创新能力	7.1		企业物流新业务比重不低于 10%	企业物流新业务比重不低于 20%

参考文献

[1]《麻醉药品和精神药品管理条例》中华人民共和国国务院令第 442 号

ICS 03.080
C 00

SB

中华人民共和国国内贸易行业标准

SB/T 10763-2012

零售药店经营服务规范

Specification for retail pharmacy services

中华人民共和国商务部 发布

2012-09-19 发布 2012-12-01 实施

目 次

前 言

本标准依据 GB/T 1.1-2009 给出的规则起草。

本标准由中华人民共和国商务部提出并归口。

本标准起草单位：中国医药商业协会、中国非处方药物协会、中国执业药师协会。

零售药店经营服务规范

1 范围

本标准规范了零售药店人员要求、设施设备条件、经营服务环境和服务标准，制订了零售药店分级管理标准。

本规范适用于中华人民共和国境内的零售药店。

2 规范性引用文件

下列文件对于本文件的应用是必不可少的。凡是注日期的引用文件，仅所注日期的版本适用于本文件。凡是不注日期的引用文件，其最新版本（包括所有的修改单）适用于本文件。

《中华人民共和国药品管理法》 中华人民共和国主席令第 45 号

《中华人民共和国药品管理法实施条例》 中华人民共和国国务院令第 360 号

《药品经营质量管理规范》 原国家药品监督管理局令 2000 年第 20 号

3 术语和定义

3.1 零售药店 retail pharmacy

取得国家有关部门批准开办和经营许可，以向消费者直接销售药品及健康相关产品为主要业务，并为消费者直接提供药学和健康领域专业服务的零售营业场所。按形态可分为零售单体药店门店和零售连锁药店门店。

3.2 药学服务 pharmaceutical care

零售药店为消费者提供的专业化指导性服务，主要包括：为消费者提供安全、有效、经济、合理的药物，提供与药物使用相关的信息，保障药物在使用过程中安全、合理，最终提升药物使用者的生活品质。

3.3 药历 medicine record

执业药师记载的消费者用药状况的文书，即消费者的用药档案。其内容包括消费者的一般资料及家族史、嗜好、过敏史、历次用药时间、药品名称、剂量、疗程、不良反应等，并重点详细地记载消费者的用药经过、药效表现、不良反应等信息。

3.4 执业药师 licensed pharmacist

取得国家《执业药师资格证书》，并经过注册登记、取得《执业药师注册证》的药学和中药学专业技术人员。

3.5 药学技术人员 pharmacy technician

在零售药店内从事与药品销售质量管理和药学服务有关工作并依法取得药学（中药学）专业技术资格、执业资格的人员，包括技术职称系列的（中）药士、（中）药师、主管（中）药师、副主任（中）药师、主任（中）药师；执业资格的执业（中）药师等。

4 总则

4.1 为规范零售药店的经营服务行为，保障消费者用药安全、有效，满足消费者日益增强的自我保健需求，发挥社会零售药店在医疗保障体系中的作用，特制定本规范。

4.2 本规范以零售药店规范经营服务，提供专业用药指导、疾病预防和卫生保健服务为主要内容，是评价零售药店服务质量的基本准则。

4.3 零售药店应遵守《中华人民共和国药品管理法》和经营过程中涉及的各项国家相关法律法规和部门规章。

4.4 零售药店应恪守诚信原则，创新经营模式，打造服务品牌。

5 人员

5.1 职业道德要求

5.1.1 遵守国家法律法规、道德准则和执业职责。

5.1.2 维护消费者的合法权利及健康利益 。

5.1.3 维护职业荣誉和尊严，科学、严谨地为消费者提供安全、有效、经济的药品和药学服务，避免任何对职业产生信任损害的行为和疏忽。

5.1.4 尊重和保护并不应随意泄露所获得的消费者个人信息及隐私。

5.1.5 零售药店不得要求执业药师在任何无法现场执业或判断的情况下工作，执业药师也应拒绝此行为。

5.2 仪容仪表

5.2.1 仪表端庄、仪态大方、精神饱满、举止得体。

5.2.2 佩带统一的标有姓名、职称、执业资格、职务和工号的胸卡，着装整洁统一，与行业服务特性相符。

5.2.3 礼貌待客，尊重不同地区、不同民族、不同国家消费者的风俗和生活习惯。

5.2.4 行为得体、规范，注重细节，杜绝不文明的行为。

5.3 岗位要求

5.3.1 零售药店应每年开展法律法规、职业道德、药学专业知识、服务规范的培训和继续教育。

5.3.2 零售药店应建立各项管理制度、岗位职责、业务操作流程和操作规范。

5.3.3 所有提供药学服务的人员，执业药师应取得国家规定的《执业药师注册证》，其他药学技术职称人员须经省级药品监督管理部门特许可以执行药店药学服务业务的方可上岗。

5.3.4 零售药店应依据从业人员的岗位职责，制定相应的培训大纲和继续教育计划，对从业人员的培训和考核应记录在案并作为晋升的主要依据之一。

5.4 执业药师职责

5.4.1 遵守职业道德，忠于职守，以对药品质量负责、保证消费者用药安全有效为基本准则。

5.4.2 具备沟通、辅导他人的职业能力并参与药店员工药学教育、培训及辅导工作。

5.4.3 掌握零售药店中常见疾病的对症荐药、用药咨询，掌握合理用药指导、健康信息传播、消费者教育和慢性病管理的知识和技能。

5.4.4 负责处方的审核、核对、发药及调配监督，提供用药咨询与信息服务，指导合理用药。负责药物不良反应的记录、上报工作及处方管理工作。

5.4.5 负责药品质量的监督和管理，参与制定、实施药品全面质量管理工作，对违反《药品管理法》及有关法规的行为或决定有责任提出劝告、制止、拒绝执行，并按规定报告。

5.4.6 负责制定和审核售药标签、药历和药品相关资料，做好消费者随访和信息反馈分析工作。

5.4.7 积极参与基层卫生健康服务，为消费者提供良好的药学服务和卫生保健服务。

5.4.8 每年定期参加专业知识和业务技能的培训，完善知识结构，持续提高专业水平和执业能力，满足对消费者用药指导及卫生保健服务的需要。

5.5 其他人员职责

5.5.1 按照零售药店服务管理规程，做好消费者接待工作。

5.5.2 在执业药师指导下，为消费者提供适当的药学服务，辅助做好药品销售工作。

5.5.3 做好分管区域商品的上架、下架、清洁、效期管理、缺货登记、盘点等工作。

5.5.4 收银员在结算时应唱收唱付，付货时核对票货数量，掌握支票、各类信用卡的结算方法，开具购物凭证、发票时应如实规范填写。

6 设施设备与经营服务环境

6.1 设施设备

6.1.1 零售药店应有与经营药品规模相匹配的营业场所、提供专业咨询服务的区域和符合药品贮藏要求的区域。

6.1.2 零售药店的营业场所、仓库、办公、生活等区域应分开，营业用货架、柜台齐备，店内指示性标志和警示语规范醒目。

6.1.3 零售药店的营业场所应保持整洁、卫生，应有提供员工洗手和消毒的设施用具。

6.1.4 零售药店应建立信息管理系统，能够记录药品经营的全过程，做到过程可追溯；具备符合政府规定的完善的基本药物信息管理系统。

6.1.5 零售连锁门店与其总部计算机信息管理系统互联互通。

6.1.6 零售药店应建立消费者用药信息系统及档案，有条件的零售药店应建立慢性病消费者的药历档案信息系统。

6.2 经营服务环境

6.2.1 营业场所

6.2.1.1 营业场所店面整洁、牌匾醒目；营业场所外应悬挂代表药品零售行业标识的“绿十字”灯箱。

6.2.1.2 营业区域统一布局，组合紧凑，装饰环保，色彩搭配协调，环境宜人。

6.2.1.3 营业场所内醒目位置设置药学技术人员岗位监督公示牌（包含半身免冠照片、姓名、岗位、专业技术职称和执业资格等内容）。

6.2.1.4 营业场所内服务公约、便民措施等张挂齐全，内容准确，用字规范。零售药店应履行服务承诺，设立消费者意见簿、缺药登记簿以及政府监督电话和零售药店投诉电话。

6.2.1.5 营业场所灯光明亮，设置应急照明设备并定期检查维护。

6.2.1.6 禁止在商业经营中使用高音喇叭，或者采用其他发出高噪声的方法招揽消费者。

6.2.1.7 营业环境应符合相应的卫生标准，各种设备、设施保持清洁。

6.2.1.8 营业场所保持空气新鲜，温、湿度适宜。

6.2.1.9 营业场所不乱堆乱放物品，不乱张贴广告、标语；及时清除过期广告，保持广告的时效性；霓虹灯、灯箱、电子显示牌等固定广告设施定时保洁维修，保持功能完好。

6.2.2 商品陈列

6.2.2.1 商品陈列应符合药品质量管理和分类管理的相关法规。

6.2.2.2 商品陈列应科学规范，美观醒目，搭配有序。

6.2.2.3 商品陈列实行一货一签，明码标价，货签对位。

6.2.2.4 陈列商品类别标识正确清晰，特殊商品应标有警示用语。

6.2.2.5 商品陈列设施应符合安全标准并定期维护，商品陈列应稳固、便利。

7 服务标准

7.1 服务要求

7.1.1 零售药店应建立以消费者为中心的服务理念，为消费者提供合法、规范和优质的专业化药学服务。在营业期间应配备有咨询能力的药学技术人员值班，保证消费者咨询活动能够以合理合法的形式进行。

7.1.2　药学技术人员在接待消费者的过程中要以诚相待，与消费者建立信赖关系，耐心倾听消费者提出的问题，充分了解消费者需求，详细询问和解答消费者用药疑虑，细致分析，防止用药意外发生。

7.1.3　药学技术人员应自觉学习药学相关的新知识、新技能，熟练应用药学服务的基础专业知识为消费者当好药品咨询的参谋，指导消费者合理使用药品。

7.1.4　零售药店应开展慢性病消费者的用药跟踪，建立消费者药历，指导消费者合理用药并提供后续服务，做好提升消费者健康生活的指导工作。

7.1.5　零售药店在销售宣传时应符合相关法律法规，正确介绍药品的治疗作用及预期效果，禁止夸大宣传、强行推荐、诱导消费等药品促销行为。

7.1.6　因商品质量问题导致消费者退回的药品，应做好销后退回记录，并进行质量查询和处理。

7.1.7　位于外国人居住或活动集中区域的零售药店应具有外语服务能力。

7.1.8　提倡零售药店设置夜间服务窗口，实现 24 小时药品供应，以满足广大消费者的需求。

7.1.9　零售药店应积极开展社区服务，举办形式多样的健康讲座与安全用药教育活动，帮助居民整理家庭药箱、处理过期药品等公益活动。

7.2　售后服务

7.2.1　零售药店应严格遵照《中华人民共和国消费者权益保护法》等法律法规和《药品经营质量管理规范》规定解决退换货、服务质量问题。

7.2.2　零售药店出售需安装、调试的医疗器械商品时，应有满足顾客需求的服务措施，并定期收集消费者对商品使用情况的反馈意见。

7.2.3　零售药店应设置专职部门或人员在授权范围内接待受理消费者投诉。接待消费者投诉时耐心热诚，做好记录，迅速调查核实并及时给予答复。

7.2.4　零售药店应设置专用咨询电话提供专业化的电话用药咨询，为消费者解决药品售后使用中出现的问题。

7.2.5　零售药店应为消费者提供售后药品使用跟踪服务，适时提示消费者在药品使用过程中应注意的相关事项。

8　零售药店分级管理

8.1　零售药店实行分级管理，用 A 级表示，由高到低分为：AAA 级、AA 级、A 级，依照《零售药店分级标准》（附录 A）进行评定。

8.2　零售药店分级评定工作在商务部指导下开展，具体实施办法另行规定。

附录 A

规范性附录

零售药店分级标准

内容	A 级药店	AA 级药店	AAA 级药店
1 基础要求	1.1 开办经营一年以上	1.1 开办经营一年以上	1.1 开办经营一年以上
		1.2 营业面积不少于 80 平方米	1.2 营业面积不少于 100 平方米
	1.2 营业场所外醒目位置应悬挂“绿十字”灯箱（见附录 A.1：“绿十字”标志图案）	1.3 营业场所外醒目位置应悬挂“绿十字”灯箱（见附录 A.1：“绿十字”标志图案）	1.3 营业场所外醒目位置应悬挂“绿十字”灯箱（见附录 A.1：“绿十字”标志图案）
	1.3 指示性标志和警示语规范醒目	1.4 指示性标志和警示语规范醒目	1.4 指示性标志和警示语规范醒目
	1.4 提供员工洗手和消毒的设施用具	1.5 提供员工洗手和消毒的设施用具	1.5 提供员工洗手和消毒的设施用具
	1.5 设置执业药师（药师）岗位监督公示牌	1.6 设置执业药师（药师）岗位监督公示牌	1.6 设置执业药师（药师）岗位监督公示牌
	1.6 设置应急照明设备并定期检查维护	1.7 设置应急照明设备并定期检查维护	1.7 设置应急照明设备并定期检查维护
	1.7 进销存实现电子化信息管理，做到过程可追溯	1.8 进销存实现电子化信息管理，做到过程可追溯	1.8 进销存实现电子化信息管理，做到过程可追溯，并建有电子化客户服务系统（CRM）

内容	A 级药店	AA 级药店	AAA 级药店
2 药品供应能力	2.1 经营药品品规数量不少于 800 个。配备国家基本药物品种（政策法规规定零售药店不能经营的药品除外），及常见病、慢性病药品	2.1 经营药品品规数量不少于 1500 个。配备国家基本药物品种（政策法规规定零售药店不能经营的药品除外），具备保障基本医疗保险药物的供应能力	2.1 经营药品品规数量不少于 3000 个。配备国家基本药物品种（政策法规规定零售药店不能经营的药品除外），具备保障基本医疗保险药物的供应能力
	2.2 可根据消费者的需求设置夜间服务窗口	2.2 设置夜间服务窗口，以满足广大消费者的需求	2.2 设置夜间服务窗口，保证 24 小时药品供应，以满足广大消费者的需求。为周边社区居民提供药品订购、送货上门服务
	2.3 药品品种覆盖至少 40 种常见疾病（见附录 A.2）	2.3 药品品种覆盖至少 60 种常见疾病（见附录 A.2）	2.3 药品品种覆盖至少 80 种常见疾病（见附录 A.2）

内容		A 级药店	AA 级药店	AAA 级药店
3 人员配备与培训	3.1 零售药店质量负责人的条件	质量负责人应为执业药师（含执业中药师）	质量负责人应为执业药师（含执业中药师），且具有 3 年以上药品经营工作经历	质量负责人应为执业药师（含执业中药师），且具有 5 年以上药品经营工作经历
	3.2 药学技术人员的数量	门店营业员必须经过药学相关培训并取得上岗资格证书。药店药学技术人员数量不应少于药店从业人数的 20%	门店营业员必须经过药学相关培训并取得上岗资格证书。药店药学技术人员数量不应少于药店从业人数的 40%。经营中药饮片的，其中 1 人应为中药专业相应资格或者职称的人员	门店营业员必须经过药学相关培训并取得上岗资格证书。药店药学技术人员数量不应少于药店从业人数的 60%。经营中药饮片的，1 人应为中药师，开展处方调剂和药学服务
	3.3 持续的专业发展与培训要求	药学技术人员参加各种教育培训每年不应少于 30 课时	执业药师应每年参加继续教育并获得规定学分，其他药学技术人员参加各种教育培训每年不应少于 60 课时	执业药师应每年参加继续教育并获得规定学分，其他药学技术人员参加各种教育培训每年不应少于 90 课时
4 药学服务能力	4.1 药学服务设施要求	4.1.1 设置药学服务标识	4.1.1 设置药学服务区域	4.1.1 设置相对独立的药学服务区域。设置消费者临时休息的区域和设施
			4.1.2 根据需要配备相关医药学参考书和工具书等图书资讯，为药学技术人员和消费者提供参考	4.1.2 配备相关医药学参考书和工具书等图书资讯，为药学技术人员和消费者提供参考
			4.1.3 根据需要可设药学服务宣传栏，开展疾病预防和用药安全的宣传工作。宣传栏可采用固定或移动方式（如悬吊 KT 板、展板、易拉宝、海报形式等）	4.1.3 应设药学服务宣传栏，开展疾病预防和用药安全的宣传工作。宣传栏可采用固定或移动方式（如悬吊 KT 板、展板、易拉宝、海报形式等）
		4.1.2 配备完好的、清洁卫生的药品调剂工具、拆零包装用品等	4.1.4 配备完好的、清洁卫生的药品调剂工具、拆零包装用品等	4.1.4 配备完好的、清洁卫生的药品调剂工具、拆零包装用品等
		4.1.3 根据需要配置中药处方调配和饮片炮制的工具和设备。配备电动煎药设备，提供代煎服务	4.1.5 根据需要配置中药处方调配和饮片炮制的工具和设备。配备电动煎药设备，提供代煎服务	4.1.5 配置中药处方调配和饮片炮制的工具和设备。配备电动煎药设备，提供代煎服务
		4.1.4 配备体温计、血压计、体重计、放大镜，皮尺、临时服药饮水服务等设施，方便消费者使用	4.1.6 配备体温计、血压计、体重计、放大镜，皮尺、临时服药饮水等服务设施，方便消费者使用	4.1.6 配备体温计、血压计、血糖仪、体重计、放大镜、老花镜、皮尺和临时服药饮水等服务设施，还应备有酒精、碘伏、纱布、镊子、创可贴、天平等物品，方便消费者使用

内容		A 级药店	AA 级药店	AAA 级药店
	4.2 药学技术人员的胜任能力	4.2.1 所有的药学技术人员至少应掌握零售药店 40 种常见病症（见附录 A.2）的用药指导和健康信息传播的执业能力	4.2.1 所有的药学技术人员至少应掌握零售药店 60 种常见病症（见附录 A.2）的用药指导和健康信息传播的执业能力	4.2.1 所有的药学技术人员至少应掌握零售药店 80 种常见病症（见附录 A.2）的用药指导和健康信息传播的执业能力
		4.2.2 药学技术人员应具备中西药咨询、特殊人群用药咨询、慢性病用药咨询、健康生活方式咨询的技能，具备与消费者沟通和解决问题的能力	4.2.2 药学技术人员应具备中西药咨询、特殊人群用药咨询、慢性病用药咨询、健康生活方式咨询、药品说明书和检验报告咨询的技能，具备与消费者沟通和解决问题的能力	4.2.2 药学技术人员应具备中西药咨询、特殊人群用药咨询、慢性病用药咨询、健康生活方式咨询、药品说明书和检验报告咨询的技能，具备与消费者沟通和解决问题的能力
		4.2.3 执业药师（或药师）调剂处方时，应认真审核处方，并给予消费者正确的用药指导	4.2.3 执业药师（或药师）调剂处方时，应认真审核处方，并给予消费者正确的用药指导	4.2.3 执业药师（或药师）调剂处方时，应认真审核处方，并给予消费者正确的用药指导
		4.2.4 应建立员工培训档案，内容包括本年度培训计划、培训记录、培训教材、参加人员、试卷	4.2.4 应建立员工培训档案，内容包括本年度培训计划、培训记录、培训教材、参加人员、试卷	4.2.4 应建立员工培训档案，内容包括本年度培训计划、培训记录、培训教材、参加人员、试卷
	4.3 药学服务的工作范围	4.3.1 药学技术人员应主动向消费者传播自我药疗及保健知识，积极参与疾病预防管理，促进消费者身心健康	4.3.1 药学技术人员应主动向消费者传播自我药疗及保健知识，积极参与疾病预防管理，促进消费者身心健康	4.3.1 药学技术人员应主动向消费者传播自我药疗及保健知识，积极参与疾病预防管理，促进消费者身心健康
			4.3.2 根据需要为消费者提供疾病科普知识、健康常识、用药常识、疾病预防等方面的宣传教育活动，开展疾病日的宣传活动	4.3.2 应为消费者提供疾病科普知识、健康常识、用药常识、疾病预防等方面的宣传教育活动，开展疾病日的宣传教育活动
		4.3.2 为消费者提供用药咨询和测量血压等服务，做好相关记录	4.3.3 为消费者提供用药咨询和测量血压等服务，做好相关记录	4.3.3 为消费者提供用药咨询和测量血压等服务，做好相关记录
		4.3.3 指导消费者正确使用血压、血糖等测量仪器	4.3.4 指导消费者正确使用血压、血糖等测量仪器	4.3.4 指导消费者正确使用血压、血糖等测量仪器。对测量结果给予相应的指导建议
			4.3.5 开展社区疾病预防和健康教育活动。向消费者发放由政府、合法的学术或行业团体编写的自我药疗和自我保健等健康科普资讯，资讯内容要符合国家有关规定	4.3.5 开展社区公益性讲座、疾病预防和健康教育活动。向消费者发放由政府、合法的学术或行业团体编写的自我药疗和自我保健等健康科普资讯，资讯内容要符合国家有关规定
		4.3.4 药学技术人员根据药品说明书，结合消费者的实际情况提出药物的使用建议	4.3.6 药学技术人员根据药品说明书，结合消费者的实际情况提出药物的使用建议	4.3.6 药学技术人员根据药品说明书，结合消费者的实际情况提出药物的使用建议
		4.3.5 提供所经营的国家基本药物目录和基本医疗保险药物目录品种的专业用药指导	4.3.7 提供所经营的国家基本药物目录和基本医疗保险药物目录品种的专业用药指导	4.3.7 提供所经营的国家基本药物目录和基本医疗保险药物目录品种的专业用药指导
			4.3.8 向消费者传播健康生活方式理念和方法	4.3.8 向消费者传播健康生活方式理念和方法
		4.3.6 建立有效的消费者药历	4.3.9 建立有效的消费者药历，做好慢性病消费者的用药指导	4.3.9 建立有效的消费者药历，做好慢性病消费者的用药指导、跟踪服务和电话回访
		4.3.7 建立药品不良反应登记和报告制度，积极收集消费者用药情况信息，对于消费者使用药品过程中出现的不良反应应及时规范记录和上报相关部门	4.3.10 建立药品不良反应登记和报告制度，积极收集消费者用药情况信息，对于消费者使用药品过程中出现的不良反应应及时规范记录和上报相关部门	4.3.10 建立药品不良反应登记和报告制度，积极收集消费者用药情况信息，对于消费者使用药品过程中出现的不良反应应及时规范记录和上报相关部门
		4.3.8 设有和公布咨询、投诉电话，对消费者意见或问题及时处理，并做好记录	4.3.11 设有和公布咨询、投诉电话，对消费者意见或问题及时处理，并做好记录	4.3.11 设有和公布咨询、投诉电话，对消费者意见或问题及时处理，并做好记录

A.1 “绿十字”标志图案

标志图案（悬挂灯箱）
100mm
122mm
85mm
122mm
100mm
45mm
122mm
85mm
122mm
156mm
550mm
530mm
全国药品零售企业统一标志

A.2 零售药店常见病症目录

一、常见病症Ⅰ（化学非处方药）

（一）内科疾病

1. 感冒
2. 流行性感冒
3. 发热
4. 咳嗽、咯痰
5. 失眠
6. 神经衰弱
7. 晕动病
8. 疼痛
9. 头痛
10. 消化不良
11. 胃酸过多症
12. 腹胀（肠胀气）
13. 腹泻（轻度）
14. 便秘
15. 过敏性疾病
16. 缺铁性贫血
17. 蛔虫与蛲虫病
18. 维生素与矿物质缺乏

（二）外科疾病

19. 扭伤
20. 关节扭伤
21. 擦伤
22. 轻度烧、烫伤（Ⅰ度、浅Ⅱ度）

（三）妇科疾病

23. 念珠菌性阴道炎
24. 滴虫性阴道炎
25. 痛经

（四）眼科疾病

26. 结膜炎
27. 沙眼
28. 睑腺炎（麦粒肿）
29. 结膜干燥症
30. 睑缘炎

（五）口腔科疾病

31. 牙龈炎
32. 牙周炎
33. 口腔溃疡
34. 慢性咽炎

（六）耳鼻喉科疾病

35. 外耳道疖肿
36. 慢性鼻炎
37. 过敏性鼻炎

（七）皮科常见病

38. 荨麻疹
39. 脓胞疮
40. 痤疮
41. 疖与疖病
42. 酒渣鼻
43. 冻疮
44. 疥疮
45. 痱子
46. 手癣、足癣
47. 体癣、股癣
48. 湿疹
49. 老年性瘙痒症
50. 神经性皮炎
51. 脂溢性皮炎

二、常见病症Ⅱ（中成药非处方药）

（一）内科疾病

52. 感冒
53. 咳嗽
54. 中暑
55. 伤食
56. 胃胀类
57. 胃脘痛
58. 泄泻
59. 便秘
60. 头痛
61. 眩晕
62. 不寐
63. 郁病
64. 实火证
65. 痹病
66. 虚证

（二）外科疾病

67. 疖
68. 痔

（三）妇科疾病

69. 月经不调
70. 痛经
71. 月经前后诸证（经前期紧张综合征）

72. 绝经前后诸证（围绝经期综合征）
73. 带下病
74. 产后缺乳

（四）儿科疾病

75. 感冒
76. 咳嗽
77. 厌食
78. 积滞
79. 泄泻
80. 遗尿

（五）骨伤科疾病

81. 软组织扭挫伤
82. 颈肩痛、腰腿痛
83. 骨质疏松症

（六）耳鼻喉科疾病

84. 耳鸣耳聋
85. 鼻窒
86. 鼻鼽
87. 鼻渊
88. 喉痹

（七）皮科疾病

89. 癣类
90. 湿疹
91. 风瘙痒
92. 黄褐斑
93. 粉刺
94. 痱子
95. 荨麻疹
96. 手足皲裂
97. 尿布皮炎

三、常见病症Ⅲ（处方药）

98. 冠心病
99. 高血压
100. 高脂血症
101. 糖尿病
102. 支气管哮喘
103. 胃及十二指肠溃疡
104. 更年期综合症
105. 泌尿系感染
106. 骨质疏松症
107. 抑郁症
108. 癫痫
109. 老年性痴呆
110. 肝炎
111. 前列腺增生
112. 甲亢
113. 甲状腺功能低下

参考文献

[1]《药品流通监督管理办法》国家食品药品监督管理局令 2007 年第 26 号
[2]《药品经营许可证管理办法》国家食品药品监督管理局令 2004 年第 6 号
[3]《处方管理办法》中华人民共和国卫生部令 2007 年第 53 号
[4]《处方药与非处方药分类管理办法》原国家药品监督管理局令 1999 年第 10 号
[5]《药品不良反应报告和监测管理办法》国家食品药品监督管理局令 2004 年第 7 号
[6]《中华人民共和国消费者权益保护法》中华人民共和国主席令第 11 号
[7]《执业药师注册管理暂行办法》原国家药品监督管理局国药管人〔2000〕156 号

ICS 03.080
C 00

SB

中华人民共和国国内贸易行业标准
SB/T 10764-2012

药品流通企业诚信经营准则

Criterion on honest operation of pharmaceutical distribution enterprises

中华人民共和国商务部 发布

2012-09-19 发布 2012-12-01 实施

目 次

前 言

本准则依据 GB/T 1.1-2009 给出的规则起草。

本准则由中华人民共和国商务部提出并归口。

本准则起草单位：中国医药商业协会、北京医药股份有限公司、国药控股股份有限公司、哈药集团医药有限公司、天津医药集团太平医药有限公司、中国永裕新兴医药有限公司、老百姓大药房连锁股份有限公司。

药品流通企业诚信经营准则

1 范围

本准则规定了药品流通企业诚信经营的基本要求、主要内容、管理与社会监督等方面的内容。

本准则适用于在中华人民共和国境内的药品流通企业。

2 规范性引用文件

下列文件对于本文件的应用是必不可少的。凡是注日期的引用文件，仅所注日期的版本适用于本文件。凡是不注日期的引用文件，其最新版本（包括所有的修改本）适用于本文件。

《中华人民共和国药品管理法》 中华人民共和国主席令第 45 号

《药品经营质量管理规范》 原国家药品监督管理局令 2000 年第 20 号

3 术语和定义

《中华人民共和国药品管理法》规定的术语和定义适用于本准则。

3.1 药品流通企业 pharmaceutical distribution enterprise

具有《药品经营许可证》、《药品经营质量管理规范认证证书》、《企业法人营业执照》（《营业执照》），将购进的药品、医疗器械等医药商品销售给合法的药品生产企业、药品经营企业、医疗机构以及消费者的药品经营企业的总称；包括药品批发企业、药品零售企业（含药品零售连锁企业和药品零售单体企业），也包括具有《互联网药品交易服务机构资格证书》的互联网药品交易服务机构。

4 基本要求

4.1 遵循国家有关法律、法规的规定，做到合法合规经营。

4.2 树立社会主义核心价值观，坚持以人为本，恪守职业道德。

4.3 建立诚信经营监督机制，建设信用文化，推进全行业的信用评价体系建设。

4.4 积极参加由政府部门组织的诚信经营创建活动。

5 主要内容

5.1 依法经营

5.1.1 遵循国家有关工商管理、药品管理、产品质量、合同、广告、反不正当竞争、消费者权益保护等方面的法律、法规及强制准则的规定应严格依法照章纳税，杜绝做假账行为。

5.2 诚实守信

5.2.1 建立完善的药品质量管理体系，确保经营药品的质量，杜绝经营假冒伪劣商品。按照有关规定，配合政府监管部门和供应商对质量有问题的药品实行召回。

5.2.2 严格执行药品价格政策，明码标价，货真价实，质价相符，计量准确，杜绝各种形式的价格欺诈行为。

5.2.3 严格按照合同规定行使权利、履行义务，严守商业信用，树立诚实守信的良好形象。

5.2.4 应维护市场公平竞争秩序和竞争规则，反对采用不正当手段进行恶性竞争。在营销活动中不应诋毁其他企业声誉，不应使用账外暗中回扣、恶性压价或合同外让利等非法促销手段，杜绝医药商业贿赂行为。

5.2.5 尊重他人知识产权，培育和维护自主知识产权，杜绝侵权事件的发生。

5.3 健全制度

5.3.1 制定完整的购销管理、质量管理、物流管理、合同管理、财务管理、信用管理、人力资源、安全生产、品牌管理、危机管理等制度、规范和相应的操作流程，保证各个工作环节有序、高效运行。

5.3.2 执行药品流通行业相关规范准则，严格按照有关规定购进、销售特殊管理药品、抗菌药、含特殊药品复方制剂、含兴奋剂类等药品，实施处方药与非处方药分类管理，并制定药品冷链管理准则，对于冷链药品储存与运输的物流全过程进行严格的温度标准控制。

5.3.3 建立企业诚信经营管理制度与机制，并做到监督保障措施完善，职责明确，奖惩分明。

5.3.4 加强企业信用风险的评估与控制，做好公共关系管理、危机预警与处理工作。

5.4 规范服务

5.4.1 坚持“信誉第一、顾客至上”的服务宗旨，树立“以客为尊、服务至诚”的服务理念，为客户和消费者提供优质服务。

5.4.2 制定覆盖售前、售中和售后全过程的服务准则和服务流程，严格践行服务承诺，对服务流程进行管理和控制，收集客户信息，定期回访客户，自觉维护客户与消费者的合法权益。

5.4.3 正确介绍所经营商品的功效，做到广告信息合法、真实、准确，不作夸大宣传，不误导和欺诈消费者，杜绝虚假广告。

5.4.4 零售药店应强化处方审核制度，积极开展药学服务和用药咨询，指导消费者合理用药、安全用药。

5.5 履行责任

5.5.1 认真履行“企业是药品安全第一责任人”责任，采取措施切实保障经营药品质量和消费者用药安全。

5.5.2 认真履行经济责任，按照规定向国家上缴利税。

5.5.3 认真履行政府赋予企业的责任，承担突发事件和公共卫生事件应急供应任务，发挥药品流通行业的优势和作用，救死扶伤，保障供应。

5.5.4 认真履行社会公益责任，积极向社会提供公益健康教育，引导消费者合理、安全、经济用药；热心公益事业，扶危济困，救助弱势群体。

5.5.5 认真履行员工责任，严格执行劳动合同、劳动保障法律法规，善待员工，建立和谐劳动关系，保障企业员工的合法权益。重视员工职业教育，不断提高员工的专业知识和服务技能水平，为员工提供职业发展机会。

5.5.6 认真履行环境保护责任，杜绝环境污染，发展绿色、低碳经济，建设环境保护型、资源节约型企业。

5.5.7 严格遵守安全管理法律法规，消除各类安全隐患，确保消费者和劳动者人身、财产安全。

6 管理与社会监督

6.1 诚信经营的管理

6.1.1 高度重视企业诚信经营的管理，确定领导分管负责，设立企业信用管理部门和管理人员，定期检查和考核。

6.1.2 建立企业信用档案，做到真实、准确、可追溯，并规定诚信记录的标识、存放、保护、检索、留存和处置。

6.1.3 经常组织诚信经营方面的自律教育，树立良好职业道德，开展诚信经营企业、部门（班组）、药店创建活动，并建立内部自查改进机制。

6.1.4 将诚信经营内容纳入企业年度工作报告或社会责任报告，公布企业坚守诚信经营原则、履行社会责任现状、规划与措施，主动接受员工与社会的监督。

6.1.5 建立和完善企业信用评价体系，通过信用评价、服务评级及交易纠纷等方面的综合指标，评价企业的信誉和客户的满意程度。

6.1.6 执行行规行约，积极参加行业协会组织的信用培训、行业信用评价等信用体系建设工作。

6.2 诚信经营的社会监督

6.2.1 公开服务公约、服务项目和举报投诉电话，自觉接受政府、社会和舆论监督，认真对待公众投诉，做到及时处理与反馈。

6.2.2 积极参与整顿和规范市场经济秩序专项行动，配合有关部门依法打击制售假冒伪劣商品和商业欺诈等违法行为，为客户与消费者维权提供便利和支持。

6.2.3 上市企业应按照国家有关法律、法规的规定，定期向社会真实披露其应当披露的企业相关信息。

参考文献

[1]《中华人民共和国产品质量法》中华人民共和国主席令第 33 号

[2]《中华人民共和国价格法》中华人民共和国主席令第 92 号

[3]《中华人民共和国合同法》中华人民共和国主席令第 15 号

[4]《中华人民共和国广告法》中华人民共和国主席令第 34 号

[5]《中华人民共和国反不正当竞争法》中华人民共和国主席令第 10 号

[6]《中华人民共和国消费者权益保护法》中华人民共和国主席令第 11 号

[7]《中华人民共和国税法》国家税务总局编辑、出版

[8]《中华人民共和国劳动合同法》中华人民共和国主席令第 65 号

[9]《中华人民共和国社会保险法》中华人民共和国主席令第 35 号

[10]《麻醉药品和精神药品管理条例》中华人民共和国国务院令第 442 号

[11]《药品流通监督管理办法》国家食品药品监督管理局令第 26 号

[12]《处方药与非处方药分类管理办法（试行）》原国家药品监督管理局令第 10 号

[13]《药品广告审查发布准则》国家工商行政管理总局、国家食品药品监督管理局令第 27 号

ICS 03.080

C 00

SB

中华人民共和国国内贸易行业标准

SB/T 10765-2012

药品流通行业职业经理人标准

Standard for professional managers of pharmaceutical distribution industry

中华人民共和国商务部 发布

2012-09-19 发布　　2012-12-01 实施

目 次

前 言

本标准依据 GB/T 1.1-2009 给出的规则起草。

本标准由中华人民共和国商务部提出。

本标准由全国职业经理人考试测评标准化技术委员会（SAC/TC502）归口。

本标准起草单位：中国医药商业协会、职业经理研究中心。

药品流通行业职业经理人标准

1 范围

本标准规定了药品流通行业职业经理人的资质要求、申请条件和评价办法。

本标准适用于药品流通行业职业经理人考试评价和培训等相关工作。

2 规范性引用文件

下列文件对于本文件的应用是必不可少的。凡是注日期的引用文件，仅所注日期的版本适用于本文件。凡是不注日期的引用文件，其最新版本（包括所有的修改单）适用于本文件。

GB/T 26998-2011 职业经理人考试测评

GB/T 26999-2011 职业经理人相关术语

3 术语和定义

GB/T 26999-2011 中界定的以及下列术语和定义适用于本文件。

3.1 职业经理人 professional managers

受雇于药品流通企业，担任管理职务，承担相应的义务和责任，从事企业经营管理活动，以此为职业的人才。包括企业职能部门经理、药店经理等。

3.2 高级职业经理人 senior professional managers

受雇于药品流通企业，担任高层领导和管理职务，承担相应的义务和责任，从事企业经营管理活动，以此为职业的人才。包括企业总经理、副总经理等。

4 职业素质

4.1 职业道德

4.1.1 恪守诚信

在职业活动中要诚信对待消费者的用药安全，严格遵守行业的职业道德规范，言行一致。

4.1.2 公正履职

在职业活动中秉承公开、公平、正直的原则，履行岗位职责。

4.1.3 社会责任

在职业活动中具有高度的质量意识和责任意识，履行社会责任。

4.1.4 竞业避止

在职业活动中保守所服务组织和曾经服务过的组织的商业秘密，并尊重其知识产权；依据订立的合约回避同业竞争。

4.2 职业素养

4.2.1 合规经营

在经营管理活动中，遵守法律法规、药品经营管理的规章制度及公司章程，自律守节。

4.2.2 协作共赢

主动合作，互惠互利，实现双方或多方的共同受益。

4.2.3 直面挑战

面对困难，采取积极方式争取成功。

4.2.4 国际视野

具有全球视野，思考问题联系国际同业，吸收国外先进的理论和经验。

5 能力要求

5.1 通用能力

5.1.1 团队领导能力

率领和引导团队成员完成任务，实现发展目标的能力。

5.1.2 沟通协调能力

与他人或组织进行信息传递和交流，使各方达成一致的能力。

5.1.3 经营决策能力

在经营管理活动中，进行分析、比较、综合和优化选择的能力。

5.1.4 风险管控能力

预测企业遭受损失、伤害及面临不利因素，制定预案，以最低成本达到预定目标的能力。

5.1.5 变革创新能力

捕捉新事物，提出新设想，形成新方案，取得新成效的能力。

5.1.6 目标执行能力

按照岗位责任和计划，采取措施，完成预定目标的实施能力。

5.2 高级药品流通职业经理人专业能力

5.2.1 资本营运能力

对企业投资、融资和并购重组等活动进行决策并组织实施的能力。

5.2.2 物流信息化管理能力

应用发达的现代信息技术，结合先进的物流工具和设备，对药品流通各环节进行信息化管理，以低成本、高效率把最终产品送到消费者手中的能力。

5.2.3 知识管理能力

对企业的知识资源进行开发、应用和创新，使之转化为生产力的能力。

5.3 药品流通职业经理人专业能力

5.3.1 质量管理能力

具有强烈的全面药品质量管理意识，保证药品安全、有效、质量可控的能力。

5.3.2 仓储管理能力

通过对仓库及其库存物品的管理，以低成本提供令客户满意服务的能力。

5.3.3 市场营销能力

创造、沟通与传送价值给客户，经营客户关系使企业及其利益关系人受益的能力。

6 职业知识

6.1 高级药品流通职业经理人职业知识要求

6.1.1 战略管理

包括但不限于以下内容：企业战略管理原理、战略管理的特点、企业战略管理的分析方法、主要竞争战略类型分析、企业发展战略的制定、企业职能战略的配套种类、企业发展战略的实施与调控、企业发展战略的实施、缔造一流执行力文化。

6.1.2 物流管理

应掌握产品的运输、配送、仓储等相关物流信息等知识；熟悉现代物流信息技术和设施设备、先进的物流服务模式及流程。

6.1.3 法律法规及相关政策

应熟悉公司法、合同法等法律法规；熟悉药事管理相关法律法规，包括《中华人民共和国药品管理法》及其《实施细则》、《药品经营质量管理规范》等；熟悉药品流通行业相关管理规范，深入理解和掌握国家有关药品流通政策的内涵。

6.1.4 人力资源管理

包括但不限于以下内容：人力资源管理的基本原理和概念、人力资源供需预测与分析、编制人力资源规划、人力资源管理制度、人才培训、绩效考核、员工职业发展、人才流动、人才潜能挖掘、人才配置优化。

6.2 药品流通职业经理人职业知识要求

6.2.1 管理学

应掌握管理学的基本原理和知识；熟悉计划、组织、协调、控制等方法和手段；熟悉药品流通企业及其经营管理的特点和规律。

6.2.2 财务管理

包括但不限于以下内容：国家金融财税政策、公司财务规章制度、财务指标及其意义、财务分析工具、财务状况和运营成果、财务风险、会计实务操作流程、各类财务指标、账务处理。

6.2.3 客户关系管理

包括但不限于以下内容：以客户为中心的理念、全员优质客户服务意识，营销服务业务流程、潜在客户管理、客户关系管理软件功能（CRM 软件）、优质客户服务的技巧、如何处理客户的抱怨和投诉、客户服务沟通技巧等。

6.2.4 药品知识

应熟悉常见药品及医疗器械的名称、类别、功效、运输、使用、保管等多方面知识；熟悉药事管理相关法律法规；熟悉药品流通行业相关管理规范，深入理解和掌握国家有关药品流通政策的内涵。

7 申请条件

7.1 高级药品流通职业经理人

符合下列条件之一，可申请高级药品流通职业经理人资质：

7.1.1 取得大学本科及以上学历，担任企业高层副职以上职务 3 年以上，且任职期间工作业绩良好。

7.1.2 取得大学本科及以上学历，担任企业中层管理职务 5 年以上，且任职期间工作业绩显著。

7.1.3 担任企业高级管理职务，业绩突出，获得企业认可。

7.2 药品流通职业经理人

符合下列条件之一，可申请药品流通职业经理人资质：

7.2.1 取得大学专科相关专业及以上学历，担任药品流通企业职能部门经理或药店经理职务 1 年以上，且任职期间工作业绩良好。

7.2.2 取得大学专科相关专业及以上学历，在药品流通企业从事管理工作，业绩显著，获得企业认可的优秀人才。

8 评价办法

8.1 资质评价采取全国统一命题、统一考试方式，每年两次。

8.2 高级职业经理人评价采用笔试、心理素质测评、面试和业绩评价等评价方式。

8.3 职业经理人评价采用笔试、心理素质测评和业绩评价等评价方式。

8.4 报考对象可参加有关考评内容的培训。

8.5 报考对象的申请条件由培训机构初审，资质评价单位终审。

8.6 经考评合格，统一颁发《全国药品流通行业高级职业经理人资质证书》或《全国药品流通行业职业经理人资质证书》。

8.7 考评信息在中华人民共和国商务部网站或指定网站发布。

8.8 考评机构应建立药品流通行业职业经理人人才库，并为用人单位提供查询服务。

8.9 获得资质证书人员如有违法行为，将取消其所获资质证书并予以公布。

ICS 03.080
C 00

SB

中华人民共和国国内贸易行业标准

SB/T 10766-2012

药品流通企业通用岗位设置规范

Job specialization for pharmaceutical distribution enterprises

中华人民共和国商务部 发布

2012-09-19 发布 2012-12-01 实施

目 次

前 言

本标准依据 GB/T 1.1-2009 给出的规则起草。

本标准由中华人民共和国商务部提出并归口。

本标准起草单位：中国医药商业协会、上海医药商业行业协会、浙江省医药行业协会、江苏省医药商业协会、华东医药股份有限公司、国药控股股份有限公司、南京医药股份有限公司、中国非处方药物协会。

药品流通企业通用岗位设置规范

1 范围

本标准规定了药品流通行业现有的主要岗位规范。

本标准适用于中华人民共和国境内的药品流通企业。

2 规范性引用文件

下列文件对于本文件的应用是必不可少的。凡是注日期的引用文件，仅所注日期的版本适用于本文件。凡是不注日期的引用文件，其最新版本（包括所有的修改单）适用于本文件。

《中华人民共和国药品管理法》 中华人民共和国主席令第 45 号

《中华人民共和国公司法》 中华人民共和国主席令第 42 号

《中华人民共和国药品管理法实施条例》 中华人民共和国国务院令第 360 号

《药品经营质量管理规范》 原国家药品监督管理局令 2000 年第 20 号

3 分类

3.1 本标准根据药品流通行业特点，按照企业岗位设置的一般性和特殊性原则，将岗位设置分为通用岗位和专业岗位。

3.2 根据药品流通行业主要业态特点，专业岗位又细分为分销业态岗位、物流业态岗位和零售业态岗位。

4 岗位设置

分类		职位
通用岗位		董事长
		总经理
		人力资源部经理
		财务部经理
		战略发展部经理
		质量管理部经理（合规经理）
		质量管理员
		运营管理部经理
		风险管控部经理
		审计经理
		采购部经理
		信息部经理
		行政部经理
		审计员
		统计员
专业岗位	分销业态	采购员
		业务员
		药品验收员
		物价员
	物流业态	物流服务中心经理
		客户服务经理
		仓库运营经理
		运输部经理（车辆运营经理）
		药品验收员（*）
		药品保管员
		药品养护员

分类		职位
专业岗位	零售业态	药店经理
		营业员
		处方审核员
		中药调剂员
		药品验收员（*）
		药品保管员（*）
		物价员（*）
		咨询员

5　岗位规范

董事长岗位规范

任职资格	学历与专业	大学本科以上学历或有专业技术职称
	工作经验	具有一定的本岗位工作经历或医药行业管理经验
	知识结构	熟悉国家有关药品经营管理的法律、法规和政策，具有战略管理、资本运作、医药市场等相关专业知识
	工作能力	领导能力；组织协调能力；判断决策能力；政策解读能力
	职业素养	医药法律、质量意识；社会责任感；保证百姓用药安全、维护用药人的权益
职责	工作内容	参见《中华人民共和国公司法》第二章第二节、第四章第三节相关内容

总经理岗位规范

任职资格	学历与专业	大学本科以上学历或有专业技术职称
	工作经验	具有一定医药行业工作经验及企业经营管理经验
	知识结构	具备基本的药品知识，熟悉国家有关药品经营管理的法律、法规和政策，具有企业管理、战略管理、运营管理、人力资源管理、财务管理等相关专业知识
	工作能力	领导能力；分析能力；组织协调能力；决策判断能力、学习能力、知识管理能力；风险管控能力
	职业素养	医药法律、质量意识；社会责任感；保证百姓用药安全、维护用药人的权益
职责	工作内容	参见《中华人民共和国公司法》第五十条

人力资源部经理岗位规范

任职资格	学历与专业	大学本科以上学历，人力资源或企业管理类相关专业
	工作经验及素质	具有企业人力资源管理经验及部门主管工作经验和良好的心理素质
	知识结构	人力资源管理知识，企业管理知识，行政管理知识，相关法律知识
	工作能力	组织计划能力；协调沟通能力；表达能力；计算机操作能力

职责	1. 根据公司发展战略进行人力资源规划，并监督实施
	2. 建立并完善人力资源管理体系，研究、设计人力资源管理模式，制定完善人力资源管理制度
	3. 塑造、维护、发展和传播企业文化
	4. 处理企业管理过程中的人力资源问题
工作内容	1. 制定具有竞争力的人才开发策略及人才保留策略
	2. 定期组织各部门进行用人需求调研和职位分析
	3. 制定并组织实施公司定岗、定编、定员计划
	4. 制定人力资源管理成本计划及预算方案，指导、控制人力资源成本
	5. 主持制定并组织实施人力资源需求和供给方案
	6. 协助公司建立和培养人才梯队
	7. 参与组织并主持公司重大人事招聘活动
	8. 审核公司年度培训计划与具体实施工作
	9. 建立健全人力资源管理平台所需的各项制度并指导实施
	10. 组织实施并完善绩效评估与薪酬管理制度
	11. 定期提供企业人力资源现状调研报告，为领导人事决策提供可靠依据
	12. 指导企业的人力资源管理变革，传播公司的管理理念
	13. 审核人事档案、劳动合同、社会保险工作及工资奖金的发放管理
	14. 组织建设和推广人力资源管理信息系统
	15. 审核部门规章制度、工作计划并督导实施
	16. 考核、激励、培训、辅导下属员工
	17. 协调本部门与其他部门之间的工作关系，保证工作流程的正常进行

财务部经理岗位规范

任职资格	学历与专业	大学本科以上学历，财务管理类相关专业
	工作经验	具有多年的财务工作经验且有部门管理经验，拥有中级（含）以上会计职称
	知识结构	财务管理知识，金融知识，企业管理知识，相关法律知识
	工作能力	组织协调能力；统计分析能力；公关能力
职责	1. 制定公司各项财务管理制度	
	2. 根据企业经营计划，编制、执行预算方案并检查预算执行情况	
	3. 协调、处理企业内部各部门及外部相关单位的关系	
	4. 资金筹措及运作	
	5. 部门内部的组织协调与沟通工作	
	6. 完成上级领导交办的工作	

工作内容	1. 组织编制并督导实施公司财务预、决算
	2. 组织制定并督导实施公司各项财务管理制度及工作流程
	3. 组织实施公司内部财务核算及分析工作
	4. 参与公司各项经营管理决策
	5. 定期或不定期向公司汇报财务运行状况，提出合理化建议
	6. 接受有关单位、部门重要财务质询
	7. 指导公司进行税务筹划
	8. 组织开展公司管理部门资产清查工作
	9. 及时获取、利用政府优惠政策，制定公司整体资金运作计划
	10. 拟定公司资金筹措和使用方案，统筹安排、调度资金并监督资金使用
	11. 扩大融资渠道，制定并实施融资方案
	12. 编制投资项目财务决策分析报告
	13. 组织协调与政府财政、税务等有关职能部门及其他有关单位（银行、中介、保险）的工作关系
	14. 与企业相关职能部门协调，指导财务管理工作
	15. 制定部门规章制度、工作计划并督导实施
	16. 考核、激励、培训、辅导下属员工
	17. 调配、检查下属员工的工作内容和进度
	18. 协调本部门与其他部门之间的工作关系，保证业务流程的正常进行

战略发展部经理岗位规范

任职资格	学历与专业	大学本科以上学历，医药、管理及相关专业
	工作经验	有医药企业战略或经营管理经验
	知识结构	战略研究、市场营销、金融、医药经营、管理学等相关知识
	工作能力	判断与决策能力、组织能力、计划与执行能力、目标设置能力、预算管理能力、解决问题能力、人际沟通技巧、熟练使用计算机办公软件
职责	1. 把握国家行业规划、经济政策，进行医药行业和相关行业的调查研究、信息收集、分析和评估宏观经济和行业发展对公司造成的影响，发现主要发展机会与主要风险	
	2. 负责组织和管理企业信息调研、战略课题研究活动	
	3. 负责组织和管理企业中长期战略规划的制定和调整，对权属公司战略规划活动提供指导和支持	
	4. 协助企业投资项目的策划、论证和实施	
	5. 负责组织开展企业品牌管理、管理技术、信息化管理工作	
	6. 实施管理创新、服务创新、营销创新的策划	

工作内容	1. 分析企业的经营现状以及各业务单位在行业内的地位、优势与弱点，寻找新业务发展机会，进行可行性研究工作
	2. 组织制定和修订企业中长期发展战略规划，定期提供战略分析研究报告，为各权属公司的战略规划提供指导
	3. 收集国内外同行业先进企业资料，总结先进经营理念、管理体制、管理方法，提高内部管理水平，为公司提高核心竞争力和管理、技术创新提供建设性意见
	4. 协助企业投资项目的策划、立项、可行性论证、项目评估，提供项目决策意见；协助项目谈判与实施，跟踪投资项目进展
	5. 参与企业各权属公司重大投资项目的前期策划工作，监督项目进展
	6. 负责制定企业品牌发展规划，组织进行品牌资产评估，负责商标、标识和徽记的注册、维权和对外授权等相关事务工作
	7. 负责制定并执行品牌形象宣传工作，开展相关品牌形象宣传和广告工作；负责制定和修订品牌宣传规范，审核权属公司宣传方案的规范性，监督权属公司产品宣传计划的执行
	8. 负责公司战略管理转型、组织机构的策划，对公司重大创新项目进行论证和评估

质量管理部经理（合规经理）岗位规范

任职资格	学历与专业	大学本科以上学历，药学类相关专业，具有执业药师资格，须定期接受省级药品监督管理部门法律法规的培训
	工作经验	3 年以上药品经营质量管理实践经验
	知识结构	熟悉国家有关药品管理的法律法规。懂药品经营管理知识，具有药学技术、药学知识和良好的职业道德等综合知识水平
	工作能力	组织计划能力；协调沟通能力；学习创新能力
职责	1. 贯彻执行国家有关药品质量管理的法律、法规和政策，积极推行 GSP、ISO9000 系列认证在企业的实施	
	2. 负责起草企业药品质量管理制度，指导、督促质量管理制度的执行	
	3. 负责建立企业所经营药品并包含质量标准等内容的质量档案	
	4. 负责首营企业和首营品种的质量审核	
	5. 负责药品质量的追溯和药品质量事故或质量投诉的调查、处理及报告	
	6. 供应链管理质量保证体系建立	
工作内容	1. 补充、完善与质量保证体系有关的规章制度和工作流程，并督导实施	
	2. 组织起草质量体系内审方案、质量方针和目标考核方案，并组织实施内审和考核	
	3. 对有争议的医药商品质量做最终裁定和否决	
	4. 审核不合格药品，监督不合格药品的处理过程	
	5. 定期组织召集质量会议，组织有关部门分析质量责任	

工作内容	6. 抽查各级主管部门的质量监督执行情况
	7. 组织许可证申领、换证和变更及 GSP 和 ISO9000 系列认证工作
	8. 制定质量教育计划，提供培训材料、师资，并考核受训员工
	9. 督导购销客户资质审核及购销客户资质档案持续合法有效
	10. 组织收集、分析、反馈内、外部商品质量信息，及时处理分析结果并反馈至相关部门
	11. 向责任部门下达质量问题整改计划表并督导整改的实施
	12. 督导建立健全产品质量档案

质量管理员岗位规范

任职资格	学历与专业	药学中专或相关专业（指医学、生物、化学等专业）
	任职条件	药师以上专业技术职称
	知识结构	药品基本知识，药事管理知识，相关法律知识
	工作能力	协调沟通能力；文字表达能力；解决问题能力
职责	1. 对企业质量管理体系有效运行负责	
	2. 对不合格药品的确认、处理、报损、销毁负责	
	3. 对首营品种和首营企业的审核负责	
工作内容	1. 协助起草企业药品质量管理制度，并指导、督促质量管理制度的执行	
	2. 建立企业所经营药品并包含质量标准等内容的质量档案	
	3. 对质量体系中不合理的职责、流程、文件进行否决	
	4. 对不适合的储存环境、不专业的服务进行确认、否决	
	5. 协助开展对企业职工药品质量管理知识的继续教育或培训	
	6. 负责药品质量的查询和药品质量事故或质量投诉的调查、处理及报告	
	7. 负责质量不合格药品的审核，提出对不合格药品的处理意见并对处理过程实施监督	
	8. 负责药品验收的管理，负责指导和监督药品保管、养护中的质量工作	
	9. 负责收集和分析药品质量信息	

运营管理部经理岗位规范

任职资格	学历与专业	大学本科以上学历，经济管理、工商管理、营销学、药学等相关专业
	工作经验	具有医药企业运营管理经验
	知识结构	战略研究、市场营销、医药经营、管理学、法律、法规、医药商品学、财务等相关知识
	工作能力	判断与决策能力、组织能力、计划与执行能力、目标设置能力、预算管理能力、解决问题能力、人际沟通技巧、熟练使用计算机办公软件
职责	1. 负责部门内部管理体系及计划管理	
	2. 负责权属公司预算管理	
	3. 负责企业运营管理	
	4. 负责企业商情研究管理	
	5. 负责运营数据统计管理	
工作内容	1. 组织制定本部门内部各项规章制度及工作流程，并根据企业总体目标制定部门目标、工作计划，并组织实施	
	2. 参与制定并执行部门的财务预算计划	
	3. 指导权属公司按时填报企业的经营预算表、更新经营预算编制指南及经营计划书模板和经营预算表模板；组织编制权属公司关键指标意见，经沟通并确认预算指标	
	4. 组织进行经营一体化体系设计和运营垂直条线的团队建设与管理提升工作	
	5. 组织、指导进行各业态指标体系的规划和修订工作	
	6. 组织制定各项指标的评价标准、管控措施及权属公司分级管理办法	
	7. 组织进行企业运营指标的分析和改善工作	
	8. 组织开展管理对标和竞争对手关键指标研究工作	
	9. 组织进行企业运营报表的提供和季度运营分析报告工作	
	10. 组织结合招投标、药品价格等工作进行政策解读工作	
	11. 根据上级部门的要求及时统计数据，按要求规范化向有关部门报送	
	12. 监督执行医保政策规定	

风险管控部经理岗位规范

任职资格	学历与专业	大学本科以上学历，医药、管理及相关专业
	工作经验	具有医药企业风险管控管理经验
	知识结构	风险管理、制度及流程管理、医药经营、管理学等相关知识
	工作能力	判断与决策能力、组织能力、计划与执行能力、目标设置能力、预算管理能力、解决问题能力、人际沟通技巧、熟练使用计算机办公软件

职责	1. 负责部门内部管理体系及计划管理
	2. 负责企业风险管控工作
	3. 制度及流程建设
	4. 风险预案的制定与管控
工作内容	1. 组织制定本部门内部各项规章制度及工作流程
	2. 根据企业总体目标和部门目标制定工作计划并组织实施
	3. 参与制定并执行本部门的财务预算计划
	4. 组织制定企业全面风险管理体系，对各权属公司进行风险体系的推广
	5. 组织识别年度重大经营风险，制定相应计划与风险管理要求
	6. 组织制定企业各业态的内控管理标准体系，对各权属公司进行风险监控
	7. 组织开展风险体系评审和内控评估
	8. 组织对企业相关人员进行专业培训，培育风险管理文化
	9. 组织审定企业管理架构，编制流程图，梳理并确定核心业务流程
	10. 推进总部重要流程的梳理和优化，统一关键控制点
	11. 组织审核权属公司编制流程图，确保核心业务流程的一致
	12. 组织收集并推广流程管理的先进经验和最佳业务实践

审计经理岗位规范

任职资格	学历与专业	大学本科以上学历，财务、审计等相关专业，具有审计师、会计师以上职称
	工作经验及素质	具有丰富的审计工作经验，熟悉内部审计、财务、税务等专业工作，坚持原则、客观公正、实事求是、廉洁奉公、保守秘密
	知识结构	掌握国家的财经法律、法规、政策以及公司的规章制度，熟悉相关的理论和专业知识及企业经营管理情况，熟悉财务会计业务和精通审计业务
	工作能力	较强的沟通协调能力和对突发事件的应变能力
职责	1. 制定企业年度审计工作计划，组织实施	
	2. 组织对企业经营成果的真实性、准确性、合规合法性等进行审计	
	3. 管理本部门的各项工作	
工作内容	1. 按照国家审计法规、公司财会审计制度的有关规定，负责拟定公司具体审计实施细则	
	2. 建立对于资产和资金使用的监控机制及其他财务监控机制，发现违规现象时及时采取预警措施	
	3. 组织对公司重大经营活动、重大项目、重大经济合同的审计活动	
	4. 全面审查各区域对授权制度和业务流程的执行情况	
	5. 定期或不定期地组织必要的专项审计、专案审计和财务收支审计	
	6. 与银行、税务等相关部门及外部审计人员建立并保持紧密的关系	

采购部经理岗位规范

任职资格	学历与专业	大学专科以上学历，药学相关专业
	工作经验及素质	具有医药企业采购管理经验，良好的职业道德操守
	知识结构	药品知识，采购知识，财务知识，企业管理知识，医药商品学，医疗知识以及相关法律知识
	工作能力	组织计划能力；协调沟通能力；谈判能力；公关能力
职责	1. 采购业务体系建设及管理	
	2. 采购业务拓展	
	3. 供应商管理	
工作内容	1. 组织建设并完善企业采购管理体系，推行标准化的采购制度和流程	
	2. 组织开展完成全品种目录的采购及供应商的维护工作	
	3. 组织制定并督导实施部门内部业务流程	
	4. 组织进行对权属公司采购工作的协调和管理，确保采购计划贴近临床与客户的要求	
	5. 组织利用全国药品存货资源，多仓运营，优化供应链管理	
	6. 组织对各区域的招标情况进行定期汇总分析并交流分享，并对权属公司提出指导意见	
	7. 组织进行企业采购品种结构管理，包括产品分析、大类目录规划、基本药物目录规划、分业态目录规划等工作	
	8. 组织进行药品采购及新上市品种的引进，经销（合作）协议谈判，预算分解下达，协议执行跟踪协调等工作	
	9. 组织建立健全合规供应商的资质档案，对供应商进行综合评估，组织进行供应商信息服务、满意度分析等工作	
	10. 组织进行供应商延伸服务、满意度分析等工作	
	11. 完成上级主管交办的临时工作	

信息部经理岗位规范

任职资格	学历与专业	大学本科以上学历，计算机、信息或药学等相关专业
	工作经验	具有软件行业工作经验以及部门管理经验
	知识结构	软件研发专业知识、医疗行业相关知识、物流行业相关知识
	工作能力	软件专业技能、沟通协调能力、管理能力、学习能力
职责	1. 协助企业制定信息化发展战略	
	2. 根据信息化发展战略制定发展规划	
	3. 负责企业管理信息化系统建设、运行及维护	
	4. 负责建立企业信息化治理体系	
	5. 建立企业信息化质量安全管理体系	
	6. 负责企业信息化团队建设及人才培养	

工作内容	1. 推进、落实企业信息化发展战略，定期对企业发展战略进行回顾
	2. 根据企业信息发展战略，制定相应的企业信息化发展规划
	3. 推进、落实企业信息化发展战略，定期做发展规划回顾
	4. 根据企业实际情况，建立企业信息化治理体系（含制度、流程、功能、团队等）
	5. 企业信息化治理体系演进
	6. 根据企业实际情况，制定符合企业的信息质量管理标准
	7. 负责建立企业信息标准化文档
	8. 负责企业信息化标准体系演进
	9. 负责企业信息化团队建设相关工作
	10. 负责建立企业信息化团队考核体系
	11. 负责建立企业信息化人才成长白皮书
	12. 负责企业信息化相关专业技能人才培训

行政部经理岗位规范

任职资格	学历与专业	大学本科以上学历，行政管理相关专业
	工作经验	具有大中型企业人力资源或行政经理相关工作经验
	知识结构	具有行政后勤管理、人力资源管理、物流管理等相关专业知识
	工作能力	行政管理能力；组织协调能力；计算机应用能力
职责及工作内容	1. 负责主持本部的全面工作，组织并督促部门人员全面完成本部职责范围内的各项工作任务	
	2. 贯彻落实本部岗位责任制和工作标准，加强与有关部门协作配合	
	3. 负责组织行政后勤、保卫工作管理制度的拟订、检查、监督和执行	
	4. 负责企业会议、接待管理工作，并做好会议记录	
	5. 负责企业内部治安管理工作，维护内部治安秩序，搞好治安综合治理，预防犯罪和治安灾害事故的发生	
	6. 组织编制企业行政性财产、物资的采购计划及预算，严格控制行政办公经费支出	
	7. 监督企业办公用品、办公所用固定资产的购买、保存及发放、维修管理工作	
	8. 审核、审批企业办公用车、基础建设、固定资产购买等的申请	
	9. 完成上级主管交办的临时工作	

审计员岗位规范

任职资格	学历与专业	大学本科以上学历，审计、会计、经济管理等相关专业
	工作经验	具备会计、审计、管理等相关工作经验，具备财会、审计专业技术职称
	知识结构	熟悉国家财务、审计有关的法律法规，掌握财务、审计的专业知识
	工作能力	具备良好的职业判断能力、分析能力、沟通能力、执行能力
职责	1. 定期开展专项审计任务	
	2. 负责完成公司内部控制的审计和评价	
	3. 负责完成公司管理机构和领导交办的其他专项审计工作	
工作内容	1. 根据审计计划及项目分工，开展相关审计工作	
	2. 学习掌握相关法律法规，贯彻公司规章制度，以完成本岗位审计工作	
	3. 收集整理各种审计信息	
	4. 出具并送达审计通知书	
	5. 负责审计底稿的整理	
	6. 按照领导安排，对相关审计项目进行复核	
	7. 根据审计方案要求起草审计报告	
	8. 对审计事项进行后续审计和监督整改	
	9. 负责审计档案的整理、归档保存	
	10. 负责收集同行业先进相关制度并加以分析	
	11. 按照公司既定程序对现有内部控制进行审计、评价	
	12 负责起草针对公司内部控制的审计报告	

统计员岗位规范

任职资格	学历与专业	大学专科以上学历，统计、经济管理、会计等相关专业
	工作经验	具备两年的相关工作经验
	知识结构	掌握一定的统计方面知识，有较强的语言、文字表达能力
	工作能力	具备良好的职业判断能力、分析能力、沟通能力、执行能力
职责	1. 协助领导完善统计管理工作的制度、流程建立	
	2. 按照要求建立公司统计台账，对公司经营数据按时登记统计、上报	
	3. 负责对公司及权属公司相关统计政策、统计要求的宣传和培训工作	
	4. 完成领导布置的其他工作	

工作内容	1. 负责起草公司统计管理工作制度及流程
	2. 根据制度执行中存在的问题，修改、完善统计管理制度及流程
	3. 按照要求，按期组织、编制、上报统计报表及日常管理工作
	4. 负责本岗位档案归档管理工作
	5. 协助人力资源部开展对公司及部门内部有关统计工作的相关培训
	6. 负责对公司及权属公司统计工作的指导、监督、检查工作

采购员岗位规范

<table>
<tr><td rowspan="4">任职资格</td><td>学历与专业</td><td>大学专科以上学历，医药或物流类相关专业</td></tr>
<tr><td>工作经验</td><td>具有药品采购工作经验</td></tr>
<tr><td>知识结构</td><td>药品知识，采购知识，财务知识</td></tr>
<tr><td>工作能力</td><td>协调沟通能力；计划组织能力；谈判能力</td></tr>
<tr><td rowspan="3">职责</td><td colspan="2">1. 负责企业经营药品的采购</td></tr>
<tr><td colspan="2">2. 负责药品退换货管理</td></tr>
<tr><td colspan="2">3. 供应商管理</td></tr>
<tr><td rowspan="11">工作内容</td><td colspan="2">1. 及时查验有关信息资料，根据库存下限确定药品和供应单位，制定采购计划</td></tr>
<tr><td colspan="2">2. 审核采购成本，对不同厂商的药品供应价格进行询价、议价、比价</td></tr>
<tr><td colspan="2">3. 对分管品种、价格变动品种计算补偿价格，确定补偿方式，开据扣款单，抄报财务部</td></tr>
<tr><td colspan="2">4. 签订购货合同，跟踪合同执行情况，反馈货源信息</td></tr>
<tr><td colspan="2">5. 根据品种进、销、存情况及有关协议，制定付款计划并报领导审批，办理付款手续</td></tr>
<tr><td colspan="2">6. 定期查询库存滞销药品，处理验收有问题的药品、售后有问题药品、近效期药品等</td></tr>
<tr><td colspan="2">7. 与供应商联系，填写退换货申请书，交退货员办理</td></tr>
<tr><td colspan="2">8. 进行信息跟踪，做到账、货相符</td></tr>
<tr><td colspan="2">9. 解答供应商对销、存方面的疑问</td></tr>
<tr><td colspan="2">10. 协助供应商核对账务</td></tr>
<tr><td colspan="2">11. 索取供应商、品种资质资料并配合调查、审核其资质</td></tr>
</table>

业务员岗位规范

任职资格	学历与专业	中专以上学历，市场营销或医学、药学专业
	工作经验	具有一定的药品销售工作经验
	知识结构	药品基本知识，营销知识，熟悉医药行业的法律法规
	工作能力	人际沟通能力；语言表达能力；解决问题能力
职责	1. 负责企业经营药品的销售推广工作	
	2. 售后服务	
	3. 负责客情维护	
工作内容	1. 与客户沟通，获取客户采购计划，做好重点品种的跟踪服务，防止客户流失	
	2. 协调开票、送货	
	3. 记录营销台账，定期核对并回笼应收账款	
	4. 及时搜集、分析、反馈市场信息，撰写市场调研报告	
	5. 与厂商配合共同开发市场	
	6. 跟踪缺货品种，及时处理滞销品种	
	7. 做好退、换货工作	
	8. 做好药品调价、政策变动后的售后服务	
	9. 拜访客户，维持与客户的良好关系	
	10. 拜访新客户，与客户洽谈，促成交易	
	11. 索取客户资质资料，并配合调查、审核其资质	
	12. 完成上级主管交办的临时工作	

药品验收员岗位规范

任职资格	学历与专业	大学专科以上学历，医药类相关专业
	工作经验	需经过专业培训，持证上岗
	知识结构	熟悉药品知识，有关法规、验收标准，明确药品验收程序及出现问题的处理方法
	工作能力	分析问题能力；语言表达能力
职责	1. 对所验收药品的质量负责	
	2. 对验收记录的真实性、准确性、完整性负责	
	3. 对验收工作的及时性负责	

工作内容	1. 审核供应商是否具有符合规定的供货资格
	2. 审核来货是否在供货企业被批准的经营范围之内
	3. 严格按规定的标准、验收方法和抽样原则进行验收和抽取样品
	4. 对验收不合格的药品拒收，做好不合格药品的隔离存放工作，并及时报质量管理人员处理
	5. 对验收合格的药品与保管员办理入库交接手续
	6. 规范填写验收记录并签章，收集药品质量检验报告书和进口药品检验报告书按规定保存备查
	7. 按法定标准和验收规程及时完成入库药品的验收工作，并做好验收记录
	8. 收集质量信息，配合质量管理人员做好药品质量档案工作，验收中发现的质量变化情况及时报质量管理人员

物价员岗位规范

任职资格	学历与专业	高中或中专以上学历，医药类相关专业
	工作经验	有相关工作经验
	知识结构	药品知识，相关法律知识
	工作能力	协调沟通能力；信息获取能力；计算机应用能力
职责	1. 负责企业经营药品价格管理（时刻关注零售价格的变动情况）	
	2. 价格信息服务	
	3. 负责内外关系协调	
工作内容	1. 开展价格调研，采集价格信息，监督实施价格决策，配合当地价格部门开展价格检查	
	2. 审核首营品种物价，对药品价格进行备案，建立健全品种目录信息	
	3. 抵制和纠正市场经营活动中违反国家价格法律、法规和政策的行为	
	4. 向价格主管部门提供价格执行情况的信息，反馈价格管理的意见和建议	
	5. 建立健全供货厂商产品目录，管理及维护基础信息数据	
	6. 为药品招投标提供价格咨询及依据	
	7. 完成上级主管交办的临时工作	

物流服务中心经理岗位规范

任职资格	学历与专业	大学专科以上学历，管理或物流类相关专业
	工作经验	具有物资配送工作经验
	知识结构	药品知识，物流管理知识，仓储管理知识，相关法律知识
	工作能力	创新能力、协调能力
职责	1. 保证所有运营标准符合药品流通政策、程序和法规	
	2. 控制运输和仓储成本以符合企业目标	
	3. 负责实施服务中心政策和流程，满足业务需要	
	4. 负责协调服务中心各部门，保证日常工作顺畅有效	
工作内容	1. 正确接收产品、根据产品描述在合理的地点存储产品	
	2. 对仓储区域按照标准操作流程进行划分，温湿度每日监控，校准误差	
	3. 根据产品种类、特性进行及时安全的运输	
	4. 对退换货的产品进行妥善安置	
	5. 建立预防性的害虫控制记录	
	6. 保证所有的员工接收相关标准操作流程的培训，并记录存档定期审查	

客户服务经理岗位规范

任职资格	学历与专业	大学专科以上学历，管理或物流类相关专业
	工作经验	具有管理经验，有处理外部客户关系的经验
	知识结构	具备所属领域丰富的专业知识
	工作能力	指导能力、沟通能力、抗压能力、信息监控能力
职责及工作内容	1. 确保客户来电及时得到应答，解决客户各种疑问，及时反馈解决进展	
	2. 负责部门预算成本控制	
	3. 及时准确处理交易过程中的变量问题（例如赊购、补货等）	
	4. 保证客户服务工作符合法律法规的规定	
	5. 按日检查订单报表，及时采取补救措施	
	6. 协调各部门，在药品召回过程中恰当处理客户相关事宜	
	7. 为下属岗位设置明确工作目标，并实施年度绩效评估	
	8. 监督物流服务中心各项工作符合标准操作规程	
	9. 与管理团队密切合作，提高物流服务中心工作效率，不断改进各项业务水平	

仓库运营经理岗位规范

任职资格	学历与专业	大学专科以上学历，管理或物流类相关专业
	工作经验	带领团队适应多变环境的经验
	知识结构	具备所属领域丰富的专业知识
	工作能力	指导能力、沟通能力、抗压能力、信息监控能力
职责及工作内容	1. 确保进、出库等各项人力成本符合预算要求，有效落实成本控制机制	
	2. 不断优化仓库业务流程，降低进出库成本，提升工作效率	
	3. 落实产品进出库的库存管理流程	
	4. 确保业务活动符合法律法规的要求	
	5. 对其他部门的业务咨询应予以立即回复；对客户提出的库存服务有关问题应立即予以解答	
	6. 为下属岗位设置明确工作目标，并实施年度绩效评估	
	7. 配合物流服务中心经理级管理团队，努力改善各项业务	

运输部经理（车辆运营经理）岗位规范

任职资格	学历与专业	大学专科以上学历，管理或物流类相关专业
	工作经验	带领团队适应多变环境的经验
	知识结构	具备所属领域丰富的专业知识
	工作能力	指导能力、沟通能力、抗压能力、信息监控能力
职责及工作内容	1. 确保车辆运营成本符合既定预算要求，有效落实成本控制	
	2. 监督车辆运营成本，对超标费用采取有效措施加以控制	
	3. 客户订购货物出现损坏或丢失的应予记录，并采取必要弥补措施	
	4. 确保货物安全、及时送达	
	5. 确保车辆运输不间断，保证全天候服务	
	6. 确保车辆性能可靠，各项操作符合要求	
	7. 就客户服务过程中出现的问题进行调研，及时反馈，采取补救措施，避免同类问题重复出现	
	8. 配合物流服务中心经理级管理团队，努力改善各项业务	

药品保管员岗位规范

任职资格	学历与专业	高中以上学历
	工作经验	物流或仓储相关经验，持上岗证
	知识结构	物流管理知识，药品知识
	工作能力	沟通表达能力；独立工作能力；组织协调能力
职责	1. 对药品入库、存储工作的规范性负责	
	2. 对药品的入库、在库、出库数量的准确性负责	
	3. 对入库、在库、出库药品的质量负相应责任	
	4. 对在库药品的合理存储条件负责	
工作内容	1. 严格执行与本岗位相关的质量管理制度和工作程序，做好药品的入库、存储、出库、复核等各个环节的工作	
	2. 依据验收员的验收结论和按有关规定办理药品入库手续，正确合理分库、分类存放药品，实行色标管理	
	3. 严格遵守药品外包装图示标志，正确搬运和堆垛药品，做到不错放、乱摆与倒置	
	4. 严格按先进先出、按批号发货的原则办理药品出库，并做好药品出库复核记录	
	5. 负责药品保管帐卡管理，按批正确记载药品进、出、存动态，保证帐货相符，及时分析、反馈药品库存结构及适销情况	
	6. 发现质量有问题的药品应挂黄牌暂停发货，及时通知质量管理人员检验处理，依据处理意见及时处理	
	7. 做好库房温、湿度的监测、调控、记录工作，采取防鼠、防虫、防霉、防尘、防火等相应措施，保证在安全合理的条件下储存药品	
	8. 做好仓库及库存药品的清理卫生工作，经常保持库区内外的清洁卫生	
	9. 负责对仓储设施设备进行维护、保养，确保所用设施设备运行良好并做好相应记录	

药品养护员岗位规范

任职资格	学历与专业	大学专科以上学历，医药、生物相关专业
	工作经验	有质量管理经验，经过专业培训，持证上岗
	知识结构	熟悉药品知识，对药品养护过程中发现的问题能及时做出正确的判断和处理
	工作能力	分析问题能力；语言表达能力
职责	1. 对药品入库、存储工作的规范性负责	
	2. 对药品入库、在库、出库数量的准确性负责	
	3. 对入库、在库、出库药品的质量负相应责任	

工作内容	1. 根据 GSP 有关规定，指导保管员正确分库（区）、分类、合理存放药品，实行色标管理，纠正药品存放中的违规行为
	2. 坚持“预防为主”的原则，依据药品流转情况、季节变化和市场药品质量动态确定药品养护方案，拟定药品养护计划
	3. 依据养护计划对库存和陈列药品进行质量检查，依据药品的特性采取正确的方法进行科学养护
	4. 每月汇总、分析和上报养护检查、近效期或长时间陈列和存储的药品等质量信息
	5. 填写并上报有效期商品报表和各类质量信息报表
	6. 定期对企业的养护，用仪器设备、温湿度监控仪器等检查维护，确保设施设备和监控仪器的正常运行

药店经理岗位规范（连锁药店门店）

任职资格	学历与专业	大学专科以上学历，医药学相关专业或药师以上职称
	工作经验	3 年以上药店管理经验，熟悉医药质量管理
	知识结构	医药商品学基本知识，药品相关法律法规知识，管理知识
	工作能力	计划组织能力；管理能力；沟通协调能力；语言表达能力
职责	1. 制定药店方针和目标	
	2. 主持日常事务、发展门店业务	
	3. 完成上级主管交办的临时工作	
工作内容	1. 负责落实药店经营方针和目标	
	2. 主持制订药店年度预算	
	3. 负责建立和完善药店各种管理制度	
	4. 负责药店 GSP 、ISO9000 系列质量方针、目标的拟定、推动与督导	
	5. 主持药店的日常人事、行政、业务、财务、物价管理工作	
	6. 为各部门实现药店质量方针和目标配备必要的资源	
	7. 分析研究市场变化和发展趋势，引导药店满足客户的需求，并不断扩大社会原有市场	
	8. 批准重要业务合同和业务事项	

营业员岗位规范

任职资格	学历与专业	高中或中专以上学历，医药相关专业
	工作经验	具有药品零售经验，具有医药商品购销员上岗证或营业员上岗证
	知识结构	药学知识，营销学相关知识
	工作能力	沟通协调能力；语言表达能力

职责及工作内容	1. 完成药店的各项经营指标
	2. 根据 GSP 管理要求，协助质量管理人员做好医药商品质量辅助工作，保障顾客用药安全
	3. 保持店堂清洁卫生，医药商品陈列合规有序
	4. 监督医药商品的效期管理
	5. 协助药店经理做好医药商品的进、销、存管理工作
	6. 完成上级主管交办的临时工作

处方审核员岗位规范

任职资格	学历与专业	大学专科以上学历，药学相关专业
	工作经验	执业药师或药师以上的专业技术职称
	知识结构	药学、中药学知识，相关法律知识，企业管理知识
	工作能力	沟通交流的能力；组织协调能力
职责及工作内容	1. 对处方审核等要求，对消费者用药做出正确说明	
	2. 合理安排药店日常处方管理工作，做好处方分类管理，并及时汇总处方报表	
	3. 对处方配伍禁忌、超剂量等情况进行审核	
	4. 及时跟踪和监控特殊药品出售情况，完成药店下达的各项安全目标，有效进行过程监控	
	5. 严格执行药品管理办法，协助质量负责人共同对质量把关	
	6. 定期编制各类用药报表，分析报告真实、准确，及时将数据及数据分析报告提供给经理室和相关业务部门，为经营者决策提供有利的数据依据	
	7. 与其他部门密切配合，提供业务相关支持，确保药店整体运作顺利进行	
	8. 充分发挥部门员工的主观能动性和工作积极性，搞好团队关系	
	9. 监督执行医保政策规定	
	10. 完成上级主管交办的临时工作	

中药调剂员岗位规范

任职资格	学历与专业	高中或中专以上学历，中药等相关专业
	工作经验	具有本岗位工作经验，有中药调剂员上岗证
	知识结构	中医药学知识，营销学相关知识
	工作能力	沟通表达能力

职责及工作内容	1. 对处方审核等要求，对消费者用药做出正确说明
	2. 根据医师处方要求，按规程调剂中药配方
	3. 根据 GSP 管理要求，协助质量管理人员做好中药质量辅助工作，保障顾客用药安全
	4. 监督中药商品的效期管理
	5 协助药店经理做好中药商品的进销存管理工作

咨询员岗位规范

任职资格	专业资质	中专或高中以上学历，药学相关专业
	工作经验	3 年以上药店工作经验
	知识结构	药事管理法规知识、医药基本知识、大众药物与医疗器械知识、药历建立与管理知识、心理沟通技能知识
	工作能力	沟通交流能力、解决问题能力、问询和指导能力、建立信任关系的能力、语言表达能力、计算机操作能力
职责	1. 咨询服务	
	2. 客户管理	
	3. 资讯传播	
工作内容	1. 接待顾客，与顾客建立咨询关系	
	2. 解答和处理顾客问题，提供优质药学服务	
	3. 为顾客提供安全合理用药咨询，做好咨询记录	
	4. 教导顾客正确使用药物说明书	
	5. 收集、整理和录入顾客信息	
	6. 为顾客建立药历（用药档案）和管理药历	
	7. 为顾客做用药随访，做好信息反馈分析和咨询效果评估	
	8. 收集和提供药物信息，向药师报告药物不良反应	
	9. 配置和保管咨询服务区书刊、文档和工具	
	10. 开展与药物使用相关公众教育（讲座、宣传栏 / 单等）	
	11. 完成上级主管交办的临时工作	

国家标准

国家质检总局、国家标准委发布《中华人民共和国国家标准公告》

2012 年第 28 号

国家质检总局、国家标准委发布《中华人民共和国国家标准公告》（2012 年第 28 号）正式批准发布 362 项国家标准。

国家质检总局
国家标准委
二〇一二年十一月五日

附：其中《药品冷链物流运作规范》（GB/T 28842-2012）标准。

ICS 55.020
C 08

中华人民共和国国家标准

GB/T 28842-2012

药品冷链物流运作规范

Operation specification for drug cold chain logistics

中华人民共和国国家质量监督检验检疫总局
中国国家标准化管理委员会 发布

2012-11-05 发布　　2012-12-01 实施

目　次

前 言

本标准依据 GB/T1.1–2009 给出的规则起草。

本标准由全国物流标准化技术委员会（SAC/TC269）提出并归口。

本标准的起草单位：浙江英特药业有限责任公司、北京松冷冷链物流有限公司、中国医药商业协会、浙江省医药行业协会、浙江英特物流有限公司、浙江英特生物制品营销有限公司、浙江英特疫苗医药有限公司、上海思博源冷链科技有限公司。

本标准主要起草人：姜巨舫、孙立军、姜晓丽、朱苗佳、张峰、吴华庆、邵越炯、王江伟、刘琼、李红伟、杨帅、俞敏、吴卫星。

药品冷链物流运作规范

1 范围

本标准规定了冷藏药品物流过程中的收货、验收、贮存、养护、发货、运输、温度监测和控制、设施设备、人员配备等方面的要求。

本标准适用于冷藏药品在生产与流通过程中的物流运作管理。

2 规范性引用文件

下列文件对于本文件的应用是必不可少的。凡是注日期的引用文件，仅注日期的版本适用于本文件。

凡是不注日期的引用文件，其最新版本（包括所有的修改单）适用于本文件。

QC/T 449 保温车、冷藏车技术条件及试验方法

3 术语和定义

下列术语和定义适用于本文件。

3.1 冷藏药品 cold storage drug

对贮存、运输有冷处、冷冻等温度要求的药品。

3.2 冷处 cold condition

温度符合 2℃ –10℃的贮存运输条件。

3.3 冷冻 freezing condition

温度符合 –10℃ – –25℃的贮存运输条件。

3.4 药品冷链物流 drug cold chain logistics

采用专用设施设备，使冷藏药品在生产与流通过程中温度始终控制在规定范围内的物流过程。

4 基本要求

4.1 冷藏药品在生产与流通过程中的温度应始终控制在规定范围内。

4.2 应配备确保冷藏药品温度要求的设施、设备和运输工具。

4.3 应采用信息技术和设备，提供温度监控记录，确保冷藏药品在生产与流通过程中温度可追溯。

4.4 应制定确保温度要求的管理制度及温度异常应急处理预案。

4.5 需要委托贮存或运输冷藏药品的单位，应对受托方的冷链条件进行查验，签订合同时应明确药品

在贮存运输和配送过程中的温度要求。

5 冷藏药品的收货、验收

5.1 冷藏药品的收货区应根据药品说明书上规定的贮存温度要求而设置在相应的温度条件下或在阴凉处，不得置于阳光直射、热源设备附近或其它周围环境温度可能会提升的位置。

5.2 收货时收货方应检测药品及环境温度。

5.3 冷藏药品收货时，收货方应索取运输交接单，做好实时温度记录，并签字确认。有多个交接环节的，每个交接环节的收货方都要签收交接单。交接单参见附录 A。

5.4 对退回的药品，接收企业应视同收货，应按 5.1、5.2、5.3 操作，并做好记录，必要时送检验部门检验。

5.5 冷藏药品的收货、验收记录应保存至超过冷藏药品有效期一年以备查，记录至少保留五年。疫苗的收货、验收记录应保存至超过冷藏药品有效期二年以备查，记录至少保留五年。

6 冷藏药品的贮存、养护

6.1 冷藏药品贮存的温度应符合冷藏药品说明书的要求。

6.2 贮存冷藏药品时应按冷藏药品的批号堆垛，不同批号的冷藏药品不得混垛。垛间距不小于 5cm，与仓间墙、柱、温湿度调控设备及管道的设备间距不小于 30cm，与地面的间距不小于 10cm。

6.3 在库冷藏药品按质量状态实行色标管理，待验冷藏药品库（区）、退货冷藏药品库（区）为黄色；合格冷藏药品库（区）、待发冷藏药品库（区）为绿色；不合格冷藏药品库（区）为红色。

6.4 冷藏药品应进行在库养护检查并记录。发现质量异常，应先行隔离，暂停发货，做好记录，及时送检验部门检验，并根据检验结果处理。

6.5 养护记录应保存至超过冷藏药品有效期一年以备查，记录至少保留五年。疫苗的养护记录应保存至超过冷藏药品有效期二年以备查，记录至少保留五年。

6.6 冷藏药品贮存库应根据验证结果配置温度记录设备。

7 冷藏药品的发货

7.1 应指定符合 11.1 条件的人员负责冷藏药品的发货、拼箱、装车工作，并选择适合的运输方式。

7.2 备货、拆零、拼箱、装箱、装车应使冷藏药品处于规定的贮存温度下。

7.3 冷藏药品的发货、装载区应根据药品说明书上规定的贮存温度要求而设置在相应的温度条件下或在阴凉处，不允许置于阳光直射、热源设备附近或其它周围环境温度可能会提升的位置。

7.4 装载冷藏药品时，冷藏车或冷藏（保温）箱应预冷至符合药品贮存运输温度，应在规定时间内完成装运，与冷藏（保温）箱配套的蓄能剂应满足冷藏药品温度的要求。

7.5 发货时应检查冷藏药品、装载环境及运输设备温度并做好记录，双方在运输交接单上签字确认。

7.6 采用冷藏车运输时，应根据装载空间大小配置相应数量温度记录设备随货发运；采用冷藏（保温）箱运输时，应配备温度检测设备或材料随货发运。

7.7 冷藏药品不得直接接触控温物质，防止对药品质量造成影响。

7.8 采用冷藏车运输冷藏药品时，应根据冷藏车标准装载药品。应合理码放，药品箱的装载高度应低于冷风机出口位置，避开回风口，与车厢内壁保持适当间距，便于气流循环。

8 冷藏药品的运输

8.1 冷藏药品运输方式选择应确保温度符合要求，应根据药品数量、路程远近、运输时间、贮存条件、外界温度等情况选择合适的运输工具，宜采用冷藏车或冷藏（保温）箱运输。

8.2 采用冷藏（保温）箱运输冷藏药品时，冷藏（保温）箱上应注明贮存条件、启运时间、保温时限、特殊注意事项或运输警示。

8.3 应制定冷藏药品发运流程。发运流程内容包括运输前通知、运输方式、线路、联系人、异常处理方案等。

8.4 运输人员出行前应对冷藏车及冷藏车的制冷设备、温度记录显示仪进行检查，要确保所有的设施设备正常并符合温度要求。在运输过程中，要及时查看温度记录显示仪，如出现温度异常情况，应及时报告并处置。

8.5 冷藏车在运输途中要对温度进行实时监测，数据应可导出或上传且不可更改。温度记录应当随药品移交收货方。

8.6 采用冷藏（保温）箱运输时，根据冷藏（保温）箱的性能验证结果，在冷藏（保温）箱支持的，符合药品贮存条件的保温时间内送达。

8.7 冷藏药品运输及配送时，要在规定时限内送达，运输及配送途中不得开启冷藏（保温）箱，确保在规定的温度范围内冷链运输及配送。

9 冷藏药品的温度监测和控制

9.1 冷藏药品在收货、验收、贮存、养护、发货、运输过程中应进行温度监控，可采用温度记录仪、温度电子标签、温湿度监控仪等温度记录设备或温度检测材料。

9.2 手工记录的温度监测数据应保留原始单据，自动温度监测数据可读取存档。

9.3 冷库温度记录间隔时间不得超过 30 分钟 / 次，冷藏车的温度记录间隔时间不超过 10 分钟 / 次，冷藏（保温）箱的温度不能超过药品贮存要求。

9.4 温度报警装置应能在临界状态下报警，应有专人及时处置，并做好温度超标报警情况的记录。

9.5 制冷设备的启停温度设定值：冷处应在 3℃ -7℃范围内，冷冻应在 -12℃ - -23℃范围内。

9.6 应按规定对自动温度记录设备、温度自动监控及报警装置等设备进行校验，保持准确完好。

9.7 冷藏药品的温度记录至少保留五年。

10 冷藏药品贮存、运输的设施设备

10.1 应配置与生产经营品种、规模相适应的冷库、冷藏车、冷藏（保温）箱或其它符合药品贮存温度要求的设施设备。

10.2 冷藏药品的贮存应有自动监测、自动调控、自动记录及报警装置，温度自动监测布点应经过验证，符合药品冷藏要求。

10.3 冷藏（保温）箱应根据不同材质、不同配置方式以及环境温度进行保温性能验证，并在验证结果支持的范围内进行运输。

10.4 冷藏车应符合 QC/T 449 的规定和要求，并应具有独立制冷 / 制热系统、自动温度监控记录功能，实施实时温度监测。

10.5 对于使用的冷藏车，要进行空载温度分布验证，达到要求后方可投入使用。正式使用后，要进行冷藏车配送在途（满载）温度分布验证。根据冷藏车温度分布验证结果，制定冷藏车使用操作细则，明确装车要求、货品摆放位置及注意事项。

10.6 在用的冷藏车辆每年在极端温度环境下进行在途温度验证。

10.7 冷藏设施设备应配有备用发电机组或安装双路电路。

10.8 冷藏药品贮存、运输设施设备应有校准方案、定期维护方案和紧急处理方案，有专人定期进行检查、校准、清洁、管理和维护，并有记录，记录至少保存五年。

10.9 建立健全冷藏药品贮存运输设施设备档案，并对其运行状况进行记录，记录至少保存五年。

11　人员配备

11.1　应配备与药品冷链管理、经营规模相适应的专业技术人员。

11.2　冷藏药品的收货、验收、养护人员应经过相应培训，熟悉冷链基础知识、所经营冷藏药品的温（湿）度敏感性特点、产品分销特点等冷链管理内容。

11.3　从事冷藏药品收货、验收、贮存、养护、发货、运输等工作的人员，应接受冷藏药品的贮存、运输、突发状况应急处理等业务培训。

11.4　冷藏（保温）箱的操作、使用、维护等人员必须经过产品温（湿）度敏感性特点、箱体适用条件、蓄冷剂预冷条件等专业知识的培训。

11.5　冷链管理中所涉及的计算机系统、温度记录仪的使用等，应对相关人员进行培训。

11.6　应建立操作人员和管理人员培训计划，并定期进行培训有效性和充分性的评估。

11.7　参与冷链验证的人员应经过有关培训。

11.8　直接接触药品的人员应每年进行健康体检。

附录 A（资料性附录）

冷藏药品运输交接单

日期：年　月　日

<table>
<tr><td>供货单位
（发运单位）</td><td colspan="6"></td></tr>
<tr><td>购货单位
（接收单位）</td><td colspan="6"></td></tr>
<tr><td rowspan="6">药品简要信息
（应与所附销售随货同行联相对应）</td><td>序号</td><td colspan="2">药品名称 / 规格 / 生产企业 / 生产批号</td><td colspan="2">数量</td><td>备注</td></tr>
<tr><td>1</td><td colspan="2"></td><td colspan="2"></td><td></td></tr>
<tr><td>2</td><td colspan="2"></td><td colspan="2"></td><td></td></tr>
<tr><td>3</td><td colspan="2"></td><td colspan="2"></td><td></td></tr>
<tr><td>4</td><td colspan="2"></td><td colspan="2"></td><td></td></tr>
<tr><td>5</td><td colspan="2"></td><td colspan="2"></td><td></td></tr>
<tr><td>温度控制要求</td><td colspan="2"></td><td colspan="2">装载环境温度</td><td colspan="2"></td></tr>
<tr><td>温度控制设备</td><td colspan="2"></td><td colspan="2">预冷温度</td><td colspan="2"></td></tr>
<tr><td>运输方式</td><td colspan="2"></td><td colspan="2">运输工具</td><td colspan="2"></td></tr>
<tr><td>启运时间</td><td colspan="2"></td><td colspan="2">启运时温度</td><td colspan="2"></td></tr>
<tr><td>保温实现</td><td colspan="2"></td><td colspan="2">随货同行联编号</td><td colspan="2"></td></tr>
<tr><td>发货人员签字</td><td colspan="2"></td><td colspan="2">运输人员签字</td><td colspan="2"></td></tr>
<tr><td>备注</td><td colspan="6"></td></tr>
<tr><td colspan="7">以上信息发运时填写
以下信息收货时填写</td></tr>
<tr><td>到达时间</td><td colspan="2"></td><td colspan="2">在途温度是否报警</td><td colspan="2"></td></tr>
<tr><td>到达时温度</td><td colspan="2"></td><td colspan="2">接收人员签字</td><td colspan="2"></td></tr>
<tr><td>备注</td><td colspan="6"></td></tr>
</table>

4 行业运行

INDUSTRIAL OPERATION

TO DO

整体运行

2010年药品流通行业运行统计分析报告

一、药品流通行业发展概况和评价

（一）国际国内经济环境及行业发展概述

1、国际药品市场环境

全球药品市场2010年继续保持增长态势，但增速有所降低。据统计，2010年全球药品销售金额达8746亿美元，同比增长4.1%，2006-2010年4年复合增长率为6.2%。其中，美国药品销售金额达3074亿美元，同比增长2.4%，明显低于2009年5.1%的增幅；欧洲药品销售金额达2532亿美元，同比增长2.4%，4年复合增长率为5.6%；日本药品销售金额达1023亿美元，同比增长0.1%，4年复合增长率为2.6%①。

以美国为代表的全球药品供应链也呈现出几大趋势：政府在药品市场中的地位日益重要，并且将直接改变药品定价机制；全面进入非专利药时代，终端市场竞争加剧，拥有成本价格优势的供应商将最终胜出；专业型药品（自助式注射类、医师注射类药品）将占据更大市场份额（2020年达到40%），直接影响药品供应链的变化趋势；医疗改革催生新客户群，增加供应链收益的透明度，加速行业并购；收购案例持续增加，全球性供应链并购案例即将出现。

2、国内药品市场环境

2010年是我国深化医疗卫生体制改革的关键之年，一些具备条件的重大改革陆续实施，60%的城市社区卫生服务机构实施了基本药物制度，7类重大公共卫生服务项目及医疗救助新政启动，基本医疗保障体系初步形成，公立医院改革试点向更深层次发展。国家新医改的逐步推进为药品流通行业提供了更广阔的发展空间。

3、药品流通行业发展概述

2010年，我国国民经济运行态势总体良好，国内生产总值同比增长10.3%。在国家宏观经济环境总体向好和新医改推进的影响下，药品流通行业总体保持平稳较快发展，呈现出销售增势平稳、效益水平良好的发展格局。行业规模稳步扩大，行业结构有所改善，社会作用逐步加强，现代医药物流和连锁经营得到发展，行业集中度、流通效率和现代化水平有所提高，国际化发展趋势更加明显。

（二）药品流通行业发展评价

1、药品流通行业发展整体规模

（1）行业规模平稳增长

图1　2005-2010年药品流通行业销售规模及趋势

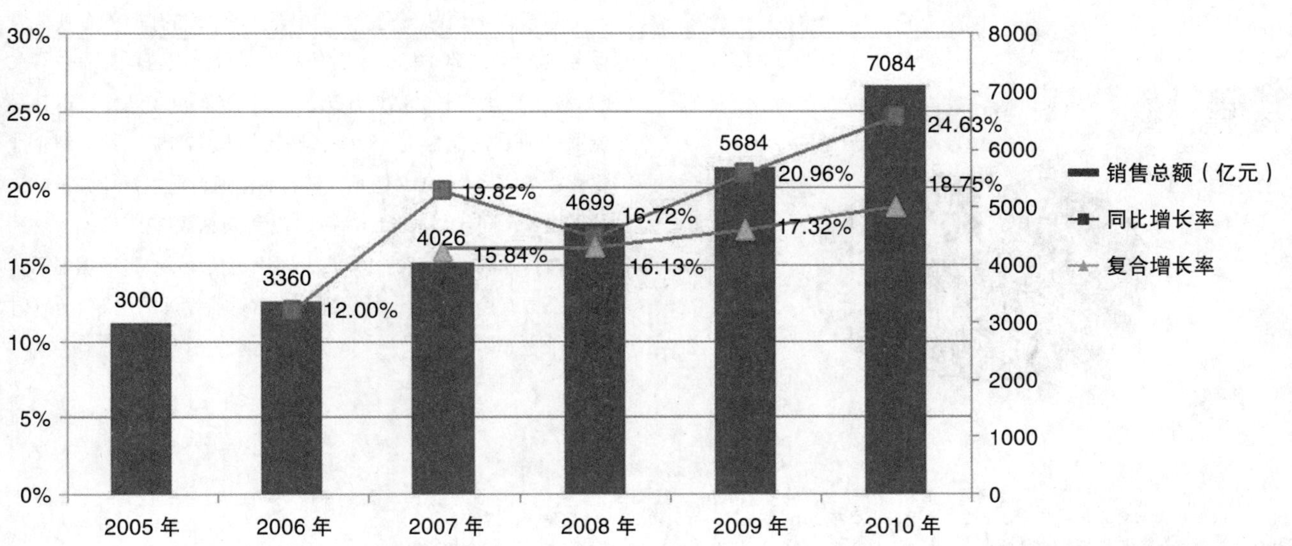

① 数据来源：IMS Health Market Prognosis。

截至2009年底，全国共有药品批发企业1.3万多家，同比增长2.3%。药品零售连锁企业2149家，同比增长8.3%；下辖门店13.5万多家，同比增长5.0%；零售单体药店25.3万多家，同比增长7.0%。零售药店门店总数达38.8万多家，同比增长6.1%②。

（2）销售规模保持较快增长

2010年我国药品流通行业销售总额达到7084亿元，比上年增长24.6%。其中，2010年医药零售市场销售规模达1275亿元，增幅稳定在20%左右。

2、药品流通行业发展结构

（1）销售结构

药品类③销售占主导地位。在七大类医药商品销售中，药品类占到销售总额的78.0%；其次为中成药类，占销售总额的13.8%；中药材类占销售总额的3.3%；医疗器械类占销售总额的2.6%；化学试剂类占销售总额的0.4%；玻璃仪器类占销售总额的0.1%；其他类占销售总额的1.8%(详见附录表1-表5)。

农村消费市场稳步增长。2010年全国七大类医药商品销售中，对农村销售额为1063亿元，比上年同期增长23.2%，增幅提高了5个百分点，农村用药需求进一步增加。

国家基本药物销售增幅较快。2010年直报药品批发企业（数据来自统计系统中420家直报企业）国家基本药物配送总额为428亿元，比上年增长20%左右。

药品批发直报企业对国家基本药物基层配送费用总额为8亿元，其中，城市社区卫生服务机构配送费用占63%，县（基层）医疗卫生机构配送费用占37%。

图2　2010年度药品批发直报企业国家基本药物配送总额比重

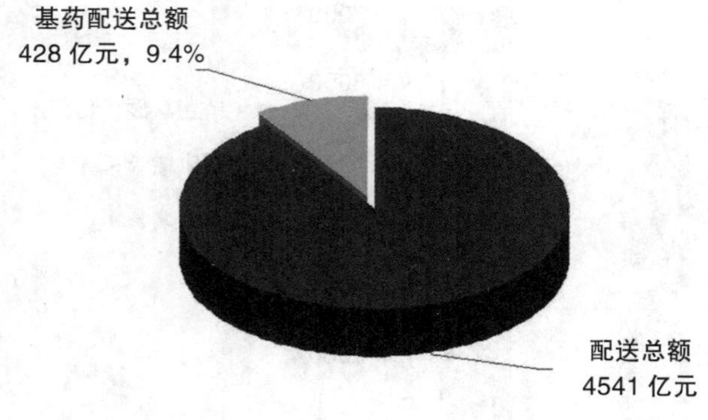

图3　2010年度药品批发直报企业国家基本药物基层配送费用分布

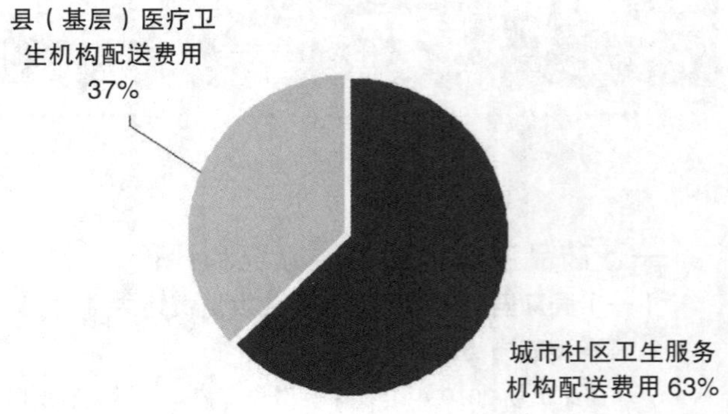

按销售对象分类。2010年，对批发企业销售额为3110亿元，占销售总额的43.9%，较上年增长0.3个百分点；纯销（包含对医疗终端、零售终端和居民的销售）3974亿元，占销售总额的56.1%，与上年基本持平。

（2）区域销售比重结构

2010年区域销售比重分别为：华东44.2%、华北20.3%、华南19.7%、西南8.1%、东北4.8%、西北2.9%。其中：华东、华北、华南三大区域占到市场总额的84.2%。

2010年销售额居前10位的省市依次为上海、北京、江苏、浙江、山东，广东、安徽、天津、湖北、河北。10省（市）销售总额占全国销售比重的68.5%。

（3）所有制结构

规模以上药品流通企业④中，国有及国有控股企业主营业务收入为3054.1亿元，占药品流通行业主营业务总收入的62.2%，同比增长28.7%，实现利润总额64.2亿元，占药品流通行业利润总额的58.9%，同比增长17.1%；股份制企业主营业务收入为1035亿元，占药品流通行业主营业务总收入的21.1%，同比增长31.1%，实现利润总额22.5亿元，占药品流通行业利润总额的20.7%，同比增长45.4%。数据显示，国有及国有控股企业、股份制企业占行业发展的主导地位（详见附录表6）。

② 数据来源：国家食品药品监督管理局，由于尚未公布2010年数据，故引用2009年数据。
③ 药品类包括化学原料药及其制剂、抗生素、生化药品、放射性药品、血清、疫苗、血液制品和诊断药品等。
④ 指药品流通行业统计直报系统中，销售额超过5000万元的批发型企业和销售额超过2000万元的零售型企业。

图 4　**2010 年度药品流通直报企业主营业务收入所有制结构分布**

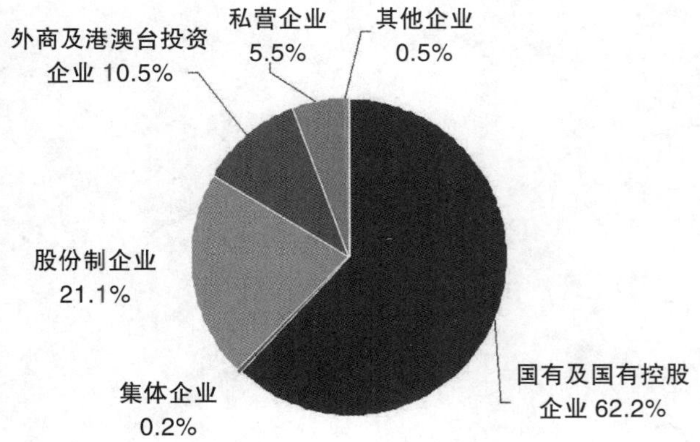

图 5　**2010 年度药品流通直报企业利润总额所有制结构分布**

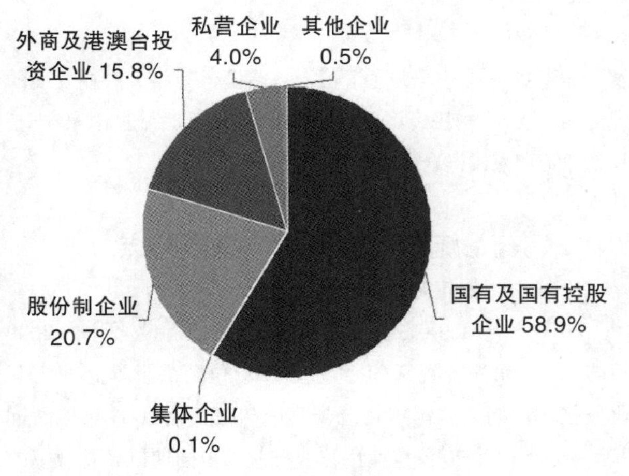

（4）企业规模结构

2010年，直报系统中577家企业的资产总额为2365亿元，负债总额为1719亿元，主营业务收入为4907亿元，实现利润总额109亿元，2010年直报企业平均利润率2.2%，毛利率7.6%、费用率5.5%。

主营业务收入10亿元以上的药品流通企业共104家，其平均利润率为2.3%，平均毛利率为7.8%，平均费用率为4.8%，平均资产负债率为76.8%。规模以上企业盈利能力不断增强，拉动了行业效益水平的平稳增长。

（5）配送结构

2010年药品批发企业商品配送货值为4541亿元（数据来自统计系统中560家直报企业），自有配送中心配送金额占79.6%，非自有配送中心配送金额占20.4%；2010年直报药品批发企业物流费用为47亿元，自主配送物流费用占总配送费用87%，委托配送物流费用占13%。物流费用占三项费用（营业费用、管理费用、财务费用）总额的17.4%，占营业费用的29.9%。

图 6　**2010 年度药品批发直报企业商品配送总额结构**

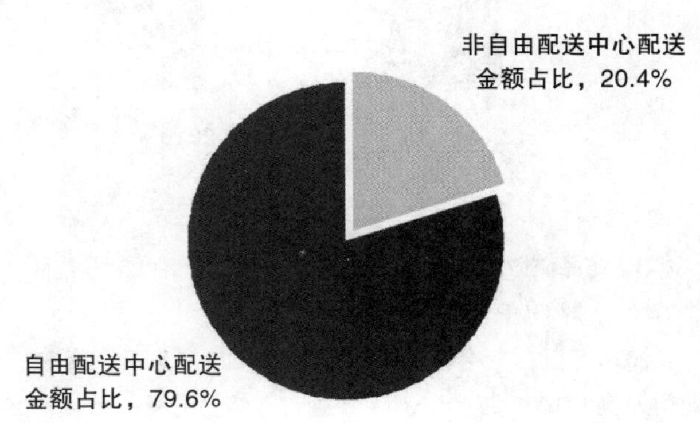

图 7　**2010 年度药品批发直报企业物流费用结构**

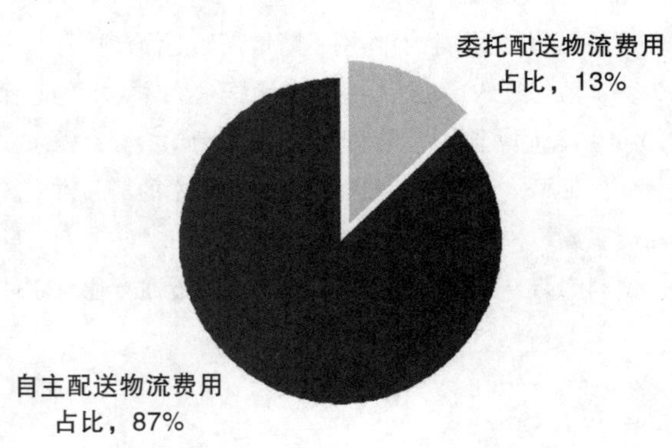

（6）零售连锁前100位企业销售浅析

从零售连锁前100位企业销售结构看，处方药、非处方药和非药品类各占三分之一左右。据统计，2010年前100位零售连锁企业销售总额中处方药占比为32%，比上年提高1个百分点；非处方药占比为38%，同比下降1个百分点；非药品类（含保健品）销售占比为30%，与上年相比基本持平[⑤]。

图8　2009-2010年零售连锁前100位企业销售结构统计

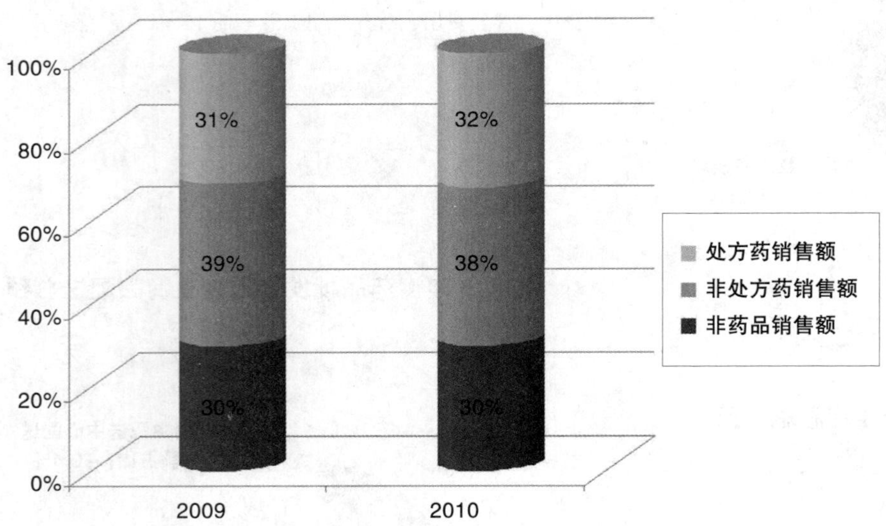

3、药品流通行业贡献度

（1）对GDP、税收和就业的贡献

2010年全国社会消费品零售总额154554亿元，第三产业增加值171005亿元[⑥]。药品流通行业销售总额占社会消费品零售总额的4.6%，占第三产业增加值的4.1%。

截至2010年底，药品流通（数据来自统计系统中589家直报企业）企业固定资产投资386019万元，占第三产业投资的0.03%。

截至2010年底，药品流通（数据来自统计系统中577家直报企业）企业纳税额303847万元，从业人员数约为410万人。

（2）其他贡献

药品流通行业的社会作用不断增强。药品流通骨干企业成为基本药物配送、药品储备和应急配送主体，不仅确保了2010年上海世博会、广州亚运会等重大活动的药品需求，而且有效保证了重大灾情、疫情等自然灾害中的药品供应。各类药店服务约为138亿人次，同比增长5.4%，在方便百姓安全、便利购药方面发挥了重要作用。药品流通行业对软件开发、信息技术装备、交通运输、仓储设备等相关产业发展的带动性增强，在国民经济中的地位日益显现，为维护国家安全、社会稳定和人民群众利益做出了重大贡献。

二、药品流通行业发展的主要特点

（一）行业集中度进一步提高

2010年，第100位的药品批发企业主营业务收入由2009年的7.3亿元提升到9.3亿元。前100位药品批发企业主营业务收入占同期全国市场总规模的78%，比2009年提高近8个百分点；前20位企业主营业务收入占同期市场总规模的53%；前10位企业主营业务收入占同期市场总规模的42%。前三位医药集团主营业务收入占同期全国市场的26.7%，比2009年提高5.8个百分点[⑦]。

药品零售连锁企业前100位销售额合计679亿元，同比增长16.7%，占同期零售市场规模的53.3%。前10位零售连锁企业销售总额279亿元，同比增长18.3%，占同期零售市场规模的21.9%，占前100位企业销售总额的41.1%，同比增长1个百分点[⑧]。

⑤ 部分数据取自中国医药商业协会。

⑥ 数据来源：国家统计局。

⑦ 数据已按同口径折合计算。

⑧ 部分数据取自中国医药商业协会。

（二）药品零售连锁化趋势进一步明显

零售药店连锁化趋势有所提升。直营店总数超过 1000 家的有 6 家，比 2009 年增加了 1 倍，直营门店总数最多的达 2990 家，比 2009 年增加了 123 家。前 100 位零售连锁企业中跨区域经营的连锁企业 24 家，其中排名前 10 位的企业全部为跨区域连锁企业。

2010 年，全国连锁药店销售额超过 30 亿元的有 5 家。排名前 10 位的连锁药店年销售额均超过 20 亿元；销售额超过 10 亿元的有 17 家；年销售额超过 5 亿元的有 36 家。

（三）现代医药物流发展较快

具有现代医药物流能力的企业，已将现代医药物流向医院延伸，建立了医院的物流信息管理系统。这一做法顺应了新医改方向，将提升医院药库和药房的管理水平及效率，降低管理费用，推动医药流通企业经济增长方式的转变。

加速现代医药物流业发展，完善基本药物目录品种的供应保障体系，有效利用邮政、仓储等社会物流资源，促进第三方医药物流发展，提高药品流通效率是药品流通行业转型的核心。据不完全统计，2010 年我国药品流通行业，直报企业药品配送总额比上年增长 25.4%，自主配送金额比上年增长 20.3%，非自主配送金额比上年增长 49.1%。药品流通企业在物流建设和企业信息化建设中的投入增加，自有配送中心数量增长幅度为 10.9%，信息系统建设较上年增长 29.8%（数据来自统计系统中 289 家直报企业）。

（四）行业发展仍存在一些问题

2010 年，药品流通行业发展态势良好，为今后医药经济持续平稳增长奠定了基础，但也存在一些矛盾和问题。一是流通组织化现代化水平较低。药品流通行业集中度低，发展水平不高，跨区域扩展缓慢。现代医药物流发展相对滞后，管理水平、流通效率和物流成本与发达国家存在较大差距。据统计，我国药品流通行业费用率高达 7% 左右，美国和日本费用率只有 1–1.5%；二是药品流通城乡发展不够平衡，发达地区和城市药品流通企业过度集中，农村和“老、少、边、岛、渔、牧”等偏远地区药品配送网络未能全面有效覆盖，药品可及性有待提高。三是药店连锁率仍然较低，盈利能力不强，同质化竞争明显，专业服务能力有待提升等问题不容忽视。四是流通秩序有待规范，药品购销领域各类违规经营现象比较突出，部分零售药店出售假劣、过期等不合格药品。

三、药品流通行业发展趋势预测

2011 年 5 月，商务部印发了《全国药品流通行业发展规划纲要（2011–2015 年）》，分析了行业发展面临的形势和挑战，明确了行业发展的指导思想和主要目标，提出了行业发展的主要任务和保障措施。规划纲要的印发，以及各级政府相关政策导向和市场竞争的加剧，将对行业未来发展产生重大影响。

（一）药品流通市场规模将继续增加

2011 年是我国继续深化医药卫生体制的关键一年，是落实五项重点改革三年实施方案的最后一年。全民医保的目标将继续推动，新农合和城镇居民医保的政府补贴标准由每人每年 120 元提高到 200 元，基本公共卫生服务经费标准由人均 15 元提高到 25 元，政策范围内住院报销比例由 60% 提高到 70% 左右，基本药物制度将在基层实现全覆盖。医改措施将释放相关医疗需求，同时带动药品需求的增加，使药品流通的市场规模继续扩大。

（二）行业结构调整步伐将进一步加快

企业借助资本力量进行并购重组将继续促进行业结构调整和行业集中度提高。一批以上市公司为主体的大型企业集团将成为兼并重组的发动机，大型企业集团间的竞争已拉开序幕；中小药品流通企业或主动并入大型企业，共享大型企业的品牌资源，或采用联购分销、共同配送等方式结成联盟，应对激烈的市场竞争。连锁药店的渠道控制力会增强，直营门店数量会相应增加，单体药店数量会减少，连锁率进一步提升。

（三）行业现代化水平将进一步提升

现代化的药品物流园区和配送中心建设将提速，利用现代科技手段和信息技术的医药物流水平将有较大提高。现代医药物流将继续向医疗机构和生产企业延伸，供应链建设和管理水平将继续提高。药品零售市场的电子商务等新型营销方式仍会在满足安全的前提下，稳步发展。企业间的竞争除在发展战略、基础管理、业务整合、客户服务和品牌经营能力等方面继续较量外，还将突出现代管理技术和物流技术应用能力、信息处理能力、业务流程再造与信息化结合能力等方面的竞争，将有力促进行业整体供应链管理现代化水平的提高。

（四）行业管理工作将呈现新局面

商务部将陆续出台落实规划纲要的配套措施，各省市也将制定发布具体的规划，并进一步完善行业管理的工作体系，这将彻底改变长期以来药品流通行业管理弱化的局面。行业统计制度的实施将进一步夯实行业管理的基础，统计信息的发布将有效引导市场，也会为增强行业凝聚力发挥作用。行业标准的陆续出台将促进行业规范发展。中高级职业人以及执业药师等相关从业人员培训的开展将大大提升行业职工队伍素质。行业诚信体系的建设，将有力促进行业自律机制的形成，使流通秩序得到进一步规范。

附录：

2010 年度区域总销售统计表

表 1

序号	地区	商品销售总额（万元）	药品类销售占比 (%)	中成药类销售占比 (%)	中药材类销售占比 (%)
	全国总计	70844299	78.0	13.8	3.3
1	上海市	7027893	74.1	12.6	5.3
2	北京市	6893055	75.9	11.3	5.2
3	江苏省	5911905	77.2	15.3	3.4
4	浙江省	5638914	74.3	16.3	4.9
5	山东省	5010876	74.7	12.9	2.5
6	广东省	5010799	76.7	17.4	2.6
7	安徽省	4705657	96.5	3.2	0.1
8	天津市	3088082	73.7	23.5	1.6
9	湖北省	2843883	83.2	3.4	2.4
10	河北省	2375449	83.1	11.0	2.4
11	湖南省	2315784	88.4	8.4	2.5
12	重庆市	2251208	66.7	24.9	4.0
13	河南省	2151698	80.0	11.3	2.8
14	辽宁省	1918952	83.0	14.0	1.0
15	四川省	1837054	66.9	16.8	9.9
16	山西省	1755654	78.1	19.4	1.1
17	福建省	1575663	85.1	8.0	3.2
18	江西省	1429131	71.9	21.9	0.6
19	云南省	1146958	90.6	3.7	1.3
20	黑龙江省	1050731	86.6	9.8	0.9
21	海南省	930817	89.8	7.9	0.6
22	陕西省	920212	60.4	34.7	3.6
23	广西壮族自治区	705693	65.4	27.6	4.0
24	甘肃省	534982	65.5	11.1	16.8
25	贵州省	520690	79.1	18.2	0.3
26	新疆维吾尔自治区	490790	81.9	16.5	0.3
27	吉林省	438888	65.3	27.3	0.6
28	内蒙古自治区	238694	81.7	11.9	1.7
29	宁夏回族自治区	87791	63.9	28.2	3.7
30	青海省	36396	70.5	20.5	4.6

2010 年度药品类区域销售统计表

表 2

序号	地区	药品类销售总额（万元）	区域销售比重 %
	全国总计	55293593	
1	北京市	5230941	9.46
2	上海市	5207297	9.42
3	江苏省	4561334	8.25
4	安徽省	4541146	8.21
5	浙江省	4189264	7.58
6	广东省	3841330	6.95
7	山东省	3741722	6.77
8	湖北省	2366204	4.28
9	天津市	2275657	4.12
10	湖南省	2047927	3.70
11	河北省	1973588	3.57
12	河南省	1720924	3.11
13	辽宁省	1593139	2.88
14	重庆市	1502078	2.72
15	山西省	1371755	2.48
16	福建省	1341498	2.43
17	四川省	1229357	2.22
18	云南省	1039696	1.88
19	江西省	1027838	1.86
20	黑龙江省	910101	1.65
21	海南省	836022	1.51
22	陕西省	555376	1.00
23	广西壮族自治区	461490	0.83
24	贵州省	411901	0.74
25	新疆维吾尔自治区	402060	0.73
26	甘肃省	350616	0.63
27	吉林省	286466	0.52
28	内蒙古自治区	195067	0.35
29	宁夏回族自治区	56138	0.10
30	青海省	25655	0.05

2010 年度中成药类区域销售统计表

表 3

序号	地区	中成药类销售总额（万元）	区域销售比重 (%)
	全国总计	9748122	
1	浙江省	916585	9.40
2	江苏省	906237	9.30
3	上海市	885205	9.08
4	广东省	871861	8.94
5	北京市	777663	7.98
6	天津市	725403	7.44
7	山东省	648419	6.65
8	重庆市	560473	5.75
9	山西省	340311	3.49
10	陕西省	319591	3.28
11	江西省	313190	3.21
12	四川省	308747	3.17
13	辽宁省	268820	2.76
14	河北省	261753	2.69
15	河南省	244208	2.51
16	湖南省	195564	2.01
17	广西壮族自治区	195070	2.00
18	安徽省	150668	1.55
19	福建省	126009	1.29
20	吉林省	119843	1.23
21	黑龙江省	103042	1.06
22	湖北省	97765	1.00
23	贵州省	94929	0.97
24	新疆维吾尔自治区	81054	0.83
25	海南省	73097	0.75
26	甘肃省	59319	0.61
27	云南省	42724	0.44
28	内蒙古自治区	28324	0.29
29	宁夏回族自治区	24772	0.25
30	青海省	7475	0.08

2010年度中药材类区域销售统计表

表4

序号	地区	中药材类销售总额（万元）	区域销售比重(%)
	全国总计	2322976	
1	上海市	369757	15.92
2	北京市	355993	15.32
3	浙江省	275908	11.88
4	江苏省	203366	8.75
5	四川省	182482	7.86
6	广东省	130352	5.61
7	山东省	127659	5.50
8	重庆市	90173	3.88
9	甘肃省	89841	3.87
10	湖北省	67568	2.91
11	河南省	59912	2.58
12	湖南省	56937	2.45
13	河北省	56639	2.44
14	福建省	50973	2.19
15	天津市	50241	2.16
16	陕西省	33227	1.43
17	广西壮族自治区	28249	1.22
18	辽宁省	19295	0.83
19	山西省	18571	0.80
20	云南省	14595	0.63
21	黑龙江省	9289	0.40
22	江西省	8846	0.38
23	海南省	5230	0.23
24	内蒙古自治区	3939	0.17
25	安徽省	3733	0.16
26	宁夏回族自治区	3223	0.14
27	吉林省	2502	0.11
28	青海省	1656	0.07
29	贵州省	1591	0.07
30	新疆维吾尔自治区	1228	0.05

2010年度医疗器械类区域销售统计表

表5

序号	地区	医疗器械类销售总额（万元）	区域销售比重(%)
	全国总计	1868808	
1	山东省	436628	23.36
2	北京市	321681	17.21
3	湖北省	266478	14.26
4	江苏省	108129	5.79
5	浙江省	104559	5.59
6	上海市	102974	5.51
7	广东省	91614	4.90
8	河南省	71238	3.81
9	四川省	63798	3.41
10	河北省	54342	2.91
11	福建省	32743	1.75
12	重庆市	29512	1.58
13	甘肃省	20916	1.12
14	辽宁省	19403	1.04
15	云南省	19254	1.03
16	黑龙江省	14917	0.80
17	江西省	14266	0.76
18	山西省	14106	0.75
19	海南省	14102	0.75
20	广西壮族自治区	12112	0.65
21	天津市	11628	0.62
22	陕西省	9594	0.51
23	湖南省	8623	0.46
24	贵州省	7288	0.39
25	新疆维吾尔自治区	6446	0.34
26	内蒙古自治区	4351	0.23
27	安徽省	3518	0.19
28	宁夏回族自治区	2538	0.14
29	吉林省	1264	0.07
30	青海省	787	0.04

表6

2010年度药品流通直报企业主要经济指标分类统计表

所有制分类	主营业务收入(亿元)	占比(%)	同比增长(%)	利润总额(亿元)	占比(%)	同比增长(%)
国有及国有控股企业	3054.05	62.2	28.7	64.22	58.9	17.1
集体企业	9.48	0.2	−4.4	0.11	0.1	11.3
股份制企业	1035.00	21.1	31.1	22.54	20.7	45.4
外商及港澳台商投资企业	515.61	10.5	13.1	17.20	15.8	51.0
私营企业	270.94	5.5	27.6	4.40	4.0	65.2
其他企业	21.91	0.5	10.1	0.52	0.5	−3.9

表7

2010年度批发企业主营业务收入前100位排序[⑨]

序号	企业名称	主营业务收入(万元)
1	中国医药集团总公司	8796728
2	上海医药集团股份有限公司	3301187
3	华润北药集团有限公司	3234991
4	九州通医药集团有限公司	2122121
5	南京医药股份有限公司	1525979
6	广州医药有限公司	1443980
7	天津医药集团有限公司	1070896
8	重庆医药股份有限公司	1070582
9	华东医药股份有限公司	897184
10	四川科伦医药贸易有限公司	860141
11	天津天士力医药营销集团有限公司	741964
12	浙江英特药业有限责任公司	663397
13	云南省医药有限公司	617205
14	中信药业实业有限公司	608715
15	上海永裕医药有限公司	603964
16	新龙药业集团	600849
17	哈药集团医药有限公司	600217
18	中国医药保健品股份有限公司	588624

⑨ 部分数据取自中国医药商业协会。

序号	企业名称	主营业务收入（万元）
19	乐仁堂医药集团股份有限公司	526891
20	健康元药业集团股份有限公司	441508
21	重庆桐君阁股份有限公司	433323
22	山东海王银河医药有限公司	428383
23	东北制药集团供销有限公司	374219
24	国药控股常州有限公司	358625
25	河北东盛英华医药有限公司	351843
26	四川省医药集团有限责任公司	319224
27	济南中信医药有限公司	312208
28	上海市药材有限公司	306123
29	浙江省医药工业有限公司	304670
30	鹭燕（福建）药业股份有限公司	260272
31	天津中新药业集团股份有限公司医药公司	258368
32	石药集团河北中诚医药有限公司	257193
33	苏州礼安医药有限公司	252504
34	山西省医药集团有限责任公司	251139
35	中国北京同仁堂（集团）有限责任公司	246070
36	江西汇仁集团医药科研营销有限公司	241011
37	河南圣光集团医药物流有限责任公司	239472
38	山东瑞康医药股份有限公司	221299
39	深圳中联广深医药（集团）股份有限公司	220972
40	上海雷允上药业有限公司	220364
41	广西柳州医药有限责任公司	214319
42	全洲药业集团有限公司	207567
43	天津领先药业连锁集团有限公司	205775
44	汕头市创美药业有限公司	198691
45	天圣制药集团股份有限公司	195484
46	北京天星普信生物医药有限公司	194634
47	江苏省医药公司	186748
48	哈药集团三精医药商贸有限公司	185589
49	云南鸿翔药业有限公司	185016

序号	企业名称	主营业务收入（万元）
50	南京华东医药有限责任公司	177086
51	天津天时力医药有限公司	173247
52	北京市京新龙医药销售有限公司	171451
53	山东康惠医药有限公司	170400
54	陕西华远医药集团有限公司	170387
55	广州中山医医药有限公司	166603
56	常州药业股份有限公司	166260
57	浙江嘉信医药股份有限公司	164000
58	江苏先声药业有限公司	162236
59	山东瑞中医药有限公司	158668
60	罗欣医药集团有限公司	154846
61	回音必集团有限公司	153229
62	浙江震元股份有限公司	150328
63	北京普仁鸿医药销售有限公司	149890
64	温州市生物药械供应有限公司	149846
65	广州采芝林药业有限公司	149161
66	济南药业集团有限责任公司	146990
67	北京双鹤药业经营有限责任公司	146795
68	河南爱生医药物流有限公司	141701
69	湖南博瑞新特药有限公司	141441
70	河南省医药有限公司	134487
71	上海外高桥医药分销中心有限公司	128181
72	宁波海尔施医药股份有限公司	127739
73	台州上药医药有限公司	125351
74	上海市医药保健品进出口有限公司	123675
75	辽宁省医药对外贸易公司	120283
76	安徽省医药（集团）股份有限公司	119671
77	无锡山禾集团医药物流股份有限公司	118076
78	嘉事堂药业股份有限公司	116223
79	苏州恒祥进出口有限公司	115646
80	浙江医药股份有限公司商业公司	115398

序号	企业名称	主营业务收入（万元）
81	北京美康永正医药有限公司	113426
82	云南东骏药业有限公司	113243
83	河南省康信医药有限公司	112940
84	杭州凯仑医药股份有限公司	112273
85	北京金象复星医药股份有限公司	110886
86	上海第一医药股份有限公司	110208
87	上海康健进出口有限公司	109656
88	山东高密鸿生医药有限公司	109324
89	海南泰凌生物制品有限公司	109257
90	湖北百惠医药有限公司	108511
91	辽宁省医药实业有限公司	108500
92	浙江温岭医药药材有限公司	107220
93	重庆科渝药品经营有限责任公司	105615
94	山东新华医药贸易有限公司	104573
95	福建省华侨实业集团有限责任公司	103526
96	中国永裕新兴医药有限公司	102132
97	宁波市鄞州医药药材有限公司	97421
98	昆山双鹤医药有限责任公司	94127
99	上海虹桥药业有限公司	93309
100	湖南双舟医药有限责任公司	93000

备注说明：

1. 为了解全国药品流通行业经营活动的基本情况，为各级政府部门制定行业发展政策和进行经济管理与宏观调控提供依据，商务部依据《中华人民共和国统计法》规定，结合药品流通行业的实际情况制订了《药品流通行业统计报表制度》，建立了网上直报统计系统。

2. 本制度由地方商务主管部门、相关行业协会组织落实，并接受同级政府统计机构的业务指导。

3. 本制度数据来源为地方商务主管部门、相关行业协会、药品批发和零售业企业。由于部分地方商务部门尚未明确药品流通行业管理职能，故未能填报有关数据。参与直报的药品流通企业数量近600家。

4. 报告中所引用的行业数据和药品流通企业的相关数据依据《药品流通行业统计报表制度》，取自药品流通行业网上直报统计系统。

5. 报告引用的批零企业数量，取自国家食品药品监督管理局。（2010年数据尚未公布）

6. 行政区划

华北地区：北京、天津、河北、山西、内蒙古；

东北地区：辽宁、吉林、黑龙江；

华东地区：上海、江苏、浙江、安徽、福建、江西、山东；

中南地区：河南、湖北、湖南、广东、广西；

西南地区：重庆、四川、贵州、云南；

西北地区：陕西、甘肃、青海、宁夏、新疆。

2011年药品流通行业运行统计分析报告

一、药品流通行业发展概况

（一）发展概述

2011年全球医药市场继续保持增长态势。在国家"十二五"开局之年，中国宏观经济环境总体平稳，中国医药经济在医改的带动下发展势头良好，为药品流通行业改革与发展奠定了坚实基础。

2011年，商务部印发了《全国药品流通行业发展规划纲要（2011-2015年）》（以下简称《规划纲要》）。在《规划纲要》引导下，药品流通行业积极推进经济结构调整和发展方式转型升级，企业兼并重组提速，市场集中度、流通效率和管理现代化水平进一步提升，药品批发企业主动由传统的药品批发商向医药健康产业服务提供商转型，药品零售企业着力进行战略调整，积极应对困难和挑战，加快发展连锁经营，有效促进了市场竞争力的增强和经济效益的改善。全行业总体态势为转型发展期，并且在保增长、调结构、促改革、惠民生方面做出了不懈的努力，进一步提升了对宏观经济增长的贡献率。

（二）运行分析

1、整体规模

2011年药品流通市场需求活跃，行业购销稳步增长。全年药品流通行业销售总值达到9426亿元①，扣除不可比因素，同比增长23%。其中，药品零售市场销售规模达1885亿元，增幅稳定在20%左右。

2011年全国药品流通直报企业主营业务收入为6568亿元，同比增长23%；实现利润总额152亿元，同比增长17%；平均毛利率7.2%，同比下降0.4个百分点；平均利润率2.2%，与上年持平（平均净利润率为1.6%，同比下降0.3个百分点）；平均费用率为5.3%，同比下降0.2个百分点。

截至2010年底，全国共有药品批发企业1.35万家；零售药店门店总数39.9万多个，其中药品零售连锁企业2310家，下辖门店13.7万个，零售单体药店26.2万个②。

图1　2006-2011年药品流通行业销售趋势图

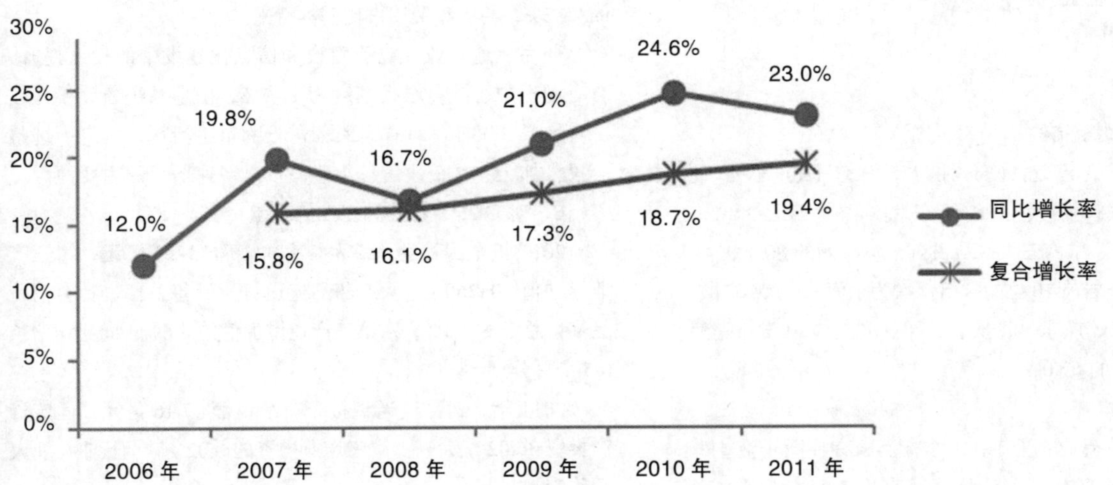

① 销售总值含七大类医药商品。

② 数据来源：国家食品药品监督管理局，由于尚未公布2011年数据，故引用2010年数据。

2、销售结构

药品类[③]销售占主导地位。在七大类医药商品销售中，药品类占销售总额的 76.2%；其次为中成药类，占 15.2%；中药材类占 2.9%；医疗器械类占 2.7%；化学试剂类占 0.5%；玻璃仪器类占 0.1%；其他类占 2.4%(详见附录表 1- 表 5)。

按销售对象分类。2011 年，对批发企业销售额为 4147 亿元，占销售总额的 44.0%，与上年基本持平；纯销（包含对医疗终端、零售终端和居民的销售）5279 亿元，占销售总额的 56.0%，与上年基本持平。

国家基本药物销售增幅较快。2011 年参与国家基本药物配送的药品批发直报企业国家基本药物配送总额为583 亿元，比上年增长 24%，增速比去年提高 4 个百分点。

农村市场稳步增长。2011 年全国七大类医药商品销售中，对农村销售额为 1461 亿元，扣除不可比因素，比上年同期增长 27%，增幅提高了约 4 个百分点，农村用药需求进一步增加。

图 2　**2011 年规模以上药品流通直报企业主营业务收入所有制结构分布**

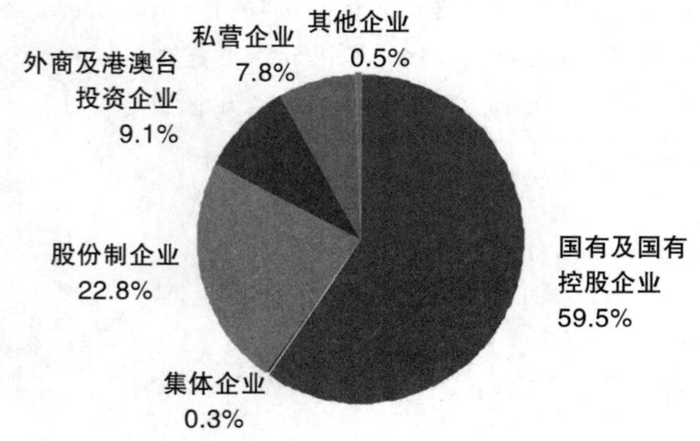

3、区域销售比重结构

2011 年区域销售比重分别为：华东 42.0%、华北 19.3%、中南 19.1%、西南 11.6%、东北 5.0%、西北 3.0%。其中：华东、华北、中南三大区域占到市场总额的 80.4%。

2011 年销售额居前 10 位的省市依次为上海、北京、安徽、浙江、江苏、山东、广东、重庆、天津、湖北。10 省市销售额占全国销售总额的 67.0%。

4、所有制结构

规模以上药品流通企业[④]中，国有及国有控股企业主营业务收入为 3909.1 亿元，占药品流通直报企业主营业务总收入的 59.5%，实现利润 82.4 亿元，占直报企业利润总额的 54.2%；股份制企业主营业务收入为 1499 亿元，占直报企业主营业务总收入的 22.8%，实现利润 40.8 亿元，占直报企业利润总额的 26.8%。国有及国有控股企业、股份制企业占行业发展的主导地位。

图 3　**2011 年规模以上药品流通直报企业利润总额所有制结构分布**

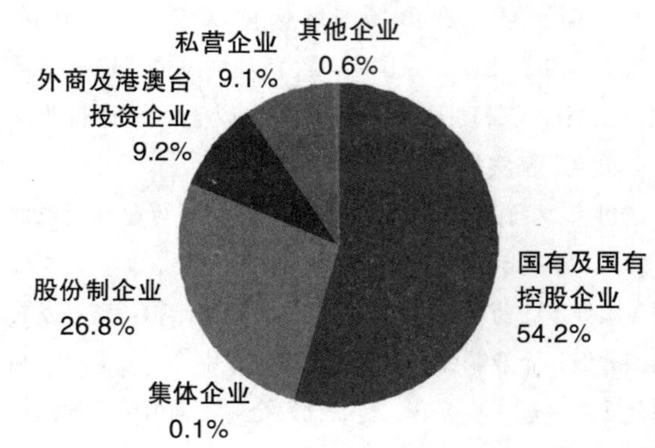

5、配送结构

2011 年，药品批发直报企业商品配送货值为 4725 亿元，其中，自有配送中心配送金额占 86.1%，非自有配送中心配送金额占 13.9%，自有配送中心配送金额同比增加 6.5 个百分点；药品批发直报企业物流费用为 47 亿元，其中，自主配送物流费用占 81.8%，委托配送物流费用占 18.2%，自主配送物流费用同比降低 5.2 个百分点。物流费用占三项费用（营业费用、管理费用、财务费用）总额的 17.3%，占营业费用的 29.3%，与去年费用占比基本持平。

药品流通企业在物流建设和信息化建设中的投入提升，自有配送中心数量增长幅度为 11.7%，信息系统建设投入较上年增长 34.8%，跨省集团公司收购重组活跃，信息系统整合投入加大，是企业信息化建设投入快速增长的主要原因。

6、对 GDP、税收和就业的贡献

2011 年全国社会消费品零售总额 183919 亿元，第三产业增加值 203260 亿元[⑤]。药品流通行业销售总额占社会消费品零售总额的 5.1%，占第三产业增加值的 4.6%，同比均增长 0.5 个百分点。

2011 年，药品流通直报企业纳税额 47.16 亿元，固定资产投资 36.02 亿元，占第三产业投资的 0.02%。全行业从业人数约为 470 万人。

③ 药品类包括化学原料药及其制剂、抗生素、生化药品、放射性药品、血清、疫苗、血液制品和诊断药品等。

④ 指药品流通行业统计直报系统中，销售额超过 5000 万元的批发企业和销售额超过 2000 万元的零售企业。

⑤ 数据来源：国家统计局。

图 4　2011 年药品批发直报企业商品配送结构

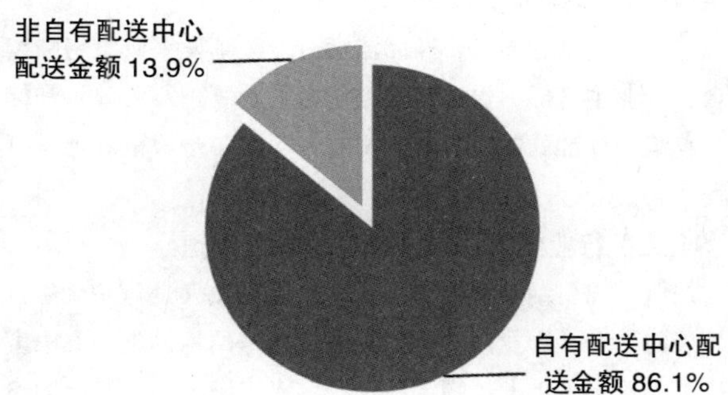

图 5　2011 年药品批发直报企业物流费用结构

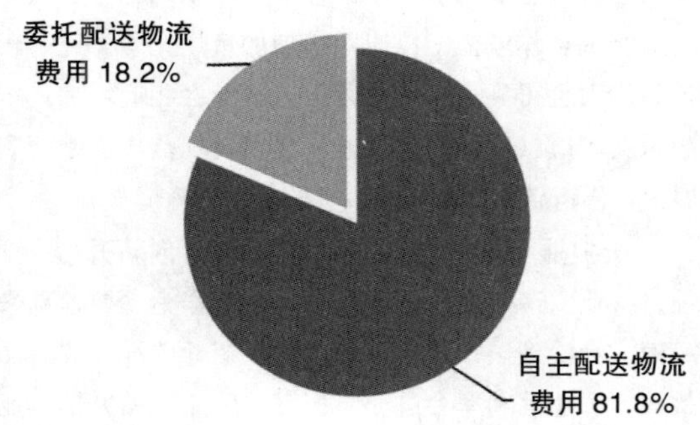

二、药品流通行业发展的主要特点

（一）国家医改为行业较快发展提供了市场机遇

经过近三年的努力，我国医药卫生体制改革取得了重大阶段性成效。全民医保基本建立，全国城乡参保人数超过 13 亿人，覆盖率达到 95% 以上。基本医疗保障水平大幅提升，城镇居民医保和新农合政府补助标准从 2008 年每人每年 80 元提高到 2011 年的 200 元。基本药物制度在基层实现全覆盖，基层医疗卫生服务体系显著加强，基层医疗卫生机构就诊人次明显增加。国家医改释放了医疗需求，带动了药品需求的增长。

（二）市场集中度呈进一步上升趋势

2011 年，前 100 位药品批发企业主营业务收入占同期全国市场总规模的 73%[⑥]，比上年提高 3 个百分点。前 3 位集团企业主营业务收入占百强的 42.0%，其中：中国医药集团主营业务收入已率先突破千亿元大关，上海医药集团、华润医药控股双双规模超过 400 亿元。三大集团市场占有率快速提升，占百强主营业务收入比重同比提高了 7.6 个百分点；前 10 位企业主营业务收入占百强的 62.5%，同比提升 7.9 个百分点；前 20 位企业主营业务收入占百强的 74.2%，同比提高了 6.2 个百分点。前 20 位企业呈现快速发展的态势，成为全行业市场集中度提升的主要推动力。

从零售连锁前 100 位企业销售情况看，销售额 30 亿元以上的有 5 家、20 亿元以上的有 9 家，10 亿元以上的有 20 家。药品零售行业集中度进一步提升：前 5 位企业销售额占百强销售总额的 26%，同比增长 2 个百分点；前 10 位企业销售额占百强 44%，同比增长 3 个百分点；前 20 位销售额占百强的 61%，同比增长 3 个百分点。

2011 年行业结构调整提速，跨区域兼并重组方兴未艾，大企业向二三线城市和基层医疗市场扩张迅速，初步形成了以中国医药集团、上海医药集团、华润医药控股、九州通医药集团为代表的全国性药品流通企业集团。南京医药股份有限公司、广州医药有限公司、重庆医药（集团）股份有限公司、华东医药股份有限公司、四川科伦医药贸易有限公司、浙江英特药业有限责任公司等企业已经初步确立了区域市场的领军地位。一批药品流通企业成功上市，借助产业政策和资本的力量，极大增强了竞争实力，进一步促进了行业集中度的提高。

（三）现代医药物流和延伸服务加速发展

在现代医药物流建设方面，全国性物流配送网络已经进入密集建设期。大中型药品流通企业在加快省级物流中心布局的同时，将重要节点放在了具有战略地位的地级市上，快捷、可及、安全供给的现代医药物流服务保障体系正在形成。

在现代物流信息化建设方面，一是全力推进数据编码的统一，实现商品编码和客户编码的唯一性；二是全力推进物流专业化管理模式，以及干线运输和专业冷链管理网络化建设；三是全力推进多仓协同运营和物流按动作计费考核等专业手段，在供应链服务的标准化、规范化、模块化方面展现出良好的发展势头。

在现代物流服务方面，部分药品流通企业主动提供供应链一体化解决方案，搭建与各供应链环节的互动平台。推进分销商内容管理系统（CMS）与医院信息系统（HIS）的前置对接，实现中心药库的自动补货和相对零库存管理。支持和参与医院药事管理现代化，以及药房自动化和院内物流延伸服务，提高了医院药品流转效率、降低了药品损耗和物流成本，使医院的药师可专注于药事服务。如中国医药集团、九州通医药集团与医疗机构合作的供应链管理实践，北京医药股份与北京天坛医院合作的物流服务延伸项目，天津太平医药公司与天津市红桥医院合作的医院物流系统（SPD）项目，都是运用现代信息技术，大胆探索医商合作的新服务模式。

⑥ 2011 年药品流通行业统计已剔除所含工业数据，故对 2010 年相关数据及比重进行修正，调整为可比同口径。

（四）外资进入药品流通领域步伐加快

目前国外领先企业本土市场占有率已接近饱和，纷纷看好中国这个庞大的市场，希望从中找到新的增长机会。近年来，外资医药巨头在华投资也不再局限于制药工业，而是逐渐向产业链的其它环节渗透，从药品制造延伸到药品分销和零售终端等环节，如美国知名医疗保健服务商康德乐集团收购永裕医药（中国）公司，英国博姿集团也扩大在中国的投资。

（五）药品零售连锁经营有所发展，但仍面临较大困难

2011 年大型药品零售连锁企业通过收购、控股等方式在零售药店终端扩张规模，但零售连锁企业总体发展仍较为缓慢，年销售额均未突破 40 亿元。阻碍发展的主要原因：一是来源于医疗机构的处方少和医保定点药店少的局面仍未改善；二是医保覆盖面扩大、报销比例提高，更多的人到医院就诊开药，零售药店客流减少；三是一些地方相继下达“限售令”、“禁售令”，限制医保定点药店开展多元化经营。此外，零售药店还面临房租、人力、物流等经营成本快速上涨的压力。在多种因素的影响下，零售企业开始抱团结盟。截至 2011 年底，全国共成立了 14 家省级药店联盟，覆盖 17 个省份，参与的连锁企业数量达 549 家，涉及门店 17700 多个，年销售额达 282 亿元，成为药品零售业中规模最大的经济联盟体。

（六）医疗机构拖欠药品批发企业货款问题突出

2011 年，药品批发直报企业资产负债率高达 74.1%。中国医药商业协会对 25 个省市 44 家药品批发企业 2011 年应收账款情况开展典型调查的数据显示：药品批发企业对公立医疗机构的平均应收账款周转天数为 131 天，应收账款总额 434.7 亿元，占对公立医疗机构营业收入的 36.3%。

医疗机构严重占压批发企业资金，不仅导致依靠银行贷款采购药品的批发企业承担着沉重的财务费用负担，而且严重影响了整个药品流通行业现金流状况，制约了流通效率的进一步提高(详见附录表 7)。

三、药品流通行业发展趋势预测

未来 5 年，全球药品市场将保持增长态势，市场规模预计年均增长 8% 左右，全球药品流通行业集中度和流通效率将继续提高。“十二五”时期是我国药品流通体制改革、结构调整、行业升级和转变流通方式的攻坚时期。在宏观经济平稳增长的环境下，随着国家医改推进和行业管理各项政策及标准的出台，药品流通行业将加快转型发展。

（一）药品流通市场规模将继续扩大

2012 年是我国医药卫生体制改革继续向纵深发展的一年。随着全民医保体系的进一步建立以及基本药物制度、基层运行机制建设和公立医院改革的推进，药品市场需求将出现结构性扩大。同时，按照医改“十二五”规划的要求，药品流通行业改革发展政策将陆续出台，行业主管部门也正在酝酿出台行业管理相关政策和标准。政策和标准的制定与实施将有利于进一步规范和促进行业发展。

（二）行业结构调整步伐将进一步提速

按照《规划纲要》提出的目标，做强做大是药品流通行业发展的主题。行业内的重组将继续促进结构调整和集中度提高。各业态（批发、物流配送、零售连锁）要素资源的整合将加速推进。以上市公司为主体的大型企业集团间的竞争将更加激烈，从而进一步加快流通网络布局建设，促进区域市场经营品种结构的调整。中小药品流通企业或主动并入大型企业，共享大型企业的品牌资源；或采用联购分销、共同配送等方式结成合作联盟，以应对激烈的市场竞争。连锁药店的渠道控制力会得到增强，直营门店数量会相应增加，单体药店数量会相应减少，药店联盟将逐渐向规范化连锁药店方向发展，零售药店连锁率将进一步提升。

（三）行业服务模式与服务功能将不断创新升级

目前，行业内诸多企业还是以进销差价作为主要盈利来源，这一模式会受到国家基本药物制度、招标政策以及药品降价的挑战，行业毛利率会进一步压缩。因此药品分销企业必须有效控制费用，提高综合服务水平，不但要努力发展已有的增值服务业务（第三方物流、IT 创新等），进一步提高服务品质，扩大服务半径，还要探究国际经验，挖掘上游供应商和下游客户的潜在需求，创新全方位的商业服务模式，向服务要效益，以应对行业整合、价格调控所带来的一系列冲击。

互联网药品电子商务呈快速发展态势。2010 年获得批准开展互联网药品交易服务的企业有 18 家，2011 年达 54 家⑦，服务范围包括：向个人消费者提供药品（B2C）、与其他企业进行药品交易（B2B）和第三方交易服务平台。预计今后一段时间，医药电子商务将是行业发展的热门话题。

21 世纪是医药产业快速发展的时代，药品流通企业将积极推进管理技术、信息技术、服务功能的升级与创新，探索与医疗机构合作延伸服务、根据国家相关政策投资开办或并购医疗机构、在零售药店引入坐堂医生等方式，充分利用资源，提供专业化服务，开展多元化经营，建立品牌，提高竞争能力，创造企业核心价值。中国药品流通行业在高速发展的同时，将会进一步加快产业结构调整的进程，品牌化、规模化、专业化成为未来发展主要方向。

---

⑦ 数据来源：国家食品药品监督管理局。

附录：

2011年区域总销售统计表

表1

序号	地区	商品销售总额（万元）	药品类销售占比 (%)	中成药类销售占比 (%)	中药材类销售占比 (%)
	全国总计	94265552	76.2	15.2	2.9
1	上海市	8720000	76.7	18.6	5.6
2	北京市	8240298	74.2	16.6	4.8
3	安徽省	7820000	72.7	15.6	4.2
4	浙江省	6770001	75.5	17.8	4.3
5	江苏省	6701563	74.0	15.0	2.7
6	山东省	6100001	80.6	16.2	2.7
7	广东省	6000000	68.3	16.3	2.4
8	重庆市	4516765	74.8	21.6	2.7
9	天津市	4514500	71.8	20.6	2.5
10	湖北省	3759417	83.4	15.9	2.5
11	云南省	3299400	80.4	11.4	2.1
12	河南省	3279064	73.0	11.0	2.1
13	河北省	2965850	78.7	12.1	2.2
14	湖南省	2779999	78.9	12.6	1.6
15	四川省	2618048	73.2	12.8	1.1
16	辽宁省	2117063	85.2	13.0	1.2
17	山西省	2020000	79.0	12.3	0.9
18	福建省	1813657	84.7	8.2	1.0
19	黑龙江省	1686000	82.8	8.1	0.9
20	江西省	1658613	68.2	6.5	0.8
21	广西壮族自治区	1330000	77.0	8.0	0.8
22	陕西省	990000	78.3	10.5	0.9
23	吉林省	866507	87.1	11.6	0.5
24	新疆维吾尔自治区	830000	89.6	10.7	0.5
25	海南省	810396	87.7	10.4	0.2
26	甘肃省	786733	66.5	7.9	0.2
27	贵州省	635258	80.1	8.0	0.2
28	内蒙古自治区	407713	81.2	9.7	0.2
29	宁夏回族自治区	159411	72.4	21.4	0.4
30	青海省	67195	65.2	19.8	5.9

2011 年药品类区域销售统计表

表 2

序号	地区	药品类销售总额（万元）	区域销售比重 (%)
	全国总计	71812783	100.00
1	上海市	6684905	9.31
2	北京市	6112666	8.51
3	安徽省	5682485	7.91
4	江苏省	5113906	7.12
5	浙江省	4962332	6.91
6	山东省	4917601	6.85
7	广东省	4097060	5.71
8	湖北省	3380450	4.71
9	天津市	3241839	4.51
10	云南省	3136206	4.37
11	重庆市	2653184	3.69
12	河南省	2394431	3.33
13	湖南省	2333609	3.25
14	河北省	2193321	3.05
15	四川省	1917407	2.67
16	辽宁省	1803713	2.51
17	山西省	1595039	2.22
18	福建省	1535773	2.14
19	黑龙江省	1395968	1.94
20	江西省	1131086	1.58
21	广西壮族自治区	1024292	1.43
22	吉林省	774781	1.08
23	陕西省	754498	1.05
24	海南省	743864	1.04
25	新疆维吾尔自治区	710511	0.99
26	甘肃省	522854	0.73
27	贵州省	508720	0.71
28	内蒙古自治区	331011	0.46
29	宁夏回族自治区	115444	0.16
30	青海省	43827	0.06

2011 年中成药类区域销售统计表

表 3

序号	地区	中成药类销售总额（万元）	区域销售比重 (%)
	全国总计	14278349	100.00
1	安徽省	1618860	11.34
2	重庆市	1371269	9.60
3	天津市	1223620	8.57
4	广东省	1204529	8.44
5	上海市	1005940	7.05
6	北京市	990732	6.94
7	浙江省	979362	6.86
8	山东省	974819	6.83
9	江苏省	929821	6.51
10	河北省	596696	4.18
11	河南省	376631	2.64
12	江西省	361960	2.54
13	山西省	358416	2.51
14	四川省	349645	2.45
15	湖南省	335765	2.35
16	辽宁省	275967	1.93
17	广西壮族自治区	247943	1.74
18	陕西省	148390	1.04
19	福建省	135910	0.95
20	湖北省	108316	0.76
21	云南省	106911	0.75
22	新疆维吾尔自治区	103726	0.73
23	贵州省	100240	0.70
24	甘肃省	88421	0.62
25	黑龙江省	84186	0.59
26	吉林省	62446	0.44
27	内蒙古自治区	50661	0.35
28	海南省	39727	0.28
29	宁夏回族自治区	34128	0.24
30	青海省	13312	0.09

2011年中药材类区域销售统计表

表4

序号	地区	中药材类销售总额（万元）	区域销售比重(%)
	全国总计	2715032	100.00
1	北京市	489453	18.03
2	上海市	393629	14.50
3	重庆市	325087	11.97
4	广东省	290692	10.71
5	浙江省	181006	6.67
6	四川省	164846	6.07
7	河南省	142782	5.26
8	江苏省	119695	4.41
9	湖北省	114692	4.22
10	甘肃省	92393	3.40
11	福建省	68770	2.53
12	山东省	67607	2.49
13	湖南省	64915	2.39
14	安徽省	44601	1.64
15	陕西省	30014	1.11
16	广西壮族自治区	25185	0.93
17	云南省	19168	0.71
18	江西省	17907	0.66
19	黑龙江省	14858	0.55
20	天津市	12638	0.47
21	吉林省	11272	0.42
22	河北省	8805	0.32
23	贵州省	4668	0.17
24	青海省	3997	0.15
25	宁夏回族自治区	1964	0.07
26	新疆维吾尔自治区	1728	0.06
27	海南省	1164	0.04
28	山西省	881	0.03
29	内蒙古自治区	599	0.02
30	辽宁省	16	0.00

表 5

2011 年医疗器械类区域销售统计表

序号	地区	医疗器械类销售总额（万元）	区域销售比重 (%)
	全国总计	2535525	100.00
1	北京市	390392	15.40
2	河南省	303832	11.98
3	广东省	266366	10.51
4	安徽省	196633	7.76
5	黑龙江省	170247	6.71
6	浙江省	169180	6.67
7	上海市	154540	6.09
8	江苏省	148219	5.85
9	四川省	139037	5.48
10	河北省	111659	4.40
11	湖北省	87967	3.47
12	山东省	61302	2.42
13	重庆市	48324	1.91
14	陕西省	41646	1.64
15	山西省	38121	1.50
16	福建省	27941	1.10
17	辽宁省	20632	0.81
18	江西省	19654	0.78
19	海南省	19546	0.77
20	广西壮族自治区	17778	0.70
21	甘肃省	17319	0.68
22	新疆维吾尔自治区	13872	0.55
23	天津市	13333	0.53
24	云南省	13227	0.52
25	吉林省	11068	0.44
26	贵州省	9525	0.38
27	内蒙古自治区	8727	0.34
28	宁夏回族自治区	6291	0.25
29	青海省	4940	0.19
30	湖南省	4207	0.17

2011 年药品流通直报企业主要经济指标分类统计表

表 6

所有制分类	主营业务收入（亿元）	占比 (%)	利润总额（亿元）	占比 (%)
国有及国有控股企业	3909.1	59.5	82.4	54.2
集体企业	17.9	0.3	0.2	0.1
股份制企业	1499.4	22.8	40.8	26.8
外商及港澳台商投资企业	595.1	9.1	14.0	9.2
私营企业	514.9	7.8	13.8	9.1
其他企业	31.5	0.5	0.8	0.6

2011 年药品批发企业应收帐款情况调查表

表 7

应收账款相关指标 \ 公立医疗机构		三级医院	二级医院	军队医院	基层医疗机构	合计
对公立医疗机构营业收入（亿元）		722.7	307.9	54.0	112.2	1196.7
应收帐款帐龄结构（亿元）	合计	250.3	116.0	26.4	41.9	434.7
	90 天以内（含 90 天）	126.8	48.8	13.4	18.2	207.1
	90–180(含 180 天）	69.5	31.2	9.4	11.2	121.3
	180–270(含 270 天）	8.1	4.7	0.9	1.2	14.8
	270–360(含 360 天）	17.7	10.1	1.6	6.0	35.4
	一年以上	28.3	21.2	1.2	5.4	56.1
平均应收帐款周转天数（天）		125	136	176	135	131

注：基层医疗机构包括公立一级医院和政府办社区医疗服务中心、乡镇卫生院、诊所等。

表 8

2011 年批发企业主营业务收入前 100 位排序[⑧]

序号	企业名称	主营业务收入（万元）
1	中国医药集团总公司	12456339
2	上海医药（集团）股份有限公司	4880000
3	华润医药控股有限公司	4122375
4	九州通医药集团有限公司	2479820
5	南京医药股份有限公司	2013727
6	广州医药有限公司	1751068
7	重庆医药（集团）股份有限公司	1290998
8	华东医药股份有限公司	1109572
9	四川科伦医药贸易有限公司	959840
10	浙江英特药业有限责任公司	874749
11	天津天士力医药营销集团有限公司	865200
12	哈药集团医药有限公司	729520
13	云南省医药有限公司	699500
14	中国医药保健品股份有限公司	688813
15	上海永裕医药有限公司	666623
16	新龙药业集团	565314
17	山东海王银河医药有限公司	518879
18	重庆桐君阁股份有限公司	475253
19	天津医药集团太平医药有限公司	386643
20	四川省医药集团有限责任公司	385270
21	东北制药集团供销有限公司	370590
22	同济堂医药有限公司	356655
23	浙江省医药工业有限公司	342901
24	鹭燕（福建）药业股份有限公司	335522
25	天津中新药业集团股份有限公司医药公司	334120
26	广东省东莞国药集团有限公司	326516
27	中国北京同仁堂(集团)有限责任公司	326056
28	山东瑞康医药股份有限公司	319439
29	石药集团河北中诚医药有限公司	318551
30	广西柳州医药有限责任公司	267472
31	江西汇仁集团医药科研营销有限公司	249058
32	哈药集团三精医药商贸有限公司	229763

⑧ 部分数据取自中国医药商业协会。

序号	企业名称	主营业务收入（万元）
33	深圳中联广深医药（集团）股份有限公司	220913
34	天津天时力医药有限公司	220748
35	汕头市创美药业有限公司	219260
36	江西南华医药有限公司	218755
37	河北东盛英华医药有限公司	218533
38	常州药业股份有限公司	217995
39	陕西华远医药集团有限公司	212452
40	山西双鹤药业有限公司	210230
41	江苏省医药公司	202889
42	河北德泽龙医药有限公司	200134
43	广州中山医医药有限公司	196769
44	南京华东医药有限责任公司	184132
45	山东宏济堂医药集团有限公司	182778
46	宁波海尔施医药股份有限公司	174496
47	安徽省医药（集团）股份有限公司	171621
48	广州采芝林药业有限公司	170874
49	浙江震元股份有限公司	168859
50	温州市生物药械供应有限公司	168200
51	山东瑞中医药有限公司	168140
52	江苏先声药业有限公司	164289
53	湖南博瑞新特药有限公司	155782
54	修正药业集团营销有限公司	151492
55	河南省医药有限公司	147416
56	辽宁省医药对外贸易公司	147097
57	浙江珍诚医药在线股份有限公司	145000
58	嘉事堂药业股份有限公司	142439
59	浙江嘉信医药股份有限公司	140549
60	河南省康信医药有限公司	138021
61	上海外高桥医药分销中心有限公司	136784
62	云南东骏药业有限公司	136280
63	苏州恒祥进出口有限公司	135757
64	山东康惠医药有限公司	135017
65	重庆科渝药品经营有限责任公司	134127
66	重庆长圣医药有限公司	131608

序号	企业名称	主营业务收入（万元）
67	浙江医药股份有限公司	129566
68	上海市医药保健品进出口公司	129398
69	北京美康永正医药有限公司	128113
70	福建省华侨实业集团有限责任公司	124518
71	辽宁省医药实业有限公司	122165
72	连云港康缘医药商业有限公司	119434
73	杭州凯仑医药股份有限公司	115817
74	湖北百惠医药有限公司	113937
75	中国永裕新兴医药有限公司	112875
76	山东新华医药贸易有限公司	112267
77	上海虹桥药业有限公司	109328
78	福建中鹭医药有限公司	108340
79	昆明制药集团医药商业有限公司	102442
80	合肥康丽药业有限责任公司	100649
81	广东广弘医药有限公司	100219
82	兰州西城药业有限责任公司	98895
83	宁波鄞州医药药材有限公司	98500
84	山西亚宝医药经销有限公司	98188
85	常熟建发医药有限公司	97891
86	湖南省瑞格医药有限公司	96901
87	陕西华信医药有限公司	94369
88	江苏省润天生化医药有限公司	94063
89	云南医药工业股份有限公司	91629
90	商丘新先锋药业有限公司	90075
91	浙江华通医药股份有限公司	89513
92	南通市医药经销有限公司	89119
93	云南省久泰药业有限责任公司	88237
94	上海康健进出口有限公司	87305
95	成都市蓉锦医药贸易有限公司	87298
96	上海复星药业有限公司	87180
97	回音必集团有限公司	85768
98	江西仁翔药业有限公司	85092
99	兰州强生医药有限责任公司	84683
100	云南同丰医药有限公司	83737

表 9

2011 年零售企业销售总额前 100 位排序⑨

序号	企业名称	销售总额（万元）
1	国药控股国大药房有限公司	371800
2	重庆桐君阁药房连锁有限公司	369000
3	广东大参林连锁药店有限公司	367000
4	中国海王星辰连锁药店有限公司	362000
5	老百姓大药房连锁股份有限公司	357000
6	湖北同济堂药房有限公司	287885
7	成大方圆医药连锁投资有限公司	260000
8	云南鸿翔一心堂药业（集团）股份有限公司	258400
9	上海华氏大药房有限公司	249677
10	重庆和平药房连锁有限责任公司	192817
11	云南东骏药业有限公司	160000
12	成都百信医药连锁有限责任公司	150778
13	四川康贝大药房连锁有限公司	132568
14	深圳中联大药房控股有限公司	116000
15	哈药集团人民同泰医药连锁店	113485
16	云南健之佳健康连锁店股份有限公司	113000
17	吉林大药房药业股份有限公司	108000
18	浙江大生医药有限公司	106201
19	沈阳东北大药房连锁有限公司	105000
20	甘肃众友健康医药股份有限公司	105000
21	武汉马应龙大药房连锁有限公司	87158
22	四川德仁堂药业连锁有限公司	86422
23	南京国药医药有限公司	85396
24	上海第一医药股份有限公司	72500
25	北京金象大药房医药连锁有限责任公司	71000
26	江西黄庆仁栈华氏大药房有限公司	63500
27	济南漱玉平民大药房有限公司	62000
28	安徽丰原大药房连锁有限公司	61108

⑨ 部分数据取自中国医药商业协会。

序号	企业名称	销售总额（万元）
29	益丰大药房连锁股份有限公司	60311
30	杭州九洲大药房连锁有限公司	59912
31	北京医保全新大药房有限责任公司	58656
32	中国北京同仁堂（集团）有限责任公司	58285
33	河南张仲景大药房股份有限公司	53000
34	上海复美益星大药房连锁有限公司	52573
35	广州健民医药连锁有限公司	49200
36	上海童涵春堂药业连锁经营有限公司	45249
37	深圳市万泽医药连锁有限公司	44000
38	石家庄新兴药房连锁有限公司	42059
39	昆明福林堂药业有限公司	41112
40	先声再康江苏药业有限公司	40180
41	西安藻露堂集团藻露堂药业连锁有限公司	39800
42	湖南千金金沙大药房连锁有限公司	38600
43	重庆华博健康药房连锁有限公司	38510
44	贵州一树连锁药业有限公司	37003
45	北京京卫元华医药科技有限公司	35934
46	张家口市华佗药房连锁有限公司	35000
47	石家庄乐仁堂医药连锁有限责任公司	35000
48	山东燕喜堂医药连锁有限公司	35000
49	华润山东医药有限公司	33767
50	广州采芝林药业连锁店	33338
51	北京德威治医药连锁有限责任公司	33000
52	衡水人康医药连锁有限公司	32586
53	云南白药大药房有限公司	32276
54	广东国药医药连锁企业有限公司	32220
55	深圳市友和医药大药房连锁有限公司	31200
56	吉林省益和大药房有限公司	31108
57	黑龙江泰华医药连锁销售有限公司	30410
58	青海省新绿洲医药连锁有限公司	29845
59	上海雷允上药品连锁经营有限公司	29013

序号	企业名称	销售总额（万元）
60	河北神威大药房连锁有限公司	28800
61	柳州桂中大药房连锁有限责任公司	28214
62	山东立健医药城连锁有限公司	28125
63	襄阳天济大药房连锁责任公司	26665
64	山西益源大药房连锁有限责任公司	26340
65	浙江震元医药连锁有限公司	26158
66	江西省萍乡市昌盛大药房连锁有限公司	25755
67	上海余天成药业连锁有限公司	25740
68	苏州礼安医药连锁总店有限公司	25607
69	上海养和堂药业连锁经营有限公司	24140
70	徐州市广济连锁药店有限公司	24109
71	上海汇丰大药房有限公司	22789
72	大庆医药福斯特医药连锁	22000
73	赤峰荣济堂大药房连锁有限公司	21825
74	四川杏林医药连锁有限责任公司	20620
75	北京永安复星医药股份有限公司	19241
76	西安怡康医药连锁有限责任公司	19165
77	福建惠好四海医药连锁有限责任公司	19048
78	贵州芝林大药房零售连锁有限公司	18516
79	宜兴市天健医药连锁有限公司	18513
80	新乡市佐今明大药房连锁有限责任公司	18300
81	廊坊市一笑堂医药零售连锁有限公司	18260
82	四川天诚大药房连锁有限责任公司	17934
83	陕西众信医药超市有限公司	17800
84	重庆市万和药房连锁有限责任公司	17552
85	山西荣华大药房连锁有限公司	17547
86	宁波四明大药房有限责任公司	17193
87	北京嘉事堂连锁药店有限责任公司	17000
88	新疆康泰东方医药连锁有限公司	16000
89	赤峰人川大药房连锁有限公司	15663
90	昆山双鹤同德堂连锁大药房有限责任公司	14858

序号	企业名称	销售总额（万元）
91	山东利民大药房连锁有限公司	14690
92	上海药房连锁有限公司	14621
93	浙江华通医药连锁有限公司	14501
94	哈尔滨宝丰医药连锁有限公司	14455
95	湖南国大民生堂药房连锁有限公司	14234
96	苏州粤海大药房有限公司	14168
97	大庆医药有限责任公司	14149
98	赤峰雷蒙大药房连锁有限公司	14085
99	上海一德大药房连锁经营有限公司	13519
100	无锡山禾集团健康参药连锁有限公司	13403

备注说明：

1. 为了解全国药品流通行业经营活动的基本情况，为各级政府部门制定行业发展政策和进行经济管理与宏观调控提供依据，商务部依据《中华人民共和国统计法》规定，结合药品流通行业的实际情况制订了药品流通行业统计制度，建立了网上直报统计系统。

2. 药品流通行业统计制度由地方商务主管部门、相关行业协会组织落实，并接受同级政府统计机构的业务指导。

3. 药品流通行业统计制度数据来源为地方商务主管部门、相关行业协会、药品批发和零售直报企业。2011 年，药品流通直报企业共 769 家，其中药品批发直报企业 488 家；青海、宁夏、云南、浙江、西藏、新疆、新疆兵团、江苏、安徽、广东商务主管部门数据未填报完整。

4. 本报告中数据除特别说明外，均取自药品流通行业网上直报统计系统。

5. 行政区划

华北地区：北京、天津、河北、山西、内蒙古；

东北地区：辽宁、吉林、黑龙江；

华东地区：上海、江苏、浙江、安徽、福建、江西、山东；

中南地区：河南、湖北、湖南、广东、广西、海南；

西南地区：重庆、四川、贵州、云南；

西北地区：陕西、甘肃、青海、宁夏、新疆。

2012年药品流通行业运行统计分析报告

一、药品流通行业发展概况

（一）发展概述

2012年，中国药品流通行业发展势头良好。伴随着国家新医改的深入推进和各项行业政策、标准的出台，在《全国药品流通行业发展规划纲要（2011-2015年）》的引导下，相关主管部门大力支持行业结构调整和发展方式转型升级，鼓励企业兼并重组，提高行业集中度；药品流通企业不断提升流通效率和管理水平，创新业务和服务模式，拓展基层医疗市场。行业规模和效益稳步增长，呈现持续、健康的转型发展趋势。

（二）运行分析

1. 整体规模

2012年药品流通市场规模仍维持较快增长，但增速趋缓。全年药品流通行业销售总额达11174亿元[①]，首次突破万亿元，同比增长18.5%，增幅比去年回落4.5个百分点，其中，药品零售市场销售总额2225亿元，同比增长16%，增幅回落4个百分点。

截至2011年底，全国共有药品批发企业1.39万家；药品零售连锁企业2607家，下辖门店14.67万个；零售单体药店27.71万个；零售药店门店总数达42.38万个。截至2012年底，全国具有互联网药品交易服务资格的企业有117家[②]。

图1　2008-2012年药品流通行业销售趋势图

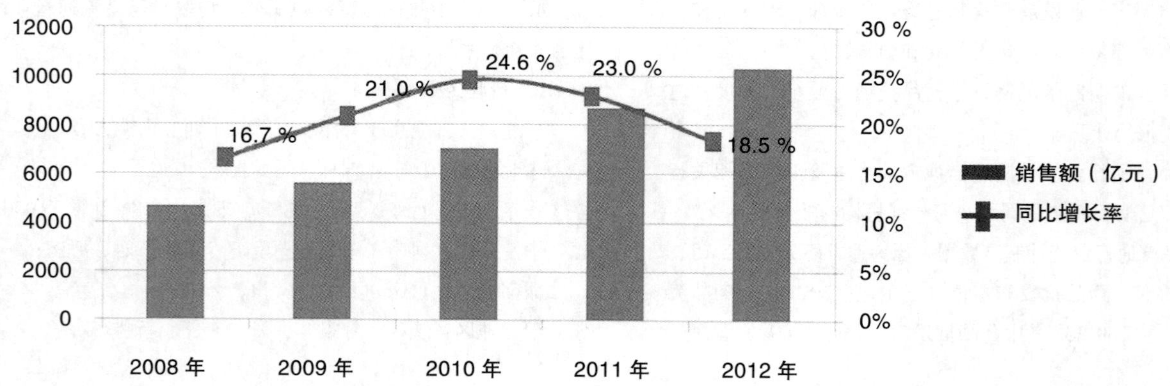

2. 效益情况

2012年全国药品流通直报企业主营业务收入7942亿元，同比增长20%，增幅回落3个百分点；实现利润总额164亿元，同比增长16.5%，增幅回落0.5个百分点；平均毛利率6.9%，同比下降0.3个百分点；平均费用率5.2%，同比下降0.1个百分点；平均利润率1.9%，同比下降0.3个百分点。

3. 销售结构

按销售品类分类，药品类[③]销售居主导地位，销售额占七大类医药商品销售总额的70.5%；其次为中成药类，占16.8%；中药材类占4.5%，医疗器械类占3.4%，化学试剂类占1.2%，玻璃仪器类占0.1%，其他类占3.5%。

据中国医药商业协会典型样本城市零售药店2012年品类销售统计，零售药店销售额中，药品（包括化学药品、中成药和中药饮片）销售占主导地位，占零售总额的73%；非药品销售占27%。

按销售对象分类，2012年对批发企业销售额为5035亿元，占销售总额的45.1%，纯销（包含对医疗终端、零售终端和居民的销售）为6139亿元，占销售总额的54.9%%，与上年基本持平。

① 销售总额为含税值，包括了七大类医药商品。
② 数据来源：国家食品药品监督管理总局，由于药品流通企业数量尚未公布2012年数据，故引用2011年数据。
③ 药品类包括化学原料及其制剂、抗生素、生化药品、放射性药品、血清、疫苗、血液制品和诊断药品等。

图 2　2012 年全行业销售品类结构分布

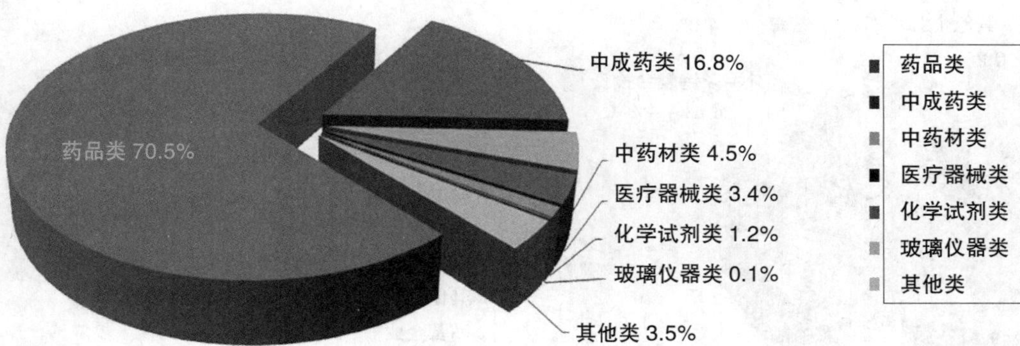

图 3　2012 年典型样本城市零售药店销售品类结构分布

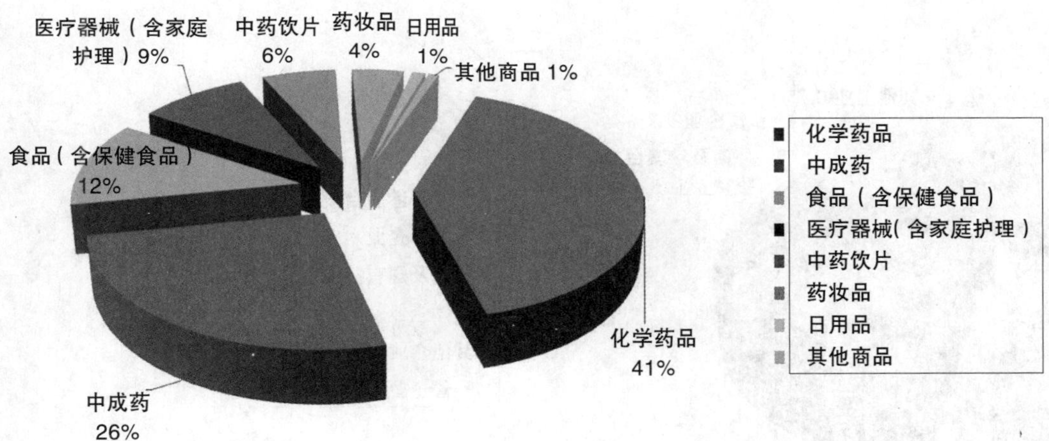

4. 区域销售比重结构

2012 年全国六大区域销售总额比重分别为：华东 40.5%、华北 18.9 %、中南 20.0%、西南 12.0%、东北 5.0%、西北 3.6%；其中华东、华北、中南三大区域销售额占到行业销售总额的 79.4%。

2012年销售额居前10位的省市依次为：上海、北京、广东、江苏、安徽、浙江、山东、重庆、天津和河南，10 省市销售额占全国销售总额的 66.2%。

5. 所有制结构

规模以上药品流通企业[④]中，国有及国有控股企业主营业务收入 4908 亿元，占药品流通直报企业主营业务总收入的 61.8%，实现利润 92 亿元，占直报企业利润总额的 56.3%；股份制企业主营业务收入 2283 亿元，占直报企业主营业务总收入的 28.7%，实现利润 54 亿元，占直报企业利润总额的 32.9%。国有及国有控股企业、股份制企业占居行业发展的主导地位。

④ 指药品流通行业统计直报系统中，销售额超过 5000 万元的批发企业和销售额超过 2000 万元的零售企业。

图 4　2012 年规模以上药品流通企业主营业务收入所有制结构分布

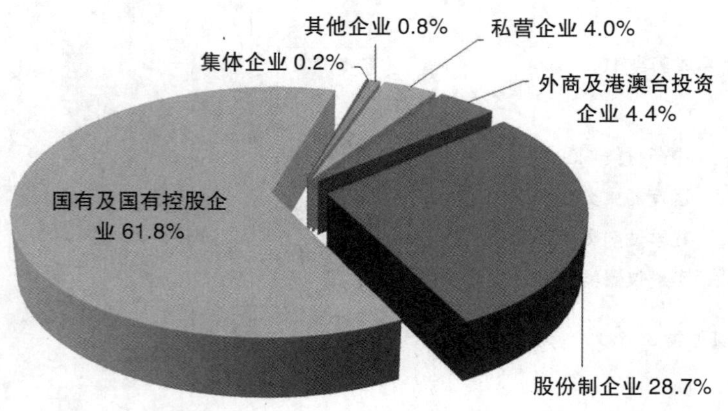

图 5　2012 年规模以上药品流通企业利润总额所有制结构分布

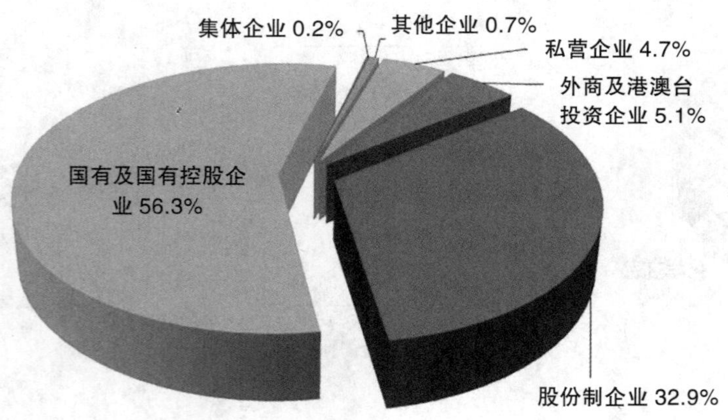

6. 配送结构

2012 年，药品批发直报企业商品配送货值 6641 亿元，其中，自有配送中心配送额占 81.8%，非自有配送中心配送额占 18.2%，非自有配送中心配送额同比增加 4.3 个百分点；物流费用 74 亿元，其中，自主配送物流费用占 81.0%，委托配送物流费用占 19.0%，委托配送物流费用同比上升 0.8 个百分点。物流费用占企业三项费用（营业费用、管理费用、财务费用）总额的 17.9%，占营业费用的 29.8%，与上年基本持平。

药品流通企业在物流建设和信息化建设中的投入继续提升，自有配送中心数量增长幅度为 3.0%；自有配送中心仓储面积增长幅度为 22.5%；自有配送车辆数增长幅度为 9.9%；信息系统建设投入增长幅度为 21.3%。跨省集团公司兼并重组活跃，对信息系统整合投入加大，是行业信息化建设投入持续快速增长的主要原因。

图6　2012年药品批发直报企业商品配送结构

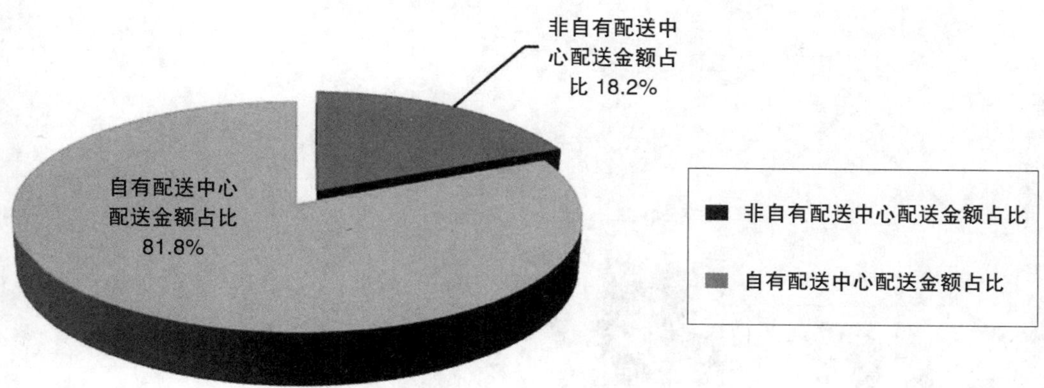

图7　2012年药品批发直报企业物流费用结构

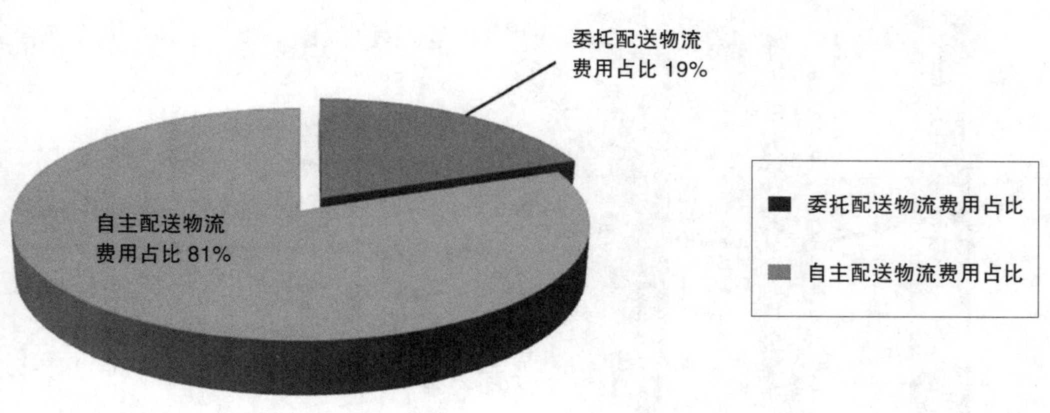

7. 对GDP、税收和就业的贡献

2012年全国社会消费品零售总额为20.72万亿元，第三产业增加值为23.16万亿元⑤。药品流通行业销售总额占社会消费品零售总额的5.4%，同比增长0.3个百分点；占第三产业增加值的4.8%，同比增长0.2个百分点。

2012年全国药品流通直报企业纳税额42.1亿元⑥，固定资产投资40.9亿元，占全国第三产业投资的0.02%。全行业从业人数约为480万人。

二、药品流通行业发展的主要特点

（一）国家新医改拉动基层用药规模增长

2012年，中国医药卫生体制改革取得阶段性成果，基本

⑤ 数据来源：国家统计局。
⑥ 指所得税。

图 8　不同规模药品批发企业主营业务收入占同期全国市场总规模情况

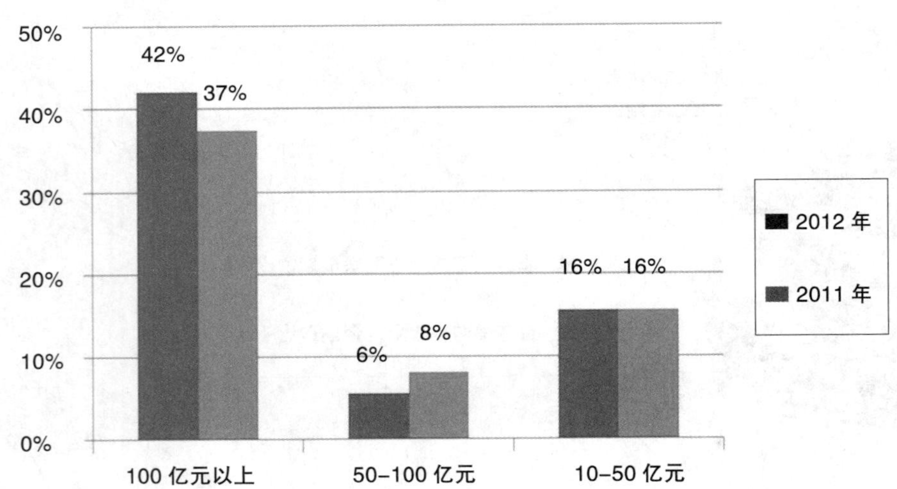

图 9　2008–2011 年零售药店数量

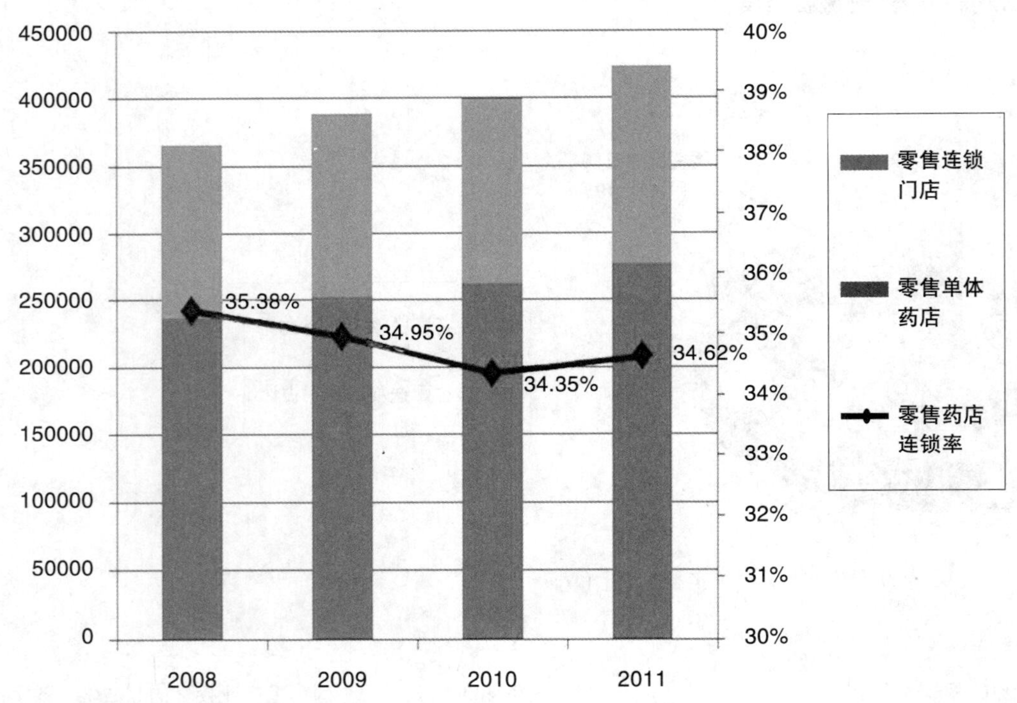

医疗保障水平大幅提升，城镇居民医保和新农合政府补助标准从 2011 年的每人每年 200 元提高到 240 元，基本药物制度已覆盖全国所有政府办基层医疗机构和 74.6% 的村卫生室⑦。在“强基层”的医改政策推动下，基层医疗机构用药水平持续提升，用药规模快速增长，已成为备受行业青睐、成长性最好的市场。据统计，2012 年国家基本药物销售增幅较快，参与国家基本药物配送的药品批发直报企业国家基本药物配送总额为 947 亿元，比去年增长 23%；全国药品流通企业对一级及一级以下医院销售为 808.5 亿元，同比增长 34.0%，占行业销售总额的 7.2%，比去年上升 0.8 个百分点。

⑦ 数据来源：国家医改领导小组办公室、卫生和计划生育委员会网站。

（二）药品批发市场集中度呈现结构性变化

2012年，前100位药品批发企业主营业务收入占同期全国市场总规模的64%[⑧]，比去年提高1个百分点。其中，前3位企业占28.8%，比去年增长2.2个百分点；前10位企业占41.9%，增长2.3个百分点；前20位企业占49.3%，增长近2个百分点。前20位企业成为行业市场集中度提升的主要推动力。

从主营业务收入10亿元以上的药品批发企业发展情况来看，整体出现向两端集中的趋势。100亿元以上的企业有10家，比去年增加2家，50–100亿元的有7家，比去年下降2家，10–50亿元的有74家，比去年增加10家。主营业务收入100亿元以上的企业发展较快，全国市场份额同比增长5个百分点，50–100亿元的企业市场份额同比下降2个百分点，10–50亿元的企业市场份额与去年持平。

（三）药品零售市场规模继续扩大，但连锁率仍较低

2012年，药品零售市场规模总体呈现增长，但增速减缓。前100位药品零售企业销售额占零售市场销售总额的34.3%。其中，前5位企业占9.6%，前10位企业占16.3%，前20位企业占22.9%，均与上年基本持平。前100位药品零售企业的销售额底线为1.35亿元，销售额超过10亿元的企业有19家。其中，销售额超过40亿元的有3家，30–40亿元的有5家，20–30亿元的有3家，10–20亿元的有8家。零售药店连锁率为34.62%，与去年基本持平，但较2008年下降了0.76个百分点。

零售药店在面临来自宏观政策及市场竞争的双重压力下，加快了抱团结盟的速度。截至2012年底，全国共成立15家省级药店联盟，覆盖19个省（自治区、直辖市），年度销售总额达355.57亿元，比去年增长26.1%，约占全国药品零售市场总额的1/5。

（四）药品流通服务模式创新取得新突破

面对医药分开、公立医院改革、基层医疗崛起、市场营销扁平化等行业新趋势，以往的商业服务方式和盈利模式受到严峻挑战。全行业围绕医改带来的契机，进一步发挥业态创新、技术创新优势，推进供应链管理应用，不断创新服务模式，多元化服务趋势日益展现，在开展对医院院内药品物流延伸服务、进行医院物流管理系统（SPD）试点、承接药房托管、承接医院药库外设管理以及药店承担社区医疗机构药房功能试点等新型服务模式方面尤为突出。据统计，2012年全国药品流通直报企业中，具有第三方医药物流资质的批发企业有56家；具有食品药品监管

图10　2012年药品流通上市公司市值

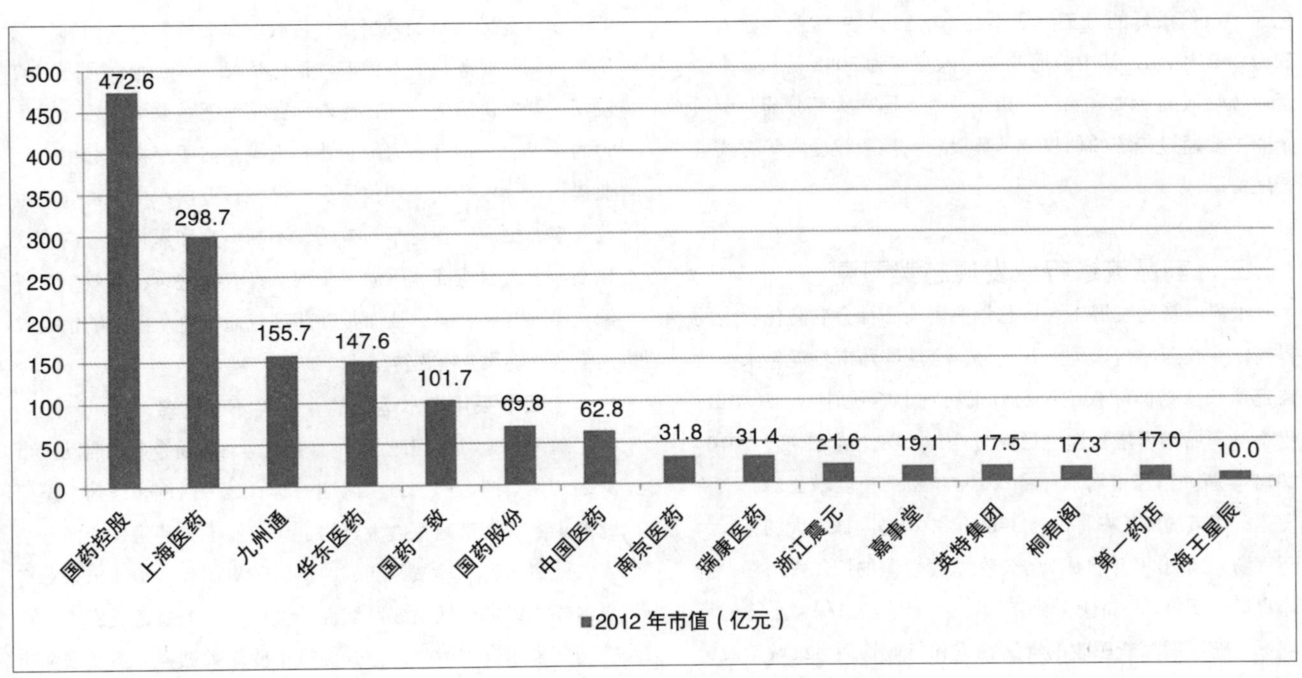

⑧ 对2011年相关数据及比重进行了修正，调整为可比同口径。

部门颁发的开展第三方药品物流业务确认文件的专业医药物流企业有43家；开展物流延伸服务的企业有41家；承接药房托管的企业有29家；承接医院药库外设的企业有11家。

（五）行业微利化运行特征更加明显

2012年，多种因素导致药品流通环节盈利空间受到压缩。首先是药品降价的压力，2012年国家发展改革委进行了两次较大规模的药品降价，主要涉及消化类、抗肿瘤类、免疫和血液制品等药物的价格调整，平均降价幅度在17%左右。二是企业现金流的压力，各级医院承付药品货款时间的周期继续恶化，2012年药品流通直报企业的应收账款共计1480亿元，同比增长29.2%；另据中国医药商业协会典型调查，2012年药品批发企业对医疗机构的平均应收账款周转天数为142天，比去年增加11天，医疗机构拖欠药品批发企业货款时间过长问题进一步加剧，企业生存和发展空间受到严重挤压。另外，药品使用、监管及招标采购政策改变导致的市场变化也对企业盈利带来较大压力。

（六）药品流通类上市公司在资本市场表现较弱

药品流通行业上市公司数量较少，市值与国外相差悬殊，零售业态占比较小。截至2012年12月31日，国内以药品流通为主业的上市公司共有15家（整个医药类上市公司总数200多家），市值总和为1474.41亿元（当日美国麦克森公司市值为226亿美元，按汇率6.2365计算，折合人民币约1408亿元），其中，市值最高的国药控股不足500亿元，市值最低的海王星辰不足10亿元；主营业务收入总和为3307亿元，其中流通业务收入总和为3098亿元，占主营业务收入的94%。除已上市企业外，国内大部分药品流通企业主要通过传统的债权、私募股权、控股权变卖等方式进行融资。

三、药品流通行业发展趋势预测

世界经济的发展、人口总量的增长和社会老龄化程度的提高，导致药品需求呈上升趋势，全球医药市场近年来持续快速增长。据国际权威医药咨询机构IMS统计，2010-2011年全球药品销售增长速度已超过全球GDP增长速度，2010-2014年新兴医药市场预计将以14-17%的速度增长，而主要发达医药市场增长率将仅为3-6%。中国是全球最大的新兴医药市场，到2020年将成为全球仅次于美国的第二大市场，全球市场份额将从3%上升到7.5%。在宏观经济保持平稳的环境下，随着国家新医改的继续推进和行业管理后续政策及标准的出台，药品流通行业将保持稳步增长的发展趋势，并加快转型升级的速度。

（一）药品流通市场的增长将趋于平稳

2013年是我国医药卫生体制改革继续向纵深发展的一年。随着全民医保体系制度框架基本建成以及基本药物制度和基层医疗机构运行新机制的完善、城乡基层医疗卫生服务体系进一步健全、基本公共卫生服务均等化水平明显提高和公立医院改革试点有序推进，药品市场需求将继续扩大，药品流通行业仍将保持增长。但受国内经济增长总体放缓的影响，在药品价格持续下降、药品流通企业经营成本快速上涨的压力下，行业的增长速度将继续趋缓。

（二）结构调整仍是行业改革发展的主线

2013年，国家将加快推进药品流通领域的改革步伐。按照医改“十二五”规划的要求，药品流通行业改革发展政策将陆续出台。2012年新修订的《药品经营质量管理规范》将于2013年6月份开始实施，这是对药品流通监管政策的一次较大调整，实施企业计算机管理信息系统，控制药品购销渠道和仓储温湿度，加强票据管理、冷链管理和药品运输环节监管等规定全面提升了药品流通企业的软硬件标准和要求，提高了准入门槛，将对行业发展带来深刻影响。随着《全国药品流通行业发展规划纲要（2011-2015年）》的深入贯彻实施，商务部将继续鼓励企业兼并重组、做大做强，提高行业集中度；支持发展现代医药物流和连锁经营，进一步提升药品流通效率和现代化水平。

（三）行业服务模式加快向全产业链服务转变

随着新医改配套措施的贯彻落实和市场竞争的加剧，行业毛利率会进一步受到挤压，传统的商业购销模式面临巨大挑战。创新业务与服务模式、推广信息技术在企业管理上的应用、开展供应链管理，已成为药品流通企业增强核心竞争力的关键。一批有实力的企业积极探索向医疗机构和生产企业提供现代医药物流增值服务，已在行业内产生了良好的示范效应。更多企业将学习效仿，不断丰富和深化服务内容，建立与上游供应商和下游客户的新型合作关系，有效整合资源，实现互利共赢，从而带动药品流通行业从商业购销模式向全产业链服务模式转变。

（四）采用资本运作的企业将不断增多

除现有15家上市公司外，一批药品流通企业已启动上市计划，如华润医药、云南鸿翔一心堂、广西柳州医药、厦门鹭燕集团、湖南老百姓大药房、湖南益丰大药房、江西开心人大药房、浙江珍诚医药、四川医药集团等。预计未来将有更多规模以上跨区域或区域性的主要药品流通企业成为上市公司，采用资本运作的方式促进企业做大做强，不断增强市场竞争力，药品流通类上市公司将成为医药板块的重要组成部分。

备注说明：

1. 为了解全国药品流通行业经营活动的基本情况，为各级政府部门制定行业发展政策和进行经济管理与宏观调控提供依据，商务部依据《中华人民共和国统计法》规定，结合药品流通行业的实际情况制订了药品流通行业统计制度，建立了网上直报统计系统。

2. 药品流通行业统计制度由地方商务主管部门、相关行业协会组织落实，并接受同级政府统计机构的业务指导。

3. 药品流通行业统计制度数据来源为地方商务主管部门、相关行业协会、药品批发和零售直报企业。2012 年，药品流通直报企业共 942 家，其中药品批发直报企业 742 家；山西省、江苏省、广东省、海南省、云南省、西藏自治区、青海省、宁夏回族自治区、新疆维吾尔自治区、新疆生产建设兵团商务主管部门数据未填报完整。

4. 本报告中数据除特别说明外，均取自药品流通行业网上直报统计系统，报告中涉及的对比数据均已剔除不可比因素。

5.2012 年批发与零售企业前百位排序中，华润医药商业集团的数据包含了华润医药集团 2012 年并购的新龙药业集团、安徽华源医药股份有限公司等企业；中国医药集团的数据包含了 2012 年并购的山西双鹤药业有限公司、温州市生物药械供应有限公司等企业。老百姓大药房连锁股份有限公司因处在上市静默期内，故未参加本年度数据报送和排序。

6. 行政区划

华北地区：北京、天津、河北、山西、内蒙古；

东北地区：辽宁、吉林、黑龙江；

华东地区：上海、江苏、浙江、安徽、福建、江西、山东；

中南地区：河南、湖北、湖南、广东、广西、海南；

西南地区：重庆、四川、贵州、云南、 西藏；

西北地区：陕西、甘肃、青海、宁夏、新疆。

（注：2010、2011 和 2012 年药品流通行业运行统计分析报告，是在商务部新建统计制度，不断加大统计工作力度，不断扩大统计范围的情况下，按年度形成的，故一些涉及比重计算的数据，可能因统计范围扩大而与分析结论不一定相符，可参考使用，并注意每份报告的相关说明。）

2011年典型样本城市零售药店销售市场浅析

一、典型样本城市零售药店销售概况

典型样本城市 2011 年零售药店市场销售情况

日期	销售额（万元）
2011-01	14008.38
2011-02	9892.97
2011-03	13165.09
2011-04	13087.51
2011-05	12177.87
2011-06	11406.88
2011-07	12013.65
2011-08	11418.29
2011-09	16340.13
2011-10	10367.77
2011-11	10058.42
2011-12	13272.85
合计	147209.81

典型样本城市 2011 年零售药店总体市场趋势图

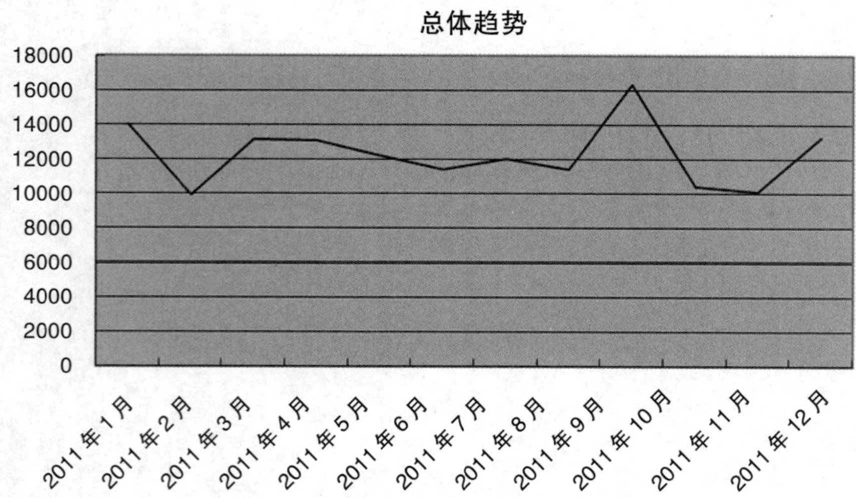

二、典型样本城市零售药店大类药品浅析

1. 2011 年大类产品销售结构

指标＼分类	化学药品	中成药	食品（含保健食品）	医疗器械（含家庭护理）	中药饮片	药妆品	日用品	其他商品
销售额（万元）	54063.11	35407.38	21525.00	13162.23	12010.69	7521.97	2232.21	1287.23
销售额占比（%）	36.73	24.05	14.62	8.94	8.16	5.11	1.52	0.87

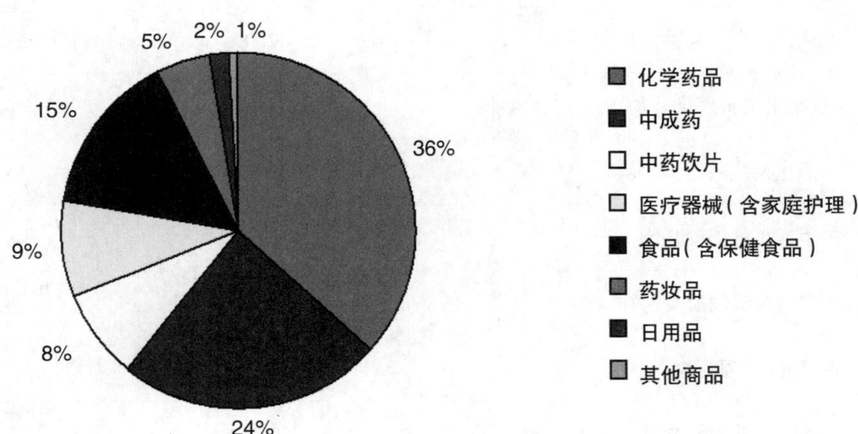

2. 典型样本城市 2011 年区域大类产品销售结构

区域＼大类	化学药品		中成药		食品（含保健品）		医疗器械（含家庭护理）		药妆品		中药饮片		日用品		其他商品		销售合计（万元）
	销售总额（万元）	占比（%）	销售总额（万元）	占比（%）	销售总额（万元）	占比（%）	销售总额（万元）	占比（%）	销售总额（万元）	占比（%）	销售总额（万元）	占比（%）	销售总额（万元）	占比（%）	销售总额（万元）	占比（%）	
北京	9793	30	8570	27	4804	15	3935	12	3546	11	971	3	476	1	198	1	32293
广州	9625	36	6985	26	4058	15	3644	14	1836	7	297	1	285	1	254	1	26984
杭州	1507	42	745	21	740	20	230	6	127	4	126	3	117	3	22	1	3615
南京	6051	39	4007	26	1992	13	1711	11	1161	7	454	3	195	1	106	1	15679
上海	11320	31	11021	30	5826	16	2473	7	2843	8	2335	6	812	2	360	1	36991
深圳	16529	52	4419	14	4085	13	3751	12	1546	5	625	2	377	1	317	1	31648

3. 2011年化学药品、中成药大类销售结构

3.1 化学药品大类销售结构

排序	临床药理学分类	2011销售金额（万元）	各类占总销比重（%）
1	专科用药物	5,979.28	12.14
2	抗肿瘤药物	5,801.44	11.78
3	调节免疫功能药物	5,724.07	11.63
4	解热镇痛药物	4,710.84	9.57
5	循环系统用药物	4,131.15	8.39
6	激素及调节内分泌功能类药物	3,982.78	8.09
7	非抗生素类抗感染药物	3,274.26	6.65
8	消化系统用药物	2,552.55	5.18
9	抗生素类抗感染药物	2,416.83	4.91
10	维生素类与矿物质类药物	2,388.22	4.85
11	特殊管理药物	1,607.10	3.26
12	神经系统用药物	1,460.73	2.97
13	呼吸系统用药物	1,373.25	2.79
14	水、电解质及酸碱平衡调节药物	1,067.03	2.17
15	抗变态反应药物	857.32	1.74
16	血液系统用药物	747.07	1.52
17	泌尿系统用药物	442.08	0.90
18	抗寄生虫病药物	342.56	0.70
19	酶类及其它生化药物	336.71	0.68
20	麻醉用药物	40.45	0.08
21	制剂辅料	0.71	0.00
22	诊断用药物	0.08	0.00
合计		49236.51	100%

3.2 中成药大类销售结构

排序	按功能分类	2011 销售金额（万元）	各类占总销比重（%）
1	补益药	5,282.31	15.62
2	清热药	4,547.97	13.44
3	化痰止咳平喘药	3,604.83	10.66
4	五官用药	3,432.17	10.15
5	外科用药	3,421.98	10.12
6	祛湿药	2,491.67	7.37
7	解表药	2,226.28	6.58
8	理血药	1,985.64	5.87
9	妇科用药	1,666.62	4.93
10	开窍药	1,262.90	3.73
11	消导药	992.33	2.93
12	散风熄风药	834.10	2.46
13	理气药	653.53	1.93
14	安神药	474.63	1.40
15	泻下药	237.37	0.70
16	驱虫药	173.91	0.51
17	固涩药	171.26	0.51
18	温里药	114.06	0.34
19	治燥药	105.08	0.31
20	其它中成药	91.96	0.27
21	和解药	56.31	0.17
合计		33862.91	100%

4. 化学药品、中成药主要大类销售趋势

4.1 化学药品主要大类销售趋势

化学药品类位序	类别	日期	月度销售额（万元）	2011 年各月趋势分析
1	专科用药物	2011-01	418.93	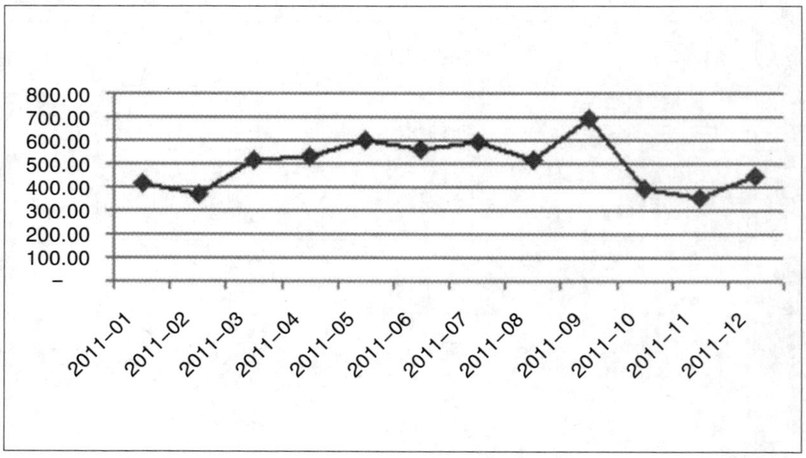
		2011-02	371.69	
		2011-03	513.21	
		2011-04	531.63	
		2011-05	602.06	
		2011-06	559.15	
		2011-07	592.98	
		2011-08	511.99	
		2011-09	691.44	
		2011-10	388.54	
		2011-11	354.81	
		2011-12	442.85	

化学药品类位序	类别	日期	月度销售额（万元）	2011 年各月趋势分析
2	抗肿瘤药物	2011-01	373.70	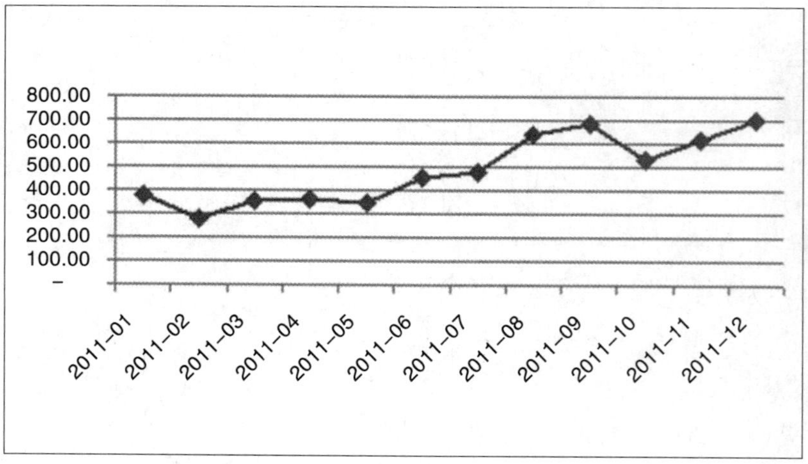
		2011-02	273.33	
		2011-03	355.99	
		2011-04	360.93	
		2011-05	342.66	
		2011-06	450.98	
		2011-07	479.07	
		2011-08	635.62	
		2011-09	681.76	
		2011-10	528.84	
		2011-11	617.25	
		2011-12	701.29	

化学药品类位序	类别	日期	月度销售额（万元）	2011 年各月趋势分析
3	调节免疫功能药物	2011-01	491.56	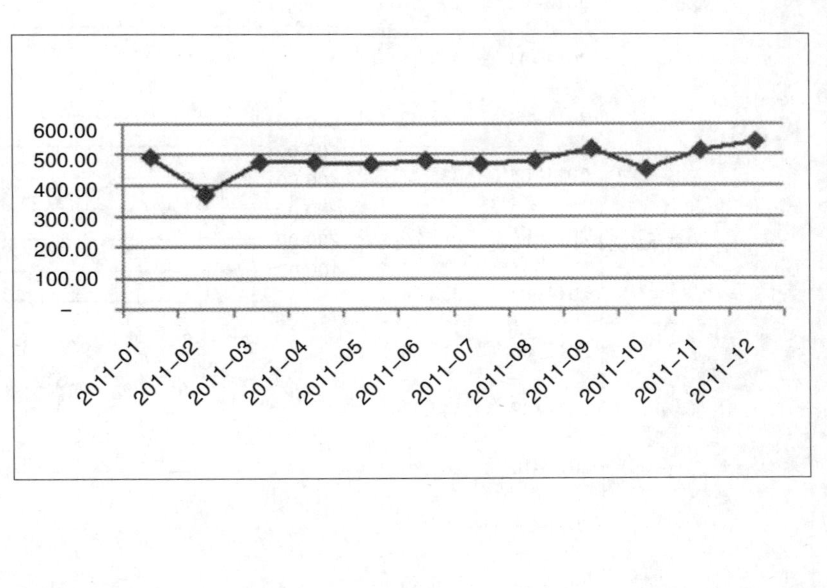
		2011-02	368.71	
		2011-03	475.29	
		2011-04	474.89	
		2011-05	466.50	
		2011-06	476.84	
		2011-07	469.02	
		2011-08	479.93	
		2011-09	519.45	
		2011-10	447.76	
		2011-11	510.62	
		2011-12	543.51	

化学药品类位序	类别	日期	月度销售额（万元）	2011 年各月趋势分析
4	解热镇痛药物	2011-01	566.14	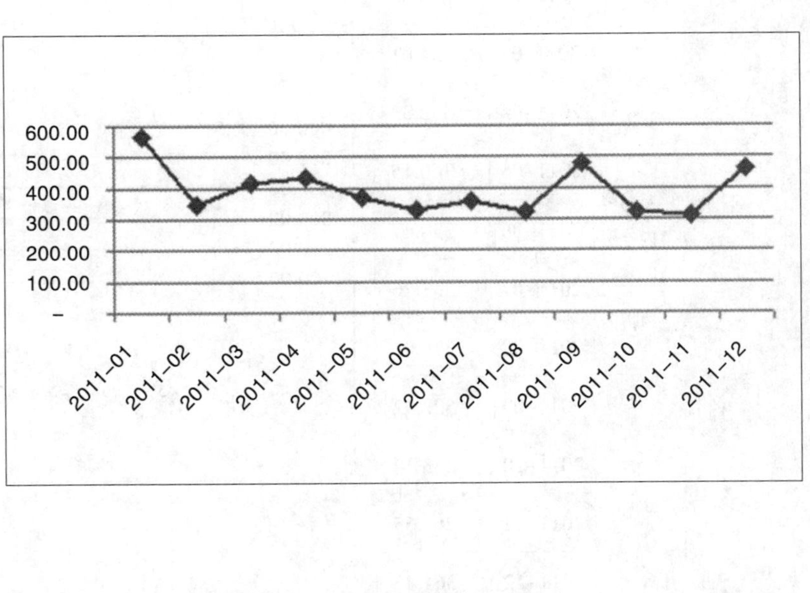
		2011-02	347.37	
		2011-03	415.33	
		2011-04	434.11	
		2011-05	369.33	
		2011-06	326.23	
		2011-07	356.80	
		2011-08	323.50	
		2011-09	477.50	
		2011-10	323.51	
		2011-11	310.81	
		2011-12	460.22	

化学药品类位序	类别	日期	月度销售额（万元）	2011 年各月趋势分析
5	循环系统用药物	2011-01	400.97	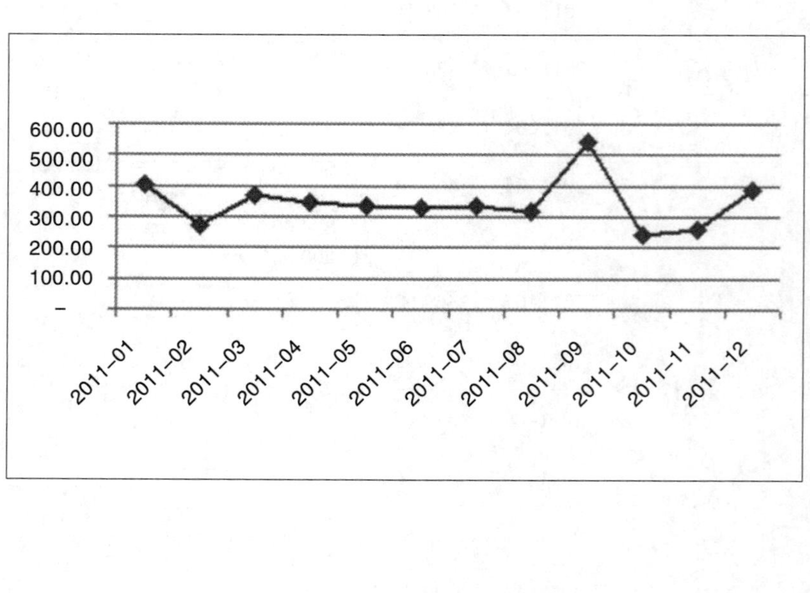
		2011-02	273.56	
		2011-03	367.16	
		2011-04	343.32	
		2011-05	336.41	
		2011-06	326.94	
		2011-07	332.64	
		2011-08	317.65	
		2011-09	544.27	
		2011-10	244.80	
		2011-11	257.75	
		2011-12	385.67	

化学药品类位序	类别	日期	月度销售额（万元）	2011 年各月趋势分析
6	激素及调节内分泌功能类药物	2011-01	333.21	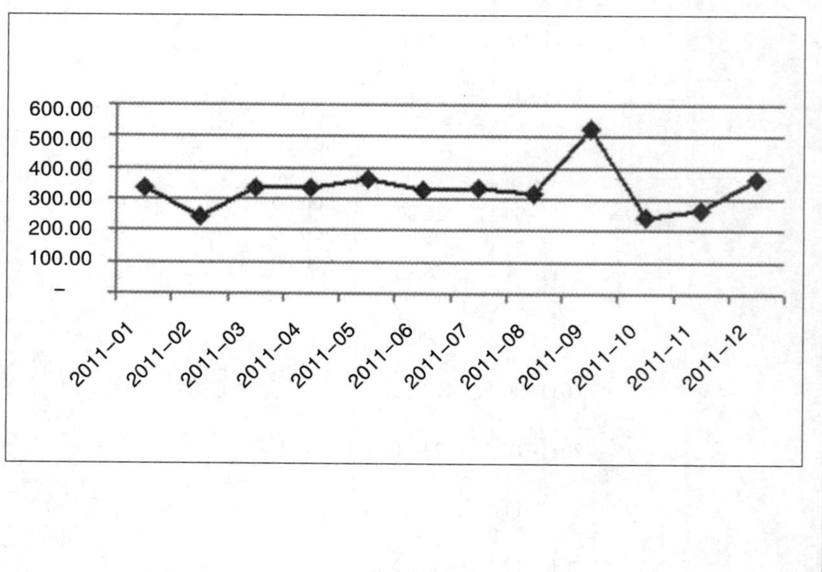
		2011-02	239.65	
		2011-03	334.01	
		2011-04	332.33	
		2011-05	366.15	
		2011-06	330.47	
		2011-07	333.76	
		2011-08	316.02	
		2011-09	522.92	
		2011-10	243.14	
		2011-11	266.65	
		2011-12	364.47	

化学药品类位序	类别	日期	月度销售额（万元）	2011 年各月趋势分析
7	非抗生素类抗感染药物	2011-01	308.45	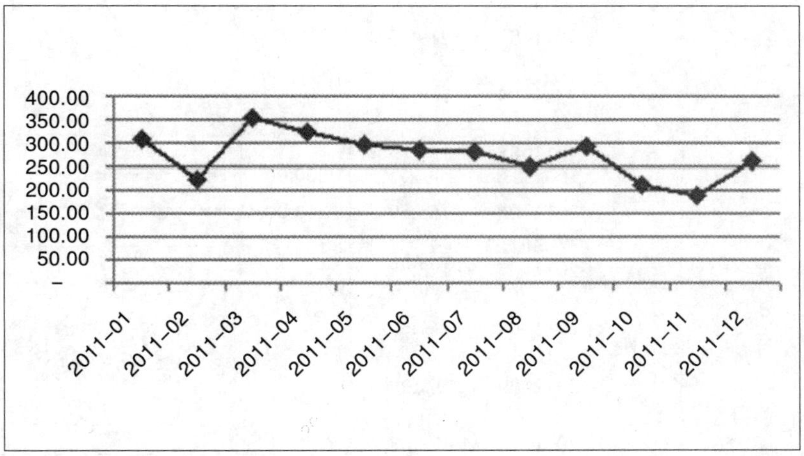
		2011-02	222.52	
		2011-03	352.98	
		2011-04	322.77	
		2011-05	296.35	
		2011-06	283.66	
		2011-07	281.52	
		2011-08	251.25	
		2011-09	292.85	
		2011-10	212.66	
		2011-11	186.66	
		2011-12	262.59	

化学药品类位序	类别	日期	月度销售额（万元）	2011 年各月趋势分析
8	消化系统用药物	2011-01	221.40	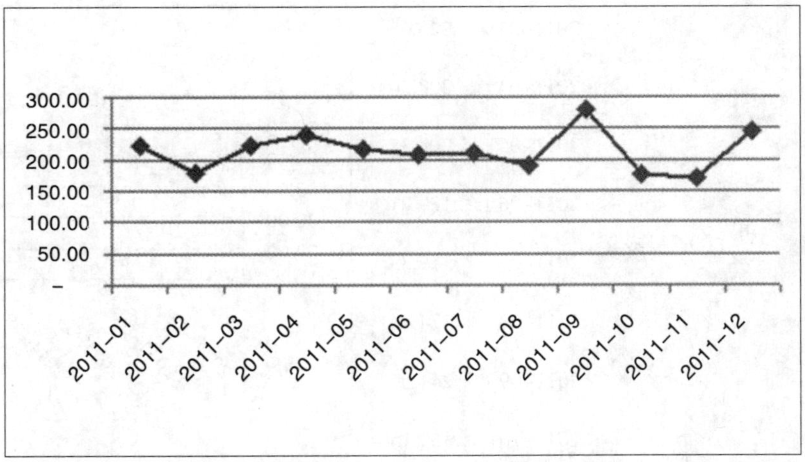
		2011-02	177.55	
		2011-03	220.84	
		2011-04	238.44	
		2011-05	216.47	
		2011-06	207.21	
		2011-07	210.59	
		2011-08	191.41	
		2011-09	278.43	
		2011-10	174.58	
		2011-11	170.01	
		2011-12	245.60	

化学药品类位序	类别	日期	月度销售额（万元）	2011 年各月趋势分析
9	抗生素类抗感染药物	2011-01	300.76	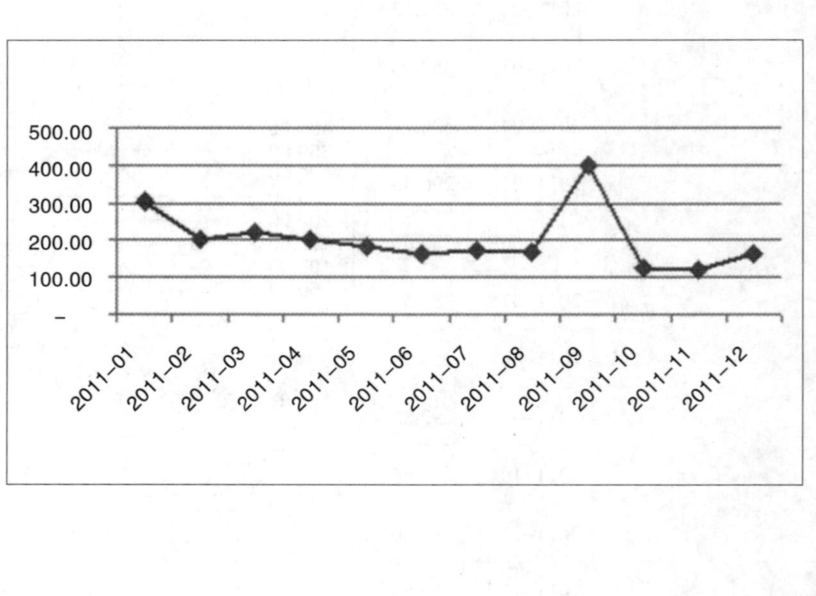
		2011-02	200.25	
		2011-03	219.82	
		2011-04	200.34	
		2011-05	182.36	
		2011-06	165.59	
		2011-07	173.98	
		2011-08	167.62	
		2011-09	397.20	
		2011-10	123.88	
		2011-11	119.62	
		2011-12	165.43	

化学药品类位序	类别	日期	月度销售额（万元）	2011 年各月趋势分析
10	维生素类与矿物质类药物	2011-01	229.55	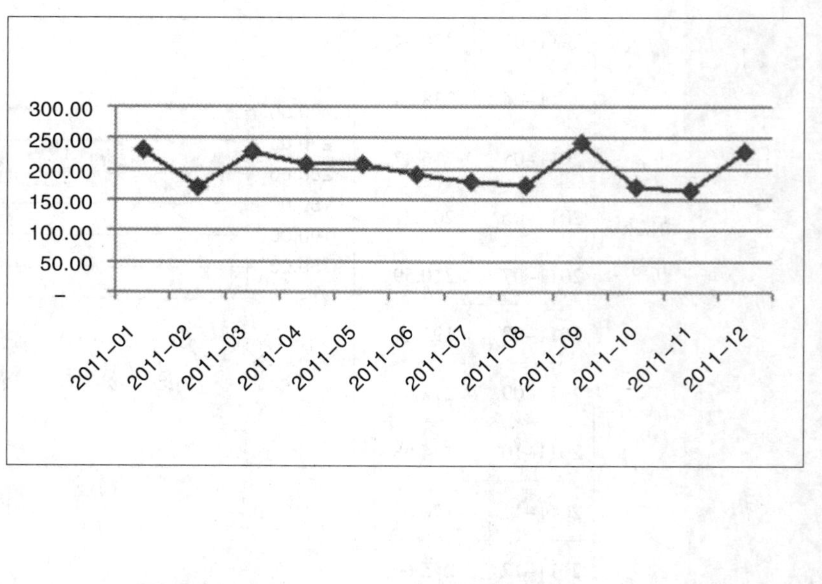
		2011-02	169.46	
		2011-03	226.63	
		2011-04	208.26	
		2011-05	208.37	
		2011-06	189.81	
		2011-07	179.82	
		2011-08	174.44	
		2011-09	241.06	
		2011-10	169.15	
		2011-11	163.45	
		2011-12	228.22	

4.2 中成药主要大类销售趋势

中成药类位序	类别	日期	月度销售额（万元）	2011 年各月趋势分析
1	补益药	2011-01	576.10	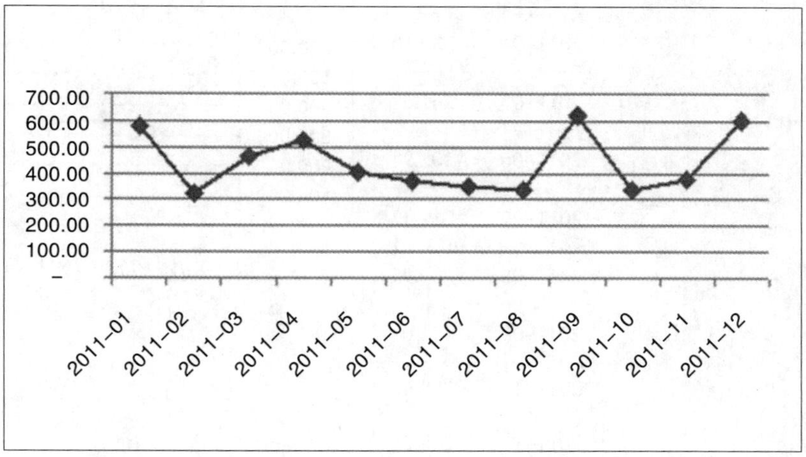
		2011-02	325.70	
		2011-03	466.01	
		2011-04	522.77	
		2011-05	404.47	
		2011-06	369.80	
		2011-07	349.37	
		2011-08	333.50	
		2011-09	619.18	
		2011-10	334.44	
		2011-11	380.27	
		2011-12	600.70	

中成药类位序	类别	日期	月度销售额（万元）	2011 年各月趋势分析
2	清热药	2011-01	457.07	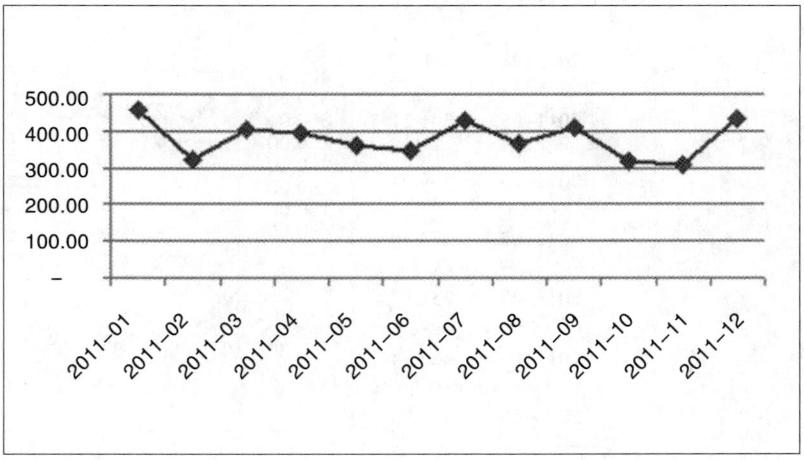
		2011-02	319.99	
		2011-03	405.83	
		2011-04	395.08	
		2011-05	361.41	
		2011-06	346.34	
		2011-07	428.50	
		2011-08	366.42	
		2011-09	410.07	
		2011-10	315.37	
		2011-11	306.82	
		2011-12	435.06	

中成药类位序	类别	日期	月度销售额（万元）	2011 年各月趋势分析
3	化痰止咳平喘药	2011-01	538.33	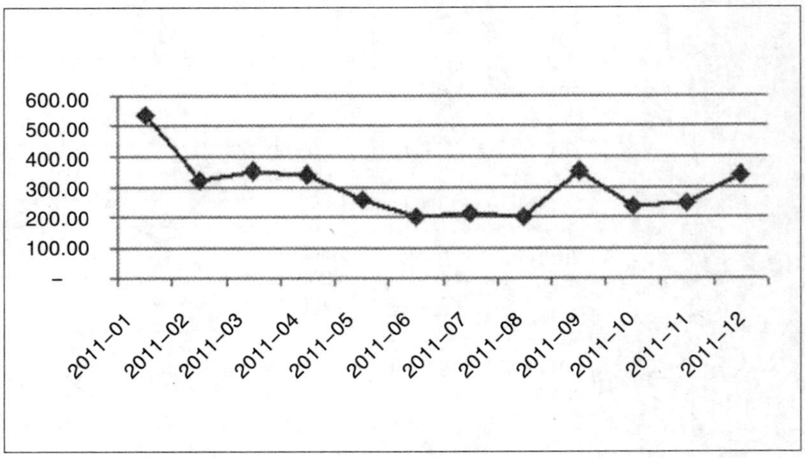
		2011-02	322.16	
		2011-03	349.32	
		2011-04	339.10	
		2011-05	261.61	
		2011-06	202.94	
		2011-07	211.42	
		2011-08	201.95	
		2011-09	352.04	
		2011-10	238.47	
		2011-11	248.28	
		2011-12	339.22	

中成药类位序	类别	日期	月度销售额（万元）	2011 年各月趋势分析
4	五官用药	2011-01	328.63	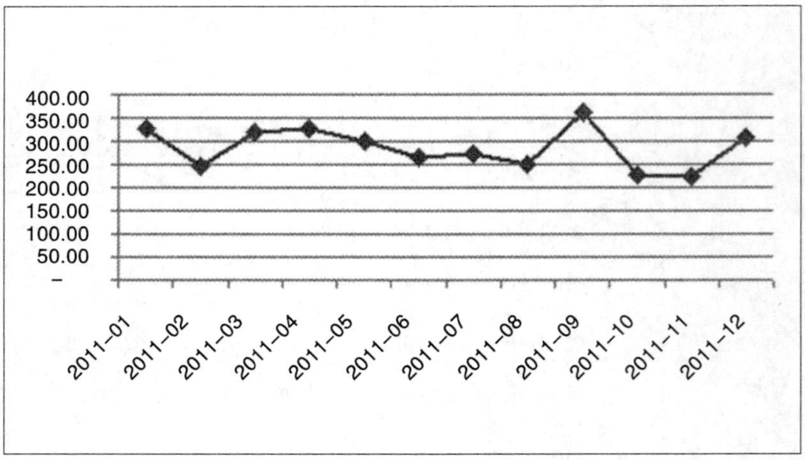
		2011-02	244.51	
		2011-03	317.49	
		2011-04	328.17	
		2011-05	301.21	
		2011-06	264.94	
		2011-07	274.30	
		2011-08	251.87	
		2011-09	362.74	
		2011-10	227.93	
		2011-11	223.31	
		2011-12	307.08	

中成药类位序	类别	日期	月度销售额（万元）	2011 年各月趋势分析
5	外科用药	2011-01	277.48	
		2011-02	217.12	
		2011-03	282.39	
		2011-04	292.11	
		2011-05	313.79	
		2011-06	288.18	
		2011-07	303.78	
		2011-08	282.50	
		2011-09	404.76	
		2011-10	241.44	
		2011-11	228.02	
		2011-12	290.39	

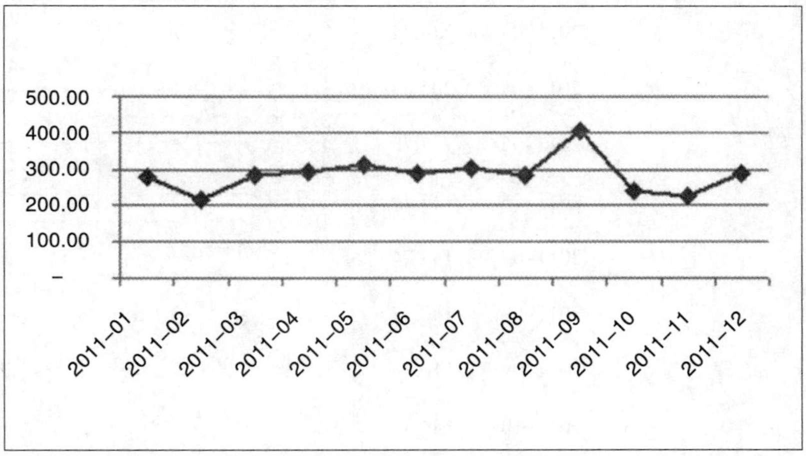

中成药类位序	类别	日期	月度销售额（万元）	2011 年各月趋势分析
6	祛湿药	2011-01	226.28	
		2011-02	170.93	
		2011-03	202.66	
		2011-04	204.86	
		2011-05	203.78	
		2011-06	228.24	
		2011-07	292.56	
		2011-08	218.61	
		2011-09	280.40	
		2011-10	141.86	
		2011-11	135.04	
		2011-12	186.45	

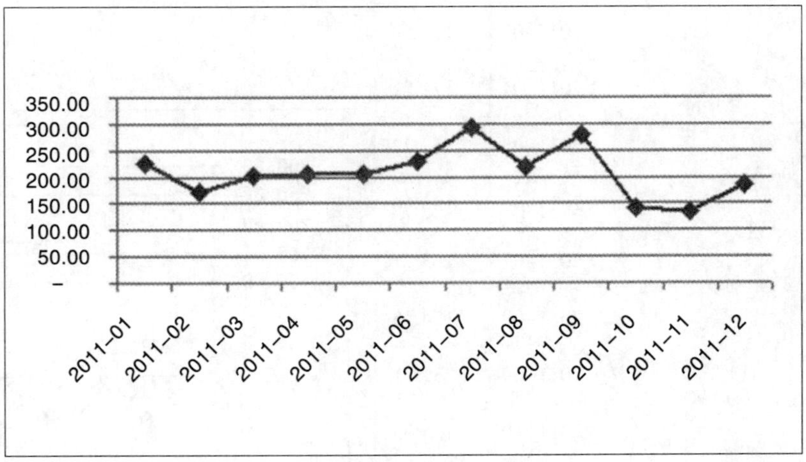

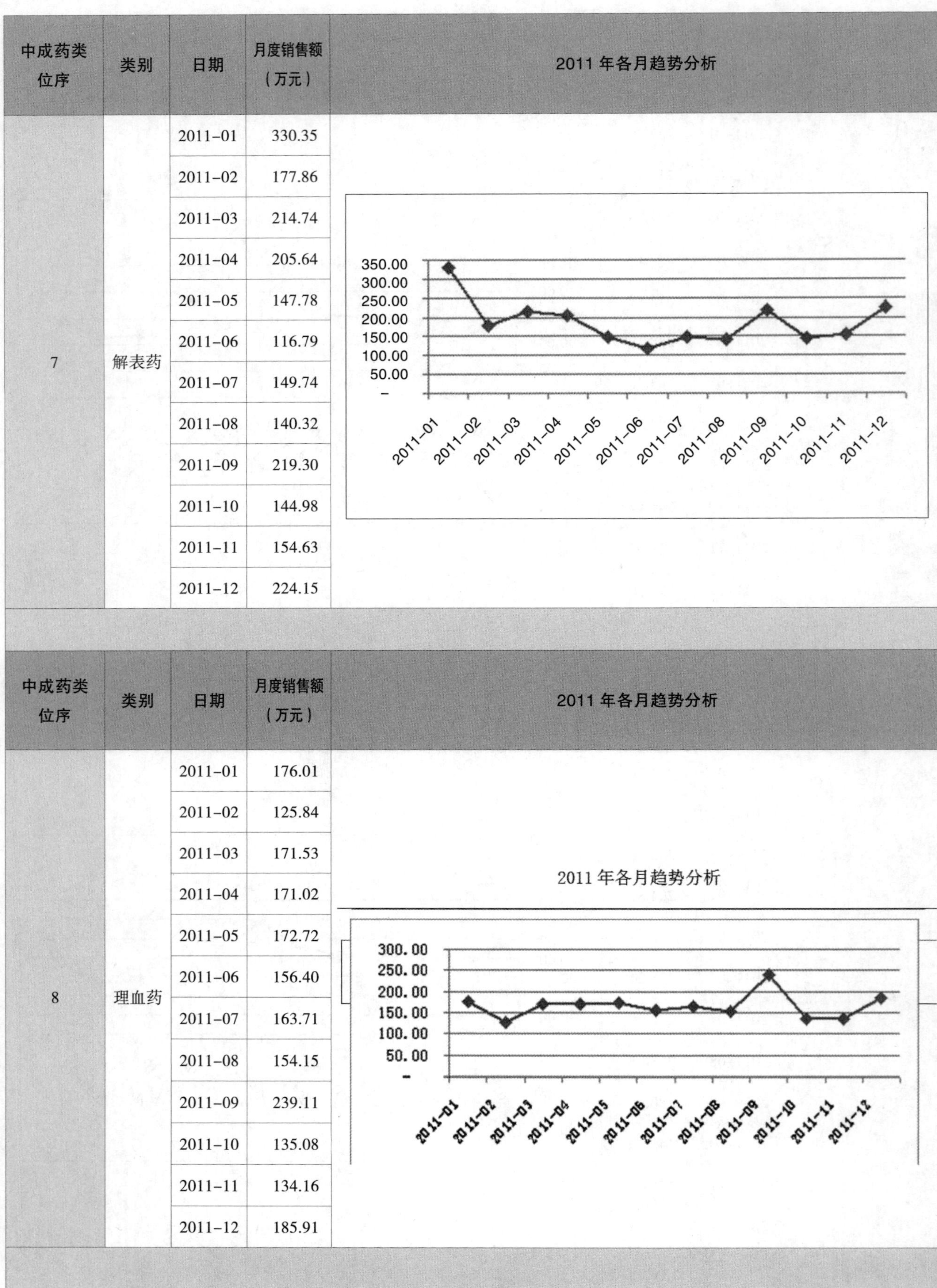

中成药类位序	类别	日期	月度销售额（万元）	2011 年各月趋势分析
7	解表药	2011-01	330.35	
		2011-02	177.86	
		2011-03	214.74	
		2011-04	205.64	
		2011-05	147.78	
		2011-06	116.79	
		2011-07	149.74	
		2011-08	140.32	
		2011-09	219.30	
		2011-10	144.98	
		2011-11	154.63	
		2011-12	224.15	

中成药类位序	类别	日期	月度销售额（万元）	2011 年各月趋势分析
8	理血药	2011-01	176.01	
		2011-02	125.84	
		2011-03	171.53	
		2011-04	171.02	
		2011-05	172.72	
		2011-06	156.40	
		2011-07	163.71	
		2011-08	154.15	
		2011-09	239.11	
		2011-10	135.08	
		2011-11	134.16	
		2011-12	185.91	

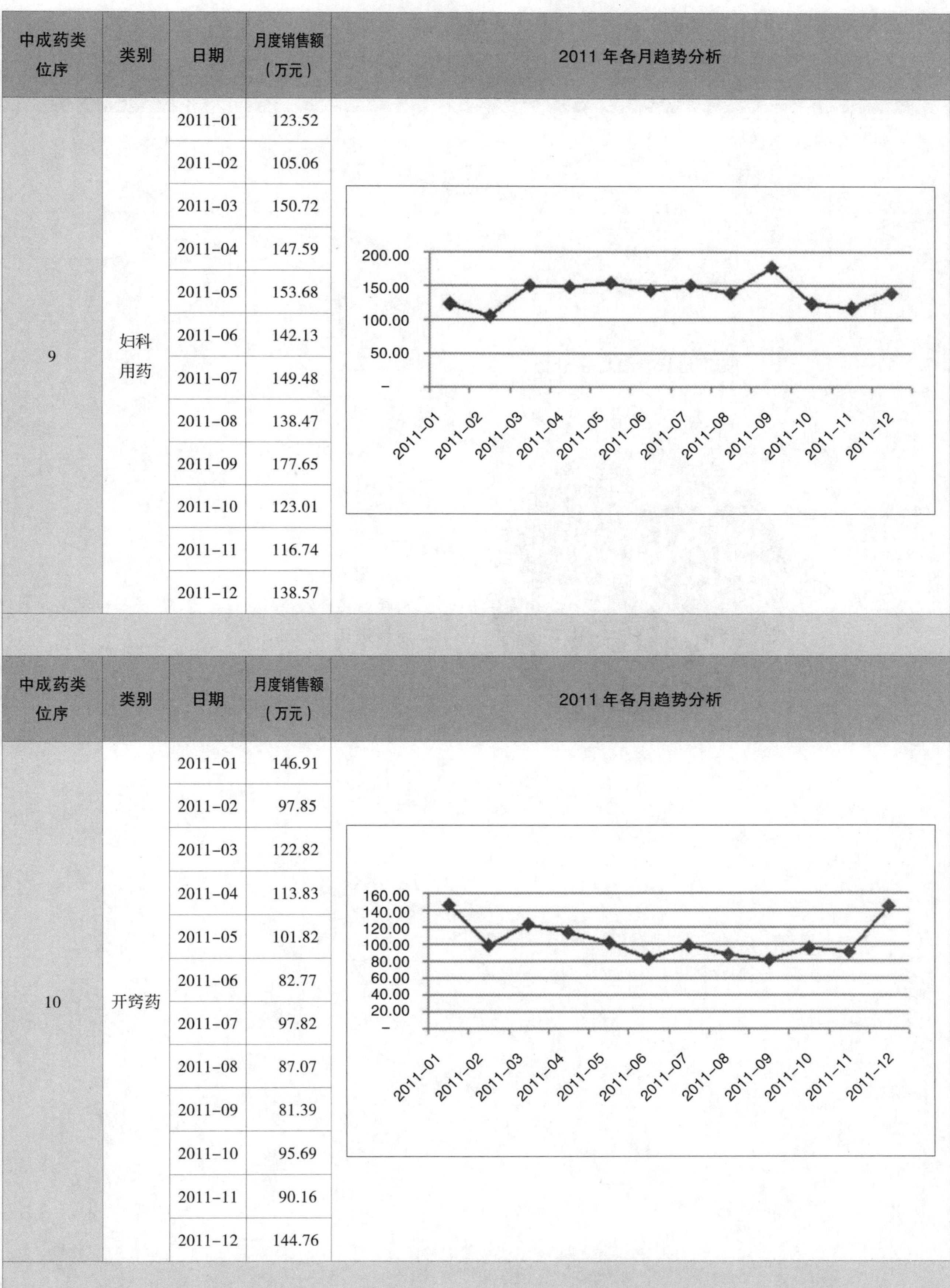

中成药类位序	类别	日期	月度销售额（万元）	2011 年各月趋势分析
9	妇科用药	2011-01	123.52	
		2011-02	105.06	
		2011-03	150.72	
		2011-04	147.59	
		2011-05	153.68	
		2011-06	142.13	
		2011-07	149.48	
		2011-08	138.47	
		2011-09	177.65	
		2011-10	123.01	
		2011-11	116.74	
		2011-12	138.57	

中成药类位序	类别	日期	月度销售额（万元）	2011 年各月趋势分析
10	开窍药	2011-01	146.91	
		2011-02	97.85	
		2011-03	122.82	
		2011-04	113.83	
		2011-05	101.82	
		2011-06	82.77	
		2011-07	97.82	
		2011-08	87.07	
		2011-09	81.39	
		2011-10	95.69	
		2011-11	90.16	
		2011-12	144.76	

5. 典型样本城市 2011 年制造厂家销售情况（化学药品、中成药）

分类	销售额（万元）	各类占总销比重（%）
国产药	56772.66	63.45
合资药	22309.59	24.94
进口药	10388.23	11.61

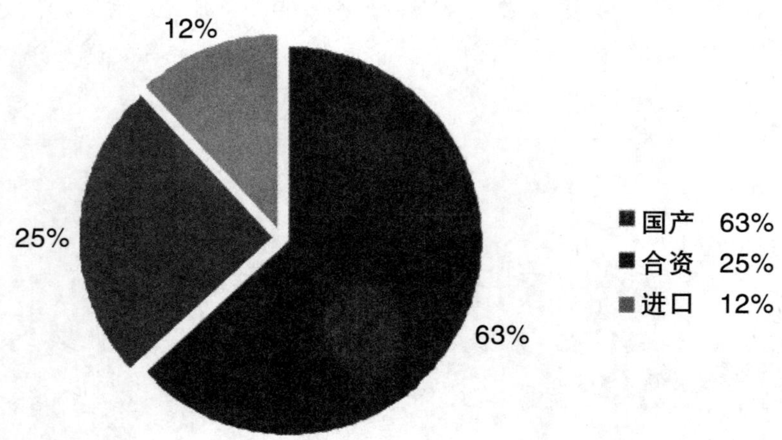

三、数据排行

1. 典型样本城市 2011 年药品销售前 300 位排序（按通用名统计，含化学药品、中成药）

排名	通用名	销售额（万元）
1	甲磺酸伊马替尼片	3510.18
2	他克莫司胶囊	2815.69
3	吗替麦考酚酯胶囊	1678.76
4	阿胶	1448.82
5	安宫牛黄丸	931.37
6	枸橼酸西地那非片	908.8
7	恩替卡韦片	858.09
8	盐酸厄洛替尼片	802.75
9	他达拉非片	662.27
10	苯磺酸氨氯地平片	639.33
11	注射用曲妥珠单抗	594.72
12	氯雷他定片	540.99
13	盐酸氨基葡萄糖胶囊	491.14
14	左炔诺孕酮片	487.14
15	格列齐特片（Ⅱ）	483.97
16	六味地黄丸	476.03
17	京都念慈菴蜜炼川贝枇杷膏	467.14
18	金莲花胶囊	459.46
19	双黄连口服液	448.1
20	维生素 C 泡腾片	410.48
21	环孢素软胶囊	381.53
22	阿莫西林胶囊	379.05
23	氨酚伪麻美芬片Ⅱ / 氨麻苯美片	371.8
24	曲安奈德益康唑乳膏	371.58
25	复合维生素片	364.83
26	铝碳酸镁片	360.11
27	消痛贴膏	337.26
28	氨酚美伪麻片与苯酚伪麻片	336.78
29	头孢克肟胶囊	336.25
30	金水宝胶囊	329.17
31	酚麻美敏片	328.74
32	聚乙二醇干扰素 α-2a 注射液	320.58
33	碳酸钙 D3 片	319.41
34	糠酸莫米松乳膏	301.84
35	阿德福韦酯片	289.18
36	酮康唑乳膏	288.91
37	排毒养颜胶囊	283.73
38	奥美拉唑肠溶胶囊	282.45
39	缬沙坦胶囊	281.49
40	多维元素片 (29)	281.41
41	板蓝根颗粒	279.82
42	非那雄胺片	278.76
43	克霉唑阴道片	271.05
44	云南白药气雾剂	254.35
45	活血止痛膏	253.42
46	硫酸氢氯吡格雷片	245.28
47	麝香祛痛搽剂	243.81
48	复方门冬维甘滴眼液	243.49
49	仙灵骨葆胶囊	242.35
50	阿卡波糖片	241.94
51	善存银片	239.87
52	布洛芬缓释胶囊	239.68
53	硝苯地平控释片	239.1
54	屈螺酮炔雌醇片	236.44
55	阿托伐他汀钙片	228.46
56	抗病毒口服液	227.61

排名	通用名	销售额（万元）
57	拉米夫定片	223.73
58	复方盐酸伪麻黄碱缓释胶囊	222.71
59	萘敏维滴眼液	214.1
60	多潘立酮片	212.36
61	替比夫定片	211.95
62	感冒灵胶囊	211.38
63	葡萄糖酸钙锌口服溶液	205.94
64	非洛地平缓释片	202.88
65	注射用硼替佐米	202.8
66	补肾益寿胶囊	202.69
67	盐酸二甲双胍片	202.24
68	厄贝沙坦片	200.32
69	消炎片	199.26
70	精蛋白生物合成人胰岛素注射液（预混 50R)	198.84
71	蒲地蓝消炎片	198.32
72	伊曲康唑胶囊	196.72
73	莫匹罗星软膏	195.93
74	咽炎片	194.76
75	麝香壮骨膏	191.61
76	感冒清热颗粒	188.52
77	鸿茅药酒	185.7
78	片仔癀	183.74
79	奥美拉唑镁肠溶片	182.3
80	清喉利咽颗粒	181.8
81	硝酸咪康唑阴道软胶囊	180.76
82	氨酚伪麻美芬片（日片）/ 氨麻美敏片Ⅱ（夜片）	180.54
83	蒲地蓝消炎口服液	176.87
84	盐酸氨溴索口服溶液	174.24
85	强力枇杷露	173.17
86	夏桑菊颗粒	172.05
87	复方氨基酸胶囊 (8-11)	171.45

排名	通用名	销售额（万元）
88	健胃消食片	170.73
89	人工牛黄甲硝唑胶囊	169.85
90	云南白药膏	160.7
91	复方醋酸地塞米松乳膏	160.14
92	左炔诺孕酮肠溶胶囊	160.04
93	多维元素片	159.39
94	复方阿胶浆	153.42
95	马应龙麝香痔疮膏	153.07
96	阿奇霉素片	150.39
97	头孢克肟分散片	148.93
98	牛黄蛇胆川贝液	145.48
99	沙美特罗替卡松粉吸入剂	144.39
100	氯沙坦钾片	144.31
101	阿司匹林肠溶片	143.78
102	阿德福韦酯胶囊	142.68
103	阿奇霉素分散片	141.55
104	替米沙坦片	141.43
105	复方氨酚肾素片	139.48
106	地拉罗司分散片	138.6
107	一清软胶囊	138.52
108	复方利血平氨苯蝶啶片	138.51
109	硝酸咪康唑乳膏	137.14
110	双氯芬酸二乙胺乳胶剂	135.51
111	去氧孕烯炔雌醇片	135.1
112	复方硫酸软骨素滴眼液	133.93
113	头孢克洛胶囊	133.75
114	注射用培美曲塞二钠	129.18
115	风油精	128.44
116	头孢拉定胶囊	127.94
117	清开灵片	127.41
118	小儿感冒颗粒	127.32

排名	通用名	销售额（万元）
119	叶酸片	126.97
120	清火片	126.9
121	奥氮平片	126.64
122	小儿肺热咳喘口服液	125.38
123	丁细牙痛胶囊	123.54
124	苄达赖氨酸滴眼液	123.45
125	感冒灵颗粒	123.03
126	门冬胰岛素注射液	122.64
127	蒙脱石散	122.56
128	西地碘含片	121.21
129	维生素 AD 滴剂（胶囊型）	121.19
130	桂林西瓜霜	118.65
131	吗替麦考酚酯分散片	117.59
132	精乌胶囊	117.22
133	润燥止痒胶囊	117.19
134	头孢克洛干混悬剂	116.62
135	瑞格列奈片	116.5
136	格列齐特缓释片	115.8
137	复方丹参滴丸	115.59
138	注射用尤瑞克林	115.32
139	复方对乙酰氨基酚片（Ⅱ）	112.45
140	吗替麦考酚酯片	111
141	上清片	110.19
142	尼洛替尼胶囊	110.11
143	复方酮康唑发用洗剂	109.75
144	格列美脲片	109.46
145	同仁牛黄清心丸	109.38
146	三金片	108.95
147	珍珠明目滴眼液	108.86
148	苯磺酸左旋氨氯地平片	108.5
149	盐酸伐昔洛韦片	108.05
150	埃索美拉唑镁肠溶片	107.31
151	小儿氨酚烷胺颗粒	106.71
152	吡硫翁锌气雾剂	106.36
153	孟鲁司特钠咀嚼片	106.16
154	葡萄糖酸钙口服溶液	105.92
155	安神补脑液	105.75
156	苋菜黄连素胶囊	105.36
157	保和堂珠珀猴枣散	105.24
158	小儿氨酚黄那敏颗粒	104.98
159	京制牛黄解毒片	103.42
160	盐酸贝那普利片	103.35
161	金鸡虎补丸	102.47
162	藿香正气口服液	102.32
163	川贝雪梨糖浆	100.4
164	美敏伪麻溶液	99.76
165	复方鲜竹沥液	98.9
166	乌鸡白凤丸	98.5
167	多巴丝肼片	95.83
168	救心丸	95.55
169	美扑伪麻片	95.1
170	盐酸氨溴索片	94.88
171	酮康唑洗剂	94.45
172	百令胶囊	93.66
173	富马酸比索洛尔片	93.51
174	妇炎康片	93.04
175	复方紫龙片	93.04
176	益脑胶囊	92.57
177	布地奈德鼻喷雾剂	92.4
178	夏枯草膏	91.86
179	阿奇霉素干混悬剂	91.75
180	复方氨酚烷胺胶囊	91.67

排名	通用名	销售额（万元）
181	开塞露	90.02
182	复方板蓝根颗粒	89.63
183	珍菊降压片	89.29
184	丙戊酸钠缓释片	88.14
185	炎可宁片	88.13
186	铝碳酸镁咀嚼片	87.51
187	小柴胡颗粒	87.49
188	四季感冒胶囊	87.3
189	黄道益活络油	86.28
190	复方樟脑乳膏	86.26
191	肠内营养粉剂 (TP)	85.97
192	三九胃泰胶囊	85.26
193	川贝清肺糖浆	85.19
194	口腔炎喷雾剂	83.88
195	布洛芬缓释片	83.65
196	开塞露（含甘油）	83.54
197	洁尔阴洗液	83.23
198	西罗莫司口服溶液	83.23
199	补肾固齿丸	83.16
200	碳酸钙维 D3 元素片 (4)	82.92
201	复方草珊瑚含片	81.64
202	丁酸氢化可的松乳膏	81.56
203	银杏叶片	81.11
204	复方苦参水杨酸散（足光散）	80.79
205	蓝芩口服液	80.7
206	急支糖浆	80.64
207	辛伐他汀片	80.29
208	厄贝沙坦氢氯噻嗪片	79.06
209	感冒清热胶囊	78.83
210	健儿清解液	78.71
211	消炎镇痛膏	78.63

排名	通用名	销售额（万元）
212	速效救心丸	78.22
213	清热解毒口服液	78.06
214	金银花露	76.91
215	布洛伪麻片	76.91
216	甲硝唑氯己定洗剂	76.52
217	炔雌醇环丙孕酮片	76.46
218	甲硝唑芬布芬胶囊	76.29
219	塞来昔布胶囊	75.83
220	复方氨酚烷胺片	74.9
221	香连胶囊	74.78
222	多维元素片 (21)	74.73
223	小儿止咳糖浆	74.44
224	广东凉茶颗粒	74.41
225	小儿咽扁颗粒	74.25
226	保妇康栓	73.83
227	雷贝拉唑钠肠溶片	73.66
228	同仁大活络丸	72.74
229	小儿清热止咳口服液	72.56
230	维生素 E 胶丸	72.22
231	维生素 B1 片	72.19
232	牛黄解毒片	71.71
233	生力胶囊	71.57
234	消糜栓	71.54
235	维生素 E 软胶囊	71.16
236	阿那曲唑片	70.9
237	氨酚伪麻美芬片Ⅱ	70.9
238	阿胶补血膏	70.84
239	甲钴胺片	70.24
240	布洛芬混悬液	69.95
241	伤湿止痛膏	69.41
242	养血清脑颗粒	69.2

排名	通用名	销售额（万元）
243	麝珠明目滴眼液	68.87
244	杞菊地黄丸	68.79
245	麝香保心丸	68.71
246	舒秘胶囊	68.62
247	复方聚维酮碘搽剂	68.35
248	蜜炼川贝枇杷膏	68.21
249	百癣夏塔热片	68.16
250	妇宁栓	67.73
251	盐酸左氧氟沙星片	67.73
252	清开灵滴丸	67.28
253	复方木香小檗碱片	66.99
254	维 C 银翘片	66.83
255	盐酸帕罗西汀片	66.75
256	复方熊胆滴眼液	66.31
257	格列吡嗪控释片	66.21
258	胃康灵胶囊	66.03
259	外用盐酸氨酮戊酸散	65.96
260	左甲状腺素钠片	65.56
261	盐酸苯环壬酯片	65.4
262	众生丸	65.37
263	斧标驱风油	65.34
264	盐酸西替利嗪片	65.02
265	喉疾灵胶囊	64.79
266	藿香正气软胶囊	64.63
267	联苯苄唑乳膏	64.36
268	头孢克肟颗粒	63.96
269	复方莪术油栓	63.88
270	清咽滴丸	62.78
271	盐酸小檗碱片	62.24

排名	通用名	销售额（万元）
272	复方碳酸钙泡腾颗粒	61.92
273	银黄胶囊	61.9
274	桂枝茯苓胶囊	61.62
275	维 U 颠茄铝胶囊 Ⅱ	61.24
276	熊去氧胆酸胶囊	61.23
277	知柏地黄丸	60.17
278	阿仑膦酸钠片	60.12
279	银黄颗粒	59.79
280	养阴清肺口服液	59.52
281	黄氏响声丸	59.16
282	皮肤康洗液	59.03
283	颈舒颗粒	58.96
284	利培酮片	58.9
285	银杏叶提取物片	58.87
286	卡泊三醇软膏	58.72
287	西瓜霜润喉片	58.7
288	清火胶囊	58.7
289	辣椒风湿膏	58.57
290	流感丸	58.43
291	复方盐酸阿米洛利片	58.43
292	右美沙芬愈创甘油醚糖浆	58.34
293	感冒灵冲剂	58.01
294	舒心宁片	57.9
295	龙虎人丹	57.88
296	正柴胡饮颗粒	57.85
297	银黄含片	57.7
298	盐酸普拉克索片	57.64
299	妇科千金片	57.17
300	猴耳环消炎胶囊	57.09

2. 典型样本城市2011年药品销售前300位排序（按品规统计，化学药品、中成药）

序号	品名（商品名、通用名）	规格	厂家	销售额（万元）
1	甲磺酸伊马替尼片（格列卫）	0.1g*60T	Novartis Pharma Stein AG	3510.18
2	他克莫司胶囊（普乐可复）	1mg*50S	安斯泰来制药（中国）有限公司	2155.56
3	吗替麦考酚酯胶囊（骁悉）	0.25g*40S	上海罗氏制药有限公司	1664.78
4	恩替卡韦片（博路定）	0.5mg*7T	中美上海施贵宝制药有限公司	843.24
5	盐酸厄洛替尼片（特罗凯）	0.15g*7T	上海罗氏制药有限公司	695.06
6	枸橼酸西地那非片（万艾可）	0.1g*5T	辉瑞制药有限公司	693.81
7	他克莫司胶囊（普乐可复）	0.5mg*50S	安斯泰来制药（中国）有限公司	654.55
8	安宫牛黄丸	3g	北京同仁堂科技发展股份有限公司制药厂	613.8
9	注射用曲妥珠单抗（赫赛汀）	20ml:0.44g(含稀释液）	上海罗氏制药有限公司	594.72
10	他达拉非片（希爱力）	20mg*4T	Lilly del Caribe, Inc.	487.18
11	格列齐特片（Ⅱ)(达美康）	80mg*20T	天津华津制药厂	477.53
12	京都念慈菴蜜炼川贝枇杷膏	150ml	京都念慈菴总厂有限公司	467.14
13	氨酚伪麻美芬片Ⅱ/氨麻苯美片（白加黑）	白10T+黑5T	拜耳医药保健有限公司启东分公司	371.63
14	阿胶	500g(PVC膜）	山东东阿阿胶股份有限公司	338.36
15	金水宝胶囊	0.33g*63S	江西济民可信金水宝制药有限公司	329.17
16	聚乙二醇干扰素α-2a注射液（派罗欣）	0.5ml:0.135mg	上海罗氏制药有限公司	320.58
17	氯雷他定片（开瑞坦）	10mg*6T	上海先灵葆雅制药有限公司	278.95
18	酮康唑乳膏（金达克宁）	15g:0.3g	西安杨森制药有限公司	278.51
19	苯磺酸氨氯地平片（络活喜）	5mg*7T	辉瑞制药有限公司	274.97
20	排毒养颜胶囊	0.4g*10S*6板	云南盘龙云海药业有限公司	259.94
21	阿胶	250g(硬盒）	山东东阿阿胶股份有限公司	248.64
22	缬沙坦胶囊（代文）	80mg*7S	北京诺华制药有限公司	241.28
23	屈螺酮炔雌醇片（优思明）	21T	拜耳医药保健有限公司广州分公司	236.44
24	复合维生素片（爱乐维）	30T	Bayer S.A.	228.2
25	活血止痛膏	7cm*10cm*10贴	安徽安科余良卿药业有限公司	224.14
26	复方盐酸伪麻黄碱缓释胶囊（新康泰克）	10S	中美天津史克制药有限公司	222.71
27	拉米夫定片（贺普丁）	0.1g*14T	葛兰素史克制药（苏州）有限公司	219.62
28	硝苯地平控释片（拜新同）	30mg*7T	拜耳医药保健有限公司	219.17
29	硫酸氢氯吡格雷片（波立维）	75mg*7T	赛诺菲安万特（杭州）制药有限公司	218.67
30	阿卡波糖片（拜唐苹）	50mg*30T	拜耳医药保健有限公司	218.28

序号	品名（商品名、通用名）	规格	厂家	销售额（万元）
31	铝碳酸镁片（达喜）	0.5g*20T	拜耳医药保健有限公司	213.23
32	替比夫定片（素比伏）	0.6g*7T	北京诺华制药有限公司	211.95
33	复方门冬维甘滴眼液（新乐敦）	13ml	曼秀雷敦（中国）药业有限公司	209.06
34	酚麻美敏片（泰诺）	20T	上海强生制药有限公司	206.36
35	消痛贴膏	9cm*12cm*5 贴（每贴装 1.2g)	西藏奇正藏药股份有限公司	205.43
36	麝香祛痛搽剂	100ml	湖北李时珍医药集团有限公司	203.76
37	注射用硼替佐米（万珂）	1mg	西安杨森制药有限公司	202.8
38	补肾益寿胶囊	0.3g*60S	太极集团重庆涪陵制药厂有限公司	199.42
39	精蛋白生物合成人胰岛素注射液（预混 50R)(诺和灵 50R)	3ml:300iu(笔芯）	诺和诺德（中国）制药有限公司	198.84
40	金莲花胶囊	0.35g*48S	河北兆康制药有限公司	196.66
41	多潘立酮片（吗丁啉）	10mg*30T	西安杨森制药有限公司	190.84
42	枸橼酸西地那非片（万艾可）	0.1g*1T	辉瑞制药有限公司	188.9
43	伊曲康唑胶囊（斯皮仁诺）	0.1g*14S	西安杨森制药有限公司	187.51
44	布洛芬缓释胶囊（芬必得）	0.3g*20S	中美天津史克制药有限公司	187.01
45	鸿茅药酒	500ml	内蒙古鸿茅药业有限责任公司	185.7
46	片仔癀	3g	漳州片仔癀药业股份有限公司	183.74
47	氨酚伪麻美芬片（日片）/ 氨麻美敏片Ⅱ（夜片）(日夜百服咛）	日 8T+ 夜 4T	中美上海施贵宝制药有限公司	180.54
48	盐酸氨基葡萄糖胶囊（葡立）	0.24g*42S	山西中远威药业有限公司	179.22
49	非那雄胺片（保法止）	1mg*28T	杭州默沙东制药有限公司	178.22
50	氨酚美伪麻片与苯酚伪麻片（达诺）	(4T 黄色日片 +2T 蓝色夜片）*3 板	宁波大红鹰药业股份有限公司	177.68
51	他达拉非片（希爱力）	20mg*1T	Lilly del Caribe, Inc.	175.01
52	双黄连口服液	20ml*10 支	河南太龙药业股份有限公司	174.47
53	安宫牛黄丸	3g*2S(金衣木盒）	北京同仁堂股份有限公司同仁堂制药厂	173.24
54	盐酸氨基葡萄糖胶囊（葡立）	0.24g*180S	山西中远威药业有限公司	172.99
55	头孢克肟胶囊（克沃莎）	0.1g*10S	海南日中天制药有限公司	171.63
56	碳酸钙 D3 片	60T	惠氏制药有限公司	170.12
57	多维元素片 (29)(善存）	60T	惠氏制药有限公司	166.84
58	左炔诺孕酮片	0.75mg*4T	上海信谊康捷药业有限公司	165.36
59	维生素 C 泡腾片（力度伸）	1g*30T(橙味）	拜耳医药保健有限公司	163.98

序号	品名（商品名、通用名）	规格	厂家	销售额（万元）
60	非洛地平缓释片	5mg*10T	阿斯利康制药有限公司	161.81
61	左炔诺孕酮肠溶胶囊	1.5mg*1S	浙江仙琚制药股份有限公司	160.04
62	仙灵骨葆胶囊	0.5g*40S	贵州同济堂制药有限公司	157.23
63	善存银片	60T	惠氏制药有限公司	155.99
64	曲安奈德益康唑乳膏（派瑞松）	15g	西安杨森制药有限公司	154.2
65	氨酚美伪麻片与苯酚伪麻片	18T	宁波大红鹰药业股份有限公司	153.82
66	抗病毒口服液	10ml*12 支	广州市香雪制药股份有限公司	152.04
67	复方氨基酸胶囊(8-11)(和安)	30S	深圳万和制药有限公司	151.48
68	环孢素软胶囊（山地明）	25mg*50S	Novartis PHarma Stein AG	149.29
69	厄贝沙坦片（安博维）	0.15g*7T	赛诺菲安万特（杭州）制药有限公司	144.1
70	铝碳酸镁片（达喜）	0.5g*30T	拜耳医药保健有限公司	142.51
71	阿胶	500g(铁盒)	山东东阿阿胶股份有限公司	142.18
72	多维元素片（金施尔康）	100T	中美上海施贵宝制药有限公司	141.92
73	阿胶	250g(精装)	山东东阿阿胶股份有限公司	141.71
74	盐酸二甲双胍片（格华止）	0.5g*20T	中美上海施贵宝制药有限公司	141.67
75	复方氨酚肾素片（科达琳）	12T	幸福医药有限公司	139.48
76	地拉罗司分散片（恩瑞格）	0.125g*28T	Novartis Pharma Stein AG	138.6
77	阿莫西林胶囊	0.5g*24S	珠海联邦制药股份有限公司中山分公司	138.03
78	复合维生素片（爱乐维）	100T	Bayer S.A.	136.63
79	奥美拉唑镁肠溶片（洛赛克 MUPS)	20mg*14T	阿斯利康制药有限公司	
80	环孢素软胶囊（新赛斯平）	25mg*50S	杭州中美华东制药有限公司	135.79
81	双氯芬酸二乙胺乳胶剂（扶他林）	20g:0.2g	北京诺华制药有限公司	135.51
82	硝酸咪康唑乳膏（达克宁）	2%*20g	西安杨森制药有限公司	134.94
83	阿德福韦酯片（贺维力）	10mg*14T	葛兰素史克（天津）有限公司	130.08
84	蒲地蓝消炎口服液	10ml*6 支	江苏济川制药有限公司	129.79
85	去氧孕烯炔雌醇片（妈富隆）	21T	N.V.Organon	128.88
86	硝酸咪康唑阴道软胶囊（达克宁）	0.4g*3S	西安杨森制药有限公司	128.44
87	阿德福韦酯片（代丁）	10mg*14T	天津药物研究院药业有限责任公司	126.96
88	复方利血平氨苯蝶啶片	30T	北京双鹤药业股份有限公司	125.45
89	小儿肺热咳喘口服液	10ml*6 支	黑龙江葵花药业股份有限公司	125.38
90	盐酸氨溴索口服溶液（沐舒坦）	100ml:0.6g	上海勃林格殷格翰药业有限公司	124.77

序号	品名（商品名、通用名）	规格	厂家	销售额（万元）
91	复方醋酸地塞米松乳膏	20g	华润三九医药股份有限公司	123.76
92	门冬胰岛素注射液（诺和锐）	3ml:300iu(特充)	诺和诺德（中国）制药有限公司	122.64
93	酚麻美敏片（泰诺）	10T	上海强生制药有限公司	122.38
94	消痛贴膏	9cm*12cm*1贴（每贴装1g）	西藏奇正藏药股份有限公司	121.48
95	苯磺酸氨氯地平片（压氏达）	5mg*14T	北京赛科药业有限责任公司	120.65
96	糠酸莫米松乳膏（艾洛松）	10g	上海先灵葆雅制药有限公司	120.54
97	左炔诺孕酮片（毓婷）	1.5mg*1T	北京紫竹药业有限公司	119.73
98	复方硫酸软骨素滴眼液（润洁）	10ml	山东博士伦福瑞达制药有限公司	118.91
99	桂林西瓜霜	2.5g	桂林三金药业股份有限公司	118.65
100	马应龙麝香痔疮膏	10g	马应龙药业集团股份有限公司	118.5
101	阿胶	500g(盒)16块	山东东阿阿胶股份有限公司	117.8
102	吗替麦考酚酯分散片（赛可平）	0.25g*40T	杭州中美华东制药有限公司	117.59
103	苄达赖氨酸滴眼液（莎普爱思）	5ml:25mg	浙江莎普爱思药业股份有限公司	116.37
104	精乌胶囊	0.45g*126S	贵州盛世龙方制药股份有限公司	116.34
105	阿司匹林肠溶片（拜阿司匹灵）	0.1g*30T	拜耳医药保健有限公司	115.51
106	注射用尤瑞克林（凯力康）	0.15PNAiu	广东天普生化医药股份有限公司	115.32
107	氯沙坦钾片（科素亚）	50mg*7T	杭州默沙东制药有限公司	111.34
108	莫匹罗星软膏（百多邦）	5g	中美天津史克制药有限公司	111.11
109	吗替麦考酚酯片（骁悉）	0.5g*20T	上海罗氏制药有限公司	111
110	阿胶	250g(盒)4块（简装）	山东福胶集团有限公司	110.17
111	尼洛替尼胶囊（达希纳）	0.2g*112S	Novartis Pharma Stein AG	110.11
112	阿奇霉素片（希舒美）	0.25g*6T	辉瑞制药有限公司	109.65
113	云南白药气雾剂	85g+保险液30g	云南白药集团股份有限公司	107.93
114	盐酸厄洛替尼片（特罗凯）	0.1g*30T	F.hoffmann-La Roche Ltd.	107.69
115	吡硫翁锌气雾剂（适今可）	100ml:75.5g(内含吡硫翁锌0.14g)	Cheminova Internacional S. A.	106.36
116	保和堂珠珀猴枣散	0.3g*10支	香港保和堂制药有限公司	105.24
117	京制牛黄解毒片	0.6g*8T*12瓶	北京同仁堂科技发展股份有限公司制药厂	103.41
118	阿胶	500g(丁状纸盒装)	山东东阿阿胶股份有限公司	102.73
119	蒲地蓝消炎片	24T*2板	山东孔府制药有限公司	102.15
120	克霉唑阴道片（凯妮汀）	0.5g*1T	Bayer HealthCare AG	101.54

序号	品名（商品名、通用名）	规格	厂家	销售额（万元）
121	川贝雪梨糖浆	100ml	李时珍医药集团有限公司	100.4
122	头孢克洛干混悬剂（希刻劳）	0.125g*6袋	礼来苏州制药有限公司	100.16
123	清开灵片	0.5g*12T*2板	浙江远力健药业有限责任公司	99.95
124	美敏伪麻溶液（惠菲宁）	100ml	惠氏制药有限公司	99.76
125	复方对乙酰氨基酚片（Ⅱ）(散利痛）	20T	拜耳医药保健有限公司	99.71
126	沙美特罗替卡松粉吸入剂	50μg:0.25mg*60D	Glaxo Operations UK Limited	98.42
127	维生素C泡腾片（力度伸）	1g*15T*2支	拜耳医药保健有限公司	97.33
128	多维元素片(29)(善存）	100T	惠氏制药有限公司	96.99
129	糠酸莫米松乳膏（芙美松）	10g:10mg	浙江仙琚制药股份有限公司	95.88
130	多巴丝肼片（美多芭）	0.25g*40T	上海罗氏制药有限公司	95.83
131	奥氮平片（再普乐）	5mg*28T	Lilly del Caribe Inc.	94.59
132	注射用培美曲塞二钠（力比泰）	0.5g	Lilly France	93.9
133	润燥止痒胶囊	0.5g*36S	贵州同济堂制药有限公司	93.72
134	复方紫龙片	0.6g*9T*2板	李时珍医药集团有限公司	93.04
135	布地奈德鼻喷雾剂（雷诺考特）	64μg*120D	阿斯利康制药有限公司	92.4
136	安神补脑液	10ml*10支	吉林敖东延边药业股份有限公司	92.16
137	夏枯草膏	200g	李时珍医药集团有限公司	91.41
138	感冒灵颗粒	10g*9袋	华润三九医药股份有限公司	90.37
139	金鸡虎补丸	60g	湖北李时珍医药集团有限公司	90.24
140	百令胶囊	0.2g*60S	杭州中美华东制药有限公司	90.15
141	藿香正气口服液	10ml*10支	太极集团重庆涪陵制药厂有限公司	90.12
142	同仁牛黄清心丸	3g*10S	北京同仁堂股份有限公司同仁堂制药厂	89.18
143	葡萄糖酸钙锌口服溶液	10ml*12支	澳诺（中国）制药有限公司	88.95
144	清喉利咽颗粒	5g*18袋	桂龙药业（安徽）有限公司	88.08
145	云南白药气雾剂	50g+保险液60g	云南白药集团股份有限公司	87.66
146	葡萄糖酸钙口服溶液	10ml:1g*12支（无糖型）	哈药集团三精制药股份有限公司	87.26
147	盐酸贝那普利片（洛汀新）	10mg*14T	北京诺华制药有限公司	86.21
148	肠内营养粉剂(TP)(安素）	400g	ABBOTT LABORATORIES.B.V.	85.97
149	莫匹罗星软膏（百多邦）	2%*10g	中美天津史克制药有限公司	84.82
150	非那雄胺片（保列治）	5mg*10T	杭州默沙东制药有限公司	83.72
151	丙戊酸钠缓释片（德巴金）	0.5g*30T	赛诺菲（杭州）制药有限公司	83.38

序号	品名（商品名、通用名）	规格	厂家	销售额（万元）
152	西罗莫司口服溶液（雷帕鸣）	60ml:60mg	Patheon,Inc.	83.23
153	补肾固齿丸	4g*15 袋	成都九芝堂金鼎药业有限公司	83.15
154	强力枇杷露	240g(炼蜜)	苏州华葆药业有限公司	82.9
155	曲安奈德益康唑乳膏	16g	福建太平洋制药有限公司	82.87
156	苯磺酸左旋氨氯地平片（施慧达）	2.5mg*14T	施慧达药业集团（吉林）有限公司	82.65
157	阿托伐他汀钙片（立普妥）	20mg*7T	辉瑞制药有限公司	82.31
158	埃索美拉唑镁肠溶片（耐信）	20mg*7T	阿斯利康制药有限公司	81.85
159	麝香壮骨膏	8cm*13cm*10 贴	黄石奇灵药业有限公司	81.57
160	善存银片	100T	惠氏制药有限公司	80.45
161	孟鲁司特钠咀嚼片（顺尔宁）	4mg*5T	杭州默沙东制药有限公司	80.31
162	西地碘含片（华素片）	1.5mg*30T	北京华素制药股份有限公司	79.81
163	清喉利咽颗粒	5g*6 袋	桂龙药业（安徽）有限公司	79.42
164	益脑胶囊	0.3g*60S	芜湖绿叶制药有限公司	79.33
165	头孢克肟分散片	0.1g*10T	浙江莎普爱思制药有限公司	78.93
166	碳酸钙维 D3 元素片 (4)	30T	惠氏制药有限公司	78.51
167	丁细牙痛胶囊	0.45g*24S	深圳市泰康制药有限公司	77.63
168	安宫牛黄丸	3g*1S	北京同仁堂股份有限公司同仁堂制药厂	77.41
169	瑞格列奈片（诺和龙）	1mg*30T	Boehringer Ingelheim Pharma GmbH & Co.KG	76.98
170	感冒清热颗粒	12g*10 袋	北京同仁堂科技发展股份有限公司制药厂	76.56
171	炔雌醇环丙孕酮片（达英 -35)	2mg:35μg*21T	拜耳医药保健有限公司广州分公司	76.46
172	左炔诺孕酮片	0.75mg*2T	上海信谊康捷药业有限公司	76.29
173	板蓝根颗粒	10g*20 袋	广东和平药业有限公司	76.16
174	克霉唑阴道片	0.5g*1T(附指套一个)	浙江仙琚制药股份有限公司	75.9
175	塞来昔布胶囊（西乐葆）	0.2g*6S	辉瑞制药有限公司	75.83
176	美扑伪麻片	10T	中美天津史克制药有限公司	75.53
177	碳酸钙 D3 片	30T(D3200)	北京康远制药有限公司	75.04
178	香连胶囊	0.55g*10S	李时珍医药集团有限公司	74.78
179	格列美脲片（亚莫利）	2mg*15T	赛诺菲安万特（北京）制药有限公司	74.16
180	氯雷他定片	10mg*6T	西安杨森制药有限公司	73.41
181	复方苦参水杨酸散（足光散）	40g*3 袋	广东恒诚制药有限公司	73.32

序号	品名（商品名、通用名）	规格	厂家	销售额（万元）
182	急支糖浆	200ml	太极集团重庆涪陵制药厂有限公司	72.82
183	金莲花胶囊	0.35g*12S*3 板	河北兆康制药有限公司	72.72
184	双黄连口服液	10ml*10 支	河南太龙药业股份有限公司	72.54
185	一清软胶囊	0.5g*24S	江西欧氏药业有限责任公司	71.94
186	仙灵骨葆胶囊	0.5g*72S	贵州同济堂制药有限公司	71.88
187	广东凉茶颗粒	10g*20 袋	广州王老吉药业股份有限公司	71.17
188	氨酚伪麻美芬片Ⅱ（白加黑）	15T	拜耳医药保健有限公司启东分公司	70.9
189	复方阿胶浆	20ml*12 支	山东东阿阿胶股份有限公司	70.86
190	阿奇霉素干混悬剂（希舒美）	0.1g*6 袋	辉瑞制药有限公司	70.81
191	叶酸片（斯利安）	0.4mg*93T	北京斯利安药业有限公司	70.61
192	六味地黄丸	360S	北京同仁堂股份有限公司同仁堂制药厂	70.58
193	奥美拉唑肠溶胶囊	20mg*14S	石药集团欧意药业有限公司	70.57
194	苋菜黄连素胶囊	0.4g*12S*2 板	福州海王金象中药制药有限公司	70.29
195	阿德福韦酯胶囊（名正）	10mg*14S	江苏正大天晴药业股份有限公司	69.61
196	保妇康栓	1.74g*8S	海南碧凯药业有限公司	69.26
197	三九胃泰胶囊	0.5g*24S	三九医药股份有限公司	69.25
198	盐酸氨基葡萄糖胶囊（维尔固）	0.24g*20S	浙江诚意药业有限公司	69.04
199	麝珠明目滴眼液	5ml:0.3g	福建麝珠明眼药股份有限公司	68.87
200	环孢素软胶囊（新赛斯平）	50mg*50S	杭州中美华东制药有限公司	67.16
201	口腔炎喷雾剂	20ml	黑龙江天龙药业有限公司	67.16
202	氯雷他定片	10mg*10T	江苏亚邦爱普森药业有限公司	67.14
203	复方木香小檗碱片	24T	黄石飞云制药有限公司	66.99
204	救心丸	15mg*50S	救心制药株式会社	66.7
205	布洛伪麻片	0.2g:30mg*12T	沈阳圣元药业有限公司	66.37
206	复方熊胆滴眼液	8ml	长春普华制药股份有限公司	66.31
207	外用盐酸氨酮戊酸散（艾拉）	0.118g	上海复旦张江生物医药股份有限公司	65.96
208	格列吡嗪控释片（瑞易宁）	5mg*14T	辉瑞制药有限公司	65.92
209	金莲花胶囊	0.35g*24S	牙克石市森健药业有限公司	65.72
210	布洛芬混悬液（美林）	100ml:2g	上海强生制药有限公司	65.65
211	上清片	0.3g*30T	太极集团四川绵阳制药有限公司	65.29
212	多维元素片 (21)(21 金维他）	60T	杭州赛诺菲民生健康药业有限公司	64.96

序号	品名（商品名、通用名）	规格	厂家	销售额（万元）
213	六味地黄丸	360S	兰州佛慈制药股份有限公司	64.9
214	舒秘胶囊	0.3g*10S*2 板	山西德元堂药业有限公司	63.97
215	盐酸帕罗西汀片（赛乐特）	20mg*10T	中美天津史克制药有限公司	63.84
216	咽炎片	0.25g*24T	陕西天洋制药有限责任公司	63.14
217	阿胶	250g(软盒）	山东东阿阿胶股份有限公司	63.02
218	苯磺酸氨氯地平片（安内真）	5mg*14T	苏州东瑞制药有限公司	62.74
219	阿莫西林胶囊	0.5g*16S	昆明贝克诺顿制药有限公司	61.89
220	维生素 B1 片	10mg*100T	阿特维斯（佛山）制药有限公司	61.73
221	替米沙坦片（美卡素）	80mg*7T	上海勃林格殷格翰药业有限公司	61.37
222	布洛芬缓释片	0.3g*24T	惠州大亚制药股份有限公司	61.31
223	熊去氧胆酸胶囊（优思弗）	0.25g*25S	Losan Pharma GmbH	61.23
224	健胃消食片	0.8g*8T*4 板（含糖型）	江中药业股份有限公司	61
225	复方聚维酮碘搽剂	3ml*2 瓶（配修灰趾甲刀 1 把）	哈尔滨乐泰药业有限公司	60.85
226	阿奇霉素分散片	0.25g*12T	石家庄四药有限公司	60.79
227	六味地黄丸	120S	北京同仁堂科技发展股份有限公司制药厂	60.59
228	复方草珊瑚含片	1g*24T	江中药业股份有限公司	60.51
229	盐酸氨溴索片（沐舒坦）	30mg*20T	上海勃林格殷格翰药业有限公司	60.45
230	众生丸	100S	广东众生药业股份有限公司	60.2
231	格列齐特缓释片（达美康）	30mg*30T	施维雅（天津）制药有限公司	59.31
232	酮康唑洗剂（采乐）	2%*50ml	西安杨森制药有限公司	59.26
233	开塞露	20ml*6 支	上海运佳黄浦制药有限公司	59.25
234	皮肤康洗液	50ml	北京华洋奎龙药业有限公司	59.03
235	盐酸苯环壬酯片（飞赛乐）	2mg*6T	北京华素制药股份有限公司	58.9
236	复方阿胶浆	20ml*48 支	山东东阿阿胶股份有限公司	58.88
237	银杏叶提取物片（金纳多）	40mg*20T	Dr. Willmar Schwabe GmbH & Co. KG	58.87
238	复方碳酸钙泡腾颗粒（盖笛欣）	1.5g*15 袋	山东达因海洋生物制药股份有限公司	58.84
239	左甲状腺素钠片（优甲乐）	50μg*100T	Merck KGaA	58.73
240	复方盐酸阿米洛利片（武都力）	24T	江苏迪赛诺制药有限公司	58.4
241	阿托伐他汀钙片（立普妥）	20mg*7T	辉瑞制药有限公司	58.32
242	克霉唑阴道片	0.5g*2T	浙江仙琚制药股份有限公司	58.17

序号	品名（商品名、通用名）	规格	厂家	销售额（万元）
243	维生素C泡腾片（力度伸）	1g*10T(橙味)	拜耳医药保健有限公司	58.15
244	感冒灵冲剂	10g*9袋	山东三九药业有限公司	58.01
245	卡泊三醇软膏（达力士）	15g:0.75mg	Leo Laboratories Ltd	57.92
246	富马酸比索洛尔片（康忻）	5mg*10T	Merck KGaA	57.91
247	舒心宁片	0.31g*48T	安阳路德药业有限责任公司	57.9
248	颈舒颗粒	6g*9袋	安徽精方药业股份有限公司	57.34
249	猴耳环消炎胶囊	0.4g*24S	贵州良济药业有限公司	57.09
250	一清软胶囊	0.65g*24S	海南海神同洲制药有限公司	56.84
251	阿仑膦酸钠片（福善美）	70mg*1T	杭州默沙东制药有限公司	56.48
252	洁尔阴洗液	280ml	四川恩威制药有限公司	56.15
253	速效救心丸	40mg*60S*2瓶	天津中新药业集团股份有限公司第六中药厂	56.05
254	复方α-酮酸片（开同）	0.63g*100T	北京费森尤斯卡比医药有限公司	55.91
255	脑心通胶囊	0.4g*36S	陕西步长制药有限公司	55.57
256	复方丹参滴丸	27mg*180S	天津天士力制药股份有限公司	55.44
257	黄道益活络油（黄道益活络油）	50ml	黄氏国际药业有限公司	55.12
258	厄贝沙坦氢氯噻嗪片（安博诺）	0.15g:12.5mg*7T	杭州赛诺菲安万特民生制药有限公司	54.75
259	葡萄糖酸钙锌口服溶液	10ml*24支	澳诺（中国）制药有限公司	53.78
260	六味地黄软胶囊	0.38g*60S	江苏康缘药业股份有限公司	53.72
261	维生素AD滴剂（胶囊型)(伊可新）	VA2000iu:VD700iu*10S*2板(1岁以上）	山东达因海洋生物制药股份有限公司	53.41
262	左炔诺孕酮片	1.5mg*1T	北京鑫惠药业有限公司	53.23
263	养阴清肺口服液	10ml*10支	呼伦贝尔松鹿制药有限公司	52.87
264	维生素E软胶囊	0.1g*30S	海南海神同洲制药有限公司	52.8
265	苯磺酸氨氯地平片（兰迪）	5mg*7T	扬子江药业集团上海海尼药业有限公司	52.69
266	蓝芩口服液	10ml*12支	扬子江药业集团有限公司	52.46
267	硝酸咪康唑阴道软胶囊（达克宁）	1.2g*1S	西安杨森制药有限公司	52.32
268	三金片	18T*3板	桂林三金药业股份有限公司	52.2
269	云南白药胶囊	0.25g*16S	云南白药集团股份有限公司	52.16
270	金喉健喷雾剂	10ml	贵州宏宇药业有限公司	51.98
271	桂枝茯苓胶囊	0.31g*100S	江苏康缘药业股份有限公司	51.91
272	六味地黄丸	200S	河南省宛西制药股份有限公司	51.66

序号	品名（商品名、通用名）	规格	厂家	销售额（万元）
273	云南白药	4g(内含保险子1S)	云南白药集团股份有限公司	51.6
274	妇科千金胶囊	0.4g*36S	株洲千金药业股份有限公司	51.55
275	氯沙坦钾氢氯噻嗪片（海捷亚）	50mg:12.5mg*7T	杭州默沙东制药有限公司	51.51
276	阿归养血糖浆	200ml	李时珍医药集团有限公司	51.51
277	鼻渊丸	300S	李时珍医药集团有限公司	51.06
278	注射用异环磷酰胺（和乐生）	1g	Baxter Oncology GmbH	50.85
279	氟哌噻吨美利曲辛片（黛力新）	0.5mg:10mg*20T	H.Lundbeck A/S	50.77
280	四味珍层冰硼滴眼液（原珍视明滴眼液）	15ml	江西珍视明药业有限公司	50.77
281	精蛋白锌重组赖脯胰岛素混合注射液(50R)(优泌乐50)	3ml:300iu(笔芯)	礼来苏州制药有限公司	50.48
282	奥美拉唑肠溶胶囊	20mg*14S	常州四药制药有限公司	50.22
283	碳酸钙D3片	60T	北京康远制药有限公司	50.17
284	盐酸氨基葡萄糖胶囊（维尔固）	0.24g*40S	浙江诚意药业有限公司	50.17
285	辣椒风湿膏	7cm*10cm*12贴	上海修正神天药业有限公司	50.09
286	糠酸莫米松乳膏（艾洛松）	5g:5mg	上海先灵葆雅制药有限公司	49.91
287	苯磺酸氨氯地平片（压氏达）	5mg*7T	北京赛科药业有限责任公司	49.91
288	双黄连口服液	20ml*10支	河南福森药业有限公司	49.67
289	天麻丸	60g	李时珍医药集团有限公司	49.59
290	灯盏生脉胶囊	0.18g*30S	云南生物谷灯盏花药业有限公司	49.44
291	牛黄蛇胆川贝液	10ml*6支	江西南昌桑海制药厂	49.13
292	复方苯甲酸酊	150ml	厦门美商医药有限公司	48.93
293	感冒清热胶囊	0.45g*36S	广东罗定制药有限公司	48.93
294	麝香保心丸	22.5mg*42S	上海和黄药业有限公司	48.91
295	金莲花胶囊	0.35g*12S*4板	吉林天药本草堂制药有限公司	48.87
296	伏立康唑片（威凡）	0.2g*10T	Pfizer Manufacturing Deutschland GmbH	48.42
297	福辛普利钠片（蒙诺）	10mg*14T	中美上海施贵宝制药有限公司	48.39
298	华法林钠片	3mg*100T	Orion Corporation Orion Pharma	48.33
299	蜜炼川贝枇杷膏	300ml	京都念慈庵总厂有限公司	48.13
300	鼻炎康片	0.37g*50T	佛山德众药业有限公司	48.13

3. 典型样本城市 2011 年国内药品生产厂家销售前 100 位排序（化学药品、中成药）

序号	厂家	销售额（万元）	样本市场占比 (%)
1	山东东阿阿胶股份有限公司	1501.34	2.64
2	北京同仁堂科技发展股份有限公司制药厂	1469.46	2.59
3	上海罗氏制药有限公司	915.39	1.61
4	北京同仁堂股份有限公司同仁堂制药厂	866.83	1.53
5	李时珍医药集团有限公司	808.54	1.42
6	杭州中美华东制药有限公司	476.87	0.84
7	云南白药集团股份有限公司	448.32	0.79
8	太极集团重庆涪陵制药厂有限公司	426.65	0.75
9	浙江仙琚制药股份有限公司	418.48	0.74
10	贵州同济堂制药有限公司	403.47	0.71
11	湖北李时珍医药集团有限公司	393.24	0.69
12	黑龙江天龙药业有限公司	372.76	0.66
13	山西中远威药业有限公司	356.98	0.63
14	西藏奇正藏药股份有限公司	344.66	0.61
15	宁波大红鹰药业股份有限公司	337.96	0.60
16	华润三九医药股份有限公司	331.33	0.58
17	江西济民可信金水宝制药有限公司	329.43	0.58
18	河北兆康制药有限公司	291.24	0.51
19	桂林三金药业股份有限公司	288.63	0.51
20	云南盘龙云海药业有限公司	285.29	0.50
21	河南太龙药业股份有限公司	272.7	0.48
22	石药集团欧意药业有限公司	255.51	0.45
23	漳州片仔癀药业股份有限公司	254.13	0.45
24	上海雷允上药业有限公司	252.03	0.44
25	珠海联邦制药股份有限公司中山分公司	251.54	0.44
26	上海信谊康捷药业有限公司	243.29	0.43
27	天津天士力制药股份有限公司	237.06	0.42
28	河南省宛西制药股份有限公司	235.03	0.41

序号	厂家	销售额（万元）	样本市场占比 (%)
29	江中药业股份有限公司	228.72	0.40
30	安徽安科余良卿药业有限公司	228.05	0.40
31	马应龙药业集团股份有限公司	226.15	0.40
32	江西济民可信药业有限公司	222.98	0.39
33	哈药集团三精制药股份有限公司	220.43	0.39
34	上海运佳黄浦制药有限公司	218.38	0.38
35	广州王老吉药业股份有限公司	218.24	0.38
36	北京华素制药股份有限公司	213.82	0.38
37	吉林省康福药业有限公司	212.94	0.38
38	北京赛科药业有限责任公司	210.3	0.37
39	云南白药集团无锡药业有限公司	209.91	0.37
40	山东博士伦福瑞达制药有限公司	203.55	0.36
41	江苏济川制药有限公司	197.57	0.35
42	北京亚东生物制药有限公司	196.38	0.35
43	黑龙江葵花药业股份有限公司	191.7	0.34
44	江苏康缘药业股份有限公司	188.64	0.33
45	山东孔府制药有限公司	188.4	0.33
46	江苏正大天晴药业股份有限公司	187.61	0.33
47	扬子江药业集团有限公司	185.9	0.33
48	内蒙古鸿茅药业有限责任公司	185.7	0.33
49	桂龙药业（安徽）有限公司	184.11	0.32
50	南宁市维威制药有限公司	183.56	0.32
51	北京双鹤药业股份有限公司	181.12	0.32
52	辉瑞制药有限公司	178.44	0.31
53	海南日中天制药有限公司	178.24	0.31
54	深圳万和制药有限公司	171.45	0.30
55	北京紫竹药业有限公司	171.07	0.30
56	山东达因海洋生物制药股份有限公司	170.75	0.30
57	丽珠集团丽珠制药厂	169.38	0.30

序号	厂家	销售额（万元）	样本市场占比 (%)
58	上海信谊药厂有限公司	158.91	0.28
59	芜湖绿叶制药有限公司	157.42	0.28
60	广州中一药业有限公司	155.74	0.27
61	广州市香雪制药股份有限公司	155.64	0.27
62	福建太平洋制药有限公司	155.45	0.27
63	青海晶珠藏药高新技术产业股份有限公司	153.14	0.27
64	江西药都仁和制药有限公司	146.72	0.26
65	兰州佛慈制药股份有限公司	146.72	0.26
66	上海中华药业有限公司	146.6	0.26
67	新疆奇康哈博维药有限公司	145.88	0.26
68	天津中新药业集团股份有限公司第六中药厂	143.86	0.25
69	澳诺（中国）制药有限公司	142.73	0.25
70	浙江莎普爱思药业股份有限公司	142.13	0.25
71	福州海王金象中药制药有限公司	141.63	0.25
72	石药集团中诺药业（石家庄）有限公司	141.02	0.25
73	山东三九药业有限公司	139.44	0.25
74	贵州盛世龙方制药股份有限公司	137.97	0.24
75	广东和平药业有限公司	134.71	0.24
76	昆明滇虹药业有限公司	129.82	0.23
77	广东众生药业股份有限公司	129.77	0.23
78	湖北午时药业股份有限公司	129.67	0.23
79	广州白云山和记黄埔中药有限公司	129.19	0.23
80	诺和诺德（中国）制药有限公司	127.58	0.22
81	天津药物研究院药业有限责任公司	127.11	0.22
82	江西南昌桑海制药厂	126.21	0.22
83	北京康远制药有限公司	126.13	0.22
84	广州星群（药业）股份有限公司	125.82	0.22
85	江苏亚邦爱普森药业有限公司	124.62	0.22
86	山东福胶集团有限公司	123.7	0.22

序号	厂家	销售额（万元）	样本市场占比 (%)
87	深圳市泰康制药有限公司	123.54	0.22
88	长春普华制药股份有限公司	122.05	0.21
89	浙江诚意药业有限公司	120.52	0.21
90	太极集团四川绵阳制药有限公司	119.92	0.21
91	江苏晨牌药业有限公司	118.24	0.21
92	吉林敖东延边药业股份有限公司	118.13	0.21
93	成都九芝堂金鼎药业有限公司	116.23	0.20
94	海南海神同洲制药有限公司	116.07	0.20
95	修正药业集团股份有限公司	115.8	0.20
96	广东天普生化医药股份有限公司	115.32	0.20
97	北京斯利安药业有限公司	113.02	0.20
98	重庆华邦制药股份有限公司	112.41	0.20
99	广州敬修堂（药业）股份有限公司	111.27	0.20
100	沈阳圣元药业有限公司	108.96	0.19

4. 典型样本城市 2011 年合资企业销售前 50 位排序（化学药品、中成药）

序号	厂家	销售额（万元）	样本市场占比（%）
1	安斯泰来制药（中国）有限公司	2912.72	13.06
2	上海罗氏制药有限公司	2657.43	11.91
3	西安杨森制药有限公司	1837.26	8.24
4	辉瑞制药有限公司	1616.3	7.24
5	中美上海施贵宝制药有限公司	1600.75	7.18
6	拜耳医药保健有限公司	1385.62	6.21
7	惠氏制药有限公司	976.35	4.38
8	中美天津史克制药有限公司	867.95	3.89
9	北京诺华制药有限公司	844.7	3.79
10	阿斯利康制药有限公司	763.84	3.42
11	杭州默沙东制药有限公司	746.97	3.35
12	上海强生制药有限公司	512.09	2.30
13	天津华津制药厂	477.53	2.14
14	上海先灵葆雅制药有限公司	452.95	2.03
15	拜耳医药保健有限公司启东分公司	442.7	1.98
16	上海勃林格殷格翰药业有限公司	408.4	1.83
17	曼秀雷敦（中国）药业有限公司	388.27	1.74
18	拜耳医药保健有限公司广州分公司	381.13	1.71
19	赛诺菲安万特（杭州）制药有限公司	362.77	1.63
20	诺和诺德（中国）制药有限公司	303.79	1.36
21	葛兰素史克制药（苏州）有限公司	237.75	1.07
22	礼来苏州制药有限公司	227.62	1.02
23	卫材（中国）药业有限公司	178.39	0.80
24	施维雅（天津）制药有限公司	169.44	0.76
25	葛兰素史克（天津）有限公司	161.32	0.72
26	赛诺菲安万特（北京）制药有限公司	120.13	0.54
27	昆明贝克诺顿制药有限公司	108.22	0.49
28	阿特维斯（佛山）制药有限公司	94.31	0.42
29	赛诺菲（杭州）制药有限公司	83.38	0.37

序号	厂家	销售额（万元）	样本市场占比（%）
30	海南赞邦制药有限公司	78.07	0.35
31	杭州赛诺菲安万特民生制药有限公司	66.94	0.30
32	梁介福(广东)药业有限公司	66.51	0.30
33	博福－益普生(天津)制药有限公司	59.43	0.27
34	北京费森尤斯卡比医药有限公司	55.91	0.25
35	天津武田药品有限公司	53.35	0.24
36	安士制药(中山)有限公司	51.01	0.23
37	北京韩美药品有限公司	43.9	0.20
38	第一三共制药(北京)有限公司	43.43	0.19
39	参天制药(中国)有限公司	41.62	0.19
40	第一三共制药(上海)有限公司	39.84	0.18
41	昆山龙灯瑞迪制药有限公司	39.14	0.18
42	赛诺菲(杭州)制药有限公司	37.31	0.17
43	中国大冢制药有限公司	31.36	0.14
44	上海雅培制药有限公司	29.05	0.13
45	珠海许瓦兹制药有限公司	28.86	0.13
46	浙江大冢制药有限公司	27.65	0.12
47	杭州赛诺菲圣德拉堡民生制药有限公司	24.57	0.11
48	通用电气药业(上海)有限公司	22.18	0.10
49	常州华生制药有限公司	20.15	0.09
50	纽迪希亚制药(无锡)有限公司	18.65	0.08

5. 典型样本城市2011年进口生产厂家销售前100位排序（化学药品、中成药）

序号	厂家	销售额（万元）	样本市场占比（%）
1	Novartis Pharma Stein AG	3945.53	37.98
2	Lilly del Caribe, Inc.	779.18	7.49
3	京都念慈菴总厂有限公司	515.27	4.96
4	Bayer S.A.	586.35	5.64
5	幸福医药有限公司	165.53	1.59
6	Glaxo Operations UK Limited	197.72	1.91
7	N.V.Organon	139.27	1.34
8	Merck KGaA	131.46	1.27
9	F.hoffmann-La Roche Ltd.	107.69	1.04
10	Cheminova Internacional S. A.	106.36	1.02
11	香港保和堂制药有限公司	105.24	1.01
12	Boehringer Ingelheim Pharma GmbH & Co.KG	179.37	1.73
13	Pfizer Manufacturing Deutschland GmbH	98.21	0.95
14	救心制药株式会社	94.79	0.91
15	Lilly France	102.8	0.91
16	黄氏国际药业有限公司	92.77	0.89
17	ABBOTT LABORATORIES.B.V.	85.97	0.83
18	Patheon,Inc.	91.46	0.88
19	Kowa Company Ltd. Fuji Factory	78.06	0.75
20	AstraZeneca AB	78.88	0.76
21	McNeil AB	83.01	0.80
22	Losan Pharma GmbH	62.16	0.60
23	Schering-Plough Labo N.V.	61.36	0.59
24	Dr. Willmar Schwabe GmbH & Co. KG	61.1	0.59
25	Leo Laboratories Ltd	62.08	0.60
26	UCB Pharma S.A.	59.57	0.57
27	澳美制药厂	51.01	0.49
28	Baxter Oncology GmbH	50.85	0.49

序号	厂家	销售额（万元）	样本市场占比（%）
29	H.Lundbeck A/S	50.77	0.49
30	Les Laboratoires Servier Industrie	48.73	0.47
31	Orion Corporation Orion Pharma	85.61	0.83
32	Cesra Arzneimittel GmbH &CO. KG	45.36	0.44
33	Ferring International Center SA	45.05	0.43
34	Glaxo Wellcome S.A.	177.04	1.70
35	AstraZeneca Pharmaceuticals LP	41.74	0.40
36	UCB Farchim SA	41.63	0.40
37	Novartis Farma S.p.A	40.82	0.39
38	Rottapharm Ltd.	36.44	0.35
39	Ethypharm	35.89	0.35
40	香港李万山药厂有限公司	34.7	0.33
41	日本 Shigaken Pharm.Ind.Co.,Ltd	33.21	0.32
42	Merz Pharma GmbH & Co.KGaA	32.81	0.32
43	大幸药品株式会社	32.03	0.31
44	Patheon Italia S.p.A	31.9	0.31
45	Plantextrakt GmbH & Co.KG	31.67	0.30
46	Abbott Biologicals B.V.	31.56	0.30
47	Gedeon Richter Plc.	36.45	0.35
48	香港乐信药业有限公司	28.91	0.28
49	Bayer Bitterfeld GmbH	28.49	0.27
50	s.a. ALCON-COUVREUR n.v.	61.22	0.59
51	RECIPHARM FONTAINE	27.16	0.26
52	和兴白花油药厂有限公司	25.53	0.25
53	Seiko Eiyo Yakuhin Co.,LTD	25.04	0.24
54	IPR Pharmaceuticals, INC.	23.64	0.23
55	Maeda Pharmaceutical Co.,Ltd	28.08	0.27
56	Bayer Schering Pharma AG	22.64	0.22
57	ZAMBON S.p.A.	22.36	0.22

序号	厂家	销售额（万元）	样本市场占比（%）
58	Sankyo Company,Limited,iratsuka Plant	28.85	0.27
59	Lee Buan Soa Dispensary(Fishing Brand)Ltd.,Part	20.07	0.19
60	Temmler Werke GmbH	19.99	0.19
61	德国夏菩天然药物制药公司	19.66	0.19
62	Famar SA	18.26	0.18
63	Monsanto Itallana S.P.A.	17.91	0.17
64	第一药品产业株式会社	17.56	0.17
65	Eli Lilly & Company	34.7	0.34
66	Sankyo Parma Gmb	17.32	0.17
67	辉瑞制药有限公司	17.13	0.16
68	EVER Neuro Pharma GmbH	16.67	0.16
69	Ben Venue Laboratories,Inc.	16.76	0.16
70	Laboratoires GALDERMA	16.52	0.16
71	DOPPEL FARMACEUTICI S.R.L.	16.39	0.16
72	施维雅（天津）制药有限公司	16.09	0.15
73	Kotobukl Pharmaceuyical Co.,Ltd	15.89	0.15
74	诺和诺德（中国）制药有限公司	15.76	0.15
75	Pliva Pharmaceutical Industry,Incorporated	15.37	0.15
76	Bristol-Myers Squibb Australia Pty Ltd.	15.07	0.14
77	TRB Pharma S.A.	14.69	0.14
78	中新药业株式会社	14.51	0.14
79	京都养生堂制药厂有限公司	14.25	0.14
80	Senju Pharmaceutical Co., Ltd.Fukusaki Plant	14.02	0.13
81	Abbott Healthcare SAS	12.61	0.12
82	Laboratoires Fournier S.A.	12.55	0.12
83	Boryung Pharm Co.Ltd.	12.5	0.12
84	Glaxo Wellcome Production	12.34	0.12
85	虎豹医药保健有限公司	11.75	0.11
86	Nycomed GmbH production site Oranienburg	11.46	0.11

序号	厂家	销售额（万元）	样本市场占比（%）
87	Leung Kai Fook Medical Co.Pte Ltd.	11.46	0.11
88	联邦制药厂有限公司	11.03	0.11
89	Pharma Stulln GmbH	10.82	0.10
90	AstraZeneca Pty Ltd	10.74	0.10
91	A. Menarini Manufacturing Logistics and Services S.r.l.	10.31	0.10
92	卫达化学制药股份有限公司	10.1	0.10
93	Creapharm Bessay S.A.S.	10.09	0.10
94	余仁生（香港）有限公司	10.07	0.10
95	李众胜堂（集团）有限公司	9.99	0.10
96	MADAUS GMBH	9.95	0.10
97	欧化药业有限公司	9.75	0.09
98	GlaxoSmithKline Australia Pty Ltd	9.65	0.09
99	Solvay Pharmaceuticals GmbH	9.58	0.09
100	西班牙 INDUSTRIAS FARMACEUTICAS ALMIRALL PRODESFARMA,S.L.	9.3	0.09

6. 典型样本城市 2011 年化学药品各大类前 10 位生产厂家排序

化学药品类位序	类别	厂家排序	生产厂家	2011 年销售额（万元）	本大类占比 (%)
1	专科用药物	1	西安杨森制药有限公司	919.57	15.38
		2	曼秀雷敦（中国）药业有限公司	387.86	6.49
		3	浙江仙琚制药股份有限公司	249.82	4.18
		4	中美天津史克制药有限公司	209.36	3.50
		5	山东博士伦福瑞达制药有限公司	203.54	3.40
		6	上海先灵葆雅制药有限公司	170.45	2.85
		7	黑龙江天龙药业有限公司	166.48	2.78
		8	华润三九医药股份有限公司	142.91	2.39
		9	福建太平洋制药有限公司	118.7	1.99
		10	浙江莎普爱思药业股份有限公司	116.66	1.95
2	抗肿瘤药物	1	Novartis Pharma Stein AG	3,629.97	62.57
		2	上海罗氏制药有限公司	1,331.50	22.95
		3	西安杨森制药有限公司	202.8	3.50
		4	F.hoffmann-La Roche Ltd.	107.69	1.86
		5	Lilly France	93.9	1.62
		6	Baxter Oncology GmbH	50.85	0.88
		7	阿斯利康制药有限公司	42.4	0.73
		8	AstraZeneca Pharmaceuticals LP	41.74	0.72
		9	天津武田药品有限公司	31.14	0.54
		10	上海丽珠制药有限公司	25.32	0.44
3	调节免疫功能药物	1	安斯泰来制药（中国）有限公司	2,810.11	49.09
		2	上海罗氏制药有限公司	2,096.36	36.62
		3	杭州中美华东制药有限公司	335.83	5.87
		4	Novartis PHarma Stein AG	149.29	2.61
		5	Patheon,Inc.	83.23	1.45
		6	Patheon Italia S.p.A	31.9	0.56
		7	太阳石（唐山）药业有限公司	23.72	0.41
		8	西安迪赛生物药业有限责任公司	23.52	0.41
		9	宁波立华制药有限公司	18.74	0.33

化学药品类位序	类别	厂家排序	生产厂家	2011年销售额（万元）	本大类占比(%)
		10	Monsanto Itallana S.P.A.	17.91	0.31
4	解热镇痛药物	1	中美天津史克制药有限公司	544.89	11.57
		2	上海强生制药有限公司	499.8	10.61
		3	拜耳医药保健有限公司启东分公司	443.07	9.41
		4	山西中远威药业有限公司	354.41	7.52
		5	宁波大红鹰药业股份有限公司	336.78	7.15
		6	拜耳医药保健有限公司	227.96	4.84
		7	中美上海施贵宝制药有限公司	215.7	4.58
		8	北京诺华制药有限公司	177.88	3.78
		9	幸福医药有限公司	165.53	3.51
		10	浙江诚意药业有限公司	120.52	2.56
5	循环系统用药物	1	辉瑞制药有限公司	506.23	12.25
		2	北京诺华制药有限公司	356.48	8.63
		3	阿斯利康制药有限公司	302.67	7.33
		4	杭州默沙东制药有限公司	258.37	6.25
		5	拜耳医药保健有限公司	229.3	5.55
		6	北京赛科药业有限责任公司	209.04	5.06
		7	赛诺菲安万特（杭州）制药有限公司	144.1	3.49
		8	北京双鹤药业股份有限公司	138.51	3.35
		9	广东天普生化医药股份有限公司	115.32	2.79
		10	施慧达药业集团（吉林）有限公司	106.14	2.57
6	激素及调节内分泌功能类药物	1	天津华津制药厂	477.53	11.99
		2	诺和诺德（中国）制药有限公司	447.14	11.23
		3	拜耳医药保健有限公司广州分公司	381.4	9.58
		4	上海信谊康捷药业有限公司	243.29	6.11
		5	拜耳医药保健有限公司	218.37	5.48
		6	中美上海施贵宝制药有限公司	168.14	4.22
		7	浙江仙琚制药股份有限公司	165.26	4.15
		8	N.V.Organon	128.88	3.24

化学药品类位序	类别	厂家排序	生产厂家	2011 年销售额（万元）	本大类占比 (%)
		9	阿斯利康制药有限公司	127.81	3.21
		10	北京紫竹药业有限公司	127.61	3.20
7	非抗生素类抗感染药物	1	中美上海施贵宝制药有限公司	858.09	26.21
		2	北京诺华制药有限公司	240.6	7.35
		3	葛兰素史克制药（苏州）有限公司	223.73	6.83
		4	西安杨森制药有限公司	196.64	6.01
		5	江苏正大天晴药业股份有限公司	158.8	4.85
		6	葛兰素史克（天津）有限公司	130.08	3.97
		7	天津药物研究院药业有限责任公司	126.96	3.88
		8	Cheminova Internacional S. A.	106.36	3.25
		9	北京华素制药股份有限公司	97.67	2.98
		10	丽珠集团丽珠制药厂	78.27	2.39
8	消化系统用药物	1	拜耳医药保健有限公司	355.74	13.94
		2	阿斯利康制药有限公司	274.45	10.75
		3	西安杨森制药有限公司	270.62	10.60
		4	上海运佳黄浦制药有限公司	100.29	3.93
		5	石药集团欧意药业有限公司	70.57	2.76
		6	常州四药制药有限公司	64.94	2.54
		7	Losan Pharma GmbH	62.16	2.44
		8	修正药业集团股份有限公司	61.23	2.40
		9	博福－益普生（天津）制药有限公司	59.43	2.33
		10	重庆华森制药有限公司	48.29	1.89
9	抗生素类抗感染药物	1	辉瑞制药有限公司	185.08	7.66
		2	海南日中天制药有限公司	178.24	7.37
		3	珠海联邦制药股份有限公司中山分公司	170.79	7.07
		4	昆明贝克诺顿制药有限公司	146.44	6.06
		5	礼来苏州制药有限公司	131.24	5.43
		6	石药集团中诺药业（石家庄）有限公司	87.86	3.64
		7	浙江莎普爱思制药有限公司	83.1	3.44

化学药品类位序	类别	厂家排序	生产厂家	2011 年销售额（万元）	本大类占比 (%)
		8	石药集团欧意药业有限公司	67.31	2.79
		9	石家庄四药有限公司	64.88	2.68
		10	深圳致君制药有限公司	64.32	2.66
10	维生素类与矿物质类药物	1	惠氏制药有限公司	691.78	28.97
		2	拜耳医药保健有限公司	392.39	16.43
		3	Bayer S.A.	364.83	15.28
		4	中美上海施贵宝制药有限公司	225.99	9.46
		5	山东达因海洋生物制药股份有限公司	107.43	4.50
		6	ABBOTT LABORATORIES.B.V.	85.97	3.60
		7	阿特维斯（佛山）制药有限公司	76.98	3.22
		8	杭州赛诺菲民生健康药业有限公司	70.61	2.96
		9	海南海神同洲制药有限公司	53.53	2.24
		10	浙江医药股份有限公司新昌制药厂	39.32	1.65

7. 典型样本城市 2011 年中成药各大类前 10 位生产厂家排序

中成药类位序	类别	厂家排序	生产厂家	2011 年销售额（万元）	本大类占比 (%)
1	补益药	1	山东东阿阿胶股份有限公司	1,500.85	28.41
		2	江西济民可信金水宝制药有限公司	329.17	6.23
		3	云南盘龙云海药业有限公司	284.88	5.39
		4	北京同仁堂科技发展股份有限公司制药厂	246.35	4.66
		5	贵州同济堂制药有限公司	245.07	4.64
		6	太极集团重庆涪陵制药厂有限公司	202.71	3.84
		7	河南省宛西制药股份有限公司	159.8	3.03
		8	山东福胶集团有限公司	122.95	2.33
		9	兰州佛慈制药股份有限公司	121.2	2.29
		10	贵州盛世龙方制药股份有限公司	117.22	2.22
2	清热药	1	北京同仁堂科技发展股份有限公司制药厂	232.29	5.11
		2	漳州片仔癀药业股份有限公司	218.84	4.81
		3	江苏济川制药有限公司	189.25	4.16
		4	广州市香雪制药股份有限公司	154.44	3.40
		5	深圳市泰康制药有限公司	123.54	2.72
		6	山东孔府制药有限公司	104.57	2.30
		7	吉林省康福药业有限公司	99.31	2.18
		8	江西济民可信药业有限公司	89.11	1.96
		9	太极集团四川绵阳制药有限公司	87.72	1.93
		10	南宁市维威制药有限公司	86.69	1.91
3	化痰止咳平喘药	1	京都念慈菴总厂有限公司	467.14	12.96
		2	李时珍医药集团有限公司	229.14	6.36
		3	黑龙江葵花药业股份有限公司	125.38	3.48
		4	香港保和堂制药有限公司	105.24	2.92
		5	江西南昌桑海制药厂	95.7	2.65
		6	广州潘高寿药业股份有限公司	87.83	2.44
		7	苏州华葆药业有限公司	82.9	2.30
		8	太极集团重庆涪陵制药厂有限公司	80.47	2.23

中成药类位序	类别	厂家排序	生产厂家	2011 年销售额（万元）	本大类占比 (%)
		9	赤峰天奇制药有限责任公司	75.78	2.10
		10	江西济民可信药业有限公司	65.95	1.83
4	五官用药	1	河北兆康制药有限公司	284.35	8.28
		2	桂林三金药业股份有限公司	178.19	5.19
		3	桂龙药业（安徽）有限公司	173.48	5.05
		4	广州星群（药业）股份有限公司	93.02	2.71
		5	成都九芝堂金鼎药业有限公司	83.18	2.42
		6	江中药业股份有限公司	81.64	2.38
		7	扬子江药业集团有限公司	80.7	2.35
		8	福建麝珠明眼药股份有限公司	68.87	2.01
		9	黑龙江天龙药业有限公司	67.63	1.97
		10	长春普华制药股份有限公司	66.31	1.93
5	外科用药	1	云南白药集团股份有限公司	404.04	11.81
		2	西藏奇正藏药股份有限公司	344.66	10.07
		3	安徽安科余良卿药业有限公司	225.72	6.60
		4	马应龙药业集团股份有限公司	214.19	6.26
		5	云南白药集团无锡药业有限公司	209.91	6.13
		6	湖北李时珍医药集团有限公司	203.76	5.95
		7	黑龙江天龙药业有限公司	108.16	3.16
		8	烟台荣昌制药有限公司	72.37	2.11
		9	武汉马应龙药业集团股份有限公司	59.1	1.73
		10	北京华洋奎龙药业有限公司	59.03	1.73
6	祛湿药	1	内蒙古鸿茅药业有限责任公司	185.7	7.45
		2	桂林三金药业股份有限公司	108.95	4.37
		3	太极集团重庆涪陵制药厂有限公司	102.04	4.10
		4	黄石奇灵药业有限公司	95.17	3.82
		5	黄氏国际药业有限公司	92.77	3.72
		6	北京同仁堂股份有限公司同仁堂制药厂	81.66	3.28
		7	广东众生药业股份有限公司	75.38	3.03

中成药类位序	类别	厂家排序	生产厂家	2011 年销售额（万元）	本大类占比 (%)
		8	黄石卫生材料药业有限公司	62.64	2.51
		9	北京羚锐卫生材料有限公司	55.75	2.24
		10	广州王老吉药业股份有限公司	55.31	2.22
7	解表药	1	河南太龙药业股份有限公司	269.09	12.09
		2	北京同仁堂科技发展股份有限公司制药厂	178.34	8.01
		3	华润三九医药股份有限公司	113.75	5.11
		4	哈药集团三精制药股份有限公司	98.2	4.41
		5	北京亚东生物制药有限公司	81.51	3.66
		6	广东罗定制药有限公司	70.15	3.15
		7	吉林龙泰制药股份有限公司	62.43	2.80
		8	河南福森药业有限公司	50.06	2.25
		9	南通精华制药股份有限公司	47.09	2.12
		10	山东三九药业有限公司	46.78	2.10
8	理血药	1	芜湖绿叶制药有限公司	121.38	6.11
		2	天津天士力制药股份有限公司	115.59	5.82
		3	救心制药株式会社	94.79	4.77
		4	湖北李时珍医药集团有限公司	90.24	4.54
		5	天津中新药业集团股份有限公司第六中药厂	78.22	3.94
		6	上海和黄药业有限公司	68.71	3.46
		7	安阳路德药业有限责任公司	57.9	2.92
		8	陕西步长制药有限公司	55.67	2.80
		9	云南生物谷灯盏花药业有限公司	50.9	2.56
		10	上海雷允上药业有限公司	50.78	2.56
9	妇科用药	1	株洲千金药业股份有限公司	89.96	5.40
		2	广东德鑫制药有限公司	86.63	5.20
		3	四川恩威制药有限公司	75.09	4.51
		4	海南碧凯药业有限公司	73.83	4.43
		5	湖北李时珍医药集团有限公司	65.06	3.90
		6	哈尔滨欧替药业有限公司	63.95	3.84

中成药类位序	类别	厂家排序	生产厂家	2011 年销售额（万元）	本大类占比 (%)
		7	江苏康缘药业股份有限公司	61.75	3.71
		8	北京同仁堂股份有限公司同仁堂制药厂	60.84	3.65
		9	广西源安堂药业有限公司	41.66	2.50
		10	通化万通药业股份有限公司	41.43	2.49
10	开窍药	1	北京同仁堂科技发展股份有限公司制药厂	658.53	52.14
		2	北京同仁堂股份有限公司同仁堂制药厂	270.44	21.41
		3	浙江远力健药业有限责任公司	104.27	8.26
		4	广州白云山明兴制药有限公司	85.21	6.75
		5	海南赛立克药业有限公司	37.21	2.95
		6	江苏正大清江制药有限公司	30.06	2.38
		7	哈尔滨圣泰制药股份有限公司	21.75	1.72
		8	神威药业有限公司	15.51	1.23
		9	远达药业集团哈尔滨一洲制药有限公司	10.46	0.83
		10	哈药集团三精千鹤制药有限公司	9.18	0.73

注：样本范围，6 个城市 10 家药品零售连锁企业 550 家门店。

2012年度中国药品零售市场分析

一、药品零售市场发展概述

2012年，中国药品流通行业发展势头良好。伴随着国家新医改的深入推进和各项行业政策、标准的出台，在《全国药品流通行业发展规划纲要（2011-2015年）》的引导下，相关主管部门大力支持行业结构调整和发展方式转型升级，鼓励企业兼并重组，提高行业集中度。药品流通企业不断提升流通效率和管理水平，创新业务和服务模式，拓展基层医疗市场。行业规模和效益稳步增长，呈现持续、健康的转型发展趋势。

（一）药品零售市场整体情况

（1）药品零售市场整体规模

2012年，药品零售市场规模总体呈现增长，但增速放缓。据统计，2012年药品零售市场销售总额（含八大类商品①）2225亿元，同比增长16.0%，增幅回落4个百分点。

截至2011年底，全国共有药品零售连锁企业2607家，同比增长12.9%；下辖门店146703家，同比增长7.0%；零售单体药店277085家，同比增长5.8%；零售药店门店总数达423788家，同比增长6.2%②。

2012年药品零售连锁企业前100位销售总额为762.4亿元，占同期药品零售市场的34.2%，同比增长10%。

图1　历年药品零售连锁企业前100位企业销售总额统计图

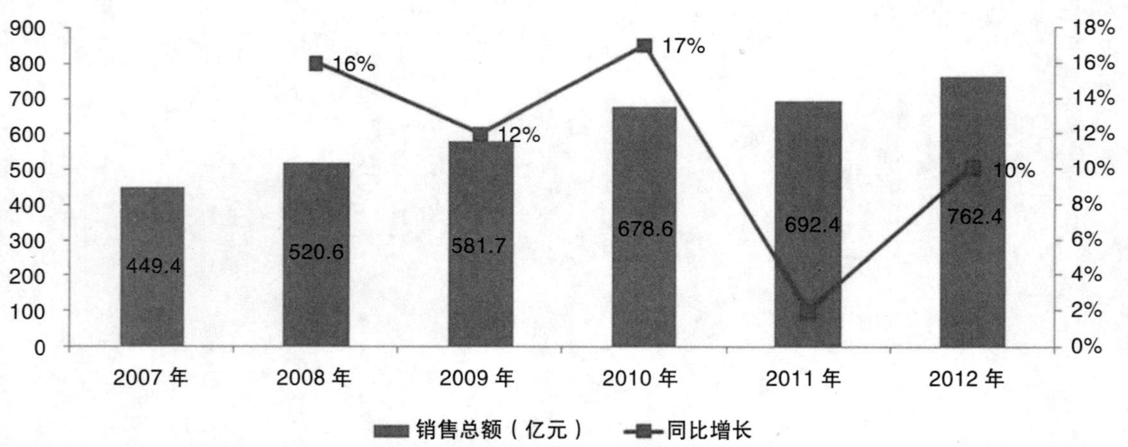

（2）企业效益情况

2012年前百位零售连锁企业平均利润率4.4%，相比于2011年的5.5%，下降1.1个百分点（见图2）。平均毛利率为21.1%，下降0.2个百分点；平均费用率为19.0%，上升3.0个百分点。

（3）区域分布结构

2012年前100位药品零售连锁企业家数分布在前10位的省市依次为：上海、江苏、浙江、北京、广东、山东、湖北、云南、河北、江西，10省市家数占前100位企业家数的64%（见表2）。

① 八大类商品：化学药、中成药、食品（含保健品）、中药饮片、医疗器械（含家庭护理）、药妆品、日用品、其他商品。

② 数据来源：国家食品药品监督管理总局，由于药品流通企业数量尚未公布2012年数据，故引用2011年数据。

表 1

前 100 位企业区域数量分布表

序号	地区	企业家数（家）
1	上海市	12
2	江苏省	8
3	浙江省	8
4	北京市	6
5	广东省	6
6	山东省	6
7	湖北省	5
8	云南省	5
9	河北省	4
10	江西省	4
11	四川省	4
12	重庆市	4
13	黑龙江省	3
14	内蒙古自治区	3
15	陕西省	3
16	甘肃省	2
17	贵州省	2
18	湖南省	2
19	吉林省	2
20	辽宁省	2

数据来源：中国医药商业协会

图 2　2012 年度药品零售连锁企业前 100 位利润率统计图

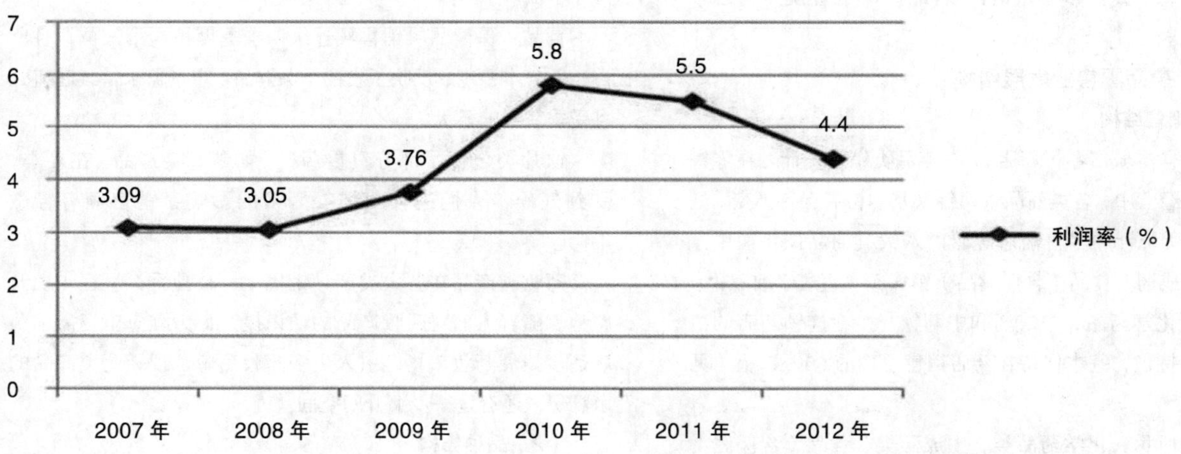

注：本篇报告数据依据商务部药品流通统计直报系统，部分数据来源于中国医药商业协会。

表 2

前100位企业区域销售分布表

序号	地区	占比（%）
1	上海市	13
2	重庆市	11
3	云南省	10
4	北京市	8
5	广东省	8
6	山东省	8
7	浙江省	5
8	湖北省	5
9	四川省	5
10	江苏省	5
11	辽宁省	4
12	湖南省	3
13	陕西省	3
14	甘肃省	2
15	黑龙江省	2
16	江西省	2
17	河北省	1
18	吉林省	1
19	安徽省	1
20	内蒙古自治区	1

数据来源：中国医药商业协会

2012年前100位药品零售连锁企业销售额居前10位的省市依次为：上海、重庆、云南、北京、广东、山东、浙江、湖北、四川、江苏，10省市销售额占前100位企业销售总额的78%（见表2）。

（二）药品零售业发展结构

（1）销售结构

据典型样本城市零售药店2012年品类销售统计，在零售药店多元化经营中，各类商品近两年来基本格局保持不变（见图3）。在所统计的零售药店经营的八大类商品销售额中，化学药、中成药、食品（含保健品）销售额一直居于前三甲；药品（包括化学药品、中成药和中药饮片）在连锁药店的销售比重总体持稳，基本保持在药店销售总额的60%以上（见表3）。

如表3所示，化学药品类、中成药类、食品（含保健食品）类销售占比稳居前三，其中化学药品类、中成药类销售占比略有上升；中药饮片、医疗器械类（含家庭护理）销售占比位序互换；药妆品、日用品、其他商品销售占比略有下降，位序不变。

食品（保健品）销售额连续四个季度稳居第三位，且所占比例基本稳定，反映了食品（保健品）市场需求持续旺盛，且受季节影响不大。

饮片类包含了部分贵重药材，如参茸类产品。在夏季，受到气候、人们进补习惯等因素的影响，销售额有轻微下降。

药妆类产品在各大类产品销售中一枝独秀，呈逐步上升趋势。随着人们对药妆产品的认识提升，为顺应市场需求药店逐步拓展药妆市场，引入更多药妆品牌，预计此类产品的市场份额还有进一步上升的空间。

（2）品种结构

据典型样本城市零售药店2012年品类销售统计如下：

图 3　2012 年与 2011 年典型样本城市零售药店销售品类结构分布图

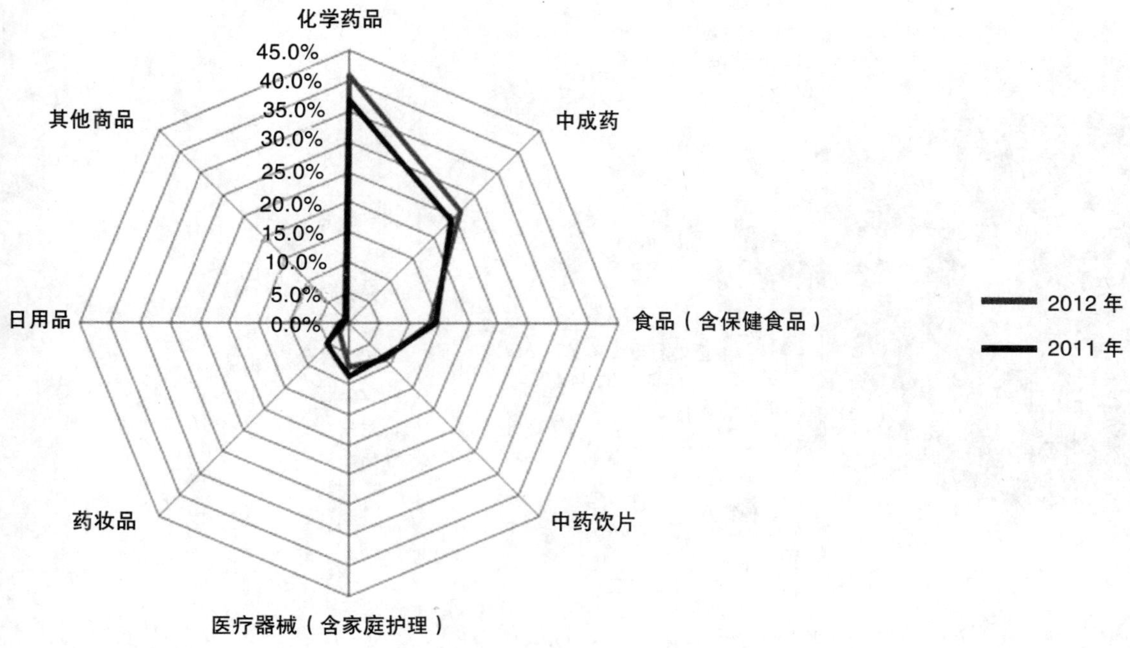

数据来源：中国医药商业协会

表 3　2012 年与 2011 年典型样本城市零售药店大类产品销售占比对比表

百分比

大类名称	2012 年		2011 年		占比变化（百分点）
	份额	排名	份额	排名	
化学药品	40.9%	1	36.7%	1	4.1
中成药	26.3%	2	24.1%	2	2.3
食品（含保健食品）	13.6%	3	14.6%	3	-1.0
中药饮片	8.3%	4	8.2%	5	0.2
医疗器械（含家庭护理）	7.2%	5	8.9%	4	-1.8
药妆品	2.3%	6	5.1%	6	-2.8
日用品	0.9%	7	1.5%	7	-0.6
其他商品	0.6%	8	0.9%	8	-0.3

数据来源：中国医药商业协会（样本范围为 17 个城市 35 家药品零售连锁企业 2126 家门店）

图 4　2012 年典型样本城市零售药店销售品类结构分布

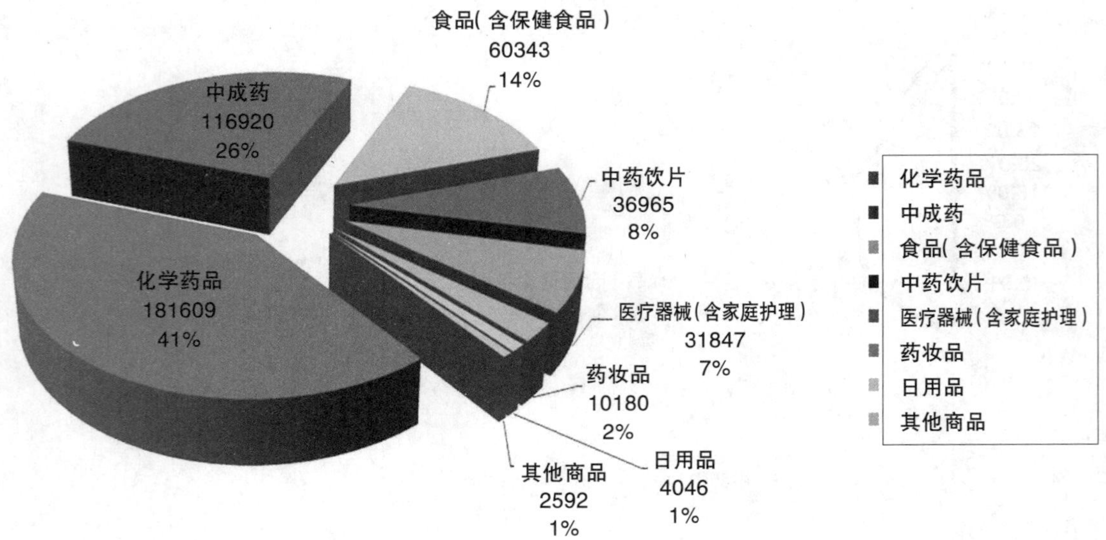

数据来源：中国医药商业协会

表 4

典型样本省市 2012 年区域大类产品销售结构

大类区域	化学药品		中成药		食品（含保健食品）		中药饮片		医疗器械（含家庭护理）		药妆品		日用品		其他商品	
	销售总额（万元）	占比（%）	销售总额（万元）	占比（%）	销售总额（万元）	占比（%）	销售总额（万元）	占比（%）	销售总额（万元）	占比（%）	销售总额（万元）	占比（%）	销售总额（万元）	占比（%）	销售总额（万元）	占比（%）
广东	33811	47.5	15177	21.3	9172	12.9	5099	7.2	6224	8.7	568	0.8	638	0.9	496	0.7
江苏	24688	40.7	13730	22.7	8287	13.7	8229	13.6	3341	5.5	1348	2.2	772	1.3	195	0.3
辽宁	24557	43.2	15077	26.6	6925	12.2	5084	9.0	3733	6.6	1031	1.8	257	0.5	115	0.2
上海	14656	35.2	13807	33.2	4934	11.9	2665	6.4	3426	8.2	969	2.3	530	1.3	605	1.5
山西	14275	45.9	8052	25.9	3670	11.8	2685	8.6	2276	7.3	40	0.1	24	0.1	47	0.1
北京	13964	32.2	12962	29.9	5004	11.5	2587	6.0	5090	11.7	3230	7.4	361	0.8	198	0.5
山东	13928	85.6	749	4.6	749	4.6	787	4.8	45	0.3	12	0.1	1	0.0	1	0.0
内蒙古	13220	92.2	538	3.8	406	2.8	112	0.8	35	0.2	15	0.1	12	0.1	0	0.0
河北	10431	51.9	2816	14.0	2889	14.4	2040	10.2	1323	6.6	532	2.6	30	0.1	31	0.2
福建	6925	33.9	5220	25.5	2957	14.5	3094	15.1	1391	6.8	705	3.4	83	0.4	82	0.4
宁夏	6054	37.1	6249	38.3	1969	12.1	752	4.6	1173	7.2	86	0.5	24	0.1	20	0.1
河南	5333	35.3	4443	29.4	2147	14.2	1347	8.9	670	4.4	355	2.3	398	2.6	431	2.9
天津	4834	69.5	1813	26.1	173	2.5	8	0.1	101	1.4	15	0.2	10	0.1	2	0.0
广西	4004	36.9	3436	31.7	1973	18.2	505	4.7	437	4.0	233	2.2	40	0.4	223	2.1
湖南	3717	26.9	3929	28.4	3818	27.6	1492	10.8	558	4.0	128	0.9	83	0.6	98	0.7
浙江	1114	27.2	1060	25.9	1394	34.0	138	3.4	198	4.8	85	2.1	81	2.0	29	0.7
安徽	596	40.8	400	27.4	278	19.0	28	1.9	95	6.5	31	2.1	21	1.5	9	0.6
平均	11536	44.1	6439	24.6	3338	12.8	2156	8.2	1772	6.8	552	2.1	198	0.8	152	0.6

数据来源：中国医药商业协会

图 5　连锁药店大类产品连续 4 季度市场份额柱状图

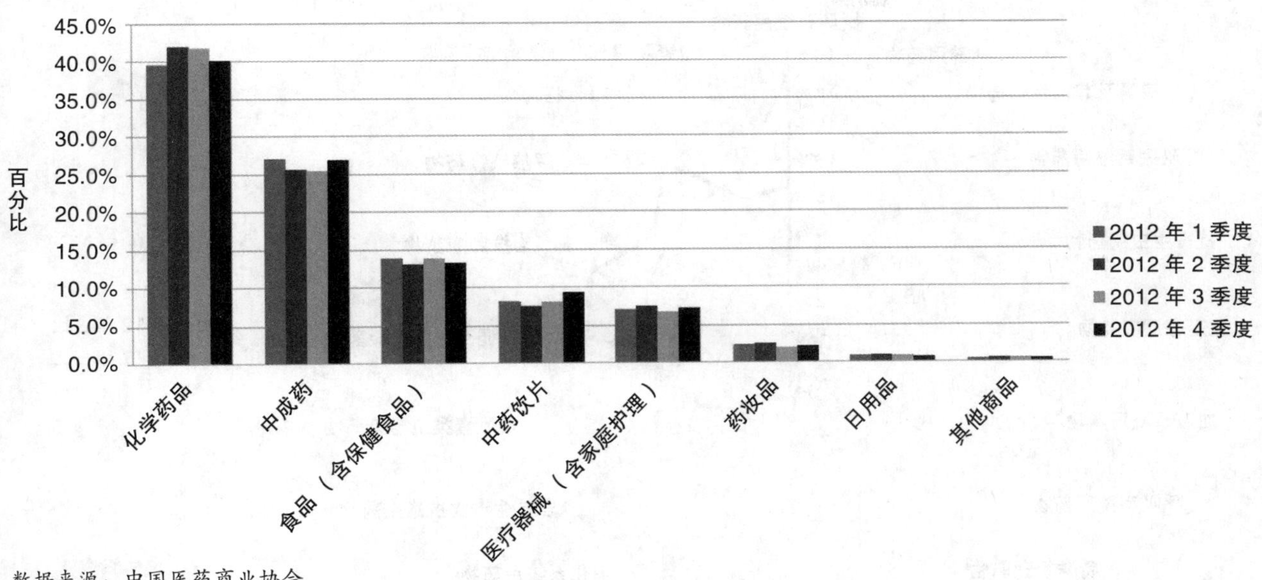

数据来源：中国医药商业协会

2012 年典型样本城市零售药店化学药品大类排序

表 5

排序	化学药品分类	2012 年占比（%）	2011 年占比（%）	变化百分点
1	循环系统用药物	14.8	8.4	6.41
2	激素及调节内分泌功能类药物	9.5	8.1	1.41
3	专科用药物	9.1	12.1	–3.04
4	解热镇痛药物	8.7	9.6	–0.87
5	抗肿瘤药物	8.6	11.8	–3.18
6	调节免疫功能药物	8.2	11.6	–3.43
7	抗生素类抗感染药物	7.8	4.9	2.89
8	非抗生素类抗感染药物	5.9	6.7	–0.75
9	消化系统用药物	5.7	5.2	0.52
10	神经系统用药物	3.6	3.0	0.63
11	维生素类与矿物质类药物	3.4	4.9	–1.45
12	水、电解质及酸碱平衡调节药物	3.2	2.2	1.03
13	特殊管理药物	2.9	3.3	–0.36
14	呼吸系统用药物	2.7	2.8	–0.09
15	血液系统用药物	2.4	1.5	0.88
16	抗变态反应药物	1.3	1.7	–0.44
17	抗寄生虫病药物	0.7	0.7	0.00
18	泌尿系统用药物	0.7	0.9	–0.20
19	酶类及其他生化药物	0.6	0.7	–0.08
20	麻醉用药物	0.1	0.1	0.02

数据来源：中国医药商业协会

图 6　2012 年与 2011 年典型样本城市零售药店化学药品大类结构图

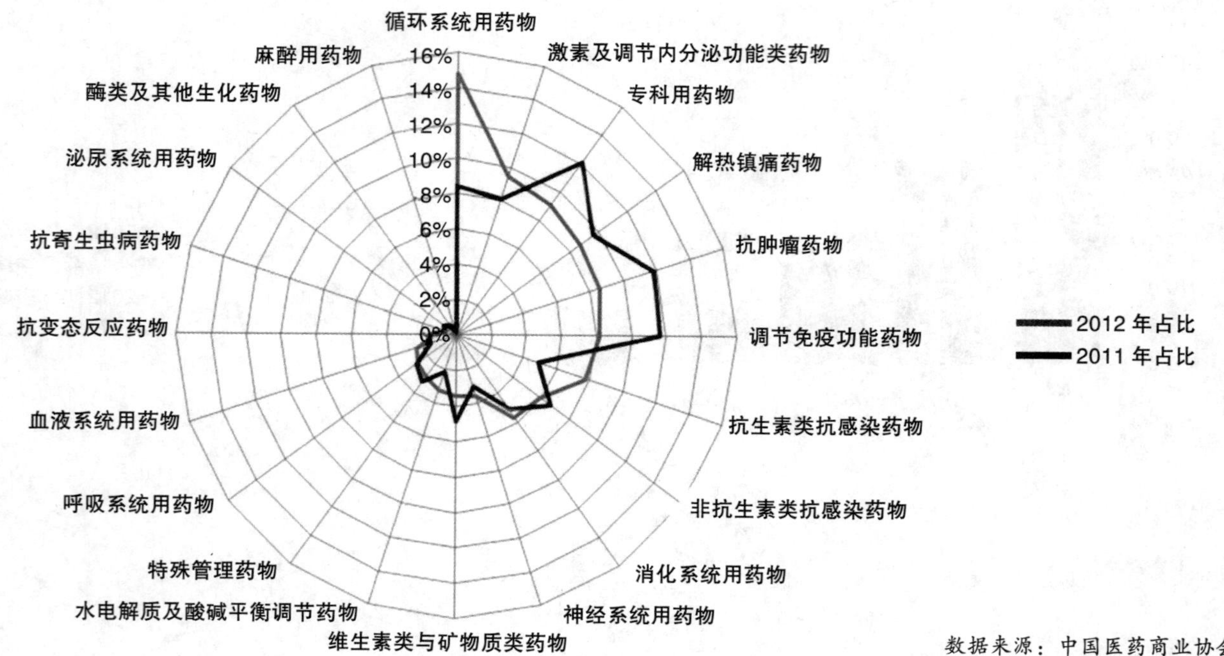

数据来源：中国医药商业协会

表 6

2012 年典型样本城市零售药店中成药大类排序

排序	中成药分类	2012 年占比（%）	2011 年占比（%）	变化百分点
1	补益药	14.6	15.6	−1.0
2	清热药	12.0	13.4	−1.4
3	理血药	11.0	5.9	5.1
4	化痰止咳平喘药	9.8	10.7	−0.9
5	外科用药	9.4	10.1	−0.7
6	五官用药	7.8	10.2	−2.4
7	祛湿药	7.7	7.4	0.3
8	解表药	6.9	6.6	0.3
9	妇科用药	5.5	4.9	0.6
10	消导药	3.5	2.9	0.6
11	开窍药	2.6	3.7	−1.1
12	散风熄风药	2.5	2.5	0.0
13	理气药	2.2	1.9	0.3
14	安神药	1.7	1.4	0.3
15	固涩药	0.7	0.5	0.2
16	泻下药	0.6	0.7	−0.1
17	治燥药	0.4	0.3	0.1
18	温里药	0.4	0.3	0.1
19	其他中成药	0.3	0.3	0.0
20	驱虫药	0.3	0.5	−0.2

数据来源：中国医药商业协会

如图6所示，化学药品销售占比增长的大类中，循环系统用药物销售占比有较大提升，其次为激素及调节内分泌功能类药物有一定增长，专科用药、解热镇痛药物、抗肿瘤药物、调节免疫功能药物均略有下降。

循环系统用药物从2011年的第五位到2012年跃居第一，与我国人群50年来高血压患病率明显上升趋势有关。根据有关资料显示，我国18岁以上成人高血压患病率为18.8%，估计目前我国约有2亿高血压患者，每10个成年人中就有2人患有高血压，约占全球高血压总人数的1/5。

激素及调节内分泌功能类药物从2011年的第六位到2012年跃居第二，与我国糖尿病发病趋势呈持续、进行性增长有关。中华医学会、中华糖尿病学会公布我国糖尿病患病率③高达9.7%，近1/10的患病率确实令人担忧，尤其"一老一少"的患病率明显增加。

图7　2012年典型样本城市零售药店中成药前10大类占比变化

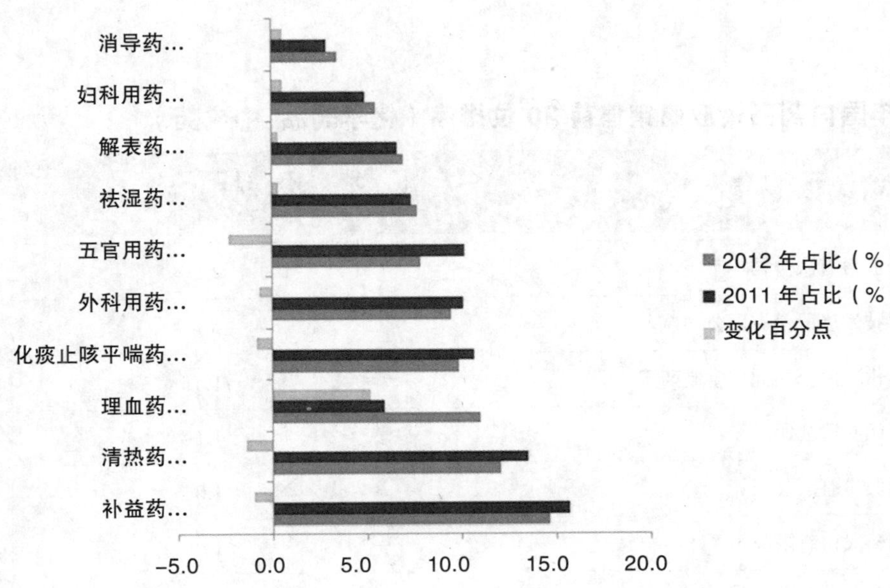

数据来源：中国医药商业协会

表7　典型样本城市2012年药品销售前10位排序（按品规统计，化学药品、中成药）

序号	品名（商品名、通用名）	规格	厂家	销售额（万元）	占比（%）
1	甲磺酸伊马替尼片（格列卫）	0.1g*60T	Novartis Pharma Stein AG	5846.8	2.1
2	吗替麦考酚酯胶囊（骁悉）	0.25g*40S	上海罗氏制药有限公司	4481.3	1.6
3	他克莫司胶囊（普乐可复）	1mg*50S	安斯泰来制药（中国）有限公司	4187.6	1.5
4	注射用曲妥珠单抗（赫赛汀）	20ml:0.44g（含稀释液）	上海罗氏制药有限公司	2730.7	1.0
5	枸橼酸西地那非片（万艾可）	0.1g*5T	辉瑞制药有限公司	2098.3	0.8
6	盐酸厄洛替尼片（特罗凯）	0.15g*7T	上海罗氏制药有限公司	1694.2	0.6
7	硫酸氢氯吡格雷片（波立维）	75mg*7T	赛诺菲安万特（杭州）制药有限公司	1659.8	0.6
8	阿卡波糖片（拜唐苹）	50mg*30T	拜耳医药保健有限公司	1370.3	0.5
9	恩替卡韦片（博路定）	0.5mg*7T	中美上海施贵宝制药有限公司	1339.6	0.5
10	他克莫司胶囊（普乐可复）	0.5mg*50S	安斯泰来制药（中国）有限公司	1214.9	0.4

数据来源：中国医药商业协会

③ 患病率计算方法：发病的人数除以总人数。

在中成药大类销售中虽然补益药、清热药占比有所降低，但仍稳居前两位，而理血药的销售额占比增大，位列中成药大类销售的第三位。

如表 7 所示在销售排名前 10 的品规中片剂、胶囊占据 9 席，且均为合资、进口品种。典型样本城市 2012 年药品销售前 10 位（按品规统计）如表 8 所示。

（3）所有制结构

据药品流通直报系统数据统计，药品零售企业中国有企业主营业务收入 1751 亿元，占药品流通直报企业主营业务总收入的 46.5%，实现利润 433 亿元，占直报企业利润总额的 49.7%；有限责任公司主营业务收入 1385 亿元，占直报企业主营业务总收入的 36.8%，实现利润 291 亿元，占直报企业利润总额的 33.5%。国有企业、有限责任公司占居行业发展的主导地位。

（4）配送中心情况

据药品流通统计直报系统数据显示，截至 2012 年底，药品零售直报企业（86 家），药品物流配送中心数量 143 个，其中，自有物流配送中心数量 80 个，占配送中心总数的 56%。平均每家企业拥有配送中心数量 2 个，自有配送中心 1 个。

表 8

典型样本城市 2012 年国内药品供应商销售前 20 位排序（化学药品、中成药）

序号	厂家	样本市场占比（%）
1	山东东阿阿胶股份有限公司	2.1
2	北京同仁堂科技发展股份有限公司制药厂	1.7
3	北京同仁堂股份有限公司同仁堂制药厂	1.4
4	李时珍医药集团有限公司	1.1
5	云南白药集团股份有限公司	1.0
6	天津天士力制药股份有限公司	1.0
7	石药集团中诺药业（石家庄）有限公司	0.9
8	江苏正大天晴药业股份有限公司	0.7
9	华润三九医药股份有限公司	0.7
10	河南省宛西制药股份有限公司	0.7
11	石药集团欧意药业有限公司	0.6
12	漳州片仔癀药业股份有限公司	0.6
13	南宁市维威制药有限公司	0.6
14	修正药业集团股份有限公司	0.6
15	江苏济川制药有限公司	0.6
16	浙江仙琚制药股份有限公司	0.6
17	太极集团重庆涪陵制药厂有限公司	0.6
18	陕西步长制药有限公司	0.5
19	广州白云山和记黄埔中药有限公司	0.5
20	扬子江药业集团有限公司	0.5

图 8　药品零售企业自有配送中心数量统计

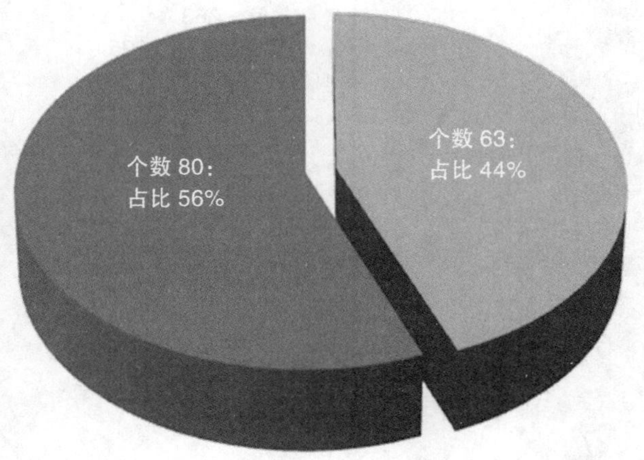

数据来源：商务部药品流通直报系统

表 9　典型样本城市 2012 年合资企业销售前 20 位排序（化学药品、中成药）

序号	厂家	样本市场占比（%）
1	上海罗氏制药有限公司	13.1
2	辉瑞制药有限公司	8.9
3	安斯泰来制药（中国）有限公司	7.7
4	阿斯利康制药有限公司	6.1
5	拜耳医药保健有限公司	5.3
6	西安杨森制药有限公司	5.2
7	诺和诺德（中国）制药有限公司	4.1
8	惠氏制药有限公司	3.9
9	中美上海施贵宝制药有限公司	3.8
10	北京诺华制药有限公司	3.5
11	中美天津史克制药有限公司	3.3
12	赛诺菲安万特（杭州）制药有限公司	2.9
13	杭州默沙东制药有限公司	2.7
14	上海强生制药有限公司	1.9
15	杭州中美华东制药有限公司	1.5
16	施维雅（天津）制药有限公司	1.3
17	珠海联邦制药股份有限公司中山分公司	1.3
18	葛兰素史克制药（苏州）有限公司	1.3
19	上海勃林格殷格翰药业有限公司	1.2
20	上海先灵葆雅制药有限公司	0.9

图 9 2012 年度前 100 位药品零售连锁企业销售总额分布图

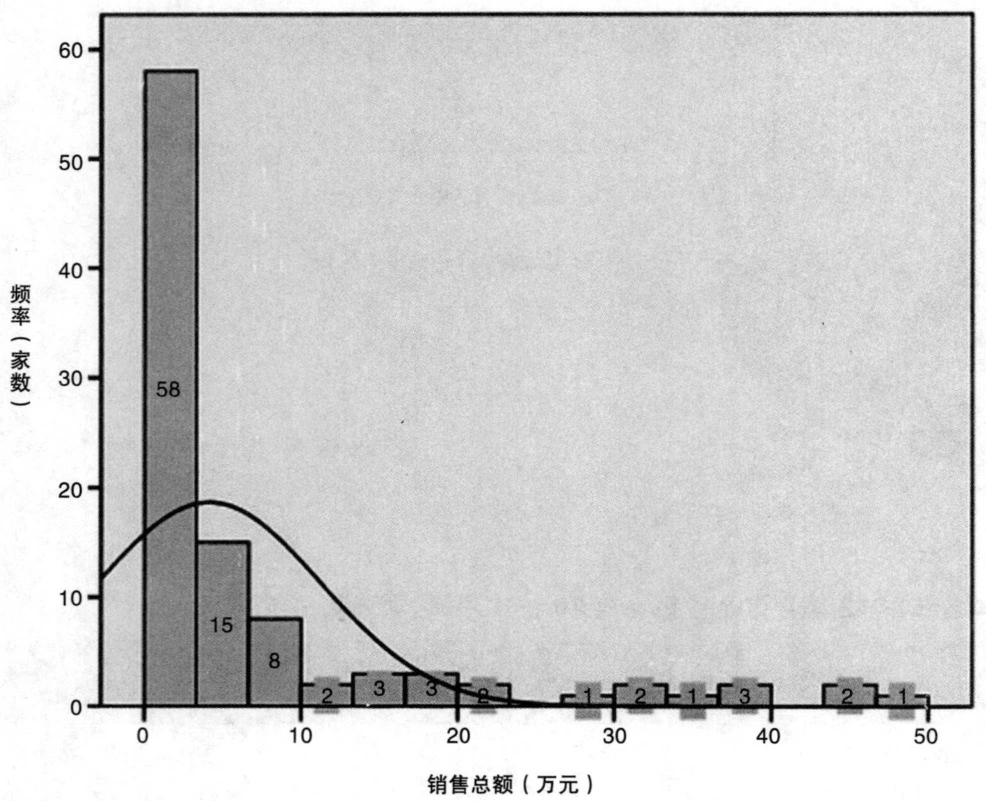

注：本篇报告数据依据商务部药品流通统计直报系统，部分数据来源于中国医药商业协会。

典型样本城市 2012 年进口供应商销售前 20 位排序

表 10

序号	厂家	样本市场占比（%）
1	Novartis Pharma Stein AG	24.5
2	Lilly del Caribe, Inc.	4.5
3	R.P. Scherer GmbH & Co.KG	3.3
4	拜耳医药保健有限公司	3.2
5	Glaxo Operations UK Limited	3.1
6	Boehringer Ingelheim Pharma GmbH & Co.KG	2.7
7	Bayer Schering Pharma AG	2.2
8	Merck KGaA	2.2
9	京都念慈庵总厂有限公司	2.2
10	Bayer S.A.	1.9
11	澳美制药厂	1.8
12	H.Lundbeck A/S	1.5
13	AstraZeneca AB	1.3
14	Losan Pharma GmbH	1.2
15	N.V.Organon	1.0
16	Pfizer Italia S.R.L.	0.9
17	幸福医药有限公司	0.9
18	UCB Pharma S.A.	0.8
19	Lilly France	0.8
20	Patheon Italia S.p.A	0.7

数据来源：中国医药商业协会

表 11

典型样本城市 2012 年化学药品前 3 大类前 10 位生产厂家排序

西药大类位序	类别	厂家排序	生产厂家	占比（%）
1	循环系统用药物	1	辉瑞制药有限公司	10.1
		2	阿斯利康制药有限公司	9.1
		3	北京诺华制药有限公司	6.0
		4	拜耳医药保健有限公司	4.7
		5	杭州默沙东制药有限公司	3.5
		6	施慧达药业集团（吉林）有限公司	3.4
		7	北京赛科药业有限责任公司	3.1
		8	青岛黄海制药有限责任公司	2.5
		9	北京双鹤药业股份有限公司	2.3
		10	赛诺菲安万特（杭州）制药有限公司	2.0
2	激素及调节内分泌功能类药物	1	诺和诺德（中国）制药有限公司	19.6
		2	拜耳医药保健有限公司	9.0
		3	Boehringer Ingelheim Pharma GmbH & Co.KG	4.6
		4	拜耳医药保健有限公司广州分公司	4.2
		5	上海信谊康捷药业有限公司	3.9
		6	中美上海施贵宝制药有限公司	3.9
		7	浙江仙琚制药股份有限公司	3.4
		8	施维雅（天津）制药有限公司	3.4
		9	礼来苏州制药有限公司	3.1
		10	成都恒瑞制药有限公司	2.5
3	专科用药物	1	西安杨森制药有限公司	12.0
		2	昆明滇虹药业有限公司	4.6
		3	曼秀雷敦（中国）药业有限公司	4.4
		4	山东博士伦福瑞达制药有限公司	3.6
		5	浙江仙琚制药股份有限公司	3.6
		6	中美天津史克制药有限公司	3.2
		7	福建太平洋制药有限公司	2.7
		8	华润三九医药股份有限公司	2.2
		9	浙江莎普爱思药业股份有限公司	1.8
		10	黑龙江天龙药业有限公司	1.8

数据来源：中国医药商业协会

药品零售直报企业主要经济指标分类统计表

表 12

企业登记注册类型	主营业务收入（万元）	主营业务收入占比（%）	利润总额（万元）	利润总额占比（%）	利润率（%）	费用率（%）	毛利率（%）
国有企业	17511293	46.5	4326325	49.7	2.5	5.3	7.4
集体企业	69201	0.2	1946	0	0.3	8.9	9.1
股份合作企业	155923	0.4	38836	0.4	2.5	2.9	5.5
有限责任公司	13849562	36.8	2914113	33.5	2.1	8.7	10.9
股份有限公司	4649291	12.4	864997	9.9	1.9	10	10.9
私营企业	905577	2.4	369378	4.2	4.1	11.5	16.8
其他企业	221345	0.6	40730	0.5	1.8	22	24.5
港、澳、台商投资企业	165359	0.4	114125	1.3	6.9	31.3	35.5
外商投资	105957	0.3	40981	0.5	3.9	16.9	19.7
汇总	37633507	100	8711431	100	2.3	7.5	9.6

数据来源：商务部药品流通直报系统

不同规模零售连锁企业家数变化统计表

表 13

单位：家

分布	2012 年	2011 年	变化
超过 40 亿元	3	0	3
30–40 亿元	5	5	0
20–30 亿元	3	4	–1
10–20 亿元	8	11	–3
超过 10 亿元（汇总）	19	20	–1

注：本篇报告数据依据商务部药品流通统计直报系统，部分数据来源于中国医药商业协会。

表 14

2012 年前 100 位药品零售零售企业门店统计表

序号	企业名称	门店总数（家）	直营门店总数（家）	直营门店占比（%）
1	国药控股国大药房有限公司	2034	1676	82
2	中国北京同仁堂（集团）有限责任公司	435	435	100
3	重庆桐君阁大药房连锁有限公司	7898	7898	100
4	中国海王星辰连锁药店有限公司	2132	2132	100
5	广东大参林连锁药店有限公司	1109	1109	100
6	重庆和平药房连锁有限责任公司	2520	1700	67
7	云南鸿翔一心堂药业（集团）股份有限公司	1872	1872	100
8	湖北同济堂药房有限公司	4762	227	5
9	辽宁成大方圆医药连锁有限公司	848	680	80
10	浙江震元股份有限公司	75	72	96
11	上海华氏大药房有限公司	212	210	99
12	益丰大药房连锁股份有限公司	599	599	100
13	四川康贝大药房连锁有限公司	2847	390	14
14	云南东骏药业有限公司	2260	400	18
15	成都百信药业连锁有限责任公司	1433	90	6
16	西安藻露堂药业集团有限责任公司	158	158	100
17	云南健之佳健康连锁店股份有限公司	900	900	100
18	甘肃众友健康医药股份有限公司	391	380	97
19	南京国药医药有限公司	394	242	61
20	哈尔滨人民同泰医药连锁店	338	338	100
21	江苏大众医药连锁有限公司	128	128	100
22	深圳中联大药房控股有限公司	489	489	100
23	上海第一医药股份有限公司	99	99	100
24	昆明福林堂药业有限公司	120	120	100
25	北京金象大药房医药连锁有限责任公司	316	124	39
26	济南漱玉平民大药房有限公司	236	236	100
27	安徽丰原大药房连锁有限公司	330	330	100
28	吉林大药房药业股份有限公司	304	304	100
29	杭州九洲大药房连锁有限公司	64	64	100
30	北京医保全新大药房有限责任公司	115	28	24
31	广州健民医药连锁有限公司	27	27	100
32	河南张仲景大药房股份有限公司	250	250	100
33	先声再康江苏药业有限公司	164	164	100

序号	企业名称	门店总数（家）	直营门店总数（家）	直营门店占比（%）
34	贵州一树连锁药业有限公司	84	84	100
35	重庆华博健康药房连锁有限公司	1933	35	2
36	江西黄庆仁栈华氏大药房	240	240	100
37	山东燕喜堂医药连锁有限公司	281	281	100
38	上海复美益星大药房连锁公司	476	73	15
39	云南白药大药房有限公司	139	139	100
40	广州采芝林药业连锁店	52	33	63
41	襄阳天济大药房连锁有限责任公司	180	180	100
42	常州市恒泰医药连锁有限公司	105	105	100
43	山西益源大药房连锁有限责任公司	124	124	100
44	青海省新绿洲医药连锁有限公司	405	30	7
45	石家庄新兴药房连锁有限公司	180	168	93
46	江西萍乡市昌盛大药房连锁有限公司	200	162	81
47	石家庄乐仁堂医药连锁有限责任公司	45	45	100
48	海南广安堂药品超市连锁经营有限公司	38	38	100
49	吉林省益和大药房有限公司	300	300	100
50	山东立健医药城连锁有限公司	349	349	100
51	西安怡康医药连锁有限责任公司	574	372	65
52	中山市中智大药房连锁有限公司	198	198	100
53	上海余天成药业连锁有限公司	98	64	65
54	江西昌盛医药有限公司	260	260	100
55	廊坊市一笑堂医药零售连锁有限公司	97	97	100
56	赤峰荣济堂大药房连锁有限公司	320	320	100
57	广东国药医药连锁企业有限公司	58	10	17
58	上海雷允上药品连锁经营有限公司	293	12	4
59	上海养和堂药业连锁经营有限公司	82	82	100
60	重庆市万和药房连锁有限责任公司	132	132	100
61	广西康全药业连锁有限公司	153	40	26
62	陕西众信医药超市有限公司	60	60	100
63	上海汇丰大药房有限公司	43	43	100
64	上海童涵春堂药业连锁经营有限公司	51	46	90
65	河北神威大药房连锁有限公司	81	81	100
66	宜兴市天健医药连锁有限公司	87	87	100
67	赤峰人川大药房连锁有限公司	130	130	100

序号	企业名称	门店总数（家）	直营门店总数（家）	直营门店占比（%）
68	山东利民大药房连锁有限公司	116	116	100
69	武汉普安医院有限公司	83	83	100
70	四川杏林医药连锁有限责任公司	54	43	80
71	山西荣华大药房连锁有限公司	101	101	100
72	宁波四明大药房有限责任公司	62	51	82
73	四川天诚大药房连锁有限责任公司	964	61	6
74	温州同仁医药连锁有限公司	10	10	100
75	新疆康泰东方医药连锁有限公司	24	24	100
76	北京永安复星医药股份有限公司	29	29	100
77	福建惠好四海医药连锁有限责任公司	117	101	86
78	无锡山禾集团健康参药连锁有限公司	65	65	100
79	怀化怀仁大药房连锁有限公司	55	55	100
80	甘肃德生堂大药房连锁经营有限公司	173	173	100
81	黑龙江泰华医药集团有限公司	68	68	100
82	哈尔滨宝丰医药连锁有限公司	1613	1613	100
83	北京嘉事堂连锁药店有限责任公司	121	121	100
84	浙江华通医药连锁有限公司	100	89	89
85	贵州芝林大药房零售连锁有限公司	99	25	25
86	浙江瑞人堂医药连锁有限公司	77	77	100
87	昆山双鹤同德堂连锁大药房有限责任公司	52	50	96
88	赤峰雷蒙大药房连锁有限公司	280	59	21
89	上海药房连锁有限公司	31	31	100
90	杭州华东大药房连锁有限公司	31	22	71
91	江西开心人大药房连锁有限公司	26	26	100
92	上海医药嘉定大药房连锁有限公司	58	30	52
93	北京京卫元华医药科技有限公司	37	37	100
94	武汉马应龙大药房连锁有限公司	112	112	100
95	武汉东明药房连锁有限公司	92	10	11
96	苏州市粤海大药房有限公司	1	1	100
97	济宁新华鲁抗大药房有限公司	93	76	82
98	葫芦岛市医药有限责任公司	16	16	100
99	宁波彩虹大药房有限公司	42	42	100
100	上海一德大药房连锁经营有限公司	46	38	83
汇总		48555	31746	65

注：本篇报告数据依据商务部药品流通统计直报系统，部分数据来源于中国医药商业协会。

图 10 2008-2011 年全国零售药店连锁率统计图

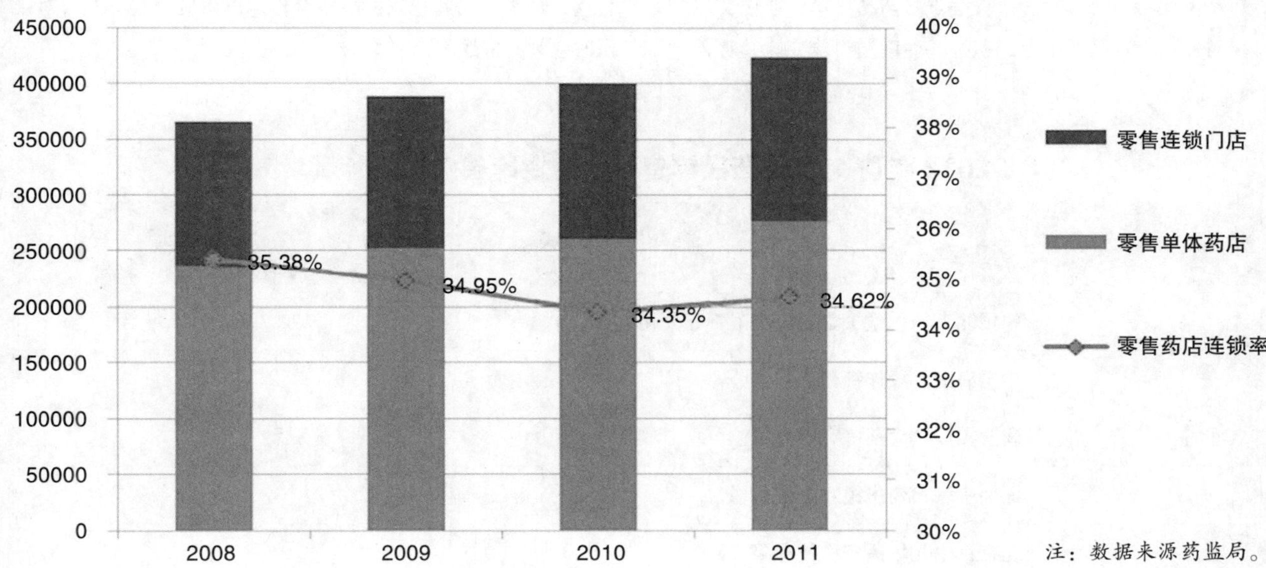

注：数据来源药监局。

二、药品零售市场发展的主要特点

（一）药品零售连锁企业集中度进一步提高

从零售连锁企业前 100 位销售情况看，前 100 位药品零售连锁企业的销售额底线为 1.35 亿元。其中，销售额超过 40 亿元的有 3 家，30–40 亿元的有 5 家，与上年持平，20–30 亿元的有 3 家，比上年减少 1 家，10–20 亿元的有 8 家，比上年减少 3 家，超过 10 亿元共计 19 家，比上年减少 1 家。

前 100 位药品零售连锁企业销售额占零售市场销售总额的 34.3%。其中，前 5 位企业占销售总额的 9.6%，前 10 位企业占销售总额的 16.3%，前 20 位企业占销售总额的 22.9%，均与上年基本持平。

（二）药品零售企业直营门店结构情况

2012 年前 100 位企业门店总数达到 48501 家，直营门店数 31688 家，占门店总数的 65.38%。

（三）零售药店连锁率较低

截至 2011 年底，全国共有药品零售连锁企业 2607 家，同比增长 12.9%；下辖门店 146703 万多家，同比增长 7.0%；零售单体药店 277085 家，同比增长 5.8%。零售药店门店总数达 423788 家，同比增长 6.2%。

2011 年全国零售药店连锁率为 34.62%，与 2010 年基本持平，但较 2008 年下降了 0.76 个百分点。

（四）零售药店区域发展不均衡

零售连锁百强企业中 22 家企业为跨省经营企业。其中：跨 10 个省以上的企业有 4 家，跨 5 个省至 10 个省以上的企业有 8 家，跨 5 个省以下的企业有 10 家。

前 10 强企业中除重庆和平药房连锁有限责任公司、浙江震元股份有限公司外前 8 强全部为跨省企业。

（五）医保定点药店区域分布情况

截至 2012 年底，定点零售药店 15.2 万家，定点零售药店占零售药店门店总数比例为 35.9%。前 100 位药品零售企业医保定点药店总数为 24448 家，占零售药店门店总数的 16.1%。

政策影响：一是申报流程的困境。在药品零售连锁企业收购单体药店后，原药店的医保定点资格将被注销，收购方需重新申报，而有的地方规定了需重新开业两年以上才可申请医保定点药店，有的地方受医保定点药店总数的控制，并购后的连锁药店无法继续获得医保定点的资格；二是医保应收款的结算周期存在区域差异。有的地方月结一次，有的省市甚至要一年结算一次。资金结算周期长极大地加重了医保定点药店的资金周转压力；三是医保部门对医保定点药店经营非药品下达“限售令”和“禁售令”，一旦在定点药店摆放非药品即按违规论处，严重影响医保定点药店的多元化经营，使医保定点药店无法在药品屡次降价的情况下从多元化经营中获取利润，限制了药品零售行业的正常发展。

（六）国产药品品种占比扩大

2012 年，国产药品销售占比扩大、合资药品销售占比下降的趋势更加突出。如图所示，化学药品类、中成药类销售中国产药品占主要地位，其中，国产药品占69.6%，占比增加6.2个百分点；合资药品占21.1%，占比下降3.8个百分点；进口药品占9.3%，下降2.3个百分点。药品流通企业应关注进口药品转国产药品的机遇，积极关注医药市场变化趋势，努力做好国产新品种上市及厂家的战略合作，针对药品厂家由产品营销向品牌营销转变、品牌营销实行工商联手，把握机遇，加强与品牌厂家的战略合作，以供应链服务升级对接医改政策的挑战。

表15

2012年前100位药品零售零售企业跨省经营统计表

序号	企业名称	涉及省份数
1	中国北京同仁堂（集团）有限责任公司	27
2	中国海王星辰连锁药店有限公司	19
3	国药控股国大药房有限公司	18
4	深圳中联大药房控股有限公司	17
5	北京京卫元华医药科技有限公司	8
6	湖北同济堂药房有限公司	7
7	广东大参林连锁药店有限公司	6
8	云南鸿翔一心堂药业（集团）股份有限公司	6
9	益丰大药房连锁股份有限公司	6
10	北京金象大药房医药连锁有限责任公司	6
11	辽宁成大方圆医药连锁有限公司	5
12	武汉普安医院有限公司	5
13	云南健之佳健康连锁店股份有限公司	4
14	甘肃众友健康医药股份有限公司	4
15	南京国药医药有限公司	4
16	甘肃德生堂大药房连锁经营有限公司	3
17	哈尔滨宝丰医药连锁有限公司	3
18	重庆桐君阁大药房连锁有限公司	2
19	江苏大众医药连锁有限公司	2
20	杭州九洲大药房连锁有限公司	2
21	石家庄新兴药房连锁有限公司	2
22	江西昌盛医药有限公司	2
平均		2

注：本篇报告数据依据商务部药品流通统计直报系统，部分数据来源于中国医药商业协会。

表 16

前 100 位企业医保定点药店占门店总数区域分布表

序号	地区	门店数（家）	医保定点（家）	医保门店占比(%)	企业家数（家）
1	重庆市	12483	3912	31	4
2	四川省	5298	2473	47	4
3	湖北省	5229	5151	99	5
4	云南省	5152	2147	42	5
5	上海市	3523	1118	32	12
6	山东省	3207	1753	55	6
7	黑龙江省	2019	1876	93	3
8	广东省	1933	889	46	6
9	北京市	1053	255	24	6
10	江苏省	996	489	49	8
11	辽宁省	864	732	85	2
12	陕西省	792	370	47	3
13	内蒙古自治区	730	452	62	3
14	江西省	726	396	55	4
15	湖南省	654	380	58	2
16	吉林省	604	442	73	2
17	甘肃省	564	316	56	2
18	浙江省	430	231	54	8
19	青海省	405	124	31	1
20	河北省	403	301	75	4
21	安徽省	330	159	48	1
22	河南省	250	147	59	1
23	山西省	225	97	43	2
24	贵州省	183	126	69	2
25	广西壮族自治区	153	27	18	1
26	福建省	117	75	64	1
27	海南省	38	—	—	1
28	新疆维吾尔自治区	24	10	42	1
汇总		48385	24448	51	100

注：本篇报告数据依据商务部药品流通统计直报系统，部分数据来源于中国医药商业协会。

图 11　**典型样本城市 2012 年生产厂家（包含化学药品、中成药）市场份额比重图**

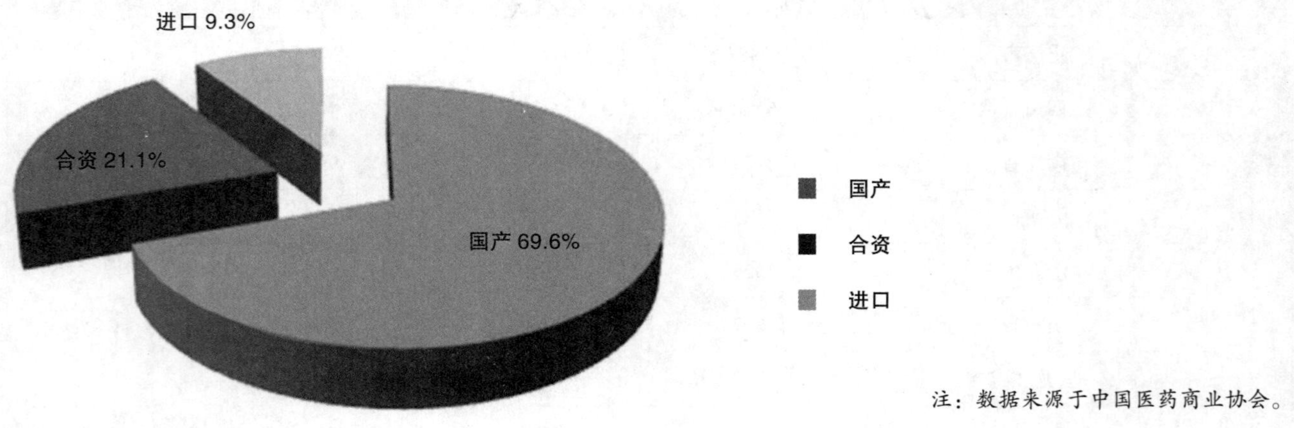

注：数据来源于中国医药商业协会。

图 12　**典型样本城市 2012 年与 2011 年生产厂家（化学药品、中成药）市场份额占比变化图**

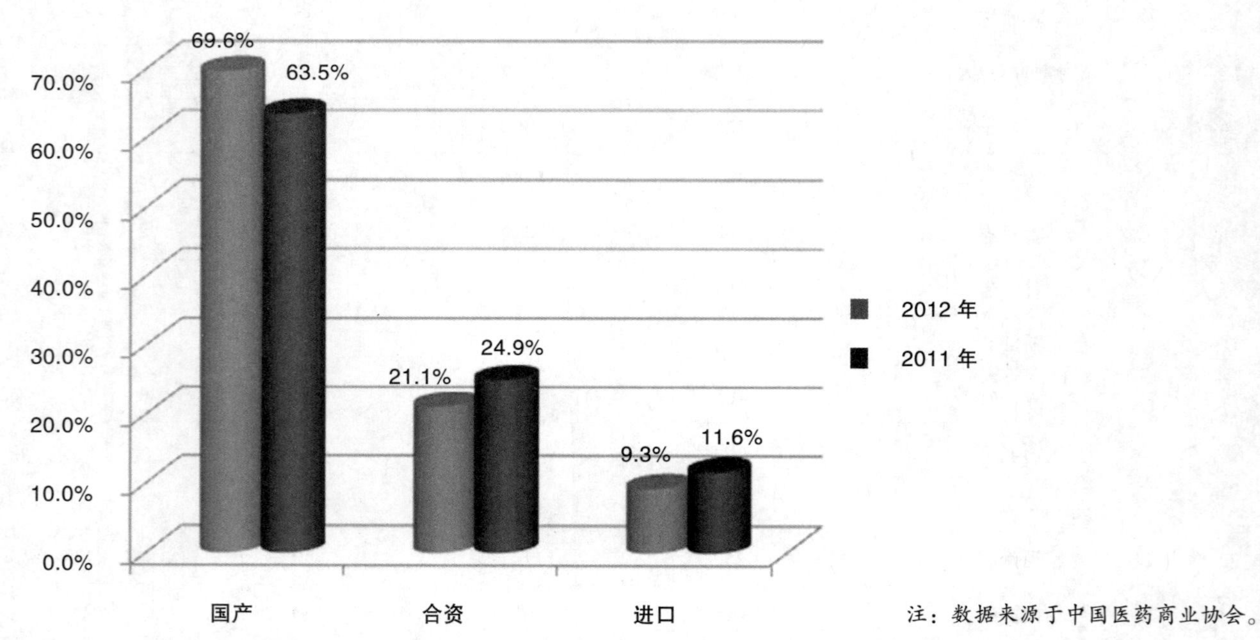

注：数据来源于中国医药商业协会。

（七）互联网药品交易服务模式情况

互联网药品电子商务呈快速发展态势。截至 2013 年 6 月，获得批准开展互联网药品交易服务的企业有 143 家；服务范围包括：向个人消费者提供药品（B2C）、与其他企业进行药品交易（B2B）和第三方交易服务平台（B2A）。2006 年 12 月至 2013 年 6 月互联网药品交易服务企业数量呈快速发展态势，增速在 2008 年达到顶峰，以后年度获批企业略有下降。

据药品流通统计直报系统数据显示，截至 2012 年底报送互联网药品交易服务企业数量 54 家，销售总额达 313 亿元。其中，B2B 企业 28 家、B2C 企业 26 家（有 7 家既有 B2B 业务也有 B2C 业务），B2C 销售占比不足 5% 与发达国家网上药店的销售额占整体销售额 20% 的比例相差甚远。网上药品零售正悄然展现巨大潜力，已成为各家药品零售企业争夺的新战场。

图 13　2006 年 12 月至 2013 年 6 月互联网药品交易服务企业数量统计表

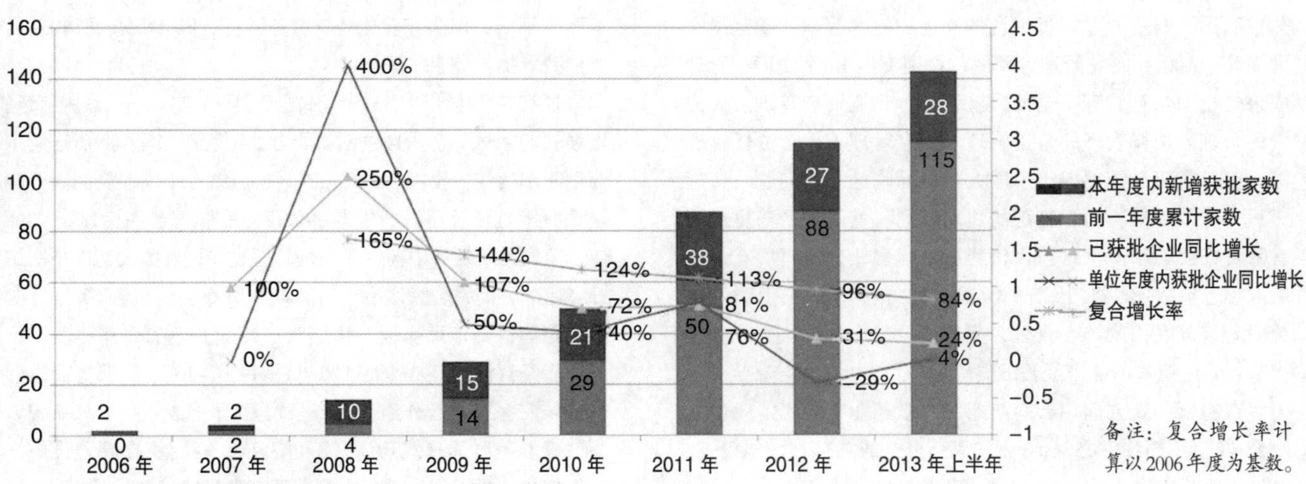

备注：复合增长率计算以2006年度为基数。

表 17　已取得互联网药品交易服务资格企业数量统计表

互联网药品交易服务类型	企业家数（家）	占比
B2A	8	6%
B2B	49	34%
B2C	86	60%

数据来源：国家食品药品监督管理局，数据截至 2013 年 6 月 5 日

图 14　2008 年 12 月至 2013 年 6 月互联网药品交易服务 B2C 企业数量统计表

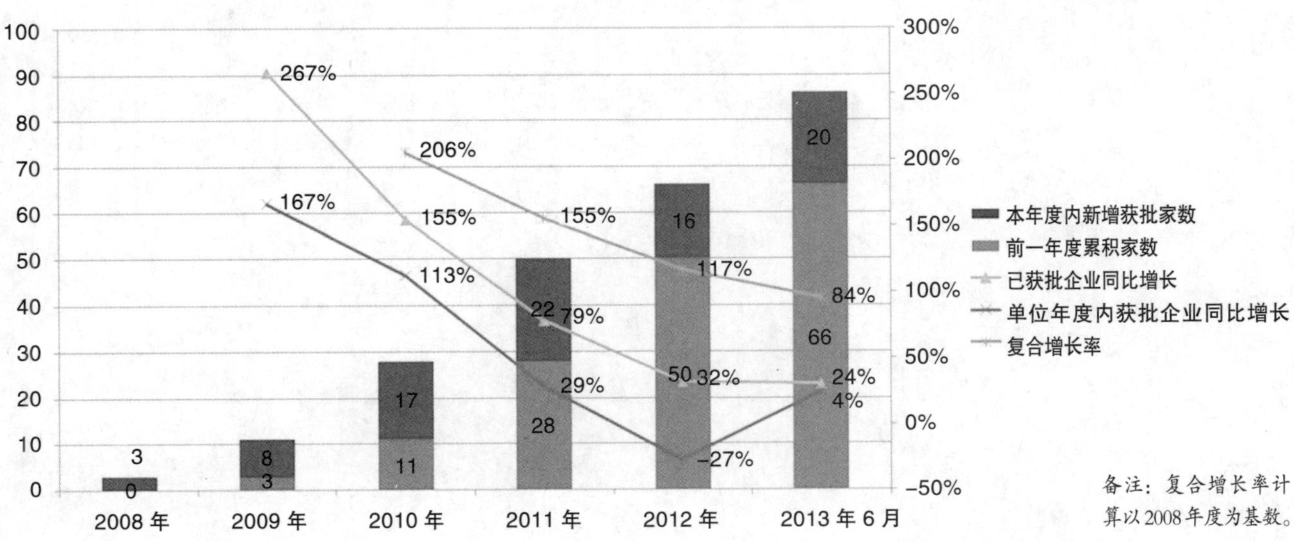

备注：复合增长率计算以2008年度为基数。

（八）创新经营服务模式

近年来，百强零售连锁企业在规模和行业地位上取得了良好的业绩，在管理创新方面进行了较好的尝试和探索。国药控股国大药房专业管理平台的建立，使其管理活动范围大大提升，覆盖到企业管理各领域，特别突出12个方面的管理成果是全面预算管理、全面风险管理、物业资产管理、人力资源管理、法律管理、营销管理、信息管理、社会责任管理等方面。全面系统地提出了国大药房面临的专业问题及管理短板，有效地解决历年管理的焦点问题。重庆和平药房连锁有限责任公司，南京医药百信药房有限责任公司对所有连锁网点实行包括统一进货、统一配送、统一核算、统一门店标识、统一着装等在内的统一管理，完善统一的质量、服务、管理体系，实施统一的品牌经营战略等。

在经营创新方面，云南鸿翔一心堂药业（集团）股份有限公司(以下简称一心堂)开创的医药分开的"院店合作"模式，经过十年的发展，已与43家医疗机构建立了合作关系，被称为医药分开的又一新探索；湖北中联大药房连锁有限公司侧重店中店、特色店、品牌店的门店拓展和发展，并与沃尔玛、家乐福、大润发、易初莲花、群光广场、屈臣氏等大型商业机构建立了良好的合作关系，在大卖场内设置了中联大药房店中店，并建立了长期发展的战略合作关系；山东利民大药店连锁有限公司根据药店的类别策划不同层次的促销活动，实现药店的层次化经营。

在专业化经营方面，上海复美益星大药房连锁有限公司实现了远程在线咨询服务，通过视频连线、复美大药房E9191热线医生为顾客提供更加便捷和专业的药学服务，建立药学服务平台，通过电子药历管理系统录入慢性病会员信息，为此类顾客进行系统管理，提供更专业的服务，已成为上海市品牌药房。

在服务创新方面，北京金象大药房开办"健康大课堂"提供免费的健康服务，使金象的品牌形象深植人心；老百姓大药房在湖南长沙成立了"老百姓爱心汇"公益组织，成为我国第一个自发进行造血干细胞知识宣传的药品零售企业，每年将组织全国500多家门店开展4000多场爱心活动；湖北中联大药房连锁有限公司为低保家庭建立扶幼助困的"爱心卡"，全面实施门店专业化药学服务，建立药历制度、回访制度，为消费者提供健康护理服务。

还有一些中华老字号企业，全面推进"老字号"品牌特色，增强"老字号"企业自主创新能力，上海第一医药商店连续多年创下单店年销售额3.6亿元的第一业绩；重庆桐君阁大药房连锁有限责任公司，中华老字号百年品牌桐君阁始建于1908年，公司秉承发展中药特色经营，率先在桐君阁大药房中医馆开展用药咨询、名医诊治、四季养生、代客熬药等服务。

跨国医药流通企业与中国药品流通企业的合作改变了传统药店经营模式，如成大方圆与Cocokara-fine、伊藤忠商事、Alfresa三家公司合作组建合资公司。即将成立第一家品牌名为"康心美"的日式药店，不可否认，药店将在硬件设施、工作方式和员工理念、行为等方面都发生跳颠覆性的变化。

（九）药店联盟发展迅速

零售药店在面临来自宏观政策及市场竞争的双重压力下，加快了抱团结盟的速度。截至2012年底，全国共成立15家省级药店联盟，覆盖19个省（自治区、直辖市），年度销售总额达355.57亿元，比上年增长26.1%，约占全国药品零售市场总额的五分之一。

连锁药店不仅需要关注自身经营产品的种类与质量，还应通过投资融资、兼并重组等形式把自身做大做强，力争成为行业内的龙头。

（十）药品零售企业在资本市场上的现状

欧美日等发达国家医药流通产业变迁史表明：医药流通产业的发展，离不开资本市场的力量。

目前，国内以药品流通为主业的上市公司共有15家，其中，以零售为主的仅有海王星辰和第一医药两家企业（桐君阁和嘉事堂的零售业务占比都不超过50%）。未来将为药品零售企业提供上市的空间。

2010-2012 年省级药店联盟发展数据

表 18

序号	联盟名称	成立时间	成员数量			门店量			销售额（亿元）			联采次数
			2010	2011	2012	2010	2011	2012	2010	2011	2012	2012
1	江苏药店联盟	2009.10.16	52	58	26	1520	1710	1887	20.25	24.53	51.50	3 次 1600 万
2	山东药店联盟	2009.12.20	31	46	54	1210	2156	3027	18.36	33.62	46.18	4 次 3500 万
3	陕西药店联盟	2010.5.7	78	120	40	1860	1508	1600	18.65	11.50	12.31	10 次 600 万
4	辽宁药店联盟	2010.5.20	18	20	22	540	650	730	10.25	12.52	15.25	6 次 5000 万
5	河北药店联盟	2010.6.21	14	14	13	350	350	525	11.26	13.53	25.12	0 次
6	浙江药店联盟	2010.9.25	18	21	14	550	710	802	10.63	15.17	12.33	6 次 2000 万
7	北京药店联盟	2010.10.21	21	21	13	733	733	815	13.38	25.62	30.48	2 次 800 万
8	大西北药店联盟	2010.11.21	14	14	20	415	415	538	8.6	9.34	13.29	2 次 2000 万
9	黑龙江药店联盟	2011.2.24		70	50		2008	1538		25.06	21.56	2 次 1800 万
10	四川药店联盟	2011.4.25		40	40		730	1608		30.38	20.76	0 次
11	河南药店联盟	2011.5.21		43	36		750	925		17.25	15.33	6 次 500 万
12	广西药店联盟	2011.7.9		41	37		2520	1915		20.48	21.16	2 次 2500 万
13	广东药店联盟	2011.8.18		28	35		1300	2480		23.35	29.40	5 次 3000 万
14	湖北药店联盟	2011.10.28		33	35		2165	2185		20.00	22.43	12 次 1.2 亿
15	山西药店联盟	2012.04.14			48			827			18.47	3 次 800 万
合计			249	549	483	7178	17705	21402	111.38	282.35	355.57	

数据来源：中国医药物资协会

表 19

2012 年医药流通类上市公司基本指标

序号	公司名称	股票代码	上市地点	主营业务收入（万元）	流通业务占比	流通业务收入（万元）	2012.12.31 市值（亿元）
1	国药控股	HK1099	香港	13578684	96.74%	13136019	472.60
2	上海医药	600849	上海	6807812	85.44%	5816595	298.74
3	九州通	600988	上海	2950766	98.42%	2904144	155.69
4	南京医药	600713	上海	1802422	97.86%	1763850	31.84
5	国药一致	000028	深圳	1801176	90.03%	1621599	101.71
6	华东医药	000963	深圳	1457923	83.12%	1211826	147.58
7	英特集团	000411	深圳	1058995	99.71%	1055924	17.49
8	中国医药	600056	上海	990136	96.41%	954590	62.78
9	国药股份	600511	上海	859163	98.37%	845159	69.76
10	桐君阁	000591	深圳	470828	90.37%	425487	17.27
11	瑞康医药	002589	深圳	462078	100.00%	462078	31.42
12	嘉事堂	002462	深圳	255407	98.86%	252495	19.08
13	海王星辰	HPD	纽约	254986	100.00%	254986	9.95
14	浙江震元	000705	深圳	179649	80.27%	144204	21.55
15	第一医药	600833	上海	135767	94.08%	127730	16.95
合计				33065792	93.98%	30976685	1474.41

数据来源：上市公司年报

三、药品零售业未来走势

（一）国际经济环境及药品零售业发展趋势

世界经济的发展、人口总量的增长和社会老龄化程度的提高，导致药品需求呈上升趋势，全球医药市场近年来持续快速增长。医药市场将继续向新兴医药市场转移。据国际权威医药咨询机构 IMS 统计，2010-2011 年全球药品销售增长速度已超过全球 GDP 增长速度。

图 15　2006-2016 年全球药品市场规模统计

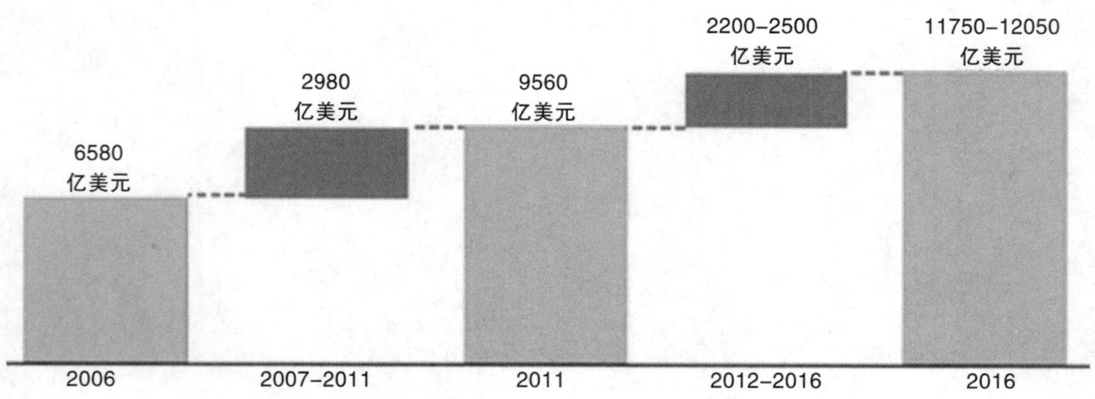

资料来源：IMS health

2006-2016 年受药品专利到期高峰的影响，美国占全球药品市场的份额将由 41% 降至 31%；由于经济增长放缓带来的更加严厉的财政紧缩政策，欧洲 5 国（法德意西英）的市场份额预计将由 19% 降至 13%。2010-2014 年新兴医药市场预计将以 14%-17% 的速度增长，而主要发达医药市场增长率将仅为 3%-6%。

在 2011 年，中国药品支出已经超过法国与德国，成为继美国和日本之后的全球第三大药品市场。IMS health 预计，2016 年中国可能超过日本，跃升为仅次于美国的全球第二大药品市场。

2010 年，新兴市场占全球药品市场的份额已经超过欧洲 5 国。随着基本医疗保障的发展，2016 年预计将达到 30%。日本、加拿大、欧洲其他国家的份额将保持稳定。

成熟市场拥有最健全的医保系统，预计 2016 年人均药品支出将达到 609 美元；新兴市场拥有全球三分之二的人口，2016 年人均药品支出为 91 美元，与成熟市场差距依旧较大。

图 16　2006-2016 年全球药品市场格局

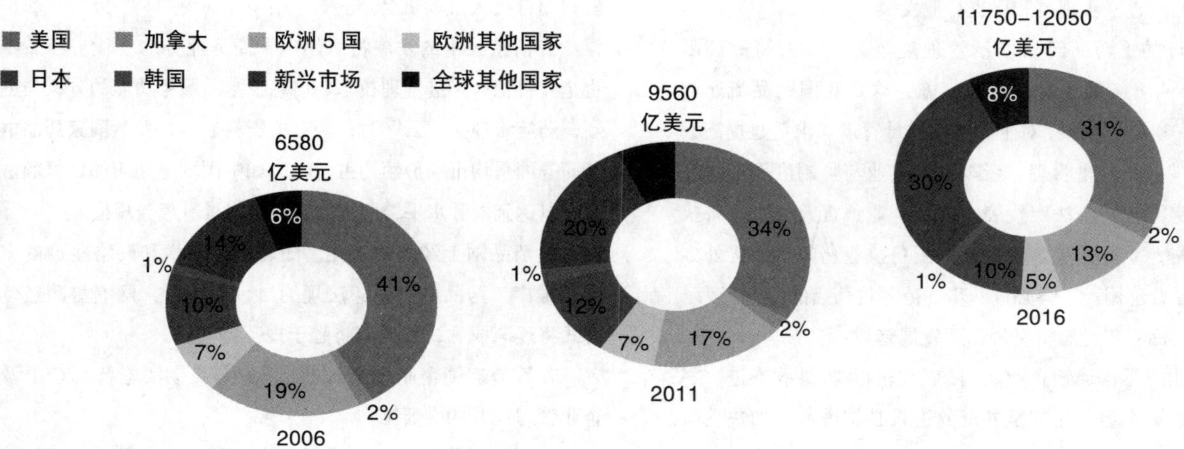

资料来源：IMS health

图 17　2016 年全球人均医药支出预测

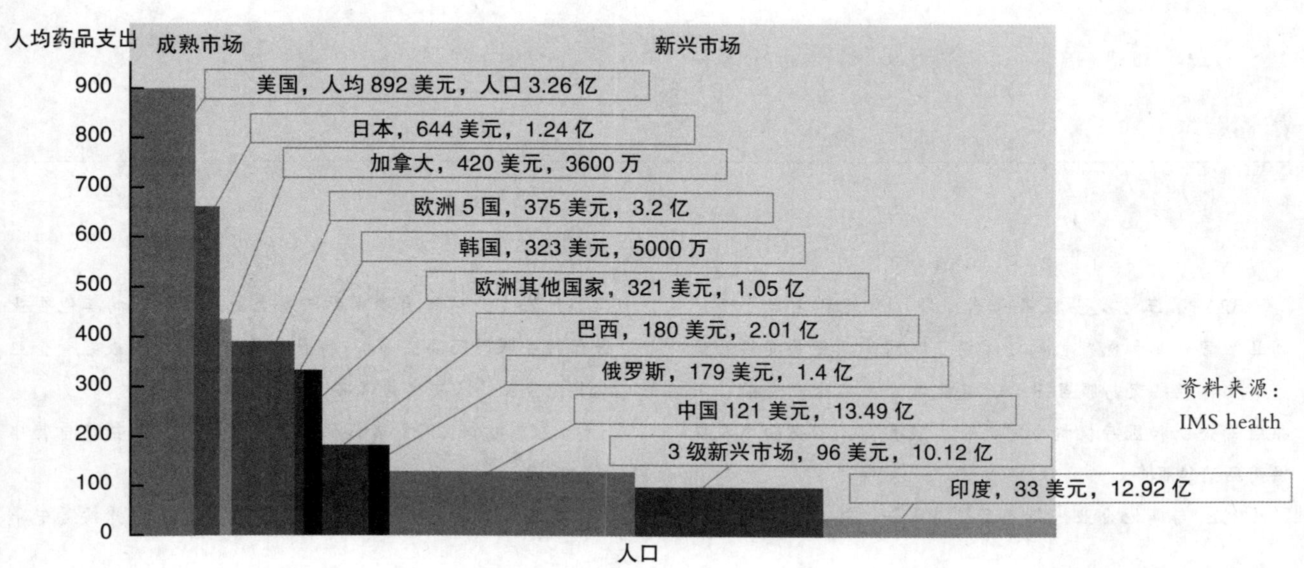

资料来源：IMS health

（二）国内药品市场环境及药品零售业发展趋势

受世界经济复苏进展缓慢的影响，国内宏观经济形势严峻，然而医药刚性需求的特性以及新医改政策带来的积极影响，我国的医药产业总体仍保持平稳较快发展的态势。据预测，中国药品市场规模2013年将突破1.2万亿元。其中，药品零售终端将保持13%–14%的增长。

2013年是我国医药卫生体制改革继续向纵深发展的一年。随着全民医保体系的进一步建立以及基本药物制度、基层运行机制建设和公立医院改革的推进，药品市场需求将出现结构性扩大。同时，按照医改“十二五”规划的要求，药品流通行业改革发展政策将陆续出台，行业主管部门也正在酝酿出台行业管理相关政策和标准。政策和标准的制定与实施，将有利于进一步规范和促进行业发展。

新修订的《药品经营质量管理规范》（以下简称药品GSP）已于今年6月1日起正式实施，这是我国药品流通监管政策的一次较大调整，对企业经营质量管理要求明显提高，对于药品零售的质量管理，新规范将执业药师制度作为硬性要求，规定零售药企法定代表人或者企业负责人应当具备执业药师资格，企业还应当按照规定配备执业药师，负责处方审核，指导合理用药，势必进一步规范零售药店的经营行为；

未来药品零售业态将呈现以下发展趋势：

1. 行业内零售连锁企业之间的重组购并将继续推进。零售连锁企业资本运作尤其是外资的进入必将进一步加快重组的步伐，以上市公司为主体的大型企业集团间的竞争将更加激烈，从而进一步加快零售连锁药店流通网络布局建设，促进零售连锁业态行业结构调整和集中度的提高。

2. 新版药品GSP将提升药品零售连锁现代化管理水平，根据国家食品药品监督管理总局的要求，预计将有符合新版GSP要求的零售连锁企业可通过自身努力通过认证。在这一过程中，许多企业可能面临退市的风险。

3. 药品零售连锁经营成为发展趋势。药品零售连锁企业规模继续扩大，直营门店数量持续增加；国务院《关于城镇医药卫生体制改革的指导意见》中提出要加快药品零售企业的连锁化经营步伐，连锁经营模式必将成为今后零售药店发展的主要模式。零售连锁率将进一步提高，全国性药品零售连锁布局继续向二、三线城市延伸，全国及区域零售连锁企业品牌影响力将进一步加强。

4. 创新药店经营模式。药店将更加重视“专业化、便利化、多元化、健康生活化”的药店经营模式创新，医改需求变化引领药店服务模式创新，使药店市场定位更加准确，如综合门店、社区连锁药房、专业药店、店中店、自动购药机等新模式蕴含极大市场机会。

5. 信息技术的发展将引领电子商务业务的步伐。药品零售企业将积极推进管理技术、信息技术、服务功能的升级与创新，药店将迎接“云”时代。有关资料显示，发达国家药品电子商务的平均市场份额约占30%，如中国网上药店的销售额占比可以达到国际水平，网上药店销售将具有相当规模。

6. 药品网上经营规范化。随着信息技术和网络建设的完善和推广、药品电子商务法规的出台和完善，网上售药经营模式将逐渐成熟，各环节将趋于规范。

7. 零售连锁企业专业人才的培养是贯彻实施新版GSP及企业管理提升的主要工作。

8. 药店联盟将逐渐向规范化连锁药店方向发展。区域性药店联盟迅速兴起，全国性联盟经营创新或采用联购分销、统一配送等方式结成合作联盟，是未来走向规模化、规范化发展的必由之路。

9. 零售连锁企业委托第三方配送模式是未来企业降低成本、提高效率，满足客户需求最优的管理模式。

指标解释

B2A: 第三方交易服务平台（即：为药品生产企业、药品经营企业和医疗机构之间的互联网药品交易提供的服务）；特点：交易服务平台，只能做为药品生产企业、药品经营企业和医疗机构之间的平台服务商，不得向个人提供药品销售服务。

B2B: 与其他企业进行药品交易（即：药品生产企业、药品批发企业通过自身网站与本企业成员之外的其他企业进行的互联网药品交易）；特点：属于自有生产或经营企业向其他企业的批发交易证书。

B2C: 向个人消费者提供药品；特点：只能销售自营非处方药品。

国有企业是指企业全部资产归国家所有，并按《中华人民共和国企业法人登记管理条例》规定登记注册的非公司制的经济组织。不包括有限责任公司中的国有独资公司。

集体企业是指企业资产归集体所有，并按《中华人民共和国企业法人登记管理条例》规定登记注册的经济组织。

股份合作企业是指以合作制为基础，由企业职工共同出资入股，吸收一定比例的社会资产投资组建，实行自主经营，自负盈亏，共同劳动，民主管理，按劳分配与按股分红相结合的一种集体经济组织。

联营企业是指两个及两个以上相同或不同所有制性质的企业法人或事业单位法人，按自愿、平等、互利的原则，共同投资组成的经济组织。

有限责任公司是指根据《中华人民共和国公司登记管理条例》规定登记注册，由两个以上，五十个以下的股东共同出资，每个股东以其所认缴的出资额对公司承担有限责任，公司以其全部资产对其债务承担责任的经济组织。

有限责任公司包括国有独资公司以及其他有限责任公司。

国有独资公司是指国家授权的投资机构或者国家授权的部门单独投资设立的有限责任公司。

其他有限责任公司是指国有独资公司以外的其他有限责任公司。

股份有限公司是指根据《中华人民共和国公司登记管理条例》规定登记注册，其全部注册资本由等额股份构成并通过发行股票筹集资本，股东以其认购的股份对公司承担有限责任，公司以其全部资产对其债务承担责任的经济组织。

私营企业是指由自然人投资设立或由自然人控股，以雇佣劳动为基础的营利性经济组织。包括按照《公司法》、《合伙企业法》、《私营企业暂行条例》规定登记注册的私营有限责任公司、私营股份有限公司、私营合伙企业和私营独资企业。

私营独资企业是指按《私营企业暂行条例》的规定，由一名自然人投资经营，以雇佣劳动为基础，投资者对企业债务承担无限责任的企业。

私营合伙企业是指按《合伙企业法》或《私营企业暂行条例》的规定，由两个以上自然人按照协议共同投资、共同经营、共负盈亏，以雇佣劳动为基础，对债务承担无限责任的企业。

私营有限责任公司是指按《公司法》、《私营企业暂行条例》的规定，由两个以上自然人投资或由单个自然人控股的有限责任公司。

私营股份有限公司是指按《公司法》的规定，由五个以上自然人投资，或由单个自然人控股的股份有限公司。

其他企业是指上述第三条至第九条之外的其他内资经济组织。

合资经营企业（港或澳、台资）是指港澳台地区投资者与内地企业依照《中华人民共和国中外合资经营企业法》及有关法律的规定，按合同规定的比例投资设立、分享利润和分担风险的企业。

合作经营企业（港或澳、台资）是指港澳台地区投资者与内地企业依照《中华人民共和国中外合作经营企业法》及有关法律的规定，依照合作合同的约定进行投资或提供条件设立、分配利润和分担风险的企业。

港、澳、台商独资经营企业是指依照《中华人民共和国外资企业法》及有关法律的规定，在内地由港澳台地区投资者全额投资设立的企业。

港、澳、台商投资股份有限公司是指根据国家有关规定，经外经贸部依法批准设立，其中港、澳、台商的股本占公司注册资本的比例达25%以上的股份有限公司。凡其中港、澳、台商的股本占公司注册资本的比例小于25%的，属于内资企业中的股份有限公司。

其他港、澳、台商投资企业是指在中国境内参照《外国企业或个人在中国境内设立合伙企业管理办法》和《外商投资合伙企业登记管理规定》，依法设立的港、澳、台商投资合伙企业等。

中外合资经营企业是指外国企业或外国人与中国内地企业依照《中华人民共和国中外合资经营企业法》及有关法律的规定，按合同规定的比例投资设立、分享利润和分担风险的企业。

中外合作经营企业是指外国企业或外国人与中国内地企业依照《中华人民共和国中外合作经营企业法》及有关法律的规定，依照合作合同的约定进行投资或提供条件设立、分配利润和分担风险的企业。

外资企业是指依照《中华人民共和国外资企业法》及有关法律的规定，在中国内地由外国投资者全额投资设立的企业。

外商投资股份有限公司是指根据国家有关规定，经外经贸部依法批准设立，其中外资的股本占公司注册资本的比例达25%以上的股份有限公司。凡其中外资股本占公司注册资本的比例小于25%的，属于内资企业中的股份有限公司。

其他外商投资企业是指在中国境内依照《外国企业或个人在中国境内设立合伙企业管理办法》和《外商投资合伙企业登记管理规定》，依法设立的外商投资合伙企业等。

2012 中国单体药店行业发展报告

中国单体药店数量达到 27.7 万家，占全国 42.3 万家药店门店总量的 65.6%。虽然单体药店长期以来缺乏政府和社会的支持，缺乏行业组织的引导，缺乏相关的技能培训，但凭借地利、人和、对症、低价、口碑等方面努力，单体药店形成了较为旺盛的生命力，在药品零售市场格局中独具一帜，在满足群众用药、特别是社区和乡村地区百姓用药方面起到了积极的作用，同时也安排了上百万人口的就业，为医药经济及社会发展作出了应有的贡献。

为促进单体药店行业的良性持续发展，中国医药物资协会特别对单体药店生存与发展现状现行了有效的调查与了解，在此基础上发起成立了单体药店分会，通过行业组织的力量，主导成立区域单体药店联盟的组织，从商品输出、管理培训、学习交流等方面入手，力促单体行业的健康发展，经过一年多时间的努力，取得了一定的成效，受到了商务部的认可。

发布《2012 中国单体药店行业发展报告蓝皮书》，旨在面向社会发布单体药店目前的生存状态、竞争态势、存在问题、未来发展，以及中国医药物资协会在单体药店行业管理中的行业指导和取得的成效。

第一章 中国单体药店发展现状

单体药店是指单个独立经营管理的药店门店，或者由多个药店门店组成的、但没有获得连锁经营资质的药店。

截止 2011 年全国药店总数有 423788 家，其中单体药店就有 277085 家，占据药店总数的 65.6%，这些门店可以解决上百万人的就业问题。

单体药店大多数分布在县镇乡村以及城市的社区，方便了百姓用药，与当地老百姓生活融为一体。特别是一些几十年、几代人传承下来的单体药店，在一定程度上相当于半个医生，虽然店面可能不如连锁，但其特色的健康服务，口口相传的医德，专业的用药指导，缓解了城乡老百姓健康问题，深受当地老百姓的认可。不少这样的单体药店销售额每天上万元。比较突出的如苏州粤海大药房、上海群力草药店等，单店年销售额逾亿元。

第二章 中国单体药店竞争优势

目前，随着新医改政策的出台及配套措施的大力推进，医药行业的总体利润在骤减；政府连续出台各项措施，加上企业质量成本、税务成本、劳动力成本的快速上升，生产企业面临着巨大的挑战。生产企业为了发展，纷纷采取了剔除多余流通环节，减少各环节加价，收购兼并增加销售规模，从原来逐级代理制走向直接与终端联盟体合作。

在新医改的持续推动下，医药市场逐步呈现规范和有序的发展，单体药店既没有工业的赞助又没有政策的支持，那如何在现在医药市场大环境下焕发出新的活力，这对整个医药行业来说，更值得研究和探讨。

一是单体药店占据地利与人和的优势。

单体药店大多分布连锁目前难以覆盖的城乡市场，是连锁的有效互补；而城乡市场也是今后国家推进城镇化发展的主要市场，这对药品消费将会有很大的发展潜力，所以该市场也是目前知名工业扩大市场的必争之地，拥有“地利优势”。

单体药店有一部分是几十年几代人传承下来的，在当地小有名气，能够切实解决一些老百姓病痛问题，获得当地老百姓的有效认可，与当地老百姓生活融为一体，拥有“人和优势”。

二是单体药店具有人员稳定和品类适应性优势。

单体药店老板就是店员，不会离职，能够长期稳定的服务于当地老百姓。特别是一些医学人员、药学人员开办起来的单体药店更是结合了技术和人员稳定的双重优势，更加稳定和有效服务百姓，人员具有很强的稳定性。

单体药店立足当地，能够根据当地老百姓用药习惯，完全配备当地老百姓常用药品。中国区域辽阔，人员众多，各地又形成了不同的品牌药品和习惯用药，如果让一个全国性大连锁去配备这些药品，恐怕需要五万甚至十万个品规，方能解决这一问题。而单体药店可以自行调配当地适用药品。

三是单体药店具有定价灵活性优势。

单体药店能够根据当地消费水平及老百姓的消费能力选择和配备适当价位的药品；特别是一些常用药品，单体药店以低廉的价格供应，让老百姓用得起药，具有定价的灵活性。

四是单体更注重疗效和适度营销。

单体药店立足当地多年，与当地老百姓有一定的信赖关系，相当于做熟人生意；如果过度营销，不重视疗效，将会失去回头客，这将得不偿失；所以单体药店以通常采取适度营销，疗效至上。

五是单体药店量力而行，把握有度，基本上不负债经营；所以货款支付及时，债务往来清晰，没有后遗问题。在资金方面可以自行解决，也没有融资的需求。

单体药店的优越性非常多，它的地利优势、人和优势、人才优势、品类优势、定价优势、营销优势；如果能够顺应政策方向，充分发挥这些优势，将是更好服务于当地老百姓。

第三章 中国单体药店行业存在的问题

一是门店陈旧：大多数单体药店都是几年前甚至十几年前装修的，门店有些陈旧过时，整体面貌不佳，让人感觉到有点零乱，不够规范。

二是服务落后：单体药店虽然在用药指导方面有经验，但是在现代化服务方面，如员工形象不统一、会员服务不系统等方面存在不足；处于传统的服务方式。

三是采购没有优势：单体药店进货量不大，不能走出去采购，大多是等着业务员上门推销；这样一来采购环节过多，层层加价，进货价格自然就高。

四是整体竞争能力弱：单体药店目前在进货价格上、在门店形象上、在会员管理上、在服务意识上都没有统一的标准，没有持续的提升。这与医疗机构及大药店连锁还存在一定差距。

五是单体药店门店数量不多，对门店品牌不太重视；同时由于市场竞争环境客观上对单体药店形成一定的挤压，加上一些单体药店在经营管理上缺乏自律和应有的规范，致使单体药店的行业声誉和顾客口碑都有所减损。

六是个别数单体药店迫于发展压力或片面追求经营利益而忽略了健康药学服务，甚至对药品质量管理不严，对日常工作要求不高，这严重影响了单体药店的良好声誉和行业形象。

第四章 单体药店发展路径选择

在医改不断深入推进及产业并购整合风起云涌的今天，药品零售业应当为百姓健康发挥怎样的积极作用？而占据三分之二数量的单体药店，又该怎样率近百万的员工队伍为医改的推进添砖加瓦？

工欲善其事，必先利其器。要为行业发展和百姓健康提供优质服务，必先修炼自身的本领，壮大自身的实力，如何引导单体药店走向规范化、规模化发展是目前业内共同的课题。如何搭建单体药店交流学习、联采分销、培训服务的平台是发展的关键。

在这个产业转轨的关键时期，中国医药物资协会审时度势，在商务部、国资委的支持下，全力筹建单体药店分会，以行业组织的力量，做政府的帮手，做行业的推手，做企业的抓手，积极推动单体药店规范、有序、健康发展。

中国医药物资协会在对单体药店行业进行调查后认为，解决单体药店行业发展问题除了政府和社会的支持外，更主要的还是单体药店自身的努力，其中包括：

在门店翻新、品类完善、服务提升方面做好努力；在人员素质、经营管理、服务水平上进行提高；在经营规范方面进行提升；通过商品集中采购的方式降低采购成本。

要选择当地有生命力的单体药店，通过联盟或特许加盟的方式联合起来，构建中国药品配送及健康服务网，承接公立医院改革后的药房托管，承担周边老百姓的医疗健康服务。

但要做好上述事情，光凭一家药店、一个企业是很难做到；必须借助更大如行业协会这样的组织力量。

通过努力，是完全能够打造一个崭新的、具有竞争力的、老百姓喜欢的“未来药店”－－从防病到少生病到慢性病方面做好预防和服务，成为老百姓心目当中的“健康服务中心”，从而推动行业的积极健康发展。

第五章 中国医药物资协会单体药店分会的行业指导作用

针对单体药店行业缺乏行业组织有效引导的现状，中国医药物资协会于2012年4月24日在安徽合肥成立了单体药店分会，分会由杨联亮担任会长，翁思春担任副会长。单体药店分会成立后，迅速确立分会使命、组织架构、成立领导班子。以行业组织的力量，对实力较弱且比较分散的单体药店进行整合、引导。分会有志于倡导并致力于做政府帮手，做行业推手，做企业抓手，促进行业集约化、规范化发展。

单体药店分会的使命是“为单体药店争取更多有利的发展机会，引导单体药店走向规范化、规模化发展”。

在规范化方面；单体药店分会引导单体药店从门店翻新、品类完美、商品陈列方面上一个台阶；再帮助单体药店从人员素质、经营管理、服务水平上面进行提高；主要以县级药店联盟为基层组织，完善组织机构，明确各自分工，实行资源共享，快速提升基层药店经营管理能力，逐步打造未来药店，展现出新的单体药店形象。

在规模化方面：单体药店分会逐步成立省、县二级联盟组织，倡导联购分销，逐步鼓励成立县级药店连锁，培育省级药店连锁。主要通过商品集中采购的方式，培训服务的方式，连成一体，形成特许加盟连锁。在采购上面一手抓大众知名商品的联购分销，另一手抓自主品牌品种的构建；在培训服务方面，通过大、中、小型会议，通过传播结盟思路、管理服务技能，加强交往，加深合作，在品牌方面逐步实现统一。

在争取机会方面；单体药店分会让单体药店积极参与探

讨当地有关医疗健康品政策法规变动；享受当地政府相关政策的支持；参与政府、协会组织相关的活动；对政策变动、政府引导、行业信息、政策支持等方面能够及时准确的了解；让单体药店提前做好准备，争取各项支持，少走弯路。

目前，单体药店分会为单体药店构建了较为完善的组织架构和运营体系，主要从开店指导、门店装修、商品完善、商品陈列、促销指导、培训教育、政府研究、加强交流等方面做了全面的分工和安排。组织业内专家，负责政策研究；借助中药盟、金百合联盟资源，整合优质盟友；与专业院校合作，从培训方面，管理方面进行提升。

单体药店分会是在“中药盟”“金百合”两个行业最具影响力的单体药店联盟组织基础上发起成立的行业组织，分会成立后，先后主导推动成立了安徽、湖南、江西、山西、广东等5个省级单体药店联盟的成立，服务的单体药店数量达到6.61万多家，占全国的四分之一。

未来5年内，单体药店分会将在协会的指导下，在全国成立30个单体药店省级联盟组织，成立1000个县级单体药店联盟，推动100个单品销售量过千万元的优质商品；形成疾病分类、专家指导、网络服务和门店服务相结合的运营方式；每年组织1000场的培训活动，不断提升经营管理水平；到2018年，预计单体药店分会会员销售规模将达到500亿。

第六章 中国单体药店未来展望

一是单体药店所处的市场未来发展潜力很大。单体药店大多地处城乡市场，因经济发展受限，医疗保险支持不大，而受到发展的限制。如今，国家加快推进城镇化建设，加大医保农保范围和报销比例，这使城镇农村的老百姓释放出很大的医疗健康需求，对地处城乡市场的单体药店来说，是一个非常大的发展机遇。

二是单体药店是未来医药工业市场拓展的主战场。让名优医疗健康品走进千家万户是利国利民的大事，目前名优医疗健康品在城市市场到处可见，但在城乡市场还是有所欠缺，其原因多种。随着国家鼓励发展城乡市场，扩大城乡医保范围及报销比例，未来城乡市场成了名优医疗健康品发展潜力最大的市场。

另外，城乡市场也是新品上市最为有效的市场，从基层老百姓开始使用，用多了影响也就大了，最后成了知名商品；所以，城乡市场是最容易培育新的品牌。

三是未来单体药店逐步通过联盟联合的方式组成更大的联合体。未来单体药店将借助政府、协会、联盟、媒体的力量，通过联盟联合，逐步形成省、县二级联盟组织，实现资源共享，倡导联购分销，逐步鼓励成立县级药店连锁，培育省级药店连锁；顺应时代发展需要，符合国家十二五连锁化发展的规划。

但是，单体药店的连锁应该与传统的连锁有所区别，因为单体药店有的是几代人传承下来的，相当于祖业，如果让他们所有权归属连锁总部非常困难；所以，要用特许加盟的方式进行组合；即能考虑到单体药店的祖业又能符合未来的发展方向。

单体药店是中国医药行业不可分割的重要部分，是新医改持续、深入、全面推进的一个重要环节，是关乎百姓安全用药与生命健康的重要保障之一。单体药店安置了近百万的人员就业，缓解了社会就业压力，在社会发展、经济建设和行业成长过程中发挥了作用，贡献了力量。

单体药店是一个富有生命力的群体，随着国家加快城镇化建设的步伐，加快农保的范围和报销比例，城乡的单体药店获得了空前的发展机遇。如果单体药店能够解决门店翻新、品类完善、服务规范方面的问题，凭着单体药店地利与人和的优势，人员稳定与品类适应的优势，一定能够为中国医药市场的有序发展，为中国老龄化社会的健康服务发挥出积极的作用。

2012年度药品流通行业数据统计

目　次

第一部分 药品流通行业规模情况

2010-2012年药品流通行业销售统计表

年份	销售额（亿元）	复合增长率（%）
2010	7084	18.75
2011	9426	19.45
2012	11174	19.31

2012年行业总销售统计表

序号	地区	销售总额（万元）	药品类销售占比（%）	中成药类销售占比(%)	中药材类销售占比（%）
	全国总计	111744317	70.5	16.8	4.5
1	上海市	10316175	75.1	11.7	4.7
2	北京市	10076064	67.7	13.4	9.3
3	广东省	8505600	61.9	25.1	6.2
4	江苏省	8357920	76.0	14.4	2.3
5	安徽省	8200000	56.9	22.6	9.7
6	浙江省	7988601	77.9	14.3	3.5
7	山东省	6481892	80.2	15.1	1.6
8	重庆市	5330108	54.3	23.3	9.5
9	天津市	4550000	49.9	28.9	0.7
10	河南省	4124802	78.7	12.4	4.1
11	湖北省	4120000	57.2	32.7	1.6
12	云南省	3692620	77.5	10.7	2.6
13	河北省	3665928	71.8	17.3	4.4
14	四川省	3455764	79.1	10.4	4.6
15	湖南省	3178321	69.3	15.1	5.5
16	辽宁省	2523327	79.6	16.5	1.1
17	山西省	2201800	77.6	16.1	2.1
18	福建省	2125730	85.0	7.6	3.4
19	陕西省	1883678	69.6	17.7	3.1

序号	地区	销售总额（万元）	药品类销售占比（%）	中成药类销售占比（%）	中药材类销售占比（%）
20	黑龙江省	1838156	84.9	4.2	0.8
21	江西省	1806239	68.5	22.7	1.5
22	广西壮族自治区	1544994	61.1	15.5	1.0
23	吉林省	1266271	88.0	8.4	0.6
24	新疆维吾尔自治区	1003500	80.6	15.8	0.2
25	海南省	880833	90.1	5.5	0.4
26	甘肃省	861639	71.2	11.6	11.2
27	贵州省	732186	72.1	17.6	0.8
28	内蒙古自治区	558866	82.6	9.4	1.6
29	西藏自治区	209429	100.0	–	–
30	宁夏回族自治区	194088	72.9	20.6	1.1
31	青海省	69786	55.4	35.3	3.0

2012年药品类销售统计表

序号	地区	药品类销售总额（万元）	区域销售比重（%）
	全国总计	78739202	100.00
1	上海市	7744300	9.84
2	北京市	6816881	8.66
3	江苏省	6349683	8.06
4	浙江省	6226390	7.91
5	广东省	5264379	6.69
6	山东省	5196784	6.60
7	安徽省	4663265	5.92
8	河南省	3244502	4.12
9	重庆市	2894183	3.68
10	云南省	2862000	3.63
11	四川省	2732633	3.47
12	河北省	2630931	3.34
13	湖北省	2354994	2.99
14	天津市	2268707	2.88
15	湖南省	2204147	2.80
16	辽宁省	2008707	2.55
17	福建省	1806216	2.29
18	山西省	1707588	2.17
19	黑龙江省	1561210	1.98
20	陕西省	1310917	1.66
21	江西省	1237665	1.57
22	吉林省	1113782	1.41
23	广西壮族自治区	944392	1.20
24	新疆维吾尔自治区	808770	1.03
25	海南省	793306	1.01
26	甘肃省	613850	0.78
27	贵州省	527636	0.67
28	内蒙古自治区	461795	0.59
29	西藏自治区	209429	0.27
30	宁夏回族自治区	141496	0.18
31	青海省	38663	0.05

2012年中成药类销售统计表

序号	地区	中成药类销售总额（万元）	区域销售比重（%）
	全国总计	18806136	100.00
1	广东省	2135784	11.36
2	安徽省	1850794	9.84
3	北京市	1348874	7.17
4	湖北省	1347086	7.16
5	天津市	1313295	6.98
6	重庆市	1240348	6.60
7	上海市	1208741	6.43
8	江苏省	1199856	6.38
9	浙江省	1146014	6.09
10	山东省	981920	5.22
11	河北省	635052	3.38
12	河南省	510125	2.71
13	湖南省	480893	2.56
14	辽宁省	417502	2.22
15	江西省	410145	2.18
16	云南省	395267	2.10
17	四川省	357762	1.90
18	山西省	355225	1.89
19	陕西省	334046	1.78
20	广西壮族自治区	239762	1.27
21	福建省	161891	0.86
22	新疆维吾尔自治区	158659	0.84
23	贵州省	128852	0.69
24	吉林省	105835	0.56
25	甘肃省	99757	0.53
26	黑龙江省	77399	0.41
27	内蒙古自治区	52391	0.28
28	海南省	48202	0.26
29	宁夏回族自治区	40041	0.21
30	青海省	24620	0.13
31	西藏自治区	0	0.00

2012年中药材类销售统计表

序号	地区	中药材类销售总额（万元）	区域销售比重（%）
	全国总计	5080965	100.00
1	北京市	934912	18.40
2	安徽省	796612	15.68
3	广东省	531282	10.46
4	重庆市	505449	9.95
5	上海市	481401	9.47
6	浙江省	281455	5.54
7	江苏省	196350	3.86
8	湖南省	173632	3.42
9	河南省	169123	3.33
10	河北省	161417	3.18
11	四川省	160439	3.16
12	山东省	102997	2.03
13	云南省	97034	1.91
14	甘肃省	96888	1.91
15	福建省	72774	1.43
16	湖北省	65578	1.29
17	陕西省	57708	1.14
18	山西省	46810	0.92
19	天津市	29934	0.59
20	江西省	27658	0.54
21	辽宁省	27549	0.54
22	黑龙江省	15571	0.31
23	广西壮族自治区	15434	0.30
24	内蒙古自治区	8927	0.18
25	吉林省	7884	0.16
26	贵州省	6220	0.12
27	海南省	3583	0.07
28	新疆维吾尔自治区	2147	0.04
29	宁夏回族自治区	2128	0.04
30	青海省	2069	0.04
31	西藏自治区	0	0.00

2012 年医疗器械类销售统计表

序号	地区	医疗器械类销售总额（万元）	区域销售比重（%）
	全国总计	3745618	100.00
1	安徽省	741154	19.79
2	北京市	418560	11.17
3	广西壮族自治区	293741	7.84
4	广东省	244653	6.53
5	浙江省	191511	5.11
6	江苏省	173695	4.64
7	上海市	170750	4.56
8	河北省	164811	4.40
9	黑龙江省	159731	4.26
10	河南省	149119	3.98
11	湖南省	138712	3.70
12	山东省	124463	3.32
13	四川省	121718	3.25
14	陕西省	101067	2.70
15	湖北省	100438	2.68
16	云南省	71847	1.92
17	重庆市	52091	1.39
18	山西省	50459	1.35
19	天津市	48291	1.29
20	福建省	28849	0.77
21	辽宁省	28388	0.76
22	新疆维吾尔自治区	27974	0.75
23	海南省	26190	0.70
24	吉林省	24172	0.65
25	江西省	22513	0.60
26	甘肃省	21099	0.56
27	贵州省	20714	0.55
28	内蒙古自治区	17089	0.46
29	宁夏回族自治区	8645	0.23
30	青海省	3176	0.08
31	西藏自治区	0	0.00

2012年批发企业主营业务收入前100位排序

序号	企业名称	主营业务收入（万元）
1	中国医药集团总公司	14966103
2	华润医药商业集团有限公司	6382658
3	上海医药集团股份有限公司	6167565
4	九州通医药集团有限公司	2940884
5	广州医药有限公司	2094074
6	重庆医药（集团）股份有限公司	1878934
7	南京医药股份有限公司	1802400
8	华东医药股份有限公司	1453414
9	四川科伦医药贸易有限公司	1303746
10	浙江英特药业有限责任公司	1056979
11	中国医药保健品股份有限公司	947813
12	天津天士力医药营销集团有限公司	940357
13	云南省医药有限公司	835600
14	中国北京同仁堂（集团）有限责任公司	692900
15	山东海王银河医药有限公司	670142
16	上海永裕医药有限公司	668923
17	哈药集团医药有限公司	611452
18	天津医药集团太平医药有限公司	492252
19	重庆桐君阁股份有限公司	468050
20	鹭燕（福建）药业股份有限公司	467955
21	山东瑞康医药股份有限公司	462079
22	同济堂医药有限公司	454526
23	石药集团河北中诚医药有限公司	408537
24	天津中新药业集团股份有限公司医药公司	408143
25	浙江省医药工业有限公司	400861
26	四川省医药集团有限责任公司	387953
27	东北制药集团供销有限公司	372758
28	广东省东莞国药集团有限公司	370088
29	广西柳州医药股份有限公司	355635
30	江苏省医药公司	300123
31	云南东骏药业有限公司	300119
32	陕西医药控股集团派昂医药有限责任公司	287837
33	江西汇仁集团医药科研营销有限公司	278079

序号	企业名称	主营业务收入（万元）
34	陕西华远医药集团有限公司	273157
35	江西南华医药有限公司	271497
36	常州药业股份有限公司	260272
37	广州中山医医药有限公司	245228
38	哈药集团三精医药商贸有限公司	242866
39	山东瑞中医药有限公司	228781
40	河北东盛英华医药有限公司	219555
41	湖南博瑞新特药有限公司	211949
42	汕头市创美药业有限公司	209657
43	上海外高桥医药分销中心有限公司	207449
44	安徽省医药（集团）股份有限公司	206704
45	罗欣医药集团有限公司	204785
46	山东宏济堂医药集团有限公司	197689
47	江苏先声药业有限公司	197108
48	山东省医药集团有限公司	195853
49	嘉事堂药业股份有限公司	195302
50	重庆长圣医药有限公司	187197
51	辽宁省医药对外贸易公司	182669
52	浙江震元股份有限公司	179650
53	北京美康永正医药有限公司	176090
54	河南省医药有限公司	167796
55	河南省康信医药有限公司	161162
56	重庆科渝药品经营有限责任公司	157280
57	浙江嘉信医药股份有限公司	155997
58	南京华东医药有限责任公司	155849
59	上海康健进出口有限公司	155389
60	连云港康缘医药商业有限公司	151531
61	修正药业集团营销有限公司	148762
62	浙江珍诚医药在线股份有限公司	147964
63	中国永裕新兴医药有限公司	136226
64	回音必集团有限公司	136121
65	合肥康丽药业有限责任公司	134312
66	青岛百洋医药科技有限公司	132599
67	杭州凯仑医药股份有限公司	132234

序号	企业名称	主营业务收入（万元）
68	海尔施生物医药股份有限公司	128227
69	广东广弘医药有限公司	128044
70	上海市医药保健品进出口公司	126702
71	苏州恒祥进出口有限公司	126678
72	云南医药工业股份有限公司	126562
73	兰州西城药业有限责任公司	125037
74	陕西华信医药有限公司	123149
75	山东康诺盛世医药有限公司	120003
76	福建省华侨实业集团有限责任公司	118732
77	江苏省润天生化医药有限公司	118377
78	山东康惠医药有限公司	118015
79	上海虹桥药业有限公司	117518
80	南通市医药经销有限公司	116738
81	常熟建发医药有限公司	114163
82	湖北百惠医药有限公司	113837
83	昆明制药集团医药商业有限公司	113378
84	浙江华通医药股份有限公司	111986
85	山东新华医药贸易有限公司	110374
86	云南同丰医药有限公司	110237
87	宁波市鄞州医药药材有限公司	109429
88	山西亚宝医药经销有限公司	108853
89	江苏恩华和润医药有限公司	103937
90	深圳中联广深医药（集团）股份有限公司	100850
91	成都市蓉锦医药贸易有限公司	100361
92	兰州强生医药有限责任公司	99648
93	福建中鹭医药有限公司	94022
94	四川本草堂药业有限公司	92363
95	上海复星药业有限公司	92127
96	海南天祥药业有限公司	90194
97	山西康美徕医药有限公司	88082
98	上海申威医药有限公司	86272
99	青岛天合医药集团股份有限公司	82940
100	云南省久泰药业有限公司	82538
合计		61594992

2012 年零售企业销售总额前 100 位排序

序号	企业名称	销售总额（万元）
1	国药控股国大药房有限公司	476049
2	中国北京同仁堂（集团）有限责任公司	438312
3	重庆桐君阁大药房连锁有限公司	436248
4	中国海王星辰连锁药店有限公司	397000
5	广东大参林连锁药店有限公司	390870
6	重庆和平药房连锁有限责任公司	356000
7	云南鸿翔一心堂药业（集团）股份有限公司	325176
8	湖北同济堂药房有限公司	302038
9	辽宁成大方圆医药连锁有限公司	282419
10	浙江震元股份有限公司	227198
11	上海华氏大药房有限公司	202562
12	益丰大药房连锁股份有限公司	173909
13	四川康贝大药房连锁有限公司	173011
14	云南东骏药业有限公司	168000
15	成都百信药业连锁有限责任公司	164961
16	西安藻露堂药业集团有限责任公司	139952
17	云南健之佳健康连锁店股份有限公司	136000
18	甘肃众友健康医药股份有限公司	121600
19	南京国药医药有限公司	102277
20	哈尔滨人民同泰医药连锁店	91827
21	江苏大众医药连锁有限公司	91051
22	深圳中联大药房控股有限公司	88800
23	上海第一医药股份有限公司	88247
24	昆明福林堂药业有限公司	85550
25	北京金象大药房医药连锁有限责任公司	83791
26	济南漱玉平民大药房有限公司	79431
27	安徽丰原大药房连锁有限公司	70274
28	吉林大药房药业股份有限公司	64828
29	杭州九洲大药房连锁有限公司	62323
30	北京医保全新大药房有限责任公司	56228
31	广州健民医药连锁有限公司	53161
32	河南张仲景大药房股份有限公司	52000
33	先声再康江苏药业有限公司	49600

序号	企业名称	销售总额（万元）
34	贵州一树连锁药业有限公司	46683
35	重庆华博健康药房连锁有限公司	45200
36	江西黄庆仁栈华氏大药房	44571
37	山东燕喜堂医药连锁有限公司	43163
38	上海复美益星大药房连锁公司	39686
39	云南白药大药房有限公司	38236
40	广州采芝林药业连锁店	35171
41	襄阳天济大药房连锁有限责任公司	35156
42	常州市恒泰医药连锁有限公司	35008
43	山西益源大药房连锁有限责任公司	31745
44	青海省新绿洲医药连锁有限公司	31675
45	石家庄新兴药房连锁有限公司	31053
46	江西萍乡市昌盛大药房连锁有限公司	30906
47	石家庄乐仁堂医药连锁有限责任公司	30035
48	海南广安堂药品超市连锁经营有限公司	28962
49	吉林省益和大药房有限公司	28796
50	山东立健医药城连锁有限公司	28126
51	西安怡康医药连锁有限责任公司	27652
52	中山市中智大药房连锁有限公司	27533
53	上海余天成药业连锁有限公司	27011
54	江西昌盛医药有限公司	26660
55	廊坊市一笑堂医药零售连锁有限公司	26503
56	赤峰荣济堂大药房连锁有限公司	26232
57	广东国药医药连锁企业有限公司	25903
58	上海雷允上药品连锁经营有限公司	25728
59	上海养和堂药业连锁经营有限公司	24936
60	重庆市万和药房连锁有限责任公司	24443
61	广西康全药业连锁有限公司	24083
62	陕西众信医药超市有限公司	23405
63	上海汇丰大药房有限公司	23207
64	上海童涵春堂药业连锁经营有限公司	22728
65	河北神威大药房连锁有限公司	22435
66	宜兴市天健医药连锁有限公司	22370
67	赤峰人川大药房连锁有限公司	21740

序号	企业名称	销售总额（万元）
68	山东利民大药房连锁有限公司	21226
69	武汉普安医院有限公司	21000
70	四川杏林医药连锁有限责任公司	20929
71	山西荣华大药房连锁有限公司	20543
72	宁波四明大药房有限责任公司	20461
73	四川天诚大药房连锁有限责任公司	20281
74	温州同仁医药连锁有限公司	20000
75	新疆康泰东方医药连锁有限公司	20000
76	北京永安复星医药股份有限公司	19073
77	福建惠好四海医药连锁有限责任公司	18702
78	无锡山禾集团健康参药连锁有限公司	18172
79	怀化怀仁大药房连锁有限公司	17794
80	甘肃德生堂大药房连锁经营有限公司	17627
81	黑龙江泰华医药集团有限公司	17435
82	哈尔滨宝丰医药连锁有限公司	17073
83	北京嘉事堂连锁药店有限责任公司	16559
84	浙江华通医药连锁有限公司	16549
85	贵州芝林大药房零售连锁有限公司	16378
86	浙江瑞人堂医药连锁有限公司	16342
87	昆山双鹤同德堂连锁大药房有限责任公司	16320
88	赤峰雷蒙大药房连锁有限公司	16175
89	上海药房连锁有限公司	16012
90	杭州华东大药房连锁有限公司	15946
91	江西开心人大药房连锁有限公司	15712
92	上海医药嘉定大药房连锁有限公司	15304
93	北京京卫元华医药科技有限公司	15262
94	武汉马应龙大药房连锁有限公司	15057
95	武汉东明药房连锁有限公司	15005
96	苏州市粤海大药房有限公司	14618
97	济宁新华鲁抗大药房有限公司	13977
98	葫芦岛市医药有限责任公司	13819
99	宁波彩虹大药房有限公司	13781
100	上海一德大药房连锁经营有限公司	13510
合计		7624076

2009-2011 年药品流通行业企业数量统计表

年份	批发企业数量（家）	零售连锁企业数量（家）	零售单体药店（家）
2009	13000	2149	253000
2010	13500	2310	262000
2011	13900	2607	277100

2012 年区域药品流通企业数量统计表

区域	企业数量		
	企业总数（家）	其中：批发企业数（家）	其中：零售企业数（家）
北京市	5676	297	5379
天津市	2789	130	2659
河北省	13802	708	13094
内蒙古自治区	10688	179	10509
辽宁省	16170	350	15820
吉林省	15215	428	14787
黑龙江省	7879	497	7382
上海市	3526	128	3398
浙江省	17284	308	16976
安徽省	13195	606	12589
福建省	9199	474	8725
江西省	421	221	200
山东省	31652	741	30911
河南省	17814	323	17491
湖北省	15097	642	14455
湖南省	3722	398	3671
广西壮族自治区	7652	423	7229
重庆市	12959	489	12470
四川省	43171	1121	42050
贵州省	248	190	58
陕西省	12409	797	11612
甘肃省	6702	368	6334
新疆维吾尔自治区	7809	257	7552
合计	275079	10075	265351

2012年区域药品流通企业从业人员统计表

区域	从业人员		
	从业人员总数（人）	其中：批发从业人员数（人）	其中：零售从业人员数（人）
北京市	9435	3744	5691
天津市	22942	7571	15371
河北省	76628	14999	61629
内蒙古自治区	–	–	–
辽宁省	230900	52100	178800
吉林省	37588	15408	22180
黑龙江省	70584	18910	51674
上海市	24281	14919	9362
浙江省	154345	66070	88275
安徽省	100000	40000	60000
福建省	–	–	–
江西省	3500	2000	1500
山东省	129169	30079	99090
河南省	93621	30552	63069
湖北省	164125	94500	69625
湖南省	83592	26556	57036
广西壮族自治区	62340	16920	45420
重庆市	–	–	–
四川省	151558	7820	143738
贵州省	81000	26500	54500
陕西省	257620	101506	156114
甘肃省	49906	8406	41500
新疆维吾尔自治区	66300	32300	34000
合计	1869434	610860	1258574

2012 年区域零售企业门店及医保定点门店统计表

区域	企业数		门店数				医保定点门店数（家）	医保门店占比（%）
	零售企业总数（家）	其中：连锁企业数（家）	门店总数（家）	门店同比增长（%）	其中：单体门店数（家）	其中：连锁门店数（家）		
北京市	5379	28	5351	0.47	4392	959	98	1.83
天津市	2659	30	3360	1.54	2629	731	259	7.71
河北省	13094	644	11936	99.67	10165	1771	4452	37.30
内蒙古自治区	10509	22	10487	11.47	9000	1487	2851	27.19
辽宁省	15820	164	15820	1.69	10410	5410	1320	8.34
吉林省	14787	35	14752	5.40	12856	1896	3421	23.19
黑龙江省	7382	140	11664	–23.58	7242	4422	5118	43.88
上海市	3398	41	3398	2.29	530	2868	490	14.42
浙江省	16976	218	16976	4.58	9791	7185	–	–
安徽省	12589	67	13993	5.77	12522	1471	6000	42.88
福建省	8725	69	8656	1.55	7106	1550	2485	28.71
江西省	200	200	8127	0.25	7090	1037	2805	34.51
山东省	30911	396	30515	4.43	21328	9187	–	–
河南省	17491	169	17491	8.28	10600	6891	4923	28.15
湖北省	14455	86	10566	0.00	6763	3803	8076	76.43
湖南省	3671	51	17924	92.69	14603	3321	5166	28.82
广西壮族自治区	7229	167	15140	17.93	7062	8078	2045	13.51
重庆市	12470	42	11767	2.00	1018	10749	656	5.57
四川省	42050	302	41748	0.07	6030	35718	–	–
贵州省	58	58	10658	0.01	6218	4440	3066	28.77
陕西省	11612	116	8352	11.87	5635	2717	5866	70.23
甘肃省	6334	37	5995	–22.11	4540	1455	1928	32.16
新疆维吾尔自治区	7552	1748	7552	–	5804	1748	–	–
合计	**265351**	**4830**	**302228**	**9.74**	**183334**	**118894**	**61025**	**20.19**

2012年典型药品零售企业门店及医保定点门店统计表

序号	企业名称	门店			营业面积（平方米）
		总数（家）	其中：直营店数量（家）	医保定点门店数（家）	
1	重庆桐君阁大药房连锁有限公司	7898	7898	2458	571750
2	湖北同济堂药房有限公司	4762	0	4762	357150
3	重庆和平药房连锁有限责任公司	2520	1700	1310	399926
4	国药控股国大药房有限公司	2034	1693	954	277109
5	云南鸿翔一心堂药业（集团）股份有限公司	1872	1872	1218	261516
6	云南东骏药业有限公司	1814	395	917	462570
7	成都百信药业连锁有限责任公司	1452	92	586	88125
8	重庆桐君阁股份有限公司	1256	1256	1098	119320
9	四川太极大药房连锁有限公司	1240	113	594	63707
10	云南健之佳健康连锁店股份有限公司	895	895	430	180000
11	辽宁成大方圆医药连锁有限公司	848	680	717	143324
12	哈尔滨宝丰医药连锁有限公司	565	565	57	4940
13	深圳市南北药行连锁有限公司	485	73	35	31525
14	上海复美益星大药房连锁公司	476	73	47	39718
15	中国北京同仁堂（集团）有限责任公司	435	435	236	215069
16	绵阳天源堂医药连锁有限公司	434	4	66	17850
17	南京医药股份有限公司	394	242	175	34023
18	北京同仁堂商业投资集团有限公司	375	375	206	174473
19	哈尔滨人民同泰医药连锁店	354	354	333	75130
20	哈药集团医药有限公司	338	338	330	75130
21	赤峰荣济堂大药房连锁有限公司	320	320	218	44520
22	北京金象大药房医药连锁有限责任公司	316	124	4	9560
23	吉林大药房药业股份有限公司	304	304	202	44089
24	山东立健医药城连锁有限公司	302	302	125	41298
25	吉林省益和大药房有限公司	287	287	190	44800
26	山东燕喜堂医药连锁有限公司	281	281	231	31254
27	湖南千金金沙大药房连锁有限责任公司	276	90	276	22100
28	山东省医药集团有限公司	256	195	182	19086
29	济南漱玉平民大药房有限公司	249	249	87	24905
30	河南张仲景大药房股份有限公司	230	230	210	23000

序号	企业名称	门店			营业面积（平方米）
		总数（家）	其中：直营店数量（家）	医保定点门店数（家）	
31	西安怡康医药连锁有限责任公司	229	229	214	34350
32	东北制药集团供销有限公司	210	138	200	32000
33	江西萍乡市昌盛大药房连锁有限公司	200	162	60	25004
34	中山市中智大药房连锁有限公司	198	198	64	22457
35	上海国大药房连锁有限公司	184	93	37	22841
36	山西亨通医药批发有限公司	178	16	119	11290
37	四川天寿药业有限公司	173	6	48	7266
38	日照真诚大药房有限公司	164	126	122	8390
39	襄阳天济大药房连锁有限责任公司	163	163	158	20000
40	甘肃德生堂大药房连锁经营有限公司	163	163	145	37462
41	云南白药大药房有限公司	139	139	123	23479
42	山西益源大药房连锁有限责任公司	128	128	46	13173
43	江苏大众医药连锁有限公司	126	126	81	13400
44	北京嘉事堂连锁药店有限责任公司	121	121	6	19694
45	赤峰人川大药房连锁有限公司	116	116	114	9775
46	湖北中联大药房连锁有限公司	115	115	82	13689
47	石家庄新兴药房连锁有限公司	112	112	71	15607
48	宁夏国大药房连锁有限公司	110	110	93	17879
49	金华市九德堂医药连锁有限公司	108	9	12	8573
50	张家口市华佗药房连锁有限公司	106	106	100	9500
51	广西柳州桂中大药房连锁有限责任公司	105	105	45	14679
52	广西柳州医药股份有限公司	105	105	45	14679
53	云南恩红（集团）有限公司	104	60	22	12320
54	山西荣华大药房连锁有限公司	101	101	53	16503
55	浙江华通医药连锁有限公司	100	89	55	9358
56	浙江华通医药股份有限公司	100	89	55	9358
57	廊坊市一笑堂医药零售连锁有限公司	97	97	55	3033
58	福建惠好四海医药连锁有限责任公司	97	0	66	13599
59	昆明福林堂药业有限公司	97	97	68	11520
60	济宁新华鲁抗大药房有限公司	95	78	81	8101
61	德州颐寿医药连锁有限公司	93	3	80	4860
62	武汉东明药房连锁有限公司	92	10	80	10010

序号	企业名称	门店			营业面积（平方米）
		总数（家）	其中：直营店数量（家）	医保定点门店数（家）	
63	泸州圣杰药业有限公司	87	68	79	8974
64	贵州一树连锁药业有限公司	85	85	73	22810
65	云南龙马药业有限公司	85	85	74	12087
66	武汉马应龙大药房连锁有限公司	83	83	54	13440
67	河北神威大药房连锁有限公司	81	81	68	13687
68	山西长城药品零售连锁有限公司	81	81	42	5110
69	广西一致药店连锁有限公司	81	74	40	8598
70	山西仁和大药房连锁有限公司	79	72	60	17215
71	菏泽牡丹大药房连锁有限公司	79	79	67	54700
72	浙江瑞人堂医药连锁有限公司	77	77	5	9025
73	北京同仁堂连锁药店有限责任公司	72	72	11	19599
74	郑州仟禧堂医药有限责任公司	69	26	47	7025
75	黑龙江泰华医药连锁销售有限公司	67	0	0	5000
76	黑龙江泰华医药集团有限公司	67	0	33	5000
77	山东利民大药店连锁有限公司	66	66	66	9475
78	内蒙古成大方圆医药连锁有限公司	65	65	58	9007
79	常德市九芝堂医药有限公司	65	41	51	9281
80	上海余天成药业连锁有限公司	64	64	19	7987
81	宁波市正源大药房有限公司	63	30	19	2800
82	长治市昂生大药房零售连锁有限公司	62	15	14	6300
83	章丘健民医药有限公司	61	61	23	4000
84	山东益寿堂药业有限公司	61	61	46	5300
85	陕西众信医药超市有限公司	60	60	42	9200
86	浙江华联医药连锁有限公司	59	59	50	5680
87	云南昊邦医药销售有限公司	59	59	45	7200
88	杭州萧山医药有限公司	57	46	5	4559
89	怀化怀仁大药房连锁有限公司	53	53	53	6780
90	青岛祥泰药庄连锁有限公司	50	50	42	3256
91	甘肃河西三州武威医药连锁有限责任公司	50	10	18	4200
92	启东市医药药材有限公司	49	49	9	2800
93	北京同仁堂健康药品经营有限公司	48	48	26	30311
94	上海汇丰大药房有限公司	48	48	11	5860

序号	企业名称	门店			营业面积（平方米）
		总数（家）	其中：直营店数量（家）	医保定点门店数（家）	
95	上海雷允上北区药业股份有限公司	48	36	11	3800
96	北京德威治医药连锁有限责任公司	47	39	1	10000
97	贵州芝林大药房零售连锁有限公司	47	47	47	2585
98	石家庄乐仁堂医药连锁有限责任公司	45	0	36	9869
99	上海南汇华泰药店连锁总店	45	45	17	4500
100	四川雅安安康盛中药材有限责任公司	45	4	9	3580
101	宁波彩虹大药房有限公司	42	42	32	9640
102	安徽丰原大药房连锁有限公司	42	42	20	6379
103	甘肃同济药业有限责任公司	42	39	38	80000
104	上海云湖医药连锁经营有限公司	40	40	14	2894
105	临安市医药药材有限公司	40	21	6	2460
106	开封市百氏康医药连锁有限公司	40	40	34	6434
107	德阳市德园堂零售连锁药业有限公司	39	37	38	2340
108	北京医保全新大药房连锁有限公司	38	27	2	5483
109	恩施市元昌医药有限责任公司	38	5	3	3040
110	海南广安堂药品超市连锁经营有限公司	38	38	0	3000
111	上海得一大药房有限公司	37	37	10	3800
112	上海童涵春堂药业连锁经营有限公司	37	31	11	8760
113	长春永新迪瑞药业有限公司	36	36	36	7200
114	上海联华复星药房连锁经营有限公司	36	36	3	2454
115	贵州华氏大药房延安连锁有限公司	36	36	34	3371
116	上虞市医药有限责任公司	35	35	20	6456
117	吉林省合兴健康药房连锁有限责任公司	33	30	8	2180
118	上海药房连锁有限公司	33	33	5	3051
119	北京京卫元华医药科技有限公司	31	31	0	15000
120	北京医保中洋大药房有限公司	30	30	0	5078
121	福州回春医药连锁有限公司	30	30	23	4130
122	北京永安复星医药股份有限公司	29	29	5	5524
123	安徽省天长市千秋医药有限责任公司	29	16	16	3000
124	北京永安堂医药连锁有限责任公司	28	28	3	5064
125	吉林省中东医药有限公司	28	28	24	5085
126	江苏仁济医药连锁有限公司	28	28	25	2005

序号	企业名称	门店			营业面积（平方米）
		总数（家）	其中：直营店数量（家）	医保定点门店数（家）	
127	广州健民医药连锁有限公司	28	28	21	5074
128	山西临汾竹林大药房连锁有限公司	27	27	24	2939
129	江西开心人大药房连锁有限公司	26	26	26	5287
130	上海雷允上西区药品零售有限公司	25	25	6	2867
131	嵊州市易心堂大药房有限公司	25	25	13	4724
132	东营益生堂药业连锁有限公司	24	24	24	700
133	陕西医药控股集团派昂医药有限责任公司	24	24	17	2360
134	河北圣诺新特药连锁有限公司	23	23	19	1855
135	成都九鼎药房连锁有限责任公司	21	21	21	4098
136	老百姓大药房连锁（山东）有限公司	20	20	12	8195
137	东辽县医药药材有限责任公司	19	19	19	3000
138	江西汇仁集团医药科研营销有限公司	18	18	17	4190
139	北京市京隆堂医药有限公司	17	17	0	3996
140	广西南宁朝阳大药房连锁有限责任公司	17	17	10	4571
141	葫芦岛市医药有限责任公司	16	16	16	3561
142	广西玉林市至真药业连锁有限责任公司	16	16	16	505
143	四川遂宁市全泰堂药业有限公司	16	16	16	3210
144	阿拉善盟医药有限责任公司	15	15	15	1100
145	华润天津医药有限公司	11	0	7	876
146	上海金石大药房有限公司	11	11	2	2346
147	晋中市天诚药房有限责任公司	10	10	10	1900
148	南京市银达医药有限公司	10	10	2	693
149	义乌市众生医药有限公司	10	10	3	753
150	浙江英特药业有限责任公司	10	0	1	1275
151	贵州大明医药实业有限责任公司（毕节）	10	8	8	400

注：仅提取门店总数10家以上企业。

第二部分 药品流通行业销售结构情况

2010-2012年药品流通行业品类结构统计表

年份	药品类销售占比（%）	中成药类销售占比（%）	中药材类销售占比（%）
2010	78.0	13.8	3.3
2011	76.2	15.2	2.9
2012	70.5	16.8	4.5

2012年全国30个省市区类值合计购销存统计表

单位：千元

地区	总购进	总销售	其中：纯销售	期末库存
全国总计	1287166790	1117443167	613949173	126549542
北京市	102222675	100760640	60724921	21896124
天津市	44039970	45500000	19292951	3864630
河北省	33376240	36659283	20855190	3280485
山西省	20262877	22018000	12521504	2523978
内蒙古区	5107668	5588660	3865376	694865
辽宁省	24192770	25233266	15699944	2289403
吉林省	11794011	12662713	6002333	1525181
黑龙江省	15406709	18381557	10415190	2431060
上海市	94238043	103161746	47180660	14692804
江苏省	74968519	83579201	50758616	5814571
浙江省	76136809	79886012	52064298	5943362
安徽省	87294873	82000000	29276128	6355841
福建省	20241703	21257297	14998047	1635768
江西省	17852110	18062388	9913180	1524009
山东省	83606975	64818924	37817868	8700894
河南省	42015861	41248025	24303870	5654987
湖北省	45946079	41200000	27399490	5534182
湖南省	226479350	31783210	18159355	6401762
广东省	72182264	85056000	44721814	10344881

地区	总购进	总销售	其中：纯销售	期末库存
广西区	14553001	15449935	13228164	1115954
海南省	8393421	8808328	2750028	1117421
重庆市	52405861	53301083	22557279	1851994
四川省	32976148	34557639	16910429	3880345
贵州省	7063475	7321858	4937158	763499
云南省	34058549	36926201	22135905	3204966
陕西省	18456419	18836784	10403842	1193743
甘肃省	8544936	8616393	4477680	483492
青海省	706939	697857	378949	56534
宁夏区	1828211	1940875	1837280	166912
新疆区	9354244	10035000	8361725	1597741
西藏区	1460081	2094292	0	8155

2012年全国30个省市区药品类购销存统计表

单位：千元

地区	总购进	总销售	其中：纯销售	期末库存
全国总计	916051905	787392025	440675846	79755200
北京市	67327180	68168814	39872057	13047983
天津市	22062997	22687071	13675158	1872085
河北省	24197396	26309315	14990852	2184846
山西省	15516845	17075882	9216111	1820904
内蒙古区	4112258	4617954	3242226	517660
辽宁省	19353657	20087072	12481950	1451153
吉林省	10122973	11137819	5332238	1369700
黑龙江省	13270749	15612102	7867138	2067213
上海市	72293888	77442996	33030282	8587685
江苏省	55508114	63496826	39440387	3998188
浙江省	59412478	62263898	40522351	4108903
安徽省	48229662	46632655	17478780	2333566
福建省	17256013	18062159	12712653	1230757
江西省	12249834	12376653	7225330	949000
山东省	72181982	51967845	30321041	7552148
河南省	34508482	32445018	18317827	4093232
湖北省	25734663	23549940	20891060	2605104
湖南省	167384642	22041473	12160277	3304711
广东省	44274440	52643790	28083103	5680065
广西区	8970299	9443922	8095402	765220
海南省	7762769	7933063	2355286	1030544
重庆市	26704947	28941825	10788482	1063405
四川省	27347797	27326325	12389357	2541033
贵州省	5075663	5276363	3821532	584240
云南省	25830999	28620005	17499262	2484040
陕西省	12353197	13109168	7400166	731445
甘肃省	6225606	6138502	3223008	367204
青海省	383309	386625	205609	35225
宁夏区	1351302	1414960	1350157	118313
新疆区	7587684	8087695	6686766	1251472
西藏区	1460081	2094292	0	8155

2012年全国30个省市区医疗器械类购销存统计表

单位：千元

地区	总购进	总销售	其中：纯销售	期末库存
全国总计	35595990	37456176	22207785	4927274
北京市	3222886	4185602	1434250	1430473
天津市	443542	482905	386651	51120
河北省	1295462	1648112	1132617	143801
山西省	504225	504595	417835	88880
内蒙古区	172971	170885	111158	29123
辽宁省	249386	283876	206623	42628
吉林省	173130	241718	204563	23219
黑龙江省	1198810	1597315	1427901	118488
上海市	1827833	1707495	759091	337284
江苏省	1369655	1736948	923519	146990
浙江省	1604220	1915106	874128	108210
安徽省	7943889	7411537	2696794	577867
福建省	258514	288494	252202	34615
江西省	198133	225129	146430	44598
山东省	979869	1244626	797241	136702
河南省	1741639	1491188	1048375	148941
湖北省	1819185	1004382	959876	207250
湖南省	1636760	1387119	887028	588539
广东省	2023431	2446535	1788613	288654
广西区	2700211	2937406	2911283	25253
海南省	150599	261901	75955	50967
重庆市	491336	520914	383283	34788
四川省	1063461	1217184	462853	85509
贵州省	186592	207137	133220	26249
云南省	582767	718467	405486	62358
陕西省	1186846	1010665	868121	32139
甘肃省	186196	210989	154024	16221
青海省	37256	31764	20731	2709
宁夏区	71215	86447	85870	9159
新疆区	275971	279735	252066	34538
西藏区	0	0	0	0

2012年全国30个省市区化学试剂类购销存统计表

单位：千元

地区	总购进	总销售	其中：纯销售	期末库存
全国总计	13483488	13908148	4053009	1866118
北京市	146193	146444	139567	431650
天津市	7927304	8313896	627341	725781
河北省	113608	109401	77494	36647
山西省	11763	13458	8531	8211
内蒙古区	10394	5497	5474	4846
辽宁省	322	422	-4	112
吉林省	183449	109151	6054	2750
黑龙江省	66489	70689	70455	1917
上海市	917049	992492	651748	95023
江苏省	721711	671176	501604	25844
浙江省	700504	847873	803961	215352
安徽省	0	0	0	0
福建省	79238	83109	77885	602
江西省	459044	445816	144972	55409
山东省	15166	11973	9551	1989
河南省	202357	135632	52883	14025
湖北省	65466	66269	22269	4874
湖南省	517810	439752	255971	156441
广东省	41783	62036	61045	6681
广西区	53459	68521	68218	5179
海南省	36	25	25	11
重庆市	15851	12575	7040	698
四川省	24301	22887	7057	2219
贵州省	417715	407458	145507	7620
云南省	445324	464313	13840	40300
陕西省	287605	287148	189241	18777
甘肃省	44507	60103	45308	2186
青海省	693	214	152	0
宁夏区	285	306	306	0
新疆区	14064	59514	59514	976
西藏区	0	0	0	0

2012年全国30个省市区玻璃仪器类购销存统计表

单位：千元

地区	总购进	总销售	其中：纯销售	期末库存
全国总计	1136353	1061017	684412	456630
北京市	9481	10211	4244	270264
天津市	16692	17448	17448	1630
河北省	54282	63987	39239	14075
山西省	7641	9193	6657	2145
内蒙古区	7162	2496	2496	4427
辽宁省	0	0	0	171
吉林省	10606	6859	1867	1179
黑龙江省	17248	17000	16769	1646
上海市	89615	96680	81691	14095
江苏省	37814	38606	24218	2037
浙江省	17503	20080	8160	2326
安徽省	0	0	0	0
福建省	34	4140	4140	8
江西省	739	935	935	236
山东省	6126	10468	6805	1855
河南省	120785	121127	42968	2652
湖北省	10934	8025	5781	1176
湖南省	496881	426044	245857	127526
广东省	1642	6124	5635	354
广西区	7830	8209	8209	2262
海南省	58	38	38	20
重庆市	738	603	311	157
四川省	2840	3548	2314	1581
贵州省	5821	7631	5610	693
云南省	4822	6474	2672	562
陕西省	180293	118082	113878	2726
甘肃省	28286	56710	36286	827
青海省	483	300	181	0
宁夏区	0	0	0	0
新疆区	0	0	0	0
西藏区	0	0	0	0

2012 年全国 30 个省市区中药材类购销存统计表

单位：千元

地区	总购进	总销售	其中：纯销售	期末库存
全国总计	70580534	50809651	23876258	9271643
北京市	9378684	9349119	3164852	3131237
天津市	252286	299338	261962	210814
河北省	1444287	1614167	647582	181423
山西省	441053	468103	299045	70753
内蒙古区	176234	89271	73524	61290
辽宁省	249942	275490	226770	34379
吉林省	62224	78838	70712	15739
黑龙江省	117502	155709	142223	30185
上海市	4246828	4814011	2769127	1610336
江苏省	1748691	1963502	1114048	242387
浙江省	2503015	2814550	2041478	344165
安徽省	8837936	7966123	2024562	883943
福建省	626086	727740	506411	86260
江西省	218699	276579	226973	35156
山东省	855396	1029973	590858	114726
河南省	1057715	1691234	1225371	244250
湖北省	619009	655779	242572	29286
湖南省	24532275	1736323	1076779	431107
广东省	4223105	5312818	1980315	536873
广西区	375021	154343	120490	29439
海南省	37366	35825	26745	8053
重庆市	4352529	5054493	2660485	187840
四川省	1014986	1604389	1362849	567007
贵州省	54224	62203	55718	9940
云南省	859324	970338	363128	84219
陕西省	471858	577080	267940	54911
甘肃省	917047	968877	283965	28925
青海省	17831	20693	14096	2168
宁夏区	13456	21277	21276	2808
新疆区	875926	21466	14403	2024
西藏区	0	0	0	0

2012年全国30个省市区中成药类购销存统计表

单位：千元

地区	总购进	总销售	其中：纯销售	期末库存
全国总计	189979022	188061360	101555967	22829159
北京市	13079541	13488739	11874423	1725713
天津市	12783277	13132945	4017614	940636
河北省	5759728	6350520	3536283	640904
山西省	3355664	3552247	2300943	451557
内蒙古区	473041	523910	330982	52462
辽宁省	3917604	4175017	2441577	504055
吉林省	1202977	1058350	375351	108801
黑龙江省	636593	773991	746484	170000
上海市	10279052	12087407	7346719	3183222
江苏省	11854969	11998555	8052142	896714
浙江省	11572069	11460137	7381618	1109944
安徽省	20792985	18507936	6712031	2467071
福建省	1575903	1618910	1135979	198092
江西省	4088423	4101454	1891178	350135
山东省	9001880	9819196	5695269	809564
河南省	4170428	5101249	3415972	841309
湖北省	14447471	13470863	4113321	2155525
湖南省	6156184	4808930	2943703	1558775
广东省	19773925	21357838	10082934	2371346
广西区	1994561	2397619	1777818	213908
海南省	6156184	482021	243522	1558775
重庆市	18207780	12403483	6712391	449742
四川省	2946039	3577622	2023861	409413
贵州省	1215585	1288522	737668	121501
云南省	4536074	3952669	1919284	343067
陕西省	3589069	3340464	1324763	325851
甘肃省	967261	997568	578447	51034
青海省	256560	246201	131996	13180
宁夏区	379958	400407	362718	34352
新疆区	600599	1586589	1348976	308730
西藏区	0	0	0	0

2012 年全国 30 个省市区其他类购销存统计表

单位：千元

地区	总购进	总销售	其中：纯销售	期末库存
全国总计	60339494	38754790	20895896	7443517
北京市	9058711	5411711	4235528	1858804
天津市	553873	566398	306777	62564
河北省	511477	563781	431124	78789
山西省	425686	394521	272382	81527
内蒙古区	155609	178648	99517	25055
辽宁省	421859	411389	343028	256905
吉林省	38653	29978	11547	3792
黑龙江省	99320	154752	144220	41613
上海市	4583778	6020665	2542002	865159
江苏省	3727565	3673589	702698	502409
浙江省	327022	564367	432603	54461
安徽省	1490402	1481749	363962	93394
福建省	445915	472745	308777	85433
江西省	637238	635822	277362	89475
山东省	566555	734844	397102	83909
河南省	214453	262577	200474	310579
湖北省	3249349	2444742	1164610	530966
湖南省	25754798	943570	589740	234664
广东省	1843939	3226859	2720169	1460909
广西区	451621	439916	246745	74693
海南省	78770	95455	48457	5271
重庆市	2632680	6367190	2005286	115365
四川省	576723	805683	662139	273584
贵州省	107875	72544	37903	13256
云南省	1799240	2193935	1932233	190420
陕西省	387551	394177	239733	27894
甘肃省	176032	183644	156642	17095
青海省	10807	12060	6184	3252
宁夏区	11995	17478	16953	2280
新疆区	0	0	0	0
西藏区	0	0	0	0

2012年全国30个省市区七大类分类批发合计金额统计表

单位：千元

地区	类值合计	药品类	医疗器械类	化学试剂类	玻璃仪器类	中药材类	中成药类	其他类
全国总计	503493994	346716179	15248391	9855140	376605	26933393	86505392	17858895
北京市	40035719	28296757	2751351	6877	5967	6184267	1614316	1176183
天津市	26207049	9011913	96254	7686555	0	37375	9115331	259621
河北省	15804093	11318463	515495	31907	24748	966585	2814238	132657
山西省	9496496	7859771	86760	4927	2536	169059	1251304	122139
内蒙古区	1723284	1375728	59727	23	0	15746	192928	79130
辽宁省	9533322	7605121	77253	426	0	48720	1733440	68361
吉林省	6660380	5805581	37155	103097	4992	8126	682999	18431
黑龙江省	7966367	7744964	169414	233	230	13486	27507	10532
上海市	55981086	44412714	948404	340744	14989	2044884	4740688	3478663
江苏省	32820585	24056438	813428	169572	14388	849454	3946413	2970891
浙江省	27821714	21741547	1040978	43912	11920	773073	4078518	131765
安徽省	52723872	29153875	4714744	0	0	5941561	11795905	1117787
福建省	6259251	5349506	36292	5225	0	221329	482931	163968
江西省	8149208	5151323	78699	300844	0	49606	2210276	358460
山东省	27001056	21646803	447385	2422	3663	439114	4123927	337742
河南省	16944155	14127191	442813	82749	78158	465864	1685277	62103
湖北省	13800510	2658880	44506	44000	2243	413207	9357542	1280132
湖南省	13623855	9881196	500091	183781	180187	659544	1865227	353830
广东省	40334186	24560687	657922	991	489	3332503	11274904	506690
广西区	2221772	1348520	26123	303	0	33853	619801	193172
海南省	6058300	5577777	185946	0	0	9080	238499	46998
重庆市	30743804	18153343	137631	5535	292	2394007	5691092	4361904
四川省	17647210	14936969	754331	15830	1234	241541	1553762	143544
贵州省	2384700	1454831	73917	261951	2021	6485	550854	34641
云南省	14790296	11120743	312981	450473	3802	607210	2033385	261702
陕西省	8432942	5709002	142544	97907	4204	309140	2015701	154444
甘肃省	4138713	2915494	56965	14794	20423	684912	419121	27003
青海省	318908	181016	11033	62	119	6597	114205	5876
宁夏区	103595	64803	577	0	0	1	37689	525
新疆区	1673275	1400930	27669	0	0	7063	237613	0
西藏区	2094292	2094292	0	0	0	0	0	0

2012年全国30个省市区七大类分类对居民和社会集团商品零售额统计表

单位：千元

地区	类值合计	药品类	医疗器械类	化学试剂类	玻璃仪器类	中药材类	中成药类	其他类
全国总计	613949177	440675846	22207785	4053013	684412	23876258	101555967	20895896
北京市	60724921	39872057	1434250	139567	4244	3164852	11874423	4235528
天津市	19292951	13675158	386651	627341	17448	261962	4017614	306777
河北省	20855190	14990852	1132617	77494	39239	647582	3536283	431124
山西省	12521504	9216111	417835	8531	6657	299045	2300943	272382
内蒙古区	3865376	3242226	111158	5474	2496	73524	330982	99517
辽宁省	15699948	12481950	206623	0	0	226770	2441577	343028
吉林省	6002333	5332238	204563	6054	1867	70712	375351	11547
黑龙江省	10415190	7867138	1427901	70455	16769	142223	746484	144220
上海市	47180660	33030282	759091	651748	81691	2769127	7346719	2542002
江苏省	50758616	39440387	923519	501604	24218	1114048	8052142	702698
浙江省	52064298	40522351	874128	803961	8160	2041478	7381618	432603
安徽省	29276128	17478780	2696794	0	0	2024562	6712031	363962
福建省	14998047	12712653	252202	77885	4140	506411	1135979	308777
江西省	9913180	7225330	146430	144972	935	226973	1891178	277362
山东省	37817868	30321041	797241	9551	6805	590858	5695269	397102
河南省	24303870	18317827	1048375	52883	42968	1225371	3415972	200474
湖北省	27399490	20891060	959876	22269	5781	242572	4113321	1164610
湖南省	18159355	12160277	887028	255971	245857	1076779	2943703	589740
广东省	44721814	28083103	1788613	61045	5635	1980315	10082934	2720169
广西区	13228164	8095402	2911283	68218	8209	120490	1777818	246745
海南省	2750028	2355286	75955	25	38	26745	243522	48457
重庆市	22557279	10788482	383283	7040	311	2660485	6712391	2005286
四川省	16910429	12389357	462853	7057	2314	1362849	2023861	662139
贵州省	4937158	3821532	133220	145507	5610	55718	737668	37903
云南省	22135905	17499262	405486	13840	2672	363128	1919284	1932233
陕西省	10403842	7400166	868121	189241	113878	267940	1324763	239733
甘肃省	4477680	3223008	154024	45308	36286	283965	578447	156642
青海省	378949	205609	20731	152	181	14096	131996	6184
宁夏区	1837280	1350157	85870	306	0	21276	362718	16953
新疆区	8361725	6686766	252066	59514	0	14403	1348976	0
西藏区	0	0	0	0	0	0	0	0

2012年典型药品零售企业销售结构

序号	企业名称	销售总额（千元）	其中：医院处方销售额（千元）	其中：非处方药销售额（千元）	其中：非药品销售额（千元）
1	国药控股国大药房有限公司	4760491	1750907	1577150	1429100
2	中国北京同仁堂（集团）有限责任公司	4383117	1033576	1911765	900012
3	重庆桐君阁大药房连锁有限公司	4362475	201304	3135571	1025600
4	中国医药集团总公司	4221247	1544363	1391103	1260517
5	东北制药集团供销有限公司	3239865	1295946	1943919	388784
6	云南鸿翔一心堂药业（集团）股份有限公司	3039382	1154760	1331099	553522
7	湖北同济堂药房有限公司	3020380	0	2911969	108410
8	辽宁成大方圆医药连锁有限公司	2824190	593080	677805	480112
9	北京同仁堂商业投资集团有限公司	2747219	934054	1648331	164834
10	重庆和平药房连锁有限责任公司	2506391	779262	1395298	354701
11	成都百信药业连锁有限责任公司	1649606	466088	1036248	147270
12	云南健之佳健康连锁店股份有限公司	1164008	0	375516	202322
13	哈药集团医药有限公司	1107030	156248	492260	350430
14	重庆桐君阁股份有限公司	1044605	27385	883343	81105
15	北京同仁堂健康药品经营有限公司	975328	97098	217522	660709
16	哈尔滨人民同泰医药连锁店	918271	156248	0	49226
17	南京医药股份有限公司	786992	276527	172647	337818
18	北京金象大药房医药连锁有限责任公司	755970	95076	0	287002
19	四川太极大药房连锁有限公司	681540	9394	0	88193
20	吉林大药房药业股份有限公司	656469	331345	224637	100487
21	云南东骏药业有限公司	596936	47022	455581	94333
22	济南漱玉平民大药房有限公司	589508	80923	224618	207413
23	北京同仁堂连锁药店有限责任公司	579923	52193	481336	46394
24	上海复美益星大药房连锁公司	556382	10299	118787	393172
25	河南张仲景大药房股份有限公司	550000	1000	540000	9000
26	张家口市华佗药房连锁有限公司	450000	112500	202500	135000
27	贵州一树连锁药业有限公司	443543	88708	261691	93144
28	甘肃德生堂大药房连锁经营有限公司	436254	13088	117789	125205
29	山东燕喜堂医药连锁有限公司	431527	1660	245307	86320
30	云南白药大药房有限公司	382356	0	0	115989
31	上海国大药房连锁有限公司	337706	75335	153532	108840

序号	企业名称	销售总额（千元）	其中：医院处方销售额（千元）	其中：非处方药销售额（千元）	其中：非药品销售额（千元）
32	北京同仁堂商业投资集团有限公司同仁堂药店	324850	212	22840	25897
33	山西益源大药房连锁有限责任公司	317452	104759	0	111109
34	石家庄新兴药房连锁有限公司	310529	49056	206924	54549
35	江西萍乡市昌盛大药房连锁有限公司	309060	170300	90800	47960
36	湖南千金金沙大药房连锁有限责任公司	308668	6173	293578	14580
37	广西柳州桂中大药房连锁有限责任公司	306997	60652	65419	80926
38	广西柳州医药股份有限公司	306997	60652	65419	80926
39	石家庄乐仁堂医药连锁有限责任公司	300360	47089	200842	52368
40	江苏大众医药连锁有限公司	297869	0	0	40375
41	吉林省益和大药房有限公司	287900	200700	87200	0
42	山东立健医药城连锁有限公司	281256	22356	189256	69644
43	西安怡康医药连锁有限责任公司	276520	0	270200	6298
44	中山市中智大药房连锁有限公司	275326	4607	0	49952
45	上海余天成药业连锁有限公司	270113	24387	142777	102949
46	廊坊市一笑堂医药零售连锁有限公司	265032	12521	84130	135630
47	赤峰荣济堂大药房连锁有限公司	262321	70826	107552	83943
48	襄阳天济大药房连锁有限责任公司	260912	32144	120541	60010
49	广州健民医药连锁有限公司	260859	22	40738	123505
50	安徽丰原大药房连锁有限公司	237323	113915	71197	52211
51	上海童涵春堂药业连锁经营有限公司	237169	960	0	20386
52	陕西众信医药超市有限公司	234047	80991	102238	61855
53	上海汇丰大药房有限公司	232067	0	178571	47825
54	河北神威大药房连锁有限公司	224352	105900	72100	46352
55	赤峰人川大药房连锁有限公司	217400	18348	64785	60829
56	怀化怀仁大药房连锁有限公司	207335	12440	174260	20635
57	山西荣华大药房连锁有限公司	205431	12488	160234	32709
58	北京同仁堂崇文门药店有限责任公司	203360	2020	10190	23052
59	黑龙江泰华医药连锁销售有限公司	200348	60104	110191	30053
60	哈尔滨宝丰医药连锁有限公司	199108	0	0	22132
61	黑龙江泰华医药集团有限公司	191944	19194	115167	57583
62	福建惠好四海医药连锁有限责任公司	187021	69151	75143	42727
63	宁夏国大药房连锁有限公司	180449	56120	44932	79397

序号	企业名称	销售总额（千元）	其中：医院处方销售额（千元）	其中：非处方药销售额（千元）	其中：非药品销售额（千元）
64	海南广安堂药品超市连锁经营有限公司	179544	0	0	153456
65	山东省医药集团有限公司	171952	38141	123795	19287
66	北京医保全新大药房连锁有限公司	171141	68456	77014	25671
67	北京永安复星医药股份有限公司	166283	9695	111158	45430
68	北京嘉事堂连锁药店有限责任公司	165589	10113	77074	42826
69	浙江华通医药连锁有限公司	165490	53890	78750	32850
70	济宁新华鲁抗大药房有限公司	165001	11200	133940	31060
71	贵州芝林大药房零售连锁有限公司	163776	83526	31117	49133
72	浙江瑞人堂医药连锁有限公司	163424	103536	27727	16572
73	上海药房连锁有限公司	160118	29402	34796	95920
74	江西开心人大药房连锁有限公司	157124	15712	94274	47138
75	北京京卫元华医药科技有限公司	152616	111811	20659	34141
76	武汉东明药房连锁有限公司	151432	1515	104487	45430
77	武汉马应龙大药房连锁有限公司	150572	38378	38954	73240
78	云南恩红（集团）有限公司	145238	1263	1265	631
79	云南双鹤医药有限公司	139341	8	123254	16079
80	浙江华联医药连锁有限公司	138509	17676	41245	20666
81	葫芦岛市医药有限责任公司	138195	0	0	113
82	宁波彩虹大药房有限公司	137812	62027	61966	13819
83	上海雷允上南翔医药有限公司	135095	212	8655	934
84	泸州圣杰药业有限公司	132367	2374	125936	3275
85	福州回春医药连锁有限公司	128953	65007	52857	21587
86	上海南汇华泰药店连锁总店	126452	221	89752	13633
87	北京德威治医药连锁有限责任公司	126103	19924	46506	20050
89	山东利民大药店连锁有限公司	112497	14096	44052	13702
89	广西一致药店连锁有限公司	112302	2246	42675	22460
90	上海得一大药房有限公司	111629	10046	70581	17104
91	常德市九芝堂医药有限公司	110719	27679	55359	22143
92	甘肃同济药业有限责任公司	109500	27375	71175	10950
93	山西长城药品零售连锁有限公司	107315	9430	65785	32100
94	包头市神农医药保健品有限责任公司	102214	42556	52896	7286
95	上海雷允上北区药业股份有限公司	101130	16242	57585	27303

序号	企业名称	销售总额（千元）	其中：医院处方销售额（千元）	其中：非处方药销售额（千元）	其中：非药品销售额（千元）
96	上海雷允上西区药品零售有限公司	94763	2310	41142	43006
97	青岛祥泰药庄连锁有限公司	92766	51949	21336	19481
98	北京永安堂医药连锁有限责任公司	92565	8836	0	15330
99	老百姓大药房连锁（山东）有限公司	91083	11880	0	32358
100	上海云湖医药连锁经营有限公司	82841	252	0	31654
101	华润天津医药有限公司	80040	73637	3301	3102
102	北京同仁堂南三环中路药店有限公司	78513	192	8100	15690
103	山西临汾竹林大药房连锁有限公司	76918	9040	33093	30802
104	日照真诚大药房有限公司	75451	32967	33172	9312
105	金华市九德堂医药连锁有限公司	71760	10	49677	22073
106	陕西省汉中市药材总公司	71558	0	0	50492
107	吉林省吉林市医药有限责任公司	70384	24135	35995	10254
108	山西亨通医药批发有限公司	69712	23621	33879	12212
109	云南昊邦医药销售有限公司	68500	7535	30140	30825
110	德州颐寿医药连锁有限公司	66802	1227	55009	10566
111	上海联华复星药房连锁经营有限公司	65405	149	22780	30358
112	陕西医药控股集团派昂医药有限责任公司	63462	14559	39598	9304
113	长春永新迪瑞药业有限公司	62001	0	40000	22000
114	河南省康信医药有限公司	60911	60905	6	0
115	郑州仟禧堂医药有限责任公司	60830	24321	48362	5963
116	吉林省中东医药有限公司	60804	9043	0	9956
117	嵊州市易心堂大药房有限公司	59427	6518	16640	36269
118	广西南宁朝阳大药房连锁有限责任公司	58049	4616	28010	22011
119	四川天寿药业有限公司	55663	1113	49931	4619
120	山东益寿堂药业有限公司	54783	1300	49283	4200
121	云南龙马药业有限公司	54748	219	34491	6966
122	安徽省天长市千秋医药有限责任公司	54301	13429	35771	5101
123	北京市京隆堂医药有限公司	52618	6	34201	14000
124	山西仁和大药房连锁有限公司	52272	23522	20908	7841
125	福建中鹭医药有限公司	52142	38156	13986	0
126	贵州华氏大药房延安连锁有限公司	50105	8993	21282	19830
127	开封市百氏康医药连锁有限公司	48799	24970	13054	10775

序号	企业名称	销售总额（千元）	其中：医院处方销售额（千元）	其中：非处方药销售额（千元）	其中：非药品销售额（千元）
128	菏泽牡丹大药房连锁有限公司	47654	4758	7618	4590
129	东辽县医药药材有限责任公司	45600	13794	25335	6471
130	上虞市医药有限责任公司	44614	12492	0	0
131	深圳市南北药行连锁有限公司	43200	5830	35495	1875
132	湖北孝感中药材有限公司	40150	8850	2810	4015
133	成都九鼎药房连锁有限责任公司	36968	12926	13540	10502
134	四川遂宁市全泰堂药业有限公司	36926	0	24025	10741
135	长治市昂生大药房零售连锁有限公司	36601	5490	26450	4661
136	昆明福林堂药业有限公司	36277	0	5163	7537
137	宁波市正源大药房有限公司	36056	11177	14062	10817
138	松原市神光医药有限公司	35227	0	28560	6662
139	东营益生堂药业连锁有限公司	33957	0	0	9342
140	河北圣诺新特药连锁有限公司	33377	10016	19423	3938
141	温州华东惠仁医药有限公司	33316	25120	0	8196
142	北京怡然堂药店	33305	13988	1077	8923
143	吉林省合兴健康药房连锁有限责任公司	32421	4669	10893	16859
144	上海金石大药房有限公司	27835	48	4313	3861
145	绵阳天源堂医药连锁有限公司	26040	105	15620	4415
146	江西汇仁集团医药科研营销有限公司	25266	3789	17432	4045
147	启东市医药药材有限公司	24275	7184	15368	1700
148	恩施市元昌医药有限责任公司	24149	145	23826	178
149	北京安康百利医药有限公司	23573	23406	166	1
150	北京市金安健医药经销中心	23395	49	0	95
151	上海上生生物制品经营有限公司	23330	23330	0	0
152	国药控股吉林有限公司	22285	21839	446	0
153	江苏仁济医药连锁有限公司	21871	12	5548	10092
154	四川雅安安康盛中药材有限责任公司	20605	3915	12899	3791
155	浙江省诸暨市人民药店医药连锁公司	20524	5200	14239	1085
156	南京市银达医药有限公司	20179	2031	0	2678
157	湖北中联大药房连锁有限公司	20000	4016	6024	9960
158	北京昌药医药连锁经营有限公司	18936	0	5680	13200
159	北京医保中洋大药房有限公司	18860	2260	10562	6038

序号	企业名称	销售总额（千元）	其中：医院处方销售额（千元）	其中：非处方药销售额（千元）	其中：非药品销售额（千元）
160	广西玉林市至真药业连锁有限责任公司	18595	50	16735	1810
161	晋中市天诚药房有限责任公司	18525	8715	6635	3042
162	甘肃河西三州武威医药连锁有限责任公司	17690	885	11000	5805
163	章丘健民医药有限公司	17636	8	13155	4055
164	北京市兴盛源医药药材有限责任公司	17081	0	11081	5000
165	文水县晋强神威大药房	17063	6713	10130	400
166	吉林省吉深医药实业有限公司	16500	1500	8000	500
167	北京市济安堂药店	15447	4480	7878	3089
168	东营市医药公司	14432	1529	11873	2557
169	乐清市医药公司	13411	0	0	840
170	德阳市德园堂零售连锁药业有限公司	13360	4408	5344	3608
171	回音必集团有限公司	12895	5157	3868	2579
172	国药集团山西有限公司	12523	17431	450	6174
173	浙江英特药业有限责任公司	12250	4550	6501	1199
174	四川康贝大药房连锁有限公司	11824	0	11707	0
175	晋中市新都药业有限公司	11752	6813	2496	2443
176	义乌市众生医药有限公司	10358	754	5727	3567
177	临安市医药药材有限公司	9333	5	4198	1860
178	阿拉善盟医药有限责任公司	9315	2328	6055	932
179	杭州萧山医药有限公司	7913	396	6726	791
180	石药集团河北中诚医药有限公司	7903	2529	3794	1579
181	呼和浩特市新城区中山药店	7862	2501	5361	398
182	厦门中鹭医药有限公司	7612	7612	0	0
183	云南省保山市医药有限责任公司	7607	1788	4984	835
184	贵州大明医药实业有限责任公司（毕节）	7200	3000	5000	2000
185	内蒙古成大方圆医药连锁有限公司	6700	0	0	1272
186	云南博泰药业有限公司	6473	971	3880	1622
187	北京市东方清辰医药商厦	6422	1290	4232	900
188	天福堂大药房	5220	1566	2610	1044
189	健康新概念大药房	4965	302	3803	860
190	吉林亚泰万联医药有限公司	4862	0	3890	0
191	宁波市镇海医药药材有限责任公司	4388	29	4207	153

序号	企业名称	销售总额（千元）	其中：医院处方销售额（千元）	其中：非处方药销售额（千元）	其中：非药品销售额（千元）
192	祁县阳光医药有限公司	3494	976	2213	305
193	海南奥尔康医药有限公司	3421	1360	2030	31
194	咸阳市医药总公司	3410	1430	1880	100
195	山西振东医药有限公司	2856	858	1428	570
196	北京宝树堂药品经营有限公司	1841	0	1574	0
197	昭通市雄风药业有限公司	1765	698	754	235
198	北京牡丹苑金象大药房	1621	22	1124	475
199	内蒙古凯蒙药品经销有限责任公司	1500	680	725	95
200	北京恒创佳益医药有限公司	1002	5	868	129
合计		66371293	14496421	30623474	13884791

注：按销售总额取前200名。

第三部分 药品流通行业区域销售排序

2012 年全国区域类值合计总销纯销（对终端）金额排序统计表

单位：千元

序号	地区	总销售	各省占比（%）	序号	地区	纯销	各省占比（%）
	全国总计	1117443167	100.00		全国总计	613949173	100.00
1	上海市	103161746	9.23	1	北京市	60724921	9.89
2	北京市	100760640	9.02	2	浙江省	52064298	8.48
3	广东省	85056000	7.61	3	江苏省	50758616	8.27
4	江苏省	83579201	7.48	4	上海市	47180660	7.68
5	安徽省	82000000	7.34	5	广东省	44721814	7.28
6	浙江省	79886012	7.15	6	山东省	37817868	6.16
7	山东省	64818924	5.80	7	安徽省	29276128	4.77
8	重庆市	53301083	4.77	8	湖北省	27399490	4.46
9	天津市	45500000	4.07	9	河南省	24303870	3.96
10	河南省	41248025	3.69	10	重庆市	22557279	3.67
11	湖北省	41200000	3.69	11	云南省	22135905	3.61
12	云南省	36926201	3.30	12	河北省	20855190	3.40
13	河北省	36659283	3.28	13	天津市	19292951	3.14
14	四川省	34557639	3.09	14	湖南省	18159355	2.96
15	湖南省	31783210	2.84	15	四川省	16910429	2.75
16	辽宁省	25233266	2.26	16	辽宁省	15699944	2.56
17	山西省	22018000	1.97	17	福建省	14998047	2.44
18	福建省	21257297	1.90	18	广西区	13228164	2.15
19	陕西省	18836784	1.69	19	山西省	12521504	2.04
20	黑龙江省	18381557	1.64	20	黑龙江省	10415190	1.70
21	江西省	18062388	1.62	21	陕西省	10403842	1.69
22	广西区	15449935	1.38	22	江西省	9913180	1.61
23	吉林省	12662713	1.13	23	新疆区	8361725	1.36
24	新疆区	10035000	0.90	24	吉林省	6002333	0.98
25	海南省	8808328	0.79	25	贵州省	4937158	0.80
26	甘肃省	8616393	0.77	26	甘肃省	4477680	0.73
27	贵州省	7321858	0.66	27	内蒙古区	3865376	0.63
28	内蒙古区	5588660	0.50	28	海南省	2750028	0.45
29	西藏区	2094292	0.19	29	宁夏区	1837280	0.30
30	宁夏区	1940875	0.17	30	青海省	378949	0.06
31	青海省	697857	0.06	31	西藏区	0	0.00

2012年全国区域药品类总销纯销（对终端）金额排序统计表

单位：千元

序号	地区	总销售	各省占比（%）	序号	地区	纯销	各省占比（%）
	全国总计	787392025	100.00		全国总计	440675846	100.00
1	上海市	77442996	9.84	1	浙江省	40522351	9.20
2	北京市	68168814	8.66	2	北京市	39872057	9.05
3	江苏省	63496826	8.06	3	江苏省	39440387	8.95
4	浙江省	62263898	7.91	4	上海市	33030282	7.50
5	广东省	52643790	6.69	5	山东省	30321041	6.88
6	山东省	51967845	6.60	6	广东省	28083103	6.37
7	安徽省	46632655	5.92	7	湖北省	20891060	4.74
8	河南省	32445018	4.12	8	河南省	18317827	4.16
9	重庆市	28941825	3.68	9	云南省	17499262	3.97
10	云南省	28620005	3.63	10	安徽省	17478780	3.97
11	四川省	27326325	3.47	11	河北省	14990852	3.40
12	河北省	26309315	3.34	12	天津市	13675158	3.10
13	湖北省	23549940	2.99	13	福建省	12712653	2.88
14	天津市	22687071	2.88	14	辽宁省	12481950	2.83
15	湖南省	22041473	2.80	15	四川省	12389357	2.81
16	辽宁省	20087072	2.55	16	湖南省	12160277	2.76
17	福建省	18062159	2.29	17	重庆市	10788482	2.45
18	山西省	17075882	2.17	18	山西省	9216111	2.09
19	黑龙江省	15612102	1.98	19	广西区	8095402	1.84
20	陕西省	13109168	1.66	20	黑龙江省	7867138	1.79
21	江西省	12376653	1.57	21	陕西省	7400166	1.68
22	吉林省	11137819	1.41	22	江西省	7225330	1.64
23	广西区	9443922	1.20	23	新疆区	6686766	1.52
24	新疆区	8087695	1.03	24	吉林省	5332238	1.21
25	海南省	7933063	1.01	25	贵州省	3821532	0.87
26	甘肃省	6138502	0.78	26	内蒙古区	3242226	0.74
27	贵州省	5276363	0.67	27	甘肃省	3223008	0.73
28	内蒙古区	4617954	0.59	28	海南省	2355286	0.53
29	西藏区	2094292	0.27	29	宁夏区	1350157	0.31
30	宁夏区	1414960	0.18	30	青海省	205609	0.05
31	青海省	386625	0.05	31	西藏区	0	0.00

2012 年全国区域医疗器械类总销纯销（对终端）金额排序统计表

单位：千元

序号	地区	总销售	各省占比（%）	序号	地区	纯销	各省占比（%）
	全国总计	37456176	100.00		全国总计	22207785	100.00
1	安徽省	7411537	19.79	1	广西区	2911283	13.11
2	北京市	4185602	11.17	2	安徽省	2696794	12.14
3	广西区	2937406	7.84	3	广东省	1788613	8.05
4	广东省	2446535	6.53	4	北京市	1434250	6.46
5	浙江省	1915106	5.11	5	黑龙江省	1427901	6.43
6	江苏省	1736948	4.64	6	河北省	1132617	5.10
7	上海市	1707495	4.56	7	河南省	1048375	4.72
8	河北省	1648112	4.40	8	湖北省	959876	4.32
9	黑龙江省	1597315	4.26	9	江苏省	923519	4.16
10	河南省	1491188	3.98	10	湖南省	887028	3.99
11	湖南省	1387119	3.70	11	浙江省	874128	3.94
12	山东省	1244626	3.32	12	陕西省	868121	3.91
13	四川省	1217184	3.25	13	山东省	797241	3.59
14	陕西省	1010665	2.70	14	上海市	759091	3.42
15	湖北省	1004382	2.68	15	四川省	462853	2.08
16	云南省	718467	1.92	16	山西省	417835	1.88
17	重庆市	520914	1.39	17	云南省	405486	1.83
18	山西省	504595	1.35	18	天津市	386651	1.74
19	天津市	482905	1.29	19	重庆市	383283	1.73
20	福建省	288494	0.77	20	福建省	252202	1.14
21	辽宁省	283876	0.76	21	新疆区	252066	1.14
22	新疆区	279735	0.75	22	辽宁省	206623	0.93
23	海南省	261901	0.70	23	吉林省	204563	0.92
24	吉林省	241718	0.65	24	甘肃省	154024	0.69
25	江西省	225129	0.60	25	江西省	146430	0.66
26	甘肃省	210989	0.56	26	贵州省	133220	0.60
27	贵州省	207137	0.55	27	内蒙古区	111158	0.50
28	内蒙古区	170885	0.46	28	宁夏区	85870	0.39
29	宁夏区	86447	0.23	29	海南省	75955	0.34
30	青海省	31764	0.08	30	青海省	20731	0.09
31	西藏区	0	0.00	31	西藏区	0	0.00

2012年全国区域化学试剂类总销纯销（对终端）金额排序统计表

单位：千元

序号	地区	总销售	各省占比（%）	序号	地区	纯销	各省占比（%）
	全国总计	13908148	100.00		全国总计	4053013	100.00
1	天津市	8313896	59.78	1	浙江省	803961	19.84
2	上海市	992492	7.14	2	上海市	651748	16.08
3	浙江省	847873	6.10	3	天津市	627341	15.48
4	江苏省	671176	4.83	4	江苏省	501604	12.38
5	云南省	464313	3.34	5	湖南省	255971	6.32
6	江西省	445816	3.21	6	陕西省	189241	4.67
7	湖南省	439752	3.16	7	贵州省	145507	3.59
8	贵州省	407458	2.93	8	江西省	144972	3.58
9	陕西省	287148	2.06	9	北京市	139567	3.44
10	北京市	146444	1.05	10	福建省	77885	1.92
11	河南省	135632	0.98	11	河北省	77494	1.91
12	河北省	109401	0.79	12	黑龙江省	70455	1.74
13	吉林省	109151	0.78	13	广西区	68218	1.68
14	福建省	83109	0.60	14	广东省	61045	1.51
15	黑龙江省	70689	0.51	15	新疆区	59514	1.47
16	广西区	68521	0.49	16	河南省	52883	1.30
17	湖北省	66269	0.48	17	甘肃省	45308	1.12
18	广东省	62036	0.45	18	湖北省	22269	0.55
19	甘肃省	60103	0.43	19	云南省	13840	0.34
20	新疆区	59514	0.43	20	山东省	9551	0.24
21	四川省	22887	0.16	21	山西省	8531	0.21
22	山西省	13458	0.10	22	四川省	7057	0.17
23	重庆市	12575	0.09	23	重庆市	7040	0.17
24	山东省	11973	0.09	24	吉林省	6054	0.15
25	内蒙古区	5497	0.04	25	内蒙古区	5474	0.14
26	辽宁省	422	0.00	26	宁夏区	306	0.01
27	宁夏区	306	0.00	27	青海省	152	0.00
28	青海省	214	0.00	28	海南省	25	0.00
29	海南省	25	0.00	29	安徽省	0	0.00
30	安徽省	0	0.00	30	西藏区	0	0.00
31	西藏区	0	0.00	31	辽宁省	0	0.00

年全国区域玻璃仪器类总销纯销（对终端）金额排序统计表

单位：千元

序号	地区	总销售	各省占比（%）	序号	地区	纯销	各省占比（%）
	全国总计	1061017	100.00		全国总计	684412	100.00
1	湖南省	426044	40.15	1	湖南省	245857	35.92
2	河南省	121127	11.42	2	陕西省	113878	16.64
3	陕西省	118082	11.13	3	上海市	81691	11.94
4	上海市	96680	9.11	4	河南省	42968	6.28
5	河北省	63987	6.03	5	河北省	39239	5.73
6	甘肃省	56710	5.34	6	甘肃省	36286	5.30
7	江苏省	38606	3.64	7	江苏省	24218	3.54
8	浙江省	20080	1.89	8	天津市	17448	2.55
9	天津市	17448	1.64	9	黑龙江省	16769	2.45
10	黑龙江省	17000	1.60	10	广西区	8209	1.20
11	山东省	10468	0.99	11	浙江省	8160	1.19
12	北京市	10211	0.96	12	山东省	6805	0.99
13	山西省	9193	0.87	13	山西省	6657	0.97
14	广西区	8209	0.77	14	湖北省	5781	0.84
15	湖北省	8025	0.76	15	广东省	5635	0.82
16	贵州省	7631	0.72	16	贵州省	5610	0.82
17	吉林省	6859	0.65	17	北京市	4244	0.62
18	云南省	6474	0.61	18	福建省	4140	0.60
19	广东省	6124	0.58	19	云南省	2672	0.39
20	福建省	4140	0.39	20	内蒙古区	2496	0.36
21	四川省	3548	0.33	21	四川省	2314	0.34
22	内蒙古区	2496	0.24	22	吉林省	1867	0.27
23	江西省	935	0.09	23	江西省	935	0.14
24	重庆市	603	0.06	24	重庆市	311	0.05
25	青海省	300	0.03	25	青海省	181	0.03
26	海南省	38	0.00	26	海南省	38	0.01
27	安徽省	0	0.00	27	安徽省	0	0.00
28	辽宁省	0	0.00	28	辽宁省	0	0.00
29	宁夏区	0	0.00	29	宁夏区	0	0.00
30	新疆区	0	0.00	30	新疆区	0	0.00
31	西藏区	0	0.00	31	西藏区	0	0.00

2012 年全国区域中药材类总销纯销（对终端）金额排序统计表

单位：千元

序号	地区	总销售	各省占比（%）	序号	地区	纯销	各省占比（%）
	全国总计	50809651	100.00		全国总计	23876258	100.00
1	北京市	9349119	18.40	1	北京市	3164852	13.26
2	安徽省	7966123	15.68	2	上海市	2769127	11.60
3	广东省	5312818	10.46	3	重庆市	2660485	11.14
4	重庆市	5054493	9.95	4	浙江省	2041478	8.55
5	上海市	4814011	9.47	5	安徽省	2024562	8.48
6	浙江省	2814550	5.54	6	广东省	1980315	8.29
7	江苏省	1963502	3.86	7	四川省	1362849	5.71
8	湖南省	1736323	3.42	8	河南省	1225371	5.13
9	河南省	1691234	3.33	9	江苏省	1114048	4.67
10	河北省	1614167	3.18	10	湖南省	1076779	4.51
11	四川省	1604389	3.16	11	河北省	647582	2.71
12	山东省	1029973	2.03	12	山东省	590858	2.47
13	云南省	970338	1.91	13	福建省	506411	2.12
14	甘肃省	968877	1.91	14	云南省	363128	1.52
15	福建省	727740	1.43	15	山西省	299045	1.25
16	湖北省	655779	1.29	16	甘肃省	283965	1.19
17	陕西省	577080	1.14	17	陕西省	267940	1.12
18	山西省	468103	0.92	18	天津市	261962	1.10
19	天津市	299338	0.59	19	湖北省	242572	1.02
20	江西省	276579	0.54	20	江西省	226973	0.95
21	辽宁省	275490	0.54	21	辽宁省	226770	0.95
22	黑龙江省	155709	0.31	22	黑龙江省	142223	0.60
23	广西区	154343	0.30	23	广西区	120490	0.50
24	内蒙古区	89271	0.18	24	内蒙古区	73524	0.31
25	吉林省	78838	0.16	25	吉林省	70712	0.30
26	贵州省	62203	0.12	26	贵州省	55718	0.23
27	海南省	35825	0.07	27	海南省	26745	0.11
28	新疆区	21466	0.04	28	宁夏区	21276	0.09
29	宁夏区	21277	0.04	29	新疆区	14403	0.06
30	青海省	20693	0.04	30	青海省	14096	0.06
31	西藏区	0	0.00	31	西藏区	0	0.00

2012年全国区域中成药类总销纯销（对终端）金额排序统计表

单位：千元

序号	地区	总销售	各省占比（%）	序号	地区	纯销	各省占比（%）
	全国总计	188061360	100.00		全国总计	101555967	100.00
1	广东省	21357838	11.36	1	北京市	11874423	11.69
2	安徽省	18507936	9.84	2	广东省	10082934	9.93
3	北京市	13488739	7.17	3	江苏省	8052142	7.93
4	湖北省	13470863	7.16	4	浙江省	7381618	7.27
5	天津市	13132945	6.98	5	上海市	7346719	7.23
6	重庆市	12403483	6.60	6	重庆市	6712391	6.61
7	上海市	12087407	6.43	7	安徽省	6712031	6.61
8	江苏省	11998555	6.38	8	山东省	5695269	5.61
9	浙江省	11460137	6.09	9	湖北省	4113321	4.05
10	山东省	9819196	5.22	10	天津市	4017614	3.96
11	河北省	6350520	3.38	11	河北省	3536283	3.48
12	河南省	5101249	2.71	12	河南省	3415972	3.36
13	湖南省	4808930	2.56	13	湖南省	2943703	2.90
14	辽宁省	4175017	2.22	14	辽宁省	2441577	2.40
15	江西省	4101454	2.18	15	山西省	2300943	2.27
16	云南省	3952669	2.10	16	四川省	2023861	1.99
17	四川省	3577622	1.90	17	云南省	1919284	1.89
18	山西省	3552247	1.89	18	江西省	1891178	1.86
19	陕西省	3340464	1.78	19	广西区	1777818	1.75
20	广西区	2397619	1.27	20	新疆区	1348976	1.33
21	福建省	1618910	0.86	21	陕西省	1324763	1.30
22	新疆区	1586589	0.84	22	福建省	1135979	1.12
23	贵州省	1288522	0.69	23	黑龙江省	746484	0.74
24	吉林省	1058350	0.56	24	贵州省	737668	0.73
25	甘肃省	997568	0.53	25	甘肃省	578447	0.57
26	黑龙江省	773991	0.41	26	吉林省	375351	0.37
27	内蒙古区	523910	0.28	27	宁夏区	362718	0.36
28	海南省	482021	0.26	28	内蒙古区	330982	0.33
29	宁夏区	400407	0.21	29	海南省	243522	0.24
30	青海省	246201	0.13	30	青海省	131996	0.13
31	西藏区	0	0.00	31	西藏区	0	0.00

2012年全国区域其他类总销纯销（对终端）金额排序统计表

单位：千元

序号	地区	总销售	各省占比（%）	序号	地区	纯销	各省占比（%）
	全国总计	38754790	100.00		全国总计	20895896	100.00
1	重庆市	6367190	16.43	1	北京市	4235528	20.27
2	上海市	6020665	15.54	2	广东省	2720169	13.02
3	北京市	5411711	13.96	3	上海市	2542002	12.17
4	江苏省	3673589	9.48	4	重庆市	2005286	9.60
5	广东省	3226859	8.33	5	云南省	1932233	9.25
6	湖北省	2444742	6.31	6	湖北省	1164610	5.57
7	云南省	2193935	5.66	7	江苏省	702698	3.36
8	安徽省	1481749	3.82	8	四川省	662139	3.17
9	湖南省	943570	2.43	9	湖南省	589740	2.82
10	四川省	805683	2.08	10	浙江省	432603	2.07
11	山东省	734844	1.90	11	河北省	431124	2.06
12	江西省	635822	1.64	12	山东省	397102	1.90
13	天津市	566398	1.46	13	安徽省	363962	1.74
14	浙江省	564367	1.46	14	辽宁省	343028	1.64
15	河北省	563781	1.45	15	福建省	308777	1.48
16	福建省	472745	1.22	16	天津市	306777	1.47
17	广西区	439916	1.14	17	江西省	277362	1.33
18	辽宁省	411389	1.06	18	山西省	272382	1.30
19	山西省	394521	1.02	19	广西区	246745	1.18
20	陕西省	394177	1.02	20	陕西省	239733	1.15
21	河南省	262577	0.68	21	河南省	200474	0.96
22	甘肃省	183644	0.47	22	甘肃省	156642	0.75
23	内蒙古区	178648	0.46	23	黑龙江省	144220	0.69
24	黑龙江省	154752	0.40	24	内蒙古区	99517	0.48
25	海南省	95455	0.25	25	海南省	48457	0.23
26	贵州省	72544	0.19	26	贵州省	37903	0.18
27	吉林省	29978	0.08	27	宁夏区	16953	0.08
28	宁夏区	17478	0.05	28	吉林省	11547	0.06
29	青海省	12060	0.03	29	青海省	6184	0.03
30	新疆区	0	0.00	30	新疆区	0	0.00
31	西藏区	0	0.00	31	西藏区	0	0.00

2012年药品批发及批零兼营直报企业跨省经营汇总表

序号	企业名称	批零关系	跨省个数	所跨省份						
1	修正药业集团营销有限公司	批发	31	安徽	北京	福建	甘肃	广东	广西	贵州
				海南	河北	河南	黑龙江	湖北	湖南	吉林
				江苏	江西	辽宁	内蒙	宁夏	青海	山东
				山西	陕西	上海	四川	天津	西藏	新疆
				云南	浙江	重庆				
2	中国北京同仁堂（集团）有限责任公司	批零兼营	27	安徽	北京	福建	广东	广西	贵州	海南
				河北	河南	黑龙江	湖北	湖南	吉林	江苏
				江西	辽宁	内蒙	山东	山西	陕西	上海
				四川	天津	新疆	云南	浙江	重庆	
3	北京同仁堂商业投资集团有限公司	批零兼营	24	安徽	北京	广东	贵州	海南	河北	河南
				黑龙江	湖北	湖南	吉林	江苏	辽宁	内蒙
				山东	山西	陕西	上海	四川	天津	新疆
				云南	浙江	重庆				
4	中国医药集团总公司	批零兼营	19	安徽	北京	福建	广东	广西	河北	河南
				黑龙江	湖南	江苏	辽宁	内蒙	宁夏	山东
				山西	上海	天津	新疆	浙江		
5	国药控股国大药房有限公司	批零兼营	18	安徽	北京	福建	广东	广西	河北	河南
				湖南	江苏	辽宁	内蒙	宁夏	山东	山西
				上海	天津	新疆	浙江			
6	老百姓大药房连锁（天津）有限公司	批零兼营	15	安徽	北京	广东	广西	河北	河南	湖北
				湖南	江苏	江西	山东	陕西	上海	天津
				浙江						
7	上海医药集团股份有限公司	批发	13	安徽	北京	福建	广东	海南	河南	湖北
				湖南	江苏	辽宁	山东	上海	浙江	
8	深圳市海王星辰医药有限公司	批发	13	北京	福建	广东	湖北	湖南	吉林	江苏
				辽宁	山东	上海	四川	天津	浙江	
9	九州通医药集团有限公司	批发	10	安徽	北京	福建	港澳台及国外	河南	湖北	江苏
				山东	上海	新疆				
10	北京金象大药房医药连锁有限责任公司	批零兼营	6	北京	河北	内蒙	山东	山西	天津	
11	武汉普安医药有限公司	批零兼营	6	北京	湖北	江苏	上海	四川	天津	
12	广东大参林连锁药店有限公司	批零兼营	6	福建	广东	广西	河南	江西	浙江	

序号	企业名称	批零关系	跨省个数	所跨省份						
13	云南鸿翔一心堂药业（集团）股份有限公司	批零兼营	6	广西	贵州	山西	四川	云南	重庆	
14	重庆桐君阁股份有限公司	批零兼营	5	广西	上海	四川	天津	重庆		
15	天津天士力医药营销集团有限公司	批零兼营	4	北京	吉林	辽宁	天津			
16	南京医药股份有限公司	批零兼营	4	安徽	福建	江苏	新疆			
17	上海益丰大药房有限公司	批发	3	江苏	上海	浙江				
18	安徽华源医药股份有限公司	批发	3	安徽	北京	宁夏				
19	甘肃德生堂大药房连锁经营有限公司	批零兼营	3	北京	甘肃	陕西				
20	中国药材公司	批发	2	黑龙江	天津					
21	东北制药集团供销有限公司	批零兼营	2	吉林	辽宁					
22	江苏大众医药连锁有限公司	批零兼营	2	安徽	江苏					

统计范围：仅列跨2个省以上的药品批发和批零兼营直报企业。

2012年药品零售直报企业跨省经营汇总表

序号	企业名称	批零关系	跨省个数	所跨省份						
1	深圳中联大药房控股有限公司	零售	17	北京	福建	广东	广西	贵州	海南	河北
				河南	湖北	江苏	江西	山东	山西	上海
				四川	云南	浙江				
2	益丰大药房连锁股份有限公司	零售	6	湖北	湖南	江苏	江西	上海	浙江	
3	辽宁成大方圆医药连锁有限公司	零售	5	河北	吉林	辽宁	内蒙	山东		
4	云南健之佳健康连锁店股份有限公司	零售	4	广西	四川	云南	重庆			
5	张家口市华佗药房连锁有限公司	零售	2	北京	河北					

统计范围：仅列跨2个省以上的药品零售直报企业。

第四部分 直报企业主要经济指标排序

2012 年区域前 50 位药品批发企业主营业务收入排序

序号	集团情况	企业名称
		北京市
1	*	中国医药集团总公司
2	*	华润医药商业集团有限公司
3		北京科园信海医药经营有限公司
4		中国医药保健品股份有限公司
5		国药集团药业股份有限公司
6		国药控股北京有限公司
7		北京九州通医药有限公司
8		国药控股北京天星普信生物医药有限公司
9	*	北京同仁堂健康药品经营有限公司
10		国药控股北京华鸿有限公司
11		华润普仁鸿（北京）医药有限公司
12		嘉事堂药业股份有限公司
13		华润新龙（北京）医药有限公司
14		北京美康永正医药有限公司
15		北京双鹤药业经营有限责任公司
16		北京上药爱心伟业医药有限公司
17		中国永裕新兴医药有限公司
18		中国药材公司
19		北京金象复星医药股份有限公司
20		北京恒生海康医药有限公司
21		北京安和康医药有限公司
22		北京燃烽医药有限责任公司
23		北京华源仁济医药有限公司
24		北京恒和康建医药有限公司
25		北京悦康源通医药有限公司
26		北京万维医药有限公司
27	*	国药健坤（北京）医药有限责任公司
28		北京金鑫然医药有限责任公司
29		红惠医药有限公司
30		北京市海森医药进出口有限公司
31		北京凯宏鑫医药有限责任公司
32		北京华康瑞通医药有限责任公司
33		康阳先锋（北京）生物医药有限公司
34		北京丰瑞龙翔医药有限公司
35		北京西单医药有限责任公司
36		北京世仁堂医药有限公司
37		北京市亚华医药有限公司
38		北京同仁堂药材有限责任公司
39		北京宝泽康医药有限责任公司
40		北京康明济生医药有限公司
41		北京恒创佳益医药有限公司
42		北京永康药品经销站
43		北京广安医药联合中心
44		北京行有恒医药有限公司
45		北京鹤年堂医药有限责任公司
46		北京国力康医药有限公司
47		北京安捷利尔医药销售中心
48		北京市昌平医药药材总公司
49		北京益普四环医药公司
50		北京经纬旭日医药有限公司
		天津市
1		天津天士力医药营销集团有限公司
2		国药控股天津有限公司
3		天津医药集团太平医药有限公司
4		天津中新药业集团股份有限公司医药公司
5		华润天津医药有限公司
6		国药控股（天津）东方博康医药有限公司

序号	集团情况	企业名称
7		国药控股天津北方医药有限公司
8	*	天津北药大通医药有限公司
9		天津联合医药有限公司
10		天津世纪滨海生物医药有限公司
11		天津市康瑞达医药有限公司
河北省		
1	*	国药乐仁堂医药有限公司
2		石药集团河北中诚医药有限公司
3		河北东盛英华医药有限公司
4		河北智同医药有限公司
5		张家口华佗医药经营有限公司
山西省		
1		国药集团山西有限公司
2		国药控股山西有限公司
3		山西亚宝医药经销有限公司
4		山西康美徕医药有限公司
5		山西振东医药有限公司
6	*	山西临汾医药药材有限公司
7		山西亨通医药批发有限公司
8		运城城区药材公司
9		国药控股山西长治有限公司
10		山西正坤药业有限责任公司
11		山西安盛源药业有限公司
12		山西通盛集团医药物流有限公司
13		晋中市新都药业有限公司
14		山西福康源药业有限公司
15		山西省长治医药有限公司
16		山西省阳泉市医药药材公司
17		灵石县药业有限责任公司
18		晋中市天诚药房有限责任公司
19		长治市潞城市民康药业有限公司
20		长治市昂生医药物流有限公司

序号	集团情况	企业名称
21		山西信成药业有限公司朔州分公司
内蒙古自治区		
1		国药控股内蒙古有限公司
2		内蒙古九州通医药有限公司
3		赤峰雷蒙药品经销有限公司
4		赤峰颈复康药业有限公司
5	*	包头市医药有限责任公司
6	*	呼伦贝尔市同致药业有限责任公司
7		内蒙古天和医药有限责任公司
8		赤峰丹龙医药有限公司
9		内蒙古凯蒙药品经销有限责任公司
10		内蒙古大金九药业有限责任公司
11		呼和浩特京丰药业有限责任公司
12	*	内蒙古医药有限责任公司
13		阿拉善盟医药有限责任公司
辽宁省		
1		国药控股沈阳有限公司
2		东北制药集团供销有限公司
3		华润辽宁医药有限公司
4		辽宁省医药对外贸易公司
5		辽宁九州通医药有限公司
6		辽宁万隆医药有限公司
7		辽宁北药百草医药有限公司
8		沈阳金贸医药集团有限公司
9		大连中大药业有限公司
10		本溪市医药总公司
11		大连奇运生集团有限公司
12		大连金虎药业有限公司
13		海城市福缘堂药业有限责任公司
14		大连辽东医药有限公司
吉林省		
1		国药控股吉林有限公司

序号	集团情况	企业名称
2		修正药业集团营销有限公司
3		华润长春大格医药有限公司
4		吉林省北方医药有限责任公司
5		华润吉林康乃尔医药有限公司
6		吉林省友邦药业有限公司
7		吉林省东龙医药物流配送有限公司
8		吉林省天和医药科技有限公司
9		通化同德堂医药药材有限公司
10		长春市长恒药业有限公司
11		康美新开河（吉林）药业有限公司
12		吉林省北药医药股份有限公司
13		吉林省三精医药有限责任公司
14		吉林亚泰万联医药有限公司
15		吉林省吉林市医药有限责任公司
16		长春永新迪瑞药业有限公司
17		东辽县医药药材有限责任公司
18		吉林省博宁医药有限公司
19		延边高丽医药有限公司
20		吉林省中东医药有限公司
21		吉林亚泰华氏医药有限公司
22		吉林省辉南长龙药品经销有限责任公司
23		松原市神光医药有限公司
24		敦化市药品经销有限责任公司
黑龙江省		
1		哈药集团医药有限公司
2		哈药集团三精医药商贸有限公司
3		华润牡丹江天利医药有限公司
4		大庆医药有限责任公司
5		绥化市医药有限公司
上海市		
1		上海医药分销控股份有限公司
2		上海永裕医药有限公司

序号	集团情况	企业名称
3		上海市药材有限公司
4		上海九州通医药有限公司
5		上海雷允上药业有限公司
6		上海外高桥医药分销中心有限公司
7		上海康健进出口有限公司
8		上海市医药保健品进出口公司
9		上海虹桥药业有限公司
10		上海复星药业有限公司
11		上海申威医药有限公司
12	*	国药集团化学试剂有限公司
13		上海信谊联合医药药材有限公司
14		上海华宇药业有限公司
15		上海新先锋华康医药有限公司
16		上海童涵春堂药业股份有限公司
17		上海罗达医药公司
18	*	上海东虹医药有限公司
19		上海雷允上药业西区有限公司
20		上海海吉雅医药有限公司
21		上海信谊医药有限公司
22		上海医工院医药有限公司
23		上海京卫医药有限公司
24		上海中西三维医药有限公司
25		上海雷允上北区药业股份有限公司
26		上海汇丰医药药材有限公司
27		上海新时代药业有限公司
28		上海南汇药材医药总公司
29		上海上生生物制品经营有限公司
30		上海沪甬医药有限公司
31		上海浦东新区医药药材有限公司
32		上海金山医药药材公司
33		上海余天成医药有限公司
34		上海海欣医药有限公司

序号	集团情况	企业名称
35		上海美罗医药有限公司
36		上海龙威医药有限公司
37		上海益丰大药房有限公司
38		上海新世纪药业有限公司
39		上海药房股份有限公司
40		上海医药嘉定药业有限公司
41		上海得一医药有限公司
42		上海古华药业（集团）有限公司
43		上海金石医药药材有限公司
44		上海云湖医药药材股份有限公司
45		上海汇仁医药有限公司
46		上海市农工商长征医药有限公司
47		上海康恩贝医药有限公司
48		上海闵行区药材医药公司
49		上海申依医药有限公司
50		利丰医药商贸（上海）有限公司
江苏省		
1		南京医药股份有限公司
2		华润苏州礼安医药有限公司
3		江苏省医药公司
4		常州药业股份有限公司
5		江苏先声药业有限公司
6		南京华东医药有限责任公司
7		上药山禾无锡医药股份有限公司
8		连云港康缘医药商业有限公司
9		华润昆山医药有限公司
10		苏州恒祥进出口有限公司
11		国药控股无锡有限公司
12		江苏省润天生化医药有限公司
13		南通市医药经销有限公司
14		常熟建发医药有限公司
15		江苏恩华和润医药有限公司

序号	集团情况	企业名称
16		徐州医药股份有限公司
17		国药控股镇江有限公司
18		江苏柯菲平医药有限公司
19		南通苏中医药物流有限公司
20		南通礼安医药有限公司
21		南通华氏佳源医药有限公司
22		江苏省盐城药业有限公司
23		盐城百科药业有限公司
24		江苏华康医药股份有限公司
25		南京同济堂医药有限公司
26		张家港市百禾医药有限公司
27		南京市银达医药有限公司
28		无锡汇生药品经营公司
29		苏州天顺医药有限公司
30		江苏淮阴医药有限公司
31		江苏科诚医药有限公司
32		无锡东方药业有限公司
33		启东市医药药材有限公司
34		江苏华美医药有限责任公司
35		南京三精医药有限公司
36		常熟市医药工业供销有限公司
37		南京新澳康医药有限公司
38		江苏百瑞医药有限公司
39		南京市江宁医药总公司
40		洪泽县医药有限责任公司
41		丰县医药总公司
42		金湖县医药有限公司
浙江省		
1		华东医药股份有限公司
2		浙江英特药业有限责任公司
3		浙江省医药工业有限公司
4		宁波医药股份有限公司

序号	集团情况	企业名称
5		国药控股温州有限公司
6		浙江来益医药有限公司
7		浙江嘉信医药股份有限公司
8		浙江珍诚医药在线股份有限公司
9		回音必集团有限公司
10		杭州凯仑医药股份有限公司
11		海尔施生物医药股份有限公司
12		台州上药医药有限公司
13		温州华东惠仁医药有限公司
14		浙江华通医药股份有限公司
15		宁波市鄞州医药药材有限公司
16		浙江大生医药有限公司
17		温州市英特药业有限公司
18		杭州萧山医药有限公司
19		浙江华圣医药有限公司
20		宁波英特药业有限公司
21		浙江大德药业集团浙江医药公司
22		浙江英诺珐医药有限公司
23		浙江宝瑞医药有限公司
24		上虞市医药有限责任公司
25		浙江大宇医药有限公司
26		浙江省新昌县医药药材有限公司
27		温州新特医药有限公司
28		温州时代医药有限公司
29		东阳市医药药材有限公司
30		临安市医药药材有限公司
31		浙江温州医药商业集团有限公司
32		浙江省诸暨市医药药材有限公司
33		国药控股湖州有限公司
34		宁波市镇海医药药材有限责任公司
35		舟山存德医药有限公司
36		国药控股金华有限公司

序号	集团情况	企业名称
37		舟山市普陀医药药材有限公司
38		浙江海派医药有限公司
39		浙江省东阳市方圆医药有限公司
40		嘉兴英特医药有限公司
41		海盐县医药总公司
42		舟山市卫盛医药有限公司
43		浦江县医药药材有限公司
44		浙江普洛康裕医药药材有限公司
45		宁波新城医药有限公司
46		浙江省诸暨市康业医药有限公司
47		绍兴震元医药经营有限责任公司
48		浙江省嵊州市医药药材总公司
49		浙江安泰医药有限公司
50		浙江省金华市武义县医药有限公司
安徽省		
1		安徽华源医药股份有限公司
2		南京医药合肥天星有限公司
3		安徽阜阳新特药业有限责任公司
4		合肥曼迪新药业有限责任公司
5		国药控股安徽有限公司
6		安徽省医药（集团）股份有限公司
7		安徽省阜阳众诚药业有限责任公司
8		安徽省阜阳市康泰药业有限责任公司
9		合肥康丽药业有限责任公司
10		安徽阜阳医药采供站有限责任公司
11		安徽华宁医药物流有限公司
12		安徽省国泰医药有限公司
13		安徽阜阳医药集团有限公司
14		安徽延生药业有限公司
15		安徽省阜阳市医药有限公司
16		安徽国立医药集团有限公司
17		安徽省亳州市药材总公司

序号	集团情况	企业名称
18		安徽瑞泰药业有限公司
19		合肥亿帆医药经营有限公司
20		安徽省皖安医药有限公司
21		安徽立方药业有限公司
22		安徽慈广福药业有限公司
23		合肥市迪迈医药有限公司
24		安徽国安医药有限责任公司
25		安徽丰原医药营销有限公司
26		安徽省宣城市医药有限公司
27		安徽东方民生药业有限公司
28		芜湖双鹤医药有限责任公司
29		安徽诚志医药营销有限公司（新安）
30		界首市医药有限责任公司
31		淮南新欣医药有限公司
32		安徽省医药工业有限公司
33		安徽省红业医药有限公司
34		上海市医药股份有限公司安庆公司
35		安徽鑫特宝医药科技发展有限公司
36		安徽信力康医药科技有限公司
37		安徽广印堂中药股份有限公司
38		安徽天禾药业有限公司
39		安徽省本诚医药有限公司
40		安徽新东方医药有限责任公司
41		安徽东升医药有限公司
42		南京医药合肥天润有限公司
43		安徽省立药业有限公司
44		安徽天禾药业有限责任公司
45		安徽天怡药业有限公司
46		合肥瑞诚医药有限公司
47		国药控股六安有限公司
48		安徽宁远医药有限公司
49		合肥同致医药有限公司

序号	集团情况	企业名称
50		安徽省蚌埠安泰医药有限公司
福建省		
1		鹭燕（福建）药业股份有限公司
2		国药控股福建有限公司
3		福建同春药业股份有限公司
4		福建九州通医药有限公司
5		福建省华侨实业集团有限责任公司
6		福建中鹭医药有限公司
7		厦门宏仁医药有限公司
8		国药控股福州有限公司
9		福建新力量医药有限公司
10		福建东南医药有限公司
11		片仔癀（漳州）医药有限公司
12		厦门中鹭医药有限公司
13		厦门钜翔医药有限公司
14		福建惠好药业有限公司
15		福建鸿越医药有限公司
16	*	厦门卫健医药有限公司
17		厦门星鲨怀德居医药有限公司
江西省		
1		江西汇仁集团医药科研营销有限公司
2		江西南华医药有限公司
3		江西仁翔药业有限公司
4		江西康成药业有限公司
5		江西上饶医药股份有限公司
6		江西华晨医药科技有限公司
7		江西天顺医药有限公司
8		江西饶信医药有限公司
山东省		
1		山东海王银河医药有限公司
2		山东瑞康医药股份有限公司
3		济南中信医药有限公司

序号	集团情况	企业名称
4		国药控股山东有限公司
5		山东瑞中医药有限公司
6		山东九州通医药有限公司
7		罗欣医药集团有限公司
8		山东宏济堂医药集团有限公司
9		山东省医药集团有限公司
10		青岛百洋医药科技有限公司
11		山东康诺盛世医药有限公司
12		山东康惠医药有限公司
13		山东新华医药贸易有限公司
14		青岛华氏国风医药有限责任公司
15		青岛天合医药集团股份有限公司
16		淄博众生医药有限公司
17		山东正大医药有限公司
18		山东聊城利民药业集团有限公司
19	*	菏泽牡丹医药有限责任公司
20		山东省德州泰康药业有限公司
21		山东容大医药有限公司
22		山东鑫康弘医药有限公司
23		威海市天福医药有限公司
24		东营市医药公司
25		日照医药集团
26		山东省莱芜市医药公司
27		山东鑫伟力药品有限公司
28		国药控股聊城有限公司
29		山东滨州圣慷药业有限公司
河南省		
1		国药控股河南股份有限公司
2		河南九州通医药有限公司
3		华润河南医药有限公司
4		河南省医药有限公司
5		河南省康信医药有限公司
6		世一堂百川医药商贸有限公司
7		商丘新先锋药业有限公司
8		河南德尔康药业有限公司
9		河南省博济光明医药有限公司
10		河南省新华药业有限公司
11		三门峡华为药品有限责任公司
12		郑州仟禧堂医药有限责任公司
湖北省		
1	*	九州通医药集团有限公司
2		新龙药业集团
3		同济堂医药有限公司
4		国药控股湖北有限公司
5		湖北百惠医药有限公司
6		南京医药湖北有限公司
7		湖北格林药业有限公司
8		武汉医药集团股份有限公司
9		湖北康欣医药有限公司
10		华润湖北金马医药有限公司
11		湖北独活药业股份有限公司
12		湖北华立正源医药有限公司
13		黄冈市卫尔康医药有限公司
14		宜昌市康鑫医药经销有限公司
15		武汉普安医药有限公司
16		宜昌市瑞康医药有限责任公司
17		湖北孝感中药材有限公司
18		宜昌市康正药业贸易有限责任公司
19		湖北中融达医药有限公司（仙桃）
20		恩施自治州恒信药业有限责任公司
21		鄂州吴都医药
22		新龙药业集团恩施有限公司
23		湖北迪奥医药有限公司
24		湖北宁康医药有限公司（咸宁）

序号	集团情况	企业名称
25		宜昌万和医药有限责任公司
26		黄石新医药有限公司
27		湖北天和堂医药有限公司（仙桃）
28		湖北聚隆药业有限公司（荆门）
29		孝感市孝南中药材公司
湖南省		
1		国药控股湖南有限公司
2		长沙双鹤医药有限责任公司
3		湖南博瑞新特药有限公司
4		湖南千金医药股份有限公司
5		怀化龙源药业有限责任公司
6		邵阳九福药业有限公司
7		湖南众昊药业有限责任公司
8		邵阳药业有限公司
9		湖南达嘉维康医药有限公司
10		常德市九芝堂医药有限公司
11		衡阳市同德祥医药有限公司
12		湖南德海医药有限公司
13		衡阳瑞源药业有限公司
14		湖南长锋医药有限公司
15		湖南汇鑫医药有限公司
16	*	湖南新汇医药有限公司
17		安化县医药总公司
广东省		
1		广州医药有限公司
2		国药控股广州有限公司
3		广东省东莞国药集团有限公司
4		广东九州通医药有限公司
5		深圳市海王星辰医药有限公司
6		广州中山医医药有限公司
7		广州采芝林药业有限公司
8		汕头市创美药业有限公司

序号	集团情况	企业名称
9		广东广弘医药有限公司
10		深圳中联广深医药（集团）股份有限公司
11		惠州市卫康中西药业有限公司
12		广东振东泰捷医药物流有限公司
13		珠海安生医药有限公司
14		广东济源堂药业有限公司
15		深圳市健华医药有限公司
16		国药控股韶关有限公司
17		韶关市卓兴药业有限公司
18		广西壮族自治区
19		广西柳州医药股份有限公司
20		国药控股广西有限公司
21		广西梧州市杰迅医药有限公司
22		广西桂玉医药有限责任公司
23		广西福中堂药业有限公司
海南省		
1		海南天祥药业有限公司
2		国药控股海南有限公司
3		神威药业（海南）有限公司
4		海南广药晨菲医药有限公司
5		上海延安医药洋浦有限公司
6		海南华健药业有限公司
7		国药控股海南鸿益有限公司
8		海南四环医药有限公司
9		海南裕康药业有限公司
10		上药科园信海医药有限公司
11		海南鲁海医药有限公司
12		海南凯健医药有限公司
13		海南康众药业有限公司
14		海南全星药业有限公司
15		海南中大药业有限公司
16		海南海神药业集团股份有限公司

序号	集团情况	企业名称
17		海南丁一药业有限公司
18		海南东鑫药业有限公司
19		海南华拓诺康药业有限公司
20		海南振誉药业有限公司
21		海南中玉医药有限公司
22		海南福尔医药有限公司
23		海南裕鑫昌药业有限公司
24		海南同心浩药业有限公司
25		海南盛南药业有限公司
26		海南易明药业有限公司
27		海南飞利药业有限公司
28		海南国丹药业有限公司
29		海南京卫药业有限公司
30		海南创优医药有限公司
31		海南新龙南医药科技开发有限公司
32		海南奥尔康医药有限公司
33		海南天瑞药业有限公司
34		海南昕泰医药有限公司
35		海南康洣医药有限公司
36		海南国康医药开发有限公司
37		海口大方工贸实业公司
38		三花（洋浦）国际药业有限公司
39		海南全康医药有限公司
40		上海医药集团信谊洋浦有限公司
41		海南仁安堂药业有限公司
42		海南涛生医药有限公司
43		海南健林医药有限公司
44		海南百运医药化工有限公司
45		海南天润康元医药有限公司
46		海南神力宝药业有限公司
47		海南悦健药业有限公司
48		海南泽田医药有限公司

序号	集团情况	企业名称
49		海南快康药业有限公司
50		海南昕康药业有限公司
重庆市		
1		重庆医药（集团）股份有限公司
2		重庆桐君阁股份有限公司
3		重庆长圣医药有限公司
4		重庆九州通医药有限公司
5		重庆科渝药品经营有限责任公司
6		国药控股重庆有限公司
7		重庆永裕医药有限公司
8		重庆宜东医药有限责任公司
9		重庆医药工业公司
10		重庆朗诺药业有限公司
11		重庆医药工业有限责任公司
12		重庆国通医药有限公司
13		重庆华烨药业有限公司
14		重庆四环医药有限责任公司
15		重庆恒韵医药有限公司
16		重庆市中药研究院医药科技开发公司
17		重庆恩康医药有限公司
18		重庆永仁药品有限公司
19		重庆生物制品有限公司
20		重庆强生堂药品有限公司
21		重庆井泉医药发展有限公司
22		重庆国华医药有限公司
23		重庆科瑞弘发医药有限责任公司
24		重庆华讯医药有限责任公司
四川省		
1		四川科伦医药贸易有限公司
2		四川省医药集团有限责任公司
3		国药集团西南医药有限公司
4		成都市蓉锦医药贸易有限公司

序号	集团情况	企业名称
5		四川九州通科创医药有限公司
6		四川本草堂药业有限公司
7		成都禾创药业有限公司
8	*	四川南充科伦医药贸易有限公司
9		四川省南充药业（集团）有限公司
10		达州市天泰药业集团有限公司
11		乐山市海棠药堂有限公司
12		四川天寿药业有限公司
13		泸州宝光医药有限公司
14		自贡市医药有限公司
15	*	四川遂宁市全泰堂药业有限公司
16		和平泰康资阳药业有限责任公司
17		四川知仁医药有限责任公司
18		四川太星药业有限公司
19		成都中新药业自贡有限公司
20	*	四川雅安安康盛中药材有限责任公司
21		重庆医药自贡有限责任公司
22		凉山洲西部医药有限责任公司
23		泸州本草堂医药有限公司
24		阿坝州壤塘县民族贸易医药有限责任公司
贵州省		
1		贵州省医药（集团）有限责任公司
2		贵州康心医药有限公司
3		贵州科开医药股份有限公司
4		国药控股贵州公司
5		贵州腾济医药有限公司
6		贵阳市医药有限公司
7		贵州强生医药有限公司
8		黔西南州天地药业贸易有限公司
9		遵义百颐医药有限责任公司
10		贵州鼎圣药业有限公司
11		贵州民生药业有限公司

序号	集团情况	企业名称
12		贵州斯瑞医药有限责任公司
13		贵州慈惠医药有限公司
14		贵州省黔中医药有限公司
15	*	贵州紫凡药品有限公司
16		贵州弘一医药有限责任公司
17		贵州省毕节市医药有限公司
18		遵义医药有限公司
19		贵州光正医药销售有限公司
20		贵州铜仁梵天药业有限公司
21		贵州大明医药实业有限责任公司（毕节）
22		贵州华圣医药工业有限公司
23		贵州赤水黔北医药有限公司
24		毕节大众医药有限公司（原贵州圣康堂医药经营有限公司）
25		贵州家诚医药销售有限公司
云南省		
1		云南省医药有限公司
2		云南医药工业股份有限公司
3		昆明制药集团医药商业有限公司
4		云南同丰医药有限公司
5		国药控股云南有限公司
6		国有控股云南有限公司
7		云南省久泰药业有限责任公司
8		云南省久泰药业有限公司
9		云南东昌医药股份有限公司
10		云南滇虹药业销售有限公司
11		昆明滇虹药业销售有限公司
12		云南佳能达医药有限公司
13		云南盘龙云海药品经营有限公司
14		云南嘉德瑞克药业有限公司
15		云南昊邦医药销售有限公司
16		云南省疾病预防控制中心技术服务中心
17		云南省疾病预防控制中心技术开发服务中心

序号	集团情况	企业名称
18		文山开开药业有限公司
19		云南省玉溪医药有限责任公司
20		云南玉溪医药有限责任公司
21		云南省潞西市新正进出口有限公司
22		昆明东南亚药业有限公司
23		云南恩红（集团）有限公司
24		昆明积大药品销售有限公司
25		云南积大药品销售有限公司
26		云南恩红药业集团有限公司
27		云南济生药业有限公司
28		昆明贝克诺顿药品销售有限公司
29		昆明云中药业有限责任公司
30		昆明云中药业有限公司
31		云南新世纪药业有限公司
32		云南通盛医药有限公司
33		云南腾药药品经营有限公司
34		云南省药品科技开发经营有限公司
35		云南龙马药业有限公司
36		云南绿野生物医药有限公司
37		云南双鹤医药有限公司
38		云南药品第三方物流有限公司
39		云南省保山市医药有限责任公司
40		云南省开远三发医药经贸公司
41		昭通市雄风药业有限公司
42		云南吉鸿麟医药器械有限公司
43		云南省建水县兴达医药有限公司
44		昆明圣火医药有限公司
45		云南新生命药业有限公司
46		云南大唐汉方药业有限公司
47		云南康济药业有限公司
48		云南金辉药业有限公司
49		云南通用药业有限公司

序号	集团情况	企业名称
50		昆明三汇通医药有限公司
		陕西省
1		陕西医药控股集团派昂医药有限责任公司
2		陕西华远医药集团有限公司
3		国药控股陕西有限公司
4		陕西华信医药有限公司
5		西安新西北双鹤医药有限公司
6		西安双鹤医药股份有限公司
7		陕西怡康医药有限责任公司
8		西安京西双鹤医药贸易有限公司
9		渭南医药集团有限责任公司
10	*	咸阳市医药总公司
		甘肃省（系统排名）
1		兰州西城药业有限责任公司
2		国药控股甘肃有限公司
3		甘肃同济药业有限责任公司
4		甘肃莱美医药投资有限责任公司
5		甘肃平凉国泰药业有限责任公司
		甘肃省（地方协会提供）
1		兰州玺博医药科技发展有限公司
2		甘肃药业
3		甘肃中瑞医药有限责任公司
4		甘肃康正医药有限责任公司
5		李时珍医药集团
6		兰州华泰医药有限公司
7		甘肃瑞康医药有限公司
8		甘肃瑞祥医药有限责任公司
9		甘肃国鼎医药有限责任公司
10		甘肃普禾医药有限责任公司
11		甘肃扶正药业科技股份有限公司
12		兰州万华药业有限责任公司
13		甘肃东方药业有限责任公司

序号	集团情况	企业名称
14		甘肃兰药药业集团有限责任公司
15		甘肃佛慈制药有限公司
16		甘肃省医药供销公司
17		甘肃药材有限责任公司
18		甘肃医药集团公司
19		甘肃万民药业有限公司
20		甘肃益尔药业股份有限公司
21		甘肃远大药业有限责任公司
22		甘肃优福药业有限公司
23		甘肃春秋祺瑞药业有限公司
24		兰州大信药业有限公司
25		兰州东岗药业有限责任公司
26		甘肃百福林药业有限公司
27		兰州海王大药房有限责任公司
28		兰州金城药业有限公司
29		兰州利生药业有限责任公司
30		兰州神农药业有限责任公司
31		兰州西固药业有限责任公司
32		甘肃省农垦医药药材站
33		甘肃永新药业有限公司
34		兰州众联药业有限公司
35		兰州榆中医药有限责任公司
36		兰州医药采购供应站有限责任公司
37		甘肃德生堂医药有限公司
38		甘肃老百姓医药有限公司
39		甘肃法尔亚药业有限责任公司
40		甘肃阜和医药有限责任公司
41		甘肃龙氏医药有限公司
42		甘肃奇正藏药有限公司
43		甘肃三生药业有限公司
44		甘肃伟康医药有限公司
45		兰州复兴厚药材有限责任公司
46		兰州陇兴药业有限公司
47		兰州金惠药业有限责任公司
48		兰州宏达药业有限责任公司
青海省		
1		青海省富康医药集团有限责任公司
2		青海省新绿洲医药集团有限公司
3		青海心达药业有限公司
宁夏回族自治区		
1		国药控股宁夏有限公司
2		宁夏华源耀康医药有限公司
3		闽宁医药有限公司
4		宁夏众欣联合方泽医药有限公司
新疆维吾尔自治区		
1		国药集团新疆新特药业有限公司
西藏自治区		
1		西藏神威药业有限公司

注：排序依据商务部药品流通统计直报系统数据，部分取自中国医药商业协会。区域排序不足50位的地区以已上报直报企业位列，集团企业在表中用＊表示。

2012年各区域药品零售企业主营业务收入前50位排序

序号	企业名称
北京市	
1	北京同仁堂连锁药店有限责任公司
2	北京金象大药房医药连锁有限责任公司
3	北京同仁堂崇文门药店有限责任公司
4	北京永安复星医药股份有限公司
5	北京京卫元华医药科技有限公司
6	北京医保全新大药房连锁有限公司
7	北京嘉事堂连锁药店有限责任公司
8	北京德威治医药连锁有限责任公司
9	北京永安堂医药连锁有限责任公司
10	北京同仁堂南三环中路药店有限公司
11	北京市京隆堂医药有限公司
12	北京怡然堂药店
13	北京安康百利医药有限公司
14	北京医保中洋大药房有限公司
15	北京昌药医药连锁经营有限公司
16	北京市济安堂药店
17	健康新概念大药房
18	北京牡丹苑金象大药房
19	北京宝树堂药品经营有限公司
天津市	
1	老百姓大药房连锁（天津）有限公司
河北省	
1	张家口市华佗药房连锁有限公司
2	石家庄新兴药房连锁有限公司
3	廊坊市一笑堂医药零售连锁有限公司
4	石家庄乐仁堂医药连锁有限责任公司
5	河北神威大药房连锁有限公司
6	河北圣诺新特药连锁有限公司
山西省	
1	山西益源大药房连锁有限责任公司
2	山西荣华大药房连锁有限公司
3	山西长城药品零售连锁有限公司
4	山西临汾竹林大药房连锁有限公司
5	山西仁和大药房连锁有限公司
6	文水县晋强神威大药房
7	祁县阳光医药有限公司
8	长治市昂生大药房零售连锁有限公司
内蒙古自治区	
1	赤峰荣济堂大药房连锁有限公司
2	赤峰人川大药房连锁有限公司
3	赤峰雷蒙大药房连锁有限公司
4	国药控股国大药房内蒙古有限公司
5	包头市神农医药保健品有限责任公司
6	内蒙古万民药房连锁有限公司
7	内蒙古成大方圆医药连锁有限公司
8	呼和浩特市新城区中山药店
辽宁省	
1	辽宁成大方圆医药连锁有限公司
2	葫芦岛市医药有限责任公司
吉林省	
1	吉林大药房药业股份有限公司
2	吉林省益和大药房有限公司
3	吉林省合兴健康药房连锁有限责任公司
4	吉林省吉深医药实业有限公司
黑龙江省	
1	哈尔滨人民同泰医药连锁店
2	黑龙江泰华医药连锁销售有限公司
3	哈尔滨宝丰医药连锁有限公司
4	黑龙江泰华医药集团有限公司
上海市	

序号	企业名称
1	国药控股国大药房有限公司
2	上海华氏大药房有限公司
3	上海第一医药股份有限公司
4	上海复美益星大药房连锁公司
5	上海国大药房连锁有限公司
6	上海余天成药业连锁有限公司
7	上海养和堂药业连锁经营有限公司
8	上海汇丰大药房有限公司
9	上海童涵春堂药业连锁经营有限公司
10	上海药房连锁有限公司
11	上海医药嘉定大药房连锁有限公司
12	上海雷允上南翔医药有限公司
13	上海一德大药房连锁经营有限公司
14	上海南汇华泰药店连锁总店
15	上海得一大药房有限公司
16	上海雷允上西区药品零售有限公司
17	上海云湖医药连锁经营有限公司
18	上海联华复星药房连锁经营有限公司
19	上海金石大药房有限公司
	江苏省
1	苏州雷允上国药连锁总店有限公司
2	江苏大众医药连锁有限公司
3	江苏仁济医药连锁有限公司
	浙江省
1	浙江震元股份有限公司
2	浙江震元医药连锁有限公司
3	宁波四明大药房有限责任公司
4	浙江华通医药连锁有限公司
5	浙江瑞人堂医药连锁有限公司
6	宁波彩虹大药房有限公司
7	金华市太和堂医药连锁有限公司
8	浙江华联医药连锁有限公司
9	金华市九德堂医药连锁有限公司

序号	企业名称
10	嵊州市易心堂大药房有限公司
11	金华市尖峰大药房连锁有限公司
12	宁波市正源大药房有限公司
13	浙江省诸暨市人民药店医药连锁公司
	安徽省
1	安徽百姓缘大药房连锁有限公司
2	安徽丰原大药房连锁有限公司
3	合肥大药房连锁有限公司
4	安徽元初药房连锁有限公司
5	滁州市百姓缘药品零售连锁有限公司
6	安徽老百姓大药房连锁有限公司
7	淮南新诚大药房零售连锁有限公司
8	安徽省蚌埠绿十字医药连锁有限公司
9	南京医药合肥天星药品零售连锁有限公司
10	广德百姓缘医药连锁有限公司
11	安徽国胜大药房连锁有限公司
12	安徽市民大药房连锁有限公司
13	芜湖中山大药房连锁有限公司
14	安庆华氏大药房有限公司
15	合肥为民大药房连锁有限公司
16	马鞍山市川洋大药房连锁有限公司
17	安徽省春源大药房有限公司
18	淮南大众医药连锁有限公司
19	丰原大药房马鞍山连锁店
20	安徽省阜阳中心大药房（零售）连锁有限公司
21	安徽广济大药房连锁有限公司
22	舒城博利大药房连锁总店
23	安徽丰原大药房有限公司铜陵分公司
24	上海华氏大药房黄山总店有限公司
25	合肥立方药房连锁有限公司
26	潜山县百信大药房连锁有限公司
27	亳州市盖福祥大药房连锁有限公司

序号	企业名称
28	合肥格宁大药房连锁有限公司
29	安徽国大药房连锁有限公司
30	安徽省绿十字医药连锁有限公司
31	蚌埠大众连锁有限责任公司
32	芜湖张恒春大药房有限公司
33	安徽省立药业连锁有限公司
34	阜阳永康大药房连锁有限公司
35	阜阳神怡大药房连锁有限公司
36	宣城医药大药房连锁有限公司
37	黄山同春大药房连锁有限公司
38	宣城市言午氏药品零售有限公司
39	安徽丰原大药房连锁有限公司（滁州分店）
40	黄山市新安医药零售连锁公司
41	安徽天健国药堂连锁有限公司
42	桐城寿尔春药业有限公司
43	上海市医药股份有限公司池州华氏大药房
44	淮南市佰源堂药房零售连锁有限公司
45	旌德天勤药业连锁经营有限公司
46	安徽广禾堂药品零售连锁有限公司
47	界首市诚信医药零售连锁有限公司
48	安徽华氏医药有限公司华氏药房
49	亳州市人民大药房连锁有限公司
50	铜陵市协和大药房连锁有限公司
福建省	
1	福建惠好四海医药连锁有限责任公司
2	福建国大药房连锁有限公司
3	福州回春医药连锁有限公司
4	北京同仁堂福建药业连锁有限公司
江西省	
1	江西黄庆仁栈华氏大药房
2	江西萍乡市昌盛大药房连锁有限公司
3	江西开心人大药房连锁有限公司

序号	企业名称
山东省	
1	济南漱玉平民大药房有限公司
2	山东燕喜堂医药连锁有限公司
3	山东立健医药城连锁有限公司
4	济宁新华鲁抗大药房有限公司
5	山东利民大药店连锁有限公司
6	青岛祥泰药庄连锁有限公司
7	老百姓大药房连锁（山东）有限公司
8	青岛国风大药房连锁有限公司
9	日照真诚大药房有限公司
10	山东潍坊海王星辰民康连锁药店有限公司
11	德州颐寿医药连锁有限公司
12	东营益生堂药业连锁有限公司
13	山东益寿堂药业有限公司
14	菏泽牡丹大药房连锁有限公司
15	章丘健民医药有限公司
河南省	
1	河南张仲景大药房股份有限公司
2	开封市百氏康医药连锁有限公司
3	河南大药房连锁经营有限公司
湖北省	
1	湖北同济堂药房有限公司
2	襄阳天济大药房连锁有限责任公司
3	湖北中联大药房连锁有限公司
4	武汉东明药房连锁有限公司
5	武汉马应龙大药房连锁有限公司
6	好药师大药房连锁有限公司
7	恩施市元昌医药有限责任公司
湖南省	
1	益丰大药房连锁股份有限公司
2	湖南千金金沙大药房连锁有限责任公司
3	怀化怀仁大药房连锁有限公司

序号	企业名称
4	湖南国大民生堂药房连锁有限公司
5	娄底市康一馨街大药房零售连锁有限公司
广东省	
1	广东大参林连锁药店有限公司
2	深圳中联大药房控股有限公司
3	广州健民医药连锁有限公司
4	中山市中智大药房连锁有限公司
5	广西一致药店连锁有限公司
6	深圳市南北药行连锁有限公司
广西壮族自治区	
1	广西柳州桂中大药房连锁有限责任公司
2	广西一心医药有限责任公司
3	广西南宁朝阳大药房连锁有限责任公司
4	广西玉林市至真药业连锁有限责任公司
海南省	
1	海南广安堂药品超市连锁经营有限公司
2	海南养天和大药房连锁经营有限公司
3	海南广安大药堂连锁经营有限公司
重庆市	
1	重庆和平药房连锁有限责任公司
2	重庆桐君阁大药房连锁有限公司
3	重庆市万和药房连锁有限责任公司
4	重庆鑫斛药房连锁有限公司
四川省	
1	成都百信药业连锁有限责任公司
2	四川杏林医药连锁有限责任公司
3	泸州圣杰药业有限公司
4	四川太极大药房连锁有限公司
5	四川天诚大药房连锁有限责任公司
6	攀枝花市敬仁堂医药连锁有限责任公司
7	成都九鼎药房连锁有限责任公司
8	德阳市德园堂零售连锁药业有限公司
9	四川康贝大药房连锁有限公司

序号	企业名称
10	绵阳天源堂医药连锁有限公司
11	眉山市东坡区玉祥大药房
贵州省	
1	贵州一树连锁药业有限公司
2	贵州芝林大药房零售连锁有限公司
3	贵州华氏大药房延安连锁有限公司
4	贵州省医药（集团）和平药房连锁有限公司
5	贵州福安康医药连锁有限公司
云南省	
1	云南东骏药业有限公司
2	云南鸿翔一心堂药业（集团）股份有限公司
3	云南健之佳连锁健康药房（股份）有限公司
4	云南白药大药房有限公司
5	昆明福林堂药业有限公司
陕西省	
1	西安藻露堂药业集团有限责任公司
2	西安怡康医药连锁有限责任公司
3	陕西众信医药超市有限公司
4	陕西省汉中市药材总公司
5	西安双鹤大药房连锁有限责任公司
甘肃省（系统排名）	
1	甘肃河西三州武威医药连锁有限责任公司
甘肃省（地方协会提供）	
1	城关区雁滩路兰武大药房
2	城关区雁北路兰武大药房
3	甘肃神农大药房有限公司
4	先锋路同济大药房
5	兰州市七里河区华海大药房
6	兰州安泰堂医药超市有限公司
7	兰州九州大药房一分店
8	光明药店
9	皋兰县诚信大药房

序号	企业名称
10	兰州安泰堂五一药房
11	皋兰民生大药房
12	兰州恩和新特药有限责任公司
13	兰州西固白惠大药房
14	兰州市城关区仁爱堂大药房
15	永登大众药店
16	兰州市城关区民康大药房
17	兰州市城关区天庆大药房
18	兰州市城关区民安堂药店
19	兰州康福堂药行
20	兰州天方医药有限公司
21	甘肃至仁同济大药房医药连锁有限公司
22	兰州惠仁堂药业连锁有限责任公司
23	甘肃亚欣大药房连锁有限公司
24	甘肃众友医药连锁有限公司
25	兰州安泰堂医药连锁有限公司
26	肃绿叶医药连锁经营有限责任公司
27	兰州圣济堂大药房
28	兰州连海保健化妆品公司下窑药店
29	兰州万众药店
30	永登城关福寿堂药店
31	榆中顺泰堂药店
32	安宁天福药店
33	皋兰石洞宏利药店
34	甘肃天成实业公司兰州药房
35	拱星墩仁德堂药店
36	窑街康泰堂大药房
37	兰州仁民大药房
38	兰州众仁堂药店
39	兰州城关区同庆和药房
40	下西园同庆和药店
41	金港城同庆和药店
42	兰州市七里河区阿干医药门市部
43	兰州市城关区永济堂药店
44	七里河市民药房
45	兰州高新区宝中堂药店
46	兰州现代中医药研究所附属药店
47	兰州庆康药店
48	兰州市城关区友盛药店
49	兰州长安医药有限公司
	宁夏回族自治区
1	宁夏国大药房连锁有限公司

第五部分 药品流通企业所有制情况

2012年药品零售直报企业所有制结构统计表

企业登记注册类型	主营业务收入（万元）	主营业务收入占比（%）	利润总额（万元）	利润总额占比（%）	利润率（%）	费用率（%）)	毛利率（%）
国有企业	17511293	46.5	4326325	49.7	2.5	5.3	7.4
集体企业	69201	0.2	1946	0.0	0.3	8.9	9.1
股份合作企业	155923	0.4	38836	0.4	2.5	2.9	5.5
有限责任公司	13849562	36.8	2914113	33.5	2.1	8.7	10.9
股份有限公司	4649291	12.4	864997	9.9	1.9	10.0	10.9
私营企业	905577	2.4	369378	4.2	4.1	11.5	16.8
其他企业	221345	0.6	40730	0.5	1.8	22.0	24.5
港、澳、台商投资企业	165359	0.4	114125	1.3	6.9	31.3	35.5
外商投资	105957	0.3	40981	0.5	3.9	16.9	19.7
汇总	37633507	100.0	8711431	100.0	2.3	7.5	9.6

第六部分 药品批发企业物流情况

2012 年药品流通企业物流仓储面积前 100 位排序

排名	企业名称	仓储面积（平方米）	自有配送中心数量（个）	自有配送车辆数（辆）
1	九州通医药集团有限公司	1060000	50	1088
2	中国医药集团总公司	700000	128	1104
3	重庆医药（集团）股份有限公司	160366	32	258
4	四川科伦医药贸易有限公司	120000	20	616
5	重庆桐君阁股份有限公司	108000	20	167
6	天津天士力医药营销集团有限公司	99000	6	77
7	深圳市海王星辰医药有限公司	61000	18	45
8	河南省康信医药有限公司	60000	1	15
9	江西汇仁集团医药科研营销有限公司	54500	7	49
10	南京医药股份有限公司	53450	14	76
11	华润新龙（北京）医药有限公司	53287	1	34
12	鹭燕（福建）药业股份有限公司	52166	12	78
13	长沙双鹤医药有限责任公司	51000	14	25
14	华东医药股份有限公司	50500	2	46
15	浙江英特药业有限责任公司	50000	1	42
16	华润医药商业集团有限公司	47236	4	54
17	贵州康心医药有限公司	46889	1	33
18	云南昊邦医药销售有限公司	45000	1	10
19	石药集团河北中诚医药有限公司	42500	3	98
20	广东大参林连锁药店有限公司	42300	4	50
21	天津中新药业集团股份有限公司医药公司	42200	20	78
22	云南东骏药业有限公司	42000	10	120
23	上海医药分销控股份有限公司	41800	4	120
24	合肥康丽药业有限责任公司	41300	11	76
25	上海华宇药业有限公司	37930	2	14
26	山东海王银河医药有限公司	36000	13	54
27	广州医药有限公司	35000	2	74
28	宁波市鄞州医药药材有限公司	32000	1	9
29	浙江珍诚医药在线股份有限公司	30000	1	26

排名	企业名称	仓储面积（平方米）	自有配送中心数量（个）	自有配送车辆数（辆）
30	江苏省医药公司	30000	1	22
31	吉林省天和医药科技有限公司	30000	1	4
32	哈药集团医药有限公司	30000	1	74
33	中国北京同仁堂（集团）有限责任公司	28562	8	41
34	长春永新迪瑞药业有限公司	28000	1	43
35	浙江华通医药股份有限公司	27295	1	10
36	华润辽宁医药有限公司	27000	1	50
37	同济堂医药有限公司	25000	1	61
38	上海雷允上药业有限公司	25000	1	37
39	安徽华源医药股份有限公司	25000	1	46
40	华润吉林康乃尔医药有限公司	23478	2	25
41	浙江震元股份有限公司	23400	1	2
42	广西柳州医药股份有限公司	23000	1	54
43	四川省医药集团有限责任公司	22000	1	33
44	北京科园信海医药经营有限公司	21068	1	68
45	回音必集团有限公司	21000	3	6
46	福建省华侨实业集团有限责任公司	20200	10	50
47	浙江嘉信医药股份有限公司	20000	1	4
48	云南省医药有限公司	20000	1	40
49	天津医药集团太平医药有限公司	20000	1	26
50	上海浦东新区医药药材有限公司	20000	1	12
51	山东宏济堂医药集团有限公司	20000	11	55
52	青岛天合医药集团股份有限公司	20000	9	73
53	江苏大众医药连锁有限公司	20000	1	17
54	东北制药集团供销有限公司	20000	1	30
55	山东瑞中医药有限公司	19327	2	40
56	厦门宏仁医药有限公司	19000	2	17
57	西安京西双鹤医药贸易有限公司	19000	1	11
58	山东瑞康医药股份有限公司	19000	9	80
59	山东省医药集团有限公司	18920	6	21
60	浙江复星医药有限公司	18400	1	6
61	云南南亚药港物流配送有限公司	18000	1	2

排名	企业名称	仓储面积（平方米）	自有配送中心数量（个）	自有配送车辆数（辆）
62	成都百信药业连锁有限责任公司	18000	2	45
63	盐城百科药业有限公司	17400	1	18
64	日照医药集团	17065	3	14
65	云南医药工业股份有限公司	17000	1	18
66	达州市天泰药业集团有限公司	17000	1	30
67	云南佳能达医药有限公司	16800	1	59
68	华润牡丹江天利医药有限公司	16000	1	10
69	合肥市迪迈医药有限公司	16000	1	25
70	广东振东泰捷医药物流有限公司	16000	1	30
71	山东康诺盛世医药有限公司	15181	1	20
72	云南同丰医药有限公司	15000	1	28
73	四川天寿药业有限公司	15000	2	27
74	汕头市创美药业有限公司	15000	1	66
75	兰州西城药业有限责任公司	15000	7	29
76	安徽省医药（集团）股份有限公司	15000	1	23
77	山东康惠医药有限公司	14120	1	40
78	华润苏州礼安医药有限公司	14000	1	26
79	赤峰雷蒙药品经销有限公司	14000	1	0
80	吉林省北药医药股份有限公司	13799	1	12
81	宁波市镇海医药药材有限责任公司	13400	1	4
82	张家口华佗医药经营有限公司	13333	1	20
83	上海永裕医药有限公司	13301	2	0
84	上虞市医药有限责任公司	13200	1	9
85	陕西华远医药集团有限公司	13000	1	53
86	湖北百惠医药有限公司	13000	1	16
87	广州中山医医药有限公司	12578	1	10
88	湖南博瑞新特药有限公司	12100	1	46
89	云南双鹤医药有限公司	12000	3	15
90	世一堂百川医药商贸有限公司	12000	1	46
91	江西上饶医药股份有限公司	12000	1	10
92	湖北华立正源医药有限公司	12000	1	5
93	河北东盛英华医药有限公司	12000	0	0

排名	企业名称	仓储面积（平方米）	自有配送中心数量（个）	自有配送车辆数（辆）
94	华润河南医药有限公司	11350	1	14
95	常熟建发医药有限公司	11200	1	2
96	南通华氏佳源医药有限公司	11000	1	12
97	武汉医药集团股份有限公司	10800	4	18
98	湖北康欣医药有限公司	10500	1	37
99	南通苏中医药物流有限公司	10497	1	17
100	陕西医药控股集团派昂医药有限责任公司	10450	1	60
合计		4554148	541	6510

注：排序依据商务部药品流通统计直报系统数据。由于华润医药商业集团有限公司未提供集团汇总口径数据，故其子公司体现在排序中。

2012年典型药品批发企业物流费用统计表

序号	企业名称	物流费用			物流费用率（%）
		费用总额（千元）	自主配送费用（千元）	委托配送费用（千元）	
1	四川科伦医药贸易有限公司	401452	401452	0	3.08
2	云南东骏药业有限公司	175200	140160	35040	5.84
3	东北制药集团供销有限公司	161368	161368	0	4.33
4	天津中新药业集团股份有限公司医药公司	158421	158421	0	3.88
5	江西汇仁集团医药科研营销有限公司	144586	122898	21688	5.20
6	常州药业股份有限公司	94490	94490	0	3.63
7	湖南博瑞新特药有限公司	92328	73862	18466	4.36
8	山东宏济堂医药集团有限公司	78956	78956	0	3.99
9	深圳市海王星辰医药有限公司	52000	52000	0	2.05
10	上海虹桥药业有限公司	46344	46344	0	3.94
11	常熟建发医药有限公司	44214	44214	0	3.87
12	合肥市迪迈医药有限公司	42496	39097	3399	5.76
13	山东康诺盛世医药有限公司	42121	42121	0	3.51
14	福建九州通医药有限公司	32784	32784	0	2.63
15	江苏恩华和润医药有限公司	29527	29527	0	2.84
16	上海雷允上药业西区有限公司	28273	28273	0	4.76
17	福建东南医药有限公司	24518	24518	0	5.17
18	江苏省盐城药业有限公司	20564	20564	0	4.00
19	浙江宝瑞医药有限公司	20395	20191	204	3.53
20	青岛天合医药集团股份有限公司	19671	19671	0	2.37
21	淄博众生医药有限公司	19325	19325	0	3.35
22	南通苏中医药物流有限公司	18908	18908	0	2.98
23	日照医药集团	18725	18725	0	6.93
24	上海浦东新区医药药材有限公司	18668	18668	0	4.58
25	广东振东泰捷医药物流有限公司	16430	16430	0	2.92
26	西安京西双鹤医药贸易有限公司	15972	15972	0	6.12
27	云南省玉溪医药有限责任公司	15785	15785	0	6.22
28	西安双鹤医药股份有限公司	15212	15212	0	2.14
29	宁波市镇海医药药材有限责任公司	14474	14474	0	5.74
30	重庆医药工业有限责任公司	13950	13950	0	6.38
31	上海药房股份有限公司	13788	13788	0	5.07

序号	企业名称	物流费用			物流费用率（%）
		费用总额（千元）	自主配送费用（千元）	委托配送费用（千元）	
32	山东鑫康弘医药有限公司	13259	13259	0	3.00
33	浙江大德药业集团浙江医药公司	12471	12471	0	2.06
34	宜昌市康鑫医药经销有限公司	11605	11605	0	5.85
35	山西振东医药有限公司	11581	4633	6948	4.28
36	河南省博济光明医药有限公司	10909	10909	0	3.20
37	浙江省新昌县医药药材有限公司	10658	1658	9000	2.41
38	四川天寿药业有限公司	10460	9410	1050	5.64
39	甘肃同济药业有限责任公司	10150	10150	0	4.95
40	宁夏华源耀康医药有限公司	9752	9752	0	3.14
41	山东鑫伟力药品有限公司	9446	9446	0	5.27
42	上海医药股份有限公司黄山华氏有限公司	8955	7164	1791	4.29
43	滁州市天成药业有限公司	8951	5370	3581	4.40
44	本溪市医药总公司	8611	8611	0	5.49
45	海南中大药业有限公司	8099	0	8099	6.53
46	厦门钜翔医药有限公司	8023	6392	1631	3.58
47	上海云湖医药药材股份有限公司	7307	7307	0	3.02
48	上海新世纪药业有限公司	7001	7001	0	2.47
49	湖北独活药业股份有限公司	6827	6827	0	2.60
50	北京同仁堂药材有限责任公司	6339	6339	0	4.26
51	云南恩红（集团）有限公司	6335	6335	0	3.04
52	云南昊邦医药销售有限公司	5950	5896	54	2.00
53	绥化市医药有限公司	5718	5718	0	4.92
54	四川知仁医药有限责任公司	5329	4308	1021	6.20
55	浙江省嵊州市医药药材总公司	4997	4692	305	3.47
56	怀化龙源药业有限责任公司	4982	1982	3000	2.47
57	晋中市新都药业有限公司	4746	4746	0	4.89
58	山西通盛集团医药物流有限公司	4694	4694	0	4.63
59	康阳先锋（北京）生物医药有限公司	4424	4424	0	2.33
60	赤峰颈复康药业有限公司	4371	4371	0	2.27
61	云南龙马药业有限公司	4226	4165	61	3.16
62	山西福康源药业有限公司	4128	4128	0	4.73
63	新龙药业集团恩施有限公司	3980	3980	0	5.09

序号	企业名称	物流费用			物流费用率（%）
		费用总额（千元）	自主配送费用（千元）	委托配送费用（千元）	
64	邵阳九福药业有限公司	3815	3815	0	3.02
65	国药控股韶关有限公司	3782	3782	0	2.87
66	云南双鹤医药有限公司	3720	3179	541	3.12
67	苍南县宏泰医药有限公司	3691	3691	0	4.00
68	北京益普四环医药公司	3658	3658	0	4.97
69	建德市医药药材有限公司	3563	3193	370	3.64
70	云南省开远三发医药经贸公司	3552	3552	0	3.40
71	福建惠好药业有限公司	3500	3425	75	3.58
72	昭通市雄风药业有限公司	3471	3471	0	3.41
73	宜昌市瑞康医药有限责任公司	3383	3383	0	2.48
74	贵州紫凡药品有限公司	3354	3000	354	3.51
75	四川雅安安康盛中药材有限责任公司	3294	3294	0	6.47
76	呼伦贝尔市同致药业有限责任公司	3197	3197	0	2.30
77	江苏华美医药有限责任公司	3092	3092	0	2.71
78	贵州斯瑞医药有限责任公司	3061	2449	612	2.37
79	云南省保山市医药有限责任公司	3024	3024	0	2.86
80	咸阳市医药总公司	3015	3015	0	2.77
81	南京新澳康医药有限公司	2918	2305	613	4.92
82	恩施自治州恒信药业有限责任公司	2915	2915	0	3.31
83	无锡东方药业有限公司	2851	2851	0	2.03
84	云南腾瑞医药有限公司	2841	2841	0	4.06
85	宜昌万和医药有限责任公司	2508	2508	0	5.32
86	云南杰康药业有限公司	2478	2478	0	3.00
87	北京华方科泰医药有限公司	2391	0	2391	4.42
88	四川太星药业有限公司	2385	1670	715	2.99
89	云南鸿润药业有限公司	2261	51	2210	3.00
90	青海心达药业有限公司	2185	2185	0	2.36
91	山东滨州圣慷药业有限公司	2160	2160	0	2.92
92	浙江嘉兴百仁医药有限公司	1913	1913	0	2.17
93	北京鹤年堂医药有限责任公司	1840	1840	0	2.06
94	云南湘鹤药业有限公司	1780	1780	0	3.12
95	海南思达药业有限公司	1768	1768	0	6.76

序号	企业名称	物流费用			物流费用率（%）
		费用总额（千元）	自主配送费用（千元）	委托配送费用（千元）	
96	福建鸿越医药有限公司	1674	1674	0	3.29
97	吉林亚泰华氏医药有限公司	1600	400	1200	3.87
98	乐清市医药公司	1538	1538	0	5.33
99	湖南长锋医药有限公司	1409	1409	0	2.74
100	海南泽田医药有限公司	1355	753	602	3.90
101	凉山洲西部医药有限责任公司	1162	1162	0	3.42
102	孝感市孝南中药材公司	1155	1155	0	4.08
103	奉化市医药药材有限公司	996	996	0	3.09
104	贵州赤水黔北医药有限公司	870	870	0	4.04
105	丰县医药总公司	829	829	0	2.40
106	湖北聚隆药业有限公司（荆门）	775	775	0	2.45
107	海南华元药业有限公司	763	0	763	2.66
108	山西省阳泉市医药药材公司	747	747	0	2.60
109	湖南新汇医药有限公司	701	701	0	2.43
110	敦化市药品经销有限责任公司	596	596	0	2.94
111	贵州家诚医药销售有限公司	186	0	186	3.06
112	山西信成药业有限公司朔州分公司	169	169	0	5.59
113	北京吉康安顺生物医药有限公司	88	0	88	3.45
114	澄迈县医药发展公司	83	55	28	3.01
最大值		401452	401452	35040	6.93
最小值		83	0	0	2.00
平均值		19696	18590	1106	3.78

注：仅提取费用率在2%–7%范围内的企业。

2012年药品批发及批零兼营直报企业配送中心统计表

序号	企业名称	行业类别	配送中心数量		
			总数（个）	自有配送中心数（个）	非自有配送中心数（个）
1	九州通医药集团有限公司	批发	48	48	0
2	上海医药集团股份有限公司	批发	45	45	0
3	北京怡康弘医药有限公司	批发	44	44	0
4	重庆桐君阁股份有限公司	批零兼营	35	20	15
5	青海省富康医药集团有限责任公司	批发	32	1	31
6	温州时代医药有限公司	批发	22	5	17
7	天津中新药业集团股份有限公司医药公司	批发	20	20	0
8	灵石县药业有限责任公司	批发	19	19	0
9	澄迈县医药发展公司	批发	18	18	0
10	上海科泽医药有限公司	批发	17	0	17
11	四川科伦医药贸易有限公司	批发	16	16	0
12	深圳市海王星辰医药有限公司	批发	16	16	0
13	中国北京同仁堂（集团）有限责任公司	批零兼营	16	14	2
14	长沙双鹤医药有限责任公司	批发	14	14	0
15	四川太极大药房连锁有限公司	批零兼营	14	9	5
16	山东海王银河医药有限公司	批发	13	13	0
17	北京同仁堂商业投资集团有限公司	批零兼营	13	13	0
18	天津天士力医药营销集团有限公司	批零兼营	13	9	4
19	鹭燕（福建）药业股份有限公司	批发	12	12	0
20	合肥康丽药业有限责任公司	批发	12	12	0
21	国药控股河南股份有限公司	批发	12	0	12
22	中国药材公司	批发	10	6	4
23	山东宏济堂医药集团有限公司	批发	10	10	0
24	云南东骏药业有限公司	批零兼营	10	10	0
25	中国医药集团总公司	批零兼营	10	6	4
26	南京医药股份有限公司	批零兼营	10	6	4
27	青岛天合医药集团股份有限公司	批发	9	9	0
28	山东瑞康医药股份有限公司	批发	9	9	0
29	新龙药业集团	批发	9	0	9
30	国药控股山东有限公司	批发	8	8	0

序号	企业名称	行业类别	配送中心数量		
			总数（个）	自有配送中心数（个）	非自有配送中心数（个）
31	石药集团河北中诚医药有限公司	批零兼营	8	3	5
32	* 华润医药商业集团有限公司	批零兼营	7	7	0
33	国药控股山西有限公司	批发	7	7	0
34	国药控股湖南有限公司	批发	7	7	0
35	兰州西城药业有限责任公司	批发	7	3	4
36	山东省医药集团有限公司	批零兼营	7	7	0
37	上海医药分销控股份有限公司	批发	6	6	0
38	国药控股贵州公司	批发	6	6	0
39	修正药业集团营销有限公司	批发	5	0	5
40	海南三精欣长盛药业有限公司	批发	5	0	5
41	国药控股云南有限公司	批发	5	5	0
42	云南佳能达医药有限公司	批发	5	5	0
43	国药控股宁夏有限公司	批发	5	5	0
44	四川太星药业有限公司	批发	4	1	3
45	海南盛南药业有限公司	批发	4	4	0
46	安徽海通医药股份有限公司	批发	4	0	4
47	武汉医药集团股份有限公司	批发	4	4	0
48	广东九州通医药有限公司	批发	4	4	0
49	海南天祥药业有限公司	批发	4	0	4
50	广东大参林连锁药店有限公司	批零兼营	4	4	0
51	云南新生命药业有限公司	批零兼营	4	4	0
52	成都市蓉锦医药贸易有限公司	批零兼营	4	4	0
53	安徽华源医药股份有限公司	批发	3	3	0
54	国药控股沈阳有限公司	批发	3	3	0
55	江西南华医药有限公司	批发	3	3	0
56	日照医药集团	批发	3	3	0
57	衡阳瑞源药业有限公司	批发	3	3	0
58	海南华健药业有限公司	批发	3	3	0
59	贵州斯瑞医药有限责任公司	批发	3	3	0
60	青海心达药业有限公司	批发	3	3	0
61	云南双鹤医药有限公司	批零兼营	3	3	0

序号	企业名称	行业类别	配送中心数量		
			总数（个）	自有配送中心数（个）	非自有配送中心数（个）
62	回音必集团有限公司	批零兼营	3	3	0
63	泸州宝光医药有限公司	批发	2	2	0
64	浙江省嵊州市医药药材总公司	批发	2	2	0
65	江苏省润天生化医药有限公司	批发	2	2	0
66	台州上药医药有限公司	批发	2	2	0
67	华东医药股份有限公司	批发	2	0	2
68	吉林省东龙医药物流配送有限公司	批发	2	1	1
69	国药控股北京有限公司	批发	2	1	1
70	华润吉林康乃尔医药有限公司	批发	2	2	0
71	上海华宇药业有限公司	批发	2	2	0
72	上药山禾无锡医药股份有限公司	批发	2	2	0
73	厦门宏仁医药有限公司	批发	2	2	0
74	福建九州通医药有限公司	批发	2	2	0
75	国药控股聊城有限公司	批发	2	2	0
76	南京医药湖北有限公司	批发	2	2	0
77	湖南天士力民生药业有限公司	批发	2	2	0
78	国药控股海南有限公司	批发	2	2	0
79	海南天瑞药业有限公司	批发	2	2	0
80	昆明制药集团医药商业有限公司	批发	2	1	1
81	成都百信药业连锁有限责任公司	批零兼营	2	0	2
82	绵阳天源堂医药连锁有限公司	批零兼营	2	1	1
83	山西亨通医药批发有限公司	批零兼营	2	2	0
84	四川天寿药业有限公司	批零兼营	2	2	0
85	武汉普安医药有限公司	批零兼营	2	2	0
86	四川雅安安康盛中药材有限责任公司	批零兼营	2	2	0
87	淄博众生医药有限公司	批零兼营	2	2	0
88	华润天津医药有限公司	批零兼营	2	2	0
89	安徽省安天医药有限公司	批零兼营	2	2	0
90	河南省康信医药有限公司	批零兼营	2	1	1
91	四川省南充药业（集团）有限公司	批零兼营	2	2	0
合计			740	577	163

统计范围：含有2家以上配送中心的全部批发及批零兼营直报企业，集团企业在表中用*表示。

2012年药品零售直报企业配送中心统计表

序号	企业名称	行业类别	配送中心数量		
			总数（个）	自有配送中心数（个）	非自有配送中心数（个）
1	海南广安堂药品超市连锁经营有限公司	零售	38	0	38
2	国药控股国大药房有限公司	零售	23	0	23
3	哈尔滨宝丰医药连锁有限公司	零售	7	0	7
4	辽宁成大方圆医药连锁有限公司	零售	5	5	0
5	深圳中联大药房控股有限公司	零售	4	0	4
6	云南健之佳健康连锁店股份有限公司	零售	4	4	0
7	益丰大药房连锁股份有限公司	零售	4	4	0
8	南京国药医药有限公司	零售	4	4	0
9	北京永安复星医药股份有限公司	零售	3	3	0
10	重庆桐君阁大药房连锁有限公司	零售	2	2	0
11	江西萍乡市昌盛大药房连锁有限公司	零售	2	2	0
12	日照真诚大药房有限公司	零售	2	2	0
13	山东利民大药店连锁有限公司	零售	2	1	1
14	东营益生堂药业连锁有限公司	零售	2	2	0
15	武汉普安医药有限公司	零售	2	2	0
16	江西昌盛医药有限公司	零售	2	2	0
17	四川康贝大药房连锁有限公司	零售	1	1	0
18	深圳市南北药行连锁有限公司	零售	1	1	0
19	上海复美益星大药房连锁公司	零售	1	0	1
20	哈尔滨人民同泰医药连锁店	零售	1	1	0
21	广西一心医药有限责任公司	零售	1	1	0
22	吉林大药房药业股份有限公司	零售	1	1	0
23	吉林省益和大药房有限公司	零售	1	1	0
24	赤峰雷蒙大药房连锁有限公司	零售	1	1	0
25	济南漱玉平民大药房有限公司	零售	1	1	0
26	江西黄庆仁栈华氏大药房	零售	1	1	0
27	河南张仲景大药房股份有限公司	零售	1	1	0
28	中山市中智大药房连锁有限公司	零售	1	1	0

序号	企业名称	行业类别	配送中心数量		
			总数（个）	自有配送中心数（个）	非自有配送中心数（个）
29	襄阳天济大药房连锁有限责任公司	零售	1	1	0
30	北京嘉事堂连锁药店有限责任公司	零售	1	0	1
31	赤峰人川大药房连锁有限公司	零售	1	1	0
32	金华市九德堂医药连锁有限公司	零售	1	1	0
33	张家口市华佗药房连锁有限公司	零售	1	1	0
34	山西荣华大药房连锁有限公司	零售	1	1	0
35	上海余天成药业连锁有限公司	零售	1	1	0
36	福建惠好四海医药连锁有限责任公司	零售	1	1	0
37	山东潍坊海王星辰民康连锁药店有限公司	零售	1	0	1
38	济宁新华鲁抗大药房有限公司	零售	1	1	0
39	湖南国大民生堂药房连锁有限公司	零售	1	1	0
40	德州颐寿医药连锁有限公司	零售	1	1	0
41	武汉东明药房连锁有限公司	零售	1	1	0
42	武汉马应龙大药房连锁有限公司	零售	1	1	0
43	河北神威大药房连锁有限公司	零售	1	0	1
44	山西长城药品零售连锁有限公司	零售	1	1	0
45	山西仁和大药房连锁有限公司	零售	1	1	0
46	菏泽牡丹大药房连锁有限公司	零售	1	1	0
47	浙江瑞人堂医药连锁有限公司	零售	1	1	0
48	浙江震元医药连锁有限公司	零售	1	1	0
49	章丘健民医药有限公司	零售	1	1	0
50	宁波四明大药房有限责任公司	零售	1	1	0
51	宁波市正源大药房有限公司	零售	1	1	0
52	长治市昂生大药房零售连锁有限公司	零售	1	0	1
53	山东益寿堂药业有限公司	零售	1	0	1
54	上海医药嘉定大药房连锁有限公司	零售	1	0	1
55	浙江华联医药连锁有限公司	零售	1	0	1
56	青岛祥泰药庄连锁有限公司	零售	1	1	0
57	上海汇丰大药房有限公司	零售	1	1	0

序号	企业名称	行业类别	配送中心数量		
			总数（个）	自有配送中心数（个）	非自有配送中心数（个）
58	娄底市康一馨街大药房零售连锁有限公司	零售	1	1	0
59	北京德威治医药连锁有限责任公司	零售	1	1	0
60	石家庄乐仁堂医药连锁有限责任公司	零售	1	1	0
61	宁波彩虹大药房有限公司	零售	1	1	0
62	安徽丰原大药房连锁有限公司	零售	1	1	0
63	上海云湖医药连锁经营有限公司	零售	1	1	0
64	开封市百氏康医药连锁有限公司	零售	1	1	0
65	德阳市德园堂零售连锁药业有限公司	零售	1	1	0
66	恩施市元昌医药有限责任公司	零售	1	1	0
67	攀枝花市敬仁堂医药连锁有限责任公司	零售	1	1	0
68	上海童涵春堂药业连锁经营有限公司	零售	1	1	0
69	北京医保全新大药房连锁有限公司	零售	1	0	1
70	金华市尖峰大药房连锁有限公司	零售	1	1	0
71	贵州华氏大药房延安连锁有限公司	零售	1	1	0
72	吉林省合兴健康药房连锁有限责任公司	零售	1	1	0
73	上海药房连锁有限公司	零售	1	1	0
74	福州回春医药连锁有限公司	零售	1	1	0
75	北京永安堂医药连锁有限责任公司	零售	1	1	0
76	山西临汾竹林大药房连锁有限公司	零售	1	0	1
77	嵊州市易心堂大药房有限公司	零售	1	1	0
78	江西开心人大药房连锁有限公司	零售	1	0	1
79	上海雷允上西区药品零售有限公司	零售	1	1	0
80	河北圣诺新特药连锁有限公司	零售	1	1	0
81	成都九鼎药房连锁有限责任公司	零售	1	1	0
82	老百姓大药房连锁（山东）有限公司	零售	1	0	1
83	广西玉林市至真药业连锁有限责任公司	零售	1	1	0
84	北京市京隆堂医药有限公司	零售	1	0	1
85	广西南宁朝阳大药房连锁有限责任公司	零售	1	1	0
86	国药控股国大药房内蒙古有限公司	零售	1	1	0

序号	企业名称	行业类别	配送中心数量		
			总数（个）	自有配送中心数（个）	非自有配送中心数（个）
87	浙江省诸暨市人民药店医药连锁公司	零售	1	1	0
88	文水县晋强神威大药房	零售	1	1	0
89	内蒙古万民药房连锁有限公司	零售	1	1	0
90	吉林省吉深医药实业有限公司	零售	1	1	0
91	北京市济安堂药店	零售	1	1	0
92	上海雷允上南翔医药有限公司	零售	1	1	0
93	先声再康江苏药业有限公司	零售	1	1	0
94	温州同仁医药连锁有限公司	零售	1	1	0
合计			184	98	86

统计范围：含有配送中心的全部药品零售直报企业。

第七部分 药品流通企业配送情况

2012 年药品批发企业国家基本药物配送情况统计表

序号	企业名称	配送费用（千元）	城市（含县城）社区卫生服务机构		县以下基层医疗卫生机构	
			配送费用(千元)	占比（%）	配送费用(千元)	占比（%）
1	华润医药商业集团有限公司	77862	46793	60.10	31069	39.90
2	天津中新药业集团股份有限公司医药公司	50500	47804	94.66	2696	5.34
3	云南恩红（集团）有限公司	48573	15036	30.96	33537	69.04
4	国药控股湖北有限公司	43380	17350	40.00	26030	60.00
5	长沙双鹤医药有限责任公司	42146	7058	16.75	35088	83.25
6	修正药业集团营销有限公司	31961	21586	67.54	10375	32.46
7	国药控股河南股份有限公司	27659	11063	40.00	16596	60.00
8	山东宏济堂医药集团有限公司	26833	26833	100.00	0	0.00
9	南通市医药经销有限公司	25365	9512	37.50	15853	62.50
10	常州药业股份有限公司	24300	24300	100.00	0	0.00
11	上海雷允上药业有限公司	20207	8749	43.30	11458	56.70
12	安徽天禾药业有限公司	19927	11759	59.01	8168	40.99
13	上海虹桥药业有限公司	19656	6880	35.00	12776	65.00
14	罗欣医药集团有限公司	16187	4305	26.60	11882	73.40
15	江西汇仁集团医药科研营销有限公司	15715	786	5.00	14929	95.00
16	山东新华医药贸易有限公司	15325	8716	56.87	6609	43.13
17	国药控股山东有限公司	13756	2635	19.16	11121	80.84
18	海南华健药业有限公司	13516	2589	19.16	10927	80.84
19	江苏省医药公司	13378	10374	77.55	3004	22.45
20	浙江省医药工业有限公司	12128	2608	21.50	9520	78.50
21	海南同心浩药业有限公司	12100	8070	66.69	4030	33.31
22	山西临汾医药药材有限公司	12013	9009	74.99	3004	25.01
23	上海雷允上药业西区有限公司	11432	11432	100.00	0	0.00
24	安徽华源医药股份有限公司	10994	2760	25.10	8234	74.90
25	赤峰雷蒙药品经销有限公司	10889	8799	80.81	2090	19.19
26	福建同春药业股份有限公司	10662	9481	88.92	1181	11.08
27	陕西怡康医药有限责任公司	10396	3119	30.00	7277	70.00
28	华东医药股份有限公司	9692	8471	87.40	1221	12.60
29	闽宁医药有限公司	9569	956	9.99	8613	90.01

序号	企业名称	配送费用（千元）	城市（含县城）社区卫生服务机构		县以下基层医疗卫生机构	
			配送费用(千元)	占比（%）	配送费用(千元)	占比（%）
30	张家口市华佗药房连锁有限公司	9000	3000	33.33	6000	66.67
31	四川天寿药业有限公司	8573	4960	57.86	3613	42.14
32	山东康诺盛世医药有限公司	8424	2527	30.00	5897	70.00
33	成都百信药业连锁有限责任公司	8325	0	0.00	8325	100.00
34	广州中山医医药有限公司	7601	2432	32.00	5169	68.00
35	日照医药集团	7453	2186	29.33	5267	70.67
36	合肥康丽药业有限责任公司	7304	1826	25.00	5478	75.00
37	青海省富康医药集团有限责任公司	7254	1813	24.99	5441	75.01
38	上海医药股份有限公司黄山华氏有限公司	7164	1432	19.99	5732	80.01
39	上海信谊联合医药药材有限公司	7127	7127	100.00	0	0.00
40	国药控股宁夏有限公司	7018	4913	70.01	2105	29.99
41	威海市天福医药有限公司	6834	5457	79.85	1376	20.13
42	自贡市医药有限公司	6800	4500	66.18	2300	33.82
43	北京恒生海康医药有限公司	6362	1401	22.02	4961	77.98
44	浙江华通医药股份有限公司	6221	679	10.91	5542	89.09
45	山东海王银河医药有限公司	5925	2428	40.98	3497	59.02
46	广东振东泰捷医药物流有限公司	5750	5750	100.00	0	0.00
47	江苏恩华和润医药有限公司	5665	428	7.56	5237	92.44
48	衡阳市同德祥医药有限公司	5519	2207	39.99	3312	60.01
49	江苏淮阴医药有限公司	5500	1500	27.27	4000	72.73
50	青岛华氏国风医药有限责任公司	5391	5391	100.00	0	0.00
51	华润苏州礼安医药有限公司	5307	5307	100.00	0	0.00
52	山东鑫康弘医药有限公司	5303	3182	60.00	2121	40.00
53	福建新力量医药有限公司	5235	549	10.49	4686	89.51
54	北京市金安健医药经销中心	4904	3924	80.02	980	19.98
55	上海汇丰医药药材有限公司	4748	3281	69.10	1467	30.90
56	华润辽宁医药有限公司	4530	0	0.00	4530	100.00
57	国药控股镇江有限公司	4505	2118	47.01	2387	52.99
58	东阳市医药药材有限公司	4431	1094	24.69	3337	75.31
59	厦门钜翔医药有限公司	4215	1690	40.09	2525	59.91
60	山东容大医药有限公司	4100	2000	48.78	2100	51.22
61	晋中市新都药业有限公司	4094	1540	37.62	2554	62.38

序号	企业名称	配送费用（千元）	城市（含县城）社区卫生服务机构		县以下基层医疗卫生机构	
			配送费用(千元)	占比（%）	配送费用(千元)	占比（%）
62	新龙药业集团恩施有限公司	3980	202	5.08	3778	94.92
63	上海市农工商长征医药有限公司	3890	3890	100.00	0	0.00
64	国药控股天津有限公司	3885	3108	80.00	777	20.00
65	宜昌市康鑫医药经销有限公司	3851	1539	39.96	2312	60.04
66	红河州佳宇药业有限公司	3767	1507	40.01	2260	59.99
67	海南悦健药业有限公司	3745	1440	38.45	2305	61.55
68	菏泽牡丹医药有限责任公司	3713	1559	41.99	2154	58.01
69	云南省玉溪医药有限责任公司	3592	0	0.00	3592	100.00
70	国药控股北京华鸿有限公司	3589	3589	100.00	0	0.00
71	哈药集团医药有限公司	3554	999	28.11	2555	71.89
72	云南佳能达医药有限公司	3500	0	0.00	3500	100.00
73	重庆长圣医药有限公司	3459	1582	45.74	1877	54.26
74	云南省开远三发医药经贸公司	3418	1432	41.90	1986	58.10
75	合肥市迪迈医药有限公司	3278	328	10.01	2950	89.99
76	常熟建发医药有限公司	3250	2275	70.00	975	30.00
77	青海心达药业有限公司	3184	3184	100.00	0	0.00
78	云南双鹤医药有限公司	3105	2484	80.00	621	20.00
79	江西仁翔药业有限公司	3085	1180	38.25	1905	61.75
80	四川省南充药业（集团）有限公司	3079	3000	97.43	79	2.57
81	贵州鼎圣药业有限公司	2921	1119	38.31	1802	61.69
82	北京市兴盛源医药药材有限责任公司	2896	0	0.00	2896	100.00
83	江苏科诚医药有限公司	2877	1706	59.30	1171	40.70
84	国药控股福建有限公司	2834	2834	100.00	0	0.00
85	云南通用药业有限公司	2813	2813	100.00	0	0.00
86	南京医药合肥天星有限公司	2732	171	6.26	2561	93.74
87	石药集团河北中诚医药有限公司	2701	348	12.88	2353	87.12
88	浙江宝瑞医药有限公司	2649	1060	40.02	1589	59.98
89	宜昌万和医药有限责任公司	2600	910	35.00	1690	65.00
90	湖北迪奥医药有限公司	2508	1504	59.97	1004	40.03
91	邵阳九福药业有限公司	2504	717	28.63	1787	71.37
92	云南东骏药业有限公司	2500	1300	52.00	1200	48.00
93	西安双鹤医药股份有限公司	2500	132	5.28	2368	94.72

序号	企业名称	配送费用（千元）	城市（含县城）社区卫生服务机构		县以下基层医疗卫生机构	
			配送费用(千元)	占比（%）	配送费用(千元)	占比（%）
94	宁波市鄞州医药药材有限公司	2391	957	40.03	1434	59.97
95	云南龙马药业有限公司	2287	149	6.52	2138	93.48
96	甘肃同济药业有限责任公司	2254	225	9.98	2029	90.02
97	连云港康缘医药商业有限公司	2253	553	24.55	1700	75.45
98	海南天瑞药业有限公司	2217	198	8.93	2019	91.07
99	山东省德州泰康药业有限公司	2196	1256	57.19	940	42.81
100	上海云湖医药药材股份有限公司	2192	1096	50.00	1096	50.00
101	河南省博济光明医药有限公司	2189	0	0.00	2189	100.00
102	吉林省北药医药股份有限公司	2184	726	33.24	1458	66.76
103	上海药房股份有限公司	2178	2178	100.00	0	0.00
104	上海罗达医药公司	2163	2163	100.00	0	0.00
105	上海新世纪药业有限公司	2162	2162	100.00	0	0.00
106	北京金象复星医药股份有限公司	2076	2076	100.00	0	0.00
107	北京燕烽医药有限责任公司	2062	2062	100.00	0	0.00
108	华润天津医药有限公司	2019	2019	100.00	0	0.00
109	江西上饶医药股份有限公司	2010	350	17.41	1660	82.59
110	盐城百科药业有限公司	2000	1000	50.00	1000	50.00
111	河南德尔康药业有限公司	2000	600	30.00	1400	70.00
112	贵州康心医药有限公司	2000	2000	100.00	0	0.00
113	云南省建水县兴达医药有限公司	1933	0	0.00	1933	100.00
114	四川太星药业有限公司	1800	300	16.67	1500	83.33
115	吉林亚泰华氏医药有限公司	1600	400	25.00	1200	75.00
116	厦门宏仁医药有限公司	1576	994	63.07	582	36.93
117	陕西医药控股集团派昂医药有限责任公司	1575	20	1.27	1555	98.73
118	南通苏中医药物流有限公司	1568	901	57.46	667	42.54
119	四川知仁医药有限责任公司	1568	210	13.39	1358	86.61
120	遵义医药有限公司	1516	285	18.80	1231	81.20
121	成都市蓉锦医药贸易有限公司	1500	250	16.67	1250	83.33
122	云南省保山市医药有限责任公司	1490	400	26.85	1090	73.15
123	湖北康欣医药有限公司	1452	0	0.00	1452	100.00
124	安徽省安天医药有限公司	1408	563	40.00	845	60.00
125	山西省长治医药有限公司	1391	278	19.99	1113	80.01

序号	企业名称	配送费用（千元）	城市（含县城）社区卫生服务机构		县以下基层医疗卫生机构	
			配送费用(千元)	占比（%）	配送费用(千元)	占比（%）
126	江西华晨医药科技有限公司	1382	876	63.39	506	36.61
127	广西柳州医药股份有限公司	1310	1026	78.32	284	21.68
128	淄博众生医药有限公司	1298	461	35.52	837	64.48
129	河南省康信医药有限公司	1289	903	70.02	387	29.98
130	张家口华佗医药经营有限公司	1288	280	21.74	1008	78.26
131	陕西华远医药集团有限公司	1278	1278	100.00	0	0.00
132	浙江大德药业集团浙江医药公司	1247	811	65.04	436	34.96
133	北京华康瑞通医药有限责任公司	1211	942	77.79	269	22.21
134	山西通盛集团医药物流有限公司	1071	322	30.07	749	69.93
135	江苏华康医药股份有限公司	1025	667	65.07	358	34.93
136	山东康惠医药有限公司	1004	446	44.42	558	55.58
137	辽宁北药百草医药有限公司	1002	435	43.41	567	56.59
138	国药控股陕西有限公司	1002	557	55.59	445	44.41
139	奉化市医药药材有限公司	996	172	17.27	824	82.73
140	湖北格林药业有限公司	986	231	23.43	755	76.57
141	孝感市孝南中药材公司	984	352	35.77	632	64.23
142	安徽省医药（集团）股份有限公司	970	314	32.37	656	67.63
143	上海市药材有限公司	968	968	100.00	0	0.00
144	吉林省吉林市医药有限责任公司	947	420	44.35	527	55.65
145	华润长春大格医药有限公司	934	795	85.12	139	14.88
146	温州时代医药有限公司	929	251	27.02	678	72.98
147	国药集团山西有限公司	926	154	16.63	772	83.37
148	绥化市医药有限公司	925	0	0.00	925	100.00
149	温州华东惠仁医药有限公司	921	0	0.00	921	100.00
150	上海海欣医药有限公司	921	912	99.02	9	0.98
151	贵州斯瑞医药有限责任公司	918	367	39.98	551	60.02
152	国药控股天津北方医药有限公司	918	918	100.00	0	0.00
153	四川雅安安康盛中药材有限责任公司	912	90	9.87	822	90.13
154	云南新世纪药业有限公司	910	0	0.00	910	100.00
155	达州市天泰药业集团有限公司	885	173	19.55	712	80.45
156	上海余天成医药有限公司	858	858	100.00	0	0.00
157	北京安捷利尔医药销售中心	831	831	100.00	0	0.00

序号	企业名称	配送费用（千元）	城市（含县城）社区卫生服务机构		县以下基层医疗卫生机构	
			配送费用（千元）	占比（%）	配送费用（千元）	占比（%）
158	上海新时代药业有限公司	816	571	70.00	245	30.00
159	韶关市卓兴药业有限公司	787	157	20.00	630	80.00
160	福建东南医药有限公司	782	482	61.64	300	38.36
161	赤峰颈复康药业有限公司	766	270	35.25	496	64.75
162	西安藻露堂药业集团有限责任公司	728	601	82.55	127	17.45
163	丰县医药总公司	718	0	0.00	718	100.00
164	国药乐仁堂医药有限公司	711	496	69.76	215	30.24
165	河南省新华药业有限公司	678	145	21.39	533	78.61
166	云南金辉药业有限公司	625	0	0.00	625	100.00
167	上海雷允上北区药业股份有限公司	592	236	39.86	356	60.14
168	山西康美徕医药有限公司	574	39	6.79	535	93.21
169	海南大西洋制药厂有限公司	565	517	91.50	48	8.50
170	云南药品第三方物流有限公司	556	500	89.93	56	10.07
171	华润吉林康乃尔医药有限公司	550	50	9.09	500	90.91
172	华润昆山医药有限公司	541	487	90.02	54	9.98
173	长春永新迪瑞药业有限公司	540	230	42.59	310	57.41
174	贵州弘一医药有限责任公司	534	115	21.54	419	78.46
175	四川遂宁市全泰堂药业有限公司	506	192	37.94	314	62.06
176	贵州民生药业有限公司	470	320	68.09	150	31.91
177	河南九州通医药有限公司	458	458	100.00	0	0.00
178	无锡东方药业有限公司	450	310	68.89	140	31.11
179	山东滨州圣慷药业有限公司	450	161	35.78	289	64.22
180	江苏华美医药有限责任公司	441	441	100.00	0	0.00
181	国药控股吉林有限公司	439	403	91.80	36	8.20
182	上药山禾无锡医药股份有限公司	438	176	40.18	262	59.82
183	宜昌市瑞康医药有限责任公司	434	46	10.60	388	89.40
184	广东济源堂药业有限公司	432	90	20.83	342	79.17
185	云南东昌医药股份有限公司	423	84	19.86	339	80.14
186	甘肃平凉国泰药业有限责任公司	420	324	77.14	96	22.86
187	温州市英特药业有限公司	409	347	84.84	62	15.16
188	国药控股山西有限公司	405	38	9.30	368	90.70
189	上海古华药业（集团）有限公司	400	200	50.00	200	50.00

序号	企业名称	配送费用（千元）	城市（含县城）社区卫生服务机构		县以下基层医疗卫生机构	
			配送费用（千元）	占比（%）	配送费用（千元）	占比（%）
190	湖北独活药业股份有限公司	376	85	22.61	291	77.39
191	海南大岛广药业有限公司	371	224	60.38	147	39.62
192	湖南德海医药有限公司	370	139	37.50	232	62.50
193	恩施自治州恒信药业有限责任公司	365	129	35.34	236	64.66
194	回音必集团有限公司	357	45	12.61	312	87.39
195	吉林省天和医药科技有限公司	347	60	17.29	287	82.71
196	湖南新汇医药有限公司	329	0	0.00	329	100.00
197	上海雷允上南翔医药有限公司	312	156	50.00	156	50.00
198	延边高丽医药有限公司	308	155	50.32	153	49.68
199	平阳县瓯南医药有限公司	298	165	55.37	133	44.63
200	国药控股广西有限公司	293	235	80.01	59	19.99
合计		1070283	536446	50.12	533836	49.88

注：仅提取按费用总额前200名。

第八部分 药品流通企业电子商务经营情况

具有互联网药品交易服务资格证书的药品流通企业名单

B2A
企业名称
1. 北京鹤麒医药电子商务有限公司（国 A20080001）
2. 民生医药配送中心有限公司（国 A20090001）
3. 上海伊邦医药信息科技有限公司（国 A20110001）
4. 通用医药电子商务有限公司（国 A20060001）
5. 北京先锋环宇电子商务有限责任公司（国 A20070001）
6. 海南卫虹医药电子商务有限公司（国 A20060002）
7. 合肥快易捷医药电子商务有限公司（国 A20070002）
8. 江西金利达电子商务有限公司（国 A20130001）

B2B
企业名称
1. 江苏柯菲平医药有限公司（苏 B20080001）
2. 浙江英特药业有限责任公司（浙 B20100001）
3. 北京医保中洋大药房有限公司（京 C20090002）
4. 郑州中原医疗器械城股份有限公司（豫 B20090002）
5. 四川科伦医药贸易有限公司（川 B20100001）
6. 北京九州通医药有限公司（京 B20080001）
7. 重庆加加林事丰科技有限公司（渝 B20080001）
8. 山东瑞阳制药有限公司（鲁 B20080001）
9. 安徽立方药业有限公司（皖 B20080001）
10. 上海复星医疗器械有限公司（沪 B20080001）
11. 广东百氏福药业有限公司（粤 B20090001）
12. 江苏可一医药有限公司（苏 B20090001）
13. 安徽华源医药股份有限公司（皖 B20090001）
14. 湖南商康医药电子商务有限公司（湘 B20110001）
15. 九州通医药集团股份有限公司（鄂 B20110001）
16. 华东医药股份有限公司（浙 B20110002）
17. 东莞市新文医药有限公司（粤 B20110001）

18. 甘肃惠森药业发展有限公司（甘 B20110001）
19. 昆明鑫源堂医药有限公司（滇 B20110002）
20. 山东大舜医药物流有限公司（鲁 B20100002）
21. 山东瑞康医药股份有限公司（鲁 B20100001）
22. 广州医药有限公司（粤 B20110002）
23. 浙江珍诚医药在线股份有限公司（浙 B20120001）
24. 云南省医药有限公司（滇 B20110001）
25. 浙江鸿汇医药物流有限公司（浙 B20110001）
26. 康美药业股份有限公司（粤 B20110003）
27. 河南九州通医药有限公司（豫 B20090001）
28. 云南东骏药业有限公司（滇 B20120001）
29. 广东二天堂药业有限公司（粤 B20120001）
30. 云南东融滇西中药材物流经营有限公司（滇 B20120002）
31. 云南佳能达医药有限公司（滇 B20120003）
32. 江西开心人医药物流有限公司（赣 B20110001）
33. 四川省医药股份有限公司（川 B20110001）
34. 成都拜欧药业有限公司（川 B20110002）
35. 河南省爱生医药物流有限公司（豫 B20110001）
36. 澄江县正飞中药材有限责任公司（滇 B20110003）
37. 江苏康之捷医药有限公司（苏 B20120002）
38. 无锡市凯顺医疗器械制造有限公司（苏 B20120001）
39. 国药控股广州有限公司（粤 B20120002）
40. 南京聚力医药科技有限公司（苏 B20120004）
41. 江苏阳生生物工程有限公司（苏 B20120003）
42. 国药控股河南股份有限公司（豫 B20120001）
43. 浙江康恩贝医药销售有限公司（浙 B20130001）
44. 湖南时代阳光医药有限公司（湘 B20130001）
45. 徐州医药股份有限公司（苏 B20130001）
46. 国药集团药业股份有限公司（京 B20130001）
47. 江苏澳洋医药物流有限公司（苏 B20130002）
48. 广东康之家药业有限公司（粤 B20130001）
49. 成都一零一医药有限公司（川 B20130001）

B2C
企业名称
1. 上海医药嘉定大药房连锁有限公司（沪 C20090001）
2. 北京好药师大药房连锁有限公司（京 C20090001）
3. 天津天士力大药房连锁有限公司（津 C20090001）
4. 江西开心人大药房连锁有限公司（赣 C20090001）
5. 徐州淮海药业有限公司（苏 B20100001）
6. 杭州九洲大药房连锁有限公司（浙 C20100001）
7. 重庆和平药房连锁有限责任公司（渝 C20100001）
8. 广州健民医药连锁有限公司（粤 C20100002）
9. 广州中医药大学大药房养和医药连锁有限公司（粤 C20100003）
10. 上海华源大药房连锁经营有限公司（沪 C20100001）
11. 北京嘉事堂连锁药店有限责任公司（京 C20100001）
12. 辽宁盛生堂药房连锁有限公司（辽 C20100001）
13. 广东壹号大药房连锁有限公司（粤 C20100001）
14. 深圳市海王星辰健康药房连锁有限公司（粤 C20100004）
15. 安徽省天健国药堂健康服务有限公司（皖 C20100001）
16. 四川仁博药房连锁有限公司（川 C20100001）
17. 武汉马应龙大药房连锁有限公司（鄂 C20100001）
18. 广州七乐康药业连锁有限公司（粤 C20100005）
19. 北京德威治医药连锁有限责任公司（京 C20100002）
20. 石家庄新兴药房连锁有限公司（冀 C20090001）
21. 重庆江岸大药房连锁有限公司（渝 C20090001）
22. 云南白药大药房有限公司（滇 C20120002）
23. 老百姓大药房连锁股份有限公司（湘 C20080001）
24. 重庆同生药房连锁有限公司（渝 C20080001）
25. 上海华氏大药房有限公司（沪 C20080002）
26. 广东健客医药有限公司（粤 C20090001）
27. 云南盘龙云海药品经营有限公司（云 C20090001）
28. 北京京卫元华医药科技有限公司（京 C20110001）
29. 广东康爱多连锁药店有限公司（粤 C20110001）

30. 上海药房连锁有限公司（沪 C20110001）
31. 贵州吉大夫药房连锁有限公司（黔 C20110001）
32. 青岛利群药品经营有限公司（鲁 C20100001）
33. 安徽立方连锁药房有限公司（皖 C20110001）
34. 韶关市乡亲药房连锁有限公司（粤 C20110007）
35. 张家口市华佗药房连锁有限公司（冀 C20110001）
36. 北京金象大药房医药连锁有限责任公司（京 C20110003）
37. 山西荣华大药房连锁有限公司（晋 C20120001）
38. 长治市昂生大药房零售连锁有限公司（晋 C20100001）
39. 北京养生堂药店有限公司（京 C20110002）
40. 深圳市亚洲大药房连锁有限公司（粤 C20110002）
41. 益丰大药房连锁股份有限公司（湘 C20110001）
42. 宁波四明大药房有限责任公司（浙 C20110001）
43. 广州百济新特药业连锁有限公司（粤 C20110003）
44. 广东康之家医药连锁有限公司（粤 C20110004）
45. 深圳市一德堂医药连锁有限公司（粤 C20110005）
46. 江西金盛大药房连锁有限公司（赣 C20110001）
47. 广州二天堂大药房连锁有限公司（粤 C20110006）
48. 哈尔滨人民同泰医药连锁店（黑 C20110001）
49. 深圳市万泽医药连锁有限公司（粤 C20120001）
50. 镇江存仁堂医药连锁有限责任公司（苏 C20120003）
51. 宁波彩虹大药房有限公司（浙 C20120001）
52. 青岛百洋健康药房连锁有限公司（鲁 C20120003）
53. 济宁新华鲁抗大药房有限公司（鲁 C20110001）
54. 先声再康江苏药业有限公司（苏 C20110001）
55. 东莞市康众之家医药有限公司（粤 C20110008）
56. 云南健之佳健康连锁店股份有限公司（滇 C20110001）
57. 四川昇和医药连锁有限公司（川 C20120001）
58. 南京上元堂医药有限公司（苏 C20120001）
59. 云南鸿翔一心堂药业（集团）股份有限公司（滇 C20120001）
60. 甘肃德生堂大药房连锁经营有限公司（甘 C20120001）

61. 济南漱玉平民大药房有限公司（鲁 C20120002）
62. 徐州恩华统一医药连锁销售有限公司（苏 C20120004）
63. 山东东阿阿胶健康管理连锁有限公司（鲁 C20120001）
64. 深圳市中联大药房有限公司（粤 C20120002）
65. 南京医药百信药房有限责任公司（苏 C20120005）
66. 杭州益万家药房连锁有限公司（浙 C20130004）
67. 河北神兴医药连锁有限公司（冀 C20120001）
68. 安徽百秀大药房连锁有限公司（皖 C20130001）
69. 上海复美益星大药房连锁有限公司（沪 C20130001）
70. 金华市老百姓医药连锁有限公司（浙 C20130002）
71. 温州叶同仁医药连锁有限公司（浙 C20130001）
72. 广东本草药业连锁有限公司（粤 C20130001）
73. 怀化怀仁大药房连锁有限公司（湘 C20130001）
74. 浙江云开亚美大药房连锁有限公司（浙 C20130003）
75. 云南白药集团股份有限公司（滇 C20130001）
76. 北京德开医药科技有限公司（京 C20130001）
77. 雅安拜欧大药房连锁有限公司（川 C20130001）
78. 广东大参林连锁药店有限公司（粤 C20130002）
79. 无锡汇华强盛医药连锁有限公司（苏 C20130002）
80. 南通市普泽大药房连锁有限公司（苏 C20130003）
81. 常州市恒泰医药连锁有限公司（苏 C20130001）
82. 福建惠好医药连锁有限公司（闽 C20130001）
83. 广东宝家康药业有限公司（粤 C20130003）
84. 广东金康药房连锁有限公司（粤 C20130004）
85. 贵州省医药（集团）兴业大药房连锁有限公司（黔 C20130001）
86. 重庆桐君阁大药房连锁有限责任公司（渝 C20130001）

第九部分 药品流通企业从业人员情况

2012年药品批发及批零兼营直报企业从业人员学历情况统计表

序号	企业名称	行业类别	从业人员							
			合计	具有研究生及以上学历人员（人）	具有大学本科学历人员（人）	占比（%）	具有大专学历人员（人）	占比（%）	具有大专以下学历人员（人）	占比（%）
1	中国医药集团总公司	批零兼营	39616	968	7758	19.58	14965	37.78	15925	40.20
2	上海医药集团股份有限公司	批发业	38355	668	5550	14.47	9819	25.60	22318	58.19
3	九州通医药集团有限公司	批发业	14910	76	1921	12.88	4739	31.78	8174	54.82
4	深圳市海王星辰医药有限公司	批发业	14500	29	1156	7.97	5298	36.54	8017	55.29
5	国药控股国大药房有限公司	批零兼营	11956	35	844	7.06	4425	37.01	6652	55.64
6	广东大参林连锁药店有限公司	批零兼营	11821	3	637	5.39	5219	44.15	5962	50.44
7	云南鸿翔一心堂药业（集团）股份有限公司	批零兼营	11595	38	733	6.32	1830	15.78	8994	77.57
8	重庆医药（集团）股份有限公司	批发业	10950	66	1061	9.69	3047	27.83	6776	61.88
9	华润医药商业集团有限公司	批零兼营	10712	118	1654	15.44	3241	30.26	5699	53.20
10	张家口华佗医药经营有限公司	批发业	9000	0	1000	11.11	1000	11.11	7000	77.78
11	北京同仁堂商业投资集团有限公司	批零兼营	8347	29	917	10.99	3055	36.60	4346	52.07
12	成都百信药业连锁有限责任公司	批零兼营	7314	6	139	1.90	5697	77.89	1472	20.13
13	天津天士力医药营销集团有限公司	批零兼营	7188	71	1681	23.39	3327	46.29	2109	29.34
14	北京同仁堂健康药品经营有限公司	批零兼营	6831	8	1628	23.83	1732	25.35	3463	50.70
15	南京医药股份有限公司	批零兼营	6480	190	1042	16.08	2056	31.73	3192	49.26
16	重庆桐君阁股份有限公司	批零兼营	5982	43	490	8.19	1905	31.85	3544	59.24
17	四川科伦医药贸易有限公司	批发业	4800	12	900	18.75	1800	37.50	2088	43.50
18	云南东骏药业有限公司	批零兼营	4230	0	1123	26.55	2013	47.59	1094	25.86
19	深圳中联广深医药（集团）股份有限公司	批发业	3200	12	536	16.75	1575	49.22	1077	33.66
20	哈药集团医药有限公司	批零兼营	3146	26	634	20.15	1095	34.81	1391	44.21
21	上海市药材有限公司	批发业	2951	32	375	12.71	723	24.50	1821	61.71
22	海南天祥药业有限公司	批发业	2816	9	385	13.67	1310	46.52	1112	39.49
23	上海雷允上药业有限公司	批发业	2284	15	263	11.51	578	25.31	1428	62.52
24	广州医药有限公司	批发业	2165	11	652	30.12	466	21.52	1036	47.85
25	江苏先声药业有限公司	批发业	2096	153	1112	53.05	668	31.87	163	7.78
26	甘肃德生堂大药房连锁经营有限公司	批零兼营	2020	0	20	0.99	1200	59.41	800	39.60
27	东北制药集团供销有限公司	批零兼营	2000	116	536	26.80	758	37.90	590	29.50

序号	企业名称	行业类别	从业人员							
			合计	具有研究生及以上学历人员（人）	具有大学本科学历人员（人）	占比（%）	具有大专学历人员（人）	占比（%）	具有大专以下学历人员（人）	占比（%）
28	山东省医药集团有限公司	批零兼营	1960	9	288	14.69	628	32.04	1035	52.81
29	安徽华源医药股份有限公司	批发业	1916	5	264	13.78	478	24.95	1169	61.01
30	国药乐仁堂医药有限公司	批发业	1861	16	316	16.98	763	41.00	766	41.16
31	罗欣医药集团有限公司	批发业	1768	13	325	18.38	786	44.46	644	36.43
32	南京国药医药有限公司	批零兼营	1751	8	120	6.85	590	33.70	1033	58.99
33	浙江英诺珐医药有限公司	批发业	1738	0	264	15.19	698	40.16	776	44.65
34	上海华氏大药房有限公司	批零兼营	1697	11	111	6.54	483	28.46	1092	64.35
35	鹭燕（福建）药业股份有限公司	批发业	1691	12	251	14.84	508	30.04	920	54.41
36	浙江英特药业有限责任公司	批零兼营	1658	53	400	24.13	540	32.57	665	40.11
37	浙江震元股份有限公司	批发业	1585	13	300	18.93	460	29.02	812	51.23
38	国药集团新疆新特药业有限公司	批发业	1401	7	243	17.34	603	43.04	548	39.11
39	国药控股河南股份有限公司	批发业	1366	7	224	16.40	505	36.97	630	46.12
40	山东瑞康医药股份有限公司	批发业	1358	7	186	13.70	584	43.00	581	42.78
41	石药集团河北中诚医药有限公司	批零兼营	1351	19	130	9.62	508	37.60	694	51.37
42	新龙药业集团	批发业	1310	10	500	38.17	800	61.07	0	0.00
43	长沙双鹤医药有限责任公司	批发业	1246	11	262	21.03	359	28.81	614	49.28
44	上海医药分销控股份有限公司	批发业	1225	108	428	34.94	304	24.82	385	31.43
45	山东立健医药城连锁有限公司	批零兼营	1200	10	400	33.33	600	50.00	190	15.83
46	山西亚宝医药经销有限公司	批发业	1187	5	231	19.46	684	57.62	267	22.49
47	华东医药股份有限公司	批发业	1176	41	389	33.08	256	21.77	490	41.67
48	重庆和平药房连锁有限责任公司	批零兼营	1171	3	98	8.37	472	40.31	598	51.07
49	天津中新药业集团股份有限公司医药公司	批发业	1159	13	213	18.38	347	29.94	586	50.56
50	云南白药大药房有限公司	批零兼营	1136	1	115	10.12	260	22.89	760	66.90
51	广西柳州医药股份有限公司	批零兼营	1111	2	136	12.24	353	31.77	620	55.81
52	陕西医药控股集团派昂医药有限责任公司	批零兼营	1094	11	180	16.45	282	25.78	621	56.76
53	湖南千金金沙大药房连锁有限责任公司	批零兼营	1078	0	34	3.15	241	22.36	803	74.49
54	北京双鹤药业经营有限责任公司	批发业	1074	33	366	34.08	433	40.32	242	22.53
55	山东宏济堂医药集团有限公司	批发业	1049	6	64	6.10	293	27.93	686	65.40
56	山东海王银河医药有限公司	批发业	1042	3	165	15.83	485	46.55	389	37.33
57	昆明滇虹药业销售有限公司	批发业	1041	2	144	13.83	422	40.54	473	45.44

序号	企业名称	行业类别	从业人员							
			合计	具有研究生及以上学历人员（人）	具有大学本科学历人员（人）	占比（%）	具有大专学历人员（人）	占比（%）	具有大专以下学历人员（人）	占比（%）
58	江西汇仁集团医药科研营销有限公司	批零兼营	1038	3	131	12.62	278	26.78	626	60.31
59	青岛百洋医药科技有限公司	批发业	1029	20	290	28.18	477	46.36	242	23.52
60	山西益源大药房连锁有限责任公司	批零兼营	985	4	59	5.99	457	46.40	465	47.21
61	河北东盛英华医药有限公司	批发业	984	0	157	15.96	236	23.98	591	60.06
62	国药控股福建有限公司	批发业	982	3	119	12.12	305	31.06	555	56.52
63	北京九州通医药有限公司	批发业	969	3	93	9.60	322	33.23	551	56.86
64	国药控股山东有限公司	批发业	968	8	145	14.98	422	43.60	393	40.60
65	北京同仁堂连锁药店有限责任公司	批零兼营	953	3	127	13.33	350	36.73	473	49.63
66	云南省医药有限公司	批发业	918	0	300	32.68	489	53.27	129	14.05
67	北京科园信海医药经营有限公司	批发业	917	28	279	30.43	358	39.04	252	27.48
68	上海益丰大药房有限公司	批发业	909	0	46	5.06	467	51.38	396	43.56
69	国药集团化学试剂有限公司	批发业	896	28	240	26.79	234	26.12	394	43.97
70	贵州一树连锁药业有限公司	批零兼营	890	0	45	5.06	233	26.18	612	68.76
71	陕西华远医药集团有限公司	批零兼营	870	5	103	11.84	235	27.01	527	60.57
72	上海第一医药股份有限公司	批零兼营	855	13	63	7.37	210	24.56	569	66.55
73	湖北独活药业股份有限公司	批发业	825	1	82	9.94	436	52.85	306	37.09
74	南京医药合肥天星有限公司	批发业	787	38	174	22.11	380	48.28	195	24.78
75	老百姓大药房连锁（天津）有限公司	批零兼营	785	1	69	8.79	207	26.37	508	64.71
76	国药控股湖南有限公司	批发业	772	12	156	20.21	349	45.21	255	33.03
77	国药控股浙江有限公司	批零兼营	762	1	135	17.72	249	32.68	377	49.48
78	江西南华医药有限公司	批发业	751	21	176	23.44	385	51.26	169	22.50
79	河南九州通医药有限公司	批发业	738	1	91	12.33	306	41.46	340	46.07
80	国药控股湖北有限公司	批发业	737	11	148	20.08	206	27.95	372	50.47
81	云南同丰医药有限公司	批发业	719	0	94	13.07	216	30.04	409	56.88
82	国药控股天津有限公司	批发业	715	25	330	46.15	215	30.07	145	20.28
83	浙江华通医药股份有限公司	批零兼营	713	0	55	7.71	182	25.53	476	66.76
84	天津医药集团太平医药有限公司	批零兼营	700	13	172	24.57	222	31.71	293	41.86
85	济南中信医药有限公司	批发业	693	13	173	24.96	244	35.21	263	37.95
86	国药集团山西有限公司	批零兼营	689	8	127	18.43	313	45.43	241	34.98
87	国药控股沈阳有限公司	批发业	688	5	200	29.07	282	40.99	201	29.22

序号	企业名称	行业类别	从业人员							
			合计	具有研究生及以上学历人员（人）	具有大学本科学历人员（人）	占比（%）	具有大专学历人员（人）	占比（%）	具有大专以下学历人员（人）	占比（%）
88	上海九州通医药有限公司	批发业	664	0	59	8.89	137	20.63	468	70.48
89	福建同春药业股份有限公司	批发业	653	5	121	18.53	226	34.61	301	46.09
90	上海童涵春堂药业股份有限公司	批发业	627	2	38	6.06	129	20.57	458	73.05
91	北京金象大药房医药连锁有限责任公司	批零兼营	620	3	66	10.65	169	27.26	382	61.61
92	常州药业股份有限公司	批发业	608	2	62	10.20	211	34.70	333	54.77
93	四川杏林医药连锁有限责任公司	批零兼营	598	0	26	4.35	99	16.56	473	79.10
94	青岛天合医药集团股份有限公司	批发业	588	2	41	6.97	495	84.18	50	8.50
95	云南盘龙云海药品经营有限公司	批零兼营	585	4	205	35.04	277	47.35	99	16.92
96	上海信谊医药有限公司	批发业	581	3	136	23.41	302	51.98	140	24.10
97	西安藻露堂药业集团有限责任公司	批零兼营	574	0	29	5.05	110	19.16	435	75.78
98	山东九州通医药有限公司	批发业	569	6	123	21.62	296	52.02	144	25.31
99	合肥康丽药业有限责任公司	批发业	561	8	178	31.73	342	60.96	33	5.88
100	四川太极大药房连锁有限公司	批零兼营	561	1	58	10.34	208	37.08	294	52.41
101	连云港康缘医药商业有限公司	批发业	554	3	60	10.83	239	43.14	252	45.49
102	广东九州通医药有限公司	批发业	552	1	74	13.41	138	25.00	339	61.41
103	昆明积大药品销售有限公司	批发业	550	16	188	34.18	295	53.64	51	9.27
104	上海虹桥药业有限公司	批发业	548	2	23	4.20	75	13.69	448	81.75
105	上海永裕医药有限公司	批发业	542	42	210	38.75	218	40.22	72	13.28
106	江苏大众医药连锁有限公司	批零兼营	535	8	91	17.01	204	38.13	232	43.36
107	湖北中联大药房连锁有限公司	批零兼营	530	0	63	11.89	226	42.64	241	45.47
108	汕头市创美药业有限公司	批发业	528	2	60	11.36	94	17.80	372	70.45
109	福建九州通医药有限公司	批发业	524	0	100	19.08	212	40.46	212	40.46
110	怀化怀仁大药房连锁有限公司	批零兼营	520	0	42	8.08	91	17.50	387	74.42
111	山东省莱芜市医药公司	批发业	512	2	128	25.00	182	35.55	200	39.06
112	常德市九芝堂医药有限公司	批零兼营	512	0	11	2.15	77	15.04	424	82.81
113	菏泽牡丹医药有限责任公司	批发业	510	1	11	2.16	83	16.27	415	81.37
114	江苏省盐城药业有限公司	批发业	500	0	20	4.00	250	50.00	230	46.00
合计			329108	3554	48496	14.74	112916	34.31	164142	49.87

统计范围：从业人员总数为500人以上的药品批发及批零兼营直报企业。

2012年药品零售直报企业从业人员学历情况统计表

序号	企业名称	行业类别	从业人员							
			合计	具有研究生及以上学历人员（人）	具有大学本科学历人员（人）	占比（%）	具有大专学历人员（人）	占比（%）	具有大专以下学历人员（人）	占比（%）
1	重庆桐君阁大药房连锁有限公司	零售业	7850	16	490	6.24	6220	79.24	1124	14.32
2	辽宁成大方圆医药连锁有限公司	零售业	6144	14	589	9.59	1914	31.15	3627	59.03
3	益丰大药房连锁股份有限公司	零售业	5366	0	413	7.70	2566	47.82	2387	44.48
4	甘肃众友健康医药股份有限公司	零售业	2598	12	328	12.63	1081	41.61	1177	45.30
5	济南漱玉平民大药房有限公司	零售业	2449	2	162	6.61	1171	47.82	1114	45.49
6	深圳中联大药房控股有限公司	零售业	2438	1	289	11.85	1150	47.17	998	40.94
7	江西黄庆仁栈华氏大药房	零售业	2327	0	64	2.75	296	12.72	1967	84.53
8	西安怡康医药连锁有限责任公司	零售业	2087	3	78	3.74	702	33.64	1304	62.48
9	山东燕喜堂医药连锁有限公司	零售业	1789	12	136	7.60	475	26.55	1166	65.18
10	哈尔滨人民同泰医药连锁店	零售业	1758	0	337	19.17	801	45.56	620	35.27
11	吉林大药房药业股份有限公司	零售业	1568	2	483	30.80	784	50.00	299	19.07
12	江西萍乡市昌盛大药房连锁有限公司	零售业	1513	65	96	6.35	914	60.41	438	28.95
13	赤峰荣济堂大药房连锁有限公司	零售业	1270	5	410	32.28	502	39.53	353	27.80
14	中山市中智大药房连锁有限公司	零售业	1228	0	43	3.50	206	16.78	979	79.72
15	吉林省益和大药房有限公司	零售业	1200	0	50	4.17	750	62.50	400	33.33
16	河南张仲景大药房股份有限公司	零售业	1200	0	500	41.67	600	50.00	100	8.33
17	石家庄新兴药房连锁有限公司	零售业	1088	7	280	25.74	688	63.24	113	10.39
18	重庆市万和药房连锁有限责任公司	零售业	1088	0	50	4.60	150	13.79	888	81.62
19	山西荣华大药房连锁有限公司	零售业	1036	2	48	4.63	422	40.73	564	54.44
20	黑龙江泰华医药集团有限公司	零售业	873	0	20	2.29	300	34.36	553	63.34
21	黑龙江泰华医药连锁销售有限公司	零售业	873	0	20	2.29	300	34.36	553	63.34
22	海南广安堂药品超市连锁经营有限公司	零售业	869	1	62	7.13	155	17.84	651	74.91
23	张家口市华佗药房连锁有限公司	零售业	860	1	15	1.74	206	23.95	638	74.19
24	廊坊市一笑堂医药零售连锁有限公司	零售业	854	0	55	6.44	322	37.70	477	55.85
25	湖北同济堂药房有限公司	零售业	839	12	227	27.06	503	59.95	97	11.56
26	襄阳天济大药房连锁有限责任公司	零售业	836	2	196	23.44	257	30.74	381	45.57
27	赤峰人川大药房连锁有限公司	零售业	787	0	35	4.45	623	79.16	129	16.39
28	上海国大药房连锁有限公司	零售业	780	4	53	6.79	181	23.21	542	69.49

序号	企业名称	行业类别	从业人员							
			合计	具有研究生及以上学历人员（人）	具有大学本科学历人员（人）	占比（%）	具有大专学历人员（人）	占比（%）	具有大专以下学历人员（人）	占比（%）
29	福建惠好四海医药连锁有限责任公司	零售业	737	2	46	6.24	187	25.37	502	68.11
30	山东国大仁和堂药房连锁有限公司	零售业	694	0	53	7.64	146	21.04	495	71.33
31	杭州九洲大药房连锁有限公司	零售业	690	10	40	5.80	300	43.48	340	49.28
32	赤峰雷蒙大药房连锁有限公司	零售业	663	0	33	4.98	219	33.03	411	61.99
33	陕西众信医药超市有限公司	零售业	647	2	164	25.35	293	45.29	188	29.06
34	上海养和堂药业连锁经营有限公司	零售业	642	0	22	3.43	144	22.43	476	74.14
35	广西柳州桂中大药房连锁有限责任公司	零售业	617	1	29	4.70	195	31.60	392	63.53
36	武汉马应龙大药房连锁有限公司	零售业	615	4	79	12.85	208	33.82	324	52.68
37	上海复美益星大药房连锁公司	零售业	604	2	37	6.13	159	26.32	406	67.22
38	湖南国大民生堂药房连锁有限公司	零售业	593	0	17	2.87	113	19.06	463	78.08
39	宁夏国大药房连锁有限公司	零售业	575	1	30	5.22	145	25.22	399	69.39
40	河北神威大药房连锁有限公司	零售业	553	0	34	6.15	336	60.76	183	33.09
41	阳泉市吉祥大药房医药连锁有限责任公司	零售业	545	0	25	4.59	218	40.00	302	55.41
42	石家庄乐仁堂医药连锁有限责任公司	零售业	544	2	70	12.87	302	55.51	170	31.25
43	北京嘉事堂连锁药店有限责任公司	零售业	528	1	13	2.46	84	15.91	430	81.44
44	山东潍坊海王星辰民康连锁药店有限公司	零售业	518	0	25	4.83	168	32.43	325	62.74
45	上海汇丰大药房有限公司	零售业	502	0	21	4.18	145	28.88	336	66.93
46	北京永安复星医药股份有限公司	零售业	486	1	54	11.11	120	24.69	311	63.99
47	日照真诚大药房有限公司	零售业	482	0	35	7.26	115	23.86	332	68.88
48	浙江天天好大药房连锁有限公司	零售业	481	0	23	4.78	125	25.99	333	69.23
49	山西长城药品零售连锁有限公司	零售业	476	1	32	6.72	205	43.07	238	50.00
50	云南健之佳健康连锁店股份有限公司	零售业	454	5	101	22.25	132	29.07	216	47.58
51	安徽丰原大药房连锁有限公司	零售业	443	0	43	9.71	159	35.89	241	54.40
52	章丘健民医药有限公司	零售业	422	0	3	0.71	58	13.74	361	85.55
53	上海余天成药业连锁有限公司	零售业	413	1	36	8.72	121	29.30	255	61.74
54	浙江震元医药连锁有限公司	零售业	410	1	83	20.24	172	41.95	154	37.56
55	开封市百氏康医药连锁有限公司	零售业	407	0	14	3.44	157	38.57	236	57.99
56	苏州礼安医药连锁总店有限公司	零售业	389	0	17	4.37	76	19.54	296	76.09
57	北京同仁堂商业投资集团有限公司同仁堂药店	零售业	388	1	40	10.31	86	22.16	261	67.27

序号	企业名称	行业类别	从业人员							
			合计	具有研究生及以上学历人员（人）	具有大学本科学历人员（人）	占比（%）	具有大专学历人员（人）	占比（%）	具有大专以下学历人员（人）	占比（%）
58	济宁新华鲁抗大药房有限公司	零售业	377	0	27	7.16	186	49.34	164	43.50
59	哈尔滨宝丰医药连锁有限公司	零售业	373	0	21	5.63	93	24.93	259	69.44
60	浙江华通医药连锁有限公司	零售业	369	0	31	8.40	175	47.43	163	44.17
61	苏州雷允上国药连锁总店有限公司	零售业	368	0	26	7.07	91	24.73	251	68.21
62	青岛国风大药房连锁有限公司	零售业	366	0	24	6.56	117	31.97	225	61.48
63	上海童涵春堂药业连锁经营有限公司	零售业	365	0	15	4.11	88	24.11	262	71.78
64	菏泽牡丹大药房连锁有限公司	零售业	365	0	3	0.82	65	17.81	297	81.37
65	江西开心人大药房连锁有限公司	零售业	363	3	22	6.06	101	27.82	237	65.29
66	上海一德大药房连锁经营有限公司	零售业	360	0	33	9.17	82	22.78	245	68.06
67	娄底市康一馨街大药房零售连锁有限公司	零售业	360	0	25	6.94	120	33.33	215	59.72
68	北京京卫元华医药科技有限公司	零售业	356	0	56	15.73	200	56.18	100	28.09
69	福建国大药房连锁有限公司	零售业	351	0	17	4.84	122	34.76	212	60.40
70	宁波四明大药房有限责任公司	零售业	345	0	24	6.96	133	38.55	188	54.49
71	浙江华联医药连锁有限公司	零售业	342	2	26	7.60	61	17.84	253	73.98
72	宁波彩虹大药房有限公司	零售业	338	0	20	5.92	234	69.23	84	24.85
73	北京永安堂医药连锁有限责任公司	零售业	334	0	13	3.89	92	27.54	229	68.56
74	上海南汇华泰药店连锁总店	零售业	329	0	31	9.42	43	13.07	255	77.51
75	国药控股国大药房内蒙古有限公司	零售业	326	2	19	5.83	142	43.56	163	50.00
76	德州颐寿医药连锁有限公司	零售业	325	0	2	0.62	80	24.62	243	74.77
77	山东利民大药店连锁有限公司	零售业	324	0	20	6.17	103	31.79	201	62.04
78	广东康泽药业连锁有限公司	零售业	300	0	30	10.00	72	24.00	198	66.00
79	上海得一大药房有限公司	零售业	294	0	10	3.40	48	16.33	236	80.27
80	北京德威治医药连锁有限责任公司	零售业	290	2	63	21.72	96	33.10	129	44.48
81	广西一心医药有限责任公司	零售业	290	0	68	23.45	142	48.97	80	27.59
82	攀枝花市敬仁堂医药连锁有限责任公司	零售业	287	1	18	6.27	74	25.78	194	67.60
83	浙江瑞人堂医药连锁有限公司	零售业	285	0	12	4.21	95	33.33	178	62.46
84	嵊州市易心堂大药房有限公司	零售业	281	0	7	2.49	84	29.89	190	67.62
85	上海药房连锁有限公司	零售业	274	0	6	2.19	40	14.60	228	83.21
86	吉林省中东医药有限公司	零售业	264	1	38	14.39	110	41.67	115	43.56

序号	企业名称	行业类别	从业人员							
			合计	具有研究生及以上学历人员（人）	具有大学本科学历人员（人）	占比（%）	具有大专学历人员（人）	占比（%）	具有大专以下学历人员（人）	占比（%）
87	福州回春医药连锁有限公司	零售业	262	0	11	4.20	50	19.08	201	76.72
88	老百姓大药房连锁（山东）有限公司	零售业	247	0	22	8.91	95	38.46	130	52.63
89	山东益寿堂药业有限公司	零售业	247	0	28	11.34	160	64.78	59	23.89
90	四川天诚大药房连锁有限责任公司	零售业	247	0	10	4.05	69	27.94	168	68.02
91	好药师大药房连锁有限公司	零售业	242	0	49	20.25	145	59.92	48	19.83
92	贵州吉大夫医药连锁公司	零售业	230	0	20	8.70	140	60.87	70	30.43
96	葫芦岛市医药有限责任公司	零售业	225	0	13	5.78	99	44.00	113	50.22
97	广西南宁朝阳大药房连锁有限责任公司	零售业	222	0	63	28.38	104	46.85	55	24.77
98	内蒙古万民药房连锁有限公司	零售业	221	1	20	9.05	105	47.51	95	42.99
99	上海联华复星药房连锁经营有限公司	零售业	221	2	11	4.98	57	25.79	151	68.33
100	上海医药嘉定大药房连锁有限公司	零售业	216	0	9	4.17	64	29.63	143	66.20
101	西安双鹤大药房连锁有限责任公司	零售业	216	0	15	6.94	86	39.81	115	53.24
102	长治市昂生大药房零售连锁有限公司	零售业	209	0	11	5.26	68	32.54	130	62.20
103	北京同仁堂崇文门药店有限责任公司	零售业	207	2	24	11.59	70	33.82	111	53.62
104	上海云湖医药连锁经营有限公司	零售业	204	0	7	3.43	29	14.22	168	82.35
105	山西临汾竹林大药房连锁有限公司	零售业	196	2	6	3.06	88	44.90	100	51.02
106	宁波市正源大药房有限公司	零售业	195	0	20	10.26	35	17.95	140	71.79
107	北京市京隆堂医药有限公司	零售业	188	0	8	4.26	37	19.68	143	76.06
108	北京医保全新大药房连锁有限公司	零售业	186	1	34	18.28	77	41.40	74	39.78
109	上海雷允上西区药品零售有限公司	零售业	182	0	8	4.40	40	21.98	134	73.63
110	泸州圣杰药业有限公司	零售业	181	0	0	0.00	89	49.17	92	50.83
111	贵州华氏大药房延安连锁有限公司	零售业	178	1	5	2.81	18	10.11	154	86.52
112	青岛祥泰药庄连锁有限公司	零售业	177	0	28	15.82	83	46.89	66	37.29
113	吉林省合兴健康药房连锁有限责任公司	零售业	176	0	9	5.11	47	26.70	120	68.18
114	海南养天和大药房连锁经营有限公司	零售业	173	0	5	2.89	77	44.51	91	52.60
115	成都九鼎药房连锁有限责任公司	零售业	167	0	10	5.99	37	22.16	120	71.86
116	东营益生堂药业连锁有限公司	零售业	162	53	85	52.47	24	14.81	0	0.00
117	陕西省汉中市药材总公司	零售业	162	0	3	1.85	32	19.75	127	78.40
118	江苏仁济医药连锁有限公司	零售业	135	1	13	9.63	27	20.00	94	69.63

序号	企业名称	行业类别	从业人员							
			合计	具有研究生及以上学历人员（人）	具有大学本科学历人员（人）	占比（%）	具有大专学历人员（人）	占比（%）	具有大专以下学历人员（人）	占比（%）
119	北京医保中洋大药房有限公司	零售业	132	3	52	39.39	58	43.94	19	14.39
120	金华市尖峰大药房连锁有限公司	零售业	131	0	18	13.74	28	21.37	85	64.89
121	厦门九鼎药房连锁有限公司	零售业	131	0	10	7.63	60	45.80	61	46.56
122	广西玉林市至真药业连锁有限责任公司	零售业	113	0	6	5.31	10	8.85	97	85.84
123	金华市九德堂医药连锁有限公司	零售业	112	0	2	1.79	26	23.21	84	75.00
124	河北圣诺新特药连锁有限公司	零售业	102	0	6	5.88	50	49.02	46	45.10
125	深圳市南北药行连锁有限公司	零售业	102	0	24	23.53	57	55.88	21	20.59
合计			85384	273	8120	9.51	34557	40.47	42434	49.70

统计范围：从业人员总数为100人以上的药品零售直报企业。

2012年药品批发及批零兼营直报企业从业人员技术职称情况统计表

序号	企业名称	行业类别	从业人员				
			总数（人）	具有高级技术职称人员（人）	占比（%）	具有中级技术职称人员（人）	占比（%）
1	中国医药集团总公司	批零兼营	39616	396	1.00	1811	4.57
2	上海医药集团股份有限公司	批发业	38355	343	0.89	2442	6.37
3	九州通医药集团有限公司	批发业	14910	26	0.17	22	0.15
4	国药控股国大药房有限公司	批零兼营	11956	21	0.18	244	2.04
5	重庆医药（集团）股份有限公司	批发业	10950	103	0.94	563	5.14
6	华润医药商业集团有限公司	批零兼营	10712	77	0.72	410	3.83
7	北京同仁堂商业投资集团有限公司	批零兼营	8347	240	2.88	581	6.96
8	天津天士力医药营销集团有限公司	批零兼营	7188	13	0.18	126	1.75
9	南京医药股份有限公司	批零兼营	6480	60	0.93	407	6.28
10	重庆桐君阁股份有限公司	批零兼营	5982	26	0.43	137	2.29
11	深圳中联广深医药（集团）股份有限公司	批发业	3200	12	0.38	158	4.94
12	哈药集团医药有限公司	批零兼营	3146	109	3.46	453	14.40
13	上海市药材有限公司	批发业	2951	42	1.42	201	6.81
14	上海雷允上药业有限公司	批发业	2284	22	0.96	142	6.22
15	广州医药有限公司	批发业	2165	5	0.23	71	3.28
16	山东省医药集团有限公司	批零兼营	1960	62	3.16	343	17.50
17	国药乐仁堂医药有限公司	批发业	1861	16	0.86	63	3.39
18	南京国药医药有限公司	批零兼营	1751	10	0.57	138	7.88
19	上海华氏大药房有限公司	批零兼营	1697	13	0.77	336	19.80
20	鹭燕（福建）药业股份有限公司	批发业	1691	42	2.48	202	11.95
21	浙江震元股份有限公司	批发业	1585	6	0.38	72	4.54
22	国药集团新疆新特药业有限公司	批发业	1401	13	0.93	49	3.50
23	国药控股河南股份有限公司	批发业	1366	20	1.46	100	7.32
24	石药集团河北中诚医药有限公司	批零兼营	1351	18	1.33	140	10.36
25	上海医药分销控股份有限公司	批发业	1225	20	1.63	149	12.16
26	山东立健医药城连锁有限公司	批零兼营	1200	500	41.67	100	8.33
27	华东医药股份有限公司	批发业	1176	15	1.28	81	6.89
28	重庆和平药房连锁有限责任公司	批零兼营	1171	6	0.51	77	6.58
29	天津中新药业集团股份有限公司医药公司	批发业	1159	19	1.64	82	7.08
30	陕西医药控股集团派昂医药有限责任公司	批零兼营	1094	6	0.55	0	0.00

序号	企业名称	行业类别	从业人员				
			总数（人）	具有高级技术职称人员（人）	占比（%）	具有中级技术职称人员（人）	占比（%）
31	山东宏济堂医药集团有限公司	批发业	1049	7	0.67	34	3.24
32	青岛百洋医药科技有限公司	批发业	1029	8	0.78	17	1.65
33	国药控股福建有限公司	批发业	982	6	0.61	38	3.87
34	上海第一医药股份有限公司	批零兼营	855	6	0.70	50	5.85
35	湖北独活药业股份有限公司	批发业	825	10	1.21	95	11.52
36	南京医药合肥天星有限公司	批发业	787	12	1.52	60	7.62
37	国药控股湖北有限公司	批发业	737	9	1.22	80	10.85
38	天津医药集团太平医药有限公司	批零兼营	700	55	7.86	80	11.43
39	国药集团山西有限公司	批零兼营	689	10	1.45	53	7.69
40	上海童涵春堂药业股份有限公司	批发业	627	69	11.00	19	3.03
41	常州药业股份有限公司	批发业	608	12	1.97	63	10.36
42	上海信谊医药有限公司	批发业	581	5	0.86	15	2.58
43	西安藻露堂药业集团有限责任公司	批零兼营	574	5	0.87	30	5.23
44	合肥康丽药业有限责任公司	批发业	561	7	1.25	93	16.58
45	连云港康缘医药商业有限公司	批发业	554	5	0.90	16	2.89
46	怀化怀仁大药房连锁有限公司	批零兼营	520	5	0.96	16	3.08
47	山东省莱芜市医药公司	批发业	512	30	5.86	108	21.09
48	菏泽牡丹医药有限责任公司	批发业	510	6	1.18	26	5.10
49	山东新华医药贸易有限公司	批发业	498	24	4.82	197	39.56
50	甘肃同济药业有限责任公司	批零兼营	480	15	3.13	56	11.67
51	东营市医药公司	批零兼营	465	6	1.29	147	31.61
52	山东省德州泰康药业有限公司	批发业	452	16	3.54	102	22.57
53	江西康成药业有限公司	批发业	450	12	2.67	61	13.56
54	山西康美徕医药有限公司	批发业	436	9	2.06	7	1.61
55	福建省华侨实业集团有限责任公司	批发业	435	11	2.53	20	4.60
56	四川省医药集团有限责任公司	批发业	435	5	1.15	63	14.48
57	本溪市医药总公司	批发业	425	10	2.35	41	9.65
58	中国药材公司	批发业	403	27	6.70	68	16.87
59	四川省南充药业（集团）有限公司	批零兼营	392	5	1.28	20	5.10
60	国药集团药业股份有限公司	批发业	388	11	2.84	39	10.05
61	湖北格林药业有限公司	批发业	384	6	1.56	12	3.13

序号	企业名称	行业类别	从业人员				
			总数（人）	具有高级技术职称人员（人）	占比（%）	具有中级技术职称人员（人）	占比（%）
62	国药控股广州有限公司	批发业	373	5	1.34	27	7.24
63	哈药集团三精医药商贸有限公司	批发业	361	10	2.77	26	7.20
64	安徽天禾药业有限公司	批零兼营	332	11	3.31	27	8.13
65	同济堂医药有限公司	批发业	328	5	1.52	13	3.96
66	江苏省医药公司	批发业	289	10	3.46	49	16.96
67	上海复星药业有限公司	批发业	284	11	3.87	34	11.97
68	河南省医药有限公司	批发业	280	5	1.79	15	5.36
69	安徽国立医药集团有限公司	批发业	271	12	4.43	47	17.34
70	湖南天士力民生药业有限公司	批发业	260	5	1.92	58	22.31
71	海南中大药业有限公司	批发业	254	40	15.75	90	35.43
72	国药控股陕西有限公司	批零兼营	252	10	3.97	21	8.33
73	安徽省医药（集团）股份有限公司	批发业	252	5	1.98	15	5.95
74	上海雷允上药品连锁经营有限公司	批零兼营	249	13	5.22	90	36.14
75	黄冈市卫尔康医药有限公司	批发业	246	6	2.44	74	30.08
76	国药控股北京有限公司	批发业	224	13	5.80	25	11.16
77	山东鑫康弘医药有限公司	批发业	220	8	3.64	22	10.00
78	江西上饶医药股份有限公司	批发业	209	5	2.39	15	7.18
79	浙江温州医药商业集团有限公司	批发业	201	17	8.46	16	7.96
80	重庆市万州区医药（集团）有限责任公司	批零兼营	194	5	2.58	25	12.89
81	上药山禾无锡医药股份有限公司	批发业	193	8	4.15	33	17.10
82	贵州鼎圣药业有限公司	批发业	180	5	2.78	10	5.56
83	湖北孝感中药材有限公司	批零兼营	152	62	40.79	39	25.66
84	山东康惠医药有限公司	批发业	145	22	15.17	26	17.93
85	西双版纳医药有限责任公司	批发业	142	12	8.45	52	36.62
86	中国永裕新兴医药有限公司	批发业	121	6	4.96	13	10.74
87	赤峰丹龙医药有限公司	批发业	120	5	4.17	3	2.50
88	上海龙威医药有限公司	批发业	119	21	17.65	17	14.29
89	渭南医药集团有限责任公司	批发业	116	5	4.31	44	37.93
90	云南昊邦医药销售有限公司	批零兼营	115	6	5.22	12	10.43
91	云南省久泰药业有限公司	批发业	115	5	4.35	28	24.35
92	吉林省东龙医药物流配送有限公司	批发业	112	11	9.82	12	10.71

序号	企业名称	行业类别	从业人员				
			总数（人）	具有高级技术职称人员（人）	占比（%）	具有中级技术职称人员（人）	占比（%）
93	云南双鹤医药有限公司	批零兼营	102	5	4.90	12	11.76
94	红惠医药有限公司	批发业	100	8	8.00	8	8.00
95	广东省医药集团有限公司	批发业	98	5	5.10	27	27.55
96	上海海欣医药有限公司	批发业	95	5	5.26	9	9.47
97	辽宁省医药对外贸易公司	批发业	94	5	5.32	19	20.21
98	苏州恒祥进出口有限公司	批发业	92	5	5.43	7	7.61
99	北京国康兄弟医药有限公司	批发业	83	5	6.02	5	6.02
100	海南国丹药业有限公司	批发业	71	6	8.45	10	14.08
101	天津世纪滨海生物医药有限公司	批发业	53	5	9.43	3	5.66
102	贵州赤水黔北医药有限公司	批发业	51	13	25.49	2	3.92
103	湖北宁康医药有限公司（咸宁）	批发业	38	8	21.05	5	13.16
104	海南裕鑫昌药业有限公司	批发业	38	5	13.16	3	7.89
105	山西信成药业有限公司朔州分公司	批零兼营	30	5	16.67	3	10.00
106	南京市江宁医药总公司	批发业	28	5	17.86	7	25.00
107	北京金阳利康医药有限公司	批发业	16	5	31.25	2	12.50
108	海南济民药业有限公司	批发业	11	5	45.45	0	0.00
合计			215982	3144	1.46	12526	5.80

统计范围：高级技术职称人员为5人以上的药品批发及批零兼营直报企业。

2012年药品批发及批零兼营直报企业物流从业人数统计表

序号	企业名称	行业类别	从业人员		
			总数（人）	物流从业人数（人）	占比（%）
1	华润医药商业集团有限公司	批零兼营	10712	2701	25.21
2	四川科伦医药贸易有限公司	批发业	4800	2200	45.83
3	东北制药集团供销有限公司	批零兼营	2000	2000	100.00
4	石药集团河北中诚医药有限公司	批零兼营	1351	1351	100.00
5	江西汇仁集团医药科研营销有限公司	批零兼营	1038	1038	100.00
6	云南东骏药业有限公司	批零兼营	4230	982	23.22
7	九州通医药集团有限公司	批发业	14910	877	5.88
8	重庆桐君阁股份有限公司	批零兼营	5982	809	13.52
9	深圳市海王星辰医药有限公司	批发业	14500	712	4.91
10	广东大参林连锁药店有限公司	批零兼营	11821	623	5.27
12	广州医药有限公司	批发业	2165	601	27.76
13	重庆医药（集团）股份有限公司	批发业	10950	597	5.45
14	云南盘龙云海药品经营有限公司	批零兼营	585	585	100.00
15	昆明积大药品销售有限公司	批发业	550	550	100.00
16	江苏省盐城药业有限公司	批发业	500	500	100.00
17	云南省医药有限公司	批发业	918	490	53.38
18	云南鸿翔一心堂药业（集团）股份有限公司	批零兼营	11595	487	4.20
19	国药控股国大药房有限公司	批零兼营	11956	478	4.00
20	北京九州通医药有限公司	批发业	969	420	43.34
21	鹭燕（福建）药业股份有限公司	批发业	1691	405	23.95
22	国药控股镇江有限公司	批零兼营	394	394	100.00
23	上海市药材有限公司	批发业	2951	360	12.20
24	兰州强生医药有限责任公司	批发业	442	356	80.54
25	上海雷允上药业有限公司	批发业	2284	333	14.58
27	天津天士力医药营销集团有限公司	批零兼营	7188	322	4.48
28	吉林省辉南长龙药品经销有限责任公司	批发业	350	320	91.43
29	国药控股湖南有限公司	批发业	772	310	40.16
30	华润吉林康乃尔医药有限公司	批发业	305	305	100.00
31	汕头市创美药业有限公司	批发业	528	303	57.39
32	西安藻露堂药业集团有限责任公司	批零兼营	574	302	52.61

序号	企业名称	行业类别	从业人员		
			总数（人）	物流从业人数（人）	占比（%）
33	长沙双鹤医药有限责任公司	批发业	1246	290	23.27
34	江苏恩华和润医药有限公司	批发业	365	289	79.18
35	北京科园信海医药经营有限公司	批发业	917	281	30.64
36	上海医药分销控股份有限公司	批发业	1225	273	22.29
37	浙江英特药业有限责任公司	批零兼营	1658	266	16.04
38	山东九州通医药有限公司	批发业	569	265	46.57
39	山东瑞康医药股份有限公司	批发业	1358	261	19.22
40	上海华宇药业有限公司	批发业	357	253	70.87
41	国药控股沈阳有限公司	批发业	688	252	36.63
43	罗欣医药集团有限公司	批发业	1768	239	13.52
44	青海省富康医药集团有限责任公司	批发业	305	238	78.03
45	威海市天福医药有限公司	批发业	238	238	100.00
46	福建同春药业股份有限公司	批发业	653	227	34.76
47	哈药集团医药有限公司	批零兼营	3146	226	7.18
48	国药乐仁堂医药有限公司	批发业	1861	223	11.98
49	华润新龙（北京）医药有限公司	批发业	465	219	47.10
50	合肥康丽药业有限责任公司	批发业	561	213	37.97
51	国药控股天津有限公司	批发业	715	203	28.39
53	昆明福林堂药业有限公司	批零兼营	192	192	100.00
55	上海雷允上药业西区有限公司	批发业	386	180	46.63
54	国药集团山西有限公司	批零兼营	689	180	26.12
56	怀化龙源药业有限责任公司	批发业	178	178	100.00
57	华润辽宁医药有限公司	批发业	470	177	37.66
58	四川省医药集团有限责任公司	批发业	435	172	39.54
60	云南济生药业有限公司	批发业	155	155	100.00
61	山东鑫伟力药品有限公司	批发业	153	153	100.00
62	北京双鹤药业经营有限责任公司	批发业	1074	150	13.97
63	山东瑞中医药有限公司	批发业	320	150	46.88
64	山西亨通医药批发有限公司	批零兼营	256	150	58.59
65	上海华氏大药房有限公司	批零兼营	1697	147	8.66
66	云南恩红（集团）有限公司	批零兼营	362	147	40.61

序号	企业名称	行业类别	从业人员		
			总数（人）	物流从业人数（人）	占比（%）
67	国药控股山东有限公司	批发业	968	145	14.98
68	国药控股浙江有限公司	批零兼营	762	144	18.90
69	四川南充科伦医药贸易有限公司	批发业	199	141	70.85
70	天津医药集团太平医药有限公司	批零兼营	700	137	19.57
71	国药控股湖北有限公司	批发业	737	132	17.91
72	江苏省医药公司	批发业	289	127	43.94
73	邵阳药业有限公司	批发业	126	126	100.00
75	湖北百惠医药有限公司	批发业	204	125	61.27
74	成都百信药业连锁有限责任公司	批零兼营	7314	125	1.71
76	山东省德州泰康药业有限公司	批发业	452	120	26.55
77	辽宁九州通医药有限公司	批发业	368	120	32.61
78	国药控股重庆有限公司	批发业	349	120	34.38
79	华润河南医药有限公司	批发业	315	120	38.10
80	启东市医药药材有限公司	批零兼营	155	120	77.42
82	华润天津医药有限公司	批零兼营	340	107	31.47
83	山西振东医药有限公司	批零兼营	107	107	100.00
85	泸州本草堂医药有限公司	批发业	106	106	100.00
84	安徽天禾药业有限公司	批零兼营	332	106	31.93
86	吉林亚泰万联医药有限公司	批零兼营	104	104	100.00
87	郑州仟禧堂医药有限责任公司	批零兼营	226	103	45.58
88	青岛百洋医药科技有限公司	批发业	1029	102	9.91
89	南京医药合肥天星有限公司	批发业	787	101	12.83
90	鄂州吴都医药	批发业	92	92	100.00
91	上海南汇药材医药总公司	批发业	90	90	100.00
92	本溪市医药总公司	批发业	425	89	20.94
93	广西梧州市杰迅医药有限公司	批发业	253	86	33.99
94	金华市太和堂医药连锁有限公司	批零兼营	179	86	48.04
95	国药控股宁夏有限公司	批发业	273	84	30.77
96	厦门宏仁医药有限公司	批发业	207	84	40.58
97	湖南天士力民生药业有限公司	批发业	260	82	31.54
98	通化同德堂医药药材有限公司	批发业	80	80	100.00

序号	企业名称	行业类别	从业人员		
			总数（人）	物流从业人数（人）	占比（%）
99	浙江嘉信医药股份有限公司	批发业	214	77	35.98
101	赤峰丹龙医药有限公司	批发业	120	76	63.33
100	浙江华通医药股份有限公司	批零兼营	713	76	10.66
102	重庆医药工业有限责任公司	批零兼营	76	76	100.00
103	北京金象复星医药股份有限公司	批发业	443	74	16.70
104	海尔施生物医药股份有限公司	批发业	285	74	25.96
105	连云港康缘医药商业有限公司	批发业	554	73	13.18
106	国药控股甘肃有限公司	批发业	238	73	30.67
107	吉林省东龙医药物流配送有限公司	批发业	112	72	64.29
108	贵州省医药（集团）有限责任公司	批零兼营	488	71	14.55
110	菏泽牡丹医药有限责任公司	批发业	510	70	13.73
111	吉林省天和医药科技有限公司	批发业	145	70	48.28
109	甘肃德生堂大药房连锁经营有限公司	批零兼营	2020	70	3.47
113	上海信谊天一药业有限公司	批发业	230	67	29.13
114	湖南千金医药股份有限公司	批发业	158	67	42.41
115	云南东昌医药股份有限公司	批发业	429	66	15.38
116	国药控股山西有限公司	批发业	309	66	21.36
117	云南医药工业股份有限公司	批发业	215	66	30.70
118	大连奇运生集团有限公司	批发业	136	66	48.53
119	华润湖北金马医药有限公司	批发业	66	66	100.00
120	日照医药集团	批发业	242	65	26.86
121	海南东鑫药业有限公司	批发业	216	65	30.09
122	北京安捷利尔医药销售中心	批发业	85	65	76.47
123	重庆长圣医药有限公司	批发业	233	64	27.47
124	成都市蓉锦医药贸易有限公司	批零兼营	224	63	28.13
126	海南鑫瑞药业有限公司	批发业	70	60	85.71
127	山西福康源药业有限公司	批发业	60	60	100.00
125	甘肃同济药业有限责任公司	批零兼营	480	60	12.50
128	和平泰康资阳药业有限责任公司	批发业	59	59	100.00
129	山东新华医药贸易有限公司	批发业	498	57	11.45
132	北京华源仁济医药有限公司	批发业	168	56	33.33

序号	企业名称	行业类别	从业人员		
			总数（人）	物流从业人数（人）	占比（%）
131	河南省康信医药有限公司	批零兼营	204	56	27.45
134	广东九州通医药有限公司	批发业	552	55	9.96
135	四川本草堂药业有限公司	批发业	263	55	20.91
136	赤峰雷蒙药品经销有限公司	批发业	225	55	24.44
137	国药控股北京天星普信生物医药有限公司	批发业	136	55	40.44
138	重庆永裕医药有限公司	批发业	55	55	100.00
140	新龙药业集团恩施有限公司	批发业	53	53	100.00
139	云南昊邦医药销售有限公司	批零兼营	115	53	46.09
141	包头市医药有限责任公司	批发业	60	52	86.67
143	国药集团西南医药有限公司	批发业	214	51	23.83
144	北京美康永正医药有限公司	批发业	145	51	35.17
145	新龙药业集团	批发业	1310	50	3.82
147	山东容大医药有限公司	批发业	186	50	26.88
148	云南佳能达医药有限公司	批发业	143	50	34.97
146	广州健民医药连锁有限公司	批零兼营	460	50	10.87
合计			185218	34590	18.68

统计范围：物流从业人数为50人以上的药品批零兼营直报企业。

2012年药品零售直报企业执业药师资格人数统计表从业人员

序号	企业名称	行业类别	从业人员				
			总数（人）	具有执业药师资格人员（人）	占比（%）	药学技术人员（人）	占比（%）
1	重庆桐君阁大药房连锁有限公司	零售业	7850	2015	25.67	4512	57.48
2	辽宁成大方圆医药连锁有限公司	零售业	6144	156	2.54	1222	19.89
3	益丰大药房连锁股份有限公司	零售业	5366	695	12.95	0	0.00
4	甘肃众友健康医药股份有限公司	零售业	2598	451	17.36	1555	59.85
5	济南漱玉平民大药房有限公司	零售业	2449	101	4.12	1781	72.72
6	深圳中联大药房控股有限公司	零售业	2438	0	0.00	799	32.77
7	江西黄庆仁栈华氏大药房	零售业	2327	0	0.00	0	0.00
8	西安怡康医药连锁有限责任公司	零售业	2087	0	0.00	0	0.00
9	山东燕喜堂医药连锁有限公司	零售业	1789	0	0.00	0	0.00
10	哈尔滨人民同泰医药连锁店	零售业	1758	29	1.65	0	0.00
11	吉林大药房药业股份有限公司	零售业	1568	65	4.15	304	19.39
12	江西萍乡市昌盛大药房连锁有限公司	零售业	1513	214	14.14	387	25.58
13	赤峰荣济堂大药房连锁有限公司	零售业	1270	65	5.12	860	67.72
14	中山市中智大药房连锁有限公司	零售业	1228	28	2.28	997	81.19
15	吉林省益和大药房有限公司	零售业	1200	0	0.00	0	0.00
16	河南张仲景大药房股份有限公司	零售业	1200	0	0.00	0	0.00
17	石家庄新兴药房连锁有限公司	零售业	1088	55	5.06	790	72.61
18	重庆市万和药房连锁有限责任公司	零售业	1088	76	6.99	0	0.00
19	山西荣华大药房连锁有限公司	零售业	1036	80	7.72	685	66.12
20	黑龙江泰华医药集团有限公司	零售业	873	238	27.26	0	0.00
21	黑龙江泰华医药连锁销售有限公司	零售业	873	238	27.26	0	0.00
22	海南广安堂药品超市连锁经营有限公司	零售业	869	55	6.33	55	6.33
23	张家口市华佗药房连锁有限公司	零售业	860	12	1.40	0	0.00
24	廊坊市一笑堂医药零售连锁有限公司	零售业	854	27	3.16	440	51.52
25	湖北同济堂药房有限公司	零售业	839	156	18.59	0	0.00
26	襄阳天济大药房连锁有限责任公司	零售业	836	71	8.49	669	80.02
27	赤峰人川大药房连锁有限公司	零售业	787	18	2.29	216	27.45
28	上海国大药房连锁有限公司	零售业	780	105	13.46	0	0.00
29	福建惠好四海医药连锁有限责任公司	零售业	737	27	3.66	206	27.95
30	山东国大仁和堂药房连锁有限公司	零售业	694	39	5.62	262	37.75

序号	企业名称	行业类别	从业人员				
			总数（人）	具有执业药师资格人员（人）	占比（%）	药学技术人员（人）	占比（%）
31	杭州九洲大药房连锁有限公司	零售业	690	30	4.35	0	0.00
32	赤峰雷蒙大药房连锁有限公司	零售业	663	19	2.87	0	0.00
33	陕西众信医药超市有限公司	零售业	647	59	9.12	143	22.10
34	上海养和堂药业连锁经营有限公司	零售业	642	77	11.99	506	78.82
35	广西柳州桂中大药房连锁有限责任公司	零售业	617	7	1.13	84	13.61
36	武汉马应龙大药房连锁有限公司	零售业	615	78	12.68	363	59.02
37	上海复美益星大药房连锁公司	零售业	604	91	15.07	380	62.91
38	湖南国大民生堂药房连锁有限公司	零售业	593	16	2.70	36	6.07
39	宁夏国大药房连锁有限公司	零售业	575	17	2.96	260	45.22
40	河北神威大药房连锁有限公司	零售业	553	0	0.00	0	0.00
41	石家庄乐仁堂医药连锁有限责任公司	零售业	544	18	3.31	144	26.47
42	北京嘉事堂连锁药店有限责任公司	零售业	528	25	4.73	309	58.52
43	山东潍坊海王星辰民康连锁药店有限公司	零售业	518	0	0.00	0	0.00
44	上海汇丰大药房有限公司	零售业	502	51	10.16	0	0.00
45	北京永安复星医药股份有限公司	零售业	486	27	5.56	214	44.03
46	日照真诚大药房有限公司	零售业	482	26	5.39	446	92.53
47	浙江天天好大药房连锁有限公司	零售业	481	40	8.32	268	55.72
48	山西长城药品零售连锁有限公司	零售业	476	83	17.44	88	18.49
49	云南健之佳健康连锁店股份有限公司	零售业	454	22	4.85	73	16.08
50	安徽丰原大药房连锁有限公司	零售业	443	11	2.48	0	0.00
51	章丘健民医药有限公司	零售业	422	4	0.95	70	16.59
52	上海余天成药业连锁有限公司	零售业	413	43	10.41	242	58.60
53	浙江震元医药连锁有限公司	零售业	410	13	3.17	197	48.05
54	开封市百氏康医药连锁有限公司	零售业	407	40	9.83	40	9.83
55	苏州礼安医药连锁总店有限公司	零售业	389	16	4.11	0	0.00
56	北京同仁堂商业投资集团有限公司同仁堂药店	零售业	388	36	9.28	66	17.01
57	济宁新华鲁抗大药房有限公司	零售业	377	56	14.85	369	97.88
58	哈尔滨宝丰医药连锁有限公司	零售业	373	0	0.00	3	0.80
59	浙江华通医药连锁有限公司	零售业	369	11	2.98	233	63.14
60	苏州雷允上国药连锁总店有限公司	零售业	368	6	1.63	0	0.00
61	青岛国风大药房连锁有限公司	零售业	366	5	1.37	133	36.34

序号	企业名称	行业类别	从业人员				
			总数（人）	具有执业药师资格人员(人)	占比（%）	药学技术人员（人）	占比（%）
63	菏泽牡丹大药房连锁有限公司	零售业	365	17	4.66	291	79.73
62	上海童涵春堂药业连锁经营有限公司	零售业	365	45	12.33	0	0.00
64	江西开心人大药房连锁有限公司	零售业	363	57	15.70	21	5.79
66	娄底市康一馨街大药房零售连锁有限公司	零售业	360	55	15.28	105	29.17
65	上海一德大药房连锁经营有限公司	零售业	360	58	16.11	0	0.00
67	北京京卫元华医药科技有限公司	零售业	356	40	11.24	0	0.00
68	福建国大药房连锁有限公司	零售业	351	23	6.55	0	0.00
69	宁波四明大药房有限责任公司	零售业	345	37	10.72	173	50.14
70	浙江华联医药连锁有限公司	零售业	342	9	2.63	157	45.91
71	宁波彩虹大药房有限公司	零售业	338	2	0.59	242	71.60
72	北京永安堂医药连锁有限责任公司	零售业	334	12	3.59	0	0.00
73	上海南汇华泰药店连锁总店	零售业	329	47	14.29	47	14.29
74	国药控股国大药房内蒙古有限公司	零售业	326	17	5.21	0	0.00
75	德州颐寿医药连锁有限公司	零售业	325	13	4.00	15	4.62
76	山东利民大药店连锁有限公司	零售业	324	34	10.49	141	43.52
77	广东康泽药业连锁有限公司	零售业	300	4	1.33	96	32.00
78	上海得一大药房有限公司	零售业	294	38	12.93	289	98.30
80	广西一心医药有限责任公司	零售业	290	10	3.45	191	65.86
79	北京德威治医药连锁有限责任公司	零售业	290	86	29.66	86	29.66
81	攀枝花市敬仁堂医药连锁有限责任公司	零售业	287	33	11.50	33	11.50
82	浙江瑞人堂医药连锁有限公司	零售业	285	11	3.86	154	54.04
83	嵊州市易心堂大药房有限公司	零售业	281	13	4.63	84	29.89
84	上海药房连锁有限公司	零售业	274	25	9.12	25	9.12
85	吉林省中东医药有限公司	零售业	264	56	21.21	109	41.29
86	福州回春医药连锁有限公司	零售业	262	8	3.05	114	43.51
89	四川天诚大药房连锁有限责任公司	零售业	247	4	1.62	116	46.96
88	山东益寿堂药业有限公司	零售业	247	45	18.22	109	44.13
87	老百姓大药房连锁（山东）有限公司	零售业	247	15	6.07	0	0.00
90	好药师大药房连锁有限公司	零售业	242	39	16.12	0	0.00
91	葫芦岛市医药有限责任公司	零售业	225	23	10.22	118	52.44
92	广西南宁朝阳大药房连锁有限责任公司	零售业	222	35	15.77	134	60.36

序号	企业名称	行业类别	从业人员				
			总数（人）	具有执业药师资格人员(人)	占比（%）	药学技术人员(人)	占比（%）
94	上海联华复星药房连锁经营有限公司	零售业	221	43	19.46	94	42.53
93	内蒙古万民药房连锁有限公司	零售业	221	24	10.86	24	10.86
95	上海医药嘉定大药房连锁有限公司	零售业	216	20	9.26	84	38.89
96	长治市昂生大药房零售连锁有限公司	零售业	209	20	9.57	24	11.48
97	北京同仁堂崇文门药店有限责任公司	零售业	207	11	5.31	105	50.72
98	上海云湖医药连锁经营有限公司	零售业	204	19	9.31	19	9.31
99	山西临汾竹林大药房连锁有限公司	零售业	196	28	14.29	28	14.29
100	宁波市正源大药房有限公司	零售业	195	35	17.95	136	69.74
101	北京市京隆堂医药有限公司	零售业	188	11	5.85	19	10.11
102	北京医保全新大药房连锁有限公司	零售业	186	21	11.29	0	0.00
103	上海雷允上西区药品零售有限公司	零售业	182	32	17.58	32	17.58
104	泸州圣杰药业有限公司	零售业	181	0	0.00	0	0.00
105	贵州华氏大药房延安连锁有限公司	零售业	178	1	0.56	40	22.47
106	青岛祥泰药庄连锁有限公司	零售业	177	2	1.13	120	67.80
107	吉林省合兴健康药房连锁有限责任公司	零售业	176	1	0.57	44	25.00
108	海南养天和大药房连锁经营有限公司	零售业	173	0	0.00	0	0.00
109	成都九鼎药房连锁有限责任公司	零售业	167	18	10.78	18	10.78
111	陕西省汉中市药材总公司	零售业	162	3	1.85	0	0.00
110	东营益生堂药业连锁有限公司	零售业	162	0	0.00	0	0.00
112	江苏仁济医药连锁有限公司	零售业	135	5	3.70	36	26.67
113	北京医保中洋大药房有限公司	零售业	132	39	29.55	39	29.55
114	金华市尖峰大药房连锁有限公司	零售业	131	5	3.82	100	76.34
115	厦门九鼎药房连锁有限公司	零售业	131	15	11.45	0	0.00
116	广西玉林市至真药业连锁有限责任公司	零售业	113	21	18.58	38	33.63
117	金华市九德堂医药连锁有限公司	零售业	112	5	4.46	26	23.21
118	深圳市南北药行连锁有限公司	零售业	102	4	3.92	11	10.78
119	河北圣诺新特药连锁有限公司	零售业	102	0	0.00	0	0.00
合计			84393	7237	8.58	24294	28.79

备注：统计范围为人员总数在100以上药品零售企业。

2012年药品流通直报企业电子商务从业人数统计表

序号	企业名称	行业类别	从业人员		
			总数（人）	电子商务从业人数（人）	占比（%）
1	汕头市创美药业有限公司	批发业	528	225	42.61
2	安徽天禾药业有限公司	批零兼营	332	175	52.71
3	合肥康丽药业有限责任公司	批发业	561	156	27.81
4	西安藻露堂药业集团有限责任公司	批零兼营	574	138	24.04
5	吉林省友邦药业有限公司	批零兼营	143	123	86.01
6	北京同仁堂健康药品经营有限公司	批零兼营	6831	118	1.73
7	北京医保中洋大药房有限公司	零售业	132	112	84.85
8	达州市天泰药业集团有限公司	批零兼营	120	90	75.00
9	兰州强生医药有限责任公司	批发业	442	86	19.46
10	徐州医药股份有限公司	批发业	386	86	22.28
11	辽宁九州通医药有限公司	批发业	368	81	22.01
12	国药控股金华有限公司	批发业	93	75	80.65
13	上海汇仁医药有限公司	批发业	92	68	73.91
14	深圳市海王星辰医药有限公司	批发业	14500	65	0.45
15	四川南充科伦医药贸易有限公司	批发业	199	58	29.15
16	南京医药股份有限公司	批零兼营	6480	52	0.80
17	张家口市华佗药房连锁有限公司	零售业	860	52	6.05
18	甘肃德生堂大药房连锁经营有限公司	批零兼营	2020	50	2.48
19	赤峰丹龙医药有限公司	批发业	120	44	36.67
20	云南博泰药业有限公司	批零兼营	102	42	41.18
21	杭州九洲大药房连锁有限公司	零售业	690	40	5.80
22	吉林省东龙医药物流配送有限公司	批发业	112	40	35.71
23	中国医药集团总公司	批零兼营	39616	37	0.09
24	吉林省中东医药有限公司	零售业	264	36	13.64
25	广西梧州市杰迅医药有限公司	批发业	253	34	13.44
26	天津天士力医药营销集团有限公司	批零兼营	7188	33	0.46
27	吉林省辉南长龙药品经销有限责任公司	批发业	350	30	8.57
28	金华市老百姓医药连锁有限公司	零售业	88	30	34.09
29	昆明云中药业有限责任公司	批发业	50	30	60.00
30	浙江英特药业有限责任公司	批零兼营	1658	27	1.63
31	海南涛生医药有限公司	批发业	30	27	90.00

序号	企业名称	行业类别	从业人员		
			总数（人）	电子商务从业人数（人）	占比（%）
32	海南全星药业有限公司	批发业	45	26	57.78
33	上海复美益星大药房连锁公司	零售业	604	25	4.14
34	江西开心人大药房连锁有限公司	零售业	363	25	6.89
35	邵阳九福药业有限公司	批发业	151	25	16.56
36	甘肃平凉国泰药业有限责任公司	批发业	89	23	25.84
37	华东医药股份有限公司	批发业	1176	22	1.87
38	赤峰雷蒙药品经销有限公司	批发业	225	22	9.78
39	福建惠好四海医药连锁有限责任公司	零售业	737	21	2.85
40	湖南天士力民生药业有限公司	批发业	260	21	8.08
41	山西信成药业有限公司朔州分公司	批零兼营	30	21	70.00
42	九州通医药集团有限公司	批发业	14910	20	0.13
43	重庆医药（集团）股份有限公司	批发业	10950	20	0.18
44	鹭燕（福建）药业股份有限公司	批发业	1691	20	1.18
45	重庆和平药房连锁有限责任公司	批零兼营	1171	20	1.71
46	山东九州通医药有限公司	批发业	569	20	3.51
47	北京德威治医药连锁有限责任公司	零售业	290	20	6.90
48	盐城百科药业有限公司	批发业	160	20	12.50
49	上海申威医药有限公司	批发业	103	20	19.42
50	云南泰康医药经济发展有限公司	批发业	62	20	32.26
51	广州医药有限公司	批发业	2165	19	0.88
52	云南东昌医药股份有限公司	批发业	429	18	4.20
53	哈药集团医药有限公司	批零兼营	3146	16	0.51
54	哈尔滨人民同泰医药连锁店	零售业	1758	16	0.91
55	福建同春药业股份有限公司	批发业	653	16	2.45
56	红河州佳宇药业有限公司	批发业	57	16	28.07
57	云南省药品科技开发经营有限公司	批发业	53	16	30.19
58	昆明东南亚药业有限公司	批发业	43	16	37.21
59	上海华氏大药房有限公司	批零兼营	1697	15	0.88
60	菏泽牡丹医药有限责任公司	批发业	510	15	2.94
61	山东瑞中医药有限公司	批发业	320	15	4.69
62	厦门中鹭医药有限公司	批零兼营	56	15	26.79
63	青海力升药业有限公司	批零兼营	49	15	30.61

序号	企业名称	行业类别	从业人员		
			总数（人）	电子商务从业人数（人）	占比（%）
64	常熟市医药工业供销有限公司	批发业	22	15	68.18
65	厦门九鼎药房连锁有限公司	零售业	131	14	10.69
66	云南健之佳健康连锁店股份有限公司	零售业	454	12	2.64
67	上海第一医药股份有限公司	批零兼营	855	11	1.29
68	山东新华医药贸易有限公司	批发业	498	11	2.21
69	济南漱玉平民大药房有限公司	零售业	2449	10	0.41
70	甘肃同济药业有限责任公司	批零兼营	480	10	2.08
71	上海药房连锁有限公司	零售业	274	10	3.65
72	北京凯宏鑫医药有限责任公司	批发业	135	10	7.41
73	浙江海派医药有限公司	批发业	83	10	12.05
74	海南鑫瑞药业有限公司	批发业	70	10	14.29
75	北京行有恒医药有限公司	批发业	43	10	23.26
76	海南悦健药业有限公司	批发业	38	10	26.32
77	甘肃莱美医药投资有限责任公司	批发业	86	9	10.47
78	贵州慈惠医药有限公司	批发业	35	9	25.71
79	江苏柯菲平医药有限公司	批发业	398	8	2.01
80	宁波彩虹大药房有限公司	零售业	338	8	2.37
81	修正药业集团营销有限公司	批发业	272	8	2.94
82	重庆长圣医药有限公司	批发业	233	8	3.43
83	舟山市普陀医药药材有限公司	批发业	108	8	7.41
84	南通市医药经销有限公司	批发业	80	8	10.00
85	四川太星药业有限公司	批发业	70	8	11.43
86	文水县晋强神威大药房	零售业	45	8	17.78
87	浙江湖州英特药业有限公司	批发业	32	7	21.88
88	辽宁成大方圆医药连锁有限公司	零售业	6144	6	0.10
89	四川科伦医药贸易有限公司	批发业	4800	6	0.13
90	北京永安复星医药股份有限公司	零售业	486	6	1.23
91	上海医药嘉定大药房连锁有限公司	零售业	216	6	2.78
92	福建中鹭医药有限公司	批零兼营	104	6	5.77
93	上海外高桥医药分销中心有限公司	批发业	81	6	7.41
94	武汉马应龙大药房连锁有限公司	零售业	615	5	0.81
95	宁夏国大药房连锁有限公司	零售业	575	5	0.87

序号	企业名称	行业类别	从业人员		
			总数（人）	电子商务从业人数（人）	占比（%）
96	华润辽宁医药有限公司	批发业	470	5	1.06
97	广州健民医药连锁有限公司	批零兼营	460	5	1.09
98	济宁新华鲁抗大药房有限公司	零售业	377	5	1.33
99	江苏恩华和润医药有限公司	批发业	365	5	1.37
100	华润河南医药有限公司	批发业	315	5	1.59
101	山东康惠医药有限公司	批发业	145	5	3.45
102	福建新力量医药有限公司	批发业	143	5	3.50
103	云南双鹤医药有限公司	批零兼营	102	5	4.90
104	华润国康（北京）医药有限公司	批发业	96	5	5.21
105	衡阳瑞源药业有限公司	批发业	76	5	6.58
106	国药控股海南鸿益有限公司	批发业	64	5	7.81
107	北京大华医药有限公司	批发业	40	5	12.50
108	云南万里红药业有限公司	批发业	28	5	17.86
109	海南华友药业有限公司	批发业	6	5	83.33
110	四川九州通科创医药有限公司	批发业	316	4	1.27
111	海南国康医药开发有限公司	批发业	34	4	11.76
112	康美新开河（吉林）药业有限公司	批发业	28	4	14.29
113	海南新隆药业有限公司	批发业	9	4	44.44
114	上海九州通医药有限公司	批发业	664	3	0.45
115	广东九州通医药有限公司	批发业	552	3	0.54
116	宁波四明大药房有限责任公司	零售业	345	3	0.87
117	安徽国立医药集团有限公司	批发业	271	3	1.11
118	海南康众药业有限公司	批发业	268	3	1.12
119	宁波市正源大药房有限公司	零售业	195	3	1.54
120	青岛华氏国风医药有限责任公司	批发业	160	3	1.88
121	河北智同医药有限公司	批发业	140	3	2.14
122	北京上药爱心伟业医药有限公司	批发业	86	3	3.49
123	北京益普四环医药公司	批发业	36	3	8.33
124	昆明红伙药业有限公司	批发业	16	3	18.75
125	澄迈县医药发展公司	批发业	8	3	37.50
126	山东瑞康医药股份有限公司	批发业	1358	2	0.15
127	苏州礼安医药连锁总店有限公司	零售业	389	2	0.51

序号	企业名称	行业类别	从业人员		
			总数（人）	电子商务从业人数（人）	占比（%）
128	山东容大医药有限公司	批发业	186	2	1.08
129	晋中市新都药业有限公司	批零兼营	141	2	1.42
130	北京恒创佳益医药有限公司	批零兼营	133	2	1.50
131	云南康美佳药业有限公司	批发业	129	2	1.55
132	遵义百颐医药有限责任公司	批发业	100	2	2.00
133	包头市医药有限责任公司	批发业	60	2	3.33
134	云南新生命药业有限公司	批零兼营	35	2	5.71
135	海南优莱特医药有限公司	批发业	28	2	7.14
136	北京信海康医药有限责任公司	批发业	24	2	8.33
137	舟山市卫盛医药有限公司	批发业	18	2	11.11
138	海南丰元医药有限公司	批发业	14	2	14.29
139	海南健林医药有限公司	批发业	10	2	20.00
140	山西荣华大药房连锁有限公司	零售业	1036	1	0.10
141	华润衢州医药有限公司	批零兼营	240	1	0.42
142	国药控股甘肃有限公司	批发业	238	1	0.42
143	湖北百惠医药有限公司	批发业	204	1	0.49
144	成都九鼎药房连锁有限责任公司	零售业	167	1	0.60
145	福建东南医药有限公司	批发业	101	1	0.99
146	宜昌市康正药业贸易有限责任公司	批零兼营	66	1	1.52
147	厦门星鲨怀德居医药有限公司	批发业	52	1	1.92
148	恩施市元昌医药有限责任公司	零售业	43	1	2.33
149	海南爱欣药业有限公司	批发业	27	1	3.70
150	安徽海通医药股份有限公司	批发业	18	1	5.56
151	健康新概念大药房	零售业	13	1	7.69
合计			160599	3319	2.07

统计范围：含有电子商务从业人员的全部药品流通直报企业。

第十部分 药品流通行业创新经营模式情况

2012年承担国家基本药物省级配送任务的药品批发企业

序号	企业名称	行业类别
北京市		
1	中国医药集团总公司	批零兼营
2	华润医药商业集团有限公司	批零兼营
3	北京科园信海医药经营有限公司	批发业
4	北京双鹤药业经营有限责任公司	批发业
5	中国药材公司	批发业
6	北京燕烽医药有限责任公司	批发业
7	北京大华医药有限公司	批发业
天津市		
1	天津天士力医药营销集团有限公司	批零兼营
2	国药控股天津有限公司	批发业
3	华润天津医药有限公司	批零兼营
4	天津世纪滨海生物医药有限公司	批发业
河北省		
1	石药集团河北中诚医药有限公司	批零兼营
山西省		
1	国药集团山西有限公司	批零兼营
2	国药控股山西有限公司	批发业
3	山西亚宝医药经销有限公司	批发业
4	山西康美徕医药有限公司	批发业
5	山西亨通医药批发有限公司	批零兼营
6	山西安盛源药业有限公司	批发业
7	山西省长治医药有限公司	批发业
8	山西福源药业有限责任公司	批发业
9	阳泉市咱家医药物流有限责任公司	批发业
内蒙古自治区		
1	赤峰雷蒙药品经销有限公司	批发业
辽宁省		
1	国药控股沈阳有限公司	批发业

序号	企业名称	行业类别
2	华润辽宁医药有限公司	批发业
3	辽宁九州通医药有限公司	批发业
4	大连中大药业有限公司	批发业
5	本溪市医药总公司	批发业
吉林省		
1	国药控股吉林有限公司	批零兼营
2	修正药业集团营销有限公司	批发业
3	华润长春大格医药有限公司	批发业
4	华润吉林康乃尔医药有限公司	批发业
5	吉林省友邦药业有限公司	批零兼营
6	吉林省天和医药科技有限公司	批发业
7	通化同德堂医药药材有限公司	批发业
8	长春市长恒药业有限公司	批发业
9	吉林省北药医药股份有限公司	批发业
10	吉林省三精医药有限责任公司	批发业
11	吉林亚泰万联医药有限公司	批零兼营
12	吉林省吉林市医药有限责任公司	批零兼营
13	长春永新迪瑞药业有限公司	批零兼营
14	延边高丽医药有限公司	批发业
15	吉林亚泰华氏医药有限公司	批发业
16	松原市神光医药有限公司	批零兼营
黑龙江省		
1	哈药集团医药有限公司	批零兼营
上海市		
1	上海医药分销控股份有限公司	批发业
2	上海雷允上药业有限公司	批发业
3	上海新先锋华康医药有限公司	批发业
4	上海海欣医药有限公司	批发业
5	上海古华药业（集团）有限公司	批发业
6	上海金石医药药材有限公司	批发业
7	上海云湖医药药材股份有限公司	批发业
8	上海金石大药房有限公司	零售业

序号	企业名称	行业类别
江苏省		
1	南京医药股份有限公司	批零兼营
2	华润苏州礼安医药有限公司	批发业
3	江苏省医药公司	批发业
4	上药山禾无锡医药股份有限公司	批发业
5	连云港康缘医药商业有限公司	批发业
6	江苏省润天生化医药有限公司	批发业
7	常熟建发医药有限公司	批发业
8	江苏恩华和润医药有限公司	批发业
9	徐州医药股份有限公司	批发业
10	江苏华美医药有限责任公司	批零兼营
11	金湖县医药有限公司	批发业
12	江苏维康医药有限公司	批发业
浙江省		
1	华东医药股份有限公司	批发业
2	浙江英特药业有限责任公司	批零兼营
3	国药控股温州有限公司	批发业
4	杭州凯仑医药股份有限公司	批发业
5	温州华东惠仁医药有限公司	批零兼营
6	浙江华通医药股份有限公司	批零兼营
7	宁波市鄞州医药药材有限公司	批发业
8	温州市英特药业有限公司	批发业
9	浙江大德药业集团浙江医药公司	批零兼营
10	浙江宝瑞医药有限公司	批发业
11	东阳市医药药材有限公司	批发业
12	浙江省诸暨市医药药材有限公司	批发业
13	浦江县医药药材有限公司	批发业
14	苍南县宏泰医药有限公司	批发业
15	浙江嘉兴百仁医药有限公司	批发业
16	奉化市医药药材有限公司	批发业
17	华润衢州医药有限公司	批零兼营

序号	企业名称	行业类别
安徽省		
1	南京医药合肥天星有限公司	批发业
2	安徽省医药（集团）股份有限公司	批发业
3	合肥康丽药业有限责任公司	批发业
4	合肥市迪迈医药有限公司	批发业
5	滁州市天成药业有限公司	批发业
6	安徽海通医药股份有限公司	批发业
福建省		
1	福建省华侨实业集团有限责任公司	批发业
2	福建中鹭医药有限公司	批零兼营
3	厦门宏仁医药有限公司	批发业
4	片仔癀（漳州）医药有限公司	批发业
5	厦门中鹭医药有限公司	批零兼营
江西省		
1	江西汇仁集团医药科研营销有限公司	批零兼营
2	江西南华医药有限公司	批发业
山东省		
1	山东海王银河医药有限公司	批发业
2	山东瑞康医药股份有限公司	批发业
3	山东瑞中医药有限公司	批发业
4	山东九州通医药有限公司	批发业
5	山东康诺盛世医药有限公司	批发业
6	山东康惠医药有限公司	批发业
7	山东新华医药贸易有限公司	批发业
8	青岛华氏国风医药有限责任公司	批发业
9	山东省德州泰康药业有限公司	批发业
10	山东鑫康弘医药有限公司	批发业
11	山东立健医药城连锁有限公司	批零兼营
12	山东鑫伟力药品有限公司	批发业
13	国药控股聊城有限公司	批发业
14	山东仁博医药有限公司	批发业

序号	企业名称	行业类别
河南省		
1	河南省康信医药有限公司	批零兼营
2	河南德尔康药业有限公司	批发业
湖北省		
1	九州通医药集团有限公司	批发业
2	国药控股湖北有限公司	批发业
3	湖北百惠医药有限公司	批发业
4	南京医药湖北有限公司	批发业
5	湖北格林药业有限公司	批发业
6	湖北独活药业股份有限公司	批发业
7	黄冈市卫尔康医药有限公司	批发业
8	宜昌市康鑫医药经销有限公司	批发业
9	宜昌市瑞康医药有限责任公司	批发业
10	湖北孝感中药材有限公司	批零兼营
11	宜昌市康正药业贸易有限责任公司	批零兼营
12	湖北中融达医药有限公司（仙桃）	批发业
13	新龙药业集团恩施有限公司	批发业
14	宜昌万和医药有限责任公司	批发业
湖南省		
1	湖南天士力民生药业有限公司	批发业
2	邵阳九福药业有限公司	批发业
3	衡阳市同德祥医药有限公司	批发业
4	湖南新汇医药有限公司	批发业
5	安化县医药总公司	批零兼营
广东省		
1	广州医药有限公司	批发业
2	汕头市创美药业有限公司	批发业
3	广东振东泰捷医药物流有限公司	批发业
广西壮族自治区		
1	广西柳州医药股份有限公司	批零兼营
海南省		
1	海南广药晨菲医药有限公司	批发业

序号	企业名称	行业类别
2	海南康众药业有限公司	批发业
3	海南东鑫药业有限公司	批发业
4	海南裕鑫昌药业有限公司	批发业
5	海南飞利药业有限公司	批发业
6	海南京卫药业有限公司	批发业
7	海南天瑞药业有限公司	批发业
8	海南健林医药有限公司	批发业
9	海南光伟药业有限公司	批发业
10	海南康尼医药有限公司	批发业
	重庆市	
1	重庆医药（集团）股份有限公司	批发业
2	重庆长圣医药有限公司	批发业
	四川省	
1	四川科伦医药贸易有限公司	批发业
2	四川省南充药业（集团）有限公司	批零兼营
3	泸州宝光医药有限公司	批发业
4	四川雅安安康盛中药材有限责任公司	批零兼营
	贵州省	
1	贵州省医药（集团）有限责任公司	批零兼营
2	国药控股贵州公司	批发业
3	遵义百颐医药有限责任公司	批发业
4	贵州鼎圣药业有限公司	批发业
5	贵州斯瑞医药有限责任公司	批发业
6	贵州省黔中医药有限公司	批发业
7	贵州省毕节市医药有限公司	批零兼营
8	遵义医药有限公司	批发业
9	贵州光正医药销售有限公司	批发业
10	贵州铜仁梵天药业有限公司	批发业
11	贵州华圣医药工业有限公司	批发业
12	毕节大众医药有限公司（原贵州圣康堂医药经营有限公司）	批发业
	云南省	
1	云南东骏药业有限公司	批零兼营

序号	企业名称	行业类别
2	国药控股云南有限公司	批发业
3	云南东昌医药股份有限公司	批发业
4	云南佳能达医药有限公司	批发业
5	云南省玉溪医药有限责任公司	批零兼营
6	昆明东南亚药业有限公司	批发业
7	云南恩红（集团）有限公司	批零兼营
8	云南龙马药业有限公司	批零兼营
9	云南省保山市医药有限责任公司	批零兼营
10	云南省开远三发医药经贸公司	批发业
11	红河州佳宇药业有限公司	批发业
12	云南万里红药业有限公司	
13	普洱腾龙药业有限公司	批零兼营
	陕西省	
1	陕西医药控股集团派昂医药有限责任公司	批零兼营
2	西安双鹤医药股份有限公司	批发业
3	陕西怡康医药有限责任公司	批零兼营
4	渭南医药集团有限责任公司	批发业
	甘肃省	
1	甘肃同济药业有限责任公司	批零兼营
2	甘肃平凉国泰药业有限责任公司	批发业
	青海省	
1	青海省富康医药集团有限责任公司	批发业
2	青海省新绿洲医药集团有限公司	批发业
	宁夏回族自治区	
1	国药控股宁夏有限公司	批发业
2	宁夏华源耀康医药有限公司	批零兼营
3	闽宁医药有限公司	批发业

统计范围：商务部药品流通统计系统中已填报企业。

2012年开展第三方药品物流业务的专业医药物流企业

序号	企业名称	行业类别
北京市		
1	中国医药集团总公司	批零兼营
2	华润医药商业集团有限公司	批零兼营
3	北京科园信海医药经营有限公司	批发业
天津市		
1	国药控股天津有限公司	批发业
2	天津天士力医药营销集团有限公司	批零兼营
3	天津世纪滨海生物医药有限公司	批发业
河北省		
1	石药集团河北中诚医药有限公司	批零兼营
内蒙古自治区		
1	赤峰颈复康药业有限公司	批发业
辽宁省		
1	辽宁九州通医药有限公司	批发业
2	国药控股沈阳有限公司	批发业
吉林省		
1	吉林亚泰华氏医药有限公司	批发业
2	华润吉林康乃尔医药有限公司	批发业
上海市		
1	上海外高桥医药分销中心有限公司	批发业
2	上海汇仁医药有限公司	批发业
3	国药控股国大药房有限公司	批零兼营
江苏省		
1	南京医药股份有限公司	批零兼营
2	徐州医药股份有限公司	批发业
浙江省		
1	浙江英特药业有限责任公司	批零兼营
2	温州市英特药业有限公司	批发业
3	浙江华通医药股份有限公司	批零兼营
4	苍南县宏泰医药有限公司	批发业
江西省		
1	江西汇仁集团医药科研营销有限公司	批零兼营

序号	企业名称	行业类别
	山东省	
1	山东九州通医药有限公司	批发业
2	山东康诺盛世医药有限公司	批发业
	湖北省	
1	九州通医药集团有限公司	批发业
2	国药控股湖北有限公司	批发业
3	宜昌市康正药业贸易有限责任公司	批零兼营
4	新龙药业集团恩施有限公司	批发业
	湖南省	
1	湖南天士力民生药业有限公司	批发业
	广东省	
1	广州医药有限公司	批发业
2	汕头市创美药业有限公司	批发业
	广西壮族自治区	
1	广西柳州医药股份有限公司	批零兼营
	海南省	
1	海南同济堂药业有限公司	批发业
2	上海万隆药业洋浦有限公司	批发业
	重庆市	
1	重庆医药（集团）股份有限公司	批发业
	四川省	
1	四川科伦医药贸易有限公司	批发业
2	乐山市海棠药堂有限公司	批发业
	贵州省	
1	贵州民生药业有限公司	批发业
	云南省	
1	云南昊邦医药销售有限公司	批零兼营
2	云南龙马药业有限公司	批零兼营
	甘肃省	
1	甘肃同济药业有限责任公司	批零兼营
2	甘肃河西三州武威医药连锁有限责任公司	批零兼营

统计范围：商务部药品流通统计系统中已填报企业。具有药监部门颁发的开展第三方药品物流业务确认文件的专业医药物流企业。

2012年开展物流延伸服务的企业

序号	企业名称	行业类别	涉及医院（家）
1	中国医药集团总公司	批零兼营	1146
2	天津天士力医药营销集团有限公司	批零兼营	591
3	海南东鑫药业有限公司	批发业	212
4	云南省玉溪医药有限责任公司	批零兼营	102
5	山东九州通医药有限公司	批发业	90
6	甘肃同济药业有限责任公司	批零兼营	86
7	云南龙马药业有限公司	批零兼营	77
8	山西亨通医药批发有限公司	批零兼营	68
9	北京燃烽医药有限责任公司	批发业	50
10	四川省南充药业（集团）有限公司	批零兼营	44
11	云南鸿翔一心堂药业（集团）股份有限公司	批零兼营	39
12	福建新力量医药有限公司	批发业	31
13	湖南德海医药有限公司	批发业	31
14	南京医药合肥天星有限公司	批发业	30
15	安徽海通医药股份有限公司	批发业	30
16	山东省德州泰康药业有限公司	批发业	30
17	海南光伟药业有限公司	批发业	30
18	吉林亚泰华氏医药有限公司	批发业	20
19	广州医药有限公司	批发业	15
20	九州通医药集团有限公司	批发业	10
21	天津世纪滨海生物医药有限公司	批发业	8
22	山东海王银河医药有限公司	批发业	8
23	华润医药商业集团有限公司	批零兼营	7
24	江西汇仁集团医药科研营销有限公司	批零兼营	5
25	南京医药湖北有限公司	批发业	5
26	贵州华圣医药工业有限公司	批发业	5
27	上海医药分销控股有限公司	批发业	4
28	江苏省医药公司	批发业	3

序号	企业名称	行业类别	涉及医院（家）
29	华润河南医药有限公司	批发业	3
30	北京科园信海医药经营有限公司	批发业	2
31	国药集团山西有限公司	批零兼营	2
32	南京医药股份有限公司	批零兼营	2
33	徐州医药股份有限公司	批发业	2
34	济南中信医药有限公司	批发业	2
35	青岛华氏国风医药有限责任公司	批发业	2
36	天津中新药业集团股份有限公司医药公司	批发业	1
37	华润天津医药有限公司	批零兼营	1
38	华润吉林康乃尔医药有限公司	批发业	1
39	华润衢州医药有限公司	批零兼营	1
40	湖南天士力民生药业有限公司	批发业	1
41	兰州西城药业有限责任公司	批发业	0
42	青海省新绿洲医药集团有限公司	批发业	0
合计			2797

统计范围：商务部药品流通统计系统中已填报企业。

2012 年药店承担社区医疗机构药房功能试点的企业

序号	企业名称	行业类别	社区医疗机构（家）
1	山东仁博医药有限公司	批发业	36
2	华润天津医药有限公司	批零兼营	11
3	武汉马应龙大药房连锁有限公司	零售业	4
4	南京市银达医药有限公司	批零兼营	2
5	南京医药合肥天星有限公司	批发业	2

统计范围：商务部药品流通统计系统中已填报企业。

2012 年承接药房托管的企业

序号	企业名称	行业类别	医院（二级以上含二级）（家）	基层医疗机构（二级以下）（家）
1	南京医药股份有限公司	批零兼营	270	
2	国药集团山西有限公司	批零兼营	13	0
3	华润吉林康乃尔医药有限公司	批发业	11	2
4	合肥康丽药业有限责任公司	批发业	11	
5	合肥市迪迈医药有限公司	批发业	10	
6	南京医药合肥天星有限公司	批发业	9	5
7	山东海王银河医药有限公司	批发业	8	8
8	九州通医药集团有限公司	批发业	5	0
9	安徽省医药（集团）股份有限公司	批发业	4	1
10	江西汇仁集团医药科研营销有限公司	批零兼营	3	
11	济南中信医药有限公司	批发业	3	0
12	青海省富康医药集团有限责任公司	批发业	3	
13	北京科园信海医药经营有限公司	批发业	2	
14	华润天津医药有限公司	批零兼营	2	
15	天津天士力医药营销集团有限公司	批零兼营	2	1
16	延边高丽医药有限公司	批发业	2	
17	浙江宝瑞医药有限公司	批发业	2	

序号	企业名称	行业类别	医院（二级以上含二级）（家）	基层医疗机构（二级以下）（家）
18	华润衢州医药有限公司	批零兼营	2	0
19	江西南华医药有限公司	批发业	2	0
20	南京医药湖北有限公司	批发业	1	0
21	湖南天士力民生药业有限公司	批发业	1	1
22	广西桂玉医药有限责任公司	批发业	1	
23	四川遂宁市全泰堂药业有限公司	批零兼营	1	
24	云南昊邦医药销售有限公司	批零兼营	1	
25	云南省开远三发医药经贸公司	批发业	1	1
26	甘肃同济药业有限责任公司	批零兼营	1	
27	江苏恩华和润医药有限公司	批发业		1
28	湖北独活药业股份有限公司	批发业		
29	广州医药有限公司	批发业		3

统计范围：商务部药品流通统计系统中已填报企业。

2012 年承接医院药库外设的企业

序号	企业名称	行业类别	医院（二级以上含二级）（家）	基层医疗机构（二级以下）（家）
1	南京医药股份有限公司	批零兼营	20	
2	南京医药合肥天星有限公司	批发业	3	3
3	九州通医药集团有限公司	批发业	3	3
4	北京科园信海医药经营有限公司	批发业	2	
5	华润衢州医药有限公司	批零兼营	2	0
6	济南中信医药有限公司	批发业	2	0
7	华润医药商业集团有限公司	批零兼营	1	
8	绥化市医药有限公司	批发业	1	0
9	浙江大德药业集团浙江医药公司	批零兼营	1	
10	江西汇仁集团医药科研营销有限公司	批零兼营	1	
11	宁夏众欣联合方泽医药有限公司	批发业	1	

统计范围：商务部药品流通统计系统中已填报企业。

2012 年设立在保税区的药品批发企业

序号	企业名称	行业类别	仓库（个）	总面积（平方米）
1	上海外高桥医药分销中心有限公司	批发业	3	36000
2	衡阳瑞源药业有限公司	批发业	3	4000
3	中国医药集团总公司	批零兼营	2	–
4	华润医药商业集团有限公司	批零兼营	1	2700
5	上海美罗医药有限公司	批发业	1	960

统计范围：商务部药品流通统计系统中已填报企业。

5

中药材流通

CIRCULATION OF CHINESE MEDICINAL HERBS

TO DO

重点品种流通分析

商务部2012年中药材重点品种流通分析报告

商务部市场秩序司

为逐步掌握中药材流通数据信息，引导中药材种植与销售，促进中药材产业的健康有序发展，商务部于2012年初建立了“中药材重点品种流通分析系统”，并发布了《2011年中药材重点品种流通分析报告》和《2012年上半年中药材重点品种流通分析报告》。在去年统计的基础上，进一步扩大了数据采集范围，优化了统计方式，现将2012年全年中药材重点品种流通情况分析如下：

一、中药材重点品种市场流通情况

目前中药材重点品种流通分析系统主要统计了29种中药材，数据来源于85个中药材产地的商务部门、17家中药材专业市场和6家中药材专业网站（名单附后）。为方便分析，现将29种中药材分为根茎类、花类、果实类、菌类和动物类五大类。

（一）根茎类药材

纳入统计的22种根茎类药材分别为：人参、三七、川芎、大黄、山药、太子参、元胡、丹参、天麻、半夏、白芷、甘草、地黄、当归、麦冬、牡丹皮、附子、厚朴、党参、黄连、黄芪、黄芩。

人参和三七依然是根茎类药材的代表，其价格涨跌一定程度上反映了中药材价格波动。2012年，全国共销售人参约1.2万吨，市场存量约1829.3吨，市场平均价格358元/公斤，同比上涨13.6%，继续保持上涨态势；全国共销售三七约9673吨，市场存量约1628吨，其中剪口三七市场平均价格为785.3元/公斤，同比上涨42.4%。人参和三七都属于大宗商品，分别有产地专业药材市场：抚松长白山人参市场和文山三七国际交易中心，全国其他专业市场的人参和三七大部分采购自这两个市场，因此扣除市场间重复交易因素，人参和三七在国内中药材市场的实际销售量约为3492吨和1833吨。

（二）花类药材

金银花是唯一纳入统计的花类中药材，价格呈现整体下滑趋势。据统计，2012年全国金银花销售约9052.6吨，市场存量约1444.2吨，平均价格92.5元/公斤，同比下滑31.5%。

（三）果实类药材

纳入统计的共有4种果实类药材，分别为枸杞、水飞蓟、连翘和山茱萸。其中枸杞主要种植于宁夏和新疆，产量相对稳定，价格变化不大。2012年宁夏和新疆枸杞销售量分别为1.2万吨和5609.5吨，价格与去年基本持平，分别为47.5元/公斤和43.5元/公斤。水飞蓟主要作为植物提取物的原料，在中药材专业市场的销售量较少，水飞蓟提取物大部分产品用于出口，2012年水飞蓟提取物出口量为647.6吨，推测至少使用水飞蓟6000吨，而通过药材市场的销售量为1164.2吨，仅占水飞蓟总销量的14.5%。2012年水飞蓟平均价格18.9元/公斤，同比增加32.1%。连翘和山茱萸都属于半野生药材，2012年销量分别为3857吨和4410吨。连翘2012年平均价格为33.1元/公斤，同比增长37.9%，山茱萸价格约30元/公斤，同比下降约20%。

（四）菌类药材

纳入统计的菌类药材只有茯苓。全国共销售茯苓约9333.6吨，其中白丁6075.7吨，统片3257.9吨，价格分别为21.3元/公斤和19.8元/公斤，同比分别上涨33.1%和32.0%。

（五）动物类药材

纳入统计的动物类药材是鹿茸，包括梅花鹿、新西兰鹿和马鹿3种，其中以梅花鹿鹿茸价格最贵且呈现平稳上升态势，2012年梅花鹿鹿茸平均价格为6148元/公斤，同比上涨43.8%；新西兰鹿和马鹿鹿茸平均价格分别为2440元/公斤和1991.1元/公斤，价格也呈现小幅上涨态势。

二、中药材重点品种价格波动情况

（一）价格持续上涨品种

纳入统计的29种药材中，2012年价格同比上涨的有17种，涨幅较大的品种有：三七、天麻、人参、当归等根茎类药材。这些品种种植周期较长且产地集中，易受自然灾害的影响。以三七为例，2009年由于干旱原因，三七严重减产，价格大幅上涨，直至2011年仍维持高位。2012年春季，云南文山州再次干旱，三七价格因此持续上扬。天麻价格的上扬也是因为年初产地气候干旱所致，但由于天麻库存量较大，预计高价难以长时间维持。2012年9月，原卫生部批准人参（人工种植）作为新资源食品，人参的药食两用新功能较大程度上扩大了市场需求，但人参种植周期约为6年，在短时间无法扩大种植面积的情况下，必然推高市场价格。2012年人参市场平均价格同比增加13.7%，预计后市仍有上涨空间。

（二）价格持续下跌品种

价格同比跌幅较大的有7种，分别为：山药、金银花、麦冬、白芷、川芎、山茱萸和太子参。这些药材的基本特点是种植周期短、种植区域相对分散，特别容易因扩产出现滞销现象。

价格降幅最大的是山药和麦冬，市场销售价格降幅超过30%。山药是药食两用药材，由于其1年的种植周期，像普通的经济作物一样很容易出现大小年现象，2011年山药价格整体较高，药农大量扩种，2012年市场平均价格仅18元/公斤，降幅超过40%。麦冬也属于同样的情况，麦冬主产于四川三台和湖北襄阳，受2011年价格上涨的影响，2012年主产地都增加了种植面积。其中，三台新增种植面积9031亩，襄阳新增种植面积超过1万亩。扩种自然带来产量的大幅提升，随之而来的是价格的大幅下降。2012年产地价格已由2011年的115元/公斤下降到34元/公斤。预计2013年麦冬的种植面积会相应减少，价格有可能回归合理。

金银花也是降幅较大的药材，2012年价格同比下降31.5%。金银花的大面积扩种源于2009年甲型H1N1流感的爆发，流感导致金银花需求大增，价格因此暴涨，山东、河南和河北等金银花主产地纷纷扩种。金银花价格连续上涨到2011年，2012年以来开始一路下跌，但是若有新的疫情出现，后市价格仍有上涨的可能。

（三）价格基本持平品种

甘草、枸杞、附子、大黄和元胡等价格从2011年开始基本维持平稳。甘草是最常用药材，俗称“十药九草”，由于需求量大、供应相对稳定，再加上进口药材的补充，价格整体稳定，但甘草毕竟属于资源性产品，未来价格将持续看涨。附子属于28种毒性中药材之一，受炮制加工技术的限制，需求相对稳定，种植面积一般不会大幅增加，所以价格一直保持平稳。

附表：

1、2012年中药材重点品种销售情况

2、2012年中药材市场统计价格变化及走势预测

3、2012年中药材网站统计价格变化及走势预测

4、参与统计的各地商务部门

5、参与统计的17家中药材专业市场

6、参与统计的6家中药材专业网站

附表 1

2012 年中药材重点品种销售情况

序号	药材名称	商品规格	市场均价(元/公斤)	市场进货量(吨)	销售数量(吨)	销售额(万元)	市场存量(吨)
1	人参	统	358.0	11992.4	10168.2	434645.3	1829.3
2	三七	剪口	785.3	2031.7	1875.3	224195.6	328.4
		60 头	720.5	2180.5	1835.6	105434.7	315.4
		80 头	695.2	1826.8	1616.7	89609.0	264.6
		120 头	663.1	3070.0	2669.1	159949.6	468.5
		无数头	603.2	2084.6	1676.3	87187.4	252.0
3	川芎	统	16.2	25746.9	23472.2	33066.1	3006.2
4	大黄	水根	6.1	6296.9	5422.4	2850.8	2344.4
		甘肃统	16.7	37386.2	29678.1	48123.6	7392.0
5	山药	统	18.0	7615.2	5054.1	8159.2	2266.8
6	山茱萸	河南 5% 核	31.0	2529.3	1884.0	4757.5	660.2
		陕西 5% 核	28.6	3203.1	2526.1	7219.1	711.7
7	水飞蓟	统	18.9	1539.6	1164.2	1732.7	351.0
8	太子参	宣州统	219.7	1218.2	848.0	14007.2	374.3
		贵州统	208.3	2065.7	1837.3	40615.5	237.2
9	元胡	统	52.8	6244.5	6007.8	23288.6	833.1
10	丹参	北统	19.0	9047.5	11654.7	14022.2	5492.8
		安徽统	18.0	3638.7	3158.6	4981.5	525.1
		山东统	20.4	3404.7	2535.3	4087.1	894.3
		野统	25.4	316.5	254.1	497.2	95.2
11	天麻	家种特等	188.6	1133.8	663.0	18201.3	531.7
		家种一等	162.7	1422.8	1243.3	23979.2	298.3
		家种二等	152.6	104.6	84.7	2473.5	105.8
		家统	152.2	1491.3	1097.6	17575.9	529.7
12	半夏	统	100.3	8065.1	7714.2	74408.1	2800.4
13	白芷	亳统	14.7	5909.7	5048.2	6590.0	875.4
		川统	15.3	2405.7	2086.5	2949.8	469.1
		河北统	13.4	740.4	525.5	739.0	214.8

序号	药材名称	商品规格	市场均价（元/公斤）	市场进货量（吨）	销售数量（吨）	销售额（万元）	市场存量（吨）
14	甘草	内蒙毛草	17.8	1639.2	1203.4	1558.1	425.7
		新疆毛草	16.9	6279.2	5839.3	10341.0	909.8
		甘肃家统	17.3	26597.8	41184.6	69757.3	8427.2
15	地黄	统	14.5	29961.0	33547.4	44125.7	7529.1
16	当归	箱归	40.7	46984.8	49518.3	162080.4	11226.7
17	麦冬	统	55.8	5990.5	5310.9	28735.1	828.1
		野统	63.7	844.4	622.6	2542.7	221.7
18	连翘	统	33.1	4674.2	3857.1	11494.7	891.0
19	牡丹皮	刮丹	36.5	7300.5	6454.5	17190.1	899.6
20	附子	统	25.3	1525.0	1240.9	2903.5	253.5
21	金银花	统	92.5	10376.4	9052.6	89474.1	1444.2
22	茯苓	白丁	21.3	6075.7	5273.8	9905.1	1091.9
		统片	19.8	3257.9	2921.9	5223.5	795.2
23	厚朴	统	15.6	4892.9	4136.9	5383.5	905.1
24	枸杞	宁夏统	47.5	11006.1	12557.1	57235.8	2645.4
		新疆统	43.5	6062.0	5609.5	25460.9	852.4
25	党参	白条统	85.3	34580.0	36870.6	317185.1	6400.9
26	黄连	单支统	85.6	1703.9	1323.0	10250.8	430.7
		鸡爪统	81.1	3280.0	2745.4	21931.3	713.5
27	黄芩	家统	24.7	23326.1	30825.9	56304.5	8518.8
		未撞皮统	33.0	1806.8	1325.9	4287.0	480.9
28	黄芪	甘肃统	30.3	41232.1	41982.9	78358.4	10295.7
		内蒙统	29.9	32241.2	31906.6	75532.8	934.5
29	鹿茸	新西兰鹿	2440.0	651.4	555.0	110185.9	96.5
		梅花鹿	6148.0	264.0	234.2	195438.3	29.8
		马鹿	1991.1	115.9	99.9	23105.7	18.3

注：数据来自于全国17个中药材市场的统计加和，因此不排除重复累加的可能。部分品种各市场的商品分类标准有一定差异，统计数据与之前相比会稍有出入。

2012年中药材市场统计价格变化及走势预测

附表2

序号	药材名称	商品规格	2011年市场均价（元/公斤）	2012年市场均价（元/公斤）	价格同比（%）	17家市场价格走势预测
1	人参	统	315	358	13.7	高
2	三七	剪口	551	785.3	42.5	高
		60头	382	720.5	88.6	高
		80头	370	695.2	87.9	高
		120头	345	663.1	92.2	高
		无数头	320	603.2	88.5	高
3	川芎	统	22	16.2	–26.4	高
4	大黄	水根	8	6.1	–23.8	低
		甘肃统	15	16.7	11.3	低
5	山药	统	30	18	–40.0	高
6	山茱萸	河南5%核	37	31	–16.2	高
		陕西5%核	36	28.6	–20.6	高
7	水飞蓟	统	14	18.9	35.0	稳
8	太子参	宣州统	278	219.7	–21.0	低
		贵州统	260	208.3	–19.9	低
9	元胡	统	54	52.8	–2.2	高
10	丹参	北统	17	19	11.8	低
		安徽统	17	18	5.9	低
		山东统	20	20.4	2.0	低
		野统	16	25.4	58.8	低
11	天麻	家种特等	150	188.6	25.7	低
		家种一等	130	162.7	25.2	低
		家种二等	110	152.6	38.7	低
		家统	90	152.2	69.1	低
12	半夏	统	93	100.3	7.8	高
13	白芷	亳统	17	14.7	–13.5	低
		川统	20	15.3	–23.5	低
		河北统	17	13.4	–21.2	低

序号	药材名称	商品规格	2011 年市场均价（元 / 公斤）	2012 年市场均价（元 / 公斤）	价格同比（%）	17 家市场价格走势预测
14	甘草	内蒙毛草	16	17.8	11.3	高
		新疆毛草	18	16.9	–6.1	高
		甘肃家统	18	17.3	–3.9	高
15	地黄	统	10	14.5	45.0	高
16	当归	箱归	27	40.7	50.7	高
17	麦冬	统	78	55.8	–28.5	稳
18	连翘	统	24	33.1	37.9	低
19	牡丹皮	刮丹	33	36.5	10.6	高
20	附子	统	26	25.3	–2.7	高
21	金银花	统	135	92.5	–31.5	高
22	茯苓	白丁	16	21.3	33.1	高
		统片	15	19.8	32.0	高
23	厚朴	统	14	15.6	11.4	高
24	枸杞	宁夏统	48	47.5	–1.0	高
		新疆统	45	43.5	–3.3	高
25	党参	白条统	82	85.3	4.0	高
26	黄连	单支统	80	85.6	7.0	稳
		鸡爪统	75	81.1	8.1	稳
27	黄芩	家统	23	24.7	7.4	稳
		未撞皮统	29	33	13.8	稳
28	黄芪	甘肃统	24	30.3	26.3	稳
		内蒙统	22	29.9	35.9	稳
29	鹿茸	梅花鹿	4272	6148	43.9	高
		新西兰鹿	1883	2440	29.6	高
		马鹿	1700	1991.1	17.1	高

注：价格走势预测是根据 17 家中药材专业市场半数以上的预测统计。

2012年中药材网站统计价格变化及走势预测

附表 3

序号	药材名称	商品规格	市场价格（元/公斤）	走势预测
1	人参	统	287.0	稳
2	三七	剪口	897.5	低
		60头	732.5	低
		80头	716.3	低
		120头	692.0	低
		无数头	653.8	低
3	川芎	统	12.8	低
4	大黄	水根	4.3	低
		甘肃统	13.9	低
5	山药	统	9.7	稳
6	山茱萸	河南5%核	20.3	低
		陕西5%核	20.4	低
7	水飞蓟	统	16.0	高
8	太子参	宣州统	170.0	低
		贵州统	173.8	低
9	元胡	统	56.0	高
10	丹参	北统	12.3	稳
		安徽统	12.7	稳
		山东统	13.1	稳
		野统	15.3	稳
11	天麻	家种特等	175.0	稳
		家种一等	146.3	稳
		家种二等	103.8	稳
		家统	116.0	稳
12	半夏	统	99.2	稳
13	白芷	亳统	9.6	稳
		川统	11.7	稳
		河北统	8.4	稳

序号	药材名称	商品规格	市场价格（元/公斤）	走势预测
14	甘草	内蒙毛草	12.1	稳
		新疆毛草	11.6	稳
		甘肃家统	13.1	稳
15	地黄	统	11.5	稳
16	当归	箱归	38.0	稳
17	麦冬	川统	47.8	低
		野统	40.3	低
18	连翘	统	25.6	稳
19	牡丹皮	刮丹	25.0	稳
20	附子	统	29.2	稳
21	金银花	统	86.0	稳
22	茯苓	白丁	17.4	稳
		统片	17.2	稳
23	厚朴	统	11.8	稳
24	枸杞	宁夏统	39.3	稳
		新疆统	35.8	稳
25	党参	白条统	84.2	低
26	黄连	单支统	73.8	稳
		鸡爪统	70.8	稳
27	黄芩	家统	19.2	稳
		未撞皮统	24.6	稳
28	黄芪	内蒙统	19.0	稳
		甘肃统	16.9	稳
29	鹿茸	梅花鹿	6060.0	高
		新西兰鹿	1940.0	稳
		马鹿	1300.0	稳

注：走势预测是根据参与直报的网站数据半数以上的预测结果。

附表 4

参与统计的各地商务部门

序号	药材名称	商务部门
1	人参	林口县商务局、吉林省商务厅、伊春市商务局、铁力市商务局
2	三七	砚山县商务局、广南县商务局、百色市靖西县商务局
3	川芎	汉中市商务局、彭州市商务局、平武县商务局、都江堰市商务局、什邡市商务局
4	大黄	宕昌县商务局、陇南市礼县商务局、平武县商务局、阿坝州商务局、甘孜州商务局
5	山药	贵港市商务局、恩施州商务局、蠡县商务局、禹州市商务局、焦作市商务局
6	山茱萸	汉中市商务局、金寨县商务局、浙江省商务厅、商洛市商务局、南阳市商务局、石台县商务局、禹州市商务局
7	水飞蓟	吉林省商务厅、伊春市商务局
8	太子参	福安市经贸委、柘荣县经贸委、宣城市商务局
9	元胡	汉中市商务局、邓州市商务局、浙江省商务厅
10	丹参	禹州市商务局、商洛市商务局、三门峡市商务局、灵寿县商务局、蒙阴县商务局、陕县商务局、行唐县商务局、滦平县商务局、长葛市商务局、长治市商务局、中江县商务局
11	天麻	汉中市商务局、罗田县商务局、恩施州商务局、达州市商务局、宜昌市夷陵区商务局、平武县商务局、巴中市商务局、昭通市商务局
12	半夏	阆中市商务局、潜江市商务局、恩施州商务局、陇南市西和县、长治市商务局、禹州市商务局
13	白芷	安国市商务局、禹州市商务局、遂宁市商务局
14	甘草	乌兰察布市商务局、鄂尔多斯市商务局、盐池县商务局、酒泉市商务局
15	地黄	汉中市商务局、安国市商务局、禹州市商务局、运城市商务局、焦作市商务局
16	当归	宕昌县商务局、德钦县商务局、平武县商务局、恩施州商务局、甘肃省定西市商务局、丽江市商务局、阿坝州商务局
17	麦冬	安县商务局、襄阳市商务局、三台县商务局
18	连翘	三门峡市商务局、陕县商务局、晋城市商务局、长治市商务局
19	牡丹皮	亳州市商务局
20	附子	汉中市商务局、江油市商务局、大理市商务局、德钦县商务局、丽江市商务局、平武县商务局
21	金银花	巨鹿县商务局、长葛市商务局、封丘县商务局、禹州市商务局、陕县商务局、罗田县商务局、濮阳市商务局、平邑县流通业发展局、长治市商务局

序号	药材名称	商务部门
22	茯苓	罗田县商务局、铜陵市商务局、岳西县商务局
23	厚朴	江西省商务厅、恩施州商务局、平武县商务局、都江堰市商务局
24	枸杞	中宁县商务局
25	党参	汉中市商务局、宕昌县商务局、德钦县商务局、商洛市商务局、恩施州商务局、长治市商务局、阿坝州商务局、甘肃省定西市商务局、陇南市文县商务局
26	黄连	彭州市商务局、恩施州商务局、峨眉县商务局
27	黄芩	运城市商务局、长治市商务局、乌兰察布市商务局、滦平县商务局、内蒙古兴安盟商务局、宽城县商务局、陕县商务局、围场县商务局、商洛市商务局
28	黄芪	锡林郭勒盟商务局、浑源县经济商务和信息化局、宕昌县商务局、兴安盟科右中旗经信局、赤峰市商务局、乌兰察布市商务局、甘肃省定西市商务局、包头市商务局、呼和浩特市商务局、兴安盟突泉县商务局、长治市商务局
29	鹿茸	伊春市商务局、吉林省商务厅、林口县商务局、赤峰市商务局、呼伦贝尔市商务局、铁力市商务局、乌兰察布市商务局

附表 5

参与统计的 17 家中药材专业市场

（排名不分先后）

序号	中药材专业市场名称
1	安徽亳州中药材市场
2	成都荷花池中药材专业市场
3	东北参茸中药材市场
4	广东省普宁中药材专业市场
5	广西玉林中药材专业市场
6	哈尔滨三棵树中药材专业市场
7	河北安国中药材专业市场
8	湖北李时珍中药材专业市场
9	湖南省长沙市高桥中药材专业市场
10	湖南省邵东县廉桥药材专业市场
11	吉林抚松长白山人参市场投资发展有限公司
12	江西樟树中药材市场
13	山东省鄄城县舜王城药材市场
14	云南昆明菊花园中药专业市场
15	云南省文山州三七国际交易中心
16	中国・文峰药材交易城
17	重庆市解放路药材专业市场

附表 6

参与统计的 6 家中药材专业网站

（排名不分先后）

序号	中药材专业网站名称
1	康美中药网（亳州）
2	药财盈中药材物联电子交易市场
3	药通网
4	中药材鼎信网
5	中药材天地网
6	中药贸易网

中药材流通追溯体系建设

商务部办公厅 财政部办公厅关于开展2012年中药材流通追溯体系建设试点的通知

商办秩函[2012]881号

为贯彻落实《国家药品安全“十二五”规划》和《全国药品流通行业发展规划纲要（2011-2015年）》，提高中药材流通的现代化水平，增强中药材质量安全保障能力，根据财政部办公厅、商务部办公厅印发的《关于2012年支持药类追溯体系建设等商贸流通服务业项目发展有关问题的通知》（财办建〔2012〕111号）中关于“放心药”服务体系的建设要求，2012年中央财政支持河北保定市、安徽亳州市、四川成都市和广西玉林市开展中药材流通追溯体系建设试点。为指导地方做好试点工作，现就有关事项通知如下：

一、重要意义

中药材流通是药品流通行业管理的重要内容，也是我国医药卫生事业的重要组成部分。随着我国经济社会和人民群众生活水平的不断提高，中药材流通不适应中医药事业发展和中药材市场需求扩大的矛盾愈发突出，中药材流通的组织化程度低，交易方式落后，索证索票、购销台账制度欠缺，制假掺假等问题仍然较多，引起社会各界广泛关注，亟需认真解决。

运用现代信息技术实现中药材各环节交易凭证的电子化，建立中药材流通追溯体系，对于提高生产经营主体安全责任意识，强化流通环节质量安全把关能力，促进流通发展方式转变，提升中药材质量安全水平，营造安全放心的消费环境，促进中医药事业的发展具有重要意义，是重大的民生工程。

二、工作目标和原则

（一）工作目标

在试点城市建设覆盖主要中药材品种、中药材种植和养殖企业、中药材经营户与经营企业、中药饮片和中成药生产经营企业、医疗机构以及零售药店等交易主体参与的来源可追溯、去向可查证、责任可追究的中药材流通追溯体系。

（二）工作原则

“反弹琵琶”，建立“倒逼”机制。加强政策引导，以中药材或中药饮片为原料的单位必须使用可追溯中药材，调动各类市场主体建设追溯体系的积极性，强化中药材经营者和市场开办者的质量安全第一责任人意识，促使其自觉落实追溯管理制度。通过建立中药材流通追溯体系，促进、引导中药材按规范标准种植。

总体设计，分步实施。顺应物联网发展趋势，立足当前，着眼长远，设计制定总体方案，确定总体目标和任务；针对不同阶段的具体情况，明确目标和任务，分步实施。标准一致，平台统一。建立全国统一的中药材流通追溯标准体系，建设中央集中数据平台，统一应用软件开发标准，实现信息资源的互联共享，全国范围的追溯查询。

政府推动，市场化运作。综合运用经济、法律、行政、技术等手段，充分发挥项目承办企业的主体作用，形成追溯体系市场化运作的长效机制。

三、建设任务

（一）建立试点城市追溯子系统

按照与中央数据平台对接的统一标准（具体见附件1），开发（购买）应用软件，实行买卖交易主体及中药材品种、产地等相关信息的电子化登记与电子结算，对各品种中药材进行规范化包装和粘贴可追溯标识，建设中药材从种植（养殖）、流通到饮片及中成药加工和使用的全过程追溯子系统。在试点地区规模化种植（养殖）的中药材实行产地登记；在农村合作社集中收购和交易的，在合作社进行登记；实行“公司＋农户”经营模式的龙头企业，要将追溯范围延伸至中药材种植、养殖地（可在试点地区以外）；在中药材专业市场内外交易的经营主体，均在地方追溯服务中心登记。

（二）建立中药材流通追溯中央平台

商务部通过招标方式选定承办企业开发中央平台，按照统一的技术标准，运用云计算、物联网技术，同步汇集各试点地区追溯子系统的流通节点全部信息，实现信息存储、过程监控、统计分析，以及全国范围跨区域实时追溯查询等功能，形成互联互通，协调运作的追溯管理体系。

（三）加强政策引导和制度建设

围绕中药材流通追溯体系建设实际需要和中药材流通现代化方向，试点城市出台相关政策文件，对中药材种植养殖、中药材专业市场、中药材各类经营主体、中药饮片和中成药生产企业、医疗机构和零售药店参与中药材流通追溯体系建设和必须使用可追溯的中药材（含中药饮片）提出明确要求。制定专门的规章制度，强化药品流通环节准入管理和经营主体责任，保障中药材流通追溯体系顺利建成并有效运行。

（四）大力发展现代流通方式

配合中药材流通追溯体系建设试点，大力发展中药材现代仓储物流和连锁经营，推广规范化包装和品牌化经营，实行电子化结算，提高中药材流通的现代化、标准化水平。

四、资金支持重点

中央财政专项资金重点支持方向如下：

（一）地方追溯管理平台建设

主要包括地方追溯子系统的数据库环境建设和软件的购买与安装，必要的服务器等硬件设备的购置，机房建设和网络租用，以及追溯管理平台与中央数据库的技术对接与协同费用等。

（二）各流通节点追溯子系统建设

主要包括对各品种中药材进行规范化包装和粘贴可追溯标识；各市场主体内部信息化系统与地方追溯子系统的改造对接；配备必要的电子秤和信息采集与读取设备，实现交易电子化登记和电子结算等。

五、组织实施程序

（一）制定试点工作方案并抓紧组织实施

试点地区省级商务和财政主管部门要按照财政部办公厅、商务部办公厅印发的《关于2012年支持药类追溯体系建设等商贸流通服务业项目发展有关问题的通知》要求，指导试点城市抓紧制定中药材追溯体系建设试点工作方案报商务部和财政部备案。工作方案内容应明确试点工作的总体思路及具体目标；追溯体系具体内容及拟采用的技术模式；方案可行性分析；组织实施办法及步骤，长效机制建设措施；地方资金和政策配套情况；资金用途和管理办法等。

各地要抓紧按照政府采购相关法律和商务部关于开展中药材流通追溯体系建设项目招投标的要求组织招投标工作，尽快确定项目承办企业。项目安排情况按程序公示无异议并报商务部、财政部备案后，试点地区商务、财政部门要督促承办企业抓紧组织实施，确保项目建设质量和进度。

（二）签署《中药材流通追溯体系建设试点协议》

试点地区上报实施方案后，商务部将组织召开中药材流通追溯体系建设试点启动大会并和试点城市人民政府签订《中药材流通追溯体系建设试点协议》。

（三）试点工作考核验收和抽查评估

项目完成后，省级商务、财政主管部门要按照现行有关规定，及时组织验收，并结合项目特点，认真组织实施绩效评价工作。商务部、财政部对试点工作进行抽查评估。

六、试点工作要求

（一）加强组织领导

试点城市要成立专门的试点领导小组，落实工作责任，建立工作机制，切实推进中药材流通追溯体系建设、管理与运行工作。试点地区的省级商务和财政主管部门要加强对试点城市项目建设和资金使用的监管，做到制度健全，管理规范。商务部、财政部将对试点进展情况进行抽查，对发生未按要求开展工作，工作进度较慢或资金管理存在问题

（二）加大政策扶持力度

试点城市要将中药材追溯体系建设试点纳入政府为民办实事工程，确保追溯体系顺利建成并正常运转。各地商务主管部门要加强与农业、食品药品监管、卫生、税务、工商等部门的协作，统筹研究支持中药材流通追溯体系正常运行的政策措施，减轻参与追溯体系建设企业的运行成本。

（三）加强追溯管理队伍建设

要培育一批相对固定、专业化程度较高的软件开发、运行维护技术队伍；建立分级培训机制，针对相关部门工作人员、企业管理人员、追溯体系运行维护人员，开展法律法规、政策、制度、标准和技术等方面的培训，提升追溯管理的能力和水平。

（四）加大新闻宣传力度

要通过中央和地方媒体，采取多种方式深度报道，充分宣传中药材流通追溯体系建设的意义、目的、措施和效果；通过典型案例剖析，让广大经营者充分认识到作为中药材安全第一责任人的责任和义务；积极宣传引导，鼓励消费者主动索要购物凭证，积极维权，实现明白放心消费；通过发布实施追溯企业名单、褒扬实施追溯的企业典型等，提升消费者对可追溯中药材的认知度，扩大品牌效应。

附件：

1. 国家中药材流通追溯体系建设规范
2. 国家中药材流通追溯体系主体基本要求
3. 国家中药材流通追溯体系统一标识规范
4. 国家中药材流通追溯体系设备及管理要求
5. 国家中药材流通追溯体系技术管理要求

商务部办公厅 财政部办公厅

二〇一二年八月十五日

国家中药材流通追溯体系建设规范

一、前言

为进一步明确国家中药材流通追溯体系试点工作任务与要求，特制定本规范。本规范规定了国家中药材流通追溯体系的建设目标、基本原则、总体框架、追溯流程、追溯实现方式及信息采集、传输、应用等内容，明确了中药材流通追溯体系建设的基本准则和要求。适用于中药材流通追溯系统的建设和验收。

二、适用范围

中药材流通追溯体系覆盖试点城市所有中药材品种、中药材种植和养殖企业、中药材经营户和经营企业、中药材专业市场、中药饮片生产企业和中成药生产企业、中药饮片经营企业、医疗机构及零售药店。中药材流通追溯体系以追溯信息链条完整性管理为重点。

三、术语和定义

1. 地方追溯服务中心。是指在试点城市建立的为中药材交易双方提供经营主体登记、流通服务卡发放、药材登记、检验服务、交易登记及赋码、电子结算等内容的服务性机构。

2.IC 卡。又称集成电路卡，是在聚氯乙烯（PVC，塑料产品之一）材料上嵌置一个或多个集成电路芯片，尺寸遵照国际标准（如 ISO 7810）规定，用于记录和传递信息的卡片。

3.CPU 卡。又称智能卡，是指带有微处理器、具有一定信息处理能力的 IC 卡。

4. 流通服务卡。是指中药材经营主体所持的身份凭证和记录、传递交易过程信息的载体。按照商务部规定的信息记录格式和加密规则，由试点城市地方追溯服务中心监制并统一配发给中药材经营主体。一般采用 IC 卡或 CPU 卡，全国统一标识，统一样式。

5.RFID。又称无线射频识别技术，是一种非接触式的、可通过无线射频信号自动识别特定目标对象并读写相关数据的通信技术。一般由 RFID 标签、读写器和天线组成。

6. 条码。此处主要指二维码（QR 码），是指某种特定的几何图形，按一定规律在二维方向上分布的黑白相间的图形标识符，用于记录数据信息；与条形码相比，二维码具有信息容量大、纠错能力强等特点。

7. 追溯码。是指由各子系统按照系统统一编码规则自动生成，标注于交易凭证或中药材包装物上，用于查询中药材流通追溯信息的代码。由数字组成，在全国具有唯一性。

8. 电子台账。用于详细记录中药材流通全过程信息，并按照规定的数据采集标准建立的电子文档。

9. 认证凭证。是指经商务部或有关部门按照中药材流通追溯标准进行检验、产地认证的依据。

10. 交易凭证。在中药材流通过程中产生的带有追溯码的流通单据，是后续环节分批验货的基本依据。

11. 智能溯源秤。是指集称重、非接触式 IC 卡读写、摊位号管理、多批次管理、限量控制、支持二维码凭证打印等功能，并能通过有线或无线等方式接收、传输相关信息的电子秤。

12. 无线环境传感网络设备。是指在中药材种植和养殖环节、中药材或饮片运输和仓储环节，通过无线传感网络，传感器能够满足采集土壤温度、土壤湿度和光照强度，空气温度、空气湿度的数据和传输要求。且传感器能以树状和网状进行多跳自组网进行数据传输。

13. 移动（手持机）或固定式（查询机）追溯信息读写设备。是指具备条码识读、RFID 和 IC 卡读写等功能，并能通过 GPRS、WIFI 和蓝牙、Zigbee 等方式传输信息的移动式或固定式设备。适用于企业级的读写设备，企业经营主体进行批量出入库管理。

14. 查询终端。是指消费者通过追溯码查询中药材追溯信息的专用设备。

四、建设目标及原则

（一）建设目标

通过对中药材种植和养殖企业、中药材经营户和经营企业、中药材专业市场、中药饮片生产企业和中成药生产企业、中药饮片经营企业、医疗机构及零售药店等环节的关键信息进行电子化登记、管理和查询，建成中药材来源可追溯、去向可查证、责任可追究的中药材流通追溯链条。

提高生产经营主体安全责任意识，强化流通环节质量安全把关能力，促进中药材流通行业结构调整和流通发展方式转变，引导中药材流通企业开展集约化、规模化经营，提升中药材行业集中度和流通现代化水平。

（二）建设原则

1. 统一规划，逐步实施。根据国家中药材长远发展的需要，立足于当前追溯需求，统筹规划，建立统一标准、规范、管理制度。依据统一规划并根据各个试点地方的具体情况，在国家的统一安排下，逐步扩大试点范围。充分利用物联网、云计算等先进技术搭建技术架构，为追溯体系扩容建设预留空间。

2. 统一标准，数据共享。各试点城市采用统一标准的中药材流通追溯系统软件。通过统一的编码格式，数据采集格式和内容，确定的接口规范，实现地方中药材流通追溯平台（以下简称地方平台）与中央中药材流通追溯平台（以下简称中央平台）的数据同步，避免中药材流通追溯体系建设出现追溯链的断裂或信息孤岛现象。

3. 技术成熟、适用经济。在流通追溯体系建设初期，首先在地方推行技术成熟、成本易控制的IC卡为信息传递载体，通过成本较低的IC卡将各流通节点信息相关联。在信息化水平较高，条件许可的地方，可以采用无线射频识别（RFID）、CPU卡等技术模式。

五、国家中药材追溯体系两级架构说明

按照“统一规划、统一标准、统一建设、分级管理”的原则，按照统一标准建设中央、地方两级追溯平台，形成上下贯通、协调运作、功能互补的全国追溯管理工作体系，作为政府部门开展流通追溯管理和公共信息服务的工作基础。

国家中药材流通追溯体系功能架构图

中央平台主要承担全国中药材流通追溯信息查询和中央有关政府部门监管、统计分析功能；地方平台主要承担地方政府监管、各流通节点管理和地方政府有关部门统计分析功能。

（一）中央中药材流通追溯平台

中央平台，作为全国各试点城市数据的汇集中心，全国追溯信息的集中管理中心，以及全国追溯体系日常运行的指挥调度中心。系统具体功能如下：

1. 门户服务系统

门户服务系统提供数据信息统一发布，数据中心的统一访问和管理。

国家中药材流通追溯系统门户（www.zyczs.gov.cn），提供全国统一、唯一的中药材流通追溯信息查询途径。发布问题中药材警示信息，引导消费。通过专业查询终端、网络查询、手机终端、12312、12331 热线、短信等渠道，为交易主体和消费者提供查询和举报投诉服务。

2. 中药材追溯系统

作为全国中药材流通经营主体信息库，并按主体性质、主体类型、所属地区等进行存储和检索。汇集各试点城市流通追溯过程信息。

建立非试点城市的各环节追溯子系统，系统使用对象为非试点城市各流通节点主体单位，功能与地方中药材追溯各子系统系统功能相同。

3. 编码管理系统

依据《国家中药材流通追溯体系编码规则》，中央和地方中药材流通追溯平台采用统一编码、统一发码、统一验码系统。

中药材全产业链试点地方企业或流通主体按照全国统一编码规则、传输格式、接口规范，改造现有内部追溯管理系统，实现对所经营的中药材流通信息的标准化采集。

4. 监管辅助系统

监管辅助系统包含应急管理、考核评价管理和企业诚信管理、资产设备管理四个子系统。

应急管理：根据全国中药材流通追溯信息，第一时间明确应急事件产生的上下游环节，锁定源头、追踪流向，向相关地方城市主管机构、经营主体及消费者发布警示信息，并利用智能化手段，支持有关部门依法开展问题产品下架、退市、召回等应急处置工作。

考核评价管理：建立试点城市追溯工作考核管理制度及动态考核指标，定期对各流通节点追溯工作进行考核和评估，实现按季度或按月对各流通节点信息传输的及时性、规范性、真实性、连续性的横向比较和纵向分析。建立问题发现模型库，形成对问题的筛选、定性与程度评价的统一方法，对各试点城市信息报送进行有效监控，存在问题的及时予以警示。

企业诚信管理：建立全国中药材流通经营主体和经营户信用评价制度，建立信用登记指标体系和分析模型库，按照信息完整度、交易次数、诚信评价、不诚信行为等指标进行信用登记评价，建立企业诚信档案，并在相关网站予以公示。对严重违规、失信者实行行业禁入。

资产设备管理：汇总各试点城市设备运行状态和生命周期全过程的管理，包括设备分类、统一编号、设备领用登记备案、对设备调整、使用、维护、状态监测、故障诊断，以及维修信息的收集、处理等全部管理工作。建立设备固定资产档案、技术档案和运行维护原始记录。提高设备的完好率和利用率，降低维护费用。

5. 统计分析系统

按照全国中药材流通行业管理需要，建立统计分析指标体系和分析模型库，设定具体的统计分析项目，按日、周、月、年等周期，分品种、数量、价格等指标，综合运用同比、环比、走势、排行等方法进行统计分析。

（二）地方中药材流通追溯平台

按照统一的数据传输格式和接口规范，地方平台负责采集各节点数据信息，实现与中央平台和各流通节点追溯子系统互联互通，同时作为地方追溯信息的集中管理中心以及追溯体系日常运行的控制中心。平台具体功能如下：

1. 地方门户服务系统

地方门户服务系统与中央门户服务系统实现互联互通。提供信息发布管理功能，内容管理功能。

地方门户系统经统一部署，统一标准，建立在统一技术构架基础之上，信息可以实现基于特定权限共享呈送的“一群网站”，即中央门户系统对地方门户系统进行集中管理，形成“数据大集中”，有利于资源的整合和统一调配。地方门户服务系统可以在试点城市本地维护各自的网站信息，域名采用统一的二级域名模式。中央门户服务系统和各地方门户服务系统的信息可以互相共享呈送，实现网站群体系内的数据协同维护。

2. 地方中药材追溯系统

对纳入追溯范围的主体单位进行实名注册备案，签订追溯承诺书。建立专门的中药材流通主体信息库，汇总各流通节点主体基本身份信息，按主体性质、主体类别、经营范围、经营地点等进行存储和检索。

建立地方中药材流通追溯信息库，汇总各流通节点追溯子系统上报的追溯信息，按产地、流通节点、经营商户、追溯码等项目进行分级存储和检索，形成地方中药材流通追溯信息链条。按照商务部规定的具体采集指标及时限要求，将有关信息传送至中央平台。

3. 地方监管辅助系统

监管辅助系统包含应急管理、考核评价管理和企业诚信管理、资产设备管理四个子系统。

应急管理：根据中央平台提供的事件源头，响应应急事件、追踪流向，向相关经营主体及消费者发布警示信息，并利用智能化手段，支持有关部门依法开展问题产品下架、退市、召回等应急处置工作。

考核评价管理：制定追溯工作考核管理制度及动态考核指标，定期对各流通节点追溯工作进行考核和评估，实现按季度或按月对各流通节点信息传输的及时性、规范性、真实性、连续性的横向比较和纵向分析。建立问题发现模型库，形成对问题的筛选、定性与程度评价的统一方法，对各流通节点信息报送进行有效监控，存在问题的及时予以警示。

企业诚信管理：建立中药材流通经营主体和经营户信用登记评价制度，建立信用登记指标体系和分析模型库。按照信息完整度、交易次数、诚信评价、不诚信行为等指标进行信用等级评价的信息汇总，建立企业诚信档案，对严重违规、失信者实行行业禁入。

资产设备管理：对追溯设备寿命周期全过程的管理，包括设备分类、统一编号、设备领用登记备案、对设备调整、使用、维护、状态监测、故障诊断，以及维修信息的收集、处理等全部管理工作。建立设备固定资产档案、技术档案和运行维护原始记录。提高设备的完好率和利用率，降低维护费用。

4. 地方统计分析系统

适应地方中药材流通行业管理需要，建立统计分析指标体系和分析模型库，设定中药材各品种进货量、成交量、成交价等地方性统计分析项目，按日、周、月、年等周期，综合运用同比、环比、走势、排行等方法进行统计分析。

六、流通节点追溯子系统

按照统一的数据传输格式和接口规范，各流通节点子系统与地方平台连接，作为中药材流通追溯的信息采集点，同时发挥规范各个环节交易流程的作用。

（一）中药材产地追溯子系统

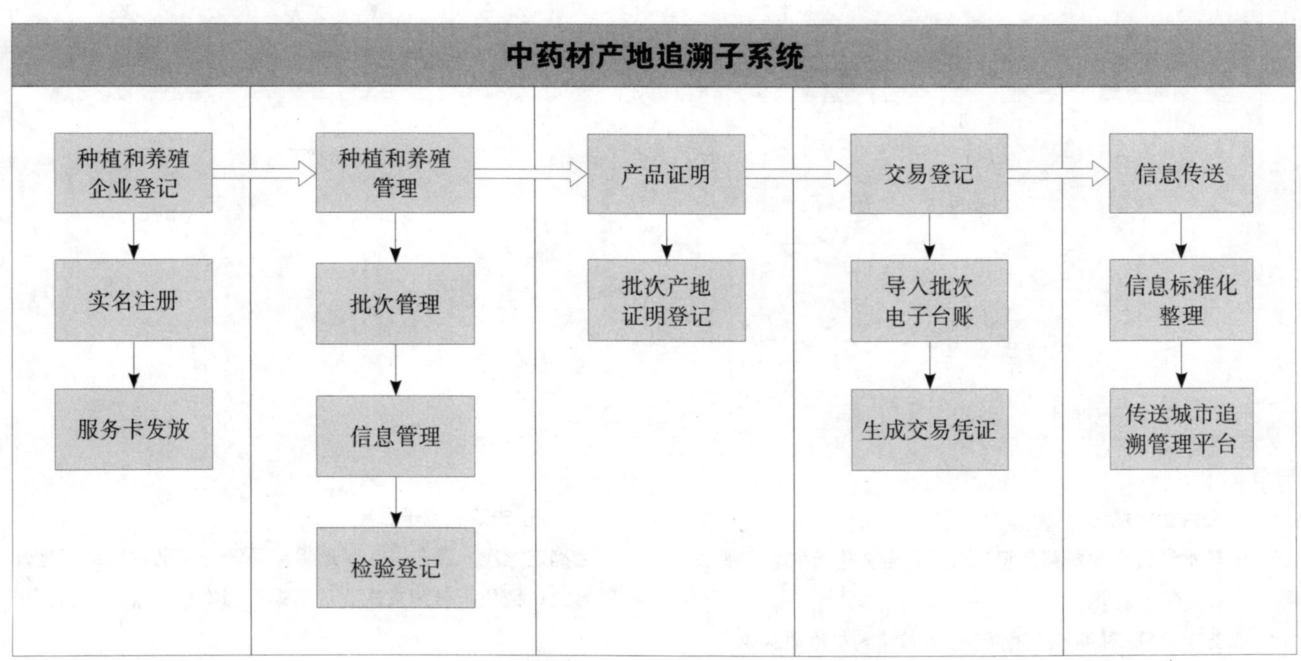

1. 种植和养殖企业登记

实名注册。对种植和养殖企业进行实名注册备案，签订追溯承诺书。已备案的种植和养殖企业无须再备案。同时企业维护 GAP 认证信息。

服务卡发放。对备案的种植和养殖企业发放中药材流通服务卡。种植和养殖企业须持卡交易。

2. 种植和养殖管理

批次管理。种植和养殖企业登记种植和养殖品种、面积、时间、实际收获重量，并以此为一个批次。

信息管理。种植和养殖企业登记种植和养殖品种、面积、种植和养殖时间、预计产量、农业信息、实际产量、收获时间等信息。有条件的种植和养殖企业可记录施肥、光照、土壤温湿度等信息。

检验登记。种植和养殖企业有条件可以进行相关中药材的检验，与批次绑定，并提交地方平台。

3. 产地证明

中药材种植和养殖企业需要将产地证明上传到系统中，作为交易凭证内容。

4. 交易登记

为买卖双方进行交易登记，建立电子台账，将品种、价格、数量、买主、流向等交易信息进行登记并建立电子交易凭证。

5. 信息传送

追溯子系统按信息采集要求，自动对信息进行标准化处理并传送到地方平台。

（二）中药材经营企业追溯子系统

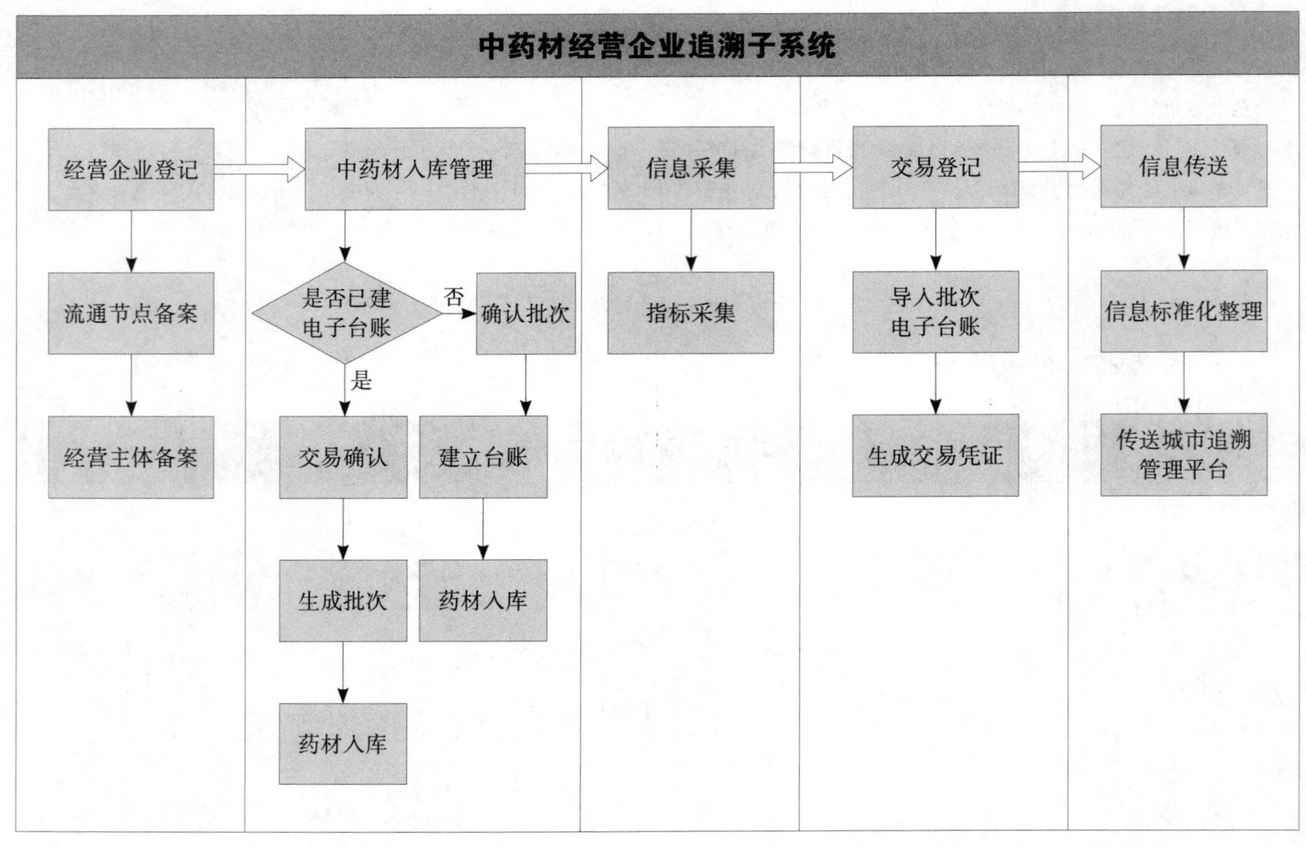

1. 经营企业登记

中药材经营企业备案登记。对经营企业进行实名注册备案，签订追溯承诺书。

服务卡发放。对备案的经营企业发放中药材流通服务卡。经营企业须持卡交易。

2. 中药材入库管理

（1）已建立电子台账

交易确认。中药材经营企业对已建电子台账的中药材进行电子确认，确定进入经营企业电子台账。

生成批次。对已确认的中药材建立企业批次。

（2）未建立电子台账

确定批次。对未进入流通追溯系统的中药材，以产地证明号或认证凭证号为批次管理依据，当次所进中药材为同一批次。

建立电子台账。由中药材经营企业登记品种、数量、产地证明号或认证凭证号、产地、种植和养殖企业等信息，建立以产地证明号或认证凭证号为索引的电子台账。

3. 信息采集

经营企业个性化信息采集，中药材应根据品种的不同性质，需分别贮存于常温库、阴凉库。经营企业可采集仓储温湿度等环境信息。

4. 交易登记

将中药材交易信息自动导入该批次电子台账。

5. 信息传送

追溯子系统按信息采集要求，自动对信息进行标准化处理并传送到地方平台。

（三）中药材专业市场追溯子系统

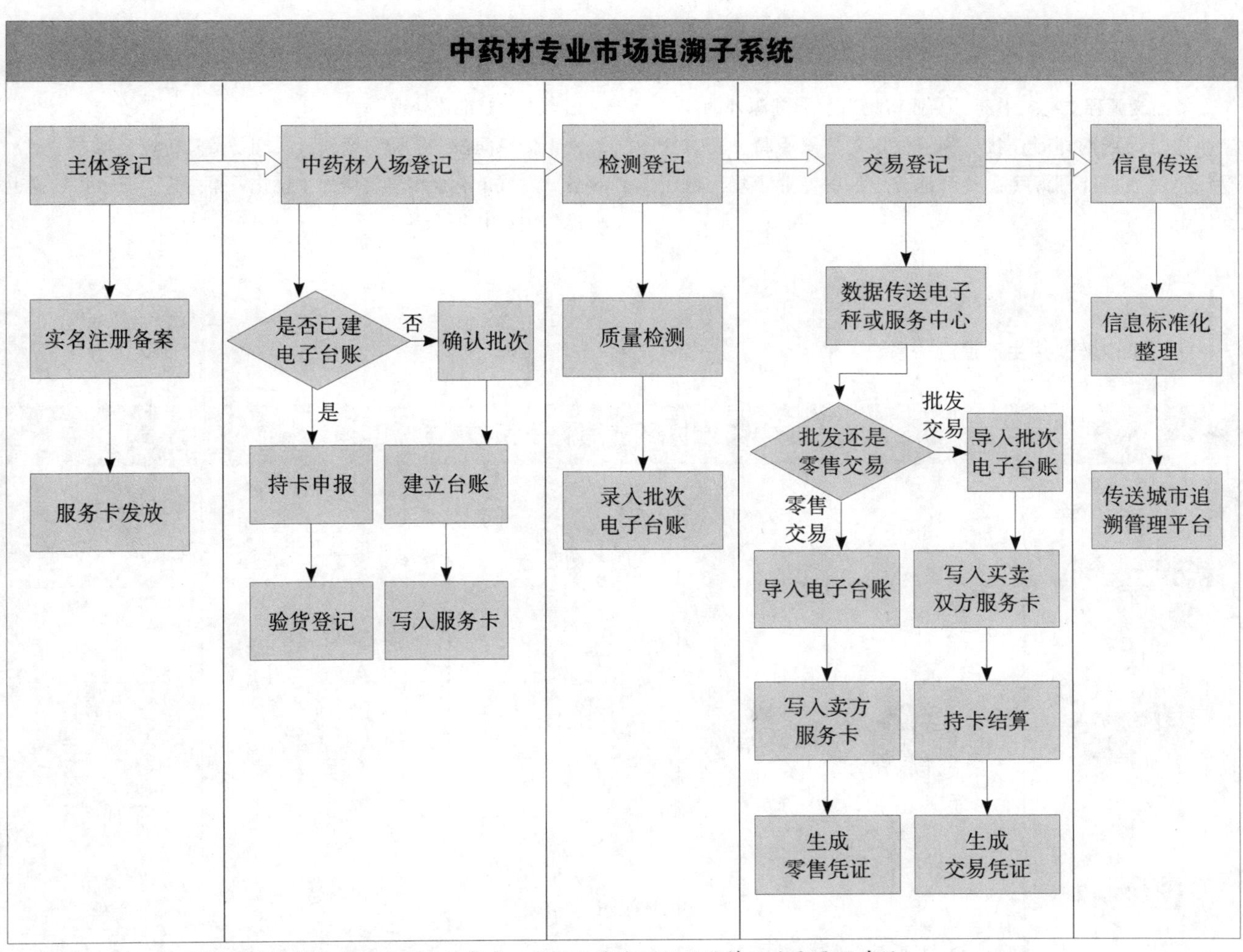

注：虚线框表示的中药材检验登记系统不作硬性要求，各试点城市可视具体情况决定是否建设。

中药材专业市场追溯子系统采集中药材进场、检测、交易等关键环节信息。主要功能如下：

1. 主体登记

实名注册。对进场经营者（批发商、零售商）进行实名注册登记备案，签订追溯承诺书。已在其他流通节点备案的经营者无须再备案。

服务卡发放。对备案的经营者发放中药材流通服务卡。经营者须持卡交易。

2. 中药材入场登记

（1）已建立电子台账

持卡申报。入场中药材信息已经在上一流通环节进入到流通追溯系统中，经营者入场后需向专业批发市场持卡申报，出示上一环节的交易凭证，市场管理员以交易凭证为验货的依据。

验货登记。市场管理员现场验货并登记，系统读取流通服务卡中经营者信息，完成与系统中该批次中药材信息的匹配验证。

（2）尚未建立电子台账

确定批次。入场中药材信息尚未进入到流通追溯系统中，以中药材产地证明或认证凭证为批次管理依据，同一批发商的同一张产地证明或认证凭证的中药材为同一批次。

建立电子台账。由市场管理员登记中药材来源信息，分别建立以产地证明号（认证凭证号）为索引的电子台账。其中，中药材包括批发商、品种、数量（重量）、产地证明号或认证凭证号、产地、种植和养殖企业等信息。

3. 检测登记（有条件的地区可以进行）

专业批发市场按照相关法律法规规定对中药材进行质量检测，将相关信息录入该批次电子台账。

4. 交易登记

智能溯源秤交易。中药材专业市场有智能溯源秤的经营者，通过局域网即时连接、刷卡读取等方式，将中药材交易信息通过智能溯源秤上传到地方中药材专业市场追溯子系统中。

服务中心交易。中药材专业市场无智能溯源秤的经营者或批量中药材交易的经营者，可通过专业市场服务中心登记交易，将品种、价格、数量、买主、流向等交易信息录入到地方中药材专业市场追溯子系统中。

获取交易凭证。批发交易买方在结算完成后，获取带有追溯码的交易凭证；零售交易卖方通过智能溯源秤或标签电子秤，为消费者打印带追溯码的交易凭证。

5. 信息传送

信息标准化处理。追溯子系统按信息采集要求，自动对信息进行标准化处理。

信息同步。登记备案信息及交易信息传送至地方平台，各试点城市可根据需要增加个性化采集指标，所采集数据也需传送到中央平台。

（四）中药饮片生产追溯子系统

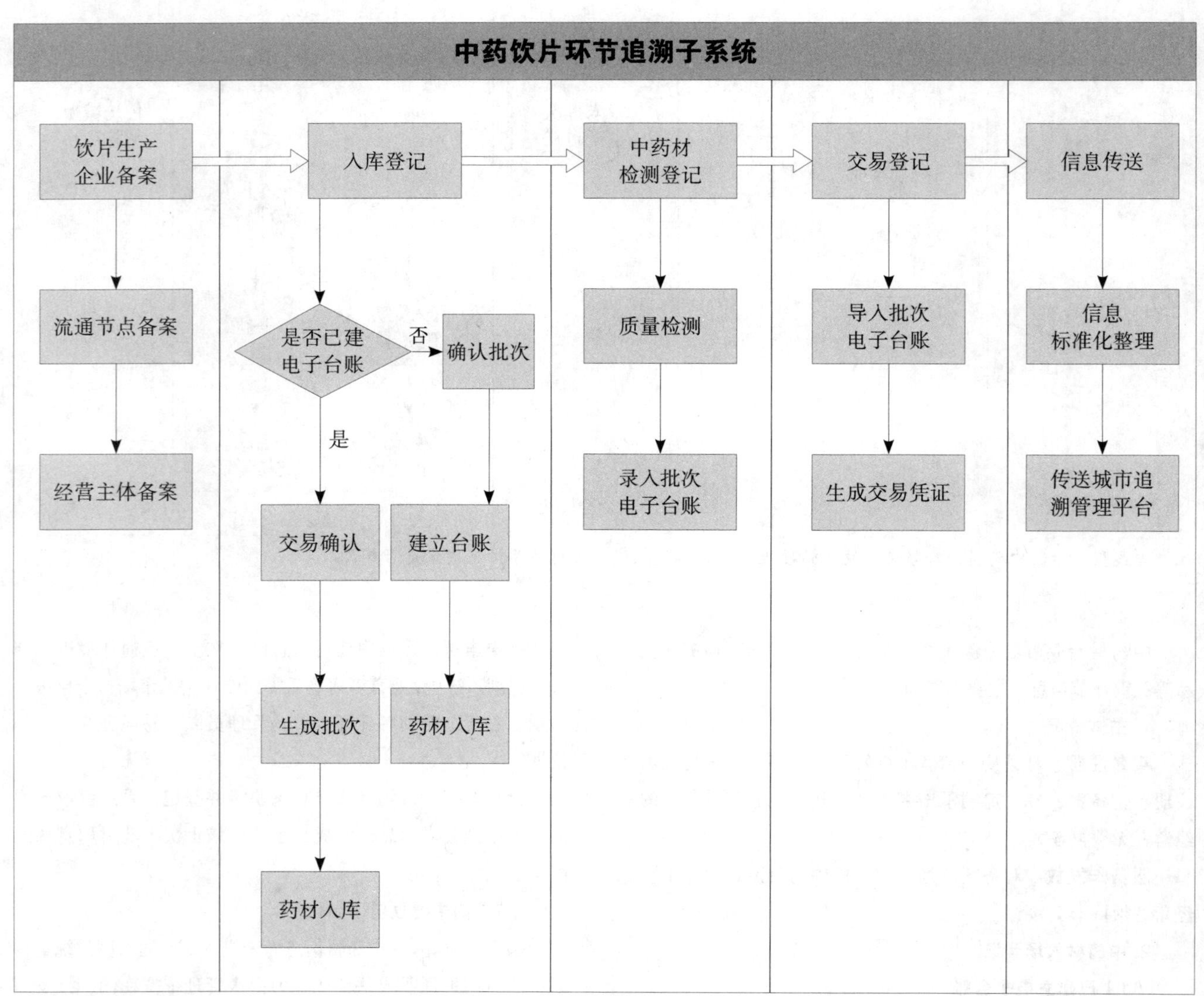

中药饮片生产企业建立以进货确认、检验管理、交易登记为核心内容的追溯子系统。主要功能如下：

1. 饮片生产企业备案

中药材饮片生产企业备案登记。对饮片生产企业进行实名注册备案，签订追溯承诺书。同时维护经营企业GMP认证信息。

2. 入库登记

（1）已建立电子台账

中药饮片生产企业采购已建立电子台账的中药材。

交易确认。中药饮片生产企业对已建电子台账的中药材进行电子确认，确定进入饮片生产企业台账。

确定批次。对已确认的中药材建立企业原料批次。

（2）未建立电子台账

确定批次。对未进入流通追溯系统的中药材，以产地证明号或认证凭证号为批次管理依据，当次所进中药材为同一批次。

建立电子台账。由饮片生产企业登记品种、数量、产地证明号或认证凭证号、产地、种植和养殖企业等信息，建立以产地证明号或认证凭证号为索引的电子台账。

3. 检测结果登记

生产企业按要求对中药材进行质量检测，将相关信息录入该批次电子台账。检测不合格的，自动中止交易。

4. 交易登记

将中药饮片交易信息自动导入该批次电子台账。

5. 信息传送

追溯子系统按信息采集要求，自动对信息进行标准化处理并传送到地方平台。

（五）中药饮片经营企业追溯子系统

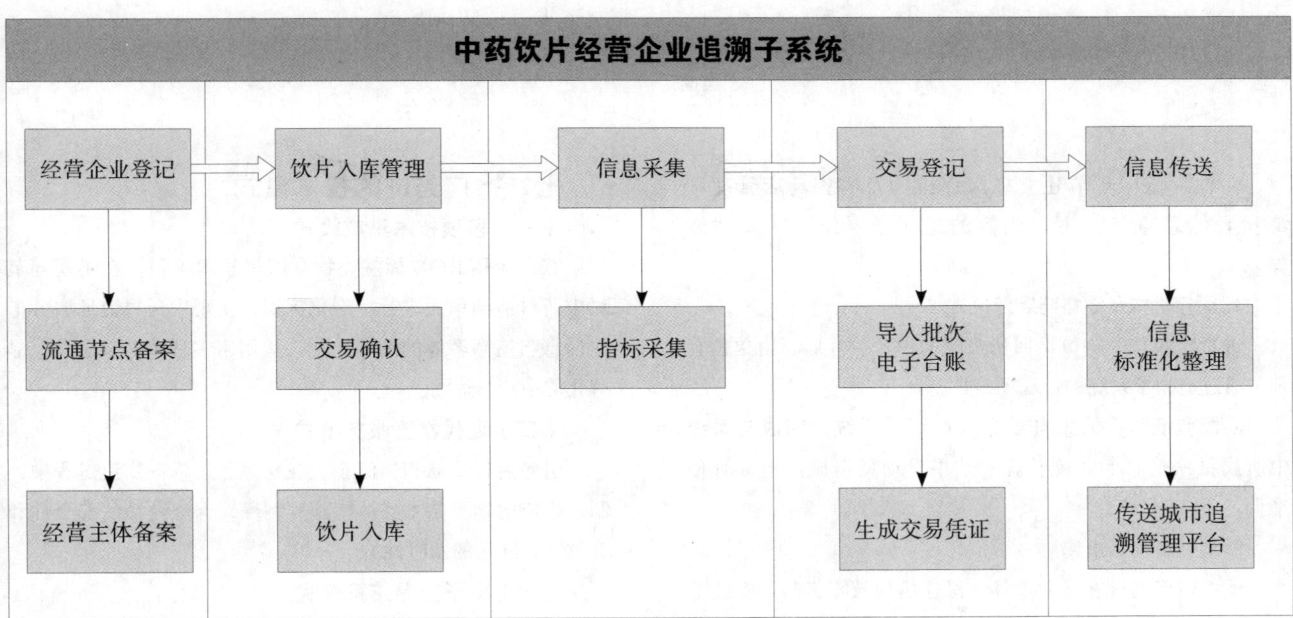

1. 经营企业登记

流通节点备案。对中药饮片经营企业进行实名注册备案，签订追溯承诺书。同时维护经营企业GSP认证信息。

服务卡发放。对备案的经营者发放中药材流通追溯服务卡。经营企业须持卡交易。

2. 饮片入库管理

登记采购的中药饮片品种、产地、重量、生产企业、生产时间、流通节点等信息。

3. 信息采集

经营企业个性化信息采集，中药饮片应根据品种的不同性质，需分别贮存于常温库、阴凉库。经营企业可采集仓储温湿度等环境信息。

4. 交易登记

将中药饮片交易信息自动导入该批次电子台账。

5. 信息传送

追溯子系统按信息采集要求，自动对信息进行标准化处理并传送到地方平台。

（六）中药饮片使用环节追溯子系统

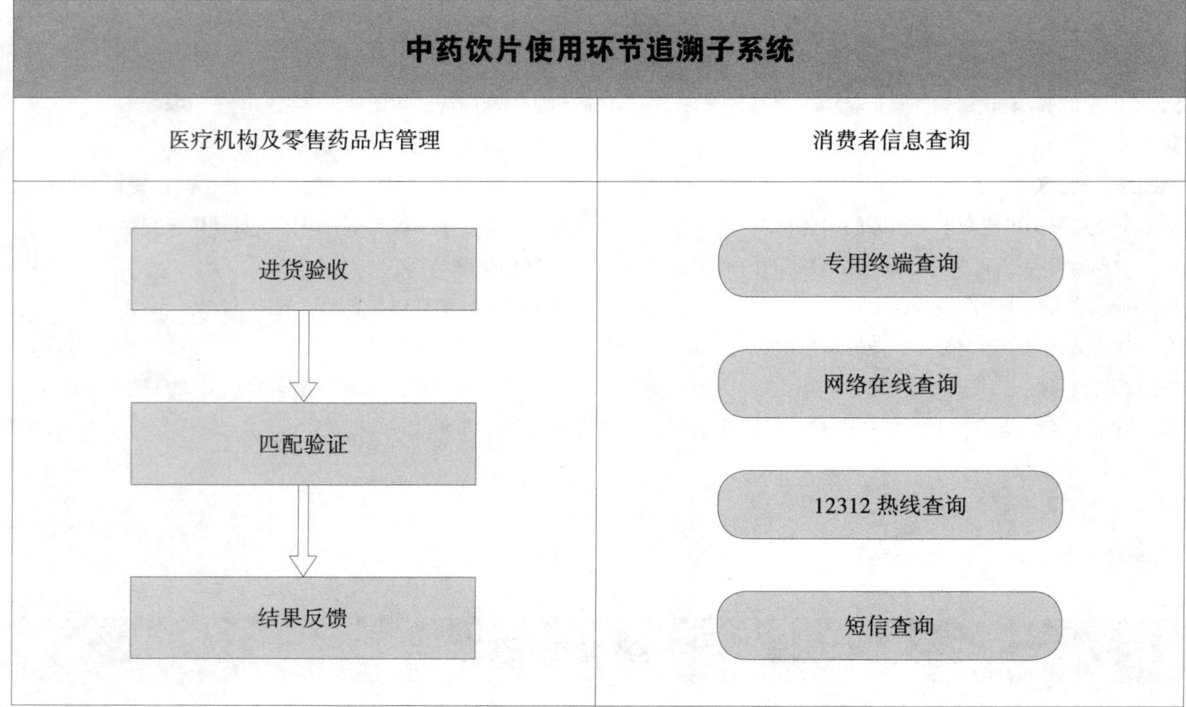

在饮片使用环节建立以医疗机构及零售药店管理和消费者信息查询为主要内容的追溯子系统。主要功能如下：

1. 医疗机构及零售药店管理

进货验收。采购员运回所采购的中药饮片后，由单位管理员通过追溯子系统进行现场验收。

匹配验证。将信息自动导入追溯子系统，完成与系统中所属批次信息的匹配验证，结果自动反馈城市追溯管理平台。

2. 消费者信息查询

试点城市通过在专业市场、医疗机构及零售药店安装专用的查询终端，开通手机短信、互联网、热线电话等查询通道，供消费者查询中药材流通相关信息。

七、推广先进的技术模式

（一）多项技术集成模式

综合运用 RFID 标签、物联网等技术手段，在不同环节对中药材追溯单元进行特定化标识，实现中药材流通服务卡内信息与追溯客体的准确匹配。适用于多环节、包装化、品牌化的中药材追溯。

（二）现代物流服务模式

引导药材流通和物流企业在仓储、运输等物流过程中，制定相应的物流技术保障措施和制度，保证药品的安全性和有效性，配送的及时性。

（三）电子交易结算模式

鼓励药材流通企业运用现代信息技术，逐步实行基于信息化的新型电子支付、电子结算和电子交易等方式，降低交易成本。

国家中药材流通追溯体系主体基本要求

本规范规定了国家中药材流通追溯体系中对各个流通环节，包括中药材种植和养殖企业、中药材经营企业、中药材专业市场、中药饮片生产企业、中药饮片经营企业、医疗机构及零售药店等单位的总体要求，以及在基础管理、追溯管理、流程管理、数据采集等方面的基本要求。

一、关键术语及其定义

下列术语和定义适用于本规范。

1. 地方追溯服务中心。是指在试点城市建立的为中药材交易双方提供经营主体登记、流通服务卡发放、药材登记、检验服务、交易登记及赋码、电子结算等内容的服务性机构。

2. 智能溯源秤。是指集称重、非接触式 IC 卡读写、摊位号管理、多批次管理、限量控制、支持二维码凭证打印等功能，并能通过有线或无线等方式接收、传输相关信息的电子秤。

3. 流通服务卡。是指中药材流通经营主体所持的身份凭证和记录、传递交易过程信息的载体。按照商务部规定的信息记录格式和加密规则，由试点城市地方追溯服务中心监制并统一配发给中药材经营者。一般采用 IC 卡或 CPU 卡，全国统一标识，统一样式。

4. 卡单同行。卡单同行是指中药材流通服务卡与中药材交易凭证共同跟随中药材购买方。

二、中药材种植和养殖企业基本要求

（一）总体要求及追溯管理办法

1. 总体要求

通过建立覆盖中药材种植/养殖信息登记、质量检测及交易等关键环节的全程信息管理，达到对中药材种植/养殖的信息追溯要求。以产地证明和检测合格证明为中药材来源依据，以中药材交易凭证、追溯系统流向记录为依据，确保中药材种植/养殖信息与流向信息相关联。

2. 追溯管理

建立企业内部网络，配置与中药材追溯相适应的硬件设备，安装中药材种植/养殖追溯子系统，通过互联网与地方中药材流通追溯平台连接。配置合适的交易终端。落实专职管理人员，负责对中药材种植/养殖追溯子系统进行日常管理。管理人员必须具备计算机基本常识，熟悉业务流程，能熟练应用中药材种植/养殖追溯子系统，确保长效运行。

凭中药材流通服务卡准入，凭产地证明和检测合格证明准出。确保中药材种植/养殖信息对接中药材流通信息。

（二）业务流程管理

1. 中药材种植和养殖企业备案

中药材种植和养殖企业凭营业执照及复印件，到地方追溯服务中心进行备案。由地方追溯服务中心登记其基本信息，并写入中药材流通服务卡，发放给中药材种植和养殖企业，实行持卡交易。

2. 中药材种植/养殖信息登记管理

中药材种植和养殖企业在种植/养殖开始时通过中药材种植/养殖追溯子系统向地方中药材流通追溯平台申请新建可追溯种植/养殖任务，由地方中药材流通追溯平台自动分配种植/养殖批次码，中药材种植和养殖企业将种植/养殖信息录入到中药材种植/养殖追溯子系统。

3. 中药材种植/养殖批次管理

以一个地块同一时间段种植/养殖的中药材为一个批次。不同批次的中药材种植/养殖信息应分开保管，分清每一批次。

4. 中药材采收批次管理

同一批次种植/养殖的药材，分期采收和分药用部位采收的，不同时期采收的，需分清批次。

5. 检测信息登记

中药材收获后，由中药材种植和养殖企业按批次、品种进行质量检测，将检测结果（合格或不合格）录入中药材种植/养殖追溯子系统。

6. 中药材交易管理

中药材种植和养殖企业进行交易信息录入，将中药材种植/养殖信息与流向信息相关联，打印追溯码或交易凭证。

三、中药材经营企业基本要求

（一）总体要求及追溯管理办法

1. 总体要求

通过建立中药材流通登记及交易等关键环节的信息管理，达到对中药材流通的信息追溯要求。以产地证明或检测合格证明为来源依据，以中药材交易凭证、中药材流通服务卡为中药材流向依据（卡单同行），确保中药材来源信息与流向信息相关联。

2. 追溯管理

建立企业内部网络，配置相适应的硬件设备，安装中药材经销环节追溯子系统，通过互联网与地方中药材流通追溯平台连接。配置合适的交易终端，落实专职管理人员，负责对中药材经销环节追溯子系统进行日常管理。

凭产地证明或检测合格证明准入，凭交易凭证、中药材流通服务卡准出，确保中药材来源信息对接中药材流向信息。

（二）业务流程管理

1. 中药材经销商备案

中药材经销商凭营业执照及复印件，到地方追溯服务中心进行备案。由地方追溯服务中心登记经销商基本信息，并写入中药材流通服务卡，发放给经销商，实行持卡交易。

2. 中药材来源管理

对未进入追溯体系的中药材，经销商根据产地证明或检测合格证明，自行录入中药材来源地、品种、数量等信息。

对已进入追溯体系并在电子台账中登记的中药材，由经销商验证（交易凭证）收货，读取流通服务卡或在中药材经销环节追溯子系统上确认收货信息，完成与地方中药材流通追溯平台中该批次中药材信息的匹配验证。

3. 中药材采购批次管理

以产地证明或检测合格证明为批次管理依据，同一张产地证明或检测合格证明的中药材为同一批次。不同批次的中药材应分开保管，分清每一批次。

4. 中药材交易管理

中药材经销商进行交易信息录入，将中药材来源信息与流向信息相关联，打印追溯码或交易凭证。

四、中药材专业市场基本要求

（一）总体要求及追溯管理办法

1. 总体要求

通过建立覆盖中药材进场登记、检测及交易等关键环节的全程信息管理，达到对中药材批发的信息追溯要求。以中药材产地证明或检测合格证明为中药材来源依据，确保来源信息与流向信息相关联。在批发市场内设置场内零售交易摊位的，采用智能溯源秤打印零售凭证。

2. 追溯管理

市场管理方在市场内需建立地方追溯服务中心，负责经营户登记备案、药材进场登记、交易信息登记、设备使用管理。建立企业内部网络，配置与专业市场相适应的硬件设备，安装中药材专业市场追溯子系统，通过互联网与地方中药材流通追溯平台连接。配置合适的交易终端，落实专职管理人员，负责对中药材专业市场追溯子系统进行日常管理。管理人员必须具备计算机基本常识，熟悉业务流程，能熟练应用中药材专业市场追溯子系统，确保长效运行。

凭产地证明或检测合格证明准入，凭交易凭证、中药材流通服务卡准出。确保中药材来源信息对接中药材流向信息，种植/养殖（收购）信息对接批发信息、批发信息对接中药饮片生产信息，实现信息环环相扣的追溯要求。

对于在专业市场内有场外交易的经营户，应按照中药材经营企业的基本要求进行处理。

（二）业务流程管理

1. 进场经营者（批发商、零售商）备案

进场经营者凭有效身份证件、营业执照及复印件，到专业市场追溯服务中心进行备案。由专业市场追溯服务中心登记经营者基本信息，发放中药材流通服务卡，实行持卡交易。

2. 中药材进场管理

对未进入追溯体系的中药材，在专业市场追溯服务中心登记窗口，由市场管理员验证产地证明或检测合格证明，后按要求划分批次，并将信息输入中药材专业市场追溯子系统，生成电子台账。如无产地证明或检测合格证明，货主（批发商）应自行填写中药材来源地、品种、数量等信息，并签字确认，由市场管理员录入相关信息。

对已进入追溯体系并在电子台账中登记的中药材，市场管理人员验证收货，将信息自动导入中药材专业市场追溯子系统，完成与地方中药材流通追溯平台中该批次中药材信息的匹配验证。

3. 中药材批次管理

以产地证明或检测合格证明为批次管理依据，同一张产地证明或检测合格证明的中药材为同一批次。不同批次的中药材应分开保管，分清每一批次。

4. 检测信息登记

中药材进场登记后，有检测条件的市场可按批次、品种进行检测，将检测结果（合格或不合格）录入中药材专业市场追溯子系统。

5. 数据下传

完成中药材进场登记后，通过网络或读取流通服务卡，将中药材品种、批次号等信息在包装、销售前下传智能溯源秤。

6. 数据回传

智能溯源秤称重后，将交易的中药材品种、重量、批次号、交易凭证号等信息上传中药材专业市场追溯子系统。

7. 存储管理

应按中药材供应商、日期、批次分别存储，不得混批存储。

8. 追溯码打印

中药材专业市场有智能溯源秤的经营者，智能溯源秤支持追溯码打印功能，通过智能溯源秤快捷键或代码输入方式，

可选择销售品种，设定销售价格，打印追溯码。

中药材专业市场无智能溯源秤的经营者或批量中药材交易的经营者，通过专业市场服务中心，按同一供应商同一批次包装并通过智能溯源秤进行交易，智能溯源秤支持追溯码打印，在包装上粘贴追溯码标签。

9. 交易管理

通过智能溯源秤或专业市场服务中心，将中药材来源信息与流向信息相关联，并打印追溯码或交易凭证。

五、中药饮片生产企业基本要求

（一）总体要求及追溯管理办法

1. 总体要求

通过建立覆盖中药材进货登记、检测及中药饮片生产、交易等关键环节的全程信息管理，达到对中药饮片的原料来源、生产、交易等信息追溯要求。以中药材产地证明和检测合格证明或地方中药材流通追溯平台内中药材电子台账为来源依据，确保来源信息与流向信息相关联。

2. 追溯管理

建立企业内部网络，配置相适应的硬件设备，安装中药饮片生产追溯子系统，通过互联网与地方中药材流通追溯平台连接。配置电脑、标签打印机等设备。落实专职管理人员，负责对中药材饮片生产追溯子系统进行日常管理。管理人员必须具备计算机基本常识，熟悉业务流程，能熟练应用中药饮片生产追溯子系统，确保长效运行。

凭产地证明和检测合格证明或交易凭证准入，凭交易凭证和追溯标签准出。确保中药材来源信息对接中药饮片生产，中药饮片生产信息和经销信息对接医院（药店）使用信息，实现信息环环相扣的追溯要求。

（二）业务流程管理

1. 中药饮片生产企业备案

中药饮片生产企业凭营业执照、药品生产许可证及复印件，到地方追溯服务中心进行备案。由地方追溯服务中心登记基本信息，发放中药材流通服务卡。

2. 中药材来源管理

对未进入追溯体系的中药材，从产地直接采购的中药材由中药饮片企业验证产地证明或检测合格证明后按要求划分批次，并将信息输入中药饮片生产追溯子系统，生成电子台账。如无产地证明或检测合格证明，中药饮片生产企业应自行填写中药材来源地、品种、数量和检测等信息。

对已进入追溯体系并在电子台账中登记的中药材，中药饮片生产企业验证收货，读取流通追溯码或通过中药饮片生产追溯子系统确定订单，完成与地方中药材流通追溯平台中该批次中药材信息的匹配验证。

3. 中药饮片生产批次管理

同一批中药材生产的中药饮片作为一个批次，由企业在中药饮片生产追溯子系统上登记批次号，申请批次码，不同批次的中药饮片应分开保管，分清每一批次。

4. 检测信息登记

中药材入库登记后，企业按批次、品种进行检测，将检测结果录入中药饮片生产追溯子系统，并上传检验报告。

中药饮片生产完成后，企业按批次、品种进行检测，将检验结果录入中药饮片生产追溯子系统，并上传检验报告。

5. 交易管理

中药饮片生产企业将中药饮片交易信息录入，将中药材来源信息与中药饮片流向信息相关联，打印追溯码或交易凭证。

六、中药饮片经营企业基本要求

（一）总体要求及追溯管理办法

1. 总体要求

通过建立覆盖中药饮片进货登记、交易等关键环节的信息管理，达到对中药饮片的来源、交易等信息追溯要求。以中药饮片追溯标签或电子台账为中药材来源依据，确保来源信息与流向信息相关联。

2. 追溯管理

建立企业内部网络，配置与相适应的硬件设备，安装中药饮片经销追溯子系统，通过互联网与地方中药材流通追溯平台连接。配置电脑、手持式交易设备、扫描设备等设备。落实专职管理人员，负责对中药饮片经销追溯子系统进行日常管理。管理人员必须具备计算机基本常识，熟悉业务流程，能熟练应用中药饮片经销追溯子系统，确保长效运行。

凭交易凭证、饮片追溯标签准入，凭交易凭证准出。确保中药饮片来源信息对接中药饮片医院使用信息，实现信息环环相扣的追溯要求。

（二）业务流程管理

1. 中药饮片经营企业备案

饮片经销企业凭营业执照、药品经营许可证、药品经营许可证及复印件，到地方追溯服务中心进行备案。由地方追溯服务中心登记基本信息，发放中药材流通服务卡。

2. 中药饮片入库管理

从中药饮片生产企业采购饮片后，在中药饮片经销追溯子系统上确认来源、品种、数量等信息进行收货，生成电子台账。

3. 交易管理

中药饮片经营企业将中药饮片交易信息录入，将中药材来源信息与中药饮片流向信息相关联，打印交易凭证。

七、医疗机构及零售药店基本要求

（一）总体要求及追溯管理办法

1. 总体要求

通过建立覆盖中药饮片进货登记、销售等关键环节的信息管理，达到对中药饮片的来源、交易等信息追溯要求。以中药饮片追溯标签或电子台账为中药饮片来源依据，确保来源信息与流向信息相关联。

2. 追溯管理

建立企业内部网络，配置与相适应的硬件设备，安装中药饮片使用追溯子系统，通过互联网与地方中药材流通追溯平台连接。配置电脑、手持式交易设备、扫描设备、多媒体查询机等设备。落实专职管理人员，负责对中药饮片使用追溯子系统、多媒体查询机进行日常管理。管理人员必须具备计算机基本常识，熟悉业务流程，能熟练应用中药饮片使用追溯子系统，确保长效运行。

凭交易凭证、饮片追溯标签准入，凭交易凭证准出。确保中药饮片来源信息对接中药饮片使用信息，实现信息环环相扣的追溯要求。

（二）业务流程管理

1. 医疗机构及零售药店备案

医疗机构及零售药店凭营业执照、药品经营许可证及复印件，到地方追溯服务中心进行备案。由地方追溯服务中心登记基本信息，发放中药材流通服务卡。

2. 供应商备案

对中药饮片供应商进行备案，建立基本信息档案。

3. 中药饮片入库管理

从中药饮片生产企业、中药饮片经营企业采购饮片后，在中药饮片使用追溯子系统上确认来源、品种、数量等信息进行收货，生成电子台账。

4. 销售管理

医疗机构及零售药店将中药饮片交易信息录入，将中药饮片来源信息与中药饮片流向信息相关联。

国家中药材流通追溯体系统一标识规范

本规范规定了国家中药材追溯体系中追溯标识要求，适用于整个中药材流通追溯体系。

（一）专用标识限于以下使用范围：

1. 设备类：包括中药材流通服务卡，读写机具，智能溯源秤、查询一体机，手持机，环境采集器，追溯标签等；

2. 宣传类：包括出版物、宣传品和纪念品，会议背板、条幅，相关网站、网页等；

3. 标识类：包括各类标识牌，货架标牌，追溯产品外包装，追溯小票等；

4. 其他：包括调查表、统计表，信封、信纸、便笺，名片、工作证、胸卡，公文袋、文件夹等。

（二）国家中药材流通追溯体系专用标识由标准图形组成，设有标准色 2 色。

（三）中药材流通服务卡

1. 中药材流通服务卡（以下简称服务卡）是中药材流通经营者所持的身份凭证和记录、传递交易过程信息的载体，一般采用集成电路卡（IC 卡）或智能卡（CPU 卡）。

2. 服务卡正面由专用标识、“中药追溯信息系统身份识别卡”字样、卡号等组成；背面由使用须知、国家中药材流通追溯体系网址、联系方式等组成。

3. 服务卡长 85.5 毫米、宽 54 毫米、厚 0.8 或 1.8 毫米，采用聚氯乙烯（PVC）、聚对苯二甲酸乙二醇酯（PET）或 0.13 铜钱等材料封装。相关质量标准按照 ISO 10536 执行。

（四）标识规范

1. 体系名称：国家中药材流通追溯体系，简称：中药追溯。

2. 企业标志：

3. 企业标准字：

优先采纳下述第一类中的规定，第一类规定中没有涉及的内容，参照第二类规定。

★ **第一类：**

（1）中央平台名称：

国家中药材流通追溯体系：华文中宋，一号字，加粗。

（2）地方平台名称：

国家中药材流通追溯体系（成都站）：

国家中药材流通追溯体系，华文中宋，一号字，加粗；

（成都站）：黑体，加粗，五号字。

（3）LOGO：

方版：

长版：

可根据实际需要按比例缩小或放大。中文：中药追溯，华文隶书。网址：www.zycsy.gov.cn，Calibri 字体。

★ **第二类：**

（1）设备类：黑体。

（2）标识类：黑体。

（3）宣传类：华文中宋。

（4）其他类：华文中宋。

4. 标准色：

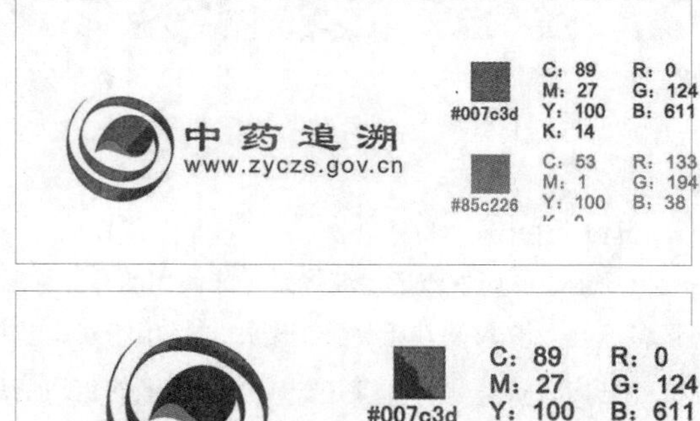

5. 追溯标签

追溯标签正面由专用标示、“中药追溯”字样及国家中药材流通追溯系统网址 www.zycsy.gov.cn 组成。追溯标签建议长度为：长 30mm、宽 25mm、厚 0.1mm、采用 147 番铜版纸或易碎纸制成。标示长 13mm，宽 14.5mm。

国家中药材流通追溯体系设备及管理要求

一、适用范围

本规范规定了中药材流通追溯体系可能使用的存储介质、感知等设备的技术要求及其相关管理要求，适用于对中药材流通追溯体系内设备的管理和维护；本规范规定的包括信息存储格式、信息读写安全策略等内容适用于中药材流通追溯平台的数据采集和传输。

二、术语和定义

1. 智能溯源秤

是指集称重、非接触式IC卡读写、摊位号管理、多批次管理、限量控制、支持二维码凭证打印等功能，并能通过有线或无线等方式接收、传输相关信息的电子秤。

2. 移动支付溯源终端

是指中药材交易双方支付、交易、定位数据采集的专业设备。

3. 无线环境传感网络设备

是指在中药材种植和养殖环节、中药材或饮片运输和仓储环节，通过无线传感网络，传感器能够满足采集土壤温度、土壤湿度和光照强度，空气温度、空气湿度的数据和传输要求。且传感器能以树状和网状进行多跳自组网进行数据传输。

4. 智能读写终端

是指具备条码识读、RFID和IC卡读写等功能，并能通过无线或有线方式传输信息的移动式或固定式设备。

5. 查询终端

是指消费者通过追溯码查询中药材流通追溯信息的专用设备。

6. 标签打印机

是指中药材流通追溯标签的专用打印设备。

7.RFID

RFID是Radio Frequency Identification的缩写，即射频识别，俗称电子标签。RFID射频识别是一种非接触式的自动识别技术，它通过射频信号自动识别目标对象并获取相关数据，可识别高速运动物体并可同时识别多个标签，操作快捷方便。

8.IC卡

又称集成电路卡，是在聚氯乙烯（PVC，塑料产品之一）材料上嵌置一个或多个集成电路芯片，尺寸遵照国际标准（如ISO 7810）规定，用于记录和传递信息的卡片。

三、设备要求

（一）智能溯源秤

1. 规范性引用文件

下列文件对于本文件的应用是必不可少的。凡是注日期的引用文件，仅所注日期的版本适用于本文件。凡是不注日期的引用文件，其最新版本（包括所有的修改单）适用于本文件。

JJG 555-96《非自动秤通用检定规程》

GB/T 7722-2005 电子台案秤

GB/T 191-2008 包装储运图示标志

GB/T 17626.2-2006 电磁兼容 试验和测量技术 静电放电抗扰度试验

GB/T 17626.3-2006 电磁兼容 试验和测量技术 射频电磁场辐射抗扰度试验

GB/T 17626.4-2008 电磁兼容 试验和测量技术 电快速瞬变脉冲群抗扰度试验

GB/T 17626.11-2008 电磁兼容 试验和测量技术 电压暂降、短时中断和电压变化抗扰度试验

2. 计量要求

电子秤作为称重计量用具，属于国家强制检定设备。必须符合相关国家标准，并具备省级以上质检部门出具的检定证书。

（1）生产制造企业：电子计价秤《制造计量器具许可证》；

（2）电子秤：电子计价秤《计量器具型式批准证书》；

（3）型式评价合格报告：必须包含以下项目

零点检查、称量测试、除皮、偏载、鉴别力、重复性、与时间有关的测试、倾斜、温度测试、电压变化、影响因子的性能试验、干扰性能测试（静电放电、射频电磁场辐射，电快速瞬变脉冲群，电压暂降、短时中断和电压变化）基本安全性能试验。

3. 环境适应性要求

要求终端（仪表）和秤体及传感器防护等级达到IP41防护等级，以满足中药材流通领域恶劣的使用环境。

按食品安全卫生要求，如果秤体与所称重的产品直接接触，则要求秤体采用食品级不锈钢台面。

工作温度：-10℃至40℃

相对湿度：≤ 90%

交流电源电压：220V+/-15V

4. 功能要求

（1）称重满足 GB/T 7722-2005 电子台案秤国标要求；

（2）支持二维码打印；

（3）智能溯源秤应保证能按照《国家中药材流通追溯体系技术管理要求》中数据采集及传输技术的要求实现中药材流通环节信息的获取；

（4）能够通过无线或有线方式（地秤）与节点系统实时交换；

（5）在有效识别范围内可靠读取符合协议标准的标签，保证数据的完整性；

（6）具备良好的功能扩展性。

5. 通讯要求

（1）RFID 射频识别；

（2）数据传输支持无线、有线、USB 接口三种方式：

无线数据传输：

溯源秤可使用 Zigbee/Wifi/GPRS/CDMA/WCDMA 等方式传输数据，地秤数据推荐采用 GPRS/CDMA/WCDMA 技术进行无线传输。

有线数据传输：

配置 RJ-45 网络标准接口，采用 TCP/IP 协议，支持以太网通信方式，传输数据准确。

USB 接口：

支持 Host USB2.0 标准接口，支持本地数据下载，传输数据准确。

6. 维护要求

智能溯源秤应定期由承建商进行维护和检查，保证溯源秤与地方中药材流通追溯平台之间数据传输的准确性。

（二）移动支付溯源终端

有条件的试点城市可开展中药材交易的电子结算业务，电子结算可以采用移动支付溯源终端手段。

1. 环境适应性要求

工作温度：-10℃至 50℃

存储温度：-20℃至 60℃

相对湿度：5%至 95%，无凝露

2. 功能要求

移动支付溯源终端应满足以下功能要求：

（1）电子结算交易功能，支持中国银联卡支付以及交易记录自动采集；

（2）支持交易凭证打印；

（3）具备良好的功能扩展性。

（三）无线环境传感网络设备

有条件的试点城市可采用无线环境传感器设备对中药材种植 / 养殖条件、中药材仓储物流条件进行数据采集，实现对中药材种植 / 养殖和物流仓储环境的管理。

1. 环境适应性要求

为满足中药材在种植 / 养殖领域的使用环境要求，无线环境传感器具备如下基本条件：

（1）工作温度：-20℃至 60℃

（2）存储温度：-35℃至 65℃

（3）湿度：35% 至 100%

2. 功能要求

（1）多跳自组网功能：传感器能以树状和网状进行多跳自组网进行数据传输。

（2）多种数据采集功能：传感器能够满足空气温度、空气湿度、土壤温度、土壤湿度和光照数据的采集和传输要求。

（3）采集频率可调功能：传感器数据采集频率可调。

（4）实时数据传输功能：按照设定的数据采集频率实时进行数据传输。

（5）断网存储功能：传感器和网关在无网络环境下可以进行采集数据的存储。

（四）智能读写终端

1. 环境适应性要求

为满足中药材流通追溯领域恶劣的使用环境要求，智能读写终端具备如下基本条件：

（1）工作温度：-25℃至 85℃

（2）存储温度：-40℃至 85℃

（3）湿度：5% 至 95%，无凝露

2. 功能要求

（1）必须支持本标准规定的 IC 卡和 CPU 卡的读写，可选支持其他一种或多种读取方式，如二维码扫描、RFID 标签等。

（2）支持一种或多种通讯传输方式，如 GPRS/Zigbee/Wifi/433M/ 蓝牙 /USB/UART/ 以太网等。

（3）操作方式友好，具备良好的功能扩展性。

（五）查询终端

1. 环境适应性要求

（1）工作温度：-10℃至 40℃

（2）工作湿度：5% 至 85%，无凝露

2. 功能要求

（1）支持 RFID 标签的识读，支持二维码的扫描。

（2）将 RFID 标签紧贴在 RFID 识别器上，能够在 2 秒

内准确识读；将二维码标签紧贴在二维码识别器上，能够在2秒内准确识读。

（3）网络传输：支持有线和无线的数据传输，实现与中药材流通追溯体系的数据交换。

（六）标签打印机

1. 环境适应性要求

（1）工作温度：-10℃至40℃

（2）工作湿度：5%至85%，无凝露

（3）存储温度：-40℃至60℃

（4）存储湿度：5%至85%，无凝露

2. 功能要求

（1）支持打印二维码溯源标签；

（2）支持多种字体可选；

（3）支持RS-232串口，Centronics并口，USB接口，PS/2等接口；

四、存储介质要求

（一）IC卡和CPU卡内容要求

IC卡和CPU卡内至少存储如下表所示的经营主体信息：

绝对块号	1	2	3	4	5	6	7	8	9	10
字段	预留	卡号	经营主体类型	经营主体编码	主体名称	持卡人	身份证号	电话号码	市场名称	市场编号
说明	预留数据	发卡的编号	经营主体的类别	参照编码规范	经营主体名称	持卡人姓名	持卡人身份证号码	持卡人联系电话	所在市场名称	所在市场编号
长度	16	8	8	14	30	20	18	20	30	14

（二）信息存储要求

1. 空间分配

基本信息存储必须从该类存储介质的有效头开始。

2. 加密方式

卡与读写器之间的通讯采用国际通用的保密算法。

五、溯源体系设备管理与维护

由试点城市商务部门负责中药材流通追溯体系内相关追溯设备的监管工作，具体保管及维护工作由承建商完成。设备保养与维护请参考产品使用说明书，不按操作规范使用追溯设备，造成追溯设备损坏的，维修费用由当事人自行解决；设备遗失的，由当事人照价赔偿。

国家中药材流通追溯体系技术管理要求

一、适用范围

本规范规定了国家中药材流通追溯体系内中央中药材流通追溯平台、地方中药材流通追溯平台以及流通节点追溯子系统在数据存储、传输标准、平台设计、安全和维护等方面的基本技术要求；规定了中央中药材流通追溯平台和地方中药材流通追溯平台、流通节点追溯子系统与地方中药材流通追溯平台间的数据交换方式和格式要求。本规范适用于中央中药材流通追溯平台和地方中药材流通追溯平台的建设与维护以及中药材流通追溯体系的数据采集和传输。

二、术语和定义

下列术语和定义适用于本规范。

1. 中央中药材流通追溯平台

中央中药材流通追溯平台汇集地方中药材流通追溯平台的流通经营主体信息、流通追溯信息等内容，并支持跨区域追溯信息链条合成、应急事件管理、信息综合利用、试点城市工作考核等工作。

2. 地方中药材流通追溯平台

地方中药材流通追溯平台作为地方追溯信息的集中管理

中心以及追溯体系日常运行的控制中心，将按照统一的数据传输格式和接口规范采集各流通节点数据信息，并实现与中央中药材流通追溯平台的数据同步。

3. 信息传输

信息传输是从一端将命令或状态信息经信道传送到另一端，并被对方所接收，包括传送和接收。传输介质分有线和无线两种，有线为RJ45接口网线或光纤；无线是利用ZigBee/Wifi/WiMAX/UWB/UMTS/GSM/CDMA/Bluetooth等技术。

4. 虚拟专用网（Virtual Private Network）

虚拟专用网简称VPN，是指公用电信网运营者利用公用电信网的资源向客户提供具有专用网特性和功能的网络。

5. 安全套接层（Secure Sockets Layer）

安全套接层简称SSL，是为网络通信提供安全及数据完整性的一种安全协议。

6.HTTPS（Hypertext Transfer Protocol over Secure Socket Layer）

HTTPS是一种信息传输协议，其安全基础是SSL，是以安全为目标的HTTP通道，即在HTTP协议下加入SSL层，它是一个URI scheme（抽象标识符体系），其语法类同HTTP体系。

7. 可扩展标记语言（Extensible Markup Language）

可扩展标记语言简称XML，是Internet环境中跨平台的，依赖于内容的技术，是处理结构化文档信息的有力工具。XML是一种简单的数据存储语言，使用一系列简单的标记描述数据，XML占用的空间比二进制数据更多，但易于掌握和使用。

8. 数据加密标准（Data Encryption Standard）

数据加密标准简称DES, 是--种广泛使用的对称加密算法。

9. 信息关联

信息关联是在中药材流通追溯体系中，记录中药材种植/养殖、流通、中药饮片生产、流通、使用过程的系列信息，通过唯一标识信息进行关联性链接，进而实现流通链条上信息跟踪和追溯。

三、各级平台间的逻辑关系

中央中药材流通追溯平台负责接收地方中药材流通追溯平台的经营主体备案与中药材流通追溯等信息。地方中药材流通追溯平台通过数据采集设备采集并存储地方中药材追溯信息，通过与中央中药材流通追溯平台的数据同步接口实现地方中药材流通追溯平台与中央中药材流通追溯平台的数据同步。

四、数据传输及同步要求

（一）中央和地方中药材流通追溯平台间数据同步

1. 数据同步总体要求

数据同步接口要求集成度高、交换性能好、安全稳定。要求采用基于SSL通道的文件服务，以XML的形式同步信息，通过设置信息上传权限，地方中药材流通追溯平台向中央中药材流通追溯平台同步XML文件，中央中药材流通追溯平台接收信息，经过筛选验证，将信息存储在中央中药材流通追溯平台数据库中。

数据接口通过ebxml通道传输，使用ssl证书保障数据不被窃取，通过pki证书签名来保证数据完整性、防篡改、防抵赖。同时，地方中药材流通追溯平台通过CA方式与中央中药材流通追溯平台进行用户身份认证。

2. 数据同步规则

对于中药材流通追溯体系内的数据，根据数据信息的作用和重要性采取不同的同步规则：

机构和中药材商品的赋码环节产生的信息数据采用实时方式进行数据同步；

中药材批次码、中药材追溯码、中药材销售订单号等赋码和使用环节产生的信息数据在操作后五分钟内与中央中药材流通追溯平台进行数据同步；

其他中药材流通追溯系统内的追溯信息根据设定的同步时间进行数据同步，一天至少与中央中药材流通追溯平台同步一次。

（二）数据采集及传输技术

1. 数据传输方式

地方中药材流通追溯平台中的诸如中药材种植和养殖企业、中药材经营企业、中药材专业市场、中药饮片生产企业、中药饮片经营企业、医疗机构及零售药店等环节产生的信息通过B/S方式进行数据的录入和采集，为保证安全，上述信息采用SSL进行加密传输。基础信息收集标准详见《中药材流通追溯系统平台数据收集标准》附件。

地方中药材流通追溯平台与信息采集设备间通过网络传输数据，传输数据至少包含溯源秤编号、交易时间、药材代码、重量、单价、总价、经营主体码、追溯码信息。

2. 传输通道带宽要求

中央中药材流通追溯平台鉴于数据传输和追溯查询量较大，推荐初始最低带宽为20M，具有随着业务数据增加而灵活调整带宽的能力，同时中央中药材流通追溯平台应具备电信、联通双向通道。地方中药材流通追溯平台的推荐初始最低带宽为10M并具有灵活调整带宽的能力，满足中药材追溯数据采集和地方中药材数据查询统计的要求。

五、信息存储设计要求

（一）结构化数据存储

1. 字符

对于固定长度的字符型类型，使用Char类型；对于长度不固定的可变字符型数据，使用Varchar2类型。

序号	字符类型	范围	字段类型
1	字符型	长度固定	Char
2	可变字符型	长度不固定	Varchar2

2. 数字

在存储数字数据时，应该充分考虑数据的长度选择合适的类型进行存储，同时为数据的扩展保留一定的空间。

序号	字符类型	范围	字段类型
1	16位整型	-32,768-32,767	Smallint
2	32位整型	-2,147,483,648-2,147,483,647	Int
3	精确数值型	pppppppppppppp.ss	Number（p,s）
4	近似数值型	-1.79E+308-1.79E+308	Float

3. 日期、时间

时间的存储要根据系统需要的精度，采用时间类型对照下表内合适的字段类型。中药流通追溯体系中推荐精度为秒。

序号	字符类型	范围	字段类型
1	日期型	yyyy-mm-dd	Char（10）
2	日期时间型	yyyy-mm-dd hh:mm:ss	Char（19）
3	时间戳	System date and time	TIMESTAMP

4. 布尔类型

在存储布尔类型值时，统一将“false”存储为数字“0”，将“true”存储为数字“1”。

序号	字符类型	范围	字段类型
1	布尔型	0（false）or 1（true）	Smallint

（二）非结构化数据存储

1. 大字段存储方式

对非结构化数据采用大字段的方式存储时，需要对数据库文件的存储空间进行评估，充分考虑数据库的几何增长速度。

序号	字符类型	范围	字段类型
1	大字段类型	文本、图像、声音、视频、超媒体等非结构化数据	CLOB，BLOB

2. 文件索引存储方式

文件索引式存储方式在数据库内存储文件的物理位置索引，同时将文件存放到磁盘的相应位置上。索引的存放方式采用分段存储的方式，文件存储位置的根目录作为一个常量存放，文件的相对路径作为一个变量的形式存放。

在存储时，根目录作为系统的一个常量单独存储，相对路径作为大字段文件的索引存储在一张表中进行维护。

序号	字符类型	范围	字段类型
1	可变字符型	文本索引、图像索引、音频索引、视频索引、超媒体索引等结构化数据	Varchar2

六、软件及界面设计要求

（一）软件程序设计要求

1. 可扩展性

应充分考虑可扩展性，便于升级改造，包括程序和数据库的可扩展性。

2. 可维护性

应充分考虑可维护性要求，包括功能可维护和代码可维护，其中，功能可维护要求有一定的灵活性，如经营主体信息等可添加和调整，提高平台系统的可维护性。

3. 模块化集成设计

应采用模块化结构设计，将相关功能设计模块化，便于系统软件管理和集成。

（二）平台界面设计要求

1. 结构与内容设计要求

（1）首页

如图 1 所示，要求在 A 区的左上角展示统一的系统 LOGO，A 区为平台名称区，如：** 市中药材流通追溯系统，B 区为菜单导航区，C 区为用户登录区，E 区为声明区，D 区的内容由试点地方自行决定。

各区大小见图 1。

单位：PX

宽：980PX
LOGO
A 区
高：180PX
B 区
高：32PX
C 区
D 区
E 区
高：110PX

图 1 首页

（2）非首页

如图 2 所示，A 区为平台名称区，如：** 市中药材流通追溯系统，B 区为菜单导航区，C 区为内容展示区。各区大小见图 2。

单位：PX

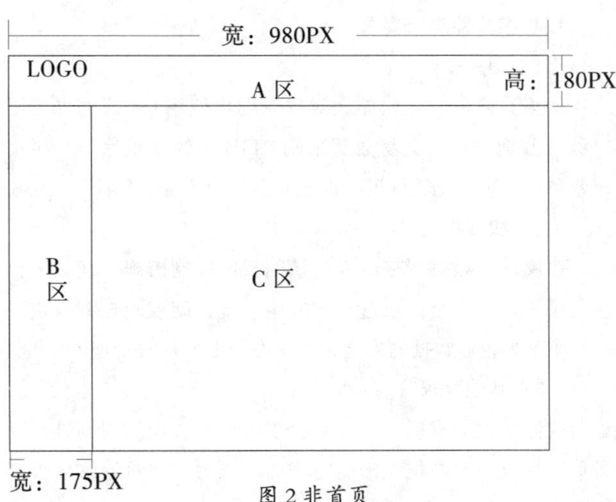

图 2 非首页

2. 其他设计要求

（1）色彩要求

以深天蓝色为主色调。

（2）页面 LOGO 使用要求

在首页的左上角放置全国统一设计的 LOGO。

（3）字体字号使用要求

页面主要内容使用宋体，大小为 12px，标题为宋体，大小为 14px，加粗。

（4）设计风格要求

遵循简洁、得体大方、注重长期有效，地方平台可融入地方文化等内涵。

（三）硬件设计及选型要求

1. 硬件设计要求

既能满足系统运行的性能和安全要求，又要充分考虑系统升级改造的需求。硬件配置应结合软件性能进行综合评估，要求达到以下指标：中央中药材流通追溯平台设备至少支持并发用户数1000以上，地方中药材流通追溯平台至少支持并发用户数300以上，无论地方还是中央中药材流通追溯平台单个请求响应时间少于5秒，服务器CPU利用率低于70%，服务器内存占用率低于70%。

2. 设备选型要求

应做好系统集成工作，建议采用主流品牌服务器，确保系统稳定高效运行。硬件环境包括应用服务器、数据库服务器、相关网络设备、数据备份设备、安全电源（UPS）等。信息备份设备容量要求能够备份至少2年的全部信息，安全电源要求在断电情况下，能够提供保障平台运行24小时的电量。

七、安全要求

（一）软件安全性要求

1. 程序软件安全要求

（1）用户安全

采用有效的安全措施，对登录用户使用CA证书进行用户身份鉴别，对于交易数据采用RFID卡的多重保护，对用户名和密码进行比较认证，保证登录用户为合法用户。

（2）权限控制

建议采用相对严格的系统访问权限控制措施，确保平台各级用户数据安全。通过开发应用系统访问权限控制模块，一方面确保企业数据的安全，另一方面做好权限管理。

（3）其他要求

软件开发完成后，需要经过攻击性测试和压力测试，确保系统具有一定的抗攻击能力和访问压力，同时建议分级制定系统应急预案。

2. 环境安全要求

（1）操作系统安全

要求使用正版、稳定的服务器版操作系统，每周升级系统补丁，加强对密码的分级管理措施，做到操作系统软件安全。

（2）数据库软件安全

使用的数据库应采用数据分区管理的办法，对数据进行分区存储；数据库系统的密码和权限要求严格管理，同时对数据库性能进行调优。建议使用数据库备份软件，定期对数据库中的数据进行冷、热备份。

（3）应用服务器软件安全

建议使用主流应用服务器软件，要求服务器软件安全性高、稳定性好。

（4）杀毒软件安全

要求安装正版高性能杀毒软件，制定安全措施，每天升级病毒库，防止病毒感染。

（二）数据安全要求

1. 数据库数据备份

制定数据库详细备份制度和方案，每周进行一次冷备份，每天进行一次增量备份，确保数据库数据安全。

2. 应用程序备份

对部署于应用服务器上的程序和用户非数据库数据，建立定期备份制度，每天备份一次数据，保障数据安全。

（三）网络和硬件安全要求

设置通信网络设置审核环节，对入网用户进行安全审计，防止非法设备和用户接入，发现可疑行为及时报警提示。

八、实施要求

为保障平台系统的安全运行，地方中药材流通追溯平台在建设初期，需仔细考虑与中央中药材流通追溯平台的数据同步，并就技术框架、网络环境、同步数据的内容格式及策略等内容与中央中药材流通追溯平台协商，确定相关的技术实施细节，保证各个地方中药材流通追溯平台在建设中的技术统一性。

地方中药材流通追溯平台的建设和维护中应根据中央中药材流通追溯平台的要求，对系统的功能和性能进行调整，必要时应积极与中央中药材流通追溯平台进行协商以解决在系统发展中碰到的业务问题。

九、维护要求

（一）日常维护

为保证平台系统安全和稳定运行，要求做好日常的监控、检查和维护工作，每月进行项目文档的归档、每天监控项目运行日志，并分析可能发生的异常情况。每季度对软硬件环节进行优化和配置文件的备份。

（二）程序代码可维护

代码编写格式要求统一规范，重要代码需注释，提高程序的可读性，便于维护。采用代码版本控制软件（如SVN、CVS等）对代码版本进行控制。

（三）运行故障应急处理

对于系统运行故障，需要做好应急处理预案，确保一般故障6小时内恢复，灾难性故障1天内恢复，并详细排查故障原因，做好完善工作。

附件：

中药材流通追溯系统数据收集标准

表1

流通节点基本信息

具体指标	指标说明	格式要求
企业代码	详见《国家中药材流通追溯体系编码规则》	
区域码	按 GB/T 2260 中华人民共和国行政区划代码标准填写	
企业名称	指在工商行政管理部门注册登记的企业具体名称	
营业执照号	指在工商行政管理部门注册登记时的编号	
组织机构代码证		
法人	企业法人代表	
地址	指企业从事经营活动所在地的通讯地址，具体到门牌号	
电话	指企业负责人的固定电话、手机等主要联络方式	
传真	指企业主要负责人日常接收传真的电话	区号 + 电话 + 分机号或手机号
联系人		
电子邮件	企业联系人电子邮件	
登记时间	指企业在追溯平台备案的日期	yyyy-mm-dd

表2

中药材专业市场商户基本信息

具体指标	指标说明	格式要求
商户代码	与企业代码规则一致，详见《国家中药材流通追溯体系编码规则》	
市场代码	所在市场的企业代码	
商户号	所在市场的商户编号	
商户名称	指在工商行政管理部门注册登记的企业具体名称	
法人	企业法人代表	
登记时间	加入溯源平台的时间	yyyy-mm-dd
溯源秤编号	发放的溯源秤序列号	
电话	指企业负责人的固定电话、手机等主要联络方式	
电子邮件		
信息更新日期	数据更新日期	yyyy-mm-dd

表 3

市场进场药材信息

具体指标	指标说明	格式要求
市场代码	所在市场的企业代码，详见《国家中药材流通追溯体系编码规则》	
经营商户码	经营商户的代码详见《国家中药材流通追溯体系编码规则》	
商户号	所在市场的商户编号	
批次号	由系统自动生产的批次码，详见《国家中药材流通追溯体系编码规则》	
药材商品码	详见《国家中药材流通追溯体系编码规则》	
药材产地	药材原产地码，详见《国家中药材流通追溯体系编码规则》	
产地证明链接	相关证明文件的链接	
药材重量	药材总重量	
药材采收时间		yyyy-mm-dd
入库时间	药材入库的时间	yyyy-mm-dd
追溯码	由系统生成，详见《国家中药材流通追溯体系编码规则》	

表 4

市场进场药材快检信息

具体指标	指标说明	格式要求
市场代码	所在市场的企业代码，详见《国家中药材流通追溯体系编码规则》	
经营商户代码	详见《国家中药材流通追溯体系编码规则》	
商户号	所在市场的商户编号	
批次号	由系统自动生产的批次码，详见《国家中药材流通追溯体系编码规则》	
药材商品码	由系统自动生产的药材商品码，详见《国家中药材流通追溯体系编码规则》	
采收时间	药材的采收月份	yyyy-mm
检验方法	根据药典标准或者企业标准	
检验人员	检验药材的人员	
文件链接	药材检验报告链接	
检验时间	检验药材的时间	yyyy-mm-dd

表 5

市场药材交易信息

具体指标	指标说明	格式要求
市场代码	所在市场的企业代码，详见《国家中药材流通追溯体系编码规则》	
经营商户码	详见《国家中药材流通追溯体系编码规则》	
购买企业	购买企业名称，如在溯源系统内，关联企业代码	
商户号	所在市场的商户编号	
销售订单号	销售订单码，详见《国家中药材流通追溯体系编码规则》	
批次号	详见《国家中药材流通追溯体系编码规则》	
药材商品码	详见《国家中药材流通追溯体系编码规则》	
产地	按 GB/T 2260 中华人民共和国行政区划代码标准填写	
是否检验	Y 为已经检验，N 为未检验	
销售重量	销售药材的重量	
销售单价	销售药材的价格（非必填项）	
总价	销售药材的总价（非必填项）	
销售时间	销售药材的时间	yyyy-mm-dd
溯源秤编码	设备管理系统分配编码	
溯源码	由系统生成，详见《国家中药材流通追溯体系编码规则》	

表 6

中药材种植 / 养殖企业基本信息

具体指标	指标说明	格式要求
种植 / 养殖企业代码	详见《国家中药材流通追溯体系编码规则》	
企业名称		
地址	指企业从事经营活动所在地的通讯地址，具体到门牌号	
电话	指企业负责人的固定电话、手机等主要联络方式	区号 + 电话 + 分机号或手机号
营业执照		
组织机构代码证		
企业法人		
联系人		
传真	指企业主要负责人日常接收传真的电话	
GAP 编号	该批种植 / 养殖任务的 GAP 编号	GAP 种植 / 养殖企业填写

表 7

中药材种植 / 养殖任务信息

具体指标	指标说明	格式要求
种植 / 养殖企业代码	详见《国家中药材流通追溯体系编码规则》	
药材名称		
药材代码	详见《国家中药材流通追溯体系编码规则》	
种植 / 养殖批次号	由系统分配的代码，详见《国家中药材流通追溯体系编码规则》	
种植面积	当前种植任务的中药材种植面积	
预计产量	预计当前种植面积将收获的产量	
种植 / 养殖时间	开始种植 / 养殖的时间	yyyy–mm–dd
种植 / 养殖负责人	该批种植 / 养殖任务的负责人	
施肥信息	该批种植任务的施肥情况	
农药使用信息	该批种植任务的使用农药情况	
采收批次号	由系统分配的代码，详见《国家中药材流通追溯体系编码规则》	
采收时间		

表 8

中药材种植 / 养殖企业药材检验信息

具体指标	指标说明	格式要求
检验编号	由系统分配的代码	
种植 / 养殖企业代码	详见《国家中药材流通追溯体系编码规则》	
药材商品码	详见《国家中药材流通追溯体系编码规则》	
种植 / 养殖批次码	详见《国家中药材流通追溯体系编码规则》	
检验方法	采用是药典标准还是企业标准或者其他标准	
粗加工标准	药材种植 / 养殖后的粗加工标准	
检验信息	具体的检验内容	
检验人员	具体检验的人员	
文件链接	检验报告的地址	
检验时间	检验的时间	

表 9

中药材种植 / 养殖企业药材交易信息

具体指标	指标说明	格式要求
企业代码	详见《国家中药材流通追溯体系编码规则》	
销售订单号	销售订单码，详见《国家中药材流通追溯体系编码规则》	
批次号	详见《国家中药材流通追溯体系编码规则》	
药材商品码	详见《国家中药材流通追溯体系编码规则》	
是否检验	Y 为已经检验，N 为未检验	
销售重量	销售药材的重量	
销售单价	销售药材的价格（非必填项）	
总价	销售药材的总价（非必填项）	
销售时间	销售药材的时间	yyyy-mm-dd
溯源码	由系统生成，详见《国家中药材流通追溯体系编码规则》	
采购方名称	通过流通服务卡获取	
采购方企业代码	采购方的企业代码	
采购负责人	具体的采购负责人	
交易时间	具体的采购日期	yyyy-mm-dd

表 10

中药材经营企业药材入库信息

具体指标	指标说明	格式要求
企业代码	企业代码，详见《国家中药材流通追溯体系编码规则》	
批次号	由系统自动生产的批次码，详见《国家中药材流通追溯体系编码规则》	
药材商品码	详见《国家中药材流通追溯体系编码规则》	
药材类型	区分野生、栽培类、动物药、矿物药	
药材产地	药材原产地码，详见《国家中药材流通追溯体系编码规则》	
产地证明链接	相关证明文件的链接	
药材重量	药材总重量	
药材采收时间		yyyy-mm-dd
检测信息		

表 11

中药材药材经营企业交易信息

具体指标	指标说明	格式要求
销售企业代码	所在市场的企业代码，详见《国家中药材流通追溯体系编码规则》	
购买企业	购买企业名称，如在溯源系统内，关联企业代码	
销售订单号	销售订单码，详见《国家中药材流通追溯体系编码规则》	
批次号	详见《国家中药材流通追溯体系编码规则》	
药材商品码	详见《国家中药材流通追溯体系编码规则》	
产地	按 GB/T 2260 中华人民共和国行政区划代码标准填写	
是否检验	Y 为已经检验，N 为未检验	
销售重量	销售药材的重量	
销售单价	销售药材的价格（非必填项）	
总价	销售药材的总价（非必填项）	
销售时间	销售药材的时间	yyyy-mm-dd
溯源秤编码	设备管理系统分配编码	
溯源码	由系统生成，详见《国家中药材流通追溯体系编码规则》	

表 12

中药饮片生产企业基本信息

具体指标	指标说明	格式要求
生产企业代码	详见《国家中药材流通追溯体系编码规则》	
企业名称	指在工商行政管理部门注册登记的企业具体名称	
地址	指企业从事经营活动所在地的通讯地址，具体到门牌号	
电话	指企业负责人的固定电话、手机等主要联络方式	
法人		
联系人		
传真	指企业主要负责人日常接收传真的电话	区号 + 电话 + 分机号或手机号
GMP 编号	企业 GMP 证书编码	

表 13

中药饮片生产原药入库信息

具体指标	指标说明	格式要求
生产企业代码	详见《国家中药材流通追溯体系编码规则》	
药材代码	中药材流通追溯体系编码规则中的药材代码	
批次号	药材入库的企业批次号	
种植 / 养殖时间	开始种植 / 养殖的时间	
采收时间	中药材采收的时间	
施肥信息	具体施肥品种，时间	多个采用逗号分割
农药信息	具体农药品种，时间	多个采用逗号分割
入库重量	本批药材的重量	
入库时间	入库的时间	yyyy-mm-dd
药材产地	按 GB/T 2260 中华人民共和国行政区划代码标准填写	
药材类型	药材是种植 / 养殖还是野生	
检验方法	药材检验标准	
粗加工标准	采收时使用的粗加工标准	
储藏条件	药材的储藏条件	
检验人员	药材检验时的检验人员	
检验时间	具体的检验时间	yyyy-mm-dd
报告链接	相关检验报告文件的地址	

中药饮片生产任务信息

表 14

具体指标	指标说明	格式要求
企业代码	详见《国家中药材流通追溯体系编码规则》	
饮片名称	该批生产任务的产出品种	
生产批号	详见《国家中药材流通追溯体系编码规则》	
生产规格	具体产出饮片的规格名称	
原药材批次号	原药材的入库编号，详见《国家中药材流通追溯体系编码规则》	
使用重量	原料药材的使用重量	
辅料品名	添加的辅料名称	
辅料编号	辅料的生产编号	
辅料产地	按 GB/T 2260 中华人民共和国行政区划代码标准填写	
辅料重量	添加辅料的重量	
辅料使用比例	原料与辅料的使用比例	
辅料净药比	辅料中的净药比例	
执行标准	生产执行的标准	
工艺员	饮片生产工艺负责人员	
生产经理	饮片生产的管理人员	
检测人员	饮片生产的质检人员	
生产日期	具体的生产日期	yyyy-mm-dd
备注	其他备注说明信息	

表 15

中药饮片检验信息

具体指标	指标说明	格式要求
检验编号	由系统分配的代码	
企业代码	详见《国家中药材流通追溯体系编码规则》	
批次号	生产批次号，详见《国家中药材流通追溯体系编码规则》	
饮片名称		
检验信息	具体的检验依据	
检验人员	实施检验的人员	
检验时间	检验的时间	yyyy-mm-dd
待包装重量	饮片的总重量	
检验报告路径	上传的检验报告文件路径	

表 16

中药饮片交易信息

具体指标	指标说明	格式要求
企业代码	详见《国家中药材流通追溯体系编码规则》	
销售订单号	详见《国家中药材流通追溯体系编码规则》	
批次号	中药饮片生产批次号，详见《国家中药材流通追溯体系编码规则》	
饮片名称	中药饮片名称	
是否检验	Y 为已经检验，N 为未检验	
检验编号	如果已经检验需提供检验编号	
销售重量	销售饮片的重量	
包装规格	饮片的包装规格	
销售单价	销售饮片的价格（非必填项）	
总价	销售饮片的总价（非必填项）	
销售时间	销售饮片的时间	yyyy-mm-dd
采购方企业码	采购方的企业码	
溯源码	由系统生成，详见《国家中药材流通追溯体系编码规则》	

表 17

中药饮片经营企业饮片入库信息

具体指标	指标说明	格式要求
企业代码	详见《国家中药材流通追溯体系编码规则》	
企业名称	指在工商行政管理部门注册登记的企业具体名称	
饮片名称		
入库时间	饮片采购入库的时间	yyyy-mm-dd
采购重量		
包装规格		
生产企业	饮片生产企业	
批次号	该批次饮片的批次号	
采购订单号		

表 18

中药饮片经营企业交易信息

具体指标	指标说明	格式要求
销售企业代码	详见《国家中药材流通追溯体系编码规则》	
销售订单号	详见《国家中药材流通追溯体系编码规则》	
批次号	中药饮片生产批次号，详见《国家中药材流通追溯体系编码规则》	
饮片名称	中药饮片名称	
是否检验	Y 为已经检验，N 为未检验	
检验编号	如果已经检验需提供检验编号	
销售重量	销售饮片的重量	
包装规格	饮片的包装规格	
销售单格	销售饮片的价格（非必填项）	
总价	销售饮片的总价（非必填项）	
销售时间	销售饮片的时间	yyyy-mm-dd
采购企业代码	采购方的企业码	
溯源码	由系统生成，详见《国家中药材流通追溯体系编码规则》	

表 19

中药追溯医疗机构及零售药店基本信息

具体指标	指标说明	格式要求
企业代码	医疗机构及零售药店编码，详见《国家中药材流通追溯体系编码规则》	
医疗机构及零售药店名称	指在工商行政管理部门注册登记的企业具体名称	
地址	指医疗机构及零售药店从事经营活动所在地的通讯地址	
法人		
联系人		
电话	指医疗机构及零售药店负责人的固定电话、手机等主要联络方式	
传真	指医疗机构及零售药店主要负责人日常接收传真的电话	
GSP 编码	GSP 编码	

表 20

医疗机构及零售药店饮片入库

具体指标	指标说明	格式要求
企业代码	医疗机构及零售药店编码，详见《国家中药材流通追溯体系编码规则》	
企业名称	指在工商行政管理部门注册登记的企业具体名称	
入库时间	饮片采购入库的时间	yyyy-mm-dd
批次号	该批次饮片的批次号	
饮片名称	入库的饮片名称	

表 21

医疗机构及零售药店饮片出库

具体指标	指标说明	格式要求
企业代码	医疗机构及零售药店编码，详见《国家中药材流通追溯体系编码规则》	
企业名称		
批次号	该批次饮片的批次号详见《国家中药材流通追溯体系编码规则》	
饮片名称	出库的饮片名称	
销售订单号	详见《国家中药材流通追溯体系编码规则》	
出库时间	具体出库时间	yyyy-mm-dd
出库数量		
出库人		

6 医药保健品进出口

IMPORT AND EXPORT OF PHARMACEUTICAL HEALTH CARE PRODUCTS

TO DO

中国医药保健品进出口关于进出口行业分析报告
（2009-2012 年）

2009 年分析报告：我国医药行业形势呈五大特点

中国医药保健品进出口商会

当前，我国医药行业总体上表现出全线扩张的上升势头，并释放出卓而不凡的巨大潜力。2009 年，尽管遭受国际金融危机影响，我国医药工业产、销、效益仍保持较快增速，医药外贸逆市前行，企业国际竞争力日益提升，产业格局不断优化，产业规模加速扩大。主要表现为以下几个方面：

一、工业持续全线飘红

据国家工信部统计，2009 年，我国医药行业累计实现工业总产值首次突破 1 万亿元大关，达到 10382 亿元，创历史新高，同比增长 21.1%，工业增加值累计同比增长 14.9%，高于全国工业平均水平 3.9 个百分点，继续保持较快的增长速度。1998-2009 年，我国医药工业总产值年均增长 20%，是 GDP 增速的两倍左右。2009 年全年，医药行业累计实现工业销售产值 9915.9 亿元，同比增长 21.4%。其中，化学原料药和化学药品制剂制造业分别完成 1837.5 亿元和 2758.6 亿元，同比分别增长 13.7% 和 19.0%；中成药制造业和中药饮片加工业分别完成 1998.0 亿元和 511.7 亿元，同比分别增长 24.0% 和 28.3%；生物生化制品制造业完成 887.2 亿元，同比增长 29.1%；医疗仪器设备及器械和卫生材料及医药用品制造业分别完成 950.0 亿元和 520.7 亿元，同比分别增长 22.9% 和 29.0%。全行业整体产销率为 95.5%，同比提高 0.15 个百分点。应该说，在国际金融危机阴云笼罩之下，我国医药行业表现非凡，破浪前行，展现出不同于其他行业的强劲增长势头，是一道亮丽的风景。

二、监管制度环境日益完善

2009 年，我国医药产品监管工作取得了新的成绩。国家对医药产品的监管力度明显加强，表现在如下几个方面：一是趋严的审批程序使药品注册申报数量大幅下降，申报产品的结构明显改善。二是确保对医药器械产品监管工作的常态化。三是力求使我国的 GMP 更为系统、科学和全面。国家药监局在 2009 年着力修订 1998 年版 GMP，并争取在 2010 年正式颁布。据了解，新版 GMP 条款数量较 1998 年版 GMP 增加近 4 倍，详细描述了药品生产质量管理的基本要求，基本保留了 1998 年版大部分章节和主要内容，涵盖了欧盟 GMP 基本要求和 WHO 的 GMP 主要原则内容，适用于所有药品的生产。新版 GMP 修订体现了强调人员和质量体系建设的特点。

三、产业组织和区位结构优化

通过深入贯彻实施《中华人民共和国药品管理法》、《药品管理法实施条例》和《医疗器械监督管理条例》，我国药监部门进一步规范了对药品及医疗器械产品生产和经营企业的管理，逐步实现了以法治药。通过严格实施 GMP、GSP、GAP 等认证，大大增强了药品生产和经营企业的质量意识，淘汰了一批不合格企业，医药企业多、小、散、乱局面有所改善。2009 年，面对新一轮产业结构升级的潮流，医药企业通过各种形式的联合重组、股份制改造等，加快了产业组织结构调整。9 月，国务院批准国药集团与中生集团实施联合重组，这两大集团的联合，为国药集团打造国内最大的医药航母奠定了重要基础，2010 年国药集团的销售额有望超过 1000 万元人民币。同样在 9 月，国药集团下属的商业公司国药控股在香港整体上市，募集资金超过百亿港元，给国药集团未来发展注入新的动力。10 月，上实集团对外公布其医药资产重组方案：即“新上药”以上海医药为平台，以换股吸收合并上实医药和中西药业，并购买上药集团以及上实控股旗下医药资产，实现除抗生素以外的上实系医药资产整体上市，其总市值将超过220亿元，“新上药”已成为一家集医药研发、制造、分销、零售于一体，覆盖整个产业链的大型综合医药龙头公司，成为国内第二大医药集团。“新上药”在2009年第四季度投资1亿元，布局全国医药分销，广州中山医药有限公司、山东商联生化药业有限公司、常州亚邦集团在内的4家地方性分销龙头企业成为此次“新上药”股权收购或控股的主要对象。在并购方面，民营企业也显示出不凡的实力与气魄。2009年5月，先声药业以1.4亿元人民币现金通过收购Pearl Ocean控股公司的全部股权，实现对上海赛金生物医药有限公司约35.1%股权的收购。11月，先声药业又斥资近2亿元收购江苏延申生物科技股份有限公司37.5%的股权后，通过收购其股东China Vax约74.49%的股份，拥有江苏延申50.77%的股份，迈出了进军疫苗产业的步伐；12月，先声药业又宣布将收购天津天达药业有限公司瑞舒伐他汀钙片的权益。12月，作为拥有雄厚资金实力的复星医药，投资1.6亿元，与邯郸摩罗丹药业股份有限公司开始了投资合作。

近年来，我国医药企业通过上市融资和吸引风险投资等手段快速提升自身实力。目前，已有近130家医药企业在上海、深圳证券交易所上市，海外上市的企业有20多家，国有及国有控股经济产值比重已经从2000年的29%下降到2007年的20%，三资经济比重上升到25%，私营经济比重为19%，集体经济比重为4%。与此同时，产业区位优势亦进一步得到强化，东部沿海地区的医药经济规模占全国的66%左右，江苏、浙江、上海三省市医药工业产值占全国的27%，有14家企业进入全国医药企业销售收入前50强，另外，全球销售收入前20强医药企业中的大部分都在该地区投资建厂或设立中国总部。珠江三角洲地区市场经济、民营经济比较发达，在化学药物制剂、中药、生物制药及医疗仪器设备等领域在全国名列前茅。京津冀鲁辽环渤海地区生物科技力量雄厚、有一定的产业基础，地区内省市在医药产业链和价值链方面具有较强的互补性，拥有很大的发展潜力。2009年，上海、江苏、广东、浙江、北京五省市居进出口排名前五位，其外贸额合计368.95亿美元，占外贸总额的69.4%。而正在崛起的中西部地区，正利用当地动植物中药材的资源优势，迅速发展中药产业。

四、医药外贸逆市上行

2009年，受国际金融危机的影响，全球医药市场的增长率下跌至2.5%-3.5%，我国医药外贸行业亦一度出现波动，但整体上保持了逆市上扬的积极态势。2009年，我国医药保健品进出口额达531.5亿美元，同比增长9.8%。其中，进口202.36亿美元，同比增长21.5%；出口329.1亿美元，同比增长3.7%。医药外贸顺差126.7亿美元，同比缩减16.6%。

自金融危机以来，不少国家因受到金融危机的冲击，出于维护本国企业利益的考虑，对中国制造产品，特别是低端医药产品加以限制，对华采取贸易救济措施明显增多。2009年，我国医药保健品行业的贸易摩擦主要集中在国外对华反倾销调查，发起案件有3起，涉案产品4个，包括一次性注射器、青霉素工业盐和6-APA、葡萄糖酸钠，涉案金额1.4亿美元，涉及的国家有阿根廷、印度、欧盟。其特点为：一是涉案产品范围由原料药扩展到医疗器械类产品；二是涉案的国家从传统市场向新兴市场扩展。三是涉案金额逐年增加；四是同一产品在不同国家或同一国家反复提起反倾销调查。

五、中国成外企争夺主战场

2009年，国际金融危机阴影在全球尤其是欧美市场继续笼罩，欧美等发达国家医药市场增长较为缓慢。而我国有着巨大的市场、丰富而廉价的劳动力，以及低成本的临床试验资源，医药市场连续多年以20%以上的年均速度高速增长，再加上新医改方案的实施，使跨国医药企业明显加快了对华扩张的步伐。

我国医药行业利用外资方式既有独资、也有合资和合作。据商务部的统计，2009年我国医药行业新设外商投资企业223个，同比下降15.21%；实际使用外资金额11.11亿美元，同比增长33.66%。2009年医药行业外资主要来源地为中国香港、丹麦、英属维尔京群岛、美国、开曼群岛、新加坡等。目前，合资和独资类企业数量约占我国医药企业总数的30%，销售额约占整个医药产品销售额的26%-27%，是中国医药市场上最重要的角色之一。辉瑞、默沙东、罗氏、葛兰素、诺华、拜耳等全球前20大制药企业均已在华投资设厂，不少外资企业还建立了较大规模的研发中心，并把触角伸向药品批发领域，在大中城市的市场占有率不断提高。2009年，国际金融危机的阴影在全球尤其是欧美市场继续笼罩，欧美等发达国家市场增长较为缓慢。我国有着巨大的市场、丰富而廉价的劳动力，以及低成本的临床试验资源，医药市场连续多年以20%以上的年均速度高速增长，再加上新医改方案的实施，使跨国医药企业明显加快了对华扩张的步伐。

2010 年分析报告：2010年我国医药外贸形势分析和2011年展望

2010 年，我国医药对外贸易运行平稳，整体上延续了 2009 年以来的增长势头，进出口额累计达 601.97 亿美元，同比增长 24.57%，已恢复到危机前的水平。其中，出口 397.33 亿美元，同比增长 24.87%，进口 204.64 亿美元，同比增 23.98%，贸易顺差达 192.69 亿美元，同比大幅增长 25.83%。2011 年是“十二五”的开局之年，医药对外贸易将迎来新的发展机遇期。但受国际各种不确定和不稳定因素影响，医药外贸运行面临的复杂性也明显增大。

一、西药类产品呈现进出口两旺的态势，但价格整体低迷的状态未有改观

西药类产品是我国医药外贸的主力产品，进出口额占全行业总额比重高达 60.42%。2010 年我国西药类产品进出口总额为 363.7 亿美元，同比增长 25.45%。其中，出口 239.30 亿美元，同比增长 28.17%；进口 124.41 亿美元，同比增长 20.53%；贸易顺差 114.89 亿美元，同比增长 37.62%。

在西药三大分类商品中，原料药和西成药出口量价齐升，生化药虽出口量同比明显萎缩，但在价格因素的强势带动下出口整体仍呈增长态势，贸易结构有所优化。西药各大类商品出口全线增长折射出我国西药产品的良好竞争性和国际医药市场需求仍然趋旺，也为医保行业整体实现全年增长目标奠定了重要基础。需要注意的是，大宗西药产品出口价格总体呈下跌趋势，企业出口利润有所萎缩。就出口额排名前 20 位的西药类大宗品种看，出口量涨幅超过 30% 的品种占总数的一半，氨基酸类产品出口量增幅最高，达 54.46%，维生素 C 的增幅也达到 46.87%。但从出口价格上看，10 种出口均价下降的产品中，维生素 C 出口价格下降幅度高达 31.36%。大宗西药出口的量涨价跌表明，不少产品的市场维护和增长是以牺牲价格实现的。价格的激烈竞争既有国际竞争对手的压力，更多是国内重复建设产能过剩、企业间低价竞销所致，短期内难有较大改观。与维生素 C 的表现呈鲜明对比的是肝素的出口，2010 年肝素的出口数量同比仅增长 2.42%，出口价格却飙升 71.68%，使得肝素最终以 11.92 亿美元出口额的优异表现稳居西药类产品的榜首。

2010 年，我国西药类产品进口平稳增长，进口数量同比上升 2.45%，均价同比上涨 17.65%，进口金额同比上升 20.53%。其中，一半以上的西药类产品进口金额实现两位数增长，且平均涨幅超过 35%。究其原因，一方面体现了我国医改新政促进国内需求释放效果明显，另一方面也表明外资对华市场布局进一步加快。

二、医疗器械产品进出口持续增长，贸易不平衡状况依然存在

作为占医药贸易三分之一以上份额的医疗器械产品，2010 年进出口额首次突破 200 亿美元大关，达 211.94 亿美元，同比增长 23.30%。其中，出口 138.59 亿美元，同比增长 19.83%；进口 73.35 亿美元，同比增长 30.45%，贸易顺差 65.23 亿美元，同比增长 9.77%。

从出口来看，医院诊断与治疗设备和保健康复用品继续领跑器械产品出口，出口额分别为 45.44 亿美元和 24.16 亿美元，同比分别增长 25.56% 和 30.87%。需要指出的是，诊疗设备出口已向中高端方向发展，彩超、B 超、病员监护仪等自主品牌占据优势的产品的出口大幅增长，同比分别增长 37.27%、23.56%、40.68%。

从进口来看，2010 年医疗器械进口超过 3 亿美元的产品已经有 9 个，另有 10 个品种进口超过 1 亿美元。进口排名前十位的重点商品中首次出现医用耗材产品——针、导管、插管及类似产品，其进口额为 4.41 亿美元，同比增长 23.54%。

三、中药类产品进出口量价齐增，但中成药贸易连续第三年出现逆差

2010 年，我国中药类产品外贸增长良好，进出口额达 26.32 亿美元，同比增长 22.74%。其中，出口 19.44 亿美元，同比增加 22. 78%。中药出口依然以植物提取物和中药饮片等原料类产品占比最大，两项合计占中药总出口额的 81.84%。

2010 年，我国药材主产区气候异常，先后经历冻灾、干旱及洪涝灾害，药材产量受到较大影响，加之劳动力成本上升、部分企业囤积和游资炒作等因素的共同作用，导致中药材和饮片产品价格普遍大幅上涨，其中太子参、党参、三七、黄芪、当归等品种上涨明显。原材料成本的上升则推动了出口价格的节节攀升，2010 年中药类产品出口均价上升 13.56%，其中中药饮片等原料类产品均价上升 22.39%。

中成药作为中药类高附加值产品 2010 年进出口额为 4.11 亿美元，同比增长 20.99%。其中，出口 1.93 亿美元，同比增长 18.05%；进口 2.18 亿美元，同比增幅高达 23.71%；逆差金额达到 2460.77 万美元，同比增长 98.24%，我中成药进出口已连续第三年出现逆差，形势不容乐观。

从中药进口来看，2010 年，中药产品进口 6.88 亿美元，同比增长 22.61%。中成药、保健品、中药材及饮片、提取物进口额占比较为平均。其中，保健品进口增幅最大，达 30.33%，中药材及饮片增幅也达 27.12%。

四、出口区位格局稳定，增长动力实现质的提升

2010 年，我国医药外贸行业既有格局未出现明显变化，传统大省优势依然明显。进出口排名前五位的分别是上海、江苏、浙江、广东、北京，五省市进出口额合计 417.32 亿美元，占外贸总额的 69.33%。外贸涨幅以山东省为首，达 37.05%，其余各省市涨幅均处于 20%-30% 区间内。纵观全国各省市进出口贸易情况，除海南、贵州两省同比贸易额有所下降，湖北、山西增速在 10% 以下外，其余各省市皆实现两位数增长。

就出口而言，江苏、浙江、广东、上海、山东雄踞榜首，合计出口 274.02 亿美元，占全部出口额的 68.97%。其中，广东省出口额有 27.32% 的增长，但出口价格有 6.25% 的回落，增长主要还是依赖于传统的出口数量扩张。而山东省出口额涨幅最高，达 37.172%，但出口数量同比下降 4.25%，增长动力主要来源于产品附加值的提高和贸易结构的优化。

五、对新兴经济体出口增速提高，自欧美主要贸易伙伴进口增加

2010 年，亚洲、欧洲和北美洲作为我国医药外贸主要市场，其三足鼎立的局面继续得以保持，共占据了 90.63% 的份额。其中亚洲、欧洲平分秋色，分别以 213.78 亿美元和 211.18 亿美元位列前两名，北美洲稍逊，以 120.61 亿美元位居第三。与 2009 年同期相比，亚洲、欧洲和北美洲的进出口同比增长分别为 23.64%、22.61% 和 27.39%，反映出国际市场需求有所回升。

从出口目的国或地区看，美国、印度、日本、德国和韩国依次为我国前五大出口地，占我国对外出口 45.81% 的市场份额，其中，对美国出口 75.52 亿美元，占我出口贸易的 19.00%。2010 年以来，我对新兴市场出口增长加速，出口市场继续保持多元化趋势。2010 年，我对东盟、印度、巴西、俄罗斯、南非出口分别增长了 29.15%、34.55%、30.01%、39.16% 和 27.71%。由于新兴市场出口增幅高于传统市场，新兴市场出口占比有所提高，多元化市场格局进一步确立。

从进口国家或地区看，我国自美、欧、日等主要经济体的进口规模进一步扩大。2010 年我国进口前五位分别为美国、德国、日本、瑞士、法国，五国合计占我国医药类进口份额的 55.76%。其中，美国以 39.95 亿美元的进口额继续稳坐我国自单一国别进口第一位置，进口增速为 32.3%，高于我对美出口增速 24.88%。此外，我自台湾省进口也出现激增，进口额同比上涨 42.51%，出口额同比增长 37.39%，两岸经济合作架构协议的签署对贸易的促进效果显著。

六、企业“走出去”步伐加快，国际化进程呈现多元化

2010 年，我国医药企业的国际化步伐明显加快，取得了若干成果。如国药集团的中国医药外贸公司 2008 年在越南合资设立 VCP 药品股份公司，生产抗生素粉针，生产能力达到 1 亿支 / 年，投产以来一直实现赢利。2010 年，国药决定进一步扩大越南工厂的生产规模，以扩大在越南的市场份额。天津天士力公司的复方丹参滴丸在美国的注册工作顺利推进，7 月已完成二期临床试验，正式进入三期临床，成为我国首例进入美国 FDA 三期临床试验的中药产品。海正药业则通过参股美国赛金药业，扩大在美国的销售。

七、对 2011 年医药外贸形势的初步判断

当前，世界经济正逐步复苏，我国医药外贸环境持续好转，增长态势良好。但是，全球主要经济体复苏进程依然曲折，各种积极变化和不利因素同时存在，受到国内外诸多不利因素的多重制约，可能产生的负面影响不容忽视。

总体来看，2011 年医药外贸将面临“高通胀、低增长”的国际经济环境，发达国家失业率居高不下，欧债危机继续蔓延，新兴经济体通胀风险上升，“货币战”已成为世界经济复苏中的新风险。未来国际医疗开支与保健消费将适度紧缩，不仅抑制对我国医药产品的进口需求，对进口价格也将更为敏感。国际贸易摩擦也将呈常态化趋势发展，在全球范围内，规则博弈、标准竞争、准入选择和汇率之辨将成为今后一段时间内医药贸易摩擦的主要特征。另外，国内要素价格上升已严重影响我国产品的国际竞争力。在局部市场，中国制造产品将首先面临来自印度企业的强大冲击。

但是，我们也应该看到，我国医药外贸的发展也有不少积极变化和有利条件。2011 年是“十二五”的开局之年。随着生物医药产业被列为国家战略性新兴产业，可以预见未来五年医药行业将得到国家的重点培育与支持。我们既要充分估计形势的复杂性、严峻性和不确定性，更应该进一步增强发展的信心，把握机遇，借着医疗体制改革的东风，通过科技创新和产业升级，优化产业结构与行业布局，转变外贸发展方式，保持医药外贸平稳较快均衡发展。

2011 年分析报告：2011 年我国医药对外贸易快速发展

中国医药保健品进出口商会

2011 年，是我国“十二五”规划实施的开局之年，也是医改新政全面推进的攻坚之年。在刚性需求拉动下，我国医药工业整体经济效益增势良好，全年总产值预计达 1.5 万亿元，同比增长 23.3%。

以产业强劲上行为依托，2011 年，我国医药对外贸易快速发展，进出口额 732.8 亿美元，同比大幅增长 39.1%，几乎两倍于全国外贸增速。其中，出口 445.2 亿美元，同比增长 34.9%；进口 287.7 亿美元，同比增长 46.1%；对外贸易呈现 157.5 亿美元顺差，同比增幅较去年同期收窄近 7 个百分点。

总体来说，2011 年我国医药对外贸易的既有优势得以保持，但面对复杂多变的经济形势和日益趋紧的监管环境，受全球经济增长乏力、国际贸易增速回落、世界金融市场持续动荡、国内产能严重过剩等多重因素制约，2012 年我国医药外贸发展将面临诸多不确定性。

2011 年我国医药外贸总体情况

1. 西药类产品进出两旺，大宗原料药出口价格高开低走。

作为我国医药对外贸易的主要构成部分，2011 年，我西药类产品进出口持续高走，金额达 436.39 亿美元，同比增长 31.44%。其中，出口 264.74 亿美元，同比增长 25.68%；进口 171.65 亿美元，同比增长 41.43%。在国家进口鼓励政策逐步推进和内需市场持续放大的双重拉动下，西成药、生化药等高端医药产品进口增势强劲，增幅分别达 60.48% 和 43.59%，在进口贸易中的比重稳步提升；与此同时，受进口需求萎缩影响，原料药进口增长动力欠佳，除大环内酯、氯霉素、四环素等少数类别依然保持两位数增长外，其余大部分呈不同程度降低，降幅由 20% 至 90% 不等。在出口方面，原料药出口高开低走，受传统市场需求饱和影响，下半年，大宗原料药出口量环比递减，部分二线出口企业产能持续扩大，价格竞争不断加剧，出口价格明显回落；特色原料药依靠技术优势继续扩大国际市场份额；新兴市场原料药需求量继续扩大，出口量大幅攀升。制剂类出口增长全线飘红，增幅较原料药高十余个百分点，出口数量稳中略有波动，出口价格上升推动出口金额增长。

2. 医疗器械类产品进口增长迅猛，贸易不平衡依然存在。

在国内外市场需求拉动下，2011 年，医疗器械对外贸易全线飘红，进出口额为 265.98 亿美元，同比增长 54.43%，创历史新高，在我医药外贸中占比达 36.29%。其中，出口 157.11 亿美元，进口 108.87 亿美元，同比增幅分别为 53.62% 和 55.62%，贸易顺差依然较大。在出口方面，医院诊断与治疗设备和保健康复用品继续领跑，出口额分别为 67.50 亿美元和 33.84 亿美元，同比增幅均达到 40% 以上。国产中低端产品依然走俏国际市场，出口优势较为明显，所占比重相对稳定，并以价格优势抢占欧、美、日等规范市场，对三大市场出口增幅分别达到 58.37%、46.64% 和 36.03%；高端诊疗设备出口仍由三资企业主导，占出口比重的 52.59%；而国产彩超诊断仪、X 射线检查仪等出口金额相对较小，但企业成长性良好，产品附加值不断提高，已成功打入欧美传统市场，出口增量达 8 亿美元，在俄罗斯、巴西和东盟等新兴市场占有率亦逐年提升，目前已分别达到 12%、8% 和 10%。在进口方面，医疗器械各子类产品增长明显，涨幅在 30%-100% 不等，其中保健康复用品内需旺盛，进口价格直线上升，拉动进口额同比大幅上涨 617.74%。进口突破 1 亿美元的产品增至 26 个，针、导管、插管类医用耗材跻身进口排名前十位，进口额为 5.91 亿美元，同比强劲增长 34.11%。

3. 中药材出口价格前高后低，植物提取物仍为出口主力。

2011 年，受原材料成本上涨和国际监管政策趋紧影响，我中药类产品进出口在波动中前行，进出口额为 30.47 亿美元，同比增长 34.67%。其中，出口 23.32 亿美元，同比增加 36.48%，出口以植物提取物、中药材及饮片等原料类产品为主，两项合计占比达 81.30%；进口 7.15 亿美元，同比增长 29.07%，中成药、保健品、中药材及饮片和提取物进口占比较为平均，中药材及饮片进口增速最为迅猛，高达 88.06%，保健品进口增势良好，同比增幅达 62.28%。总体上看，中药类产品依然保持以出口为主导的贸易格局。受气候、灾害和部分人为因素影响，2010 年初以来，中药材及饮片等基础原料类产品价格持续大幅上涨，导致中药材、提取物和中成药类产品出口价格节节攀升，2011 年第四季度中药材价格大幅回调，价格成为影响中药类产品出口额变化的主要因素。保健品出口数量增长迅猛，增幅达 333.75%，出口均价降幅超过 50%。在出口市场方面，日本是我中药类产品的主要出口市场，受年初地震灾害影响，我对日保健品第二季度出口额跌幅一度高达近 50%，但自第三季度起出现恢复性增长，弥补了上半年出口负增长的缺口，全年对日出口增幅达 26.10%。

4. 出口区位格局依旧稳定，增长动力实现质的提升。

2011 年，我国医药外贸行业的既有格局未出现明显变化，传统大省优势依然明显。进出口排名前五位的分别是上海、江苏、浙江、广东、北京，五省市进出口额合计 508.05 亿美元，占外贸总额的 69.33%。纵观全国各省市进出口贸易情况，除山西、青海、西藏三省贸易额同比有所下降外，其余各省市皆实现两位数增长。外贸涨幅以贵州省为首，达 157.12%，其余各省市涨幅均处于 20%-80% 区间内。

就出口而言，江苏、浙江、广东、上海、山东位列前五名，合计出口 299.24 亿美元，占出口总额的 67.22%。其中，广东省出口额实现 35.09% 增长，但出口价格回落 3.93%；河北、吉林、云南省出口额呈两位数增长，但出口数量同比降幅均超过 10%，增长动力源于产品附加值的提高和贸易结构的优化。

5. 对新兴市场出口增速提高，自欧美主要贸易伙伴进口增加。

2011 年，我医药外贸主要市场三足鼎立的局面继续得以保持，亚洲、欧洲和北美洲合计占据 86.04% 的出口份额。其中，亚洲仍为我最大的出口目的地，出口额 175.58 亿美元；欧洲紧随其后，出口额 123.82 亿美元；北美洲稍逊，以 83.60 亿美元位居第三。与 2010 年同期相比，欧洲、亚洲和北美洲的进出口同比增长分别为 39.76%、33.95% 和 36.25%，我医药类产品继续挤占几近饱和的传统市场。

从出口目的国或地区看，美国、印度、日本、德国和韩国依次为我国前五大出口地，占我对外出口份额的 44.04%，其中，对美国出口 78.82 亿美元，占我国出口贸易的 17.71%。我国对新兴市场出口增速显著，市场增量达 35 亿美元规模，较传统市场高 7 亿美元。其中，我国对东盟、印度、巴西、俄罗斯、南非出口分别增长了 41.09%、26.33%、47.96%、49.86% 和 31.65%，明显高于传统市场增速，出口市场多元化发展的趋势更为明显，多元化格局进一步确立。

从进口国家或地区看，我国自美、欧、日等主要经济体的进口规模进一步扩大。2011 年，我国进口前五位分别为美国、德国、日本、瑞士、法国，五国合计占我国医药类进口份额的 55.73%。其中，美国以 56.13 亿美元的进口额继续稳坐我国自单一国别进口第一位置，进口增速达 45.51%，高于我国对美出口增速 15 个百分点。此外，大陆自台湾省进口也出现激增，进口额同比上涨 27.93%，两岸经济合作框架协议的签署对贸易的促进效果显著。

我国医药外贸面临新特点

1. 国际监管措施日趋严格，对外贸易环境更加严峻。

为保证公众健康安全，近年来，各国政府不断完善医药产品质量标准体系，相继提高市场准入门槛，加大对海外生产商的监管和检查力度，加强对上游产品的监控和追溯能力。2011 年 5 月 1 日，欧盟《传统草药指令》强制实施，我国中成药需注册才能在欧盟继续销售；6 月，欧盟药监局颁布新法令，要求从 2013 年 7 月 1 日起，所有输欧的西药制剂及其原料药必须达到与欧盟 GMP 同等的标准，并要求出口企业接受定期或不定期的核查等。同时，欧洲药品质量管理局（EDQM）进一步加强了对进口原料药的管制，将监管范围延伸至初始反应物；新兴国家也逐步提高进口医药产品准入门槛，如秘鲁要求进口制剂须满足 GMP 标准，巴西开始对医疗器械采取备案制管理。总体上看，我国医药企业“走出去”所面临的备检程序愈加复杂，需满足的生产条件和质量标准层出不穷 。

2. 国际订单向小额化和短期化发展，企业利润日趋微薄。

2011 年，受全球经济持续低迷，市场需求增长乏力，人民币汇率走势难以预测等因素影响，海外采购商更倾向于采用短单、散单替代既往长期订单，以降低贸易风险，我国医药企业新签出口订单呈小额化、短期化发展趋势。此外受自然灾害和国内通胀影响，原材料、物流、劳动力等要素成本大幅上升，我国医药外贸企业依然处于微利化经营的状态。据医保商会抽样调查，约 50% 的医药企业利润率在 5% 以下，其中 20% 的企业利润率仅为 1%。利润率持续低水平徘徊，加之缺乏有效鼓励政策和资金支撑，企业在国际市场开拓、转型升级和技术开发方面面临愈加严峻的挑战。

3. 对华贸易救济案件频发，优势产品抢滩海外受挫。

金融危机后，全球医药市场表现疲软，传统医药市场增长乏力，国际贸易保护主义风潮迭起，中国医药产品迅速成为国外对华发起贸易救济措施的重点目标。2011 年，我医药产品共遭遇国外贸易救济案件 10 余起，超过 2009 年和 2010 年发案量总和。涉案产品主要集中在青霉素工业盐、阿莫西林、糖精、辅酶 Q10 等优势原料药和医用耗材上，涉案案件总体呈现出口金额大、调查主体向长期竞争激烈的产品集中、向国内龙头医药企业集中的特点，贸易救济手段从保障措施和反倾销延伸到反补贴和 337 调查，贸易救济案件发起国由欧美传统市场拓展到印度、墨西哥等新兴市场。发达国家和我国主要竞争对手正在以贸易救济措施为手段，拖缓我国医药企业抢滩国际市场的步伐。

4. 外资加快在华布局，国内外市场的多方博弈愈加复杂。

2011年，跨国医药企业加速在华扩张，依靠强大的经济实力和行业影响力，顺应中国医药产业整合趋势，通过合资、兼并和重组等方式，加快抢占中国市场。继2010年第四季度葛兰素史克出资7000万美元收购南京美瑞制药有限公司、美国医药和医疗服务供货商卡地纳健康集团（Cardinal）斥资4.7亿美元收购中国永裕医药后，2011年，跨国制药巨头进一步加大在华投资力度，重资挺进生产和分销领域，有效巩固市场地位。2011年初，美国生物制药企业赛生药业股份有限公司（SciClone）斥资1.048亿美元收购中国医药分销营销企业诺凡麦医药有限公司（NovaMed），交易在短期内完成，快速提升了赛生药业在中国市场的影响力；6月，全球最大制药商辉瑞与国内知名特色原料药生产企业海正药业共同投资总额2.95亿美元设立合资公司，针对国内市场合作生产、研究和开发专利到期药物，将海正药业原料药、仿制药生产优势和辉瑞在华医院销售和营销渠道有效结合；7月，全球最大的医药流通与医药健康品零售连锁公司英国联合博姿集团继2007年参股广州医药集团后，再度牵手中国第五大分销巨头南京医药集团，以增资方式助推南京医药集团内部重组，更将其自身在华医药分销范围由广东地区扩展到东南沿海，为进一步融入中国市场、实现本土化成长奠定坚实基础；7月，先声药业集团与默克公司签署合作协议，在华成立合资企业，将双方精选品牌与仿制药品有效组合，全力打造中国心血管疾病药物领先品牌；此外，华海药业、海翔药业等上市公司与外资的合作亦进一步深入。

2012年我国医药外贸发展趋势

2012年，中国医药外贸走势与世界经济局势变化息息相关，在欧美债务危机持续蔓延，主要发达经济体复苏前景暗淡，国际市场需求动力不足，汇率变动增大出口风险等多重因素相互作用下，我国医药外贸似将经历一个新的考验。尽管如此，在刚性需求保障下，我国医药外贸今年仍有望成为少数几个领跑经济增长的行业之一，全年医药工业产值和进出口额增长有望维持在20%左右，再创历史新高。

1. 中低端产品继续挤占国际市场。

作为全球原料药和中低端医药产品生产大国，2012年，“中国制造”医药产品在国际市场上仍将保持较强竞争力，维生素、青霉素、柠檬酸、抗生素、扑热息痛等大宗原料药仍具一定的价格竞争优势。然而，我国国内产能过剩、竞争激烈的现状短期难以通过宏观政策调节而改变，加之国际经济复苏进展缓慢、国际需求快速激增可能性甚微，除特色原料药和功能性辅料外，我国中低端产品出口价格难以大幅上涨，将继续保持稳定或略有上升。2012年，规模效益持续显现，出口数量扩大将继续成为驱动出口增长的主要力量，我国巨大的产能将转移，通过国际市场进行消化，这将成为出口数量增长的有力保证。

2. 国内企业转型升级步伐加快。

近年来，中国企业在通过国际高端质量认证、开发到期专利药物、承接国际研发生产外包方面成果显著，国内企业的研发水平、创新能力与日俱增，加之跨国公司向中国转移过程中对行业的人才输出和技术提升，加速了中国企业的国际化成长和高端化发展，国内成熟医药企业将成为未来仿制药和中高端医疗器械市场的有力竞争者，依靠自身成本优势和对外合作积累的质量管理、国际合作经验，向下游制剂和高端诊疗设备生产领域发展，以全新姿态参与国际竞争，争夺全球市场分额，带动中高端产品出口比重进一步扩大。

3. 中外企业的竞合格局将更加显著。

外资企业加大注资中国成熟的生产和分销企业，依靠本土资源降低研发成本，提高生产效率，加速抢占国内市场份额。随着我国医药市场整合的不断深入，适合收购的小型目标企业数量日益减少，资源稀缺将加剧行业巨头之间的竞争，交易规模进一步扩大，中外强强联手成为趋势，创新合作模式呼之欲出，强势国内企业国际化发展模式亦将更加多元，立足国内实施“走出去”战略变为可能。

医药外贸酝酿深层次变化
——2012年我国医药外贸形势回顾与2013年展望

中国医药保健品进出口商会 信息部

2012年，世界经济复苏艰难曲折，我国外贸下行压力明显增大。医药外贸多年来形成的良好基本面继续得以保持，外贸增速高于全国外贸整体水平，但增幅明显缩小。2012年，我国医药产品进出口总值809.5亿美元，增幅10.5%，再创历史新高。其中，出口476.0亿美元，同比增长6.9%；进口333.5亿美元，同比增长15.9%。对外贸易顺差142.5亿美元，同比减少9.5%。从全年情况来看，我国医药外贸的比较优势犹在，同时，在复杂多变的经济形势和日益趋紧的国内外监管环境下，一些深层次、结构性的变化正在酝酿、生成，并将对未来形势发展形成重要影响。

2012年：变与不变

受国际市场需求不振拖累，2012年我国医药外贸对全国医药产业的贡献率为19.8%，创2008年以来新低；医药产业出口对外依存度15.7%，进口对外依存度11.0%；2012年医药产业国际竞争力指数为0.176，其中，中药产业国际竞争力指数为0.482，医疗器械产业国际竞争力指数为0.17，西药产业国际竞争力指数为0.158。由此可见，中药产业国际竞争力较强，但中成药长期得不到国际社会认可，发展明显受限；西药及医疗器械产业国际竞争力依然较弱，虽然我国在原料药、医用敷料、保健康复用品等领域占据主导优势，但高附加值产品如西药制剂、医院诊断与治疗器械等仍以进口为主。总的来看，2012年我国医药外贸形势的主要特点可归纳为“四个不变”和“四大变化”：

1. 四个不变

一是出口产品的主体结构不变。三大类出口商品中，西药类、医疗器械类产品出口额分别为275.2亿美元和175.9亿美元，总出口占比高达94.8%，仍占据我出口商品主流地位。其中，西药原料出口额为227.0亿美元，占比达47.7%，保持了其出口领头羊的地位。在医疗器械类产品中，一次性耗材、医院诊断与治疗设备和保健康复用品出口量价齐升，特别是具有较高附加值的医院诊断与治疗设备，发展势头较好，出口额占到医药保健品出口总额的16.3%。中药类产品中植物提取物出口贡献最大，继续突破十亿美元大关，达到11.6亿美元。值得关注的是，尽管2012年中成药出口额同比上涨15.1%，但是受《欧盟传统植物药注册程序指令》实施的影响，中成药对欧盟出口额同比下降22.3%，可谓损失惨重。

二是传统市场的“三足鼎立”格局不变。欧盟、美国、日韩仍是我国医药产品进出口主要市场，其三足鼎立的局面继续保持，我国对上述市场进、出口额比重分别高达78.2%和53.1%。

从出口目的国或地区看，我国对前十大目的地的出口额占我国出口总额的比重高达57.5%，医药产品出口市场依然较为集中。除德国以外，我国对前十大出口目的地的出口额均呈现不同程度的增长。

从进口国家或地区看，我国从前十国的进口额占进口总额的比重高达74.0%，除日本、瑞士外，我国从前十国的进口额均有10%以上的增长，反映出我国医药产品进口来源地集中度较高，主要来自发达国家的格局保持稳定。

与此同时，我国医药出口市场多元化局面正在形成。2012年，我国对非洲、东盟、俄罗斯等新兴市场的出口分别增长了13.0%、11.6%和23.6%，明显高于传统市场增速，显示出新兴市场的旺盛活力。其中，俄罗斯作为一匹“黑马”，一跃成为我国医药产品十大出口目的地之一，这与其成功加入世贸组织，提高贸易便利化水平不无关系。

三是医药贸易更趋平衡的势头不变。随着外贸政策取向由鼓励出口向扩大进口转变，我国医药外贸更加趋于平衡。2012年，我国医药产品进口额为333.5亿美元，同比增长15.9%；对外贸易顺差142.5亿美元，同比减少9.5%。三大类商品进口持续增长，其中，中药类产品进口额涨幅最大，达22.04%，延续了近年来年均20%-30%的涨幅。西药类和医疗器械类商品是我国进口的主要产品，占比高达97.4%。

四是企业加快国际注册认证的进程不变。企业国际注册认证步伐的加快，是我医药企业提高药品生产管理意识的结果，也体现出我国医药企业提升国际竞争力的积极性普遍增强。2012年，我国医药企业共向美国食品药品管理局（FDA）提交DMF申请201份，较2011年同比增长33.1%，申请总数达到1259份；向欧洲药品质量管理局（EDQM）提交CEP申请173份，较2011年同比增长34.1%，有效证书总数达到393份。制剂国际注册方面，截至2012年底，获得美国

FDA、欧盟、日本厚生省和WHOGMP认证的企业数量为37个。华北制药、珠海联邦等企业成为新一批通过国际高端认证的企业。随着国内企业国际化战略越发明确，自主品牌医药制剂出口已成为企业战略规划的核心，在2012年的制剂出口中有一大批企业实现零突破，其未来发展潜力巨大。

2. 四大变化

一是优势产品地位之变。我国传统的大宗原料药出口强势品种在2012年普遍表现不尽人意。统计显示，出口额排名前25位的西药原料出口额总计为41.2亿美元，较2011年同比下降18.9%。其中，6-APA、扑热息痛、维生素C等产品，长期持续低迷的运行态势尚未逆转；硫氰酸红霉素、4-AA等近两年快速崛起的创汇新秀，也逐渐步入了大宗品种“产能过剩-低价出口”的尴尬境地；而肝素钠等产品，尽管抓住了原研产品专利过期后，仿制药大量兴起而对原料需求大增的机遇，但在前期超高的价格红线压力下，价格也有所回落，从未来市场需求及产能来看，如何不重蹈VC覆辙，需要业界共同努力。2012年，另一优势品种维生素E受需求和库存两方面影响，出口均价较上年下降6.1%，全年出口额同比下降5.7%，目前来看，企业产能已足以应对市场需求，盲目扩大产能不会为企业带来更多的经济效益。此外，具有传统优势的中成药，进出口重现逆差，逆差额达到300多万美元，值得关注。

二是区位主体的增势之变。2012年，我国医药大省出口放缓，江苏、山东和广东医药出口分别增长4.7%、-0.2%和2.5%，低于全国平均水平。中西部的西藏、贵州、山西、青海的出口分别则增长422.8%、150.7%、51.0%和50.2%。但中西部地区出口基数小，对出口的贡献度不大，尚难以从根本上改变医药外贸的整体走势。

三是制剂出口快速增长的势头之变。长期以来，西药制剂一直不是主力出口产品，但这一局面正在逐步转变。2012年，西药制剂出口高速增长，出口额增幅高达17.9%，表现出强劲的发展势头。我对欧美日等规范市场的制剂出口额首次超过新兴医药市场，成为我国制剂出口主流目标市场。其中，对欧美日澳出口额达13.6亿美元，增长34.3%。此外，内资医药企业对欧美市场出口大幅增长，首次超过在华三资医药企业，内资企业制剂出口占到出口发达医药市场60.6%的份额，增速达到121.7%，而同期外资跨国医药集团出口首次出现负增长，同比下降17.2%。

造成上述变化的直接原因是跨国制药集团面对全球性医疗开支缩减以及专利药保护集中到期等因素，为进一步降低成本，对我国医药市场的投资有了实质性的升级。从原料药级生产外包逐步过渡到研发外包及设立研发中心，从合资、独资建厂过渡到战略合作、并购，从落后产品的技术转让过渡到全面的新药研发和工艺合作，国际制药巨头的战略调整，将推动我国制药产业的全面升级。

四是企业进军国际市场的模式之变。多年来，我国药企被国外药企控股或收购的案例频仍，但从2011年的情况来看，国内药企在全球化布局的战略思维已在悄然发生变化，内资企业更多地与国外药企展开合作甚至收购国外药企，不但“走出去”，还要“走进去”，更要“走上去”。2012年，一系列并购案例的出现，印证了中国医药企业正逐渐以强者姿态跻身国际市场。

2012年，华大基因收购美国Complete Genomics测序公司，该项交易使得华大基因能够沿用Complete Genomics的技术和服务，加速其向美国的扩张，并对其他竞争对手构成一定的压力；尔康制药在印尼开设子公司，在充分利用东南亚地区廉价劳动力的同时，确保原材料供应和未来产品成本控制；海普瑞认购加拿大药企Prometic Life Sciences Inc. 10%股权，吸收该公司原创的产品研发储备及其在蛋白质技术和设备领域上具有的优势，以拓展海普瑞在生物制药领域的业务；沃森生物与俄罗斯Biomed公司签订疫苗产品合作协议，借助其在市政机构具有的优势，将疫苗产品迅速切入俄罗斯市场。

2013年：八大趋势值得关注

2013年，我国国际贸易环境有望好于2012年，但总体仍将处于“偏冷区”。受欧美经济复苏不确定性犹存，国际监管环境趋严，人民币升值压力持续等因素影响，我国医药外贸的发展空间受到很大限制。随着医药外贸企业转型升级走向深入，国内医改不断扩容拉动进口增长，以及医药行业的刚性需求带动等，2013年我国医药进出口增长率预计将达12%左右，基本面依然良好。总的来看，主要有以下几个方面的趋势：

1. 国外监管环境将进一步趋严。欧美药品监管制度趋严和贸易保护加剧直接影响到我国医药产品的出口。欧盟针对人用药物活性物质进口提出的第62号指令将于7月2日生效，该指令要求，所有出口到欧盟的原料药均需出具出口国监管部门的书面声明。目前据我国原料药企业反映，欧盟订单数量已骤减，长单变短单，欧盟药企客户纷纷持观望态度。美国FDA将对DMF的申请实施收费制，也将加大我国医药企业的负担。此外，秘鲁等国也要推行属地化的GMP认证，亦将增大我对新兴市场的出口难度。

2. 传统大宗原料药出口将继续面临考验。我传统大宗原料药将继续面临考验，出口量、出口价格持续走低。维生素、抗菌素等主要产品价格已接近历史底部，有望周期性复苏，近期虽呈现价格企稳回升的趋势，但推动医药出口复苏、拉动医药贸易增长的作用仍十分有限。

3. 西药制剂出口有望大步向前。近年来，中国医药企业的创新能力与日俱增，加之跨国公司向中国转移过程中对行业的人才输出和技术提升，加速了中国企业的国际化成长和高端化发展。国内部分医药企业早已将眼光集中在西药制剂出口上。海正药业与辉瑞成立的合资公司，先声药业与默沙东在心血管疾病领域的合作，恒瑞医药制剂出口产品梯队的逐步形成，以及几个重大国际医药投资项目有望在年内陆续达产并实现出口。2013 年，西药制剂出口将会明显放量。

4. 中小型医疗器械与设备出口将稳步增长。我国已成为全球中小型医疗器械的供应地，与欧、美、日等发达国家的高端医疗器械出口形成互补。目前国内相当一些企业在改进应用技术、工艺设计、生产链管理、成本控制等方面具备了一定的能力。预计今年中小型医疗器械与设备出口稳步增长的趋势仍将持续下去。

5. 中成药逆差局势将持续。受《欧盟传统药注册程序指令》的直接影响，中成药对欧盟出口已经遭遇重创。虽然“地奥心血康胶囊”已在荷兰成功注册，实现了欧盟传统药注册“零”的突破，并有多家中药企业正在加紧申报，但中成药对欧出口肯定将大不如前，加之通过香港进口和直接从欧洲等国进口的“洋中药”不断增加，逆差趋势仍将持续下去。

6. 制剂与高端医疗设备进口将继续放大。随着我国政府用于医疗体系的资金不断增加，县级医药的升级改造，以及国内医疗消费水平的不断提高，未来我国对进口的高端西药制剂和医疗设备的需求也将随之上升，进口规模将继续攀升。

7. 服务贸易将步入快速增长期。医药研发外包服务业（CRO）已经成为北京、上海等中国大城市高新技术产业园一个发展的亮点，统计显示，北京生物医药研发服务业的年收入已超过 50 亿元，而上海地区 CRO 产业的发展同样迅猛。我国医药 CRO 产业凭借丰富的科学人才资源、完善的基础建设以及政府的支持，已经超过印度、台湾、新加坡成为亚洲医药研发外包首选地，未来我国医药服务贸易势必快速增长。

8. 企业国际化步伐将明显加快。近年来，我国企业在通过国际高端质量认证、开发到期专利药物、承接国际研发生产外包方面成果显著。随着国内企业创新能力、研发实力的日益提升，企业走出去的模式也在逐渐转变。国内成熟医药企业将不再满足于简单的产品出口，开始并购国外公司、设立海外工厂、进行绿地投资，以全新的姿态参与国际竞争，争夺全球医药市场份额。（执笔人：李辉 许铭）

2008-2012 年医药进、出口金额统计

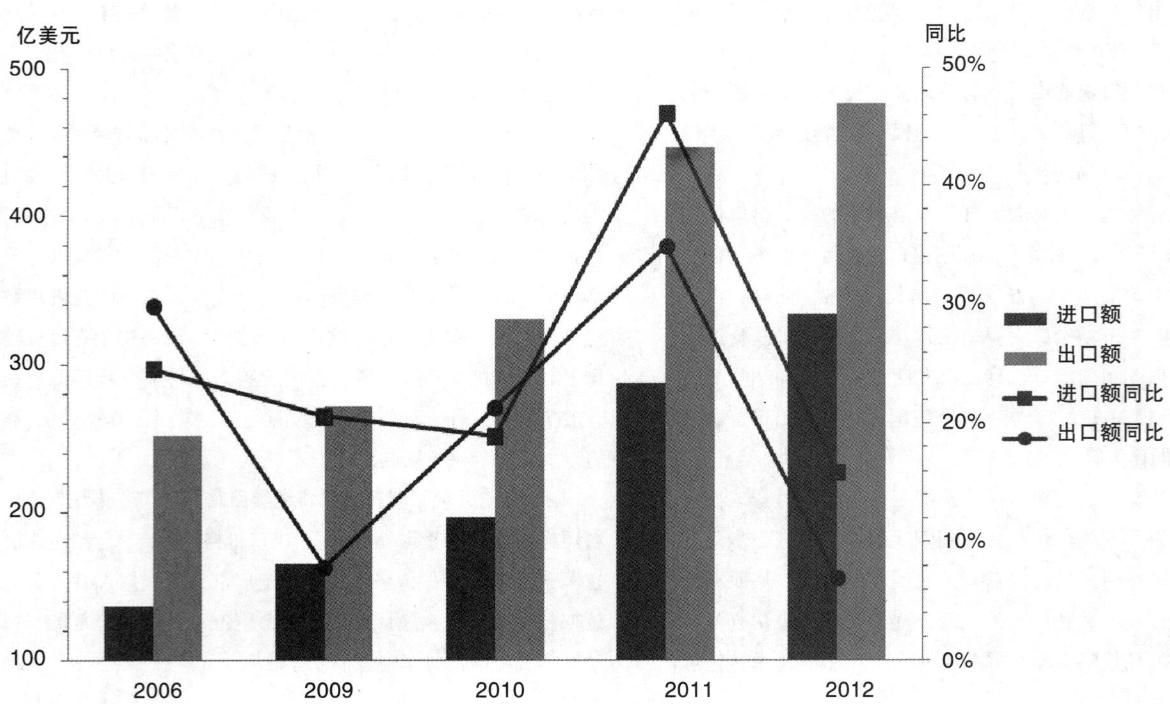

数据统计

2012年1月–12月医药保健品进出口统计

单位：万美元

商品名称	出口额	出口金额同比	出口金额占比	进口额	进口金额同比	进口金额占比	进出口额	进出口额同比	进出口额占比
总计	4790201.68	7.61	100	3343998.99	16.24	100	8134200.67	11	100
中药类	249933.57	7.19	5.22	87285.1	22.04	2.61	337218.67	10.67	4.15
保健品	21329.02	3.47	0.45	14149.59	–2.27	0.42	35478.61	1.11	0.44
提取物	116393.31	3.11	2.43	31897.06	44.11	0.95	148290.37	9.83	1.82
中成药	26451.84	15.09	0.55	26848.95	18.09	0.8	53300.79	16.58	0.66
中药材及饮片	85759.4	11.83	1.79	14389.5	18.19	0.43	100148.9	12.7	1.23
西药类	2781286.27	5.06	58.06	2009480.07	17.07	60.09	4790766.35	9.78	58.9
西药原料	2299222.61	4.51	48	734783.14	4.61	21.97	3034005.75	4.53	37.3
氨基酸及其衍生物	135648.44	15.36	2.83	60812.63	–1.53	1.82	196461.07	9.54	2.42
氨基糖苷类	12029.73	1.57	0.25	3.28	163.03	0	12033.01	1.58	0.15
大环内酯类	26192.95	–32.78	0.55	3044.31	11.5	0.09	29237.26	–29.89	0.36
呼吸系统用药	2115.81	–16.36	0.04	0.97	–27.82	0	2116.77	–16.37	0.03
磺胺类	4822.89	–9.15	0.1	561.89	–23	0.02	5384.78	–10.82	0.07
激素类	68800.95	13.86	1.44	2201.51	54.52	0.07	71002.46	14.8	0.87
解热镇痛药	46591.38	2.6	0.97	578.03	0.16	0.02	47169.41	2.57	0.58
林可霉素类	15433.94	11.2	0.32	69.67	1037.74	0	15503.61	11.65	0.19
氯霉素类	14834.14	13.41	0.31	12.48	–29.9	0	14846.61	13.35	0.18
麻醉用药	3495.3	56.39	0.07	1042.23	–25.77	0.03	4537.53	24.69	0.06
其他抗感染类	110519.55	–9.16	2.31	26678.52	–12.65	0.8	137198.07	–9.86	1.69
其他西药原料	1507538.3	5.19	31.47	584857.01	6.94	17.49	2092395.31	5.67	25.72
青霉素类	69154.15	16.2	1.44	3924.28	31.87	0.12	73078.43	16.95	0.9
四环素类	36571.29	3.72	0.76	470.18	–26.67	0.01	37041.47	3.18	0.46
头孢菌素类	35379.94	–17.51	0.74	19315.26	–9.15	0.58	54695.2	–14.74	0.67
维生素类	192723.27	5.69	4.02	27988.99	–2.12	0.84	220712.26	4.63	2.71
消化系统用药	5796.57	37.16	0.12	1331.62	–22.24	0.04	7128.19	20.03	0.09
心血管系统用药	79.7	79.33	0	639.72	29.5	0.02	719.43	33.61	0.01
中枢神经系统用药	11494.31	19.04	0.24	1250.56	85.56	0.04	12744.88	23.38	0.16

商品名称	出口额	出口金额同比	出口金额占比	进口额	进口金额同比	进口金额占比	进出口额	进出口额同比	进出口额占比
西成药	256196.57	17.86	5.35	1000317.16	23.55	29.91	1256513.73	22.35	15.45
激素类药品	8145.77	27.79	0.17	198481.94	11.78	5.94	206627.71	12.34	2.54
其他抗感染药品	44566.74	17.02	0.93	73408.35	28.13	2.2	117975.08	23.69	1.45
其他西成药品	179998.64	21.64	3.76	669949.46	27.68	20.03	849948.1	26.35	10.45
青霉素类药品	8647.79	-2.59	0.18	10215.15	6.58	0.31	18862.93	2.17	0.23
头孢菌素类药品	9069.8	3.02	0.19	27735.78	8.71	0.83	36805.59	7.25	0.45
维生素类药品	5767.84	-20.44	0.12	20526.48	37.1	0.61	26294.32	18.32	0.32
生化药	225867.1	-1.78	4.72	274379.77	34.18	8.21	500246.86	15.15	6.15
酶及辅酶	28182.64	6.39	0.59	18028.89	7.71	0.54	46211.53	6.9	0.57
其他生化药	197684.45	-2.84	4.13	256350.88	36.54	7.67	454035.33	16.06	5.58
医疗器械类	1758981.83	11.96	36.72	1247233.82	14.56	37.3	3006215.65	13.03	36.96
医用敷料	229034.09	-6.98	4.78	22093.05	12.55	0.66	251127.14	-5.54	3.09
一次性耗材	327205.86	23.05	6.83	180275.71	61.04	5.39	507481.56	34.3	6.24
医院诊断与治疗	774445.35	14.73	16.17	965046.19	17.27	28.86	1739491.55	16.13	21.38
保健康复用品	377221.08	11.47	7.87	47135.29	-56.03	1.41	424356.37	-4.77	5.22
口腔设备与材料	51075.45	12.21	1.07	32683.58	21.17	0.98	83759.04	15.54	1.03

中国医药保健品历年进出口总额

年代	进出口总额（亿美元）
2006年	301.09
2007年	383.66
2008年	389.19
2009年	437.41
2010年	526.87
2011年	732.84
2012年	809.58

（2009 年–2012 年）中国医药保健品进出口国别（地区）总值表

2012 年中国医药保健品进出口国别（地区）总值表、主要贸易伙伴统计

国别（地区）		进出口额（万美元）
全球		8095841.9
亚洲		2678330.0
非洲		208279.0
欧洲		3041738.7
拉丁美洲		427603.2
北美洲		1558806.2
大洋洲		181056.9
1	美国	1491022.2
2	印度	468174.0
3	日本	708005.9
4	德国	750619.6
5	韩国	289619.4
6	香港	205086.8
7	荷兰	229363.8
8	英国	259647.9
9	澳大利亚	155864.1
10	俄罗斯联邦	112395.4
11	意大利	243691.9
12	巴西	116541.7
13	西班牙	136731.5
14	法国	291537.9
15	比利时	161820.7
16	台湾省	136088.6
17	印度尼西亚	91612.7
18	泰国	92777.8
19	新加坡	113749.2
20	越南	66749.3
21	其他国家	1974741.5

2011年中国医药保健品进出口国别（地区）总值表、主要贸易伙伴统计

国别（地区）		进出口额（万美元）
全球		7328380.6
亚洲		2446822.5
非洲		183622.1
欧洲		2710257.0
拉丁美洲		421585.1
北美洲		1410317.4
大洋洲		155690.3
1	美国	1349490.9
2	德国	687055.0
3	日本	656344.1
4	印度	443104.5
5	韩国	256701.2
6	法国	244719.9
7	英国	225333.4
8	意大利	211746.2
9	荷兰	205881.4
10	瑞士	199283.6
11	香港	170480.0
12	比利时	167178.6
13	澳大利亚	133775.7
14	台湾省	130553.4
15	西班牙	127567.0
16	爱尔兰	123213.1
17	巴西	117143.7
18	瑞典	108933.0
19	新加坡	97145.5
20	俄罗斯联邦	90257.0
21	其他国家	1582473.5

2010 年中国医药保健品进出口国别（地区）总值表、主要贸易伙伴统计

国别（地区）		进出口额（万美元）
全球		5268693.4
亚洲		1826638.6
非洲		131043.7
欧洲		1939160.3
拉丁美洲		262577.2
北美洲		1035132.6
大洋洲		74126.3
1	美国	990866.6
2	德国	505269.1
3	日本	493137.4
4	印度	345307.4
5	法国	194319.0
6	韩国	188982.5
7	意大利	160464.2
8	荷兰	158291.6
9	英国	136552.1
10	瑞士	136520.1
11	比利时	134942.3
12	香港	133719.1
13	台湾省	100195.5
14	西班牙	96858.3
15	爱尔兰	81851.5
16	新加坡	75521.2
17	巴西	71716.5
18	瑞典	62783.7
19	俄罗斯联邦	61522.3
20	澳大利亚	60161.3
21	其他国家	1079711.9

2009年中国医药保健品进出口国别（地区）总值表、主要贸易伙伴统计

国别（地区）		进出口额（万美元）
全球		4374074.0
亚洲		1513004.9
非洲		108600.9
欧洲		1641840.1
拉丁美洲		212528.9
北美洲		840776.9
大洋洲		57320.7
1	美国	806124.3
2	德国	416451.0
3	日本	410879.7
4	印度	278333.3
5	法国	153887.4
6	韩国	152063.9
7	荷兰	135378.0
8	意大利	127096.5
9	瑞士	124234.4
10	比利时	119660.4
11	香港	119382.3
12	英国	115668.0
13	西班牙	85129.9
14	爱尔兰	76705.8
15	台湾省	76092.5
16	新加坡	66753.4
17	巴西	62687.3
18	瑞典	53628.6
19	澳大利亚	48057.0
20	丹麦	47745.9
21	其他国家	898114.5

（2009年-2012年）中国医药保健品进出口品类总值表

2012年中国医药保健品进出口品类总值表

商品名称	进出口额（亿美元）
总计	**809.58**
中药类	33.72
保健品	3.55
提取物	14.83
中成药	5.33
中药材及饮片	10.01
西药类	475.24
西药原料	299.56
西成药	125.65
生化药	50.02
医疗器械类	300.62
医用敷料	25.11
一次性耗材	50.75
医院诊断与治疗	173.95
保健康复用品	42.44
口腔设备与材料	8.38

2011年中国医药保健品进出口品类总值表

商品名称	进出口额（亿美元）
总计	**732.84**
中药类	30.47
保健品	3.51
提取物	13.50
中成药	4.57
中药材及饮片	8.89
西药类	436.39

商品名称	进出口额（亿美元）
西药原料	290.25
西成药	102.70
生化药	43.44
医疗器械类	265.98
医用敷料	26.59
一次性耗材	37.79
医院诊断与治疗	149.79
保健康复用品	44.56
口腔设备与材料	7.25

2010 年中国医药保健品进出口品类总值表

商品名称	进出口额（亿美元）
总计	**526.87**
中药类	22.63
保健品	1.85
提取物	9.00
中成药	4.62
中药材及饮片	7.16
西药类	332.01
西药原料	230.49
西成药	65.96
生化药	35.57
医疗器械类	172.23
医用敷料	13.54
一次性耗材	26.05
医院诊断与治疗	102.57
保健康复用品	25.66
口腔设备与材料	4.42

2009 年中国医药保健品进出口品类总值表

商品名称	进出口额（亿美元）
总计	**437.41**
中药类	18.62
保健品	1.36
提取物	7.78
中成药	3.94
中药材及饮片	5.54
西药类	282.52
西药原料	197.87
西成药	55.60
生化药	29.04
医疗器械类	136.26
医用敷料	11.21
一次性耗材	21.93
医院诊断与治疗	80.11
保健康复用品	19.28
口腔设备与材料	3.74

（2009 年–2012 年）中国医药保健品进出口货源地及目的地统计

2012 年中国医药保健品进出口货源地及目的地统计

进口货源地		进口额（亿美元）	出口目的地		出口额（亿美元）
全球		333.54	全球		476.04
亚洲		77.76	亚洲		190.07
非洲		0.53	非洲		20.3
欧洲		174.89	欧洲		129.28
拉丁美洲		9.15	拉丁美洲		33.61
北美洲		66.43	北美洲		89.45
大洋洲		4.77	大洋洲		13.33
1	美国	64.54	1	美国	84.56
2	德国	49.46	2	印度	39
3	日本	34.05	3	日本	36.75
4	法国	19.52	4	德国	25.6
5	瑞士	17.42	5	韩国	19.58
6	意大利	13.99	6	香港	16.67
7	英国	13.56	7	荷兰	16.61
8	爱尔兰	13.52	8	英国	12.41
9	瑞典	11.34	9	澳大利亚	11.91
10	韩国	9.38	10	俄罗斯联邦	10.56
11	印度	7.81	11	意大利	10.38
12	比利时	7.05	12	巴西	9.9
13	荷兰	6.33	13	西班牙	9.84
14	丹麦	5.71	14	法国	9.63
15	台湾省	5.25	15	比利时	9.13
16	新加坡	4.43	16	台湾省	8.36
17	挪威	4.09	17	印度尼西亚	8.06
18	波多黎各	3.92	18	泰国	7.62
19	香港	3.84	19	新加坡	6.95
20	西班牙	3.83	20	越南	6.27
21	其他国家	34.5	21	其他国家	116.24

2011 年中国医药保健品进出口货源地及目的地统计

进口货源地		进口额（亿美元）	出口目的地		出口额（亿美元）
全球		287.68	全球		445.16
亚洲		69.10	亚洲		175.58
非洲		0.39	非洲		17.97
欧洲		147.20	欧洲		123.82
拉丁美洲		9.45	拉丁美洲		32.71
北美洲		57.43	北美洲		83.60
大洋洲		4.09	大洋洲		11.48
1	美国	56.13	1	美国	78.82
2	德国	41.15	2	印度	37.44
3	日本	31.38	3	日本	34.26
4	瑞士	16.27	4	德国	27.55
5	法国	15.39	5	韩国	17.92
6	英国	11.47	6	荷兰	14.63
7	爱尔兰	10.73	7	香港	13.74
8	意大利	10.66	8	英国	11.07
9	瑞典	9.64	9	意大利	10.51
10	韩国	7.75	10	澳大利亚	10.04
11	比利时	7.64	11	巴西	9.94
12	印度	6.87	12	西班牙	9.63
13	荷兰	5.96	13	比利时	9.08
14	台湾省	5.29	14	法国	9.08
15	丹麦	4.74	15	俄罗斯联邦	8.55
16	波多黎各	4.18	16	台湾省	7.76
17	新加坡	3.59	17	印度尼西亚	7.17
18	挪威	3.36	18	泰国	6.87
19	澳大利亚	3.34	19	墨西哥	6.54
20	奥地利	3.31	20	新加坡	6.12
21	其他国家	28.83	21	其他国家	108.43

2010年中国医药保健品进出口货源地及目的地统计

进口货源地		进口额（亿美元）	出口目的地		出口额（亿美元）
全球		196.87	全球		330.00
亚洲		49.96	亚洲		132.70
非洲		0.31	非洲		12.79
欧洲		100.03	欧洲		93.88
拉丁美洲		4.69	拉丁美洲		21.57
北美洲		39.52	北美洲		64.00
大洋洲		2.36	大洋洲		5.05
1	美国	38.58	1	美国	60.51
2	德国	28.82	2	印度	29.64
3	日本	21.72	3	日本	27.60
4	瑞士	10.83	4	德国	21.71
5	法国	10.32	5	韩国	13.80
6	意大利	7.88	6	荷兰	11.53
7	比利时	6.97	7	香港	10.21
8	爱尔兰	6.83	8	法国	9.11
9	英国	6.06	9	意大利	8.17
10	瑞典	5.52	10	英国	7.60
11	韩国	5.10	11	西班牙	7.07
12	印度	4.90	12	巴西	6.72
13	荷兰	4.30	13	比利时	6.53
14	台湾省	4.14	14	台湾省	5.88
15	香港	3.16	15	俄罗斯联邦	5.70
16	挪威	3.16	16	印度尼西亚	4.81
17	新加坡	2.89	17	新加坡	4.66
18	奥地利	2.68	18	泰国	4.49
19	西班牙	2.61	19	越南	4.47
20	中华人民共和国	2.15	20	澳大利亚	4.17
21	其他国家	18.28	21	其他国家	75.61

2009 年中国医药保健品进出口货源地及目的地统计

进口货源地		进口额（亿美元）	出口目的地		出口额（亿美元）
全球		165.50	全球		271.91
亚洲		40.30	亚洲		111.00
非洲		0.37	非洲		10.49
欧洲		87.58	欧洲		76.60
拉丁美洲		3.41	拉丁美洲		17.85
北美洲		31.94	北美洲		52.14
大洋洲		1.91	大洋洲		3.83
1	美国	31.28	1	美国	49.33
2	德国	23.93	2	印度	23.82
3	日本	17.98	3	日本	23.11
4	瑞士	9.74	4	德国	17.71
5	法国	9.3	5	韩国	11.27
6	比利时	6.49	6	荷兰	9.95
7	爱尔兰	6.43	7	香港	9.22
8	意大利	5.93	8	意大利	6.78
9	英国	5.31	9	英国	6.25
10	瑞典	4.81	10	西班牙	6.22
11	印度	4.02	11	法国	6.09
12	韩国	3.93	12	巴西	5.60
13	荷兰	3.59	13	比利时	5.47
14	丹麦	3.41	14	台湾省	4.61
15	台湾省	3.00	15	新加坡	4.30
16	香港	2.72	16	越南	4.16
17	挪威	2.38	17	俄罗斯联邦	4.16
18	新加坡	2.38	18	印度尼西亚	4.01
19	西班牙	2.29	19	泰国	3.58
20	奥地利	2.20	20	墨西哥	3.33
21	其他国家	14.37	21	其他国家	62.94

（2009年–2012年）中国医药保健品进出口贸易方式

2012年中国医药保健品进出口贸易方式

贸易类型	进出口额（亿美元）
所有贸易	809.58
一般贸易	564.45
加工贸易	121.72
其他	123.41

2011年中国医药保健品进出口贸易方式

贸易类型	进出口额（亿美元）
所有贸易	732.84
一般贸易	522.80
加工贸易	117.78
其他	92.27

2010年中国医药保健品进出口贸易方式

贸易类型	进出口额（亿美元）
所有贸易	526.87
一般贸易	383.03
加工贸易	87.93
其他	55.91

2009年中国医药保健品进出口贸易方式

贸易类型	进出口额（亿美元）
所有贸易	437.41
一般贸易	324.72
加工贸易	70.73
其他	41.91

（2009 年-2012 年）中国医药保健品进出口企业性质

2012 年中国医药保健品进出口企业性质

企业类型	进出口额（亿美元）
总计	809.58
国有企业	139.96
三资企业	356.21
民营企业	311.17

2011 年中国医药保健品进出口企业性质

企业类型	进出口额（亿美元）
总计	732.84
国有企业	134.11
三资企业	323.22
民营企业	272.41

2010 年中国医药保健品进出口企业性质

企业类型	进出口额（亿美元）
总计	526.87
国有企业	105.20
三资企业	235.04
民营企业	184.66

2009 年中国医药保健品进出口企业性质

企业类型	进出口额（亿美元）
总计	437.41
国有企业	92.42
三资企业	200.45
民营企业	143.42

数据来源：中国医药保健品进出口商会根据海关数据整理

（2009年-2012年）中国主要地区重点省市出口值表

2012年中国主要地区重点省市出口值表

序号	按地区	出口额（亿美元）
合计		479.02
1	江苏	85.48
2	浙江	76.6
3	上海	58.43
4	广东	56.15
5	山东	43.27
6	河北	22.39
7	北京	18.67
8	福建	17.5
9	湖北	13.94
10	辽宁	12.24
11	安徽	11.84
12	天津	11.33
13	江西	6.4
14	河南	5.33
15	四川	5.28
16	宁夏	4.23
17	重庆	4.07
18	吉林	3.91
19	陕西	3.26
20	广西	3.17
21	黑龙江	3.12
22	湖南	3.08
23	内蒙古	2.86
24	云南	2.24
25	山西	1.21
26	新疆	1.02
27	甘肃	0.92
28	贵州	0.46
29	海南	0.27
30	西藏	0.17
31	青海	0.17

2011年中国主要地区重点省市出口值表

序号	按地区	出口额（亿美元）
合计		445.16
1	江苏	81.45
2	浙江	70.35
3	广东	54.65
4	上海	49.91
5	山东	42.89
6	河北	21.75
7	北京	16.64
8	福建	15.95
9	湖北	12.56
10	天津	11.56
11	辽宁	11.1
12	安徽	10.05
13	江西	5.17
14	河南	5.13
15	四川	4.66
16	重庆	4.4
17	宁夏	3.47
18	广西	3.03
19	湖南	3
20	吉林	2.99
21	内蒙古	2.93
22	黑龙江	2.84
23	陕西	2.82
24	云南	2.8
25	甘肃	0.87
26	山西	0.8
27	新疆	0.79
28	海南	0.3
29	贵州	0.18
30	青海	0.11
31	西藏	0.03

2010年中国主要地区重点省市出口值表

序号	按地区	出口额
合计		330
1	江苏	61.44
2	浙江	50.79
3	广东	40.45
4	上海	38.23
5	山东	34.49
6	河北	16.63
7	北京	11.53
8	辽宁	10.42
9	福建	10.07
10	天津	8.78
11	安徽	7.62
12	湖北	7.08
13	河南	3.62
14	江西	3.11
15	重庆	2.93
16	四川	2.91
17	吉林	2.6
18	广西	2.35
19	黑龙江	2.24
20	湖南	2.2
21	陕西	2.19
22	云南	2.12
23	宁夏	1.93
24	山西	1.14
25	内蒙古	1.09
26	甘肃	0.76
27	新疆	0.53
28	西藏	0.27
29	海南	0.25
30	青海	0.18
31	贵州	0.05

2009年中国主要地区重点省市出口值表

序号	按地区	出口额
合计		271.91
1	江苏	50.14
2	浙江	42.69
3	上海	31.99
4	广东	31.82
5	山东	25.62
6	河北	14.72
7	北京	9.6
8	辽宁	9.23
9	福建	8.07
10	天津	8.03
11	湖北	6.39
12	安徽	6.27
13	河南	3.04
14	江西	2.57
15	四川	2.35
16	湖南	2.1
17	陕西	2.08
18	重庆	2.08
19	广西	2.02
20	宁夏	1.93
21	黑龙江	1.89
22	吉林	1.76
23	山西	1.53
24	云南	1.49
25	内蒙古	1.06
26	新疆	0.46
27	甘肃	0.43
28	海南	0.19
29	西藏	0.14
30	青海	0.14
31	贵州	0.09

2012年我国部分重点西药出口情况统计

单位：亿美元

商品名称	出口金额	同比	主要出口市场
肝素及其盐	7.48	-22.12	法国、美国、德国、奥地利、意大利
维生素E（含衍生物）	7.23	-5.69	美国、德国、荷兰、比利时、日本
四环素（含衍生物）	3.37	2.06	荷兰、西班牙、美国、巴西
维生素C原粉（含衍生物）	2.74	-	美国、德国、日本、巴西、比利时
6-氨基青霉烷酸（6APA）	2.57	11.55	印度、西班牙、墨西哥、伊朗、阿联酋
可的松、氢化可的松、脱氢可的松及脱氢皮醇	2.04	14.56	印度、美国、意大利、西班牙、德国
对乙酰氨基酚（扑热息痛）	2.04	4.59	印度、印尼、尼日利亚、泰国、土耳其
薄荷醇	1.99	32.71	泰国、香港、印尼、新加坡、英国
羟氨苄青霉素三水酸（阿莫西林）	1.85	19.5	印尼、泰国、荷兰、印度、西班牙
齐多夫定/拉米夫定/司他夫定/地达诺新及盐	1.4	-20.68	印度、南非、巴西、泰国、肯尼亚
香草醛	1.2	5.94	美国、德国、英国、印度、西班牙
维生素B1（含衍生物）	1.19	15.79	美国、德国、荷兰、印度、法国
维生素B6（含衍生物）	1.17	26.53	美国、德国、印度、荷兰、印尼
青霉素工业盐（含衍生物）	1.38	3.09	印度、日本、意大利、荷兰、比利时
咖啡因	1.08	20.62	美国、巴西、德国、爱尔兰、波多黎各
头孢曲松（含衍生物）	1.05	-14.08	印度、韩国、俄罗斯、意大利、瑞士
硫酸锌	1	-4.49	美国、澳大利亚、巴基斯坦、孟加拉、菲律宾

7 企业介绍

COMPANY INTRODUCTION

上市公司盘点

医药流通产业在资本市场上的现状与趋势

欧美日等发达国家医药流通产业变迁史表明：医药流通产业的发展，离不开资本市场的力量。

美国医药流通产业的快速发展阶段，正是在 Mckesson（麦克森）、Cardinal（卡地纳）和 AmerisourceBergen（美源伯根）等医药流通企业相继上市之后迎来的。这期间，美国药品市场的规模持续扩大，占全球总量 43%。集中度快速提升，前三大医药流通企业的市场总份额由 1995 年的 31% 提高到 2007 年的 96%。龙头企业疯狂并购，如卡地纳，上市之后整合了 60 多家企业，从一家小型批发企业变身为全球第二大药品流通企业。

欧洲和日本的医药流通产业与美国有着相近的发展轨迹，今天的龙头企业都是当年借助资本市场的力量成长起来的。

因此，研究医药流通产业在资本市场上的现状与趋势对国内医药流通产业的发展和医药流通企业的成长具有重要的借鉴意义。

一、国内医药流通类上市公司在资本市场上的现状

目前，国内以药品流通为主业的上市公司共有 15 家，其中，除了国药控股在香港上市，海王星辰在美国上市，上海医药通过 A+H 上市外，其余均在国内 A 股上市。

国内医药流通类上市公司主要呈现出以下几个特点：

1. 上市公司的数量较少，总体体量较小。

截至 2012 年 12 月 31 日，国内以药品流通为主业的上市公司共有 15 家（见表 1），与整个医药类上市公司总数相比（200 多家），数量相对较少。

15 家上市公司中，主营业务收入最高的是国药控股，超过 1300 亿元，主营业务收入最低的是第一医药，不足 14 亿元，规模几乎相差 100 倍。

15 家上市公司主营业务收入总和为 3307 亿元，其中流通业务收入总和为 3098 亿元，占医药流通市场总额的比例为 27.85%，说明上市公司群体在整个医药流通业还未成为主体，尤其是以零售为主业的企业，目前仅有海王星辰和第一医药两家企业（桐君阁和嘉事堂的零售业务占比都不超过 50%），所以，未来将有大量医药流通企业上市的空间。

附表 1：

2012 年医药流通类上市公司基本指标

序号	公司名称	股票代码	上市地点	主营业务收入（万元）	流通业务占比	流通业务收入（万元）	2012.12.31 市值（亿元）
1	国药控股	HK1099	香港	13578684	96.74%	13136019	472.60
2	上海医药	600849	上海	6807812	85.44%	5816595	298.74
3	九州通	600988	上海	2950766	98.42%	2904144	155.69
4	南京医药	600713	上海	1802422	97.86%	1763850	31.84
5	国药一致	000028	深圳	1801176	90.03%	1621599	101.71
6	华东医药	000963	深圳	1457923	83.12%	1211826	147.58
7	英特集团	000411	深圳	1058995	99.71%	1055924	17.49
8	中国医药	600056	上海	990136	96.41%	954590	62.78
9	国药股份	600511	上海	859163	98.37%	845159	69.76
10	桐君阁	000591	深圳	470828	90.37%	425487	17.27

序号	公司名称	股票代码	上市地点	主营业务收入（万元）	流通业务占比	流通业务收入（万元）	2012.12.31 市值（亿元）
11	瑞康医药	002589	深圳	462078	100.00%	462078	31.42
12	嘉事堂	002462	深圳	255407	98.86%	252495	19.08
13	海王星辰	NPD	纽约	254986	100.00%	254986	9.95
14	浙江震元	000705	深圳	179649	80.27%	144204	21.55
15	第一医药	600833	上海	135767	94.08%	127730	16.95
合计				33065792	93.98%	30976685	1474.41

数据来源：上市公司年报

截止 2012 年 12 月 31 日收盘，15 家上市公司的市值总和为 1474.41 亿元，和美国麦卡森一家企业的市值相当。（当日麦克森市值为 226 亿美元，按汇率 6.2365 计算，折合人民币 1408 亿元），其中，市值最高的国药控股不足 500 亿元，市值最低的海王星辰甚至不足 10 亿元。

2. 上市公司收入增长主要依赖市场和政策环境。

15 家上市公司近年来的主营业务收入增长情况整体较好，但每一家之间存在着较大的差异。（见表 2）

表 2

医药流通类上市公司主营业务收入增长情况

序号	公司名称	2008 年	2009 年	2010 年	2011 年	2012 年	平均增长
1	国药控股	3819191	4704585	6923367	10222480	13578684	63.88%
2	上海医药	1654800	1956800	3741100	5490000	6807812	77.85%
3	九州通	1628800	1895800	2125200	2483900	2950766	20.29%
4	南京医药	1139600	1402600	1533800	1717200	1802422	14.54%
5	国药一致	836000	1095000	1306400	1513000	1801176	28.86%
6	华东医药	601600	782500	897200	1113100	1457923	35.59%
7	英特集团	409900	597700	663800	852600	1058995	39.59%
8	中国医药	307900	479000	626000	726900	990136	55.39%
9	国药股份	438500	519500	591800	704200	859163	23.98%
10	桐君阁	349000	382800	434400	478300	470828	10.59%
11	瑞康医药	114700	160200	221300	319500	462078	75.71%
12	嘉事堂	96500	113400	134200	180100	255407	41.17%
13	海王星辰	195500	221761	235660	249129	254986	7.61%
14	浙江震元	111300	127600	150300	171900	179649	15.35%
15	第一医药	96500	103700	114700	126800	135767	10.17%

数据来源：上市公司年报

其中以分销为主业的公司增长较快，如上海医药、瑞康医药和国药控股等，这些企业主要得益于市场上存在整合机会，可以依靠并购整合来获得增长。

以零售为主业的公司业务增长缓慢，如海王星辰，第一医药和桐君阁等，平均增长率仅为10%左右，远远低于其他上市公司。

这与医药零售业的发展环境相关，随着医改新政的逐步推进，基层医疗机构兴起，使医药零售企业逐渐被边缘化，大部分医药零售企业都在调整经营模式，所以发展步伐放缓。

3. 上市公司业态的组合是保持业绩优良的关键。

15家上市公司中，以分销为主业的公司毛利率水平相对较低，基本维持在6%-8%左右。其中，国药控股、上海医药和瑞康医药相对较高，超过8%。而九州通、国药一致、英特集团和国药股份则保持6%上下。毛利率水平主要和业态组合及产业位势相关，如纯销业务毛利率相对较高，快批和基药配送较低，而调拨最低。另外，产业位势越高，获得的总经销和总代理品种越多，相对毛利率也较高。

以零售为主业的公司毛利相对较高，海王星辰毛利率达到46.3%，第一医药、桐君阁和嘉事堂等因包含有零售业务，也提高了公司整个流通业务的毛利率水平。（见表3）

中国医药因具有独特的国际贸易义务（国际贸易业务占57.9%，毛利率10.64%），所以整体毛利率水平也相对较高。

表3

医药流通类上市公司主要财务比率

序号	公司名称	流通业务毛利率	净利率	应收账款周转率	存货周转率	资产负债率	费用率占比
1	国药控股	8.06%	1.93%	4.24	9.66	71.52%	7.41%
2	上海医药	9.03%	3.74%	5.87	6.49	45.76%	12.07%
3	九州通	6.07%	1.66%	22.64	6.94	59.53%	5.76%
4	南京医药	6.19%	0.06%	5.74	12.21	85.76%	7.63%
5	国药一致	5.45%	3.14%	4.52	10.77	80.22%	6.63%
6	华东医药	6.91%	4.22%	6.83	8.9	64.18%	17.95%
7	英特集团	6.11%	0.79%	6.56	11.44	74.51%	5.43%
8	中国医药	10.07%	3.70%	5.35	3.3	71.83%	6.85%
9	国药股份	5.57%	4.77%	5.84	8.72	58.99%	4.71%
10	桐君阁	9.02%	0.64%	11.42	5.76	81.79%	13.17%
11	瑞康医药	8.13%	3.46%	2.92	12.37	70.63%	6.18%
12	嘉事堂	7.96%	3.62%	4.35	13.11	38.17%	4.72%
13	海王星辰	46.30%	3.62%	23.44	2.99	37.58%	44.61%
14	浙江震元	10.66%	2.77%	5.82	5.27	32.80%	11.34%
15	第一医药	17.27%	2.87%	12.21	4.97	43.98%	13.93%

数据来源：上市公司年报

4. 上市公司成本控制和资金效率决定盈利水平。

随着行业的发展，医药流通企业毛利率下滑将成为趋势，费用控制成为医药流通企业的生存之道。从15家上市公司的情况来看，扣除非经常性损益后，南京医药处于亏损状态，其亏损的主要原因就是因为费用控制出了问题。其实，南京医药在经营中有很多值得称道的地方，比如说并购整合和模式创新等，但如果费用控制不好，就很容易陷入增收不增利的境地。

医药流通产业是高度依赖于资金的产业，所以，资金管理能力也是一家医药流通企业的基本生存能力。资金使用的效率主要通过三个指标来衡量，应收账款周转率、存货周转率和资产负债率。对于分销为主的企业，重点应关注应收账款周转率和资产负债率。15家上市公司中，应收账款周转率最高的是九州通，最低的是瑞康医药，说明这两家企业完全不同的业态特点，九州通主要是快批，追求现款现货，所以应收账款较少，而瑞康医药以医院纯销为主，账期一般在90-180天，所以应收账款比例较高。对于零售为主的企业则重点应关注存货周转率和资产负债率。

5. 上市公司并购整合与模式创新成为发展的动力。

从15家上市公司2012年的战略举措来看，不外乎几个主题，并购整合和模式创新，国药控股经过近几年的并购，目前主要精力集中在内部整合方面，包括业务整合和管理整合。华东医药、英特集团和瑞康医药等区域龙头企业，则聚焦于区域内的布局，如华东医药新设湖州公司，收购绍兴国大，完善省内布局。国药股份则致力于模式创新，打造全国零售分销平台，试点临床物流服务。

以零售为主业的企业，更关注模式创新，如第一医药，积极探索药妆店的模式。海王星辰，则致力于多元化和高毛利品种的组合。

二、国内未上市医药流通类企业的资本运作现状

除了15家上市公司外，国内还有上万家医药分销企业和几千家药品零售连锁企业。这些企业除了传统的债权融资外，主要通过私募股权融资来获得资金，如广西柳州医药获得九鼎投资9090万元的资金，厦门鹭燕集团引进建银医疗基金1.5亿元投资、湖南老百姓大药房引进瑞典殷拓集团8200万美元投资、湖南益丰大药房引进今日资本2亿元投资，江西开心人大药房引进日本日兴集团1亿元投资等。

还有一部分企业则选择将控股权卖给了大型医药流通企业，如中信医药、科园信海等卖给了上海医药，普仁鸿、爱生医药等卖给了华润医药，乐仁堂等卖给了国药控股等等。

三、中国医药流通类企业在资本市场上的趋势

综上分析，中国医药流通类企业未来在资本市场上将呈现以下三种趋势：

1. 医药流通类上市公司的数量将不断增多

目前，国内以药品流通为主业的上市公司共有15家，与整个医药流通产业相比，无论是数量上，还是体量上都远远不够。

现阶段，已经有一批医药流通企业启动了上市计划，如云南鸿翔一心堂、广西柳州医药、厦门鹭燕集团、湖南老百姓大药房、湖南益丰大药房、四川医药集团等。这些企业随着IPO的重启，将会有一些成功登陆资本市场。

目前上市在审的医药流通企业列表

表4

序号	申报企业	注册地	拟上市地	保荐机构	备注
医药分销	四川省医药*	四川	上海	广发证券	落实反馈意见中
	鹭燕（福建）药业	厦门	深圳	国信证券	初审中
	海尔施生物医药	宁波	上海	瑞信方正	初审中
	广西柳州医药*	广西	深圳	国都证券	落实反馈意见中
	浙江华通医药	浙江	深圳	爱建证券	落实反馈意见中
	上海润达医疗	上海	深圳	国金证券	落实反馈意见中
医药零售	老百姓大药房	湖南	上海	瑞银证券	落实反馈意见中
	益丰大药房连锁	湖南	深圳	中信证券	落实反馈意见中
	云南鸿翔一心堂	云南	深圳	信达证券	已通过发审会

数据来源：证监会网站

另外，国内医药流通业传统经营模式的发展空间越来越小，不少企业正在探索新模式和新业态，随着这些企业新模式和新业态探索的成功，又会催生出一批可以上市的企业。

预测未来，医药流通类上市公司将成为医药板块的重要组成部分，国内主要的医药流通企业大多数将成为上市公司或成为上市公司的一部分。

2. 医药流通类上市公司的并购整合会不断加剧

近年来，国内医药流通业正经历着一次并购的浪潮，以国药、华润和上药为主导的全国性医药流通企业对各个区域领先企业的并购，以及一些区域的领先企业对区域内中小型流通企业的整合等。

这次并购浪潮表面上热闹非凡，但实质上参与的企业苦乐自知，并购容易整合难，并购扩张更多是从股权层面上实现，而整合必须在管理和业务层面上进行。因此这次并购浪潮在接下来的几年主要考验并购者的整合能力。如果整合顺利，下一次并购浪潮将紧接而至。这其中，随着更多医药流通企业的陆续上市，上市公司之间的并购将会越来越普遍。

当然，整合是否顺利不是下一次并购发生的必要条件，因为无论从市场角度，还是从政策角度，医药流通产业的集中度提升都是大势所趋。但由于国情不同，中国十年内可能不会出现类似于美国那样高度集中的格局，而很可能形成几家全国性药品流通巨头与各个区域医药流通龙头并存的竞争格局。

3. 医药流通类上市公司的模式创新会不断出现

随着产业的发展，传统的商业模式将面临巨大挑战，新模式、新技术的应用将成为医药流通企业竞争的关键。

从发达国家的经验来看，药品流通企业在发展的过程中，流通职能会不断深化，不断向上下游延伸，包括为上游制药企业提供信息、广告等增值服务，为下游医疗机构提供药房管理、医疗手术用品的定制、自动售药系统和医院信息化等增值服务。

图 1　发达国家医药流通业的经营模式

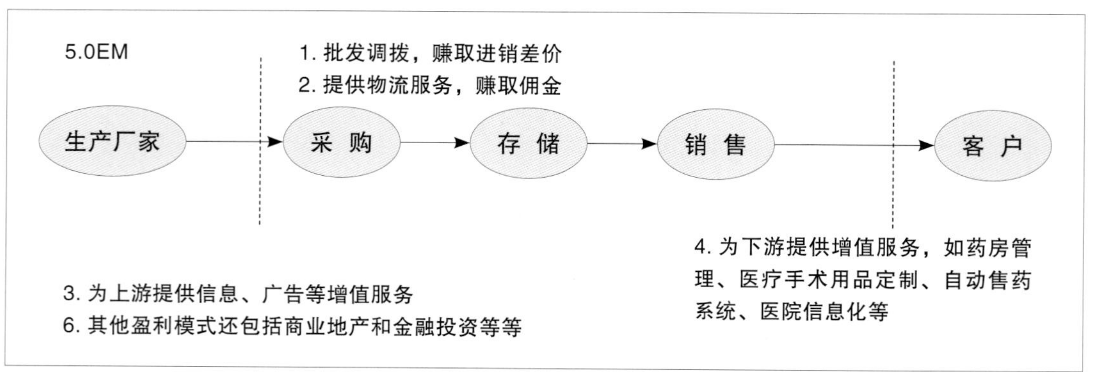

对医药零售企业而言，整个产业正处在成长阶段。从经营模式上来看，基本还处于以产品销售为主导的阶段；从规模上来看，还难以发挥终端优势。

然而，随着资本的进入、信息和物流技术的快速发展，医药连锁企业的增长方式将会得到改变。我们预测，将有一些企业借助资本的力量，在业务拓展、物流配送和门店管理上提高效益，然后进行扩张和新模式的探索，届时，针对终端优势开发的 OEM、信息、广告等多种盈利模式将使医药连锁企业更具投资价值，从而吸引更多的资金进入医药连锁领域。

部分企业介绍

迈向国际化的中国医药集团

中国医药集团是由国务院国资委直接管理的中国规模最大、产业链最全、综合实力最强的医药健康产业集团。以预防治疗和诊断护理等健康相关产品的分销、零售、研发及生产为主业。旗下拥有11家全资或控股子公司和国药控股、国药股份、天坛生物、现代制药、国药一致、盈天医药6家上市公司。

2003年至2012年，集团营业收入年平均增幅32%，利润总额年平均增幅45%，总资产年平均增幅32%。2012年营业收入1650亿元，其中工业销售规模超130亿元，成为首家进入世界500强的中国医药企业，位列全球上榜医药企业第10位。

中国医药集团正全力推进集团五大平台——现代物流分销一体化运营平台、产学研一体化科技创新平台、国际经营一体化平台、医疗健康产业平台和高效管控与融合协同一体化平台的全面建设，形成五大全覆盖网络——全国医药物流分销配送网络、全国医药零售连锁网络、全国麻醉药品配送网络、全国生物制品营销及冷链配送网络、全国医疗器械耗材产品配送网络，促进集团十一大业务——医药现代物流分销、医药零售、生物制品、化学制药、现代中药、诊断试剂与化学试剂、科学仪器与医疗器械、医药科研与工程设计、医药国际经营与海外实业、医药会展与传媒、医疗健康产业的全面发展，构成了一个以医药健康产业为核心竞争力的创新型企业。

中国医药集团拥有覆盖全国31个省、自治区、直辖市的医药流通配送网络和与国际水平接轨的30个配送中心，是国内最大的生物医药研发、生产企业，承担了80%以上的国家免疫规划用疫苗的生产任务。集团建立了生物制药、麻醉精神药品、抗感染药、抗肿瘤药、心脑血管用药、呼吸系统用药等生产基地和药材基地，拥有国内实力最强的应用性医药研究机构和工程设计院。2010年，中国医药集团被评为国家创新型企业。

中国医药集团是我国医药行业与外资合作最早、最多和最成功的企业。从1980年开始先后与多个国际著名医药企业建立了中国大冢制药有限公司、华瑞制药有限公司、西安杨森制药有限公司、中美施贵宝制药有限公司、苏州胶囊有限公司等20家合资企业，与世界上100多个国家和地区建立了贸易合作关系，开展了多项国际技术合作，国际化步伐不断加快。

中国医药集团以“关爱生命、呵护健康”为企业理念，承担着国家抢险救灾药品、生物技术产品、中药材、医疗器械的中央储备、调拨和供应任务，在1976年唐山大地震、1998年抗洪抢险、2003年抗击非典的战斗中；在2008年汶川抗震救灾、2009年防控甲型H1N1流感疫情、2010年玉树和舟曲抗震救灾的现场；在2008年奥运会、2009年国庆阅兵和2010年上海世博会等重大事件医药物资储备与应急供应，2010年国家麻疹疫苗强化免疫活动，以及2013年芦山地震中，都能看到国药人紧张工作的身影，为保障人民的生命健康和社会稳定发挥了重要作用。同时，集团研发生产的疫苗出口到印度、泰国、韩国、尼泊尔、斯里兰卡等国，为当地民众健康做出了积极贡献。

中国医药集团是中国化学制药工业协会、中国麻醉药品协会、中国医药商业协会、中国医药工业科研开发促进会、中国医药企业发展促进会、中国医药职工思想政治工作研究会、中国医药会计学会、全国医药技术市场协会、中国药文化研究会等多家行业组织的会长单位，同时是全国药品交易会等重要会展的主办和支持单位，为国家防病治病、保障人民健康和促进行业发展发挥着重要作用。

中国医药集团的发展目标是，“十二五”期间，建成涵盖医药行业全产业链的，具有行业带动力和国际竞争力的大型医药健康产业集团，成为进入世界500强的第一家中国医药健康企业。

飞速发展的国药控股股份有限公司

国药控股股份有限公司（简称国药控股）是中国医药集团总公司所属核心企业。中国医药集团是由国务院国资委直接管理的中国规模最大、产业链最全、综合实力最强的医药健康产业集团。以预防治疗和诊断护理等健康相关产品的分销、零售、研发及生产为主业。旗下拥有11家全资或控股子公司和国药控股、国药股份、天坛生物、现代制药、国药一致、盈天医药6家上市公司。2003年至2012年，集团营业收入年平均增幅32%，利润总额年平均增幅45%，总资产年平均增幅32%。2012年营业收入1650亿元，其中工业销售规模超130亿元，是中国唯一一家超千亿医药健康产业集团和世界500强企业。

引领行业发展

国药控股定位于中国第一、世界一流的医药健康整体服务提供商，秉承关爱生命、呵护健康的核心理念，勇于担当央企社会责任，着力打造卓越的中国医药商贸体系，并将主营业务聚焦于医药分销物流和医药零售，与医药工业、医疗器械、化学试剂、医疗服务、健康发展等辅助业态有机协同，到2015年成为亚洲第一！并确保医药分销物流、零售连锁、精麻产品、冷链产品配送四个全国第一，成为具有国际竞争力的世界级企业。

作为一家全球化的公众公司，国药控股正站在国际化的高度，实施行业领导者的积极竞争战略：以资本驱动、运营驱动、创新驱动为战略路径；通过集约化运营管理和集成服务，从传统分销向现代服务转型；主业突出、相关多元，适当延伸产业链，各业态高度协同，相互支撑；全品种全覆盖多业态专业化，构筑最大医药健康服务平台；构建现代医药分销网络、智慧供应链与医药健康整体服务的核心竞争优势；完善国药网（全球采购网、立体营销网、物流配送网、智慧供应链），将国药网打造成为国家药网；聚焦医院、药店、基层三个终端，面向上下游客户、国内外伙伴，配合政府、创新服务；创新商业模式、实现一体化运营、稳固行业第一地位，最终实现国药控股十二五战略目标，从国内第一走向世界领先！

铸造辉煌历程

国药控股成立于2003年1月，2009年9月23日在香港上市，目前已发展为中国最大的药品、医疗保健产品分销商及领先的供应链服务提供商，拥有并经营中国最大的药品分销及配送网络，形成了药品分销、物流配送、零售连锁、药品制造、化学试剂、医疗器械、医疗健康产业等相关业态协同发展的一体化产业链。公司市值名列全球医药分销企业第四位，医药分销物流、零售连锁、精麻药品、冷链配送四大领域稳居全国第一。截至2013年3月，公司注册资本24亿余元、在岗员工近4万人。

作为中国医药集团所属核心企业和“央企市营”、“混合所有制”改革的成功典范，国药控股坚持走“联合重组、资本运营、资源整合和集成创新”的可持续发展之路。十年来，国药控股有序整合行业资源，业务规模不断扩大、经营质量不断提高、盈利能力持续增长，近年来始终保持近40%的复合增长率，为全面实现企业“十二五”发展目标奠定了扎实的基础。2005年以来连续8年蝉联中国医药商业企业销售额榜首；2011年荣膺“国内首家医药流通业务超千亿元”企业，2012年销售规模达到1355亿元，强势保持中国最大的药品及医疗保健产品分销商及领先的供应链服务商的市场地位。

截至2012年12月，公司拥有306家全资及控股子公司（含国药股份、一致药业两家境内上市公司），经营分销配送网络覆盖全国30个省、市、自治区的164个地级以上城市，在19个省市医院直销市场竞争排名第一，服务逾14万家行业客户。公司已建成北京、上海、天津、广州、沈阳、长沙、太原、武汉、南宁、扬州、石家庄11个物流中心；同时，正在乌鲁木齐、郑州、成都、石家庄等城市建设新的物流中心。当前，公司正着力提升安全、可及、可视、高效的专业物流能力，推进全国药品物流与分销配送网络的建设。“十二五”期间，将积极完善国药物流全国药网的建设和最后一公里配送体系，逐步建成4个全国枢纽、8个区域物流中心、40个省级物流中心、70—80个城市配送中心、若干配送站的两层半配送网络体系，实现全国城乡医药物流网络全覆盖。

作为中国仅有的三家特许麻醉药品全国分销商之一，公司目前占有该行业的中国市场绝大部分份额。

国药控股所属国药控股国大药房有限公司是中国医药零售行业名列榜首的医药零售营运商,2012年销售规模达到47.6亿元，公司在北京、上海、天津、辽宁、江苏、浙江、广东等18个省、自治区、直辖市经营1800余家“国大药房”品牌药店，形成了星罗棋布的全国药品零售连锁网络。在我国医药体制改革进 程中，公司在中国医药集团国总公司做强做优中央企业医药健康产业发展平台的大背景下，借助于国药控股强大的资本、品牌、分销和物流网络的优势，依托国大药 房的全国ERP平台、精细化管理等优势，全面打造具有“成本领先，品种齐全，服务优良，价值提升”的全国医药零售终端网络，万民员工以昂扬向上的姿态，在我国医药体制改革中，谱写出为民健康事业发展的新篇章。

依托中国医药集团总公司强大的医药研发平台和国药控股完善的全国分销物流网络，国药控股工业板块以“提供优质药品、发展工商联动、开展国际合作”为定位，旗下深圳致君制药有限公司、国药集团国瑞药业有限公司、国药控股一心制药有限公司、苏州致君万庆药业有限公司、国药控股星鲨制药（厦门）有限公司、国控控股深圳中药有限公司、国药乐仁堂河北药业有限公司等9家以生产抗生素、抗肿瘤药、心脑血管用药、外用药、健康保健品为主的制药企业，不断引进世界一流技术，打造秉承工商协作特色的现代化产业平台，为患者送去健康与安心。

国药控股所属国药集团化学试剂有限公司是国内最大的化学试剂经营企业，产品应用领域涵盖科研院所和大专院校，用于生物技术、环境测试、药物研发、质量检验、教育实验等多方面，在上海、北京、沈阳、西安、苏州、成都、太仓等区域建有分、子公司，拥有沃凯、SCRC、沪试、京试、申玻等一批知名自主品牌及自营进出口权。公司致力于为各大科研机构、研究院，提供最先进、最便捷的实验室整体化解决方案。

国药控股旗下的国药控股医疗器械有限公司是集产品销售代理、配送、连锁经营和售后服务为一体的专业医疗器械企业。公司积极与海内外知名企业开展合作，深入拓展产业价值链的上下游，以专业、一流的产品与服务，为国内各大医院提供众多具备国际品质的医疗设备器械。公司将以国药控股医疗器械有限公司为平台，聚焦医院非药业务的整体服务，与药品配送发挥协同效益，形成国药控股独特的药器联动整体服务模式。

以国药健康实业（上海）有限公司为平台，国药控股立足中国营养健康领域，致力于在全球范围内寻找高品质的原料与技术，为中国每一个家庭提供天然、安全、健康的营养产品与专业的健康服务。

国药控股煜嘉投资有限公司专注于高端医疗服务和特色专科领域的延伸和拓展，2012年9月，作为国内第一家央企医美企业，国药控股“上海万丽医疗美容门诊部”正式开业。

国药控股健康发展（上海）有限公司，是国内唯一能够提供国际水准的慢性疾病管理服务专业公司，管理超过100万的慢性病患者，疾病覆盖20多个病种领域，拥有国内最大的专业医学呼叫中心及出色的员工团队。

作为国家医药储备定点单位，国药控股承担着全国重大灾情、疫情、事故的急救供应工作。在2003年“非典”、2008年南方特大雪灾与汶川地震、2010年玉树地震等危急时刻，国药控股履行国家命令，肩负社会责任，坚决完美地完成了储备药品的调拨配送任务，为保障人民的生命安全与社会稳定发挥了重要作用。同时，公司积极参与各类社会慈善事业，开展丰富多彩的企业文化融合活动，创建和谐企业。

国药控股多次获得中央机构、社会各届授予的“社会工作贡献奖”、“中国红十字服务奖”等荣誉称号。2011年，公司被授予2009-2010年度上海市文明单位荣誉称号。2012年，公司荣获中国企业文化研究会颁发的“企业文化建设优秀单位”称号。2012年，公司党委荣获中央组织部颁发的“全国创先争优先进基层党组织”称号。

国药控股是中国医药商业的一面旗帜，从国药控股的发展历程和战略方向，我们看到了中国医药卫生健康事业的美好前景！路漫漫而其修远，我们可以期待一个健康的迈向全球的国药控股，更可以信赖一个为人类健康一如既往提供优质满意服务的走向卓越的国药控股!

海王银河医药物流体系 打造供应链优化整合

海王集团成立于1989年，多年来专注于医药产业发展，已形成涵盖医药产品研发、制造、流通和零售的完整医药产业链，是国内知名的大型综合性医药企业集团，海王集团旗下拥有国内规模最大的直营连锁药店、覆盖华东和东北地区的医药商业物流网络、国内领先的新药自主研发体系和较高水平的药品生产制造体系，拥有海王生物、海王星辰、海王英特龙三家规范运作的上市公司，具备行业领先的全产业链竞争优势。2012年集团整体销售规模近160亿元，名列“中国民营企业500强”和“中国民营制造业500强”排行榜前列。

海王银河是海王集团医药全产业链上医药物流版块的主体平台，以创新的医疗机构药品“阳光集中配送”模式为核心业务，目前在全国七个省区近二十个地市开展业务并不断拓展，业内影响不断攀升。

合作共赢的“阳光集中配送”模式

（一）背景

2009年，中共中央、国务院发布《关于深化医疗卫生体制改革的意见》（中发〔2009〕6号），明确指出：“鼓励地方因地制宜制定具体实施方案，开展多种形式的试点，探索进一步降低基本药物价格的采购方式，并由省级人民政府指定的机构公开招标采购，由招标选择的配送企业统一配送”。国家发改委也在对外发布的《物流业调整和振兴规划》（国发〔2009〕8号）强调：“医药行业要实行医药集中采购和统一配送，推动医药物流发展”。

针对医药流通行业“多小散乱”、效益低下、药品流通环节混乱、流通市场秩序不规范等现状，海王努力探索一种政府、医院、患者、药品制造企业、药品配送企业多方共赢的新模式。结合2009年以来国家确保药品质量、降低流通成本、降低药价、推进医药分业管理的医改政策指明的导向，海王认为通过相对集中的统一采购、统一配送，将专业的院内物流服务信息化自动化与配送商供应商实现无缝对接，进而支持药事服务现代化，是一种必然趋势，也是实现医药分业经营和管理的前提条件。在这个过程中，需要通过供应链利益阳光化和合理分配，建立起供应链各环节的战略合作关系，其中医药流通企业自身要提高品种保障能力、配送效率，降低运营成本，以确保能够支持院内物流服务延伸，支持现代药事服务升级，在此初衷下，海王银河于2009年提出了医院用药“阳光集中配送”模式。

（二）“阳光集中配送”模式

阳光集中配送是以一个区域或市为单位，在完全遵循国家药品管理政策不变、执行省级集中挂网招标采购价格不变和医院用药选择权不变的前提下，选择一家综合实力优秀的医药商业作为主配送商，完成所辖区域主体医疗机构用药的集中配送工作。

“阳光集中配送”模式具有突出的社会效益：一是将药品流通领域的价值链完全集约化、透明化，让利于民；二是有利于规范药品流通市场秩序，通过建立可追溯的供应链管理体系，有效保障医院用药品种及质量安全，降低政府监管成本，提高监管效率；三是由集中配送企业支持建立与“阳光集中配送”项目配套的药房自动化改造、SPD院内物流管理系统等延伸服务模式，将推动医院药事管理水平的提升，从而真正做到政府、医院、百姓、企业的多方受益。

（三）“阳光集中配送”发展路径

2009年，海王顺应现代医药物流发展的趋势和国家新医改政策的导向，首创了医疗机构药品“阳光集中配送”模式，该模式有利于实现政府、医疗机构、患者和流通企业的多方

共赢、是供应链利益的合理分配方案，如今已经得到了市场的广泛认可，

目前该模式已在山东、河南、安徽、湖北、吉林、黑龙江等省市得到成功复制，且仍在不断拓展。也正是伴随着“阳光集中配送”业务的成长，海王银河医药物流体系日益发展壮大，旗下核心公司山东海王银河医药有限公司2012年业务规模位居全国同行第15位，成为区域性龙头医药物流企业。

“阳光集中配送”顺应国家新医改政策的导向，适应现代医药物流发展的大趋势，符合企业自身的发展需求，得到了各地医院的广泛认可和相继支持。

（四）创新增值的医药物流延伸服务

医改明确提出要推进医药分开，全面推进取消“““以药补医”””，逐步取消药品加成。抓住新医改的机遇和挑战，海王银河医药物流系统在实施医院用药“阳光集中配送”的基础上，积极开拓，不断探索医药商业企业为医院药事管理提供的延伸服务新模式。

医药物流延伸模式具体服务内容主要包括：在综合评估医院实际情况和客观需求的基础上，为医院定制个性化的药事服务解决方案并协助实施SPD院内物流系统（含门诊药房、住院药房、静脉配置中心等的自动化建设）、静脉配置中心、院内专业药房建设等项目，同时提供项目管理、监理、咨询等服务。

海王银河从2011年启动实施医院药事管理延伸服务模式以来获得了医院的高度认可和广泛的社会好评，其先进的示范效应也引来了多家大型医院和各地政府主管部门前来考察学习。海王银河未来还将不断探索新的延伸服务方式，以先进的技术手段和现代的服务理念帮助医院提升药事管理水平。

深圳市银河科技有限公司成立于2011年，隶属于深圳海王集团股份有限公司。公司通过软、硬件技术的引进与开发，向各级医疗机构提供专业的自动化药房改造、静脉药物配置中心建设、院内物流、临床路径等药事管理综合服务，为客户定制整套的个性化解决方案，并负责项目实施、全程质量管控和售后服务，致力于成为中国领先的药事解决方案提供者。

作为综合药事服务解决方案提供者，我们以国家医疗卫生体制改革政策和医院未来发展方向为导向和依据，引进国内、外先进药事管理领域产品，创新与本土化结合，在充分考虑客户的需求和体验的基础上，顺应规范化流程，不断规范、改进我们的解决方案，从需求分析、方案设计沟通、设备提供、项目实施评估至售后服务，为医院打造具有国际化领先水平的药事服务工作模式。以医院内药品流向为线索，建立药品流转信息化平台，以智能化软件为手段，配备相应硬件，实现全院药品采购、仓储、流转、调配、发放的全过程自动化和监控。我们的服务包括以药房为单位的布局设计、药品关联分析和货位优化、药师路径优化、分区管理、不同程度自动化方案设计；也包括提供以医院为单位的整个药品院内物流运转设计和药品采购管理、在途管理、在库管理、自动化调配管理、销售追踪等等方案。此外我们还积极搭建交流平台为药事服务的发展提供学习和交流的平台。

目前，银河科技已经成功实施药事服务相关项目近20个，延伸服务以病人为中心，缩短病人取药等候时间、提高病人用药安全的同时，提高药事的工作效率，精细化管理医院药品，做到院内物流全程透明，降低库存积压，提高周转效率，大大降低医院的管理和运营成本，提升医院现代化的管理水平和形象。同时以现场跟进体验、定期回访、总结修正、用户体验升级的闭环式整套售后服务体制，得到客户和社会的一致好评。

银河科技依托海王集团在医药领域的雄厚实力，面对国家新医改、新政策，抓住市场机遇，深入探索医院药事管理服务模式，成为领域内的先行军。银河科技秉承多元开新，广纳智慧与经验，在药学工作由传统的药品供应服务模式向以病人为中心的技术服务模式转变的发展趋势下，从药学、管理学、经济学、社会学等专业角度为客户提供基于使用者需求和严谨科学分析的综合性解决方案，并通过专业的实施管理帮助客户实现其战略愿景。

今天的海王集团，已形成了以品牌为基础、以创新能力为核心，涵盖医药研发、医药制造、医药商业流通、医药连锁零售的完整产业链条，并在产业链的关键环节之间实现了资源共享，融会贯通，从而从根本上提升了海王集团的竞争力，为海王持续发现新的增长点奠定了雄厚的基础。未来的海王银河医药物流体系，将持续保持高度的创新精神，以优质的服务、饱满的热情，为客户提供更多的增值服务，赢得更多来自社会各界的认同，健康成就未来！

重庆医药（集团）股份有限公司

——以社会责任为导向的诚信经营管理

重庆医药（集团）股份有限公司（简称重庆医药）是重庆市国资委重点骨干子企业，是重庆化医控股（集团）公司的控股子公司。2012年底，公司拥有员工13000余人（其中专业技术人员近3650名），分、子公司31个，地跨渝、川、黔、湘、赣、鄂、冀等地，2012年集团实现销售214.51亿元，利税6亿元以上。

重庆医药是西部地区最大的医药企业（2012年全国名列第6位），其中医药工业名列2011年中国制药工业销售百强第73位。2012年3月，通过整合化医集团医药资源，重庆医药形成集医药研发、制造、批发和零售为一体的产业发展格局，拥有进出口经营许可权，是中央和重庆两级政府药械定点储备单位，是中国三家经营特殊药品的全国性批发企业之一，是国际医药批发商联合会会员单位。

重庆医药通过以社会责任为导向的诚信经营管理，经营质量和经济效益显著提高。重庆医药经营品规从2006年的3万个左右发展到2012年的7万多个，销售网络从2006年覆盖全国10个省市发展到2012年覆盖全国31个省市，已延伸至全球部分国家。2006-2012年，重庆医药销售连续7年列中国医药商业前8位。

一、转变观念，树立诚信经营管理理念

重庆医药将诚信经营管理理念融入企业发展战略，贯穿经营管理的整个过程，既为社会带来价值，又给企业带来竞争优势。重庆医药认真梳理发展历史进程，对自身的文化资源进行整理、继承和创新，使重庆医药诚信经营管理形成体系。以诚信经营管理理念为指导，对股东做到信息透明公开，创造盈利合理回报股东，让股东放心；提升企业形象，建立分享机制，确保和谐稳定局面，让员工自豪；提升企业资信，为客户提供有竞争力和吸引力的商品及服务，让客户满意；供应质量过硬、价格合理的药品，让百姓信赖；依法合规经营，勇担社会责任，让政府省心。

二、建立责任体系，完善诚信经营管理制度

为发挥医药流通企业诚信经营管理的效能，重庆医药从组织管理角度解决人力、资金、技术等资源的优化配置，明确界定各级组织的职责。成立诚信经营管理领导小组，董事长兼总经理任诚信经营管理总负责人，负责主持相关重大决策，统一协调资源配置以及重要事项审批；分管副总经理按照分工分抓诚信经营管理工作。设立诚信经营管理办公室，负责协调、推进诚信经营管理工作。质量管理部、业务运行部、财务部、人力资源部、企业管理部、和平物流中心、信息中心等具体落实工作部署。重庆医药每季度组织检查、评审，确保企业诚信经营管理体系有效运行。

重庆医药将诚信经营管理的理念转化为可指导、可操作的管理制度。一是在市场营销、法律风险防范等各个管理领域建章立制，形成覆盖企业运营全方位、全过程的制度体系。比如在供方管理办法中，实行分类管理，对优秀供方、诚信供方给予优惠政策，建立战略合作伙伴关系，树立崇尚诚信经营、追求和谐共赢的导向。二是按照GB/T19001-2008标准编制质量手册，建立《采购过程控制程序》、《营销过程控制程序》、《与顾客有关的过程控制程序》等22个程序文件，并对药品/商品经营管理文件及其他支持性管理文件进行梳理，完善了质量管理体系文件。

三、加强经营环节的诚信管理，为客户提供优质服务

重庆医药秉承“诚信、互惠、共赢”的经营理念，每年评选优秀供应商、医院、分销商，与优质客户建立长期稳定

合作关系，将诚信文化渗透到企业经营各个环节。

1. 加强对供应商的诚信管理

从2006年开始，本着“诚信与实力相结合，以诚信为先”的原则择优选择供应商，建立起与供应商的合作联盟，为供应商提供优质服务。

2. 加强对医院客户的诚信管理

医院需要大量的药品、器械，是医药流通企业首要的客户群。重庆医药本着“优质服务、加强沟通、互利共赢”的原则，建立起与医院客户群的合作联盟。

3. 加强对分销商客户的诚信管理

医药分销商具有数目众多且高度分散的特点，重庆医药本着诚信原则择优选择分销商，通过专业化服务，建立起与分销商的合作联盟。

4. 加强对零售客户的诚信管理

零售药房直接面对广大消费者，是重庆医药服务百姓、培育品牌的基点。重庆医药旗下和平药房是全国连锁品牌，2500多家零售连锁药房覆盖重庆所有区县，并跨省布点，以“强化诚信经营管理和不断提高服务水平”为基本原则，致力于为客户提供质量过硬，价格透明合理的医药商品，以及配套优质服务。

四、强化内控和质量管理，确保流通环节的药品安全

强化内控管理。一是加强合同审核。重庆医药先后修订《合同管理规定》、《合同审查管理办法》、《法人授权管理办法》等制度，详细规定合同授权、审查、签订、履行、统计等具体程序和要求，做到依法诚信经营。二是严格资信管理。及时收集客户经营相关信息，防范经营风险。合理安排库存周转，加强比价采购管理和入库订单管理，在不影响配送时效的基础上尽可能保证最低库存。三是实行内部审计制度。对内审机构人员配备实行专职化，并注重保持其稳定性。

强化质量管理。一是在坚持GSP、GMP管理体系取得阶段性成效的基础上，不断引进先进管理标准。2007年重庆医药在和平物流、和平制药实施6S和TNPM规范体系管理，2008年初对质量管理流程进行了再造，完善了质量管理信息系统，实现了质量控制过程数据化，形成了PDCA闭环管理控制。2009年，重庆医药通过ISO9001-2008质量管理体系认证，秉承“重质量、让百姓吃上放心药，讲诚信、为客户持续提供满意服务，遵法规、做医药流通责任企业”的质量方针，坚持采购药品、商品合格率100%，客户满意度不低于90%。二是确保所售药品质量。在销售环节如发现不合格品，立即停止销售同一批号药品；追溯、送检验同一批次药品的质量，对发现的不合格药品予以标识隔离；如发生药物不良反应，立即联系生产厂家进行解决。三是开发冷链管理系统。重庆医药建立了上千平米的冷库，配置专用冷藏运输车以确保冷链药品的运输温度。存放冷藏药品的保温箱内，安置专用温度计，实时监控温度。四是建立不合格药品召回制度。重庆医药在入库、储存、出库、交货等环节严格执行《药品经营质量管理规范》(GSP)，凡经发现并已确认的不合格药品，立即采取隔离措施。重庆医药确保终端客户（使用者）健康安全，对不符合国家《药品经营质量管理规范》、《质量保证协议书》等规定的药品给予退换、并予记录。五是严格按照程序销毁过期失效药品。

五、努力控制流通环节成本，有效降低药品价格

搭建信息化管理体系，节约物流成本。重庆医药通过物流信息化管理系统的搭建，提高内部运作效率，保持客户服务质量，提高了市场反映速度，有效节约了物流成本。一是搭建起医药现代化物流平台。该物流中心自有配送车辆400余台，配备GPS卫星导航系统，有效保障了药品仓储、配送的质量和及时性。重庆医药坚持每天2次配送药品到医院，在全国医药物流界当属首家。二是开发商务、物流、供应链等多个信息管理系统。在信息化建设中，重庆医药管理人员与系统开发人员共同调研、分析、设计业务流程，全面应用数据库和网络技术，为诚信经营管理提供技术手段，降低物流成本。

加强资金营运，有效降低药品成本。重庆医药通过拓宽融资渠道，加强财务管理和资金营运，有效降低了药品成本。是降低融资成本。重庆医药基于企业经营需要，以及对国际金融危机形势的判断，多融资渠道获取贷款；筛选增资扩股方案，在股东的支持下，2007年、2010年、2011年、2012年4次增资扩股，增加资金9.69亿元，大股东持股比例从55.39%提高至74.99%，为持续健康发展创造了条件。

六、提高服务效率，完善社会责任实现机制

一是建立严格的上游客户关系管理体系。通过客户沟通会、政策研讨会、向政府相关部门反映企业诉求等多种方式为客户提供专业的增值服务，近几年多次召开基本药物、药品集中招标采购政策专题解读会，协助客户解决好在招标采购中的实际问题，树立了客户信心。二是与上下游客户建立战略合作关系。三是积极参加社区和谐建设，关注民生，多次组织社区健康公益活动。重庆医药积极践行社会责任，促进企业长远发展。一是保障重大灾害、突发事件药品器械的供应。重庆医药制定《突发事件药品/医疗器械供应应急预案》，明确各部门职责，细化重大紧急突发事件的控制程序，严格按照中央和地方药品器械储备计划落实储备库存，保证国家对储备药械的紧急调用。二是积极支持公益事业。积极开展募捐、对口支援等活动。三是依法诚信纳税。2010年以来，重庆医药以向社会发布社会责任报告书的形式，自觉接受社会和公众的监督。四是建立员工分享机制。

创造价值 追求卓越——英特集团风采

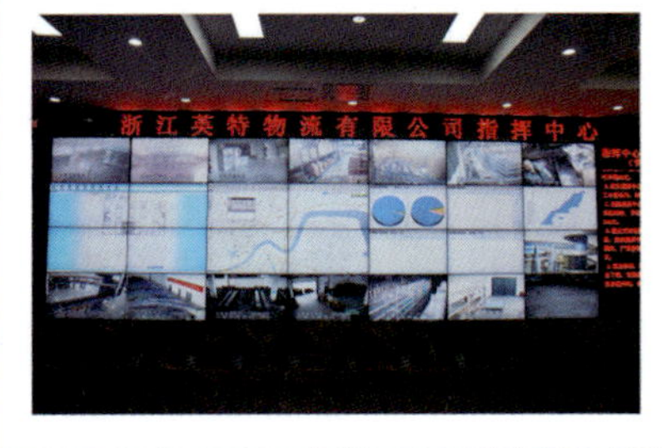

浙江英特集团股份有限公司
——致力于成为中国最优秀的专业医药健康产业综合服务商

一、总述英特

浙江英特集团股份有限公司（以下简称公司）是由中国中化集团和浙江省国资委合资的中化蓝天集团控股的上市公司，前身为“凯地丝绸”，股票代码为SZ.000411。

公司控股的浙江英特药业有限责任公司最早的前身是成立于1950年7月的浙江人民医药公司，1998年根据浙江省人民政府关于省级医药资产的战略性重组，由浙江省医药药材有限公司等四家省属医药流通企业合并成立。2001年12月30日，通过资产重组，“凯地丝绸”控股英特药业，公司主营业务转型为医药流通，并成功更名为浙江英特集团股份有限公司。2008年，中国中化集团公司入主原浙江省石化建材集团（公司实际控制人，2009年更名为中化蓝天集团），英特集团成为央企一员，迎来了新的发展机遇。

公司以药品、中药、生物器械三大业务为主营业务，以医药专业分销、现代物流、电子商务、生产加工和零售连锁为主要经营业态，下属成员企业包括浙江英特药业有限责任公司、浙江英特医药药材有限公司、浙江省医疗器械有限公司、浙江英特怡年药房连锁有限公司和浙江英特物流有限公司等二十余家子公司，销售网络遍布浙江、辐射华东，在医药流通行业有着较强的影响力。2012年，英特药业营业收入突破百亿大关，位列中国医药流通企业前十强。公司还承担了浙江省灾情疫情药品储备任务，履行社会责任，建立了良好的质量保证体系和优质快捷的信息、配送服务体系，实现了企业经济效益和社会效益的同步提升。

公司以致力于人类的健康事业为企业使命，以成为中国最优秀的专业医药健康产业综合服务商为企业愿景，践行“创造价值、追求卓越”的企业核心价值观，努力打造成为一个主业鲜明、经营特色、管理科学、文化先进的大型现代化医药健康产业集团。

二、品牌英特

经过一代又一代英特人的传承接力、奋勇拼搏，到如今，公司已发展成为营业收入超百亿，利润总额过两亿，总资产四十多亿，所有者权益超十亿，战略布局两省九地区，员工超两千人的区域医药流通龙头企业。

英特集团高度重视品牌建设，通过内外兼修，打造了鲜明的企业形象，在行业内和社会公众中树立了良好的企业知名度与美誉度。公司连续多年荣获“中国医药流通百强企业”、“浙江省重点流通企业”、“浙江省医药商业十强企业”、“浙江省服务业百强”、“中国服务业五百强”、“中国医药商业企业信用AAA级信用企业”、“杭州市大企业大集团竞争力百强”、“中国电子商务医药行业龙头企业”、“浙江省服务业重点企业称号”、“浙江省信用管理示范企业”、“中国冷链产业金链奖”、“商务部2013-2014年度电子商务示范企业”等荣誉称号；“英特医药物流服务”被评为“浙江服务名牌”，“英特”商号被认定为“浙江省知名商号”，是浙江省省级医药储备、现代物流、药品第三方物流的重点核心企业，是中国医药商业协会、浙江省医药行业协会、浙江省卫生信息学会、浙江省物流与采购行业协会、浙江省电子商务促进会副会长单位。

三、发展英特

纵观英特历史，是一部创业史、变革史，更是一部发展史。

三大业务创基业。药品业务作为英特集团的核心业务，以浙江英特药业有限责任公司为战略实施平台，巩固高端市场，拓展基层市场，产品以基本药物为基础，名优新特为特色，与世界制药行业50强中的39家，与中国制药行业100强中的96家建立了长期稳定的合作关系。营销网络遍布全省并辐射华东，依托全省各区域公司进一步实现渠道下沉、网络细分。中药业务作为英特集团的战略业务，以浙江英特医药药材有限公司为平台，以东新路中药产业园区为基地，以品牌为依托、产品开发为先导，生产为基础，专业营销为着力点，创新科技，打造科、工、贸一体化，产、供、销一条龙的中药完整产业链，开辟中药保健、名医诊疗、学术交流、健康养生等中药健康事业发展的新天地。生物器械业务作为英特集团的拓展业务，以浙江英特生物制品营销有限公司、浙江英特疫苗医药有限公司和浙江省医疗器械有限公司为平台，以转型升级、团队建设为切入点，以品类建设、网络拓展为抓手，依托营销模式创新、差异化服务提升及精准市场定位和产品定位，加快业务拓展。

战略并购谋布局。公司坚持"内涵增长、外延扩张"双轮驱动战略。从2009年开始，公司开始大力实施战略投资并购项目，为实现网络下沉和深耕终端奠定了坚实基础。通过股权合作、战略并购，英特在浙江全省布局进一步完善，宁波英特、温州英特、英特海斯、嘉兴英特、英特饮片、永康英特、金华英特、湖州英特、英特疫苗、绍兴英特大通等子公司先后挂牌成立，有力地推动了公司业务的发展。与此同时，随着福建英特盛健公司的并购重组，公司成功走出浙江，迈向华东。

物流建设夯基础。公司深知专业医药物流基地建设对于公司业务拓展的重要战略支持作用。公司一次规划、分次建设英特医药物流基地，2006年，康桥医药物流产业基地开工建设，英特百年大计、子孙工程正式启动，2008年物流一期建成。为了适应公司快速的业务发展，同时拓展第三方物流业务，公司于2009年9月动工建设物流二期。随着物流二期于2011年5月的启用，英特正式拥有建筑面积6万平方，专业冷库4000立方，年货物吞吐量1000万件以上，支持200多亿元销售规模的现代化专业物流中心，保持省内领先地位。同时，为进一步构建覆盖全省、快速高效、低成本的配送网络，英特自2010年开始积极实施浙江省内"多库联动"战略。目前异地库建设正有序推进，宁波库、温州库相继动工；到2015年底，省内多库联动的战略布局将基本完成，届时集团物流基地总面积将达到30万平方米以上，半径80-100公里的配送圈将覆盖省内主要地区，构建可控的配送体系，极大的提升公司的现代物流配送能力和服务能力。

资源整合强效率。公司从实际出发，以"强化精益管理，提高经营质量"为主线，以全面整合资源，全面提升公司管理质量、管理水平、管理效率为目标，逐步有序开展管理提升活动。2012年底，公司对组织机构设置及职责按照专业化、一体化、扁平化和区域市场化的原则进行调整：取消原英特药业下设的十二个职能部门和五大经营中心，在公司建立"一三二加区域公司"的经营组织体系，即一个总部、三大业务、两大战略支持、区域公司，实现分级分层分类管理。自此，英特集团化发展迈入崭新阶段。

人才建设添后劲。公司本着"人才聚力"的理念，坚持以人为本，优化人力资源配置，充分挖掘人力资源潜能的原则，通过外部人才引进、内部关键岗位竞聘、全面推进骨干轮岗外派、加大培训力度、推进绩效管理与责任考核等方式，为广大员工搭建事业平台，努力锻造一支专业、激情、高效的人力资源队伍，培养一批"能干事、会干事、干成事、能共事而又不出事"的英特事业经理人队伍，为公司健康、快速、可持续的发展奠定了深厚的人才基础。

四、信息英特

英特集团已基本形成了以ERP系统、综合管理系统、电子商务平台为核心，以呼叫中心系统、TPL(第三方物流系统)、移动商务、物流指挥中心等为辅助，以省内VPN专线网络为基础，以数据集中管理为手段的集团信息一体化格局。

通过ERP系统建设，形成了覆盖集团内部药品采购、物流、销售以及经营和质量控制的全过程；通过综合管理系统实施，为英特集团建立了集团管理的基本框架，帮助企业不断优化管理流程，提升管理效率；通过电子商务平台建设和推广，不断降低经营成本，提高供应链效率，提升客户服务水平；自2010年取得互联网交易服务资质以来，英特电子商务平台累计交易额已突破160亿。

在分销物流领域，英特集团积极为上下游客户提供供应链增值服务，推动企业转型升级，创新经营模式，提升服务价值，实现互利共赢，持续达成从分销物流商向专业医药供应链综合服务商转变的目标。

五、文化英特

"文化是根植于内心的素养，是不需要提醒的自觉，以约束力为前提的自由，是为他人着想的善良"。企业文化是企业的灵魂，是企业发展的内生动力。英特集团一直将企业文化建设作为实现企业又好又快发展的重要推动力，从提炼企业精神、完善人文关怀、加强经营管理、营造学习氛围、打造高效团队等各个维度入手，积极开展多形式、全方位的企业文化创建活动，形成了独具英特特色的企业文化氛围；

结合自身实际，继承并发扬优秀传统，树立了“创造价值，追求卓越”的核心价值观，营造了富有时代特色和进取精神的英特文化。有为有味，是英特人的文化自觉；品质品位，是英特人的文化自信；开放大气，是英特人的文化特质；包容和谐，是英特人的文化内涵！

六、责任英特

“商之大者，为国为民”。英特集团资产重组十多年以来，主营业务一直聚焦于医药流通领域，企业规模由小变大，实力由弱到强，在社会责任工作方面做出了一些有益探索，履责水平也逐年提高。公司从2008年以来，已连续多年发布企业社会责任报告，将企业的社会责任作为一项庄严承诺。

英特集团以“致力于人类健康事业“为企业使命，一直关注民生、回馈社会，以实际行动履行社会责任。近几年来，在抗击非典、抗震救灾、防治甲型H1N1流感与手足口病中发挥了主力军作用，有力地保障了人民群众的生命健康安全，也传播了英特积极良好的社会形象，弘扬了公司责任文化。

2012年由英特牵头制定的《药品冷链物流运作规范》成为国家标准，标志着公司在履行企业社会责任方面又迈出了坚实的一步，为提高中国医药冷链物流服务质量，提高行业集中度，整合社会资源，实现各环节与终端紧密链接，确保人们用药安全和生活品质的提高，推动了医药冷链物流事业发展尽了绵薄之力。

随着经营规模的扩大、项目的建设和企业的发展，公司增加了税收、扩大了就业，为推动地方经济发展和社会事业进步做出了自己的努力，响应政府的号召，参与了一系列政府倡导的项目和工作，更好的履行社会责任，为浙江人民的药品供应保障做出了应有的贡献！

广东大参林集团参天竞物

大参林，发源于茂名，成立于1993年2月。1998年10月开始跨区发展，2004年将总部移至广州，2006年实施全国发展战略。经过20年的发展，截止2012年5月，大参林已经发展成为：广泛覆盖广东、广西、福建、江西、浙江、河南等6个省份，旗下拥有26个营运区1200多家门店、12000名员工、6大配送中心及4家制药厂，集生产、物流、销售为一体的集团化大型企业，年销售额超过40亿元。

作为药品零售企业的领先者，备受消费者推崇、业界瞩目的品牌，大参林先后获得“中国药房连锁消费者十大满意品牌”、“广东省著名商标”、“最受顾客欢迎连锁药店”、“中国连锁药店三强”、“广州品牌60强”等荣誉称号。

大参林以“满腔热情为人类健康服务”作为企业的使命，秉承“以尽可能低的价格提供绝对合格之商品，并尽最大限度满足顾客需求”的经营理念和“我们是演员，顾客是评委”的服务理念，并铸就了鲜明的企业品格——承载社会责任，内涵已由成立初期的解决社会就业升华到心系民生，以苍生疾苦为念。

参天竞物，大参林，从茂名走向全国，脚步笃定且坚毅；

参天竞物，大参林，正朝着中国药品零售领军企业发起冲刺；

参天竞物，大参林，正逐渐成长为与国际接轨和转型的规范化企业。

履行社会责任，坚持“平价”惠民

——大参林积极参与“平价药店”试点工作

2012年，为了规范药品零售市场价格行为，保持市场价格水平的相对稳定，保障群众用药的基本需求，广东选取广州、佛山、中山、梅州四个城市进行了“平价药店”试点，大参林企业荣幸成为广州首批试点单位之一。

大参林积极申请开办“平价药店”，主要基于以下几点：

拥有雄厚的实力和基础。经过20年的发展，大参林已位居全国连锁药店的前三强。作为广东药店的龙头企业，大参林的网络已遍及广东全省县级以上城市和大部分乡镇，是最具影响力的药店品牌。如在广州拥有200多家门店，年销售额超过10亿元，无论是门店数还是销售额都排在第一位。

秉承“平价”的理念。坚持“以尽可能低的价格提供绝对合格之产品，并尽最大限度满足顾客需求”的经营策略，主要通过三种渠径来实现“平价惠民”：一、发挥规模优势，直接从厂家进货销售，减少中间费用；二、争取成为厂家的全省或全国总代理，最大限度获得降价空间；三、收购了三家大型药厂，直接生产药品供应给门店，大幅度降低药品成本。

高度的社会责任感。在不断发展壮大的同时，大参林企业也一直积极履行社会责任，如参与各种公益捐助活动、农村“两网店”的建设等。大参林企业认为，参与广东“平价药店”的建设，是企业应履行的社会责任。虽然我国药店的数量不少，但大部分都是从批发企业进货，尤其是单体药店，多数从二级、三级批发企业拿货，增加了中间环节的费用，有的甚至从不正当渠道进货，药品的质量难以保证。目前，北京、深圳等地正在努力推行“医药分开”，新医改已进入“深水区”的攻坚时期，大型连锁药店参与开办“平价药店”可谓正当其时，可以充分发挥其在药品流通领域的市场调节作用，有利于促进和加快新医改的进程。

为了做好试点工作，从企业广州门店中挑选出了几家形象、条件较好的中心大店，分别在2012年的10月和12月各申请开办了3家“平价药店”。在严格遵守“平价药店”相关规定和要求的基础上，又开办的条件有所提高，例如广州对“平价药店”要求“平价”的品种不少于260种，大参林的品种达到400个；对“平价”药品的价格要求低于市场平均价格的幅度不少于5%，陆续又达到了10%以上。

经过5个月的试点，据统计，6家平价药店的平均降价幅度为12%，销量平均增长6.5%，月均客流提升15%，共为老百姓节省药费80多万元。

当然，开办“平价药店”需要不断探索、积累与总结，在发展的过程中会遇到一些问题和困难，但我们相信，在政府相关部门的领导与支持下，我们一定会把“平价药店”办好，并且在将来开出更多的“平价药店”，让更多的群众受益。

2012年企业大事记

◈ 2012年2月28日，《21世纪药店》报高管团队采访大参林总部，双方对业内比较关心的热点话题和将来在战略上合作的可能性进行了探讨。

◈ 2012年3月10日，随着广东省内第14家子公司——潮州市大参林药店有限公司顺利通过验收，意味着广东大参林集团广东省内子公司布局战略全面告捷。

◈ 2012年4月16日，广东大参林集团新事业部中心宣告成立，该中心主要负责个护相关商品采购、个护美容专区和药妆专门店的管理、营运指导工作。

◈ 2012年5月16日，中共广东大参林连锁药店有限公司支部委员会选举大会召开。

◈ 2012年6月26日，中国医药商业协会连锁分会颁布了“2011年度中国药品流通行业零售企业销售收入排序”榜单，广东大参林连锁药店有限公司荣获第3名。

◈ 2012年7月19日，董事长柯云峰荣获“2012中国药品零售市场最具魅力人物”称号。

◈ 2012年8月25日，董事长柯云峰当选“领秀10人·2012中国药品零售业领军人物”。

◈ 2012年9月17日，中共广东大参林连锁药店有限公司支部委员会正式成立。

◈ 2012年10月12日，大参林2012年度星火人才招聘活动在广州中医药大学正式启动。

◈ 2012年11月24日，大参林中山可可康制药基地正式动工。该基地的生产范围包括中药提取、参茸和饮片加工、颗粒剂、片剂、胶囊、口服液、保健品，预计在未来两年内完成，将为大参林旗下药店提供强大的产品支持。

◈ 2012年12月5日，日本《健康商务》杂志社社长上泽秀行、Fancl研究所副所长山口宏二一行6人莅临大参林总部进行交流，并参观了大参林的药妆店。

天士力制药集团股份有限公司
新包装 好品质 始终如一
多靶点心脏保护
滴丸剂型 口感佳 起效快
清热解毒 抗菌消炎

天士力集团简介

天士力集团成立于1994年，是以大健康产业为主线，以生物医药产业为核心，以保健品、功能食品等健康产业以及健康管理与服务业为两翼的高科技企业集团。

天士力集团以现代中药奠基立业，始终坚持走高科技产业化的发展道路。立足于民族医药产业的继承创新和产业升级，从开发现代中药复方丹参滴丸一个科研成果开始，走上了创新驱动、内生增长的快车道。探索形成了以组分中药为主导的中药创制新模式，明确了中药药效物质基础和作用机理，形成了组分中药的技术开发和先进制造平台，实现了中药的数字化和信息化，为我国新药研发、创制平台建设探索了一种新模式。大力实施标准化管理和产业链的系统化建设，带动现代中药质量控制标准的国际化接轨和标准体系的完善。从中药产业的源头开始，建立了一条将药物研发、药材种植、中药提取、制剂生产和市场营销各环节集于一体的标准化的现代中药产业链，实现了中药“做大药、做大产业”的保障体系和生产能力。从一味中药的开发，形成了一个“产学研”相结合的科技创新体系，形成了现代中药产品集群和产业规模；在现代企业制度基础上，建立了吸引人才、鼓励创新、实现创新的新机制。天士力积极探索制药工程和制药装备的自主创新，自主研发的新型高速滴丸生产线，率先在中药规模化生产中实现全程自动化控制，使PAT（过程分析技术）首次在中药生产中得到有效应用，同时原创超高速深冷磁悬浮高频振动滴丸生产技术，达到美国FDA和欧盟GMP标准，使现代中药制造与国际现代制药标准全面接轨。

天士力集团秉承“追求天人合一，提高生命质量”的企业理念，在大健康领域努力开拓。天士力医药营销集团在广东、北京、辽宁、山东、陕西、湖南、天津等地成立了11个子公司，形成了横向到边、纵向到底的营销网络以及8000余人的营销团队。通过机制创新、管理创新、营销模式创新，突出建立以客户为中心的整合品牌营销模式，加速多产品跨越发展，打造了复方丹参滴丸、养血清脑、蒂清、水林佳等国内第一品牌的医药产品。

天士力大力推动民族医药“走出去”战略。现代中药复方丹参滴丸已顺利通过了美国FDA（食品药品监督管理局）Ⅱ期临床试验，现在正在全球开展三期临床试验，“十二五”期间有望真正作为新药实现在美国上市，使中药成为安全有效、防治重大疾病的“世界大药”。倡导建立中医药世界联盟，联合科研院所和制药企业的优势资源，形成“中国力量”，开辟一条通路，不仅使更多的中药产品实现国际化，而且带动中医药文化走向世界。

近年来，特色化学药和高端生物药也获得快速发展。化学药建立了获得欧美和中国的GMP认证生产基地，达到国际先进水平。生物药以“十一五”重大新药创制科技重大专项、“十一五”期间唯一批准的一类生物新药——普佑克（注射用重组人尿激酶原）为龙头，形成了生物药的研发平台和产业平台。

天士力集团借助生物医药领域的技术优势，紧密结合生活核心要素，逐步进入现代白酒、生物茶、特殊功能水、安全饮用水以及保健品、功能食品等产业领域，以科技创新为先导，以优势资源开发为基础，形成了规模化产能和品牌化营销，努力打造“五个一”工程，即：做好一盒药、一瓶水、一杯茶、一瓶酒，设计好一套健康管理方案。

多年来，天士力集团积极参与社会救济、抗震救灾、文化传承、慈善捐助等各项活动，累计捐助总额达到2.27亿元。积极以项目扶贫方式参与光彩事业，为西部大开发、振兴东北老工业基地做出积极贡献。企业先后在陕西、甘肃、贵州、云南、吉林等边远地区投资发展，带动当地资源开发、产业升级、百姓脱贫致富和区域社会经济发展。

企业先后承担国家863计划、973计划、“十一五”、“十二五”重大新药创制专项等重大科研课题近百项。连续三届获得“全国精神文明建设先进单位”，先后获得“高新技术企业”、“创新型企业”、“全国劳动关系和谐企业”、“全国创建学习型组织先进单位”、“全国民主管理厂务公开先进单位”等荣誉称号。

面向未来，天士力集团将继续发展壮大“一个核心带两翼”的大健康产业格局，为实现“创造健康，人人共享”的目标，锐意创新，科学发展。

天津中新药业集团股份有限公司医药公司

天津中新药业集团股份有限公司医药公司是中新药业集团所属核心企业，成立于2007年6月，在原中新药业商业批发系统基础上整合组建而成，中新药业医药公司秉承中新药业集团“天人同序、惠福民生”的经营理念，致力打造具有中新品牌的商业物流中心，下设13家全资分、子公司，4家控股公司及达仁堂单体药店，是集渠道分销、纯销、零售为一体的多业态医药商业旗舰企业。

中新药业医药公司拥有强大的中新药业集团医药资源优势，区域配送网络优势，按照国家深化医药卫生体制改革建立扁平化、少环节、可追踪、高效率的药品配送模式的要求，实行“统一管理，集中采购，渠道分销，区域经营”的经营方针，以“创新、调整、控制”为思路，2007年至2012年销售收入年平均增幅30%以上，2012年中新药业医药公司销售额近50亿，成为全国中成药在天津地区总经销商、一级代理商，化药在社区、农合销售首选经销商。公司的发展为保障广大人民群众安全、放心用药，促进医药物流行业的发展做出了突出贡献。

一、发挥区域经营优势，建立高效药品流通网络

医药公司遵循有序、公平竞争和优质高效服务的经营理念，科学制定区域布局规划，明确划分经营区域，国内销售中心、新新化工医药分公司分别负责二级以上医院的中、西药销售；市内六区、塘沽、汉沽分公司负责区域内一级医院、社区门诊、工矿保健站、零售店的药品销售；其他控股公司分别负责本区域的配送。充分发挥区域配送更加便捷、及时的独特优势。在配送时间上占得先机，加之安全、细致的服务，赢得客户的良好信誉度，同时形成布局合理、集约高效、秩序规范、服务到位、城乡全覆盖的现代药品流通网络。

二、运用现代信息技术，建立中新商业物流平台

自2008年起，中新药业陆续投入300多万元人民币，致力于信息化建设。2009年7月，医药公司商业板块新业务软件系统全面上线，替换了原来各个分公司的不同系统，搭建起符合医药商业发展的“交易平台”，从而建立了统一的信息平台以及系统预警机制和流程节点控制，实现了进销存统一管理、财务业务一体化运作，加强了对整体经营过程的管控力度。基本做到物流畅顺快捷，资金运作高效安全，人本管理科学合理，经营决策及时有效的管理模式。

三、创新科学管理模式，实现档案一体化管理

尝试在公司内部实行三大档案一体化管理，即供应商、客商、商品三大基础质量档案由医药公司集中管控、更新、

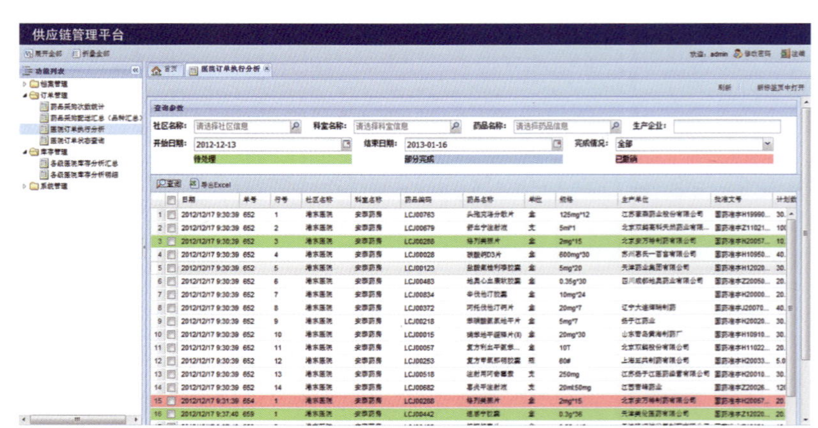

维护，所属公司资源共享的管理模式。采用“三大基础档案统一管理”的管理模式后，使档案按同一标准分类，统一编码，规范管理，确保三大基础档案的唯一性，资质合法的有效性得以控制，资源共享合理降低了管理成本同时制约和规范各公司的业务范围，凝聚合力，降低内耗。这一创新成果在全国医药行业 QC 成果交流会上斩获一等奖，并获得 2011—2012 年度全国药品流通行业最佳管理奖，标准着商业全面质量管理规范日臻完善，跻身全国先进水平。

四、向供应链两端延伸，搭建多功能服务平台

医药公司广泛使用先进信息技术，开发对上下游客户的增值服务，对二级商推行远程订单，以“加强对二级分销商大客户的服务”的宗旨，迅速扩大二级商远程订单系统实施范围。开发了供应商数据查询平台，使供应商后台查询系统通过 DTS 数据转换服务，实现供应商及时、动态、持续的了解自己的品种在医药公司的库存信息、购销信息和销售流向信息。加强与客户间的紧密衔接，有效推进了供应链效率的提升。

2012 年医药公司在局部优势区域，以信息连接为通路，开展院店合作模式。首先尝试与大港油田集团职工总医院开展深度合作，一方面，与其所属社区医院合作开办垄断性的医保定点药店，独家配送包括天津市 537 目录及大港油田三目以内的品种，另一方面，合作引进了供应链管理信息系统平台，将中新药业的 ERP 系统、大港油田总院的 HIS 系统、油田总医院所属社区医院的 HIS 系统、医保定点连锁药店管理系统、大港油田社保管理系统这 5 大系统有机集成在一起，并实现数据对接、电子发票传输，为未来进一步的深度合作奠定了基础。2013 年在东丽区域继续院店合作模式，并在不同区域内继续推广。

五、强化人才队伍建设，建立职业人才培养体系

医药公司十分注重人才培养和专才引进工作，努力造就一支高素质员工队伍。公司按照“强化政治素养、夯实专业基础、丰富任职经历、提升工作能力”的总体要求，自 2010 年至今，一直坚持分批次选派人员参加了清华大学《医药行业高级工商管理研究生课程进修项目》、高级职业经理人、在职物流工程领域工程硕士学位研究生等培训，重点引进、培养医药物流管理、企业经营、法律服务、信息工程等方面人才，使一批年轻干部走上领导岗位，成为了企业重要部门的领军人物。并摸索出高学历人才引进的管理方式，为医药公司下一步跨越式发展提供了人才保证。

展望未来，中新药业集团医药公司将以天津药品流通行业的发展和人民群众不断增长的健康需求为己任，进一步掌握发展主动权，拓展医药物流社会化功能，发展第三方医药物流，打造品牌医药物流企业。同时发展保健品、医疗器械、医用耗材和健康服务等多元化经营。不断创新营销模式，持续提升组织化程度和物流效率，继续完善物流网络布局。将医药公司逐步发展成为既有高端市场，又有终端覆盖能力，既有物流调拨规模，又有新品代理业务，全力打造成为拥有绝对市场竞争力的现代医药物流企业，为中新药业集团可持续发展和天津市人民医药健康事业做出更大的贡献。

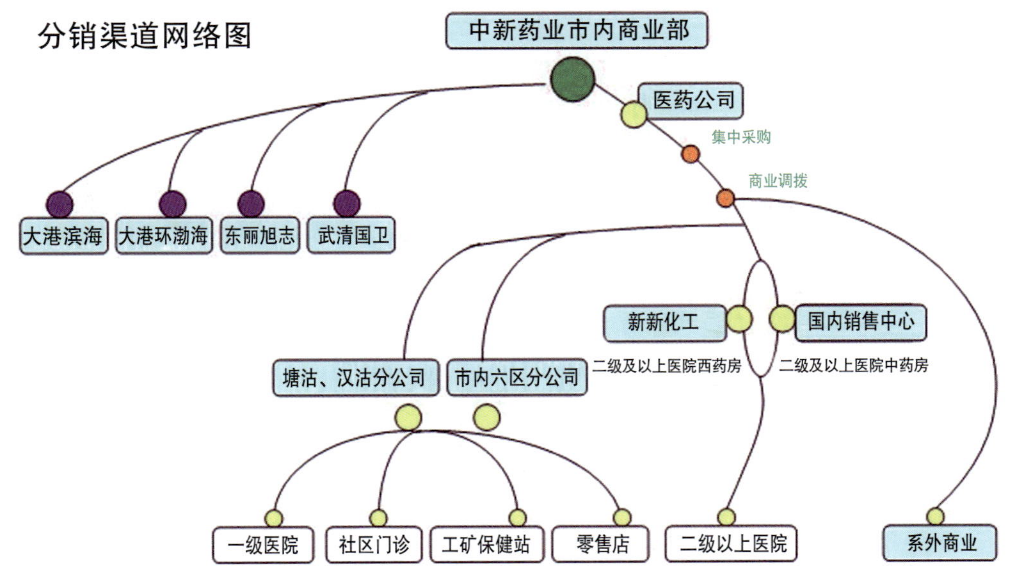

云南省医药有限公司
——为梦想起航

一、公司历史与基本情况

云南省医药有限公司是云南白药集团的全资子公司。公司前身为云南省医药公司，成立于1951年7月1日，是一家具有60余年历史的省属国有大型医药流通企业。

经过几代人的努力，公司逐步发展壮大。至90年代末，云南省医药公司已经拥有新药特药采购供应批发站、药品采购供应站、边贸采购供应站、第一分公司、第二分公司、第三分公司、药品批发站、下关医药站、佳信大药房连锁店等九个分子公司，经营业绩逐年提升，成为云南省规模最大实力最强的医药流通企业。1999年，公司作为云南医药集团的优良资产，配股进入云南医药集团控股的上市公司——云南白药集团，成为云南白药集团的全资企业。

2002年2月，在云南白药集团的全力支持下，公司进行了彻底的改革整合，将原有的各个分公司合并，成立了云南省医药有限公司。整合后的云南省医药有限公司实现了销售、财务、质量、信息系统、配送、进货六统一，达到了精简、统一、高效、低耗的整合目标，用全新的经营管理理念创新发展。

自整合以来，经过十余年的拼搏努力，公司已经搭建起全省最全的销售配送网络，销售额以年均两位数的速度增长。至2012年，公司以销售额83.5亿元（不含税）排名云南省第一，在全国医药流通100强企业中位居第13位，总资产规模达30亿元，各项经济指标均呈现良好的发展态势。

二、销售渠道与网络建设

公司目前的销售渠道和网络建设基本上是专注立足于云南省内，分为三块：

（一）是医院纯销网络。公司的销售目前已经实现了在全省所有16个州市全面覆盖。所有的州市级及以上的医院全面覆盖；区县级医疗机构95%以上覆盖；基层医疗机构网络则已覆盖至昆明、玉溪、大理、楚雄、丽江、曲靖、红河、保山、德宏、普洱等州市。公司在云南全省各县区级及以上医疗机构的市场份额基本都在50%以上，保持了较高的市场占有水平。

（二）是零售终端网络。公司的销售已经覆盖全省各大零售连锁企业，并延伸覆盖到大部分地域连锁企业。同时，在云南省医药零售连锁企业前5强的云南白药大药房有限公司还是公司的全资子公司，具有较强的零售终端影响力。

（三）是分销网络。经过多年的耕耘，公司在省内医药分销市场建立了良好的口碑和信誉，与省内各级各类医药分销企业建立了既竞争又合作的良性竞合发展关系，基本能保证公司的商品能覆盖到全省的所有地域，具有省内全地域的销售覆盖、延伸能力。

三、服务转型与平台搭建

我们正积极推进公司从传统批发销售商向医药流通整体服务提供商的转型，着力为上下游客户提供三大专业化服务平台：

医药商品配送服务平台：包括普通药品配送、医疗器械配送、专科药品配送、急救药品配送、疫苗及生物制品配送等解决方案。我们将在提高物流运营效率的基础上，针对不同客户的不同诉求，提供个性、专业、及时、准确的医药商品配送服务。

供应商增值服务平台：包括渠道设计和深度管理服务、招投标服务、库存及流向跟踪服务、医院品种使用分析、基药市场整体服务解决方案、零售市场整体服务解决方案等增值服务平台。通过满足不同供应商的差异化诉求，为供应商提供个性、专业、优质的增值服务。

医院药库现代化管理服务平台：包括药库内部规划布局策略、货架布局与货位管理策略、自动化配置及管理策略、药库物流管理功能体系、药库质量管理体系、药库现代物流管理信息系统等，为医院提供量身定制的药库现代化管理服务。

通过三大专业化服务平台的搭建，逐步改变整个公司的业务构架，积极提升发展格局，构筑公司的核心竞争力。

四、财务管理体系建设

财务管理是企业管理的核心。公司的财务管理体系建设主要围绕工作流程梳理和持续优化、财务制度体系、内控体系建设等展开，包括了资金管理、资产安全、预算控制、运营分析控制、绩效考评控制等方面。

通过工作流程的梳理和优化，公司财务所提供的服务更加快捷有效，对客户常规服务的响应时间大大缩短。与此同时，财务管理人员没有随公司业务量连年的高速增长而大幅增加，而是实现了精干、专业、高效。

而通过财务制度体系的建设、执行、反馈和检查、监控，我们保证了业务运营和管理政策的一致性。同时，借助于制度与信息系统的结合，财务管理的职能延伸至经营管理的各个方面，将事后反映和监督扩展到事前沟通、过程监控。财务管理随着制度建设的不断完善而更显现其刚性原则，服务水平也不断提高。

在内控体系的建设方面，公司借助数据化的信息平台，通过多维度的信息统计和整合，将预测控制活动衔接至前端环节中，形成系统的预警、反馈机制，及时发现内部控制活动的缺陷和不足并进行相应的调整，内部控制体系在动态中得以日臻完善。内控体系的健全，为识别、控制有碍公司健康发展的因素，规避系统性风险提供了保障。

五、质量管理体系建设

质量是药品流通企业赖以生存的底线和创新发展的基石。云南省医药有限公司是云南省经营规模最大的医药流通企业，药品的销售遍及全省各级各类医疗机构和商业客户，质量管理工作的成效直接关系到全省广大人民群众的用药安全和公司的品牌信誉。长期以来，公司各级领导十分重视质量管理体系建设工作，坚持经营业务和质量管理两手抓，两手都要硬，并坚持质量一票制否决权原则。

公司的质量管理体系建设工作主要围绕制度建设、基础数据库搭建和完善、冷链管理体系、质量管理流程优化、电子监管、养护管理、现场管理和监督检查、客户服务、质量风险防范等方面展开，并借助信息系统，将质量监管职能全面融入公司经营管理信息系统，实现质量监督管理的信息化，从系统和流程上有效防范质量风险。公司的质量管理体系建设工作得到了国家和云南省食品药品监管部门的高度认可，先后通过国家药监局和云南省药监局的 GSP 认证，并通过了 ISO9001 质量管理体系认证。

公司质量管理体系的有效运行，确立了公司多年来良好的质量信誉，促进和保障了公司经营业务工作的顺利开展。

六、现代医药物流中心建设

2011 年 10 月，全新的云南省医药有限公司现代医药物流中心建成并投入运营。作为云南省政府重点推进的重大工程——云南白药产业基地建设的重要组成部分，位于昆明市呈贡新区的云南省医药有限公司物流中心占地面积近 200 亩，投资 2.5 亿元，由国内一流的设计院和物流系统开发集成商担当设计、集成。物流中心建筑面积约 36000 平方米，可存储药品 30 万箱，支持 120 亿元的年销售额，是目前国内规模较大、技术较先进的现代化医药物流中心。

物流中心主要包括：自动化立体仓库、集货区、零货拣选区、复核包装区、独立库房等区域，采用了自动立体仓库（AS/RS）存储系统、零货及整箱拣选设备、自动输送设备、自动分拣设备、条码扫描复核设备、温度调节监控设备、冷库和冷藏设备、计算机信息系统相关设备等现代物流设施设备，全库区实现 24 小时温湿度自动记录和适时监控。

公司现代医药物流中心的建成使用，使公司逐步实现了由传统仓储模式向现代医药物流转变的历史性跨越：在物流存储容量和货场空间方面，一举解决了公司发展的物流瓶颈问题；在硬件设施设备方面，大量现代物流设施设备的投入使用，保证了物流中心内部运作的硬件支持；在信息系统方面，与系统集成商的共同开发，保证了信息系统的适用性、顺畅性、可操作性和安全性；在内部管理方面，通过物流中心内部组织机构和岗位设置的重组调整、物流流程的优化改造、基础管理的强化提升和员工的各类培训，不断适应和满足现代医药物流的运营模式需求，确保现代医药物流中心发挥应有的效用，为公司经营业务的发展和服务转型提供有力的支撑。

七、信息化建设

公司信息化建设以公司经营目标为导向，自主研发 ERP 系统，目的是做到信息系统全方位覆盖、管理扁平化、反应敏捷化，确保运营管理工作得到全面的信息系统支持和监控。从商务采购、销售、仓储配送及售后退回全流程，到质量控制、人力资源管理、财务及预算控制管理，我们自主开发建立了自己的运营管理信息系统，将人、财、物的信息管理组成一个蛛网，让各流程和职能在信息系统中实现有机关联、相互支撑和约束，大大提高了公司运营管理的快速反应能力。

同时，为更好地应对国家在药品流通行业监管的逐步加强和经营业务快速发展对物流配送服务提出的更高更细要求，公司根据 GSP 要求和经营管理需求，以销售结构、物流作业的实际情况为依据，开发并不断完善物流信息管理系统，从药品的验收、入库、质量控制、运输、配送以及销后退回等所有环节进行全流程、责任到人、可监控的过程管理，充分运用条形码技术，将流程的跟踪管理贯穿在物流全过程，并将质量管理的各项职能嵌入公司经营管理的各流程，对符合要求的经营行为一路畅通，对不符合要求的经营行为严格杜绝，确保质量管理体系有效运行。

通过多年的努力，公司信息系统工作实现了从技术支持向主动服务的转变，取得了医药流通经营管理信息系统、医院院内物流管理系统、医药物流管理系统、医药电子商务平台等软件的著作权，完成了基本药物配送流程的梳理和重建，加大了对供应商和销售客户的服务，现代信息技术已运用到经营管理的各个层面，成为公司发展的有力支撑。

八、履行社会责任

多年以来，云南省医药有限公司一直担负着云南全省人民防病治病、灾情疫情急救、康复保健、国防战备等药品供应任务，是云南省人民政府指定的承担政府医药储备任务的医药流通企业。

云南省医药有限公司在做好日常药品供应的同时，积极组织参加抢险救灾、防病治病、疫情防治、慈善事业、捐款捐物等等，发挥了国有企业主渠道作用，勇于担当社会责任，展现了企业良好的社会形象，为企业的健康发展和推动社会和谐进步发挥了积极作用。通过对国家、对社会的责任履行，达到教育员工、影响员工，强化全体员工的社会责任感的目的，使员工牢固树立爱国主义、集体主义和热爱企业的思想和自觉行为。公司积极履行社会责任，主要体现在以下几个方面：

依法经营，弘扬社会正气。在经营管理活动中，自觉遵章守纪、诚实守信，严格按照各项法律法规进行经营管理，弘扬社会正气；严把药品进口质量关，在市场上树立良好药品质量品牌形象；用工严格遵守法律法规，坚持同工同酬，建立健全员工健康档案。

应急救援，彰显企业本色。在云南重大的应急救援、抗震救灾等工作中，云南省医药有限公司的救援药品供应，往往都是第一个出现在灾区的医疗点上。公司连续多年均圆满完成云南省政府下达的医药储备任务，受到各级政府的高度评价。

排忧解困，奉献一份爱心。公司工会、团委组织职工为贫困山区捐款捐物，先后多次组织捐款共计几十万元，捐衣被上万件。公司团委还经常组织团员青年职工到贫困地区献爱心、送温暖，开展一对一助学活动等。

便民服务，增强责任意识。公司支持下属公司和部门，如云南白药大药房和新特药零售中心，开展各项便民服务，为社区和市民防病治病提供多种便利，深受市民好评。

四川科伦医药贸易有限公司概况

一、企业基本情况

四川科伦医药贸易有限公司（以下简称“科伦医贸”）是四川科伦实业集团的全资子公司，成立于2003年，总投资4.6亿元人民币，占地8万平方米，是四川省首批通过国家GSP认证的特大型药品经营企业。2012年科伦医贸销售额超过130亿元，是中国医药商业协会评定的“2008--2012年度中国医药商业企业十强企业”。

科伦医贸是集医药批发、医院销售、药品配送及零售连锁为一体的西南地区规模最大的医药商业企业，从成立之初就确立了在品种、价格、质量、管理、服务、物流配送等方面的综合优势，现经营中西药品品规达约30000个。经过10年发展，公司与全国各地药品生产企业和医药商业企业建立了良好稳定的合作关系，是哈药、华药、云南白药等数百家国内外著名制药企业的总经销（一级经销）商。

公司致力于在两年内打造成为四川省区域性最优、最强的医药龙头企业，现公司销售网络健全，旗下53家子（分）公司和关联公司遍布四川21个市州和部分县级市场，关联公司四川康贝大药房连锁有限公司下属药房“康贝大药房”直营、加盟药店近万家，遍布四川各个角落。

科伦医贸是国家首批农村“两网”建设药品配送试点企业。2003年开始对成都市新都区城乡全部基层医疗机构进行全额药品集中配送；2004年起相继成为成都市武侯区（国家率先实施药品零加价和医院收支两条线试点地区）、青羊区、成华区、高新区、新津县（全国基药试点县）等全省各地社区基层医疗机构、农村两网药品集中配送服务商，获得了各级政府部门、医疗机构和用药群众的高度评价。

在科伦产业合作的支撑下，科伦医贸已实现对四川省95%二甲（以上）医院的覆盖，并通过“直属子（分）公司为主、核心合作商业为补充”的网络辐射，实现了对省内各地乡镇卫生院（社区医疗中心）以及乡村卫生站（室）等医疗机构的覆盖，成功打造了集药品集中配送、医院纯销、配送为一体的医疗机构销售网络。公司及下属机构与省内474家二级以上医院、1714家基层医疗机构开展紧密的业务合作关系，实现了“基药”配送的全域覆盖。

公司完善了各项管理制度，培养了一支强大的专业技术队伍。目前，公司在全川共有员工2700多人，其中执业药师47人、主管药师10人，在药品进、销、存各个环节严把质量关口，保证人民群众用药安全、有效。

公司拥有25000平方米常温库、4000平方米阴凉库、165立方米的冷藏库以及600平方米的特殊药品阴凉储存库，相继被中国人民解放军总后勤部、四川省卫生厅、新都区食品药品监督管理局确定为：中国人民解放军军队战略药材储备库、抗震救灾医疗物资储备库、赈灾物资（消杀）储备库、新都区应急物资储备库。

公司于2008年3月率先被四川省食品药品监督管理局确定为药品第三方物流试点企业，现内部拥有可供60辆货车同时展开作业的货运平台，专业配送驾驶员60余名，对全域成都近500家二、三级医院及社区卫生服务中心、农村乡镇卫生院、数千家连锁药店已形成全面、高效、优质的药品配送能力。成都区域外的客户则通过物流外包的委托合作方式实现药品快速配送。

在社会各界的关爱下，科伦医贸以其一流的软硬件支撑和科学规范的操作，正在成为医药流通领域品质保证的典范，并以其良好的质量意识、经营业绩和专业能力成为业界公认的我国西部最大的现代医药物流中心。

二、主要经济指标

2012年，科伦集团实现销售收入288.46亿元，比2011年增长88.6%，首次突破200亿元大关；实现利税21.6亿元，同比增长32%；其中在四川省的纳税贡献超过6.24亿元，同比增长36.44%。

2012年，纳入科伦医贸商业体系管理部分共计实现销售收入130.6亿元，利润1.32亿，税收1.14亿。预计2013年至2015年平均保持15%左右的复合增长率，争取2015年达到销售收入200亿元，利税5亿元。

为实现上述目标，公司将进一步建立健全公司网络，目前科伦医贸商业体系共有公司70家，其中省内53家，是四川省网络最完整的医药公司，但在自贡、遂宁、雅安等地尚无子公司进行直接配送覆盖，公司拟在适当的时候，在上述地区并购优势商业，进一步完善公司网络。

三、公司经营管理及创新情况

（一）经营模式创新

1. 组建联盟，建立合作共赢模式。

2006年4月15日，在我公司的倡导和发起下，四川蓝海联盟正式成立，截止2013年7月，联盟成员由成立时的39家发展到152家，通过“共建、共享、共赢”的联盟合作理念牵引，以主席单位科伦医贸为依托平台，实现了厂家、一级商（科伦医贸）、二级商（其他联盟成员）多方共赢的目标，科伦医贸的行业影响力、网络销售力得到了明显的提升。

2. 建立平台营销模式

科伦医贸通过十年发展，已连续五年进入中国医药商业销售10强企业，自2011年8月，公司开始探索“平台营销”模式，力求整合多方资源并实现资源的有效分享，搭建一个信息沟通、产品推荐、商务会谈、政策宣贯、会议促销的集合型平台，“科伦医贸大型医药商品展销会”这一新型营销模式应运而生。随着营销手段的创新和资源的不断投入与丰富，科伦医贸已先后举办了十二届药品展销会，其影响力和效果不断提升，展销会两天最高历史合同金额达2亿多元，参会工业企业200多家、全省参会商业和终端2000多家。科伦医贸药品展销会真正实现了企业与商业、商业与终端间的广泛交流互动，在药品生产企业、二级分销商业、终端药店、诊所、医院之间搭建一个沟通、交流、交易、新品推荐、政策信息发布的综合营销服务平台。

（二）服务模式

科伦医贸从2011年开始对上下游客户启动分级管理服务模式，将公司有限的服务资源逐步向重点客户进行倾斜，通过对客户管理进行聚焦、对服务模式的改进，公司整体服务水平和服务能力得到提高，重点客户满意度明显提升。

（三）三方物流建设

2008年3月，科伦医贸被四川省食品药品监督管理局确定为“四川首批医药三方物流试点企业”。公司在解决自身每年600万件货品物流的同时，还承接了36家医药公司三方物流委托，每年代储、代管、代发药品约50万件，金额约13亿元，大大节约了委托方的企业经营成本，避免了医药商业物流设施的重复建设和社会资源的分散和浪费。依托公司信息化技术和管理制度、流程的设计，科伦医贸已经探索出一条医药企业三方物流委托合作的新路子，为未来新版GSP全面推广实施和行业集约化发展进行了十分有益的探索，并因此获得中国医药商业协会评定的“最佳物流管理创新奖”称号。

四、信息化建设情况

公司将信息化和现代物流发展放在了很重要的位置，要实现现代医药物流，信息化是第一步。公司依托自身开发能力发展和延伸医药商品电子商务业务，继续推进B2B服务，探索B2C药品销售服务，实质性启动了医院客户院内物流服务；在现代物流发展方面强调信息技术开发和使用，同时引进和配置大量如：高架立体仓库、冷链运系统、电动叉车、自动拣选系统等物流设备和器具；在中国西部率先初步建成符合现代物流方向的医药流通企业。公司还为医药流通企业提供服务包括统一信息化管理平台、CA系统建设、安全放心的药品配送，安全集成服务以及行业最新动态医改新政的培训服务。

科伦医贸总部高架自拣物流仓库建设项目获批在建，预计2013年8月竣工，9月正式投入使用。新中心将对原来的信息系统进行全面升级，正式投入运营后将选择更多合作医院开展院内物流服务合作。

五、社会责任履行情况

公司一贯秉承科伦集团“科学求真、伦理求善”的企业理念，积极履行企业的社会责任。

1. 建立企业爱心基金。除了给全部员工构筑了应有的社会保障外，公司还建立了爱心基金。即通过员工自发捐助一小部分、公司及公司管理层捐助大部分的方式组成基金池，对每年困难员工家庭或遭遇重大变故的员工及家庭进行及时帮扶和救助，爱心基金的建立体现公司的人文关怀。

2. 积极进行社会捐助。公司长期对新都辖区内的养老院进行帮扶和捐助，通过建立惠民药房惠民卡、物品赠送、现金慰问等方式帮助社会弱势群体；捐建革命老区巴中下八庙乡寨城村“思源水窖”，解决数千人长期的饮水问题。

3. 全面参与抗震救灾。2008年5月12日汶川地震发生后，科伦医贸被省抗震救灾指挥部确定为医疗物资保障库，负责接收、保管、运送来自国内及境外所有医疗救援及相关物资，累计收发相关物资70多万件（含重达数吨相关医疗设备、消杀物资上万件），公司近一半员工花费前后长达两年的时间才全部发运完抗震救灾医用物资，尤其是在地震前期，公司员工轮流上班昼夜不停工作了三个多月，为保证救援物资的及时发运付出了巨大的努力，为抢救灾区伤病员做出了重大贡献。

青海玉树地震、芦山4•20地震，科伦医贸均是抵达灾区进行医疗物资救援的第一家医药商业企业，也是对灾区医疗救援队支持和帮助最多的医药商业企业，以实际行动践行了科伦“悲天悯人”的人文情怀和社会责任。

华东医药股份有限公司 2012 年运营发展概况

2012 年，是华东医药股份有限公司成立二十周年，华东医药建厂六十周年。华东医药深知在医改政策的大背景下，商业企业需要通过积极创新，以更快适应新医改的形势变化，加快转变服务方式与服务模式；推进管理技术、信息技术、服务功能升级与创新，尽快与新医改、新需求的服务对接。作为区域龙头企业，华东医药正积极探索，科学创新，积极实现发展方式的重大转变，变传统商业为现代服务业，向上下游拓宽服务范围，建设药品供应链新体系。公司在经营业绩提高和商业模式探索方面，均取得较大进展和突破。

一、华东医药发展概况

（一）企业简介

华东医药股份有限公司是杭州华东医药集团有限公司的核心企业。1999 年 12 月 22 日，公司 5000 万 A 股股票（股票代码：000963，股票简称：华东医药）在深交所成功发行。公司目前注册资本 4.34 亿元，现有职工 2500 余人，其中各类专技人员约 1200 人。公司主要从事抗生素、中成药、化学合成药、基因工程药品的生产，以及西药、中成药，中药材、医疗器械、化学试剂、玻璃仪器等医药商品的销售，是一家集医药工业、商业和科研开发于一体的大型、综合性医药企业。

公司分工业和商业两部分，其中商业是浙江省规模最大、实力最雄厚的综合性大型医药商业企业，下设西药事业部、中药事业部、医疗器械事业部、华东大药房、华东武林大药房等部门，销售额、利润连年位居全国医药商业企业前列，连续 9 年在浙江省医药商业企业中排名第 1 位。公司商业是浙江省“守合同重信用单位”，被评为杭州市 AAA 级信用企业，并多次被省、市级物价部门评为“物价信得过单位”。

公司是全国 520 家重点国有企业之一，浙江省政府重点培育的 15 家重点大企业集团之一，杭州市 10 家大企业集团之一，2005-2012 年连续 8 年被评为杭州市十大突出贡献企业，各项经济指标列浙江省医药行业第一位，名列 2009 年全国制造业 500 强第 284 位，名列 2009 年中国大企业集团竞争力 500 强第 221 位， 2010 年公司连续第四年荣获杭州市功勋企业荣誉称号，2012 年销售排名列全国医药商业公司第 8 位。

（二）2012 企业年度经营完成情况

2012 年华东医药经营业绩，保持全面稳定增长，圆满完成了公司既定目标。销售收入 145 亿元，较上年同期增长 30.25%；利润总额 7.87 亿元，较上年同期增长 28.5%，2012 年销售排名列全国医药商业公司第 8 位。

二、医药物流现代化建设情况

华东医药积极构建全省物流网络，拟通过 2-3 年时间，建设以杭州、温州为中心的南北两大物流基地，完成全省物流网布局，配合全省 10 个地市子公司的供应点，力争各地配送当日完成。

2012 年 4 月 18 日，华东医药下沙现代物流中心正式落成开业，该项目投资超 2 亿元，可以支撑 130 亿元销售，为浙江最大最先进的医药物流基地之一。

其总占地面积约为 38936 平方米，建筑面积约 81545 平方米，注册资金约 3573 万元，总投资超 2 亿元。该项目为华东医药现代物流基地建设一期工程，主体为对 52600 平方米房屋（建筑面积）进行改造与功能配备，具备高速分拣系统、自动流水线、手持终端拣货、高架库等多项现代物流设备，同步建设现代物流系统集成与计算机信息管理系统等相关软、硬件设施，完成后达到库容量33万箱，支持130亿销售。冷库面积达1000平方米，其他库房采用中央空调达到全年恒温，其温湿度监控直接与药监部门对接，确保存储过程合格与安全。

该物流中心建设落成后将由华东医药供应链管理（杭州）有限公司负责经营管理，该公司其经营范围为医药供应链技术的管理与咨询等，提供医药供应整体解决方案，是一家立足医药行业，发挥医药行业的专业优势，在服务本企业西药、中药事业部物流配送的基础上，拓展第三方物流业务，重点发展医药行业的代储代运配送业务的专业公司，2012年10月，公司已获得浙江省食品药品监督管理局颁发的第三方物流资格证。

三、企业创新发展情况

（一）积极探索破解医药改革难题，创“药房与社区卫生机构药房共管合作新模式”，受到相关部门关注和肯定

新医改系列政策陆续发布，社区卫生中心按要求对《国家基本药物目录》中的药品实行零差率销售，非基本药物目录药品将不再销售。在此背景下，华东大药房积极开展医药分开探索尝试，通过与杭州市上城区政府的多次协商，区政府同意华东大药房在该区的六家社区卫生机构开展药房共管合作。

华东大药房将于上城区卫生局隶属6个社区卫生服务中心及33个社区卫生服务网点与华东大药房共建配药信息体系，实现服务场地互通，药物品种互补，日常经营协调管理。并新配备现代自动化药柜，进一步提高社区医院配药管理水平。

目前，该项目赢得医院、百姓及社会各界的关注和积极评价。

（二）借力信息技术，延伸医药物流服务

华东医药股份有限公司作为浙江最大的医药流通企业，信息技术一直是华东医药快速发展的助推器。近年，华东医药打破了以前单纯的医药商业关系，以信息技术为载体，与行业内的顶尖信息软件、管理咨询、自动化设备等提供商展开深度的战略合作关系，以专业的职态参与医院管理，为客户提供整体的解决方案，帮助客户实现客户的价值，将医院物流服务延伸至客户端。

通过一个有效的信息系统管理，与相关物资供应商对接，实现医院所需物资的采购、配送、院内流通和科室使用等的自能化、信息化，克服了人为因素造成的问题，帮助客户实现专业的人做专业的事，使医药学人员从药库的管理中解放出来，医院药师回归临床药师本位，通过华东医药提供的合理用药系统，医院在药品管理上实现了事前预防、事中监控、事后分析的管理目标，极大保证医院专注于医疗行为服务。同时使企业有更多的时间关注市场、规范渠道、提升销量，通过集中配送降低物流成本，使供应商的利益更大化。

（三）建立全程可控的360度冷链技术管理体系

华东医药深知冷链对冷藏药品质量及用药安全的重要性，多年来一直潜心致力于冷链技术管理体系的构建，并已初步建立起了全程可控的360度冷链技术管理体系。

华东医药推出的冷链配送“黑匣子”，就可以全程，动态监控相关数据，解决冷链过程监控的短板。该冷链运输环境监测系统软件，辅以每辆冷藏车配置的3个PT1000温度监测探头，对运输过程中药品的温湿度进行自动监测、记录和异常情况报警，并通过GPS卫星数据传输系统，将数据传输到各级管理部门；每套车载环境都配置嵌入式打印机，当冷藏药品到达目的地时，可将途中温度历史数据打印出来，真正的做到动态监控、全程监控，据实以言。

另外，公司在存储、温度监控、收发货、运输各冷链环节，均采用“欧盟的GDP理念”进行冷链系统的全方位验证，其冷链的相关环节一一经过近乎严苛的验证确认，如今导入国际领先的环境监测技术设备，实现冷库24小时实时监控与药监在线监管成功对接，则标志着公司构建的全程可控的360度冷链技术管理体系的初步完成。在存储方面，公司现有冷库6间，计划再投资建设通过美国和欧盟标准审计的国际化标准冷库4000立方米，总计达到6000立方米，真正解决行业冷冻冷藏药品物流的发展瓶颈。

公司目前正在加大对冷藏车的投入，以总规模达22辆规模来满足浙江全省日益增长的冷链运输需求，真正达到对全省的立体全覆盖。

（四）把握国家政策引导，继续在深化医院项目合作，探索新的盈利增长点

近三年，公司与医院合作开发了“合理用药系统、医院绩效管理模块、药品智能物流及供应链管理平台、医院供应链二维条码技术、医院JCI论证培训、资金利息融通计划、公共卫生服务、平台建设”等项目，并且与医院共同向政府申报医院管理创新基金，推动医院管理更快向科技化、信息化发展。另外，公司先后与浙二医院（广济之舟志愿者服务）、省中医院创建志愿者服务团队，获得包括卫生部长陈竺先生在内的各界领导的认可和社会好评。

未来公司将集中优势资源服务两大端口（医院体系、供应商体系），探索新的盈利模式，挖掘新的盈利点，改变目前商业企业仅赚取配送费用的单一局面，为上下游客户（厂家、医院）提供服务，创造价值。

（五）积极推动中药无硫化进程

华东医药股份有限公司旗下杭州华东中药饮片有限公司，为浙江省内最大规模的中药饮片生产企业之一。公司深知中药饮片无硫化对百姓生活、行业发展、企业生存的重要意义。公司从理念转变、管理机制、技术提升、源头控制等多个环节入手全程监控中药材及饮片的无硫化项目各个链条环节：

公司积极召集药材主产地供货商，改进中药材的初加工工艺，由产地新鲜药材采收时经硫磺熏蒸干燥改为用脱水设备直接脱水干燥或直接干燥。在中药材的主产区直接选定供应商，通过固定产地、固定供应商及初加工技术前移的办法，为公司采购提供合格无硫磺熏蒸的中药材原料药。

在工作的逐步深入开展中，公司就碰到的问题和难点，积极和供应商、同行单位进行研究讨论，向市药检所进行请教沟通，增加送检批次，并且不定时向市局进行汇报。委派检验员专项学习市局所提供的检测方法，购买相关设备，严格照该方法进行检测，确保数据的准确。质管科严格把关，对每个来货批批进行检测，含硫量超标的品种实行一票否决。公司还委派技术人员对产地供应商进行加工办法及检验技术的培训，要求供应商按照该办法进行自检，确保原药材收购时符合规定。

为在源头控制药材质量，公司积极兴建种植基地，目前，公司更是积极建立浙江道地药材 GAP 种植基地，已获得开展国家药材试点於术进行中，再开发新的国家试点项目（元胡）的工作，目前我们已经在青海设立国家农业标准化示范区——华东医药枸杞种植基地、临安横路於术种植基地。相信通过对源头的控制，将极大提高部分道地药材质量的稳定性。

四、社会责任

华东医药股份有限公司在创造利润、对股东负责的同时，公司始终坚持“济世、诚正、执着、务实”的核心价值观，秉承“服务大众健康”的企业使命，专注于药品生产和服务事业，一如既往的承担对员工、客户、社会和环境的责任，不但为社会提供优质的医药产品和服务，也为地方经济的快速稳定发展较大的贡献。

公司诚信经营、合法经营，兑现“做遵纪守法楷模”的承诺；公司不断加速产业技术升级和产业结构优化，推广节能减排，增大企业吸纳就业的能力，为环境保护和社会安定尽职尽责；公司热心慈善事业，用大爱和真情回报社会，自觉、自愿的履行企业公民应尽的义务。用诚心和耐心，用实际行动实现“追求卓越”的宏伟目标，耕耘好企业社会责任的广阔天地。

益丰大药房连锁股份有限公司高速发展

益丰大药房连锁股份有限公司是一家全国大型药品超市连锁企业，现拥有注册资本1.2亿元，资产总额9亿元，从业人员6000余人，直营投资大中型药品超市650余家，分布于湖南、湖北、上海、江苏、江西、浙江六省市，年经营规模超20亿元，年上缴国家税收1.5亿元，2012年，全国连锁药店综合实力和综合竞争力排名均位列第6位。公司先后获得湖南省药监局重点扶持的两家药品零售示范企业之一、“医药行业十大区域公信力品牌”、“湖南省医药行业竞争优势企业”、“湖南省质量信用A级企业”、“消费者信得过单位”、“群众放心药店”、“爱心药店”、“质量服务双满意单位”等荣誉称号。

湖南省人大代表、益丰大药房创始人、董事长兼总裁高毅先生凭借其卓越的企业发展战略和企业文化建设，精细化、系统化管理理念，以及敢为人先，勇于创新的企业家精神，在行业内备受推崇，先后荣膺“第九届湖南省十大杰出经济人物”、“百姓信赖的药品行业企业家”、“中国连锁药店十大领军人物”、“中国药店十年十大影响力人物”、“中国湘商行业领军人物”等荣誉称号。

首创平价 惠泽三湘大地

2001年6月，益丰大药房常德滨湖店盛大开业，首创中南五省“开架自选、平价销售”的平价药品超市模式，药价比国家核定零售价平均降低45%，在全省乃至全国产生巨大影响，百姓奔走相告“到益丰买药，打的也划算”，收银台前排起提篮买药的长龙，经营模式创新取得极大成功。

在百姓欣喜背后，益丰降价行为却遭到一些医院、药店同行的百般刁难；许多厂商采取停止供货、恶意收货等对公司集体封杀；政府部门因不断受到恶意投诉对益丰频繁检查。但凭着“只要百姓认可的，终将得到社会认可”这一朴素理念，益丰大药房最终赢得了消费者的一致好感、同行的跟随与尊重，也逐步获得了厂商、政府部门的理解与支持，快速拓展到了全省各地。至今已在湖南开设直营门店近300家，覆盖所有地州市，成为湖南省经营规模数一数二的品牌药店。

超越平价 响誉全国

当单一降价到极致时，益丰大药房开始尝试用改变供应链利益分配的方式持续降低药价，自2003年起说服厂商把巨额广告、营销、人员费用让利给顾客，创立顾客、厂商、益丰三方得利的“三得利”药品平价模式，凭借此模式的巨大活力，益丰大药房迅速挺进中南华东，日渐享誉全国！

2004年，在上海市中心城区开设2000平米大型平价药品超市，一举打破上海药品零售市场60万元的单日销售记录。

至今上海门店逾100家，成为上海规模最大最具影响力的平价药房。

2006年，在南京开设2000平米大型旗舰店，以日营业额40多万元再次改写当地药品平价历史，并迅速在全省开店，至今门店数达130多家，成为江苏省规模最大的连锁药房。

2007年，进驻湖北，在荆门、宜昌等地迅速开店。

2008年，强势进驻江西，迅速开设80余家连锁门店，成功跻身江西行业前三。

2008年底，益丰大药房喜获外资2亿元，成为金融危机期间行业内唯一获外资的企业。

2009年，进驻浙江。

2009年5月26日，《焦点访谈》栏目全程聚焦报道，对益丰平价惠民的做法高度评价，主持人感慨说："有了这样的药店（益丰大药房），人们得了小病、慢性病，就不必每次都去医院了。"

近年来，为满足顾客生活品质的多样化需求，益丰大药房积极探索多元化经营提升药店效益。2009年在同行中率先创办个人护理用品店——"尚微"店，2011年又创办"益好便利店"，均广受消费者青睐。

2011年，益丰大药房完成股份制改造，成立益丰大药房连锁股份有限公司。

同年12月，全资收购上海开心人大药房，开启兼并重组之路。

2012年元月，启用全新VI、SI，品牌升级迈出坚实一步。

2012年10月，行业内规模最大、信息化、自动化程度最高的现代物流中心之一的"益丰医药物流园"全面启用。该物流园采用了具有国际领先水平的曼哈特物流管理系统（WMS）和电子标签管理系统，并由国际一流的IBM团队进行规划、设计和实施，同时，公司引进世界领先的SAP/ERP信息管理系统，实现了业务、财务、人力资源的一体化管理和由传统物流模式向供应链管理模式的转变。

近三年来，益丰大药房保持着每三天开一家以上新店的高速发展，在行业发展放缓的大背景下，规模业绩快速稳步增长，成功实现弯道超车。

精细化管理铸就品质与专业

零售业繁琐、复杂而细致，但80%的常规工作重复发生且相互关联，益丰大药房在公司董事长兼总裁高毅先生的亲自指挥和大力推动下，将这些工作流程化、数据化、标准化、系统化，再通过信息化实现智能化、简单化。由此形成各具特色、相互关联的七大核心系统：顾客满意度系统、核心产品开发系统、运营标准化管理系统 、新店开业策略系统、门店营运分析系统、绩效考核系统、信息管理系统，确保各个环节高效运行，为顾客提供从商品到服务的全面的品质保证。

2011年公司投资3000多万元和IBM等国际著名企业合作，实施ERP、WMS、OA等大型信息化系统，为精细化管理提供了更加坚强的技术支持。

"质量是益丰立店之本"，凭借这样的管理理念，12年来，从硬件到软件，益丰大药房对商品购进、储运、销售、售后等全过程严格把关，没有出现重大质量事故，确保了顾客用药安全有效。

随着顾客对健康服务要求越来越高，唯有"专业"才能实现对顾客健康的真正关爱，由此，"超越平价，引领专业"已成为益丰为顾客创造更大价值的新追求、新承诺。

为此，公司每年花费200多万元进行顾客满意度评估，每季度对所有门店开展顾客问卷调查、隐形顾客调查和顾客投诉定性统计，并将统计结果与员工绩效挂钩，用绩效考核将顾客满意落到实处。

同时，公司从创立之初就致力打造学习型组织，为全方位专业服务提供坚实保障。

每周全员参加的读书会；

300多名专、兼职讲师；

每年各类专业培训1000场以上；

创立"一对一"、"一对多"在岗带教模式；

创建"店长培养基地"、"精英实习基地"以及功能强大的"网上学习平台"；

坚持月度、季度、半年度、年度等益丰特色的专业化知识考试。

12年来，益丰大药房始终秉持"诚信、敬业、务实、创新"的企业精神、"以顾客价值为导向"的核心价值观，以及对"精细化管理铸就品质与专业"的坚持，赢得了广大顾客与社会各界的12分满意和一致好评。

特色企业文化打造企业凝聚力和战斗力

一个优秀企业总伴着优秀文化应运而生，益丰创立以来的高速发展，正是"强势文化与弱势文化相互融合"的益丰特色文化在市场竞争中所结出的奇葩！

益丰"强势文化"说到底是强势要求员工以顾客为导向的"顾客满意文化"。用严格而系统精细的制度管理，确保强势的成果导向；用强势的成果导向，确保实现顾客价值。

益丰"弱势文化"实质是以人为本的"员工关怀文化"，要求管理层用甘愿示弱的方式对待员工人性化，在确保顾客价值的前提下，实现员工价值最大化，其主要表现为：

领先同行的物质回报：长期激励与短期激励相结合；

优于同行的成长机会：完善的职业规划、高效职业教育和岗位锻炼；

对员工高关心、严要求：快乐的员工创造满意的顾客；

定期进行制度合理性评估与修正：确保公司制度人性化。

强势文化确保顾客有高的满意度，催生出益丰坚强战斗力，在激烈竞争中披荆斩棘、所向披靡！

弱势文化确保对员工有强的吸引力，催生出强大凝聚力，吸引无数精英与益丰同甘共苦、一路成长！

坚强战斗力与强大凝聚力的交相呼应，必将让益丰在未来发展道路上不断攻坚克难、阔步前行！

“常思汝益，德善吾丰”

一个企业的成功离不开企业家的战略眼光和市场机遇，然而，从成功到优秀，从优秀到卓越，更深层面的还取决于企业所承载的社会责任和其所创造的社会价值。益丰大药房从创立之初的朴素理念——“只有给百姓利益，百姓才会给你利益”，到快速成长期的核心价值观——“一切以顾客为导向”，12年的坚持和始终不渝的追求，使益丰大药房获得了社会各界的认可和尊重。

“常思汝益，德善吾丰”，十二年来，在争取企业发展的同时，益丰大药房总是不遗余力的回报社会，履行企业的社会责任，对社会公益事业倾注着巨大的热忱。十二年来，益丰大药房每年组织十多次大型的送医送药下乡活动；长年关注和支持残疾人福利事业；积极参与抗灾救灾的捐助活动；每年数十次到社区和福利院为孤寡老人、贫困户等弱势群体捐款捐药、送米送油；持续资助困难学生，支持困难学生顺利完成学业；举办大型中老年人公益赛事活动——益丰大舞台，为丰富中老年人的文化生活和提升健康意识提供公益平台；积极投入捐资修建社会基础设施，独资修建益丰路、德源路……十二年来，益丰大药房累计投入的公益资金及物资达1000多万元。

未来五年发展规划

十二年一个轮回，过去是历史，希望在未来。今天，益丰大药房重又站在新的起点。志在高远的益丰人，制定了新的五年发展规划：“巩固中南华东，拓展全国市场”。未来五年，益丰大药房在全国设立的分子公司将达到10余家，开设的连锁店将达到1600多家，实现年经营规模60亿元，益丰品牌和综合实力成为全国数一数二的连锁药房，让员工获得超越同行的职业素质和物质回报。

益丰大药房董事长高毅语录

“益丰大药房十几年的发展，一方面得益于我们有一支优秀的团队，坦诚正直、积极向上、勤奋务实、成果导向，是我们益丰人的风格；一直以来，我们公司都是通过用公司发展来吸引人，用员工成长来凝聚人，用学习锻炼来培养人；我们公司花了很大的力气去做员工职业生涯规划系统和员工培训系统，以及传帮带系统；我们希望通过这些工作，让我们的员工获得超越同行的职业发展。

另外一方面，益丰一直有一个优秀的文化基因，一切以顾客价值为导向是益丰文化的核心，尊重顾客、理解顾客、为顾客创造价值，将顾客满意度作为我们衡量一切工作的标准。

我相信，有这样一支优秀的团队和这样一个优秀的文化基因，在未来的日子里，益丰将走的更高更远！！”

鸿翔一心堂发展概况

一、鸿翔一心堂 —— 中国药品经营领导者

云南鸿翔一心堂药业（集团）股份有限公司创始人阮鸿献先生的事业起步于1981年，至今已经营药品及相关产业30余年。在阮鸿献先生的悉心经营下，公司现已成长为以零售药店连锁经营为核心产业，集药材加工与销售、中西成药批发为一体的大型医药股份制企业。一心堂本着“一心做事，以心换心”的企业精神，把“改善人类健康状况”作为己责，始终如一把消费者利益放在首位，全力以赴降低成本、提升管理水平、持续改善商品结构和服务模式，勇担中国医药零售业时代先锋重任，不懈创新进取，创造一项项业界第一，为消费者的健康生活提供强有力的保障。自2001年1月第一家一心堂药店创建至今，13年间一心堂在云南、广西、四川、贵州、山西、重庆等地区开设了2000余家直营连锁药店，年销售额逾32亿元，员工13000余人，拥有500多万会员，是3000多万消费者的共同选择。从2006年至今，一心堂连续6年问鼎中国十强药店。

二、中国药品低价领导者

把低价进行到底，永远把药品用最低的价格卖给需要它的人，一心堂依托自身强大的直营体系及规模经营效应，连续发动多次规模空前的低价风暴，将上万个常用药品全面降价，努力使一心堂的药品总体价格保持压制性低价，在老百姓心目中形成了良好的低价形象，是中国药品经营低价策略的领导者之一。

三、中国全品类药店缔造者

为满足消费者多元化的需求，一心堂全力以赴打造优质供应链，长期经营过的品种超过24000多个，正常在库商品有14000多个，全面保证一心堂在售药品品类齐全，成功缔造真正的全品类药店，让大家想买的药在一心堂都能买得到。

四、中国医药零售业信息技术引领者

13年来，一心堂一直坚持企业信息化技术升级，先后斥资6000万导入SAP信息系统，成为国内首家与世界500强信息管理企业接轨的医药零售企业。SAP的成功上线，让一心堂的管理水平和竞争能力得到飞速提升，屹立在中国连锁行业信息管理的制高点。

五、严格的药品质量维护者

一心堂是云南省第一家批发、零售同时通过国家GSP认证的医药零售企业，为了建筑药品质量长城，一心堂成立了质量管理委员会和质量管理部，制定了与质量管理相关的制度85个，质量管理流程133个，质量管理控制点428个，每一个环节都有严格的质量管理要求，将假药、劣药、不合格药品严格拒之门外。因为一心堂认为：生命价值高于一切！

根据中国医药零售行业权威杂志《中国药店》2012—2013年度调查显示，一心堂突破创新，各项业绩再上新高度，以1872家直营连锁门店优势位列中国药店前三强。截止目前，一心堂直营门店数量已经超越2000家，“中国三强药店”实至名归。预计在不久的将来，一心堂3000店、5000店、10000店将以更加强大的规模傲立于激烈的药品竞争市场，一心堂将为更多的民众带去健康。“中国第一药店”在一心堂前进的道路上越来越近。

因为有梦想，一心堂敢想敢做，一心堂人将继续追逐打造中国医药零售强企的梦想；因为有梦想，一心堂要让健康之花开满神州大地；因为有梦想，一心堂大健康药店要为社会提供更加宽广的健康产品和服务；因为有梦想，一心堂一路前行，“中国十强”、“中国五强”、“中国三强”、未来的“中国第一药店”“国际强企”……一心堂将在发展的道路上义无反顾，勇往直前！

六、鸿翔中药 国药经营集大成者

上世纪80年代初期，鸿翔中药品牌创立，鸿翔中药博采自然精粹，传承国药精髓，以自然为道，修身、养性、成厚德，以专业为本，立业、展志、济天下，秉承“地道、厚道”的中药品牌之道，勇担中药文化传承与发扬之重责，获得了万千消费者的肯定！在三十年的历练中，鸿翔中药坚持每一味药材纯正地道，每一次炮制饮片科学精准，剔除每一粒杂质，深知专业与品德是做药的根本，地道与厚道是做药的良心，鸿翔中药三十年，兼修专业与品德，信守地道与厚道！

在大浪淘沙的中药市场竞争环境中，鸿翔中药沉淀下良好的品牌特质，在同行业中树立了绝对威信。用心经营，科技创新，本着将中药做精、做强、做大的原则，30 年鸿翔中药始终走在发展的前列，30 年是鸿翔中药发展的过程，走向强大的过程，鸿翔中药由一个小药铺发展到现今的年销售过二亿元、经营品种 2400 多种、拥有八大品类及四大特色商品的专业中药公司。鸿翔中药科技已是云南省中药界的主流企业之一云南省最大的中药饮片生产销售企业之一，云南省医药市场上中药饮片最主要的供应商之一，《云南省中药饮片标准》起草制定的主要参与和承担企业之一 。发展至今已是云南中药界的领军企业。

“鸿翔牌”中药产品以地道的药材来源、先进的科技加工技术、公道的价格以及服务赢得了广大消费者的良好口碑，在长达 30 年的中药经营之路上，鸿翔中药以消费者的健康需求为核心，以科学规划为手段，从二千多种中药种类，逐渐发展到独具特色的八大品类，八大品类分为了三七系列、天麻系列、鹿茸系列、礼盒系列、人参系列、中药饮片、中药养生、虫草系列，细致的分类使得鸿翔中药经营更加专业化、规范化、现代化。鸿翔中药讲究特色化经营，以其采购方式、采购地点、中药品质以及生产加工等方面的特色，逐渐形成了鸿翔中药的四大特色品类，鸿翔天麻、鸿翔人参、鸿翔三七、鸿翔虫草，四大特色商品药效成分高，科学加工，安全有保障。

鸿翔虫草参茸店作为鸿翔中药名贵药材旗舰店，是目前云南省最大的药材名店、礼品专营店。2010 年，鸿翔药业斥资 300 万打造的虫草参茸店，以四大领先优势，致力打造云南名贵药材销售巨舰。鸿翔虫草参茸店属于专业的名贵中药材超大型卖场，以鸿翔中药 30 年实力保障，在产品质量上是消费者放心的选择；上万品种，中药大荟萃，能够全方位满足消费者的不同档次的购买需求；虫草参茸店产品因批量采购，节约物流成本，是馈赠亲友、团体订购实惠的选择；鸿翔中药还能根据消费者个性提供完美的养生、保健解决方案。买名贵中药材，鸿翔虫草参茸店，买名贵中药产品的最佳选择。

七、一心堂荣升中国三强药店 大健康事业阔步前行

一心堂继连续六年问鼎中国十强药店、直营门店数量位列中国药店前五名之后。近期，在行业内的排名又进一步上升，根据权威杂志《中国药店》发布的信息显示，截止 2012 年年底，一心堂直营门店总数量为 1872 家，位列中国药店直营店数量排行榜第三名。到目前为止，一心堂直营门店总数早已经超过 2000 家，“三强药店”只是一心堂 2013 年自强元年的起点而已，未来，一心堂要打造的是“中国第一大药店”、“国际化知名药店”。

云南鸿翔一心堂药业（集团）股份有限公司创始人阮鸿献先生的事业起步于 1981 年，至今已经营药品及相关产业 30 余年。公司现已成长为以零售连锁药店经营为核心产业，集药材加工与销售、中西成药批发为一体的大型医药股份制企业集团。

鸿翔集团旗下一心堂大健康连锁药店始于 2001 年，经过十余年的不懈努力，一心堂在云南、广西、四川、贵州、山西、重庆等省区创建了 2000 多家直营连锁药店，2012 年年销售额超过 32 亿元，员工总数达 13000 余人。近年来，在一心堂业绩不断取得进步的同时，公司为社会健康孜孜不倦的努力也得到了社会各方面的认可：一心堂荣获 2008 年度“中国药品零售连锁百强企业”、2008 年度中国健康年度总评榜“最具影响力连锁药店”、2009 年度“中国药品零售连锁 10 强企业”、2010 年中国健康年度总评榜“年度最具品牌力药店”、2011 年中国药品零售连锁企业竞争力百强榜综合竞争力第三名、2011 年中国药品零售连锁企业竞争力百强榜“管理力冠军”、2012 中国药品零售连锁企业竞争力排行榜综合竞争力第二名、2012 年中国药品零售连锁企业竞争力排行榜“盈利力冠军”。

鸿翔一心堂全面满足大众健康需求，除经营常用药品之外，全面拓展到保健、预防、理疗、养生等领域，在医疗器械、中药、保健品经营方面也保持着行业领先优势。作为鸿翔一心堂的立业之本，鸿翔中药 30 多年坚持“地道、厚道”的经营理念，用心经营，立志传承发扬国药的传统精粹。鸿翔中药科技有限公司是集团下属的专业中药经营公司，通过不断革新与发展，探索出适合生产一千二百种精制饮片的九大类二十六项炮制工艺，成就了云南乃至西南地区的“饮片冠军”；为了保障中药的专业化生产经营，鸿翔集团投入巨资，革新技术，建成符合 GMP 要求的多条专业饮片生产线，具备年生产加工 10 亿元中药材、中药饮片及中药深加工的能力，能胜任净、切、炒、炙、蒸、煮、烫等传统中药饮片炮制方法的要求，适宜 800 余种中药材，1200 余种中药饮片的炮制生产，实现了传统中药饮片生产的专业化、规范化和规模化。鸿翔中药勇担中药发展传承之重任：是云南省中药界的主流企业、云南省最大的中药饮片生产销售企业之一、云南省医药市场上中药饮片最主要的供应商、《云南省中药饮片标准》主要参与企业。

鸿翔集团不断走向强大的同时，除了向每年 3000 万的顾客群体和 500 万会员提供药品和健康知识外，在近几年中，鸿翔一心堂积极投身社会公益事业，累计投入资金近亿元：建设希望小学、向光彩事业捐款、对非典、地震、干旱灾情伸以援手、向孤寡老人、贫困病人给予资金和药品支援，开展了 10 届的一心堂健康万里行足迹多达 30 万公里，给上千万人次进行体检、赠送购药卡等健康帮助。“达则兼济天下”一心堂就是这样默默的履行着传递健康、回报社会的责任，以自己的实际行动帮助最需要帮助的人。一心堂本着“一心为民，全心服务”的宗旨，将继续为人类健康事业奋斗不息。

华润医药商业集团

——做专业化、高效率、重服务的中国医药流通品牌企业

华润医药商业集团有限公司（简称华润医药商业）是华润医药集团全资的大型医药流通企业，华润集团一级利润中心。她的前身是北京医药股份有限公司。2000年12月，北京医药股份有限公司在原北京市医药公司和北京医药经济技术经营公司的基础上改制成立。

2010年10月，华润集团与北京市政府签订战略合作协议，北京医药集团与华润医药集团合并重组，北京医药股份有限公司作为北京医药集团下属企业进入华润医药集团。2012年3月，正式更名为华润医药商业集团有限公司。

华润医药商业主要从事医药商品营销、物流配送以及供应链相关服务。主要经营化学药制剂、化学原料药、中成药、中药饮片、生物制品、麻醉药品、精神药品、医疗器械、医用耗材、保健食品等2万多个规格品种。2001年首批通过国家GSP认证，具有各类药品和医疗器械的进出口资质、医药三方物流资质和医院物流延伸服务资质。主要业务涉及医疗市场、社区市场、广阔市场、商业分销市场和零售连锁市场五大板块。

目前，华润医药商业在全国17个省（直辖市、自治区）建有80余家全资和控股子公司，营销网络覆盖29个省（直辖市、自治区）。与国内外7500多家医药生产企业、供应商保持着长期稳定的合作关系，拥有直销客户2万余家，商业分销客户5800余家，社区配送客户2.42万家、连锁药店和单体药店客户1.8万家。2012年，华润医药商业销售规模615亿元，位居全国医药商业企业前三强。

自主创新之路

华润医药商业集团有限公司，是一个崭新的名字，但在中国医药流通领域发展的伟业中，她有着深厚的根基。坚持“先一步胜百步，快速创新路”的经营方针，她的前身——北医股份走出了一条自主创新之路，用坚实的脚步，推进了中国医药流通行业的现代化进程。

全国首批、北京市第一家通过GSP认证的企业。2001年，国家药监局颁布《药品经营企业质量管理规范》（GSP），刚刚成立不久的北医股份，一边快速重组整合，一边申报GSP认证。同年5月，北医股份以高分通过国家药监局170个项目的GSP认证现场检查，迈上了企业全面质量管理的新台阶。

最早将信息化技术引入经营管理的企业。北医股份拥有先进的信息化管理网络，2002年自主研发了企业资源计划管理系统（ERP），迅速成为企业发展的支撑。依托这个系统，北医股份对企业经营管理情况做到实时监控，提高了对客户需求的响应能力和对市场的快速反应能力。

创办国内首家开架式大药房。1997年，位于北京安定门内大街的医经大药房（后改为北京医药全新大药房）开业，学习国外先进经验，实行药品处方药与非处方药分开管理，非处方药全部开架售货，开创了零售药店OTC管理的先河。

建成全国首家现代医药物流配送中心。2003年12月，北医股份引入德国西门子德马泰克技术和设备建设的现代医药物流配送中心正式投入使用。实施ERP和WMS管理模式，率先在业内实现药品出入库、拣选、配送的自动化、信息化操作，一举改变过去手工操作、人搬肩扛的传统物流模式，实现了医药流通领域的管理变革，为行业树立现代医药物流的样板。

率先实行社区药品“零差率”配送。2006年12月，北京市率先实行社区卫生服务常用药品“政府集中采购、统一配送、零差率销售”的改革。北医股份用实际行动支持政府改革，一举获得全市18个区县中15个区县的药品配送权，赢得了社区配送市场的新天地。

开展药品冷链物联网示范工程。本着对冷链药品质量高度负责的精神，2010年初北医股份引进国际先进技术，设计并建造了全国药品流通行业第一家恒温恒湿冷库。该冷库对冷库内的空气进行控制，使全年库内温度控制在4.5-5.5℃之间，湿度控制在55-65%之间，该指标远远超过国家法规规定的2-8℃和45-75%的控制条件，达到了业内的最先进水平。

在此基础上，为达到冷链药品在库、配送过程的无缝冷链监控目的，公司采用RFID进行数据采集记录，对冷链商品在库、出库、运输、交货、回库环节进行全程冷链温度监控。通过RFID技术与冷藏箱的结合实现了多批次小批量低温冷藏药品单品级别实时温度管理，填补了行业空白。2011年1月，工信部物联网推广中心正式授予北医股份冷链项目——“中国RFID冷链物联网示范工程”优秀奖。

创造医药物流延伸服务“天坛模式”。2009年，北医股份发挥自有源代码的优势，率先将现代医药物流配送服务延伸到医院药库，创造“天坛医院”模式。

该模式以落实国家新医改政策为出发点和落脚点，借鉴国外同行业先进经验，将现代医药物流信息化系统、自动化技术和管理方法延伸到医院药库、门诊药房和住院病区，为医院提供专业化、个性化的信息管理解决方案，使医院实现药品管理的流程化和信息化，提升医院的药品流转效率和准确率，确保药品流转的安全性与可靠性，并降低医院综合成本，为缓解百姓“看病难、看病贵”问题，发挥了国有医药流通企业的特定作用。2011年6月，这一模式被国家商务部列为“医药物流服务延伸示范工程”在全国推广。

从区域走向全国

华润集团是国务院国资委直接监管和领导的53家国有重点骨干企业之一，是在香港和内地最具实力的多元化企业集团之一。华润成立于1938年，是老一辈无产阶级革命家周恩来、陈云领导下的红色企业。“华润”二字取自“中华”和毛泽东的字“润之”，蕴含“中华大地，雨露滋润”美好寓意。华润总部设在香港，目前下设七大战略业务单元，19家一级利润中心，共有1200多家实体企业，员工近40万人。

北医股份加入华润后，很快成为华润医药战略业务单元的商业流通平台，更名为华润医药商业集团有限公司。以贸易起家的华润集团，深深地了解商业的价值以及渠道和终端的重要性，希望以医药流通为引擎，拉动医药工业的发展，实现“打造央企医药平台”的战略目标。在华润医药“十二五”战略引领下，2010年下半年开始，华润医药商业在各地快速并购优质医药流通企业，形成全国网络布局，从区域领先企业走向全国大型企业集团。

按照“省级建平台、地市级建网络”的方针，截止目前，华润医药商业在全国拥有80多家子公司，已经覆盖北京、天津、上海、黑龙江、吉林、辽宁、河北、河南、山东、山西、内蒙古、江苏、浙江、湖北、湖南、陕西等17个省市自治区。还会有更多的企业逐步加入华润医药商业。

华润医药商业在外延式发展上既快速又理性。华润集团副总经理、华润医药集团总裁李福祚指出：全国布局、区域领先，这是我们合作的标准和目标。有些企业也许现在不是领先者，但是潜在的领先者。我们强调华润“诚实守信、业绩导向、客户至上、感恩回报”的价值观，更重视经理人的理念和职业操守。华润给经理人市场化的机制，给大家创造体现价值的平台。

华润医药商业并购首选地方优质龙头企业，且经营理念和文化与华润一致。如华润山东医药有限公司的基础是济南中信医药，原是山东省内的龙头医药流通企业之一，2012年其销售收入近70亿元，该公司的销售网络已经覆盖山东省内17个地市的各大医药商业单位和大部分县级以上医疗单位，其中在济南市二级甲等以上医院的覆盖率达100%。华润苏州礼安医药有限公司在苏南地区医药商业排名第一，销售收入超过50亿元。华润河南医药有限公司是省内第二大医药流通企业，其电子商务和冷链药品管理居国内先进水平。华润广东医药有限公司在高端医药品种和进口品种代理上独具优势，2012年销售达80亿元。华润新龙医药有限公司是专门从事广阔市场和快批业务的企业，加盟后使华润医药商业市场覆盖和品种结构更加齐全。这种理念和文化上的一致性，以及这些企业原有的良好的业务竞争力，为华润医药商业的发展奠定了良好的基础。

华润医药商业的核心能力包括以医院销售为主、兼有商业分销、社区配送和零售连锁等遍及全国的商业渠道网络，信息化支撑的现代物流，近千个品种的地区代理和上万个品种经销的品种资源，以及延伸到医院终端的物流增值服务等。其中的基础是融合了资金流、信息流、实物流的现代医药物流。在华润医药商业全国布局过程中，基本有一个共同点，那就是把建设现代医药物流中心作为新公司发展壮大的引擎。

华润医药商业在整合各地资源后，积极搭建省级物流平台，复制成熟的集团化 WMS 管理，在各地加快建设现代医药物流的步伐。

2010 年 9 月 3 日，黑龙江省首家现代医药物流中心——华润牡丹江现代医药物流中心奠基，2012 年竣工投入使用；2010 年 11 月 16 日，山东省最大的医药物流中心——华润山东现代医药物流中心落户济南槐荫工业园区；2010 年 11 月 18 日，华润医药商业与苏州市高新区签订投资框架协议，建设日处理 5 万张订单的大型现代医药物流中心项目正式启动；2011 年 1 月 12 日，华润医药商业与郑州市经济技术开发区签订发展现代物流框架协议；2011 年 3 月 22 日，华润医药商业在哈尔滨市经开区投资建设大型的现代医药物流配送中心；2011 年 7 月华润辽宁医药现代物流中心在沈阳正式上线；2012 年吉林康乃尔医药现代物流配送中心在长春建成投入使用……

目前，华润医药商业在全国拥有 40 家现代医药物流中心，WMS 管理已经复制到大部分物流配送中心，一个集团化的现代物流配送体系正在崛起。

新的光荣与梦想

当前，国家新医改政策对行业提出了新的要求，商务部药品流通“十二五”规划定出了转变经济结构和发展方式的基调，这些都给医药流通行业带来巨大的发展机遇和挑战。提高行业集中度；完善药品流通网络；发展现代医药物流，提高药品流通效率；推动医药物流服务专业化发展等等，这些都是药品流通“十二五”规划中提出的行业发展的主要任务。华润医药商业正站在一个历史发展的新起点上。

从 2010 年的 166 亿，到 2012 年的 615 亿，三年时间华润医药商业销售规模翻了两番。这首先靠的是华润集团和华润医药集团的巨大能量，华润在品牌、资金、体制机制创新以及政府事务等方面给予的整体支持，使华润医药商业的并购扩张和内生式增长得以顺利达成；其次靠的是企业自身的优势，华润医药商业及其下属子公司抓住新医改政策和加入华润带来的发展机遇，凭借多年在区域的领先地位和优势，使自身商业价值到极大发挥；第三靠的是管理团队和员工队伍的凝聚力。在华润的旗帜下，华润医药商业管理团队迅速由区域管理向集团化管理转变，原来的“老板”迅速转变为华润优秀经理人。

在华润“诚实守信”的核心价值观的引领下，华润医药商业积极营造“简单、坦诚、阳光”的组织氛围，通过各种有效途径和手段，培养和造就一支结构优化、数量充足、配置合理、素质优良的企业员工队伍。企业关爱员工，员工将全部力量奉献给企业，先进企业文化激发出人的潜能，成为企业无坚不摧的动力源泉。

如今，华润医药商业正向着“2015 年销售超过 1000 亿元，进入行业前两强”的目标进军。她将秉承华润文化，坚持走科技创新的道路，努力打造“专业化、高效率、重服务”的中国医药流通企业领先品牌形象，成为最有价值的中国医药流通领军企业，努力为人民的健康事业、为百姓用药安全做出应有的贡献，实现新的光荣与梦想！

九州通做中国医药健康产业最佳技术服务商、集成商和供应商

九州通医药集团股份有限公司成立于国家允许民营资本进入医药流通领域的1999年，2010年11月在上海证券交易所挂牌上市，是在中国医药商业行业处于领先地位的上市公司。

九州通以药品、医疗器械等产品批发、零售连锁、药品生产与研发及有关增值服务为核心业务，是全国最大的医药商业流通企业之一，同时也是医药商业领域仅有的具有全国性网络的两家企业之一，公司已连续多年位列中国医药商业企业前列、中国民营医药商业企业第一位，连续七年入围“中国企业500强”。截至2011年6月30日，集团拥有总资产99.5亿元，员工近万人，下属公司70余家；2011年公司实现销售收入近300亿元（含税）。

九州通拥有完善的品种结构和丰富的客户资源，经营品规达1.4万多个，上游供货商近4200余家，下游客户6.95万余家，取得了国内230多种药品的全国或区域总经销、总代理资格。至今为止，九州通集团已在21个省会城市设立了21个省级子公司（大型医药物流中心），在26个地级市设立了26个地级公司（地区医药物流配送中心）及300多个终端配送点，形成了覆盖全国大部分县级行政区域的物流配送网络。

九州通致力于打造现代化物流信息技术的核心竞争力，经过多年的自主研发与实践创新，目前，九州通是国内唯一具备独立整合物流规划、物流实施、系统集成能力的医药分销企业，并取得了20多项自主知识产权，在现代物流技术和信息技术方面处于国内领先、国际一流的地位，是国内医药行业唯一获得“中国物流改革开放30年旗帜企业”和全国首家“5A级物流企业”称号的企业，也是湖北省省级药品储备定点单位。

为落实“技术让服务更卓越、技术为客户服务”的技术服务理念，为医药健康产业客户提供高性价比的技术服务，九州通专门成立了湖北九州通达科技开发有限公司（高新技术企业），致力于为客户提供物流及供应链管理综合解决方案、计算机软件的研发与实施、技术咨询的服成、系统上线和搬迁等方面积累了丰富的实际经验，形成了仓储管理系统（WMS）、设备控制系统（WCS）、运输管理系统（TMS）等三大自主研发成果，并取得多项独立知识产权。

致力自主创新，领航医药物流信息技术

九州通是全国医药流通企业中唯一进行现代物流技术自主研发与医药物流管理系统集成的企业，具有领先于行业的现代物流技术和信息技术运用的优势。为了降低医药物流成本，提高经营产品的配送效率，减少差错率，早在2001年，九州通就开始进行现代医药物流流程以及相关物流技术的研究，并与国内外先进的物流集成商进行技术交流，探索将国内外先进的物流技术与中国医药物流的具体国情相结合的物流模式。公司制定了以“自主研发为主、外部合作为辅”的自主研发机制。在技术方面，公司积极跟踪世界先进的物流技术，在充分论证的基础上，及时吸收消化，以提高本公司物流管理系统的性能，并增强系统的可扩展性和可维护性，提高运营效率；在流程和功能方面，针对公司近期的要求和远期的规划，结合自身业务特点，逐步提高现有的物流及信息管理软件的性能，使物流及信息技术不断优化。在近11年时间里，九州通共规划投资了47座医药物流配送中心。根据各个医药物流中心的不同功能，采用了现代物流设施、设备，研发了与之相匹配的物流管理系统和信息管理系统，并在医药物流中心规划、设备选型、系统集其中，物流管理信息系统(LMIS)适用于各地不同物流规模，不同作业模式的医药物流中心，并通过了科技成果鉴定，从而奠定了九州通在医药行业物流信息技术的核心竞争力。

物流信息技术的创新与应用提升了九州通物流服务能力与服务水平，作业效率大大提升、出库差错下降。自动化输

送分拣设备、电子标签拣选、PDA 拣选、立库拣选等技术使订单处理效率提高了 60% 以上，单个物流中心的最大作业效率从过去的 3000 行 / 小时提升到 5000 行 / 小时，整个集团单日最大出库能力从 18 万条，提高到 33 万条。电子标签拣选、条码复核、PDA 复核等技术使出库差错率从过去的千分之一下降为万分之一以下，按照整个集团目前 12 万条的日均出库条目数，相当于每日减少出库差错 100 条以上。

物流信息技术在九州通的成功应用，也为九州通对外提供技术输出服务积累了丰富的经验，目前九州通在国内医药物流行业中的现代物流技术和信息技术的运用方面保持了领先的优势，是中国目前唯一具备独立集成规划现代医药物流中心能力和拥有自主知识产权的现代医药物流企业。从“人海战术”到“现代化物流”，从“技术引进”到“自主研发”，再从“技术让服务更卓越、技术为客户服务”到“做中国医药健康产业最佳技术服务商、集成商、供应商”的变革，九州通以落实国家新医改及流通行业“十二五”规划纲要为出发点和落脚点，多年来一直致力于研究和运用现代化物流技术，开始领航中国现代医药物流信息技术。

“三大产品线”打造全面专业的技术增值服务

“21 家省级现代医药物流配送中心、 26 家地级物流配送中心、300 余家配送办事处、 物流体系总人数 4000 余人、运行中物流中心总面积达 40 余万平方米、 规划中物流中心面积 20 万平方米、集团在库存储件数约达 210 万件、 全年物流吞吐量超过 4000 万件”，这一连串数字的背后是九州通强大的物流运营管理能力，九州通的物流网络一体化运营管理覆盖着全国 80% 行政区域的物流网络。除此之外，九州通率先在同行中开创了医药信息网及电子商务交易业务，并具备向上下游客户提供需求解决方案及增值服务的能力。在新医改对医药流通企业的现代化物流发展给予更多政策支持的背景下，九州通逐渐将技术增值服务延伸到了上下游产业链，形成了独具特色的物流管理、供应链管理、医院管理三大产品线，可以满足客户对技术服务的最高需求。目前，九州通面向医药健康行业开发了物流管理系统、医院管理系统、医疗机构管理平台、ERP 系统、集中采购管理平台等 20 余个软件产品，全部取得了自主知识产权，能广泛覆盖医药行业客户的信息化需求，每一产品线均配备有完善、成熟的硬件设备、软件系统和业务咨询服务，为客户打造全面、专业的技术服务。2009 年 5 月，九州通与上游客户云南白药签订了现代医药物流项目的合作协议，负责该项目的规划设计和仓库管理系统（WMS）、设备控制系统（WCS）的开发，设备的选型和采购，集成调试上线服务及搬迁方案等服务。

下游客户方面，九州通为北京大学人民医院设计与开发的医用耗材采购、库存与管理软件和信息系统，在医疗机构的医用耗材和药品的物流管理方面具有显著的应用价值。九州通通过网络系统，可以与上下游会员客户实现即时信息共享，为上游会员客户提供其商品即时的库存信息和销售信息以及根据需要提供有价值的信息分析报告；同时，也可为下游会员客户提供查询其所需商品的品种及相关信息。

资深技术团队持续提供智力支持

核心技术需要专业人才保证，九州通也不例外。实际上，不少企业的成长史都证明，在企业的发展进程中，人才早已成为最重要的因素。九州通正是深深地认识到了这一点，所以，自成立之初到现在，一直都非常重视人才的吸纳和培养。

九州通拥有国内一流的团队，技术牵头人谷春光先生是中央“千人计划”特聘专家，毕业于美国麻省理工学院，曾就职于美国麦肯锡公司。公司不仅先后从 I2、麦肯锡等世界 500 强企业引进高级管理人才和资深专家，还从清华大学、复旦大学、日本一桥大学、武汉大学等著名学府引进多名专家和专业技术人才，组建了业内顶尖的技术研发与物流管理团队。他们在具有国内领先技术开发基础上，引进国外同行业各类的宝贵经验，并加以研究创新，使九州通的服务产品达到与国际接轨的领先水平。另外，公司还网罗了一批高端顾问人才为技术发展做保驾护航，公司管理总顾问胡建强先生，则拥有美国哈佛大学应用数学博士、美国波士顿大学终身副教授、复旦大学管理学院特聘教授、博士生导师等多项头衔，同时也是世界资深供应链管理专家、管理科学与工程专家，为国内外多家知名企业担任顾问。目前，九州通拥有一支 300 多人的物流技术和信息技术的研发团队和管理团队，技术研发人员达 90% 以上，硕士 20 名、博士 3 名，85% 以上人员都拥有大学以上学历，研发团队规模甚至超过了一家 IT 公司。

资深技术团队为九州通技术输出服务持续提供了强大的智力支持。同时，公司也重视对技术人员的技术培训和提高，针对技术人员关心的技术问题，聘请专家进行培训，并鼓励和资助技术人员参与各种技术交流活动，及时获取技术动向信息，提高自身技术素质。经过多年的发展创新，依托 10 余年的医药健康行业经验和技术积累，九州通现在已不是传统意义上的医药分销企业，而是一家拥有着庞大服务网络，强大的技术与系统开发能力，能满足各种需求产品的服务型企业。如今的九州通，借助资深技术团队及不断创新的“本土化”现代物流信息技术，不仅大大提升了自身服务能力，降低运营成本，提高市场盈利能力，而且还将技术运用于产业链上下游客户，特别是医药物流服务延伸进医院，大大满足了医药市场对高端物流技术的需求，促进了

医药流通行业现代化物流技术的整体提升，提高了全产业链的现代化物流服务水平，成为中国医药健康产业最大的专业技术服务商、集成商和供应商。案，包括物流中心的规划设计、设备招标选型与安装调试、系统设计与开发、模拟运行、物流中心整体搬迁、系统上线等服务。项目建成后，物流中心库房面积将达35000平方米，库容35万件，品种20000个，可支持80亿—100亿的年销售额。日出库峰值可达3万件，作业效率提高了近1倍，差错率由千分之二降为万分之一以内，综合运作成本降低40%，成为国内最先进最现代化的医药物流中心之一。

8 地方行业管理

LOCAL INDUSTRY MANAGEMENT

TO DO

· 北京市

克服困难 积极创新
推动首都药品流通行业健康发展

北京市商务委员会副主任 许康

2009年以来，在商务部的领导下，我委高度重视药品流通管理工作，采取多项措施，克服困难，开拓创新，做了大量积极有效的工作。

一、积极行动，推动工作迅速起步

2009年8月商务部承担药品流通管理职责后，北京市商务委员会作为首都商务主管部门，立刻响应商务部要求，积极行动，主动向市领导汇报。在得到了市政府的原则同意后，不等不靠，主要以下几方面着手开展工作：一是向市编办申请相关编制和职能。根据市政府会议精神，我委多次和编办沟通，请求协助解决相关编制和职能事宜。二是积极想办法调入药学专业人才，使后来的一系列工作有了良好的开端。三是积极参与市医改领导小组和市药品招标采购领导小组的2010年至2011年开展的北京市药品招标采购工作，参与讨论了北京市关于社会资本举办医疗机构以及医药分开的相关政策。四是充分利用打击侵权假冒伪劣商品专项行动和在以后开展的工作中，多次协调卫生、药监、公安等部门联合执法，参加多次全市组织的假冒伪劣药品销毁活动，通过密切沟通和交流，我委对有关部门之间职能划分定位更加准确，和各有关单位的配合也更加顺畅。五是组织区县商务部门，积极开展药品流通行业管理前期调研工作。三年来，我委召开全市药品流通工作会议十余次，组织区县商务部门参加商务部、市医药行业协会开展的培训近十次。市、区两级商务部门联合对海淀、通州、丰台、昌平等区县药品流通企业开展调研工作。为制定本市药品流通行业十二五规划奠定坚实基础。

二、深入调研，出台北京药品流通“十二五”规划

根据商务部的统一部署，我委从2010年开始多次在部、市领导带领下，多次前往嘉事堂、北京金象大药房、北京医保全新大药房等多家骨干连锁企业开展调研。通过大量调研工作，对我市药品流通行业有了一定的了解，对药品流通相关法律政策有了初步认识。2011年9月底，形成《北京市药品流通行业发展规划纲要（2011-2015年）》初稿。在征求了市医改办、市卫生局、市药监局、市人力社保局等医改领导小组成员单位意见后，又会同上述单位召开了专题研讨会，参会的还有各区（县）商务委，市医药行业协会以及我市较大的药品流通企业。经过多方征求意见，详细讨论，反复酝酿，我委于2011年12月正式出台规划纲要。本纲要有以下几个特点：一是特别强调对于传统民族药、老字号品牌的保护和发展；二是对于医药电子商务领域给予重点支持；三是结合北京市十二五发展目标，提出科技引领的要求，突出首都产业示范效应。

三、广泛动员，全面开展药品流通统计工作。

2011年商务部部署药品流通统计工作，我委克服困难，多方沟通，建立药品流通统计工作机制。对于商务部门而言，药品流通统计完全没有工作基础。我委利用市医药行业协会开展药品生产流通的统计工作，收到较好效果。

2013年初，针对药品流通统计工作的新要求和新修订的《药品流通统计报表制度》，我委组织药品流通企业，进行了相关培训，使各企业尽快掌握新制度的具体内容，熟悉各报表的指标变化，要求企业严格按照新要求填报数据，并继续增加直报企业数量，截止到目前，直报企业数量由原来的74家，达到100多家。

四、积极协调，改善行业发展政策环境

药品流通行业是一个与政策密切相关的行业。北京市药品流通行业在全国市场份额中举足轻重，因此北京市药品流通行业的政策示范效应也极为明显，针对此情况，我委积极与有关部门沟通，为行业发展争取更为有利的政策环境。一是与药监部门沟通，进一步放宽零售药店距离限制。药监部门是药品零售企业行政审批部门，原来在北京开办药店需在原有药店350米之外。经过多年的发展，北京市药店布局已趋于饱和。经我委与药监部门多次沟通，2011年市药监局出台的新的《北京市药品零售企业开办暂行规定》中对于药品零售企业之间的距离限制有所放宽，现在对于零售连锁企业在大型购物中心中开办零售药店不再有距离限制。二是与人力社保部门沟通，探索医保卡进药店政策。2001年北京市人

力社保部门已审批了98家零售药店作为医保卡使用试点单位，此后未再增加。根据我们实地调研了解，药店在使用医保卡时有诸多限制，医院处方很难真正流入到药店，零售企业市场份额萎缩严重。为此，我委积极与市人力社保部门沟通，协调医保卡进药店在政策上有所突破。

五、拓展服务，发展药品现代物流和连锁经营

我委支持药品物流企业开展医药物流服务延伸，即药品物流企业承接医院药房的物流管理，对医院药房进行信息化改造，提高药品流转效率，降低物流成本和配送出错率。目前，有国药集团药业股份有限公司、华润医药商业集团、嘉事堂药业股份有限公司、九州通医药集团股份有限公司4家企业开展了此项服务。其中，央企2家（国药集团药业股份有限公司、华润医药商业集团），国有股份制企业1家（嘉事堂药业股份有限公司），民营医药商业1家（九州通医药集团股份有限公司）。合作医疗机构数量为7个，以医院为主，合作项目7个。

同时，对于农村和边远地区药品配送的不足，我委也在积极加强调研，将其统筹考虑，纳入便民服务的整体规划中，并配合北京市医改工作整体进程推进。

六、高度重视，大力开展药品流通行业标准宣贯工作

2012年商务部发布了《药品批发企业物流服务能力评估指标》、《零售药店经营服务规范》、《药品流通企业诚信经营准则》、《药品流通行业职业经理人标准》、《药品流通企业通用岗位设置规范》等五项药品流通行业标准，我委给予高度重视，印发了五项标准的资料，分发给药品流通企业，专门组织了有行业协会和药品流通企业参加的五项标准宣贯会议，介绍了五项标准的相关内容，并提出了要求，一是企业管理人员要加强对五项标准详细内容的学习与领会，做到心中有数、耳熟能详；二是各企业要在经营活动中自觉执行五项标准，对照自身情况，规范经营服务行为，提高药品流通效率，建立企业诚信经营机制，完善科学的职业经理人评估体系和岗位培训制度，运用五项标准提升企业的管理和服务能力；三是行业协会要积极配合商务主管部门，多形式开展宣传贯彻活动，并以此为契机大力提升行业发展水平、强化行业自律。

总之，在商务部的领导下，北京药品流通工作正在积极有序开展，并取得了一定成效，我们将以推动首都药品流通行业不断健康发展为目标，以宣传贯彻五项标准为重要手段，努力做好药品流通行业管理的各项工作。

· 河北省

积极探索 认真实践 稳步推进药品流通行业管理

河北省商务厅副厅长 仲继安

药品流通行业是关系国计民生的重要行业，是社会关注的热点。近些年来，在商务部的指导下，河北省药品流通行业管理工作注重从打好基础、理顺关系、做好规划入手，积极探索开展行业管理的有效途径，收到了一定的成效。

一、抓基础，明职责，建立工作体系

明确行业管理职能和建立工作体系是开展药品流通行业管理工作的基础。2010年6月17日，中央编办下发了《关于明确药品流通职责分工的通知》，正式明确商务部为药品流通行业主管部门。同年8月商务部对各省级人民政府印发了《关于商请明确地方药品流通行业主管部门的函》。按照商务部有关要求，我们积极向省政府及分管领导作了专题汇报，经省政府研究，于2010年9月，将我厅列为省医改领导小组、省药品招标采购领导小组和省基本药物工作小组成员单位，10月，省编办下发了《关于明确药品流通管理职责分工的通知》（冀机编办〔2010〕228号），正式明确我厅为省药品流通行业管理主管部门，规定了我厅的具体职责。2010年12月15日，我厅专门发文，要求11个设区市政府明确当地药品流通行业主管部门。目前，11个设区市都已正式明确了职能，相关工作正在有序推进，全省已初步形成了“条块结合、以条为主、系统推进、部

门协同”的药品流通行业管理工作格局，确保了行业管理工作的顺利开展。

二、抓调研，摸实情，提高履职能力

为全面了解和掌握我省药品流通行业基本情况，更好地履行药品流通行业管理职能，自2009年以来，我们针对行业改革和发展中存在的突出矛盾和问题，积极深入基层开展调查研究活动，共完成调研报告7篇，其中1篇被收录在《河北省医药卫生体制改革调研汇编》中，另有3篇受到省有关部门好评。在基本药物采购方面，完成了《关于对我省基本药物采购开展情况的调研报告》，许多观点得到各方面的认可并被大量引用。在发展医药物流方面，完成了《对我省医药物流聚集区（园区）建设规划和发展政策的几点建议》，首次提出“以石家庄为核心、以唐山为重要配送节点、覆盖全省乃至辐射周边省份”的现代医药物流发展思路，得到省有关部门的认可，并写进《河北省现代物流业发展规划》。在规范药品流通秩序上，完成了《对我省药品流通秩序状况的调查与思考》，首次提出“启动地方立法工作，完善市场规则，堵塞药品违规经营的漏洞”，得到省医改办等有关部门认可。在完善农村药品供应网络上，完成了《河北省农村和偏远地区药品供应存在的问题及相应解决对策》的调研报告，提出加强农村药品供应网络建设的五点建议，确保农村和偏远地区药品供应。

三、抓规划，理思路，引导行业发展

“十二五”时期，是我省实现医药卫生体制改革目标的关键时期，也是药品流通行业结构调整和转变发展方式的关键时期。科学编制和有效实施“十二五”规划，不仅是商务主管部门依法履行职责的要求，同时对今后五年药品流通行业的发展具有重大而深远的意义。为此，我们有计划、分阶段地组织有关人员和专家，就我省经济社会发展水平、医药卫生体制改革进展情况、药品流通行业状况、城镇和住房建设改造规划、社区商业形态布局、人口密度及群众购药需求和医疗保险制度建设状况等情况，开展了18个前期课题和6个重大课题的调查研究，组织有关人员对调研成果进行评估，分析现状，找准问题，预测未来发展趋势，最后确定了“十二五”时期全省药品流通行业发展思路，其核心内容有四点。一是将“调结构、转方式、促发展”作为主线。二是将法制化、标准化、社会化、专业化、信息化作为支撑。三是将深化医药卫生体制改革，增强行业发展活力作为驱动力。四是将逐步形成统一的大流通、大市场格局，推进我省药品流通体系现代化作为总体发展目标。在此基础上，及时启动了《河北省药品流通行业“十二五”发展规划》的编制工作，并于2011年10月31日正式发布，成为改革开放以来我省首次单独制定并印发的药品流通行业发展规划，也为今后五年全省药品流通行业明确了发展方向、发展目标和发展重点。

四、抓制度，建机制，夯实管理基础

建立药品流通行业统计制度。为贯彻落实商务部关于药品流通行业统计工作的要求，及时动员和布置我省药品流通统计工作。我们印发了《关于开展药品流通行业统计工作的通知》，并于2011年3月17日组织召开全省药品流通行业统计工作培训会。各市商务主管部门业务科室的负责同志、省医药行业协会负责人，省推荐参加商务部“网上直报数据”的12家药品流通企业的领导和统计员参加了培训。

建立工作联系机制。一是建立部门工作联系机制。我们通过与省食品药品管理部门联合发文，共同部署，协调推进等方式，形成了既各负其责，又相互支持、合力推进的工作局面。同时，我厅与省医改办、省卫生厅等有关部门加强沟通，建立了部门联系工作机制。二是建立与协会工作联系机制。我厅与省医药行业协会建立联系，依托行业协会做好调研等基础性工作，充分发挥行业协会自律、服务功能和桥梁作用。三是建立与企业工作联系机制。我厅选择了乐仁堂集团、河北中诚医药公司等8家大型批发企业和河北神威大药房连锁公司、石家庄新兴药房连锁公司等8家零售企业作为联系点，建立了工作联系机制，定期召开会议，交流通报情况，收集意见和建议，促进行业管理工作顺利开展。

五、抓溯源，推试点，建立中药材流通追溯体系

商务部《关于开展中药材流通追溯体系建设试点的通知》印发后，我厅高度重视，及时召开专题会议，研究部署安国中药材流通追溯体系建设工作，明确了总体要求、工作目标以及工作重点，并组织相关人员到先期开展试点的成都市进行实地考察，完成了《关于对成都等地中药材流通追溯体系试点情况的考察报告》，同时按照国家有关试点要求，指导安国市做好申报材料的准备工作。目前，试点工作引起省政府的高度关注，省长办公会决定以开展中药材流通追溯体系建设试点为契机，改造安国市基础设施，推动中药材流通现代化和中药产业发展，建设安国中药都。省政府还专门建立了省中医药工作（安国中药都建设）厅际联席会议制度，办公室设在省商务厅，牵头负责需要省直有关部门协调推进的工作任务，以确保建设项目顺利实施。

· 山西省

强化服务意识
进一步做好全省药品流通行业管理工作

山西省商务厅副厅长 张跃建

药品流通行业管理工作是国务院赋予商务主管部门的一项全新职能。2009年以来，我厅认真贯彻落实国务院关于深化医药卫生体制改革对药品流通行业管理工作提出的要求，严格按照商务部的统一部署，迅速行动，克服困难，积极探索，勇于创新，扎实推进全省药品流通行业管理工作。

一、山西省药品流通行业的发展现状

我省现有药品批发企业423家，从业人员2万余人，年销售额在5千万元以上的有40余家。现有药品零售企业8418家，从经营方式上看：连锁门店2342家、单体药店6076家；从经营区域上看：县级以上3359家、乡镇以下5059家，从业人员5万余人。

改革开放以来，山西省的药品流通从计划分配体制转向市场化经营体制。现代流通方式正在逐步形成，药品供应保障能力明显提升，多种所有制并存、多种经营方式互补的覆盖城乡的药品流通格局已成雏形。但与此同时，行业发展的体制性矛盾和结构性问题仍然比较突出。主要表现在：流通组织化、现代化水平较低，行业发展布局不够合理，流通秩序有待规范等。

山西省药品流通企业的现状是多而散、规模小、毛利低、经营成本较高，管理水平、流通效率和物流成本与发达省份相比，还存在很大差距。缺乏规模大、管理科学、技术先进、资金雄厚的航母级企业。

二、开展药品流通行业管理工作的主要做法

（一）加强领导、落实机构、责任到人

全国药品流通行业管理工作会议召开后，我厅进一步加强了药品流通行业管理工作。一是及时向省政府汇报，明确职责归属。二是厅党组高度重视，迅速部署相关工作，研究贯彻落实意见。提出将搞好服务作为商务主管部门做好药品流通行业管理工作的重要抓手，并明确了分管厅领导、责任处室和专职人员。三是联合召开会议，形成合力。2012年10月，我厅和省食品药品监督管理局联合召开了全省药品流通行业管理工作会议，各市商务、食品药品监督部门的负责人和全省重点药品流通企业共计200余人参加了会议，进而提高了认识、明确了任务、开启了全省药品流通行业发展的新局面。

（二）加强沟通，建立了三个工作联系机制

一是建立部门工作联系机制。我们通过与省食品药品管理部门联合发文，共同部署，协调推进等方式，形成了既各负其责，又相互支持、合力推进的工作格局。同时，我厅与省发改委等有关部门加强沟通，建立了部门联系工作机制。二是建立与协会工作联系机制。我厅与省零售商行业协会建立合作机制，依托行业协会做好统计、调研等基础性工作。充分发挥行业协会自律、服务功能和桥梁纽带作用。三是建立与企业工作联系机制。我厅选择了国药集团山西公司等10家大型批发企业和山西长城大药房等10家零售药店作为联系点，建立了工作联系机制，定期召开座谈会，交流通报情况，收集意见和建议，协调解决问题，帮助企业发展。

（三）加强调研，掌握行业发展情况

一是开展药品流通管理职能宣传。我厅和11个市的商务主管部门深入重点药品流通企业，积极宣传医改和药品流通行业管理的相关政策，讲解药品流通行业管理职能调整情况及商务主管部门在药品流通行业管理工作中承担的主要职责，实现上下联动，共同推进。同时，在省商务厅网站上开辟了药品流通行业管理专栏，宣传解读政策，反映行业发展动态。二是进行专题工作调研。多次深入市、县围绕批发企业做大做强、重点培育中药材批发市场、探索提高农村药品供应保障体系建设等进行了专题调研，取得了较好成效。三是召开企业座谈会。倾听企业对药品流通管理的意见和建议。帮助企业进一步做好药品流通工作。

（四）加强培训，培养药品流通管理人才

药品流通行业管理工作对商务部门来说是一项全新的工作，因此，加强学习和培训至关重要。一是为加快推进药品流通行业人才队伍建设，提高药品流通行业整体素质和企业经营管理水平，印发了山西省药品流通行业“十二五”人才培训的通知，制定培训计划。安排在“十二五”期间开展落

实药品流通行业人才培训工作。目前，我们已相继举办了3期全省药品流通行业管理工作培训班，150余人接受了培训。二是提供经费保障。我厅在全省内贸发展资金中想方设法筹集经费用于全省药品流通管理人才的培训。

三、今后的工作目标和任务

山西省在深入贯彻《全国药品流通行业发展规划纲要（2011–2015年）》和全面实施《山西省药品流通行业发展规划纲要（2011–2015年）》的同时，努力实现以下目标和任务。

（一）行业集中度明显提高，重点药品流通企业在竞争中发展壮大

到2015年，通过鼓励支持企业兼并重组和充分市场竞争，重点培育5家年销售额超30亿元和10家年销售额超10亿元的区域性大型药品流通企业。药品批发前10名的企业，年销售额力争占到全省年销售额的70%以上。

（二）结构调整取得重大进展，药品供应保障体系更加健全

经过严格市场准入，每个地级市重点培育2至3家具有一定实力和现代医药物流能力的批发企业，形成便捷城乡的药品流通网络，充分保障人民群众用药的可及性和安全性。

（三）连锁经营门店数明显增加，服务水平有较大提升

连锁药店门店数占零售药店门店总数的比例由现在的1/3提高到2/3。药品零售连锁企业的年销售额达到全省年销售额的65%以上。零售药店管理、技术和服务水平有较大提升。

药品流通行业管理是新形势下国务院赋予商务部门的新任务，我们将努力推进全省药品流通行业管理工作，为药品流通行业持续健康发展和深化全省医药卫生体制改革目标的实现做出新的贡献。

· 内蒙古自治区

全面落实 强化管理 药品流通行业管理工作迈上新台阶

内蒙古自治区商务厅

自2009年以来，内蒙古自治区商务厅严格按照商务部的工作部署，全面落实药品流通行业管理相关文件、会议精神，积极组织各盟市商务主管部门广泛宣传、积极探索，切实开展药品流通行业规范管理各项工作，使内蒙古自治区药品流通行业管理工作迈上了新台阶。

一、行业发展情况

根据药品流通行业统计平台上报数据显示，截止2012年末，内蒙古自治区药品流通企业总数达到10688家，其中药品批发企业179家、占企业总数的1.7%，零售企业10509家、占企业总数的98.3%。纳入统计范围的药品流通企业销售总额为153.5亿元，其中批发类企业年销售额达到49.3亿元、占行业销售总额的32.1%，零售终端销售额为21.1亿元、占行业销售总额的13.7%，医疗终端销售额45.3亿元、占行业销售总额的29.5%；20家典型直报企业从业人数超过5100人，主营业务收入达到36.4亿元，利润总额达到6715万元。

二、工作举措

（一）明确药品流通行业管理职能

2012年初，自治区编制委员会印发了《关于自治区商务厅调整部分内设机构及主要职责的批复》（内机编发〔2012〕7号），明确了自治区商务厅“承担药品流通相关管理工作，拟订药品流通的规章、标准和政策并组织实施”职能后，及时对各盟市发文，要求盟市尽快明确本地药品流通行业主管部门，以便建立工作关系，共同做好药品流通管理的工作。目前，已经有3个盟市明确了药品流通行业管理职能（通辽市、阿拉善盟、巴彦淖尔市）。

（二）做好药品流通行业相关统计工作

督促药品流通统计直报企业完成各类药品流通统计报表报送工作，根据商秩司函〔2013〕3号文件的附件2（2012年药品流通行业统计系统直报企业填报率）的统计，我区22家直报企业中，填报率在80%以上的企业数达到了16家。其中，直报率超过90%的5家企业被商务部通报表扬。在做好药品流通统计工作的同时，积极督促中药材流通企业按时完成了商务部中药材重点品种流通分析直报系统统计报送和中药材种植情况年报。

（三）做好铬超标胶囊查处工作

根据商务部工作部署，要求各盟市积极配合有关部门做好案件的查处工作，确保药品流通行业经营管理秩序稳定。我区商务主管部门会同自治区食品药品监管部门在药品经营和使用各个环节对媒体曝光铬超标胶囊剂药品进行彻底排查。共查封扣押通报的涉嫌铬超标胶囊剂药品 626.3 万粒，空心胶囊 508 万粒。对 27 家在产企业的胶囊剂药品进行了全覆盖监督抽验，共检出 4 家企业 4 个品种、6 个批次的不合格胶囊剂药品，责令企业对已销售的胶囊剂药品进行召回，并对生产铬超标胶囊药品的企业进行依法处罚。受理了区外 105 家药企的召回申请，累计在内蒙古召回不合格胶囊剂药品 197.9 万粒，监督销毁铬超标胶囊剂药品 202 万粒，销毁空心胶囊 79.7 万粒。

（四）做好国家药品流通行业人才培训基地推荐、中药材流通追溯体系试点建设项目上报工作

根据商务部《关于请协助遴选药品流通行业人才培训基地的函》（商秩司函〔2012〕234 号）文件精神和乌兰察布市山城职业培训学校的申请，积极指导乌兰察布市山城职业培训学校严格按照商务部有关要求，准备了全套申请材料，并向商务部推荐上报；根据商务部中药材流通追溯体系建设项目相关安排，组织赤峰市商务局积极准备了申请材料，并及时向商务部推荐上报。

（五）积极参加自治区医改领导小组相关工作

主动配合自治区医改领导小组开展工作，积极参加自治区药采领导小组办公室联席会议，密切跟踪各项医改政策进展，协调解决各种不利于行业发展的问题，积极反应药品流通企业诉求，及时向各盟市商务主管部门和药品流通直报企业宣传、解读医改新政策，为基层提供强有力的政策支持。全程参与自治区医用耗材集中采购相关工作，对《内蒙古自治区医疗卫生机构医用耗材网上集中采购产品分组及准入价制定办法》、《内蒙古自治区医疗卫生机构医用耗材网上集中采购评审办法》、《内蒙古自治区医疗卫生机构医用耗材网上集中补充采购实施细则》等相关文件提出修改意见，促进内蒙古医用耗材网上集中采购工作的顺利开展。

（六）抓好药品流通行业标准宣传和贯彻工作

参加了商务部在北京举办的“全国药品流通行业标准宣贯工作会议”，认真学习会议精神，并于 2012 年 12 月底前召开工作会议，向各盟市分管负责人传达了会议精神，印发了“药品流通行业标准材料汇编”，制定并印发了《内蒙古自治区宣传贯彻 < 药品批发企业物流服务能力评估指标 > 等五个药品流通行业标准工作方案》，对“标准”宣贯工作提出了具体要求，为后续工作顺利开展奠定了基础。

（七）配合商务部做好市场调研工作

接待了商务部市场秩序司温再兴巡视员一行三人来我区进行的基层药品流通调研工作。温再兴巡视员一行先后深入到乌兰察布市集宁区、化德县、锡林郭勒盟正蓝旗、锡林浩特市调研农村牧区药品流通工作情况，分别与地方商务和食品药品监管部门负责人及药品流通企业进行了座谈，并赴药品流通企业进行实地考察，详细了解了农村牧区药品供应现状，存在的问题与不足，认真听取了企业对商务政策支持的意见和建议。

几年来，内蒙古商务厅在药品行业管理方面做出了不懈的努力，药品流通企业也对此项工作给予了充分的理解和大力的支持。目前，已掌握了全区药品流通行业的基本情况，内蒙古自治区药品流通行业管理工作也逐步步入正轨，药品流通行业经营行为也日趋规范，相信通过未来几年的努力，内蒙古自治区药品流通行业管理会更上一层楼。

· 辽宁省

采取有效措施 促进药品流通行业健康有序的发展

辽宁省服务业委副主任 周义军

为认真贯彻落实《全国药品流通行业发展规划纲要（2011-2015年）》，近年来，我省药品流通行业通过资源共享与创新要素的优化组合，促进药品流通体制改革，扩大连锁经营，发展现代物流，加快推进了药品经营企业向规模化、集约化方向发展。目前，我省已有批发企业约365家，零售企业约1.3万家，单体店约7100户，网点约5900个；规模以上的企业销售额约为230亿元，约占辽宁地区规模以上企业销售额的60%以上；全省10亿元以上的规模企业由过去的2家增加到16家；连锁经营企业发展到120家，门店3800多个，从业人员约17.5万人，药品供应保障体系基本覆盖全省城乡，我省药品流通行业开始进入了快速发展时期。

1. 积极推进药品流通行业信用体系建设。重点在全行业开展诚信职业道德教育，以“诚信经营”示范创建活动为突破口，引导企业参与的热情。一是强化宣传教育。充分利用新闻媒体加大对药品安全信用体系建设工作的宣传，积极引导药品经营企业增强诚信意识，确保有关法律法规和规章政策能够落实执行到位。二是重视信用档案建设。认真做好涉药单位基础数据收集整理工作，健全药品安全信用信息基础档案，并实行专人负责，动态管理。三是全力推进诚信经营示范创建活动。组织全行业零售企业积极参与“诚信经营”示范创建活动，逐步树立一批遵纪守法、诚实守信、管理规范、服务到位，能够积极履行社会责任，自觉接受监督的诚信经营的示范企业（店）。四是建立失信惩戒、守信褒扬机制。在药品流通行业建立“黑名单”机制，将行贿受贿、中介违规操作、专家评标不公正等情况列入“黑名单”记录系统，并在市场准入等方面予以限制，推进药品流通领域的信用信息互联互通、实现信息共享，有效遏制药品在流通领域中的商业贿赂行为和不正当竞争行为。

2. 积极推进行业结构调整，培育、支持龙头和领军企业。根据全国药品流通行业发展规划纲要，重点支持和鼓励有条件药品流通企业通过收购、合并、托管、参股和控股等多种方式做强做大，真正实现规模化、集约化和国际化经营。特别是通过融资、引资、合资、上市等手段提高规模化水平，努力打造我省“航空母舰型”医药商业集团，扩大网络覆盖范围，增强自身实力。从我省医药流通企业多、规模小、效率低、费用高、效益差等实际情况出发，通过落实全国药品流通行业发展规划纲要，有效整合原有的资源，培育和发展不同层次药品流通企业。

3. 加强教育培训，提高药品流通行业人才队伍整体素质。按照强化基层，发展高端，解决紧缺的基本方针，积极推进药品流通行业人才队伍建设。建立药品流通人才培训机制，形成层次多元、市场需要、企业欢迎的人才培养与职业教育体系；建立药品流通职业经理人和其他从业人员的资格认证制度；建立药品流通领域人才激励与约束机制。实施从业人员培训工程，“十二五”期间，采用网络教育、函授教育、面授教育等多种形式，加强药品流通行业高级职业经理人、中级职业经理人、执业药师继续教育和药学技术服务人员的教育培训。

4. 发挥行业协会的作用，进一步提高行业自我约束和自我发展能力。重点支持行业协会的发展，加强协会的组织建设，发挥协会的功能作用，增强协会的服务意识，提高为企业服务的能力。重点发挥协会在行业统计、行业标准 、行业培训、行业自律、国际交流合作、维护企业合法权益等方面的作用。

“十二五”期间，随着国家新医改重大举措陆续推出以及全国性行业的大整合，我省药品流通行业发展将进入规模扩张与质量提升的关键时期，我们将根据《辽宁省药品流通行业“十二五”发展规划》：一是力争实现辽宁药品流通行业年销售额15%-18%的增长，打造1-2家年销售额过百亿的大型跨区域医药商业企业集团，3家年销售额过50亿元的区域性药品流通企业，5家年销售额过30亿元的区域性药品流通企业，10家年销售额过10亿元的药品流通企业，20家年销售额过亿元的药品流通企业。二是初步形成以沈阳为核心、辐射各地区的规范、高效的现代医药物流网络，配送效率和效益均达到全国先进水平。三是全省药品连锁药店占全部零售药店的比重提高到2/3以上。四是有效覆盖不发达、边远地区，形成“百镇千点”药品流通网络工程。

· 吉林省

认真履行职责
促进吉林省药品流通行业健康发展

吉林省商务厅副厅长 刘非

2011年8月履行药品流通管理职能以来，按照商务部和吉林省的工作要求，围绕医药卫生体制改革的大局，结合工作实际，树立为企业服务思想，不断完善管理工作措施，引导企业创新改革，促进了药品流通行业的发展。

一、吉林省药品流通行业发展现状

自医药卫生体制改革以来，吉林省药品流通行业有了较快发展，药品流通领域的监管体制基本建立，各项规章制度、法律法规基本健全，市场供应保障能力明显提高，新型流通方式得到运用，社会作用不断增强，多种经营方式互补，覆盖城乡的药品流通网络也基本形成，对保民生、促稳定、推动经济社会发展发挥了重要作用。

（一）药品流通行业规模不断扩大。截止2012年底，全省药品流通企业15215家，其中批发企业428家，零售企业14787家，其中药品零售连锁企业35家，零售门店总数14752家，医保定点门店数3421家。2012年全省医药商品销售总额239.48亿元，其中批发企业销售总额194.49亿元，零售企业销售总额44.99亿元。

（二）骨干企业功能不断增强。年销售额在亿元以上的吉林大药房药、北方医药、友邦药业、东龙医药、华润吉林康乃尔、华润长春大格、修正药业、国药控股吉林公司等一批大、中型药品流通企业在我省药品流通行业中发挥了带动作用。在方便群众用药，服务民生中得到应有体现，规范经营得到推广，零售连锁不断扩大，行业集中度得到提高。

（三）现代医药物流不断完善。目前吉林省现代医药物流建设、药品连锁经营以及第三方现代物流推广等领域逐步得到发展。以电子信息平台、现代物流支撑的药品配送比例逐步增加，物流效率得到提高。对繁荣市场、保证人民身体健康、满足人民用药需求上发挥了重要作用。

从总体上看，吉林省药品流通行业与发达省份相比存在着一定的差距，主要体现在行业集中度低、结构不合理、现代物流等新型经营方式还没有普遍得到应用、行业制度标准化等基础建设薄弱、个别地方存在保护主义，小、散、弱、乱的现象没有得到彻底改观。管理水平、流通效率和物流成本、标准化、信息化建设等方面有待提高。

二、建立推动行业发展的管理体系

（一）构建了省、市、县三级药品流通管理机制

一是为尽快理顺药品流通行业管理职能，向各市（州）、县（市）商务主管部门下发了《关于尽快理顺药品流通管理职能的通知》，指导各市（州）、县（市）商务部门尽快将药品流通行业管理职能理顺到商务部门，落实机构和人员，尽快开展工作。鉴于有些市、县难于理顺职能，向市（州）、县（市）人民政府发放了《省商务厅关于商请尽快明确药品流通行业管理主管部门的函》，请各级政府给予支持。二是针对市、县商务部门缺少药品流通管理工作相关政策法规，编印下发了《药品流通行业管理工作及医药卫生体制改革工作有关文件选编》，方便学习和工作。

（二）开展药品流通管理职责的宣传工作

一是向省内重点药品流通企业发放《吉林省药品流通企业基本情况调查表》，了解全省药品批发企业和零售药店布局、经营状况、行业组织化程度、物流配送能力等方面情况，共发出调查表439份，收到421户企业的回复，并结合搜集的企业情况，建立了基础数据库。二是发挥对口事业单位作用，深入到100多户企业登门走访。积极宣传医改和药品流通行业管理的相关政策，宣传商务部门在药品流通行业管理中承担的主要职责，同时了解企业发展情况和存在的问题。三是发挥各市、县商务部门职能作用，召集当地药品流通企业座谈，进一步宣传药品流通管理职能，实现上下联动，共同推进。

（三）制定了药品流通行业发展规划

按照商务部的要求，结合吉林省的实际，注重调研走访和召开座谈会相结合，制定出台了《吉林省药品流通行业发展规划》（2011–2015年），提出了发展目标、主要任务、保障措施。通过5年的发展，全省药品销售总额达到400亿元，年均递增20%，培育2家年销售额超50亿元的大型医药商业集团的目标。

（四）落实了药品流通行业统计上报制度

按照商务部《药品流通统计报表制度》的要求，在全省范围内，选取了28户重点流通企业和1家中药材专业市场作为直报企业，确定了348家非直报企业，在完成统计上报的同时，形成行业分析报告，为制定行业发展政策提供依据。

（五）积极开展药品流通管理工作调研

为掌握企业发展情况，积极到药监、卫生、统计、税务等省内有关部门进行工作调研，同时深入到相关企业了解企业发展状况，企业做大做强所面临的问题，先后召开三次重点企业参加的座谈会，针对信用体系建设、企业融资和打造龙头企业征求意见和建议。在调研的基础上，结合药品流通工作实际，向商务部上报了医药分开改革试点、药品流通行业有关情况的调研报告；形成了《关于推动我省药品流通企业规模化发展的建议及相关工作情况的报告》。

（六）为企业发展搭建融资服务平台

为贯彻落实《吉林省药品流通行业发展规划》，扶持企业做大做强，鼓励企业多渠道筹集资金，解决行业融资难的问题。组织召开药品流通企业和吉林省中小商贸流通企业服务中心、信用担保公司、银行等单位参加的座谈会。介绍了药品流通企业融资担保的有关政策，企业与担保公司、银行进行了融资业务对接。通过此次活动，给企业和金融系统搭建了相互交流的平台，为企业融资，促进企业做大做强创造了条件。

（七）探讨“放心药”下乡工程

为推动药品流通方式发展，树立药品流通工作服务于民的思想，积极与省药监部门协调，探索利用我省“万村千乡市场工程”等现有流通网络资源，建立向农村和偏远地区配送“放心药”供应网络，解决农村边远地区配送难，成本高的问题。现已选择了7家药品零售企业，在给予一定资金支持的基础上，开展“放心药”专柜试点工作。

（八）推动中药材追溯体系建设

为使我省中药材流通追溯体系纳入2013年国家试点，积极与我省万良长白山人参市场进行了探讨，在调研论证的基础上，制订了技术方案，向商务部进行了汇报，争取纳入商务部2013年中药材追溯体系建设，为提高我省中药材流通现代化水平，增强中药材质量安全打好基础。

（九）开展了与药品流通企业联系制度

从2012年开始在省、市（州）、县（市）商务主管部门建立了与药品流通企业联系制度。省厅负责联系企业50户，各市（州）负责联系企业15户，县（市）负责联系10户，通过与企业的联系，及时掌握企业的发展情况和问题，有针对性的做好行业管理工作。

（十）筹备成立了吉林省药品流通行业协会

通过认真筹备，引导骨干企业，发起成立了吉林省药品流通行业协会，推动协会在行业统计、行业分析、行业培训、行业自律等方面发挥作用。

（十一）开展了“五项标准”的宣传贯彻工作

为把宣传贯彻“五项标准”工作落到实处，向全省商务主管部门下发了《关于做好<药品批发企业物流服务能力评估指标>等五个药品流通行业标准宣传贯彻工作的通知》，各级商务主管部门，在召开宣传贯彻会议的基础上，利用网络、发放宣传资料、组织集中学习等方式，把“五项标准”的内容传达到了每个所属企业，对规范药品流通行业经营行为，提升从业人员素质和服务能力，起到了推动作用。

（十二）积极推进药品流通行业人才队伍建设

为提高药品流通行业人才队伍整体素质，积极向商务部申请，确定了吉林省商务交流中心作为国家药品流通行业培训基地，制订了我省药品流通行业“十二五”人才培训方案。在首届全国药品流通行业岗位技能竞赛中，由吉林大药房18名职工组成的吉林省代表队，参加了店长工作岗位、药师工作岗位、医药商品购销员三个组别的竞赛，取得了优异成绩。有1名职工荣获二等奖；5名职工荣获三等奖。我省由于在竞赛过程中组织工作成绩突出，被竞赛组委会授予“优秀组织奖”。

三、企业改革创新取得较好效果

（一）引导企业创新改革，推动企业规模化发展

国药控股吉林公司，为使企业做大做强，注重走兼并合作之路，先后在我省的吉林市、四平市、延边州、白城市收购了4家企业，设立了4家分公司，并着手在通化市、白山市、松原市和辽源市开展设立分公司的工作。通化同德堂医药药材有限公司，为使企业发展壮大，已加入“环球医药控股集团有限公司”，借助集团力量，实施兼并重组，预计三年内，将引进资金3亿元，创产值或销售收入总额达13亿元，交税达5000万元以上。

（二）积极推进医药物流服务延伸示范工程

我省益和医药集团在全省率先完成并投入使用“采用WMS技术管理的高标准现代化医药仓储（30000平米）物流体系”，提升了我省药品流通行业现代化水平。国药控股吉林公司开发的国药供应链服务平台（CNS）系统，已在吉林大学第一医院应用，实现了医院（HIS）系统与药库（SCM）系统对接，医院与药品供应商之间、药库与药房之间的信息联通，目前国药吉林公司正与其他大医院洽谈，稳步推进医药物流服务延伸工作。永新迪瑞药业有限公司现有医药仓储面积28000平米，配送车辆53台，现已与32户医药批发企业、123户医药生产企业签订了承担医药物流配送合同，为医药企业提供仓储和物流配送服务。以上述企业为代表的全省8家物流配送能力（均占地面积10000平米以上）较强的企业，带动了物流配送的发展。

药品流通管理工作是深化医药卫生体制改革的一项重要内容，落实好各项工作任务，推进药品流通行业结构调整改革，提高行业集中度，扶持企业做大做强是我们需要思考和解决的重要课题。必须在创新管理手段，完善扶持政策，规范市场秩序，改善金融环境上下功夫，促进药品流通行业健康发展。

· 上海市

上海市药品流通行业管理工作情况

上海市商务委员会副主任 吴星宝

一、上海市药品流通行业发展情况

随着我国医药卫生体制改革逐步深入和药品流通市场体制逐步完善，上海药品流通行业实现了较快较好的发展。

1. 是药品流通市场规模不断扩大。2009 年以来，上海药品流通市场保持 10.52% 的年均复合增长率。2010 年，全市药品流通销售总额 702.78 亿元，比 2005 年增长 92%，占全国行业同期销售总额的 9.91%。其中，批发企业销售总额 653.13 亿元，年均增长 11.15%；零售企业销售总额 49.65 亿元，年均增长 3.84%。全市药品进出口总额 12.39 亿美元。

2012 年，全市实现销售总额 1012.9 亿元，同比增长 13%。与去年同期基本持平。2012 年行业平均销售额为 10.05 亿元，比去年提高了 1.03 亿元。其中对医疗机构销售 334.24 亿元，同比增长 10.27%，2012 年药品零售总额 58.4 亿元，同比增长 5.45%，同比增长近 5 个百分点。

2. 是药品供应保障体系基本建立。上海已建立了以大型药品流通企业为主体、中小型药品流通企业为辅助、覆盖城乡的药品供应保障体系。截至 2012 年底，全市有药品批发企业 120 家，药品零售连锁经营企业 41 家，药品零售经营网点 3398 个，建立了适应医疗机构及社会不同需求的药品流通应急保障机制和涵盖民用、军用、科学研究等多方位的药品储备体系，在上海及全国重大突发事件中发挥了十分重要的作用。

3. 是行业集中度逐步提高。全市 17 个区（县）先后有 10 家区属药品流通企业与本市四家医药上市公司进行了重组，走上了集约化发展的道路。2012 年前 10 位药品批发企业的销售额 632.97 亿元，占本市总销售额比重是 68.79%，上医分销占比重为 25.38%，国药控股占比重为 24.72%。

2009 年以来，上海药品零售连锁经营企业从 28 家发展到 38 家；连锁经营网点从 1766 家发展到 2639 家，在全市药品零售网点中占 84.12%，较 2005 年上升了 1.32 个百分点。2010 年，上海药品零售连锁企业销售总额在全市药品零售销售总额中占 75.85 %，较 2005 年上升了 2.08 个百分点。药品零售连锁企业已成为上海药品零售市场的主体。2012 年参与统计的 33 家连锁企业销售额 61.09 亿元，占总销售额比重 6%。33 家连锁企业直营门店数约 1500 家左右。

4. 是现代药品流通方式加快转变。上海药品流通批发企业积极创新转型，以服务为中心，推进供应链再造，加快由批发商向批发服务商转型，在专业化、信息化、现代化等方面，特别是第三方物流、供应链信息共享、增值服务等方面积极探索，取得了初步成效。以上海外高桥保税区为平台开展的向国内外制药企业及其医药商品进出口提供流通增值服务已形成较成熟的模式，取得了显著的成绩。

电子商务模式在药品流通中逐步开始探索应用，有 5 家药品零售连锁经营企业开展了网上购药业务。此外，还出现了药妆店、自动化药房售药系统等新型药品零售业态。雷允上、童涵春等一批上海“老字号”药店的流通经营特色不仅得到充分发扬，而且结合现代流通方式实现了新的发展。

当然，上海药品流通行业发展与医药卫生体制改革对药品流通的要求，与上海国际大都市的要求还有较大差距，存在一些亟待解决的问题。比如药品流通企业竞争力有待提高、行业创新能力有待加强、药品零售网点空间布局有待完善等。这都有待于在今后的工作中加以改进。

二、上海市药品流通行业管理举措

1. 是明确职责分工，建立工作体系。

2010 年，根据商务部、食品药品监督管理局《关于加强药品流通行业管理的通知》，市商务委加强与各部门的沟通协调，印发了《关于加强药品流通行业管理的意见》。并通过召开区县商务部门会议，推进区县建立了药品流通行业管理工作体系。与此同时，市商务委加强与相关行业协会的联系，加强对行业协会工作的指导，充分发挥行业协会在行业管理方面的优势。

2. 是开展规划编制，明确行业发展目标任务。

上海市商务委高度重视行业发展规划工作，于 2011 年 11 月正式完成规划编制并向社会公开发布。通过规划编制，摸清了本市药品流通行业发展的基本情况和存在的问题，分析了药品流通行业发展面临的形势，提出了药品流通行业发展的目标、任务和工作措施，为开展药品流通行业管理提供了保障。为推动规划的实施和落实，市商务委建立了重点药品流通企业联系制度，在部分药品批发、零售企业中通过走访、召开座谈会等，深入了解药品流通企业发展动态，跟踪相关工作和规划项目的进展情况。

3. 是积极参与医改，引导企业应对医改影响。

上海市商务委积极参与本市医改方案和基本药物制度实施的研究，密切关注医改实施对药品流通企业的要求和影响，承接了商务部《国家基本药物制度实施对药品流通企业影响》的课题研究，开展了本市基本药物制度实施对药品流通企业影响的调研。同时就基本药物统一配送问题，认真听取区县药品批发企业的意见，加强了与市卫生等部门的协调，促进了全市基本药物配送按照医改的方向稳步推进。

根据商务部"医药分业"改革试点调研的要求，市商务委一方面主动加强与市卫生局等部门的沟通，了解本市"医药分业"的措施、方案等情况。一方面在部分药品零售企业中开展调查，了解药品零售企业承接"医药分业"的方式、资源条件及相关准备工作，为做好"医药分业"积极创造条件。目前，上海根据医改工作的要求，已在新开设的4家三级甲等医院及浦东新区逐步开展取消"以药养医"的改革试点。近两年来，在参与本市医保定点零售药店设置和评审中，市商务委注重发挥行业管理的作用，积极主张在人口导入区加快医保定点零售药店的布局，与前两年相比，医保定点零售药店的总量增长了近50%，将大大提高参保人员购药的可及性。并配合市食品药品监管局做好本市廉价经典药、临床紧缺药品生产供应及使用的相关协调工作，确保药品流通保障供应。

4. 是加强对协会工作的指导，发挥行业协会的作用。

根据商务部做好《药品流通统计制度年度和定期报表》的要求，市商务委发函委托上海医药商业行业协会承担本市药品流通统计工作。目前，上海市纳入商务部药品流通统计的药品批发、零售典型企业共105家，统计工作起步比较正常，统计报送率和质量逐步提高。2012年以来依托上海医药商业行业协会组织培训。2012年已完成各类培训7000人以上，切实加强了药品流通行业人才队伍建设。

针对药品流通行业发展中出现的新情况、新问题，市商务委还积极引导相关行业协会结合行业工作特点开展相关课题调研，如药品零售开展多元化经营问题，药品流通企业承接"医药分业"改革试点面临的任务等问题，并通过政府购买服务方式给予一定的工作经费支持。

三、上海市药品流通行业管理效果

1. 是完善了全市药品流通行业布局。

根据上海经济发展水平、医疗资源配置状况进一步完善上海药品流通行业的合理布局，做到行业布局与上海城乡发展规划相适应、与人口数量与结构变化相适应、与医疗卫生体制改革相适应、与药品流通行业发展水平相适应。

支持药品零售连锁经营企业吸纳单体零售药店加盟，支持有实力和管理规范的大型药品零售连锁经营企业拓展全国零售经营网络，从而进一步优化了药品零售网点布局，构建满足居民需求的药品零售网络体系。2012年参与统计的33家连锁企业销售额61.09亿元，占总销售额比重6%。33家连锁企业直营门店数约1500家左右。

2. 是优化了药品流通行业结构。

通过鼓励药品流通企业通过兼并、重组、联合、参股、控股等方式实现规模化、集约化、现代化经营。发挥中小药品流通企业的基层渠道供应配送优势，实现了药品供应在基层的有效覆盖，提高社区和郊县药品的供应保障能力。同时鼓励有专业特色的中小药品流通企业加快创新转型，从普通的药品流通企业发展成为在个别领域具有独特优势的专业或专科型的药品流通企业，做精、做细、做强自身优势业务。从而进一步优化了以全国性、区域性药品流通企业为主体、区县药品流通企业为辅助、专业型药品流通企业为配套的上海药品流通行业结构。目前，上海药品批发企业中三分之一分别由上海医药(集团)股份公司和国药控股股份公司等控股。2012年前10位药品批发企业的销售额632.97亿元，占本市总销售额比重是68.79%，上医分销占比重为25.38%，国药控股占比重为24.72%。

3. 是推进了药品流通经营业态创新。

通过探索大型药品批发企业依托信息技术系统和现代物流基础，构建和完善了全市药品供应链集成系统，实现供应链系统增值服务。通过开设"品牌专卖店"、"专业药店"、"健康管理中心"等新型健康服务网点，支持药品零售企业开展处方药、保健品、个人护理品、家庭健康用品等多元化经营。目前全市药品零售连锁经营网点占零售药店总数的84.23%，行业集中度进一步提高。

4. 是加快了现代医药物流发展。

鼓励加快发展现代医药物流，对药品生产企业、流通企业和医疗机构等药品流通涉及的各个环节探索实行流程再造。确保药品质量稳定、安全储存和安全配送。支持发展第三方医药物流，提高经济社会效益。如在医药物流建设方面，目前上海医药物流配送已超过500亿元商品规模，其中三个现代医药物流中心，物流配送能力超过350亿元；还有三个在建和规划中的现代医药物流中心，预计建成后物流配送能力可达1000亿元以上；另有4家药品批发企业具有第三方配送业务资质。

5. 是加强了药品流通市场统计分析与监管。

不断健全完善行业统计网络，行业统计水平不断提高，加强了对本市药品流通的运行监测，为领导决策提供参考。确保上海直报企业数据填报率名列全国前茅 2012 年参与统计的 33 家连锁企业销售额 61.09 亿元，占总销售额比重 6%。33 家连锁企业直营门店数约 1500 家左右，并在全国统计会议上作先进交流发言。并协同药品监管部门，重点抓好药品购销管理，通过整顿和规范药品流通市场秩序，加大执法检查和行业管理力度。

6. 是推进了药品流通行业诚信建设。

通过支持行业协会开展企业诚信创建和资信评级活动，引导药品流通企业不断提高社会责任，不断推进药品流通行业诚信体系建设。引导企业加强药品流通过程和企业经营管理的各种风险控制，提升了药品流通行业经济运行安全系数和整体信用。去年，全行业有 120 家企业进入诚信创建行列，其中 4 星级 2 家，3 星级 4 家，新增创建单位 60 家。上海外高桥医药分销中心有限公司获全国商务诚信先进单位称号。

· 浙江省

明确职能 强化服务 扎实工作
——浙江省药品流通行业管理工作情况

浙江省商务厅副厅长 徐焕明

浙江省政府于 2011 年 7 月底正式明确省商务厅承担药品流通行业管理职能。在职能明确以来，浙江省商务厅在商务部、以及省政府领导下，认真履行职责，强化服务意识，扎实开展工作，确保浙江省药品流通行业平稳健康发展。

2011 年底，浙江省药品流通行业销售收入 677 亿元，占全国销售收入 7.18%，居全国第四位，其中化学药品销售 496.23 亿元，占全国销售总额 6.91%，居全国第五位；中成药销售 97.94 亿元，占全国销售总额 6.86%，居全国第七位；中药材销售 18.1 亿元，占全国销售总额 6.67%，居全国第五位，医疗器械销售 16.92 亿元，占全国销售总额 6.67%，居全国第七位。2012 年浙江省主要指标将有 14.5% 的增长。

一、主要做法

自商务厅承担行业管理职能以来，从明确管理职能入手，深入调研行业情况，编制出台行业规划，抓好行业统计分析，积极反映企业呼声，努力推动浙江省药品流通行业健康发展。

（一）明确各级管理职能

根据中编办《关于明确药品流通管理职责分工的通知》（中央编办发〔2010〕54 号）精神，浙江省厅积极向省政府汇报，报请省政府根据中编办文件精神，明确本省药品流通管理职能。浙江省政府于 2011 年 7 月 25 日正式印发《浙江省人民政府办公厅关于明确药品流通行业管理职能的批复》（浙政办函〔2011〕60 号），明确由商务厅负责药品流通行业管理，各市商务主管部门参照省商务厅做法，积极向各级政府汇报，明确药品流通行业管理职能。目前浙江省、市两级政府已全部明确管理职能和管理机构，均由商务系统作为药品流通行业主管部门。

（二）编制行业发展规划

行业发展规划是今后一段时间内行业发展的行动指南，我们在充分听取行业内各类企业、相关部门意见及调研基础上，出台了《浙江省药品流通行业 2012-2015 发展规划》。《规划》提出，到 2015 年，全省药品流通行业批零销售额达 1000 亿元以上；形成 2-3 家年销售额 150 亿元以上的药品批发流通企业；形成 1-3 家年零售额在 5 亿元以上的零售连锁企业；连锁药店占全部药店的比重争取达到 50% 以上。

（三）加强行业统计工作

行业统计是开展行业管理的基础，商务厅积极参加商务部组织的行业统计培训的同时，认真落实商务部“药品流通行业统计系统”典型报送企业的名单确定工作，并组织有关企业开展直报培训，提高直报企业责任意识，规范填报行为，目前企业能正常填报相应数据，填报率在逐步提升，2012 年有 18 家企业报送率在 90% 以上，并获得商务部表扬。另外，统计了全省批发、零售企业情况，并制作省药品流通连锁门店分布示意图，以地图形式直观体现浙江省药品连锁企业分布情况，为全省药品流通门店连锁化提供依据。

（四）认真开展调查研究

为尽快了解行业发展情况，我们实地调研了 30 多家药品流通企业，企业类型涵盖了批发、零售、电子商务、第三方物流，听取各方意见，倾听企业诉求，尤其是在我国进一步深化医改的现实情况下，我们形成了《药品流通行业情况汇报》和《改革公立医院“以药补医”政策实施过程中对药品流通行业发展的影响》等调研报告，向省领导做专题汇报，分析行业发展现状，反映行业发展存在的困难和问题，提出行业发展建议。

（五）强化职能部门协调

积极协调省经信委、卫生、药监、农业等部门，了解相关行业情况，掌握基础数据，协调管理职能，发挥行业指导作用。通过加入省药品集中采购工作领导小组，及时了解医改政策及药品集中招标采购政策，发挥协调作用，积极为行业服务。

二、取得效果

2011年以来浙江省药品流通行业稳步发展，行业规模不断扩大，行业兼并重组步伐加快，企业组织化程度逐步提高，零售药店数量逐年增加，布点初具规模，居民购药更加方便，行业作用更加明显。

（一）规模效应日渐显现

2011年浙江省华东医药、英特集团主营业务收入进入全国十强，分列第八、第十位，省内目前共有11家药品流通批发企业主营业务收入名列全国百强；杭州九洲大药房、浙江震元药业、宁波四明大药房等5家药品零售企业销售总额名列全国百强。2012年华东医药、英特集团2家企业销售额超过100亿元，为实现《规划》提出的到2015年底2-3家企业销售额超150亿的目标迈出实质性步伐。

（二）企业兼并重组步伐加快

国家《规划纲要》及浙江省《发展规划》明确提出，做强做大是药品流通行业发展的主题，目前浙江省以省内外龙头企业为主导的药品流通企业并购明显加快，行业集中度进一步提高。2012年，华东医药对惠仁医药完成了控股，绍兴、湖州公司相继成立；英特药业近年兼并了福建盛健医药、嘉善医药等公司。省内龙头企业并购活动在不断加速，企业流通网络加快向市县级城市延伸。同时，国药、上药等国内医药流通龙头企业利用并购股权，快速进入浙江省温州、台州、丽水、舟山、金华等城市。并购活动为提高全省药品流通行业组织化程度奠定了良好的基础。

（三）基层连锁零售药店布点初具规模

由于浙江省山地、岛屿众多，给药品流通企业配送药品带来一定困难。为方便居民购药，药品连锁企业努力延伸经营触角；截至2012年底，浙江省共有零售企业（含药店）16976家，其中药品零售连锁企业218家，药品连锁门店7185个，药品零售连锁率42.3%。全省90个县市区中已有87个拥有连锁门店，占96.7%。全省935个乡镇，已有连锁门店的乡镇520个，占55.61%。这些连锁药店为方便群众购药，确保用药安全起到了重要作用。

（四）人民群众用药需求得到保障

近年来，浙江省药品流通行业主动配合全省药品集中采购、政府办基层医疗机构实施基本药物制度、县级公立医院改革等医改政策的推行，在降低药价、方便群众购药等方面发挥了积极作用。实施基本药物制度后，全省基药中标价格平均下降30%，品种和数量基本保障了医疗机构药品日常供应的需求，没有因药品供应不及时造成重大医疗事故发生，部分药品流通骨干企业成为药品储备和应急配送主体，确保了全国第八届残运会等重大活动、“禽流感”及有关季节性重大疫情的药品需求。药品流通行业为保障人民身体健康、维护社会稳定、促进和谐社会建设作出了应有的贡献。

· 安徽省

安徽省药品流通行业管理工作情况（2010-2012年）

安徽省商务厅副巡视员 李庭信

2009年以来，安徽省商务厅以深化医药卫生体制改革、加快转变发展方式为主线，以加快药品流通行业发展为主要目标，以健全政府管理体制为重点，以完善行业标准、法律规范为手段，加快药品流通行业结构调整，着力增强做大龙头企业，着力发展安徽特色中药材流通业，着力建设专业人才队伍，完善药品流通体系建设，着力规范药业统计，立足安徽，走向国内，把安徽建设成为辐射周边的区域性医药流通中心。截止2012年底，全省共有药品流通企业13195家，其中批发企业606家（年销售额5000万以上的217家），药品零售连锁企业67家，零售单体药店12522家（零售药店门店总数达13993家），基本能够满足城乡药品供应需求；企业销售总额达880亿元，年增长率22%，总体市场规模呈逐年扩大的趋势。

一、明确行业管理职能。按照安徽省机构编制委员会办公室《关于明确药品流通管理职责分工的通知》（皖编办

〔2010〕189号）精神，安徽省商务厅为安徽省药品流通行业主管部门，负责研究拟定药品流通行业发展规划、政策和相关标准，负责推进药品流通行业结构调整，指导流通企业改革，提高行业集中度，推动现代药品流通方式的发展，建立统一开放、竞争有序的药品流通市场体系；会同相关部门研究制定药品流通行业管理制度和行为规范，配合省食品药品监督管理局打击药品经营违法违规行为；负责推进药品流通行业信用体系建设，指导行业协会实行行业自律和开展行业培训工作。根据职责定位，建立健全商务部门与其他相关部门联系协调的体制机制，发挥各自职能，加强协调配合，共同做好安徽省药品流通管理工作。同时，指导督促16个地级市抓紧明确职责分工。

二、积极履行药品流通行业管理职责。充分发挥12312商务行政执法投诉举报热线在药品流通领域监管方面的作用，完善投诉举报的受理、处理、移送和反馈机制，强化对药品流通行业的执法监督，同时，加强商务部门与卫生、食品药品监督管理、工商和质量技术监督等部门的联系与合作，推动联合执法，发动各方面力量，加大对药品流通行业的社会监督，充分保证药品流通市场的秩序。根据《全国药品流通行业发展规划纲要（2011-2015年）》精神和要求，经过广泛调研论证，编制了《安徽省药品流通行业发展规划（2011-2015年）》，于2012年2月印发全省。积极推荐安徽中医学院为安徽药品流通行业人才培训基地，指导安徽中医学院为2家药品流通企业开设专升本学历教育班，指导行业协会及时宣贯行业标准，组织5家企业14名选手参加首届全国药品流通行业岗位技能竞赛。

三、认真落实药品流通行业统计制度。认真指导全省17家药品流通企业参与全国药品流通行业直报工作；组织8个中药材产地、1家中药材交易市场、2家中药材信息网站参与全国中药材流通直报工作。各药品流通企业必须指定专人承担网上直报，严格执行国家《统计法》等规定，客观、真实、及时填报药品流通数据。

四、切实加大信用体系建设。将药品流通行业纳入商务信用建设范围，加大诚信宣传教育力度。开展“诚信经营”示范创建活动，按照遵纪守法、诚实守信、制度健全、诚恳规范服务、履行社会责任、自觉接受监督等六个方面的创建要求，4家药品流通企业申报“诚实守信企业”，树立一批诚实守信经营示范企业。

五、有效提升中药材市场流通水平。依托亳州药材交易市场，促进中药材、中药饮片和提取物等的市场流通，大力扶持中药材流通企业发展，完善中药材流通市场布局，提升市场交易能力，配套建设现代化信息和物流体系，打造辐射全省、面向全国中药材市场体系和营销网络，促进了安徽中药材的流通。加强对亳州市开展中药材流通追溯试点工作研究，指导亳州市商务局制订中药材流通追溯试点工作方案并组织专家进行论证评估、开展具体工作。

六、积极发展医药展会。连续九届成功举办华交会，并将其发展成为一年一次的品牌盛会，仅次于国药会成为全国第二大展会。依托安徽华源医药有限公司，围绕质量、诚信、价格、服务，构建了一个面向广大中小城镇、农村市场的普药集散中心。以“品种全、价格低、质量优、服务好”的独特优势，形成了“买全国，卖全国”的经营格局，被医药界称为药品价格晴雨表和“太和模式”，2012年销售额140亿元，连续10多年在全国医药商业企业中单体销售排名第一。2011年4月8日，时任国家副主席习近平同志视察了安徽华源医药，他对华源医药的发展及华药会给予了充分肯定和高度评价。通过展会平台，促进我省药品流通企业“走出去”，提升综合积聚效应和市场品牌特色，并将省外、国外具有相当竞争力的药品流通企业“引进来”，提升安徽省药品流通行业总体实力和竞争力。

· 福建省

福建省药品流通行业管理工作情况

福建省经济贸易委员会巡视员 胡渡南

药品是关系人民生命健康的特殊商品，药品流通行业是关系国计民生的重要行业。2010年6月，中央机构编制委员会明确国家商务部作为药品流通行业主管部门后。我省积极协调、沟通，于2010年12月，明确了福建省经济贸易委员会作为我省药品流通行业管理部门，与国家商务部建立工作联系。至此，我省药品流通行业管理工作和药品流通的市场准入和监管工作得到了合理的划分，药品流通行业管理工作正式启动。

据统计，2012年福建省药品流通企业共计9199家，其中药品批发企业474家，药品零售企业8656家，药品零售连锁企业总部69家。全年，选取24家重点药品流通企业作为典型药品流通直报企业，完成销售额204亿元，较去年同期增长15.6%，据此推算全省药品流通企业2012年全年完成销售额在300亿元左右。全省药品流通行业进入由福建同春药业股份有限公司一家独大到鹭燕（福建）药业股份有限公司、福建同春药业股份有限公司、国药控股福建有限公司三足鼎立时代，三家龙头企业完成年销售总额121.85亿元，占全省销售总额40%。

经过两年来的努力，福建省药品流通行业管理工作也基本步入正常轨道，各设区市均明确了药品流通行业主管部门，主要工作如下：

一、明确管理部门、分清职责

自从2003年国家经贸委撤并之后，药品流通行业管理基本处于行业管理真空期，行业管理职责不清。2010年，国家明确商务部作为药品流通行业主管部门后，我省也相应明确了省经贸委为流通行业管理部门。为进一步规范药品流通行业，明确药品流通行业设区市管理部门，省经贸委印发了《贯彻落实全国药品流通行业管理工作视频会议实施意见》（闽经贸消费〔2011〕403号），要求各地统一认识，明确加强药品流通行业管理的重大意义，健全组织机构，建立省、市、县三级行业管理工作体系，积极向地方人民政府、编办争取人员编制，切实担负起药品流通行业管理的行政职责，确保药品流通行业管理工作的顺利开展。2012年底，全省九个设区市和一个实验区，均明确了药品流通行业管理部门，除厦门市药品流通行业管理部门为厦门市食品药品监督管理局外，其余地区均归口经贸部门。

二、研究制定《福建省“十二五”药品流通行业发展规划》，健全药品流通体系

2011年5月，国家商务部制定出台了《2011-2015年全国药品流通行业发展规划纲要》，《规划纲要》阐述了全国药品流通行业发展状况和取得的成果，指出了行业存在的问题和产生问题的原因，深入剖析了行业发展面临的形势，明确了行业发展的总体目标，行业发展的任务，加强了对地方药品流通行业的规划和指导。福建省根据《2011-2015年全国药品流通行业发展规划纲要》，积极开展调研，全面了解本省药品流通行业的基本状况及存在问题，根据我省社会经济发展水平、医药卫生体制改革进展情况、药品流通行业状况、医疗保险制度建设情况、城市建设规划、社区商业布局、人口密度以及群众购药需求等情况，制定了适宜我省药品流通行业发展的《福建省“十二五”药品流通行业发展规划》。《发展规划》的制定，明确了我省药品流通行业“十二五”指导思想和发展目标，提出了完善现代药品流通体系建设；发展现代药品物流，加强物流基础建设；推进连锁经营发展，培育扶持大型药品零售连锁企业，鼓励创新药品经营模式；加强行业管理，规范药品流通秩序；推动诚信体系建设，建立行业自律机制；推动药品流通领域对外开放；加强行业基础建设，提升行业服务能力等七项主要任务，并制定了政策保障措施，为规范、推动药品流通行业发展打下了坚实的基础。

三、做好宣传、调研、服务工作，树立行业威信

结合《2011-2015年全国药品流通行业发展规划纲要》、《福建省“十二五”药品流通行业发展规划》、《贯彻落实全国药品流通行业管理工作视频会议实施意见》发布工作，我省加大宣传力度，通过召集药品流通企业负责人召开座谈会，主动深入重点药品流通企业宣传药品流通行业管理工作

重点，开展药品流通企业参与基本药物制度实施情况调研，开展药品零差率销售对药品流通行业影响情况调研，开展医药分开改革试点调研等方式，积极扩大对企业的影响力；通过召集省医药行业协会和重点药品流通企业召开《国家药品流通行业标准》意见征询会，积极向国家提出有利于我省药品流通行业发展的修改意见，并取得国家商务部吸收修改，组织企业学习贯彻《药品批发企业物流服务能力评估指标》等五个行业标准，进一步提高了行业凝聚力，树立起行业威信。

四、完善药品流通行业统计制度，加强对药品流通行业指导

统计工作是行业管理的基础工作，福建省依托国家商务部药品流通统计网络，从全省474家药品批发企业和69家零售连锁企业中，选取重点的24家药品流通企业作为典型药品流通直报企业，向国家商务部报送数据，组织企业统计人员参加商务部药品流通企业统计培训，并授予企业国家商务部典型药品流通直报企业铜牌。2012年，全省24家典型药品流通直报企业有12家企业因报送数据及时、完整、可靠，被国家商务部通报表扬。今年，我省已委托医药行业协会做好药品流通统计工作，将在原有24家典型药品流通直报企业基础上，继续扩大典型药品流通直报企业数量，同时，要求行业协会做好行业数据审核、分析工作，根据国家商务部部署，及时公布药品流通企业排序，定期编辑产业动态信息，加大对药品流通行业的指导。

五、组建药品流通行业人才培训基地，提高药品流通行业从业人员整体素质

根据《全国药品流通行业“十二五”人才培训方案》和《福建中长期人才发展规划纲要（2010-2020年）》精神，为加快推进福建省药品流通人才队伍建设，提高药品流通行业从业人员整体素质和企业经营管理水平，我省结合本省药品流通人才培训需求现状和培训师师资结构，制定《福建省药品流通行业“十二五”人才教育培训实施方案》，同时联合省中医药大学筹建药品流通行业人才教育培训基地，成为国家商务部全国药品流通行业人才十个培训基地之一。目前基地针对全省药品流通行业急缺人才开展调研，制定详细的培训计划，着手编制培训教材，待征得国家商务部同意后，正式开展药品流通人才培训工作。

· 江西省

建立机制 夯实基础 扎实推进全省药品流通行业管理工作

江西省商务厅副厅长 刘文华

2009以来，江西省商务厅认真贯彻落实党中央、国务院关于深化医药卫生体制改革对药品流通行业管理工作提出的要求，按照商务部的统一部署，奋发有为，务实创新，积极探索药品流通行业管理新路，取得了扎实成效。

一、建立机制，推进药品流通行业基础建设取得新进展

国务院明确了商务部门承担药品流通行业管理职能后，江西省商务厅从建立机制入手，迅速展开药品流通行业管理各项工作。一是成立领导机构。厅党组高度重视，召开专题会议，明确了领导分工和责任处室，并向省政府及分管领导作了专题汇报，提出意见建议。2010年4月，江西省商务厅被正式列为省医改领导小组、省药品招标采购领导小组和省基本药物工作小组成员。2010年9月，省政府明确我厅为我省药品流通行业管理主管部门，规定了我厅的具体职责。

2012年6月，根据江西省机构编制委员会办公室的批复，省商务厅为全省药品流通行业主管部门，并在商务厅市场秩序处增挂“药品流通管理处”牌子，增配1名副处长职数。同时要求各地商务主管尽快向当地人民政府和机构编制部门汇报，明确相关职责和人员编制。目前，我省11个设区市商务主管部门均被列为所在市的医改领导小组成员，为开展药品流通行业管理工作打下了基础。二是建立工作机制。为推动药品流通行业发展，我们与部门、协会、企业建立了联席会议制度。2010年6月，我厅和省食品药品监督管理局联合召开了全省药品流通行业管理工作会议，进一步统一了思想，明确了各自职责，达成了共识，并定期与省发改委等有关部

门召开联席会议，加强沟通，协调工作。同时，充分发挥行业协会自律、服务功能和桥梁作用，依托行业协会做好统计、调研等基础性工作。积极与企业建立信息沟通联络机制，选择了汇仁集团、江西南华公司等10家大型批发企业和江西黄庆仁栈华氏大药房、江西开心人大药房连锁有限公司、江西天顺医药公司等10家零售药店作为联系点，定期召开座谈会、圆桌会，交流通报情况，收集意见和建议。三是建立统计考评机制。为提高药品流通行业管理统计工作质量和水平，充分调动全省各级商务主管部门及药品流通企业统计工作的积极性，我厅制定下发了《江西省药品流通行业管理统计考评办法》，并在全省内贸发展资金中安排专项经费用于药品流通统计工作。目前11家药品流通直报企业较好地完成了统计上报工作，其中5家直报企业获商务部通报表扬。

二、科学规划，完善药品流通行业网络布局

2011年5月，全国药品流通行业“十二五”发展规划纲要发布后，我厅迅速组织工作组，起草我省规划，经过充分调研认证，于2012年4月正式发布《江西省药品流通行业发展规划（2011–2015）》，作为我省改革开放以来首次单独制定并颁布的药品流通行业发展规划，为今后三年乃至更长期的药品流通行业明确了发展方向。一是提出行业发展目标。到2015年年销售额过50亿的大型医药商业将达1–5家，年销售额过10亿且网络较全、信誉和服务俱佳的有特色的专业化、区域化药品流通企业达20家。药品批发十强企业年销售额占全省药品批发总额85%以上，药品零售连锁十强企业年销售额占药品零售企业销售总额60%以上；连锁店占全部零售门店的比重提高到2/3以上，县以下基层流通网络更加健全。二是明确重点工作任务。围绕行业发展目标，从行业总体布局、调整行业结构、健全药品供应保障体系、发展现代医药物流、加快发展药品连锁经营、发展樟树中药材市场、健全行业管理制度、加强行业基础建设等方面提出了八项重点工作。三是完善行业网络布局。省商务厅将会同相关部门，结合江西经济社会发展水平、城乡建设规划、人口分布等实际，对批发、零售网点设置进行合理规划，提高农村网点覆盖率，健全药品供应保障体系。截止2011年百年老字号“黄庆仁栈”大药房拥有358家连锁门店，萍乡昌盛大药房连锁门店达到200家。江西南华医药股份有限公司拟建成2000平方米药品仓库和物流仓库，其专业物流公司运输网络覆盖全省，药品电子商务交易平台已覆盖90多个县市。

三、制定政策，推动药品流通行业发展实现新突破

为全面实施我省药品流通行业“十二五”规划，我厅积极探索，努力创新，通过制定扶持政策，开展试点工作等，促进我省药品流通企业不断发展壮大，市场规模逐年扩大。一是扶持发展农村连锁药店。从2011年起我厅积极探索，努力创新，研究制定了扶持农村连锁药店发展的措施，并从内贸专项资金中安排122万元专项经费，用于引导、鼓励大型药品流通企业拓展业务，发展农村连锁药店，对药品零售连锁企业年度内，在农村每开设一家连锁药店给予药品零售连锁企业10000元补助，目前共扶持药品零售连锁企业20家，发展农村连锁药店共137家。二是鼓励“院店合作”模式。鼓励连锁药店承接基层医疗机构药房服务和其他专业服务的职能。三是开展试点工作。我省樟树市是历史悠久的中药材集散地，全国三大药都之一，每年10月举办全国药品药材交易会，每届交易额约30亿元，目前已连续举办43届交易会。为重塑樟树中药材品牌，把药都樟树真正打造成全国一流的中药材批发市场，我省积极争取在樟树建立中药材流通可追溯体系试点。在商务部的大力支持和指导下，我厅正会同樟树市政府完善配套政策，提供配套资金，积极开展试点工作。截止2012年，直报企业销售总额达214.5亿元，其中，批发企业销售总额52.9亿元，零售企业销售总额11.5亿元；全省共有药品批发企业221家、药品零售连锁企业45家、零售连锁药店1037家、零售单体药店7090家、零售药店门店总数达8127家，基本能够满足城乡药品供应需求。

四、强化服务，营造药品流通行业良好发展环境

我们坚持把“服务”作为工作的第一抓手，树立“服务就是手段”、“服务就是管理”的理念，通过全心全意地为企业服务，确立了商务部门在药品流通行业管理工作中的地位，也赢得了药品流通企业的信赖和支持。一是做好宣传工作。我厅和11个设区市的商务主管部门深入部分药品流通企业，积极宣传医改和药品流通行业管理的相关政策，讲解药品行业管理职能调整情况及商务主管部门在药品流通行业管理中承担的主要职责，实现上下联动，共同推进。同时，在省商务厅网站上开辟了药品流通行业管理专栏，宣传解读政策和规划，更好地服务于企业。二是开展专题调研。几年来，我们围绕加强行业管理，扶优做强药品流通企业，先后赴樟树市开展整合批发企业、做大做强樟树市中药材批发市场，赴萍乡市开展加强农村药品供应保障体系建设、让农民吃上“放心药”等专题调研，取得了较好成效。2011年3月我厅组织召开全省药品流通企业座谈会，倾听企业对药品流通管理的意见和建议，全省近80家药品批发企业和零售企业的负责人参加了会议，并邀请省发改委、省卫生厅、省食品药品监管局等相关部门解读医改、基本药物招标采购管理、

药品监管等政策，商务部市场秩序司温再兴巡视员到会指导，起到了很好的效果。三是加强培训。药品流通行业管理工作对商务部门来说是一项崭新的工作，加强学习和培训，提高为企业服务的本领至关重要。为此，我厅设立专项经费，制定培训计划，建立了培训基地，对全省商务主管部门及药品流通行业进行培训。目前，全省11个设区市、100个县（市、区）、94个开发区分管药品流通行业管理的负责同志都轮训了一遍。四是协调解决行业发展难题。我们积极参与医改领导小组的各项工作，密切跟踪各项医改政策进展，协调解决各种不利于行业发展的问题。2010年，我们积极向医改办反映我省在配送企业招标采购“2+1”的模式上的问题，引起重视得到妥善解决。为帮助企业拓展流通网络，解决发展中遇到的困难，我们又在不同的层面进行呼吁，积极为企业争取有关部门的支持。通过几年的努力，我省药品流通行业获得了长足发展，大型企业实力增强；专业市场独具特色。目前全省批发企业销售额超过20亿元的有2家，销售额超过10亿元的有5家，销售前10位的批发企业占全省药品批发销售总额的85%。

2013年我厅将全面贯彻落实中央关于深化医药体制改革的各项方针政策，按照药品流通行业发展“十二五”规划，大力推动行业结构调整和转变发展方式，继续推动农村连锁药店的发展，认真开展中药材流通追溯体系建设项目试点工作，努力推动医药分开，加强行业培训，提升药品流通和管理现代化水平，为服务医改和服务民生作出更大贡献。

· 山东省

山东省药品流通行业管理工作情况

山东省商务厅副厅长 魏华祥

2009年以来，全省药品流通行业管理工作按照商务部和省委省政府有关部署要求，认真履行行业管理职能，加强行业基础建设，引导行业规范内部管理，加快结构调整，提高行业组织化、现代化水平，积极服务医改大局，保障人民群众用药方便安全，推动行业科学发展取得了积极成效。

一、理顺职能，建立工作体系

根据商务部、国家食品药品监管局《关于加强药品流通行业管理的通知》（商秩发〔2009〕571号）精神，为尽快厘清职责，履行好药品流通行业管理职能，我们积极与省食品药品监管部门沟通、协商，于2010年2月初，省商务厅、省食品药品监督管理局联合下发了《转发商务部、国家食品药品监管局关于加强药品流通行业管理的通知的通知》（鲁商务秩序字〔2010〕101号），明确了全省各级商务主管部门的药品流通行业管理职能，并重点就配合国家基本药物制度实施、规范药品流通秩序、提高行业管理水平等方面工作提出了要求。与此同时，抓住上一轮机构改革的关键时机，进一步明确市、县商务部门的药品流通行业管理工作职责，落实部门主管领导、科（处）室和具体工作人员，建立与食品药品监管、卫生等部门的沟通联系机制，初步形成了连接省、市、县的药品流通行业管理工作体系。同年10月23日，召开了全省药品流通行业管理工作会议，商务部市场秩序司温再兴副司长到会指导并作了重要讲话，会议对发挥药品流通行业管理职责，积极服务医改大局特别是基本药物制度的实施，作出了具体安排部署。2011年5月10日，商务部召开药品流通行业管理工作视频会议，我省就贯彻落实会议精神，加强药品流通行业管理工作作出安排。为落实中央编办《关于明确药品流通管理职责分工的通知》（中央编办发〔2010〕54号）精神，2011年11月省编办《关于进一步明确药品流通管理职责分工的通知》（鲁编办〔2011〕76号）通知精神，明确了省商务厅作为全省药品流通行业主管部门的工作职责，为进一步做好全省药品流通行业管理工作提供了依据。省商务厅随即下发了《关于进一步做好药品流通行业管理工作的通知》，对各市明确工作机构，落实药品流通行业管理责任提出要求。

二、广泛调研，建立重点药品流通企业联系制度

为尽快了解全省药品流通行业情况，2010年上半年省商务厅派员先后走访了省食品药品监管局、省经济和信息化委、

省卫生厅、省医改办等省直部门、单位，与省医药商业协会、省医药行业协会进行了交流，还专门召集省内部分重点药品批发、零售企业进行了座谈，初步掌握了全省药品流通行业基本情况。全省无论是批发企业还是零售企业，都不同程度地存在着数量多、规模小的问题，行业整体组织化程度和现代化水平不高，缺乏市场竞争力，发展后劲不足，药品流通秩序不够规范。在调研的基础上，研究提出了加强药品流通行业管理工作的初步意见。

为便于加强与企业的沟通联系，及时了解行业发展状况和存在的问题，在全省选择40家规模较大、网络覆盖面广、管理较为规范、具有一定代表性的药品批发、零售企业，建立了重点药品流通企业联系制度。实施重点企业信息报送制度，建立沟通交流机制，定期召开企业座谈会，引导企业积极参与配合医改政策的实施，听取企业对行业发展的意见和建议，并推荐我省重点联系企业全部纳入商务部药品流通直报企业。

三、主动配合，积极服务医改大局

积极参与医疗卫生体制改革，特别是实施基本药物制度有关政策制定等工作，指导企业强化内部管理，提高服务保障能力。一是建立工作机制。加强与省医改办、省卫生厅等主管部门的联系，建立信息沟通制度，向省医改领导小组上报了《关于建议将省商务厅列为省医改领导小组成员单位的请示》，并于2010年3月得到批准。二是积极参与相关政策的研究制定。近年以来在地方基本药物目录筛选、招标采购配送等方面，多次参与方案拟定，召集省内部分重点药品经营企业，征求对全省基本药物集中招标采购配送实施方案（征求意见稿）的意见，并从行业和部门角度提出相关意见，反映企业的诉求和愿望，促进相关政策的完善。三是提高服务保障能力。引导企业深化内部改革，加快结构调整，提高企业组织化程度和现代化水平，增强服务能力，积极配合基本药物制度的实施。四是密切关注，加强跟踪。及时了解实施基本药物制度对企业经营活动的影响，认真研判分析行业发展形势，并积极应对。

四、强化基础，推动行业健康发展

按照商务部统一部署要求，认真落实行业统计制度，开展药品流通行业统计工作，组织省内直报企业和各市商务主管部门认真完成行业统计数据报送工作，为制定行业政策提供依据。目前，直报企业数已到达50家，位居全国前列。同时，积极开展重点中药材流通品种摸底调查，了解中药材重点品种流通分布及我省中药材专业市场交易情况，按照部里要求积极开展中药材重点品种统计工作。积极组织药品经营企业学习执行商务部发布的五个行业标准，不断规范行业管理，提升行业整体服务水平和能力。

为科学谋划，积极推动我省药品流通行业健康发展，根据《全国药品流通行业发展规划纲要（2011–2015年）》精神，在充分调研论证的基础上，结合山东实际，组织有关人员起草制订了《山东省药品流通行业发展“十二五”规划》，并于6月份正式印发。规划明确了我省药品流通行业“十二五”发展目标任务和保障措施。2015年全省医药商业销售总额达到1000亿元，年均递增15%以上，医药商业销售规模进入全国前3名。截至2012年底，全省有药品批发企业741家，零售连锁企业396家，下辖门店9187家，单店零售企业21328家。批发企业销售额过10亿的企业14家，其中过50亿的3家，零售企业销售额过亿元的企业6家，药品市场需求活跃，行业发展稳步增长。2013年4月，山东省商务厅青岛、泰安两家培训基地被商务部批准成为全国药品流行业人才教育通培训基地。

五、加强引导，积极推动医药物流延伸服务

引导医药商业企业探索为医院药事管理提供延伸服务模式。部分医药企业结合国家政策导向和医院实际需求，以患者为中心，以医院内药品流向为线索，通过对医院药房进行自动化改造，建立药品流转信息化平台，提供医院内医药物流延伸服务，提升工作效率，降低成本，体现药事服务的更高价值，收到了较好的社会效益和经济效益。

充分发挥行业协会的组织协调作用。指导省医药商业协会组织省内企业积极参与全国职业技能竞赛活动，经过精心组织和认真准备，我省参赛企业和选手获得了首届全国药品流通行业岗位技能竞赛暨第二届全国医药行业特有职业技能竞赛药师组三等奖、中药调剂组三等奖及协会优秀组织奖的成绩。

· 河南省

构建管理机制 创新工作举措 积极推进河南药品流通行业管理工作

河南省商务厅副厅长 王勇

在商务部领导下，河南省商务厅深入调查研究，加强机构建设，科学制定规划，扎实推进药品流通行业管理工作，取得了一定成效。我们的主要做法是：

一、领导高度重视，落实工作任务

药品流通行业管理是在深化医改的新形势下国务院赋予商务主管部门一项新的职能，关系千家万户的幸福，是重大民生问题。2010年商务主管部门承接药品流通行业管理职能后，厅党组高度重视，听取了专题工作汇报，对做好药品流通行业管理工作提出了明确要求，明确了工作分工。4月13日，省商务厅组织召开了全省药品流通行业管理工作会议，18个省辖市商务局、河南省基本药物配送企业负责人参加会议，省商务厅分管领导作了重要讲话，对加强药品流通行业管理工作进行了安排部署，省卫生厅、食品药品监督管理局、医药商业协会等单位负责同志通报了国家医药卫生体制改革、药品流通监管法律法规及监管情况、当前我省医药流通企业发展状况和存在问题等，进一步统一了思想，提高了认识，明确了工作目标，落实了工作任务。

二、建立管理体系，明确职能定位

加强药品流通行业管理的目标一是配合国家基本药物制度，建立覆盖城乡的药品流通网络，让老百姓吃上方便药和安全药；二是通过加强规划和政策引导，促进医药流通行业持续健康发展。我们积极沟通协调省编办等有关部门，2012年1月印发了《关于省商务厅加挂河南省药品流通服务办公室牌子的通知》和《关于明确药品流通管理职责分工的通知》，明确省商务厅作为我省药品流通行业主管部门，增加了副处级领导职数。2012年2月，我厅发文商请18个省辖市政府，明确商务部门为当地药品流通行业主管部门。2013年，郑州市商务局经编办批准设立了药品流通处，核定了行政编制、领导职数，16个省辖市正式明确了职能，多数增加了科级领导职数，初步形成了上下对口的药品流通行业管理工作体系和工作机制。

三、深入调查研究，科学制定规划

针对药品流通管理新的工作任务，我们一是通过举办培训班、讲座等形式，加强业务学习，掌握医改政策；二是通过召开座谈会，深入企业、医疗机构调研等，深入排查了解全省药品流通行业的发展现状和存在的突出问题，掌握了我省药品流通体系多种所有制并存、多种经营方式互补的特点和行业快速发展、整合集中的发展趋势。三是积极制定河南药品流通规划，2011年7月，我厅以贯彻《全国药品流通发展规划纲要》为契机，制定了《河南省药品流通发展规划》，已提请省政府正式印发。

四、创新工作方法，推动工作发展

1. 是推动医药企业延伸服务。鼓励支持华润河南医药公司开展医药物流延伸服务，对郑州中心医院、河南省肿瘤医院、郑州大学五附院的医院药库、药房进行了现代化物流改造和自动化建设，相继建成了医药协同系统、全程冷链系统，填补了医院药品信息化管理的空白，降低了医院的管理成本，提升了药品质量管理水平，为药品流通行业改革发展提供了新的模式和经验，得到了商务部领导的肯定。鼓励支持医药零售企业延伸零售药店服务，承担社区医疗卫生服务功能，开封百事康医药公司设立鼓楼区行宫社区卫生站，受到了百姓的欢迎和认可。

2. 是加强医药流通行业管理基础工作。配合国家商务部完成了《药品批发企业物流服务能力评估指标》、《零售药店经营服务规范》、《药品流通企业诚信经营准则》、《药品流通行业职业经理人标准》、《药品流通企业通用岗位设置规范》等行业标准的落实工作。接手省医药商业协会的管理工作，召开了河南省药品流通发展促进会第一届会员大会，支持协会制定和执行行规行约，发挥行业自律作用。按要求做好行业统计直报企业工作，开展了首批21种中药材重点品种流通分析工作。

3. 是切实为企业搞好服务。树立服务就是手段、服务就是管理意识，组织药品流通企业参加中国国际健康产品展览会等全国性会议、论坛，帮助企业在转型、创新、发展、合作等方面开展交流、开阔眼界。及时了解和帮助解决企业发展中遇到的困难，争取药品流通企业的信赖和支持。

4.是认真完成商务部交办工作。在市场秩序司指导下，2012年7月在郑州成功承办了全国药品流通工作会议，对我省药品流通行业的持续健康发展起到了积极的促进作用。积极组织参加2012年全国药品流通行业岗位技能竞赛暨第二届全国医药行业特有职业技能竞赛活动，河南省药品流通服务办公室获优秀组织奖，河南代表队获优秀团体第三名、店长组团体单项第二名、药师组团体单项第三名，老百姓大药房获店长组一等奖，开封百氏康获药师组二等奖。

我省药品流通行业管理工作取得了一定成绩，但与商务部的要求还有很大差距，与先进省市相比还有很多不足。下一步，我们将继续大胆探索，进一步提高管理水平，努力走出一条适合河南药品流通行业发展的新路子。

·湖北省

强化服务 积极引导 促进湖北省药品流通行业健康发展

湖北省商务厅副厅长 马大强

随着经济体制改革和政治体制改革的深入，医药流通行业经历了体制上的改革和营销方式上的变迁。医药流通也从由政府和国有企业控制，发展为向民营企业开放，众多民营商业企业开始出现并快速崛起，医药流通行业竞争事态日趋激烈。近几年，特别是“十二五”期间，湖北省委省政府高度重视医药流通行业发展，通过深化医药卫生体制改革，为药品流通行业结构调整和发展方式转型升级，加快提高行业集中度提供了良好平台，全省医药流通行业取得了长足发展。

一、2012年开展的主要工作

2012年，我们紧紧围绕创新方式、搞好服务、打造品牌、提升专业化水平和加强人才培训等方面开展工作。

（一）总结和推广典型经验，打造品牌药品流通企业，提升全行业的经营质量和服务水平

2012年，为推动我省医药流通行业经营上规模、管理上档次，我们与有关部门合作开展了医药流通行业“经营企业十强”、“成长性企业十强”的评选和经验交流活动。经过企业自主申报，地方商务部门初审，组织专家实地考察和评审，网上公示投票，九州通医药集团等10家企业被评选为湖北省医药行业经营十强，湖北迪奥医药公司等6家被评为成长性企业十强和先进企业。重点推广了他们加快科技进步、企业精细化管理、提升标准化、规范化方面的做法和经验，从而有效地提高了我省医药行业在企业管理、市场网点建设、市场营销的整体水平。

（二）积极引导，推动医药物流服务专业化发展

药品流通行业一头连着药品生产企业，一头连着医疗机构和患者，是整个药品供应链体系中的关键环节。发展医药物流专业服务，向上下游拓宽服务范围，建设药品供应链体系，是发展现代医药物流的重要内容。医改实施阶段是药品流通行业面临着加快转变发展方式，由传统商业向现代服务业转变，建立并主导医药产业供应链的重大机遇期，我们积极引导企业探索医药分开的各种途径，推动流通企业向医院延伸服务。自2009年开始，国控湖北公司积极探索新的医药纯销模式，从湖北省航天医院开始，与全省34家医疗机构签订了集中配送协议。其中三级医院9家，二级医院有22家，2012年实现销售额50亿元，同比增长50%。九州通集团在全国拥有二级以上医院客户近2000家，2012年实现销售额13.42亿元，同比增长47.42%。

（三）积极协调，共同开展行业监管工作

长期以来，我们一直积极与食品药品、卫生、财政、物价、工信、劳动等部门，建立了和谐的沟通协调和合作机制，与相关部门一起联手加强推进药品流通行业的监管工作力度。如为了解公立医院改革、药品流通状况和基层综合改革进展情况，我们与药监、物价等部门专门开展联合监管行动。对武汉亚洲心脏病医院和武汉普爱医院2011年医院销售额前十位的药品，选取一个进货批次进行了抽查，抽查包括进货票据、药品采购财务记录、验收记录、供货商资质材料和销售价格。对抽选药品的流通环节进行追溯，按环节逐个追溯药品经营（批发）企业该批次药品的购销情况，直至药品生产企业，了解每种药品在流通环节中的价格变化。通过这种方式，我们有力地规范了药品流通秩序。

同时，我们还注重引导督促各市州商务部门，充分发挥“万村千乡市场工程”等现有流通网络资源的作用，实施“放心药下乡工程”，有效利用市场机制和财政补贴等各种手段，完善县级以下药品流通网络，确保农村地区和边远地区的药品供应。

（四）夯实基础，加强医药流通行业人才队伍培养

随着医改的逐步深入、国内医药环境的不断变化，培养专业的医药相关人才，迫在眉睫。我厅积极协调，2012年国药控股公司首家被商务部批准为全国药品流通行业人才教育培训基地，承担华中地区药品流通职业培训和继续教育。我们还加强了对从事药品流通行业管理工作人员的培训，我省组织35家直报企业统计人员和17个市州商务部门负责人参加商务部开展的药品流通行业统计培训，夯实基础建设。

二、取得的成效和工作中的几点体会

据初步统计，截止2012年底，全省药品批发、零售企业有15097家，全年销售总额初步统计达412.5亿元，从业人员达6万余人。其中，取得《药品经营质量管理规范》（GSP）证书和批发经营许可证的企业642家，药品零售企业14455万家。全省有35家企业被商务部批准为网上药品流通统计直报企业。

2012年，我省药品流通行业管理工作通过努力取得了一定成绩，主要体现在五个方面：

（一）流通规模扩大

从社会药品流通规模看，2012年，全省药品批发、零售企业销售总额近412.5亿元，比2011年增长10%。九州通、国药湖北控股、南药等一批实力较强的企业通过兼并联合，实现资本扩张，实现了经营规模与经济效益双增长。

（二）覆盖城乡的药品流通网络基本形成

全省现有批发零售企业15097家，其中批发企业642家，零售企业14455家，网络覆盖城乡，其中2012年新增网点941家。方便了人民群众，特别是偏远地区群众购药难问题有了明显改善。

（三）药品流通企业竞争能力增强

在2011年全国批发企业主营业务收入前100位排序中，湖北有四家企业榜上有名。九州通医药集团排名第四，新龙药业排名第16，同济堂医药收入排名第22，湖北百惠医药排名第74。2011年零售企业销售总额前100名中，湖北同济堂药房有限公司、武汉马应龙大药房榜上有名。

（四）现代流通形式在医药零售行业进一步发展

湖北同济堂药房有限公司在省内就有近3千家零售连锁药店。国药湖北、新龙药业的配送网店不断扩大，业态趋于现代化。同时医药电子商务进入消费视野。B2B电子商务2009年达到10亿元，而2012年达到12亿。

（五）医药流通立足本省面向全国的合作与发展取得了新的成绩

总部设在湖北的九州通医药集团，从2001年就开始进行现代医药物流的研究，并与国际先进的集成商进行技术合作，探索国际先进的物流理念与中国国情相结合的物流模式。目前九州通在全国兴建了31个符合中国国情的现代化医药物流中心，在26个省会城市、27个地级市建成了53个物流配送中心和近400个终端配送点，形成了覆盖全国大部分县级行政区域的物流配送网络，是国内辐射面最广的医药分销网络之一。

经过近几年工作实践，我们深刻体会到医药流通工作点多面广，要做好此项工作，需做到五个必须：

1.是必须加强领导。医药流通工作一头联发展，一头联民生，离不开各级党委和政府的支持。在工作中，我们注重争取领导，经常主动向省委省政府汇报，同时积极主动上门通报情况，主动寻求有关部门的大力配合。

2.是必须加强部门间的协调与沟通。医药流通工作涉及多个职能部门，我们着力加强与食品药品管理部门的协调与沟通，建立了部门联系工作机制，成立了全省药品流通行业管理工作领导小组，形成了既各负其责，又相互支持、合力推进的工作局面。

3.是必须深入实践调查，夯实工作基础。针对药品市场、消费结构和企业发展的情况，我们定期深入企业，有针对性地组织医改对我省药品经营企业影响、药品企业现代化物流建设、零售企业经营现状和对策调研等专题开展调研。如去年我们围绕医药分开、医药流通对当地经济发展的作用等专题开展调研，形成了有针对性的调研成果，有效地指导了改进了工作。

4.是必须树立服务意识，培养高素质的服务队伍。为尽快掌握工作要求、明确行业特点、熟悉工作程序，我们定期组织举办药品流通行业管理培训班、以会代训培训班和药品流通统计培训活动，把培训对象覆盖到全部管理人员，培训内容涵盖到全部工作内容，切实有效提高干部队伍管理素质和水平。

三、2013年的工作目标与思路

2013年，我省的工作目标是：认真落实党的“十八大”精神，全面贯彻行业发展“十二五”规划纲要，以新版药品GSP发布为契机，指导和督促各市州商务部门进一步完善医药流通行业工作体系，丰富管理手段，加快构建药品流通新格局，努力开创行业管理工作新局面。

为实现上述目标，2013年我省拟围绕以下五点开展工作。

1. 是积极做好行业标准的宣贯工作，积极运用标准加强行业管理。2012年商务部出台的《药品批发企业物流服务能力评估指标》、《零售药店经营服务规范》、《药品流通企业诚信经营准则》、《药品流通行业职业经理人标准》、《药品流通企业通用岗位设置规范》五项标准提出了对批发企业、零售药店、从业人员等实施分级管理。这项工作是2013年行业管理的重点工作。我省将按照商务部的统一部署，鼓励广大药品流通企业积极参与分级评定工作，进一步促进药品流通企业标准化、规范化管理水平的提升。

2. 是推进药品流通行业人才培训工作。2012年我厅制定了"十二五"药品流通人才培训方案，明确提出"十二五"期间每年培训计划，2013年拟培训中级职业经理人100人、执业药师继续教育100人、药学技术人员200人、其他重点岗位380人。我们将按照规划纲要，稳步推进此项工作。

3. 是协调相关部门，支持和促进药品零售连锁发展。我们将积极协调食品药品管理部门，进一步改善政策环境，坚持不懈引导规模较大、有一定实力的药品批发和零售企业发展现代物流和连锁经营，实行标准化配送，创新营销模式；引导和鼓励药品流通企业加强内部管理，不断提高竞争力，逐步做大做强。

4. 是实施品牌发展战略，努力打造品牌药品流通企业。继续支持老字号药店发挥品牌效应，拓展特色经营，增强核心竞争力，支持专业化、有特色的中小药品流通企业做精做专，培育5家被消费者认可的专业药品零售企业和一批专业健康的品牌产品，满足多层次市场需求。

5. 是推动医药电子商务发展，争取中药材流通追溯体系建设试点。目前，我省九州通、国药控股、同济堂、卫尔康等一批企业具有先进电子商务理念和基础，我们将进一步做好推广和培育工作。并努力向商务部争取在我省开展中药材流通追溯体系建设试点，积极争取财政支持，力争经过几年的努力实现覆盖全省范围。

· **湖南省**

搞好药品流通 保障人民健康

湖南省商务厅副厅长 吴宜彪

2010年6月17日，中央编办下发了《关于明确药品流通职责分工的通知》，之后商务部对各省市区人民政府发出了《商务部关于商请明确地方药品流通行业主管部门的函》。为贯彻中央精神，我厅抓紧向省政府、省编办制部门打报告，希望明确我厅的药品流通行业管理职能。2011年4月8日，省编办下发了《关于明确我省药品流通管理职责分工的通知》，明确我厅为省药品流通行业主管部门。随后，我厅向各市州政府发出了《湖南省商务厅关于商请明确药品流通行业主管部门的函》。长沙市商务局专门成立了药品流通管理处，其他大多数市州商务局相继成立了市场秩序科负责药品流通行业管理，部分县市商务局成立了相应机构，明确了药品流通行业管理职责。2011年12月，湖南省药品流通行业协会在长沙成立。

为贯彻落实《全国药品流通行业发展规划纲要（2011-2015年）》和《湖南省国民经济与社会发展"十二五"规划纲要》，加快推进湖南药品流通行业又好又快发展，保障人民群众用药安全合理方便，2011年6月28日，湖南省商务厅专门成立了《湖南省药品流通行业发展规划（2011-2015年）》起草领导小组，负责规划提纲的审定，规划的评审和发布。随后起草小组开展了对全省药品流通行业的调研分析，撰写了《关于湖南省药品流通行业情况的调研报告》，就湖南省医药行业基本情况、药品流通企业的兼并重组状况、农村及偏远地区药品供应情况及存在的问题等进行了深入细致的分析研究，为规划的制定准备了详实的一手资料。经过反复研究，《湖南省药品流通行业发展规划（2011-2015年）》五易其稿，最后征求省直有关部门的意见后形成正式文稿。2012年3月19日，我厅正式下发了《湖南省药品流通行业发展规划（2011-2015年）》。

《湖南省药品流通行业发展规划（2011-2015年）》确定了湖南未来五年药品流通行业的发展目标：到2015年，

基本建立适应药品流通行业发展的管理体系与运行机制，形成商业模式创新，网络布局合理，信息化和服务水平较高，效益显著提升的行业发展格局。具体发展目标是：培育1-2家年销售额达100亿元的医药流通大型企业，5家年销售额达50亿元的医药流通零售企业；药品批发30强企业年销售额占药品批发总额85%以上，药品零售连锁10强企业年销售额占药品零售企业销售总额75%以上；充分利用湖南中药材资源及区位优势，中药材交易额达到300亿元。力争“十二五”末，全省药品商业销售总额达到1500亿元，医药商业销售整体规模进入全国医药商业前8位，成为医药商业强省。

2012年6月，湖南省人力资源和社会保障厅代省政府起草的《湖南省基本医疗保险监督管理办法（代拟稿）》（以下简称《办法》）规定：“协议零售药店不得经营非药品类物品”。该《办法》一旦获得通过，全省药品流通行业将招致毁灭性的打击。为此，我厅立即向湖南省政府法制办发出了《湖南省商务厅关于〈办法〉（代拟稿）修改意见的函》。指出：该《办法》规定，一是无上位法，二是不符合国家“十二五”药品流通行业发展规划，三是有悖零售药店经营非药品商品的国际发展趋势，四是对药品零售行业的发展带来极为不利影响，五是可能引发新的不稳定因素。经不懈努力，《办法》已取消协议零售药店非药品“禁售令”的相关条款，从而化解了全省协议零售药店非药品“禁售令”危机。

2012年11月-12月，为维护消费者权益，维护公众身体健康，净化药品市场环境，我厅指导省药品流通行业协会对药品流通行业在电视、报纸等媒体上夸大宣传，欺骗和误导消费者的广告药品（保健品）作停售处理，此举在业界反应较好，《中国药店》杂志、湖南红网、湖南省人民政府纠风办为民网都进行了报道。

为解决市民夜间买药难的问题，长沙市商务局和湖南省药品流通行业协会多次组织召集长沙市大型药品零售企业举行专题座谈会，积极商量对策，按照连锁企业自愿申请和地段合理布局的原则，于2012年8月推出、发布长沙市24小时售药药店地图，保证市区老百姓在直线距离500米内能找到24小时售药药店或窗口。

我厅指导省药品流通行业协会与湖南省执业药师协会邀约有关专家、行业优秀企业组织编写了《药店店员基础训练手册》，这是全国第一本药店店员基础训练手册，2013年4月由湖南科学技术出版社正式出版。《药店店员基础训练手册》全书80万字，其刊印发行，有助于零售药店加强对店员的“药学基础理论、药品基础知识、常见疾病防治知识”的训练，提升行业店员的专业素养和药学服务水平。

2012年12月，我厅委托省药品流通行业协会组团参加首届全国药品流通行业岗位技能竞赛，湖南代表团获得团体总分第一名、店长岗位团体单项奖第一名、药师岗位团体单项奖第一名的佳绩，店长、药师个人单项比赛的冠军。

·广东省

广东省药品流通行业管理工作情况

广东省经济和信息化委

为促进药品流通行业发展，我省进一步强化行业管理，搭建行业管理工作架构，壮大药品流通行业规模。目前，全省药品流通业呈现出良好发展势头。

一、行业管理措施

（一）编制《广东省药品流通行业“十二五”发展规划》。为开创广东省药品流通行业发展新局面，促进产业结构调整和升级，保障人民群众用药安全、合理、方便，根据商务部《全国药品流通行业发展规划纲要（2011-2015年）》要求，我委自2011年开始编制《广东省药品流通行业“十二五”发展规划》，经征求相关部门意见后，于2012年5月报商务部，并在全省贯彻实施。

（二）努力搭建行业管理工作架构。由于药品流通管理普遍存在无机构、无编制、无人员、无经费的状况，工作开展难度相当大，为搭建行业管理工作架构，我委于2012年4月发文各地级以上市人民政府，要求尽快落实药品流通行业主管部门。目前各地级以上市已基本明确药品流通行业主管部门。

（三）加强与广东省食品药品监管局工作协调，抓好基础工作。由于药品流通行业管理工作要求高、专业性强，我委与省食品药品监管局沟通，了解掌握药品流通行业基本情况。同时积极组织参加商务部召开的药品流通行业管理电视电话会议，及时贯彻商务部全国药品流通行业管理电视电话会议。积极参加商务部举办的药品流通行业管理培训班，并做好药品流通统计等工作。

二、行业管理效果

（一）行业规模不断扩大。

广东省药品流通行业规模日益壮大，呈现出良好发展势头。截至 2011 年底，全省持有《药品经营许可证》的企业共有 53591 家，占全国 12.6%。其中药品批发企业 1633 家；零售连锁企业 154 家，零售连锁企业门店 13108 家；零售单体药店 38696 家。

2012 年药品流通企业规模不断扩大，至年底，药品批发企业增加至 17085 家，零售连锁企业达 200 家。

（二）商品销售平稳增长。

2009 年至 2012 年，广东省药品流通行业保持约 20% 的年均增长速度，零售市场年均增长率约 20%。

在金融危机冲击下，2008 年限额以上批发和零售业销售都受不同程度影响。2009 年，全省经济回暖，增长率升至 29.7%。当年广东医药批发和零售业累计实现营业收入达 934 亿元；流通企业前 30 强的营业收入占 52.8%，达 493 亿元。

2010 年，增长率高达 33.5%，行业规模达 1248.1 亿元，成为全国药品销量最大的省份。

据广东省药品流通行业统计系统数据，2011 年广东省排名前 24 家医药流通企业销售总额达 581.24 亿元，其中药品批发企业销售额 429.06 亿元，零售药店销售额 151.96 亿元。

截至 2012 年 10 月，广东省限额以上中西药类批零企业完成零售额 316 亿元，其中西药类 213 亿元，中草药及中成药完成 48 亿元，中西药零售额平均增长率达 20.2%。

（三）发展水平持续提升。

1. 行业集中度显著提高。2009 年至 2012 年连续 4 年均有 7 家以上企业进入“中国医药批发企业百强主营业务收入排名榜”。广州医药有限公司连续 4 年进入排名前十，主营业务收入超过 200 亿。2011 年，广州医药有限公司以年销售额 204.79 亿元排名省内第一，国药控股广州有限公司、广东九州通医药有限公司、汕头市创美药业有限公司、广州采芝林药业有限公司、广州中山医医药有限公司、广东广弘医药有限公司等 6 家药品批发企业年销售额均超过 10 亿。

2009 至 2012 年连续 4 年均有 10 家以上企业跻身“中国连锁药店百强销售额排名榜”。其中中国海王星辰连锁药店有限公司和广东大参林连锁药店有限公司，连续 4 年排名前五。深圳海王星辰连锁药店有限公司连续 4 年蝉联首位，年销售额超过 35 亿元，并成为目前中国大陆直营门店数最多的药店连锁公司。

2. 药品电子商务发展居于全国首位。2011 年 5 月，商务部发布的《全国药品流通行业发展规划纲要（2011-2015）》明确表示：“在创新药品经营模式方面，要支持连锁经营、物流配送与电子商务相结合，提高药品流通领域的电子商务应用水平。鼓励规范经营的零售连锁企业发展网上药店。”医药电子商务潜力巨大。根据中国网上药店理事会最近统计数据显示，2012 年前三季度医药 B2C 中平台式交易规模为 4.5 亿，占 B2C 市场交易规模比重高达 41.3%。

商务部文件规定，企业必须同时取得《互联网药品信息服务》及《互联网药品交易服务》两个资格证书，才能在互联网进行药品交易。2010 年，广东省有 3 家企业获得两个资格证书。在有关部门指导支持和企业积极努力下，广东省药品电子商务发展迅速，目前取得两个资格证书的企业数国内领先。截至 2013 年 3 月底，全国共 3979 家企业取得《互联网药品信息服务》资格证书，广东省 760 家，占全国企业总数的 19.1%；全国工 133 家企业取得《互联网药品交易服务》资格证书，广东省共有 24 家，占占全国企业总数的 18%。其中，18 家企业获准向个人消费者提供药品（B2C），6 家企业获准与其他企业进行药品交易（B2B）。广州医药有限公司更是成为全国少数几家同时拥有 B2C 和 B2B 两个资格证书的企业之一。深圳海王星辰医药电子商务网站有效整合线上下线下资源，成为国内实力最为雄厚的医药电商网站。

（四）法规体系逐步完善。

广东省药品监管部门根据监管实践，完善药品定价制度，大力推动药品流通监管法规建设。广东省作为全国医药价格改革唯一试点省份，针对多年来形成的药品流通环节多、加价过高、高价药驱逐低价药等问题，2010 年 8 月，我省出台《广东省食品医药行业自律管理规范》和《广东省食品医药行业履行社会责任》两项标准，并于当年 9 月 1 日在广东省食品医药行业内正式实施。这两项标准的制定与实施有效加强了我省医药流通行业管理。2010 年 9 月我省在全国率先推出药品价格“三控”管理模式，对列入政府定价目录的药品实行出厂价格、流通差价率、最高零售价格的全程监管。“三控”管理模式实施以来，群众普遍反映列入政府定价目录的药品价格有所下降，多数流通企业对政策表示支持。此外，《广东省国家基本药物制度近期实施方案（2009-2011 年）》已颁布，为初步建立基本药物制度保驾护航。

三、面临的发展环境

（一）医药市场发展潜力巨大，但物流成本高、利润低。

城镇居民人口老龄化进程的加快、医保报销比例的不断提高、人们健康意识的增强，均为医药流通行业发展创造条件，医药流通行业发展潜力巨大。然而，我国药品流通行业费用率高达7%，美国和日本费用率只有1-1.5%，企业利润空间较小。快速成长的规模与非常微薄的利润是我省药品流通行业的特点。企业平均销售利润率一直徘徊在1%左右的较低水平，大量企业利润率甚至不足1%；而在美国，企业利润率可达1.5-2.5%。

（二）行业集中度有待提高。

广东省药品流通行业“多、小、散、乱”的局面依然存在，尚未出现具有国际竞争力的龙头企业。2010年我省连锁药房门店占全部零售门店的比重为22.8%，低于全国平均水平。

（三）跨区域发展进程有待加快。

广东省药品流通行业呈现出区域分布、城乡分布不平衡状态。超过65%以上企业分布在经济发达的珠三角，如广州市现有药品批发企业554家，占全省批发企业总数的33.9%；零售药店6285家，占全省药店12.8%。粤东地区依托普宁中药材专业市场，发展状况良好，药品批发企业占全省21.1%；粤西地区批发企业占11.7%；粤北山区药品批发企业总数只有全省2.6%。受管理成本、地方保护主义等因素影响未能有效开拓省外市场，企业区域布局差异较大。

零售药店的城乡分布也不尽合理。药品零售点主要集中在城市及发达区域，广州、深圳药店数量超过了国际惯例标准。而粤北山区药品零售点偏少，难以保证药品供应的安全性及便利性。

· 广西壮族自治区

广西壮族自治区药品流通行业管理工作情况

广西壮族自治区商务厅副厅长 熊家军

中编办《关于明确药品流通管理职责分工的通知》（中央编办发〔2010〕54号）和国家商务部、食品药品监督管理局《关于加强药品流通行业管理的通知》（商秩发〔2009〕571号）等文件下发后，广西商务厅按照国家和自治区人民政府的部署和要求，理顺管理职能，积极开展行业调研和行业统计报告工作，编制行业发展规划，制定相关支持政策。认真做好行业“五项标准”的宣传贯彻，加快推进中药材追溯体系建设，建立人才培训机制，推动行业组织建设，在药品流通行业管理方面做出了积极的探索和尝试，取得了一定的成效。

一、广西药品流通行业基本情况

随着广西经济社会的不断发展进步，我区的药品流通行业市场规模持续扩大，城市社区和农村基层药品市场规模明显扩大，发展水平逐步提升，连锁经营、网上药店和现代医药物流等新型药品流通方式应用步伐加快，药品流通行业稳步发展，社会作用不断增强。截止2012年，全区共有药品批发企业423家；药品零售连锁企业167家，下辖门店8078家，零售单体药店7062家，零售药店门店总数15140家。2012年，全区药品流通行业销售总额约260亿元，其中批发企业销售总额约172亿元，零售企业销售总额约88亿元。药品流通企业从业人员约9万人。

但是，与发达地区相比，我区药品流通行业发展也存在一些较为突出的问题：一是企业普遍规模小，竞争能力不强。全区药品流通企业成规模具有竞争能力的企业偏少。二是行业发展布局不尽合理。市、县城区网点过度集中，农村药品零售网点偏少，农村地区药品配送网络未能全面有效覆盖。三是流通组织化现代化水平较低，现代流通方式和流通技术的普及应用相对滞后。四是流通秩序有待规范，不规范经营甚至违法经营现象仍然存在。五是执业药师严重不足，无法满足每个零售药店配备执业药师为患者提供购药咨询和指导的规定要求。

二、开展的主要工作

（一）建立行业管理工作体系

自治区人民政府办公厅2011年7月印发了《广西壮族自治区商务厅主要职责内设机构和人员编制规定》（桂政办发

〔2010〕141号），明确了药品流通行业的管理职责设在我厅，具体职责放在市场秩序处，自治区编办给我厅增加了2个编制职数。各市人民政府参照自治区的机构改革方案，明确了各市商务局（委）负责药品流通行业管理的职能，部分县也明确了商务主管部门负责药品流通行业管理职责，全区初步建立了药品流通行业管理工作体系。

（二）编制行业发展规划

根据商务部《全国药品流通行业发展规划纲要（2011–2015年）》并结合广西实际，我厅认真做好《广西药品流通行业“十二五”发展规划》的编制工作，经前期调研、形成初稿、征求意见等工作环节后，于2012年11月26日通过专家评审会的评审，2012年12月上报商务部备案并下发各市商务主管部门组织实施。《规划》的编制和实施，明确了“十二五”广西药品流通行业发展目标、发展方向和支持政策措施，为进一步推进广西药品流通行业健康有序发展奠定了基础。

（三）抓好行业统计工作

根据商务部有关药品流通行业统计工作的要求，我厅认真组织广西11家药品流通行业统计直报企业和14个地级市商务主管部门按规定的统计内容和时间要求，做好药品流通行业有关数据的统计和上报工作；组织玉林中药材专业市场和百色、贵港等中药材重点品种产地商务主管部门做好统计直报工作。同时加强与典型直报企业以外的药品流通企业的联系，及时掌握全区药品流通行业运行和发展的有关情况，为指导行业发展，提供政府决策参考做好基础工作。

（四）做好“五项标准”宣传贯彻工作

《药品批发企业物流服务能力评估指标》、《零售药店经营服务规范》、《药品流通企业诚信经营准则》、《药品流通行业职业经理人标准》、《药品流通企业通用岗位设置规范》等五项药品流通行业标准出台后，我厅及时通过召开会议、印发资料、讲座解读等多种形式认真组织全区各地商务主管部门、有关行业协会、药品流通企业进行学习宣传，积极指导和监督药品流通企业严格对照标准认真贯彻执行。

（五）推动行业组织建设

积极推动行业组织建设，建立政府部门和企业沟通的桥梁和纽带，促进行业健康发展。2009年以来，在我厅的支持下，先后成立了广西医药商会、广西药店联盟和广西零售药店协会。这些行业组织的成立，将对今后我区药品流通行业统计、行业培训、行业自律、市场监督、反映企业诉求、维护企业合法权益以及联系政府和企业、增强服务能力等方面发挥积极的作用。

（六）建立药品流通人才培训机制

经我厅推荐，2012年广西中医药大学药学院被商务部确定为药品流通人才培训基地。按照商务部的要求，我厅与广西医药商会、广西中医药大学药学院加强合作，结合广西药品流通企业的人才需求，研究制定了培训计划，今后将有针对性地开展职业经理人、药学技术服务人员、药店经理等相关人员的培训工作，逐步提升全行业整体素质，提高企业经营管理和服务水平。

（七）加快中药材流通追溯体系建设

2012年，广西玉林市获商务部支持实施中药材流通追溯体系建设试点。根据商务部、财政部关于中药材流通追溯体系建设试点的有关要求，我厅指导和督促玉林市认真抓好项目招标，加快项目建设，力争按时按标准完成追溯体系的建设并发挥应有作用，有效解决中药材流通中掺假售假的突出问题，切实保障中药材质量安全。

（八）配合做好医药卫生体制改革有关工作

2011年我厅列入自治区医改领导小组成员单位，根据自治区深化医药卫生体制改革领导小组的工作要求，结合商务部门的工作职能，我厅积极提出医改合理化建议，积极配合自治区相关部门做好广西医药卫生体制改革和基本药物招投标工作。

三、取得的初步成效

（一）行业监管工作初步得到认可

2009年以来，我区商务系统通过加大宣传力度，加强与相关部门的沟通配合，帮助药品流通企业反映呼声和要求，解决企业实际困难和问题等多方面开展工作，赢得了企业和社会公众的肯定和认可，行业管理工作逐步得到了药品流通企业的支持和配合。

（二）市场规模持续扩大

截止2012年，全区药品批发企业发展到423家，比2010年增加了39家；零售药店门店总数15140家，比2010年增加了1995家。2012年，全区药品流通行业销售总额约260亿元，比2010年增长63亿元，年均增长率为15%。药品经营秩序不断规范，医疗需求潜能和居民用药需求不断增长，我区医药市场步入快速发展轨道。

（三）连锁经营网络不断扩展

截止2012年，全区共有药品零售连锁企业167家，连锁门店8078家，连锁门店在全部药店的比例上升到53.4%，比2010年提高了5.7个百分点。目前，区内大型龙头连锁企业继续加大收购、兼并、拓展加盟的力度，药品连锁门店数将越来越多，连锁经营网络将得到进一步扩展。

（四）现代医药物流取得新突破

2011年以来，广西九州通医药有限公司、国药控股广西有限公司现代医药物流中心相继投入使用，广西柳州医药股份有限公司现代医药物流配送中心项目也于2012年9月开工建设，并列为自治区统筹推进重大项目。随着这批专业化医药物流项目建设的进一步推进，我区医药物流网络覆盖率和终端配送能力将得到极大提高，初步构建起以南宁为核心，覆盖全区、辐射周边省份、面向东盟的规范、高效的现代医药物流网络。

（五）中药材专业市场不断壮大

自治区党委、政府高度重视中医药产业的发展，2011年，自治区人民政府出台了《关于加快中医药民族医药发展的决定》、《广西壮族自治区中医药民族医药发展十大重点工程实施方案（2011-2015年）》等文件，玉林市人民政府也制定了《玉林市百亿元中医药产业发展规划》。同时，依托全国第三大中药材专业市场玉林银丰国际中药港这个平台，从2009年起连续举办了五届中药材博览会，特别是2013年中国—东盟传统医药高峰论坛的成功举办，吸引了越来越多的海内外客商，贸易成交额逐年上升，2012年成交总额已达70.2亿元，成为名副其实的“南方药都”。

下一步，我厅将继续按照商务部和自治区党委、政府的要求，继续强化药品流通行业管理，切实抓紧抓好，抓出成效，不断推进广西药品流通行业科学规范，健康有序发展。

· 四川省

四川省近年来药品流通工作管理情况

四川省商务厅副厅长 李维民

近年来，四川省商务厅积极开展药品行业管理工作，建立机制，理顺关系，调研情况，理清思路，强化基础，落实措施，积极探索履行药品流通行业管理职能，推动全省药品流通行业健康发展。

一、开展的工作情况

（一）争取职能，完善工作体系

近年来，全省各级商务主管部门积极向机构编制部门汇报国家药品流通管理职能调整新情况，主动争取行业管理职能，推动建立行业管理工作体系。2011年6月中旬，省委编办明确我厅作为全省药品流通行业主管部门；截至2012年底，全省21个市（州）中，自贡等19个市（州）已明确商务主管部门为药品流通行业主管部门，成都等12个市（州）已成为当地医改办成员单位。同时，加强与省医改办、省卫生厅、省食药监局、省统计局等省级有关部门、省医药行业协会、省医药商业协会等协会的联系，建立上下贯通、纵横相连的工作体系。

（二）建立制度，夯实工作基础

全省各级商务主管部门采取问卷、走访、召开座谈会等形式，深入企业和协会调研，初步掌握了全省药品流通行业发展总体情况。加强培训，组织各市（州）、道地中药材产地县级商务主管部门和直报企业参加商务部的相关统计培训；认真落实《药品流通统计制度》和《中药材流通统计制度》，指导各市（州）商务主管部门、17个四川道地中药材产地商务主管部门、纳入商务部药品流通直报系统38户企业等，搞好数据报送和统计分析工作，初步建立了全省药品流通行业统计、中药材流通统计分析制度。

（三）制定规划，落实工作措施

2011年底，我厅在大量调研的基础上，制定并发布实施《四川省药品流通行业发展规划纲要（2011-2015年）》。2012年9月中旬，召开全省药品流通行业管理工作会议，传达全国药品流通行业管理工作会议精神，通报近年来我省药品流通行业管理工作情况，优势龙头企业交流发展经验，对全省药品流通行业管理工作作出全面部署。

（四）协调服务，推动行业发展

建立重点联系企业制度，经市州推荐，我厅复核，明确首批25户企业为全省药品流通重点联系企业。积极争取省级财政在流通业、物流业发展扶持资金中，将药品流通企业纳入申报企业范围内，并指导省医药公司等申报省级财政做强做大扶持项目；指导科伦医药等大型药品流通企业申报省级财政现代物流项目；指导科盟公司整合我省中小药品流通企业资源，做强做大；推动广汉国际医药健康城发展等。经我厅推荐，商务部批复同意，省商务职业学院、成都中医药大学成为商务部药品流通人才教育培训基地，负责四川、西藏的药品流通人才培训工作。

（五）积极参与，增加行业话语权

积极参与医改相关工作，畅通行业述求反映渠道，让药品流通企业的呼声通过商务部门迅速到达决策层，使政府的决策更加符合实际并及时上传下达。

（六）探索模式，开展中药材溯源试点

积极推动成都市开展"来源可知、去向可追、质量可查、责任可究"的中药材溯源体系建设试点。在商务部、财政部的支持下，2012年，我省成都市列为全国首批"放心药"服务体系建设试点市。目前，试点工作正稳步推进中。

二、行业发展情况

（一）市场整合度、销售业绩稳步提高

2012年，四川药品流通行业购进商品总额316.37亿元，实现销售额331.37亿元。截止2012年12月31日，全省共有药品批发和零售企业1422家，比2011年减少27家，同比下降1.9%；其中批发企业1121家，零售连锁企业302家。下辖连锁门店35718家，同比下降0.9%；零售单体门店数6030家，同比增长5.9%；零售连锁率为85.6%，同比下降2.0%。全省药品流通行业从业人员总数15.16万人。

（二）现代医药流通方式快速发展

药品流通连锁经营稳步发展，四川药品连锁率高于全国平均水平；一批现代化、专业化水平的药品配送中心蓬勃兴起，四川省医药股份有限公司、四川科伦医贸有限公司物流中心、四川和平医药有限责任公司交易配送中心、四川立生医药贸易物流配送中心等兴建的现代化物流中心相继建成并投入使用。药品流通电子商务积极探索中，四川省医药股份有限公司、四川科伦医药贸易有限公司、四川仁博药房连锁有限公司等6家企业取得《互联网药品交易服务机构资格证书》，四川中药材天地网、九州通医药网等平台健康发展。中药材专业批发市场不断改造升级，占地面积近10万平方米、年销售额达80亿元的成都国际商贸城中药材专业批发市场，在全国中药材市场中年成交额、年成交量、市场商家总数位居前三甲。2011年4月中旬，商务部确定该市场为指数信息采集点，中国·成都中药材指数正式发布，该指数逐步成为全国中药材市场价格变化的"晴雨表"和行业发展的"风向标"。

（三）老字号、超市售药、药房托管等发展各具特色

成都同仁堂、德仁堂、全泰堂、梓潼宫等"中华老字号"和保泰和药堂、滕王阁等"四川老字号"药品流通企业，发挥品牌效应，不断拓展特色服务。2011年10月，四川WOWO超市连锁管理有限公司获颁了《药品经营质量管理规范认证证书》和《药品经营许可证》，成为四川省首家试点销售药品的超市，利用便利店的网络24小时销售药品，弥补了一般药房夜间未营业的市场空缺，方便了市民。四川省医药公司等企业积极探索与医院的合作，开展药房托管业务。

（四）中药材统计监测发挥指导作用

四川省对黄连、半夏、白芷、党参、川芎、大黄、党参、麦冬、厚朴、天麻、附子、当归12个道地药材种植面积、产量和价格进行统计，据此作出科学的判断和预测，通过商务部中药材监测系统对外发布，避免药商盲目囤货或市场供给不足情况发生。据11市州统计，2012年，我省道地药材种植面积稳定，受气候等影响产量，价格有一定波动，黄连价格同比下跌5.6%、川芎下跌37.7%；半夏上涨4.2%，党参、丹参、当归上涨25%，大黄上涨25.6%；厚朴持平。

（五）医药会展蓬勃发展

成都凭借其优越的区位经济优势，多次成功承办全国医药行业大型知名药交会、博览会、医药制剂及相关技术和服务等展会。西部成都医疗器械展会迄今已连续举办13届。2012年2月中旬、3月上旬，2012第11届西部成都医疗器械展览会、2012春季中西部（成都）医疗器械技术及设备展览会分别在四川科技馆、成都世纪城会展中心举行。10月中旬，第68届中国国际医疗器械秋季博览会在成都世纪城会展中心举行，参展产品覆盖整个医疗产业链，展出面积近12万平方米，参展企业不仅包括国内知名企业，还有美、英、德、韩国和中国台湾等115个国家和地区，共2500多家企业组团参展，发布了600多个新产品、新技术，专业观众达15万人次。

（六）药品流通社会作用显著增强

2012年，全省批发直报企业参与国家基本药物配送总额56.61亿元，比2011年增加3.1倍；其中本省配送金额56.34亿元，外省配送金额0.27亿元；零售直报企业销售国家基本药物总额5999万元，比2011年增长57.6%；基本药物销售金额占总销售额的5.76%，比2011年提高0.79个百分点；国家基本药物占药物品种数的8.63%，比2011年高0.73个百分点。药品流通企业尤其是直报企业在配合国家深化医药卫生体制改革、落实基药制度、方便群众尤其是"老少偏穷"地区群众购药、平抑药品价格方面发挥了重要作用。

· 贵州省

贵州省药品流通行业发展情况

贵州省商务厅总经济师 黄筑筠

2010年，贵州省商务厅积极履行贵州省人民政府赋予的药品流通行业管理职能，依据国家商务部的统一部署，落实贵州省人民政府发布的《关于加快推进流通产业发展的若干意见》、《贵州省生物医药产业发展“十二五”规划》等政策文件，推进贵州药品商业及流通企业紧紧围绕贵州省委提出的“加速发展、加快转型、推动跨越”的主基调，全面贯彻落实科学发展观，把确保人民群众吃上放心药、方便药作为行业管理工作的出发点和落脚点。

一、药品流通体系逐步建立

“十一五”期间，特别是医药卫生体制改革以来，我省药品流通行业进入了快速发展期，药品供应保障能力明显提升，覆盖城乡的药品流通网络基本形成。2011年，全省通过GSP认证的药业流通企业10123家，其中，药品批发企业190家，零售连锁企业51家，零售企业10072家。

2011年，全省药品批发和零售企业实现主营业务收入1470440万元，主营业务成本为1350052万元，营业利润25281万元，实现利润总额19497万元。

2011年，商品购进，全省药品批发和零售企业购进药品类1355276万元，占商品购进总额的78.0%，中药材类11409万元，占商品购进总额的0.7%，中成药307897万元，占商品购进总额的17.7%。商品销售，全省药品批发和零售企业销售总额1632015万元。其中：药品类1286934万元，占商品销售总额的78.9%，中药材类12799.60万元，占商品销售总额的0.8%，中成药272797万元，占商品销售总额的16.7%。年末库存，2011年药品批发和零售企业年末库存总额为202792万元，其中：药品类144399万元，中药材类3203万元，中成药类36677万元。

二、组织编制药品流通行业发展规划，引导企业发展

贵州省商务厅始于2011年履行药品流通行业管理职能，组织人员开展行业的调研工作，了解药品流通企业实情、听取工作建议、研究政策，全面掌握行业现状和发展趋势，取得第一手资料和信息。根据国家商务部的布置，组织力量，编制《贵州省药品流通行业发展“十二五”规划》，规划期为2011-2015年。提出：积极支持发展贵州的药品流通行业，以配合深化医药卫生体制改革、加快转变行业发展方式、促进行业可持续发展为主线，以做大做强龙头企业为支撑，以加强行业基层网络建设为重点，以规范行业经营秩序为手段，促进药品流通行业稳定发展，提高药品流通体系的特色化、规模化、信息化程度，推进实现药品流通行业健康发展。

同期，还引导省内骨干流通企业编制自己的五年发展规划，提前谋划、提前部署、提前行动，以积极的目标引导、制定年度工作计划，以提高管理效率。

三、积极工作，认真履职，探索科学管理途径

积极行动，加强学习，对接药品流通行业管理工作。省商务厅根据商贸管理的职能，在行业管理工作中逐步参与、组织和实施有关工作：

—组织省内商务流通职能部门转变观念，健全机构、配备人员、学习业务，进入角色，切实开展药品流通行业管理工作。

—组织开展对省内药品流通企业的现状调研，现场查看门店和仓库，掌握第一手资料和信息，熟悉企业的运作模式和行业商业业态，召开座谈会听取工作经验，增加实际感受；

—组织省内药品流通企业参加国家商务部安排的“行业统计”培训，督促省内33户企业进入“全国药品流通统计网”，落实统计人员、按时报告数据，支持行业的运行统计工作；

—及时组织学习、培训国家商务部的药品流通五项标准，促进流通企业提高认识，增强紧迫感，要求配合制定、落实企业内部的管理制度，规范经营，满足人民群众的医疗需要；

—组织部分企业到先进地区外出到安徽、浙江、天津等地学习和考察药品批发零售管理经营经验，扩大与外界的业务联系；

一积极参与政协安排有关药品流通提案的调研活动，如实反映企业的合理呼声，提出统筹协调和合理解决的措施建议，促进社会各界和政府部门了解药品流通企业的实际情况；

一联络贵州省药品商业协会开展行业系统工作，发挥其联系药品流通企业的积极作用，提高行业自律性，加强行业管理。

四、拓展眼界，加强品牌建设，扩大市场

省商务厅与部门加强配合，加大药品流通企业品牌建设的指导力度，积极组织品牌建设工作的培训，促使企业树立“品牌”发展意识。配合实施国家“走出去”发展战略、充分利用泛珠区域“9+2”合作机制，在巩固、扩大贵州省商贸系统与香港合作成果的同时，拓展贵州省医药、保健品在香港的市场份额，开拓东南亚和国际市场。2011年8月9日-15日，省商务厅组织省内多家药品生产企业和药品流通企业参加“2011香港美食博览及国际中医药暨健康产品展”及有关活动。通过参观香港博览会，拓宽贵州省药企思路，引导企业自我推介，推进改变传统营销模式；境外媒体热情介绍贵州地道药品及生产、流通企业，达到了良好的效果。

五、配合创造有利条件，支持药品流通企业健康发展

通过省商务厅参与“医改”工作小组的渠道，向省内卫生、药监、财政、社保等政府部门宣传药品流通企业健康发展的意义和实际成果，协商改进药品供应的资金结算制度和管理办法，加快药品资金回笼；支持药品流通企业及时组织药品供应、必要的药品储存。倡导建立省级重要、救灾药品的专项筹备资金，以支持药品流通企业的药品购进、储备。

六、推进流通企业的整合，增强竞争能力

针对我省药品流通企业以民营经济为主，量多、体小，普遍面临规模小、运输和仓储等物流成本高的难题，竞争能力不明显的实际情况，结合贯彻国家、省政府“调整结构、做大做强”的部署，推进省内药品流通企业持续发展。宣传、引导和推进以企业为主的行业整合工作，以集中财力、物力、人力谋求新的发展，改变投入过散，无序竞争的局面，提高发展的质量和效益。已经开展联络部分民营流通企业与国有流通企业协商，相互发挥优势、互惠共赢，联合组建省内药品流通大平台，同时，加强与有关监管部门的工作配合，争取对行业的相关政策、资金、技术的支持。

· 云南省

云南省药品流通行业工作情况

云南省商务厅副厅长 马永福

药品流通行业作为医药产业发展的重要环节和关键领域，是链接上游生产企业和终端消费市场不可或缺的重要体系，是关系国计民生的战略性产业。加快发展药品流通行业，对于我省全面贯彻落实科学发展观，切实保障民生，培育和促进云药支柱产业发展具有重要而深远的意义。现将管理措施、管理效果及行业发展情况介绍如下：

一、认真履职，强化措施，稳步推进药品流通管理各项工作

云南省人民政府在2011年10月将药品流通行业管理职责赋予了省商务厅，我厅按照职能认真开展工作。

（一）明确职责，健全机构。我省高度重视药品流通行业管理工作，始终把此项工作作为保障人民群众用药公平、可及的重要环节来抓，做到“三同三纳入”，即：与商务年度工作目标同研究、同部署、同落实，纳入议事日程、纳入总体目标、纳入发展规划。在国务院正式将药品流通行业管理职责赋予商务部后，省商务厅高度重视，提前筹划，积极协调有关部门，迅速对全省药品流通行业开展调研，并多次向省政府报告，争取省政府支持，经过多次汇报沟通2011年9月年经云南省机构编制委员会同意，明确了我厅药品流通行业管理职责，新增药品流通管理处及5名行政编制，并将药品流通行业管理工作经费列入财政年度预算，目前已配备副处长一名，工作人员2人，2011年11月我厅召开了全省药品流通工作会议，同时向各州市人民政府发出《云南省商

务厅商请明确各州市药品流通行业主管部门的函》，积极与各州市人民政府沟通交流，争取政府的理解和支持，为全面开展药品流通管理工作奠定了基础。

（二）深入调研，制定规划。我厅高度重视药品流通行业发展规划工作，在时间紧任务重、掌握情况少的情况下，分管副厅长牵头组织人员到省级相关部门、行业协会、重点企业进行调研，召开座谈会广泛听取各方面专家学者意见，对规划的科学性与可行性进行充分的论证，省商务厅主要领导亲自对规划进行了认真修改审定。2012 年 2 月我厅印发了《云南省药品流通行业“十二五”发展规划》。《规划》既贯彻体现国家相关政策法规精神，又结合地区实际，突出云南特色。一是在加强管理方面，提出进一步完善“云南生物医药产业发展领导小组”的职能，坚持药品生产和流通并重，强化其在全省药品流通领域的领导作用，建立由相关政府部门广泛参与的“云南省药品流通行业管理联席会议制度”，促进了政府各部门有效的沟通协调与分工合作。二是在创新药品零售业态方面，探索建立多元化药品零售市场体系，鼓励医保支付平台和监管机制创新，探索药店从单纯满足自我药疗、处方用药的“治病购药传统药店”向“服务健康为核心内涵的大卖场”演变，拓展药妆、保健品、医疗器械、日用商品销售和健康服务。三是在中药材市场流通建设方面，提出发挥云南优势大力发展中药材的边境贸易，努力增开药品通关口岸，打破中药材进出口体制障碍，加大中药材对东南亚、南亚的进出口力度，把云南建设成面向东南亚、南亚的中药材贸易集散地。四是在政策保障方面，提出要研究出台《云南省关于加速药品流通行业发展意见》，设立全省药品流通行业发展专项资金，加强药品流通行业人才队伍建设，不断提高我省药品流通行业的总体发展水平。《规划》的实施将对我省医药流通行业发展起到战略性指导的作用。在此基础上省商务厅要求全省各级商务部门要加强调查研究，结合本地实际制定好市、县、区药品流通行业“十二五”发展规划，并付诸实施。

（三）多措并举，聚力推进。一是加强部门协作。进行工作对接，建立沟通协调和合作机制，会同相关部门研究制定药品流通行业管理制度和行为规范，打击药品经营违法违规行为。二是加大指导力度，大力发展先进营销模式。指导规模较大的药品批发和零售企业发展现代物流和连锁经营，实行标准化统一配送。鼓励企业自发兼并重组，不断提高行业集中度。三是开展专项整治。积极配合工商、税务、物价和药品监督管理部门开展打击制售假劣药品的专项行动。四是落实行业统计，建立业务信息报送制度。目前云南省已有 12 家药品流通企业被确定为商务部统计直报企业，我省正努力提高直报企业数量和数据填报质量。

二、我省药品流通行业发展现状及成效

“十二五”期间，特别是医药卫生体制改革以来，我省药品流通行业进入了快速发展期，不仅形成了基本的框架体系，保障了药品的供应能力和人民群众日益增长的需求，还探索建立了符合时代要求的体制机制，为进一步发展奠定了良好基础。

（一）市场规模逐步扩大。2012 年全省医药商品销售总额达到 320 亿元，较上年增长 24%，较“十一五”末（2009 年）增长 72%。全省医药商品销售总额复合年增长率达到 18.9%。截至 2012 年 12 月，全省药品批发企业 568 家，药品零售连锁企业 27 家，连锁药店门店 3855 家，零售药店门店总数达 15295 家。

（二）行业集中度开始显现。纳入 2012 年省医药行业协会统计的 315 户批发企业中，主营业务收入 5000 万元以上的企业有 74 户，其销售收入占全省医药商业销售收入 84.89%；主营业务收入超亿元的企业 35 户，排名前 30 位的企业销售合计占全省医药商业总销售的 71.77%，排名前 10 位的企业销售总额占全省销售的 55.44%，销售 10 亿元以上 2 户，其销售额占全省医药商业销售总额的 31.3%。利润 1 亿元以上的 2 户（云南省医药有限公司、云南鸿翔药业有限公司），企业实现利润占全省医药商业实现利润总额的 63.89%。

（三）体制机制初步理顺。“十二五”期间，除东昌医药等三家药品经营企业合并成立股份有限公司外，多家企业也为进一步提升竞争力进行了并购、重组的前期工作。国药集团控股云南药品经营公司使沿海第三方物流进入云南，鸿翔、健之佳、东骏等具有一定规模的商业企业通过股改引入战略合作伙伴开展上市前各项准备，九泰、佳能达等一批医药民营企业开始研究组建大型医药商业企业集团。同时，药品流通企业准入条件更加规范，新型药品流通方式逐步发展：物流畅通、运转便捷的专业化现代医药物流体系正在建立；全省共核准 98 家药品信息服务网站、2 家药品交易服务网站，监管措施进一步完善。

（四）行业管理初见成效。一是 2007 年云南省医药行业协会成立并逐步发挥作用，加强了行业统计和信息数据平台网络建设，加强了对生物医药产业发展的监测分析、发展研究，向政府和医药企业发展提供了双向服务。二是 2011 年初云南省生物医药产业发展领导小组成立，并组建了云南省生物医药产业发展专家咨询委员会，同时推出了培育市场环境、加强市场监管和安全管理等 9 大方面扶持政策，加强了政府宏观指导和管理。三是药监部门监管方式更加科学，在全国首家制订了地方性药品管理条例，率先开展地方药材标准研制，采用信息化监管等措施对药品行业加强了监管力度，构建了药品监管的长效机制。

（五）人才队伍逐渐扩大。我省共有执业药师 3099 名，备案从业药师 1128 名。此外，2004 年以来，云南省人事厅与省食品药品监督管理局联合在药品零售企业推行药师协理从业资格制度，药师协理已达 16908 名。随着执业药师、从业药师、药师协理数量增加，我省医药流通行业人才队伍逐步扩大，人才素质不断提高，有效降低用药不合理、用药不安全的风险，对促进我省药品零售行业健康、有序发展发挥了积极的作用。

（六）社会作用不断增强。一是就业人员稳步增加。2012 年云南药品流通行业平均从业人员 27555 人，较 2010 年增长 16%，有效促进了社会就业，方便了群众咨询、购药和用药。二是农村药品“两网”建设取得积极成效。通过鼓励药品批发企业托管乡镇卫生院和村卫生室，支持药品零售企业向农村延伸网点，全省行政村以上药品监督网覆盖率达 98.5%，供应网覆盖率达 95.5%。三是行业领军企业成为药品储备骨干，有效保障了抗震抗旱、甲型 H1N1 流感等突发事件的相关药品保障及供应。

在肯定我省药品流通行业取得一定成绩的同时，我们不得不看到一些制约行业长足发展的突出性问题：一是行业主体小、散、弱。由于云南经济整体欠发达，药品流通企业数量不少，但单企规模都不大，批发企业数量仅占全国总量的 4%，利润 1 亿元以上仅 2 家，流通组织结构不甚合理，分散竞争又使得企业数量多、规模小、创新能力弱，难以实现规模经济。二是行业管理部门缺位。2004 年机构改革后，医药行业管理相关职责从省经贸委划出，仅由省药监局作为行政执法部门进行药品市场监管，药品流通行业主管部门一直处于缺失状态。三是行业发展不均衡。首先是城乡分布不合理，欠发达地区药品配送网络未能全面覆盖；其次是流通结构不合理，需求结构与市场供给结构存在差异，经营单一，同质化竞争突出，导致利润空间小，诚信度相对低。四是专业人才缺口大。我省执业药师起步较晚，执业药师的人数还远远不能满足社会的需求，按照“零售药店必须按规定配备执业药师为患者提供购药咨询和指导”的规定，全省零售药店总量 14295 家，仅有 3099 名执业药师，缺口就高达 1.1 万人。五是行业统计制度不完善。行业协会目前对药品流通企业的统计仅限于部分登记批发企业，统计范围小，统计数据信息的规范度、准确度有待提高。六是流通水平组织化、现代化程度低。药品流通行业组织结构分散，现代医药物流发展滞后，物流成本高。

· 西藏自治区

积极履职 探索性开展药品流通行业管理工作

西藏自治区商务厅副厅长 帕巴群增

自 2011 年药品流通行业管理职能划归西藏自治区商务部门以来，在自治区党委、政府的正确领导下，在商务部的大力支持下，区商务厅深入贯彻落实全国、全区经济工作会议和商务工作会议精神，探索性开展了药品流通行业管理工作。

首先西藏自治区商务厅深入贯彻落实《全国药品流通行业发展规划纲要（2011-2015 年）》，安排相关职能处（室）积极与药监、卫生等相关单位进行沟通协调，于 2012 年上半年在区药监局，各地（市）商务局、药监局的配合下，组成专题调研组，深入拉萨市、林芝地区、山南地区开展了药品流通行业前期调研摸底工作，同时要求各地市开展当地药品流通行业调研摸底工作。通过调研了解到，当前全区共有药品批发企业 36 家、零售企业 330 多家，其中拉萨市药品批发企业近 20 家、药品零售企业 100 多家。同时，按照药品流通统计制度相关要求，经商务部市场秩序司的批准，已为我区规模较大的康健、天圣、圣康、神威等 7 家药品批发企业作为典型企业开通了药品流通行业统计系统网上直报。

在鼓励社会零售药店发展，配备执业药师工作上，地（市）所在地零售药店已按要求全部配备执业药师，县及县以下和偏远县零售药店配备执业药师较为困难，但配备了有关药学技术人员。此外 2012 年以后我区新开办零售药店已按照《执业药师配备“十二五”规划》配备了执业药师。

一年来，我区商务部门经过多方努力初步开展了药品流通行业管理有关工作，取得了一些成效，但仍存在一些困难和问题，如由于我区人口、地理等特殊原因，药品批发零售企业规模普遍不大，全区除了少数几家大型综合批发企业外，大部分药品批发企业均以内地药品直调业务为支撑，在我区推动医药企业提高自主创新和医药产业结构优化升级，发展药品现代物流和连锁经营，提高农牧区和边远地区药品配送能力还有待进一步完善。

在今后工作中，西藏自治区商务厅将进一步克服困难，结合西藏实际，积极筹备成立医药流通协会；进一步整顿规范药品流通市场，发展药品现代物流和连锁经营，提高农牧区和边远地区药品配送能力；积极配合参与我区医改领导小组的相关工作，深化推进我区医药卫生体制改革；积极督促典型企业加强统计填报工作；加强与药监、卫生等部门的沟通配合，积极开展药品流通行业监管工作，共同推进我区药品流通行业更好更快发展，为构建小康西藏、平安西藏、和谐西藏做出应有贡献。

· 陕西省

陕西省药品流通行业管理情况

陕西省商务厅市场秩序处 朱坤林 麻江江

“十一五”以来，我省药品流通经历了体制转型、兼并重组、结构调整、建立现代流通模式，行业获得了长足发展。截止 2012 年底，我省药品流通领域的法律框架和监管体制基本建立，药品供应保障能力明显提升，多种所有制并存、多种经营方式互补、覆盖城乡的药品流通体系初步形成。

一、建立药品流通行业管理工作体系

2010 年 6 月，国务院正式将药品流通行业管理职责赋予商务部。2010 年 11 月，我省正式明确，省商务厅作为药品流通行业的管理部门，负责研究制定药品流通行业发展的规划、政策和相关标准，推进药品流通行业结构调整，推动现代药品流通方式的发展。按照商务部有关工作部署和要求，我省各地级市和县商务部门已落实分管领导、业务科（室）、专职人员，加强对我省药品流通行业的管理工作。

二、在行业管理方面开展的主要工作

（一）编制药品流通行业“十二五”发展规划

根据商务部《全国药品流通行业发展规划纲要（2011-2015 年）》的精神和要求。为促进药品流通行业科学发展，适应医药卫生事业改革发展的新形势，提高行业发展水平，保障人民群众用药安全、合理、方便。省商务厅组织开展药品流通行业调研，向各地市商务部门以及药品流通企业广泛征求意见，在了解了行业基本情况的基础上，制定了《陕西省药品流通行业发展“十二五”规划纲要》，全面分析了陕西省药品流通行业发展现状和面临的形势，明确了“十二五”时期行业发展的指导思想、发展目标和主要任务。按照商务部要求上报备案，并印发各市区和相关部门。

（二）做好药品流通行业统计工作

根据《商务部关于印发〈药品流通统计制度（2010-2012 年年度和 2011-2013 年定期报表）〉的通知》要求，建立了省、市药品流通企业统计报表制度，认真组织全省 14 家药品流通行业统计直报企业和 11 个地级市商务主管部门按规定内容和时间要求做好药品流通行业有关数据的统计和上报工作。

（三）做好中药材基本情况调查工作

根据商务部要求，认真对我省的中药材重点品种、主要产地、中药材市场基本情况等相关信息进行调查核实，并及时报送商务部，同时认真组织中药材专业市场和中药材重点品种产地的统计直报工作。

（四）配合做好医药卫生体制改革有关工作

作为陕西省医药卫生体制改革成员单位，不断强化与医改部门的协调配合，承担医改领导小组分配的工作，积极为医药卫生体制改革提出合理化建议，配合做好医改相关工作，推进我省医药卫生体制改革。

（五）遴选药品流通行业人才培训基地，制定人才培训计划

根据《全国药品流通行业发展规划纲要（2011-2015 年）》以及商务部的要求，为加快推进我省药品流通行业人才队伍

建设，提高药品流通行业整体素质和企业经营管理水平，经过多方调研、协调，确定了“陕西中医学院”为陕西药品流通行业人才培训基地，并以《全国药品流通行业“十二五”人才培训方案》为指导，制定了《陕西省药品流通行业“十二五”人才培训方案》。

（六）组织参加全国医药流通业岗位职业技能竞赛

根据商务部要求，按照竞赛组委会的要求和竞赛细则，积极与药监和陕西医药协会联系、协调，组织我省企业和参赛选手参加全国医药流通行业岗位职业技能竞赛，并5项个人三等奖的较好成绩，陕西商务厅获得了组委会颁发的优秀组织奖。通过竞赛，展示了我省医药流通骨干企业的风貌，表现出员工良好的职业素养和技能，增强了其他省市药品流通企业的学习和交流。

三、陕西省药品流通行业发展情况

（一）市场规模持续扩大

2012年底，全省共有药品流通企业12409家，比上年增加701家，其中批发企业797家，零售企业11612家，分别比上年增加21家和680家。药品零售连锁企业116家，下辖门店2717家，相比2011年减少4家和增加441家；零售单体门店数5365家，相比2011年增加445家。全省药品流通企业销售总额达到188.37亿元，其中：直报企业销售额142.15亿元，较上年增长67.97亿元，增长幅度91.63%。通过加强对非典型企业的管理，参加数据报送的非典型企业数量增多，2012年非直报企业销售额46.22亿元，较上年增长42.98亿元。年销售额5000万元以上的药品批发企业数为67家，比上年增加3家。

（二）发展水平逐步提升

药品流通企业兼并重组步伐加快，行业集中度开始提高。2012年，批发企业销售83.45亿元，零售企业销售22.83亿元，分别占全省药品销售总额的44.30%和12.12%。连锁经营发展较快，连锁企业门店数已占零售门店总数的33.62%，比2011年提高约2%；连锁企业销售额14.56亿元，零售企业销售额8.25亿元，连锁企业销售额占零售企业销售总额的63.83%；现代医药物流、网上药店以及第三方医药物流等新型药品流通方式逐步发展，扁平化、少环节、可追踪、高效率的现代流通模式比重开始提高。

（三）社会作用不断增强

2012年，全省药品流通行业从业人员约25.76万人，较2011年增长2.25%。药品批发企业配送国家基本药物总额6.21亿元，药品零售企业销售国家基本药物金额3127.8万元，比2011年有大幅增加，在方便群众购药、平抑药品价格等方面发挥了重要作用。药品流通骨干企业成为药品储备和应急配送主体。药品流通行业对相关产业发展的带动性增强，在国民经济中的地位日益显现，为维护社会稳定和人民群众利益作出了积极贡献。

·甘肃省

甘肃省药品流通行业管理情况

甘肃省商务厅副厅长 肖立群

一、基本情况

改革开放以来，我省药品流通行业经营体制改革不断深化，现代物流配送方式和连锁经营模式逐步延伸，中药材专业交易市场已具规模，药品供应保障能力大幅提升，非公有制经营企业得到长足发展，药品流通行业呈现多种所有制并存、多种经营方式互补、企业竞相发展的新局面。

（一）市场规模持续扩大

截止2012年年底，全省现有药品批发企业368家，药品零售连锁企业37家，连锁零售门店1455家，零售单体药店（不含连锁门店）5995家，年销售额5000万元以上的药品流通企业51家。药品流通企业中，股份制企业占主导地位，国有控股企业只有中国医药集团甘肃分公司一家。全年实现销售收入86.16亿元，较上年的68.67亿元，增长25.47%，其中：直报企业销售额37.60亿元（在上报企业中天元公司漏报7.8亿元）较上年的17亿元，增长121.18%。非直报企业销售额48.56亿元，较上年的41.62亿元，增长16.67%。

（二）骨干企业功能增强

全省药品流通企业积极适应市场经济发展和医药卫生体制改革深化新形势，通过调整企业结构、延伸销售网络、发展现代物流，企业经营集约化程度逐步提高。年销售额在5000万元以上的药品批发配送企业占有70%的市场份额，药品连锁零售企业占有60%以上的城市零售市场份额，经营业务不断扩大，网点正在加快向乡镇延伸。

（三）发展水平逐步提升

药品流通企业在“药品流通行业十二五发展规划”的引导下，兼并重组步伐加快，行业集中度明显提高。2012年，年销售5000万元的药品批发企业销售额占药品批发销售总额的65%。连锁经营发展较快，连锁企业门店数有了较大幅度的增长，连锁企业销售额占零售企业销售总额的40%；现代医药物流、网上药店以及第三方医药物流等新型药品流通方式逐步发展。

（四）社会作用不断增强。2012年，药品流通企业积极参与医药制度改革，在方便群众购药、平抑药品价格等方面发挥了重要作用。药品流通骨干企业成为药品储备和应急配送主体，确保社会药品供应。药品流通行业对相关产业发展的带动性增强，2012年参与国家基本药物批发直报企业国家基本药物配送总额为0.46亿元，比上年0.13亿元，增长253.85%，在国民经济中的地位日益显现，为维护社会稳定和人民群众利益作出了积极贡献。

二、主要工作

（一）明确工作职责，健全管理体系

2011年初，省编委根据中编办的相关精神，印发了《关于明确药品流通行业管理职责分工的通知》（甘机编发〔2010〕74号文件），明确了商务部门对药品流通行业的管理职能。各市州在当年机构调整的三定方案中均明确了商务部门对药品流通行业的管理职能。

（二）界定工作范围，明确部门职责

根据国家商务部、国家食品药品监督管理局《关于加强药品流通行业管理的通知》（商秩发〔2009〕571号）要求，积极与食品药品监督管理局协调，明确药品流通行业管理的职责分工，建立互相支持、配合的工作机制。建立了与发改、工信、卫生、农牧、工商、食药监等部门的联系机制，密切了部门关系。

（三）制定出台《甘肃省药品流通行业十二五规划》

商务部印发《全国药品流通行业发展规划纲要（2011—2015年）》之后，我们对重点医改市县、重点药品流通企业和部分医疗卫生机构进行深入调研的基础上，经过咨询专家、反复论证形成了《规划》初稿。在广泛征求意见的基础上，于今年3月印发实行。

（四）建立实施了行业统计制度

商务部《药品流通统计报表制度》下发后，我们下发了《关于做好我省药品流通行业统计工作的通知》，对统计职责，统计范围及上报方式做了详细的规定。建立起了省、市、县三级非典型企业统计网络、典型企业直报系统和中药材重点品种直报网络，从上报的统计情况看，运行良好。

（五）积极参与医药卫生体制改革工作

省厅成为甘肃省深化医药卫生体制改革领导小组成员单位后，参与医药卫生体制改革工作，我们不断强化与医改部门的协调配合，承办医改领导小组分配的工作，参与制定有关政策，参与基本药物采购、公立医院改革、社会资本办医、药品价格形成机制等医改工作。省政府把医改工作中“按照相关规章、办法及实施细则和配套文件精神，落实鼓励和引导社会资本举办医疗机构的政策，促进非公立医疗机构发展。鼓励社会资本举办普通医疗机构，支持社会资本举办高端医疗机构，控制公立医院开展特需服务的比例”的任务交付给省商务厅，这项工作正在协调进行当中。

（六）引导企业加快兼并重组步伐，提高行业集中度

国家和省上《规划》的发布，为药品流通行业发展指明了方向，行业的面貌开始发生改观，发展方向逐步清晰，“做大做强”趋势明显。省内大型企业以《规划》中“提高行业集中度，支持企业做大做强”为导向，以“统购分销”的经营策略为手段，扩大市场占有率，普遍加快了兼并、收购步伐。国药控股甘肃公司兼并收购了平凉、武威、庆阳、兰州等地的中型企业，销量扩大了3倍。西城药业提前布局，兼并、收购会宁、酒泉等地药品企业，不仅延伸了配送网点，同时提高了市场占有率。天元药业在甘谷、敦煌等地加快兼并步伐扩大营销规模。省内其余十强企业也在积极谋划重组兼并事宜。省内年销售额过亿的医药商业集团不断增加，年销售额5000万的增加4家，过10亿的增加10家，呈现出强劲的发展势头。

（七）积极争取政策支持，扶持行业科学发展

省厅多方争取项目、资金对药品流通行业结构调整和药品保障体系建设予以积极支持。厅用有限的1000万元商务发展资金，先后采取以奖代补和贷款贴息的方式，安排商务发展资金228万元，对首阳中药材市场建设改造项目、陇西中医药展贸城建设项目、陇西文峰中药材市场建设改造项目、岷县中药材批发市场建设改造项目给与了支持。

（八）推动行业信用体系建设，开展专项整顿

根据商务部要求，我们把药品流通行业纳入商务信用建

设的范畴，加大诚信宣传教育力度，推动药品流通行业开展“诚信经营”示范创建活动。为规范药品进货渠道，保证药品质量安全，我厅于2012年2月24日下发了《关于在全省药品流通行业开展进货渠道专项检查的通知》，在全省范围内对药品企业进货渠道开展专项检查。铬超标药用胶囊事件发生后，我们下发了《关于配合做好铬超标药用胶囊查处工作的通知》，在全省开展了专项整治。通过检查发现和纠正了一些药品流通企业存在的问题，为推动信用体系建设和促进药品企业规范经营起到了示范作用。

（九）组织人员参加培训，提高工作技能

按商务部要求制定印发了《甘肃省“十二五”人才培训方案》，并确定兰州大学药学院为我省药品行业人才培训基地。按省厅要求各市州制定了“十二五”期间人才培训计划。2012年先后组织14个市州商务局负责统计的31人，17家企业的21人参加了三期“药品流通行业统计培训班”和一期“中药材重点品种统计培训班”。定西市、平凉市、张掖市、白银市相继举办培训班，对统计人员进行培训，为提高统计工作质量打下了基础。

· 青海省

履行职责　齐抓共管
努力做好药品流通行业管理工作

青海省药品流通行业管理领导小组副组长、商务厅厅长 鸟成云

药品是关系人民生命健康的特殊商品，药品流通是国计民生的重要行业，药品流通行业管理是国务院赋予商务部门的一项新职能。青海省委省政府高度重视药品流通行业管理工作，我省药品流通行业取得了长足发展，药品流通企业规模不断扩大，龙头企业带动作用不断增强，现代流通方式日趋成熟，市场秩序逐渐规范，覆盖城乡的药品流通市场体系初步形成。

一、全省药品流通行业的基本情况

截至2012年底，青海省共有药品生产企业41家，药品批发企业75家，药品配送中心、站76家，药品零售连锁经营企业17家，零售连锁门店1693家，医疗器械经营企业93家。连锁药店门店已成为药品零售市场的主要经营方式。药品供应网络已基本覆盖全省各地，遍布城乡，其中，县级覆盖率达100%，乡镇覆盖率达93%，村（牧委会）覆盖率达65%。有各级医疗机构5892个，其中医院131家，各类基层医疗机构5606个。

经过近年来的快速发展，青海医药流通领域已构建起较为完备的药品供应网络，药品销售直接延伸到了城市社区和偏远的农村牧区。一是充分发挥龙头企业的作用，带动城乡一体化连锁经营。二是借助医疗卫生网络，结合新型农村合作医疗的推进，拓展农村基层药品供应网络。三是逐步探索净化农村药品市场的新途径，确保偏远农村牧区群众医药安全。

随着国家基本药物制度在我省的实施，截至2012年底，全省可使用基本药物品种达510种，47家中标药品企业，担负西宁市和玉树州、海东地区和果洛州、海西州和黄南州、海南州和海北州四大片区的市、州、县、乡、村医疗机构基本药物的统一配送工作，全省所有县(市、区)全面实施基本药物制度，推行基本药物集中采购、统一配送。

二、具体做法

（一）加强组织领导，夯实工作基础。为切实加强对全省药品流通行业管理的领导和组织协调工作，省政府成立了青海省药品流通行业管理领导小组，省政府主管副省长任组长。领导小组办公室设在省商务厅，具体负责药品流通行业管理的日常工作。

（二）强化措施引导，保障药品流通。按照商务部和国家食品药品监管局联合印发的《关于加强药品流通行业管理的通知》文件精神，结合我省实际，正确引导药品流通行业持续、健康发展。一是，制定行业发展规划，完善药品供应保障体系。二是，逐步建立各项管理制度、办法和相关标准，提高行业整体发展水平。三是，研究提出促进行业发展的政策措施，提高药品流通保障能力。四是，加大对行业和企业

发展的指导力度，大力发展现代物流和连锁经营等先进经营模式。五是，健全药品流通行业统计系统和建立业务信息报送制度。

（三）寻求通力合作，维护行业秩序。目前已形成了“政府引导、政策扶持、市场主导、企业主管”的格局。商务、工商、税务、物价等部门积极配合，做好流通领域的药品安全专项整治工作。严查药品购销合同、往来票据、财务账目购销记录等经营资料，重点抓好药品购销管理、完善索证索票制度，维护正常价格秩序。以规范药品购销中的票据管理为切入点，大力整治药品流通环节中“挂靠经营”、“走票”等违法违规行为，确保了经营药品的质量安全。为便于社会媒体监督，各级商务部门在12312商务行政执法投诉举报咨询热线服务中，增设药品流通相关内容。各级价格部门积极受理12358价格举报电话。省食品药品监督管理局积极做好药品质量监督投诉电话（0971-6304333）的受理和宣传工作。

（四）加大舆论宣传，推进诚信建设。全省商务主管部门积极开展药品流通行业信用建设，通过大力开展诚信宣传教育，组织“诚信经营”示范创建活动等工作，推动药品经营企业参与信用建设，逐步树立了一批遵纪守法、诚实守信、管理规范、服务到位，能够积极履行社会责任，自觉接受监督的诚信经营表率。

三、下一步的重点工作

（一）理顺管理机制，改善发展环境。各级商务主管部门作为药品流通行业的管理部门，要负责研究拟定全省药品流通行业发展规划、政策和相关标准，推进药品流通行业结构调整，指导药品 流通企业改革，推动现代药品流通方式的发展。根据职责分工，与发改、卫生、工商、食药监等相关部门建立有效衔接的协作机制，与药企之间建立密切的协调联系机制，切实把药品流通行业管理列入各级商务行政主管部门的重要议事日程。密切跟踪医药卫生体制改革各项政策实施对药品流通行业的影响，研究提出解决对策和措施，推动医药卫生体制改革与药品流通行业工作有机结合、协调发展。

（二）加强行业布局规划，健全准入退出机制。根据当地经济社会发展水平、医药卫生事业发展、药品需求情况和供应能力，积极调整批发配送企业的数量和布局。鼓励有实力的大型企业通过兼并、重组、托管等形式，对一些规模小、效益差、欠规范的小型企业进行有效整合。要在全省现有75家批发配送企业的基础上，经过5年整合调减，切实提高行业集中度。

（三）调整行业结构，增强为民服务能力。鼓励药品流通企业通过收购、合并、托管、参股和控股等多种方式做大做强，推动大型配送企业和连锁经营企业发展，实现跨区域经营。整合现有药品流通资源，引导缺乏竞争力的中小企业通过市场化途径并入大型药品流通企业，采用联购分销、共同配送等方式，降低经营成本，提高组织化集约化程度，有序推进药品流通企业改革，保障药品供应和质量。

（四）大力实施“放心药”工程。配合医药卫生体制改革和基本药物制度实施，鼓励大型药品批发企业建设物流园区和配送中心，形成若干具有较强辐射带动作用的药品流通枢纽；支持骨干企业积极做好药品配送工作，健全药品供应保障体系；支持小型批发企业加快实施连锁经营、向居民社区和村镇延伸销售与配送网络，实现药品流通对基层的有效覆盖。充分发挥“万村千乡”市场工程等现有流通网络资源的作用，实施“放心药工程”，完善县级以下药品流通网络，建立稳定、可靠的农村药品供应主渠道，从源头上防止假劣药品流通，提高农村和偏远地区药品供应的安全性、便利性。

（五）发展现代物流配送，提高药品流通效率。积极采用先进信息技术和新型管理方法，优化业务流程，提高管理水平。发展基于信息化的新型电子支付和电子结算方式，降低交易成本。构建全省药品市场数据、电子监管等信息平台，引导产业发展，实现药品从生产、流通到使用全过程的信息共享和反馈追溯体系。引导有实力的企业延伸现代医药物流服务网络，为医疗机构提供各种专业化配送服务。

（六）促进连锁经营发展，创新药品营销方式。鼓励药品连锁企业拓展跨区域服务网点，实施统一采购、统一配送、统一质量管理、统一服务规范、统一信息管理、统一品牌标识等，树立企业形象，用组织化规模化经营满足多样化用药需求。适应医药分开发展趋势，积极承接医疗机构药房服务和其他专业服务，推动基本药品价格降低，保障非基本药品质量安全。鼓励创新经营方式，建立产销合作机制和模式，鼓励药品零售企业开展药妆、保健品、医疗器械销售和健康咨询、中医药服务等多元化经营，满足群众药疗保健等多方面需求。

药品流通行业管理是新形势下赋予商务部门的新任务，全省各级商务主管部门要充分认识到做好这项工作的重大意义，要增强责任感和使命感，克服困难，锐意进取，努力推进我省药品流通行业管理工作，为药品流通行业持续健康发展和深化全省医药体制改革目标实现做出新的贡献。

·宁夏回族自治区

宁夏回族自治区药品流通行业管理工作情况

宁夏回族自治区商务厅巡视员 马迎秋

一、宁夏药品市场发展基本情况

2009年以来，随着我区医疗卫生事业的发展和医药产业的不断壮大，我区药品流通行业也得到了长足发展。主要表现在：市场竞争机制日趋完善，现代药品流通方式快速发展，供应保障能力明显提升，基本形成了多种所有制并存、覆盖城乡的药品流通体系，在服务医疗卫生事业发展、应对重大疫情和自然灾害、满足人民群众日常用药需求和增加就业等方面做出了重要贡献。

（一）市场规模不断扩大

截止2012年末，全区药品流通企业（含药品零售门店）共有2240家，其中：批发企业89家，连锁零售企业17家，药品零售门店2134家，药品流通配送网络覆盖全区城乡药品市场。2012年末，全区药品流通行业从业人数10536人。

（二）行业整体发展水平逐步提升。

行业集中度不断提高。国内知名药企相继进驻宁夏，引领行业兼并、重组热潮，行业向着规模化、集约化方向稳步发展。

药品连锁比重不断提高。宁夏首家药品零售连锁企业建立至今，已培养一批具有较强竞争力的药品连锁企业，业务延伸至全区各市县及其主要乡镇。自治区鼓励药品连锁企业采用统一采购、统一配送、统一质量管理、统一服务规范、统一联网信息系统管理、统一品牌标识等方式，发展规范化连锁，树立品牌形象，发挥规模效益。随着医药卫生体制改革深入和医药分开的逐步实施，鼓励连锁药店积极承接医疗机构药房服务和其他专业服务。

二、切实加强对药品流通行业的管理

一是加强组织领导，积极开展工作。自治区食品药品监督管理局严格落实分管领导负责制，业务处、专职人员认真履职尽责，及时指导市、县（区）药监主管部门开展药品流通行业管理工作。

二是加强谋划安排，认真落实任务。自治区食品药品监督管理局认真谋划药品流通行业管理工作，合理安排每年度工作，认真落实商务部和国家食品药品监督局有关工作部署，较好的完成了各项工作任务。

三是加强沟通联系，建立协调机制。自治区食品药品监督管理局加强与卫生、物价、商务、社会保障等部门的联系，及时沟通情况，形成了良好的药品管理协调机制。

四是加强工作指导，推动行业发展。自治区食品药品监督管理局加强对宁夏药品流通企业的指导，及时宣传有关政策，帮助企业准确把握市场形势发展变化，合理安排好生产经营活动。

三、重点开展了四项工作

一是开展了药品流通领域的集中整治。重点对药品流通领域批发企业“挂靠走票”及零售药店索证索票、凭处方销售处方药制度执行不到位等违法行为进行专项整治，通过对药品流通领域的集中整治，有效解决了我区药品流通领域中存在的一些突出问题，药品市场秩序进一步好转，药品安全状况稳中趋好。

二是对自治区药品“三统一”中标药品采购和供应情况进行了专项检查。制定了《关于对自治区药品“三统一”中标药品采购和供应情况进行专项检查的通知》，要求“三统一”药品中标企业或委托的药品经营企业不得超过2家，要求企业将公章、销售发票、销售清单（出库）、销售专用章版本、印模、开户行帐户等代理资料报送监管部门备案，全面落实“只招厂家、不招商家”的要求，严厉打击中标代理人挂靠走票、私设库房等违法经营行为。6家配送企业报送中标品种经营企业备案资料2112份，清理不符合要求的供货企业214家。

三是积极推进药品信息化监管进程。按照“先行试点、总结完善、全面推行”的总体思路，于2012年6月在宁夏推行“宁夏回族自治区药品与医疗器械流通监管系统”，实现了对宁夏药品生产、经营情况的全过程监管，有力地提高了宁夏药品监管信息化程度。

四是逐步规范需阴凉存储药品的销售环境。自治区药品食品监督局下发了《关于加强需阴凉储存药品监管工作的通知》，对我区需阴凉存储药品的存储环境进行了规范。截止2012年底，全区已有714家县城以上药品零售经营企业设立了需阴凉存储药品销售专区或专柜，占城区经营企业的70%。通过对需阴凉存储药品存储环境的规范，确保药品销售环节的质量安全，确保群众用药安全。

9 行业发展
INDUSTRIAL DEVELOPMENT

TO DO

行业信用建设

关于印发进一步加强药品安全信用体系建设工作的指导意见的通知

发改财金〔2012〕2829号

各省、自治区、直辖市发展改革委，人民银行上海总部、各分行、营业管理部、省会（首府）城市中心支行，工业和信息化主管部门，商务主管部门，卫生厅（局），工商局，食品药品监管局：

按照党的十七届六中全会精神和国务院关于社会信用体系建设的部署和要求，为加快推动药品安全信用体系建设工作，加强对各地政府相关主管部门、有关行业组织和药品领域企业工作的指导，保障人民群众用药安全有效、促进药品行业健康发展，特制定《关于进一步加强药品安全信用体系建设工作的指导意见》，现印发你们，请结合工作职责，认真贯彻实施。

国家发展改革委
人民银行　工业和信息化部　商务部
卫生部　工商总局　食品药品监管局
二〇一二年九月四日

关于进一步加强药品安全信用体系建设工作的指导意见

药品安全信用建设是社会信用体系建设的重要组成部分，是新时期国家药品领域规划的发展目标，也是促进药品行业科学发展的重要手段。药品安全事关人民群众日常生活和切身利益，事关经济社会健康发展，事关社会和谐稳定。为了充分发挥各级政府、各相关部门在药品安全信用体系建设中的推动、规范、监督和服务作用，进一步规范药品生产经营秩序，完善诚信社会监督机制，营造行业诚信环境，防范药品安全事故发生，提高药品质量安全水平，促进药品安全信用体系建设，保障人民群众用药安全有效，现提出以下指导意见。

一、建立健全药品研制环节信用体系建设

加强药品研制环节备案管理与日常监管工作。强化药品研究申办者的主体责任，以药品研制各相关方/参与人员为征信对象，以监管过程中产生的记录为主要内容进行信用管理，提高研制环节的诚信意识和责任意识。在信用信息累积的基础上，逐步完善信用评级，开展信用分类管理，建立守信受益、失信惩戒的激励与制约机制。根据信用评级，适当调整监督检查的方式、力度，建立信用风险预警与通报制度，健全行业准入与退出机制。加强相关信息的公开，并通过“黑名单”、“不良记录”等方式，发挥市场调节与社会监督作用，促进药品研制过程的规范性，保障药品研究结果的可靠性，促进药品研究良性发展，从源头上保证药品的安全、有效和质量可控。

二、建立健全药品企业产品质量信用管理体系

推动药品企业完善质量管理体系。严格执行《药品生产

质量管理规范》，提高生产环境标准，强化企业质量主体责任，认真实施质量受权人制度，加强员工培训，提高员工素质，实现全员、全过程、全方位参与质量管理，建立和落实质量风险管理、供应商审计、持续稳定性考察等质量管理制度，完善药品安全溯源体系。增强药品生产经营企业诚信意识。健全企业自身信用管理机构，规范企业诚信经营行为，提高企业药品安全生产社会责任，建立药品安全信用风险预警、传递、管控机制和责任追究制度，完善药品质量安全长效管控机制。

三、完善药品流通体系，健全准入退出机制

各地区、各部门要结合医药卫生体制改革、城乡建设规划、人口增长与密度和年龄结构变化、药品供应能力等实际，科学合理地布局药品批发零售网点的设置，推动实力强、管理规范、信誉度高的药品流通企业跨区域发展，形成以全国性、区域性骨干企业为主体的遍及城乡的药品流通体系。提高行业准入标准，加强日常监管和考核，建立退出制度，对违反诚信原则、有失信行为记录和违法违规的企业要限期整改，严重的取消经营资格。

四、建立科学规范的药品招标采购机制

建立和完善药品行业诚信记录和市场清退制度，对采购过程中提供虚假证明文件，恶意竞标，中标后拒不签定合同，供应质量不达标药品，未按合同规定及时配送供货，向采购机构、医疗机构和个人进行贿赂和变相贿赂的，及时在网上公示并同相关部门实现数据交换，建立失信行为联合惩戒机制。

五、建立药品临床使用评价制

度通过研究制定医疗机构临床医生及其从业人员信用评价指标体系，开展医疗机构药品临床应用合理性评估工作，促进临床合理用药。

六、加强药品广告监管，规范药品广告发布活动

完善广告监测体系。加强药品广告监测检查，建立监测预警机制，实施药品广告动态监管，及时发现和制止违法药品广告的发布。完善监管执法联动体系。实施监测、监管、执法联动，各相关部门加强协调配合，及时查处发布违法药品广告的行为，对多次发布严重违法广告的药品生产、经营者采取列入“黑名单”、暂停销售、查办取缔等措施，加大联合公告、联合告诫、联合查处等工作力度。探索建立广告信用监管体系。研究设立广告主、广告经营者、广告发布者的信用评价指标，规范广告发布活动。

七、加快完善药品安全领域信用制度建设

抓紧研究制定药品安全领域信用制度规范。通过药品安全信用征集制度、信用评价制度、信用披露制度、信用分类监管制度的制定和实施，建立药品企业信用档案，做到真实、准确、可追溯，并规定诚信记录的标识、存放、保护、检索、留存和处置等行业规范。根据药品安全信用评价结果的差别确定不同的监管力度，充分发挥药品安全信用差异对药品企业的奖惩功能，切实提高药品安全信用监管水平，保障人民群众用药安全有效。

八、加快药品行业信用信息资源整合

在各部门行业信息管理系统的基础上，完善药品行业信用信息记录，建立药品生产经营企业信用信息档案。各地区要对本地区各部门、药品行业等领域的信用信息进行整合，形成统一平台，实现对药品行业等领域失信行为的协同监管。依托现有国家电子政务网络资源，逐步建立完善部门间与地区间公共信用信息的互通和共享，以确保信用数据全面、及时、准确、公正，促进药品行业信用信息的应用和服务。

九、建立健全信用分类监管机制

以药品企业静态登记信息和动态监管信息为基础，按照守法诚信度、行业风险度、区域重要度和动态警示度指标体系，对药品企业信用实现科学多维分类，建立守信企业激励机制、警示企业预警机制、失信企业惩戒机制、严重失信企业淘汰机制。对进入被吊销营业执照或取消药品生产许可证的药品企业数据库和一人有限公司数据库的企业及其法定代表人在全国范围内锁定，使“黑牌”药品生产经营企业及个人“一处失信、处处受限”。

十、严格落实药品生产和经营主体责任，加强失信行为的联合惩戒

在实现行业内、地区内信用信息互联互通的基础上，加快建立药品安全失信记录档案。对人民群众日常生活造成危害、对药品行业健康发展和社会稳定构成影响的药品生产和经营主体的失信行为，不仅要在各级新闻媒体和网站上进行披露和曝光，还要将失信主体列为日常监督、重点监测或抽

查的重点，并撤销其已有荣誉称号，依法在行政许可、资质等级评定、评优评先、享受政府补贴、投资项目核准，以及信贷投放等方面予以惩戒，同时实施法律、法规、规章规定的其他限制措施。

十一、积极发挥行业协会的推动和自律作用

发挥行业协会在企业和政府之间的桥梁纽带作用。指导和鼓励行业协会制定和执行行规行约，支持行业协会承担行业统计、信息服务等行业管理基础性工作，完善医药行业运行监测网络和指标体系，强化行业信息统计和信息发布。引导行业协会加强调查研究，反映行业情况和企业诉求，帮助企业解决实际困难。抓紧出台《药品流通企业诚信经营准则》的行业标准，鼓励行业协会推进诚信体系建设，培育企业质量信用意识，加强行业自律规则的建设。积极开展行业培训，促进企业交流与合作。

十二、进一步加强部门之间的协同合作

药品安全是重大民生问题，需要全社会各方面的广泛参与和积极配合。各有关部门要明确各自的工作职责和要求，各司其职，各负其责，密切配合，通力协作，结合各部门的实际，扎扎实实地抓好落实工作。尤其是在信用信息的归集开放、信用信息系统的共建共享等方面，一定要增强大局意识，破除本位观念。在宣传教育、法规制定、执法检查等方面，一定要相互协调，联手行动，提高工作的效率和成效，加快推动药品安全信用体系建设。

十三、开展诚信宣传教育，完善社会监督机制

加强药品行业诚信和职业道德教育。积极开展以“诚信至上，以质取胜”为主题的药品安全诚信承诺活动，广泛开展“诚信经营示范创建”活动，树立一批遵纪守法、诚实守信、管理规范、服务到位，能够积极履行社会责任，自觉接受社会监督的诚信经营典型。公开服务公约、服务项目和投诉举报电话，自觉接受政府、社会和舆论的监督，认真对待 公众投诉，做到及时处理与反馈。

根据商务部和国资委《关于加强行业信用评价试点管理工作的通知》精神，中国医药商业协会作为首批行业信用评价试点单位，自2009年3月开展中国医药商业行业企业信用等级评价工作，截至2012年4月，共四批企业通过信用等级评价。具体评价结果如下：

全国医药商业行业首批企业信用等级评价结果公布

开展行业信用建设工作是推进全社会信用体系建设的一项重要内容。为整顿医药市场经济秩序，评估、树立一批中国医药商业诚信品牌企业，中国医药商业协会根据全国整顿和规范市场经济秩序领导小组办公室、国务院国有资产监督管理委员会行业协会联系办公室联合印发的《关于加强行业信用评价试点管理工作的通知》（整规办发〔2007〕3号）、《开展行业信用评价试点工作实施办法》（整规办发〔2006〕12号）和《商会协会行业信用建设工作指导意见》（整规办发〔2005〕29号）的文件精神，于2007年4月正式启动了全国医药商业行业企业信用等级评价试点工作。首批自愿申报参评企业共有35家医药批发企业和10家医药零售（连锁）企业。

协会自2007年下半年至2008年下半年，按照五届四次理事会有关决议和《行业信用评价试点方案》的具体步骤，以专业化、规范化的操作要求，同第三方评价机构——中国出口信用保险公司联合完成了评价指标体系调整完善、企业申报材料受理、资料补充、数据核实、企业及上下游相关信息查访等工作。经第三方评价机构客观测评，并经协会行业信用评价专家委员会综合评定，确定了首批32家医药批发企业和9家医药零售（连锁）企业的信用等级评价结果。

中国医药商业协会

二〇〇九年三月二十七日

附件：

全国医药商业行业首批企业信用等级评价结果名单

年度	序号	医药批发企业名称	评级
2009年度	1	国药控股股份有限公司	AAA
	2	上海市医药股份有限公司	AAA
	3	南京医药股份有限公司	AAA
	4	重庆医药股份有限公司	AAA
	5	北京医药股份有限公司	AAA
	6	国药控股广州有限公司	AAA
	7	天津医药集团太平医药有限公司	AAA
	8	石家庄乐仁堂医药集团股份有限公司	AAA

年度	序号	医药批发企业名称	评级
2009年度	9	浙江英特药业有限责任公司	AAA
	10	云南省医药有限公司	AAA
	11	宁波医药股份有限公司	AAA
	12	国药控股北京有限公司	AAA
	13	国药控股沈阳有限公司	AAA
	14	福建同春药业股份有限公司	AAA
	15	大连美罗药业股份有限公司	AAA
	16	国药控股北京华鸿有限公司	AAA
	17	国药控股浙江有限公司	AAA
	18	国药控股湖北有限公司	AA
	19	国药控股山西有限公司	AA
	20	国药控股北京康辰生物医药有限公司	AA
	21	国药控股南宁有限公司	AA
	22	国药控股湖南有限公司	AA
2008年度	1	九州通集团有限公司	AAA
	2	广州医药有限公司	AAA
	3	深圳一致药业股份有限公司	AAA
	4	国药控股天津有限公司	AAA
	5	国药集团药业股份有限公司	AAA
	6	新疆新特药民族药业有限责任公司	AAA
	7	四川省医药有限公司	AAA
	8	北京金象复星医药股份有限公司	AAA
	9	国药集团化学试剂有限公司	AAA
	10	国药控股有限公司上海分公司	AA
2009年度	1	辽宁成大方圆医药连锁有限公司	AAA
	2	北京王府井医药商店有限责任公司	AAA
	3	重庆和平药房连锁有限责任公司	AAA
	4	广州健民医药连锁有限公司	AAA
2008年度	1	云南鸿翔药业有限公司	AAA
	2	国药控股国大药房有限公司	AAA
	3	上海华氏大药房有限公司	AAA
	4	北京金象大药房医药连锁有限责任公司	AAA
	5	甘肃众友药业集团有限公司	AAA

全国医药商业行业第二批企业信用等级评价结果公布

根据商务部和国资委《关于加强行业信用评价试点管理工作的通知》精神，中国医药商业协会作为首批行业信用评价试点单位，在总结第一批企业信用评价工作经验基础上，自2010年5月12日起开展了第二批中国医药商业行业企业信用等级评价工作。

中国医药商业协会严格执行《第二批企业信用等级评价工作方案》，依据公开的评价方法和程序，以本行业企业信用等级评价标准和评价指标体系为依据，按照“公平、科学、规范、专业”的准则开展企业信用评价工作。第二批自愿参评企业共15家，其中12家医药批发企业和3家医药零售（连锁）企业。经第三方评价机构客观测评，并经协会行业信用评价专家委员会综合评定，已确定了13家企业信用等级评价结果。

中国医药商业协会

二〇一〇年十一月二十三日

附件：

全国医药商业行业第二批企业信用等级评价结果名单

序号	医药批发企业名称	评级
1	华东医药股份有限公司	AAA
2	国药控股湖南有限公司	AAA
3	北京双鹤药业经营有限责任公司	AAA
4	南京医药合肥天星有限公司	AAA
5	长沙双鹤医药有限责任公司	AA
6	台州医药有限公司	AA
7	贵州省医药（集团）有限责任公司	AA
8	国药控股苏州有限公司	AA
9	国药控股河南股份有限公司	AA
10	徐州医药股份有限公司	AA

序号	医药零售企业名称	评级
1	北京德威治医药连锁有限责任公司	AA
2	江苏先声连锁药店有限公司	AA
3	北京盛仁堂医药有限公司	B

注：以上排名不分先后。

全国医药商业行业第三批企业信用等级评价结果公布

根据商务部和国资委《关于加强行业信用评价试点管理工作的通知》精神，中国医药商业协会作为首批行业信用评价试点单位，在总结前两批企业信用评价工作经验基础上，自2011年7月起开展了第三批中国医药商业行业企业信用等级评价工作。

中国医药商业协会严格执行《第三批企业信用等级评价工作方案》，依据公开的评价方法和程序，以本行业企业信用等级评价标准和评价指标体系为依据，按照“公平、科学、规范、专业”的准则开展企业信用评价工作。第三批自愿参评企业共6家，其中5家医药批发企业和1家医药零售（连锁）企业。经第三方评价机构客观测评，并经协会行业信用评价专家委员会综合评定，已确定该6家企业信用等级评价结果。

中国医药商业协会

二〇一一年十月三十日

附件：

全国医药商业行业第三批企业信用等级评价结果名单

序号	医药批发企业名称	评级
1	山东瑞康医药股份有限公司	AAA
2	泰州医药有限公司	AA
3	重庆华博药业集团有限公司	AA
4	江苏华美医药有限责任公司	A
5	江西上饶医药股份有限公司	A

序号	医药零售企业名称	评级
1	重庆桐君阁股份有限公司	AAA

注：以上排名不分先后。

全国医药商业行业第四批企业信用等级评价结果公布

在总结前三批企业信用评价工作经验基础上，2012 年 4 月起开展了第四批中国医药商业行业企业信用等级评价工作。

中国医药商业协会严格执行《第四批企业信用等级评价工作方案》，依据公开的评价方法和程序，以本行业企业信用等级评价标准和评价指标体系为依据，按照“公平、科学、规范、专业”的准则开展企业信用评价工作。第四批自愿参评企业共 35 家，其中 30 家医药批发企业和 5 家医药零售（连锁）企业。经第三方评价机构客观测评，并经协会行业信用评价专家委员会综合评定，已确定了这 35 家企业信用等级评价结果，并予以公布。

中国医药商业协会

二〇一二年十一月五日

附件：

全国医药商业行业第四批企业信用等级评价结果名单

序号	医药批发企业名称	评级
1	国药集团药业股份有限公司	AAA
2	国药控股北京有限公司	AAA
3	国药集团化学试剂有限公司	AAA
4	宁波医药股份有限公司	AAA
5	国药控股股份有限公司	AAA
6	重庆医药（集团）股份有限公司	AAA
7	国药控股广西有限公司	AAA
8	广州医药有限公司	AAA
9	四川省医药股份有限公司	AAA
10	国药集团一致药业股份有限公司	AAA
11	浙江省医药工业有限公司	AAA
12	国药控股沈阳有限公司	AAA
13	国药乐仁堂医药有限公司	AAA
14	云南省医药有限公司	AAA
15	北京科园信海医药经营有限公司	AAA
16	国药控股湖北有限公司	AAA
17	天津医药集团太平医药有限公司	AAA

序号	医药批发企业名称	评级
18	安徽省医药（集团）股份有限公司	AAA
19	国药控股浙江有限公司	AAA
20	国药控股山西有限公司	AAA
21	北京金象复星医药股份有限公司	AA
22	安徽华源医药股份有限公司	AAA
23	南京医药股份有限公司	AA
24	浙江嘉信医药股份有限公司	A
25	晋中市新都药业有限公司	A
26	天津天士力医药营销集团有限公司	AAA
27	浙江英特药业有限责任公司	AAA
28	国药集团新疆新特药业有限公司	AAA
29	福建同春药业股份有限公司	AAA
30	国药控股天津有限公司	AAA

序号	医药零售企业名称	评级
1	重庆和平药房连锁有限责任公司	AAA
2	北京金象大药房医药连锁有限责任公司	AAA
3	广州健民医药连锁有限公司	AAA
4	国药控股国大药房有限公司	AAA
5	成大方圆医药连锁投资有限公司	AAA

注：以上排名不分先后。

行业协会建设

抓住机遇 夯实基础 规范运作 提升能力 为药品流通行业转型跨越发展做出贡献

——中国医药商业协会第六届理事会工作报告

付明仲

（二〇一二年十一月三十日）

各位代表、各位理事：

我受中国医药商业协会第六届理事会的委托做工作报告，请予审议。

2008年10月本届理事会选举产生以来，已经历时4年。在过去的四年里，协会经历了药品流通行业划归商务部管理的重大历史转折。面对国内外宏观经济形势的变化以及深化流通体制改革加快流通业发展、医药卫生体制改革、建立基本药物制度、培育战略性新兴产业、新版GSP修订、药品电子码监管等一系列新情况、新问题，在国资委、商务部、民政部和工经联的正确领导下，协会肩负着服务行业转型发展的历史使命，在会员企业和各位理事单位、会长单位的鼎力支持帮助下，做了大量扎实有效的工作并取得了优异的成绩。中国医药商业协会2009年被民政部评为AAAA级行业协会，2010年被民政部评为“全国先进社会组织”，充分发挥了服务政府、服务行业、服务企业、服务社会的作用，受到了主管部门的好评。

六届理事会工作的回顾

回顾六届理事会的工作，协助商务部开展行业管理工作是这届协会工作的主旋律。2009年11月商务部作为药品流通行业的主管部门负责行业管理，药品流通行业迎来了重要的发展机遇期，协会工作也面临转型。三年来在商务部主管药品流通行业的新形势下，根据商务部和国家食品药品监督管理局《关于加强药品流通行业管理的通知》精神，围绕行业主管部门中心工作，协会在医改相关配套政策的调查研究、行业发展规划建言献策、行业标准和法律法规制定与修订、行业诚信体系建设、行业基础信息调查、医药市场发展趋势分析预测、国际交流考察与培训活动等各个方面，充分发挥了“协调、沟通、自律、维权”的职能，行业凝聚力和号召力不断增强。

一、抓住机遇找准定位，在积极配合政府部门加强行业管理的过程中发挥好桥梁纽带和支撑作用

1.积极协助商务部开展行业管理工作，提出实施行业管理的相关建议。商务部负责药品流通行业管理后给我们带来了历史机遇，如何找准定位发挥协会作用同样对我们是挑战。为此，协会工作如何转变观念和转变作风就显得尤为重要。几年来，协会在转观念、转作风、夯基础和立足引领行业转型方面做了有益的探索。在参加商务部组织召开的“药品流通行业管理工作座谈会”上，向商务部负责药品流通行业管理的领导介绍我国药品流通行业发展现状及存在问题。针对加强药品流通行业管理、制定行业发展规划及市场准入标准，配合国家基本药物制度实施等工作，代表行业提出建议和意见。协会提出的配合政府部门实施行业管理的八项重点工作被商务部采纳，并在商务部召开的“全国药品流通行业管理工作会议”上得到明确。这八项重点工作是：1）参与制定药品流通行业发展规划；2）参与制定药品流通企业市场准入及物流标准；3）提出落实新医改政策、促进行业发展的各项政策建议；4）完善药品流通行业统计信息系统；5）积极参与规范药品流通秩序和药品安全专项整治工作；6）积极配合国家基本药物制度的组织实施；7）进一步加强行业信用体系建设；8）推动企业兼并重组、做大做强。

2.积极开展行业调查研究，参与“药品流通行业十二五发展规划纲要”编制工作。"十二五"发展规划纲要的编制是商务部主管药品流通行业后的第一个规划，规划定位十分重要。面对组织工作涉及面广、层次多、工作量大的实际困难，协会把协助商务部编制规划作为头等大事，积极配合商务部进行了扎实的调研。针对商务部“十二五”规划中对行业提出的“优化结构，转变方式，提高效率，规范制度”的总要求，专题在武汉、南京、昆明等地开展了一系列行业调研活动，

协助商务部在北京、南京等地召开了行业政策研讨会，就突出骨干企业主导地位、发挥市场机制作用、提高市场集中度、优化网络布局、连锁药店的市场定位、社区医疗服务中心销售药品、医保药店资格审批条件等问题进行了深入调查研究，提出了具有前瞻性和可操作性的相关政策建议，使规划的编制得以顺利完成。

3. 参与组织实施行业统计信息工作，提升行业基础管理水平。根据商务部委托协会统计工作的相关职能，协会配合商务部制定完善了《药品流通行业统计制度》；参与了商务部统计直报平台的建设工作；优化了统计信息系统，并协助商务部开展了统计培训工作；承担了商务部直报系统年报数据催报、审核、对比、排序工作，并与协会汇总统计的药品批发、药品零售连锁企业基本情况调查数据对比分析，形成了双百排序及市场分析综述报告；完成了年度国家基本药物零售物价指数测算工作；定期召开药品流通行业信息工作年会，总结交流年度统计工作经验，丰富完善统计信息资料；定期编辑出版发行《中国医药市场信息》期刊，免费邮寄各地商务主管部门和会员单位；完成了《中国药品流通》杂志创办工作，在商务部市场秩序司指导下，协会创办了行业建国以来第一本专业期刊——《中国药品流通》杂志（月刊），现已出版13期，重点报道药品流通行业改革发展的研究与实践成果，解读医改、行业规划及各项政策措施，介绍全球主要药品市场发展历程及转型后的商业模式及国内企业创新发展的动态，杂志创办以来得到了各副会长单位、理事单位大力支持，并受到业内外广泛好评。

4. 启动“中国医药流通信息网”建设项目。针对“中国医药流通信息网”建设工作，协会对现有内部信息网进行梳理，并广泛开展了行业内调研活动。针对系统整体构架、主数据库系统、BI系统、数据报送制度、医药商品编码、数据标准的制定等做了一系列调研、规划、论证，对软件技术平台进行了评估，确定了报送制度、系统架构技术平台、编码原则，形成了《中国医药流通信息网建设项目工作方案》。协会分别对相关政府部门及行业内重点会员企业进行了访谈，进一步明确了政府部门以及行业企业的需求，使中国医药流通信息网和行业统计信息成为协会的核心业务之一。

5. 开展全国药品流通行业职业经理人培训及资质评价工作。根据商务部“加强药品流通理论研究，提高药品流通人才队伍素质，建立全国药品流通领域职业经理人和其他从业人员的培训与资格认证以及公示管理制度”的精神，商务部市场秩序司决定在全国药品流通行业建立职业经理人资质评价制度，开展全国药品流通行业职业经理人资质评价培训工作。受商务部委托，协会负责日常管理和培训工作。围绕提高药品流通行业集约化、规模化、国际化经营需要，编写了药品流通行业高级职业经理人培训课程，并聘请相应师资力量，顺利完成了七期培训任务。全国已有318名学员参加了培训，并取得了高级职业经理人资质证书和人才素质测评证书。中级职业经理人培训已经在北京正式启动。

6. 按政府要求组织召开“药品流通方式改革座谈会”。几年来，随着新医改配套政策及国家基本药物制度的推进，各地不断探索医疗机构药品采购新方法。为推动药品流通方式改革，把握药品流通行业发展方向，根据商务部领导的要求，协会组织召开了“药品流通方式改革座谈会”，邀请了北京医药行业协会、广东省医药行业协会会长以及全国有代表性的药品批发、零售企业董事长、总经理出席会议，商务部姜增伟副部长及市场秩序司有关领导到会听取意见；座谈会就行业发展、药品流通方式改革、药品集中招标采购政策及基本药物制度等内容进行了广泛深入的交流和研讨。会后协会将行业的突出问题及改革建议材料提交商务部，为政府部门实施行业管理、推动医药卫生体制改革、理顺药品流通渠道、促进行业发展提供决策依据。

二、聚焦医改把握重点，在积极推进实施的过程中反映行业诉求，提出医改政策建议

1. 积极参与医改政策的贯彻落实与推进。国家基本药物制度是本次医改的一大制度创新，为切实反映药品流通企业在实施国家基本药物制度过程中遇到的突出问题和困难，几年来协会在会员企业和各省市医药商业（行业）协会中开展了广泛调研，就各地实施国家基本药物制度相关政策情况、问题及建设性意见进行收集和汇总，归纳并形成了《关于落实国家基本药物政策有关问题的建议》报告，提交了《关于零售药店经营基本药物的情况反映和有关建议的函》。协会的政策建议通过商务部反映到医改领导小组，为推进医改相关政策和基本药物制度顺利实施、促进药品流通行业可持续健康发展做出了努力。

2. 参与卫生部门政策研讨。自卫生部门推行药品集中招标采购制度以来，协会以高度的使命感和责任感不断向政府部门反映招标过程中出现的问题，针对药品集中招标采购制度建言献策。本着对落实新医改文件高度负责的态度和实事求是的原则，协会针对卫生部拟出台的《医疗机构药品集中采购工作规范（征求意见稿）》提交建议报告。针对《工作规范》听取医药行业协会及工商企业代表的意见，上海医药分销控股有限公司、九州通医药集团股份有限公司、北京医药股份有限公司、广州医药有限公司、嘉事堂药业股份有限公司、重庆医股有限公司等重点流通企业负责人到会提出了修改意见和建议。在其后出台的《工作规范》中部分采纳了协会提出的修改建议。

3. 积极参与药品价格形成机制研讨，组织召开相关会议。应国家发改委价格司要求，协会对新版《药品价格管理办法（征求意见稿）》进行了认真研究并广泛征求了会员企业意见，提出四点建议被政府部门充分认可，在其后的有关会议和文件征求意见过程中由商务部进行集中反映。

三、立足规范强化标准，在促进企业健康可持续发展的进程中积极参与法律法规、行业标准等方面的研究和修订工作

1. 积极参与新版《药品经营质量管理规范（GSP）》的推进与修订。2010年下半年《药品经营质量管理规范》（GSP）的修订工作重新启动，国家食品药品监督管理局领导高度重视就修订GSP工作进行部署，并进一步密切了与协会的联系。协会先后承接了GSP专家组、GSP相关课题研究以及GSP起草与认证指南编写等几方面工作。之后，研究报告初稿汇总完成。委托4家单位（广州医药有限公司、北京医药行业协会、上海医药商业行业协会、四川省医药商业协会）参与起草新版GSP。现在这些单位已完成起草任务，协会在综合有关会员单位建议后形成了初步意见并已在国家食品药品监督管理局召开的起草会议上提出了行业的意见、建议。

2. 大力推进行业标准化建设工作。为加强药品流通行业管理，推动企业改革创新，根据商务部"要逐步建立行业标准体系和管理制度，提高行业整体素质"、"大力发展现代物流和连锁经营等先进经营方式"的总体要求，协会在六届一次会长会及六届三次常务理事会上确定把"行业标准化建设"工作纳入今后协会的重点。协会组织会员单位制订完成了多项标准的送审稿，其中《药品批发企业物流服务能力评估指标》、《零售药店经营服务规范》、《药品流通企业诚信经营准则》、《药品流通行业职业经理人标准》、《药品流通企业通用岗位设置规范》共5项药品流通行业标准已经商务部核准，于2012年10月19日公布、2012年12月1日实施，为推进行业标准化建设做了大量基础性和开创性的工作。

3. 开展企业社会责任相关工作。根据协会六届理事会工作计划安排，2010年启动了中国医药商业企业社会责任相关工作。协会与中国药文化研究会和中国医药职工思想政治工作研究会共同成立了中国医药商业企业社会责任领导小组和社会责任指南起草工作组。工作组完成了《中国医药流通企业社会责任指南（试行）》等文件编写工作，并向全体会员企业发布。协会积极指导会员单位撰写本企业社会责任报告书，并组织专家评委会对上报企业的社会责任报告书进行评价。在2010年中国医药商业行业发展高峰论坛上，协会举行了首批企业社会责任报告发布会，10家医药商业企业发布了社会责任报告。之后，每年度均安排社会责任报告发布会，社会反响很好。

4. 完成四期信用等级评价工作。开展行业信用建设工作是推进全社会信用体系建设的一项重要内容。根据商务部和国资委有关文件精神，协会作为首批行业信用评价试点单位在总结第一批企业信用评价工作经验基础上，针对评价指标体系进行了多轮修订和调整。依据公开的评价方法和程序，以本行业企业信用等级评价标准和评价指标体系为依据，根据第三方评价机构——中国出口信用保险公司对申报企业信用情况的客观评价以及行业信用评价专家委员会综合评定，确定了第四期35家企业信用等级评价结果。经网上公示后报商务部和国资委备案，并将在2012中国药品流通行业年度大会上予以授牌。

四、优化结构突出品牌，精心打造品牌展会和高峰论坛，在开展服务创新的同时做好零售连锁的各项工作

1. 培育协会核心业务，把药品流通行业大会暨高峰论坛和中国零售连锁药店年度大会作为协会的品牌会议精心打造。药品流通行业年度大会暨高峰论坛和零售连锁药店年度大会已经成为协会的核心业务，到目前已举办6次药品流通年度大会暨高峰论坛和4届零售连锁药店年度大会。会议针对每年药品流通行业发展现状和特点提炼热点主题，分析新医改、新业态、新模式对行业带来的机遇和挑战，研究行业发展思路，通过政策宣传与解读、学习引进国际先进药品流通商业模式、创新与转型经验分享、新兴业态现代医药物流延伸服务与信息化融合等主题论坛的举办，进一步拉近了政府与企业、行业与行业、行业与企业、企业与企业之间的距离。会议定期公布和表彰年度行业百强企业和年度最受消费者喜爱的零售品牌，已经成为协会连接政府与企业、企业与企业沟通的重要平台之一。

2. 完成年度药品零售连锁企业基本情况调查。为了促进药品零售连锁行业发展，帮助企业了解全行业发展现状，找准定位，正确决策，并为政府部门提供行业数据参考，连锁药店分会从2009年以来开展了年度企业基本情况调查活动。每年汇总百余家药品零售连锁企业相关数据在业内及相关媒体上发布，受到政府部门及行业各方关注。

3. 举办了三期全国零售、连锁药店店长（经理）培训班。连锁药店分会分别举办了三期全国药店店长（经理）培训班，来自全国各地近300名零售和连锁企业的店长及管理人员分期参加了培训。培训班邀请了多位业内资深专家担任主讲，就品类管理、客户管理、药妆营销、药学服务等专题进行了深入讲解，并组织学员参观考察当地药品零售连锁企业，受到学员们的好评。

五、对标一流学习先进，在广泛开展国际交流活动中帮助会员企业开阔视野、提升综合素质

协会站在行业发展的制高点，从全球化的角度出发与全球药品流通企业进行持续不断的接触和交流，组织会员单位对标全球一流药品流通企业打下了基础。几年来，针对会员单位在物流项目建设、供应链管理、分销技术与增值服务、零售企业品牌管理、自我药疗服务、药妆与生活健康品类管理等方面，先后组织了多次出访。2010 年 9 月，协会组织代表团参加了在首尔举行的 2010 世界医药批发商协会（IFPW）会员大会。代表团出席了大会专题论坛，听取了各国医药流通领域专家主题报告，了解世界各地医药市场、行业管理基本情况以及药品流通业发展等前沿信息。代表团实地考察了韩美药业总部，与企业负责人交流了现代医药流通方式及韩国医药市场情况等。协会连锁药店分会组织会员企业高级管理人员赴日本参观第 10 届日本药妆店展览会，并访问日本药妆连锁店协会，考察了日本医药市场、药妆连锁店概况以及零售终端发展趋势，学习、借鉴了日本药妆连锁企业先进经验，加强了国际间交流与合作。

协会还先后接待了世界医药批发商协会主席马克、日本爱芙乐赛控股集团株式会社董事长渡边新、德国德马泰克公司全球总裁一行来访。协会向客人介绍了中国医药流通体制改革的新进展以及医药物流的现状，并就参与全球药品批发商协会事务和协办 2014 年世界医药批发商协会大会（北京）、医药物流技术合作等问题与来访者交换了意见。接待了日本格罗威尔（GROWELL）公司负责人一行到访协会并座谈交流，此次访问旨在考察中国药品零售市场，拓展合作事宜。

回顾四年的工作，协会的每一项工作都离不开国资委、民政部、商务部、卫生部、食品药品监督管理局、发改委、人力资源和社会保障部等政府主管部门的指导和支持，离不开工经联的指导和支持，离不开兄弟协会的支持和帮助，离不开各会长单位、理事单位和会员单位的倾力配合，同时更离不开现已退出协会领导岗位的老领导做出的重大贡献。在此，我谨代表本届理事会向给予协会大力支持与帮助的政府部门、相关协会和全体会员单位以及协会的老领导表示衷心的感谢！

今后五年主要工作任务建议

今年是党的“十八大”胜利召开、各项工作继往开来全面推进的一年，也是全行业认真贯彻落实药品流通行业“十二五”发展规划纲要的项目落地之年，同时还是协会换届、启动新一届协会工作的开局之年。开好局、起好步，事关五年工作目标的全面实现。协会根据理事会确定的“十二五”规划、工作目标和计划安排，按照国务院《关于深化流通体制改革加快流通产业发展的意见》和商务部今年提出的药品流通行业改革与发展的要求，继续坚持为政府、为行业、为企业、为社会服务的宗旨，以自律、发展和维权为核心开展工作，继续推动行业结构调整升级，进行药品流通国际化商业模式转型，继续推进企业全面提升战略管理水平，做强做大，在新医改政策环境下打造行业可持续发展的核心竞争力。具体工作安排建议如下：

一、持续关注医改政策变化，切实加强医改配套政策研究，为政府决策提供参考，为企业全面贯彻落实提供帮助。

二、引导行业牢固树立依法治企的理念，在积极推进行业法制建设的同时参与法律法规和产业政策的编制修订。

三、顺应产业升级、监管升级的新形势，积极配合政府部门完善行业标准体系建设工作。

四、紧跟产业融合的步伐，牢牢把握新一代信息技术给药品流通行业带来的发展机遇。

五、加强品牌建设，在加强行业自律和行业信用体系建设方面实现新突破。

六、树立行业标杆，推动药品流通业态结构全面优化。

七、加强协会自身建设，办好各类展会及行业发展高峰论坛，精心打造协会核心业务。

八、把行业人才发现与培养作为协会工作重点，全面优化行业人力资源结构。

九、以实施药品流通企业“走出去”战略为契机，着力开展国际交流与合作，不断增强协会国际地位和影响力。

各位代表，刚刚召开的党的十八大，以邓小平理论、“三个代表”重要思想、科学发展观为指导，提出全面建成小康社会的目标，为我们未来十年国家在经济建设、政治建设、文化建设、社会建设和生态文明建设方面进行了“五位一体”的布局。面对进一步转变经济发展方式和大力改善民生的要求，药品流通行业责任重大、使命特殊。协会要围绕中心、服务大局，凝聚力量，攻坚克难，以精心打造品牌协会为契机，着力在服务政府决策、服务行业技术进步、服务企业经营管理、服务社会公共安全等方面下大气力，切实加强自身建设，不断提高服务水平，摆对位置，摆正姿势，奋发有为，当为多为，继续在自律、发展、维权和参与行业管理、接受政府委托方面发挥积极作用，为我国药品流通行业健康持续发展、为保障公众用药安全有效、为促进人人健康和社会和谐稳定做出积极的贡献！

真诚感谢各级领导、各位会长、各位理事、各位代表在过去四年期间对协会和我本人工作给予的帮助与支持。

链接：

中国医药商业协会第七届领导成员

中国医药商业协会根据章程规定，于2012年11月30日在北京召开第七次会员大会和七届一次理事会，进行换届选举。中国医药集团总公司总经理佘鲁林当选为中国医药商业协会第七届会长，万玲玲、习燕、于锐、于景辉、孔宪俊、王玉辉、付明仲、刘兆年、匡勇、阮鸿献、何怡铭、余金琦、张思建、李本明、李志刚、李洪刚、陆银娣、陈长清、陈济生、武滨、姜巨舫、徐国祥、曹淑敏、梁玉堂、龚伟、谢子龙、翟日强、魏玉林等28人当选为副会长，曹丽娜当选协会秘书长。之后，会员大会通过聘请石峘、任德权、张文周为协会第七届名誉会长，聘请冯国安、赵博文为协会第七届顾问，通过付明仲为中国医药商业协会执行会长、法定代表人。

中国医药商业协会第七届会长、副会长、秘书长名单

（副会长按姓氏笔画为序）

协会职务	姓名	所在单位及任职
会 长	佘鲁林	中国医药集团总公司副董事长、总经理
副会长	万玲玲	华东医药股份有限公司副总经理
副会长	习 燕	国药集团新疆新特药业有限公司总经理
副会长	于 锐	上药科园信海医药有限公司总经理
副会长	于景辉	广州医药有限公司总裁
副会长	孔宪俊	山东海王银河医药有限公司董事长
副会长	王玉辉	成大方圆医药连锁投资有限公司董事长
副会长	付明仲	中国医药商业协会执行会长、法定代表人
副会长	刘兆年	九州通医药集团股份有限公司副董事长
副会长	匡 勇	国药励展展览有限责任公司副总经理
副会长	阮鸿献	云南鸿翔一心堂药业（集团）股份有限公司董事长
副会长	何怡铭	四川省医药股份有限公司董事长
副会长	余金琦	上海医药分销控股有限公司董事
副会长	张思建	云南省医药有限公司董事长
副会长	李本明	哈药集团医药有限公司董事长
副会长	李志刚	国药控股国大药房有限公司总经理
副会长	李洪刚	天津医药集团太平医药有限公司董事长
副会长	陆银娣	礼来贸易有限公司总经理
副会长	陈长清	国药集团药业股份有限公司总经理
副会长	陈济生	华润医药商业集团有限公司董事长
副会长	武 滨	中国医药商业协会常务副会长、新闻发言人
副会长	姜巨舫	浙江英特药业有限责任公司董事长
副会长	徐国祥	丽珠医药集团股份有限公司副总裁
副会长	曹淑敏	国药乐仁堂医药有限公司副总经理
副会长	梁玉堂	南京医药股份有限公司副董事长
副会长	龚 伟	重庆医药（集团）股份有限公司董事长
副会长	谢子龙	老百姓大药房连锁股份有限公司董事长
副会长	翟日强	陕西医药控股集团有限责任公司总经理
副会长	魏玉林	国药控股股份有限公司总裁
秘书长	曹丽娜	中国医药商业协会秘书长

北京医药行业协会

2012年，北京医药行业协会在顺利完成换届之后，围绕政策引导、平台支撑两大重点，着力把服务工作落到实处。

多方提供政策服务。一方面，积极搭建企业与政府面对面进行政策沟通的平台，三次组织政策对话会。邀请国家、北京市政府主管部门领导对已出台的产业政策做解读，对即将出台的产业政策先期通报信息，对企业的政策疑虑做面对面答疑。还利用相关工作会议、活动，把政策宣贯与工作推动融为一体。冯国安会长每每亲临会议，具体指导企业把握政策关键点，充分利用相关奖励政策，调整企业转型升级发展路径。全市260家生物医药企业获得百亿资金扶持；另一方面，积极反映行业诉求。年初，冯国安会长亲自主持调查研究，针对企业对药品招标采购中的“唯低价中标”等的强烈不满，先后两次上书市政府，对北京市基本药物招标采购工作提出了要“坚持三个原则”、“处理好三个关系”、“采取三项措施”等建议，部分建议被纳入北京市新的药品招标采购方案。

建立综合服务平台。2月，由市药监局牵头，7个市政府部门组成协调组建立的北京生物医药创新促进平台，委托医药行业协会做日常管理和运行，中心任务是为药物创新提供政策与技术支撑。平台已吸纳成员83家。4月，确定了5个在研一类新药，为首批重点支持项目。全年统计在研项目1033项，其中一类新药157项；申报国家重大专项、重大新药创制等国家、地方支持项目68项。12月，市经信委批准在医药行业协会建立北京市中小企业公共服务平台，这是全市社会组织中第一个被授予建立这一平台的单位。连同2011年建立的技术转移平台，医药协会为企业服务的平台已达三个，这些平台的建立和运营，有效地支撑着生物医药快速发展。

运用专题立项提升服务档次。年初，医药行业协会的“‘用北京药放心’质量体系建设”获工信部品牌建设立项。这一专项，把围绕质量体系建设的相关服务，包括组团参展全国药交会、药企GMP认证调查研究、新版GMP培训及交流、百千万质量管理示范企业建设等9项任务，全部纳入这一质量体系建设之中实施。把协会服务工作上升到了更高的档次。年底，国家工信部部门领导对专题项目验收时评价：将“品牌”与“质量体系建设”串在一起，开展项目之多、力度之强、水平之高，令人惊讶！北京的课题是部里的重点之一，也是完成最好的。

高标准完成政府委托事项。多项统计工作分别受市药监局、市经信委、市商委委托。药监统计全年完成报表950张，数据8万余条；工业经济统计报送企业161家，包括月报、季报、年报，并按市经信委要求，每月3日前，以快报形式对10个重点监测企业的主要经济指标进行收集、整理，及时准确上报；药品流通行业统计111家，采集数据10万余条。三项统计工作又一次受到表彰。

受市监局委托的药品、医疗器械广告初审。全年共受理药品广告2824件，受理医疗器械广告481卷，均严格按照广告审批标准、工作程序和工作时限进行，从源头上有效地杜绝虚假广告危害社会。

药品安全百千万示范企业创建是市药监局委托的2011-2012年阶段性工作。年初，终审278家为首批示范企业。针对2012年创建工作总量较大，坚持“不赶进度，不降标准，严格把好初审关”。年底，初审通过第二批示范企业公示703家，其中药品生产企业19家、药品批发企业35家、药品零售企业286家、器械生产企业86家、器械经营企业209家、保健食品生产企业26家、保健食品经营企业37家、化妆品企业5家。

大力开展培训、考评工作。全年开办各类培训班73班次，培训各类人员13516人，其中：新版GMP专题培训7班次，受训人员1022人；《药品质量管理人员资格证书》上岗培训班14班次，受训2139人；《药品质量管理人员资格证书》继续教育培训班41班次，受训9295人；农村药师继续教育培训班11班次，受训1060人。全市已有24户企业通过新版GMP认证。年底，医药行业协会被确认为“商务部药品流通行业人才教育培训基地”。

受市劳动人力资源部门委托，承办了北京市第三届职业技能大赛（医药赛区）的比赛。大赛包括中药调剂员和医药商品购销员两个工种共有1116人参赛。经初赛、复赛、决赛，决出各前6名，连同店长、药师各6名，组成北京代表队，参加商务部主办的首届全国药品流通行业岗位技能竞赛。最终北京队的张海鸥、王雪阳分别斩获医药商品购销员和中药调剂员特等奖；鲁娟获药师一等奖。北京队荣获医药商品购销员、中药调剂员两个团体单项一等奖，药师团体单项二等奖，以及团体总分二等奖，行业协会荣获优秀组织奖。

建于医药行业协会的北京26（医药）职业技能鉴定所，自运行以来，已为上万名职工进行了考评，为职工建立起了正常考评晋级的平台。2012年，考评50批次5138人次，考评人员上报信息及时准确，准确率达100%；继2011年再次被评为北京市优秀鉴定所。

加强协会自身建设。年初，生物医药分会成立。至此，中药、化药、生物医药、医疗器械、医药商业五大子行业部建立起了分会。5月份，协会顺利完成换届，民主选举产生了新一届领导集体。12月，又成立了义齿专业委员会。年底按照5A协会标准进行了自查，完善相关制度，进一步强化了协会的规范化。

坚持一体两翼战略 建好公共服务平台 为行业发展发挥更重要的作用

上海医药商业行业协会

上海是我国药品消费与流通最发达的市场之一，也是国内药品流通现代化发展水平较高的地区之一。2012年上海医药商品的销售规模首次突破1000亿元，继续保持全国领先。前十强的行业集中度达到72%，零售连锁率达到85%。物流与信息服务优势突出，供应链管理服务模式在三甲医院迅速推广，现代分销和大健康成为行业发展主流。

伴随着产业的进步，行业组织也不断成长壮大。目前，上海医药商业行业协会拥有会员企业3062个，是会员数量较多、经济总量最大、服务功能全面的国内最大的省级行业协会之一。2012年被上海市社团局命名为首批5A级行业组织。

近年来，在社会转型与行业发展中，协会紧密结合新医改和行业发展新形势，以适应政府职能转变为方向，以行业自律与规范发展为主线，以创新发展为核心，积极推进行业管理公共服务平台建设，取得了初步成效。

一、坚持“一体两翼”战略，推进行业服务平台建设

在开展行业服务与管理的实践中，我们深深体会到，协会既是政府与企业之间的桥梁和纽带，更是强化行业管理和促进行业发展的公共服务平台。它所具有的核心功能和所做的主要工作，应充分代表行业发展的利益、充分体现政府对行业管理的要求、充分发挥行业组织的优势。因此，围绕行业自律与发展的要求，我会坚持以服务为宗旨，秉承与政府同步、与企业同心的理念，确立了“一体两翼、四个突破”的发展战略，努力建设行业管理公共服务平台，为行业发展发挥更重要作用。

所谓“一体两翼、四个突破”战略：是指协会以行业自律与管理为主体，以行业人才培养、行业经济发展服务为两翼；逐步实现行业管理专业化有所突破、人才培养系统化有所突破、统计分析特色化有所突破、经济服务平台化有所突破；把协会建成一个企业依靠、政府信赖、服务最佳、专业优势最强的国内领先的一流行业组织。

着眼于建设行业公共服务平台，根据行业服务与管理的需要，协会设立并完善了由六部一室组成的办事机构；设有零售连锁、医药物流等五个专业委员会，并以并购重组方式组建了上海医药行业培训中心。18名驻会人员承担着行业管理、药价审核、质量监管、行业统计、行业培训、信息服务六个行业服务子平台的日常工作。

近年来，围绕“一体两翼、四个突破”战略，通过六个子平台的运作，协会基本实现了三个“有效对接”：即协会工作与政府管理的有效对接，行业自律与企业发展的有效对接，协会创新服务功能与政府职能社会化的有效对接。

二、建网络强功能，发挥协会服务行业的积极作用

为形成行业管理的合力，发挥两个积极性，协会通过建设工作网络、强化服务功能，积极落实行业发展的目标任务。协会先后建立了由企业物价员、统计员、质量员、医保员、教育员、信息员等四百多人组成的六个专业条线的行业工作网络，每季度召开条线工作会议，每年开展条线创先评优，使这支力量逐步发展成为协会的重要助手和各项工作的落脚点，为推进行业服务与管理打下了重要基础。

在行业规范与发展上，协会完成了《上海药品流通行业“十二五”发展规划》和上海生物医药产业三年行动规划（医

药商业部分）的起草工作，以及规划评估与修订的任务；受商务部委托，协会起草了《药品流通企业岗位设置规范》；参与了国家新版GSP的讨论修订；编制了上海地方标准《零售药店服务规范》；还起草了《零售药店药品分类与陈列管理指导原则》、《电子监管码信息上报操作细则》等10多个行业规范。受市医保局委托，每年还编制发放《医保非处方药限量目录》等零售企业规范经营文件。

在统计工作上，协会承担着100多家商务部直报与非直报企业统计数据的上报管理；建立了由“行业经营数据、零售医保数据、零售品种数据、公共卫生突发事件动态监测数据”四个系列组成的数据库，并按季发布上海市行业经济运行分析报告。

在药品价格管理上，协会承担着外省市和国外进入上海市场的化学药品及部分医疗器械的价格初审、市场价格的调整，去年涉及企业申报、新品预审、价格调整等达2万多个品规。协会还建立了上海最权威的可查3.9万个即时数据的药品价格网和数据库；并参与了国家与上海发改委药价政策的研究制定。

在零售医保管理上，协会承担着医保定点药店布局及审核验收的配合工作。去年协助上海市医保办完成了定点药店扩容106家的工作。同时承接了上海市医保药品结算代码库管理与变更工作，每年涉及新增药品和价格调整有3万多个品规。

在质量监管上，协会配合上海市食药监局积极开展GSP的宣贯教育工作，着力于建设并完善行业质量保障体系，推进各项质量工作。组建了行风督察大队，每年开展药品流通质量检查，开展抗生素、兴奋剂和假冒伪劣药品等专项整治活动。

在行业培训上，协会每年开办各类资质、技能、学历、继教等教育培训班100余班次，培训各种专业人才6000多人次；并连续举办了九届“华氏杯”行业职工技能竞赛。协会下属的行业培训中心被商务部命名为全国药品流通行业人才培养基地。

在信息服务上，为适应不同层面读者的需求，让会员单位及时掌握行业发展与协会工作情况，协会以每天一期的《每日经济信息》、每月一期的《会长专讯》、《上海医药商业信息》、《上海医药商业统计信息》，以及全国率先发行的每年一期的行业文献《上海医药商业发展白皮书》和协会门户网站一起构成了多层次的行业信息服务体系与服务特色。

经过不懈的努力，我会已成为政府与企业、行业与企业间重要的公共服务平台，在行业管理与发展上发挥着重要作用。

三、适应行业发展新形势，提升行业服务与管理的水平

在医药产业的进步中，上海既面临着改革与创新的新形势，又面临着政府部分功能社会化、企业需求不断调整等新变化。为此，我会围绕行业管理重点、市场热点和企业难点，加大了创新力度，进一步提升行业服务与管理的水平。

为促进企业强化社会责任，协会积极推进行业诚信建设，并建立了企业诚信档案库。两年来，上海从不到10家企业参加诚信创建活动发展到现有100多家企业参加，2012年新增68家创建企业，33家企业参加全国商务诚信试点活动，52家企业实现了星级转换。

为推进医药供应链的建设，协会积极搭建工商企业合作平台。通过会展、论坛、考察等多种形式，牵手工商交流，促进工商互动。两年来，先后组织50多家工商企业通过协会搭建的各种平台直接对接，反映各自需求，商讨合作前景。还组织商业企业“走出去”，与韩国制药企业进行品种洽谈；把台湾制药企业“请进来”，与商业企业开展合作洽谈。

医药商业是一个特殊行业，它不仅具备一般商业的市场特征与运行规则，更具有特殊行业的管理需求。在新形势下，我会将进一步创新管理模式，提升行业公共服务平台优势，在强化行业服务与管理上发挥更重要的作用。

天津市医药商业协会发展概况

2011年5月，国家商务部出台《全国药品流通行业发展规划纲要（2011-2015年）》。按照规划纲要“大力支持药品流通行业协会等中介组织的发展”的要求，在天津市商务委员会的关心指导下，召集关于筹备成立天津市医药商业协会的会议，于2011年10月25日获准成立天津市医药商业协会。协会是由天津地区医药商业企业（药品、医疗器械、保健食品的批发商、零售商、代理商、药企驻津机构）为主要会员，同时吸收部分医药科研、医院、医学院校等有关单位，

以及医药界知名专家、关心和支持天津地区医药商业发展的单位联合组成的行业性、自律性、非营利性的社会组织。依法接受业务主管单位天津市商务委员会、登记管理机关天津市社会团体管理局的业务指导和监督管理。

本会以遵守法纪、协助政府、推进医改、搭建桥梁、服务行业、建立标准、诚信创新、和谐发展、造福社会为宗旨，竭诚为行业、政府、社会提供各种相关的服务。

本会目前拥有会员42家，占天津药品流通市场份额80%以上，其中天津医药集团太平医药有限公司是本会的会长单位，同时也是天津市市属国营最大的医药商业批发龙头企业。公司以总代理、总经销进口合资和经营国产中西名优药品为主，兼营相关医药商品，是集分销、纯销、零售、社区配送以及跨区域销售为一体的综合性医药经营实体。同时也是国家医药战略储备和麻醉、精神药品、疫苗产品的特许经营单位。目前，公司总资产超过15亿元，年销售额已达到36亿元。

国药控股有限公司天津公司是本会的常务副秘书长单位，公司以经营进口合资和国产中西名优药品为主，兼营相关医药商品。是国家医药储备单位和麻醉、精神药品、疫苗产品的特许经营单位。2011年销售规模近80亿元。

华润天津医药有限公司是华润医药商业集团控股子公司，是由华润医药商业集团与天津天士力集团强强联合，共同打造的新型医药流通企业。

华润天津医药有限公司是本会的秘书长单位，也是一家融合纯销、批发及调拨的大型医药商业公司。其前身是天津天时力医药有限公司，成立于2003年8月。主要经营中西药品、生物制品、化学原料药、一、二类精神药品、麻醉药品和医疗器械等，公司资产总额10亿元，2011年销售额26亿元，是天津市A级纳税信用等级企业，在全市医药商业行业中位列前茅。

本会的主要工作有：研究医药商业市场的政策法规和市场发展规律；协助政府部门加强行业管理、推动医改举措的贯彻与落实；促进行业自律、诚信建设、公平竞争、相互协作与和谐发展；积极维护会员的合法权益；密切会员之间、会员和政府之间的联系沟通；引领本市医药流通行业资源整合与结构调整；制定行业标准、规范行业信息化建设；加强行业专业人才的培养；建立行业信息发布和评估机制；推动行业向现代药品流通方式的转型与发展。

天津市医药商业协会将在天津市商务委以及政府相关行业主管部门的指导下，在推动天津市医药流通行业资源整合、规范经营和提升行业综合竞争实力方面，充分发挥联络平台作用；同时，为支持天津市医药流通行业企业的健康繁荣积极建言献策，共谋行业发展大计，共建行业发展长效机制，在促进天津市医疗卫生事业发展进程中，发挥协会作用，彰显协会价值，为实现天津市"十二五"医药卫生事业发展规划描绘的蓝图，作出应有的贡献。

浙江省医药行业协会2012年工作情况——提升协会管理水平，迎接社会体制改革

郭泰鸿

一、浙江省医药行业运行状况

2012年，浙江省339家医药工业企业工业总产值913.4亿元，比上年增长18.33%，居全国第六位；工业销售产值834.0亿元，比上年增长12.14%，居全国第六位；产品销售率91.3%，比上年下降5.05个百分点；主营业务860.0亿元，比上年增长13.64%；利润99.2亿元，比上年减少4.58%，居全国第四位；利润率11.52%，比上年下降2.2个百分点，出口交货值237.8亿元，比上年增长6.10%，居全国第一位。

全省医药商业预计总销售800亿元，比上年增长18.87%；主营业务690亿元，比上年增长17%；利润14亿元，比上年减少17.65%。

协会50家会员零售企业总销售25.93亿元，比上年增长14.41%；毛利6.154亿元，比上年增长14.22%；实现利润7954万元，比上年增长6.65%。

2012年按主营业务收入计，浙江省有12家企业进入全国医药工业企业100强。它们是：杭州华东医药（13）、赛诺菲（杭州）制药（26）、浙江医药股份（32）、普洛股份（45）、新和成（51）、康恩贝（52）、回音必（64）、浙江海正药业（68）、双鸽集团（76）、浙江尖峰（78）、浙江仙琚制药（86）和

杭州民生医药（100）。按利润总额计，我省有8家企业进入全国医药工业企业100强。它们是：新和成（7）、赛诺菲（杭州）制药（10）、浙江医药股份（18）、杭州华东医药（29）、康恩贝集团（45）、浙江华海药业（55）、浙江海正药业（71）、浙江尖峰（95）。

今年1-2月，浙江省339家医药工业企业总产值142.0亿元，比去年同期增长21.88%；工业销售产值125.6亿元，比去年同期增长11.53%；产品销售率88.50%，比去年同期下降8.21个百分点；主营业务收入129.1亿元，增长5.56%；利润11.7亿元，比去年同期减少8%；利润率9.03%，比去年同期下降1.33个百分点；出口交货值34.8亿元，比去年同期增长6.67%。

二、省协会工作简要

自去年6月第八次会长、秘书长会议以来，省医药行业协会面对医药市场新形势，在省经信委、省民政厅、省卫生厅、省食药监局等有关政府部门的指导和帮助下，在全省各市协会的积极配合和共同努力下，以服务企业、服务行业、服务政府为宗旨，为行业代言，在政府和企业之间较好地发挥了桥梁纽带作用。

1. 开好重要会议，科学安排协会工作

今年1月中旬，省协会召开了第三届二次会员大会。大会圆满完成了各项议程，审议并表决通过了相关文件。大会还听取了省经信委医化办主任周土法、法规处处长李丹和省卫生厅药械处处长吴朝晖关于当前医药行业形势和政策趋势的报告。会员大会之前，召开了省协会第三届二次常务理事会议，增选了3位常务理事和5位副会长。

4月25日，省协会召开了协会第三届三次常务理事会议。常务理事听取了协会会长今年以来的协会活动和思考的工作汇报，听取了全国人大代表胡季强、丁列明传达第十二届全国人民代表大会精神和对国务院机构改革和职能转变方案、国家食品药品监督管理总局三定方案及2012版国家基本药物目录的解读。会议还审议通过了一位副会长变更和一家企业加入本协会的申请。

2. 反映企业呼声，维护企业合法权益

制止非法的二次议价。到目前为止，二次议价仍然是国家政策所不允许的，国务院〔2010〕64号文明令禁止二次议价。在省卫生厅的支持下，近一年多来，浙江省已依法制止了三次二次议价的未遂行为。只要得知有地方政府打算二次议价并开始实质性行动，省协会会立即与之联系，以法示人、以理服人，力求及时遏制非法行为。对劝说无效的，省协会会向省卫生厅反映，并召开企业座谈会统一认识，采取相应对策，以保证药品集中采购合法合理地进行。现在议论较多的是下一步政府是否会认可二次议价？二次议价的要害不在议价而在二次，其实质性的错误在于否定了政府合法招投标的结果，这明显违反我国《招标投标法》有关条文。同时，在招投标后以中标价格签约，却要求中标企业在私下按二次议价的结果以一定比例返还现金，这种返点返利就是典型的回扣贿赂。协会将高度重视，密切关注非法的二次议价，及时有效地采取相应措施，以维护法律和政府公信力。

依法维护企业合法权益。对于浙江双溪、纳克莱两家医药公司涉及金额数千万元的涉嫌欺诈行为，省协会在近一年时间里分别6次参与相关债权单位开会商讨维权事宜，并协助联系律师，配合利益受害企业，共同采用商务、行政、舆论等措施，一起进行债务催讨。对我省生物医药企业在执行新的增值税简易税率时碰到的困难，省协会积极联系沟通省市国税部门，以恰当的方式解决了这一难题。

积极联系各市协会。省协会十分关心支持各市协会工作。自上次会长、秘书长会议以来，省协会走访了杭州、宁波、温州、湖州、金华、丽水等7家市协会或参加他们的会员大会、理事会、座谈会，到20余家医药企业进行调研考察，交换看法，听取意见，并将相关建议向政府有关部门进行反映。

提供信息服务。协会通过会刊、网站等为企业和政府提供信息服务。一年来共出刊《浙江医药信息快递》50期，约66万字。及时更新《浙江药业网》信息，涉及行业、政策、热点、市场、科技等，受到了政府部门和会员单位的关注和好评。为了更好地反映药品零售企业的经营情况，协会从去年九月份起，将零售药店的经营情况统计从38家扩大到全体零售会员单位共53家，以提高数据的代表性。

3. 积极协助政府部门工作，强化沟通交流和配合

政府部门也是协会服务的对象。一年来，省协会受省药监局委托承办了“助推浙江医药产业转型发展”企业家座谈会，省局朱志泉局长、陈时飞副局长和十余位企业家参加了会议；配合省物价局举办了有200多名企业人员参加的药品价格培训会，邀请国家发改委药品价格审评中心主任卢凤霞讲解药品价格政策；配合省经信委医化办召开了落实《浙江省人民政府关于加快从医药大省向医药强省转变的若干意见》和《浙江省现代医药产业技术创新综合试点方案》的企业座谈会，抓好这两个文件的落实；配合国家食药监局对药品生产质量管理规范中药饮片附录的意见征求，召集企业专业人员座谈，汇总提出16条修改建议上报国家局；配合国家发改委主办的“关于开展化学药品价格有关情况调查”座谈会，分析评估药品价格调整对药品生产、流通和使用的影响，省协会与省物价局以及9家医药企业参加了座谈；配合省经信委医化办和省招标办4次召开省内外大输液生产经营

企业座谈会，调研分析大输液这个超低投标价、超低中标价的典型产品，提出合理科学的建议。我协会名誉会长赵博文受托牵头这个调研。

今年年初，根据杭州市医药企业权益保护协会的反映，省协会就我省十二五期间零售药店执业药师配备的严重短缺问题，向省局打了专题报告。省局朱志泉局长十分重视，指派省局有关处室做专题调研。省局市场处和人教处两处负责人专程来省协会座谈调研这个问题，研究对策。省执业药师协会会长和秘书长也参加了座谈。

省协会认真做好省物价局委托的药品价格受理、初审和上报工作，从去年6月1日到今年6月20日止，共受理企业药品报价516家次，受理品种663个，受理品规826个，获省物价局批复品规534个。

4. 配合政府调研，实现高层对话

3月21日，省卫生厅副厅长徐润龙率卫生厅药械处处长吴朝晖、省药品集中采购中心主任尹来专程赴我协会进行调研座谈。协会会长汇报了协会工作并提出了相关意见建议。徐副厅长表示对药物政策、基药增补、招投标三个制度实施中存在的问题，要在新一轮政策修订中予以调整完善。他就药品新招投标政策的制订、浙江省基本药物增补目录的提出、各有关方面对二次议价的讨论，征求了协会的意见。吴朝晖处长就省卫生厅去年以来为逐步解决医疗机构拖欠医药企业药款采取的的几条措施做了介绍，尹来主任就药品招投标之后发生中标产品断供现象的防范和处理提出了自己的意见。徐副厅长对协会和卫生厅多年来的密切合作表示满意和感谢，并认为新一轮招投标方案的起草制订要吸取方方面面的意见，希望协会做好牵头、代言和协调工作，共同推动医药行业和医药卫生事业的发展。调研之后，徐润龙副厅长和有关处室领导还与省协会及18家工商企业代表，就基药配送和药品招标政策进行座谈讨论，听取意见和建议。

4月3日，省食品药品监督管理局党组书记、局长朱志泉率省局办公室副主任余志三、药品注册处处长苏志良来我协会调研座谈。协会会长汇报了协会近期的工作、行业存在的问题和有关政策方面的几点建议，并对省局高度重视协会建议、安排专题调研表示感谢。朱局长高度肯定了协会的工作，认为协会的工作对省局监管支持很大，对省协会提出的建议表示赞同，并表示今后省局出台相关政策尤其是审批制度改革方面的政策，一定会多听取协会的意见建议，希望协会继续保持和企业的密切沟通联系，把企业的意见及时反映上来。朱局长还表示在社会管理体制改革中，省局若有购买服务等的试点，会优先考虑省医药行业协会；对协会举办的一些大型活动，省局将尽量安排人员参加；省局有活动也希望协会能够积极参加。

5月9日，省经信委医化办主任周土法、副主任何宁生来我协会调研座谈。周主任就浙江省现代医药产业技术创新综合试点工作、原料药制造模式转型升级等八个问题作了介绍，并希望省协会除了要处理好招投标这些应急问题外，还要在研究产业发展、医药创新上发出更多的声音，发挥更大的作用。协会会长对省经信委医化办首次专程来到我协会系统全面地就做好医药产业改革发展工作进行调研表示感谢，并表示省经信委作为省医药行业协会的主管部门，一直对协会工作非常关心支持，医化办多次对省协会活动进行指导，双方的合作交流一直十分顺利和愉快，成效明显。双方还就周主任提出的八个方面的工作问题进行了深入的探讨和交流。

4月中旬，省协会会长应邀赴广州参加华东、中南片区12个省级物价局组织的“药品价格管理研讨会”，并在会上发言。发言从行业协会的角度，提请物价部门能更加重视药品价格，能更深地介入到药品价格的管理和改革中去，能更多地对涉药价格腐败采取措施，为推动我国的医药卫生体制改革和价格管理体制改革更好地履行职责。

5. 加强与外界的交流，扩大协会影响力

省协会努力扩大与社会各界的交往。去年9月13日，协会会长、秘书长参加2012浙江省企业领袖峰会，时任浙江省省长夏宝龙作主题为“实业为本，工业强省，推进工业大省向工业强省迈进”的报告。夏省长的报告为年底我省出台建设医药强省的政策文件奠定了基础。11月27日，省协会及我省10家主流医药企业，参加第七届中国民营经济科学发展论坛，时任省长夏宝龙到会作了重要讲话，著名经济学家、北大教授厉以宁作了国内外经济趋势的报告，浙江大学史晋川教授作了民营经济如何转型升级的报告。

一年来，省协会还参加了2012全国医药冷链物流宁波会议、第一届华东医药商业信息沙龙会议、国家食品药品监督管理局稽查局在我省召开的有关互联网药品交易服务监督管理的座谈会、2012浙江化学制药行业年度峰会、省经信委召开的全省化学原料药企业现代制造模式转型工作现场会，还多次参加了浙江省工业经济联合会系统的会长、秘书长工作会议、座谈会。

这一年中，省协会会长率浙江省20余家医药主流企业应邀参加了第三届中国（泰州）国际医药博览会和首届全国医药浙商高峰论坛，会长作为浙商高峰论坛的嘉宾参加了医药行业创新的电视对话；省协会会长应邀赴深圳参加了全国副省级城市药监局局长会议，讨论药监机构改革的问题；省协会会长与省卫生厅药械处吴朝晖处长、杭州市拱墅区国税局应永铭局长，应邀赴贵阳参加医改新政下中国医药行业发展趋势研讨会；省协会会长参加了中国医药物资协会单体药店（浙江）分会成立大会暨中国零售药店联盟首届高峰论坛，并应邀在高峰论坛上作《单体药店面临的形势及应对》的报告。

今年5月，省协会接待了山东省医药行业协会会长贺端湜、秘书长王唯佳及16家山东医药企业共20人来浙江省考察。省协会陪同参观了7家浙江医药企业，浙鲁双方协会、企业进行了亲切友好的座谈交流。一年来，省协会还以参加会议、走访与接待考察等方式与中国医药企业管理协会、中国医药商业协会、中国化学制药工业协会、中国医药包装行业协会、上海市医药商业协会、苏州市医药行业协会等进行交流沟通。通过与这些上级协会、外省市协会的交流沟通，以及与省内各相关非医药行业协会的交流沟通，提升协会能力，增强协会合作，扩大协会作用，促进协会的相互发展。

三、2013年协会工作计划

1. 主动关注政府改革的动向

今年是国家社会体制改革的起步之年，相关制度、政策甚至法律可能会陆续明确和出台，一些议论多时的动向也会逐步明朗化。这些改革关系到国家大事，也关系到行业当前的利益和未来的发展。医药行业协会作为一个社会组织，作为企业和政府之间的纽带，必须密切关注政府改革的动向。要具备对政府改革动向的前瞻性、敏锐性认识，善于从一些具体的政策和微小的迹象中预判、推测出未来可能的改革方向。比如省政府有关部门已经明确，在贯彻《国务院机构改革和职能转变方案》时，取消主管部门的措施，可能会分步实施，不会一下子全面推开；而取消一业一会的限制，则是十分明确，近期即会落实。又比如，新版GSP对企业经营质量管理要求明显提高，据国家药监局官员预计，当前我国1.3万家药品批发企业和42万家药品零售企业，可能仅有30%和20%的低比例可经由自身努力通过这一严格认证，预计三年后将有至少超过半数药品批发和零售企业被兼并、重组或关闭。新版GMP对药品生产企业也有同样的作用，不仅要推动达到药品生产质量管理规范以保证药品质量，而且还会推动药品生产企业兼并联合、扩大规模、减少数量。这对当事企业可能是一个痛苦的抉择，但必须转变观念，顺势而为，有时做凤尾不一定比做鸡头不好。行业协会一定要站在这个高度认识问题，作出预判，提出建议。

行业协会关注国家改革动向有独特的优势。较之政府部门，协会更了解企业实际，了解行业动向，更容易对企业冷暖作出反应；较之企业，协会更了解政府的宏观政策，更容易从全行业的角度与政府部门沟通交涉。同时，协会关注政府改革动向，不但能使自己的活动跟上政府的步伐，也能更好地为企业的经营决策和战略规划提供参考，更好地为政府政策的贯彻落实做好铺垫。

2. 提升自身综合素质，配合政府机构改革和职能转变

今后，行政机关职能和社会组织职能的分工将愈加明确、清晰和细化，政府将剥离本该由社会组织承担的那部分职能，转由行业协会等社会组织来承担。所以，行业协会进行社会管理的职能将越来越突显，对自身综合素质提高的要求也越来越迫切。对此，今年省民政厅按照全国统一部署，加快了对全省各社会团体进行最高为5A的五级考核评级工作进度。省协会作为省级经信领域先进协会，在原有承担省物价局委托药价受理、初审和上报工作的基础上，为提升自身能力水平，准备承担更多的政府职能，今年3月召开了秘书处全体工作人员会议，部署省民政厅社会团体考评事宜，把任务落实到每个人，并把这当成是今年协会的一项重要工作。我协会参加省民政厅今年的考核评级，目标是5A。通过考核评级是提升协会对会员的服务能力、提升自身的管理水平的必须途径。国家有关部门已经明确：今后，政府向行业协会移交相关职能的先决条件是协会通过3A以上的考核评级。我们相信，通过考核评级，无论是否能达到5A目标，协会的制度、管理、人员素质、专业水平、服务态度、敬业精神等方面都会上一个新的台阶。

3. 继续关心会员的诉求

医药领域是一个社会关注度和政府介入度都比较高的领域。老问题没有解决，新矛盾又不断发生。这一年来，省政府建立医药强省的政策措施强力推出；2012版国家基本药物目录出台，省增补目录提上议事日程；国家基药招投标基本原则已定，招投标政策各省众说纷纭；公立医院改革对医药行业带来各种新的冲击和机遇，二次议价沉渣泛起；新版GMP、GSP正在贯彻实施；全省药品创新、企业转型升级蓄势待发；加之今年可能会正式出台大目录药品招投标政策，调整新版医保药品目录；这都产生了医药企业新的诉求。协会要关心这些情况，积极主动地向政府反映沟通，努力协助企业实现自己的诉求。

4. 积极沟通相关政府部门，服务政府

要继续做好沟通政府部门的工作。以目前行业协会的定位，应对市场的事，要更多地交给企业去经营，而沟通政府的事，要更多地由行业协会来运作。行业协会沟通政府，要把握好几个关键点。一是平时要尽力向政府部门反映企业的诉求、行业的动向和市场的变化，帮助政府部门了解更多的企业和行业实际；二是在政府部门涉及医药行业的政策措施出台之前，要协助政府部门搞好调研，主动反映相关情况，力求出台的政策措施既符合政府的宏观经济要求、市场监督要求、社会管理要求和公共服务要求，也符合企业的合法权益、行业的健康发展、市场的有序竞争；三是在政府部门相关政策措施出台之后，要快速了解贯彻

落实情况，及时反映政策效果和产生的问题，必要时，提出调整完善的建议意见；四是当会员企业碰到重大困难和行业遇到重大危机时，要积极呼吁相关政府部门及时采取应对之策，化解危机；五是在政府部门向行业协会转移职能之际，要努力学习新的本领，承担好新的职责。可以肯定，在新的形势下，行业协会与政府部门的关系，只会加强，不会减弱；只能优化，不能倒退。

5. 搞好行业自律，树立行业形象

国务院在机构改革和职能转变方案的说明中明确提出："各有关部门要大力推进商务诚信建设，加强对市场主体、市场活动监督管理，切实做到'宽进严管'。"这是市场经济条件下政府监管既推动市场繁荣又保证市场规范的正确之路、必经之路。行业协会要积极配合。

行业自律是行业协会永恒的主题。要继续发挥行业协会监督、倡导、引导、帮助作用，倡行"戒欺"文化，营造诚信守法的经营氛围，弘扬以德取胜、以诚取胜的正气。尤其要提高应急事件处置能力和水平，对社会涉药突发事件能及时、快速、准确地做出反应，避免和减少后果的扩大和形象的受损，为确保药品质量安全、树立医药行业形象、传递医药行业正能量作出新贡献。

行业自律的落脚点在企业，企业是企业自律也是行业自律的第一责任人。但是，行业协会必须十分关注重视行业自律。行业协会要经常敲响自律的警钟，防范于未然，坚决杜绝主观上的不守法、不守信行为。要积极配合有关政府部门落实药品质量和安全的技术规范技术标准，落实药品定价、采购和医保等政策规定，及时发现问题苗头，把问题遏制在萌芽状态；要正确应对、及时处理已经发生的药害事件，决不护短，并支持政府和社会追究相关人员、相关企业的责任。

长春医药协会
——在探索中前行

长春医药协会成立于1996年，是长春市民政局批准成立的社团法人组织，现与长春市人民政府生物与医药产业办合署办公。长春市拥有医药工业企业70余家，医药商业批发企业179户，连锁企业12家门店共900余户，单体药店有4000余户，医疗器械工业企业100余家，经营企业4000余户，以上均为长春医药协会会员。目前，全市医药行业工商销售总收入已超500亿元。

两年来，长春医药协会在市药监局、市民政局的关心与指导下，在上级协会与医药产业办的指导下，在各位副会长的带领下，通过会员单位和广大会员的积极努力，以及各位理事的大力支持下，紧紧围绕长春医药经济发展这一中心任务，积极服务于药企，切实维护企业的利益，充分发挥协会指导、协调、监督、服务的职能，加强行业自律，协会不断发展壮大，对长春医药产业的发展作出了积极贡献。2012年协会主要做了以下几项工作：

（一）医药经济持续快速增长，呈现良好发展态势

2011年完成工业总产值224亿元，同比增长20%；实现利润16.9亿元，同比增长18%；实现利税19.2亿元，同比增长15%；主营业务收入201.8亿元，同比增长20%;2012年全市医药工业预计可完成工业总产值268亿元，同比增长21%；实现利润20.8亿元，同比增长20%；实现利税25.3亿元，同比增长20%；主营业务收入253亿元，同比增长22%。

（二）发挥桥梁纽带作用，服从服务于医药产业发展的大局，促进产业健康发展

两年来，医药协会紧紧围绕国家扩内需保增长的要求，在局领导的带领下，与产业办的人员一道深入到企业调研，了解企业生产销售情况，及时发现问题，及时帮助解决，对于自身解决不了的问题，及时向上级和有关部门反映。

2011年8月16日，中国医药商业协会六届三次会长暨秘书长联席会议在长春召开，此次会议由长春医药协会承办。国家商务部领导、中国医药商业协会执行会长付明仲及相关副会长、中国工业经济联合会有关负责同志参加了此次会议。会上对《十二五药品流通规划纲要》进行了宣讲，审议通过了《药品物流服务规范》等6项行业规范。另外，长春医药协会还承办了第二届九省联盟医药行业协会秘书长会议。广交朋友，扩大了长春医药行业的知名度。组织企业参加第七届中国石家庄药博会，并与组委会沟通为企业无偿提供展位，进一步宣传长春、展示长春医药产业取得的成果。

2011年和2012年分别举办了第九、第十届长春药博会，取得了较好成果。今年3月26日—28日，第十一届中国（长春）国际医药健康产业博览会暨第三十届中国（长春）医疗器械卫生产业博览会在长春国际会展中心成功举办。此次展会由长春医药协会主办，辽宁深港展览服务有限公司承办。展会参展厂商共462家，现场交易额2751万元，签订意向性资金24196万元。

为了积极搭建企业学习培训的平台，更好地从事药品生产经营活动。长春医药协会积极宣传药品管理法律、法规和国家医药产业政策，同时组织药监局安监处、器械处、法规处人员对从业人员进行培训。两年来，协会先后举办了药品质量管理员、营业员等新上岗人员培训，培训1500人次。配合药监局人事部门在长春西点宾馆举办了吉林省医药技术研发高级研修班，组织企业到外地学习考察。

为了配合局里对药品生产流通领域的集中整治，落实质量安全第一责任人规定，由协会向长春医药协会会员单位发出了倡议书，督促企业加强行业自律，保证药品质量安全。

（三）搭建招商引资的平台，为企业的重组牵线搭桥

长春医药协会发挥自身优势，积极协助高新区生物医药产业投资促进局引进上海高榕、上海绿谷、上海美合、山东新华医疗、香港远大集团等企业入驻高新区，据不完全统计，2012年5家企业入驻高新区，总投资15亿元，购地25.8万平方米，实现产值35亿元，税收3.58亿元。

2012年5月22日京津医药产业考察团来长考察医药产业。北京市医药行业协会副会长兼秘书长周玉兰、天津医药集团办公室主任、天津医药行业协会秘书长王宏、北京亚东生物制药有限公司技术部经理吕静等人来长，在听取我市医药产业发展情况介绍后，到长春长生基因药业有限公司、长春百益药业有限公司、长春北华药业公司、长春长红制药有限公司等地进行了参观考察，并就药企兼并重组、合资合作等事项进行了交流。初步达成相关合作意向，拟投资1.5亿元来长投资医药产业。此次会面进一步加强了长春市与京津医药产业的交流，为未来的合作起到积极的推动作用。

（四）助推医药大项目早日达产，为医药产业发展注入新的活力

两年来，协会与产业办的人员积极深入下去，到项目现场了解工程建设中遇到的实际困难和问题，使项目顺利开工建设。目前，帝斯曼医药中间体项目已竣工投产；鸿达生物产业园土建已完工，正进行GMP改造施工；大明集团辐照灭菌和生物制药项目正在紧张有序的建设中；百克疫苗基地项目相关主体工程已竣工，附属设施正在建设中；修正研发大厦已竣工，正进行装修。

2013年工作规划

一、工作的指导思想：以科学发展观为指导，解放思想

更新观念，加强协会自身建设，加强行业自律，紧紧抓住长吉图开发开放的契机，加快长春国家生物产业基地建设步伐，调整优化产业结构，夯实发展基础，积极推进医药重点项目建设，加大招商引资力度，拓宽融资渠道，加快医药高端人才培养，搞好科技创新，提高企业自主创新能力，加快品牌建设，强化药品质量安全，搞好产学研的合作，促进医药市场的开发，确保长春市医药经济又好又快发展。

今年对于医药产业的发展来说，机遇与挑战并存。市政府出台了《关于加快战略性新兴产业发展的若干意见》（长府发〔2013〕2号），市委、市政府召开了突出发展民营经济暨软环境建设大会，会上下发了《关于突出发展民营经济的实施意见》（长发〔2013〕16号），表明了市委、市政府对抓好战略性新兴产业和民营经济的决心，为医药产业的发展带来了千载难逢的机遇，当前协会要抓住机遇，乘势而上，明确认识相关政策，促进医药产业结构调整，实现医药工业的创新发展。新的GMP的实施，制药企业的门槛提高了，将使一些中小药企关停并转，制药企业面临重新洗牌。为此，我们有实力的企业要有长远眼光，对发展前景好的小企业兼并重组，不断扩大企业规模。

二、2013年工作目标全市医药工业计划实现产值312亿元，同比增速达到20％

医药协会要始终把服务会员及会员企业作为协会工作的出发点和落脚点，不断拓宽服务领域，创新服务手段，丰富服务内容。要搭建学习的平台，就药企GMP、GSP认证，企业所需金融、法律等方面知识开展学习培训；要参与市场信息交流，实时传递医药行业信息、资讯，努力为企业提供人才、信息、项目、资金、融资、上市等方面的指导和帮助；注重培养一批优秀企业家的典型，广泛宣传他们的事迹，发挥典型的辐射带动作用，充分调动大力发展民营经济的积极性和创造性。要做好以下几项工作：

（一）为医药产业的发展创造良好宽松的外部环境

药企在发展上，长春医药协会要全力予以支持和扶持。企业在报批药品、医疗器械文号时，更要积极与局里有关部门协调沟通，提供尽可能的方便。需要与省局、国家局沟通的，我们将积极予以沟通；帮助企业解决GMP、GSP改造和认证中遇到的困难和问题。组织人员深入企业，对企业生产经营情况进行实时调度，确保完成全年任务目标。

（二）加快生物医药园的建设，促进药企的聚集发展

扎实推进高新北区生物医药科技园区和经开区生物产业园建设，对落户园区的项目实时跟踪，了解项目的进展情况和存在问题，及时提供指导服务，促进项目尽早产业化。

（三）加大招商引资力度，促进产业快速发展

发挥协会优势，加大招商引资力度，引进国内外一批生物和医药大项目、战略投资人。围绕医药产业结构调整、产业升级、重点药物创新研制等方面，谋划一批大项目，引进增量，激活存量，增加总量。

（四）继续推进医药大项目建设，带动医药产业的整体发展

项目是产业发展的载体和前提，没有大项目，就没有大发展，要把抓好项目建设作为产业发展的重点工作。今年要继续推进医药大项目建设，对续建和未开工的项目要抓好落实，使其早日开工。全力抓好长生科技疫苗项目、石药集团化学原料药项目、亚泰集团医药产业园等项目的落地开工工作，拉动长春医药经济的快速发展。

（五）加快药企的改革重组，组建有竞争力的医药集团产业结构的调整、产权制度的改革是企业集群式发展的必由之路

新的GMP标准的出台，使药企的准入门槛进一步提高，这样势必对我市一些中小药厂在认证上造成影响，部分企业将被淘汰出局。为此，我们将大力推进医药企业联合、重组、兼并，鼓励打破地区、部门和所有制界限，整合生产要素，优化资源配置，扩大生产规模，组建若干医药集团，提高产业集中度，加快结构调整。

（六）提高科技创新能力

积极开发市场前景好的新药科学技术是第一生产力，自主创新是调整产业结构的中心环节，只有创新发展、淘汰落后技术，才能实现结构的优化和产业的升级，彻底打破长春一些企业完全靠生产仿制药生存的局面。今年，要积极推进以企业为主体、科研院所为支撑、市场为导向、产品为核心、产学研相结合的医药科技创新体系，开发出一批疗效确切、市场前景好的新药品种，集中突破中药材规范化生产技术、中成药生产技术、生物制药创新产品等关键技术和相关产品。

（七）发挥医药商业分会作用，加强医药流通体系建设积极支持医药物流和连锁经营医药行业是竞争性行业

大浪淘沙，只有注重市场开放，完善现代化营销策略和手段，强化产品宣传，才能在市场站稳脚跟。药品作为一种有效期的特殊商品，多数药企是以销定产，搞好营销至关重要，发展现代医药物流是大势所趋。要大力发展电子商务、连锁经营、物流配送等多种营销模式，积极开拓农村医药市场，使广大农民群众足部出村就能购到放心药。

长春医药协会诚恳表态：在市委、市政府的正确领导下，在上级协会和民政局的指导下，进一步解放思想，真抓实干，全面加强协会的自身建设，充分调动广大会员的积极性，架起政府与企业沟通的桥梁，使协会真正成为企业的“娘家”。把市委、市政府《关于加快战略性新兴产业发展的若干意见》和《突出发展民营经济的实施意见》落到实处，积极推进医药大项目的开发和建设工作，努力把我市生物医药这个优势产业做大做强，推进工业强市进程，为加快建设幸福长春，全面建成小康社会而努力奋斗！

山东省医药行业协会介绍及2012年主要工作

一、协会介绍

山东省医药行业协会成立于2007年7月，经山东省民政厅注册，业务主管单位为山东省工业经济和信息化委员会。目前单位会员143家，包括在山东省取得工商营业执照的生产药品、医疗器械、卫生材料、制药机械和协作配套的企业、医药经营性企业、以及相关事业单位、大专院校、科研设计部门、社会团体等单位、企业和个人。是全省性、行业性、非营利性的社会团体。

协会的业务范围：（一）受政府部门授权委托，承担行业管理有关工作；（二）收集、统计行业基础资料；（三）协助政府部门贯彻《药品管理法》和实施药品生产、经营质量管理规范，贯彻《质量法》和国家有关法规；（四）开展科学论证和咨询服务；（五）参与制订、修改行业产品标准、服务标准和行业准入标准并组织贯彻实施；（六）组织全行业生产、流通、技术、质量、管理等方面的交流活动，承担行业信用评价等工作；（七）制定和贯彻“行规行约”，开展行业自律和行风监督检查；（八）组织承办有关医药展示会、展销会、博览会和有关新闻发布会，展示行业亮点、热点；（九）组织会员单位参加国内外考察、培训、交流的经济会谈活动，承办专业人才培训工作；（十）帮助会员单位参与国际经济活动，提供国际医药经济投资、金融、法律、知识产权等方面的信息和服务；（十一）开展法律、法规和本协会《章程》所允许的适合社团法人开展的经济互助和相关经济活动；（十二）根据行业工作实际，成立若干专家委员会，为政府和会员单位提供专业方面的服务；（十三）承担政府部门、社会团体和会员单位委托的工作和有关事宜。

二、2012 年主要工作

围绕服务企业、服务政府、促进山东医药产业可持续发展这一协会宗旨，充分发挥行业协会优势，搭建企业和政府沟通平台，各项工作取得积极进展，协会主要抓了 6 个方面工作。

（一）继续深入学习贯彻十八大和两会精神

随着政府职能开始转变，简政放权、改革社会组织管理制度，药品监督管理工作加强，协会工作面临新的发展机遇。我们要认真学习贯彻十八大和两会精神，加强协会自身建设，加强自律，提高为企业服务的能力，迎接职能转移，为促进医药行业有序发展发挥重要作用。

（二）加强与政府的沟通，为行业发展建言献策

针对行业关注的省内基药目录增补、药品招标影响、自主创新与技术改造、结构调整、仿制药质量一致性评价、药品价格等热点问题，十二五规划实施中遇到的问题和好的经验，以及新医改进一步推进对企业带来的影响，协会深入企业进行调研，对医药市场出现的新变化、新情况，及时向政府有关部门反映，对各市和外省推动医药发展的好政策、好办法及时向政府汇报，争取省政府和相关部门更加关注山东医药发展。2012 年共向各有关部门、省领导提出九次。

（三）加强市场开拓，办好省药交会

为加强市场开拓，2012 年九月举办了第二届山东省新医药博览会，改进了交易会举办形式：一是扩大规模，省内更多企业和省外企业参与；二是办出实效，2012 年省内县级医院准备普药招标和基药第二次招标，为了展示出山东医药企业面貌，展会与卫生部门合作，吸引更多医疗机构、药房主任、流通企业参观展会，了解企业；三是会议期间举办行业优秀品牌评选和企业产品发布会，把展会办出人气、特色、品牌。

（四）加强对优秀品牌的培育

认真贯彻工信部和山东省关于加强行业质量品牌建设的有关精神，2012 年推选出一批省内优秀品牌示范企业和优秀品牌产品，利用会议、协会期刊加强对他们的宣传。与省电视台、大众日报合作扩大品牌产品宣传力度，增强社会大众医疗机构对这些企业和产品特色的认知程度，增强他们的市场竞争力。与 OTC 协会、医药商业协会、医药促进会等合作，开展品牌推荐活动。

（五）加强行业自律，推动行业诚信体系建设

2012 年是药害事件高发期，对行业的发展造成了不良影响，药品安全问题是当今社会广泛关注的比较突出的问题，而发生药害事件本质是管理缺失，是企业责任的缺失和社会道德的缺失，因此开展行业自律和诚信体系建设就显得尤为重要，作为行业协会积极宣传，维护行业正面形象。

1. 在全省医药企业中广泛树立没有药品安全就没有企业的生命力，没有药品质量就没有药品市场的理念。在协会年度会议上宣贯新版 GMP 政策，提高企业负责人质量意识。

2. 与中国化学制药协会合作，在全省企业中启动征信工作，向企业宣传此项工作的意义和要求。

3. 推进企业社会责任工作，通过社会责任报告向公众展示企业在战略发展、经济责任、环境保护、质量安全、员工发展、企业文化和社会公益方面的措施与成就。我省很多医药企业都开展了这项工作，2014 年为止全部企业都将编写出自己企业的社会责任报告。

（六）继续开展国际交流合作

开展国际交往与合作是改革开放的重要标志，是协会工作国际化的方向。按照省经信委要求，2012 年底到 2013 年初筹备、组织省内部分重点医药企业随省经信委考察团赴美国康涅狄格州访问。康州是世界知名的生物谷所在地，有 800 多家医疗保健生物科学企业。在美访问期间，我方企业与康州医药企业进行了广泛接触，部分企业与美方企业建立了初步合作意向。今年 5 月底以康州州务卿为团长的康州政府代表团来山东访问，推荐合作项目，其中有 11 个生物医药项目，协会组织部分企业参加了项目推荐会和项目洽谈会，新华、齐鲁、辰欣、国风对推荐项目表现出合作意向，会议非常成功。

（七）组织赴企业赴外省考察，学习他们先进经验

菏泽医药在省内异军突起，实现了跨越式发展，进入我省医药产业发展的先进行列。浙江医药企业创新发展，国际化合作在国内医药行业内走在前列。2012 年是十二五规划实施的关键年份，为了解放思想、学习先进，促进我省医药产业可持续发展，协会组织了这两次考察，《考察报告》已印发各位到会同志，并准备抄报给政府相关部门，以取得政策支持。

（八）完成好政府交办的工作

1. 受省经信委委托，做好全省医药统计工作与分析，定期出版协会刊物《当代山东医药》，办好协会网站。

2. 按省经信委技改处要求对全省上报的企业医药技改项目进行初评与推荐，对各市上报的生物医药示范基地提出评审意见。

3. 参与中国化学制药协会与国家环保部合作项目：医药双高名录的制定，推动我省医药企业环保工作，促进企业间环保工作交流。

安徽省医药商业协会 2012 年工作总结

2012 年协会在省食品药品监督管理局、省民政厅民间组织管理局、省商务厅、中国医药商业协会等有关单位的关心和指导下，在各会员单位的大力支持下，认真实践科学发展观，强化自身建设，开展交流培训，发挥桥梁和纽带作用，服务会员单位，协会工作取得了较好的成效，现将 2012 年主要工作和 2013 年工作计划总结如下：

一、2012 年工作总结

（一）强化协会自身组织建设，扎实做好各项基础性工作

2012 年以来，协会在省食品药品监督管理局、省民政厅民间组织管理局等有关单位的关心和指导下，认真学习党的方针、政策和国家的有关法律法规，按照章程和有关规定办理了协会的各种变更、年检手续，规范了财务管理、秘书处工作等多项规章，扎实做好协会的各项基础性工作。一年来，协会多次召开了会长（扩大）会议、座谈会、理事大会和秘书处工作会议，增补了会员单位，基本建全了组织机构，为协会各项工作的顺利开展奠定了基础。

今年初，为了提前谋划协会全年工作，在国药控股安徽有限公司的大力支持下，3 月份，在该公司召开了会长扩大会议，传达了协会名誉会长、省局陈小俊巡视员对协会的重要指示，并强调 2012 年是实施“十二五”规划的关键之年，也是宣贯即将颁布的新版药品经营许可证和新修订 GSP 的重要一年，为开创安徽医药商业发展的新局面，召开协会会长（扩大）会议非常有必要，并就新版许可证和 GSP、药品招标配送等热点问题和与会代表进行了面对面的交流。本次会议通报了 2011 年安徽省医药商业企业销售总额和实现利税前 30 位的企业名单、讨论 2012 年度培训计划、表决通过了增补的新会员单位等有关事宜，并参观国药控股安徽有限公司现代物流仓储运转情况，受到了与会代表的欢迎。

在会员单位的支持下，本年度共有安徽九州通医药有限公司等 8 家企业申请加入协会，其中安徽华氏医药有限公司等 6 家企业在今年会长扩大会议上已获得表决通过，给协会增加了新鲜血液，目前协会有会员单位 70 余家，其中副会长单位 22 家，常务理事单位 10 家。为了便于各会员单位的交流和联系，今年协会又重新编印了通讯录。经过协会认真调研和多方努力，结合我省会员单位民间活动特点，为了灵活开展工作，经协会会长扩大会议同意，拟以国药控股安徽有限公司为依托筹建现代物流专业委员会，以安徽广济堂大药房连锁有限公司等企业为依托筹建安徽省 OTC 联盟专业委员会，目前正在建设之中。

今年协会协助省商务厅开展安徽省商贸流通领域“诚实守信企业”推荐活动，我省符合条件的会员单位（年营业额：批发 10 亿元，零售 5 亿元）共有安徽华源医药股份有限公司等 6 家企业，通过企业自愿申报，协会审核，商务厅批准，共有安徽华源医药股份有限公司、安徽省医药集团有限公司、南京医药合肥天星有限公司、国药控股安徽有限公司共 4 家企业候选“诚实守信企业”，目前正在公示阶段。根据皖质函〔2012〕48 号《关于做好 2012 年安徽省卓越绩效奖推荐申报工作的通知》要求，省医药商业协会积极宣传，广泛动员，在省医药流通领域积极推荐自愿申报安徽省卓越绩效奖和安徽省卓越绩效管理先进个人，共有 3 家会员单位，3 位个人参加了评比活动，安徽广印堂医药股份有限公司获“安徽省卓越绩效奖”候选资格，目前正在公示阶段。

在省局有关处室的帮助下，我们收集了全省医药商业企业有关统计数据，进行分析总结，并和全国有关统计数据进行比较，以简讯的形式向协会会员单位进行发布，供业界参考。

为了扩大协会在全省医药流通领域的影响，宣传协会会员单位对全省医药经济发展作出的贡献，提高协会在行业发展中的影响力，秘书处按协会有关会议制度的规定，定期召开会议，讨论秘书处工作，解决存在的问题，并及时向会长汇报，确保协会工作的顺利开展。一年来，秘书处克服了人手少、事务多等困难，圆满完成协会年初制定的各项任务。

（二）开展交流与合作，努力服务会员单位

协会改选以来，按双月定期出刊《安徽医药商业简讯》，现已出刊 10 期，主要刊载全省医药商业信息和行业发展动态，以及业内和省内新推行的有关法律法规，供会员单位参考，

受到了热烈欢迎。为拓展协会的对外联系。协会多次派员参加全国医药商业协会联席会议、中国医药商业年度大会等多种会议，交流协会有关工作，接待多省协会来我省协会的交流座谈，为引领全省医药商业向全国发展起到了积极的推动作用。今年，强恒秒常务副会长两次参加中国医药商业协会召开的工作会议和有关座谈会；黄世福秘书长参加了安徽省民间组织管理局举办的社团知识培训班；朱抱洁副秘书长参加了商务部举办的《药品批发企业物流服务能力评估指标》等五个行业标准颁布仪式。

2012年在全国药交会和“中国药品流通行业政策与现代医药物流发展高峰论坛”期间，在国药控股安徽有限公司的大力支持下，协会协助中国医药商业协会在合肥召开了理事大会和座谈会，专题研讨当前药品流通面临的形势和需要解决的问题，会议由中国医药商业协会会长付仲明主持，出席座谈会的有：商务部温再兴巡视员、商务部市场秩序司诚信构建指导处处长王顺利、中国医药企业管理协会副会长王波，安徽省商务厅张光建副厅长、市场秩序处处长张志、市场秩序处副处长吴义龙，中国商业协会副会长王锦霞，安徽省医药商业协会成员单位安徽国立杨源江董事长、安天医药章舒总经理、同致药业杜荣如董事长、立方药业邓小娟总经理、沃尔康药业陈文俊总经理、安徽省医药工业公司潘发春总经理、合肥天星王伟副总经理、皖安医药胡志刚副总经理、国安药业梁妍副总经理、国大连锁罗时杰总经理、迪迈药业桑朝晖董事长、曼迪新药业汪凤珍副总经理，安徽省医药商业协会吴素兰会长、强恒秒副会长，戎济南、魏骅副秘书长也参加会议。

座谈会上，商务部、省商务厅和中国医药商业协会领导，认真听取了合肥天星王伟副总经理就天星医药加强与医院合作，由药房托管向药事服务转型，在药房管理、集成服务等方面创新药品流通发展模式，探索医药分开的主题发言，商务部温再兴巡视员对药品流通创新发展给予肯定，同时强调取消“以药补医”体制后，医疗机构零差率销售，政府给医院有补偿，但给医生没有补偿，利益格局有新的调整，影响会很大。从流通的发展趋势看，大企业跑马圈地，药品流通企业的兼并重组不可避免，从统计数据看药品批发企业已经减少了近2000家，探索药品流通企业与医院的合作模式很有意义。立方药业邓小娟总经理介绍了药品招标量价挂钩因虚报采购量导致药品经营企业成本上升的情况，质疑部分不合理招标做法，同时对药品电子商务政府支持提出建议；国药控股安徽有限公司张平总经理介绍了药品供应链延伸服务的做法，对第三方物流发展迟缓、自办物流成本高效率低、省内企业攀比投资现代物流建设可能引起的重复建设表示出担忧；国立医药集团杨源江董事长希望商务部门在药品流通企业社会责任定位等方面多做工作，消除对药品流通企业妖魔化宣传造成的不利影响；安天医药章舒总经理就药品流通、产品推广，特别是打破医院处方垄断表达了意见；沃尔康陈文俊总经理就商务部门对药品流通小企业支持建言献策；国大连锁罗时杰副总经理就合肥市药品零售现状和多元化经营表达了意见；同致医药杜荣如董事长就医疗机构改革和药品价格高不是药品流通导致的作了主题发言。药品流通企业集中关心的热点主要集中在医药分开、药品集中招标采购、药品第三方物流等，商务部温再兴巡视员与企业代表就医药分开等进行坦诚对话和交流，安徽省医药流通企业充分表达了自己的意见，座谈会取得了良好的沟通成效。

为了加强同行业协会之间的交流，协会于今年加入了“华东地区医药商业信息沙龙”，并参加了在上海召开的年会，国药控股安徽有限公司、合肥康丽医药有限公司派代表参加了会议。华东地区是我国医药商业最发达的地区之一，占据我国医药流通市场四成份额。同时华东地区医药商业无论是行业的改革和发展，还是医药商业在新医改中的作为，一直处于全国关注的焦点。随着新医改的深入，医药商业行业获利能力不断下降，形势更趋严峻，行业到了“抱团取暖”时刻。一方面要应对环境变化适时调整结构，使行业融入改革大潮；另一方面也要积极反映行业诉求，让政府、社会了解行业生存合理要求。因此由“长三角医药商业信息沙龙”范围能够进一步扩大，汇同安徽医药商业行业协会、山东医药行业协会、江西省医药商业行业协会、福建省医药行业协会共同发起成立“华东地区医药商业信息沙龙”。

受协会会员单位建议，协会还组团赴台湾参加学习交流活动。5月29日至6月5日由省医药商业协会组织的，以戎济南副秘书长为组长的赴台参观考察组一行九人前往祖国宝岛—台湾进行为期八天的参观考察活动。在台期间，参观考察组与台湾百阳药品有限公司、鸿吉兴业股份有限公司等经营中药材和饮片业务的台商进行了交流、洽谈。在洽谈中，台商高度评价中医药是祖国的国宝，祖国大陆的中药材和饮片深受台湾人民的喜爱。通过交流、洽谈，双方一致认为，中药材和饮片在台湾有广阔的市场，加强中药材和饮片业务的开展，必将促进海峡两岸医药贸易的进一步增长。

为了丰富医药流通企业职工的文化生活，在秘书处的组织协调下，并得到国立医药集团的大力支持，协会举办了“国立杯”乒乓球邀请赛。省食品药品监督管理局和合肥市食品药品监督管理局，国立医药等十一家药企共十三支球队，近六十名运动员参加比赛。经过一天友好而激烈的比赛，国立医药集团，天星医药公司分获团体冠、亚军。省食药监局、康丽药业并列第三名。南京医合肥天星有限公司张沛，合肥亿帆药业有限公司张涛分获单打冠、亚军。亿帆药业有限公司吴江腾、合肥康丽医药有限公司李勇并列第三名。省食药监局许雷鸣、曼迪新公司李刚并列第四名。省医药商业协会名誉会长、省局巡视员陈小俊，省局副局长高怀荃，省局原副巡视员杨德普，合肥市食品药品监管局书记董宪法，省医药商业协会会长吴素兰，副会长强恒秒、王艳，协会秘书处成员及省国立医药集团董事长杨源江亲临比赛现场并为比赛优胜者颁奖。协会举办此次活动，意在扩大医药商业企业与政府部门、企业与企业间交流，增进了解，增进友谊。本次活动到省及合肥市食品药品监督管理局领导的关心与重视，受到省乒协的大务支持，受到各医药商业企业的积极参与，受到省国立医药集团的大力帮助。

近几年，《安徽省医疗机构药品集中招标采购实施方案（2011年版）》、《安徽省县级医疗机构药品集中招标采购实施方案（2012年版）》在网上公开征求意见后，协会主动联系协会有关单位，认真调研分析方案中有关内容，积极反映企业心声，先后多次向省药品招标领导小组和办公室上报有关建议和意见，受到了省药招办等有关部门的好评。

协会还将全国医药流通行业信息通报、十二五规划对医药流通行业的影响等有关报告内容在副会长单位座谈会和全省药品经营质量管理高级研讨班上传达交流，受到各会员单位和药品经营企业的一致好评。通过这一系列的宣传工作，展示了协会的形象，推进了协会的工作。

（三）发挥桥梁和纽带作用，积极开展调研和培训活动

省医药商业协会六届理事会成立以来，协会按照章程赋予的职能，积极加强交流和调研，以科学发展观为统领，服务全省医药商业企业，促进皖药振兴。协助省商务厅做好《安徽省医药流通行业十二五规划》的编制工作，参与省食品药品监督管理局开展“首届安徽省医药质量管理奖”药品经营业企业的评选活动。一年来，协会先后多次走访、调研，并召开座谈会，得到了会员单位热情周到的安排，深受鼓舞。新版《许可证》、《药品经营质量管理规范》即将颁布，我省药品流通企业反响强烈，协会积极向有关会员单位征求合理化建议，并将结果总结报省食品药品监督管理局和中国医药商业协会。

二、多措并举开展新修订GSP宣传培训工作

近期以来，省医药商业协会联合省食品药品监督管理局、省药品审评认证中心和安徽中医药大学，多措并举，开展新修订GSP宣传培训工作，努力打造培训咨询服务品牌。一是深入企业，上门培训。与省食品药品审评认证中心联合，先后邀请温旭民、魏骅两位国内资深GSP专家，深入安徽华源、丰原药业、国安医药、省医药工业公司和安徽省蒙城县中药材公司等经营企业一线，开展新修订GSP知识免费上门培训和咨询活动，培训药品经营质量管理人员1000余人次，提高了企业对新修订GSP的认识和质量管理意识，受到我省药品经营企业的欢迎和一致好评。二是省市联动，全员培训。与省食品药品审评认证中心、芜湖市食品药品监督管理局联合，在该局春训期间，推选中心负责同志和协会GSP资深专家为该局集中开展新修订GSP知识宣传培训授课，培训药品监督管理、企业负责人和有关经营质量管理人员360余人次，整体提高了芜湖市药品监管人员、药品经营企业质量管理水平和实施新修订GSP进度。三是学历教育，在职培训。积极牵头，向安徽中医学院成人教育学院申请在国药控股安徽有限公司、巢湖今晨医药有限公司、国安医药公司内独立开展专升本学历教育班三个，共招生110余名。授课地点设在公司内部，教育时间根据企业的经营活动情况灵活安排，课程内容设置具有针对性，节约了企业的时间和培训成本，为企业实施新修订GSP奠定了基础。

今年，在省经信委和省食品药品监督管理的统一安排下，协会积极参与了“安徽省医药健康产业园”的验收和监督检查工作。

下一步工作在省商务厅的指导下，按《药品批发企业物流服务能力评估指标》等五个行业标准的要求，开展经营企业等级的评定工作；协助省商务厅办好全国医药流通行业技能大赛；协助有关部门，开展好培训基地建设工作。

我们虽然做了一些工作，但与省局领导和各会员单位的要求还有一定的差距，主要表现在服务企业的深度不够，联系会员的广度不够，改革创新的力度不够，自身机构建设还需进一步完善，自身能力建设有待进一步加强，我们今后仍需进一步加强学习和交流，努力工作，同时，也希望省局和有关部门、各会员单位对协会的工作多提宝贵意见，欢迎监督批评。我们将一如既往服务于各会员单位、服务于全省医药经济。

江苏省医药商业协会 2012 年工作
——积极进取 踏实服务

2012 年是江苏省医药商业协会成立 20 周年，自协会成立以来，协会工作一贯秉承服务理念。协会宗旨是服务，主要是为会员单位和本行业企业服务，同时为政府和社会服务，以促进江苏省医药商业健康、稳定、可持续发展。协会 2012 年主要工作也围绕服务展开。

（一）协助省商务厅完成我省药品流通行业“十二五”规划论证

2011 年是“十二五”规划开局之年，继商务部出台《全国药品流通行业发展规划纲要（2011-2015 年）》后，各地商务部门陆续出台地方药品流通行业“十二五”发展规划。我协会参与草拟《江苏省药品流通行业“十二五”发展规划》，经过充分调研和多次修改，2 月 29 日省商务厅召开规划论证会议，协会率南京医药股份有限公司、江苏省医药公司 2 家药品流通企业参加了专家论证。“十二五”发展规划得到了专家组的一致肯定，根据专家组建议，进一步修改了相关内容，5 月 9 日，江苏省商务厅正式出台《江苏省药品流通行业“十二五”发展规划》，从此，我省药品流通行业有了行业自己的第一部五年发展规划。

（二）讨论修改《药品经营质量管理规范（修订草案）》

卫生部网站 4 月底公布了《药品经营质量管理规范（修订草案）》（征求意见稿），我协会经过学习讨论，将修改建议上报卫生部，抄报省药监局、省商务厅，协会意见主要集中在培训时间和培训部门上，要求明确上岗培训由哪一级政府主管部门承担上岗培训职责；明确培训时间一年培训一次，避免各级药监部门反复培训，增加企业负担。

（三）积极参与新医改，完善基本药物制度，保障药品供应

建立国家基本药物制度是党中央、国务院在新医改中提出的一项重要任务，是新医改近期五项改革的重点任务之一。

协会年初向省基本药物工作委员会、省商务厅、国家商务部反映我省基本药物集中采购中存在的问题和建议，建议基本药物招标应该充分考虑中国特色，从建立基本药物制度的目的出发，考虑如何切实保障群众基本用药，减轻医药费用负担。协会为规范全省药品集中采购工作，加强与省药品集中采购中心沟通，于 5 月 17 日 -18 日在徐州市召开 2012 江苏省药品集中采购与使用管理高层论坛。论坛就企业关心的药品集中采购相关规范文件和未来趋势进行了解读和预测，就基本药物和非基本药物网上采购数据进行专题分析，并且就目前公立医院改革试点介绍了职工医疗保险支付方式的研究心得；11 月 20 日召开江苏省基层医疗机构药品配送研讨会，对基层医疗机构药品配送工作现状和存在问题进行研讨，探讨开展全方位、全过程的药品配送服务，做好医药物流配送的延伸服务。

（四）配合政府行业主管部门，认真做好有关行业管理工作

1. 如实反映我省药品流通行业发展现状

加强与政府行业主管部门的联系，参加省商务厅会议，介绍我省药品流通行业发展现状和困境，如实反映企业心声，争取政策扶持；为《2011 江苏商务年鉴》提供行业数据、发展现状，展示江苏省药品流通行业亮点。

2. 协助做好药品流通行业统计管理工作

商务部主管医药行业管理以来，建立了药品流通统计系统，制定了行业统计制度，确定了商务部统计直报企业名单，并发放了铜牌，统计工作有序进行。协会从统计直报企业名单的推荐、统计指标的合理设置、网上直报的数字平衡关系设定、企业报表的催报、核对、修改等方面，积极协助商务部门进行统计管理工作，切实掌握行业现状，据实反映行业心声，召开全省医药商业统计工作会议，总结部署江苏省医药商业统计工作。

3. 协助参与有关药品价格管理工作

协会积极协助物价管理部门进行药品价格管理工作，对中药饮片定价管理办法提出合理化建议；协助省物价检查分局解答百姓疑问、查处疑难案例、维护市场秩序；测算药品零售物价指数，反映药品降价对社会和企业的影响，以及降价幅度和品种结构是否合理。

（五）加强行业自律，塑造健康行业的良好形象

我省医药商业历史悠久，基础条件较好，管理规范，在全国同行业中有一定的影响力。考虑到零售药店是医药商业面向患者最直接的药品经营单位，与老百姓零距离接触，面对面服务；而药品是关系到人民生命安危和健康的特殊商品，它不同于一般的商品，民众对药品知识了解有限，江苏2.1万家零售药店参差不齐的服务水平，无法体现江苏医药商业的整体形象，规范零售行业服务标准十分必要。协会组织企业草拟《江苏省医药零售行业规范化服务标准（试行）》，并经协会六届三次常务理事通过，作为江苏省第一个行业协会制定标准的管理规范文件，期望借此进一步提升江苏省医药零售行业的规范化服务水平，推进江苏省医药商业在新医改浪潮中健康、可持续发展。

（六）配合政府部门做好市场调研，优化竞争环境

商务部于年初征求协会就默沙东和先声药业设立合营企业经营者集中反垄断意见，协会经过相关产品和市场数据，同意申报方界定的相关商品市场和相关地域市场；部分同意申报方提供的主要竞争者及其市场份额的信息，并补充了降脂药市场的相关资料。

（七）强化协会为会员单位服务的职能

1. 为会员单位提供信息服务工作

协会及时收集国家有关医药经济的方针政策、医药行业有关信息，迅速传递给会员单位，便于会员单位及时了解信息，全面掌握信息，在信息指导下制定经营决策和应对措施；及时传递国家发改委和省物价局的调价文件，督促会员单位及时调整经营品种的价格，为会员单位经营工作服务；按时汇总全省医药商业购销进度情况及财务指标排序表，并及时反馈给会员单位，便于企业了解全省医药购销动态及自身所处的地位

2. 为会员单位的进一步发展提供商机

省商务厅与美国纽约州经济发展局于5月25日在南京市举办“对口企业洽谈会”，协会积极组织会员企业和相关客户单位参加，不仅开拓了我省医药产业的外向型经济思路，也为我们会员单位的进一步发展提供了商机。

（八）举办技能竞赛，提升从业人员素质

为贯彻落实《全国药品流通行业发展规划纲要（2011-2015年）》精神，不断提高医药商业行业员工的技术素质和服务质量，培养造就一支过硬的医药商业职工队伍，根据人力资源和社会保障部《关于印发2012年全国职业技能大赛暨第42届世界技能大赛选拔赛计划安排的通知》（人社部函〔2012〕83号）要求，商务部市场秩序司决定与有关协会共同组织开展首届全国药品流通行业岗位技能竞赛暨第二届全国医药行业特有职业技能竞赛活动。为了进一步提升我省医药商业行业人才队伍素质，向全国大赛输送医药高技能人才，江苏省医药商业协会联合江苏省职业技能鉴定中心举办首届“南京国药杯”江苏省医药商业行业职工技能竞赛，此次竞赛总成绩前6名选手代表江苏省参加了第二届全国医药行业特有职工技能竞赛，并全部得奖，取得一等奖1名、二等奖4名、三等奖1名的好成绩，江苏省医药商业协会获得“国药杯”首届全国药品流通行业岗位技能竞赛暨第二届全国医药行业特有职业技能竞赛“优秀组织奖”，江苏省代表队荣获医药商品购销员职业职工组“团体单项奖二等奖”。

（九）开展横向交流，共谋发展蓝图

在长三角信息沙龙基础上，华东六省一市的协会成立了华东医药商业信息沙龙，协会携江苏省12家企业参加了在上海市召开的第一届沙龙会议，深入交流各地医药商业发展之经验，共商华东地区医药商业发展之大计，共谋华东地区医药商业“十二五”发展之宏图，得到了交流、学习、互通、启发思路、共谋发展的目的。

（十）建设协会信息平台，提高协会服务质量

协会在成立20周年之际，建立了自己的网站，利用多媒体技术，展示协会服务理念、工作动态、公文公告，宣传会员单位形象、企业文化、经营举措，发布各级政府政策、行业信息、市场热点，也通过网站建立了与会员单位沟通的便捷渠道，提高了协会服务质量。

（十一）做好协会日常事务，加强协会制度建设

为加强协会自身建设，在日常事务中健全规章制度，用规章制度进行民主管理，协会拟定了《江苏省医药商业协会规章制度草案》，共11个制度，经协会六届三次常务理事会通过，作为协会工作人员执行的规章制度，以期做到行为规范、自律发展。

江西省医药商业协会

江西省医药商业协会是1994年5月5日经江西省民政厅批准成立的全省性社会经济团体，为社会团体法人组织，会长熊和平。协会位于江西省南昌市北京西路104号，共有84家会员单位，业务主管部门为江西省工业和信息化委员会。

江西省医药商业协会主要业务范围为信息咨询服务、业务培训、经验交流、制定行规行约、协调行业内企业与政府相关部门的关系，起着企业与政府之间的桥梁与纽带作用。协会设有药品专业委员会、中药专业委员会和零售专业委员会三个分支机构，按专业分工开展各项工作。

省医药商业协会充分发挥协会在政府与企业间的桥梁作用，为适应医药卫生体制改革的需要，推进传统经营方式的改革，提高全省医药商业经济效益作了一定贡献。

在2012年协会主要围绕以下及方面开展工作：

1. 根据省委省政府、省商务厅对医药商业工作的部署和要求，结合省医药集团公司医药商业工作重点，协会紧紧围绕新医改政策及省医药集团本部及所属医药商业企业体制的改革，积极探索改革医药商业传统的经营方式和体制变革。

2. 由协会执笔，与江西省商务厅一道编写《江西省国药品流通行业十二五规划》，通过对省内有代表性的医药商业企业的深入调研，汇集各方意见，找出江西药品流通行业的特色，《江西省国药品流通行业十二五规划》经过省商务厅、卫生厅、财政厅、社会保障厅的联合评审，已经颁布。

3. 开展市场调研与预测，提高信息咨询服务质量。积极协会坚持每年对全省医药市场基本情况、商品流转情况、医药商业发展趋势进行通报；对大中型企业基本情况进行跟踪调查，参加全国医药销售百强排序；发布全省医药商业的销售额、利税额指标的排序，提供统计信息咨询服务。

4. 推荐11家商业企业作为商务部的统计直报企业，并配合商务厅做好统计报表的报送工作，获得先进表彰。

5. 联络光大银行、浦发银行，推进江西省中、小型医药流通企业的融资、担保工作。

6. 参与修改、出台江西省食品药品监督管理局牵头的《江西省食品药品安全监督管理十二五规划》的规划编写。

7. 多次与省卫生厅、商务厅一起对全省基本药物配方式、品种送等各项问题进行探讨，协会在既推进国家基本药物制度的发展，又兼顾商业企业的利益的前提下，代表行业提出了建设性的意见。

8. 积极参与中国医药商业协会组织的各类会议、培训和兄弟协会召开的会议，及时掌握医药行业动态、相关信息，相互学习。

虽然在过去的工作中协会做了一些工作，但仍将在今后的工作中完善以下工作：

1. 依法进行换届选举，完善协会各项工作。

2. 鼓励药品流通企业通过市场化途径并入大型药品流通企业。

在改革的过程中，势必会有一部分企业受到影响。积极发挥协会的作用，引导一般中小药品流通企业通过市场化途径并入大型药品流通企业。与此同时，还将支持专业化和有特色的中小药品流通企业做精做专，满足多层次市场需求。引导中小药品流通企业采用联购分销、共同配送等方式降低经营成本，提高组织化程度等。

3. 鼓励发展连锁经营创新药品营销方式。

鼓励药品连锁企业采用统一采购、统一配送、统一质量管理、统一服务规范、统一联网信息系统管理、统一品牌标识等方式，发展规范化连锁，树立品牌形象，拓展跨区域和全国性连锁网络，发挥规模效益。随着医药卫生体制改革深入和医药分开的逐步实施，鼓励连锁药店积极承接医疗机构药房服务和其他专业服务。

同时大力倡导创新药品经营模式。鼓励批零一体化经营。鼓励药品零售企业开展药妆、保健品、医疗器械销售和健康服务等多元化经营，满足群众自我药疗等多方面需求。支持连锁经营、物流配送与电子商务相结合，提高药品流通领域的电子商务应用水平。鼓励经营规范的零售连锁企业发展网上药店。

4. 做好放心药服务体系建设工程。

为保障百姓用药可及性、安全性，组织协会成员探索建立“放心药服务体系”，鼓励引导大中型骨干药品批发和零售连锁企业向农村和偏远地区延伸药品供应网络。对药品流通企业，在县或乡镇建药品配送中心，在农村和偏远地区开设零售药店，以实现基层药品流通的有效覆盖，保证基层群众吃上放心药、方便药。

5. 积极收集省内外医药商业信息，分析、研究在国家深入推进医疗卫生体制改革、药品流通体制改革和医疗保险改革、新型农村合作医疗、反商业贿赂形势下，医药商业的发展趋势和对策；加强对企业经济运行全过程的跟踪分析，力求及时、准确、全面把握总体走势，科学判断经济发展态势；积极向政府有关部门提出与行业发展有关的意见及建议。

6. 加强与中国医药商业协会以及兄弟省市医药商业协会的联系和沟通，积极参与各项活动，认真完成布置的工作。

7. 组织召开全省医药信息交流会，加强会员单位间的联系，促进工商、商商企业交流；推行行业自律和倡导诚信经营，协调会员单位间的经济行为，保护会员单位的合法权益。

2012 中国省级药店联盟发展状况

中国医药物资协会

前言

药店联盟是中国药品零售行业发展进程中一种重要的经济合作形式，是从融合走向集中化的重要标志。药店联盟深刻影响着药品零售行业的变革与发展，也促进了整个医药产业经济的发展进步。

中国医药物资协会充分认识到省级药店联盟对加快产业经济发展、推动行业进步和深化百姓健康服务的不可替代作用，高度重视并积极主导推动省级药店联盟发展。把发展省级药店联盟作为推进产业融合、建立良好竞争秩序、减少药品流通环节、降低药品终端零售价格、惠顾百姓健康的重要举措。

随着省级药店联盟的不断建立，中国药品零售行业的供零关系、竞争态势、运营水平、赢利方式等已经开始并将继续发生深刻变化，目前中国医药物资协会已成为全行业唯一建立起多家省级药店联盟的行业组织。

建设、发展并管理好省级药店联盟，关系到我国药品零售业的根本利益和繁荣发展，关系到上下游产业链的工商和谐，关系降药价、惠顾百姓的民生健康的重要举措。科学发展、有效管理、稳定发展是中国医药物资协会省级药店联盟的基本政策。中国医药物资协会一直致力于营造健康和谐的药品零售事业环境，构建更加可信、更加有用、更加有益于医药经济发展的药店联盟组织。

中国医药物资协会将不断完善省级药店联盟发展与管理政策，使其更加符合产业发展与管理的内在规律及客观需要。在实践中，中国医药物资协会十分注重借鉴有关联盟发展与管理的有益经验，并愿与各界一道共同促进省级药店联盟的繁荣发展。

发表《2012 中国省级药店联盟发展报告蓝皮书》，旨在介绍 2012 年度中国省级药店联盟发展的基本状况，说明中国医药物资协会关于省级药店联盟的基本政策以及对相关问题的基本观点，帮助产业、公众和社会全面了解中国省级药店联盟发展与管理的真实状况，促进整个医药产业经济的发展进步。

一、2012 省级药店联盟发展状况

自从 2009 年 10 月江苏药店联盟成立以来，中国省级药店联盟一直处于平稳发展之中。期间，2009 年共成立了两家省级药店联盟，2010 年共成立了 6 家，2011 年共成立了 6 家，2012 年共成立了 1 家。至今，全国共有省级药店联盟 15 家。其中，大西北药店联盟是由陕西、甘肃、新疆、宁夏、青海五省区部分药店共同发起成立其他联盟都是按省为单位设立。

至 2012 年底，中国医药物资协会已挂牌成立的 15 家省级药店联盟，覆盖全国 19 个省（直辖市、自治区），共有成员单位 483 家，比上一年度减少了 66 家；门店总量 21402 家，比上一年度增加了 3697 家；当年销售总额 355.57 亿元人民币，比上一年度增加了 73.22 亿元，是中国药品零售业规模最大的经济联盟体。

2012 年，15 家省级药店联盟共进行了 62 次联合采购，联合采购的商品市值 18.05 亿元，通过联合采购降低商品价格最高的达到 16%，最低的为 2.1%，总体平均降低商品价格为 4.39%。

山东药店联盟在 2011 年增加了 15 家成员单位、年销售额增加了 83.0% 后，2012 年继续增加 8 家会员单位，联盟销售额达到了 46 亿元，比 2011 年增长了 37%，是 2010 年的 2.5 倍，继续保持高速度增长。河北药店联盟自 2012 年成立以来会员数量虽然没有变化，但门店量增加了 50%，2012 年销售额是 2010 年销售额的 2.28 倍，达到了 25 亿元。北京药店联盟 2010 年成立以来，门店量和销售额也都持续保持增长势头，2012 年销售额是 2010 年销售额的 2.28 倍，达到 30.5 亿元。其他如广东药店联盟、大西北药店联盟、湖北药店联盟等，近年也都取得了持续、较快的增长。

由于四川 2012 年实施了非药品不能在药店销售的规定，导致川内药店销售额普遍大幅下降，其中我会所属的四川药店联盟总销售额由去年的 30.38 亿元下降到了 20.76 亿元，下降幅度达 31.67%。

二、内强素质，交流提升

2012 年，我会所有省级药店联盟都组织会员进行了管理输出、技术培训和业务交流活动，开阔了视野，加深了友谊，

表 1

2010-2012 年省级药店联盟发展数据

序号	联盟名称	成立时间	成员数量			门店量			销售额（亿元）			联采次数
			2010	2011	2012	2010	2011	2012	2010	2011	2012	2012
1	江苏药店联盟	2009.10.16	52	58	26	1520	1710	1887	20.25	24.53	51.50	3 次 1600 万
2	山东药店联盟	2009.12.20	31	46	54	1210	2156	3027	18.36	33.62	46.18	4 次 3500 万
3	陕西药店联盟	2010.5.7	78	120	40	1860	1508	1600	18.65	11.50	12.31	10 次 600 万
4	辽宁药店联盟	2010.5.20	18	20	22	540	650	730	10.25	12.52	15.25	6 次 5000 万
5	河北药店联盟	2010.6.21	14	14	13	350	350	525	11.26	13.53	25.12	0 次
6	浙江药店联盟	2010.9.25	18	21	14	550	710	802	10.63	15.17	12.33	6 次 2000 万
7	北京药店联盟	2010.10.21	21	21	13	733	733	815	13.38	25.62	30.48	2 次 800 万
8	大西北药店联盟	2010.11.21	14	14	20	415	415	538	8.6	9.34	13.29	2 次 2000 万
9	黑龙江药店联盟	2011.2.24		70	50		2008	1538		25.06	21.56	2 次 1800 万
10	四川药店联盟	2011.4.25		40	40		730	1608		30.38	20.76	0 次
11	河南药店联盟	2011.5.21		43	36		750	925		17.25	15.33	6 次 500 万
12	广西药店联盟	2011.7.9		41	37		2520	1915		20.48	21.16	2 次 2500 万
13	广东药店联盟	2011.8.18		28	35		1300	2480		23.35	29.40	5 次 3000 万
14	湖北药店联盟	2011.10.28		33	35		2165	2185		20.00	22.43	12 次 1.2 亿
15	山西药店联盟	2012.04.14			48			827			18.47	3 次 800 万
合计			249	549	483	7178	17705	21402	111.38	282.35	355.57	

数据来源：中国医药物资协会

成员单位的管理水平、业务技术和人员素质得到显著提高，凝聚力不断增强。

在组织框架上，各联盟都设置了相对完善的体系，设置了联盟秘书处及商品采购、培训管理、对外联络等小组，在中国医药物资协会章程范围内，制定并不断完善了联盟内部的“议事规则”、“业务范围”、“商品采购”、“日常管理”、“财务管理”等内部制度，民主决策得到落实，执行力得到了加强。

陕西药店联盟 2012 年委托聚康医药企业管理咨询有限公司举办的药店培训及学习活动共有 180 余场次，连锁企业总经理参加高级研讨班 300 余次，店长参加“五力店长”教练营 1000 余人次，300 多家连锁企业店员参加了企业内部团队打造及建设培训，直接受益企业 1000 余家。

山东药店联盟通过定期召开会员大会来加强会员单位之间的交流，助益于联盟和企业自身的发展；通过开展有针对性的管理输出和人员培训，提升会员单位的管理理念、业务水平和人员素质，增强企业的行业竞争力；通过共享工业资源和品种信息、及时有效地为会员单位提供行业动态、促进会员单位间的交流和学习等方法，进一步实现了“让会员单位满意，让联盟长远发展”的初衷。通过以上方式，不仅使会员单位从企业发展、销售份额、管理水平上有了明显的提升，也进一步增强了山东药店联盟的凝聚力，使联盟的综合实力、竞争力、美誉度居全国省级联盟前列。山东药店联盟从最初的抱团取暖，到如今的大融大通；从最初的成长型连锁药店，到如今省内主流连锁药店全部加入，进一步体现了联盟体在省内药品零售市场的引领性。

广西药店联盟加强沟通，提高认识与共识，积极推动多元化、多层次的合作，联采、联配、互保等进行“小合作”，加深沟通和了解，进而推动联盟“大合作”。山西药店联盟组织联盟理事单位共进行五次内部学习交流；先后邀请北大教授、业内专家为联盟单位进行了品类管理、信息化管理、人力资源管理、门店管理等方面的高端培训，为促进山西药品零售市场健康发展起到了积极的作用。四川药店联盟先后举行“青城山峰会”、“红色之旅走进巴中”、“帮学助困爱心捐赠活动”等活动，并与清华大学继续教育学院合作开展了“医药业 EMBA 研修班”。浙江药店联盟组织了二场大型培训会活动，参加受训人次超过 200 名。

三、转型升级，优化结构

我会在对山东药店联盟转型升级取得成功的基础上，2012 年继续结合联盟发展实情，对部分省级药店联盟进行了转型升级工作，在协会的指导下，江苏药店联盟 2012 年实现了不少自我的改革，完成了虫蛹到蝴蝶般的蜕变，从 2009 年的 11 家发起单位到如今 27 家成员单位，从最初的成长型连锁药店发起成立，到 2012 年省境内主流连锁药店全部加入，总销售额更是达到了 51.5 亿元，为各省级药店之冠，比上一年度增长了 26.97 亿元，经选举，由先声再康医药连锁有限公司总经理杨孝华担任联盟理事长。

陕西药店联盟、黑龙江药店联盟进行了内部的整合与调整，对不积极参与活动、不参加联盟会议、不执行联盟决议的无效会员进行了劝退，将更多的精力放在对积极成员更大力度的支持，强化内部协调体系，提升服务能力，2012 年该联盟会员数量虽然由 120 家降到了 40 家，但规模会员完全保留，总销售规模仍有所提升；黑龙江药店联盟成员数量由 70 家下降到了 50 家，优化了联盟的结构，各项执行力得到了加强。

在已经成立的 15 个省级药店联盟中，已成立实体公司的有 8 家，包括江苏药店联盟、山东药店联盟、陕西药店联盟、浙江药店联盟、广东药店联盟、湖北药店联盟、河南药店联盟、大西北药店联盟，所有成立实体公司的联盟，都有最终走向品牌统一、捆绑上市的路线计划。山东、河北、河南等联盟的实体公司运营情况比较优秀，河南药店联盟内部实行联采分销，两家不积极参与的已退出联盟，联盟内部管理体系更为成熟与完善。

四、影响与变革

通过建设发展省级药店联盟，中国药品零售业工商关系、竞争态势、运营水平、赢利方式等已经开始并将继续发生深刻的变化。

首先是联盟成员本身通过联盟平台，不断提升企业发展实力。各联盟经过联合采购降低采购成本，同时通过培训不断提升管理、业务和服务水平，从而不断提升了药店的赢利水平。

其次是大大缩短了药品流通环节。药品流通环节过多一直被认为是药价虚高的重要根源，减少药品流通环节、深化药品流通体制改革是国家近年来一直在推动的重要工作。按通常的药品零售流通方式，一般是历经“厂家→总代理→区域分销→连锁药店→消费者”五个环节，而通过省级药店联盟联合采购平台，流通环节压缩到“厂家→连锁药店→消费者”三个环节，通过压缩两个中间环节，至少可以压缩 15% 以上的流通成本，这完全符合国家“十二五”药品流通行业规划的目标要求。目前，越来越多的厂家已经开始同各联盟直接进行采购对接，多个联盟联合采购的品种数量也在呈 10 倍速的增长态势，联合采购金额也在不断增加。

第三是促进药品零售价格下降，在一定程度上缓解了百姓“吃药贵”的现象。各联盟统计数据显示，2012 年大部分联合采购的商品其零售终端价格普遍下降了 3%-6%，部分商品零售降价幅度达到 15%。

第四是通过联盟建设，有效抑制了区域药店之间的恶性价格竞争，维护市场的良性发展，减少内耗，加强自律，共同为消费者和供应商做好服务，建立起了有序的市场竞争环境。同时，各联盟成员单位将品种资源、工业资源进行共享，并在药店经营、管理和服务上进行交流分享，让联盟成员药店在与非成员药店在竞争中更具领先优势。

第五是进一步改善了供零关系，各省级联盟在当地基本都占据着当地药品零售市场最大的份额，这让联盟在供零博弈关系中占据更为主动的地位，以往很多品牌企业都不愿意直接对接单一的连锁药店，但组成省级联盟后，以省为单位的联盟形式与工商企业的市场销售分区完全匹配，很多品牌企业都积极与联盟沟通、合作，上游供应商的增多，让联盟成员药店的商品品类更加丰富。

各药店联盟认为，通过联盟平台，不断增加了新的商品品类，降低了商品的采购成本，降低了药品终端零售价，同时也提升了药店的利润，增强了成员单位的竞争力，推动了各会员单位的整合趋势。

五、商务部对省级药店联盟的支持

商务部作为中国药品流通零售的行业主管机构，在我会积极主导成立了多家省级药店联盟后，该部表示将支持药店联盟建设工作：2012 年 8 月，商务商在郑州召开全国药品流通工作会议，邀请我会各省级药店联盟负责人共计 20 余人共同参与，占全部参会人数的近 1/10。在本次大会上，我会递交的《中国药品零售联盟体系构建与可持续发展》进入了大会材料，供与会者参考；协会有关省级药店联盟的统计数据，得到了商务部的引用和认可。会后，我会汇集各省级药店联盟针对当前的行业政策意见，统一递交商务部，供政府制定医药流通零售行业政策进行参考。

当年 12 月 12 日，我会在江苏昆山召开第七届中国成长型医药企业发展论坛暨 2012 药店博览会，共有 1500 多名医药行业企业家出席，商务部将《药品批发企业物流服务能力评估指标》、《零售药店经营服务规范》、《药品流通企业诚信经营准则》、《药品流通行业职业经理人标准》、《药品流通企业通用岗位设置规范》等五部新颁布的规章制度在大会材料上公布，供参加论坛的各省级药店联盟会员进行学习、交流。

此前的2011年8月31日，商务部召集了我会8家省级药店联盟及药品零售行业其他联盟共10余家联盟，在北京召开了“药店联盟座谈会”，详尽了解各药店联盟发展情况，并提出了合理化的发展指导意见。

同年11月5日，商务部市场秩序司巡视员温再兴受邀出席由我会主办的第六届中国成长型医药企业发展论坛，他在讲话中充分肯定了由我会主导推动的各省级药店联盟建设。认为药店联盟是我国药品零售行业发展进程中出现的一种新的经济合作形式，符合商务部颁布的“十二五”药品流通行业发展规划纲要精神，有利于积极应对医改带来的中小企业生存困难问题，将对药品零售业未来的变革与发展产生重大影响。其积极作用已初步显现：一是“联采分销，共同配送”的方式，发挥了规模采购效益，最大限度减少了中间环节，增强了议价能力，降低了采购成本，提高了企业市场竞争力，惠及了百姓用药；二是抑制了会员企业间的恶性价格竞争，有利于维护市场秩序，减少企业内耗，加强行业自律；三是共享管理经验、共同开展人才培训等活动的开展，提升了企业管理水平和服务能力；四是部分药店联盟采用贴牌生产的形式，树立了零售企业品牌形象。

六、行业建言献策

2012年，中国医药物资协会所属于的各省级药店联盟在做好自身建设之外，还主动参与当地药品零售市场的活动，积极向政府主管机构建言献策，反映会员诉求。

如广东药店联盟于7月与广东医药价格协会联合发起成立了零售药店委员会，首先在联盟内部试行“政府补贴平价药店政策”，广州每店政府每年补贴5万元，其他地区每店政府每年补贴3万元，2012年已在广州、中山等联盟会员中试点了30多家门店，2013年将在全省范围内推广，并优先在联盟成员中实施。此举不但缓解了平价药店的生存发展压力，更是惠及百姓民生的重要举措。

广西药店联盟联合广西医药商会等，就联盟成员反映较突出“多元化经营”、“融资难”、“药师上岗”等问题，向广西区统战部、工商联、商务厅、食药监局、医保局等有关主管部门提交了《关于支持药店多元化发展的报告》、《关于协调解决中小药品流通企业融资难的建议》、《关于解决药师不足，加强药师培训的建议》等报告，引起了政府及相关部门的重视和关注，广西商务厅已向商务部、教育部提出在广西设立药品流通企业培训基地，广西药品监管部门也正在广西药店联盟成员内试行“远程审方”系统等。

北京药店联盟就《北京市药品零售企业开办暂行规定》征求意见稿进行了讨论，并向主管机构提交修改意见。

大西北药店联盟自2011年11月起，与兰州市政府、兰州食药监局开办了“兰州市放心药店研讨会”，参与打造政府放心、群众满意的“放心药店“工程。

河北药店联盟制定统一的参考价格标准，避免同业恶性竞争。成员谨遵联盟制定的市场价格体系和制度，不随意定价，保证河北药店价格的稳定与统一。同时，还积极参加河北省食药监局、石家庄市食药监局的“安全用药活动月”活动，通过联盟成员药店，积极向广大群众进行安全用药知识的传播与推广。

江苏药店联盟有关联盟发展与思考的汇报材料编入了2012商务部全国药品流通工作会议手册中，供所有代表参照。

山西药店联盟在山西发起成立了山西零售商行业协会零售药店专业委员会，架起企业与政府沟通的桥梁。该委员会的成立受到了山西省商务厅的高度评价，并被寄予厚望，它对全省零售药店的健康发展、快速发展产生积极的影响。

七、管理与服务

自2009年以来，中国医药物资协会积极进行全盘统筹，有计划、有方法、有步骤、有目标地主导成立了15家省级药店联盟，并将联盟纳入协会体系之内，联盟受协会的领导和管理监督。

中国医药物资协会作为各联盟业务主管单位，多次召开各省级药店联盟理事长、秘书长会议，先后出台了《中国医药物资协会省级联盟登记管理办法》、《药店联盟工作规范责任书》等内部规章，对联盟发起、成立、运营、活动等各个方面提出了要求和约束。不断提高会员的法制意识、政策水平、执行能力，严格遵守国家有关社会团体的法律法规，推动协会的工作，树立协会的形象。

同时，各联盟不具有独立法人资格，凡涉及可能产生重大法律风险的事项，须报协会批准或授权后方可处理，以协会名义组织活动，须报协会同意后方可实施。各联盟因会员减少、无法正常开展活动，或违反国家有关法规和协会规定，损害协会名誉和整体利益的，协会有权对联盟进行处罚，直到注销联盟资格。

中国医药物资协会积极与商务部、国资委进行沟通，就省级药店联盟发展及中国药品零售业发展话题，积极反映药店联盟成员心声，为行业发展献计献策。

中国医药物资协会通过省级药店联盟，不断倡导行业自律和诚信经营，倡导科技与低碳理念，先后组织药店联盟成员发布了《绿色宣言》、《质量宣言》等，多个省级药店联盟也相应地出台了内部的“自律公约”等。目前，协会积极与有关部门联合开展“药店企业信用评价”、“执业药师培训”等工作。

在业务服务上，中国医药物资协会及下属的连锁药店委员会两年时间以来，先后组织了19次“中国药品零售产业论坛”，邀请行业专家、优秀企业家为各省级药店联盟成员进行专题演讲；先后组织了26届“中国药店联盟沙龙活动”活动，充分分享省级联盟发展经验、教训，共同探讨行业热点话题，相互学习借鉴共同成长。协会联合人民网在各联盟成员单位举行“人民健康大讲堂”活动，邀请胡大一、洪昭光等知名专家为消费者讲述、传播健康知识与理念。

中国医药物资协会先后推荐、介绍了数百家知名的或独特的上游供应商给药店联盟，促成上百家医药工商企业与各省级药店联盟开展业务合作。

中国医药物资协会先后组织各省药店联盟成员进行了九华山、峨眉山、普陀山、五台山四大佛教名山朝圣之旅活动，进行了湘赣陕红色寻根之旅、三峡文化之旅、祭炎祭黄祭孔大典等特色主题活动，2012年先后赴日本、南非、美国、马来西亚、欧洲等地进行行业访问交流。

中国医药物资协会联合北京大学药学院、比利时联合商学院等共同主办了中国药品零售总裁管理学博士（DBA）学位班、中国药品零售总裁工商管理硕士（MBA）学位班等，目前累计已开办三期，160多名各省级药店联盟成员先后入学就读。

八、省级药店联盟的品牌影响

在行业内，中国医药物资协会在过去两年多时间持续成立了15家省级药店联盟，这得到了媒体的广泛关注，国家级媒体、知名产经媒体、行业媒体、地方主流媒体及知名互联网媒体对省级药店联盟发展都进行了报道，不断扩大联盟的品牌影响力。“省级药店联盟”的整体品牌形象已经深入人心。

至今，省级药店联盟以其年销售355.57亿的渠道终端能量，成为了药品零售终端一个不可忽视的力量，很多强大的上游供应商都因此而调整了业务策略，大量的医药工商企业也纷纷通过协会途径与各联盟的沟通合作。

同时，不少中小型连锁药店长期以来一直默默无闻，但因参与省级药店联盟事务，迅速发展成为行业明星企业和知名企业家，企业品牌和个人品牌都得到了巨大的提升，进一步助力企业发展。

各省药店联盟通过出版内部刊物、建立联盟网站、参与“人民健康大讲堂”活动、统一进行门店促销推广、在各门店悬挂联盟标识等，在当地消费者中逐渐形成一定的影响力，当地政府主管部门无一例外地都支持了省级药店联盟的建设与发展。

在品牌知名度不断得到提升的同时，在协会强力规范要求下，各省药店联盟品牌美誉度也在不断得到升化，品牌忠诚度也逐渐培育形成，不少联盟与供应商达成了长期、稳固的合作机制。

九、省级药店联盟未来展望

作为非法人机构的经济合作体，目前极个别省级药店联盟在发展过程中还存在凝聚力不够强、服务水平有限的问题，对此，中国医药物资协会坚持“控制发展、转型升级”的方针，加强对联盟的改造力度，督导联盟走上规范化的发展道路。同时，协会积极与商务部进行沟通，寻求相关政策的支持。

未来几年，中国医药物资协会还将继续推动省级药店联盟的建设，完成全国总体布局，达到25家联盟，覆盖全国各个省市区。

我们预计，省级药店联盟将引领中国药品零售行业的未来：在模式上，省级联盟多以资本为纽带，通过联合出资方式成立运营实体加快发展；在渠道上，联盟主要由各个地级市主力药店联合发起，渠道网络基本覆盖全省；在资源上，各发起单位将品种资源、工业资源进行共享，并在药店经营、管理和服务上进行交流分享，推动成员药店在竞争中更具领先地位；在竞争上，通过联盟作用抑制股东之间的恶性价格竞争，维护市场的良性发展，减少内耗，加强自律，共同为消费者和供应商做好服务，提升药店利润；在份额上，各省级联盟都占据了当地药品零售市场最大的份额，让联盟在工商博弈关系中占据更主动的地位；在战略上，多以“最终成立统一品牌的省级大连锁、并通过资本市场融资上市”为目标。

医改背景下的中国药品零售市场，部分强势连锁实现融资上市手握重金，目前正值该市场变革之时，大量区域性连锁药店，虽然目前都能够生存发展，但以一己之力，未来前景堪忧。因此，联合组建省级的药店联盟已成为时代产业发展的必然。

可以预见，在未来五到十年之内，拥有全省网络、拥有大量门店、拥有最大市场份额的省级药店联盟，将成为药品零售市场的主要经济联合体。

十、结束语

当前，由国际金融危机引发的世界经济衰退仍未过去，药品安全、重大疾病防控等全球性问题日益突出，在新医改及其配套政策不断实施与完善的背景下，中国医药流通零售领域投资、并购相对活跃，行业进入了调整发展期，大量的连锁药店既面临加快发展的难得机遇，又面临纷繁复杂的生存挑战。

中国医药物资协会在国资委、商务部指导下，将继续秉承服务会员、服务行业的原则，一如既往地主导、推动中国省级药店联盟建设与发展，拓宽纵向、横向交流，创新联盟发展方式，分享发展经验与成果。

相信通过政府、协会与联盟及其成员的共同努力，中国省级药店联盟一定会向更大规模、更宽领域和更高层次不断发展，为中国药品零售行业发展、为百姓健康作出更大贡献。

行业人才培训

商务部市场秩序司关于同意河北等十省市《药品流通行业“十二五”人才培训方案》的函

商秩司函〔2012〕390号

各省、自治区直辖市、计划单列市及新疆生产建设兵团商务主管部门：

根据商务部办公厅关于印发《全国药品流通行业“十二五”人才培训方案》的通知要求，我司对河北、山西、吉林、上海、江苏、浙江、福建、湖北、湖南、甘肃十省市报送的《药品流通行业“十二五”人才培训方案》进行了审查。经研究，现将有关意见函告如下：

一、同意你们拟定的培训方案和培训计划，请组织相关培训机构和协会按照培训计划认真开展培训工作，及时向我司报送年终培训工作总结。

二、同意你们推荐的培训机构作为第一批“商务部药品流通行业人才教育培训基地”。

三、请将你省市培训组织领导机构、人员名单和联系方式于9月15日前报我司（药品流通处）。

附件：第一批商务部药品流通行业人才教育培训基地名单

商务部市场秩序司

二〇一二年九月三日

抄送：中国医药商业协会、国资委职业经理研究中心、中国执业药师协会、国家公众营养改善项目办公室、中国医药教育协会。

第一批商务部药品流通行业人才教育培训基地名单

序号	省（市）	培训基地
1	河北	河北化工医药职业技术学院
2	山西	山西药科职业技术学院
3	吉林	吉林省商务交流中心
4	上海	诚之医药商业培训中心、对外经济贸易教育培训中心、国药大学
5	江苏	中国药科大学
6	浙江	浙江世经商务咨询中心、浙江大学药学院、浙江工商大学MBA学院
7	福建	福建省中医药大学
8	湖北	国药物流湖北培训学校
9	湖南	湖南省商务厅培训中心
10	甘肃	兰州大学药学院

商务部市场秩序司关于北京等十九省市《药品流通行业"十二五"人才培训方案》的复函

商秩司函〔2013〕109号

各省、自治区、直辖市、计划单列市及新疆生产建设兵团商务主管部门：

根据商务部办公厅关于印发《全国药品流通行业"十二五"人才培训方案》的通知要求，我司对北京、天津、辽宁、黑龙江、安徽、江西、山东、河南、广东、广西、四川、重庆、贵州、陕西、云南、海南、青海、新疆、新疆建设兵团共十九省市报送的《药品流通行业"十二五"人才培训方案》进行了审查。经研究，现函复如下：

一、同意你们拟定的培训方案和培训计划，请组织相关培训机构和协会按照培训计划认真开展培训工作，及时向我司报送年终培训工作总结。

二、同意你们推荐的培训机构作为第二批"商务部药品流通行业人才教育培训基地"。其中，内蒙古的培训工作由北京基地开展；西藏的培训工作由四川基地开展；宁夏的培训工作由陕西基地开展。

三、请将你省市培训组织领导机构、人员名单和联系方式于4月20日前报我司（药品流通处）。

附件：第二批商务部药品流通行业人才教育培训基地名单

商务部市场秩序司

二〇一三年四月八日

抄送：中国医药商业协会、国资委职业经理研究中心、
中国执业药师协会、中国医药教育协会。

第二批商务部药品流通行业人才教育培训基地名单

序号	省（市）	培训基地
1	北京、内蒙古	北京市医药行业协会（培训中心）
2	天津	天津生物工程职业技术学院、老百姓大药房连锁（天津）有限公司、天津天士力医药营销集团有限公司
3	辽宁	辽宁省医药商业协会培训中心、辽宁成大方圆职业技术培训学校、沈阳药科大学职业技能培训中心
4	黑龙江	黑龙江医药行业协会（培训中心）
5	安徽	安徽省医药行业协会、安徽中医学院
6	江西	江西省药品流通培训服务中心
7	山东	山东省商务厅培训中心（泰安、青岛实训基地）
8	河南	河南国际商务培训中心、河南省医药学校
9	广东	广东省医药行业协会（培训中心）
10	广西	广西中医药大学药学院
11	四川、西藏	成都中医药大学、四川商务职业学院
12	重庆	重庆市医药经贸学校
13	贵州	贵州阳光西部企业管理有限公司（培训中心）
14	陕西、宁夏	陕西中医学院
15	云南	云南兴晨医药职业培训学校
16	海南	海南医药保健品行业协会（培训中心）
17	青海	青海省新绿洲药业集团有限公司（培训中心）
18	新疆	新疆商业人才培训服务中心
19	新疆兵团	新疆石河子大学药学院

全国药品流通企业职业高级经理资质评价通过人员名单

根据《全国药品流通行业"十二五"人才培训方案》的要求，为加快推进药品流通行业人才队伍建设，提高药品流通行业整体素质和企业经营管理水平，由商务部市场秩序司指导，中国医药商业协会和国资委职业经理研究中心承办的全国药品流通企业高级职业经理人培训工作于2011年3月3日正式启动。截止2012年8月5日，已举办八期全国药品流通企业职业经理人培训班。参加培训并通过考评的学员，获得由商务部市场秩序司监制的《全国药品流通企业高级职业经理人资质证书》。具体人员名单如下：

证书编号	姓名	单位
职理医证第116098001	李洪刚	天津医药集团太平医药有限公司
职理医证第116098002	孙岩	天津中新药业集团股份有限公司
职理医证第116098003	姬培春	江苏华美医药有限责任公司
职理医证第116098004	贾冬梅	甘肃众友健康医药股份有限公司
职理医证第116098005	宋军	国药控股股份有限公司
职理医证第116098006	赵毅	天津医药集团太平医药有限公司
职理医证第116098007	王国红	浙江海王医药有限公司
职理医证第116098008	胡小钦	浙江惠仁医药有限公司
职理医证第116098009	谭新政	山东海王银河医药有限公司
职理医证第116098010	张玉香	天津医药集团太平医药有限公司
职理医证第116098011	陈长琦	天津市中药饮片厂有限公司
职理医证第116098012	应小平	宁波英特药业有限公司
职理医证第116098013	吴志龙	九州通医药集团股份有限公司
职理医证第116098014	罗帆	重庆医药股份有限公司
职理医证第116098015	杨丽红	甘肃众友健康医药股份有限公司
职理医证第116098016	曾辉	北京金象大药房医药连锁有限责任
职理医证第116098017	蒋明怀	江苏华康医药股份有限公司
职理医证第116098018	王冰毅	浙江英特药业有限责任公司
职理医证第116098019	胡明东	上海医药分销控股有限公司
职理医证第116098020	沈方	国药集团药业股份有限公司
职理医证第116098021	张春香	喀什惠生堂医药连锁有限责任公司
职理医证第116098022	郎涛	北京医药股份有限公司
职理医证第116098023	林扬	天津医药集团太平医药有限公司
职理医证第116098024	杨俊	惠生堂医药连锁有限责任公司
职理医证第116098025	孙饶鸿	江西上饶医药股份有限公司
职理医证第116098026	龚力	北京九州通医药有限公司
职理医证第116098027	闫碧	安徽延生药业有限公司
职理医证第116098028	胡瑛	江西上饶医药股份有限公司
职理医证第116098029	杨少林	海南科园鸿益药业有限公司
职理医证第116098030	于亚云	国药控股天津有限公司

证书编号	姓名	单位
职理医证第 116098031	牛烨	保定市医药有限公司
职理医证第 116098032	邢春生	天津医药集团太平医药有限公司
职理医证第 116098033	张志国	天津市药材集团宁河公司
职理医证第 116098034	潘江宁	天津医药集团太平医药有限公司
职理医证第 116098035	杨沂	保定市医药有限公司
职理医证第 116098036	陈岱	国药控股沈阳有限公司
职理医证第 116098037	高晓鸣	江苏华康医药股份有限公司
职理医证第 116098038	赵文军	重庆医药股份有限公司
职理医证第 116098039	匡洁	国药控股北京有限公司
职理医证第 116098040	金小波	浙江英特药业有限责任公司
职理医证第 116098041	王玉杰	国药乐仁堂医药有限公司
职理医证第 116098042	王旭	四川省医药股份有限公司
职理医证第 116098043	李向群	天津医药集团太平医药有限公司
职理医证第 116098044	何琮	重庆医药股份有限公司
职理医证第 116098045	黄旭东	天津医药集团太平医药有限公司
职理医证第 116098046	薛超	国药控股天津有限公司
职理医证第 116098047	张锦桦	宁波英特药业有限公司
职理医证第 116098048	周求华	全洲药业集团有限公司
职理医证第 116098049	侯立业	北京医药股份有限公司
职理医证第 116098050	张凤霞	天津市跃康医药批发有限公司
职理医证第 116098051	朱烽	浙江嘉善医药有限公司
职理医证第 116098052	杨博	山东瑞康医药股份有限公司
职理医证第 116098053	邓永胜	国药控股天津有限公司
职理医证第 116098054	张宝英	天津药材集团蓟县公司
职理医证第 116098055	杨丹	国药控股沈阳有限公司
职理医证第 116098056	冯德刚	全洲药业集团有限公司
职理医证第 116098057	时建成	山东海王银河医药有限公司
职理医证第 116098058	姜登科	山西双鹤药业有限公司
职理医证第 116098059	王溪	国药控股沈阳有限公司
职理医证第 116098060	刘建强	天津医药集团太平医药有限公司
职理医证第 116098061	宓静	浙江海王医药有限公司
职理医证第 116098062	郝洁	天津医药集团太平医药有限公司
职理医证第 116098063	周少波	全洲药业集团有限公司

证书编号	姓名	单位
职理医证第 116098065	秦林	泰州医药有限公司
职理医证第 116098066	李成刚	北京金象大药房医药连锁有限公司
职理医证第 116098071	彭西英	重庆医药股份有限公司
职理医证第 116098070	秦彦平	重庆医药股份有限公司
职理医证第 116098069	杨雁平	无锡市汇生药品经营公司
职理医证第 116098068	刘天尧	国药控股股份有限公司
职理医证第 116098067	咸辉	北京金象大药房医药连锁有限责任
职理医证第 116098074	王磊	日照医药集团公司
职理医证第 116098073	任靖平	安徽省巢湖市康复大药房连锁有限
职理医证第 116098072	许加峰	南京金陵大药房有限责任公司
职理医证第 116098080	钟爱平	内蒙古赤峰人川医药公司
职理医证第 116098079	刘成深	山东海王银河医药有限公司
职理医证第 116098078	李广宏	福州回春医药医药连锁有限公司
职理医证第 116098077	赵晓峰	山西双鹤药业有限公司
职理医证第 116098076	姬昌	安国市国安药材有限责任公司
职理医证第 116098075	芦霞	天津医药集团太平医药有限公司
职理医证第 116098088	曹优渝	重庆医药股份有限公司
职理医证第 116098087	但一星	重庆医药股份有限公司
职理医证第 116098086	孙锦科	山东海王银河医药有限公司
职理医证第 116098085	俞燕青	杭州萧山医药有限公司
职理医证第 116098084	孙志刚	国药控股苏州博爱医药有限公司
职理医证第 116098083	刘胜光	上海复星医药（集团）股份有限公司
职理医证第 116098082	李建军	山西双鹤药业有限公司
职理医证第 116098081	张宁	北京医药股份有限公司
职理医证第 116098095	孙伟	重庆医药股份有限公司
职理医证第 116098094	蒋丽	重庆医药股份有限公司药品分公司
职理医证第 116098093	张志刚	四川省医药股份有限公司
职理医证第 116098092	郑坚雄	广州医药有限公司
职理医证第 116098091	杨明江	河南张仲景大药房股份有限公司
职理医证第 116098090	汪勇	山西双鹤药业有限公司
职理医证第 116098089	张文海	北京医药股份有限公司
职理医证第 116098101	雒元琴	甘肃众友健康医药股份有限公司

证书编号	姓名	单位
职理医证第 116098100	李湘斌	国药控股湖南有限公司
职理医证第 116098099	刘东远	国药控股天津有限公司
职理医证第 116098098	王玉琦	天津医药集团太平医药有限公司
职理医证第 116098097	叶真	北京金象大药房医药连锁有限责任
职理医证第 116098096	于宏	北京医药股份有限公司
职理医证第 116098107	黄少华	武汉医药（集团）股份有限公司
职理医证第 116098106	袁玉林	国药控股湖北有限公司
职理医证第 116098105	王漠	华润山东医药有限公司
职理医证第 116098104	顾玲	徐州医药股份有限公司
职理医证第 116098103	严国伟	天津医药集团太平医药有限公司
职理医证第 116098102	李国强	天津医药集团太平医药有限公司
职理医证第 116098109	常子健	天津市中药饮片厂有限公司
职理医证第 116098108	赵宁	天津医药集团太平医药有限公司
职理医证第 116098112	刘铁军	江苏恩华和润医药有限公司
职理医证第 116098111	刘树宽	天津市药材集团宁河公司
职理医证第 116098110	刘军	国药集团药业股份有限公司
职理医证第 116098117	洪伟国	杭州萧山医药有限公司
职理医证第 116098116	刘春荣	佳木斯海雨医药有限责任公司
职理医证第 116098115	谭丽	国药控股沈阳有限公司
职理医证第 116098114	沈桂霞	天津市药材集团蓟县公司
职理医证第 116098113	刘洪广	天津医药集团太平医药有限公司
职理医证第 116098122	冯得春	甘肃众友健康医药股份有限公司
职理医证第 116098121	杨奇伟	国药控股湖南有限公司
职理医证第 116098120	王晓瑛	大庆众康医药经销有限公司
职理医证第 116098119	刘芳华	国药控股天津有限公司
职理医证第 116098118	张颖	天津医药集团太平医药有限公司
职理医证第 116098125	孙俊	国药集团上海立康医药股份有限公
职理医证第 116098124	战明	国药控股沈阳有限公司
职理医证第 116098123	闫宝书	张家口市华佗药房连锁有限公司
职理医证第 116098126	齐锁	天津医药集团太平医药有限公司
职理医证第 116098127	乔美芳	国药控股沈阳有限公司
职理医证第 116098128	周鑫	国药控股天津有限公司

证书编号	姓名	单位
职理医证第 126098001	黄晓东	国药控股湖南有限公司
职理医证第 126098002	董汉生	北京九州通医药有限公司
职理医证第 126098003	李宁	日照医药集团公司
职理医证第 126098004	李珂	河南张仲景大药房股份有限公司
职理医证第 126098005	张亮	重庆和平药房连锁有限责任公司
职理医证第 126098006	赵彦娟	国药控股宁夏有限公司
职理医证第 126098007	庞萍娟	浙江恩泽医药有限公司
职理医证第 126098008	刘国伟	广州医药有限公司
职理医证第 126098009	来晓静	日照医药集团公司
职理医证第 126098010	周正	国药控股沈阳有限公司
职理医证第 126098011	潘兆德	日照东港区医药公司
职理医证第 126098012	罗伟杰	四川省医药股份有限公司
职理医证第 126098013	汤红	重庆医药股份有限公司特殊药品分
职理医证第 126098014	杨瑛	重庆医药股份有限公司和平批发分
职理医证第 126098015	赵弘伟	中国永裕新兴医药有限公司
职理医证第 126098016	李欣	北京美康永正医药有限公司
职理医证第 126098017	徐延国	日照医药集团公司
职理医证第 126098018	任威	重庆医药股份有限公司医药贸易中
职理医证第 126098019	沈洋	北京医药股份有限公司
职理医证第 126098020	方鑫	河南张仲景大药房股份有限公司
职理医证第 126098021	李治龙	国药控股宁夏有限公司
职理医证第 126098022	陈世巨	国药控股沈阳有限公司大连分公司
职理医证第 126098023	成军	日照医药集团公司
职理医证第 126098024	姚振民	日照医药集团公司
职理医证第 126098025	边立新	中国永裕新兴医药有限公司
职理医证第 126098026	陈建雄	四川康百年药业有限公司
职理医证第 126098027	蔡渝	重庆医药股份有限公司药品科
职理医证第 126098028	张浩锐	大庆众康医药经销有限公司
职理医证第 126098029	于斌	日照医药集团公司
职理医证第 126098030	张庆	日照医药集团公司
职理医证第 126098031	谢仲子	重庆医药股份有限公司
职理医证第 126098032	赵兴	北京医药股份有限公司
职理医证第 126098033	田文洁	国药集团上海立康医药股份有限公
职理医证第 126098034	梁金龙	中国药材公司

证书编号	姓名	单位
职理医证第 126098035	徐浩	华润西安医药有限公司
职理医证第 126098036	田国涛	国药控股北京华鸿有限公司
职理医证第 126098037	陈国利	国药控股美罗（大连）有限公司
职理医证第 126098038	杜杰	重庆医药（集团）股份有限公司特
职理医证第 126098051	宋拥军	国药乐仁堂医药有限公司
职理医证第 126098039	陈梅	四川省医药股份有限公司
职理医证第 126098052	胡寿康	国药控股江苏有限公司
职理医证第 126098040	秦海峰	国药控股山西有限公司
职理医证第 126098041	谢兵	浙江惠仁医药有限公司
职理医证第 126098042	谭勇	江西南华医药有限公司
职理医证第 126098043	李梅	贵州省医药（集团）有限责任公司
职理医证第 126098044	邹赛杉	重庆医药（集团）股份有限公司
职理医证第 126098045	王颖	重庆医药（集团）股份有限公司
职理医证第 126098046	兰钧	陕西华远大药房有限公司
职理医证第 126098047	吴剑	国药控股美罗（大连）有限公司
职理医证第 126098048	魏付平	国药控股新疆新特喀什药业有限公
职理医证第 126098049	沈康成	陕西医药大厦
职理医证第 126098050	李文玉	重庆医药新特药品有限公司

证书编号	姓名	单位
职理医证第 126098053	丁晨昌	江西汇仁集团医药科研营销有限公
职理医证第 126098054	梁建军	浙江英特药业有限责任公司
职理医证第 126098055	穆箫吟	贵州省医药（集团）有限责任公司
职理医证第 126098056	张爱霞	镇江华康大药房连锁有限公司
职理医证第 126098057	孙磊	安徽丰原医药营销有限公司
职理医证第 126098058	李华	国药集团药业股份有限公司
职理医证第 126098059	朱焕群	山东省莒县医药公司
职理医证第 126098060	王立金	日照医药集团公司
职理医证第 126098061	孔令霞	日照医药集团公司

证书编号	姓名	单位
职理医证第 126098062	陈义海	贵州省医药（集团）有限责任公司
职理医证第 126098063	范成虎	江西南华医药有限公司
职理医证第 126098064	戚德欣	日照医药集团公司
职理医证第 126098065	卫红	国药控股北京有限公司
职理医证第 126098066	王鹏	北京美康永正医药有限公司
职理医证第 126098067	端木俊	云南省医药有限公司
职理医证第 126098068	罗容	重庆和平药房连锁有限责任公司
职理医证第 126098069	马学东	国药集团新疆新特克拉玛依药业有
职理医证第 126098070	薛江涛	日照医药集团公司
职理医证第 126098071	佟昊	北京美康永正医药有限公司
职理医证第 126098072	杨谧	浙江英特药业有限责任公司
职理医证第 126098073	秦猛	德州颐寿医药连锁有限公司
职理医证第 126098074	夏丽坤	云南白药大药房有限公司
职理医证第 126098075	孟宪羽	贵州省医药（集团）有限责任公司
职理医证第 126098076	朱萸	重庆医药股份有限公司医药贸易中
职理医证第 126098077	黄仁才	重庆医药垫江医药有限责任公司
职理医证第 126098078	张齐学	国药集团药业股份有限公司
职理医证第 126098079	裘欣	天津医药集团太平医药有限公司
职理医证第 126098080	冯倩	天津医药集团太平医药有限公司
职理医证第 126098081	周乐华	天津医药集团太平医药有限公司
职理医证第 126098082	修建新	杭州华东武林大药房有限公司
职理医证第 126098083	林青	五莲县医药公司
职理医证第 126098084	王发中	河南省漯河市力致康医药有限责任
职理医证第 126098085	李斯勇	湖北省麻城市天下明药业有限公司
职理医证第 126098086	颜成竹	重庆市和平国根医药有限公司
职理医证第 126098087	韩嵘	山西双鹤药业有限公司
职理医证第 126098088	赵迎	天津医药集团太平医药有限公司
职理医证第 126098089	刘少颖	天津医药集团太平医药有限公司
职理医证第 126098090	张华	浙江英特药业有限责任公司
职理医证第 126098091	张伟	和平泰康资阳药业有限责任公司

证书编号	姓名	单位
职理医证第 126098092	邓克	国药控股北京有限公司
职理医证第 126098093	张田	安徽环球医药贸易有限公司
职理医证第 126098094	赵小玲	山西双鹤药业有限公司
职理医证第 126098095	马磊	云南省医药有限公司
职理医证第 126098096	江超英	重庆医药（集团）股份有限公司药
职理医证第 126098097	黄颖	重庆和平药房连锁有限责任公司
职理医证第 126098098	祁涛	天津医药集团太平医药有限公司
职理医证第 126098099	张郁英	重庆医药（集团）股份有限公司药

证书编号	姓名	单位
职理医证第 126098100	梁生生	宁波医药股份有限公司
职理医证第 126098101	张珊	重庆医药（集团）股份有限公司
职理医证第 126098102	赵娟	徐州医药股份有限公司
职理医证第 126098103	吴波	华东医药股份有限公司
职理医证第 126098104	姜延	重庆医药和平医药新产品有限公司
职理医证第 126098105	刘友洪	重庆和平制药有限公司
职理医证第 126098106	王忠	重庆医药北碚医药有限责任公司
职理医证第 126098107	欧阳广勇	浙江英特药业有限责任公司
职理医证第 126098108	邹秋林	泰州医药有限公司
职理医证第 126098109	钟华飞	浙江淳安医药药材有限责任公司
职理医证第 126098110	彭菲	重庆医药新特药品有限公司
职理医证第 126098111	郭进	浙江英特药业有限责任公司
职理医证第 126098112	杨文法	国药控股山东有限公司
职理医证第 126098113	王兴艳	天津医药集团太平医药有限公司
职理医证第 126098114	王东辉	宁波医药股份有限公司
职理医证第 126098115	万正刚	武汉阳光医药有限公司
职理医证第 126098116	彭洁	云南新弘华药品有限公司
职理医证第 126098117	王荣	重庆医药（集团）股份有限公司

证书编号	姓名	单位
职理医证第 126098118	刘霞	天津医药集团太平医药有限公司
职理医证第 126098119	张秀津	国药乐仁堂医药有限公司
职理医证第 126098120	卢军	重庆医药上海药品销售有限责任公
职理医证第 126098121	苗德亮	徐州医药股份有限公司
职理医证第 126098122	李巧芳	泰州医药有限公司
职理医证第 126098123	杨虎	四川省南充药业（集团）有限公司
职理医证第 126098124	王永健	重庆医药上海药品销售有限责任公
职理医证第 126098125	盛雷	宁波医药股份有限公司
职理医证第 126098126	李红	重庆医药股份（集团）江西医药物
职理医证第 126098127	胡襄宁	重庆医药（集团）股份有限公司
职理医证第 126098128	张庆	重庆和平药房连锁有限责任公司
职理医证第 126098129	乔勇	国药控股新疆新特参茸药业有限公
职理医证第 126098130	张少兰	重庆医药（集团）股份有限公司
职理医证第 126098131	郑耀	宁波医药股份有限公司
职理医证第 126098132	孟兆利	华润天津医药有限公司
职理医证第 126098133	张洪华	上海百路达药业经营有限公司
职理医证第 126098134	罗春华	重庆医药和平医疗器械有限公司
职理医证第 126098135	张虎	泰州医药有限公司
职理医证第 126098136	秦涛	重庆医药合川医药有限责任公司
职理医证第 126098137	李刚	泰州医药有限公司

证书编号	姓名	单位
职理医证第 126098138	胡雪峰	国药控股南京公司\国药控股常州
职理医证第 126098139	李香业	江苏华美医药有限责任公司
职理医证第 126098140	蔡海峰	浙江惠仁医药有限公司
职理医证第 126098141	魏华	重庆医药（集团）股份有限公司
职理医证第 126098142	孙丰忠	山东省德州泰康药业有限公司
职理医证第 126098143	苏明	华润河北医大医药有限公司

证书编号	姓名	单位
职理医证第 126098144	粟源	华润河北医大医药有限公司
职理医证第 126098145	潘清	合肥市迪迈医药有限公司
职理医证第 126098146	倪爱国	四川省医药股份有限公司
职理医证第 126098147	肖冰	国药控股山西有限公司
职理医证第 126098148	罗刚	重庆和平药房连锁有限责任公司
职理医证第 126098149	魏书玉	山东滨州圣慷药业有限公司
职理医证第 126098150	郭志华	国药控股河南股份有限公司
职理医证第 126098151	王冰	华润河北医大医药有限公司
职理医证第 126098152	李瑞	国药控股山西有限公司运城分公司
职理医证第 126098153	邹国胜	国药控股沈阳有限公司
职理医证第 126098154	李红梅	四川康百年药业有限公司
职理医证第 126098155	张静心	重庆医药（集团）股份有限公司
职理医证第 126098156	符伟	重庆和平药房连锁有限责任公司
职理医证第 126098157	李响	国药控股北京华鸿有限公司
职理医证第 126098158	赵新华	江苏柯菲平医药有限公司
职理医证第 126098159	余钧	杭州华东大药房连锁有限公司
职理医证第 126098160	周荣富	杭州萧山医药有限公司
职理医证第 126098161	苟建民	东营市医药公司
职理医证第 126098162	骆军	贵州省医药（集团）有限责任公司
职理医证第 126098163	雷朝天	国药控股柳州有限公司
职理医证第 126098164	樊登云	华润河北医大医药有限公司
职理医证第 126098165	牟旭峰	东营益生堂药业连锁有限公司
职理医证第 126098166	张梅	国药控股河南股份有限公司
职理医证第 126098167	胡建军	重庆医药新特药品有限公司
职理医证第 126098168	朱敬东	重庆医药和平医疗器械有限公司
职理医证第 126098169	李蜀娟	重庆医药新特药品有限公司
职理医证第 126098170	陈奇	南京上元堂医药有限公司
职理医证第 126098171	吴洁人	南京上元堂医药有限公司
职理医证第 126098172	冯志中	国药控股山西阳泉有限公司

证书编号	姓名	单位
职理医证第 126098173	郭秀瑾	山西省太原市药材有限公司
职理医证第 126098174	姚素平	南京上元堂医药有限公司
职理医证第 126098175	刘建	贵州省医药（集团）有限公司
职理医证第 126098176	王巧玲	南京上元堂医药有限公司
职理医证第 126098177	朱建花	南京上元堂医药有限公司
职理医证第 126098178	陈楠	合肥市迪迈医药有限公司
职理医证第 126098179	李卫东	北京金象复星医药股份有限公司
职理医证第 126098180	沈忠	国药集团新疆新特药业有限公司
职理医证第 126098181	袁银光	兰州盛原药业有限公司

证书编号	姓名	单位
职理医证第 136098001	刘晔	江苏省常州人寿天医药连锁有限公
职理医证第 136098002	李雪彪	青岛百洋医药科技有限公司
职理医证第 136098003	乔艳	华润天津医药有限公司
职理医证第 136098004	黄鸿雁	江苏省常州人寿天医药连锁有限公
职理医证第 136098005	刘江	深圳市中联大药房有限公司
职理医证第 136098006	程源	重庆医药和平医药新产品有限公司
职理医证第 136098007	袁晓宁	北京金象大药房医药连锁有限责任
职理医证第 136098008	曹立凯	杭州萧山医药有限公司
职理医证第 136098009	苏露华	四川省南充药业（集团）有限公司
职理医证第 136098010	唐田	重庆医药和平医疗器械有限公司
职理医证第 136098011	王树君	山东省莱芜市医药公司
职理医证第 136098012	赵宣伟	天津市药材集团蓟县公司
职理医证第 136098013	潘志波	重庆医药和平医疗器械有限公司
职理医证第 136098014	熊碧林	重庆医药（集团）股份有限公司
职理医证第 136098015	车国容	重庆医药（集团）股份有限公司
职理医证第 136098016	王建忠	天津市中药饮片厂有限公司
职理医证第 136098017	周宏亮	深圳中联大药房控股有限公司

证书编号	姓名	单位
职理医证第 136098018	刘婷	四川省医药股份有限公司
职理医证第 136098019	沈怀雄	重庆医药新特药品有限公司
职理医证第 136098020	郭萍	山西省太原药材有限公司
职理医证第 136098021	徐亚	重庆医药和平医药新产品有限公司
职理医证第 136098022	李志瑞	华润三门峡医药有限公司
职理医证第 136098023	唐毅	重庆医药(集团)股份有限公司
职理医证第 136098024	邓玮	武汉医药（集团）股份有限公司药

中华人民共和国商务部（局）函

商秩司函〔2012〕第338号

关于请指导相关协会做好首届全国药品流通行业岗位技能竞赛暨第二届全国医药行业特有职业技能竞赛的通知

各省、自治区、直辖市、计划单列市及新疆生产建设兵团商务主管部门：

为贯彻落实《全国药品流通行业发展规划纲要（2011-2015）》精神，不断提高医药行业员工的技术素质和服务质量，培养造就一支过硬的医药商业职工队伍，根据人力资源和社会保障部《关于印发2012年全国职业技能大赛暨第42届世界技能大赛选拔赛计划安排的通知》（人社部函〔2012〕83号），商务部市场秩序司决定与有关协会共同组织开展首届全国药品流通行业岗位技能竞赛暨第二届全国医药行业特有职业技能竞赛活动。现将《首届全国药品流通行业岗位技能竞赛暨第二届全国医药行业特有职业技能竞赛活动方案》印发你们，请指导当地行业协会积极配合承办单位组织药品流通行业职工和学生参加此项竞赛活动，确保本地区竞赛各项工作任务落到实处。

附件：首届全国药品流通行业岗位技能竞赛暨第二届全国医药行业特有职业技能竞赛活动方案

二〇一二年七月二十三日

抄送：人力资源和社会保障部（职业能力建设司）

中国医药商业协会、中国医药教育协会、中国就业培训技术指导中心、国家中医药管理局职业技能鉴定指导中心、中国医药职工思想政治工作研究会、中国执业药师协会、中国医药物资协会、中国网络电视台、北京医药行业协会、上海医药商业行业协会。

附件：

首届全国药品流通行业岗位技能竞赛暨第二届全国医药行业特有职业技能竞赛活动方案

一、竞赛岗位（职业）

（一）全国药品流通行业岗位技能竞赛（以下简称岗位技能竞赛），竞赛的岗位为全国药品批发零售企业中的店长工作岗位和药师工作岗位。

（二）全国医药行业特有职业技能竞赛（以下简称职业技能竞赛），分为职工组和学生组，竞赛的职业为《中华人民共和国职业分类大典》中的“医药商品购销员”和“中药调剂员”。

二、参赛人员范围

岗位技能竞赛：全国药品批发零售企业的在职从业人员均可根据本人从事的岗位参加相应的竞赛。

职业技能竞赛职工组：全国药品批发零售企业的在职从业人员均可根据本人现从事的职业报名参加相应职业的竞赛。

职业技能竞赛学生组：各本科、高职高专和中专、技校的相关专业的在校生均可报名参加竞赛。

三、竞赛形式

按照“全国动员、广泛参与、自下而上、层层比赛、赛练结合、注重实效”的精神，大赛分预赛、复赛、决赛三个阶段。

1、预赛以各企业、职业院校为比赛单位，可结合自身需要开展多种形式的比赛活动。

2、复赛在竞赛组委会指导下，以各省市为单位举办. 在复赛的墓础上由各省市分别对每个职业、岗位、组别的竞赛推荐出6名代表参加全国决赛。

3、决赛在商务部市场秩序司的领导下，由职业技能竞赛办公室和岗位技能竞赛办公室负责组织。

四、主办、承办、协办单位

主办单位：商务部市场秩序司

承办单位：中国医药商业协会、中国医药教育协会、中国就业培训技术指导中心、国家中医药管理局职业技能鉴定指导中心。

协办单位：中国医药职工思想政治工作研究会、中国执业药师协会、中国医药物资协会、中国网络电视台、北京医药行业协会、上海医药商业行业协会。

五、组织机构

商务部市场秩序司委托承办单位组织成立竞赛组织委员会，负责竞赛的组织和管理工作，组委会下设办公室、评判委员会和仲裁委员会. 办公室为组委会办事机构，负责协调、管理竞赛有关工作。

六、工作要求

（一）高度重视，精心组织。各级商务部门要充分认识开展此次技能竞赛的重要意义，指导当地行业协会积极配合承办单位组织药品流通行业职工和学生参加此项竞赛活动，确保本地区竞赛各项工作任务落到实处. 要认真组织好本级比赛，通过比赛选出最优秀的选手组队参加全国决赛。

（二）坚持原则，规范运作。竞赛要坚持公开、公平、公正原则，完善工作制度，规范比赛程序，杜绝暗箱操作，做好安全保密工作。着力提高竞赛质量，真正把职业道德好、技术水平高的选手选拔出来，赛出风格、赛出团结、赛出水平，使竞赛成为提高药品流通行业职工技能水平、展示药品流通行业职工风采的有效载体。

（三）加强培训，引导学习。要通过这次竞赛活动，组织引导药品流通行业职工努力学习新知识、掌握新技能，立足岗位、创新创造，打造知识型、创新型、技能型药品流通行业职工队伍。

（四）加强协作，密切配合。要按照竞赛组委会的统一部署和责任分工，各司其职、密切配合，形成分工合作、齐抓共管的竞赛工作格局，共同做好竞赛项目的组织实施。要加强协调沟通，根据各地实际，积极争取对各项目决赛取得名次的选手给予一定的奖励。同时要做好各项目竞赛相关数据统计工作。

（五）扩大宣传，营造氛围。要通过广播、电视、报刊、网络等传媒，广泛宣传开展药品流通行业岗位职业技能竞赛的意义，宣传开展活动的典型经验及做法，宣传活动中涌现出来的先进典型，不断扩大竞赛活动的社会影响，营造有利于竞赛活动的良好社会氛围。

七、其他

1、组委会人员名单、竞赛内容、考评标准、奖励办法和时间安排等详见竞赛组委会统一印发的《竞赛实施细则》

2、联系方式

(1) 商务部市场秩序司

联系人：张蕙、杨志强

联系电话：010-85093332　010-85093326

电子邮箱：yplt@mofcom.gov.cn

(2）岗位技能竞赛办公室负责人、联系人和联系方式

负责人：韩栋、曹丽娜、杨爱民

联系人：潘婕、陈颖君、陆福生

联系电话：010-87273564

通讯地址：北京市三里河路1号西苑饭店4号楼5453室

邮编：100044

电子邮箱：dearpj@263.net　chenyingjuno@capc.org.cn

(3) 职业技能竞赛办公室负责人、联系人和联系方式

负责人：吴阎云、武滨、周玉兰

联系人：谢淑浚、潘雪、王冬丽

联系电话：13901030039　13520263166　13917682432

通讯地址：北京市三里河路1号西苑饭店4号楼5453室

邮编：100044

电子邮箱：shujunxieo@163.com　bjpanxueo@163.com

首届全国药品流通行业岗位技能竞赛暨第二届全国医药行业特有职业技能竞赛获奖名单

为贯彻《全国药品流通行业发展规划纲要（2011-2015年）》精神，不断提高医药行业员工的技术素质和服务质量，培养造就一支过硬的医药商业职工队伍，根据商务部《关于请指导相关协会做好首届全国药品流通行业岗位技能竞赛暨第二届全国医药行业特有职业技能竞赛的通知》（商秩司函〔2012〕第338号），商务部市场秩序司于2012年12月17日-19日在北京举办“首届全国药品流通行业岗位技能竞赛暨第二届全国医药行业特有职业技能竞赛（以下简称竞赛）”总决赛，并委托中国医药商业协会、中国医药教育协会、中国就业培训技术指导中心、国家中医药管理局职业技能鉴定指导中心共同承办。其获奖名单如下：

店长组：

奖项	省份	获奖者姓名	工作单位
特等奖	湖南	刘亚兰	老百姓大药房医药连锁股份有限公司
一等奖	湖南	范志	老百姓大药房医药连锁股份有限公司
	河南	蒋红军	老百姓大药房连锁河南有限公司
二等奖	湖南	段小丽	湖南千金大药房连锁有限公司
	北京	王玲玲	北京医保全新大药房有限责任公司
	辽宁	王晶晶	辽宁成大方圆医药连锁有限公司
	湖南	蒋胜儒	湖南养天和大药房企业集团有限公司
	辽宁	李晶	辽宁成大方圆医药连锁有限公司
	辽宁	申丽敏	辽宁成大方圆医药连锁有限公司
	北京	马燕超	北京金象复星医药股份有限公司
	河南	张书勤	老百姓大药房连锁河南有限公司
	河南	万凤英	老百姓大药房连锁河南有限公司
	辽宁	田园	辽宁成大方圆医药连锁有限公司
	辽宁	庄丹	辽宁成大方圆医药连锁有限公司
	湖南	刘昕娟	湖南千金大药房连锁有限公司
三等奖	吉林	史宝兰	吉林大药房药业股份有限公司
	河南	李超超	老百姓大药房连锁河南有限公司
	河南	欧利敏	老百姓大药房连锁河南有限公司
	辽宁	李楠	辽宁成大方圆医药连锁有限公司
	吉林	于丹	吉林大药房药业股份有限公司
	湖南	胡晓雅	湖南养天和大药房企业集团有限公司
	吉林	王昭君	吉林大药房药业股份有限公司
	江西	赖江林	江西昌盛大药房连锁有限公司
	陕西	凤冬侠	宝鸡天健医药有限公司
	河南	侯孟玲	老百姓大药房连锁河南有限公司

药师组：

奖项	省份	获奖者姓名	工作单位
特等奖	湖南	瞿月花	老百姓大药房医药连锁股份有限公司
一等奖	湖南	张艳勤	湖南养天和大药房企业集团有限公司
	北京	鲁娟	北京医保全新大药房有限责任公司
二等奖	湖南	杨敏	老百姓大药房医药连锁股份有限公司
	北京	胡志瑛	北京金象大药房医药连锁有限公司
	北京	赵立刚	北京金象大药房医药连锁有限公司
	北京	杨霞	北京医保全新大药房有限责任公司
	北京	洪建莹	北京金象复星医药股份有限公司
	湖南	李雪芬	湖南养天和大药房企业集团有限公司
	河南	王 宁	开封市百氏康医药连锁有限公司
	河南	邵红彩	开封市百氏康医药连锁有限公司中心店
	湖南	栗江红	湖南千金大药房连锁有限公司
	湖南	袁芳	湖南千金大药房连锁有限公司
	北京	关欣	北京金象复星医药股份有限公司
	吉林	杨玮玮	吉林大药房药业股份有限公司
三等奖	辽宁	杜芳	沈阳东北大药房连锁有限公司
	吉林	周红杰	吉林大药房药业股份有限公司
	山东	何姜波	青岛海王星辰
	安徽	郝香香	上海医药安庆公司安庆华氏大药房有限公司
	陕西	彭霞	西安怡康医药连锁有限责任公司
	辽宁	尹卓	沈阳东北大药房连锁有限公司
	陕西	靳小津	陕西华远医药集团有限公司
	河南	韩春艳	开封市百氏康医药连锁
	吉林	宋秋菊	吉林大药房药业股份有限公司
	陕西	张芳丽	宝鸡天健医药有限公司

医药商品购销员组：

奖项	省份	获奖者姓名	工作单位
特等奖	北京	张海鸥	北京金象复星医药股份有限公司
一等奖	江苏	杨会	江苏仁济医药连锁有限公司
	北京	李芙蓉	北京金象复星医药股份有限公司
二等奖	浙江	冯星	台州上药医药有限公司
	上海	潘晓琳	上海童涵春堂药业股份有限公司
	北京	杨宇培	北京医保全新大药房有限责任公司
	上海	刘永明	国药控股国大药房上海连锁有限公司
	上海	瞿美英	上海恒德大药房有限公司
	北京	周圆	北京医保全新大药房有限责任公司
	江苏	刘志	南京医药股份有限公司
	江苏	刘亚光	江苏省医药公司
	浙江	盛莉萍	台州市阜大药号连锁有限公司凤凰中心店
	江苏	张璇	徐州广济连锁药店有限公司湖滨药店
	江苏	杨丹	南京医药百信药房有限责任公司
	湖南	万里	湖南养天和大药房企业集团有限公司
三等奖	河南	刘允利	河南省博济光明医药有限公司
	湖南	何爱英	老百姓大药房医药连锁股份有限公司
	上海	方丽媛	上海龙威大药房有限公司
	河南	张宁	河南省博济光明医药有限公司
	上海	何爱君	上海余天成医药有限公司
	北京	杨国英	北京医保全新大药房有限责任公司
	北京	姜楠	北京医保全新大药房有限责任公司
	湖南	张宝云	老百姓大药房医药连锁股份有限公司
	江苏	袁芳	南京医药百信药房有限责任公司
	湖南	吴海华	湖南千金大药房连锁有限公司

中药调剂员组：

奖项	省份	获奖者姓名	工作单位
特等奖	北京	王雪阳	北京同仁堂商业投资集团有限公司
一等奖	北京	李金蕾	北京同仁堂商业投资集团有限公司
	浙江	鲁杭	杭州胡庆余堂国药号有限公司
二等奖	北京	张末冉	北京同仁堂商业投资集团有限公司
	辽宁	吴桂英	成大方圆医药连锁投资有限公司
	北京	史亮	北京同仁堂商业投资集团有限公司
	湖南	廖玉帛	湖南养天和大药房企业集团有限公司
	上海	吴昊	上海雷允上药业西区有限公司
	辽宁	宿宝坤	辽宁成大方圆医药连锁有限公司
	上海	施佳莺	上海蔡同德药业有限公司
	浙江	姜辉	宁波彩虹大药房有限公司
	湖南	谢盛勇	湖南千金大药房连锁有限公司
	上海	徐红	上海华氏大药房有限公司
	辽宁	蒋海霞	辽宁成大方圆医药连锁有限公司
	北京	罗丁华	北京同仁堂商业投资集团有限公司
三等奖	河南	沈宇峰	河南省张仲景大药房开封汴京桥店
	上海	李明霞	上海雷允上中药饮片厂
	浙江	陈琴	杭州胡庆余堂国药号有限公司
	陕西	赵金盈	西安怡康医药连锁有限责任公司
	辽宁	杨俊杰	辽宁成大方圆医药连锁有限公司
	北京	曹建荣	北京同仁堂商业投资集团有限公司
	浙江	施晓青	杭州市张同泰中医门诊部有限公司
	湖南	刘自飞	湖南千金大药房连锁有限公司
	山东	刘霞	山东德州泰康药业有限公司
	浙江	何磊	宁波彩虹大药房有限公司

团体奖：

<table>
<tr><th>奖项</th><th>名次</th><th>获奖代表队</th></tr>
<tr><td rowspan="3">优秀团体奖</td><td>一等奖</td><td>湖南代表队</td></tr>
<tr><td>二等奖</td><td>北京代表队</td></tr>
<tr><td>三等奖</td><td>河南代表队</td></tr>
<tr><td rowspan="3">店长组团体单项奖</td><td>一等奖</td><td>湖南代表队</td></tr>
<tr><td>二等奖</td><td>河南代表队</td></tr>
<tr><td>三等奖</td><td>辽宁代表队</td></tr>
<tr><td rowspan="3">药师组团体单项奖</td><td>一等奖</td><td>湖南代表队</td></tr>
<tr><td>二等奖</td><td>北京代表队</td></tr>
<tr><td>三等奖</td><td>河南代表队</td></tr>
<tr><td rowspan="3">医药商品购销员组团体单项奖</td><td>一等奖</td><td>北京代表队</td></tr>
<tr><td>二等奖</td><td>江苏代表队</td></tr>
<tr><td>三等奖</td><td>上海代表队</td></tr>
<tr><td rowspan="3">中药调剂员组团体单项奖</td><td>一等奖</td><td>北京代表队</td></tr>
<tr><td>二等奖</td><td>辽宁代表队</td></tr>
<tr><td>三等奖</td><td>上海代表队</td></tr>
</table>

其他奖项：

<table>
<tr><th>奖项</th><th>获奖单位</th></tr>
<tr><td rowspan="2">特殊贡献奖</td><td>中国医药集团总公司</td></tr>
<tr><td>北京医药集团教育培训中心</td></tr>
<tr><td rowspan="15">优秀组织奖</td><td>北京医药行业协会</td></tr>
<tr><td>辽宁省服务业委员会</td></tr>
<tr><td>辽宁省医药行业协会</td></tr>
<tr><td>吉林大药房药业股份有限公司</td></tr>
<tr><td>上海医药商业行业协会</td></tr>
<tr><td>上海中药行业协会</td></tr>
<tr><td>江苏省医药商业协会</td></tr>
<tr><td>宁波彩虹大药房有限公司</td></tr>
<tr><td>南京医药合肥天星有限公司</td></tr>
<tr><td>江西省萍乡市医药行业协会</td></tr>
<tr><td>山东省医药商业协会</td></tr>
<tr><td>河南省药品流通服务办公室</td></tr>
<tr><td>河南省药品流通发展促进会</td></tr>
<tr><td>湖南省药品流通行业协会</td></tr>
<tr><td>陕西省商务厅</td></tr>
</table>

10 大事记

CHRONICLE OF EVENTS

TO DO

药品流通行业管理大事记(2009-2012年)

2009年

◆ 8月17日，国务院领导决定，由商务部负责药品流通行业管理工作。

◆ 8月18日，商务部与卫生部、发展改革委、工业和信息化部等八部委共同印发了《关于建立国家基本药物制度的实施意见》的通知（卫药政发〔2009〕78号）和《国家基本药物目录管理办法（暂行）》的通知（卫药政发〔2009〕79号）。

◆ 11月4日，商务部牵头，会同工业和信息化部、卫生部、食品药品监管局，向国务院深化医药卫生体制改革领导小组办公室报出《建立国家基本药物制度对我国医药流通行业可能造成的影响及相关预案》（商办秩函〔2009〕69号）。

◆ 11月23日，商务部、食品药品监管局联合印发了《商务部 食品药品监管局关于加强药品流通行业管理的通知》（商秩发〔2009〕571号），明确了商务和食品药品监管两部门分工和合作内容，阐明了药品流通行业管理工作的意义和工作重点。

◆ 12月22日，商务部向中编办报出《关于明确药品流通行业管理工作职责及增加人员编制的请示》（商秩发〔2009〕604号）。

2010年

◆ 1月15日，商务部在北京召开全国药品流通行业管理工作会议，姜增伟副部长出席会议并讲话。会议分析了药品流通行业管理所面临的新形势，明确了药品流通行业管理的主要目标和工作重点。

◆ 4月12日，商务部向国务院深化医药卫生体制改革领导小组办公室报出《关于药品流通行业在实施基本药物制度和药品集中招标采购过程中有关问题反映和相关建议的函》（商秩函〔2010〕251号）。

◆ 6月17日，中央机构编制委员会印发《关于明确药品流通管理职责分工的通知》（中央编办发〔2010〕54号），明确商务部是药品流通行业主管部门，负责研究拟定药品流通行业发展的规划、政策和相关标准，推进药品流通行业结构调整，指导药品流通企业改革，推动现代药品流通方式的发展。食品药品监督管理局依法负责药品流通企业的准入管理和药品流通监管，拟定药品流通过程中涉及质量与安全的相关标准并监督实施；配合国务院商务主管部门，执行国家制定的药品流通行业发展规划和政策。

◆ 8月19日，商务部印发《关于商请明确地方药品流通行业主管部门的函》（商秩函〔2010〕739号），请各地人民政府明确当地的药品流通行业主管部门。

◆ 10月21日，向国务院深化医药卫生体制改革领导小组办公室报送药品回扣问题相关情况的函（商秩司函〔2010〕277号）。

◆ 10月27日，国务院深化医药卫生体制改革领导小组第七次全体会议研究决定，请商务部牵头，深入调查，研究提出药品流通行业改革与发展的意见（国阅〔2010〕105号）。

◆ 12月7日，国家统计局同意制发药品流通统计报表制度（国统制〔2010〕210号）。

2011 年

◆ 1月20日，商务部印发《药品流通统计制度（2010–2012年年报和2011–2013年定期报表）》的通知（商秩函〔2011〕28号），正式建立药品流通行业统计制度。

◆ 3月3日，由商务部发起，中国医药商业协会和职业经理研究中心承办的全国药品流通企业职业经理人培训启动仪式暨第一期高级班开班典礼在北京举行。

◆ 3月22–25日，商务部在大连召开“药品流通行业‘十二五’规划纲要研讨会”，听取有关专家、行业协会、部分企业和部分地方商务主管部门对药品流通行业发展规划纲要的意见和建议，姜增伟副部长出席会议并讲话。

◆ 4月23日，商务部印发《全国药品流通行业发展规划纲要（2011–2015年）》（商秩发〔2011〕123号），明确提出了“十二五”时期行业发展的指导思想、总体目标和主要任务，为行业和企业发展指明了方向。

◆ 5月10日，商务部召开全国药品流通行业管理工作视频会议，对2010年以来全国药品流通行业管理工作进行了回顾，交流了工作情况，分析了行业发展面临的新形势，结合全国药品流通行业“十二五”规划纲要的实施，部署了2011年的工作，姜增伟副部长出席会议并讲话。

◆ 6月16日，商务部在北京召开实施医药物流服务延伸示范工程现场会，落实药品流通行业“十二五”发展规划纲要，大力推动现代医药物流发展，提升行业现代化水平。

◆ 8月24日，发布《2010年药品流通行业运行统计分析报告》，对药品流通行业整体规模，药品批发和零售企业购进、销售、库存、经营以及国家基本药物配送等情况进行了统计分析，并对行业发展趋势进行了预测。

◆ 11月20日，在商务部市场秩序司的指导下，由中国医药商业协会和三辰影库音像出版社共同创办的《中国药品流通》正式出版发行，成为建国以来第一本全面反映药品流通行业改革发展的综合性刊物。商务部姜增伟副部长亲自题写创刊寄语。

◆ 11月25日，首期药品流通企业中级职业经理人培训班在北京开班。

2012 年

◆ 2月22日，商务部办公厅印发《关于开展中药材重点品种流通分析的通知》（商办秩函〔2012〕114号），正式建立中药材重点品种中药材重点品种流通分析制度，并开通运行网上直报系统。

◆ 6月4日，商务部发布《2011年中药材重点品种流通分析报告》，首批选取了常用的29种中药材重点品种，对104个中药材产地、13个中药材专业市场和6个中药材专业网站的中药材种植面积、收获面积、产量、产地价格、销售量、库存、销售价格等情况进行了统计分析。

◆ 6月8日，商务部发布《2011年药品流通行业运行统计分析报告》。

◆ 6月20日，根据财政部办公厅、商务部办公厅印发的《关于2012年支持酒类追溯体系建设等商贸流通服务业项目发展有关问题的通知》（财办建〔2012〕111号）中关于“放心药”服务体系的建设要求，2012年中央财政支持河北保定、安徽亳州、四川成都和广西玉林开展中药材流通追溯体系建设试点。

◆ 7月25日，商务部办公厅印发《全国药品流通行业“十二五”人才培训方案》（商办秩函〔2012〕822号），对“十二五”时期行业人才培训工作做出安排。

◆ 7月26日，为贯彻落实国家医改和药品安全“十二五”规划，进一步加强药品流通行业管理，商务部在河南省郑州市召开全国药品流通行业管理工作会议，部署下一阶段工作，姜增伟副部长出席会议并讲话。
◆ 8月15日，商务部办公厅与财政部办公厅联合印发《关于开展2012年中药材流通追溯体系建设试点的通知》（商办秩函〔2012〕881号），指导试点城市开展中药材流通追溯体系建设工作。
◆ 9月19日，商务部2012年第58号公告，公布《药品批发企业物流服务能力评估指标》、《零售药店经营服务规范》、《药品流通企业诚信经营准则》、《药品流通行业职业经理人标准》和《药品流通行业通用岗位设置规范》5个行业标准，于2012年12月1日起正式实施。
◆ 11月27日，为切实做好药品流通行业首批五项标准的宣贯实施工作，商务部召开药品流通行业标准宣传贯彻会议，学习五项行业标准，布置下一步贯彻落实五项标准工作。
◆ 12月17–19日，由商务部市场秩序司主办的首届全国药品流通行业岗位技能竞赛暨第二届全国医药行业特有职业技能竞赛全国总决赛在北京举行，来自全国12个省市的213名选手决出了医药商品购销员、中药调剂员、店长、药师四个岗位的特等奖、一等奖、二等奖、三等奖以及团体奖。